Obras completas
de SANTA TERESINHA DO MENINO JESUS
Teresa de Lisieux

Obras completas
de SANTA TERESINHA DO MENINO JESUS
Teresa de Lisieux

Edições Loyola

Título original:
Thérèse de L'Enfant-Jésus et de la Sainte-Face.
Œuvres Complètes (Textes et Dernières Paroles).
© Les Éditions du Cerf et Desclée de Brouwer, 1992.
ISBN 2-204-04303-6 (Cerf)
2-220-03306-6 (DDB)

Esta edição das *Obras Completas (Textos e Últimas palavras)*, num só volume, de Santa Teresinha do Menino Jesus e da Sagrada Face, foi realizada sob a direção de Jacques Lonchampt.
É o fruto do trabalho da "Édition du Centenaire" (1971-1992), edição crítica realizada por uma equipe formada por irmã Cecília, do Carmelo de Lisieux; dom Guy Gaucher, OCD, bispo auxiliar de Bayeux e Lisieux; irmã Genoveva, OP, do mosteiro de Clairefontaine (falecida em 1981) e Jacques Lonchampt, com a colaboração do padre Bernard Bro, OP, e de Jeanne Lonchampt. Os textos teresianos foram estabelecidos por irmã Cecília a partir dos manuscritos originais (excetuando os *Escritos diversos*).

Dados Internacionais de Catalogação na Publicação (CIP)
(Câmara Brasileira do Livro, SP, Brasil)

Teresa do Menino Jesus, Santa, 1873-1897
   Obras Completas de Santa Teresinha do Menino Jesus. -- 4. ed. -- São Paulo, SP : Edições Loyola, 2022.

   Título original: Thérèse de L'Enfant-Jésus et de la Sainte-Face.
   Vários tradutores.
   ISBN 978-85-15-01399-9

   1. Espiritualidade - Cristianismo 2. Literatura devocional 3. Santas cristãs - Biografia 4. Teresa do Menino Jesus, Santa, 1873-1897 5. Vida espiritual - Igreja Católica I. Lima, Héber Salvador de. II. Título.

22-121948   CDD-922.22

Índices para catálogo sistemático:
1. Santas : Igreja Católica : Biografia   922.22

Eliete Marques da Silva - Bibliotecária - CRB-8/9380

Tradução: Carmelo de Cotia
           Pe. Héber Salvador de Lima, SJ
           Marcos Marcionilo
           Pe. Maurício Ruffier, SJ
           Nadyr de Salles Penteado
           Yvone Maria de Campos Teixeira da Silva
Capa: Ronaldo Hideo Inoue
   Santa Teresa com as rosas (1925). Composição com imagens de © Alexander e © BillionPhotos.com sobre fundo de © lavendertime. © Adobe Stock. Na contracapa, detalhe da estátua de Santa Teresa de Lisieux, *St. Theresa's Catholic Church*, Leeds, Alabama, EUA. Foto de Nheyob. © Wikimedia Commons. Nas guardas, reprodução das gravuras da *Capela do Carmelo de Lisieux* e do *Cardeal Vico, representante oficial do papa, depositando solenemente a Rosa de Ouro, abençoada e oferecida pelo papa Pio XI, nas mãos de Santa Teresa em seu santuário, 30 de setembro de 1925* (Sainte Thérèse de l'Enfant Jésus, *Histoire d'une âme écrite par elle-même*, Lisieux, Office central de Lisieux [Calvados] & Bar-le-Duc, Imprimerie Saint-Paul, 1937, édition 1940). © Wikimedia Commons.
Diagramação: Sowai Tam
Revisão: Maria de Fátima Cavallaro

Edições Loyola Jesuítas
Rua 1822 nº 341 – Ipiranga
04216-000 São Paulo, SP
T 55 11 3385 8500/8501, 2063 4275
editorial@loyola.com.br
vendas@loyola.com.br
www.loyola.com.br

Todos os direitos reservados. Nenhuma parte desta obra pode ser reproduzida ou transmitida por qualquer forma e/ou quaisquer meios (eletrônico ou mecânico, incluindo fotocópia e gravação) ou arquivada em qualquer sistema ou banco de dados sem permissão escrita da Editora.

ISBN 978-85-15-01399-9

4ª edição: 2022

© EDIÇÕES LOYOLA, São Paulo, Brasil, 1997

Sumário

Apresentação aos leitores brasileiros ... 11
Introdução à edição brasileira ... 13
Prefácio ... 19
Preâmbulo ... 23
Referências históricas ... 25

TEXTOS

OS MANUSCRITOS AUTOBIOGRÁFICOS ... 55
Introdução ... 57
Manuscrito A — Manuscrito dedicado à reverenda Madre Inês de Jesus ... 67
Manuscrito B — Carta a Irmã Maria do Sagrado Coração ... 183
Manuscrito C — Manuscrito endereçado a Madre Maria de Gonzaga ... 199

CARTAS ... 243
Introdução ... 245
1. A Infância (Abril de 1877 / Novembro de 1886) ... 253
2. A Adolescência (Natal de 1886 / Abril de 1888) ... 265
3. O Postulantado (9 de Abril de 1888 / 10 de Janeiro de 1889) ... 285
4. O Noviciado (Janeiro de 1889 / Setembro de 1890) ... 315
5. Os anos obscuros (Setembro de 1890 / Fevereiro de 1893) ... 353
6. O priorado de Madre Inês de Jesus (Fevereiro de 1893 / Março de 1896) ... 375
7. Novo priorado de Madre Maria de Gonzaga (21 de Março de 1896 / 30 de Setembro de 1897) ... 429
Notas ... 495

POESIAS ... 541
Introdução ... 543
1. O orvalho divino ou o leite virginal de Maria ... 551
2. À nossa mestra e mãe querida, para festejar seus 60 anos ... 552

3.	Santa Cecília	553
4.	Hino pela canonização de Joana d'Arc	556
5.	Meu canto de hoje	558
6.	Retrato de uma alma que amo	559
7.	Canto de gratidão a Nossa Senhora do Monte Carmelo	560
8.	Oração da filha de um santo	561
9.	Oração de uma criança exilada	563
10.	História de uma pastora que se tornou rainha	563
11.	Para a tomada de hábito de Maria Inês da Sagrada Face	565
12.	É bem perto de vós, Virgem Maria	567
13.	A Rainha do céu a sua filha querida Maria da Sagrada Face	568
14.	A nosso pai, São José	570
15.	O átomo do Sagrado Coração	571
16.	Canto de gratidão da noiva de Jesus	572
17.	Viver de amor	573
18.	Cântico de Celina	576
18 bis.	Quem tem Jesus tem tudo	583
19.	O átomo de Jesus-Hóstia	585
20.	Meu céu na terra	586
21.	Cântico de uma alma que encontrou seu lugar de repouso	587
22.	A minha mãe querida, anjo de minha infância	588
23.	Ao Sagrado Coração de Jesus	590
24.	Recorda-Te, Jesus, Meu Bem-Amado	591
25.	Meus desejos aos pés de Jesus escondido em sua prisão de amor	599
26.	Responso de Santa Inês	601
27.	Lembrança de 24 de fevereiro de 1896	602
28.	Cântico eterno entoado desde o exílio	603
29.	Lembrança de 30 de abril de 1896	604
30.	Glosa sobre o divino	605
31.	Cântico de Irmã Maria da Trindade e da Sagrada Face	606
32.	O céu para mim!	608
33.	O que logo verei pela primeira vez	609
34.	Jogar flores	610
35.	A Nossa Senhora das Vitórias	610
36.	Só Jesus	612
37.	São um triste buquê de festa	613
38.	Confidência de Jesus a Teresa	613
39.	A um santo e célebre doutor	614
40.	As sacristãs do Carmelo	614
41.	Como desejo amar	616
42.	Menino, conheces meu nome	616
43.	O viveiro do Menino Jesus	617
44.	Aos meus irmãozinhos do céu	619

45. Minha alegria	621
46. A meu anjo da guarda	622
47. A Teofânio Vénard	623
48. Minhas armas	625
49. A Nossa Senhora do Perpétuo Socorro	627
50. A Joana d'Arc	628
51. Uma rosa desfolhada	628
52. O abandono é o delicioso fruto do amor	629
53. Para a irmã Maria da Trindade	631
54. Porque eu te amo, Maria	632

POESIAS SUPLEMENTARES — 639

1. Deus escondido	641
2. Surgiu, lá no Oriente	641
3. Há cinquenta anos	642
4. O Céu é o prêmio	642
5. Para uma Santa Marta	644
6. Eu também, ó Mãe bem-amada	645
7. Silêncio, doce linguagem	645
8. Tu que conheces minha extrema pequenez	646
Notas	647

RECREIOS PIEDOSOS — 681

Introdução	683
1. A missão de Joana d'Arc	689
2. Os anjos no presépio de Jesus	711
3. Joana d'Arc cumprindo sua missão	725
4. Jesus em Betânia	761
5. O divino pequeno mendigo de Natal pedindo esmola às Carmelitas	769
6. A fuga para o Egito	781
7. O triunfo da humildade	802
8. Santo Estanislau Kostka	812
Notas	824

ORAÇÕES — 851

Introdução	853
1. Minha boa Virgem Santa	859
2. Bilhete de profissão	859
3. Olhares de amor a Jesus	859
4. Homenagem à Santíssima Trindade	860
5. Flores Místicas	860
6. Oferenda de mim mesma como Vítima de Holocausto	862
7. Oração a Jesus no tabernáculo	864

8.	Oração pelo seminarista Bellière	865
9.	Oração de Celina e de Teresa	865
10.	Oferenda do dia	866
11.	Faz com que eu "t R"	866
12.	Consagração à Sagrada Face	866
13.	"Pai Eterno, vosso Filho único"	868
14.	Eu sou o Jesus de Teresa	868
15.	"Pai Eterno, como me destes"	868
16.	Eu sou o Jesus de Teresa	869
17.	"Senhor, Deus dos exércitos"	869
18.	Ó Santos Inocentes!	870
19.	Ato de fé	870
20.	Jesus!	870
21.	"Se eu fosse a Rainha do Céu"	871
	Notas	872

ÚLTIMAS PALAVRAS — 885

Introdução — 887
O "caderno amarelo" de Madre Inês — 895
    Abril — 896
    Maio — 897
    Junho — 905
    Julho — 915
    Agosto — 945
    Setembro — 976
Últimas palavras de Teresa a Celina — 995
Últimas palavras de Irmã Teresa do Menino Jesus — 1011
Outras palavras de Teresa — 1019
Madre Inês de Jesus — 1021
Notas — 1034

APÊNDICES

Genealogia de Teresa — 1049
Cronologia de Teresa — 1051
História da pecadora convertida e morta de amor — 1069
Pequeno dicionário dos nomes próprios — 1071
Glossário dos termos da vida religiosa — 1085
Horário do Carmelo de Lisieux — 1089

PLANTAS

O Carmelo de Lisieux em 1897 — 1092
A enfermaria — 1094
O primeiro andar — 1096

ÍNDICES

Índice bíblico	1099
Índice das citações	1111
Bibliografia	1117
Siglas e abreviaturas	1123
Índice remissivo	1125

Apresentação aos leitores brasileiros

Santa Teresinha do Menino Jesus e da Sagrada Face, quando, por obediência a sua Madre Priora e irmã Inês de Jesus, começou a escrever a *História de uma alma*, não podia imaginar que estava escrevendo um livro "revolucionário e genial", que devia, em certo sentido, mudar o rumo e o ritmo da teologia, da santidade. Ela nos apresentou um Deus Pai misericordioso, amoroso, cheio de ternura para com todos, o Pai de Jesus Cristo e não o Deus elaborado pelos teólogos duros e intransigentes do jansenismo.

Desde então, a Igreja e a humanidade são devedoras a essa menina cheia de *pathos*, de religiosidade, de afetividade, que, com sua sabedoria, continua a surpreender a todos. Será sem dúvida, e cremos que permanecerá tal, a mais jovem doutora da Igreja: 24 anos.

Isto nos faz compreender a veracidade das palavras de Jesus: "Eu te agradeço e te louvo, ó Pai, porque escondeste estas coisas aos sábios e entendidos e as revelaste aos pequeninos" (Mt 11,25).

A celebração do I centenário da morte de Santa Teresinha — 1897-1997 — redespertou e aumentou de forma imprevisível o interesse por sua doutrina, especialmente o caminho da infância espiritual e a vocação universal à santidade e à missionaridade, temas tratados abundantemente pela carmelita de Lisieux.

Santa Teresinha não escreveu nenhuma obra teológica sistemática, no sentido estrito, mas espalhou sua doutrina ao longo de seus escritos.

Edições Loyola sente-se feliz de poder apresentar ao público brasileiro pela primeira vez as *Obras completas* da Doutora do Amor e da Misericórdia. Um livro que nos oferece a segurança da doutrina segundo os últimos resultados alcançados pela crítica literária dos seus escritos, e elaborada pelos melhores teresianistas do momento.

Quisemos oferecer o instrumento mais atualizado para o melhor conhecimento da pessoa e da doutrina espiritual de Santa Teresinha. Muito nos enche de alegria ver como o Brasil desde o início teve um relacionamento profundo com a Santa das Rosas e continua a tê-lo. Temos certeza de que as *Obras completas* de Santa Teresinha, junto com as de Santa Teresa d'Ávila, serão de grande ajuda para o crescimento da vida espiritual e pastoral das nossas comunidades.

E que todos nós vivamos no mesmo desejo de Santa Teresinha: "Na igreja, minha mãe, serei o amor".

Pe. Gabriel Galache, SJ
Frei Patrício Sciadini, OCD

Introdução à edição brasileira

Esta nova edição, em língua portuguesa, dos escritos de Santa Teresa de Lisieux é publicada quando se celebra o centenário de sua morte.

Poucos santos tiveram na Igreja do século XX a influência dessa jovem carmelita contemplativa, membro de um Carmelo teresiano da França. Ela viveu sua vida religiosa na clausura de um Carmelo e, no entanto, foi declarada Padroeira das Missões, porque soube unir a espiritualidade contemplativa à dimensão apostólica. Ao mesmo tempo, transmitiu sua experiência evangélica numa linguagem simples e vital, capaz de ser compreendida e assimilada pelos que creem, em todos os povos e culturas. Seu ensinamento não perde atualidade e orienta muitos cristãos. Por isso, mais de trinta conferências episcopais e milhares de cristãos pediram que ela fosse declarada Doutora da Igreja.

Teresa de Lisieux adiantou-se ao Vaticano II no retorno ao Evangelho e à Palavra de Deus, ao Jesus da história e a seu mistério pascal de morte e ressurreição. Ela enfatizou a prioridade do amor na Igreja, Corpo de Cristo. Deu testemunho da espiritualidade da vida comum e do chamado universal à santidade.

A experiência e a doutrina da mulher Teresa de Lisieux adquirem valor especial em nossa época, quando se vão abrindo novas perspectivas de presença e de ação femininas na sociedade e na Igreja. A mulher é chamada a ser "um sinal da ternura de Deus pelo gênero humano" (*Vila consecrata*, 57) e a enriquecer a humanidade com seu "gênio feminino". Teresa realizou tudo isso em sua vida e seus escritos.

A leitura de suas obras, feita no contexto social e eclesial de nosso tempo e a partir de nossa própria cultura, pode ajudar os cristãos a centrar-se no essencial da mensagem evangélica, ou seja, na abertura confiante a Deus, Pai amoroso que nos ama e compreende; no seguimento de Jesus, nosso irmão, presente e próximo, caminho, verdade e vida; na docilidade ao Espírito Santo, que guia a história e nossa pequena história pessoal. Tudo isso na aceitação da pobreza e debilidade humanas, na certeza de que nada nem ninguém nos pode separar do amor de Deus em Cristo Jesus (cf. Rm 8,37-39).

A missão de Teresa de Lisieux foi a de nos recordar o essencial da mensagem cristã: que Deus é amor e se entrega gratuitamente aos evangelicamente pobres; que a santidade não é fruto de nossos esforços, mas da ação divina, que só nos pede um abandono amoroso a sua graça salvífica.

Esperamos que a simplicidade, a confiança e o abandono em Deus, experimentados e proclamados em Teresa de Lisieux, ajudem os leitores a viver, como ela, a abertura confiante ao Pai e o amor concreto e eficaz aos irmãos.

Roma, 2 de fevereiro de 1997
Frei Camilo Maccise, OCD
Prepósito Geral

**CASA GERAL DOS
CARMELITAS DESCALÇOS**

9 de novembro de 1990

CORSO D'ITALIA, 38 – 00198 ROMA
TEL. (06) 856.578 – 860.958

Dom Guy Gaucher, OCD
Bispo auxiliar de
Bayeux e Lisieux

Paz e esperança no Senhor.

Rogo-lhe, caríssimo padre, desculpar o atraso em responder a sua carta de 17 de setembro p.p. Recebi-a na véspera de sair para a Polônia, Checoslováquia e Hungria e tive de deixar para hoje esta minha resposta que não denota hesitação nem dúvida quanto à oportunidade de retomar a causa do Doutorado de Santa Teresa do Menino Jesus e da Sagrada Face. Muito pelo contrário, plenamente de acordo com esta iniciativa, estou convicto da atualidade inconteste de sua "pequena via" no momento atual da Igreja e do mundo. Em minhas recentes viagens à União Soviética, à Lituânia, à Bielorrússia e à Ucrânia, como a outros países da Europa central e oriental, pude constatar como Teresa é conhecida e amada. É verdadeiramente a santa mais popular, a santa universal do nosso tempo.

No horizonte do terceiro milênio cristão — festejaremos o centenário da sua morte em 1997 —, a missão de Santa Teresa do Menino Jesus e da Sagrada Face surge numa claridade nova, graças, notadamente, à edição crítica de suas Obras Completas *e a um maior conhecimento de sua biografia. O senhor contribuiu muito, pessoalmente, para esses trabalhos. Em nome da Ordem do Carmelo, sou-lhe muito grato, como o sou a todos aqueles que colaboraram e continuam colaborando com o senhor.*

Não há dúvida de que o projeto do Doutorado contribuirá para perscrutar ainda mais profundamente a doutrina de Teresinha. "Ah, apesar da minha pequenez, eu gostaria de iluminar as almas como os profetas e os doutores" [Ms B, 3f]. Numerosos teólogos deixaram Teresa "iluminá-los". Entre todos, só citarei o saudoso padre Hans Urs von Balthasar, que mostrou como Teresa fecundou e rejuvenesceu a teologia. Em sua última grande obra, a Theologik: der Geist der Wahrheit, *não cita ele Santa Teresa de Lisieux ao lado de Santa Catarina de Sena para ilustrar como "a manifestação do Espírito Santo é dada a cada um segundo as necessidades" da Igreja (cf. 1Cor 12,7; op. cit., p. 347)? Imagino a alegria celeste de Teresa: quando irmã Maria da Trindade informou sua mestra das extraordinárias seme-*

lhanças que percebia entre a "pequena via" e a doutrina de um teólogo dominicano, Teresa exclamou: "Que consolo me dá! Não pode imaginar: Saber-me apoiada por um sábio, um teólogo famoso, causa-me alegria sem igual".

"Quando eu estiver no porto, ensinar-lhe-ei", escrevia a jovem carmelita moribunda ao padre Bellière (C 258). Sim, estamos em condições de reconhecê-lo e de louvar o Senhor porque o "maná oculto", o "alimento totalmente espiritual" que Teresa sonhava em partilhar (cf. C 261) foram partilhados e vividos por "um número grande de pequenas almas, uma legião de pequenas vítimas" (Ms B, 5v). Experimentaram e confirmaram na sua própria existência essa "pequena via muito reta, muito curta, muito nova" (Ms C, 2f), que Jesus, o Doutor dos doutores, havia ensinado primeiramente, em segredo, à humilde carmelita (cf. Ms A, 83 f; C 196).

Desde a primeira publicação da História de uma alma, *os testemunhos são inumeráveis. Teresa ensinou a "via da confiança simples e amorosa" (C 261), "a do sofrimento unido ao amor" (C 258) aos mais humildes cristãos e aos papas, a uma multidão de homens e mulheres de todos os níveis culturais e de todas as classes sociais, muitas vezes a jovens sedentos de absoluto, tanto nas antigas ordens religiosas de espiritualidades diversas como nas novas comunidades e nos movimentos cristãos nascidos no pós-Concílio. Mas testemunhos da presença de Teresa levantam-se também além das fronteiras confessionais, entre os ortodoxos, os protestantes, e até entre os muçulmanos. Faço votos de que outros estudem essa ampla irradiação do ensino teresiano para mostrar melhor seu alcance ecumênico e religioso universal. Sim, a Padroeira das Missões faz ressoar sua "pequena doutrina" (C 196) até os confins da terra.*

João Paulo II afirmava em Lisieux que o carisma teresiano é a um só tempo "a confirmação e a renovação da mais fundamental e universal verdade" da Revelação. O gênio de Santa Teresa inspirou letrados como Bernanos, filósofos como Jean Guitton ("Teresa traz o selo da modernidade") e Edith Stein, pregadores, fundadores, artistas, poetas, cineastas, pintores e arquitetos; minha enumeração não se pretende exaustiva. Vê-se que o campo multiforme da cultura abre-se à pesquisa e à reflexão de todos aqueles que se empenharem em ajudá-lo na missão que lhe foi confiada por dom Pican de retomar a causa do Doutorado de Teresa de Lisieux. Pelo que me toca, posso assegurá-lo da colaboração do corpo docente da nossa Pontifícia Faculdade Teológica Teresianum de Roma. Pode contar também com as orações de todos os carmelitas, homens e mulheres, que reconhecem de bom grado em Teresinha "a Doutora excelsa do amor de Jesus", segundo a nomeou padre Léthel em sua bela obra sobre a Teologia dos Santos.

Permita-me, caro padre, concluir esta carta fazendo minhas as seguintes palavras do padre Marie-Eugène: "A cada virada da história, o Espírito Santo concede um guia, a cada civilização que surge, dá um mestre encarregado de divulgar sua luz. Na aurora deste novo mundo que se anuncia, Deus nos deu Teresa do Menino Jesus. Seria profetizar expressar a nossa convicção, apoiada na obra já realizada, na amplidão do campo onde ela atua, o qual não é outro senão o universo inteiro, no poder e na pureza da luz emitida, e afirmar que Teresa será, já está entre os grandes mestres espirituais da Igreja?"

Ao lado de Santa Teresa de Jesus e São João da Cruz, espero e acredito, Santa Teresa do Menino Jesus e da Sagrada Face será a Doutora da Igreja do terceiro milênio, a Doutora da civilização do amor.

Peço-lhe, acreditai, Excelência, em meus sentimentos fraternos e na minha união de oração.

Pe. Philippe Sainz de Babanda, OCD
Prepósito Geral

Prefácio
Dom Guy Gaucher

Eis um livro esperado há longos anos. É o resultado de quarenta e cinco anos de trabalhos, iniciados por dom André Combes e, depois, pelo padre François de Sainte-Marie, o.c.d., continuado por uma equipe de carmelitas de Lisieux, por religiosas, religiosos e leigos. É preciso agradecer ao Carmelo de Teresa, que, ao abrir seus ricos arquivos, permitiu levar a bom termo esta obra essencial para a Igreja e para o mundo[1].

Não disfarcemos a alegria provocada por esta publicação: pela primeira vez, a obra escrita de Santa Teresa do Menino Jesus e da Sagrada Face é tornada facilmente acessível num só volume, ao mesmo tempo de leitura, de trabalho, de oração.

Não traz novas revelações, pois é a conclusão da edição dos *Manuscritos autobiográficos* de 1956 e da "Édition du Centenaire" (1971-1988), que forneceram, com todas as garantias de autenticidade, a integralidade da obra escrita, e as *Últimas palavras*, palavras recolhidas pelas irmãs de Teresa no final de sua vida.

Claro, uma lógica rigorosa teria exigido dois volumes: um para os Escritos e outro para as Palavras, mas o trabalho de crítica sobre estas últimas (os "logia") não está concluído[2], e a vida levou a melhor sobre a lógica: teria sido deplorável não integrar aqui as *Últimas palavras*, que coligem as conversas de uma Teresa doente, tão verdadeira, tão espontânea, no auge da santidade, quando a tuberculose a destrói e a provação interior a tortura.

Longe de fazer caducar a "Édition du Centenaire"[3], este "Totum" remete constantemente a ela todos aqueles que pretenderem aprofundar as riquezas te-

---

1. Os arquivos também forneceram abundante iconografia, ilustração perfeita desse "Totum": *Thérèse et Lisieux*, de Pierre Descouvemont e Helmuth Nils Loose, 336 p., com 600 documentos fotográficos, Ed. du Cerf, Paris, 1991.

2. Numerosos elementos foram divulgados na revista *Vie Thérèsienne*.

3. Que recebeu o Grand Prix da Academia Francesa, Prix du Cardinal-Grente (Fundação Broquette-Gronin), em junho de 1989. Revista, corrigida e completada (com a publicação dos

resianas consultando as introduções, notas, apêndices, seções de crítica textual, documentos complementares etc. Essa edição continuará indispensável para o prosseguimento dos trabalhos de pesquisa que, podemos imaginar, se multiplicarão, com o olhar novo das novas gerações.

De fato, a obra teresiana não desvendou ainda todos os seus segredos e é preciso dizer: "a obra teresiana". Um paradoxo subsiste: enquanto Santa Teresa de Lisieux é conhecida no mundo inteiro, ela continua desconhecida de muitos: sua vida tão curta, tão simples, suas rosas desfolhadas sobre o mundo induzem a ilusão.

Na verdade, inúmeras "pequenas almas" — os pobres de Javé, os pequenos do Evangelho — perceberam esse mistério e, coisa mais espantosa, numerosos intelectuais, como Emanuel Mounier, que constata: "Teresa é um ardil do Espírito Santo"[4].

No século XX, num período de prodigiosa mutação do mundo, uma moça, enclausurada durante nove anos num Carmelo desconhecido, foi proclamada por Pio XI, em 1927, padroeira das missões universais, em pé de igualdade com o jesuíta São Francisco Xavier. Um de seus antecessores, São Pio X, a declarara "a maior santa dos tempos modernos", apesar de ela ter desejado ser a menor, à semelhança de Maria de Nazaré, que veio a ser a Rainha dos homens e dos anjos.

Este livro não é somente um ponto de chegada, é uma etapa, pois o fato de ter reunido a obra toda dá um novo colorido ao conjunto.

A doutrina de Teresa é absolutamente inseparável de sua vida. De fato, sua "pequena doutrina" (Ms B, 1v) brotou dos acontecimentos da sua breve existência. A jovem carmelita não escreveu nenhum tratado sistemático. É preciso ir e voltar no quebra-cabeça dos seus escritos para elaborar uma visão de conjunto, motivo de certas variações nas múltiplas definições da via de infância espiritual, núcleo da mensagem teresiana enraizada no Evangelho, seu guia fundamental. Jesus é seu único "Diretor" (Ms A, 71f; 74f etc.), São João da Cruz, seu pai espiritual, e a fundadora da Reforma, a *Madre* de Ávila, fornece-lhe a matriz de sua vida carmelitana. Porém, o caminho de irmã Teresa do Menino Jesus foi solitário. O Espírito Santo conduziu com apressado rigor sua "corrida de gigante" (Ms A, 44v), que havia de ser brevíssima. Em perspectiva histórica, podemos constatar que um desígnio providencial de amor guiou sua vida, que nunca cessou de interiorizar-se e expandir-se nas dimensões do mundo.

Uma das vantagens deste livro será exatamente a de se poder passar facilmente de uma poesia para uma oração, de uma carta para uma passagem dos *Manuscritos*. A cronologia profunda é, em primeiro lugar, a da "história de uma alma". Teresa, que tanto gostava de marcar as datas, teve consciência de que, no tempo, uma história santa iria revelar-se, um dia, em sua existência. Para ela, a

---

Manuscritos autobiográficos e a retomada de *La premiére Histoire d'une Âme* de 1898), ela é reeditada como "Nouvelle Édition du Centenaire" (Cerf/DDB, 1992).

4. Cf. B. Bro, *La gloire et le mendiant*, p. 16-17.

comunhão dos santos era uma realidade vital: toda a sua vida religiosa se enraizava nela e não duvidava da fecundidade que surgiria da sua vida oculta com o Deus escondido (Is 45,15).

O que há de prodigioso nesta história, quando captada num certo nível de profundidade, e não reduzida à crônica de uma família cristã do século XIX, é que cada um dos Martin ocupa seu lugar em estreita ligação com o lugar dos outros. Essa história continua[5]...

Outro tema de meditação: essas páginas, *best-seller* mundial, não são de um "escritor": "... não escrevo para fazer uma obra literária, mas por obediência..." (Ms C, 6f). De fato, os *Manuscritos autobiográficos* não passam de "cadernos de obediência". As Poesias são, em sua maioria, encomendadas pelas carmelitas e o "Teatro" ritma as festas recreativas, para a alegria e a edificação das religiosas. Suas Cartas são frequentemente escritas às pressas, pois falta-lhe tempo. Contudo, desses rascunhos com ortografia hesitante, não destinados à publicação, surge uma doutrina coerente, de uma simplicidade transparente que desafia a análise dos teólogos.

A experiência prova ser possível esquivar a mensagem teresiana, não aderir à sua linguagem, a do mundo religioso do final do século XIX. Mas as novas gerações, sedentas de autenticidade, não se deixam enganar. Que lhes importa a linguagem, se Teresa lhes desvela a exigência de um Amor único, o de Jesus, purificado pelo fogo da provação da fé e da esperança e que tem um impacto decisivo em sua vida ordinariamente cotidiana?

A inesgotável Teresa não chega a revelar por completo seus segredos. Em 1965, Daniel-Rops terminava sua monumental *História da Igreja de Cristo* com cinquenta páginas dedicadas a ela, em quem via um símbolo universal[6]. Depois do Concílio Vaticano II, percebeu-se que as intuições de Teresa, muito à frente do seu tempo, aproximavam-se dos temas de maior monta desse Concílio[7]. Ela está presente nas grandes correntes espirituais deste século e inspirou numerosos santos e bem-aventurados modernos[8]. De Bento XV a João Paulo II, todos os papas foram mais ou menos teresianos: suas declarações constituem uma mina fecunda[9].

Lembremos apenas o essencial da homilia do primeiro papa-peregrino de Lisieux, em 2 de junho de 1980: "De Teresa, pode-se dizer com convicção que o

---

5. A causa de beatificação dos pais, Os Martin, já passou por várias etapas preparatórias.
6. *Un combat pour Dieu*, tomo XII, "La meilleure Bibliolhèque", 1962-1965, p. 341-373.
7. Cf. Etienne Michelin, "Thérèse de l'Enfant-Jésus au coeur de Valican II", in *Thérèse de l'Enfant-Jésus, Docteur de l'Amour*, Ed. du Carmel, 1990/1991, p. 73-110.
8. Citemos, por exemplo, os santos Rafael Kolinowski, carmelita polonês (1835-1907), e Maximiliano Kolbe (1894-1941); o bem-aventurado Daniel Brottier (1876-1936); as bem-aventuradas Benedita da Cruz, carmelita (Edith Stein, 1891-1942), Isabel da Trindade, carmelita (1880-1906), Teresa dos Andes, carmelita chilena (1900-1920)... Outros cuja causa de beatificação foi aberta: Padre M.-J. Lagrange, O.P. (1876-1936); Marta Robin (1902-1981); Padre J. M. Poppe, belga (1890-1924); Padre Marien-Eugène de l'Enfant-Jésus, O.C.D. (1894-1967).
9. Todos esses textos encontram-se em VT, n. 92, outubro de 1983, e n. 93, janeiro de 1984.

Espírito de Deus permitiu a seu coração revelar diretamente aos homens deste tempo o *mistério fundamental*, a realidade fundamental do Evangelho: o fato de termos recebido realmente 'um espírito de filhos adotivos que nos leva a bradar: Abba! Pai!' *A pequena via* é a via da 'santa infância'"[10].

Por ocasião da visita *ad limina apostolorum* dos bispos do oeste da França, em 14 de fevereiro de 1992, João Paulo II declarou na conclusão de sua alocução: "A santa padroeira das missões é de vossa região. Desde Lisieux, Teresa do Menino Jesus e da Sagrada Face fez irradiar pelo mundo seu ardor missionário. Seu ensino espiritual, de luminosa simplicidade, continua a tocar fiéis de todas as condições e de todas as culturas. É justo pedir a ela que ajude os católicos da França a seguir sua via de santidade e a desenvolver sua solidariedade com seus irmãos da Europa, da África e das demais partes do mundo a fim de partilhar os dons recebidos de Cristo, nossa salvação"[11].

Com isso, compreende-se melhor que, retomando o processo aberto em 1932 pelo padre Desbuquois, jesuíta da Ação Popular (1869-1959), os bispos da França, reunidos em assembleia plenária em Lourdes, tenham votado, em 29 de outubro de 1991, um requerimento a João Paulo II solicitando que Santa Teresa do Menino Jesus e da Sagrada Face seja declarada Doutora da Igreja[12].

Não escreveu ela, em setembro de 1896: "Ah! Apesar da minha pequenez, gostaria de iluminar as almas como os Profetas, os Doutores..." (Ms B, 3f); "... sinto-me com vocação [...] de Doutora..." (2v)? Pois bem, podemos constatar que Deus atendeu a todos os seus desejos: "... sempre me deu o que eu desejava, ou melhor, Ele fez-me desejar o que queria me dar" (Ms C, 31f).

Possa este livro favorecer a realização desse desejo que será fonte de graças para a Igreja e o mundo na hora da "nova evangelização". E com esta esperança que aguardamos serenamente uma decisão da Igreja na escuta do Espírito Santo.

Dom Guy Gaucher
Bispo auxiliar de Bayeux e Lisieux

---

10. "Le Livre de poche", n. 5478, p. 176.
11. *La Documentation catholique*, n. 2047, 5 de abril de 1992, p. 305.
12. Ibid., n. 2040, 15 de dezembro de 1991, p. 1087.

Preâmbulo

A presente obra, que reúne todos os textos e as últimas palavras de Santa Teresa de Lisieux num só volume, foi elaborada a par da revisão e conclusão da edição crítica conhecida hoje sob o título de "Nouvelle Édition du Centenaire", entre o centenário de nascimento (1873) e o da morte da jovem carmelita (1897).

Encontrar-se-á, portanto, a substância das introduções e da anotação dos oito volumes da edição crítica (5.000 páginas), com alguma disparidade na redução dessas notas, de acordo com os livros, mais breves para as Cartas e as Últimas Palavras, mais desenvolvidas para os Manuscritos autobiográficos, as Poesias, os Recreios piedosos e as Orações, pois os cotejos entre os diferentes livros foram extremamente numerosos. As notas-chave (as principais são repertoriadas no final do volume) permitirão estudar os temas principais do ensino teresiano em toda a sua envergadura.

Aliás, para as citações de outros autores, sempre será possível passar das notas da presente edição, em que figuram abreviadas ou em referências, para os textos mais desenvolvidos citados por extenso nos volumes da "Nouvelle Édition du Centenaire". Isso diz respeito principalmente às fontes, certas ou prováveis, de pensamentos expressos por Teresa.

Os textos foram estabelecidos por irmã Cecília, do Carmelo de Lisieux, a partir dos manuscritos originais. Não voltamos às justificações deste trabalho, dadas na edição crítica, à qual sempre se pode recorrer: Para o presente volume, destinado a um vasto público, foi necessário retificar a ortografia, frequentemente errada, e reformular ligeiramente a pontuação (conservando, porém, as incorreções de estilo e de sintaxe).

A fim de estabelecer contato mais direto entre o leitor e Teresa, julgamos melhor oferecer-lhe um texto o mais despojado possível, remetendo todas as notas para o final de cada obra. Todavia, uma inovação pareceu-nos impor-se: a indicação, à margem, das referência bíblicas, tão numerosas em certas passagens, e que fazem parte da meditação teresiana. Nas notas, as remissões a outras notas importantes são assinaladas por um sinal (+).

A fim de permitir uma orientação rápida, dois registros biográficos estão à disposição do leitor: uma cronologia sintética e as "Referências históricas", que permitem situar cada escrito de Teresa em seu contexto histórico e psicológico.

J. L.

Referências históricas

ALENÇON

Por suas raízes familiares, Teresa de Lisieux é, antes, Teresa de Alençon. Aí nasceu ela em 2 de janeiro de 1873.

Testemunha inesquecível dos "anos ensolarados" da sua primeira infância (Ms A, 11v), Alençon identifica-se para ela com a imagem dos pais.

Louis Martin beira os 50 anos quando nasce sua nona filha. Aos 20 anos, pedira para ser admitido entre os religiosos do Grande São Bernardo. Em vão. Por toda a vida conservará a atração pelo "silêncio e a paz de uma solidão profunda". Aos 35 anos, opta pelo matrimônio (1858). Exerce então a profissão de relojoeiro/joalheiro (1850-1870), se bem que menos como comerciante e mais como artista. No lar, sua bondade transbordante expressa-se em ternura para com os filhos.

Aos 41 anos, Zélie Martin enfrenta com alegria uma nova gravidez. Porém, essa mulher tão sensível quanto enérgica acusa já os indícios de uma grande fadiga física e, sobretudo, de um profundo sofrimento moral. A perda de quatro filhinhos, as vigílias prolongadas sobre o trabalho minuciosíssimo de rendeira do "ponto de Alençon" desgastaram-na prematuramente.

Embora empenhados nas lides de ordem material, os Martin não se restringem a elas. A fé, chave de toda a sua existência, convida-os a ver nos bens materiais a sombra dos bens futuros. A busca de um "além" dos horizontes terrestres traduz-se, nele, pela atração por romarias; nela, por uma aspiração nostálgica ao céu.

Nesta quadra, Teresa descobre a sua cidade natal. Os quatro pontos cardeais do seu universo são fáceis de ser determinados: a Prefeitura, que ela pode contemplar da sacada de sua casa, rua Saint-Blaise (Ms A, 9v); seguindo a calçada, à sua esquerda, chega-se à igreja Notre-Dame, onde foi batizada em 4 de janeiro de 1873; outro destino de seus passeios, a estação ferroviária: que alegria ver voltar Pauline para as férias (Ms A, 7f); o que mais a alegrava era a visita ao Pavillon, pequena propriedade de seu pai, ao sul de um meandro do rio Sarthe (Ms A, 11v).

Encanta-a, também, o passeio dominical pelo campo circundante: as flores campestres, o ouro dos trigais maduros, os "longes" esmaecidos enchem-na de poesia.

"Começava a gozar a vida" (Ms A, 11f)
Abril-setembro de 1877
4 anos

Um "duendezinho de quatro anos" (10v): é como aparece Teresa no início dos seus escritos. "Como era feliz nessa idade" [11f]. Quatro irmãs mais velhas cumulam-na de atenções e presentes. As duas mais velhas — 17 e 15 anos e meio — extasiam-se perante as artes da caçula. Marie não esconde o orgulho pela sua afilhada e aluna. Pauline, ainda interna, recebe, durante as férias da Páscoa, as primeiras confidências do "anjinho" (CG, p. 97), para quem já é o "ideal de criança" (6f).

Léonie, adolescente difícil de 14 anos, ocupa "um grande lugar" no afeto da menininha. Quanto a Celine, três anos e meio mais velha, é a companheira sonhada das suas brincadeiras. Foi a vontade de "fazer como ela" em tudo (4v) que nos valeu duas das primeiras cartas de Teresa (C 2 e 3).

Mas essa felicidade de criança passa cedo "pelo crisol da provação" (12f). A senhora Martin falece na madrugada do dia 28 de agosto de 1877, após grandes sofrimentos. Não completara 46 anos. "Não me lembro de ter chorado muito", escreverá mais tarde Teresa, "não falava com ninguém dos sentimentos profundos que eu provava" (12v). Foi necessário algum tempo para que o choque então sofrido pela menina se manifestasse. A partir do dia do enterro da mãe, ela busca refúgio nos braços de Pauline (13f).

O último olhar da moribunda fora para sua cunhada, a senhora Guérin, A fim de aproximar as filhas da tia, o senhor Martin decidiu mudar de residência para Lisieux. Para ele, aos 54 anos, é o desarraigamento. As órfãs, porém, a começar por Teresa (13v), ficam encantadas com a solução.

LISIEUX: LES BUISSONNETS

Uma vida "tranquila e feliz" (Ms A, 22f)
Novembro de 1877-outubro de 1881
4/8 anos

A pedido do cunhado, o senhor Guérin localizara em Lisieux, próxima à sua própria residência, uma "casa encantadora dominada por um mirante". "De fora da casa, não se é visto de lugar nenhum", mas goza-se, em contrapartida, de "um delicioso panorama da cidade" (CG, p. 112-113).

Em 15 de novembro de 1877, sob a direção do tio, as cinco meninas Martin deixam para sempre a casa da rua Saint-Blaise. Sem esperar o pai, retido por negócios em Alençon, elas se instalam no dia seguinte nos Buissonnets. Teresa morará mais de dez anos nesse ambiente aprazível.

Para o "nenê" convergem as ternuras das irmãs mais velhas, que se fizeram suas mãezinhas; e, especialmente, as do pai, seu "rei querido", que lhe dá mostras de um "amor verdadeiramente maternal" (13f).

No início de janeiro de 1878, Léonie e Céline são confiadas às beneditinas da cidade. "Mamãe Pauline" (17f) desdobra-se, então, para a pequena Teresa, em professora firme e afetuosa. A aluna se mostra assaz empenhada para aprender a escrever sozinha antes dos 7 anos.

Alguns acontecimentos emergem de sua existência:
- *inverno 1879-1880*: primeira confissão que a faz "feliz e leve" (1v);
- *13 de maio de 1880*: primeira comunhão de Céline, um dos dias mais bonitos da vida de Teresa (25v);
- *verão de 1879 ou 1880*: visão misteriosa de seu pai, curvado, envelhecido, de rosto velado, quando este se encontra, naquela ocasião, em Alençon (19f/21f).

As cartas de seus correspondentes (cf. CG, p. 116-127) mostram-na muito alegre, sobretudo no contato com a natureza: flores, pássaros e "esse grande mar" que a maravilha (21v/22f).

"Bastante crescida para começar a lutar" (Ms A, 22f)
Outubro de 1881-fevereiro de 1884
8/11 anos

Teresa está com 8 anos e meio. Em outubro de 1881, ingressa como semi-interna na abadia das beneditinas. Porém, essa solitária mimada dos Buissonnets não consegue integrar-se no grupo. "A pobre florzinha" acha amargo passar da "terra seleta" para a "terra ordinária" (22f). Por isso, apesar dos bons resultados escolares — classifica-se facilmente entre as primeiras —, apesar, sobretudo, do afeto das religiosas, Teresa designará esses cinco anos de colégio como "os anos mais tristes de sua vida" (ibid.).

Nessa época, seu grande sonho era ir um dia, com Pauline, "para um deserto remoto" (25v). De fato, Pauline, que está com 21 anos, tem os olhos voltados para "o deserto" do Carmelo. Sua partida é rapidamente decidida. Teresa fica sabendo, por surpresa, durante o verão de 1882. O golpe é brutal (26f).

Em 2 de outubro de 1882, recebe, morta de pesar, "o último beijo" de sua segunda mãe (26v). A partir de então obtém, "com muito custo, dois ou três minutos, no final do locutório" onde a família faz, cada quinta-feira, uma visita à nova carmelita, irmã Inês de Jesus. "Dizia, no fundo do meu coração: 'Pauline está perdida para mim!!!'" (27f). A saúde de Teresa altera-se durante o inverno seguinte. A crise aguda declara-se na Páscoa.

Em 23 de março de 1883, o senhor Martin leva Marie e Léonie a Paris para as cerimônias da Semana Santa. Já abalada pela mágoa, entregue a seu tio e sua tia, Teresa não consegue superar essa breve separação. Na tarde da Páscoa, 25 de março, o senhor Guérin, sem se dar conta, completa a tragédia quando evoca a lembrança da senhora Martin (27v). Algumas horas depois, a menina é tomada por tremores nervosos aos quais sucedem crises de medo e alucinações. Chama-se com urgência o senhor Martin e suas filhas. Marie instala-se à cabeceira da menina, na casa dos Guérin, pois ela não pode ser transportada (28f).

O desejo de beijar Pauline, mais uma vez, por ocasião da tomada de hábito, provoca uma melhora, em 6 de abril. No dia seguinte, sobrevém uma recaída, nos Buissonnets. Manifestações desoladoras multiplicam-se. A "estranha doença" (28v) desnorteia o Dr. Notta, que, de passagem, fala de "dança de São Guido", mas exclui formalmente a histeria.

Após cinco semanas de angústia, a fé da família Martin consegue finalmente a cura da doença diante da qual a ciência fora impotente. No domingo, 13 de maio de 1883, dia de Pentecostes, a menina sente-se repentinamente liberada pelo "encantador sorriso da Santíssima Virgem" (30f).

Bem recuperada, Teresa pode aproveitar as férias extraordinárias que o senhor Martin oferece às filhas, na segunda quinzena de agosto de 1883. Não tinha voltado a Alençon desde 15 de novembro de 1877. "Posso dizer que foi durante minha estada em Alençon que fiz a minha primeira entrada no mundo. Tudo era alegria, felicidade ao meu redor" (32v). Naquela ocasião, encontra-se com o padre Pichon, diretor espiritual da primogênita, Marie. Qualquer um sente-se logo à vontade com esse religioso muito acolhedor. A menina de 10 anos atende, sem constrangimento, ao pedido de seu pai, que a convida a beijar o padre.

No fundo, porém, e por muito tempo ainda, Teresa sente "aflições de alma": receia ter simulado a doença, na primavera de 1883 (cf. 28v, 31f), receia ter mentido aludindo a um "sorriso da Rainha dos Céus" em 13 de maio (30v/31f). Só será liberada das suas aflições em novembro de 1887 e em maio de 1888.

"Recordação desanuviada" (Ms A, 32v)
Fevereiro de 1884-maio de 1885
11/12 anos

Os três meses que antecedem imediatamente a primeira comunhão de Teresa marcam um dos tempos fortes no diálogo espiritual entre a menina e sua "mãezinha" (33f; cf. as doze cartas de irmã Inês em CG, p. 157-171). Conservou-se apenas uma resposta de Teresa (C 11). De fato, sua verdadeira resposta é sua extraordinária generosidade.

Marie participa ativamente na preparação da irmãzinha (33f). Teresa colhe todo dia dezenas de "flores" para o Menino Jesus: sacrifícios, atos de virtude. Irmã Inês as ilustra com graciosos símbolos: rosas, violetas, margaridas, pilriteiros, lírios-do-vale, miosótis etc. A menina as "perfuma" com aspirações de amor (breves orações, sugeridas por Pauline). De noite, registra o total no "livrinho encantador" preparado pela carmelita.

Assim entra o simbolismo da flor no vocabulário, melhor, na espiritualidade de Teresa. Em 1896, em pleno desabrochar de seu gênio místico, a santa não logrará encontrar expressão mais adequada para seu amor apaixonado por Jesus que o gesto da menininha dos Buissonnets: lançar flores (Ms B, 4f/v; P 34)... até o dia em que o símbolo se torne realidade. No seu leito de enfermaria, a flor que ela desfolha é sua própria vida.

O ano de 1884 representa um ápice espiritual na vida de Teresa criança. A autobiografia mostra a densidade da experiência mística ligada a essas datas importantíssimas:

- *8 de maio de 1884*, primeira comunhão: "não era mais um olhar, mas uma fusão" entre Jesus e Teresa (35r);
- *22 de maio, Ascensão*, segunda recepção da Eucaristia: "Não sou mais eu quem vive, é Jesus quem vive em mim" (36r);
- *14 de junho*, recepção do "sacramento do Amor" (36v), a crisma. No dizer de Céline, Teresa prepara-se com uma "santa embriaguez";
- no decorrer do ano de 1884, outra comunhão faz nascer em seu coração "um grande desejo de sofrimento"; ela repete: "Ó Jesus! doçura inefável, transformai, para mim em amargura todas as consolações da terra!" (36f/v).

Uma mudança de ares, necessária para tratar uma coqueluche, propicia a Teresa férias divertidas em Saint-Ouen-le-Pin, numa propriedade da senhora Fournet, mãe da senhora Guérin. "Era uma modesta residência num sítio alugado a granjeiros." Teresa desenha esse sítio, em 8 de agosto. "As lagoas e o riacho do sítio a interessavam muito, e, além das pastagens, um minúsculo bosque, alvo frequente dos nossos passeios" (nota de Céline). Em Saint-Ouen, "o rosto de Teresa está sempre irradiando felicidade" (CG, p. 178).

"Nos cueiros da infância" (Ms A, 44v)
Maio de 1885-novembro de 1886
12/13 anos

Depois de mna semana de férias agradáveis em Deauville (3-10 de maio) no Chalé das Rosas, Teresa faz na abadia o retiro preparatório para "segunda comunhão" (21 de maio de 1885). "O que o padre (Domin) nos disse era muito assustador..." (Notas de retiro; cf. infra, "Escritos diversos"). Ao se enxertar num estado físico abalado (C 16) de Teresa, esse ensino desencadeia nela "a terrível doença dos escrúpulos [...]: contar o que sofri durante um ano e meio me seria impossível" (39f).

Sua irmã mais velha, Marie, passa a ser então seu "único oráculo". (41r). Sua madrinha precisa de muita paciência para escutar, todas as noites, a confissão lacrimosa da irmãzinha. Teresa torna-se "verdadeiramente insuportável com sua sensibilidade excessiva" (44v).

Porém, revela-se "plenamente feliz" em Saint-Ouen-le-Pin, em julho de 1885 (CG, p. 195). Em setembro, ela sente "prazer em Trouville" na companhia de Céline (41v). Todavia, voltar ao colégio, em outubro de 1885, sem "sua inseparável" ultrapassa suas forças. Logo adoece de tristeza. O senhor Martin vê-se obrigado a levar a filha para casa. Ela só tem 13 anos. O pai a faria completar os estudos com aulas particulares da senhora Papineau (C 19 e Ms A, 39v/40f).

Em julho de 1886, mesmo em Trouville, em casa da tia Guérin, sente-se desorientada sem a madrinha. É preciso repatriá-la nos Buissonnets, depois de dois ou três dias.

Pode-se imaginar seu estupor quando vem a saber da próxima partida de Marie para o claustro (42v). Em 7 de outubro, Léonie ingressa inesperadamente no convento das Clarissas de Alençon. No dia 15, Marie entra no Carmelo. "Da alegre e numerosa família dos Buissonnets, só restavam as duas últimas filhas" (43v). Humanamente, não há mais saída para Teresa.

Mas, assim como em 1883, a graça supre a natureza. Depois de uma oração intensa a seus quatro irmãozinhos e irmãzinhas do céu, Teresa sente-se apaziguada, liberada dos escrúpulos (44l). Mas não se trata ainda da "completa conversão" (45l), que virá na noite de Natal de 1886.

A GRAÇA DE NATAL

A noite de Natal de 1886 marca uma virada decisiva na existência de Teresa. Em 1895, ela avaliaria ter inaugurado em sua vida o período "mais bonito de todos, o mais repleto das graças do céu" (45v). Para qualificar esse evento-chave, recorre às mais densas palavras: "milagre" (44v), "conversão" (ibid. e 86f, Lt 201). Faz-se lírica para descrevê-lo (44v).

A transformação é tal que, dentro de quinze meses, a criança chorona de ontem poderá ingressar entre as filhas de Teresa d'Ávila — que as queria viris (cf. C 201).

Podem-se distinguir algumas etapas desse período:
- *Natal de 1886 — outubro de 1887*, meses de plenitude humana e espiritual;
- *outubro de 1887*, mês de luta por sua vocação;
- *novembro-dezembro de 1887*, a viagem a Roma e seus prolongamentos;
- *janeiro-abril de 1888*, a espera tranquila do Carmelo.

"As brisas perfumadas da aurora" (C 142)
Natal de 1886-outubro de 1887
13/14 anos

Da expressão extraída do *Cântico espiritual* de São João da Cruz Teresa serviu-se, em 1893, para qualificar o ano excepcional de 1887. A autobiografia o confirma: realmente, trata-se, para ela, de um despertar de todo o seu ser. "Passou a ser grande em tamanho e sobretudo em graça" (47v).

Desenvolvimento físico: tem agora 14 anos. "Meu bebê tão crescido" escreve-lhe Marie em maio de 1887 (CG, p. 228); "a grande Teresa", diz Jeanne Guérin (CG, p. 230).

Desenvolvimento intelectual: "Livre dos escrúpulos, da excessiva sensibilidade, meu espírito desenvolveu-se. Sempre gostara do grande, do belo, mas nessa época fui tomada por um desejo extremo de saber" (46v). Além das aulas da sua professora, acrescenta "estudos especiais de história e de ciência" e também aulas de desenho com Céline (521).

Sobretudo, desenvolvimento espiritual: Jesus, disse ela, "instruía-me em segredo nas coisas do seu amor" (49f). É preciso, aqui, contentar-nos com o enunciado das graças mais marcantes:

— *maio de 1887*: leitura das conferências do padre Arminjon, "uma das maiores graças da minha vida" (47f/v);
— *julho*: despertar para a dimensão apostólica, diante de uma imagem do Crucificado, na basílica de São Pedro (45v);
— *julho-agosto*: engajamento sem reserva na salvação do assassino Pranzini, seu "primeiro filho" (45v/46v);
— *verão*: conversas espirituais com Céline no mirante dos Buissonnets (48f).

Daí para a frente, "o chamamento de Deus era tão insistente que tivesse sido preciso atravessar as chamas, tê-lo-ia feito para ser fiel a Jesus" (49f). No Domingo de Pentecostes, 29 de maio, Teresa obtém de seu pai, sem dificuldade, a permissão para ingressar no Carmelo, aos 15 anos. Céline também é uma sua aliada, passou a ser sua "irmã de alma" (47v). Desde a partida de Marie para o Carmelo, Céline e Teresa gozam "da vida mais mansa com que duas moças podem sonhar" (49v). Daí para a frente, viverão "juntas" sua aventura espiritual.

"Na ponta da espada" (C 201)
Outubro de 1887
14 anos

Em 8 de outubro, menos de três meses antes do Natal, data escolhida por ela para seu ingresso no Carmelo, Teresa arrisca-se, afinal, a falar com seu tio Guérin. Primeira reação negativa (C 27). Quinze dias depois, 22 de outubro, reviravolta completa sob a influência de irmã Inês de Jesus (cf. infra, Ms A, 51v, notas 230-231).

Porém, o cônego Delatroëtte, superior do Carmelo, opõe então um veto categórico (521). A insistência das carmelitas só obtém um endurecimento desse *não* obstinado.

O capelão do Carmelo, padre Youf, é favorável ao projeto. "Uma criança tão encantadora! Ah! Sou eu quem a quer" (CG, p. 256). Ele aprova o recurso ao bispo de Bayeux.

Teresa apresenta-se perante dom Hugonin, em 31 de outubro, acompanhada por seu pai. Com os cabelos levantados em coque, a fim de parecer mais velha, usa todos os recursos da sua eloquência (55f). O bispo mostra-se paternal, mas não diz nem sim, nem não: examinará a questão com o cônego Delatroëtte (54v, 55v).

Ao vigário-geral, padre Révérony, cabe de fato a última decisão. Homem prudente, que estima a vida religiosa, terá logo ocasião de examinar à vontade a candidata.

As três cartas de Teresa (C 27 a 29) só trazem um eco muito atenuado da diplomacia complexa cujos meandros são revelados pela *Correspondência Geral*. Em compensação, mostram os sentimentos de Teresa no meio desses enfrentamentos: "Minha alma estava mergulhada na amargura, mas também na paz, pois só procurava a vontade de Deus" (55v).

Viagem a Roma
Novembro-dezembro de 1887
14 anos

A viagem a Roma: um acontecimento para a época. No plano humano, o acontecimento da vida de Teresa: "Ela, por si só, instruiu-me mais que longos anos de estudos" (55v).

As oito cartas de Teresa (C 30 a 37) podem iludir a respeito de seu comportamento. Mostra-se preocupada com um único objetivo: "conseguir uma palavra do Papa" (C 35). Estaria alheia ao que a cercava? Não. Dentro de alguns meses, as cartas a seu pai fornecerão a prova de que essa normandazinha não esqueceu seu realismo para apreciar "a suntuosa cozinha da Itália" nem seu humor para registrar a gíria pitoresca dos guias de Roma.

Dessa viagem de um mês, em companhia da nobreza normanda e de setenta e três eclesiásticos, quase uma terça parte do grupo, a autobiografia retém duas lições: a fragilidade das grandezas humanas (55v/56f) e a urgência da oração pelos sacerdotes (56f).

A correspondência trocada entre Lisieux (o Carmelo e os Guérin) e "os três romeiros" — o senhor Martin, Céline e Teresa — é excepcionalmente frequente (cf. GG, pp. 261-324).

Do Carmelo partem as diretivas: espirituais... e, às vezes, diplomáticas; o que não impediria o fracasso da audiência de 20 de novembro (C 36). Céline culpará o padre Révérony. Teresa não cessa "de esperar contra toda esperança" (64v).

Os romeiros estão de volta a Lisieux em 2 de dezembro. Sem maiores delongas, retomam-se as negociações para resolver a "questão": o ingresso da aspirante no Carmelo no Natal.

Diante da intransigência irritada do superior, padre Delatroëtte, irmã Inês de Jesus está a pique de desistir. Então Madre Maria de Gonzaga e o senhor Guérin assumem as respectivas responsabilidades. Trata-se de jogar a última cartada: a arbitragem do bispo de Bayeux. Todas as manhãs, entre 18 e 24 dezembro, Teresa vai ao correio com o pai (67v), esperando uma resposta às suas cartas (C 38B e 39) para dom Hugonin e para o padre Révérony.

"O preço do tempo" (Ms A, 68v)
Natal de 1887-9 de abril de 1888
15 anos, em 2 de janeiro de 1888

O Natal encontra Teresa nos Buissonnets: a resposta de Bayeux não veio... "Essa provação foi muito grande para minha fé" (67v).

Em 28 de dezembro, Madre Maria de Gonzaga recebe de dom Hugonin a autorização para admitir a aspirante sem dilação. Teresa fica sabendo em 1º de janeiro, mas, por uma viravolta desconcertante, irmã Inês não quer mais o ingresso da irmãzinha antes da Páscoa, por causa da Quaresma. Provação de um "caráter muito particular" (68f), maior ainda que a anterior.

Teresa reage com generosidade. Retoma as aulas semanais com a senhora Papineau. Compreende, sobretudo, o "preço do tempo" e faz que renda o máximo pela fidelidade nas minúcias (68v). Considerará o mês de março como "um dos mais bonitos" de sua vida (UP, p. 779). É também um dos tempos fortes dos seus intercâmbios espirituais, por escrito, com sua "confidente" (C 43B), irmã Inês de Jesus.

"Não posso dizer como essa espera me deixou suaves lembranças. Três meses passam muito rápido, enfim chegou o momento tão esperado" (68v).

NO CARMELO

"É para sempre, sempre que estou aqui!..." (Ms A, 69v)

Na manhã de 9 de abril, após "um último olhar para os Buissonnets" (69f), Teresa assiste com os seus à missa das sete horas no Carmelo. Seguem-se as dores da separação, o último beijo em sua família, sobretudo em seu velho pai, que a abençoa chorando (ibid.). A comunidade se reúne na porta do convento para acolher a postulante. O superior, cônego Delatroëtte, tem, como palavras de boas-vindas, apenas um breve discurso glacial (cf. infra, 69f, nota 301).

A admoestação descortês não quebra o ímpeto de Teresa. Num passo firme, ela atravessa a soleira do claustro.

Situado no fundo de uma depressão insalubre, na proximidade do Orbiquet, o mosteiro tem apenas cinquenta anos de existência. Teresa só lhe conhecia os arredores. Descobre-o agora por dentro. Surpresa agradável: "Tudo me parecia encantador" (69v). Ao redor do coro, centro da vida monástica, uma vintena de celas e os principais locais conventuais desenham um quadrilátero de tijolos vermelhos, de proporções harmoniosas. Completa-o um jardim embelezado por uma ala de castanheiras, beirando um pequeno campo retangular de alfafa: "o prado".

Teresa é levada à sua cela. Só o indispensável nesse quarto de paredes de estuque: o leito, simples enxergão sobre uma tábua; mobília rudimentar. Nem água, nem eletricidade, nem aquecimento. Sem horizonte: a três metros, o telhado de ardósia de uma construção anexa, que não impede o sol de entrar durante toda a tarde. Tem-se aqui uma sensação de solidão e de paz: "Parecia-me ter sido transportada para um deserto, nossa pequena cela, sobretudo, encantava-me" (ibid.). Teresa morará nela por cinco anos, pelo menos. É aí que redigirá sua correspondência, sentada num banquinho, uma estante portátil (sua escrivaninha) sobre os joelhos, iluminada, à noite, por uma lâmpada de querosene.

A postulante não recebe hábito particular, apenas uma pelerine preta por cima do seu longo vestido azul de moça, e a touca tradicional.

A maioria das vinte e seis carmelitas que habitam esse mosteiro são suas conhecidas há seis anos. Em primeiro lugar, "sua querida madre", Madre Maria de Gonzaga, que ela passará a chamar, doravante, de "Nossa Madre". Durante os primeiros meses, Teresa deve controlar-se para não ceder a um afeto alienante (cf. Ms C, 22f). Levada ao coro pela manhã, depois de sua entrada, entrevira, de passagem, o olhar de bondade de Madre Genoveva (Ms A, 69v), a fundadora, uma santa mansa e humilde de coração.

No noviciado, é acolhida por irmã Maria dos Anjos, religiosa de 43 anos, "tipo acabado das primeiras carmelitas" (70v). Já tem três noviças sob sua direção: irmã Maria Filomena, 48 anos; irmã Maria do Sagrado Coração, irmã carnal e madrinha de Teresa, de 28; e irmã Marta de Jesus, 23 anos, postulante conversa, órfã, de inteligência medíocre, educação rude, que dava frequentemente nos nervos da sua nova companheira.

Irmã Teresa do Menino Jesus enfrenta sem ilusão sua exigente vocação (69v). Excetuando uma leve defasagem, no ritmo das estações, segue um horário idêntico de 1º de janeiro a 31 dezembro (cf. infra, apêndices). Para ela, o trabalho reduz-se a tarefas obscuras: remendar roupa, varrer um dormitório, uma escada, um claustro, um pouco de jardinagem como exercício físico. Todos os dias, irmã Maria dos Anjos reúne as noviças para explicar a Regra, as Constituições, os costumes próprios da Ordem. A mestra dirá, mais tarde: "Irmã Teresa do Menino Jesus tinha tal intuição da virtude e da perfeição religiosa que bastava, por assim dizer, instruí-la (nessas coisas) para que as cumprisse imediatamente à risca" (PA, p. 348).

Primeiros passos: "mais espinhos do que rosas" (Ms A, 69v)
9 de abril de 1888-5 de janeiro de 1889
15/16 anos

O postulantado representa, no plano epistolar, um conjunto homogêneo de cinquenta e quatro documentos, sendo vinte e oito cartas do próprio punho de Teresa (C 46 a 73). A cronologia é geralmente bem demarcada. Três etapas marcam esse período de nove meses:

— *9 abril-23 de junho*: tudo vai bem. No Carmelo, o comportamento de Teresa surpreende até a priora. "Nada a lhe dizer, tudo é perfeito...", escreve Madre Maria de Gonzaga à senhora Guérin (CG, p. 369). As "radiosas festas de maio", profissão e tomada de véu de irmã Maria do Sagrado Coração (71f) são coroadas por uma entrevista libertadora com o padre Pichon. Depois de uma confissão geral, a postulante é certificada de nunca ter cometido pecado mortal (70f). É o fim da perturbação interior que carregava havia cinco anos.

Os presentes afluem dos Buissonnets ao mosteiro. Não se passa um dia sem que o senhor Martin remeta dons *in natura* à portaria. A caçula recebe a missão de lhe agradecer.

23 de junho-31 de outubro: abalado pelas confidências de Céline, que lhe anuncia sua vocação de carmelita, o senhor Martin deixa de improviso o seu domicílio. Alerta breve, mas que traumatiza suas filhas. A grafia de Teresa demonstra-o. Encontra, porém, a força para dominar sua ansiedade, a fim de sustentar a coragem de Céline (LT 57 e 65).

Além do mais, a adaptação à vida comunitária não ocorre sem sofrimento. O "canicinho" experimenta sua fraqueza (C 55). Mas sua generosidade não fraqueja. A comunidade resolve admitir Teresa à vestição. O adereço já está pronto quando uma recaída brutal do senhor Martin obriga a adiar a cerimônia.

31 de outubro-3 de janeiro: o enfraquecimento mental do pai leva as filhas a passar um mês de novembro carregado de angústia. A "cura" inesperada convida a fixar a data da tomada de hábito. Na alegria, Teresa vê surgir a aurora dos seus 16 anos (C 73).

A autobiografia dá para aquele ano de 1888 a nota exata: "Sim, o sofrimento abriu-me os braços e eu atirei-me neles com amor" (69v).

"Tudo será para ele, tudo" (C 76)
5-10 de janeiro de 1889
16 anos

A tomada de hábito se dá em 10 de janeiro. O retiro de Teresa começa na tarde do dia 5. Portanto, dura quatro dias em vez de três. A postulante comunica-se por escrito com os seus.

Redigidos às pressas, sem preocupação alguma com o estilo, sobre pobres folhas às vezes já usadas no verso, as mensagens de Teresa assumem frequentemente aspecto patético. Ela o confessa: "Tudo é tristeza" (C 78).

— "privada de todo consolo" (C 76) nessas três ou quatro horas diárias de oração: "Nada perto de Jesus, aridez!... Sono!..." (C 74).

— crivada de "picadas de agulhas" na vida comum: "as criaturas, oh! As criaturas" (C 74);

— não menos ansiosa que suas irmãs a respeito do senhor Martin, sempre ameaçado de um ataque.

Mas a provação educa sua fé. "Creio que o trabalho de Jesus durante este retiro consistiu em desapegar-me de tudo o que não é Ele" (C 78).

A festa do dia 10 de janeiro resulta ainda mais radiosa. "Nada faltava, nada, nem sequer a neve" (72f). Dia de alegria também para o senhor Martin: "Meu Rei querido, nunca fora tão lindo, tão digno... Provocou a admiração de todos" (ibid.).

O NOVICIADO

A tomada de hábito inaugura para Teresa o ano canônico do noviciado. Depois de um ano, a jovem religiosa poderá emitir os votos perpétuos (não havia profissão temporária, na época). Em janeiro de 1890, alcançaria os exatos 17 anos exigidos pelas Constituições para o compromisso definitivo. Os superiores julgarão mais prudente adiar: uma prolongação de oito meses lhe será imposta (73v).

O quadro religioso continua o mesmo do ano anterior. Em 13 de fevereiro de 1889, Madre Maria de Gonzaga é reeleita priora por três anos. Irmã Maria dos Anjos é mantida em sua função de mestra de noviças. Em março, irmã Filomena passa do noviciado para a comunidade. Irmã Maria do Sagrado Coração torna-se decana do noviciado.

A noviça se amolda sempre mais ao ambiente. No Ofício coral, entoa as antífonas, recita os versículos, lê as lições de matinas. Tudo em latim.

Assume, por sua vez, durante uma semana, as tarefas domésticas: toque dos sinos, servir e ler durante as refeições. Nomeada assistente no refeitório, sob a dependência de irmã Inês de Jesus, ela prepara a água e a "cerveja", ao meio-dia e à noite, varre o refeitório, cuida do pequeno anexo vizinho, "Santo Aleixo", refúgio de aranhas, às quais tem horror (CA 13.7.18).

Pelas fotos da época (VTL, n. 5 e 6, e DLTH, p. 142 e 145, janeiro de 1889), a noviça respira alegria. Não uma alegria fingida, mas que não deve enganar. "No fim do mundo, *escreverá Teresa*, quantas pessoas haverá espantadas" a seu respeito (70f)! Em 1889, diz ela, "externamente, nada deixava transparecer meu sofrimento tanto mais doloroso por ser eu a única a conhecê-lo" (ibid.). A autobiografia mantém-se avarenta em confidências. Só dez páginas para cobrir o tempo do noviciado. "Tudo o que acabo de escrever em poucas palavras exigiria muitas páginas de pormenores, mas essas páginas nunca serão lidas na terra" (75f).

Porém, a correspondência permite levantar parte do véu e seguir essa etapa, uma das mais patéticas da vida de Teresa.

"Nossa grande riqueza" [Ms A, 86f]
Janeiro-maio de 1889
16 anos

A cerimônia de 10 de janeiro foi, para o senhor Martin, "seu triunfo, sua última festa neste mando" (72f). Mas "sua glória de um dia foi seguida por uma paixão dolorosa" (73f). Essa paixão, as cartas de 1889 descrevem-na com todo o realismo. O drama começa no dia 12 de fevereiro, depois de as alucinações terem tomado uma forma inquietante para os familiares. O doente vê "coisas horríveis, carnificinas, batalhas", arma-se para defender as filhas Léonie e Céline (cf. CG, p. 456). O senhor Guérin decide transferir imediatamente o cunhado para uma casa de saúde, o Bon Sauveur de Caen. A provação atinge a "rainha" bem no coração: "Ah! Naquele dia, eu não disse que podia sofrer ainda mais!!!" (73f). Teresa não ignora que em Lisieux muitos a consideram responsável pela doença do pai, abalado pela partida sucessiva de suas filhas para o convento. Seu sofrimento é tanto que, durante um ano, as palavras *pai* e *papai* só aparecem raramente em sua correspondência.

As doze cartas de Teresa datando desse período são reveladoras da sua coragem e da força de sua alma: seu conteúdo manifesta o triunfo da fé; sua caligrafia revela um coração despedaçado. Quase todas as cartas são endereçadas a Céline que, com Léonie, vai morar em Caen, perto do senhor Martin.

A sombra dessa provação estende-se como um véu de luto sobre o período todo do noviciado. Mas o véu de dor vai transformar-se, suavemente, num véu de Verônica. Em meio a suas lágrimas, Teresa aprende a reconhecer, por detrás do rosto do seu pai humilhado, os traços do Servo padecente.

"A face ensanguentada de Jesus" (C 95)
Julho-outubro de 1889
16 anos

Os meses se sucedem. A esperança de uma melhora para o senhor Martin esfuma-se. Suas filhas devem acostumar-se a viver com essa aflição lancinante no coração. Teresa não se contenta com uma aceitação passiva. Permanece inteiramente presente ao evento. Daí sua imensa capacidade de sofrimento.

Daí também suas manifestações de angústia (C 94 e 95). Mas logo reponta a esperança do céu, do eterno *face a face* (ibid.). Essa expressão, que outrora encontrara em Arminjon, reveste-se, para ela naquela conjuntura, de uma coloração peculiar: é para a "Face de Jesus" que ela aspira voar logo (C 96).

A influência da carmelita de Tours, irmã Maria de São Pedro (morta em 1848), faz-se perceptível na correspondência dessa época. Uma estampa recebida de Madre Maria de Gonzaga (cf. C 98) estimula a piedade de Teresa no mesmo sentido. Representa a face ensanguentada de Jesus (DLTH, p. 140-141). Nela, pode-se ler o seguinte: "O que quero de vós, Alma fiel, é o AMOR... o Amor humilde que se aniquila... o Amor generoso esquecido de si..." Aniquilar-se, esquecer-se para consolar Jesus, essa é a ambição de Teresa (71f).

Numa tarde desse verão de 1889, a noviça é brindada com uma graça misteriosa, na gruta de Santa Madalena, no fundo do pequeno cemitério do mosteiro (CA 11.7.2).

Em setembro-outubro, na ausência de sacristã e de irmãs porteiras, as duas noviças, Marta e Teresa, ficam encarregadas de varrer a capela externa. Um dia, conta irmã Marta, "tomada por um impulso de amor", Teresa "vai ajoelhar-se no altar, bate à porta do sacrário dizendo: 'Estás aí, Jesus, responde-me, te suplico'" (PA, p. 413).

"Esperarei tanto quanto quiserdes" (74f)
Novembro de 1889-março de 1890
16/17 anos

Foram poucos os acontecimentos nesse inverno de 1889-1890. "Privada de qualquer consolo" em sua vida de oração (73f), a noviça aplica-se "sobretudo à prática das pequenas virtudes" (74v). Dois novos desapegos são exigidos dela perto do Natal:
— o dos Buissonnets, "ninho" doravante deserto. O senhor Martin, que continua hospitalizado, não o reveria. O contrato é rescindido em 25 de dezembro. Numa derradeira visita, Celine colhe para a irmã uma última folha de hera (cf. CG, p. 513);
— o do adiamento da sua profissão, que esperava fazer em 11 de janeiro de 1890 (73v).

Assiste, com suas irmãs, ao declínio contínuo do pai, "cuja glória já passou" — "Sim, mas a humilhação passará também, e um dia ele nos seguirá, ou melhor, nós o seguiremos no céu, então, um dos seus cabelos brancos nos iluminará!" (16-19/2/1890; cf. CG, p. 1145).

"O mais belo lírio" (C 105)
Abril-julho de 1890
17 anos

Não será tomada decisão alguma acerca da profissão de Teresa antes do final de 1890. As oito cartas ou bilhetes do seu próprio punho durante esses quatro meses deixam transparecer uma grande riqueza espiritual.

Entrementes, a Sagrada Face fica sendo o objeto privilegiado da sua contemplação. A noviça alimenta-se sempre mais de textos bíblicos, colhidos sobretudo na liturgia da Quaresma anterior (C 108). O quarto canto do Servo de Javé imprime nela uma marca indelével. Dará testemunho disso em seu leito de morte (CA 5.8.9).

Mais uma vez, uma estampa causa "forte impressão" (cf. 31v) em Teresa, recolocando perante seus olhos a Face dolorosa p. 149). Trata-se de uma fina miniatura sobre pergaminho, pintada por irmã Inês de Jesus para Céline: um véu de Verônica pendurado num ramo de nove lírios (C 102). Um pormenor, sobretudo, a impressiona: "seu sangue divino rega nossas corolas" (ibid.) O texto de C 108 termina com um "Fragmento de um cântico do nosso pai São João da Cruz". É a primeira vez que Teresa cita explicitamente seu mestre espiritual. "Ah! Quantas luzes não tenho extraído das obras do nosso pai São João da Cruz!... Na idade de 17 ou 18 anos, não tinha outro alimento espiritual" (83f).

"Tu, Jesus, sê tudo!..." (Bilhete de profissão, Or 2)
Julho-setembro de 1890
17 anos

"O tempo do noivado... Foi muito longo para a pobre Teresinha!" (75v). O superior, cônego Delatroëtte, considerava a noviça jovem demais para assumir compromissos irrevogáveis" (GG, p. 552). Sem abdicar de sua opinião, retrai-se diante do parecer favorável de dom Hugonin. A profissão é marcada para 8 de setembro de 1890.

Teresa prepara-se com um retiro de dez dias, inaugurado na tarde do dia 28 de agosto. "A mais absoluta aridez e quase o abandono foram meu quinhão" (75v).

No dia 2 de setembro, chega a bênção de Leão XIII para a professa e "para seu venerável Pai, santo ancião, muito provado pelo sofrimento" (CG, p. 562). Teresa quer associar seu pai a esse grande ato da sua vida (C 112 e 115). Em 8 de setembro, "obrigada" a pedir sua cura, fará a seguinte oração: "Meu Deus, suplico-vos, que vossa vontade seja que papai se cure!" (CA 23.7.6).

Na manhã de sua profissão, "inundada por um rio de paz" (76v), a noviça consagra-se ao Senhor até a morte. Em retribuição só pede a Jesus "a paz, e também o amor; o amor infinito, sem outro limite que tu..." a graça do "martírio" e a de salvar "muitas almas" (O 2).

Essa cerimônia íntima é completada, em 24 de setembro, pela tomada do véu preto, cerimônia pública. É um dia "coberto de lágrimas" (77f) em virtude de uma decepção de última hora, "dor difícil de compreender" (C 120): a ausência do senhor Martin, cuja bênção esperava tanto receber. A partir desse momento, não há para ela outro rei a não ser "o Rei do Céu" (CO, PO 587). Sim, "Tu, Jesus, sê tudo!..."

NO NOVICIADO, ANOS OBSCUROS

No dia seguinte ao da profissão, Teresa realiza sua vida de carmelita como a entrevira na infância (26f). O amplo véu preto que escondeu seu rosto do público, na manhã do dia 24 de setembro de 1890, é mais que um símbolo. Seu destino humano e espiritual realiza-se mais que nunca "no interior" do claustro e de sua vida secreta.

Restringindo-se aos *Manuscritos autobiográficos*, a trama dos acontecimentos é das mais tênues para os anos de 1890-1893, durante os quais irmã Teresa do Menino Jesus e da Sagrada Face completa sua formação. Convém, portanto, situá-la em suas relações familiares e comunitárias.

Não há mais comunicação possível com seu pai, internado numa casa de saúde desde fevereiro de 1889. "O silêncio aumentou progressivamente sobre o nome venerado daquele a quem muito queríamos. Na Comunidade onde, até pouco antes, gozara de prestígio, quando o pronunciavam era em voz baixa, como o de um homem quase desonrado" (Madre Inês de Jesus, *Souvenirs intimes*, p. 83).

Os intercâmbios com Léonie reduzem-se ao parlatório semanal. Nenhuma carta (conservada) durante esses três anos. Aos 27 anos feitos, Léonie ainda procura um caminho entre as "vias arenosas" (CG, p. 213).

Toda a solicitude de Teresa recai em Céline. É uma quase inquietação. Não é que Teresa receie uma morte prematura para sua irmã (embora a eventualidade não estivesse excluída, cf. C 124); mas Céline, de alguma forma sua duplicata, não "vai dar o coração a um mortal" [82f]? O casamento de sua irmã? "A única coisa que eu não podia aceitar" (ibid.). Ora, essa morena inteligente e alegre agrada aos moços. Apesar de um projeto de vida consagrada, seu comportamento não tem nada de afetado. Com instinto maternal mais do que fraterno (ibid.), Teresa pressente que o coração de Céline continua sendo um campo disputado. Isso explica a apologia da virgindade e a insistência no "Só Jesus" presentes na maior parte das suas cartas para a irmã.

A atenção do tio e da tia Guérin fica tomada pelo estilo de vida dos recém-casados, Jeanne e Francis La Néele (1/10/1890). Marie recebeu a confirmação da sua vocação carmelitana no dia da tomada de véu de Teresa. Mas é para Céline que se dirigem agora suas confidências. Teresa ressente a reserva dos Guérin, como nos seus anos de infância.

No Carmelo, as circunstâncias levantam algumas barreiras entre ela e suas irmãs mais velhas, Pauline e Marie, suas "mãezinhas" de outrora. Em fevereiro de 1891, uma mudança de serviço priva-a dos contatos diários com irmã Inês de

Jesus no serviço de refeitoreira. Em julho do ano seguinte, irmã Maria do Sagrado Coração deixa o noviciado.

Em compensação, Teresa consegue uma abertura mais confiante com sua mestra de noviciado, irmã Maria dos Anjos (cf. CA 2.9.2). Aperta também a "mão materna" (C 129) de sua priora, Madre Maria de Gonzaga.

Além das suas superioras e do capelão, padre Youf, duas religiosas completam o quadro restrito das suas relações diárias: irmã Santo Estanislau, boa velhinha de quem se torna assistente na sacristia; irmã Marta de Jesus, sua companheira de noviciado. Uma postulante, irmã Maria Madalena, se lhes junta em julho de 1892.

Por falta de acontecimentos exteriores mais marcantes, é possível adotar os retiros de outubro de 1891 e 1892 como balizas dessa caminhada. Esse período pode ser ordenado da seguinte maneira:

— *setembro de 1890-outubro de 1891*: subida difícil;
— *outubro de 1891-outubro de 1892*: caminhada mais alegre;
— *outubro de 1892-fevereiro de 1893*: descida ao vale.

Um limiar foi ultrapassado com a eleição de irmã Inês de Jesus para o priorado, em 20 de fevereiro de 1893.

"Essas horas em que tudo parece nos abandonar" (C 129)
Setembro de 1890-outubro de 1891
17/18 anos

Teresa aparece-nos inicialmente em seu frescor de recém-casada: "O coração do meu esposo é só meu assim como o meu é só dele" (C 122). O exemplo dos primos La Néele é um estimulante para ela (77f). Mas o "delicioso enlevo coração a coração" (C 122) dura pouco.

O eclipse do *sol* paterno (C 130) é acompanhado por uma espécie de eclipse interior. Em certos momentos, a tristeza a invade: seria ela verdadeiramente "amada por Deus" (78f), por esse único Pai de quem pode doravante "dizer verdadeiramente: 'Pai nosso que estais no céu'" (C 127)?

Desenraizada da "terra estrangeira" (C 127), transfere suas aspirações para "nossa terra natal" (C 130), este lindo céu que na tarde de sua profissão lhe parecia estar ao alcance da mão (77r). Porém, ainda aí, o chão foge: será que o céu existe (cf. 80v)?

Seu melhor guia nessa ascensão penosa é São João da Cruz, cujas obras constituem então seu único "alimento espiritual" (83f). Recebe docilmente do doutor das noites as lições de despojamento interior.

Verdadeira carmelita, Teresa o é também por seu zelo apostólico, estimulado por Madre Maria de Gonzaga e Irmã Maria dos Anjos e comunicado a Céline. Leva sua irmã a tomar parte numa salvação ainda mais difícil que a de Pranzini: a conversão do ex-carmelita Hyacinthe Loyson, "monge renegado", diz a imprensa, "nosso irmão", diz Teresa.

Como o fogo sob as cinzas, a chama que arde em seu coração começa a irradiar discretamente. A respeito disso, o capelão, padre Youf, faz um dia uma reflexão para irmã Inês.

Quando adentra o mosteiro, a fim de levar a Eucaristia para Madre Genoveva, doente, Teresa o acompanha na qualidade de sacristã, envolvida no grande véu: "Quando vejo sua irmã pertinho de mim na clausura, quando levo o Santíssimo, ela sempre me lembra aquelas velas bentas que queimam nas igrejas e que só de vê-las estamos propensos à oração e ao recolhimento" (Madre Inês, NPPA).

"O inverno passou" (cf. Ms A, 12v)
Outubro de 1891-outubro de 1892
18/19 anos

Este ano, o áster, "florzinha misteriosa" na simbólica de Teresa e de Céline, desabrochou "quase de repente", não apesar, mas devido aos rigores do inverno (cf. C 132). História de Céline, talvez? Porém, mais ainda, história de Teresa: "Tu sou eu". Como uma floração inesperada, as "consolações" voltam a salpicar seu caminho.

Durante o retiro comunitário de 7 a 15 de outubro, quando se debate com "grandes provações interiores de toda espécie" (80v), Teresa sente-se, de repente, "compreendida de modo misterioso e adivinhada até" pelo pregador, padre Alexis Prou, franciscano. "Ele a lança a velas pandas no mar da confiança e do amor", certificando-a de que suas faltas "não entristecem a Deus" (ibid.).

No dia 24 de novembro, dom Hugonin adentra a clausura para as festas do centenário de São João da Cruz. O bispo mostra-se muito paternal com "sua filhinha". Faz-lhe "mil carícias" na presença da comunidade (73f).

Em 5 de dezembro, falece Madre Genoveva. É a primeira vez que Teresa vê alguém morrer. O espetáculo parece-lhe "encantador" (78v). Pouco depois, recebe em sonho a herança materna: a fundadora deixa-lhe o *coração* (79f).

No dia seguinte ao Natal, uma epidemia de gripe ataca o Carmelo e leva três religiosas em oito dias. Apenas as três mais jovens permanecem sãs, entre elas Teresa, que dá tudo de si. Sua dedicação e sangue-frio acabam vencendo as relutâncias persistentes do superior, cônego Delatroëtte.

Com a primavera, Teresa vê, afinal, reaparecer o sol: o senhor Martin está de volta ao seio da família no dia 10 de maio de 1892. Sol empanado, é verdade! A última visita, em 12 de maio, transforma-se num confronto comovente, quando o doente pronuncia apenas as palavras: "Até o céu!" Assim mesmo, a "rainhazinha" sente "um suavíssimo consolo" (C 138) por ver seu pai junto às filhas, em Lisieux.

Sua vida espiritual alimenta-se, sempre mais, nas fontes da Revelação: a Escritura e, "principalmente, o Evangelho" (83v).

"Jesus disse-me que descesse..." (C 137)
Outubro de 1892-fevereiro de 1893
19/20 anos

Em 1892 — como em 1891 e 1893 —, Teresa adia seu retiro particular para depois do dia 8 de setembro, aniversário da sua profissão, a fim de atender ao desejo de irmã Marta (cf. CG, p. 647-673). No dia 19 de outubro, confidencia a Céline as luzes recebidas durante o retiro: "descer a fim de poder servir de morada a Jesus" (C 137). Essa intuição importante inicia o estilo contemplativo próprio de Teresa de Lisieux; orientação que se confirmará no decorrer dos anos seguintes: "Você quer escalar uma montanha", dirá, um dia, a Céline, "e Deus quer que desça ao fundo de um vale fértil" (CSG, p. 26).

Desse "tempo de graças", final de 1892, a autobiografia registra apenas um fato: a conversa com irmã Marta, por volta de 8 de dezembro (cf. Ms C, 20v). Teresa resolveu abrir os olhos da sua companheira, presa à Madre Maria de Gonzaga "como um cachorro a seu dono" (ibid., 21v). Informada do projeto, irmã Inês de Jesus previne sua jovem irmã que arrisca muito, considerando o gênio suscetível da priora. "Sei muito bem", responde Teresa, "mas, como tenho certeza agora que é do meu dever falar, não posso deter-me diante das eventuais consequências" (Madre Inês, NPPA). Dessa forma, o "pincelzinho" inaugura sua obra nas almas. O resultado não deixa de ser animador.

Uma alusão fortuita à Mão de Deus (C 137) abre uma fresta a respeito da sua contemplação de então: uma presença mariana que aprofunda nela o sentido da fraternidade com Jesus.

No plano familiar, a distensão confirma-se. Os "três anos de martírio" do senhor Martin (cf. Ms A. 731) chegaram ao fim. As grandes humilhações cedem lugar a "uma infância suavíssima". Teresa reata também, para além dos "anos dolorosos" (C 138), com as "recordações da juventude" (C 139). A alegria está de volta (ibid. e C 136). Prenuncia-se a Teresa "mística e cômica" de 1893.

PRIORADO DE
MADRE INÊS DE JESUS

A eleição de Pauline Martin para o cargo de priora, em 20 de fevereiro de 1893, cria para Teresa um clima afetivo propício a seu progresso espiritual. O triênio 1893-1896 situa-se para ela sob o signo "da paz e do amor" (C 143). Mas não deve ser considerado, por causa disso, como uma eterna primavera idílica.

Os primeiros meses do priorado de Madre Inês passam-se na euforia (C 142). Fonte renovada de poesia e ternura, a volta da "mãezinha" contribui para fazer da primavera e do verão de 1893 um dos mais líricos períodos na existência de Teresa.

Porém, um chamamento interior arranca logo a carmelita do seu oásis. O outono e o inverno de 1893-1894 testemunham uin vigoroso esforço de despojamento. Não é por acaso que naquele momento se dá o endireitamento da escrita, até então inclinada (janeiro de 1894).

O caminho do seu êxodo passa então por um novo "deserto árido e sem água" (C 165). O sofrimento multiforme purifica-a "como o ouro no crisol" (ibid.).

A morte do senhor Martin (29 de julho de 1894) e a entrada de Céline no claustro, seis semanas depois (14 de setembro), são dois eventos familiares que, cada um à sua maneira, manifestam a Teresa "a imensidade do amor" de Deus para com ela (CA 16.7.2 e Ms A, 82v). Logo, na caderneta trazida por Celine, dois textos fundamentais (Pr 9,4 e Is 66,13.12) vêm confirmar essa experiência íntima e revelar-lhe a "pequena via" na qual ingressa sem retorno.

Portanto, um ponto alto é alcançado em 1895. Nesse exato momento, ela é convidada por Madre Inês a escrever suas recordações de infância.

A visão profunda da autobiografia manifesta a espantosa coerência de um itinerário cujo percurso é pormenorizado nas cartas. Justifica a importância dada pela narradora à sua "conversão" de Natal de 1886. A contemplativa de 1895, investida pelas "ondas da ternura infinita", no dia seguinte à sua oblação ao Amor (9 de junho de 1895), está capacitada para avaliar o cacife de tal liberação afetiva. Essa liberdade total para o Amor, Teresa não deixará de conquistá-la e defendê-la até o último dia. Três meses antes de morrer, pode escrever, "Já gozo da recompensa prometida àqueles que combatem corajosamente. Não sinto mais a necessidade de recusar-me todas as consolações do coração, pois minha alma está firmada por aquele que eu queria amar unicamente..." (cf. Ms C, 22f). Até esse momento, toda a ternura recebida ou dada tivera de passar pelo crisol da provação. Melhor do que qualquer outro documento, as cartas de 1893-1896 ilustram essa lei que se aplica em primeiro lugar às pessoas que são mais queridas por Teresa: sua "mãezinha", sua "irmã gêmea" Celine, sem falar do seu "Rei querido", que tivera de perder de tantas maneiras nos anos anteriores.

Dialética misteriosa e construtiva, portanto, a do priorado da "sua Mamãe" (cf. C 106). A partir do dia em que Pauline se torna seu "Jesus vivo" (Ms A, 80v), a harmonia redescoberta da natureza e da graça favorece em Teresa um desabrochar incontestável. As quarenta e seis cartas escritas então (conteúdo e grafia) não dão margem a dúvidas a esse respeito. Nem por isso Teresa se deixa amarrar. Veio ao Carmelo "não por Pauline, mas só por Jesus" (26f).

Um "grande sacrifício... muito doloroso" (82v) quase lhe foi imposto: a partida de Céline para uma fundação no Canadá. Mas Jesus "contentou-se com a aceitação" (ibid.). Todavia, Teresa perde sua Céline por algum tempo, de uma maneira mais sensível para seu coração "materno". A respeito dessa provação pode, também, escrever: "Estas páginas nunca serão lidas neste mundo" (75f). Todavia a correspondência permite adivinhá-lo em palavras esparsas.

O repouso no vale (cf. C 142)
Fevereiro-setembro de 1893
20 anos

No início do priorado de Madre Inês, vê-se desenvolver um diálogo de rara densidade entre Teresa e Céline. A riqueza das cartas de julho merece destaque.

Agora com 24 anos, Céline atravessa uma fase complexa. Apesar da sua ternura filial — seria mais apropriado agora dizer: materna — para com seu pai doente, custa-lhe não poder realizar sua vocação. Léonie a deixa para regressar à Visitação. Marie Guérin opta pelo Carmelo. Céline sente-se abandonada. Além do mais, padre Pichon coloca-a numa situação delicada em relação às suas irmãs ao pedir-lhe segredo a respeito de um projeto de fundação no Canadá. Enfim, Madre Inês receia que sua "pequena Céline" se deixe cativar por um estilo de vida um pouco mundano: recepções na casa dos Guérin, criadagem numerosa. Para neutralizar essas solicitações, apela para Teresa, "a pequena tocadora de lira", que escreve com uma frequência fora do comum.

A antiga priora, Madre Maria de Gonzaga, foi designada mestra das noviças, enquanto irmã Maria dos Anjos é eleita vice-priora. Decana do noviciado, Teresa é convidada por Madre Inês a tomar conta das suas duas companheiras, irmã Marta e irmã Maria Madalena.

Um delicioso perfil, de autoria de irmã Maria dos Anjos, descreve-nos Teresa aos 20 anos: "Irmã Teresa do Menino Jesus. 20 anos. Noviça e joia do Carmelo, sua querida caçula. Pintora excepcional, sem nunca ter tido outras lições senão ver trabalhar nossa Reverenda Madre, sua irmã querida. Alta e robusta, com um ar de criança, voz suave, expressão também, ocultando em si uma sabedoria, uma perfeição, uma perspicácia de 50 anos. Alma sempre calma e senhora perfeita de si em tudo e com todas. "Santinha respirando inocência a quem se daria a comunhão sem confissão, mas cuja touca está cheia de malícia para brincar com quem quiser. Mística, cômica, tudo lhe serve... saberá fazer-vos chorar de devoção e estourar de riso durante os recreios" (na Visitação de Le Mans, abril-maio de 1893).

A correspondência desses seis meses, espécie de sinfonia pastoral repleta de frescor e de paz, expõe diversos temas destinados a ser desenvolvidos dois anos depois no Manuscrito A.

"Nossas almas permanecem livres"
Setembro de 1893-junho de 1894
20/21 anos

Embora seu tempo de noviciado termine em 8 de setembro de 1893, Teresa pede sua prorrogação. Madre Inês espera com isso algum benefício para as outras duas noviças: irmã Marta, cujo noviciado só deve terminar em setembro de 1894, e irmã Maria Madalena, que vestira o hábito recentemente. Junto a essa companheira melancólica, marcada por uma infância infeliz, Teresa verá fracassar todas as tentativas.

As tarefas da jovem professa continuam humildes: trabalhos de pintura (estampas, ornamentos de igreja); ofício de "terceira" talvez, a não ser que já tenha recebido o encargo de segunda porteira. Encontra-se então sob a autoridade de irmã São Rafael, religiosa de 53 anos, mansa e boa, mas cheia de manias "capazes de fazer um anjo perder a paciência" (Maria da Trindade, PO, p. 458).

Nessa mesma ocasião, Teresa ingressa numa fase crítica da sua evolução humana e espiritual. O seu "núcleo", "essência da sua vida" (C 147), prossegue num trabalho de germinação secreta. Podem se ver indícios disso no ressurgimento do desejo de uma partida para Saigon, que a livraria das doçuras alienantes dos afetos da família (cf. CG, p. 728); ou na necessidade de uma evasão por cima (C 151); ou na aspiração mais insistente ao martírio, comprovada por outros documentos da mesma época (cf. por exemplo, o poema *A santa Cecília*, P 3).

Teresa assume sua vida. Janeiro de 1894 confirma a graça de Natal de 1886 e lança-a, de novo, em sua "corrida de gigante" (44v).

"Como o ouro no crisol" (C 165)
Junho-setembro de 1894
21 anos

Repetidas crises cardíacas, em maio e junho, prenunciam o fim próximo do senhor Martin. Ela sobreveio em La Musse, em 29 de julho de 1894. Como por ocasião da morte da mãe (Ms A, 12v), Teresa guarda para si "os sentimentos profundos" que a invadem. Mas a alegria prevalece de muito a dor. "Reencontra", afinal, seu pai (C 169 e 170), "vestido de alegria" depois de ter sido provado como ouro na fornalha" (textos da lembrança fúnebre do senhor Martin).

Prepara-se, na mesma ocasião, para rever sua Celine. "O mais íntimo dos seus desejos, o maior de todos": o ingresso da sua companheira de infância no mesmo Carmelo, "sonho inverossímil" (81v), será que vai se realizar? Pode-se imaginar a sua desilusão quando Céline, no início de agosto, revela às irmãs os projetos do padre Pichou: ir para o Canadá, sob a bandeira de Santo Inácio, fundar um instituto secular "avant la lettre". É um deus nos acuda. As duas mais velhas não contêm a indignação. Dessa provação pungente, o afeto de Teresa por sua irmã sai "depurado como o ouro no crisol" (C 168).

Outras provações lhe burilam o corpo e a alma, durante essas mesmas semanas:
— a doença que, desde o inverno anterior, mina seu organismo com mais eficácia pelo fato de jejuar desde os 21 anos (janeiro de 1894). Uma rouquidão tenaz exige cauterizações;

- dificuldades inesperadas com irmã Maria da Trindade, postulante de 20 anos. Seu jeito de "coelha brava" (C 167) desconcerta, por um momento, a burguesinha bem-educada dos Buissonnets;
- mais atormentadora que essas "cruzes exteriores", "a inquietação ou, pelo menos, as trevas" (C 165). "Não sabia mais onde eu estava." Porém, de vez em quando uma "voz suave fazia-se ouvir, voz mais suave que a brisa da primavera" (ibid.). Chega a hora da grande descoberta...

"Como é suave a via do amor" (Ms A, 83f)
Outubro de 1894-março de 1896
21/23 anos

Após seis anos de separação, Céline e Teresa encontram-se sob o mesmo teto, em 14 de setembro de 1894. Do que se refere às novas relações que se instauram entre elas, os Conselhos e recordações de irmã Genoveva revelaram a substância.

O ritmo da correspondência diminui durante o final do mandato de Madre Inês. A atividade literária de Teresa exerce-se em outros níveis: uma vintena de poemas e cinco peças (Recreios piedosos).

Em janeiro de 1895, Teresa inicia sua autobiografia, que vai prosseguir durante o ano todo, nas horas vagas. O alcance dessa releitura da sua existência, precisamente em 1895, não pode ser subestimado. As cartas deixam na sombra zonas inteiras da vida da carmelita. É o que se dá com dois acontecimentos significativos dos anos aqui estudados.

O primeiro deu-se no final de 1894. Enquanto Teresa lê a caderneta de textos escriturísticos, trazida por Celine, a voz misteriosa que guia sua marcha hesitante há um ano pronuncia distintamente seu nome pela "boca da Sabedoria eterna: Se alguém for pequenino, venha a mim" (Ms C, 3f). Esse pequenino é ela mesma, "a menor... a última" (C 173). "Então eu vim" (3f). Acaba de descobrir sua "pequena via", atalho para a santidade. Atalho para o céu também: desde a morte do pai, principalmente, seu ser aspira pela "Pátria" onde "mais da metade da família goza agora da visão de Deus" (C 173). Além do mais, sabe que está doente (cf. CG, p. 796). "Morrer de Amor", em breve, eis agora "sua esperança" (P 17, 26 de fevereiro de 1895).

O segundo acontecimento decisivo consiste no chamado de Jesus, na manhã de 9 de junho de 1895, festa da Santíssima Trindade, para "aceitar seu Amor infinito" como nunca antes. Teresa oferece-se então como "vítima de holocausto ao Amor misericordioso" (Or 6). Em 11 de junho, Céline é associada a essa oferenda. Uma chama de amor "fere" Teresa alguns dias depois, mas, exceto sua priora (cf. CG, p. 808-810), ninguém sabe do segredo. Pois a santa aprofunda-se voluntariamente na pequenez e na insignificância. Não tem outro desejo senão o "de amar Jesus até a loucura" (Ms A, 82v) e "fazer sempre, com o maior desprendimento, a vontade de Deus" (84v).

Nota-se também, nesse ano de 1895, a volta de Léonie ao lar dos Guérin, em 20 de julho, quando deixa pela terceira vez o convento, a entrada de Marie Guérin no Carmelo, em 15 de agosto, e a adoção, por Teresa, de um primeiro irmão espiritual, o padre Bellière, seminarista com vocação frágil, que Madre Inês lhe confiou. Grande alegria para Teresa (Ms C, 31v/32f), mas o intercâmbio espistolar só se iniciará em outubro de 1896, sob o priorado de Madre Maria de Gonzaga.

NOVO PRIORADO DE
MADRE MARIA DE GONZAGA

Chegamos a uma fase em que o "facho" de que fala Teresa no Ms B (12f) poderia representá-la, lâmpada ardente, mas oculta até então, e agora posta no candelabro.

No outono de 1895, parafraseava numa poesia um versículo evangélico dos mais queridos: "Vim trazer o fogo à terra" (Lc 12,49). "Esse fogo do céu, tu o colocaste em minha alma/ Quero alastrar suas chamas/ Uma tênue faísca, ó mistério de vida/Basta para deflagrar imenso incêndio" (P 24). As cartas dos seus últimos dezoito meses testemunham que esse incêndio se expande progressivamente em seu Carmelo e fora dele.

Na primavera de 1896, a comunidade consta de vinte e quatro membros. Em 21 de março, as dezesseis irmãs capitulares são chamadas a eleger uma priora. Depois de sete escrutínios destaca-se uma maioria a custo; Madre Maria de Gonzaga é eleita. Irmã Maria dos Anjos é reeleita vice-priora, Madre Inês de Jesus e irmã Estanislau, conselheiras.

A nomeação da mestra das noviças é atribuição da priora. O olhar de Madre Maria de Gonzaga fixa-se em Teresa, que a assistira nessa função durante o priorado anterior. Com apenas 23 anos, cônscia das suscetibilidades a poupar, exime-se do título. Mas assumirá a função até a extinção de suas forças.

A partir da eleição, reúne todos os dias as cinco irmãs jovens, das quais três professas, durante meia hora. Aprofunda o estudo da Regra do Carmelo e das Constituições. Forma-as nos mil costumes que codificam quase cada pormenor da vida religiosa. Responde às suas perguntas, repreende-as pelas incorreções. "Não há conferência propriamente dita, nada sistemático" (cf. CSG, p. 6), antes um intercâmbio vivo do qual é excelente animadora. As sucessivas edições da *História de uma alma* relatam os "conselhos e recordações" colhidos pelas noviças.

O tempo que resta é repartido entre a sacristia, agora dirigida por irmã Maria dos Anjos; a prática da pintura, que fornece sua parte de trabalho remunerado; o trabalho na rouparia, para o qual se ofereceu como voluntária, a fim de ajudar irmã Maria de São José, religiosa de humor instável.

Com sua priora, Madre Maria de Gonzaga, após "a água vivificante da humilhação", veio "agora o sol" (Ms C, iv). A troca de superiora parece até significar uma "sorte" para Teresa, naquele momento.

Madre Inês tendia, de fato, a restringir as relações ao círculo familiar, em continuidade com a vida "pouco aberta para o exterior" que sempre conhecera, em Alençon e nos Buissonnets. Insistia na vida oculta, na fidelidade à ascese, incluindo uma intenção reparadora em prol dos pecadores. Procurava mais a *qualidade* do amor que sua difusão.

Por sua vez, Madre Maria de Gonzaga sente uma necessidade congênita de relações. Assim que volta ao priorado, abre portas e janelas, sem deixar-se tolher pelo seguimento estrito da lei. Encontra em Teresa o melhor das suas aspirações pessoais: sopro missionário e elã místico. Favorecendo o desenvolvimento dessas tendências, apoia, consciente ou não, o dinamismo do Espírito na religiosa e a ajuda a encontrar sua estatura total. Ao designar um objetivo concreto para seu zelo apostólico (encargo das noviças e irmãos espirituais), permite-lhe vencer a dupla provação que a atingira na Páscoa de 1896:

— ofensiva da tuberculose, indo até a hemoptise (2 e 3 de abril):
— entrada repentina no "túnel" (cf. M C, 4v/7f).

Não haverá mais repouso para Teresa, até sua morte. "Preciso caminhar até meu último momento" (C 239); necessidade mais espiritual que física:

— *março-setembro de 1896:* pela caridade Teresa supera seus sofrimentos corporais e espirituais. O amor alcança a noite com rapidez;
— *setembro-novembro de 1896:* aparentemente restabelecida em razão de um regime fortificante, vive, durante um retiro particular, horas de rara densidade espiritual (redação do Ms B);
— *dezembro de 1896-abril de 1897:* com os primeiros frios, deflagra-se uma recaída definitiva. Em vez de uma partida para o Extremo Oriente, o que ela deve encarar é a morte próxima;
— *abril-setembro de 1896:* com energia e desapego, Teresa empreende o último combate. Utiliza as forças para comunicar, por meio de suas cartas, de seu último caderno (Manuscrito C), não menos que por suas últimas conversas, sua "via de confiança e de amor" (C 226). Já pressente que doravante a difusão dessa "pequena via" está no âmago da sua missão póstuma: "missão de fazer amar Deus como eu o amo", diria na enfermaria (CA, 17 de julho).

**"Esquecer-me de mim para a glória de Deus
e a salvação das almas"** (cf. C 193)
Março-setembro de 1896
23 anos

Chegamos a um dos capítulos mais densos da vida da santa. É preciso contentar-nos em esboçar o quadro com largos traços.

2-3 de abril: na noite da Quinta para a Sexta-feira Santa, e na noite de Sexta-feira, primeiras hemoptises. Teresa alegra-se. Percebe "como um suave e longínquo murmúrio (anunciando-lhe) a chegada do Esposo" (Ms C, 5f).

Poucos dias depois, contrastando com a alegria da Páscoa (5 de abril), sente-se "invadida pelas mais profundas trevas", o pensamento do céu é-lhe "motivo de combate e tormento" (Ms C, 5v). "A tempestade ruge muito forte" nas semanas seguintes (cf. Ms B, 2v).

30 de abril: profissão de irmã Maria da Trindade e, logo a seguir, sua tomada de véu (7 de maio). Teresa canta com São João da Cruz: "Apoiada sem apoio algum / Sem luz e nas trevas / Vou consumindo-me de Amor" (P 30).

10 de maio: um relâmpago rasga sua noite. Em sonho, recebe a visita da fundadora (espanhola) do Carmelo da França. Por um momento, volta a sentir "que existe um céu e que este céu é povoado de almas que *(a)* amam" (Ms B, 2v).

30 de maio: Madre Maria de Gonzaga confia-lhe "as intenções espirituais de um missionário" (Ms C, 33f), padre Roulland. Pela oração, a carmelita acompanha seu "irmão" em sua excursão de despedida, e sobre o "Natal" que o leva para o Su-Xian.

21 de junho: para a festa da priora, Teresa prepara uma peça teatral sobre um tema de atualidade: Diana Vaughan! A leitura das *Memórias* da ex-luciferina, "convertida" um ano antes (13.6.1895), a impressionara muito durante as semanas anteriores. Essa personagem misteriosa (mítica, mas isto só se revelaria em abril de 1897) suscita tomadas de posição apaixonadas e contraditórias. Dessas "revelações", Teresa só destaca um aspecto: a obstinação de Lúcifer contra os conventos e especialmente contra a Ordem do Carmo. Convida suas irmãs a aderir firmemente à luta com a única arma verdadeiramente irresistível: a humildade (cf. RP 7).

Julho-agosto: a caridade não para de fazer recuar os limites do desejo, exigindo "um lugar mais espaçoso" (C 193). O excesso das suas aspirações faz a carmelita sofrer "um verdadeiro martírio" (Ms B, 3f). Instintivamente, procura inspiração e resposta nos dois gênios universalistas do Antigo e do Novo Testamento: Isaías e Paulo.

"A Caridade... chave da minha vocação" (Ms B, 3v)
Setembro-dezembro de 1896
23 anos

Com a "carta para a irmã Maria do Sagrado Coração" (Manuscrito B), a correspondência alcança um pico, em setembro de 1896. Esse texto inesgotável é considerado, há décadas, uma das joias da literatura cristã. É necessário abordar aqui o contexto biográfico.

Nos primeiros dias de setembro, um sacerdote de Paris, Roger de Teil, comunica à comunidade suas diligências em favor da Causa das dezesseis carmelitas de Compiègne, martirizadas em 1794. Seu zelo suscita o entusiasmo de Teresa.

No dia *7 de setembro*, à noite, entra em retiro por dez dias, seu último retiro particular. No dia *8 de setembro*, sexto aniversário de sua profissão, reserva parte de seu tempo livre para responder a um pedido anterior de sua irmã Maria do Sagrado Coração: expor por escrito a sua "pequena doutrina". Essas páginas são, antes de tudo, uma anamnese das graças recebidas durante os últimos cinco meses, culminando com o descobrimento de sua vocação pessoal "no coração da Igreja": "Minha vocação é o Amor!... Assim serei tudo!" (Ms B, 3v).

Nos dias seguintes, troca cartas e bilhetes com sua primogênita, Marie, e provavelmente com irmã Maria de São José, essa mal-amada que ela procura arrancar do egocentrismo associando-a a seu zelo missionário.

18 de setembro, Teresa volta à vida comunitária. Retoma até a observância regular, da qual estava dispensada desde a primavera, por causa do seu estado de saúde. Obtém permissão para acrescentar penitências suplementares.

De *8 de setembro a 15 de outubro*, padre Godefroid Madelaine, premonstratense, prega o retiro comunitário. Teresa conta-lhe suas tentações contra a fé. Ele a aconselha a levar o *Credo* permanentemente sobre o coração. Escolhe escrevê-lo com o próprio sangue.

21 de outubro, Teresa dirige ao seminarista Bellière suas primeiras linhas pessoais. Ao seminarista, que um serviço militar perturbado acaba de desorientar, consagra uma carta bimestral, até as férias do verão de 1897.

31 de outubro, chega da China a primeira correspondência do padre Roulland. O missionário pede reforço da França para o Carmelo de Saigon, onde faz escala. Teresa fica pensativa. Em breve uma novena nessa intenção lhe trará resposta.

Ainda intermitentes em setembro (cf. Ms B, 5f), suas trevas espirituais acentuam-se. Ela chega ao limiar do seu último inverno, da sua mais longa noite... À hora em que se encobre para ela "o facho luminoso da fé" (Ms C, 6f), outra luz surge em seu coração, como um clarão de aurora cujo brilho não cessa de crescer nos meses seguintes: "o facho da caridade" (cf. Ms C, 12f). Nessa época, transcreve um versículo muito significativo de Isaías: "Se entregares tua alma àquele que tem fome e encheres de consolo uma alma aflita, tua luz se levantará nas trevas e tuas trevas serão como o meio-dia" (Is 58,10).

"Tenho esperança, meu exílio será breve!..." (C 220)
Dezembro de 1896-abril de 1897
23/24 anos

As cartas do inverno de 1896-1897 levam-nos a presenciar o declínio progressivo e irreversível de Teresa. Obrigada a um isolamento intermitente em sua cela, a doente comunica-se com suas irmãs por breves bilhetes.

Os dados biográficos são parcimoniosos em relação a esse período.

2 de fevereiro de 1897, num cântico dedicado a seu amigo do céu, Téophane Vénard (decapitado em 2/2/1861), ela canta: "O universo todo perante (Deus) não passa de um ponto / Meu frágil amor, meus pequenos sofrimentos /Abençoados por ele, o fazem amar ao longe!"

"Ao longe", no espaço e no tempo: *8 de fevereiro*, numa peça composta para irmã Santo Estanislau, jubilar, Teresa põe na boca do seu herói, Estanislau Kostka, a grande questão que a preocupa, a *única* para ela doravante: "Dizei-me que os bem-aventurados ainda podem trabalhar para a salvação das almas... Se, no paraíso, eu não puder trabalhar para a glória de Jesus, prefiro ficar no exílio e combater por Ele!" (RP 8). "Amar Jesus e fazê-lo amar": eis a sua única ambição póstuma (cf. C 219, 220 e 221). Programa que ela se esforça por realizar *hic et nunc*, indo até o limite de suas forças.

3 de março, empreende, com a comunidade, o jejum da Quaresma. *25 de março*, para a profissão de irmã Maria da Eucaristia, compõe o poema "Minhas Armas" (P 48), que termina assim: "Cantando morrerei no campo de batalha / Empunhando as Armas!..."

Nada de estoicismo nessa determinação. A jovialidade ilumina a correspondência desse último inverno. Mais uma vez, é numa poesia que Teresa comunica o segredo da sua alegria: "Que importa para mim a morte ou a vida? Minha alegria é amar-te, Jesus" (P 45, 21/1/1897).

"Não morro, entro na vida" (C 244)
Abril-setembro de 1897
24 anos

Que caminhada desde 4 de abril de 1877, quando, não sabendo "nem sequer segurar uma caneta", Teresa escrevia sua primeira "carta" no colo de Pauline! Aproxima-se o tempo em que será obrigada a escrever por meio da irmã, ditando suas últimas mensagens. Restam-lhe menos de seis meses de vida. Vejamos em largos traços esta última etapa.

4 de abril-4 de junho: antes do final da Quaresma, em que procurou suportar o jejum, Teresa adoece gravemente. Agora, os sinais de tuberculose aparecem evidentes: rosto vermelho de febre, ausência total de apetite, esgotamento que mal lhe permite ficar de pé. Durante essas semanas de transição, vê-se progressivamente desobrigada da participação no Ofício coral, da função de roupeira, dos recreios em comunidade, da atenção às noviças. A partir de 6 de abril, Madre Inês começa a tomar notas das palavras da irmã, substância da futura "Caderneta Amarela". Durante o retiro da Ascensão até Pentecostes (27 de maio-6 de junho), trocam muitos bilhetes que ajudam a situar o clima das Últimas Palavras. A tomada de véu de irmã Maria da Eucaristia, 2 de junho, representa para Teresa a última festa da família.

6 de junho-8 de julho: após um grave alerta que lhe traz, no dia 9 de junho, a certeza da sua morte próxima, a doente passa por uma melhora. A maior parte do seu tempo é empregado na redação do Manuscrito C. Iniciado em 3 de junho, por ordem de Madre Maria de Gonzaga, escrito em parte à sombra das castanheiras, fica inacabado, nos primeiros dias de julho.

8 de julho-25 de agosto: com a volta das hemoptises, em 6 de julho, e a descida para a enfermaria, no dia 8, Teresa parece chegar às portas da morte. Uma reação do organismo adia o desfecho. Dezoito mensagens (C 249 a 266), outras tantas vitórias do amor sobre o esgotamento, são recebidas principalmente por suas "irmãzinhas noviças" e os dois missionários "que Jesus (lhe) deu por irmãos" (Ms C, 33v). Maurice Bellière é objeto de visível predileção: é preciso ajudar o seminarista inconstante a livrar-se com vigor dos laços do passado e, sobretudo, da obsessão da sua miséria. A esse discípulo dócil dedica um dos mais preciosos ensinos sobre "a via da confiança simples e amorosa" (C 261).

25 de agosto-30 de setembro: fraca demais para escrever e, logo, para falar, a doente entra no silêncio. Depois de uma penosa agonia, morre num último "Meu Deus, 'eu vos amo!'". "Acabava de erguer os olhos para o céu, que via ela?" (CG, p. 1072.). Durante as horas seguintes ao falecimento, "era de uma beleza encantadora, com um sorriso falante que parecia dizer: 'Deus é só amor e misericórdia'" (Madre Inês, PA, p. 206).

OS MANUSCRITOS
AUTOBIOGRÁFICOS

Introdução

As metamorfoses da *História de uma alma*, ou dos *Manuscritos autobiográficos*, de Santa Teresa do Menino Jesus e da Sagrada Face, são muito conhecidas hoje, graças à edição em fac-símile do padre François de Sainte-Marie, acompanhada de três volumes de introduções, notas textuais e críticas, índices e concordância (Carmelo de Lisieux, 1956), e à edição corrente que se seguiu a essa no ano seguinte. Limitar-nos-emos aqui aos documentos básicos, com numerosos complementos em nota.

1. Circunstâncias

À irmã mais velha de Teresa, irmã Maria do Sagrado Coração, devemos dois daqueles textos de valor inestimável (e, indiretamente, o terceiro). Ela fez o relatório por ocasião do Processo Ordinário, respondendo à pergunta: "Que sabe da origem desse manuscrito (a *História de uma alma*) e de seu estado de integridade?"

"Uma noite de inverno, depois das matinas, estávamos nos aquecendo, reunidas com irmã Teresa, irmã Genoveva e nossa Reverenda Madre Priora, Inês de Jesus. Irmã Teresa contou duas ou três passagens de sua infância. Disse eu então a nossa madre priora, Inês de Jesus: 'Será possível que a deixe escrever pequenas poesias para agradar a umas e outras, e que nada escreva para nós sobre todas essas recordações de infância? Vereis, é um anjo que não ficará muito tempo na terra, e teremos perdido todos esses pormenores tão interessantes para nós'. Nossa madre priora hesitou inicialmente e, a instâncias nossas, disse à Serva de Deus que gostaria de receber, no seu aniversário, o relato da sua infância" (*Manuscrito A*).

"[...] Mais tarde, vendo irmã Teresa muito doente, madre Inês de Jesus persuadiu a reverenda madre Maria de Gonzaga, então priora, a fazer irmã Teresa escrever a história de sua vida religiosa, que é a segunda parte do manuscrito

(*Manuscrito C*). Enfim, eu mesma lhe pedi, durante o último retiro (1896), para escrever o que eu chamava de sua pequena doutrina. Escreveu e acrescentamos estas páginas, como terceira parte, quando se imprimiu a 'História da sua vida' (*Manuscrito B*)" (PO, p. 237).

Madre Inês informa: "No início do ano de 1895, dois anos e meio antes da morte de irmã Teresa", e confirma o relato de Maria do Sagrado Coração (sem, porém, mencionar a presença de irmã Genoveva). Informa que Teresa "ria como se tivéssemos zombado dela" e prossegue:

"A Serva de Deus pôs mãos à obra, por obediência, pois eu era então sua madre priora. Escreveu apenas durante seus tempos livres e entregou-me seu caderno em 20 de janeiro de 1896, para meu aniversário, Eu estava na oração noturna. Ao dirigir-se para sua cadeira de coro, irmã Teresa do Menino Jesus ajoelhou-se e entregou-me esse tesouro. Respondi-lhe com um simples aceno de cabeça e coloquei o manuscrito sobre nossa cadeira, sem abri-lo. Só tive tempo de lê-lo após as eleições desse mesmo ano, na primavera. Notei a virtude da Serva de Deus, pois depois do seu ato de obediência não se interessou mais por ele, nunca me perguntou se eu tinha lido seu caderno, nem o que eu pensava dele. Um dia, disse-lhe que não tinha tido tempo de lê-lo; não me pareceu nem um pouco contrariada".

"Achei seus relatos incompletos. Irmã Teresa do Menino Jesus insistira particularmente sobre sua infância e primeira juventude, como eu lhe pedira; sua vida religiosa está apenas esboçada [...]."

"Pensei quanto era deplorável não ter ela redigido com desenvolvimento igual o que dizia respeito à sua vida no Carmelo. Entrementes deixara eu de ser priora e madre Maria de Gonzaga assumira o cargo. Receava não atribuir ela o mesmo interesse a essa composição e não ousei falar-lhe a respeito. Mas, vendo irmã Teresa do Menino Jesus muito doente, quis tentar o impossível. Em 2 de junho de 1897, quatro meses antes da morte de irmã Teresa, por volta de meia-noite, fui encontrar nossa madre priora: 'Madre', disse-lhe, 'é-me impossível dormir antes de confiar-vos um segredo. Quando eu era priora, irmã Teresa escreveu, para me agradar e por obediência, algumas recordações de sua infância. Reli aquilo, outro dia; é agradável, mas não poderei extrair disso muita coisa para ajudar-vos a escrever a carta circular depois da morte dela, pois não há quase nada sobre sua vida religiosa. Se lhe ordenasses, ela poderia escrever alguma coisa mais séria; não duvido que o que teríeis seria incomparavelmente melhor do que aquilo que eu tenho'. Deus abençoou minha iniciativa e, na manhã seguinte, nossa madre ordenou a irmã Teresa do Menino Jesus que continuasse seu relato" (PO, p. 146-147; cf. PA, p. 201).

Sua irmã Céline (irmã Genoveva de Santa Teresa), que recebia comunicação dos pequenos cadernos do *Manuscrito A* na medida em que se escreviam, dá referências interessantes sobre a maneira de Teresa trabalhar: "Não tinha nenhuma segunda intenção quando iniciou seu manuscrito. Escreveu-o apenas por obediência, esforçando-se, porém, por relatar certos fatos específicos de cada membro de sua família, a fim de agradar a todos com esse relato das recordações de sua juventude. Seu manuscrito era, na verdade, 'lembrança de família', exclusivamente destinada às suas irmãs. É o que explica a naturalidade familiar com que foi escrito e certos pormenores infantis diante dos quais sua pena teria recuado se tivesse previsto que esse escrito iria extrapolar o círculo fraterno. Só escrevia às pressas, durante os poucos momentos livres que lhe deixavam a Regra e suas ocupações junto às noviças. Não fez rascunho nenhum, escrevendo ao correr da pena, e mesmo assim seu manuscrito não contém rasuras" (PO, p. 274).

A descrição de Céline mostra bem que os Manuscritos assemelham-se mais ao gênero epistolar que ao de notas íntimas, para não dizer de "tratados de espiritualidade". Portanto, uma orientação de leitura é muito importante, não só porque explica o encanto e a espontaneidade do estilo de Teresa, mas também a irradiação contagiosa de uma personalidade transparente ao amor e à graça de Deus (cf. Jean Guitton a respeito das palavras de Teresa, UP, p. 119, n. 26).

Encontrar-se-á na Introdução geral dos *Manuscritos autobiográficos* ("Nouvelle Édition du Centenaire") uma descrição detalhada dos manuscritos de Teresa, segundo o padre François de Sainte-Marie.

2. Teresa e a publicação de sua "Obra"

Teresa redigiu os Manuscritos A e C por obediência a suas prioras, o Manuscrito B, a pedido de sua irmã, Maria do Sagrado Coração. Ela, pessoalmente, não tivera a ideia de deixar vestígio escrito das suas recordações e pensamentos. Contudo, suas cartas e poesias eram para ela o meio de expressão e um modo de difundir seu amor a Cristo. Desde o início soube que, de certa forma, seu Manuscrito C era destinado à publicação, pois Madre Inês alegara junto a Madre Maria de Gonzaga, como motivo da "encomenda", a redação de uma "Circular necrológica"...

Teresa levou essa ideia de publicação muito a sério (cf. *Poesias*, II, p. 25s), e multiplicou as alusões em suas Últimas Palavras, em parte, provavelmente, para levantar o moral de suas irmãs (cf. CA 27.5.1).

Mais o tempo passa, mais ela se interessa por essa obra póstuma (cf. CA 25.6.2; 10.7.2; 20.7.3; 29.7.7; 1.8.2 e NV 1.8.2 fim, em UP II [DP], p. 229; CA 25.9.2): "No seu leito de morte, atribuía grande importância a essa publicação e via nela um meio de apostolado: *É preciso publicar o manuscrito sem maiores delongas depois da minha morte. Se demorardes, se cometerdes a imprudência de falar dele a quem quer que seja, exceto à nossa madre, o demônio armar-vos-á mil obstáculos para impedir essa publicação muito importante. Se, porém, fizerdes o possível para não deixá-la entravada, não temais as dificuldades que puderdes encontrar: Para a minha missão, como para a de Joana d'Arc, 'a vontade de Deus será cumprida apesar do ciúme dos homens'.* — Pensas, então, que é por esse manuscrito que ajudarás as almas? — *Sim, é um meio do qual Deus se servirá para aten-*

der-me. Ajudará toda espécie de almas, exceto as que estão em vias extraordinárias". (Madre Inês, PA, p. 202, montagem de muitas palavras diferentes de Teresa: cf. PO, p. 147, 176, 200-201; CA 27.7.6; 9.8.2).

É inegável que Teresa instituiu Madre Inês sua "editora". Esta declarou sob juramento que sua irmã lhe disse: "Madre, tudo o que achardes por bem cortar ou acrescentar no caderno da minha vida, sou eu quem o corta ou acrescenta. Lembrai-vos disso mais tarde, e não tenhais escrúpulo nenhum a esse respeito" (PO, p. 147; cf. PA, p. 201-202; CV e NV, em UP II [DP], p. 164-165); e outra vez, a respeito do Manuscrito C: "Não escrevi o que eu queria", disse-me tristemente, "teria necessitado de maior isolamento. Todavia, meu pensamento aí está, só vos restará classificar" (PA, p. 173). Padre François de Sainte-Marie comenta com razão: "Cortar, acrescentar, classificar — as três operações que a autora dos manuscritos previa e aprovava por antecipação, sua editora as efetuou amplamente a seguir. Pode-se discutir a respeito do número e da oportunidade dessas modificações. A questão do direito, contudo, não apresenta dúvida: a autorização fora dada" (Mss I, p. 72, onde se encontrarão as diversas referências aos processos sobre esta questão).

3. A *História de uma alma*

Por ocasião do *Processo do Ordinário*, Madre Inês declarou: "Fui eu quem teve a iniciativa de propor essa publicação (a *História de uma alma*) depois da morte dela. Ao reler os manuscritos que tinha em mãos, tive a impressão de possuir um tesouro que poderia ajudar muito as almas".

À pergunta: "O livro impresso está inteiramente de acordo com o autógrafo da Serva de Deus, de forma que se possa ler um pelo outro com segurança?". Madre Inês respondeu (em 17/8/1910): "Há algumas alterações, mas de pouca importância, que não alteram o sentido geral e substancial do relato. Essas alterações são: 1. a supressão de algumas passagens muito curtas, relatando pormenores íntimos da vida familiar durante sua infância; 2. a supressão de uma ou duas páginas cujo teor parecia-me menos interessante para os leitores estranhos ao Carmelo; 3. enfim, como a história manuscrita era composta de três partes, uma dirigida a mim (sua irmã Pauline), a outra a sua irmã Marie e a mais recente a Madre Maria de Gonzaga, então priora, esta última, que presidiu à publicação do manuscrito, exigiu certos retoques de detalhes nas partes dirigidas a suas irmãs, a fim de que, para melhor unidade, o todo parecesse ter sido dirigido a ela própria" (p. 149).

Em consequência dessa exposição, o tribunal julgou oportuníssimo mandar "estabelecer um exemplar autêntico do Autógrafo, conforme as regras do direito na matéria, e inseri-lo nos documentos do Processo" (PO, p. 150), o que foi feito em 29 de agosto de 1911 (PO, p. 599-720).

Sobre a conduta de Madre Maria de Gonzaga, considerada como sinal de ciúme doentio, talvez convenha ser mais prudente que Madre Inês, que fala de "subterfúgio" em sua nota de 22 de novembro de 1907 (primeira página do Manuscrito A; cf. infra). Por ocasião do PO, em 1910, contenta-se em falar da preocupação em assegurar "maior unidade" à *História de uma alma* (supra). É preciso, sem dúvida, pôr-se na atmosfera da época para apreciar essa iniciativa singular.

Em 1898, Madre Maria de Gonzaga era priora, e sua autoridade permanecia intacta dentro da comunidade. Não era uma atitude prudente perante as irmãs (por parte de duas Madres, em conjunto) fazer Madre Maria de Gonzaga assumir a responsabilidade, não apenas da *publicação*, mas também do *dever de obediência* feito a Teresa de escrever suas "recordações" (seja em 1895, em 1896, como foi corrigido no Manuscrito A, ou em 1897 em relação ao Manuscrito C)?

Ordem igual nunca fora dada a outra pessoa até então. Se a comunidade tivesse sabido tratar-se de uma "história de família", uma "ordem" de Madre Inês a sua própria irmãzinha, para agradar aos seus... será que o Manuscrito A não teria perdido parte do seu prestígio, do seu valor espiritual, aos olhos das irmãs que não davam tanta importância ao "clã Martin"? Pode-se pensar que, partindo a "ordem" de Madre Maria de Gonzaga, que conhecia Teresa desde a idade de 9 anos, a *História de uma alma* revestia-se de um valor "religioso" muito diferente. Nesse caso, em 1907 ou em 1910, com a glória de Teresa transbordando amplamente o mosteiro (e Madre Maria de Gonzaga morta, em 1904), não havia mais necessidade de tantas precauções perante a comunidade, enquanto a necessidade de fornecer uma explicação aos juízes eclesiásticos era premente. Essa interpretação de "subterfúgio" permanece, contudo, hipotética.

4. O trabalho de Madre Inês

Graças à publicação da *Primeira história de uma alma*, de 1898, na "Nouvelle Édition du Centenaire", poder-se-á julgar, por comparação, das "*poucas alterações de pequena importância*" operadas na época... Padre François de Sainte-Marie fez perfeitamente o "processo" do trabalho de Madre Inês, apresentando alternadamente a acusação e a defesa:

"Não era possível, certamente, publicar textualmente os cadernos de Teresa. [...] Numa época em que se dava tanta importância à perfeita correção do estilo e ao respeito escrupuloso às convenções literárias, como teria sido possível imprimir os rascunhos de uma jovem religiosa desconhecida sem cair no ridículo e traí-la? Tanto a matéria do relato como a sua forma exigiam adaptação. [...]

"Mas é preciso reconhecer que a editora da *História de uma alma* fez-se muito generosa no domínio das correções. [...] Madre Inês de Jesus corrigiu essas páginas como corrigia, nos Buissonnets, as redações hesitantes da pequena Teresa. [...]

"Sua índole, seu temperamento dominador, inclinavam-na a apor uma marca pessoal nos escritos que lhe eram submetidos, a retocá-los quase espontaneamente. Aliás, para ela, o essencial era atingir as almas, ajudá-las lutando contra os últimos bolores do jansenismo que ainda pairavam sobre certos meios religiosos.

Nas suas mãos, e sentia isso muito bem, Teresa era um instrumento maravilhoso para realizar essa obra. Afinal, pensava, o teor literário dos escritos importa menos. Até convinha cortar o que poderia ter afastado ou desgostado o leitor.

"Na realidade, Madre Inês de Jesus *reescreveu* a autobiografia de Teresa. [...] Sem dúvida, o conteúdo do relato fica sensivelmente o mesmo, o fundo doutrinário também, mas a forma é diferente na medida em que o temperamento de Madre Inês não é o de Teresa. [...] Essas modificações não impediram as almas de alcançar Teresa e impregnar-se da sua doutrina. Mas, no plano científico, é inútil procurar conciliar as exigências da crítica moderna com a maneira como foi retocado o texto original. [...] Sobre a sinopse em que ambos os textos podem ser comparados e na qual as divergências são aparentes, das mais insignificantes às mais importantes, reparamos mais de 7.000 variantes" (Mss I, p. 78).

Entre as mais discutíveis opções de Madre Inês, é preciso apontar a distorção na cronologia e, consequentemente, a mudança de perspectiva em relação à utilização da carta para irmã Maria do Sagrado Coração (Ms B) como conclusão de toda a *História de uma alma*, apresentada como autobiografia, enquanto o Manuscrito escrito pouco antes da morte reflete a última face de Teresa. Mesmo depois do restabelecimento dos verdadeiros destinatários de cada um dos manuscritos, em 1914, essa anomalia continua subsistindo até 1955; só a edição do padre François de Sainte-Marie lhe põe um fim.

5. As modificações da *História de uma alma*

Tendo Madre Inês concluído rapidamente a revisão, a primeira edição da *História de uma alma* saiu da Imprimerie Saint-Paul, em Bar-le-Duc, no dia 30 de setembro de 1898, exatamente um ano após a morte de Teresa. Irmã Maria do Sagrado Coração teria dito a Teresa: "Terei muita dificuldade para consolar Madre Inês, a quem (vossa) morte vai afetar tanto", e Teresa teria respondido: "Não vos inquieteis, Madre Inês de Jesus não terá tempo para pensar em sua aflição, pois até o final da vida estará tão ocupada comigo que nem dará conta de tudo" (PO, p. 255; cf. PA, p. 245; UP, p. 659-660). Mais uma vez é boa profeta: esse livro de que se fez, com receio, uma tiragem de 2.000 exemplares, vai espalhar-se rapidamente, provocando milagres, "chuvas de rosas" e de cartas (cinquenta por dia em 1911, quinhentas em 1915), pedidos de oração, estampas, lembranças, livros (muitas reedições da *História de uma alma*, especialmente, e as traduções a partir de 1901), enfim, o Processo de beatificação, tudo isso pesando, em grande parte, sobre os ombros de Madre Inês.

O exame rigoroso exigido pelos Processos vai levantar um problema fundamental. Apesar dos esforços das testemunhas para minimizar as diferenças entre os manuscritos originais e o texto da *História de uma alma*, elas são importantes demais para passar despercebidas. Na edição de 1907, só se admite para o leitor que o manuscrito original foi recortado em capítulos. Na de 1914, restabelece-se a distinção dos três manuscritos (PA, p. 202), depois que Maria do Sagrado Coração reconstituiu "em seu estado primeiro o manuscrito original", do qual "cópia autêntica foi mandada para Roma" (ibid.). Mas dom Lemonnier, bispo de Bayeux e Lisieux, afirma na carta-prefácio: "Essa modificação não altera quase nada no texto impresso até agora..." Dirá ainda mais na Advertência ao leitor em 6 de março de 1924 (ver MS/ NEC, Introdução geral e a exegese dessa Advertência pelo padre François de Sainte-Marie em Mss I, p. 86-87).

6. As correções dos manuscritos

Apesar desses pronunciamentos tranquilizadores, não faltaram preocupações para Madre Inês e suas irmãs, concernentes aos manuscritos de Teresa. O livro não sofreu outras alterações além das indicadas acima: qualquer outra modificação substancial teria sido perigosa para sua reputação de autenticidade. Mas foi preciso adaptar os manuscritos de Teresa às diversas peripécias e conjuntura da sua glória póstuma... Primeiro, às consequências da exigência de Madre Maria de Gonzaga (cf. supra). Eis o que Madre Inês escreve a respeito, em 22 de novembro de 1907, sobre o próprio caderno de Teresa, na *primeira página* do Manuscrito A:

"O manuscrito de Irmã Teresa do Menino Jesus consta de duas partes, isto é, dois cadernos diferentes. O primeiro foi escrito a pedido de sua irmã Pauline, Irmã Inês de Jesus, eleita priora em 1893. O segundo caderno foi escrito a pedido da Reverenda Madre Maria de Gonzaga, eleita priora em 1896. Essa Reverenda Madre só autorizou a publicação do Manuscrito sob o título *História de uma alma* sob a condição de que tudo parecesse dedicado a ela. Algum tempo depois da publicação da obra, uma religiosa da comunidade pediu a Madre Maria de Gonzaga para lhe mostrar o manuscrito original. Não querendo por preço algum que, naquele momento ou mais tarde, se soubesse que a primeira parte não lhe era dirigida, decidiu (segundo um conselho que lhe teria sido dado) que se queimasse o Manuscrito. Para salvá-lo da destruição, Madre Inês de Jesus propôs apagar seu nome e substituí-lo pelo de Madre Maria de Gonzaga. Ao mesmo tempo, raspou certas passagens claramente destinadas a ela que não podiam se aplicar a Madre Maria de Gonzaga. Isso explica as numerosas rasuras nesse caderno e as incoerências que, inevitavelmente, resultam desse subterfúgio.

"No momento em que se vai tratar de introduzir a Causa da Serva de Deus Teresa do Menino Jesus e da Sagrada Face, autora desse manuscrito, impôs-se como dever de consciência a Madre Inês de Jesus restabelecer a verdade pelo presente ato e, assiná-lo, ela própria, tomando por testemunhas as três religiosas dignas de fé que formam seu conselho.

Irmã Inês de Jesus, Priora
Irmã Maria dos Anjos, Vice-Priora
Irmã Madalena de Jesus, depositária
Irmã Teresa de Santo Agostinho, conselheira"

No verso dessa primeira página do Ms A aparece outra advertência de Madre Inês, com data de 28 de maio de 1910:

"Em abril de 1910, Irmã Maria do Sagrado Coração (Marie) irmã mais velha da Serva de Deus, restabeleceu sobre dados seguros as passagens deste manuscrito que haviam sido apagadas".

Nova fonte de rasuras, portanto: a reconstituição do texto inicial (mormente as "correções de atribuição") por Marie, que não tem grande ideia das exigências críticas... Esquece algumas correções e aproveita a ocasião para contribuir também com algumas modificações de pormenores. Madre Inês, sempre perfeccionista, relendo os manuscritos de sua irmã ao longo dos anos, fará também novos retoques de estilo, de ortografia, de pontuação, que, às vezes, alteram o sentido (cf. Mss I, p. 91-94).

7. Em vista de uma edição crítica

A edição de 1948 das *Cartas* de Teresa, numa versão tão completa e rigorosa quanto permitida pela tenacidade de padre Combes e a resistência, tão comovente quanto teimosa, de irmã Genoveva (cf. CG, p. 39-51), abre caminho para uma versão autêntica da *História de uma alma*, sobretudo depois das meias-confissões de dom Lemonnier em 1924. Os argumentos de padre Combes em sua bonita carta para irmã Genoveva, de 11/9/1947 (cf. infra, a introdução às Cartas), não seriam esquecidos.

Nesta mesma ocasião, aliás, padre Marie-Eugène do Menino Jesus, Definidor Geral da Ordem do Carmo, escreve a Madre Inês: "A Igreja falou. A santidade e a missão doutrinal de Santa Teresa do Menino Jesus são universalmente reconhecidas. Resulta desse fato que, a partir de agora, ela pertence à Igreja e à história. Para refutar e evitar as interpretações errôneas ou incompletas, para aprofundar progressivamente a doutrina e a alma da Santinha, os documentos e textos que nos são fornecidos tão generosamente não são suficientes para nós, só os textos originais podem permitir se descubra o movimento do pensamento, o ritmo, de alguma maneira, da sua vida e toda a luz das fórmulas ordinariamente tão precisas e tão firmes" (carta de 3/9/1947; Mss I, p. 87-88).

Aos 86 anos, Madre Inês não tinha força suficiente para assumir essa publicação, que atingia parcialmente a obra da sua vida, e arriscava perturbar muito os fervorosos leitores da *História de uma alma*. Mas não se opunha e declarou a irmã Genoveva, em 2 de novembro de 1950: "Depois da minha morte, encarrego-vos de fazê-lo em meu nome" (Mss I, p. 88). O Carmelo de Lisieux havia se empenhado, de modo irreversível, na edição crítica e integral da obra teresiana.

8. Um texto quase definitivo

Tendo padre Combes deixado de ocupar-se dos manuscritos de Teresa em 1950, padre François de Sainte-Marie (François Liffort de Buffévent, 1910-1961), carmelita descalço, foi designado mestre de obra: Com a edição fac-similar que realiza em 1956, graças ao trabalho magistral da Imprimerie Draeger, em Montrouge, um progresso considerável, quase definitivo, foi feito na edição dos manuscritos de Teresa, graças à publicação conjunta das notas históricas de padre François e, sobretudo, da perícia de Raymond Trillat e Félix Michaud, sobre os acréscimos, cortes e rasuras dos *Manuscritos autobiográficos* (nome novo dado à obra de Teresa, para indicar uma ruptura com o texto anterior). Progresso e ruptura concretizados para o grande público por meio da edição impressa desses mesmos *Manuscritos*, em 1957 (cf. as justificativas de padre François nessa obra, p. IX-XV)[1].

Essa última publicação serviu de base para a edição crítica publicada em 1992 na "Nouvelle Édition du Centenaire", e para o texto do presente volume, com as modificações exigidas por novas abordagens críticas (inevitáveis após trinta e cinco anos de estudos sobre um texto tão maltratado); é preciso observar também uma volta à literalidade, que padre François de Sainte-Marie julgara bom interpretar livremente, a fim de traduzir a espontaneidade do pensamento e da escrita teresianos (ibid., p. XII). Para quaisquer esclarecimentos, deve-se recorrer às Notas sobre o estabelecimento do texto e às Notas de crítica textual dos *Manuscritos autobiográficos* (MS/NEC).

---

1. A edição de 1957 do Carmelo de Lisieux foi retomada pelas Éditions du Cerf e Desclée De Brouwer a partir de 1972, sob o duplo título *História de uma alma — Manuscritos autobiográficos,* a fim de não desorientar os leitores que continuavam pedindo na livraria a *História de uma alma* em edição corrente.

MANUSCRITO DEDICADO À REVERENDA MADRE INÊS DE JESUS

Manuscrito A

[2f]   J.M.J.T[1]   Janeiro de 1895
Jesus †

História primaveril de uma florzinha branca[2] escrita por ela mesma e dedicada à Reverenda Madre Inês de Jesus.

A vós, Madre querida, a vós que sois duas vezes minha mãe, venho confiar a história da minha alma... No dia em que me pedistes para fazê-lo, pareceu-me que isso dissiparia meu coração, ocupando-o consigo mesmo, mas depois Jesus fez-me sentir que obedecendo, simplesmente, eu lhe seria agradável; aliás, só vou fazer uma coisa: Começar a cantar o que devo repetir eternamente — "As Misericórdias do Senhor!!!"[3]...

Antes de pegar a caneta, ajoelhei-me perante a imagem de Maria[4] (aquela que nos deu tantas provas das maternas preferências da Rainha do Céu por nossa família), supliquei-lhe guiasse minha mão, a fim de que eu não escrevesse nenhuma linha que não lhe fosse agradável. Depois, abrindo o Santo Evangelho, meus olhos deram com as seguintes palavras: "Jesus, tendo subido a uma montanha, chamou a Si quem *Ele quis*; e vieram a Ele" (São Marcos, cap. III, v. 13). Aqui está o mistério da minha vocação, da minha vida inteira e, sobretudo, o mistério dos privilégios de Jesus sobre a minha alma... Não chama os que são dignos, mas os que Ele *quer*[5] ou, como diz São Paulo: "Deus se compadece de quem quer e tem misericórdia para com quem quer ter misericórdia. Portanto, não é obra de quem quer nem de quem corre, mas de Deus que tem misericórdia" (Ep. aos Rm., cap. IX, v. 15 e 16). Durante muito tempo perguntava a mim mesma por que Deus tinha preferências, por que não recebem todas as almas o mesmo grau de graças, estranhava vendo-o prodigalizar favores extraordinários aos santos que o haviam ofendido [2v], como São Paulo, Santo Agostinho, e que ele forçava, por assim dizer, a receber suas graças ou lendo a vida dos santos que Nosso Senhor houve por bem acariciar do berço ao túmulo, sem deixar no caminho deles obstáculo algum que os impedisse de elevar-se para ele e prevenindo essas almas com tantos favores que elas nem podiam macular o vestido batismal, perguntava a mim mesma por que os pobres selvagens, por exemplo, morriam em grande número antes mesmo de ter podido ouvir pronunciar o nome de Deus... Jesus aceitou instruir-me a respeito desse mistério, pôs diante dos meus olhos o livro da natureza, e compreendi que todas as flores que ele criou são belas, que o esplendor da rosa e a alvura do lírio não impedem o perfume da pequena violeta ou a simplicidade encantadora da margaridinha... Compreendi que se todas as florzinhas quisessem ser rosas a natureza perderia seu adorno primaveril, os campos não seriam mais salpicados de florzinhas...

Assim é no mundo das almas, o jardim de Jesus. Ele quis criar os grandes santos que podem ser comparados aos lírios e às rosas e criou também santos menores, e estes devem contentar-se em ser margaridas ou violetas destinadas a alegrar os olhares de Deus quando os baixa aos pés. A perfeição consiste em fazer sua vontade, em ser aquilo que Ele quer que sejamos...

Compreendi também que o amor de Nosso Senhor revela-se tanto na alma mais simples, que em nada resiste à sua graça, como na alma mais sublime. Na realidade, é próprio do amor apoucar-se[6]. Se todas as almas se parecessem com as dos santos doutores que iluminaram a Igreja [3f] com a luz da sua doutrina, parece que Deus não desceria bastante ao vir até o coração deles. Mas criou a criança que nada sabe e só emite fracos gritos, criou o pobre selvagem que só tem como guia a lei natural e é até o coração deles que se digna descer; são suas flores do campo cuja simplicidade o encanta... Descendo assim, Deus mostra sua infinita grandeza. Assim como o sol ilumina ao mesmo tempo os cedros e cada florzinha, como se ela fosse única sobre a terra, assim Nosso Senhor se ocupa particularmente de cada alma como se não houvesse outra igual. Como na natureza, todas as estações são determinadas de modo a fazer desabrochar, no dia marcado, a mais humilde margaridinha, assim tudo corresponde para o bem de cada alma.

Sem dúvida, querida Madre, estais vos perguntando aonde quero chegar, pois até aqui, nada disse que se pareça com a história da minha vida. Mas pedistes-me para escrever sem constrangimento o que me viesse ao *pensamento*, portanto, não é propriamente minha vida que vou escrever, são os *pensamentos* a respeito das graças que Deus quis conceder-me. Encontro-me numa quadra da minha existência em que posso deitar um olhar sobre o passado, minha alma amadureceu no crisol das provações exteriores e interiores; agora, como a flor fortificada pela tempestade, levanto a cabeça e vejo que em mim se realizam as palavras do salmo XXII. (O Senhor é meu pastor, nada me faltará. Faz-me repousar em pastos agradáveis e férteis: conduz-me suavemente ao longo das águas. Conduz minha alma sem cansá-la... Mas embora eu desça ao vale [3v] da sombra da morte não temerei mal algum, pois estareis comigo, Senhor!...). O Senhor sempre foi compassivo comigo e cheio de doçura... Lento em punir-me e abundante em misericórdia!... (Sl CII, v. 8). Por isso, Madre, é com alegria que venho cantar junto a vós as misericórdias do Senhor... É *só para vós* que vou escrever a história da *florzinha* colhida por Jesus, por isso vou falar com liberdade, sem preocupar-me com o estilo, nem com as numerosas digressões que vou fazer. Um coração de mãe sempre compreende sua criança, mesmo quando só sabe balbuciar; portanto, estou certa de ser compreendida e adivinhada por vós que formastes meu coração e o oferecestes a Jesus!...

Sl 22,1-4
Sl 102,8
Sl 88,2

Parece-me que, se uma florzinha pudesse falar, contaria simplesmente o que Deus fez por ela, sem procurar esconder seus favores; não diria, a pretexto de falsa humildade, que é feia e sem perfume, que o sol lhe fez perder o brilho e que as tempestades quebraram-lhe o caule quando reconhecesse em si mesma o contrário. A flor que vai agora contar sua história fica feliz em poder tornar públicas as atenções totalmente gratuitas de Jesus, reconhece que nada havia nela capaz de atrair seu divino olhar e que foi só a sua misericórdia que fez tudo o que há de bom nela... Foi Ele quem a fez nascer numa terra santa e impregnada de um *perfume virginal*. Foi ele que a fez ser precedida de oito lírios resplandecentes de brancura. Em seu amor, ele quis preservar sua florzinha do sopro envenenado do mundo, sua corola começava apenas a abrir-se e esse divino Salvador a transplantou para a montanha do Carmelo, onde já os dois lírios que a tinham cercado e docemente embalado na primavera da sua vida exalavam [4f] seu suave perfume... Sete anos transcorreram desde que a florzinha enraizou-se[7] no jardim do Esposo das virgens e agora três lírios balançam perto dela suas corolas perfumadas; um pouco mais longe, outro lírio desabrocha sob os olhares de Jesus e os dois caules abençoados que produziram essas flores estão agora reunidos para a eternidade na Celeste Pátria... Aí reencontraram os quatro lírios que a terra não viu desabrochar... Oh! Digna-se Jesus não deixar por muito tempo na margem estrangeira as flores exiladas; que em breve o ramo de lírios esteja completo no céu![8]

Acabo, Madre, de resumir em poucas palavras o que Deus fez por mim, agora vou entrar nos pormenores da minha vida de criança. Sei que onde outra pessoa só veria um relato enfadonho vosso *coração materno* encontrará encantos... Além do mais, as recordações que vou evocar são também as vossas, pois foi perto de vós que vivi minha infância e tenho a felicidade de pertencer a pais inigualáveis que nos cercaram dos mesmos cuidados e dos mesmos carinhos.

Oh! Eles dignem-se abençoar a menor dos seus filhos e ajudá-la a cantar as misericórdias divinas!...

Sl 88,2

Na história da minha alma até meu ingresso no Carmelo, distingo três períodos bem distintos[9]. O primeiro, embora de curta duração, não é o menos fecundo de recordações; vai do despertar da minha razão até a partida da nossa querida mãe para a pátria celeste.

[4v] Deus deu-me a graça de abrir minha inteligência muito cedo e de gravar profundamente em minha memória as recordações de minha infância, de

sorte que as coisas que vou relatar me parecem acontecidas ontem. Sem dúvida, em seu amor, Jesus quis fazer-me conhecer a Mãe incomparável que me dera, mas que sua mão divina tinha pressa de coroar no céu!...

Toda a minha vida, Deus agradou-se em me cercar de *amor*. Minhas primeiras lembranças são impregnadas de sorrisos e das mais ternas carícias!... mas, assim como perto de mim colocara muito *amor*, colocou-o também no meu coraçãozinho, criando-o amoroso e sensível, por isso amava muito papai e mamãe e exprimia-lhes minha ternura de mil maneiras, pois eu era expansiva. Só que os meios aos quais eu recorria eram, às vezes, estranhos, como prova esta passagem de uma carta de mamãe: "O bebê é um duende sem igual, ele vem me acariciar desejando-me a morte: 'Oh! Como queria que morresses, minha pobre mãezinha!...' censuram-na e ela responde: 'Mas é para que tu vás para o céu, pois dizes que é preciso morrer para lá ir'. Da mesma forma, deseja a morte do pai quando está em seus excessos de amor![10]"

[5f] Em 25 de junho de 1874, quando eu tinha apenas 18 meses, eis o que mamãe dizia de mim: "Vossso pai acaba de instalar um balanço, Celina está numa alegria incomparável, mas é preciso ver a pequena balançar-se; é de fazer rir, comporta-se como uma moça, não há como fazê-la largar a corda e, quando não balançam com bastante força, grita. Amarram-na, na frente, com outra corda e, apesar disso, não fico tranquila quando a vejo encarapitada lá em cima.

"Aconteceu-me uma aventura esquisita, ultimamente, com a pequena. Costumo ir à missa das 5 e meia. Nos primeiros dias, não ousava ir, mas vendo que nunca despertava acabei resolvendo deixá-la. Deitava-a na minha cama e puxava o berço tão perto que era impossível que caísse. Um dia, esqueci de puxar o berço. Quando cheguei, a pequena não estava mais na minha cama. No mesmo momento, ouvi um grito. Olhei e a vi sentada numa cadeira que estava defronte da cabeceira da minha cama. Sua cabecinha estava deitada no travesseiro, dormia mal, pois estava mal acomodada. Não consegui entender como caiu sentada nessa cadeira, pois estava deitada. Agradeci a Deus por não lhe ter acontecido mal nenhum; foi verdadeiramente providencial. Deveria ter rolado por terra, mas seu anjo da guarda cuidou dela, e as almas do purgatório, que invoco diariamente pela pequena, a protegeram. Eis como interpreto a coisa... interpretem-na como quiserem!..."

No fim da carta, mamãe acrescentava: "Eis que o bebezinho acaba de passar a mãozinha no meu rosto e me beijar. Essa pobre pequena não quer deixar-me, está constantemente comigo, gosta muito de ir ao jardim, [5v] mas se eu não estiver lá ela não quer ficar e chora até que a tragam até mim..."[11] (Eis uma passagem de outra carta): "Teresinha perguntou-me, outro dia, se irá para o céu. Disse-lhe que sim, se se comportar direito. Respondeu-me: 'Sim, mas se eu não for boazinha irei para o inferno..., mas sei o que faria, voaria contigo que estarias no céu. Como é que Deus faria para me pegar?... Tu me segurarias bem forte em teus braços?' Vi nos olhos dela que acreditava firmemente que Deus nada poderia fazer-lhe se estivesse no colo da mãe..."[12]

"Maria gosta muito da irmãzinha, acha-a muito gentil, o contrário seria difícil, pois essa pobre pequena receia muito desagradá-la. Ontem, eu quis dar-lhe uma rosa, por saber o quanto isso a faz feliz, mas suplicou-me que não a cortasse. Maria tinha proibido, estava rubra de emoção, apesar disso, dei-lhe duas, não ousava mais aparecer em casa. Embora eu lhe dissesse que as rosas eram minhas, 'que nada', dizia ela, 'são de Maria.' É uma criança que se comove muito facilmente. Quando faz alguma coisa errada, precisa logo contar a todos. Ontem, tendo rasgado, sem querer, um canto do papel de parede, ficou num estado lastimável, e quis avisar logo o pai. Ele chegou quatro horas depois, quando mais ninguém, a não ser ela, pensava no caso. Correu imediatamente para dizer a Maria: 'Diga logo ao papai que eu rasguei o papel'. E ficou ali, como um criminoso que aguarda a condenação. Mas tem em sua ideiazinha que obterá mais facilmente o perdão se confessar a falta."[13]

[4v, continuação] Eu gostava muito da minha querida *madrinha*[14]. Sem deixar perceber, prestava muita atenção a tudo o que se fazia e dizia ao meu redor, tenho impressão de que julgava as coisas como agora. Escutava muito atenta o que Maria ensinava a Celina para fazer como ela; [6f] depois da sua saída da Visitação, para obter o favor de ser admitida em seu quarto durante as lições que dava a Celina, ficava bem comportada e fazia tudo o que ela queria. Ela me enchia de presentes que, apesar de seu pouco valor, me causavam grande alegria.

Eu tinha muito orgulho das minhas duas irmãs maiores, mas meu *ideal* de criança era Paulina... quando comecei a falar e quando mamãe me perguntava: "Em que estás pensando?", invariavelmente, a resposta era: "em Paulina!..." Em outra ocasião, riscava com meu dedinho nas vidraças e dizia: "Estou escrevendo: Paulina!..." Com frequência, ouvia dizer que Paulina seria *religiosa;* então, sem saber direito de que se tratava, pensava: *Eu* também *serei religiosa*. Esta é uma das [minhas] primeiras recordações e, desde então, nunca mudei de resolução!... Fostes vós, querida Madre, que Jesus escolheu para fazer de mim sua noiva, na ocasião não estáveis perto de mim, mas já um laço se formara entre nossas duas almas... Éreis meu *ideal*, queria ser semelhante a vós e foi vosso exemplo que, desde os meus dois anos, me atraiu para o Esposos das Virgens... Oh! Quantas doces reflexões gostaria de confiar-vos!

Mas preciso prosseguir com a história da florzinha, sua história completa e geral, pois se eu quisesse falar dos detalhes de suas relações com "Paulina" precisaria omitir todo o restante!

Minha querida Leoniazinha ocupava também um amplo espaço no meu coração. Amava-me muito, de noite, era ela quem ficava comigo quando a família toda saía para passear... Parece-me ouvir ainda as gentis cantigas de ninar que ela entoava para me fazer dormir... em tudo ela procurava um meio de me agradar e eu teria ficado muito triste se a tivesse aborrecido [6v]. Recordo-me muito bem de sua primeira comunhão[15], sobretudo do momento em que me pegou no colo para entrarmos juntas na casa paroquial. Pareceu-me tão bonito ser carregada por uma irmã maior, toda de branco como eu!... De noite, puseram-me cedo na cama, pois eu era pequena demais para ficar para o jantar, mas ainda vejo papai, no momento da sobremesa, trazendo pedaços do bolo para sua rainhazinha... No dia seguinte, ou pouco depois, fomos com mamãe à casa da companheirinha de Leônia[16]. Creio que foi naquele dia que essa boa mãezinha nos levou atrás de uma parede para nos dar vinho depois do jantar (que nos servira a pobre senhora Dagorau), pois não queria desagradar à boa mulher e tampouco queria que nos faltasse algo... Ah! Como é delicado o coração de uma mãe, como sabe manifestar sua ternura com mil cuidados previstos nos quais ninguém pensaria!...

Agora, resta-me falar de minha querida Celina, a companheirinha da minha infância, mas as lembranças são tantas que não sei quais escolher. Vou extrair algumas passagens das cartas que mamãe vos mandava para a Visitação, mas não vou copiar tudo, seria alongar demais... No dia 10 de julho de 1873[17] (ano do meu nascimento), eis o que vos dizia: "A ama[18] trouxe Teresinha. Quinta-feira, ela só riu, era sobretudo a pequena Celina que lhe agradava, ria às gargalhadas com ela, parece que já está com vontade de brincar. Isso chegará logo, fica em pé sobre as perninhas tesa como uma estaquinha. Creio que andará cedo e que terá bom caráter, parece muito inteligente e tem uma boa aparência de predestinada..."

[7f] Mas foi sobretudo depois de desmamada que demonstrei meu afeto por minha querida Celininha. Entendíamo-nos muito bem, só que eu era mais esperta e muito menos ingênua que ela; embora três anos e meio mais nova, parecia-me termos a mesma idade.

Eis uma passagem de uma carta de mamãe que vos mostrará quanto Celina era doce e eu má: "Minha Celininha é totalmente inclinada para a virtude, é o sentimento íntimo do seu ser, tem uma alma pura e aversão ao mal. Quanto ao "furãozinho" não se sabe em que dará, é tão pequena ainda, tão estouvada, com inteligência superior à de Celina, mas muito menos doce e, sobretudo, de uma teimosia quase invencível, quando diz 'não', nada consegue fazê-la ceder, poderia ficar um dia inteiro no porão e ainda preferiria passar a noite lá em vez de dizer 'sim'...

"Porém, tem um coração de ouro, é muito carinhosa e muito franca, é estranho vê-la correr atrás de mim para confessar algo — Mamãe, empurrei Celina uma vez, bati nela uma vez, mas não vou fazer mais — (é assim em tudo o que faz). Quinta-feira à noite, fomos dar um passeio nos arredores da estação ferroviária. Quis a todo custo entrar na sala de espera para ir buscar Paulina. Corria à nossa frente com uma alegria que fazia gosto. Porém, quando percebeu que era preciso voltar para casa sem embarcar para ir buscar Paulina, chorou durante todo o percurso"[19].

Esse último trecho da carta me faz lembrar a felicidade que sentia vendo-vos voltar da Visitação, vós, querida Madre, me pegáveis no colo e Maria carregava Celina. Então, fazia-vos mil carícias e inclinava-me [7v] para trás, a fim de admirar vossa grande trança... e me dáveis um tablete de chocolate que tínheis guardado durante três meses, imaginai que relíquia era para mim!... Lembro-me também da viagem que fiz a Le Mans[20]. Era a primeira vez que eu andava de trem. Que alegria ver-me viajando sozinha com mamãe!... Porém, não sei mais por quê, pus-me a chorar e a pobre da mamãe só pôde apresentar à minha tia de Le Mans uma *feiurinha* rubra pelas lágrimas vertidas a caminho... Não conservei lembrança alguma do parlatório, só do momento em que minha tia me entregou um camundonguinho branco e uma cestinha de papel bristol cheia de bombons sobre os quais exibiam-se dois bonitos anéis de açúcar bem do tamanho do meu dedo; logo gritei: "Que bom! tem um anel para Celina". Mas que tristeza! Peguei minha cestinha pela alça, dei a outra mão a mamãe e partimos. Depois de alguns passos, olhei minha cestinha e vi que meus bombons estavam quase todos esparramados pela rua, como as pedras do pequeno polegar... Olhei com mais atenção e constatei que um dos preciosos anéis sofrera a sorte fatal dos bombons... Eu não tinha mais nada para dar a Celina!... nesse momento, minha dor explode, peço para voltar, mamãe não parece ligar para mim. Era demais. Às minhas lágrimas seguiram-se os gritos... Não conseguia compreender que ela não compartilhasse da minha tristeza e isso aumentava muito a minha dor...

Agora volto às cartas nas quais mamãe vos fala de Celina e de mim. É o melhor meio de que disponho para revelar-vos meu caráter. Eis um trecho no qual meus defeitos destacam-se com intenso brilho. "Eis [8f] que Celina se diverte com a pequena com jogo de cubos, de vez em quando brigam. Celina cede para ter uma pérola na sua coroa. Vejo-me obrigada a corrigir esse pobre bebê, que fica terrivelmente furioso quando as coisas não correm como ela quer e rola no chão como uma desesperada, acreditando que tudo está perdido. Há momentos em que é mais forte que ela, fica sufocada. É uma criança muito agitada, porém muito mimosa e muito inteligente, lembra-se de tudo"[21]. Estais vendo, Madre, como eu estava longe de ser uma menina sem defeitos! nem se podia dizer de mim "Que era boazinha quando dormia", pois de noite era ainda mais agitada que de dia, mandava para os ares todas as cobertas e (embora dormindo) dava cabeçadas na madeira da minha caminha; a dor me despertava e então dizia: "Mãe, *bati-me!...*" A pobre mãezinha era obrigada a levantar-se e constatava que, realmente, tinha galos na testa, que *eu me batera.* Cobria-me e voltava a deitar-se, mas depois de algum tempo eu recomeçava a *me bater.* Tanto que foram obrigados a *me amarrar* na cama. Todas as noites Celininha vinha amarrar as numerosas cordas destinadas a impedir o duendinho de *se chocar* e acordar mamãe. O estratagema deu certo e passei a ficar *boazinha enquanto dormia...* Há outro grande defeito que eu tinha (acordada) e do qual mamãe não fala em suas cartas, um grande amor-próprio. Só vou citar dois exemplos, a fim de não alongar demais meu relato. Um dia mamãe me disse: "Minha Teresinha, se quiseres beijar a terra, vou te dar um centavo". Um centavo era para mim uma riqueza apreciável, para consegui-lo não precisava abaixar minha *grandeza,* pois minha *pequena* estatura não colocava grande distância entre mim e o chão; porém, meu orgulho se revoltou [8v] diante da ideia de *beijar a terra* e, ficando bem ereta, disse a mamãe: Oh! Não, mãezinha, prefiro não ter centavo!...

Em outra ocasião, devíamos ir a Grogny, à casa da senhora Monnier. Mamãe disse a Maria que me vestisse com meu lindo vestido azul celeste, enfeitado de rendas, sem deixar meus braços nus, a fim de que o sol não me queimasse. Deixei que me vestisse com a indiferença que devia ser própria das crianças da minha idade, mas interiormente pensava que ficaria mais engraçadinha com meus bracinhos nus. Com tal natureza, se eu tivesse sido criada por pais sem virtude ou até, como Celina, tivesse sido mimada por Luísa[22], eu teria ficado muito má e, talvez, me tivesse perdido... Mas Jesus velava sobre sua noivinha. Quis que tudo se encaminhasse para seu bem, até os defeitos que, reprimidos cedo, lhe serviram para crescer na perfeição...

Como tinha *amor-próprio* e também *amor pelo bem*, logo que comecei a pensar seriamente (o que fiz ainda muito pequena), bastava dizer-me uma vez que tal coisa não era *boa* para eu não querer ouvir duas vezes... Nas cartas de mamãe, vejo com prazer que, ao crescer, lhe dava mais consolo. Tendo apenas bons exemplos a meu redor, queria, naturalmente, segui-los. Eis o que escrevia em 1876: "Até Teresa que, às vezes, quer dar-se às práticas[23]... É uma criança encantadora, é fina como a sombra[24], muito viva, mas de coração sensível. Celina e ela amam-se muito, elas se bastam para se divertir. Todos os dias, logo após o almoço, Celina vai pegar seu galinho, de um só golpe apanha a galinha de Teresa. Eu não consigo fazer isso, mas ela é tão esperta que, na primeira tentativa, a segura e as duas chegam com seus bichinhos para sentar-se perto do fogo [9f] e divertem-se muito tempo. (Rosinha me dera de presente a galinha e o galo, e eu dera o galo a Celina). Outro dia, Celina dormiu comigo; Teresa dormiu no andar de cima na cama de Celina e suplicou que Luísa a levasse para baixo a fim de ser vestida. Luísa sobe para buscá-la e encontra a cama vazia. Teresa tinha ouvido Celina e descera para junto dela. Luísa lhe disse: 'Então, não queres descer para te vestir?" Oh, não, pobre Luísa, nós somos como as duas pequenas galinhas, não conseguimos separar-nos!' E dizendo aquilo beijavam-se e abraçavam-se... e, de noite, Luísa, Celina e Leônia foram ao círculo católico[25], deixando em casa Teresinha, que bem compreendia ser pequena demais para ir. Ela dizia: 'Se, pelo menos, quisessem me deixar dormir na cama de Celina!...' Não quiseram... ela não disse nada e ficou sozinha com sua lampadinha. Quinze minutos depois, dormia profundamente..."[26]

Outro dia, mamãe escrevia: "Celina e Teresa são inseparáveis, não se pode encontrar duas crianças que se amem mais. Quando Maria vem buscar Celina para as lições, a pobre Teresa desfaz-se em lágrimas. Ai! o que fazer, sua amiguinha vai embora!... Maria tem pena dela e leva-a também, e a pobre pequena senta-se numa cadeira durante duas ou três horas. Dão-lhe contas para enfiar ou um pano para costurar. Ela não ousa se mexer e, com frequência, solta longos suspiros. Quando o fio escapa da agulha, tenta enfiá-lo de novo. Interessante vê-la. Não conseguindo e não ousando atrapalhar Maria, depois duas grossas lágrimas passam a descer pelo seu rosto... Maria [9v] consola-a logo, reenfia o fio na agulha e o pobre anjinho sorri em meio às lágrimas..."[27]

Lembro-me que, de fato, não conseguia ficar sem Celina. Preferia sair sem ter acabado a sobremesa a deixar de segui-la. Logo que ela se levantava da mesa, virava-me na minha cadeira alta, pedindo que me tirassem dali, e íamos brincar juntas; algumas vezes íamos com a pequena prefeita[28], o que me agradava bastante, por causa do parque e de todos os belos brinquedos que nos mostrava; mas era mais para agradar a Celina que eu ia, preferindo ficar em nosso jardinzinho brilhante, *raspando os muros*, pois tirávamos todas as lantejoulas que encontrávamos e íamos *vendê-las* ao papai, que as comprava de nós muito seriamente.

Aos domingos, como eu era pequena demais para assistir aos ofícios, mamãe ficava tomando conta de mim. Eu me comportava muito bem e, durante a missa, só andava na ponta dos pés, mas logo que via a porta abrir-se era uma explosão de alegria sem igual. Eu me precipitava ao encontro da minha *linda* irmãzinha então *enfeitada como uma capela*[29]... e lhe dizia: "Oh! Minha Celininha, dê-me logo um pedaço do pão bento!" Às vezes, ela não tinha, por ter chegado atrasada... Como fazer então? Era impossível ficar sem, era a "minha missa"... Logo achou-se a solução. "Não tem pão bento, então faça-o!" Dito e feito. Celina pega uma cadeira, abre o guarda-comida, retira o pão, corta um pedaço e, com muita *seriedade*, reza *uma ave-maria* e mo oferece. Persigno-me com ele e como-o com muita *devoção,* achando nele o *sabor* [10f] do *pão bento*... Muitas vezes, fazíamos *conferências espirituais* juntas. Eis um exemplo que encontro nas cartas de mamãe: "Nossas duas queridas Celininha e Teresinha são anjos benditos, naturezazinhas angelicais. Teresa faz a felicidade de Maria e a sua glória. É incrível o quanto está orgulhosa dela. Verdade é que tem reflexões raras para sua idade. De longe ultrapassa Celina, que tem o dobro da idade dela. Outro dia, Celina dizia: 'Como é possível Deus estar numa hóstia tão pequena?' A pequena respondeu: 'Não é tão estranho, pois Deus é onipotente'. — 'O que quer dizer onipotente?' — 'É fazer tudo o que ele quer!'..."[30]

Num dia em que Leônia pensou ser crescida demais para brincar de boneca, veio a nosso encontro com um cesto cheio de vestidos e lindas peças destinadas a fazer outros. Em cima, a sua boneca estava deitada. "Irmãzinhas", disse ela, "escolhei, eu vos dou tudo isso." Celina estendeu a mão e pegou um pacotinho de alamares que a agradava. Depois de um breve momento de reflexão, estendi a mão também e disse: *"Escolho tudo!"*[31] e peguei o cesto sem mais cerimônia. Os que presenciaram a cena acharam a coisa muito certa. A própria Celina não pensou em reclamar (aliás, não lhe faltavam brinquedos, seu padrinho[32] lhe dava muitos presentes e Luísa encontrava meio de lhe dar tudo o que ela queria).

Esse pequeno rasgo da minha infância é o resumo de toda a minha vida. Mais tarde, quando a perfeição passou a ser minha conhecida, compreendi que para tornar-me *santa* era preciso sofrer muito, procurar sempre o mais perfeito é esquecer de mim mesma. Compreendi que havia muitos graus de perfeição e que cada alma [10v] é livre de responder aos convites de Nosso Senhor, de fazer pouco ou muito por Ele, numa palavra, de *escolher* entre os sacrifícios que ele pede. Então, como nos dias da minha primeira infância, exclamei: "Meu Deus, *escolho tudo*. Não quero ser *santa pela metade*, não tenho medo de sofrer por vós, só temo uma coisa: guardar a minha *vontade*, tomai-a, pois 'escolho tudo' o que quiserdes!..."

Preciso parar, não posso falar ainda da minha juventude, mas do duendinho de 4 anos. Lembro-me de um sonho que devo ter tido naquela idade e que ficou profundamente gravado na minha imaginação. Uma noite, sonhei que saía para passear sozinha no jardim. Tendo chegado ao pé da escada que precisava subir para chegar lá, parei apavorada. Na minha frente, perto do caramanchão, havia um barril de cal e, em cima dele, dois *horrendos diabinhos*[33] dançavam com uma habilidade espantosa, apesar dos ferros de engomar que tinham amarrados aos pés. De repente, lançaram-me olhares flamejantes e, nesse mesmo instante, parecendo mais assustados do que eu, lançaram-se ao pé do barril e foram esconder-se na rouparia que havia em frente. Vendo-os tão pouco corajosos, quis saber o que iam fazer e aproximei-me da janela. Os pobres diabinhos estavam ali, correndo sopre as mesas e sem saber como fazer para fugir do meu olhar. De vez em quando, aproximavam-se da janela, olhavam com ar inquieto se eu ainda estava por perto e, vendo-me sempre, recomeçavam a correr desesperados. Sem dúvida, esse sonho nada tem de extraordinário, mas creio que Deus permitiu que eu me lembrasse dele a fim de provar que uma alma em estado de graça nada tem a temer dos demônios, os quais são covardes, capazes de fugir do olhar de uma criança...

[11f] Eis outra passagem encontrada nas cartas de mamãe. Essa pobre mãezinha já pressentia o fim do seu exílio[34]: "As duas pequenas não me preocupam, as duas estão muito bem, são naturezas de escol, certamente serão boas. Maria e tu podereis facilmente criá-las. Celina nunca comete a menor falta voluntariamente. A menorzinha será boa também, não mentiria por todo o ouro do mundo, é espirituosa como nenhuma de vós"[35].

"Outro dia, estava no armazém com Celina e Luísa. Falava das suas práticas e discutia muito com Celina. A senhora disse a Luísa: O que quer dizer ela, quando brinca no jardim só se ouve falar em práticas? A senhora Gaucherin põe a cabeça fora da janela para poder compreender o que quer dizer esse debate de práticas?... Essa pequena é a nossa felicidade, será boa, já se vê o germe, só fala de Deus, por nada deixaria de fazer suas orações. Gostaria que a visses recitar pequenas fábulas, nunca vi algo tão gentil, encontra sozinha a expressão que se deve dar e o tom, mas é sobretudo quando diz: 'Pequena criança de cabeça loira, onde pensas que Deus está?' Quando chega a: 'Ele está lá, no céu azul', volta o olhar para o alto com uma expressão angelical. Não nos cansamos de fazê-la repetir, de tão bonito que é. Há alguma coisa de tão celestial em seu olhar que ficamos encantados!..."[36]

Oh, Madre! Como eu era feliz nessa idade, já começava a gozar a vida, a virtude tinha encantos para mim, encontrava-me, segundo me parece, nas mesmas disposições em que me encontro agora. Já tinha um grande [11v] domínio sobre minhas ações. — Ah! Como passaram depressa os anos ensolarados da minha primeira infância, mas que doces impressões deixaram na minha alma! Recordo-me com ternura dos dias em que papai nos levava ao *Pavilhão*[37]. Os menores detalhes ficaram gravados em meu coração... Lembro-me, sobretudo, dos passeios de domingo em que mamãe sempre nos acompanhava... Ainda sinto as impressões profundas e *poéticas* que nasciam em minha alma à vista dos trigais salpicados de centáureas e flores campestres. Já gostava do *horizonte*... O espaço e os pinheiros gigantescos cujos galhos roçavam o chão deixavam em meu coração uma impressão parecida à que sinto hoje vendo a natureza... Muitas vezes, por ocasião desses passeios, encontrávamos pobres e era sempre Teresinha a encarregada de lhes levar a esmola, o que a fazia muito feliz. Muitas vezes, também, achando papai que o trajeto era longo demais para sua rainhazinha, trazia-a antes de volta para casa (com grande desagrado para ela). Para consolá-la, Celina enchia de margaridas seu lindo cestinho e lho entregava na volta. Porém, mamãe[38] achava que sua filhinha tinha de sobra, por isso pegava uma boa parte para sua Virgem... Isso não agradava a Teresinha, mas ela insistia em nada dizer, tendo adquirido o bom hábito de nunca se queixar. Mesmo quando lhe tiravam o que era dela ou quando era acusada injustamente, preferia calar-se e não se desculpar, isso não era mérito dela, mas virtude natural... Que pena que essa boa disposição se tenha apagado!... [12f]. Oh! Na verdade, tudo me sorria na face da terra, descobria flores a cada um dos meus passos e meu gênio feliz contribuía também para me tornar a vida agradável. Mas um novo período começaria para minha alma. Devia passar pelo crisol das provações e sofrer desde a infância para poder ser oferecida mais cedo a Jesus. Assim como as flores da primavera começam a brotar debaixo da neve e desabrocham com os primeiros raios do sol, a florzinha cujas recordações escrevi teve de passar pelo inverno da provação...

 Todos os pormenores da doença de nossa querida mãe estão presentes no meu coração. Lembro-me, sobretudo, das últimas semanas que passou nesta terra. Éramos, Celina e eu, como pequenas exiladas. Todas as manhãs, a senhora Leriche[39] vinha nos buscar e passávamos o dia em sua casa. Um dia, não tivemos tempo de rezar nossa oração antes de sair de casa. Durante o trajeto, Celina me disse baixinho: "É preciso dizer que não fizemos a nossa oração?" — "Oh, sim!", lhe respondi. Então, muito timidamente, ela o disse à senhora Leriche, que respondeu: "Então, minhas filhinhas, ide fazê-la", e, colocando-nos num quarto grande, saiu... então, Celina me olhou e dissemos: "Ah! Não é como a mamãe... ela sempre nos acompanhava na oração!...". Quando brincávamos com as crianças, o pensamento da nossa mãe querida nos perseguia sempre. Certa vez, Celina recebeu um belo damasco, inclinou-se para mim e disse baixinho: "Não vamos comê-lo, vou dá-lo a mamãe". Ai! essa pobre mãezinha já estava doente demais para poder comer os frutos da terra, só *iria fartar-se* da glória de Deus, no céu, e *beber* com Jesus o *vinho misterioso* do qual falou em sua última ceia, prometendo compartilhá-lo conosco no reino do seu Pai.

Mt 26,29

A comovente cerimônia da extrema-unção imprimiu-se também em minha alma. Ainda vejo o lugar onde eu estava, ao lado de Celina [as cinco] por ordem de idade [12v] e o pobre pai estava ali, soluçando...

No mesmo dia ou no dia seguinte à partida de mamãe[40], pegou-me no colo e disse: "Vem beijar uma última vez tua pobre mãezinha". Sem dizer nada, aproximei meus lábios da testa de minha mãe querida... Não me lembro de ter chorado muito, não falava com ninguém dos sentimentos profundos que eu experimentava... Olhava e escutava em silêncio... Ninguém tinha tempo para ocupar-se de mim, por isso, via muitas coisas que me queriam esconder. Certa vez, encontrei-me diante da tampa do caixão... parei muito tempo para olhá-lo, nunca tinha visto um, mas compreendia; eu era tão pequena que, apesar da pouca altura de mamãe, era obrigada a *levantar* a cabeça para ver a parte de cima e parecia-me muito *grande... muito triste...* Quinze anos depois[41], encontrei-me diante de outro caixão, o de Madre Genoveva[42]. Tinha o mesmo tamanho que o da minha mãe e imaginei ter voltado aos dias de minha infância!... Todas as minhas recordações voltaram juntas. Era a mesma Teresinha que olhava, mas tinha *crescido* e o caixão parecia-lhe *pequeno,* ela não precisava mais *erguer* a cabeça para vê-lo, só a *levantava* para contemplar o *céu,* que lhe parecia muito *alegre,* pois todas as suas provações tinham chegado ao fim e o inverno da sua alma tinha passado para sempre...

Ct 2,10-11

No dia em que a Igreja benzeu os restos mortais da nossa mãezinha do céu, Deus quis dar-me outra na terra e quis também que eu a escolhesse livremente. Estávamos juntas, as cinco, olhando-nos com tristeza. Luísa estava ali também e, vendo Celina e a mim, disse: "Coitadinhas, estão agora sem mãe..." Então, Celina lançou-se ao colo de Maria, dizendo: "Então, és tu quem será minha mãe". Eu, acostumada a fazer igual a ela [13f], virei-me para vós, madre, e como se o futuro já houvesse rasgado seu véu, lancei-me em vossos braços exclamando: "Bom! para mim, é Paulina quem será mamãe!..."[43]

Como disse acima, a partir desse momento fui obrigada a passar para o segundo período de minha existência, o mais sofrido dos três, sobretudo depois do ingresso no Carmelo daquela que eu tinha escolhido por segunda "mamãe". Esse período estende-se desde meus 4 anos e meio até meu décimo quarto ano[44], época em que reencontrei meu caráter de *criança,* ao entrar na quadra séria da vida.

É preciso dizer-vos, Madre, que a partir da morte de mamãe meu caráter alegre mudou completamente. Eu, tão viva, tão expansiva, fiquei tímida e meiga, excessivamente sensível. Bastava um olhar para eu me derreter em lágrimas. Para ficar contente, era preciso que ninguém se ocupasse comigo. Não podia suportar a companhia de pessoas estranhas e só reencontrava a alegria na intimidade da família... Continuava, porém, cercada da mais delicada *ternura.* O coração tão *terno* de papai juntara ao amor que já tinha um amor verdadeiramente materno!...[45]

Vós, Madre, e Maria, não éreis para mim as mais *ternas* e mais desinteressadas mães?... Ah! Se Deus não tivesse prodigalizado seus *raios* benfazejos à sua florzinha⁴⁶, ela nunca teria conseguido aclimatar-se à terra. Era ainda fraca demais para suportar as chuvas e as tempestades. Ela precisava de calor, um suave orvalho e brisas primaveris. Nunca lhe faltaram [13v] esses favores todos. Jesus a fez encontrá-los, até debaixo da neve da provação!

Não fiquei sentida ao deixar Alençon, as crianças gostam de mudança e foi com prazer que vim para Lisieux⁴⁷. Lembro-me da viagem, da chegada de noite à casa da minha tia. Ainda vejo Jeanne e Maria esperando-nos à porta... estavam muito felizes por ter priminhas tão gentis. Eu gostava muito delas, assim como da minha tia e, sobretudo, do meu tio. Só que ele me inspirava medo e eu não ficava à vontade em casa dele, como me sentia nos Buissonnets⁴⁸. Ali é que minha vida era verdadeiramente feliz... de manhã cedo vos achegáveis a mim e me perguntáveis se eu tinha dado meu coração a Deus. Depois, me vestíeis falando-me dele e, na vossa companhia, eu fazia minha oração. Depois, vinha a lição de leitura; a primeira palavra que eu consegui ler sozinha foi "céus". Minha querida madrinha encarregava-se da minha lição de escrita e vós, Madre, de todas as outras. Não tinha muita facilidade para aprender, mas tinha boa memória. O catecismo e, mais ainda, a história sagrada tinham minha preferência. Estudava-os com alegria. Porém, a gramática custou-me frequentes lágrimas...⁴⁹ Lembrai-vos do masculino e do feminino!

Terminadas as lições, subia até o mirante⁵⁰ para mostrar minha roseta e minha nota a papai. Como era feliz quando podia dizer-lhe: "Tenho 5 sem *ressalva*, foi *Paulina* quem o disse *primeiro!...*" Pois quando eu vos perguntava se tinha obtido nota 5 sem ressalva e me dizíeis sim, a meu ver era um grau a menos. Dáveis-me também boas notas; quando eu tinha juntado determinado número, tinha uma recompensa e um feriado. Lembro-me que aqueles dias [14f] pareciam-me muito mais longos, o que vos agradava, pois era prova de que eu não gostava de ficar à toa. Todas as tardes ia dar um pequeno passeio com papai; fazíamos juntos uma visita ao Santíssimo, visitando cada dia uma nova igreja. Foi assim que entrei pela primeira vez na capela do Carmelo. Papai mostrou-me a grade do coro, dizendo-me que, por trás, havia religiosas. Bem longe estava de pensar que nove anos depois eu estaria entre elas!...

Depois do passeio (em que papai sempre comprava para mim um presentinho de um ou dois centavos), voltava para casa. Fazia então minhas tarefas escolares e, o restante do tempo, ficava a saltitar no jardim em volta de papai, pois eu não sabia brincar de boneca. Grande alegria me causava preparar chás com grãozinhos e cascas de árvores que recolhia do chão. Levava-os para papai numa bonita xicrinha. Esse pobre paizinho deixava seu trabalho e, sorrindo, fingia beber. Antes de me devolver a xícara, perguntava-me (como que às escondidas) se era preciso jogar fora o conteúdo. Às vezes, eu dizia sim, mas com mais frequência levava meu precioso chá de volta, desejando servi-lo várias vezes... Gostava de cultivar florzinhas no jardim que papai me dera. Brincava de armar pequenos altares no vão que havia no muro. Quando tinha terminado, corria para papai e, levando-o, dizia-lhe que fechasse bem os olhos e só os abrisse no momento em que eu lhe dissesse para fazê-lo. Fazia tudo o que eu queria e deixava-se levar para a frente no meu jardinzinho Então eu gritava: "Papai, abre os olhos!" Abria-os [14v] e extasiava-se para me agradar, admirando o que eu pensava ser uma obra-prima! Não acabaria nunca se eu passasse a contar mil pequenos fatos desse gênero que se apinham na minha memória... Ah! Como poderei relatar todas as ternuras que "papai" prodigalizava à sua rainhazinha? Há coisas que o coração sente, mas nem a palavra nem o pensamento conseguem reproduzir...

Outros dias lindos eram aqueles em que meu rei querido levava-me a pescar com ele. Gostava tanto do campo, das flores, dos pássaros! Algumas vezes, tentava pescar com minha varinha, mas preferia ir sentar-me, *só*, na relva florida. Então meus pensamentos eram muito profundos e, sem saber o que era meditar, minha alma mergulhava numa oração verdadeira... escutava os ruídos longínquos... O murmúrio do vento e até a música indecisa dos soldados, cujo som chegava até mim, melancolizavam o meu coração suavemente... a terra parecia-me um lugar de exílio e eu sonhava com o céu...[51]

A tarde passava depressa, era preciso voltar logo para os Buissonnets. Porém, antes de partir, tomava o lanche que eu tinha trazido no meu cestinho. A *linda* fatia de pão com geleia que vós tínheis preparado mudara de aspecto: em vez da bonita cor, eu só via um leve tom rosado, todo envelhecido e sumido... então a terra parecia-me ainda mais triste e compreendia que só no céu a alegria seria sem nuvens... Falando em nuvens, lembro-me que, um dia, o lindo céu azul da campina encobriu-se e logo uma tempestade desencadeou-se. Os relâmpagos rasgavam as nuvens escuras e vi um raio cair a curta distância. Longe de ficar apavorada, fiquei maravilhada. Pareceu-me que Deus [15f] estava muito perto de mim!... Papai não estava tão contente quanto sua rainhazinha. Não que a tempestade o apavorasse, mas o capim e as grandes margaridas, mais altas que eu, brilhavam como pedras preciosas. Era preciso atravessar diversos prados antes de encontrar uma estrada, e meu paizinho querido, temendo que os diamantes[52] molhassem sua filhinha, carregou-a nas costas, apesar da bagagem dos apetrechos de pesca.

Durante os passeios que eu dava com papai, ele gostava de me encarregar de levar esmola aos pobres[53] que encontrávamos. Um dia, vimos um que se arrastava penosamente sobre muletas. Aproximei-me e lhe dei um centavo; mas, não se achando bastante pobre para receber a esmola, olhou-me sorrindo tristemente e recusou-se a tomar o que eu lhe oferecia. Não posso dizer o que se passou em meu coração. Teria desejado consolá-lo, aliviá-lo, em vez disso pensava ter-lhe causado pesar. Sem dúvida, o pobre doente adivinhou meu pensamento, pois vi-o virar-se e sorrir para mim. Papai acabara de comprar um bolo para mim, e eu tinha muita vontade de dá-lo ao pobre, mas não ousava; queria dar-lhe alguma coisa que não pudesse recusar, pois sentia uma grande simpatia por ele.

Ora, tinha ouvido dizer que no dia da primeira comunhão obtinha-se o que se pedisse. Esse pensamento consolou-me e, embora tivesse apenas seis anos, disse a mim mesma: "Rezarei pelo *meu pobre* no dia da minha primeira comunhão".

Cinco anos depois, cumpri minha promessa, e espero que Deus tenha acolhido favoravelmente a oração que me inspirara dirigir por um dos seus membros padecentes...

[15v] Eu amava muito a Deus e entregava-lhe meu coração usando da pequena fórmula que mamãe me ensinara[54]. Mas um dia, melhor, uma tarde do lindo mês de maio, cometi uma falta que vale a pena contar, pois me deu um bom motivo para me humilhar e creio ter tido o arrependimento perfeito. Por ser pequena demais para frequentar as cerimônias do mês de Maria, ficava com Vitória[55] e fazia minhas devoções com ela diante do meu *pequeno mês de Maria* que ajeitava a meu modo. Era tudo tão pequeno, castiçais e vasos de flores, que bastava dois fósforos-velas para iluminá-lo todo; algumas raras vezes, Vitória me dava, de surpresa, duas pequenas velas de estearina. Uma tarde, estava tudo pronto para iniciarmos a oração. Disse: "Vitória, você quer começar o 'Lembrai-vos'? Eu vou acender". Fingiu começar, não disse nada e olhou-me rindo. Eu via meus preciosos fósforos consumirem-se rapidamente. Supliquei-lhe que iniciasse a oração, ela continuava calada. Então, levantando-me, pus-me a dizer-lhe com voz muito alta que ela era má e, saindo da minha habitual mansidão, bati o pé com toda a força... A pobre Vitória perdeu a vontade de rir, olhou-me com espanto e mostrou as velas de estearina que havia trazido... Depois de ter derramado lágrimas de raiva, chorei sinceramente arrependida com o firme propósito de nunca mais repetir essa cena!...

Aconteceu outra aventura com Vitória, mas daquela vez não precisei me arrepender, pois mantive-me muito calma. Queria um tinteiro que estava sobre o aparador da lareira da cozinha. Pequena demais para alcançá-lo, pedi muito *gentilmente* a Vitória que mo alcançasse [16f]. Recusou, dizendo-me que subisse muna cadeira. Sem nada dizer, peguei uma cadeira, mas fiquei pensando que ela não era nada gentil. Querendo fazê-la sentir, procurei na minha cabecinha o que mais me ofendia. Frequentemente, quando ela estava aborrecida comigo, chamava-me de "fedelhazinha", o que muito me humilhava. Então, antes de descer da cadeira, virei-me e lhe disse com dignidade: "Vitória, você é uma *fedelha!*" Saí correndo, deixando-a meditar sobre a palavra pesada que eu acabava de lhe dirigir... O resultado não demorou. Ouvi-a gritar: "Senhorita Maria... Teresa acaba de dizer que sou uma *fedelha!*" Maria veio e me obrigou a pedir desculpa. Submeti-me, mas sem arrependimento, pois achava que por não querer esticar seu *braço comprido* para prestar-me um *pequeno serviço*, merecia ser chamada de *fedelha*... Mas ela me amava muito e eu também a amava. Um dia, tirou-me de *grande perigo* em que eu caíra por culpa minha. Vitória estava passando roupa, tendo ao seu lado um balde cheio de água; eu a olhava enquanto me balançava (era hábito meu) numa cadeira. De repente, a cadeira vira e eu caio, não no chão, mas dentro do balde!! Meus pés tocavam minha cabeça e eu enchia o balde como o pintinho enche o ovo!... A pobre Vitória olhava-me assustada, nunca vira coisa igual. Eu queria sair logo desse balde, mas não conseguia, minha prisão era tão apertada que não conseguia fazer o mínimo movimento. Com um pouco de dificuldade, salvou-me do *grande perigo*, mas teve de trocar a minha roupa, que estava toda ensopada.

Em outra ocasião cai na lareira. Felizmente, não havia fogo aceso [16v]. Vitória só teve o trabalho de tirar-me dali e sacudir a cinza de que eu estava cheia. Essas aventuras aconteciam às quartas-feiras quando estáveis no coral, com Maria. Foi igualmente numa quarta-feira que o padre Ducellier[56] veio visitar-me. Vitória, que lhe dissera que ninguém estava em casa fora Teresinha, entrou na *cozinha* para me ver e olhou minhas tarefas. Eu estava muito contente por receber *meu confessor*, pois confessara-me, pouco antes, pela primeira vez[57]. Que doce recordação para mim!... Ó querida Madre! quanto desvelo em me preparar, dizendo-me que não era a um homem, mas a Deus, que ia confessar meus pecados. Estava muito convicta e fiz minha confissão com grande espírito de fé, chegando até a vos perguntar se eu deveria dizer ao padre Ducellier que o amava de todo o meu coração, pois, na pessoa dele, ia falar com Deus...

Bem informada de tudo o que eu devia dizer e fazer, entrei no confessionário e pus-me de joelhos. Porém, ao abrir a portinhola, padre Ducellier não viu ninguém. Eu era tão baixinha que minha cabeça não chegava até o apoio das mãos. Disse-me, então, que ficasse em pé. Obedeci logo, levantei-me e virando-me bem defronte dele, para vê-lo direito, fiz minha confissão como uma *moça* e recebi sua bênção com *grande devoção*, pois vós me tínheis dito que naquele momento as lágrimas do *menino Jesus* purificariam a minha alma. Lembro-me de que a primeira exortação que me foi dirigida convidava-me sobretudo à devoção à Santíssima Virgem. Fiz o propósito de redobrar minha ternura para com ela. Ao sair do confessionário, sentia-me tão contente e tão leve que nunca tinha sentido tanta alegria em minha [17f] alma. A partir desse momento, voltei a me confessar por ocasião de todas as grandes comemorações e era uma verdadeira *festa* para mim cada vez que o fazia.

As festas!... ah! Quantas recordações essa palavra me traz... Gostava tanto das *festas!...* Sabíeis explicar-me tão bem todos os mistérios escondidos em cada uma que eram para mim dias divinos. Gostava sobretudo das procissões com o Santíssimo. Quanta alegria semear flores sob os pés de Deus!... mas, antes de deixá-las cair, jogava-as o mais alto que podia e minha maior alegria consistia em ver algumas delas[58] *tocar* na custódia sagrada...

As festas! Ah! As grandes eram escassas, mas cada semana trazia uma que me era muito querida: "o domingo". Que belo dia o domingo!... Era a festa de Deus, a festa do *repouso*. Primeiro, ficava na minha caminha até mais tarde que nos outros dias e mamãe Paulina mimava sua filhinha levando-lhe o chocolate na cama. Depois, vestia-a como uma rainhazinha... Madrinha vinha frisar o cabelo da *afilhada*, que nem sempre ficava quietinha quando lhe puxavam o cabelo,

mas, depois, ficava muito contente de ir segurar a mão do seu *rei*, que, naquele dia, a beijava com mais ternura ainda que nos outros; e toda a família saía para a missa. Durante todo o percurso, e também na igreja, a rainhazinha do papai ia de mãos dadas com ele, seu lugar era ao lado dele e quando éramos obrigados a descer para a homilia ainda precisava-se encontrar duas cadeiras juntas. Não era muito difícil, todos pareciam achar tão gracioso ver um ancião[59] *tão bonito* com uma *menina tão pequena* que trocavam de lugar para que nos acomodássemos. Meu tio, no banco dos fabriqueiros[60], alegrava-se vendo-nos chegar; dizia que eu era seu pequeno [17v] raio de sol... Eu não me importava de ser olhada, ouvia atentamente as homilias embora entendendo pouco. Uma primeira que *entendi*, e que me *comoveu profundamente*, foi um sermão sobre a Paixão pregado pelo padre Ducellier. Depois deste, entendi todos os outros. Quando o pregador falava de Santa Teresa, papai inclinava-se e dizia-me baixinho: "Escuta bem, rainhazinha, estão falando da tua santa padroeira". De fato, eu escutava bem, mas olhava papai mais do que o pregador. Sua linda figura evocava tantas coisas para mim!... Às vezes, seus olhos enchiam-se de *lágrimas* que ele procurava conter. Parecia já não pertencer à terra, de tanto que sua alma gostava de mergulhar nas verdades eternas... Mas sua caminhada estava ainda bem longe do fim. Longos anos haviam de passar antes que o belo céu se abrisse a seus olhos maravilhados e o Senhor enxugasse as *lágrimas* do seu bom e fiel servo!... Ap 21,4
Mt 25,21

    Volto a meu domingo. Esse belo dia que passava tão depressa tinha também sua nota de *melancolia*. Recordo-me de que minha alegria era total até Completas[61]. Durante esse ofício, pensava que o dia do *repouso* chegava a seu final... que no dia seguinte seria preciso recomeçar a vida, trabalhar, estudar, e meu coração sentia o *exílio* da terra... ansiava pelo repouso eterno do céu, pelo *Domingo* sem ocaso[62] na *Pátria*!... Até os passeios que dávamos antes de voltar aos Buissonnets deixavam um sentimento de tristeza em minha alma. Então a família já não estava mais completa pois, para agradar a meu tio, papai deixava Maria ou Paulina [18f] com ele, todas as tardes dos domingos. Eu me sentia muito contente quando ficava também. Preferia isso a ser convidada sozinha, porque prestavam menos atenção a mim. Meu maior prazer era escutar o que meu tio dizia, mas não gostava quando me fazia perguntas e tinha muito medo quando me assentava *num só* dos seus joelhos e cantava Barba-Azul com voz formidável... Via com prazer a chegada de papai, que vinha nos buscar. Na volta, eu olhava as *estrelas*[63] que piscavam docemente e essa visão me encantava... Havia sobretudo um grupo de *pérolas de ouro* que eu notava com prazer, achando que tinham a forma de um ⁛. Mostrava a papai dizendo que era meu nome que estava escrito no céu e, nada querendo ver da vil terra, pedia-lhe para conduzir meus passos. Então, sem olhar onde pisava, olhava para cima sem cansar-me de contemplar o azul estrelado!... Lc 10,20

    Que dizer dos serões de inverno, sobretudo aos domingos? Ah! Como era bom, depois da *partida de damas* sentar-me com Celina no colo de papai[64]. Com sua bela voz, ele cantava melodias que enchiam a alma de pensamentos profundos... ou, embalando-nos, recitava versos repassados das verdades eternas... Subíamos depois para a oração em comum e a rainhazinha ficava sozinha junto de seu rei, bastava olhá-lo para saber como rezam os santos... No fim, vínhamos todas, por ordem de idade, desejar uma boa noite a papai e receber um beijo. Naturalmente, a *rainha* vinha por último. Para beijá-la, o rei [18v] levantava-a pelos *cotovelos* e ela gritava: "Boa noite, papai, boa noite, durma bem". Todas as noites, era a mesma coisa... Depois, mamãezinha tomava-me no colo e me levava para a cama de Celina. Então eu dizia: "Paulina, será que fui bem boazinha hoje?"... Será que os *anjinhos vão 'voar ao meu redor?*" A resposta era sempre *sim*, caso contrário eu passaria a noite inteira chorando... Depois de ela e minha querida madrinha me beijarem, *Paulina* descia e a pobre Teresinha ficava sozinha no escuro. Embora imaginasse os *anjinhos voando em torno dela*, o medo vencia-a logo, as trevas a amedrontavam, pois de sua cama não via as estrelas que piscavam suavemente...

Considero verdadeira graça ter sido acostumada por vós, querida Madre, a vencer meus temores; mandastes-me, às vezes, sozinha, de noite, buscar um objeto num quarto afastado. Se não fosse tão bem dirigida, ter-me-ia tornado muito medrosa, enquanto agora sou verdadeiramente difícil de amedrontar... Pergunto-me, às vezes, como pudestes criar-me com tanto *amor* e delicadeza sem estragar-me; pois é verdade que não deixáveis passar uma única imperfeição, nunca me censuráveis sem motivo, mas *nunca* voltáveis atrás numa coisa já decidida. Sabia-o tão bem que eu não teria podido nem desejado dar um passo se mo proibisses. Até papai era obrigado a conformar-se com vossa vontade. Sem o consentimento de Paulina, não ia a passeio e quando papai dizia que o acompanhasse eu respondia: "Paulina não quer" [19f]. Então, ele ia pedir por mim. Para agradar-lhe, algumas vezes, Paulina dizia sim, mas Teresinha percebia pela sua fisionomia que contrariada. Punha-se a chorar sem aceitar consolo até que Paulina dissesse *sim* e *a beijasse cordialmente*.

Quando Teresinha adoecia, o que acontecia todos os invernos[65], não é possível dizer com que ternura era tratada. Paulina fazia-a dormir em sua cama (favor indizível) e lhe dava tudo o que ela queria. Um dia, Paulina pegou debaixo do travesseiro uma *linda faquinha* que lhe pertencia e, dando-a à sua filhinha, deixou-a mergulhada num deslumbramento indescritível: "Ah! Paulina", exclamou ela, "tu me amas muito para te desfazeres por mim da tua linda faquinha que tem uma estrela de *madrepérola*... Mas, visto que me amas tanto, farias o sacrifício do teu relógio para eu não morrer?..." "Não só para não morreres, daria meu relógio; mas faria logo o sacrifício dele para ficares boa logo". Ao ouvir essas palavras de Paulina, meu espanto e minha gratidão foram tantos que não sei expressá-los... No verão, às vezes, eu tinha náuseas; Paulina tratava-me ainda com ternura. Para divertir-me, o que era o melhor remédio, *passeava* comigo num *carrinho de* mão em volta do jardim e, fazendo-me descer, colocava em meu lugar um bonito pé de margaridas que ela carregava com muita precaução até meu jardim, para onde ele era transplantado com grande solenidade...

Paulina era quem recebia todas as minhas confidências íntimas, dissipava todas as minhas dávidas... Uma vez, estranhei que Deus não desse [19v] glória igual no céu a todos os eleitos e receava que não fossem todos felizes. Então, Paulina fez-me buscar o copo grande de papai e colocá-lo ao lado do meu dedalzinho e disse que enchesse os dois. A seguir, perguntou-me qual dos dois estava mais cheio. Respondi que os dois estavam cheios e não podiam conter mais. Minha mãe querida fez-me então compreender que no céu Deus dá a seus eleitos tanta glória" quanta podem conter e que, assim, o último nada tem a cobiçar ou invejar do primeiro. Assim é que, pondo ao meu alcance os mais sublimes segredos, sabíeis, Madre, dar à minha alma o alimento que lhe era necessário...

Com quanta alegria via, cada ano, chegar a premiação pelo estudo!... Aí, como sempre, a *justiça* reinava e eu só recebia as recompensas merecidas. *Sozinha*, de pé no meio da *nobre assembleia,* ouvia minha sentença, lida pelo Rei da França e [de] Navarra. Meu coração batia forte ao receber os prêmios e a coroa... para mim, era como uma representação do Juízo Final!... Logo após a distribuição dos prêmios, a rainhazinha tirava o vestido branco e apressavam-se em fantasiá-la para tomar parte na *grande peça teatral!...*

Como eram alegres essas festas familiares... Como eu estava longe, então, ao ver meu rei querido e radiante, de prever as provações que iriam visitá-lo!...

Um dia, porém, Deus mostrou-me, numa *visão* verdadeiramente extraordinária[67], a imagem *viva* da provação que ele estava preparando com antecedência para nós, seu cálice já se enchia[68].

Papai estava viajando desde vários dias e ainda faltavam dois para seu regresso [20f]. Eram duas ou três horas da tarde, o sol brilhava e a natureza parecia em festa. Eu estava sozinha na janela de uma água-furtada que dava para o grande jardim; olhava diante de mim, a mente ocupada por pensamentos alegres, quando avistei frente à lavanderia que ficava logo adiante um homem vestido exatamente como papai, mesma estatura e mesmo modo de andar, apenas *muito mais curvado...* Sua cabeça estava coberta[69] por uma espécie de avental de cor indefinida, de sorte que eu não podia ver-lhe o rosto. Estava com chapéu igual ao de papai. Vi-o andar em passos regulares, beirando meu jardinzinho... Logo, um sentimento de pavor sobrenatural invadiu minha alma. Num instante, imaginei que papai tivesse voltado e se escondesse a fim de surpreender-me. Então, chamei-o em voz bem alta, com voz trêmula de emoção: "Papai, Papai!..." Mas o estranho personagem não parecia ouvir-me. Continuou sua caminhada regular sem olhar para trás. Seguindo-o com os olhos, vi-o dirigir-se para o pequeno bosque que cortava ao meio a grande alameda. Esperava vê-lo aparecer do outro lado das grandes árvores, mas a visão profética esvaíra-se!... Tudo isso só durou inn instante, mas gravou-se tão profundamente em meu coração que hoje, depois de quinze anos... sua lembrança me é tão presente como se a visão estivesse ainda diante dos meus olhos...

Maria estava convosco, Madre, num quarto que se comunicava com aquele onde eu me encontrava. Ouvindo-me chamar por papai, sentiu uma impressão de pavor, percebendo, ela contou-me, depois, que algo extraordinário devia estar acontecendo. Sem externar sua emoção, correu junto a mim e me perguntou por que eu estava chamando papai, que fora a Alençon. Contei, então, [20v] o que acabara de ver. Para me acalmar, Maria disse que, sem dúvida, Vitória quisera pregar-me uma peça e escondera a cabeça com seu avental. Interrogada, esta afirmou não ter saído da cozinha. Aliás, eu tinha certeza de ter visto um homem que se parecia com papai. Então fomos as três ao bosque, mas como não achamos sinal nenhum da passagem de alguém dissestes-me para não mais pensar naquilo...

Não mais pensar superava minha possibilidade. Muitas vezes minha imaginação representou-me a cena misteriosa que eu presenciara... Muitas vezes procurei levantar o véu que me escondia o seu sentido, pois no fundo do meu coração conservava a convicção íntima de que essa visão tinha um *sentido* que havia de ser-me revelado um dia... Esse dia demorou a chegar, mas após catorze anos Deus rasgou o véu misterioso. Estando de licença com Irmã Maria do Sagrado Coração, falávamos, como sempre, das coisas da outra vida e das nossas recordações de infância, quando lembrei-lhe a visão que eu tivera na idade de 6 para 7 anos. De repente, relatando os pormenores dessa cena estranha, ambas compreendemos o que significava... Era papai, sim, que eu vira andando, curvado pela idade... Era ele carregando no seu rosto venerável, na sua cabeça branca, o sinal da sua *gloriosa* provação[70]... Como a Face Adorável de Jesus, velada durante sua Paixão, assim a face do seu fiel servo devia ficar velada nos dias dos seus sofrimentos, a fim de poder resplandecer na Pátria Celeste junto a seu Senhor, o Verbo Eterno!... Foi do seio dessa glória inefável onde reina no céu que nosso pai querido obteve para nós a graça de compreender a visão [21f] que sua rainhazinha tivera numa idade em que não se deve temer a ilusão! Foi desde o seio da glória que obteve para nós o doce consolo de compreender que, dez anos antes da nossa grande provação, Deus no-la mostrara como um pai deixa seus filhos entreverem o futuro que lhes prepara e se compraz em considerar por antecipação as riquezas incalculáveis que lhes são destinadas...

Ah! Por que foi a mim que Deus concedeu essa luz? Por que mostrou a uma criança tão nova uma coisa que ela não podia compreender, uma coisa que, se a tivesse compreendido, a teria matado de dor, por quê?... Sem dúvida, esse é mais um daqueles mistérios que só compreenderemos no céu e que nos causará uma admiração eterna!...

Como Deus é bom!... Como proporciona as provações às forças que nos dá. Nunca, como acabo de dizer, teria podido suportar, mesmo só em pensamento, as penas amargas que o futuro me reservava... Nem podia pensar sem tremer que papai *pudesse morrer*... Uma vez subira ao alto de uma escada e como eu ficava bem embaixo, gritou para mim: "Afasta-te, 'filhota', se eu cair vou esmagar-te". Ouvindo isso, senti uma revolta interior e, em vez de afastar-me, abracei a escada pensando: "Pelo menos, se papai cair não terei a dor de vê-lo morrer, pois morrerei com ele!" Não sei dizer quanto amava papai; tudo nele causava-me admiração.

Quando me explicava seus pensamentos [como se eu fosse adulta], dizia-lhe que se explicasse [21v] todas essas coisas aos grandes do governo eles o fariam rei e então a França seria feliz como nunca... Mas no fundo eu ficava contente [e censurava-me por esse pensamento egoísta] por saber que só eu *conhecia bem* papai, pois se fosse *Rei da França* e de *Navarra* eu sabia que ele seria infeliz, já que essa é a sina de todos os monarcas e, sobretudo, não seria mais rei só para mim!...

Eu tinha 6 ou 7 anos quando papai nos levou a Trouville[71]. Nunca esquecerei a impressão que o mar me causou. Não conseguia desviar dele os olhos, sua majestade, o rugido das ondas, tudo evocava à minha alma a grandeza e o poder de Deus. Lembro-me de que, durante o passeio que dávamos na praia, um senhor e uma senhora me olharam correr alegremente em volta de papai e, aproximando-se, perguntaram-lhe se eu *era dele* e disseram que eu era uma menina muito gentil. Papai respondeu sim, mas percebi que lhes fez sinal para não me elogiar... Era a primeira vez que ouvia dizer que eu era gentil, isso me agradou bastante, pois não o acreditava. Éreis tão atenta, Madre querida, em não deixar perto de mim nada que pudesse embaciar a minha inocência, sobretudo em não me deixar ouvir palavra que pudesse se insinuar a vaidade em meu coração... Como eu só desse atenção às vossas palavras e às de Maria, e nunca me elogiaram, não atribuía muita importância às palavras e olhares de admiração da senhora. [22f] À tarde, na hora em que o sol parece mergulhar na imensidão das ondas, deixando diante de si um *rastro luminoso*, ia sentar-me com Paulina num rochedo... Recordei-me, então, da história comovente "Do sulco de ouro[72]!..." Contemplei esse sulco de ouro demoradamente, imagem da graça que deve iluminar o caminho do barquinho de graciosa vela branca... Perto de Paulina, tomei a resolução de nunca afastar minha alma do olhar de Jesus, a fim de que ela navegue em paz para a Pátria celeste!...

Minha vida corria tranquila e feliz. O afeto que me envolvia nos Buissonnets me fazia crescer, por assim dizer. Mas, sem dúvida, eu era bastante crescida para começar a lutar, para começar a conhecer o mundo e as misérias que o inundam...

Eu tinha 8 anos e meio quando Leônia saiu do internato e fui substituí-la na Abadia[73]. Muitas vezes ouvi dizer que o tempo passado no internato era o melhor e o mais ameno da vida. Não foi assim para mim. Os cinco anos que lá passei foram os mais tristes. Se não tivesse comigo minha querida Celina, não teria conseguido ficar um só mês sem adoecer... A pobre florzinha fora acostumada a mergulhar as frágeis raízes em *terra de escol*, feita sob medida para ela, por isso pareceu-lhe muito duro ser transplantada para o meio de flores de toda espécie, de raízes frequentemente pouco delicadas, e ver-se obrigada a encontrar numa *terra comum* a seiva necessária[74] à sua subsistência!...

Ensinastes-me tão bem, Madre querida, que ao chegar ao internato eu era a mais adiantada das crianças da minha idade. Fui colocada [22v] numa classe de alunas todas superiores a mim em tamanho. Uma delas, com 13 ou 14 anos, era pouco inteligente, mas sabia impor-se às alunas e até às mestras. Vendo-me tão nova, quase sempre a primeira da turma[75] e querida por todas as religiosas, sentiu, sem dúvida, uma inveja bem perdoável numa interna e fez-me pagar de mil maneiras meus pequenos êxitos...

Com minha natureza tímida e delicada, não sabia defender-me e contentava-me em chorar sem nada dizer, não me queixando, *nem a vós*, do que eu sofria. Não tinha virtude bastante para elevar-me acima dessas misérias da vida e meu pobre coração sofria muito... Felizmente, todas as tardes, reencontrava o lar paterno e então meu coração se dilatava[76]. Pulava no colo de meu rei, contava-lhe as notas recebidas, e seu beijo fazia-me esquecer todas as aflições... Quanta alegria ao anunciar o resultado da minha *primeira redação* [uma redação sobre História Sagrada]. Só *faltava um ponto* para ter o máximo, não tendo sabido o nome do pai de Moisés[77]. Era a primeira e trazia uma bela medalha de prata. Para recompensar-me, papai me deu uma *bonita moedinha* de quatro centavos que coloquei numa caixa destinada a receber, quase toda quinta-feira, uma nova moeda sempre do mesmo tamanho... (era nessa caixa que me abastecia quando, por ocasião de algumas festas maiores, eu queria dar uma esmola pessoal, fosse para a Propagação da Fé ou outras obras semelhantes). Maravilhada com o êxito de sua aluninha, Paulina deu-lhe de presente [23f] um belo arco para encorajá-la a continuar sendo estudiosa. A coitadinha precisava realmente dessas alegrias familiares; sem elas, a vida de interna teria sido árdua demais para ela.

A tarde de cada quinta-feira era de folga. Mas não era como os *feriados de Paulina*, não ficava no mirante com papai... Era preciso brincar, não com minha Celina, o que me agradava quando estava *sozinha com ela*, mas com minhas priminhas e as meninas Maudelonde[78]. Era um sacrifício para mim, pois eu não sabia brincar como as demais crianças[79]; não era companheira agradável. Esforçava-me, contudo, para imitar as outras. Mas sem conseguir. Aborrecia-me muito, sobretudo quando era preciso passar uma tarde inteira a *dançar quadrilhas*. A única coisa que me agradava era ir ao *jardim da estrela*[80]. Então, eu era a primeira em tudo, colhendo abundância de flores, e, por saber encontrar as mais bonitas, despertava a inveja de minhas companheirinhas...

O que ainda me agradava era quando, por acaso, ficava sozinha com Mariazinha. Não tendo mais Celina Maudelonde a arrastá-la para *brincadeiras comuns*, deixava-me livre para escolher e eu escolhia uma brincadeira totalmente nova. Maria e Teresa passavam a ser duas *solitárias*, tendo apenas uma pobre cabana, um campinho de trigo e alguns legumes para cultivar. Sua vida corria numa contemplação contínua; quer dizer que uma das *solitárias* substituía a outra na oração quando era preciso cuidar da vida ativa. Tudo era feito com uma harmonia, um silêncio e maneiras tão religiosas que era perfeito. Quando titia vinha buscar-nos para o passeio, nossa brincadeira prosseguia até na rua. As duas solitárias rezavam o terço juntas [23v], usando os dedos a fim de não mostrar sua devoção ao público indiscreto. Porém, um dia, a mais jovem solitária distraiu-se. Tendo recebido um bolo para o lanche, antes de comer fez um grande sinal da cruz, o que fez rir todos os profanos do século...

Maria e eu pensávamos sempre igual, os nossos gostos eram tão idênticos que, uma vez, nossa *união* de *vontades* passou dos limites. Uma tarde, ao voltar da Abadia, disse a Maria: "Conduza-me, vou fechar os olhos". "Quero fechá-los também", respondeu ela. Dito e feito. Sem *discutir*, cada uma fez o *que quis*... Estávamos numa calçada, não havia que temer os carros. Depois de um passeio tão agradável por alguns minutos, tendo saboreado as delícias de andar sem ver, as duas tontinhas caíram *juntas* sobre caixas depositadas à porta de uma loja, ou melhor, *derrubaram as caixas*. O comerciante saiu furioso para recolher sua mercadoria. As duas ceguinhas voluntárias haviam se levantado sozinhas e andavam a *toda pressa*, com os olhos *bem abertos*, ouvindo as justas recriminações de Jeanne, que estava tão zangada quanto o comerciante!... Para castigar-nos, resolveu nos separar. A partir daquele momento, Maria e Cetim iam juntas, enquanto eu ia com Jeanne. Isso pôs fim à nossa excessiva união de vontade e não foi um mal para as mais velhas, que, pelo contrário, nunca estavam de acordo e discutiam o tempo todo. Destarte a paz foi completa.

Ainda não disse nada do meu relacionamento íntimo com Celina. Ah! [24f] Se precisasse relatar tudo não acabaria nunca...

Em Lisieux, os papéis tinham-se trocado. Celina tornara-se um duendezinho malandro e Teresa uma meninazinha muito meiga, embora excessivamente *chorona*... Isso não impedia Celina e Teresa de amar-se sempre mais. Havia algumas discussõezinhas, às vezes, mas não eram graves e no fundo entendiam-se perfeitamente. Posso dizer que minha irmãzinha querida *nunca* me *magoou*[81], mas foi para mim um raio de sol, alegrando-me e consolando sempre... Quem poderia imaginar a intrepidez com que me defendia na Abadia quando eu era acusada?... Interessava-se tanto pela minha saúde que, às vezes, me aborrecia. O que não me aborrecia era *vê-la se divertir*. Alinhava a tropa toda das nossas bonequinhas para dar-lhes aula, como hábil professora; fazia questão, contudo, de que as filhas dela fossem sempre bem comportadas, enquanto as minhas eram frequentemente mandadas para fora da sala de aula por mau comportamento... Sempre me contava as novidades aprendidas em sua classe, o que me divertia muito, e olhava-a como um poço de conhecimentos. Recebi o título de "filhinha da Celina", de sorte que, quando ela estava zangada comigo, dizia: "Não és mais minha filhinha, acabou, *vou me lembrar disso sempre!*..." Só me restava, então, chorar como uma Madalena, suplicando-lhe que me considerasse ainda como sua filhinha. Logo me beijava e prometia não se *lembrar de nada!*... Para consolar-me, pegava uma das suas bonecas e [24v] dizia: "Querida, beija tua tia". Uma vez, a boneca estava tão solícita em me beijar com ternura que enfiou seus dois bracinhos no meu *nariz*... Celina não fizera de propósito, e olhou-me espantada. A boneca estava pendurada no meu nariz. A *tia* não demorou em se livrar do abraço excessivamente carinhoso da *sobrinha* e pôs-se a rir gostosamente de aventura tão singular.

O mais divertido era ver-nos comprar nossos presentes, juntas, no bazar, escondendo-nos cuidadosamente uma da outra. Tendo cinquenta cêntimos para gastar, precisávamos, pelo menos, de cinco ou seis objetos diferentes. Havia competição para comprar as *coisas mais bonitas*. Encantadas com nossas compras, esperávamos pacientemente a passagem do ano para poder oferecer-nos os *magníficos presentes*. Aquela que acordava primeiro apressava-se em ir desejar feliz ano-novo à outra; depois, entregavam-se os presentes e cada uma extasiava-se com os *tesouros* conseguidos com cinquenta cêntimos!... Esses presentinhos causavam-nos quase tanto prazer quanto os *bonitos presentes* dados por meu *tio*, aliás era apenas o começo das alegrias. Naquele dia, vestíamo-nos depressa e cada uma ficava de espreita para pular ao pescoço de papai. Logo que ele saía do quarto, eram gritos de alegria na casa toda e o paizinho, coitado, parecia feliz em nos ver tão alegres... Os presentes que Maria e Paulina davam às suas filhinhas não tinham grande valor, mas causavam-lhes *imensa felicidade*... Ah! É que nessa idade não estávamos entediadas; em todo o seu frescor, nossa alma desabrochava como uma flor, feliz por receber o orvalho da madrugada... O mesmo sopro fazia balançar nossas corolas[82], e o que causava alegria ou aflição a [25f] uma causava-o ao mesmo tempo à outra. Sim, nossas alegrias eram mútuas, senti-o muito bem no dia da primeira comunhão de minha Celina querida[83]. Ainda não frequentava a Abadia por ter apenas 7 anos, mas conservei no meu coração a suavíssima lembrança da preparação que vós, querida Madre, levastes Celina a fazer. Toda noite a tomáveis no colo e lhe faláveis do grande ato que ela ia realizar. Eu escutava, ansiosa por me preparar também. Muitas vezes, porém, mandáveis que eu saísse por ser ainda pequena demais; então, eu ficava triste e pensava que quatro anos de preparo não eram demais para receber a Deus...

Uma noite, vos ouvi dizer que, a partir da primeira comunhão, era preciso começar uma vida nova. Resolvi logo que eu não esperaria, começaria ao mesmo tempo que Celina... Nunca sentira tanto que a amava como durante seu retiro de três dias. Pela primeira vez na vida, estava longe dela, não dormia em sua cama... No primeiro dia, tendo esquecido que ela não ia voltar, guardei um raminho de cerejas que papai comprara para mim; queria dividi-lo com ela. Não a vendo chegar, fiquei muito triste. Papai consolou-me dizendo que me levaria à Abadia no dia seguinte a fim de ver minha Celina e que eu lhe daria outro raminho de cerejas!... O dia da primeira comunhão de Celina deixou-me uma impressão semelhante à do dia da minha. Ao acordar, de manhã, sozinha na grande cama, senti-me *inundada de alegria*. "É hoje!... Chegou o grande dia..." Não me cansava [25v] de repetir essas palavras. Parece que era eu quem ia fazer a primeira comunhão. Creio ter recebido grandes graças naquele dia e considero-o como um dos mais *belos* de minha vida.

Retrocedi um pouco a fim de recordar essa deliciosa e suave lembrança. Agora, devo falar da dolorosa provação que partiu o coração de Teresinha quando Jesus lhe tirou sua querida *mamãe*, sua *Paulina* tão ternamente amada!...

Um dia, disse a Paulina que eu queria ser solitária, refugiar-me com ela num deserto longínquo; respondeu-me que meu desejo era também dela e que *esperaria* que eu estivesse bastante crescida para partir. Sem dúvida, isso não foi dito seriamente, mas Teresinha levou-o a sério. Por isso, qual não foi sua tristeza quando ouviu sua querida Paulina falar com Maria de seu ingresso próximo no Carmelo... Não sabia o que era o Carmelo, mas compreendia que Paulina ia deixar-me para entrar num convento. Compreendia que não me *esperaria* e que eu ia perder minha segunda *Mãe*. Ah! Como descrever a angústia do meu coração?... Num instante, compreendi o que é a vida. Até então, não a vira tão triste, mas apresentou-se a mim em toda a sua realidade. Vi que só era sofrimento e separação contínua[84]. Derramei lágrimas muito amargas, pois ainda não compreendia a *alegria* do sacrifício. Era *fraca*, tão *fraca* que considero como grande graça ter conseguido suportar uma provação que me parecia muito superior às minhas forças!... Se tivesse sido informada devagarinho da partida da minha Paulina querida, talvez não tivesse sofrido tanto [26f], mas, sabendo-o de surpresa, foi como um gládio cravado em meu coração.

Recordarei sempre, Madre querida, a ternura com que me consolastes... Depois explicastes a vida do Carmelo, que me pareceu muito bonita. Rememorando tudo o que me dissestes, senti que o Carmelo era o *deserto* onde Deus queria que eu também fosse me esconder... Senti-o com tanta força que não sobrou a menor dúvida em meu coração, não era um sonho de criança que se deixa levar, mas a *certeza* de um chamado de Deus. Queria ir para o Carmelo, não por causa de *Paulina*, mas *só por Jesus*... Pensei muitas coisas que as palavras não podem expressar, mas que deixaram uma grande paz em minha alma.

No dia seguinte, comuniquei meu segredo a Paulina, que, considerando meus desejos como sendo vontade do céu, me disse que eu logo iria com ela encontrar com a Madre Priora do Carmelo e que seria preciso dizer-lhe o que Deus me fazia sentir... Escolheu-se um domingo para essa visita solene. Meu embaraço foi grande quando me disseram que Maria G.[85] devia ficar comigo. Sendo ainda bastante pequena para ver[86] as carmelitas, precisava todavia encontrar um meio de ficar sozinha. Eis o que me veio à mente: disse a Maria que, tendo o privilégio de ver a Madre Priora[87], precisávamos ser muito gentis e muito educadas. Por isso era preciso confiar-lhe nossos *segredos*, portanto, cada uma precisava sair por sua vez por um momento e deixar a outra sozinha. Maria acreditou sem mais e, apesar de sua relutância em confiar *segredos que ela não tinha*, ficamos sós, uma após a outra, junto a M. M. de G. [26v]. Tendo ouvido minhas *grandes confidências*, essa boa Madre acreditou na minha vocação, mas disse-me que não recebiam postulantes de *9 anos* e que precisaria esperar pelos meus 16 anos... Resignei-me apesar do meu vivo desejo de ingressar o mais cedo possível e de fazer minha primeira comunhão no dia da tomada de hábito de Paulina... Foi naquele dia que, pela segunda vez, recebi elogios. Irmã Th. de Santo Agostinho fora me encontrar e não parava de dizer que eu era engraçadinha. Não esperava vir ao Carmelo para receber elogios, por isso, depois de sair, não parei de repetir para Deus que era *só por ele* que eu queria ser carmelita.

Procurei aproveitar bastante É minha Paulina querida durante as semanas em que ficou ainda no mundo. Todos os dias, Celina e eu comprávamos para ela um bolo e bombons, pensando que logo ela não comeria mais aquilo; ficávamos sempre ao lado dela, não lhe deixando um minuto de descanso. Chegou afinal o dia *2 de outubro*[88], dia de lágrimas e de bênçãos em que Jesus colheu a primeira de suas flores, que viria a ser a *madre* daquelas que se lhe iriam juntar alguns anos mais tarde.

Ainda vejo o lugar onde recebi o último beijo de Paulina. Em seguida, minha tia nos levou todas à missa enquanto papai subia a montanha do Carmelo para oferecer seu *primeiro sacrifício*... A família toda estava banhada em lágrimas, de forma que as pessoas que nos viam entrar na igreja olhavam-nos com espanto. Mas isso importava-me pouco e não me impedia de chorar. Creio que se tudo tivesse desabado a meu redor não teria percebido. Olhava o belo céu azul e espantava-me de que o sol pudesse brilhar tanto [27f] quando minha alma estava submersa na tristeza!...

Pensais, talvez, Madre querida, que exagero a pena que senti?... Tenho plena consciência de que ela não deveria ter sido tão grande, pois tinha esperança de vos reencontrar no Carmelo, mas minha alma estava LONGE do *amadurecimento*, faltava-me passar por muitos crisóis antes de atingir o objetivo tão desejado...

O 2 de outubro era o dia fixado para a entrada na Abadia. Por isso foi preciso ir lá apesar da minha tristeza... De tarde, minha tia veio nos buscar para ir ao Carmelo e vi minha *Paulina querida* atrás das *grades*... Ah! Como sofri nesse parlatório do Carmelo! Como estou escrevendo a história da minha alma, devo dizer tudo à minha Madre querida. Admito que os sofrimentos que precederam sua entrada nada foram, comparados aos que se seguiram... Todas as quintas-feiras íamos em *família* ao Carmelo e eu, acostumada a conversar intimamente com Paulina, só conseguia obter dois ou três minutos no final da visita. Obviamente, passava-os chorando e voltava com o coração dilacerado...

Não compreendia que era por delicadeza com minha tia que vos dirigíeis preferencialmente a Joana e a Maria em vez de conversar com vossas filhinhas... Não compreendia e dizia comigo mesma, no fundo do meu coração: "Paulina está perdida para mim!!!" É surpreendente verificar como minha mente se desenvolveu no seio do sofrimento. Desenvolveu-se tanto que não demorei a adoecer.

A doença que me acometeu provinha certamente do demônio. Furioso com vosso ingresso no Carmelo, quis vingar-se em mim dos prejuízos que nossa família ia causar-lhe no futuro. Ele não sabia que [27v] a meiga Rainha do Céu velava sobre sua frágil florzinha, que ela lhe sorria do alto do seu trono e preparava-se para conter a tempestade no momento em que sua flor estava para quebrar-se sem remédio...

Pelo fim do ano, fui acometida por uma dor de cabeça contínua, mas que não me fazia sofrer muito. Podia prosseguir com meus estudos e ninguém se preocupava comigo. Isso durou até a Páscoa de 1883[89]. Tendo papai ido a Paris com Maria e Leônia, ficamos, eu e Celina, com minha tia. Uma noite, meu tio, tendo me levado consigo, falou-me de mamãe, de lembranças do passado, com tal bondade que fiquei profundamente comovida e chorei. Então ele me disse que eu era sensível demais, que precisava de muitas distrações e resolveu, com minha tia, procurar distrações para nós durante o feriado da Páscoa. Naquela noite, devíamos ir ao centro católico, mas, achando que eu estava muito cansada, minha tia me pôs na cama. Ao tirar a roupa, fui tomada por uma tremedeira estranha. Pensando que eu estava com frio, envolveu-me em cobertores e garrafas quentes. Mas nada conseguia diminuir minha agitação, que durou quase a noite inteira. Ao voltar do círculo católico, com minhas primas e Celina, meu tio ficou muito surpreso por me encontrar num estado que julgou muito grave, mas não quis comentar com minha tia, para não apavorá-la. No dia seguinte, foi consultar o doutor Notta[90], que, como meu tio, achou minha doença muito grave e nunca vista antes numa criança tão nova. Todos estavam consternados. Minha tia foi obrigada a guardar-me em sua casa e cuidou de mim com uma solicitude verdadeiramente *materna*. Quando papai voltou de Paris com minhas irmãs, Aimée[91] os recebeu com uma fisionomia tão triste que Maria [28f] pensou que eu tivesse morrido... Mas essa doença não era para levar-me à morte; era mais como a de Lázaro, para que Deus fosse glorificado... De fato, o foi. Pela resignação admirável do meu pobre *pai*, que pensou que "sua filhinha ia ficar louca ou morrer", e pela resignação de *Maria!*... Ah! Como sofreu por minha causa... como lhe sou grata pelos tratamentos que me prodigalizou com tanto desinteresse... seu coração lhe sugeria o que me era necessário e, na verdade, *um coração materno* entende muito melhor que um médico, ele sabe adivinhar o que convém à doença de seu filho...

A pobre Maria foi obrigada a instalar-se na casa de meu tio, pois não era possível transportar-me para os Buissonnets. Entretanto a tomada de hábito de Paulina aproximava-se, evitavam falar nela diante de mim cientes da pena que sentia em não poder assistir. Mas eu falava muito dela, dizendo que ficaria bastante boa para poder ver minha Paulina querida. De fato, Deus não me quis recusar esse consolo, ou melhor, quis consolar sua *noiva* querida que tanto sofrera com a doença de sua filhinha... Reparei que Jesus não manda provações a seus filhos no dia do noivado[92]. Essa festa deve passar sem nuvens, um antegosto das alegrias do Paraíso. Não o mostrou já cinco vezes?...[93] Portanto, pude abraçar minha mãe querida, sentar-me no seu colo e cumulá-la de carícias... Pude contemplá-la tão encantadora com o vestido branco de noiva... Ah! Foi um *belo dia* em meio à minha triste provação, mas esse dia passou depressa... Logo tive de subir no carro que me levou para muito longe de Paulina... muito longe do meu Carmelo querido. Ao chegar aos Buissonnets, obrigaram-me a deitar muito a meu pesar, pois dizia [28v] que estava perfeitamente curada e não precisava mais de cuidados. Ai de mim, só estava no começo de minha provação!... No dia seguinte, tive uma recaída, como estivera antes, e a doença agravou-se tanto que não devia sarar segundo as previsões humanas... Não sei como descrever tão estranha doença. Estou persuadida, agora, de que era obra do demônio[94], mas por muito tempo, depois de estar curada, pensei que tinha adoecido de propósito e isso foi um *verdadeiro martírio* para minha alma.

Disse-o a Maria, que me tranquilizou da melhor maneira que pôde, com sua *bondade* costumeira. Disse-o também em confissão, e também ali meu confessor respondeu que não era possível fingir doença a ponto de ficar como fiquei. Deus queria purificar-me, sem dúvida, e sobretudo *humilhar-me*[95]. Por isso, deixou esse *martírio íntimo* até meu ingresso no Carmelo, onde o *Pai* das nossas almas[96] me livrou de todas as dúvidas como com a mão e, desde então, fiquei perfeitamente tranquila.

Não é estranho ter eu receado fingimento de doença sem estar de fato doente, pois dizia e fazia coisas em que não pensava, parecia quase sempre estar delirando, dizendo palavras sem sentido e, contudo, tenho *certeza* de não ter sido *privada* um *só instante* do *uso da razão*...

Frequentemente, parecia desmaiada, sem fazer o mais leve movimento, então teria deixado que se fizesse de mim o que quisessem, até matar-me. Contudo ouvia tudo o que se dizia perto de mim e lembro-me de tudo ainda. Aconteceu-me uma vez ficar muito tempo sem poder abrir os olhos e abri-los por um momento enquanto estava sozinha...

Creio que o demônio recebera um poder *exterior* sobre mim, mas [29f] que não podia aproximar-se da minha alma nem da minha mente, a não ser para inspirar-me *pavores*[97] muito grandes de certas coisas, por exemplo de remédios muito simples que procuravam, em vão, fazer-me aceitar. Mas se Deus permitia ao demônio chegar perto de mim, enviava-me também anjos visíveis... Maria estava sempre ao lado da minha cama, cuidando de mim, consolando-me com a ternura de uma mãe, nunca manifestou o mínimo aborrecimento, embora lhe causasse muitos incômodos, não admitindo que se afastasse. Todavia era preciso participar das refeições com papai, mas eu não parava de chamá-la o tempo todo. Vitória, que ficava comigo, era obrigada, às vezes, a ir buscar minha querida "Mama", como eu a chamava... Quando Maria queria sair, tinha de ser para ir à missa ou (para) visitar *Paulina,* então eu não reclamava...

Meu tio e minha tia eram também muito bons comigo; minha querida tiazinha vinha visitar-me *todos os dias* e trazia-me mil guloseimas. Outras pessoas amigas da família também vinham visitar-me, mas eu pedia a Maria que lhes dissesse que eu não queria visitas, desagradava-me "ver pessoas sentadas em *fileira* ao redor da minha cama a me olharem como bicho estranho". A única visita[98] de que eu gostava era a do meu tio e da minha tia.

Não saberia dizer quanto meu afeto por eles cresceu a partir dessa doença. Compreendi, mais do que antes, que eles não eram para nós parentes quaisquer.

Ah! Meu pobre paizinho tinha muita razão quando nos repetia as palavras que acabo de escrever. Mais tarde, experimentou que não se tinha enganado e, agora, deve proteger e abençoar quem lhe prodigalizou cuidados tão dedicados... Eu, ainda exilada, e sem saber provar-lhes minha gratidão, só tenho um meio para aliviar meu coração: rezar pelos parentes que amo, que foram e ainda são tão bons para mim!

Leônia era também muito boa comigo, procurando divertir-me da melhor maneira que podia. Eu lhe causava alguma aflição, pois bem via que Maria não podia ser substituída perto de mim...

E minha Celina querida, o que deixou de fazer por sua Teresa?... Aos domingos, em vez de passear, vinha fechar-se horas a fio com uma menininha que parecia uma idiota; francamente, [29v] era preciso ter amor para não fugir de mim. Ah! Queridas irmãzinhas, como vos fiz sofrer!... ninguém vos causara tanta aflição como eu causei e ninguém recebeu tanto amor quanto me destes... Felizmente, terei o céu para vingar-me. Meu esposo é muito rico, e valer-me-ei dos seus tesouros de *amor* para vos retribuir centuplicado tudo o que sofrestes por minha causa...

Meu maior consolo quando estive doente era receber uma carta de *Paulina*... Lia-a, relia-a até decorá-la... Uma vez, querida Madre, enviastes-me uma ampulheta e uma das minhas bonecas vestida de carmelita. Não há como traduzir minha alegria... Meu tio não estava contente, dizia que em vez de lembrar-me o Carmelo seria melhor afastá-lo da minha mente; mas, pelo contrário, eu sentia que era a esperança de ser carmelita, um dia, que me permitia viver... Meu prazer era trabalhar para Paulina, fazia para ela pequenos trabalhos de cartolina, e minha maior preocupação consistia em confeccionar coroas de margaridas e de miosótis para a Santíssima Virgem. Estávamos no belo mês de maio, a natureza toda enfeitava-se de flores e exalava alegria, só a "florzinha" definhava e parecia murcha para sempre... Entretanto tinha um sol perto dela; esse sol era a *imagem milagrosa* da Virgem Maria, que falara duas vezes com mamãe[99], e frequentes, frequentíssimas vezes a florzinha virava sua corola para esse astro abençoado... Um dia, vi papai entrar no quarto de Maria, onde eu estava deitada; com expressão de grande tristeza, deu-lhe muitas moedas de ouro e disse que escrevesse para Paris, mandando que celebrassem missas a Nossa Senhora das Vitórias[100] pela cura de sua pobre filhinha. Ah! Como fiquei comovida vendo a fé e o amor do meu querido rei [30f]. Queria poder dizer-lhe que estava curada, mas já lhe havia causado bastantes falsas alegrias. Meus desejos não haviam de provocar um *milagre*, precisava-se de um para me curar... Precisava-se de um *milagre* e foi Nossa Senhora das Vitórias quem o fez. Num domingo[101] (durante a novena de missas), Maria foi ao jardim, deixando-me com Leônia, que lia junto à janela. Depois de alguns minutos, pus-me a chamar, quase em voz baixinha: "Mamã... Mamã". Acostumada a me ouvir sempre chamar assim, Leônia não prestou atenção. Isso durou muito tempo. Então, chamei com mais força e, enfim, Maria voltou. Eu a vi perfeitamente entrar, mas não podia dizer que a reconhecia e continuava a chamar sempre mais forte: "Mamã...". *Sofria muito* com essa luta forçada e inexplicável, e Maria talvez sofresse mais do que eu; após esforços inúteis para mostrar-me que estava perto de mim, pôs-se de joelhos ao lado da minha cama, com Leônia e Celina, e, virando-se para a Santíssima Virgem, pedindo-lhe com o fervor de uma *mãe* que pede a vida de seu filho, *Maria* obteve o que desejava[102]...

Não encontrando socorro nenhum na terra, a pobre Teresinha apelou para sua Mãe do Céu. Pedia-lhe de todo o coração que se compadecesse dela... De repente, a Santíssima Virgem pareceu-me *bonita*, tão *bonita* que nunca vira algo semelhante. Seu rosto exalava uma bondade e uma ternura inefáveis, mas o que calou fundo em minha alma foi o "sorriso encantador da Santíssima Virgem". Então todas as minhas penas se dissiparam, duas grossas lágrimas jorraram de minhas pálpebras e rolaram silenciosamente pelo meu rosto, mas eram lágrimas de pura alegria... Ah! Pensei, a Santíssima Virgem sorriu para mim, como estou feliz... sim, [30v] mas nunca o direi a quem quer que seja, pois então minha *felicidade sumiria*. Baixei os olhos sem esforço nenhum e vi Maria, que me olhava com amor. Parecia comovida e suspeitosa do favor que a Santíssima Virgem me concedera... Ah! Era de fato a ela, às suas comovedoras orações, que eu devia a graça do *sorriso* da Rainha dos Céus. Vendo meu olhar fixado na Santíssima Virgem, ela dissera consigo mesma: "Teresa está curada!" Sim, a florzinha ia renascer para a vida, o *Raio* luminoso que a reanimara não ia parar com seus favores, não faz tudo de repente, mas só docemente, suavemente, endireitou sua flor e a fortificou[103] de tal forma que, cinco anos mais tarde, desabrochava no monte fértil do Carmelo.

Como eu disse, Maria adivinhara que a Santíssima Virgem me concedera alguma graça escondida, por isso, quando estive a sós com ela, perguntando-me o que eu tinha visto, não pude resistir às suas perguntas tão ternas e tão insistentes. Pasma por saber meu segredo descoberto sem que o tivesse revelado, confiei-o inteiramente à minha querida Maria... Ai, como tinha pressentido, minha felicidade ia desaparecer e transformar-se em amargura[104]. Durante quatro anos, a recordação da graça inefável que recebera foi para mim uma verdadeira *aflição de alma*. Eu só conseguiria reaver minha felicidade aos pés de Nossa Senhora das Vitórias; mas, então, foi-me devolvida em *toda a sua plenitude*... falarei mais tarde dessa segunda graça da Santíssima Virgem. Agora, preciso dizer-lhe, querida Madre, como foi que minha alegria se transformou em tristeza. Após ter ouvido o relato ingênuo e sincero da "minha graça", Maria pediu-me permissão para informar o Carmelo. Eu não podia negar... Por ocasião da minha primeira visita a este Carmelo querido, fiquei toda feliz ao ver minha *Paulina* com o hábito da Santíssima Virgem [31f]. Foi um momento muito terno para nós duas... eram tantas as coisas que tínhamos para contar que eu não conseguia dizer nada. Meu coração transbordava... A boa Madre Maria de Gonzaga também estava presente, dando-me mil provas de afeto. Vi outras irmãs e, na presença delas, perguntaram-me sobre a graça que eu recebera, [Maria] perguntando-me se a Santíssima

Virgem tinha o Menino Jesus no colo, se havia muita luz etc. Todas essas perguntas me perturbaram e entristeceram. Eu só podia dizer uma coisa: "A Santíssima Virgem me pareceu *muito bonita* e a vi *sorrir para mim*". Só *seu rosto* me impressionara. Vendo que as carmelitas imaginavam coisa totalmente diferente (meus sofrimentos espirituais já começando a respeito da minha doença), imaginei *ter mentido*... Sem dúvida, se tivesse guardado meu segredo, teria também guardado minha felicidade; mas a Santíssima Virgem permitiu esse tormento para o bem da minha alma. Sem ele, talvez eu teria tido pensamentos de vaidade em vez da *humilhação*[105] tornando-se meu quinhão, e não podia olhar-me sem sentir profundo *horror*... Ah, o que sofri só poderei dizê-lo no céu!...

Falando em visita às carmelitas, recordo-me da primeira, que se deu pouco tempo após a entrada de *Paulina*. Esqueci-me de falar dela acima, mas há um detalhe que não devo omitir. Na manhã do dia em que devia ir ao parlatório, refletindo sozinha na *cama* (pois era aí que fazia minhas mais profundas orações e, contrariamente à Esposa dos Cânticos, sempre encontrava meu Bem-amado), pensava no nome que eu teria no Carmelo. Sabia haver uma Santa Teresa de Jesus, mas não podia ser privada do meu belo nome de Teresa. De repente, pensei [31v] no *Menino* Jesus a quem tanto amava e disse para mim mesma: "Oh! Como seria feliz de ser chamada de Teresa do Menino Jesus!" *Nada disse* no parlatório do *sonho* que tivera acordada, mas a boa Madre *M. de Gonzaga*, perguntando às irmãs qual o nome[106] que deveria usar, veio-lhe à mente chamar-me pelo nome que eu tinha *sonhado*... Minha alegria foi grande e esse feliz encontro de pensamento pareceu-me uma delicadeza do meu Bem-Amado Menino Jesus.

Ct 3,1-4

Esqueci mais alguns pequenos detalhes da minha infância antes do meu ingresso no Carmelo. Não vos falei do meu gosto pelas estampas e pela leitura... Contudo, querida Madre, devo às belas estampas[107] que me mostrava como recompensa, uma das mais suaves alegrias e das mais fortes impressões que me incentivaram à prática da virtude... Olhando-as, esquecia-me das horas. Por exemplo: A *florzinha* do Divino Prisioneiro[108] evocava tantas coisas que eu ficava submersa[109]. Vendo que o nome de *Paulina* estava escrito embaixo da florzinha, queria que o de Teresa também o fosse e oferecia-me a Jesus para ser sua *florzinha*... Embora não soubesse brincar, gostava muito da leitura[110]; teria passado minha vida nela. Felizmente, tinha por guias *anjos* da terra que escolhiam os livros que, ao mesmo tempo em que me distraíam, alimentavam meu coração e meu espírito. Também, só podia passar um tempo limitado lendo, o que era motivo de grandes sacrifícios para mim, pois tinha de interromper a leitura no meio da mais cativante passagem... Essa atração pela leitura durou até meu ingresso no Carmelo. Não sei dizer quantos livros passaram por minhas mãos, mas nunca Deus permitiu que eu lesse um que me fizesse algum mal. Claro está que ao ler certos relatos de cavalaria nem sempre sentia, no primeiro momento, a *verdade* da *vida*; mas logo Deus fazia-me [32f] sentir que a verdadeira glória é aquela que durará eternamente e que para alcançá-la não são necessárias obras

Mt 6,3

grandiosas, basta esconder-se e praticar a virtude de forma que a mão esquerda ignore o que faz a mão direita... Foi assim que, lendo os relatos das ações patrióticas das heroínas francesas, particularmente da *Venerável* Joana d'Arc[111], tinha grande desejo de imitá-las. Parecia sentir dentro de mim o mesmo ardor que as animava, a mesma inspiração celeste. Recebi então uma graça que sempre considerei como das maiores de minha vida, pois naquela idade não recebia *luzes* como agora, quando sou delas inundada[112]. Pensei ter nascido para a *glória* e, na busca do meio de alcançá-la, Deus inspirou-me os sentimentos que acabo de escrever. Fez-me compreender também que a minha *glória* não apareceria aos olhos dos mortais, consistiria em tornar-me uma grande santa! Esse desejo poderia parecer temerário se se considera como eu era fraca e imperfeita e como ainda o sou após sete anos passados em religião. Contudo, sinto sempre a mesma confiança audaciosa de tornar-me uma grande santa. Pois não conto com meus méritos, não tendo *nenhum*, mas espero naquele que é a virtude, a própria santidade. É ele só que, contentando-se com meus fracos esforços, me elevará até si[113] e, cobrindo-me com seus méritos infinitos, tornar-me-á *santa*. Não pensava então que fosse necessário sofrer muito para alcançar a santidade. Deus não tardou em mo demonstrar, mandando-me as provações que relatei acima... Agora devo retomar meu relato no ponto em que o deixei. Três meses após minha cura, papai nos levou a Alençon[114]. Era a primeira vez que lá voltava e minha alegria foi bem grande ao rever os locais onde passara minha infância, [32v] sobretudo ao poder rezar junto ao túmulo de mamãe[115] e pedir-lhe para proteger-me sempre...

Sb 4,12

Deus outorgou-me a graça de conhecer o *mundo* apenas o suficiente para desprezá-lo e me afastar dele. Poderia dizer que foi durante minha estada em Alençon que fiz minha *primeira entrada* no *mundo*. Tudo era alegria e felicidade ao meu redor, eu era festejada, mimada, admirada, numa palavra, durante quinze dias minha vida só foi coberta de flores... Confesso que essa vida tinha encantos para mim. A sabedoria tem razão em dizer que "o enfeitiçamento das bagatelas do mundo seduz o espírito mais afastado do mal". Aos 10 anos, o coração se deixa facilmente deslumbrar; por isso, considero como sendo uma grande graça não ter ficado em Alençon. Os amigos que tínhamos lá eram excessivamente mundanos, sabiam aliar demais as alegrias da terra com o serviço de Deus. Não pensavam bastante na *morte*[116] e, no entanto, a *morte* veio visitar muitas pessoas que conheci, jovens, ricos e felizes!!! Gosto de reportar meu pensamento aos lugares encantadores onde viveram, perguntar-me onde estão, o que desfrutam dos castelos e dos parques onde os vi gozar das comodidades da vida... E vejo que tudo é vaidade e aflição de espírito sob o sol... Que o *único bem* consiste em amar a Deus com todo o coração e ser na terra *pobre* de espírito...

Ecl 2,11
Mt 5,3

Talvez Jesus tenha querido mostrar-me o mundo antes da *primeira visita* que devia me fazer para eu escolher mais livremente a via que devia prometer-lhe seguir. A época da minha primeira comunhão ficou gravada em meu coração como uma recordação sem nuvens. Parece-me que não podia ser mais bem disposta e meus sofrimentos espirituais abandonaram-me durante quase um ano. Jesus queria fazer-me provar uma alegria tão perfeita quanto é possível neste vale de lágrimas...

Sl 83,7

[33f] Estais lembrada, querida Madre, do encantador livrinho que me destes[117] três meses antes da minha primeira comunhão?... Foi ele que me ajudou a preparar meu coração de uma maneira contínua e rápida, pois, embora desde muito o preparasse[118], era preciso dar-lhe um novo impulso, enchê-lo de *novas flores* para que Jesus pudesse descansar nele com prazer... Cada dia eu fazia grande número de bons atos que formavam outras tantas *flores*. Fazia ainda um número maior de jaculatórias que tínheis escrito no meu livrinho, para cada dia, e esses atos de amor formavam os *botões* de flores[119]...

Todas as semanas me escrevíeis uma bonita cartinha[120], que enchia minha alma de pensamentos profundos e me ajudava a praticar a virtude. Era um consolo para vossa pobre filhinha que fazia um *tão grande sacrifício* de não ser preparada, toda noite, no vosso colo, como havia sido minha querida Celina... Maria substituía Paulina para mim. Sentava-me no colo dela e escutava *avidamente* o que me dizia. Parecia que todo o seu coração, tão *grande,* tão *generoso*, passava para dentro de mim. Assim como os ilustres guerreiros ensinam aos filhos o manejo das armas, assim me falava dos *combates* da vida, da palma dada aos vitoriosos... Falava-me ainda das riquezas imortais que se nos oferecem, todos os dias; da infelicidade de passar ao lado delas sem querer estender o braço para colhê-las, e indicava-me o meio de ser *santa* pela fidelidade nas menores coisas. Deu-me o folheto: "Da renúncia"[121], que eu meditava com prazer...

Ah, como era eloquente minha querida madrinha! Eu desejava não ser a única a ouvir seus ensinamentos profundos. Sentia-me tão *comovida* que, na minha ingenuidade, acreditava que os maiores pecadores[122] teriam sido movidos, como eu, e abandonando suas riquezas perecíveis[123] teriam passado a desejar apenas [33v] as do Céu... Naquela época, ninguém me havia ensinado ainda o meio de fazer oração, embora o desejasse muito, Maria, por achar-me assaz piedosa, só me deixava fazer minhas orações. Um dia, uma das minhas mestras da Abadia perguntou-me o que fazia nos feriados quando sozinha. Respondi-lhe que me escondia atrás da minha cama, num espaço vazio que ali havia e que podia facilmente fechar com a cortina, e que, aí, pensava! — Mas em que pensais? perguntou. — Penso em Deus, na vida, na ETERNIDADE, enfim, *penso*[124]!... A boa religiosa riu muito de mim; mais tarde, gostava de lembrar o tempo em que eu *pensava,* perguntando se continuava a *pensar*... Agora compreendo que fazia oração sem saber e que já naquele tempo Deus instruía-me em segredo[125].

Os três meses de preparação passaram depressa. Logo tive de entrar em retiro[126] e, para isso, tornar-me interna em tempo integral, dormindo na Abadia. Não consigo traduzir a suave recordação que esse retiro deixou em mim. Francamente, se sofri muito como interna, fui amplamente recompensada pela felicidade inefável desses poucos dias passados à espera de Jesus... Não creio que se possa experimentar essa alegria fora das comunidades religiosas onde, sendo reduzido o número das crianças, é fácil ocupar-se de cada uma em particular e, de fato, nossas mestras prodigalizavam-nos, naquela ocasião, atenções maternas. Ocupavam-se ainda mais de mim do que das outras. Toda noite, a primeira mestra vinha, com sua lanterninha, beijar-me na minha cama, demonstrando-me grande afeto. Uma noite, comovida com sua bondade, disse-lhe que ia confiar-lhe um *segredo* e, tirando misteriosamente meu *precioso livrinho* que estava debaixo do meu travesseiro, mostrei-lho com olhos brilhando de alegria... Na manhã seguinte, achei muito bonito ver todas as alunas levantarem-se apenas despertadas [34f] e quis fazer como elas, mas eu não estava acostumada a me arrumar sozinha. *Maria* não estava ali para me *pentear* por isso vi-me obrigada a ir timidamente apresentar meu pente à prefeita dos lavatórios. Ela ria vendo uma moça de 11 anos que não sabia arrumar-se; não obstante penteava-me, se bem que não tão *delicadamente* quanto Maria. Assim mesmo, eu não ousava *gritar*, o que fazia todos os dias sob a mão *suave da madrinha*... Dei-me conta, durante o retiro, de que eu era uma criança mimada e protegida como poucas na face da terra; sobretudo entre as crianças órfãs de mãe... Todos os dias, Maria e Leônia vinham visitar-me com papai, que me enchia de mimos; assim, não sofri com o afastamento da família e nada veio obscurecer o belo céu do meu retiro.

    Eu escutava com muita atenção as instruções do padre Domin[127] e até anotava o resumo; quanto a meus *pensamentos*, não quis escrever um só, certa de que me lembraria deles, o que aconteceu... Era para mim uma grande felicidade ir com as religiosas a todos os ofícios; fazia-me notar no meio das minhas companheiras por um *grande crucifixo* que Leônia me dera e que enfiava na cintura, à maneira dos missionários. Esse crucifixo dava inveja às religiosas e as fazia pensar que eu o carregava para imitar minha *irmã carmelita*... Ah, era para ela que meus pensamentos se dirigiam, sabia que *minha Paulina* estava em retiro, como eu[128], não para que Jesus se desse a ela, mas para ela mesma se dar a Jesus[129]. Essa solidão passada na expectativa era-me duplamente cara...

    Lembro-me de que, certa manhã, me encaminharam à enfermaria porque tossia muito (desde minha doença, minhas mestras me cobriam de muitos cuidados; por uma leve dor de cabeça ou se me vissem mais pálida que de costume [34v], mandavam-me tomar ar puro ou descansar na enfermaria). Vi entrar minha *querida Celina*, que obtivera licença para me visitar apesar do retiro, a fim de me oferecer uma estampa que muito me agraciou. Era "A florzinha do Divino Prisioneiro". Oh! Como foi grato para mim receber essa lembrança das mãos de *Celina*!... Quantos pensamentos de amor tive por causa dela!...

    Na véspera do grande dia, recebi a absolvição pela segunda vez[130]. Minha confissão geral causou grande paz à minha alma, e Deus não permitiu que fosse perturbada pela mais leve nuvem. À tarde, pedi perdão à *família toda* que foi me visitar, mas só pude falar com lágrimas, estava emocionada demais... Paulina não estava ali, mas sentia-a presente pelo coração. Tinha mandado, por Maria, uma *bela estampa* que eu não cansava de admirar e fazê-la admirar por todos!... Tinha escrito ao bom padre Pichon, a fim de recomendar-me às suas orações, dizendo-lhe que logo eu seria carmelita e ele seria meu diretor. (Foi o que, de fato, aconteceu quatro anos depois, pois que foi no Carmelo que lhe abri minha alma...) Maria deu-me uma *carta dele*[131], o que superou minha felicidade!... Todas as felicidades sobrevinham-me juntas. O que mais me alegrou na carta dele foi esta frase: "Amanhã, subirei ao Santo Altar por vós e por vossa Paulina!" Paulina e Teresa, em 8 de maio, tornaram-se ainda mais unidas, pois Jesus parecia confundi-las inundando-as de graças...

O mais belo dia de todos os dias chegou afinal. Quantas recordações inefáveis deixaram em minha alma os *menores detalhes* desse dia do céu!... O alegre despertar da aurora, os beijos *respeitosos* e ternos das mestras e das [35f] maiores companheiras... O grande quarto cheio de *flocos de neve*, de que cada criança se via revestida por sua vez... Sobretudo a entrada na capela e o canto *matutino* do belo hino: "Ó santo Altar que de anjos sois rodeado!"

Mas não quero entrar nos pormenores. Há coisas que perdem o perfume quando expostas ao ar e há *pensamentos da alma* que não se podem traduzir em linguagem terrestre sem perder o sentido íntimo e celeste. São como aquela "Pedra branca que será dada ao vencedor e sobre a qual está escrito um nome que ninguém *conhece* a não ser *quem* a recebe". Ah, como foi suave o primeiro beijo de Jesus[132] à minha alma!... Ap 2,17

Foi um beijo de *amor, eu me sentia amada* e dizia também: "Amo-vos, dou-me a vós para sempre". Não houve pedidos, lutas, sacrifícios; havia muito que Jesus e Teresinha se haviam *olhado e compreendido*... Naquele dia, não era mais um olhar, mas uma *fusão*, não eram mais *dois*, Teresa havia sumido como a gota d'água que se perde no oceano[133]. Só ficava Jesus. Era o mestre, o Rei. Não lhe pedira Teresa para tirar-lhe a *liberdade*[134], pois sua *liberdade* amedrontava-a, sentia-se tão fraca, tão frágil, que queria unir-se para sempre com a Força Divina[135]!... Sua alegria era grande demais, profunda demais, para que a pudesse conter. Lágrimas deliciosas inundaram-na logo para grande espanto de suas companheiras que, mais tarde, diziam umas às outras: "Por que será que ela chorou? Alguma coisa a incomodava?... Não, era antes por não ter sua mãe perto dela ou sua irmã que tanto ama e que é carmelita". Não compreendiam que quando toda a alegria do céu vem a um coração, esse coração *exilado*[136] não pode suportá-la sem derramar lágrimas... Oh! Não, a ausência de mamãe não me contristava no dia da minha primeira comunhão; o céu não estava [35v] na minha alma e mamãe não tinha nele lugar assegurado havia muito tempo? De forma que, ao receber a visita de Jesus, recebia também a da minha mãe querida que me abençoava, alegrando-se com minha felicidade... Eu não chorava a ausência de Paulina. Sem dúvida, teria gostado de vê-la a meu lado, mas meu sacrifício estava desde muito tempo aceito. Naquele dia, só a alegria enchia meu coração, eu me unia a ela que se dava irrevogavelmente Àquele que se dava a mim tão amorosamente!...

À tarde, pronunciei o ato de consagração a Nossa Senhora. Era justo que *eu falasse* à minha Mãe do Céu em nome das minhas companheiras, eu que, tão nova, havia sido privada da minha mãe terrestre... Pus meu coração todo em lhe *falar*, em consagrar-me a ela, como uma criança que se atira nos braços da mãe e lhe pede para velar sobre ela. Creio que a Santíssima Virgem olhou sua florzinha e lhe *sorriu*; não fora ela quem a curara com um *sorriso visível?*... No cálice da sua florzinha, não havia ela depositado seu Jesus, sua Flor dos Campos, o Lírio do vale?...

Ct 2,1

À noite desse belo dia, reencontrei minha família da terra. De manhã, depois da missa, eu já beijara papai e todos os meus queridos familiares; mas então era a verdadeira reunião. Segurando sua rainhazinha pela mão, papai dirigiu-se ao *Carmelo*... Vi então minha *Paulina*, que se tornara esposa de Jesus, vi-a de véu branco como o meu e com sua coroa de rosas... Ah, minha alegria não comportava amargura, esperava juntar-me a ela em breve e aguardar o *céu* com ela!¹³⁷

Não fiquei insensível à festa de família que se deu na noite da minha primeira comunhão, o belo relógio que meu Rei me deu causou-me grande prazer, mas minha alegria era tranquila, nada veio perturbar minha paz íntima.

Maria tomou-me consigo na noite que se seguiu a esse belo dia, pois os mais radiosos dias são seguidos de trevas; só o dia da primeira, da única [36f], da eterna Comunhão do Céu será sem ocaso!...

O dia seguinte à minha primeira comunhão foi também um belo dia, porém marcado pela melancolia. A linda toalete que Maria comprara para mim, os presentes todos que recebera não enchiam meu coração. Só Jesus podia contentar-me. Ansiava pelo momento em que poderia recebê-lo uma segunda vez. Cerca de um mês depois¹³⁸ da minha primeira comunhão, fui confessar-me para a Ascensão e atrevi-me a pedir permissão para comungar. Contrariamente a toda expectativa, o padre permitiu, e tive a felicidade de ir ajoelhar-me à mesa de comunhão entre papai e Maria. Que doce lembrança guardei dessa segunda visita de Jesus! Minhas lágrimas rolaram de novo com inefável doçura. Repetia para mim mesma as palavras de São Paulo: "Não sou mais eu quem vive, é Jesus que vive em mim!..." A partir dessa comunhão, meu desejo de receber Deus passou a ficar sempre maior. Obtive autorização para comungar em todas as principais festas¹³⁹. Na véspera desses dias felizes, Maria tomava-me no colo e preparava-me como fizera para minha primeira comunhão. Lembro-me de que, um dia, falou-me do sofrimento, dizendo-me que, provavelmente, eu não caminharia por essa via, mas que Deus carregar-me-ia sempre como uma criança...

Gl 2,20

No dia seguinte, depois da comunhão, as palavras de Maria voltaram-me ao pensamento; senti nascer no meu coração um *grande desejo de sofrimento*¹⁴⁰ e, ao mesmo tempo, a íntima certeza de que Jesus me reservava um grande número de cruzes. Senti-me tomada de tão *grandes* consolações que as considero como uma das *maiores* graças da minha vida. O sofrimento tornou-se meu atrativo, possuía encantos que me arrebatavam, embora não os conhecesse direito. Até então, tinha sofrido sem *amar* o sofrimento; a partir daquele dia, senti por ele [36v] um verdadeiro amor. Sentia também o desejo de só amar a Deus, de só encontrar alegria Nele. Frequentemente, nas minhas comunhões, repetia estas palavras da Imitação: "Ó Jesus! *doçura* inefável, transformai para mim em *amargura* todas as consolações da terra!..."[141] Essa oração saía sem esforço dos meus lábios, sem constrangimento. Parecia que a repetia não por própria vontade, mas como uma criança que repete as palavras que uma pessoa amiga lhe inspira... Mais tarde, dir-vos-ei, querida Madre, como aprouve a Jesus realizar meu desejo, como Ele foi sempre minha única inefável *doçura*. Se vos contasse desde já, seria obrigada a antecipar o tempo da minha vida de moça. Ainda ficam muitos detalhes por contar sobre minha vida de criança.

Pouco depois da minha primeira comunhão, entrei novamente em retiro para Crisma[142]. Preparei-me com muito cuidado para receber a visita do Espírito Santo. Não compreendia a pouca importância dada à recepção desse sacramento de *Amor*. Habitualmente, faziam apenas um dia de retiro para a Crisma, mas como o bispo não pôde vir no dia marcado tive a consolação de ter dois dias de retiro. Para distrair-nos, nossa mestra nos levou ao Monte Cassino[143] e colhi ali mancheias de *grandes margaridas* para a festa de Corpus Christi. Ah! Como minha alma estava alegre. Como os apóstolos, aguardava feliz a visita do Espírito Santo... Regozijava-me com a ideia de que em breve eu seria perfeita cristã e sobretudo com a de ter eternamente na minha fronte a cruz misteriosa que o bispo marca ao impor o sacramento... Chegou afinal o feliz momento. Não senti um vento impetuoso na descida do Espírito Santo, mas *brisa leve*[144] cujo murmúrio o profeta Elias menciona ter ouvido no monte Horeb... Naquele dia recebi a força para *sofrer*, pois logo depois o martírio da minha alma devia começar [37f]... Minha Leoninha serviu-me de madrinha. Estava tão comovida que não pôde impedir as lágrimas durante a cerimônia inteira. Recebeu comigo a santa comunhão, pois ainda tive a felicidade de unir-me a Jesus nesse belo dia.

At 1,14

At 2,1-4

1Rs 19,11-13

Depois dessas deliciosas e inesquecíveis festas, minha vida entrou na *rotina*, retornei à vida de interna que me era tão penosa. Por ocasião da primeira comunhão, eu gostava da convivência com crianças da minha idade, cheias de boa vontade, que tinham tomado, como eu, a resolução de praticar seriamente a virtude. Mas era preciso retomar o contato com alunas bem diferentes, desatentas, refratárias à obediência às normas, e isso me entristecia. Tinha uma índole alegre, mas não sabia entregar-me às brincadeiras da minha idade[145]. Muitas vezes, durante os recreios, apoiava-me contra uma árvore e contemplava o *espetáculo*, entregando-me a reflexões sérias! Tinha inventado uma brincadeira que me agradava: enterrar os pobres passarinhos que encontrávamos mortos debaixo das árvores. Muitas alunas quiseram me ajudar, de sorte que nosso cemitério ficou muito bonito, plantado de árvores e flores proporcionados ao tamanho dos nossos emplumados. Gostava também de contar histórias que inventava à medida que se desenrolavam. Minhas colegas rodeavam-me então e, às vezes, alunas mais adiantadas se misturavam à turma de ouvintes. A mesma história durava muitos dias, pois comprazia-me em torná-la sempre mais interessante à medida que via as impressões produzidas no rosto das minhas colegas. Logo, a mestra proibiu-me de prosseguir com meu ofício de *oradora*, querendo ver-nos *correr* e não *discorrer*.

Lembrava-me facilmente do sentido das coisas que aprendia, mas tinha dificuldade em decorar os textos. Por isso, com o catecismo, quase todos os dias do ano que precedeu minha primeira comunhão [37v], pedi permissão para decorá-lo durante os recreios. Meus esforços foram coroados de êxito e sempre me classifiquei primeira. Se, por acaso, devido a uma *única palavra esquecida*, perdesse o primeiro lugar, minha dor manifestava-se por lágrimas amargas que o padre Domin não sabia como estancar... Estava muito satisfeito comigo (não quando chorava) e chamava-me de seu *doutorzinho*, por causa do meu nome Teresa. Uma vez, a aluna que se seguia a mim não soube formular para sua companheira a pergunta do catecismo[146]. Tendo dado, em vão, a volta a todas as alunas, o Padre voltou-se para mim dizendo que ia verificar se eu merecia meu lugar de primeira aluna. Na minha *profunda humildade*[147], só esperava por isso; levantando-me com segurança disse o que me era perguntado sem um único erro, para espanto de todos... Depois da minha primeira comunhão, meu zelo pelo catecismo continuou até minha saída do pensionato. Tinha muito bom êxito em meus estudos, quase sempre alcançava o primeiro lugar; meus maiores sucessos eram em história e redação. Todas as minhas mestras me consideravam uma aluna muito inteligente. Não era assim em casa do meu tio, onde eu era tida por pequena ignorante, boa e meiga, com um juízo reto, mas incapaz e desajeitada... Não estranho essa opinião que meu tio e minha tia tinham e, sem dúvida, ainda têm de mim; por ser muito tímida, quase não falava e, quando escrevia, meus rabiscos e minha ortografia, que não passam de normais, não eram de natureza a *seduzir*... Segundo minhas mestras, eu era boa nos pequenos trabalhos de costura, rendas etc., mas a maneira desajeitada como segurava meu trabalho justificava a opinião pouco lisonjeira que se fazia de mim. Vejo isso como uma graça. Deus queria meu coração [38f] só para ele e já atendia a meu pedido, "transformando em amargura as consolações da terra[148]. Precisava daquilo, na medida em que não era insensível aos elogios[149]. Frequentemente, elogiava-se diante de mim a inteligência dos outros, mas nunca a minha; então concluí que eu não a tinha e resignei-me a carecer dela...

Meu coração sensível e amoroso ter-se-ia entregado facilmente se tivesse encontrado um coração capaz de compreendê-lo[150]... Tentei ligar-me com meninas da minha idade, sobretudo com duas delas; amava-as e elas por sua parte me amavam tanto quanto eram *capazes*; mas como é *estreito e volúvel* o coração das criaturas!!!... Vi logo que meu amor era incompreendido. Uma das minhas amigas, tendo sido obrigada a voltar para sua família, retornou alguns meses depois; durante sua ausência eu tinha *pensado nela* e guardado preciosamente um anelzinho que me havia dado. Ao revê-la, minha alegria foi grande, mas ai! só obtive dela um olhar indiferente... Meu amor não era compreendido, eu o senti e não *mendiguei* um afeto que me era recusado. Deus deu-me um coração tão fiel que, quando amou puramente, ama para sempre; por isso continuei a rezar por minha colega e continuo a amá-la... Vendo Celina *amar* uma de nossas mestras, quis imitá-la; mas não *sabendo* conquistar as boas graças das criaturas, não consegui. Oh! Bendita ignorância que me livrou de grandes males!... Quanto agradeço a Jesus por me ter feito encontrar só "amargura nas amizades da terra". Com um coração como o meu, ter-me-ia deixado seduzir e cortar as asas; então como poderia ter "voado e descansado"? Como pode um coração entregue ao afeto das criaturas[151] unir-se intimamente a Deus?... Sinto que isso não é possível. Sem ter bebido na taça envenenada [38v] do amor excessivamente ardente das criaturas, *sinto* que não posso enganar-me. Vi tantas almas seduzidas por essa *luz falsa* voar como pobres borboletas e queimar as asas e voltar para a verdadeira, a suave luz do *amor* que lhe dava novas asas, mais brilhantes e mais leves, para poderem voar até Jesus, esse Fogo divino[152] "que queima sem consumir-se". Ah! Sinto-o, Jesus sabia que eu era fraca demais para me expor à tentação. Talvez me tivesse deixado queimar inteira pela *luz enganadora* se a tivesse visto brilhar perante meus olhos... Não foi assim; só encontrei amargura onde almas mais fortes encontram a alegria e se desprendem dela por fidelidade. Portanto, não tenho mérito algum em não me ter entregado ao amor das criaturas, já que fui preservada pela grande misericórdia de Deus!... Reconheço que, sem ele, poderia ter caído tão baixo quanto Santa Madalena e a palavra profunda de Nosso Senhor a Simão ressoa com grande doçura em minha alma... Sei: "Aquele a quem se perdoa menos ama menos"[153], mas sei também que Jesus me perdoou mais que a Santa Madalena, já que me perdoou com *antecipação*, impedindo-me de cair. Ah, como gostaria de poder explicar o que sinto!... Eis um exemplo que exprimirá um pouco meu pensamento. Suponho que o filho de um hábil médico[154] tropeça em seu caminho numa pedra que o faz cair e quebra um membro. Logo o pai acode, levanta-o com amor, cuida dos seus ferimentos, aplicando nisso todos os recursos da sua arte e, logo, seu filho completamente curado testemunha-lhe sua gratidão. Sem dúvida, esse filho tem toda razão de amar a seu pai! Mas vou fazer outra suposição. Sabendo o pai que no caminho do filho há uma pedra, apressa-se em ir na frente para retirá-la (sem ser visto por ninguém). Certamente esse filho, [39f] objeto de sua previdente ternura, não SABENDO da desgraça de que foi preservado por seu pai, não lhe testemunhará gratidão e o *amará menos* do que se tivesse sido curado por ele... mas, se vier a saber do perigo do qual escapou, não o *amará ainda mais?* Eu sou essa criança objeto do amor previdente de um Pai que não enviou seu Verbo para resgatar os *justos*, mas os *pecadores*. Quer que eu o *ame* não porque me *perdoou* muito, mas porque me perdoou *tudo*. Não esperou que eu o amasse muito, como Santa Madalena, mas quis que EU SOUBESSE quanto me amou com um amor de inefável previdência, a fim de que agora o ame *louca-*

mente!...[155] Ouvi falar que não se encontrou alma pura que amasse mais que uma alma arrependida.[156] Ah, como gostaria de desmentir essa afirmação!...

Percebo estar muito longe do meu assunto, portanto apresso-me em voltar. O ano que se seguiu à minha primeira comunhão passou-se quase inteiramente sem provações interiores para minha alma. Foi durante o retiro para minha segunda comunhão[157] que me vi assaltada pela terrível doença dos escrúpulos... É preciso ter passado por esse martírio para compreendê-lo. Dizer o que sofri durante um *ano e meio* ser-me-ia impossível... Todos os meus pensamentos e minhas ações mais simples passavam a ser para mim objeto de perturbação. Só conseguia acalmar-me contando a Marie[158], o que me custava muito, pois acreditava ter de contar os pensamentos extravagantes que tinha a respeito dela. Logo que alojava a carga, gozava um momento de paz; mas essa paz passava como relâmpago e logo meu martírio recomeçava. De quanta paciência minha querida Maria precisou para escutar-me [39v] sem nunca manifestar aborrecimento!... Mal eu voltava da Abadia, ela se punha a cachear meu cabelo para o dia seguinte (pois todos os dias, para agradar a papai, a rainhazinha tinha os cabelos frisados, para espanto de suas companheiras e, sobretudo, das mestras, que não viam crianças tão mimadas pelos pais). Durante a sessão, eu não parava de chorar ao contar todos os meus escrúpulos. No fim do ano, tendo Celina terminado seus estudos, voltou para casa. A pobre Teresa, obrigada a ficar sozinha, não demorou a ficar doente, pois o único interesse que a mantinha interna consistia em estar com sua inseparável Celina. Sem ela, nunca "sua filhinha" pôde lá ficar... Portanto, saí da Abadia aos 13 anos e continuei minha educação, tomando muitas lições semanais em casa da "senhora Papineau"[159]. Era uma pessoa muito boa, *muito culta*, mas com certos ares de solteirona. Vivia com a mãe e era charmoso ver a pequena *família de três* que formavam (pois a *gata* fazia parte *da família* e eu tinha de suportar que ela ronronasse em cima dos meus cadernos e, inclusive, admirar seu bonito porte). Eu tinha a vantagem de viver na intimidade da família. Estando os Buissonnets longe demais para as pernas um pouco envelhecidas da minha mestra, ela pedira que eu fosse ter as aulas em sua casa. Quando chegava, geralmente só encontrava a velha senhora Cochain, que me fitava "com seus grandes olhos claros" e chamava com voz calma e sentenciosa: "Senhô rra Papineau... A Se nho rrita Te rresa está aí!..." Sua filha respondia logo com sua voz *infantil*: "Já vou, *mamãe*". E logo começava a lição. Essas lições tinham a vantagem (além da instrução que adquiria) de fazer-me conhecer o mundo... Quem poderia acreditar!... nesse quarto mobiliado à antiga, cercada de livros e cadernos, eu assistia frequentemente [40f] a visitas de todo gênero: sacerdotes, senhoras, moças etc. Na medida do possível, a senhora Cochain fazia sala, a fim de deixar a filha me dar aula; mas, naqueles dias, não aprendia muita coisa. De nariz num livro, escutava tudo o que se dizia e até o que teria sido melhor não ouvir, a vaidade insinuava-se tão facilmente no coração!...[160] Uma senhora dizia que eu tinha cabelo bonito... outra, ao sair, acreditando não ser ouvida, perguntava quem era essa moça tão bonita, e estas palavras, tanto mais lisonjeiras por não serem pronunciadas na minha frente, deixavam em minha alma uma impressão de prazer que me mostrava claramente quanto eu era cheia de amor-próprio. Oh! Como tenho compaixão das almas que se perdem!... É tão fácil extraviar-se nas sendas floridas do mundo... sem dúvida, para uma alma mais instruída, a doçura que ele oferece se mistura com a amargura, e o vazio *imenso* dos *desejos*[161] não poderia ser preenchido por lisonjas de um instante... Mas se meu coração não *tivesse sido educado para Deus desde seu despertar*, se o mundo me tivesse sorrido desde minha entrada na vida, o que teria sido de mim? Oh, Madre querida, com que gratidão canto as misericórdias do Senhor! Segundo as palavras da Sabedoria, não "me retirou do mundo antes que meu espírito ficasse corrompido pela sua malícia e as aparências enganadoras tivessem seduzido a minha alma"? A Santíssima Virgem também velava sobre sua florzinha e, não querendo que perdesse o brilho no contato com as coisas da terra, levou-a para *sua montanha*[162] antes que ela desabrochasse... Aguardando esse feliz momento, Teresinha crescia no amor à sua mãe do céu. Para provar-lhe esse amor, fez uma coisa que lhe *custou muito* e que vou narrar em poucas palavras, apesar da sua *extensão*... [40v]. Quase logo depois do meu ingresso na Abadia, fui recebida na Associação dos Santos Anjos. Gostava muito das práticas de devoção que ela impunha, sentindo atração particular por rezar aos bem-aventurados espíritos celestes e particularmente àquele que Deus me deu para ser o companheiro de meu exílio[163]. Algum tempo depois da minha primeira comunhão, a fita de aspirante a Filha de Maria substituiu a dos Santos Anjos, mas deixei a Abadia antes de ser recebida na Associação da Santíssima Virgem. Tendo saído antes de ter concluído meus estudos, não tinha o direito de ingressar como antiga aluna. Admito que não cobiçava muito esse privilégio, mas o fato de todas as minhas irmãs terem sido "Filhas de Maria" fez-me recear ser menos filha de minha Mãe do Céu do que elas. Por isso (embora me custasse muito), fui muito humildemente pedir para ser recebida na Associação da Santíssima Virgem na Abadia. A primeira mestra não quis recusar-me, mas impôs como condição que eu comparecesse duas vezes por semana, de tarde, a fim de mostrar se eu era digna de ser admitida. Longe de me agradar, essa permissão custou-me muito. Não tinha, como as demais ex-alunas, *mestras amigas* com quem pudesse passar várias horas. Por isso contentava-me em cumprimentar a mestra e trabalhava em silêncio até o final da lição programada. Ninguém me dava atenção; por isso, eu subia à tribuna da capela e ficava diante do Santíssimo até o momento em que papai vinha me buscar. Era meu único consolo. Jesus não era meu *único amigo?*...[164] Eu só sabia falar com ele; as conversações com as criaturas, mesmo as conversações piedosas, cansavam minha alma... Sentia que era melhor falar com Deus do que [41f] de Deus, pois há tanto amor-próprio nas conversações espirituais!... Ah! Sem dúvida, era só pela Santíssima Virgem que eu ia à Abadia... Às vezes, sentia-me *só*, muito só, como nos dias da minha vida de interna, quando andava triste e doente no grande pátio. Repetia essas palavras que sempre faziam renascer a paz e a força em

Sl 88,2

Sb 4,11

meu coração: "A vida é teu navio, não tua moradia!"[165] Quando pequenina, essas palavras davam-me coragem; ainda agora, apesar dos anos que apagam tantas impressões de piedade infantil, a imagem do navio ainda encanta minha alma e a ajuda a suportar o exílio... A Sabedoria não afirma também que "A vida é como o navio que singra as ondas agitadas e não deixa após si vestígios da sua rápida passagem"?... Quando penso nessas coisas, minha alma mergulha no infinito; parece que já estou tocando as margens da eternidade... Tenho a sensação de estar recebendo os abraços de Jesus... Penso ver minha mãe do céu vindo a meu encontro, com papai... mamãe... os quatro anjinhos... Creio gozar, enfim e para sempre, da eterna vida em família...

Sb 5,10

Antes de ver a família reunida no *lar paterno* dos céus, eu devia sofrer ainda muitas separações; no ano em que fui recebida como filha da Santíssima Virgem, ela me arrebatou minha querida Maria[166], o único sustento da minha alma... Era Maria quem me guiava, me consolava, me ajudava a praticar a virtude; era meu único oráculo. Sem dúvida, Paulina tinha ficado bem no fundo do meu coração, mas estava longe, muito longe de mim!... sofri o martírio para me acostumar a viver sem ela, por ver entre nós muros intransponíveis [41v], mas enfim tinha acabado por reconhecer a triste realidade: Paulina estava perdida para mim, quase como se estivesse morta. Continuava a me amar, rezava por mim, mas aos meus olhos *minha Paulina* querida tornara-se uma santa que não devia mais compreender as coisas da terra. As misérias da sua pobre Teresa, se as tivesse conhecido, a teriam espantado e impedido de amá-la tanto... Aliás, mesmo que tivesse desejado confiar-lhe meus pensamentos, como nos Buissonnets, não teria conseguido; os parlatórios eram apenas para Maria. Celina e eu só tínhamos autorização para ter acesso no *final*, só para sentir um aperto de coração... Assim, na realidade, só tinha Maria. Para mim, ela era praticamente indispensável. Só a ela eu contava meus escrúpulos, e era tão obediente que nunca meu confessor soube da minha triste doença. Dizia-lhe apenas o número de pecados que Maria me autorizava a confessar, nenhum a mais. Poderia ter passado pela alma menos escrupulosa da terra, mesmo sendo-o no mais alto grau... Portanto, Maria sabia tudo o que se passava na minha alma, sabia também dos meus anseios pelo Carmelo, e eu amava-a tanto que não podia viver sem ela. Todos os anos, minha tia nos convidava a passar, uma após a outra, alguns dias na casa dela, em Trouville. Teria gostado muito de ir, mas com Maria; sem ela, enfastiava-me. Uma vez, contudo, senti prazer em Trouville[167], foi o ano da viagem de papai a Constantinopla. Para nos distrair um pouco (estávamos muito tristes por saber papai tão longe), Maria nos mandou, Celina e eu, passar quinze dias à beira-mar. Diverti-me muito, porque tinha a minha Celina comigo. A tia nos propiciou todos os prazeres possíveis: passeios de burro, pesca de lúcio etc. Eu era ainda muito [42f] criança apesar dos meus 12 anos e meio; lembro-me da minha alegria ao pôr as bonitas fitas azul-celeste que titia me dera para meus cabelos, lembro-me também de ter confessado, ainda em Trouville, esse prazer infantil que me pareceu pecado... Uma noite, fiz uma experiência que muito me admirou. Maria (Guérin), que estava quase sempre doente, *choramingava* com frequência. Minha tia, então, a afagava, chamava-a pelos nomes mais carinhosos, e minha querida priminha continuava choramingando, dizendo que estava com dor de cabeça. Eu que, quase todo dia, sentia dor de cabeça, nunca me queixava. Uma noite, quis imitar Maria. Pus-me a choramingar numa poltrona num canto da sala. Logo, Joana e titia acorreram perguntando o que eu tinha. Respondi como Maria: "Estou com dor de cabeça". Parece que a lamúria não assentava bem em mim, nunca consegui convencê-las de que a dor de cabeça me fazia chorar. Em vez de afagar-me, falaram-me como a uma pessoa adulta, e Joana me censurou por não confiar bastante na minha tia, pois pensava que eu estava com escrúpulo de consciência... enfim, fui eu que paguei as custas e resolvi nunca mais imitar os outros. Compreendi a fábula "Do burro e do cachorrinho"[168]. Eu *era o burro* que, tendo visto as carícias dadas ao *cachorrinho*, foi colocar sua pesada pata em cima da mesa para receber seu quinhão de beijos; mas ai! se não recebi bastonadas como o pobre animal, recebi de fato o troco da minha moeda e sarei para sempre do desejo de chamar a atenção. Só o esforço que fiz para isso custou-me caro demais!...

No ano seguinte, que foi o da partida da minha querida madrinha, minha tia me convidou de novo. Mas, sozinha, fiquei tão perdida que [42v] depois de dois ou três dias adoeci e foi preciso levar-me de volta a Lisieux[169]. Pensou-se que minha doença fosse grave, mas era apenas saudade dos Buissonnets. Logo que cheguei, a saúde voltou... E era dessa criança que Deus ia arrebatar o único apoio que a ligava à vida!...

Logo que soube da resolução de Maria, resolvi não procurar mais prazer na terra...[170] Desde minha volta do internato, passara a ocupar o antigo quarto de pintura de *Paulina*, que ajeitei do meu gosto. Era um verdadeiro bazar, um assortimento de piedade e de curiosidades, um jardim e um viveiro... No fundo, destacava-se uma *grande cruz* preta de madeira, sem Cristo, alguns desenhos que me agraciavam; numa outra parede, uma canastra guarnecida de musselina e fitas cor-de-rosa com ervas finas e flores; enfim, na última parede, o retrato de *Paulina* aos 10 anos reinava sozinho; debaixo desse retrato eu tinha uma mesa sobre a qual havia uma *grande gaiola*, cheia de pássaros cujos cantos melodiosos atordoavam os visitantes, mas sua pequena dona gostava muito deles... Havia ainda o "pequeno móvel branco" cheio dos meus livros de estudo, cadernos etc. Em cima dele, uma imagem de Nossa Senhora cercada de vasos sempre cheios de flores naturais e tochas. Ao redor, numerosas estatuetas de santos e santas, cestinhas de conchas, caixas de cartolina etc. Enfim, meu jardim estava *suspenso* na janela onde cuidava de vasos de flores (as mais raras que podia encontrar). Possuía ainda uma jardineira dentro do meu "museu" e guardava aí minha planta preferida... Diante da [43f] janela, minha mesa coberta com um tapete verde, e sobre esse tapete coloquei, no meio, uma *ampulheta*, uma pequena estatueta de São José, um porta-relógio, corbelhas de flores, um tinteiro etc.... Algumas cadeiras *mancas* e a encantadora cama de boneca de *Paulina* completavam minha mobília. Verdadeiramente, esse pobre quarto de sótão constituía um mundo para mim e, como o senhor de Maistre, eu poderia compor um livro intitulado: "Passeio ao redor do meu quarto". Era nesse quarto que eu gostava de ficar sozinha horas inteiras para estudar e meditar diante da bela vista que se oferecia ao meu olhar... Ao tomar conhecimento da partida de Maria, meu *quarto* perdeu para mim todos os seus encantos, não queria deixar um único instante a irmã querida que em breve ia bater asas... Quantos atos de paciência a fiz praticar, *cada vez* que eu passava diante da porta do seu quarto, batia até ela abrir e beijava-a de todo o meu coração. Queria fazer provisão de beijos para o tempo em que dela ia ser privada.

Um mês antes do seu ingresso no Carmelo, papai levou-nos a Alençon[171], mas faltou muito a essa viagem para se parecer com a primeira. Para mim, tudo foi tristeza e amargura. Não poderia contar as lágrimas que derramei sobre o túmulo de mamãe por me ter esquecido de trazer o buquê de centáureas colhidas para ela. Francamente, ficava triste com *tudo*, era o contrário de agora, pois Deus me deu a graça de não me deprimir com coisa alguma passageira. Quando recordo os tempos idos, minha alma transborda de gratidão vendo os favores que recebi do céu. Operou-se tal mudança em mim que não sou reconhecível... Verdade é que eu desejava a graça de ter "sobre minhas ações um domínio absoluto, ser a dona, não a escrava"[172]. [43v] Essas palavras da Imitação comoviam-me profundamente, mas eu devia, por assim dizer, comprar essa graça inestimável pelos meus desejos; ainda parecia uma criança que só quer o que os outros querem. Isto fazia as pessoas de Alençon dizerem que eu era fraca de caráter... Foi durante essa viagem que Leônia fez experiência nas clarissas[173]. Fiquei triste com sua entrada *extraordinária*, pois amava-a muito e não pude beijá-la antes da partida.

Nunca me esquecerei da bondade e do embaraço do meu pobre paizinho quando veio anunciar-nos que Leônia já vestia o hábito das clarissas... Como nós, achava isso muito engraçado, mas não queria dizer nada, vendo quanto Maria estava descontente. Levou-nos ao convento, e lá senti um *aperto* no *coração* como nunca tinha sentido ao ver um mosteiro. Este produziu em mim o efeito contrário do Carmelo, em que tudo dilatava minha alma... A vista das religiosas tampouco me encantou, e não fiquei tentada a permanecer no meio delas. A pobre Leônia parecia muito gentil no novo traje; disse-nos que olhássemos bem os *olhos* dela, porque não devíamos vê-los mais (as clarissas só se mostram de olhos baixos). Mas Deus contentou-se com dois meses de sacrifício, e Leônia voltou a nos mostrar seus *olhos* azuis, frequentemente molhados de lágrimas... Ao deixar Alençon, pensava que ela ia ficar com as clarissas, por isso foi com muita tristeza que me afastei da *triste* rua da *meia-lua*. Ficávamos apenas três e, logo, nossa querida Maria ia nos deixar... 15 de outubro foi o dia da separação! Só restavam as duas últimas filhas da numerosa e alegre família dos Buissonnets... As pombas haviam fugido do ninho paterno e as que ficavam queriam também segui-las, mas suas asas ainda eram fracas demais [44f] para poder alçar voo... Deus, que queria chamar para si a menor e mais fraca de todas elas, apressou-se em desenvolver-lhe as asas. Ele, que se compraz em mostrar sua bondade e seu poder servindo-se dos instrumentos menos dignos, quis chamar-me antes de Celina, que, sem dúvida, merecia de preferência esse favor. Mas Jesus sabia como eu era fraca e foi por isso que me escondeu antes no recôncavo do rochedo[174].

1Cor 1,26-29

Ct 2,14

Eu era ainda muito escrupulosa quando Maria ingressou no Carmelo. Não podendo mais confiar-me a ela, voltei-me para o lado dos céus. Dirigi-me aos quatro anjinhos[175] que lá me precederam, pois pensava que essas almas inocentes que nunca conheceram as perturbações nem o temor deveriam ter pena da sua pobre irmãzinha que sofria sobre a terra. Falei-lhes com uma simplicidade de criança, fazendo observar que, por ser eu a mais nova, sempre fora a mais amada da família, a maior cumulada das ternuras das minhas irmãs; que se eles tivessem ficado na terra provavelmente me teriam dado provas de afeto... Sua partida para o céu não me parecia ser motivo para se esquecerem de mim, pelo contrário, por estarem em condições de se servir dos tesouros divinos, deviam sacar a *paz* para mim e assim me mostrar que, no céu, sabe-se amar!...[176] A resposta não se fez esperar. A paz veio logo inundar a minha alma com suas ondas deliciosas e compreendi que se eu era amada na terra também o era no céu... A partir desse momento, minha devoção para com meus irmãozinhos e irmãzinhas aumentou e gosto de conversar frequentemente com eles, falar-lhes das tristezas do exílio... do meu desejo de ir juntar-me a eles, em breve[177], na Pátria!...

Se o céu me cobria de graças, não era porque as merecesse, eu era ainda muito imperfeita; de fato, tinha um grande desejo de praticar a virtude [44v], mas agia de maneira estranha. Eis um exemplo: por ser a mais nova, não estava acostumada a me servir. Celina arrumava o quarto em que dormíamos e eu não fazia nenhum trabalho caseiro; depois da entrada de Maria no Carmelo, acontecia-me, às vezes, para agradar a Deus, de tentar arrumar a cama ou de, na ausência de Celina, recolher os vasos de flores à noite. Como disse, era *só por Deus* que eu fazia essas coisas, portanto não devia esperar o agradecimento das criaturas. Ai! era todo o contrário. Se Celina não tivesse a infelicidade de demonstrar contentamento pelos meus servicinhos, eu ficava contrariada e provava-o com minhas lágrimas...

Era verdadeiramente insuportável pela minha sensibilidade excessiva. Se me acontecesse causar involuntariamente uma leve aflição a alguém a quem amava, em vez de me controlar e não *chorar*, o que aumentava meu erro em vez de diminuí-lo, *chorava* feito uma Madalena, e quando começava a consolar-me pela coisa que me levara a chorar, *chorava por ter chorado*... Todos os raciocínios eram inúteis e não conseguia corrigir-me desse desagradável defeito. Não sei como acalentava a doce ideia de ingressar no Carmelo, estando ainda nos *cueiros da infância*...[178] Foi preciso Deus fazer um pequeno milagre para me fazer crescer de repente, e esse milagre se deu num dia inesquecível de Natal[179], nessa *noite* grandiosa que ilumina as delícias da Santíssima Trindade[180]. Jesus, a meiga *criancinha* recém-nascida, transformou a noite da minha alma em torrentes de luz... nessa noite em que se fez *fraco* e sofrido pelo meu amor, fez-me *forte* e corajosa, equipou-me com suas armas[181] e, desde essa noite abençoada, não saí vencida em nenhum combate. Pelo contrário, andei de vitória em vitória[182] e iniciei, por assim dizer, "uma corrida de gigante!..."[183] [45f] A fonte das minhas lágrimas secou e só voltou a jorrar pouquíssimas vezes e com dificuldade, o que justificou essa palavra que me fora dita: "Choras tanto na infância que, mais tarde, não terás mais lágrimas para derramar!"...

Sl 138,12
Ef 6,11

Sl 18,6

Foi em 25 de dezembro de 1886 que recebi a graça de sair da infância, em suma, a graça da minha completa conversão. Estávamos voltando da missa do galo, em que tinha tido a felicidade de receber o Deus *forte e poderoso*. Ao chegar aos Buissonnets, alegrava-me por pegar meus sapatos na lareira. Esse costume antigo causara-nos tanta alegria durante a infância que Celina queria continuar a me tratar como um bebê, por ser a menor da família... Papai gostava de ver minha felicidade, ouvir meus gritos de alegria ao tirar cada surpresa dos *sapatos encantados*, e a alegria do meu Rei querido aumentava muito a minha felicidade. Mas, querendo Jesus mostrar-me que devia me desfazer dos defeitos da infância, privou-me também das inocentes alegrias; permitiu que papai, cansado da missa do galo, sentisse tédio vendo meus sapatos na lareira e dissesse essas palavras que me trespassaram o coração: "Enfim, felizmente, é o último ano!..." Subi a escada para ir tirar meu chapéu. Celina, conhecendo minha sensibilidade e vendo já as lágrimas em meus olhos, ficou também com vontade de chorar, pois amava-me muito e compreendia minha mágoa: "Oh, Teresa!", disse-me, "não desce, causar-te-á tristeza demais olhar já teus sapatos". Mas Teresa não era mais a mesma, Jesus havia mudado o coração dela! Reprimindo minhas lágrimas, desci rapidamente e, comprimindo as batidas do coração, peguei meus sapatos... então, colocando-os diante de papai, tirei *alegremente* todos os objetos, parecendo feliz como uma rainha. Papai ria também, voltara a ficar alegre e Celina pensava *sonhar!*...[184] Felizmente, era uma doce realidade. Teresinha reencontrara a força de alma que perdera aos 4 anos e meio e ia conservar para sempre!...

[45v] Nessa *noite de luz*, começou o terceiro período da minha vida[185], o mais belo de todos, o mais cheio das graças do céu... Num instante, a obra que eu não pudera cumprir em dez anos, Jesus a fez contentando-se com a *boa vontade* que nunca me faltara. Como os apóstolos, podia dizer-lhe: "Senhor, pesquei a noite toda sem nada pegar". Ainda mais misericordioso comigo do que com os discípulos, Jesus *pegou ele mesmo* a rede, lançou-a e retirou-a cheia de peixes... Fez de mim um pescador de *alma*, senti um desejo imenso de trabalhar pela conversão dos pecadores, desejo que não sentira tanto antes... Em suma, senti a *caridade* entrar em meu coração, a necessidade de esquecer-me de mim mesma para agradar[186] e, desde então, fiquei feliz!... Num domingo[187], ao olhar uma foto de Nosso Senhor na Cruz, fiquei impressionada com o sangue que caía de uma das

Lc 5,4-10

suas mãos divinas. Senti grande aflição pensando que esse sangue caía no chão sem que ninguém se apressasse em recolhê-lo. Resolvi ficar, em espírito, ao pé da cruz para receber o divino orvalho[188] que dela se desprendia, compreendendo que precisaria, a seguir, espalhá-lo sobre as almas... O grito de Jesus na cruz ressoava continuamente em meu coração: "*Tenho sede!*"[189] Essas palavras despertavam em mim um ardor desconhecido e muito vivo... Queria dar de beber a meu Bem-amado e sentia-me devorada pela *sede das almas*... Ainda não eram as almas dos sacerdotes[190] que me atraíam, mas as dos *grandes pecadores*. *Ardia* em desejo de arrancá-los às chamas eternas... Jo 19,28

Para estimular meu zelo, Deus mostrou-me que meus desejos eram-Lhe agradáveis. Ouvi falar de um grande criminoso que acabava de ser condenado à morte por crimes horriveis[191]. Tudo fazia crer que morreria impenitente. Quis, a qualquer custo, impedi-lo de cair no inferno[192]. Para consegui-lo, usei de todos os meios imagináveis: sentindo que, de mim mesma, nada poderia, ofereci [46f] a Deus os méritos infinitos[193] de Nosso Senhor, os tesouros da santa Igreja, enfim, pedi a Celina que mandasse celebrar uma missa nas minhas intenções, não ousando pedi-la eu mesma, por temor de ser obrigada a dizer que era por Pranzini, o grande criminoso. Tampouco queria dizê-lo a Celina, mas ela insistiu com tanta ternura que lhe confiei meu segredo; ao invés de zombar de mim, pediu para ajudar a converter *meu pecador*. Aceitei com gratidão, pois teria desejado que todas as criaturas se unissem a mim para implorar a graça para o culpado. No fundo do meu coração, tinha *certeza* de que nossos desejos seriam atendidos. Mas, a fim de ter coragem para continuar a rezar pelos pecadores, disse a Deus que estava certa de que ele perdoaria o pobre infeliz Pranzini, que acreditaria, mesmo que não se *confessasse* e não desse *sinal nenhum de arrependimento*, enorme era minha confiança na misericórdia infinita de Jesus, mas lhe pedia apenas um *sinal* de arrependimento, para meu próprio consolo... Minha oração foi atendida ao pé da letra! Apesar da proibição de papai de lermos jornais, não pensava desobedecer lendo as passagens que falavam de Pranzini. No dia seguinte à sua execução, cai-me às mãos o jornal *La Croix*[194]. Abro-o apressada e o que vejo?... Ah! Minhas lágrimas traíram minha emoção e fui obrigada a me esconder... Pranzini não se confessara, subira ao cadafalso e preparava-se para colocar a cabeça no buraco lúgubre quando, numa inspiração repentina, virou-se, apanhou um *crucifixo*[195] que lhe apresentava o sacerdote e *beijou, por três vezes, suas chagas sagradas!*... Depois, sua alma foi receber a sentença *misericordiosa*[196] daquele que declarou que no Céu haverá mais alegria por um só pecador arrependido do que por 99 justos que não precisam de arrependimento!... Lc 15,7

Eu obtivera o "sinal" pedido, e esse sinal era a reprodução fiel de [46v] graças que Jesus me fizera para atrair-me a rezar pelos pecadores. Não foi diante das *chagas de Jesus*, vendo escorrer seu *sangue* divino, que a sede de almas entrara em meu coração? Queria dar-lhes de beber esse *sangue imaculado* que devia purificá-las das suas impurezas, e os lábios do "*meu primeiro filho*" foram colar-se às chagas sagradas!!! Que resposta indizivelmente doce!... Ah! Desde essa graça única, meu desejo de salvar as almas cresceu a cada dia. Parecia-me ouvir Jesus dizendo como à samaritana: "Dê-me de beber!" Era uma verdadeira troca de amor; às almas, eu dava o *sangue* de Jesus; a Jesus, oferecia essas mesmas almas refrescadas pelo seu *divino orvalho*. Dessa forma, eu parecia desalterá-lo e quanto mais lhe dava de beber, mais a sede da minha pequena alma aumentava e era essa sede ardente que ele me dava como a mais deliciosa bebida do seu amor...

Jo 4,6-15

Em pouco tempo, Deus conseguira fazer-me sair do círculo apertado no qual eu girava sem encontrar saída. Vendo o caminho que ele me fizera percorrer, minha gratidão é grande, mas preciso convir que, se o passo maior fora dado, muitas coisas ainda restavam por abandonar. Livre dos escrúpulos, da sua sensibilidade excessiva, meu espírito desenvolveu-se[197]. Sempre gostara do grandioso, do belo, mas naquela época fui tomada de um desejo extremo de *saber*. Não satisfeita com as lições e as tarefas que minha mestra me dava, dedicava-me, sozinha, a estudos especiais de *história* e de *ciências*. Os outros estudos deixavam-me indiferente, mas essas duas áreas atraíam toda a minha atenção. De sorte que em poucos meses, adquiri mais conhecimentos que durante meus anos de estudos. Ah! Isso só era vaidade e aflição de espírito... O capítulo da Imitação em que se fala das *ciências* voltava sempre à minha mente, mas achava o meio de prosseguir assim mesmo, dizendo-me que, estando na idade de estudar, não havia mal nenhum em fazê-lo [47f]. Não creio ter ofendido a Deus (embora reconheça ter passado nisso um tempo inútil), pois só ocupava nisso um certo número de horas que não queria ultrapassar a fim de mortificar meu desejo excessivo de saber... Estava na idade mais perigosa para as moças, mas Deus fez por mim o que relata Ezequiel[198] em suas profecias: "passando perto de mim, Jesus viu que havia chegado para mim o tempo de ser *amada*, ele fez aliança comigo e passei a ser *sua*... Estendeu sobre mim seu manto, lavou-me em perfumes preciosos, revestiu-me de roupas bordadas, dando-me colares e joias sem preço... Alimentou-me com a mais pura farinha, com mel e azeite *abundante*... então passei a ficar bela aos olhos dele e fez de mim uma poderosa rainha!"...

Ecl 2,11

Ez 16,8-13

Sim, Jesus fez tudo isso por mim, eu poderia retomar cada palavra do que acabo de escrever e provar que se realizou em meu favor, mas as graças que relatei acima são prova suficiente. Vou apenas falar da alimentação que me prodigalizou "com *abundância*". Havia muito que eu me alimentava da "pura farinha" contida na Imitação, era o único livro que me aproveitava, pois ainda não havia achado os tesouros escondidos no Evangelho[199]. Sabia de cor quase todos os capítulos da minha querida Imitação[200], nunca me desfazia desse livrinho. No verão, levava-o no bolso; no inverno, no meu regalo. O hábito tornou-se tradicional e, em casa de minha tia, divertiam-se muito abrindo-o ao acaso e fazendo-me recitar o capítulo que se apresentava aos olhos. Aos 14 anos, com meu desejo de ciência, Deus achou necessário acrescentar "à pura farinha mel e azeite em abundância". Esse mel e esse azeite fez-me encontrá-los nas conferências do padre Arminjon, sobre

Is 45,3

o fim do mundo atual e os mistérios do mundo futuro[201]. Esse livro havia sido emprestado ao papai pelas minhas queridas carmelitas; por isso, contrariamente a meus hábitos [47v] (pois eu não lia os livros de papai), pedi para lê-lo.

Essa leitura ainda foi uma das maiores graças da minha vida. Eu a fiz na janela do meu quarto de estudo e a impressão que tive é por demais íntima e doce para que possa expressá-la...

Todas as grandes verdades da religião, os mistérios da eternidade, mergulhavam minha alma numa felicidade que não era da terra... Já pressentia o que Deus reserva a quem o ama (não com o olho do homem, mas com o do coração) e, vendo que as recompensas eternas não tinham proporção alguma com os leves sacrifícios da vida, quis *amar, amar* Jesus *com paixão*, dar-lhe mil provas de amor, enquanto ainda podia... Copiei várias passagens sobre o amor perfeito e a recepção que Deus deve fazer a seus eleitos no momento em que *ele próprio* se tornará sua grande e eterna recompensa[202]. Repetia sem parar as palavras de amor que haviam abrasado meu coração... Celina tornara-se a confidente íntima dos meus pensamentos; desde o Natal, podíamos nos compreender, a diferença de idade não existia mais, pois eu me tornara grande em tamanho[203] e, sobretudo, em graça... Antes dessa época, reclamava com frequência por não conhecer os segredos de Celina. Ela me dizia que eu era pequena demais, que precisaria crescer a altura de um tamborete para ela ter confiança em mim... Eu gostava de subir nesse precioso tamborete quando estava ao lado dela, e lhe dizia que me falasse intimamente, mas meu esforço era inútil, uma distância nos separava ainda!...

Jesus queria fazer-nos avançar juntas e, por isso, formou em nossos corações laços ainda mais fortes que os do sangue. Tornou-nos *irmãs de almas*. Realizaram-se em nós essas palavras do Cântico de São João da Cruz[204] (falando com o esposo, a esposa exclama): "Seguindo vossas pegadas, as moças percorrem levemente o caminho, o toque [48f] da centelha, o vinho condimentado fazem-nas produzir aspirações divinamente perfumadas". Sim, era *com leveza* que seguíamos as pegadas de Jesus, as centelhas do amor que semeava profusamente em nossas almas, o vinho delicioso e forte que nos dava de beber faziam desaparecer a nossos olhos as coisas passageiras e dos nossos lábios saíam aspirações de amor inspiradas por ele. Como eram suaves as conversações que tínhamos, toda noite, no mirante![205] De olhar fixo na lonjura, observávamos a branca lua içando-se lentamente atrás das altas árvores... os reflexos argênteos que ela espalhava sobre a natureza adormecida, as brilhantes estrelas cintilando no azul profundo... o sopro ligeiro da brisa noturna fazia flutuar as nuvens nevadas, tudo elevava nossas almas para o céu, o belo céu do qual ainda só contemplávamos "o *reverso* límpido"...[206]

Não sei se estou enganada, mas parece-me que a efusão das nossas almas assemelhava-se à de Santa Mônica com seu filho[207] quando, no porto de Óstia, ficavam perdidos em êxtase à vista das maravilhas do criador!... Creio que recebíamos graças de uma categoria tão alta como as concedidas aos grandes santos. Como diz a Imitação, às vezes Deus se comunica em meio a um vivo esplendor,

1Cor 2,9

2Cor 4,17

Gn 15,1

outras vezes "suavemente velado, por sombras e figuras"[208]. Era deste modo que se dignava manifestar às nossas almas, mas como era *transparente e leve* o véu que escondia Jesus dos nossos olhares!...[209] A dúvida era impossível, já não havia necessidade da Fé e da Esperança[210], o *amor* fazia-nos encontrar na terra aquele que buscávamos. "Tendo-o encontrado sozinho, dava-nos seu beijo, a fim de que, no futuro, ninguém pudesse nos desprezar."

Ct 8,1

Graças tão grandes não haviam de ficar sem frutos. E foram abundantes. A prática da virtude tornou-se para nós suave e natural; no começo, meu rosto deixava muitas vezes transparecer a luta, mas aos poucos essa impressão desapareceu e a renúncia passou a ser fácil para mim, mesmo no primeiro momento. Jesus disse: "A quem possui [48v] dar-se-á mais e ficará na abundância". Em troca de uma graça fielmente recebida, concedia-me uma multidão de outras... Ele próprio se dava a mim na santa Comunhão mais vezes que eu teria ousado esperar. Adotei como regra de conduta comungar todas as vezes que fosse autorizada pelo meu confessor e deixar a este resolver o número das minhas comunhões, sem nunca interferir. Não tinha na época a *audácia* que tenho agora, pois do contrário teria agido de outro modo. Tenho certeza de que uma alma deve dizer claramente a seu confessor a atração que tem por receber seu Deus. Não é para ficar no cibório de ouro que ele desce do céu *todos os dias*[211], mas para encontrar um outro céu, infinitamente mais querido que o primeiro, o céu da nossa alma, feito à sua imagem, o templo vivo da adorável Trindade!...

Mt 13,12;
25,29

Gn 1,26-27
1Cor 3,16

Jesus, que via meu desejo e a retidão do meu coração, permitiu que durante o mês de maio meu confessor me permitisse comungar quatro vezes por semana e, findo esse belo mês, acrescentou mais um dia toda vez que houvesse uma festa. Suaves lágrimas caíram dos meus olhos ao sair do confessionário, parecia-me que era o próprio Jesus quem queria dar-se a mim, pois eu ficava muito pouco tempo em confissão, nunca falava dos meus sentimentos interiores. O caminho pelo qual andava era tão reto, tão claro, que não precisava de outro guia que Jesus... Comparava os diretores a espelhos fiéis que refletiam Jesus nas almas e dizia que para mim Deus não usava intermediário, mas agia diretamente!...

Quando um jardineiro cerca de cuidados uma fruta que quer fazer amadurecer prematuramente, nunca é para deixá-la na árvore, mas para apresentá-la numa mesa brilhantemente servida. Era com uma intenção semelhante [49f] que Jesus prodigalizava suas graças à sua florzinha... Ele que, nos dias da sua vida mortal, exclamava num transporte de alegria: "Pai, bendigo-vos por ter escondido essas coisas aos sábios e aos prudentes e tê-las revelado aos humildes", queria revelar em mim sua misericórdia, porque eu era pequena e fraca, abaixava-se até mim, instruía-me em segredo das *coisas* do seu *amor*. Ah! Se sábios que passaram a vida estudando tivessem vindo interrogar-me[212], teriam, sem dúvida, ficado espantados ao ver uma criança de 14 anos compreender os segredos da perfeição, segredos que toda a ciência não pudera lhes revelar, pois para possuí-los é preciso ser pobre de espírito!...

Lc 10,21

Mt 5,3

Como diz São João da Cruz em seu cântico: "Eu não tinha guia nem luz, fora aquela que brilhava em meu coração; essa luz guiava-me com mais segurança que a do meio-dia para o lugar onde me aguardava aquele que me conhece perfeitamente"[213]. Esse lugar era o Carmelo. Antes de "descansar à sombra daquele que eu desejava", devia passar por muitas provações, mas o chamamento divino era tão intenso que, embora tivesse de *atravessar* as *chamas*[214], o teria feito para ser fiel a Jesus... Para encorajar-me em minha vocação, só encontrei uma *alma*, foi a de minha *Madre querida*... meu coração encontrou no dela um eco fiel e, sem ela, não teria, sem dúvida, chegado à praia abençoada onde ela fora acolhida há cinco anos sobre seu solo impregnado do orvalho celeste... Sim, havia cinco anos que estava afastada de vós, *querida Madre*, pensava ter-vos perdido, mas no momento da provação foi vossa mão que me indicou o caminho a seguir... Precisava desse alívio, pois minhas visitas ao Carmelo haviam-se tornado sempre mais penosas, não podia falar do meu desejo de ingressar sem sentir-me rejeitada. Achando-me jovem demais, Maria fazia tudo para impedir meu ingresso; vós mesma, Madre, para pôr-me à prova, procuráveis, algumas vezes, refrear meu ardor [49v]; enfim, se eu não tivesse tido verdadeiramente vocação, teria desistido logo no início, pois encontrei obstáculos logo que comecei a responder ao chamamento de Jesus. Não quis contar a Celina o meu desejo de entrar tão jovem no Carmelo e isso fez-me sofrer mais, pois era-me muito difícil esconder dela alguma coisa... Esse sofrimento não durou muito tempo. Logo minha irmãzinha querida soube da minha determinação[215] e, longe de tentar desviar-me do projeto, aceitou com coragem admirável o sacrifício que Deus lhe pedia. Para compreender-lhe a amplitude, é preciso saber até que ponto éramos unidas... era, por assim dizer, a mesma alma que nos fazia viver; havia alguns meses que gozávamos juntas da mais doce vida que moças pudessem almejar; tudo a nosso redor respondia aos nossos gostos, usufruíamos da maior liberdade. Enfim, eu dizia que nossa vida era o *ideal da felicidade* na terra[216]... Apenas havíamos tido tempo de gozar desse *ideal de felicidade*, e devíamos, livremente, desviar-nos dele. Minha Celina querida não se rebelou nem um instante. Como não era ela que Jesus chamava em primeiro lugar, podia ter reclamado... tendo a mesma vocação, era a sua vez de partir!... mas, como no tempo dos mártires, os que ficavam nas prisões davam alegremente o ósculo da paz a seus irmãos que partiam para combater na arena e consolavam-se pensando que, talvez, fossem reservados para lutas ainda maiores. Assim, Celina deixou sua Teresa afastar-se e ficou sozinha para o glorioso e sangrento combate ao qual Jesus a destinava como *privilegiada* do seu *amor*!...

Celina passou a ser a grande confidente de minhas lutas e de meus sofrimentos. Tomou parte neles como se se tratasse de sua própria vocação. Eu não receava oposição por parte dela, mas não sabia que meios adotar para informar a papai... Como dizer-lhe que devia separar-se da sua rainha depois de ter sacrificado as três mais velhas?...[217] Ah! Quantas lutas íntimas sofri antes [50f] de sentir a coragem de lho comunicar!... Precisava decidir-me, ia fazer 14 anos e

Ct 2,3

meio, apenas seis meses nos separavam da bela *noite de Natal*[218] em que resolvera ingressar, na mesma hora em que, no ano anterior, recebera "minha graça". Escolhi o dia de *Pentecostes* para fazer a minha grande confidência e, o dia todo, supliquei aos santos Apóstolos que intercedessem por mim, que me inspirassem as palavras... Não eram eles, afinal, que deviam ajudar a criança tímida que Deus destinava a se tornar o apóstolo dos apóstolos[219] pela oração e pelo sacrifício?... Foi de tarde, à volta das Vésperas, que deparei com a ocasião para falar com meu paizinho querido. Ele tinha ido sentar à beira da cisterna e ali, de mãos juntas, contemplava as maravilhas da natureza. O sol, cujo fogo tinha perdido o ardor, dourava a copa das altas árvores onde os passarinhos cantavam alegremente sua oração vesperal. A bela figura de papai tinha expressão celeste, eu sentia que a paz inundava seu coração. Sem dizer uma única palavra, fui sentar-me a seu lado, já com os olhos lacrimejantes. Ele olhou-me com ternura e, pegando minha cabeça, encostou-a no seu peito, dizendo: "Que tens, minha rainhazinha?... me conte..." Levantando-se, como para dissimular sua própria emoção, caminhou lentamente, segurando sempre minha cabeça sobre o coração. Em meio às minhas lágrimas, confidenciei meu desejo de entrar no Carmelo. Então, as lágrimas dele vieram misturar-se às minhas, mas não disse uma palavra para desviar-me de minha vocação, contentando-se apenas em observar que eu era ainda muito jovem para tomar uma decisão tão séria. Defendi tão bem minha causa que, com sua natureza simples e reta, convenceu-se[220] de que meu desejo era o do próprio Deus e, na sua fé profunda, exclamou que Deus lhe fazia uma grande honra pedindo-lhe assim suas filhas. Continuamos por longo tempo o nosso passeio. Aliviado pela bondade com que meu incomparável pai tinha acolhido suas confidências, [50v] meu coração expandia-se no dele. Papai parecia gozar da alegria tranquila nascida do sacrifício aceito. Falou-me como um santo[221] e eu gostaria de lembrar-me das suas palavras a fim de escrevê-las aqui, mas só conservei delas pura lembrança fragrante[222] que as tornaram intraduzíveis. O que recordo perfeitamente é a ação *simbólica* que meu rei querido cumpriu sem perceber. Aproximando-se de um muro baixo, mostrou-me *florzinhas brancas* semelhantes a lírios em miniatura[223] e, colhendo uma dessas flores, entregou-ma, explicando o cuidado com que Deus a fizera nascer e a conservara até aquele momento; ouvindo-o falar, pensava ouvir a minha história, tal era a semelhança entre o que Jesus fizera por sua *florzinha* e a *Teresinha*[224]... Recebi essa florzinha como uma relíquia e vi que, ao querer colhê-la, papai arrancara as *raízes* todas sem quebrar uma. Parecia destinada a viver ainda, numa outra terra, mais fértil que o tenro musgo onde vivera suas primeiras manhãs... Era essa mesma ação que papai acabava de fazer para mim alguns instantes antes, permitindo-me subir a montanha do Carmelo e deixar o manso vale, testemunha dos meus primeiros passos na vida.

    Coloquei minha florzinha branca na minha Imitação, no capítulo intitulado: "De que é preciso amar a Jesus acima de todas as coisas"[225]. Ainda está aí, mas o caule quebrou-se junto à raiz e Deus parece demonstrar com isso que quebraria em breve os laços da sua florzinha e não a deixaria murchar na terra! Sl 115,16

Após obter o consentimento de papai, pensava poder voar sem temor para o Carmelo, mas numerosos e dolorosos empecilhos iam ainda provar a minha vocação. Tremendo, anunciei a meu tio a resolução tomada[226]. Ele me prodigalizou todas as mostras de ternura possíveis, mas não me deu a permissão de partir. Pelo contrário, proibiu-me de lhe [51f] falar da minha vocação antes dos 17 anos. Era, dizia ele, contrário à prudência humana deixar uma menina de 15 anos entrar no Carmelo. Aos olhos do mundo, essa vida de carmelita era uma vida de filósofo e seria grande dano para a religião deixar uma criança sem experiência abraçá-la... O mundo inteiro o comentaria etc., etc.... Disse até que para decidi-lo a me deixar partir seria preciso um *milagre*. Vi logo que todos os raciocínios eram inúteis e retirei-me com o coração mergulhado na mais profunda amargura. Meu único consolo era a oração. Pedi a Jesus que fizesse o *milagre* exigido, pois só por esse preço poderia responder ao pedido dele. Passou-se um tempo bastante longo[227] antes que eu ousasse falar novamente com meu tio. Custava-me muito ir à casa dele e ele parecia não mais pensar na minha vocação. Soube, mais tarde, que minha grande tristeza o influenciou muito a meu favor. Antes de fazer brilhar em minha alma um raio de esperança, Deus quis mandar-me um martírio muito doloroso que durou *três dias*[228]. Oh! Nunca compreendi tão bem como durante essa provação a dor da Santíssima Virgem e de São José procurando o divino Menino Jesus... Estava num triste deserto, ou melhor, minha alma parecia um frágil batel entregue sem piloto à mercê de ondas tempestuosas... Sei, Jesus estava ali, dormindo no meu barquinho, mas a noite estava tão escura que não podia vê-lo, nada para iluminar, nem um relâmpago vinha rasgar as espessas nuvens... Sem dúvida, é luz bem triste a dos relâmpagos, mas se uma tempestade tivesse ocorrido eu teria conseguido ver Jesus por um instante... mas era *noite*, noite profunda da alma... como Jesus no Jardim da Agonia, sentia-me *só*, sem consolo, nem por parte da terra, nem do céu. Deus parecia ter-me abandonado!!! A natureza parecia tomar parte na minha amarga tristeza; durante esses três dias, o sol não luziu um único [51v] raio e a chuva caiu torrencialmente. Notei que em todas as circunstâncias graves da minha vida a natureza era imagem da minha alma[229]. Nos dias de lágrimas, o céu chorava comigo; nos dias de alegria, o sol mandava com fartura seus alegres raios e o azul não era escurecido por nenhuma nuvem...

Lc 2,41-50

Mc 4,37-39

Enfim, no quarto dia, que calhava num *sábado*[230], dia consagrado à meiga rainha dos céus, fui visitar meu tio. Que surpresa, vendo-o olhar-me e fazer-me entrar em seu escritório sem que eu lhe tivesse manifestado o desejo!... Começou por me censurar brandamente por parecer ter medo dele e disse-me não ser necessário pedir um *milagre*, que tinha apenas pedido a Deus que lhe desse "uma simples inclinação de coração" e fora atendido... Ah! Não fui tentada a implorar um milagre, para mim o *milagre havia sido concedido*[231]. Meu tio havia mudado.

Sem fazer alusão nenhuma à "prudência humana", disse-me que eu era uma florzinha que Deus queria colher e que não se oporia mais!...

Essa resposta definitiva[232] era verdadeiramente digna dele. Pela terceira vez, esse cristão de uma outra geração permitia que uma das filhas adotivas do seu coração fosse sepultar-se longe do mundo. Minha tia também foi admirável em ternura e prudência, não me lembro de, durante minha provação, ela ter dito uma palavra sequer que pudesse ter agravado minha tristeza. Eu via que tinha pena de sua pobre Teresinha. Por isso, depois que obtive a autorização de meu querido tio, deu-me a dela, mas não sem manifestar de mil maneiras que minha partida lhe causaria aflição... Ai! nossos queridos familiares estavam longe de pensar, [52f] então, que renovariam duas vezes ainda o mesmo sacrifício... Mas, ao estender a mão para pedir sempre, Deus não a oferecia *vazia*, seus mais queridos amigos puderam prover-se com fartura da força e da coragem de que tanto precisavam... Meu coração está me levando muito longe do meu assunto, volto quase a contragosto: depois da resposta de meu tio, compreendeis, Madre [51v, continuação] com que alegria voltei aos Buissonnets debaixo do "*belo céu*, totalmente livre de nuvens!..." Na minha alma também a noite tinha terminado, Jesus acordara e me devolvia a alegria, o ruído das ondas emudecera; em vez da ventania da provação, uma brisa leve enfunava minha vela e pensei chegar logo à *margem* abençoada que avistava pertinho de mim. De fato, parecia muito perto da minha barquinha; porém, *mais de uma trovoada* se levantaria e esconderia da minha vista o farol luminoso, fazendo minha alma recear o afastamento sem volta da praia tão ardentemente desejada...

Poucos dias após[233] ter obtido o consentimento de meu tio, fui visitar-vos, querida Madre, e vos falei da minha alegria por terem as provações chegado ao fim. Mas qual não foi minha surpresa e minha aflição ao ouvir de vós que o [52f] Superior[234] não consentia no meu ingresso antes de eu atingir 21 anos.

Ninguém tinha pensado nessa oposição, a mais invencível de todas; todavia, sem perder a coragem, fui com papai e Celina ter com nosso padre a fim de tentar demovê-lo, mostrando-lhe que eu tinha vocação para o Carmelo. Ele nos recebeu muito friamente. Embora meu *incomparável* paizinho tivesse juntado seus argumentos aos meus, nada pôde alterar sua disposição. Disse que não havia perigo na demora, que podia levar uma vida de carmelita em casa, que embora não tomasse a disciplina nem tudo estaria perdido etc., etc.... Enfim, acrescentou que não passava de *representante do senhor bispo* e, se esse me autorizasse a ingressar, mais nada teria a dizer... Saí chorando. Felizmente, estava escondida atrás do meu guarda-chuva, pois chovia muito. Papai não sabia como me consolar... prometeu levar-me a Bayeux logo que eu quisesse, pois estava resolvida a *alcançar minha meta*. Eu disse que iria até o santo padre[235] se o senhor bispo me negasse a entrada no Carmelo aos 15 anos... Muita coisa ocorreu[236] antes de minha ida a Bayeux. Por fora, minha vida parecia a mesma. Eu estudava, tomava lições de desenho com Celina[237] e minha hábil mestra achava em mim muito pendor por sua arte. Sobretudo crescia no amor a Deus, sentia em meu coração impulsos desconhecidos até então, às vezes, tinha verdadeiros êxtases de amor. Uma tarde, não sabendo como dizer a Jesus quanto o amava e como desejava que ele fosse amado e glorificado em toda parte, pensei com amargura que no inferno ele nunca poderia receber um único ato de amor. Então, disse a Deus que para agradar-lhe eu consentiria em ser mergulhada lá a fim de que ele fosse *amado* eternamente nesse lugar de blasfêmia...²³⁸ Sabia que isso não podia glorificá-lo, pois ele só deseja nossa felicidade, mas quando se ama [52v] sente-se necessidade de dizer mil bobagens; se eu falava assim, não é porque não desejasse o céu, mas, então, meu céu²³⁹ consistia só no Amor e sentia, como São Paulo, que nada poderia separar-me do objeto divino que me seduzira!...   Rm 8,35-39

Antes de deixar o mundo, Deus concedeu-me a graça de contemplar de perto *almas de crianças*²⁴⁰; sendo a última da família, nunca tinha tido essa felicidade. Eis as tristes circunstâncias que me levaram a isso: uma pobre mulher, parente de nossa empregada, morreu jovem deixando três criancinhas; durante sua doença, guardamos em casa as duas meninas, das quais a mais velha não tinha 6 anos. Eu cuidava delas o dia todo e era uma grande satisfação para mim ver com quanta candura acreditavam em tudo o que lhes dizia. É preciso que o santo batismo deposite nas almas um germe muito profundo das virtudes teologais para que se manifestem desde a infância e a esperança dos bens futuros baste para fazer aceitar sacrifícios. Quando queria ver minhas duas meninas bem conciliadoras entre si, em vez de prometer brinquedos e bombons àquela que cederia em favor da outra, falava-lhes das recompensas eternas que o Menino Jesus daria no céu às crianças bem comportadas. A mais velha, cuja razão começava a se desenvolver, olhava-me com olhos brilhantes de alegria, fazia-me mil perguntas encantadoras sobre o menino Jesus e seu belo céu e prometia-me com entusiasmo ceder sempre em favor da irmã, dizendo que nunca na vida esqueceria o que lhe havia dito "a grande senhorita", pois era assim que me chamava... Vendo de perto essas almas inocentes, compreendi a grande infelicidade que seria não formá-las bem desde seu despertar, quando são como uma cera mole sobre a qual se pode depositar tanto as impressões das virtudes como do mal... compreendi o que Jesus disse no Evangelho: que seria melhor ser lançado ao mar do que escandalizar uma só dessas crianças [53f]. Ah! Quantas almas chegariam à santidade se fossem bem dirigidas!...   Mt 18,6

Sei que Deus não precisa de ninguém para realizar sua obra, mas assim como permite a um hábil jardineiro cultivar plantas raras e delicadas e lhe dá para isso a ciência necessária, reservando para si a tarefa de fecundar, assim também Jesus quer ser ajudado na sua divina cultura das almas.

Que aconteceria se um jardineiro desajeitado não enxertasse direito suas plantas? Se não soubesse reconhecer a natureza de cada uma e quisesse fazer brotar rosas num pessegueiro?...²⁴¹ Faria morrer a planta que, todavia, era boa e capaz de produzir frutos.

Assim é que se deve reconhecer desde a infância o que Deus pede às almas e favorecer a ação da sua graça, sem nunca apressá-la nem retardá-la.

Assim como os passarinhos aprendem a *cantar* escutando seus genitores, assim também as crianças aprendem a ciência das virtudes, o *canto* sublime do amor divino, junto às almas encarregadas de formá-las para a vida.

Recordo-me de que entre meus passarinhos eu tinha um canarinho que cantava maravilhosamente; tinha também um pequeno pintarroxo ao qual prodigalizava meus cuidados *maternos*, tendo-o adotado antes que pudesse gozar da sua liberdade... Esse pobre prisioneirinho não tinha pais para ensiná-lo a cantar, mas ouvindo o dia todo o canarinho seu companheiro soltar alegres trinados, quis imitá-lo... Esse empreendimento era difícil para um pintarroxo, por isso sua voz delicada teve dificuldade de se afinar à voz vibrante do seu mestre de música. Era lindo ver os esforços do pequeno, mas afinal foram coroados de êxito, pois seu canto, embora conservando bem maior doçura, foi absolutamente o mesmo do canarinho.

[53v] Oh! Madre querida, fostes vós quem me ensinou a cantar... foi vossa voz que encantou minha infância, e agora tenho o consolo de ouvir dizer que eu me pareço convosco!!! Bem sei que ainda estou longe disso, mas espero, apesar de minha fraqueza, repetir eternamente o mesmo cântico que vós!...

Antes de minha entrada no Carmelo, fiz ainda muitas outras experiências acerca da vida e das misérias do mundo[242], mas esses detalhes me levariam longe demais. Vou retomar o relato de minha vocação. 31 de outubro foi o dia fixado para minha viagem a Bayeux. Parti sozinha com papai, de coração transbordando de esperança, mas também muito comovida com a ideia de apresentar-me no bispado. Pela primeira vez na vida ia fazer uma visita sem ser acompanhada das minhas irmãs, e essa visita era a um *bispo*![243] Eu, que nunca precisava falar, a não ser para responder às perguntas que me eram feitas, devia explicar pessoalmente a finalidade de minha visita, expor os motivos que me levavam a solicitar minha entrada no Carmelo, enfim, devia mostrar a solidez da minha vocação. Ah! Como me custou essa viagem! Foi preciso Deus conceder-me uma graça toda especial para vencer minha grande timidez... É também verdade que "Nunca o Amor depara com impossibilidades, pois crê que tudo lhe é possível e permitido"[244]. Verdadeiramente, só o amor de Jesus podia fazer-me vencer estas dificuldades e as outras que se seguiram, pois aprouve-lhe fazer-me comprar minha vocação por meio de muitas grandes provações...

Ct 2,3 Agora que gozo da solidão do Carmelo, (descansando à sombra daquele que tão ardorosamente desejei), considero ter pagado pouco pela minha felicidade e estaria disposta a suportar penas muito maiores para adquiri-la ainda se a não tivesse alcançado!

Chovia a cântaros quando chegamos a Bayeux. Papai não queria que sua rainhazinha entrasse no bispado com seu *lindo traje* molhado. Fê-la embarcar num ônibus e nos dirigimos à catedral. Aí começaram novas dificuldades. Sua

Excelência e todo o clero assistiam a um solene funeral. A igreja estava repleta de senhoras de luto e eu, com meu vestido [54f] claro e meu chapéu branco, era olhada por todos. Queria sair da igreja, Mas não podia pensar nisso por causa da chuva. Para humilhar-me ainda mais, Deus permitiu que papai, com sua simplicidade patriarcal, me fizesse subir até o topo da catedral. Não querendo desagradá-lo, subi com boa vontade e propiciei esse divertimento aos bons habitantes de Bayeux, que teria desejado nunca ter conhecido... Enfim, pude respirar sossegada numa capela atrás do altar-mor e fiquei muito tempo lá, rezando com fervor, aguardando que a chuva parasse e nos permitisse sair. Ao sair, papai fez-me observar a beleza do edifício, que parecia muito maior agora que estava deserto. Porém, um único pensamento ocupava meu espírito e não podia sentir prazer com coisa alguma. Fomos logo à residência do padre Révérony[245], que sabia de nossa chegada por ter sido ele quem marcara o dia da viagem. Mas estava ausente. Fomos obrigados a *vagar* pelas ruas, que me pareceram *muito tristes.* Enfim, voltamos para perto da sede do bispado, e papai fez-me entrar num belo hotel onde não honrei o hábil cozinheiro. O pobre paizinho era para comigo de uma ternura quase inacreditável, dizendo-me que não ficasse triste, que logo o senhor bispo atenderia a meu pedido. Após um descanso, voltamos a procurar o padre Révérony; um senhor chegou ao mesmo tempo, mas o vigário-geral pediu-lhe polidamente para esperar e nos fez entrar primeiro no seu gabinete (o pobre senhor teve tempo de enfastiar-se, pois a visita foi demorada). O padre Révérony mostrou-se muito amável, mas creio que estranhou muito o motivo da nossa viagem. Depois de ter-me olhado sorrindo, e dirigido algumas perguntas disse: "Vou apresentar-vos a Sua Excelência, tende a bondade de me acompanhar". Vendo as lágrimas brilharem nos meus olhos, acrescentou: "Ah! Vejo diamantes... não deve mostrá-los a Sua Excelência!"... Fez-nos atravessar muitos cômodos vastíssimos, enfeitados [54v] de retratos de bispos. Vendo-me nesses salões enormes, tinha impressão de ser uma formiguinha e me perguntava o que ia ousar dizer a Sua Excelência. Ele andava, entre dois sacerdotes, num corredor. Vi o padre Révérony dizer-lhe algumas palavras e voltar com ele. Aguardávamos no seu escritório. Ali, três enormes poltronas estavam dispostas diante da lareira, onde crepitava um fogo vivo. Ao ver entrar Sua Excelência, papai pôs-se de joelhos a meu lado para receber sua bênção. O senhor bispo indicou uma poltrona para papai sentar-se, colocou-se na frente dele e o padre Révérony fez-me ocupar a do meio. Recusei polidamente, mas insistiu, dizendo que devia mostrar-me capaz de obedecer. Sentei-me logo sem fazer comentário e senti-me constrangida ao vê-lo pegar uma cadeira enquanto eu estava afundada numa poltrona onde quatro pessoas como eu estariam à vontade (mais à vontade do que eu, pois estava longe de me sentir folgada!...) Esperava que papai fosse falar, mas disse-me que explicasse pessoalmente a Sua Excelência a finalidade da nossa visita; o que fiz o mais *eloquentemente* possível. Acostumado com a *eloquência*, Sua Excelência não pareceu comovido com meu arrazoado. Uma palavra favorável do padre superior teria servido melhor a minha causa, infelizmente eu não dispunha dela e sua oposição não intercedia a meu favor.

Sua Excelência perguntou-me[246] se havia muito tempo que eu desejava ingressar no Carmelo: "Oh, sim, Excelência! Muito tempo...". "Vejamos", interveio, rindo, o padre Révérony, "em todo o caso não podeis dizer que faz *15 anos* que tendes esse desejo." "É verdade", respondi sorrindo também, "mas não há muito que suprimir, pois desejo fazer-me religiosa desde o despertar da razão e desejei o Carmelo logo que o conheci bem, pois nessa ordem achava que todas as aspirações da minha alma seriam satisfeitas." [55f] Não sei, Madre, se foram exatamente essas as minhas palavras, creio que eram ditas de forma ainda pior, mas, enfim, o sentido era este.

[54v, continuação) Pensando agradar a papai, Sua Excelência tentou fazer-me ficar ainda alguns anos junto dele. Por isso, não ficou pouco *surpreso* e *edificado* vendo-o tomar meu partido, intercedendo para eu obter a permissão de levantar voo aos 15 anos. Porém, tudo foi inútil. Disse que antes de decidir era indispensável uma conversa com o *Superior do Carmelo*. Nada podia ouvir que me causasse maior aflição, pois conhecia a oposição formal do nosso padre. Sem levar em conta a recomendação do padre Révérony, fiz mais do que *mostrar diamantes* a Sua Excelência, *dei-lhe* alguns!... Vi que ficou emocionado; pegando-me pelo pescoço, apoiava minha cabeça no seu ombro e me fazia carícias como nunca, ao que parece, alguém recebera dele [55f]. Disse-me que nem tudo estava perdido, que ficava muito contente em eu fazer a viagem a Roma para firmar minha vocação e que em vez de chorar devia alegrar-me. Acrescentou que, na semana seguinte, devendo ir a Lisieux, falaria de mim com o pároco de São Tiago e que, certamente, eu receberia sua resposta na Itália. Compreendi que era inútil insistir mais, aliás nada mais tinha a dizer, tinha esgotado todos os recursos de minha *eloquência*.

Sua Excelência acompanhou-nos até o jardim. Papai o *divertiu muito* quando lhe disse que, para parecer mais velha, eu fizera levantar meu cabelo. Isso não foi esquecido, pois Sua Excelência não fala da sua "filhinha" sem contar a história dos cabelos... O padre Révérony quis acompanhar-nos até a extremidade do jardim do bispado; disse a papai que nunca vira coisa igual: "Um pai tão disposto a dar sua filha a Deus quanto esta em se lhe oferecer!"

Papai fez-lhe diversas perguntas a respeito da peregrinação, inclusive sobre a maneira de se vestir para o encontro com o santo padre. Vejo-o ainda virar-se diante do padre Révérony, perguntando-lhe: "Estou bem assim?..." Dissera também a Sua Excelência que se não me permitisse ingressar no Carmelo eu pediria essa graça ao Soberano Pontífice. Meu Rei querido era muito simples nas suas palavras e nas suas maneiras, mas era tão *bonito*... tinha uma distinção inteiramente natural que deve ter agradado muito a Sua Excelência, acostumado a se ver cercado de pessoas que conhecem todas as regras de etiqueta dos salões, mas não o *Rei da França e de Navarra* em pessoa com sua *rainhazinha*[247].

Uma vez na rua, minhas lágrimas brotaram de novo, não tanto por causa de minha dor, mas por ver que meu paizinho querido acabava de fazer uma viagem inútil... Muito se alegrara planejando enviar uma resposta festiva ao Carmelo para anunciar a resposta de Sua Excelência, e agora via-se de volta [55v] sem resposta... Ah! Quanto sofri!... parecia-me que meu futuro estava destruído para sempre. Quanto mais o tempo passava, mais as coisas ficavam confusas. Minha alma estava mergulhada na amargura, mas também na paz, pois só procurava a vontade de Deus.

Logo de volta a Lisieux, fui buscar consolo no Carmelo e o encontrei em vós, querida Madre. Oh, não! Nunca esquecerei tudo o que sofrestes por minha causa. Se não receasse profaná-las, servindo-me delas, repetiria as palavras que Jesus dirigia a seus apóstolos, na tarde de sua Paixão: "*Vós* sois aqueles que permaneceram ao meu lado nas minhas provações"... Minhas *bem-amadas* irmãs ofereceram-me também *doces consolos*...   Lc 22,28

Três dias após a viagem a Bayeux, eu devia fazer outra muito maior, à cidade eterna[248]... Ah! Que viagem aquela!... Ela sozinha fez-me conhecer mais coisas que longos anos de estudo. Mostrou-me a vaidade de tudo o que passa e que tudo é aflição de espírito sob o sol... Mas vi coisas muito bonitas, contemplei todas as maravilhas da arte e da religião, sobretudo pisei a mesma terra que os santos apóstolos, a terra regada com o sangue dos mártires, e minha alma cresceu no contato das coisas santas...   Ecl 2,11

Sou muito feliz por ter estado em Roma, mas compreendo as pessoas mundanas que pensaram que papai me levara a fazer essa grande viagem a fim de mudar minhas ideias de vida religiosa; de fato, havia com que abalar uma vocação pouco firme.

Não tendo nunca vivido na alta sociedade, Celina e eu nos encontramos no meio da nobreza[249] que compunha quase exclusivamente a romaria. Ah! Longe de nos deslumbrar, todos esses títulos e esses "*de*" pareceram-nos mera fumaça... De longe, algumas vezes, aquilo me impressionara, mas de perto vi que "nem tudo que reluz é ouro" e compreendi essa palavra [56f] da Imitação: "Não vades atrás dessa sombra que chamam de grande nome, não desejeis numerosas ligações nem a amizade particular de homem algum"[250].

Compreendi que a verdadeira grandeza se encontra na *alma* e não no *nome*, pois, como disse Isaías: "O Senhor dará *outro nome* a seus eleitos", e São João diz também: "Ao vencedor darei maná escondido, e dar-lhe-ei uma pedra branca, sobre a qual estará escrito um *nome novo*, que ninguém conhece, exceto aquele que o recebe". Portanto, é no céu que conheceremos nossos títulos de nobreza. Então, cada um receberá de Deus o louvor que merece e quem na terra desejou ser o mais pobre, o mais esquecido por amor a Jesus, será o primeiro, o mais *nobre* e o mais rico!...   Is 65,15   Ap 2,17   1Cor 4,5

A segunda experiência que fiz diz respeito aos sacerdotes. Não tendo vivido nunca na intimidade deles, não podia compreender a principal finalidade da reforma do Carmelo. Rezar pelos pecadores me empolgava, mas rezar pelas almas dos padres, que eu acreditava mais puras que o cristal[251], parecia-me estranho!...

Ah! Compreendi *minha vocação* na *Itália*, não era ir buscar longe demais um conhecimento tão útil...

Durante um mês, vivi com muitos *padres santos* e vi que, se sua sublime dignidade os eleva acima dos anjos, nem por isso deixam de ser homens frágeis e fracos... Se *padres santos*, que Jesus denomina no seu Evangelho "sal da terra", mostram em sua conduta que precisam extremamente de orações, o que dizer daqueles que são tíbios? Jesus não disse também: "Se o sal se tornar insípido, com que há de se lhe restituir o sabor"?

Mt 5,13

Oh Madre! como é bela a vocação que tem por finalidade *conservar* o *sal* destinado às almas! Essa vocação é a do Carmelo, pois a única finalidade das nossas orações e dos nossos sacrifícios é ser *apóstolo dos apóstolos*, rezando por eles enquanto evangelizam as almas por suas palavras e, sobretudo, por seus exemplos... [56v] Preciso parar, se continuo a falar sobre este assunto, não acabo nunca!...

Vou, querida Madre, relatar minha viagem com alguns pormenores. Perdoai-me se me excedo em minúcias. Não reflito antes de escrever e o faço em tantas ocasiões diferentes por causa do pouco tempo que tenho livre, que meu relato poderá lhe parecer um pouco enfadonho... O que me consola é pensar que, no céu, vos recordarei as graças que recebi e poderei fazê-lo em termos agradáveis e encantadores... Nada mais virá interromper nossas efusões íntimas e, num único olhar, tereis entendido tudo... Infelizmente tendo ainda que usar a linguagem da triste terra, vou tentar fazê-lo com a simplicidade de uma criancinha que conhece o amor de sua mãe!...

A romaria saiu de Paris em 7 de novembro, mas papai nos levou a essa cidade alguns dias antes para que pudéssemos visitá-la.

Às três horas de certa manhã[252], atravessei a cidade de Lisieux ainda adormecida; muitas impressões passaram por minha alma naquela ocasião. Sentia estar me dirigindo para o desconhecido e que grandes coisas lá me esperavam... Papai estava alegre; quando o trem se pôs a andar, cantou este velho refrão: "Corre, corre, diligência minha; eis-nos na estrada real". Chegamos a Paris antes do meio-dia e logo começamos a visitá-la. Nosso pobre paizinho cansou-se muito a fim de nos agradar; mas logo tínhamos visto todas as maravilhas da capital[253]. A mim, *só uma* encantou, foi "Nossa Senhora das Vitórias". Ah! O que senti a seus pés é indizível... As graças que me concedeu emocionaram-me tão profundamente que minhas lágrimas expressaram sozinhas a minha felicidade, como no dia da minha primeira comunhão... Nossa Senhora fez-me sentir que foi *verdadeiramente ela quem me sorrira e curara*[254]. Compreendi que velava por mim, que eu era *sua* filha, portanto só podia atribuir-lhe [57f] o nome de "Mamãe", pois parecia-me ainda mais terno que o de Mãe... Com que fervor lhe pedi que me protegesse sempre e realizasse em breve o sonho de esconder-me à *sombra do seu manto virginal*"... Ah! Era um dos meus primeiros desejos de criança... Ao crescer, compreendi que era no Carmelo que me seria possível encontrar, de verdade, o manto de Nossa Senhora, e era para essa montanha fértil que meus desejos todos tendiam...

Supliquei a Nossa Senhora das Vitórias que afastasse de mim tudo o que poderia ter embaçado a minha pureza. Não ignorava que, numa viagem como essa à Itália, se encontrariam muitas coisas capazes de me perturbar; sobretudo porque, desconhecendo o mal, temia descobri-lo; não tendo experimentado que tudo é puro para os puros e que a alma simples e reta não enxerga o mal em nada, pois, de fato, o mal só existe nos corações impuros e não nos objetos sensíveis... Pedi também a São José que velasse por mim; desde a minha infância, tinha por ele uma devoção que se confundia com meu amor pela Santíssima Virgem. Todos os dias rezava a oração: "Ó São José, pai e protetor das virgens"; por isso, empreendi sem receio minha longa viagem; estava tão bem protegida que me parecia impossível ter medo.

Tt 1,15

Depois de nos consagrarmos ao Sagrado Coração, na basílica de Montmartre[255], saímos de Paris na segunda-feira, dia 7, pela manhã; logo travamos conhecimento com as pessoas da romaria. Eu, habitualmente tão tímida que mal ousava falar, vi-me completamente livre desse defeito incômodo; surpreendi-me a conversar livremente com todas as grandes damas, os padres e até o bispo de Coutances[256]. Parecia-me ter sempre vivido no meio dessas pessoas. Creio que éramos queridas [57v] de todos, e papai parecia orgulhoso das suas duas filhas. Mas, se ele estava orgulhoso conosco, também nós estávamos com ele, pois no grupo todo não havia senhor mais bonito nem mais distinto que meu Rei querido; ele gostava de ficar cercado por Celina e por mim. Muitas vezes, quando não estávamos no trem e eu me afastava dele, chamava-me para lhe dar o braço como em Lisieux... O padre Révérony prestava cuidadosa atenção a todas as nossas ações e, muitas vezes, via que nos observava de longe. Na mesa, quando eu não estava em frente dele, encontrava meio de se inclinar para me ver e ouvir o que eu dizia. Sem dúvida queria conhecer-me a fim de saber se, de fato, eu era capaz de ser carmelita. Creio que ficou satisfeito com o exame pois, no fim da viagem, pareceu bem disposto a meu favor. Em Roma, porém, esteve longe de me ser favorável, segundo vos contarei adiante. Antes de chegar à cidade eterna, meta da nossa viagem, foi-nos dado contemplar muitas maravilhas. Primeiro, foi a Suíça, com montanhas cujos cumes se perdem nas nuvens, cascatas caindo de mil diferentes e graciosas maneiras, vales profundos cheios de samambaias gigantes e de urzes cor-de-rosa. Ah! Madre querida, como as belezas da natureza distribuídas em *profusão*[257] fizeram bem à minha alma, como a elevaram para aquele a quem aprouve lançar tamanhas obras-primas numa terra de exílio que deve durar apenas um dia... Eu não tinha olhos suficientes para tudo contemplar. Em pé na portinhola, quase perdia o fôlego. Queria estar, ao mesmo tempo, dos dois lados do vagão, pois ao virar-me via paisagens encantadoras e diferentes das que se estendiam a minha frente.

Às vezes, estávamos no cume de uma montanha, a nossos pés [58f] precipícios de profundidade inalcançável pelo olhar pareciam querer nos engolir... ou ainda uma charmosa e pequena aldeia com seus graciosos chalés e seu campanário, por cima do qual balançavam indolentes algumas nuvens resplandecentes de brancura... mais longe, um vasto lago, dourado pelos últimos raios do sol, suas ondas calmas e puras refletiam o tom azulado do céu que se misturava com os fogos do crepúsculo, apresentava a nossos olhares maravilhados o mais poético espetáculo que se pode ver... Ao fundo do vasto horizonte, montanhas de formas indecisas, que teriam escapado ao nosso olhar não fossem seus cumes nevados, que o sol tornava ofuscantes, virem acrescentar um encanto suplementar ao belo lago que nos encantava...

Ao olhar todas essas belezas, pensamentos muito profundos surgiam em minha alma. Tinha a impressão de já estar compreendendo a grandeza de Deus e as maravilhas do céu... A vida religiosa apresentava-se-me *tal como é*, com *suas submissões*, seus pequenos sacrifícios feitos às ocultas. Compreendia como é fácil ensimesmar-se, esquecer a sublime finalidade da vocação e me dizia: mais tarde, no momento da provação, quando, prisioneira no Carmelo, só puder contemplar uma pequena nesga do céu estrelado, recordarei o que vejo hoje, e esse pensamento me dará coragem, esquecerei facilmente meus pobres e pequenos interesses ao ver a grandeza e o poder de Deus, a quem quero amar unicamente. Não terei a infelicidade de apegar-me a *palhas*, agora que "meu *coração pressentiu* o que Jesus reserva para quem o ama!"...

Após ter admirado o poder de Deus, pude ainda admirar o poder que deu às suas criaturas. A primeira cidade da Itália que visitamos foi Milão. Sua catedral, toda de mármore branco, com muitas estátuas para formar um povo quase inumerável, [58v]foi visitada por nós em seus mínimos detalhes. Celina e eu éramos intrépidas, sempre as primeiras e seguindo imediatamente Sua Excelência, a fim de ver tudo o que se referia às relíquias dos santos e ouvir as explicações. Assim é que, enquanto celebrava o santo sacrifício sobre o túmulo de São Carlos, estávamos com papai atrás do altar, com a cabeça encostada na urna que contém o corpo do santo revestido dos trajes pontificais. Era o mesmo em toda parte... Exceto quando se tratava de subir onde a dignidade de um bispo não permitia, pois naquelas ocasiões sabíamos nos afastar de Sua Excelência... Deixando as senhoras tímidas esconder o rosto nas mãos logo após ter alcançado os primeiros torreões que coroam a catedral, seguíamos os romeiros mais destemidos e chegávamos até o alto do *último* campanário de mármore, e tínhamos o prazer de ver a nossos pés a cidade de Milão, cujos numerosos habitantes pareciam formar um *pequeno formigueiro*... Tendo descido de nosso pedestal, começamos nossos passeios de carro, que deviam durar um mês e saciar para sempre meu desejo de *rodar* sem cansaço! O campo santo encantou-nos ainda mais que a catedral. Todas as suas estátuas de mármore branco, que um cinzel genial parece ter animado, estão colocadas sobre o vasto campo dos mortos numa espécie de displicência que, para mim, aumenta o seu encanto... Dá vontade, quase, de consolar os personagens ideais que nos cercam. Sua expressão é tão realista, sua dor, tão calma e resignada que não há como deixar de reconhecer os pensamentos de imortalidade que devem encher o coração dos artistas quando executam essas obras-primas. Aqui, uma criança joga flores sobre o túmulo de seus pais, parece que o mármore perdeu seu peso, e as pétalas delicadas parecem deslizar entre os dedos da criança, o vento parece já dispersá-las [59f], parece também fazer flutuar o véu leve das viúvas e as fitas que enfeitam os cabelos das moças. Papai estava tão encantado quanto nós; na Suíça, sentira cansaço, mas agora, sua alegria tendo voltado, gozava do belo espetáculo que contemplávamos, sua alma de artista manifestava-se nas expressões de fé e admiração que se estampavam no seu belo rosto. Um velho senhor (francês), que, sem dúvida, não tinha alma tão poética, olhava-nos de soslaio e dizia mal-humorado, embora parecendo lastimar sua incapacidade de partilhar da nossa admiração: "Ah! Como os franceses são entusiastas!" Creio que esse pobre senhor teria feito melhor ficando em casa, pois não me pareceu gostar da viagem. Encontrava-se frequentemente perto de nós e de sua boca só saíam queixumes. Reclamava dos carros, dos hotéis, das pessoas, das cidades, enfim, de tudo... Com sua habitual grandeza de alma, papai procurava animá-lo, oferecia seu lugar... enfim, sentia-se bem em qualquer lugar, sendo de um caráter totalmente oposto ao do seu desatencioso vizinho... Ah! Quantas pessoas diferentes vimos, como é interessante o estudo do mundo quando estamos prestes a deixá-lo!...

Em Veneza, o cenário muda completamente. Em vez do ruído das grandes cidades, só se ouvem, no meio do silêncio, os gritos dos gondoleiros e o murmúrio da onda agitada pelos remos: Veneza não é desprovida de encantos, mas acho essa cidade triste. O Palácio do Doge é esplêndido, porém também triste com seus vastos aposentos onde se ostentam o ouro, a madeira, os mármores mais preciosos e as pinturas dos maiores mestres. Há muito tempo que suas abóbadas sonoras deixaram de ouvir as vozes dos governadores que pronunciavam sentenças de vida e de morte nas salas que atravessamos... Os infelizes prisioneiros encerrados pelos doges que os mantinham nas masmorras e [59v] calabouços subterrâneos deixaram de sofrer... Ao visitar esses horrendos cárceres, reportava-me ao tempo dos mártires e teria desejado poder ficar neles, a fim de imitá-los!... Mas foi preciso sair logo e passar na ponte dos suspiros, assim chamada por causa dos suspiros de alívio dados pelos condenados por se verem livres do horror dos subterrâneos, aos quais prefeririam a morte...

Depois de Veneza, fomos a Pádua, onde veneramos a língua de Santo Antônio, e a Bolonha, onde vimos Santa Catarina, que conserva a impressão do beijo do Menino Jesus. Há muitos pormenores interessantes que eu poderia fornecer sobre cada cidade e sobre as mil pequenas circunstâncias particulares de nossa viagem, mas não teria fim, por isso só vou relatar os principais.

Deixei Bolonha com satisfação. Essa cidade tornara-se insuportável para mim, devido aos estudantes dos quais está repleta e que formavam alas quando tínhamos a infelicidade de sair a pé, e, sobretudo, por causa da pequena aventura que me aconteceu com um deles[258]. Foi com alegria que rumei para Loreto. Não me surpreendeu que Nossa Senhora tenha escolhido esse lugar para transportar sua casa abençoada[259]. Lá a paz, a alegria, a pobreza reinam soberanas; tudo é simples e primitivo, as mulheres conservaram o gracioso traje italiano e não adotaram, como em outras cidades, a *moda parisiense*. Enfim, Loreto encantou-me! Que direi da santa casa?... Ah! Minha emoção foi profunda ao me ver sob o mesmo teto que a Sagrada Família, a contemplar os muros nos quais Jesus fixara seus divinos olhos, pisando a terra que São José orvalhou com seus suores, onde Maria carregara Jesus em seus braços depois de tê-lo carregado no seu seio virginal... Vi o quartinho onde o anjo desceu para junto da Santíssima Virgem... Coloquei meu terço na tigelinha do Menino Jesus... Como essas recordações são maravilhosas!...

1Cor 3,16   [60f] Nosso maior consolo foi receber *Jesus em sua própria casa* e ser seu templo vivo no lugar que ele honrou com sua presença. Segundo um costume da Itália, o santo cibório só se conserva, em cada igreja, num altar, e somente aí se pode receber a santa comunhão. Esse altar encontra-se na própria basílica onde está a santa casa, guardada como um diamante precioso num estojo de mármore branco. Isso não nos agradou, pois queríamos comungar no próprio *diamante*, não no *estojo*... Com sua mansidão habitual, papai fez como todos os outros, mas Celina e eu fomos procurar um sacerdote que nos acompanhava em toda parte e que, naquele momento e por um privilégio especial, se preparava para celebrar missa na santa casa. Pediu *duas pequenas hóstias* que colocou na patena junto à grande e compreendeis, Madre querida, com que êxtase comungamos, ambas, nessa casa abençoada!... Era uma felicidade toda celeste que as palavras não podem expressar. Como será então quando recebermos a santa comunhão na eterna morada do rei dos céus?... Não mais veremos terminar a nossa alegria, não haverá mais a tristeza da partida e, para levar uma lembrança, não será mais necessário *raspar furtivamente* as paredes santificadas pela presença divina, já que *a casa dele* será nossa para a eternidade... Ele não quer nos dar a da terra, contenta-se em no-la mostrar para nos fazer amar a pobreza e a vida oculta. A morada que ele nos reserva é seu palácio de glória onde não mais o veremos

1Jo 3,2   oculto, sob a aparência de uma criança ou de uma hóstia branca, mas tal como é, no seu esplendor infinito!!!...

É de Roma, agora, que me resta falar. Roma, meta [60v] da nossa viagem, lá onde eu acreditava encontrar o consolo, mas onde encontrei a cruz!... À nossa chegada, era noite e, como dormíamos, fomos acordados pelos funcionários da estação que gritavam: "Roma, Roma". Não era um sonho, eu estava em Roma![260]

O primeiro dia passou-se fora dos muros e foi, talvez, o mais agradável, pois todos os monumentos conservaram seu cunho de antiguidade, enquanto no centro poder-se-ia acreditar estar em Paris ao ver a magnificência dos hotéis e das lojas. Esse passeio na campanha romana deixou em mim uma suave recordação. Não falarei dos lugares que visitamos, não faltam livros que os descrevam em todos os pormenores, falarei apenas das *principais* impressões que tive. Uma das mais agradáveis foi a que me fez estremecer à vista do *Coliseu*. Estava vendo, enfim, a arena onde tantos mártires tinham derramado o sangue por Jesus. Já ia preparar-me para beijar a terra que santificaram, mas que decepção! O centro não passa de um montão de entulho que os romeiros têm de se contentar em olhar, pois uma barreira impede a entrada. Aliás, ninguém fica interessado em tentar penetrar naquelas ruínas... Seria preciso vir a Roma sem visitar o Coliseu?... Eu não queria admiti-lo, não escutava mais as explicações do guia, um só pensamento me preocupava: descer à arena... Vendo um operário que passava com uma escada, estive prestes a pedir-lha, felizmente não pus meu plano em execução, porque me teriam considerado louca... Diz-se no Evangelho que Madalena ficando junto ao sepulcro e, inclinando-se[261] por *diversas vezes* para olhar dentro, acabou vendo dois anjos. Como ela, depois de constatar a impossibilidade de realizar meus desejos, [61f] continuei a inclinar-me sobre as ruínas aonde queria descer; no fim, não vi anjo nenhum, mas sim o *que eu procurava*. Soltei um grito de alegria e disse a Celina: "Vem depressa, vamos poder passar!..." Logo atravessamos a barreira que os entulhos formavam naquele lugar e eis-nos escalando as ruínas que caíam sob nossos passos.

Jo 20,11-12

    Papai olhava-nos espantado com nossa audácia. Logo nos disse que voltássemos, mas as duas fugitivas não ouviam mais nada. Assim como os guerreiros sentem a coragem aumentar no meio do perigo, também nossa alegria crescia na proporção da dificuldade que tínhamos para alcançar o objetivo de nossos desejos. Mais precavida que eu, Celina tinha escutado o guia e lembrou-se de que falara de uma certa lajota cruzada como sendo o lugar onde combatiam os mártires e pôs-se a procurá-la. Achou-a e, ao ajoelhar-nos sobre essa terra sagrada, nossas almas confundiram-se numa mesma oração... Meu coração batia muito fortemente quando meus lábios se aproximaram do pó tingido do sangue dos primeiros cristãos. Pedi a eles a graça de ser também mártir[262] por Jesus e senti no fundo do meu coração que minha oração era atendida!... Tudo isso foi realizado em muito pouco tempo. Depois de apanhar algumas pedras[263], voltamos em direção aos muros em ruínas a fim de refazer a nossa perigosa trajetória. Vendo-nos tão felizes, papai não pôde ralhar e vi que estava feliz pela nossa coragem... Deus protegeu-nos visivelmente, pois os romeiros não tomaram conhecimento de nossa escapada, estando afastados de nós, ocupados a olhar as magníficas arcadas onde o guia fazia observar "as pequenas *cornijas* e os *cupidos* fixados em cima"[264]. Portanto, nem ele nem "os senhores padres" souberam da alegria que enchia nossos corações...

    As catacumbas[265] deixaram também em mim uma suave impressão: são exatamente como eu as imaginava [61v] ao ler sua descrição na vida dos mártires[266]. Depois de ter passado parte da tarde ali, parecia-me ter entrado poucos minutos antes, tão perfumada me parecia a atmosfera que se respira... Não podíamos deixar de levar algumas recordações das catacumbas. Deixando a procissão afastar-se um pouco, *Celina e Teresa* penetraram juntas até o fundo do antigo túmulo de Santa Cecília e pegaram terra santificada pela sua presença. Antes da minha viagem a Roma, eu não tinha por essa santa devoção especial, mas, ao visitar sua casa transformada em igreja[267], o lugar de seu martírio, informada que fora proclamada rainha da harmonia, não por causa de sua bela voz nem de seu talento musical, mas em memória do *canto virginal* que fez ouvir a seu esposo celeste escondido no fundo do seu coração, senti por ela mais do que devoção: uma verdadeira *ternura de amiga*... Passou a ser minha santa predileta, minha confidente íntima... Tudo nela me extasia, sobretudo seu *desprendimento*, sua *confiança* ilimitada que a tornaram capaz de virginizar almas[268] que nunca desejaram outras alegrias que as da vida presente...

Ct 7,1   Santa Cecília é parecida com a esposa dos cânticos. Nela vejo "um coro num campo guerreiro...". Sua vida não foi senão um canto melodioso em meio às maiores provações, e isso não me é estranho, já que "o Evangelho sagrado *repousava sobre seu coração!*[269] e *em seu coração repousava* o esposo das virgens!...

A visita à igreja Santa Inês[270] foi também muito grata para mim. Era uma *amiga de infância* que eu ia visitar na própria casa. Falei-lhe demoradamente daquela que leva tão bem o seu nome e fiz tudo o que pude para obter uma relíquia da angélica padroeira de minha Madre querida a fim de lha trazer à volta [62f], mas foi-nos impossível conseguir, afora uma pedrinha vermelha que se desprendeu de um rico mosaico cuja origem remonta ao tempo de Santa Inês e que ela deve ter olhado muitas vezes. Não era delicado por parte da santa dar-nos, ela própria, o que procurávamos e que nos era proibido pegar?... Sempre considerei o fato como uma delicadeza e uma prova do amor com que a meiga Santa Inês olha e protege minha querida Madre!...

Seis dias se foram em visitas às principais maravilhas de Roma e, no *sétimo*, vi a maior de todas: "Leão XIII..."[271] Eu desejava e temia esse dia, dele dependia minha vocação, pois a resposta que devia receber do senhor bispo não tinha chegado e soubera por uma carta vossa[272], *Madre*, que ele não estava mais muito bem disposto a meu favor. Portanto, minha única tábua de salvação era o santo padre... Mas para obter a permissão era preciso pedi-la, era preciso, na frente de todos, *atrever falar "ao Papa"*. Essa ideia fazia-me tremer. Como sofri antes da audiência, só Deus e minha *querida Celina* o sabem. Nunca me esquecerei da parte que ela tomou em todas as minhas provações. Minha vocação parecia ser dela. (Nosso amor mútuo era notado pelos padres da romaria: uma noite, numa reunião tão numerosa que faltavam lugares, Celina fez-me sentar no seu colo e olhávamo-nos tão gentilmente que um padre exclamou: "Como se amam, ah! Nunca essas duas irmãs poderão separar-se!" Sim, amávamo-nos, mas nosso afeto era tão *puro* e tão forte que a ideia da separação não nos perturbava, pois sentíamos que nada, nem o oceano, poderia nos afastar uma da outra... Celina via com calma o meu barquinho [62v] acostar à margem do Carmelo; resignava-se a ficar o tempo que Deus quisesse no mar turbulento do mundo, certa de chegar um dia à margem por nós desejada...)

Domingo, 20 de novembro[273], depois de nos vestirmos segundo o cerimonial do Vaticano (isto é, de preto, com uma mantilha de renda na cabeça), e ter-nos enfeitado com uma grande medalha de Leão XIII pendurada com fita azul e branca, fizemos nossa entrada no Vaticano, na capela do Soberano Pontífice. Às 8 horas, nossa emoção foi profunda ao vê-lo entrar para celebrar a santa missa... Depois de ter abençoado os numerosos romeiros reunidos ao seu redor, subiu os degraus do santo altar e mostrou-nos, pela sua piedade digna do Vigário de Jesus, que era verdadeiramente "O *Santo* Padre". Meu coração batia muito forte e minhas orações eram muito fervorosas, quando Jesus descia nas mãos do seu pontífice. Todavia eu estava muito confiante. O Evangelho desse dia continha essas palavras encantadoras: "Não tenhais receio, pequeno rebanho, porque foi do agrado de vosso Pai dar-vos o seu reino". Não, eu não receava, esperava que o reino do Carmelo fosse meu em breve. Não pensava então nessas outras palavras de Jesus: "Preparo para vós um reino como o Pai preparou para mim". Isto é, reservo para vós cruzes e provações; assim é que sereis dignos de possuir esse reino pelo qual ansiais. Já que foi necessário o Cristo sofrer para entrar na sua glória, se desejais ter lugar ao lado dele, bebei do cálice que ele bebeu!... Esse cálice foi-me apresentado pelo Santo Padre e minhas lágrimas misturaram-se à bebida amarga que me era oferecida. Depois da missa de ação de graças que se seguiu à de Sua Santidade, a audiência começou. Leão XIII estava sentado numa grande poltrona, vestido simplesmente [63f] de batina branca, murça da mesma cor e na cabeça só levava um solidéu. Ao redor dele estavam cardeais, arcebispos, bispos, mas só os vi de relance, estando ocupada com o Santo Padre. Desfilávamos diante dele, cada romeiro se ajoelhava, beijava o pé e a mão de Leão XIII, recebia sua bênção e dois guardas o tocavam por cerimônia para indicar-lhe que se levantasse (o romeiro, pois explico-me tão mal que se poderia pensar que fosse o Papa). Antes de subir ao apartamento pontifício, eu estava muito resolvida a *falar*, mas senti minha coragem esmorecer vendo à direita do Santo Padre "o padre *Révérony*!...". Quase no mesmo instante, disseram-nos, da *parte dele*, que proibia falar[274] com Leão XIII, pois a audiência estava se prolongando demais... Virei-me para minha querida Celina a fim de consultá-la. "Fala", disse-me ela[275]. Um instante depois, eu estava aos pés do Santo Padre. Tendo beijado sua sandália, ele me apresentou a mão, mas, em vez de beijá-la, juntei as minhas e, levantando para o rosto dele meus olhos banhados em lágrimas, exclamei: "Santíssimo Padre, tenho um grande favor para pedir-vos!..." Então, o Soberano Pontífice[276] inclinou a cabeça de maneira que meu rosto quase encostou no dele e vi seus *olhos pretos e profundos* fixarem-se em mim e parecer penetrar-me até o fundo da alma. "Santíssimo Padre", disse, "em honra do vosso jubileu, permiti que eu entre no Carmelo aos 15 anos"!...

Lc 12,32

Lc 22,29

Lc 24,26
Mt 20,21-23

Sem dúvida, a emoção fez tremer a minha voz e, virando-se para o padre Révérony, que me olhava espantado e descontente, o Santo Padre disse: "Não compreendo muito bem". Se Deus tivesse permitido, teria sido fácil que o padre Révérony obtivesse para mim o que eu desejava, mas era a cruz e não a consolação que ele queria me dar. "Santíssimo Padre", respondeu o vigário-geral, "é *uma criança* que deseja entrar no Carmelo aos 15 anos, mas os superiores estão examinando a questão." "Então, minha filha", continuou o Santo Padre, olhando-me com bondade, "faça o que os superiores lhe disserem." Apoiando minhas mãos nos seus joelhos [63v] tentei um último esforço e disse com voz suplicante: "Oh! Santíssimo Padre, se dissésseis sim, todos estariam a favor!..." Ele olhou-me fixamente e pronunciou as seguintes palavras, destacando cada sílaba: "Vamos... Vamos... *Entrarás se Deus quiser...*"[277] Seu acento tinha alguma coisa de tão penetrante e de tão convincente que tenho impressão de ouvi-lo ainda. A bondade do Santo Padre me animava e eu queria falar mais, mas os dois guarda-nobres *tocaram-me polidamente* para fazer-me levantar. Vendo que isso não era suficiente, seguraram-me pelos braços e o padre Révérony os ajudou a levantar-me, pois eu ainda estava com as mãos juntas, apoiadas nos joelhos de Leão XIII, e foi *pela força* que me arrancaram dos seus pés... No momento em que estava sendo *arrastada*, o Santo Padre pôs a mão nos meus lábios e levantou-a para me abençoar. Então, meus olhos encheram-se de lágrimas e o padre Révérony pôde contemplar, pelo menos, tantos *diamantes* quantos tinha visto em Bayeux... Os dois guardas carregaram-me, por assim dizer, até a porta e um terceiro me deu uma medalha de Leão XIII. Celina, que me seguia e fora testemunha da cena que acabava de acontecer, quase tão emocionada como eu, ainda teve não obstante a coragem de pedir ao Santo Padre uma bênção para o Carmelo. O padre Révérony, com voz mal-humorada, respondeu: "O Carmelo já foi abençoado"[278]. O bondoso Santo Padre confirmou com doçura: "Oh, sim! já foi abençoado". Antes de nós, papai estivera aos pés de Leão XIII, com os homens[279]. O padre Révérony foi gentil com ele, apresentando-o como *pai de duas carmelitas*. Como sinal de benevolência, o Soberano Pontífice pôs a mão sobre a cabeça venerável do meu Rei querido, parecendo marcá-la com um *selo misterioso*[280], em nome daquele de quem é o verdadeiro representante... Ah! Agora que esse *pai de quatro carmelitas* está no céu, não é mais a mão do pontífice que repousa sobre sua fronte, profetizando-lhe [64f] o martírio... É a mão do Esposo das Virgens, do Rei de Glória, que faz resplandecer a cabeça de seu fiel servo. E nunca mais essa mão adorada deixará de repousar na fronte que glorificou...

Mt 25,21

Meu papai querido ficou muito pesaroso ao me encontrar chorando à saída da audiência, fez tudo o que pôde para me consolar. Mas em vão... No fundo do coração, eu sentia grande paz, pois tinha feito tudo o que me era possível fazer para responder ao que Deus queria de mim; mas essa *paz* estava no *fundo* e a amargura *enchia* minha alma, pois Jesus ficava calado[281]. Parecia-me ausente, nada me revelava a presença dele... Naquele dia também o sol não brilhou, e o belo céu azul da Itália, carregado de nuvens escuras, não parou de chorar comigo... Ah! Para mim, tudo tinha acabado. A viagem não comportava mais encantos a meus olhos pois a finalidade não fora alcançada. Todavia, as últimas palavras do Santo Padre deveriam ter-me consolado: não eram, de fato, uma verdadeira profecia? Apesar de todos os obstáculos, o que *Deus quis* cumpriu-se. Não permitiu que as criaturas fizessem o que queriam, mas a *vontade dele*... Havia algum tempo oferecera-me ao Menino Jesus para ser seu *brinquedinho*[282]. Tinha-lhe dito que não me usasse como brinquedo caro que as crianças contentam-se em olhar sem ousar tocar, mas como uma bolinha sem valor que podia jogar no chão, chutar, *furar*, largar num canto ou apertar contra o coração conforme achasse melhor; numa palavra, queria *divertir* o *Menino Jesus*, agradar-lhe, queria entregar-me a seus *caprichos infantis*... Ele atendeu minha oração...

Em Roma, Jesus *furou* seu brinquedinho, queria ver o que havia dentro e, depois de ver, satisfeito com sua descoberta, deixou cair sua [64v] bolinha e adormeceu... Que fez durante o suave sono e o que foi feito da bolinha deixada de lado?... Jesus sonhou que continuava *divertindo-se* com seu brinquedo, deixando-o e retomando-o, e que, depois de deixá-lo rolar muito longe, o apertava sobre seu coração, não permitindo mais que se afastasse de sua mãozinha.

Compreendeis, querida Madre, quanto a bolinha ficou triste ao ver-se *no chão*... Mas eu não deixava de esperar, contra toda a esperança. Alguns dias após a audiência com o Santo Padre, papai foi visitar o bom irmão Simião[283] e lá encontrou o padre Révérony[284], que se mostrou muito amável. Papai censurou-o, brincando, por não me ter ajudado no meu *difícil empreendimento* e contou a história da sua *Rainha* ao irmão Simião. O venerável ancião escutou o relato com muito interesse, tomou notas até, e disse com emoção: "Isso não se vê na Itália!" Creio que essa entrevista causou muito boa impressão no padre Révérony. A partir dela, não deixou mais de me provar que estava *finalmente* convencido da minha vocação.

Rm 4,18

No dia seguinte ao dia memorável, tivemos de partir cedo para Nápoles e Pompeia. Em nossa honra, o Vesúvio fez-se barulhento o dia todo, deixando, com seu canhoneio, escapar uma coluna de espessa fumaça. Os vestígios que deixou sobre as ruínas de Pompeia são apavorantes, mostram o poder de Deus: "Ele que com um olhar faz tremer a terra, e a seu toque os montes fumegam..." Teria gostado de passear sozinha no meio das ruínas, sonhar com a fragilidade das coisas humanas, mas o número de visitantes tirava grande parte do encanto melancólico da cidade destruída... Em Nápoles, foi o contrário. O *grande número* de carros de dois cavalos tornou magnífico nosso passeio ao mosteiro de San Martino, situado [65f] numa alta colina que domina toda a cidade. Infelizmente, os cavalos que nos levavam tomavam o freio nos dentes e, mais de uma vez, pensei ver chegar minha última hora. Por mais que o cocheiro repetisse constantemente a palavra mágica dos condutores italianos: "Appipau, appipau...", os pobres cavalos queriam derrubar o carro. Enfim, graças ao socorro dos nossos anjos da guarda,

Sl 103,32

chegamos ao nosso magnífico hotel. Durante toda a viagem fomos alojados em hotéis principescos, nunca tinha estado cercada de tanto luxo; vem ao caso dizer que a riqueza não traz a felicidade. Pois eu teria sido mais feliz numa choupana, com a esperança do Carmelo, do que no meio de lambris dourados, escadas de mármore branco, tapetes de seda, com a amargura no coração... Ah! Senti-o muito bem: a felicidade não está nos objetos que nos cercam, está no mais íntimo da alma. Pode ser gozada tanto numa prisão como num palácio; a prova é que sou mais feliz no Carmelo, mesmo no meio de provações interiores e exteriores do que no mundo, cercada pelas comodidades da vida e, *sobretudo*, pelas doçuras do lar paterno!...

Minha alma estava mergulhada na tristeza mas, por fora, permanecia a mesma, pois eu julgava escondido o pedido que tinha feito ao Santo Padre. Logo, porém, constatei o contrário. Tendo ficado no vagão, a sós com Celina (os outros romeiros tinham descido para um lanche durante os poucos minutos de parada), vi o padre Legoux, vigário-geral de Coutances, abrir a portinhola e, olhando-me sorridente, dizer: "Como vai nossa pequena carmelita?..." Percebi então que todas as pessoas da romaria sabiam do meu segredo[285]. Felizmente, ninguém comentou comigo, mas vi, pela maneira simpática de me olhar, que meu pedido não tinha produzido má impressão [65v], pelo contrário... Na pequena cidade de Assis, tive oportunidade de embarcar no mesmo carro que o padre Révérony, favor que não foi concedido a *nenhuma senhora* durante a viagem toda. Eis como obtive esse privilégio.

Após ter visitado os lugares perfumados pelas virtudes de São Francisco e de Santa Clara, terminamos no mosteiro de Santa Inês, irmã de Santa Clara. Eu tinha contemplado à vontade a cabeça da santa quando, sendo uma das últimas a me retirar, percebi que perdera meu cinto. *Procurei-o* no meio da turba e um padre teve pena de mim e me ajudou. Mas, depois de tê-lo achado, vi-o afastar-se e fiquei sozinha *procurando,* pois embora tivesse encontrado o cinto não podia colocá-lo, porque faltava a fivela... Afinal, vi-a brilhar num canto; não demorei em ajustá-la à fita. Mas o trabalho anterior havia demorado mais. Por isso, grande foi o meu espanto ao me ver sozinha junto à igreja. Todos os numerosos carros tinham ido embora, exceto o do padre Révérony. Que fazer? Devia correr atrás dos carros que não via mais, arriscar-me a perder o trem e provocar a inquietação de meu papai querido, ou pedir carona na caleche do padre Révérony?...[286] Optei pela última solução. Com o jeito mais gracioso e menos *constrangido* possível, apesar do meu extremo *embaraço*, expus-lhe minha situação crítica e o coloquei, por sua vez, *em situação difícil*, pois seu carro estava lotado com os mais distintos *senhores* da romaria, impossível encontrar um lugar; porém, um cavalheiro muito cortês apressou-se em descer, fez-me subir no seu lugar e colocou-se modestamente junto do cocheiro. Eu parecia um esquilo pego numa armadilha e estava longe de me sentir à vontade, cercada por todos esses grandes personagens e, sobretudo, do mais *temível*, diante do qual estava assentada... Todavia, ele foi muito amável comigo [66f], interrompendo, de vez em quando, sua conversação com os senhores para falar-me do *Carmelo*. Antes de chegar à estação, todos os *grandes personagens* sacaram suas *grandes* carteiras a fim de dar dinheiro ao cocheiro (já pago). Fiz como eles e tirei minha *diminuta* carteira, mas o padre Révérony não me deixou pegar bonitas *moedinhas*, preferiu dar uma *grande* por nós dois.

Numa outra ocasião, encontrei-me ao lado dele[287], num ônibus. Foi ainda mais amável e prometeu fazer tudo o que pudesse a fim de que eu entrasse no Carmelo... Mesmo pondo um pouco de bálsamo sobre minhas feridas, esses pequenos encontros não impediram que a volta fosse muito menos agradável que a ida, pois eu não tinha mais a esperança "do Santo Padre". Não encontrava ajuda nenhuma na terra, que me parecia ser um deserto árido e sem água. Toda a minha esperança estava *unicamente* em Deus... Acabava de experimentar que é melhor recorrer a ele que a seus santos... {Sl 62,2}

A tristeza da minha alma não me impedia de sentir grande interesse pelos santos lugares que visitávamos. Em Florença, fiquei feliz por contemplar Santa Madalena de Pazzi[288] no meio do coro das carmelitas, que abriram a grande grade para nós. Como não sabíamos que teríamos esse privilégio[289], muitas pessoas desejavam tocar com seus terços no túmulo da santa. Só eu conseguia passar a mão pela grade que nos separava dele, portanto, todos me confiavam seus terços e eu estava muito orgulhosa com meu ofício... Eu precisava sempre encontrar o meio de *mexer em tudo*[290]. Assim na igreja de Santa Cruz de Jerusalém (em Roma), onde pudemos venerar diversos pedaços da verdadeira cruz, dois espinhos e um dos cravos sagrados mantido num magnífico relicário em ouro lavrado, mas *sem vidro*; foi-me possível, ao venerar a preciosa relíquia, enfiar meu *dedinho* num dos vãos [66v] do relicário e *tocar* o cravo que fora banhado com o sangue de Jesus... Francamente, era audaciosa demais!... Felizmente, Deus, que vê o fundo dos corações, sabe que minha intenção era pura e que por nada neste mundo teria querido desagradar-lhe. Comportava-me com ele como uma *criança* que acredita que tudo lhe é permitido e olha os tesouros de seu pai como sendo dela. Ainda não consegui entender por que as mulheres são tão facilmente excomungadas na Itália. A cada instante, diziam-nos: "Não entrem aqui... Não entrem ali, vocês serão excomungadas!..." Ah, pobres mulheres, como são desprezadas!... Todavia, são muito mais numerosas que os homens em amar a Deus e, durante a Paixão de Nosso Senhor, as mulheres tiveram mais coragem que os apóstolos, pois enfrentaram os insultos dos soldados e atreveram-se a enxugar a face adorável de Jesus... É sem dúvida por isso que ele permite que o desprezo seja a herança delas na terra[291], já que ele o escolheu para si mesmo... No céu, saberá mostrar que seus pensamentos não são os dos homens, pois então as *últimas* serão as *primeiras*... Mais de uma vez, durante a viagem, não tive a paciência de esperar pelo céu para ser a primeira... Num dia em que visitávamos um mosteiro de padres carmelitas, não me contentando em acompanhar os romeiros nos corredores *exteriores*, adentrei os claustros *internos*... De repente, vi um bom velho {Lc 15,31} {Is 55,8-9} {Mt 20,16} carmelita que me fazia sinal, de longe, que me afastasse. Em vez de voltar, aproximei-me dele e, mostrando os quadros do claustro, fiz sinal de que eram bonitos. Ele percebeu, sem dúvida pelos meus cabelos soltos e meu ar jovem, que eu não passava de uma criança; sorriu-me com bondade e se afastou, ciente de que não tinha enfrentado uma inimiga. Se eu soubesse falar italiano, ter-lhe-ia dito ser uma futura carmelita, mas por causa dos construtores da torre de Babel isso não foi possível.

Gn 11,1-9

    Depois de ter visitado Pisa e Gênova, voltamos para a França. No percurso [67f], a vista era magnífica[292]. Às vezes, costeávamos a beira-mar e a ferrovia passava tão perto dele que dava a impressão de que as ondas iam nos alcançar. (Esse espetáculo foi causado por uma tempestade. Era noite, o que tornava a cena ainda mais imponente). Outras vezes, planícies cobertas de laranjais com frutas maduras, verdes oliveiras com folhagem leve, palmeiras graciosas... ao cair da tarde, víamos numerosos pequenos portos marítimos iluminar-se com muitas luzes, enquanto no céu brilhavam as primeiras *estrelas*... Ah, que poesia enchia minha alma vendo todas essas coisas pela primeira e última vez na minha vida!...[293] Era sem pesar que as via esvair-se, meu coração aspirava a outras maravilhas. Ele tinha contemplado suficientemente *as belezas da terra, as do céu* eram objeto dos seus desejos e para dá-las às *almas* queria tornar-me *prisioneira!*...[294] Antes de ver abrir-se diante de mim as portas da prisão abençoada com a qual sonhava, precisava lutar e sofrer ainda mais... sentia-o ao voltar à França. Todavia, minha confiança era tão grande que não cessava de esperar que me seria permitido ingressar em 25 de dezembro... Mal chegáramos a Lisieux, nossa primeira visita foi ao Carmelo. Que reencontro aquele!... Tínhamos tantas coisas para nos contar após um mês de separação, mês que me pareceu mais longo e durante o qual aprendi mais que durante vários anos...

    Oh, Madre querida! como foi grato para mim vos rever, abrir-vos minha pobre alminha ferida. Vós que tão bem sabíeis me compreender, a quem uma palavra, um olhar bastava para adivinhar tudo! Abandonei-me completamente, tinha feito tudo o que de mim dependia, tudo, até falar com o Santo Padre, não sabia mais o que tinha de fazer. Dissestes-me que escrevesse a Sua Excelência e lhe lembrasse sua promessa; eu o fiz logo, o melhor que me foi possível, mas em termos que meu tio achou simples demais [67v]. Ele refez minha carta. No momento em que ia enviá-la, recebi uma de vós, dizendo-me que não escrevesse, que esperasse alguns dias. Obedeci logo, pois estava certa de que era o melhor meio de não errar. Enfim, dez dias antes do Natal, minha carta partiu[295]. Totalmente convencida de que a resposta não demoraria, ia todas as manhãs, depois da missa, com papai à agência dos correios, acreditando encontrar aí a permissão para levantar voo. Mas cada manhã trazia nova decepção que, porém, não abalava minha fé... Pedia a Jesus que rompesse meus laços. Ele os rompeu, mas de maneira totalmente diferente do que esperava... A bela festa de Natal chegou e Jesus não acordou... Deixou no chão sua bolinha sem ao menos deitar-lhe um olhar...

Sl 115,16

Foi de coração partido que fui à missa do galo; esperava tanto assistir a ela atrás das grades do Carmelo!... Essa provação foi muito grande para minha fé... Mas aquele cujo coração vigia durante o sono fez-me compreender que, para quem tem fé do tamanho de um *grão de mostarda*, ele concede *milagres* e transporta as montanhas para firmar esta fé tão *pequena*, mas para seus *íntimos*, mas para sua Mãe, não opera milagres antes de provar sua fé. Não deixou Lázaro morrer, embora Marta e Maria o tivessem avisado que ele estava doente?... Nas bodas de Caná, quando Nossa Senhora lhe pediu que socorresse os anfitriões, não respondeu que sua hora não tinha chegado?... Mas, depois da provação, que recompensa: a água se transforma em vinho... Lázaro ressuscita!... É assim que Jesus age com sua Teresinha; depois de a pôr à prova durante *muito tempo*, satisfez todos os desejos de seu coração... {Ct 5,2 / Mt 17,19 / Jo 11,1-4}

Na tarde da radiosa festa que passei chorando, fui visitar as carmelitas; mui grande foi a minha surpresa quando, ao abrir-se a grade [68f], avistei um lindo menino Jesus segurando nas mãos uma bola na qual meu nome estava escrito. Em vez de Jesus, pequeno demais para poder falar, as carmelitas cantaram para mim um cântico composto pela minha querida Madre. Cada palavra derramava em minha alma um doce consolo. Nunca me esquecerei dessa delicadeza do coração materno que sempre me cumulou das mais finas ternuras... Após ter agradecido derramando suaves lágrimas, relatei a surpresa que minha Celina querida me fizera ao voltar da missa do galo. Encontrei no meu quarto, dentro de uma bacia maravilhosa, um *barquinho* carregando o menino Jesus adormecido com uma *bolinha* ao seu lado. Na vela branca, Celina escrevera as seguintes palavras: "Eu durmo, mas o meu coração vela", e, sobre o barquinho, apenas esta palavra: "Abandono!" Ah! Se Jesus ainda não falava com sua noivinha, se seus divinos olhos continuavam sempre fechados, pelo menos ele se revelava a ela por meio de almas que compreendiam todas as delicadezas e o amor do seu coração... {Ct 5,2}

No primeiro dia do ano de 1888, Jesus ainda me presenteou com sua cruz, mas dessa vez carreguei-a sozinha, pois foi tanto mais dolorosa quanto incompreendida... Uma *carta de Paulina*²⁹⁶ veio me informar que a resposta de Sua Excelência tinha chegado dia 28, festa dos Santos Inocentes, mas que não ma comunicara por ter decidido que meu ingresso só se daria *depois da quaresma*. Não pude conter as lágrimas com a ideia de tão longa espera. Essa provação teve para mim um caráter muito peculiar: via meus *laços* com o mundo *rompidos* e desta vez era a arca santa que recusava a entrada à sua pobre pombinha... Quero acreditar que devo ter parecido insensata por não aceitar alegremente meus três meses de exílio, mas creio também que, sem deixá-la transparecer, essa provação foi *muito grande* e me fez *crescer* muito no abandono²⁹⁷ e nas outras virtudes. {Sl 115,16 / Gn 7,13-16}

[68v] Como passaram esses *três meses* tão ricos de graças para minha alma?... Primeiro, ocorreu-me a ideia de não me constranger a levar uma vida tão bem regrada como costumava; mas logo compreendi o valor do tempo que me estava sendo oferecido e resolvi entregar-me, mais do que nunca, a uma vida

séria e mortificada. Quando digo mortificada, não é para fazer crer que eu fazia penitências, ai! *nunca fiz*[298] nenhuma; longe de me assemelhar às belas almas que desde a infância praticavam toda espécie de mortificações, não sentia nenhuma atração por elas. Sem dúvida, isso decorria de minha covardia, pois teria podido, como Celina, encontrar mil pequenas invenções para me fazer sofrer; em vez disso, sempre me deixei mimar em algodão e cevar como um passarinho que não precisa fazer penitência... Minhas mortificações consistiam em refrear minha vontade, sempre prestes a se impor, em reprimir uma palavra de réplica, em prestar pequenos serviços sem pô-los em evidência, em não me encostar quando sentada etc., etc.... Foi pela prática desses *nadas* que me preparei para ser a noiva de Jesus e não posso dizer quanto essa espera deixou em mim suaves lembranças...[299] Três meses passam muito depressa e, enfim, chegou o momento tão desejado.

Escolheu-se para meu ingresso a segunda-feira, 9 de abril, dia em que o Carmelo celebrava a Festa da Anunciação, adiada por causa da quaresma. Na véspera, a família toda reuniu-se em volta da mesa à qual devia sentar-me pela última vez. Ah! Como são dilacerantes essas reuniões íntimas!... quando o que se quer é ser esquecido, prodigalizam-se carícias, e as mais carinhosas palavras fazem sentir o sacrifício da separação... Meu Rei querido quase não falava, mas seu olhar fixava-se em mim com amor... Minha tia chorava de vez em quando e meu tio fazia-me mil elogios afetuosos. Joana e Maria também se esmeravam em delicadezas, sobretudo Maria, que [69f], puxando-me à parte, me pediu perdão pelos desgostos que pensava ter-me causado. Enfim, minha querida Leoninha, de volta da Visitação havia alguns meses[300], enchia-me ainda mais de beijos e carícias. Só de Celina eu não falei, mas adivinhais, querida Madre, como decorreu a última noite em que dormimos juntas... Na manhã do grande dia, depois de lançar um último olhar aos Buissonnets, ninho gracioso de minha infância que nunca mais devia rever, parti de braços dados com meu Rei querido para subir a montanha do Carmelo... Como na véspera, a família toda se reuniu para assistir à missa e comungar. Logo após Jesus ter descido ao coração de meus familiares queridos, só ouvi soluços ao meu redor. Só eu não chorava, mas senti meu coração bater com *tanta violência* que me pareceu impossível adiantar-me quando nos fizeram sinal para chegar até a porta do convento. Contudo, avancei perguntando-me se não ia morrer devido à força das batidas do meu coração... Ah! Que momento aquele. É preciso tê-lo vivido para saber como é...

Minha emoção não se manifestou externamente. Depois de ter beijado todos os membros da minha querida família, pus-me de joelhos diante do meu incomparável pai e pedi-lhe a bênção. Ele mesmo *ajoelhou-se* e me abençoou chorando... Era um espetáculo de fazer os anjos sorrirem, esse de um ancião apresentando ao Senhor sua filha ainda na primavera da vida!... Alguns momentos depois, as portas da arca sagrada fechavam-se sobre mim[301] e então eu recebia os abraços das *irmãs queridas* que me haviam servido de *mães* e que ia, doravante, tomar por modelo das minhas ações... Enfim, meus desejos estavam realiza-

Gn 7,16

dos, minha alma gozava de uma paz[302] tão suave e tão profunda que me seria impossível [69v] exprimir e, há sete anos e meio, essa paz íntima continuou sendo meu quinhão. Não me abandonou em meio às maiores provações.

Como todas as postulantes, fui levada ao coro logo após minha entrada; estava escuro, por causa do Santíssimo exposto, e o que me impressionou primeiro foram os olhos da nossa santa Madre Genoveva[303], que se fixaram em mim. Fiquei algum tempo de joelhos a seus pés, agradecendo a Deus pela graça que me concedia de conhecer uma santa, e depois acompanhei nossa Madre Maria de Gonzaga[304] aos diversos recintos do convento. Tudo me parecia encantador, tinha a impressão de ter sido transportada para um deserto. Nossa[305] pequena cela me encantava especialmente, mas a alegria que sentia era *calma*, nem a menor aragem fazia ondular as águas tranquilas em que navegava meu barquinho, nenhuma nuvem escurecia meu céu azul... ah! Estava plenamente recompensada de todas as minhas provações... Com que alegria profunda repetia estas palavras: "É para sempre, sempre, que estou aqui"!...

Não era uma felicidade efêmera; não se desvaneceria com as ilusões dos primeiros dias. Deus concedeu-me a graça de não ter *ilusões*, NENHUMA ilusão ao entrar para o Carmelo. Encontrei a vida religiosa tal como a imaginara[306], nenhum sacrifício me surpreendeu e, contudo, sabeis, Madre querida, meus primeiros passos encontraram mais espinhos do que rosas!... Sim, o sofrimento estendeu-me os braços e eu atirei-me neles com amor... O que eu vinha fazer no Carmelo, declarei-o aos pés de Jesus-Hóstia, no exame que antecedeu minha profissão[307]: "Vim para salvar as almas e, sobretudo, rezar pelos sacerdotes"[308]. Quando se quer atingir um fim, é preciso tomar os meios; Jesus fez-me compreender que era pela cruz que queria me dar almas e minha atração pelo sofrimento crescia na medida em que o sofrimento aumentava. Durante cinco anos[309], esse caminho foi o meu mas [70f], por fora, nada revelava meu sofrimento, mais doloroso[310] por ser eu a única a saber dele. Ah! Quantas surpresas teremos no juízo final, quando lermos a história das almas!... Quantas pessoas haverá surpresas ao conhecer a via pela qual a minha foi conduzida!...

Isso é tão verdadeiro que, dois meses após meu ingresso, tendo o Pe. Pichon vindo para a profissão de Irmã Maria do Sagrado Coração[311], ficou espantado ao constatar o que Deus obrava em minha alma e disse-me que, na véspera, tendo-me observado a rezar no coro, pensava ser meu fervor totalmente infantil e meu caminho muito suave. Minha entrevista com o bom padre foi para mim um grande consolo, mas velado de lágrimas por causa da dificuldade que sentia em abrir minha alma. Fiz, porém, uma confissão geral tal como nunca tinha feito; no fim, o padre me disse as mais consoladoras palavras que já ressoaram aos ouvidos da minha alma: "Na presença de Deus, da Santíssima Virgem e de todos os santos, declaro que nunca cometestes um único pecado mortal[312]. E acrescentou: dai graças a Deus pelo que ele faz por vós, pois se ele vos abandonasse, em vez de serdes um anjinho, vos tornaríeis um diabinho. Ah! Eu não tinha dificuldade em acreditá-lo, sentia o quanto era fraca e imperfeita, mas a gratidão enchia minha alma. Tinha tanto receio de ter maculado meu vestido de batismo, que tal certidão, oriunda da boca de um diretor conforme os desejos de nossa santa Madre Teresa, isto é, que une *ciência e virtude*[313], parecia-me ter saído da própria boca de Jesus... O bom padre disse-me ainda essas palavras que se gravaram em meu coração: "Minha filha, que Nosso Senhor seja sempre vosso superior e vosso mestre de noviças". De fato o foi, e foi também "meu diretor". Não quero dizer com isso que minha alma houvesse sido fechada para minhas superioras, ah! Longe disso, sempre procurei fazer que ela seja para elas um *livro* [70v] *aberto*; mas nossa Madre, frequentemente doente, tinha pouco tempo para cuidar de mim[314]. Sei que me amava muito e dizia de mim todo o bem possível. Todavia Deus permitia que, à *sua revelia*, ela fosse severíssima; eu não podia encontrá-la sem beijar a terra[315]; era a mesma coisa por ocasião das escassas direções espirituais que eu tinha com ela... Que graça inestimável!... Como Deus agia *visivelmente* naquela que o substituía!... Que teria sido de mim se, como pensavam as pessoas de fora, eu tivesse sido "o brinquedinho" da comunidade?... Quiçá, em vez de ver Nosso Senhor em minhas superioras, só teria considerado as pessoas e meu coração, tão bem *preservado* no mundo, ter-se-ia ligado humanamente no claustro... Felizmente, fui protegida contra essa desgraça. Sem dúvida, *gostava muito* da nossa Madre, mas de um afeto *puro* que me elevava para o Esposo da minha alma...

Nossa mestra[316] era uma *verdadeira santa*, tipo consumado das primeiras carmelitas. Eu ficava com ela o dia todo, pois ensinava-me a trabalhar. Sua bondade para comigo era sem limites e, todavia, minha alma não se dilatava... Só com esforço eu conseguia sujeitar-me à direção espiritual[317], não estando habituada a falar da minha alma, não sabia exprimir o que nela se passava. Um dia uma boa velha madre[318] compreendeu o que ocorria comigo e disse-me, rindo, num recreio: "Filhinha, tenho a impressão de que não tendes muita coisa a dizer às vossas superioras". "Por que, Madre, dizeis isso?..." "Porque vossa alma é extremamente *simples*[319], mas quando fordes perfeita sereis *ainda mais simples*, quanto mais nos aproximamos de Deus, mais simples ficamos". A boa Madre tinha razão, porém, a dificuldade que eu sentia para abrir minha alma, embora viesse da minha simplicidade, era uma verdadeira provação. Reconheço-o agora, pois, sem deixar de ser simples [71f], exprimo meus pensamentos com grande facilidade.

Disse que Jesus fora "meu diretor". Ao entrar no Carmelo, travei conhecimento com aquele que devia servir-me de diretor, mas, apenas me admitira como sua filha, partiu para o exílio... Portanto, só o conheci para logo ficar privada dele... Reduzida a receber dele uma carta por ano contra doze que lhe escrevia[320], meu coração dirigiu-se logo para o diretor dos diretores e foi ele quem me instruiu nesta ciência que esconde dos sábios e inteligentes e revela aos *pequeninos*...

Lc 10,21

A florzinha transplantada sobre a montanha do Carmelo ia desabrochar à sombra da cruz; as lágrimas, o sangue de Jesus foram seu orvalho. Seu sol foi a face adorável coberta de lágrimas... Até então, não tinha sondado a profundidade dos tesouros escondidos na Sagrada Face³²¹. Foi por vosso intermédio, querida Madre, que aprendi a conhecê-los, assim como, outrora, precedestes a todas nós no Carmelo, da mesma forma perscrutastes primeiro os mistérios de amor escondidos no rosto do nosso Esposo. Então chamastes-me e compreendi... Compreendi em que consiste a *verdadeira glória*³²². Aquele cujo reino não é deste mundo ensinou-me que a verdadeira sabedoria consiste em "querer ser ignorado e tido por nada. Em pôr sua alegria no desprezo de si mesmo..."³²³ Ah! Como o de Jesus, eu queria que: "Meu rosto fosse verdadeiramente escondido, que ninguém me reconhecesse nesta terra". Tinha sede de sofrer e ser esquecida...

Is 45,3

Jo 18,36

Como é misteriosa a via pela qual Deus sempre me conduziu, *nunca* me fez desejar alguma coisa sem ma conceder, por isso seu amargo cálice³²⁴ me pareceu delicioso...

Depois das radiantes festas de maio, festas da profissão e tomada de véu [71v] de nossa querida Maria, a *mais velha* da família que a *caçula* teve a felicidade de coroar no dia de suas bodas, era necessário que a provação viesse nos visitar... No ano anterior, no mês de maio, papai fora vítima de um ataque de paralisia nas pernas³²⁵; nossa inquietação foi muito grande então, mas o temperamento forte do meu Rei querido superou logo o mal, e nossos temores sumiram. Contudo, mais de uma vez durante a viagem a Roma, reparamos que ele se cansava facilmente, que não estava tão alegre como de costume... O que eu mais reparei eram os progressos que ele fazia na perfeição; a exemplo de São Francisco de Sales, chegara a dominar a própria vivacidade natural a ponto de parecer possuir a natureza mais mansa do mundo... As coisas da terra pareciam apenas tocá-lo de leve, vencia facilmente as contrariedades desta vida, enfim, Deus o *inundava de consolações*. Durante suas visitas diárias ao Santíssimo, seus olhos enchiam-se frequentemente de lágrimas e seu rosto deixava transparecer uma felicidade celeste... Quando Leônia saiu da Visitação, não se afligiu, não exprobou a Deus por não ter atendido às orações que tinha feito para obter a vocação da querida filha. Foi até com certa alegria que foi buscá-la...

Eis a fé com que papai aceitou a separação de sua rainhazinha; anunciou-a a seus amigos de Alençon: "Caríssimos amigos: Teresa, minha rainhazinha, entrou ontem no Carmelo!... Só Deus pode exigir tal sacrifício... Não lastimeis por mim, pois meu coração exulta de alegria".

Chegara o momento de um tão bom e fiel servo receber o prêmio de suas obras, era justo que seu salário se assemelhasse ao que Deus dera ao Rei do céu, seu Filho único... Papai acabava de oferecer um *altar* a Deus³²⁶ e foi ele a vítima escolhida para ser imolada com o Cordeiro imaculado. [72f] Conheceis, Madre querida, nossas amarguras de *junho* e, sobretudo, do 24 do ano de 1888³²⁷. Essas lembranças estão tão bem gravadas no fundo dos nossos corações que não é necessário escrevê-las... Oh, Madre! quanto sofremos!... e ainda era apenas o *começo* de nossa provação... Entretanto, o tempo da minha tomada do hábito havia chegado³²⁸; fui recebida pelo Capítulo, mas como pensar numa cerimônia? Já se

Mt 25,21

falava de me dar o santo hábito sem fazer-me sair[329], quando se decidiu esperar. Contra toda a esperança, nosso pai querido restabeleceu-se do segundo ataque[330] e Sua Excelência marcou a cerimônia para 10 de janeiro. A espera havia sido longa, mas também que linda festa!... Nada faltava, nada, nem sequer a *neve*... Não sei se já vos falei do meu amor pela neve... Quando pequenina, sua brancura me encantava; um dos meus maiores prazeres consistia em passear sob os flocos de neve. De onde me vinha esse gosto pela neve?... Talvez por ser uma *florzinha de inverno*, o primeiro adorno de que meus olhos de criança viram a natureza enfeitada tenha sido seu manto branco... Enfim, sempre sonhara com que no dia da minha tomada de hábito a natureza se vestisse como eu, de branco. Na véspera desse belo dia, olhava tristemente o céu cinzento que de tempo em tempo destilava uma chuva fina, e a temperatura era tão suave que não esperava neve. Na manhã seguinte, o céu não havia mudado, mas a festa foi encantadora e a flor mais bela, a mais encantadora, era meu Rei querido, que nunca estivera mais bonito, mais *digno*... Foi admirado por todos. Esse dia foi seu *triunfo*, sua última festa na terra. Dera *todas* as filhas a Deus, pois quando Celina lhe comunicou sua vocação *chorou de alegria* e foi com ela agradecer Àquele que "lhe dava a honra de tomar todas as suas filhas".

[72v] No termo da cerimônia, Sua Excelência entoou o *Te Deum*. Um sacerdote tentou lembrar-lhe que esse cântico só se entoa nas profissões, mas a partida fora dada e o hino de *ação de graças* prosseguiu até o final. Não devia a festa *ser completa*, pois reunia todas as outras?... Depois de ter beijado uma última vez meu Rei querido, voltei para a clausura. A primeira coisa que avistei sob o claustro foi "meu menino Jesus cor-de-rosa"[331] sorrindo-me no meio das flores e das luzes e logo meu olhar se voltou para os *flocos de neve*... o pátio estava branco como eu. Que delicadeza de Jesus! Antecipando-se aos desejos da sua noivinha, concedia-lhe neve... Neve! que mortal, por mais poderoso que seja, é capaz de fazer cair neve do céu para encantar sua bem-amada?... Talvez as pessoas do mundo se perguntem isso, mas o certo é que a neve da minha tomada de hábito pareceu-lhes ser um pequeno milagre e toda a cidade ficou surpresa. Acharam que eu tinha um gosto esquisito, gostar da neve... Tanto melhor, isso acentuou ainda mais a *incompreensível condescendência* do Esposo das virgens... daquele que gosta dos *Lírios brancos* como a neve!... Sua Excelência entrou depois da cerimônia, e foi de uma bondade muito paterna para comigo. Creio que ele estava ufano por ver que eu tinha conseguido; dizia a todos que eu era "*sua* filhinha". Todas as vezes que voltou, depois desta linda festa, Sua Excelência foi sempre muito bom comigo; recordo-me especialmente de sua visita[332] por ocasião do centenário de N. P. São João da Cruz. Tomou minha cabeça em suas mãos, fez-me mil carícias de todas as espécies, nunca eu tinha sido tão honrada! Enquanto isso, Deus fazia-me pensar nas carícias [73f] que se dignará prodigar-me diante dos anjos e dos santos e das quais me dava uma fraca amostra desde então; por isso, a consolação que senti foi muito grande.

Como acabo de dizer, 10 de janeiro foi o triunfo para meu Rei. Comparo esse dia ao da entrada de Jesus em Jerusalém no dia de Ramos. Como a do nosso divino Mestre, a glória dele foi de *um dia* e seguida por uma paixão dolorosa³³³. Mas essa paixão não foi só dele; assim como as dores de Jesus traspassaram como um gládio o coração de sua divina Mãe, também os nossos corações sentiram os sofrimentos daquele a quem queríamos com a maior ternura nesta terra... Recordo que no mês de junho de 1888, quando das nossas primeiras provações, eu dizia: "Sofro muito, mas sinto que posso suportar provações ainda maiores"³³⁴. Não pensava então naquelas que me estavam reservadas... Não sabia que em 12 de fevereiro, um mês depois da minha tomada de hábito, nosso pai querido beberia na mais *amarga* e mais *humilhante* de todas as taças...³³⁵

Ah! Naquele dia eu não disse que podia sofrer ainda mais!!!... As palavras não conseguem exprimir nossas angústias, por isso não vou procurar descrevê-las. Um dia, no céu, gostaremos de comentar as nossas *gloriosas* provações³³⁶. Não estamos felizes, no presente momento, por tê-las sofrido?... Sim, os três anos do martírio de papai³³⁷ parecem-me os mais amáveis, os mais proveitosos de toda a nossa vida, não os cederia em troca de todos os êxtases e revelações dos santos. Meu coração transborda de gratidão ao pensar nesse *tesouro* inestimável que deve causar santa inveja aos anjos da corte celeste...

Meu desejo de sofrimento estava cumprido, mas minha atração por ele não diminuía, por isso minha alma compartilhou logo do sofrimento do meu coração [73v]. A aridez passou a ser meu pão de cada dia; privada de qualquer consolação, não deixava contudo de ser a mais feliz das criaturas³³⁸, já que todos os meus desejos estavam satisfeitos...

Oh, Madre querida! como foi doce a nossa grande provação, já que do coração de todas nós só saíram suspiros de amor e de gratidão!... Não mais caminhávamos nas sendas da perfeição, voávamos, as cinco. As duas pobres pequenas exiladas de Caen³³⁹, embora estivessem ainda no mundo, não eram mais do mundo... Ah! Que maravilhas a provação operou na alma de minha querida Celina!... Todas as cartas que escreveu na época estão repassadas de resignação e amor... E quem poderia relatar as conversações que tínhamos no parlatório?... Ah! Longe de nos separar, as grades do Carmelo uniam mais fortemente nossas almas, tínhamos os mesmos pensamentos, os mesmos desejos, o mesmo *amor de Jesus* e das *almas*... Quando Celina e Teresa falavam uma com a outra, nunca uma palavra das coisas da terra mesclava-se à conversação, que já era toda do céu. Como outrora no mirante, elas sonhavam com as coisas da *eternidade*, e para gozar logo dessa felicidade sem fim escolhiam, na terra, por única partilha, "o sofrimento e o desprezo"³⁴⁰.

Assim decorreu o tempo do meu noivado... foi muito demorado para a pobre Teresinha! No final do meu ano, nossa Madre disse-me para não sonhar com pedir a profissão, que certamente o padre superior recusaria meu pedido. Fui obrigada a esperar mais oito meses... A princípio, foi-me muito difícil aceitar esse grande sacrifício, mas logo fez-se luz em minha alma. Meditava então "os fundamentos da vida espiritual" do padre Surin[341]. Um dia, durante a oração, compreendi que meu tão vivo desejo de fazer profissão estava mesclado a um grande amor-próprio; já que me *dera* a Jesus para agraciar-lhe, consolá-lo [74f], não devia obrigá-lo a fazer *minha vontade* de preferência à sua, compreendi também que uma noiva devia estar adornada para o dia do enlace, e eu nada tinha feito neste sentido... disse então a Jesus: "Oh, meu Deus! não vos peço para fazer os santos votos, *esperarei o tempo que vós quiserdes*, só não quero que, por culpa minha, nossa união seja adiada, mas vou fazer o maior esforço para confeccionar para mim um vestido bonito, enriquecido de pedras[342]. Quando vós o achardes bastante enriquecido, estou certa de que nenhuma criatura vos impedirá de descerdes a mim, a fim de me unir para sempre a vós, ó meu bem-amado"!

Desde minha vestição, eu já recebera luzes abundantes a respeito da perfeição religiosa, principalmente do voto de pobreza[343]. Durante meu postulado, gostava de possuir coisas agraciáveis para meu uso e de encontrar à mão tudo o que me era necessário. "Meu Diretor" tolerava isso com paciência, pois ele não gosta de revelar tudo ao mesmo tempo às almas. Geralmente, dá sua luz pouco a pouco. (No início da minha vida espiritual, pelos 13 ou 14 anos, perguntava a mim mesma o que eu aprenderia mais tarde, pois parecia-me impossível entender melhor a perfeição. Não demorei em compreender que quanto mais se avança nesse caminho, tanto mais se acredita estar afastado da meta; por isso, resigno-me em ver-me sempre imperfeita e com isto me alegro)... Volto às lições que "meu Diretor" me deu. Uma noite, depois das Completas, procurei em vão nossa lampadinha sobre as tábuas reservadas para esse uso, era hora de grande silêncio, impossível perguntar... percebi que uma irmã, acreditando ter pegado sua lâmpada, pegara a nossa, da qual eu estava muito necessitada; em vez de magoar-me por estar privada, fiquei feliz, sentindo que a pobreza consiste em se ver privada não só das coisas agradáveis, mas ainda [74v] das indispensáveis. Assim, no meio das *trevas exteriores*, fui iluminada interiormente... Naquela época, empolgou-me um verdadeiro amor pelos objetos mais feios e mais incômodos e foi com alegria que vi terem tirado a *bilha bonitinha* da nossa cela, substituindo-a por uma *grande toda esborcinada*... Fazia também muitos esforços para não me desculpar, o que me parecia muito difícil sobretudo com a nossa Mestra, a quem não queria ocultar coisa alguma; eis minha primeira vitória: não é grande, mas custou-me muito. Um pequeno vaso colocado atrás de uma janela foi encontrado quebrado. Pensando que fosse eu quem o largara ali, nossa Mestra mostrou-mo dizendo que doutra feita eu deveria ter mais cuidado. Sem dizer uma só palavra, beijei o chão e prometi ter mais ordem no futuro. Devido à minha falta de virtude, essas pequenas práticas custavam-me muito e precisava pensar que, no juízo final, tudo seria revelado, pois pensava: quando se cumpre com a obrigação, sem nunca se desculpar, ninguém toma conhecimento; as imperfeições, pelo contrário, aparecem logo...

Insistia sobretudo na prática das pequenas virtudes[344], não tendo facilidade para praticar as grandes; gostava de dobrar os mantos esquecidos pelas irmãs e prestar-lhes todos os pequenos serviços que podia.

Foi-me dado também o amor pela mortificação, foi grande na medida em que nada me era permitido para satisfazê-lo... A única pequena mortificação que eu fazia no mundo, a de não me encostar quando sentada, foi-me proibida por causa de minha tendência a ficar curvada. Infelizmente, meu entusiasmo não teria sido duradouro se me fosse permitido praticar muitas mortificações... Aquelas que me eram concedidas, sem eu pedir, consistiam em mortificar meu amor-próprio, o que me causava um bem maior do que as penitências corporais...[345]

[75f] O refeitório que foi o meu ofício logo após minha tomada de hábito propiciou-me diversas ocasiões para colocar meu amor-próprio no seu devido lugar, isto é, debaixo dos pés... Verdade é que tinha a grande consolação de estar no mesmo serviço que vós, Madre querida, de poder contemplar de perto vossas virtudes; mas essa aproximação era ocasião de sofrimento[346], não me sentia *como outrora*, livre para vos dizer tudo; tinha de observar a regra, não podia abrir-vos a minha alma, enfim, estava no *Carmelo* e não nos *Buissonnets*[347], sob o teto *paterno*!...

Entretanto, Nossa Senhora ajudava-me a preparar o vestido da minha alma. Logo que ficou pronto, os obstáculos sumiram por si mesmos. Sua Excelência expediu-me a permissão solicitada, a comunidade aceitou receber-me, e minha profissão foi marcada para *8 de setembro*...

O que acabo de escrever, em resumo, precisaria de muitas páginas de pormenores, mas essas páginas nunca serão lidas na terra. Em breve, querida Madre, falar-vos-ei de todas essas coisas em *nossa casa paterna*, no belo céu para o qual sobem os suspiros dos nossos corações!...

Meu vestido de noiva estava pronto; mesmo enriquecido com as *antigas* joias que meu noivo me havia dado, ainda não era suficiente para sua generosidade. Queria dar-me um *novo brilhante* de inúmeros reflexos. A provação de papai era, com todas suas circunstâncias dolorosas, as *antigas* joias, e a *nova* foi uma provação aparentemente muito pequena, mas que me fez sofrer muito. Desde algum tempo, nosso pobre paizinho estava melhor, faziam-no sair de carro, cogitava-se até fazê-lo viajar de trem para vir nos visitar. Naturalmente, *Celina* pensou logo que era preciso escolher o dia da minha tomada de véu. Para não cansá-lo, dizia ela, não o deixarei [75v] assistir à cerimônia inteira, só no fim irei buscá-lo e o levarei devagarinho até a grade para que Teresa receba sua bênção. Ah! Como reconheço bem aí o coração de minha Celina querida... como é verdade que "o amor nunca alega impossibilidade porque pensa que tudo lhe é possível e permitido"...[348] A *prudência humana*, ao contrário, treme a cada passo e não ousa, por assim dizer, dar um passo. Por isso Deus, querendo provar-me, serviu-se *dela* como de um instrumento dócil[349] e, no dia de minhas núpcias, fiquei verdadeiramente órfã, não tendo mais pai na terra, mas podendo olhar para o céu confiante e dizer com toda a verdade: "*Pai* nosso que estais no céu". Mt 6,9

Antes de falar-vos dessa provação, Madre querida, deveria ter-vos falado do retiro que antecedeu minha profissão[350]; muito ao contrário de causar-me consolações, meu quinhão foi a mais absoluta aridez, quase o abandono. Jesus dormia como sempre no meu barquinho, ah! Vejo que raramente as almas o deixam dormir sossegado nelas. Jesus está tão cansado de sempre dar os primeiros passos e pagar as custas, que se apressa em aproveitar o descanso que eu lhe propicio. Provavelmente não acordará antes do meu grande retiro da eternidade, mas, em vez de causar-me tristeza, isso me agrada extremamente...

Verdadeiramente, estou longe de ser santa, só isso o prova; em vez de me regozijar com a minha aridez, deveria atribuí-la à minha falta de fervor e fidelidade, deveria ficar aflita por dormir (há sete anos) durante minhas orações e minhas *ações de graças*[351], pois bem, não me aflijo... penso que as *criancinhas* agradam tanto seus pais quando dormem como quando estão acordadas; penso que para fazer cirurgias os médicos [76f] adormecem seus pacientes. Enfim, penso que: "O Senhor vê nossa fragilidade, que Ele se lembra de que só somos pó".

Meu retiro de profissão foi, portanto, igual a todos os que fiz depois, um retiro de grande aridez. Mas Deus mostrava-me, claramente, sem eu o perceber, o meio de lhe agradar e de praticar as mais sublimes virtudes. Notei muitas vezes que Deus não quer dar-me *provisões*, alimenta-me a cada momento com alimento totalmente novo[352], encontro-o em mim, sem saber como chegou... Creio simplesmente que é o próprio Jesus, oculto no fundo do meu pobre coraçãozinho que me faz a graça de agir em mim e me leva a pensar tudo o que ele quer que eu faça no momento dado.

Alguns dias antes de minha profissão, tive a felicidade de obter a bênção do soberano pontífice; tinha-a solicitado por intermédio do bom irmão Simião para *papai* e para mim. Foi um grande consolo poder retribuir a meu paizinho querido a graça que ele me tinha propiciado levando-me a Roma.

Enfim, chegou o *belo dia* de minhas núpcias[353]. Foi sem nuvens, mas na véspera levantou-se em minha alma uma tempestade como nunca tinha visto... Nenhuma dúvida quanto à minha vocação tinha antes acudido ao meu pensamento, precisava passar por essa provação. De noite, ao fazer a via-sacra após matinas[354], minha vocação apareceu-me como um *sonho*, uma quimera... achava a vida do Carmelo muito bonita, mas o demônio me inspirava a *certeza* de que não era feita para mim, que eu enganaria meus superiores prosseguindo num caminho para o qual não era chamada... Minhas trevas eram tão grandes, que só via e compreendia [76v] uma coisa: não tinha *vocação*!... Ah! Como descrever a angústia da minha alma?... Tinha a impressão (coisa absurda que mostra bem que essa tentação vinha do demônio) de que se falasse dos meus temores à minha mestra ela me impediria de fazer meus santos votos; contudo eu queria fazer a vontade de Deus e voltar para o mundo, de preferência a ficar no Carmelo fazendo a minha[355]. Fiz minha mestra sair e, *cheia de confusão*, contei-lhe o estado da minha alma... Felizmente, ela enxergou melhor que eu e me tranquilizou completamente. Aliás, o ato de humildade que eu tinha feito acabava de afugentar o demônio, que talvez pensasse que eu não ia ousar confessar a minha tentação; logo que acabei de falar, minhas dúvidas se foram. Todavia, para tornar meu ato de humildade mais completo, quis confiar minha estranha tentação à nossa Madre, que se contentou em rir de mim.

Na manhã de 8 de setembro senti-me *inundada*[356] por um rio de *paz* e foi nessa paz, "que ultrapassava qualquer sentimento"[357], que pronunciei meus santos votos... Minha união com Jesus fez-se, não em meio a raios e relâmpagos, isto é, a graças extraordinárias, mas no âmago de uma *leve brisa* parecida àquela que nosso Pai santo Elias ouviu na montanha... Quantas graças pedi naquele dia![358]... Sentia-me verdadeiramente rainha, por isso aproveitei de meu título para liberar cativos, obter os favores do meu *Rei* para com seus súditos ingratos, enfim, queria libertar todas as almas do purgatório[359] e converter os pecadores... Rezei muito por minha *Madre*, minhas irmãs queridas... pela família toda, mas sobretudo por meu paizinho tão provado e tão santo...[360] Ofereci-me a Jesus, a fim de que cumprisse perfeitamente em mim a sua *vontade* sem que nunca as criaturas impusessem obstáculos...

Is 66,12

Fl 4,7

1Rs 19,11-13

Mt 6,10

[77f] Esse belo dia, à semelhança dos mais tristes, passou, já que os mais radiantes têm um dia seguinte. Mas foi sem tristeza que depositei minha coroa aos pés de Nossa Senhora, sentia que o tempo não levaria embora a minha felicidade... Que festa bonita foi a da Natividade de *Maria* para vir a ser a esposa de Jesus! Era a *pequena* Santíssima Virgem que apresentava sua *pequena* flor ao *menino* Jesus... Neste dia, tudo era pequeno, fora as graças e a paz que recebi, fora a alegria *tranquila* que senti de noite ao olhar as estrelas brilharem no firmamento, pensando que *em breve* o belo céu iria se abrir para meus olhos maravilhados e que eu poderia unir-me a meu esposo no seio de uma alegria eterna...

No dia 24, houve a cerimônia da minha tomada de *véu*[361]. Foi inteiramente *coberto* de lágrimas... Papai não estava para abençoar sua rainha... O padre estava no Canadá... Sua Excelência, que devia vir e almoçar em casa de meu tio, ficou doente e não veio, enfim, tudo foi tristeza e amargura... Contudo, a *paz*, sempre a *paz* encontrava-se no fundo do cálice...[362] Naquele dia, Jesus permitiu que eu não pudesse segurar as lágrimas, e minhas lágrimas não foram compreendidas...[363] de fato, eu tinha suportado sem chorar provações muito maiores, mas então era ajudada por uma graça poderosa. No dia 24, pelo contrário, Jesus deixou-me entregue às minhas próprias forças e mostrei como eram pequenas.

Oito dias depois da minha tomada de véu, houve o casamento de Joana[364]. Dizer-vos, querida Madre, como seu exemplo me instruiu a respeito das delicadezas que uma esposa deve prodigalizar ao esposo ser-me-ia impossível. Escutava com avidez tudo o que eu podia aprender, pois não queria fazer menos por meu Jesus amado[365] do que Joana por Francis, criatura sem dúvida muito perfeita, mas *criatura*!...

[77v] Diverti-me até compondo um convite³⁶⁶ para compará-lo ao dela. Eis como o concebera:

Convite para o casamento de irmã Teresa do Menino Jesus e da Sagrada Face

Jo 1,1

O Deus Todo Poderoso, Criador do Céu e da Terra, Soberano Dominador do Mundo, e a Gloriosíssima Virgem Maria, Rainha da Corte celeste, têm a honra de vos anunciar o casamento do seu Augusto Filho Jesus, Rei dos Reis e Senhor dos Senhores, com a Senhorita Teresa Martin, agora Senhora e Princesa dos reinos trazidos em dote pelo seu divino Esposo, a saber: a Infância de Jesus e sua Paixão, sendo seus títulos: do Menino Jesus e da Sagrada Face.

O senhor Louis Martin, Proprietário e Dono dos Senhorios do Sofrimento e da Humilhação, e a Senhora Martin, Princesa e Dama de Honra da Corte celeste, têm a honra de vos anunciar o casamento de sua Filha, Teresa, com Jesus, o Verbo de Deus, segunda Pessoa da Adorável Trindade, que, por obra do Espírito Santo, se fez Homem e Filho de Maria, Rainha dos Céus.

Na impossibilidade de vos ter convidado para a bênção nupcial que lhes foi dada sobre a montanha do Carmelo, em 8 de setembro de 1890 (só a corte celeste foi admitida), sois convidados, não obstante, a participar da renovação das núpcias que ocorrerá amanhã, dia da eternidade, dia em que Jesus, filho de Deus, virá sobre as nuvens do céu no esplendor de sua majestade, a fim de julgar os vivos e os mortos.

Em razão da incerteza da hora, sois convidados a permanecer de prontidão e vigiar.

[78f] Agora, Madre querida, o que resta para vos dizer? Ah! Pensava ter concluído, mas nada vos disse ainda da minha felicidade por ter conhecido nossa Santa Madre Genoveva...³⁶⁷ É uma graça inestimável essa; Deus, que me concedera tantas graças, ainda quis que eu vivesse com uma *santa*, não inimitável, mas uma santa santificada por virtudes ocultas e comuns... Mais de uma vez recebi dela grandes consolações, sobretudo num domingo. Indo, como de costume, fazer-lhe uma visitinha, encontrei duas irmãs com Madre Genoveva. Olhei sorrindo para ela e preparava-me para sair, por não podermos ficar três perto de uma doente, olhou-me com ar inspirado e me disse: "Espere, filhinha, vou dizer-lhe apenas uma palavrinha. Cada vez que vem, você me pede que lhe dê um buquê espiritual, bem, hoje, vou lhe dar o seguinte: sirva a Deus na paz e na alegria, lembre-se, boa filha, de que nosso Deus é o Deus da Paz". Depois de simplesmente agradecer-lhe, saí emocionada até as lágrimas e convencida de que Deus lhe revelara a situação da minha alma, pois naquele dia eu estava extremamente provada, quase triste, numa noite³⁶⁸ tal que não sabia mais se era amada de Deus, mas a alegria e a consolação que sentia, vós as adivinhais, querida Madre!...

1Cor 14,33

No domingo seguinte, quis saber que revelação Madre Genoveva tivera, assegurou-me não ter recebido *nenhuma*.

Então, minha admiração foi ainda maior, vendo em que eminente grau Jesus vivia nela e a fazia agir e falar. Ah! Essa *santidade* parece-me a mais *verdadeira*, a mais *santa* e é essa que eu desejo, pois nela não há ilusão...[369]

[78v] No dia de minha profissão, muito me consolou saber dela que também passara pela mesma provação que eu[370] antes de fazer seus votos... Por ocasião das nossas *grandes* aflições, recordais, Madre querida, as consolações que encontramos junto dela? Enfim, a lembrança de Madre Genoveva deixou em meu coração uma recordação perfumada... No dia da sua partida para o céu[371], senti-me particularmente emocionada. Era a primeira vez que eu assistia a uma morte. Verdadeiramente, esse espetáculo era encantador... Fiquei ao pé da cama da santa moribunda[372], via perfeitamente seus mais leves movimentos. Pareceu-me, durante as duas horas que ali passei, que minha alma deveria ter sentido muito fervor. Pelo contrário, uma espécie de insensibilidade apoderara-se de mim. Mas no *momento exato* do nascimento de nossa Santa Madre Genoveva no céu, minha disposição interior mudou. Num piscar de olhos, senti-me repleta de uma alegria e de um fervor indizíveis, era como se Madre Genoveva me tivesse comunicado uma parte da felicidade que ela gozava, pois estou certa de que foi diretamente para o céu... Durante sua vida, eu lhe disse uma vez: "Oh Madre! não passareis pelo purgatório!..."[373] "É o que *espero*", respondeu-me com doçura... Ah! Certamente Deus não pôde ludibriar uma esperança tão cheia de humildade; prova disso são todos os favores que recebemos... Cada irmã se apressou em pedir alguma relíquia; sabeis, querida Madre, a que tenho a felicidade de possuir... Durante a agonia de Madre Genoveva, reparei uma *lágrima* brilhando na sua pálpebra, como um diamante. Essa *lágrima, a última de todas as* que derramou, não caiu, via-a brilhar ainda no coro, sem que ninguém pensasse em recolhê-la. Então, peguei um pequeno pano fino, atrevi-me a me aproximar, de noite, sem ser vista e retirar, como *relíquia, a última lágrima* de uma santa... Desde então, sempre a carrego no saquinho[374] [79f] onde guardo meus votos.

Não dou importância aos meus sonhos[375], aliás, tenho-os raramente simbólicos e até me pergunto como é que, pensando em Deus o dia todo, não me ocupo mais com ele durante meu sono... de costume, sonho com matas, flores, riachos, o mar e quase sempre vejo lindas criancinhas, pego borboletas e passarinhos tais como nunca vi. Estais vendo, Madre, que meus sonhos têm feição poética, mas estão longe de ser místicos...

Uma noite, após a morte de Madre Genoveva, tive um mais consolador. Sonhei que ela fazia seu testamento, dando a cada irmã uma coisa que lhe pertencera; quando chegou minha vez, pensava nada receber, pois não lhe sobrava nada, mas, erguendo-se, disse-me três vezes, num tom penetrante: "A vós, deixo meu *coração*"[376].

Um mês depois da partida da nossa santa Madre, deflagrou uma epidemia de gripe na comunidade[377]. Só eu e mais duas irmãs ficamos de pé[378]. Nunca poderei dizer tudo o que vi, como se me deparou a vida e tudo o que passa...

O dia dos meus 19 anos foi festejado por uma morte, logo seguida por mais duas. Naquela época, eu estava sozinha para cuidar da sacristia, a primeira sacristã estava gravemente doente. Eu devia preparar os enterros, abrir as grades do coro durante a missa etc. Naquela circunstância, Deus me deu muitas graças de força; pergunto-me agora como pude fazer tudo o que fiz sem pavor. A morte reinava em toda parte, as mais doentes eram tratadas pelas que apenas conseguiam se arrastar. Logo que uma irmã exalava o último suspiro, éramos obrigadas a deixá-la sozinha. Numa manhã, ao me levantar, tive o pressentimento de que Irmã Madalena estava morta, o dormitório estava escuro, ninguém saía das celas. Por fim, decidi-me [79v] a entrar na da Irmã Madalena, cuja porta estava aberta; de fato, vi-a vestida e deitada na enxerga, não tive o menor medo. Vendo que ela não tinha vela, fui buscar uma, bem como a coroa de rosas.

Na noite da morte da Madre Vice-Priora, eu estava sozinha com a enfermeira[379]; é impossível imaginar o triste estado da comunidade naquele momento, só as que estavam de pé podem fazer ideia, mas no meio daquele abandono eu sentia que Deus velava por nós. As moribundas passavam sem esforço para a melhor vida. Logo depois da morte, uma expressão de alegria e de paz espalhava-se em seus traços, parecia um sono suave. De fato era, pois após a figura deste mundo que passa acordarão para usufruir eternamente das delícias reservadas aos eleitos...

1Cor 7,31

Durante todo o tempo em que a comunidade foi provada dessa forma, pude ter a inefável consolação de comungar *todos os dias*... Ah! Como era bom!... Jesus me mimou muito tempo, mais tempo que suas fiéis esposas, pois permitiu que mo dessem sem as outras terem a felicidade de recebê-lo. Estava também muito feliz por poder tocar nos vasos sagrados, por preparar os *paninhos* destinados a receber Jesus. Sentia que precisava ser muito fervorosa e lembrava-me com frequência esta palavra dirigida a um santo diácono: "Sede santo, vós que levais os vasos do Senhor".

Is 52,11

Não posso dizer que recebi frequentes consolações durante minhas ações de graças; talvez seja o momento em que as tenho menos... Acho isso muito natural, pois ofereci-me a Jesus não como uma pessoa que deseja receber a visita dele para a própria consolação mas, pelo contrário, para o prazer de quem se dá a mim. — Represento-lhe minha alma como território *livre* e peço a Nossa Senhora que remova o *entulho* que poderia impedi-la [80f] de ser *livre*, depois suplico-lhe que ela mesma erga uma ampla tenda digna do céu, enfeite-a com seus *próprios* adornos e convido todos os santos e anjos para virem dar um concerto magnífico[380].

Quando Jesus desce ao meu coração, tenho a impressão de que ele fica contente por se ver tão bem recebido e eu também fico contente... Tudo isso não impede as distrações e o sono de vir visitar-me. Mas ao terminar a ação de graças, vendo que a fiz tão mal, tomo a resolução de passar o resto do dia em ação de graças... Estais vendo, Madre querida, que estou muito longe de ser levada pelo caminho do temor[381], sempre sei encontrar o meio de ser feliz e tirar proveito das minhas misérias... [382] sem dúvida, isso não desagrada a Jesus, pois parece encorajar-me nessa via. Um dia, contrariamente a meu hábito, eu estava um pouco perturbada ao ir comungar, tinha a impressão de que Deus não estava contente comigo e pensava: "Ah! Se hoje eu receber só *metade de uma hóstia*, vou ficar muito aflita, vou acreditar que Jesus vem constrangido ao meu coração". Aproximo-me... Oh, felicidade! Pela primeira vez na minha vida, vejo o padre pegar *duas hóstias*, bem separadas, e mas dar!... Compreendeis minha alegria e as doces lágrimas que derramei vendo tão grande misericórdia...

No ano seguinte à minha profissão, isto é, dois meses antes da morte de Madre Genoveva, recebi grandes graças durante o retiro[383].

Ordinariamente, os retiros pregados são-me mais penosos que os que faço sozinha, mas naquele ano foi diferente. Tinha feito uma novena preparatória com muito fervor, apesar do sentimento íntimo que me animava, pois tinha a impressão de que o pregador não saberia compreender-me[384], por ser destinado sobretudo a atender ao bem dos grandes pecadores, [80v] mas não das almas religiosas. Querendo Deus mostrar-me que só ele era o diretor da minha alma, serviu-se justamente desse padre que só não foi apreciado por mim...[385] Tinha então grandes provações interiores de todos os tipos (até me perguntar, às vezes, se o céu existe[386]). Sentia-me disposta a nada dizer sobre minhas disposições interiores, não sabendo como expressá-las; mal entrei no confessionário, senti minha alma dilatar-se. Depois de falar poucas palavras, fui compreendida de modo maravilhoso e até *adivinhada*... minha alma parecia um livro no qual o padre lia melhor do que eu mesma... Lançou-me de velas desfraldadas nas ondas da *confiança e do amor*[387] que me atraíam com tanta força, mas nas quais não ousava avançar...[388] Disse-me que *minhas faltas não entristeciam a Deus*[389], que, *estando no lugar dele*, me dizia *em nome dele* que estava muito satisfeito comigo...[390]

Oh! Como fiquei feliz ao ouvir essas palavras consoladoras!... Nunca tinha ouvido dizer que as faltas podiam não entristecer a Deus. Essa garantia encheu-me de alegria, fez-me suportar com paciência o exílio da vida... No fundo do meu coração, sentia muito bem que era verdade, pois Deus é mais terno que uma mãe. Pois então vós, Madre querida, não estais sempre disposta a me perdoar as pequenas indelicadezas que vos faço involuntariamente?... Quantas vezes fiz disso a doce experiência!... Nenhuma censura me teria movido melhor que uma das vossas carícias. Sou de tal natureza que o temor me faz recuar; com o *amor*, não só avanço, mas voo...[391]

Oh Madre! foi sobretudo a partir do dia abençoado da vossa eleição[392] que voei nas vias do amor... Naquele dia, Paulina passou a ser meu Deus vivo... pela segunda vez, passou a ser: "Mamãe"!...[393]

[81f] Já faz quase três anos que tenho a felicidade de contemplar as *maravilhas* que Jesus opera por meio de minha madre querida... Vejo que *só o sofrimento* pode gerar as almas e que, mais do que nunca, essas sublimes palavras de Jesus me revelam sua profundeza: "Em verdade, em verdade vos digo: se o grão de tri-

Jo 12,24-25 go, lançado na terra, não morrer, fica só, como é; mas, se morrer, produz abundante fruto". Que safra abundante não tendes colhido!... Semeastes nas lágrimas, mas logo vereis o fruto dos vossos trabalhos, voltareis cheia de alegria carregan-
Sl 125,5-6 do feixes... Oh, *Madre*, entre esses feixes floridos, a *florzinha branca* mantém-se oculta, mas no céu terá uma voz para cantar *a doçura* e as *virtudes* que vos vê praticar cada dia, na sombra e no silêncio da vida de exílio... Sim, há três anos compreendi os mistérios até então ocultos para mim. Deus teve para comigo a mesma misericórdia que teve para com o rei Salomão. Não quis que eu tivesse um único desejo realizado, não só meus desejos de perfeição, mas ainda aqueles cuja *vaidade* compreendia sem a ter experimentado.

Tendo-vos considerado sempre como meu *ideal*, querida Madre, desejava ser semelhante a vós em tudo. Vendo-vos executar belas pinturas e encantadoras poesias, dizia comigo mesma: "Ah! Como seria feliz de poder pintar, de saber expressar meus pensamentos em versos e também fazer bem às almas..." Eu não teria desejado *pedir* esses dons naturais e meus desejos permaneciam *ocultos* no fundo do meu *coração*. *Jesus* também *oculto* nesse pobre *coraçãozinho* comprazeu-se em mostrar-lhe que tudo é vaidade e aflição de espírito sob o sol... Para grande espanto das irmãs, fizeram-me *pintar*[394] e Deus permitiu que eu soubesse aproveitar as lições que minha Madre querida me deu... Quis ainda [81v] que, a exemplo dela, eu pudesse compor poesias, peças teatrais que foram consideradas bonitas... Assim como Salomão, *considerando todas as obras realizadas por suas mãos, nas quais empenhara fadigas tão inúteis, viu que tudo era vaidade*[395] *e aflição de espírito*. Percebi também, por EXPERIÊNCIA, que a felicidade só consiste
Ecl 2,11 em esconder-se, em ignorar as coisas criadas. Compreendi que sem o *amor* todas as obras são nada, mesmo as mais brilhantes, como ressuscitar os mortos ou converter os povos...

Em vez de me prejudicar, levar-me à vaidade, os dons que Deus me prodigalizou (sem que eu peça) me levam para ele. Vejo que só ele é *imutável*, que só ele pode satisfazer meus enormes desejos...

Há ainda outros desejos, de outro tipo, que aprouve a Jesus cumular-me, desejos infantis, semelhantes aos da neve da minha tomada de hábito.

Sabeis, querida Madre, quanto gosto de flores; fazendo-me prisioneira aos 15 anos, renunciei para sempre à alegria de correr pelos campos salpicados dos tesouros da primavera. Pois bem! nunca tive mais flores do que desde o meu ingresso no Carmelo...[396] os noivos costumam oferecer com frequência ramalhetes às suas noivas. Jesus não o esqueceu, mandou-me em profusão molhos de centáureas, grandes margaridas, papoulas etc., todas as flores que mais me agradam. Havia até uma florzinha chamada nigelo dos trigos, que não havia visto desde nossa estadia em Lisieux; desejava muito rever essa flor de *minha infância*, que eu colhia nos campos de Alençon; foi no Carmelo que ela veio me sorrir e mos-
Mt 19,29 trar-me que, nas menores como nas maiores coisas, Deus dá o cêntuplo desde esta vida às almas que deixaram tudo por seu amor.

Mas o mais íntimo dos meus desejos, o maior de todos, que pensava nunca ver realizado [82f], era o ingresso da minha querida Celina[397] no mesmo Carmelo que nós... Esse *sonho* parecia-me inverossímil[398]; viver sob o mesmo teto, partilhar das mesmas alegrias e das mesmas penas de minha companheira de infância, já tinha feito o sacrifício disso, tinha entregue a Jesus o futuro de minha querida irmã, resolvida a vê-la partir para o fim do mundo se fosse preciso. A única coisa que eu não podia aceitar[399] era que não fosse esposa de Jesus, pois, amando-a tanto quanto a mim mesma, era-me impossível vê-la entregar o coração a um mortal. Já sofrera bastante por sabê-la exposta no mundo a perigos que me haviam sido desconhecidos[400]. Posso dizer que, desde a minha entrada no Carmelo, meu amor por Celina era tanto de mãe como de irmã... Um dia em que ela devia ir a um sarau[401], isso me causou tanto desgosto que suplicava a Deus que a *impedisse de dançar* e até (contra meu hábito) derramei torrentes de lágrimas. Jesus dignou-se atender-me, não permitiu que sua noivinha pudesse *dançar* naquela noite (embora não tivesse qualquer constrangimento em fazê-lo graciosamente quando necessário). Tendo sido convidada sem poder recusar, seu par ficou totalmente impossibilitado de *dançar*; muito confuso, foi condenado a simplesmente *andar* para reconduzi-la a seu lugar e esquivou-se sem reaparecer o resto da noite. Esse caso, único no gênero, fez aumentar minha confiança e meu amor àquele que, pondo seu *sinal* na minha testa, o tinha também impresso na da minha querida Celina...

Sl 115,16

Em 29 de julho do ano passado, Deus, rompendo os laços do seu incomparável servo[402] e chamando-o para a recompensa eterna, rompeu ao mesmo tempo os que retinham no mundo sua querida noiva. Ela tinha cumprido sua primeira missão; encarregada de *representar a nós todas* junto a nosso Pai tão ternamente amado. Essa missão, cumpriu-a como um anjo... e os anjos não ficam [82v] na terra depois de cumprida a vontade de Deus; voltam logo para junto dele, é para isso que têm asas... Nosso anjo também sacudiu suas asas brancas, estava disposto a voar *muito longe* para encontrar Jesus, mas Jesus o fez voar *pertinho*... Contentou-se com a aceitação do grande sacrifício que foi muito *doloroso* para Teresinha... Durante *dois anos*, sua Celina escondera-lhe um segredo...[403] Ah! Como sofrera também!... Enfim, do alto do céu, meu Rei querido, que na terra não gostava das lerdezas, apressou-se em resolver os compromissos tão embaralhados da sua Celina e, em 14 de setembro, reunia a todas nós!...

Num dia em que as dificuldades pareciam insuperáveis, eu disse a Jesus durante minha ação de graças: "Sabeis, meu Deus, como desejo saber se papai foi *direto para o Céu*, não vos peço para me falar, mas dai-me um sinal. Se a Irmã A. de J.[404] consentir na entrada de Celina ou não opuser obstáculo, esta será a resposta de que papai foi *direto para junto de vós*". Esta irmã, como sabeis, querida Madre, achava que já era demais três de nós e, por isso, não queria mais uma. Mas Deus, que segura na mão o coração das criaturas e o faz pender para onde quer, mudou as disposições da irmã; depois da ação de graças, a primeira pessoa que encontrei foi ela, que me chamou com aspecto aprazível, disse-me que fosse vos encontrar e falou-me de Celina com lágrimas nos olhos...

Ah! Quantos motivos tenho de agradecer a Jesus, que soube satisfazer todos os meus desejos!...

Agora, não tenho mais nenhum desejo[405], a não ser o de amar Jesus loucamente... meus desejos infantis se foram; sem dúvida gosto de enfeitar de flores o altar do Menino Jesus, mas depois que me deu a *flor* que eu desejava, minha *querida Celina*, não desejo outra, é ela que lhe ofereço [83f] como meu mais encantador ramalhete...

Tampouco desejo o sofrimento e a morte[406], embora ame a ambos, mas é só o *amor*[407] que me atrai... Durante muito tempo os desejei; possuí o sofrimento e pensei ter alcançado as margens do céu; pensei que a florzinha seria colhida na sua primavera... agora, só o abandono me guia, não tenho outra bússola!... Não posso pedir mais nada com ardor, exceto o cumprimento perfeito da vontade de Deus acerca da minha alma, sem que as criaturas possam opor obstáculo. Posso dizer as palavras do cântico espiritual do nosso pai São João da Cruz: "No celeiro interior do meu Amado, bebi e quando saí, em toda essa planície, não conhecia mais nada e perdi o rebanho que eu antes seguia... Minha alma empenhou-se com todos os seus recursos a seu serviço. Não guardo mais rebanho algum, não tenho outro ofício, porque agora meu exercício todo consiste em *amar*!"[408] Ou ainda: "Desde que dele tenho a experiência, o AMOR é tão poderoso em obras que sabe *tirar proveito de tudo*, do bem e do *mal* que encontra em mim e transformar minha alma em si[409]. Ó Madre querida! Como é suave o caminho do amor. Sem dúvida, pode-se cair, podem-se cometer infidelidades, mas sabendo o amor *tirar proveito de tudo* sem demora consumiu logo *tudo* o que possa desagradar a Jesus, deixando apenas uma humilde e profunda paz no fundo do coração...

Ah! Quantas luzes hauri nas obras do nosso pai São João da Cruz!...[410] Aos 17 e 18 anos não tinha outro alimento espiritual, depois, todos os livros deixaram-me na aridez. Ainda estou nesse estado. Quando abro um livro composto por um autor espiritual (até o mais belo, o mais emocionante), sinto logo meu coração oprimir-se e leio-o sem, por assim dizer, compreender ou, se compreendo, meu espírito estaca sem poder meditar... Nesses momentos, a Sagrada Escritura e a Imitação [83v] vêm socorrer-me; nelas encontro um alimento sólido e totalmente *puro*. Mas é sobretudo o *Evangelho*[411] que me sustenta nas minhas orações; nele encontro tudo o que é necessário para minha pobre alminha. Sempre descubro novas luzes, sentidos ocultos e misteriosos...

Compreendo e sei por experiência "Que o reino de Deus está dentro de nós[412]. Jesus não precisa de livros nem de doutores para instruir as almas. Ele, o Doutor dos doutores, ensina sem ruído de palavras[413]... Nunca o ouvi falar, mas, a cada momento, sinto que está em mim, guia-me, inspira o que devo dizer ou fazer. Bem no momento em que preciso, descubro luzes que ainda não tinha visto antes; na maioria das vezes, não é durante as minhas orações que elas são mais abundantes, é ainda no meio das ocupações diárias...

Ó Madre querida, depois de tantas graças, posso cantar com o salmista: "Como o Senhor é *bom*, como é eterna sua *misericórdia*". Parece-me que, se todas as criaturas tivessem as mesmas graças que tenho, Deus não seria temido por ninguém, mas amado até a loucura, e por *amor*; não tremendo, alma alguma consentiria em causar-lhe desgosto... Compreendo todavia que as almas não podem ser todas parecidas, é preciso que existam de diversas famílias a fim de honrar especificamente cada uma das perfeições de Deus. A mim, ele deu sua *infinita misericórdia* e é *por meio dela* que contemplo e adoro as demais perfeições divinas!... Então, todas me parecem radiantes de *amor*, a própria justiça (e talvez ainda mais que as outras) me parece revestida de *amor*... Sl 117,1

Que doce alegria essa de pensar que Deus é *justo*, isto é, que leva em conta as nossas fraquezas, que conhece perfeitamente a fragilidade de nossa natureza. Então, de que teria eu medo? Ah! O Deus infinitamente justo que se dignou [84f] perdoar com tanta bondade todas as faltas do filho pródigo não deve ser justo também para comigo que "estou sempre com ele"? Lc 15,21-24 Lc 15,31

Neste ano, em 9 de junho, festa da Santíssima Trindade, recebi a graça de compreender mais do que nunca quanto Jesus deseja ser amado[414].

Pensava nas almas que se oferecem como vítimas à justiça divina, a fim de desviar e atrair sobre si os castigos reservados aos culpados. Este oferecimento parecia-me grande e generoso, mas eu estava longe de sentir-me inclinada a fazê-lo. "Oh, meu Deus!", exclamei no fundo do meu coração, "haveria só vossa justiça que receba almas que se imolam como vítimas?... Vosso *Amor* Misericordioso não precisa delas também? Por toda parte ele é desconhecido, rejeitado; os corações aos quais quereis prodigalizá-lo inclinam-se para as criaturas, pedindo-lhes a felicidade com sua miserável afeição, em vez de lançar-se em vossos braços e aceitar vosso infinito *Amor*... Ó meu Deus! Vosso amor desprezado terá de permanecer em vosso coração? Parece-me que, se encontrásseis almas que se oferecessem como vítimas de holocausto ao vosso amor, as consumiríeis rapidamente. Parece-me que seríeis feliz em não conter as ondas de infinitas ternuras que estão em vós... Se vossa justiça gosta de descarregar-se, embora só se exerça na terra, quanto mais vosso Amor Misericordioso que se eleva até os céus deseja *abrasar* as almas... Oh, meu Jesus! que seja *eu* essa feliz vítima, consumais vosso holocausto pelo fogo do vosso divino amor!"... Sl 35,6

Madre querida, vós que permitistes que eu me oferecesse assim a Deus, conheceis os rios, ou melhor, os oceanos de graças que vieram inundar minha alma...[415] Ah! Desde esse dia feliz, parece-me que o *Amor* me penetra, me cerca; que a cada instante esse *Amor Misericordioso* me renova, purifica minha alma e não deixa vestígio algum de pecado. Por isso, [84v] não posso temer o purgatório... Sei que por mim mesma não mereço entrar nesse lugar de expiação, pois só as almas santas podem ter acesso a ele, mas sei também que o Fogo do Amor é mais santificante que o do purgatório, sei que Jesus não pode desejar para nós sofrimentos inúteis e que ele não me inspiraria os desejos que eu experimento, se ele não os quisesse satisfazer.

Oh! Como é doce o caminho do amor!... Como quero me esforçar por fazer sempre, com o maior desprendimento, a vontade de Deus!...

Eis, querida Madre, tudo o que posso dizer-vos da vida da vossa Teresinha. Conheceis muito melhor, por vós mesma, o que ela é e o que Jesus fez por ela; por isso, perdoar-me-eis por ter abreviado tanto a história da sua vida religiosa...

Como terminará a "história de uma florzinha branca"? Talvez a florzinha seja colhida no seu frescor ou transplantada para outras praias...[416] ignoro-o, mas a certeza que tenho é de que a misericórdia de Deus a acompanhará sempre, de que nunca deixará de abençoar a Madre querida que a deu a Jesus; eternamente regozijar-se-á por ser uma das flores de sua coroa... Eternamente cantará com essa Madre querida o cântico sempre novo do amor...

Sl 22,6

Ap 14,3

[85V] Explicação das armas

O brasão JHS é o que Jesus se dignou trazer como dote para sua pobre esposinha. A órfã da Beresina[1] tornou-se Teresa do MENINO JESUS E DA SAGRADA FACE. São esses seus títulos de nobreza, sua riqueza e sua esperança. A videira que separa o brasão é a figura daquele que se dignou dizer-nos: "Eu sou a vide, vós os sarmentos. Aquele que permanece em mim e eu nele produz muito fruto". Os dois ramos que cercam, um a Sagrada Face e o outro o menino Jesus, são a imagem de Teresa que só tem um desejo cá na terra, oferecer-se como um cachinho de uvas[2] para refrescar Jesus Menino, diverti-lo, deixar-se espremer por ele ao sabor de seus caprichos e também poder estancar a sede ardente que teve durante a paixão[3]. A harpa[4] também representa Teresa que quer cantar sem cessar melodias de amor para Jesus[5].

Jo 15,5

Jo 19,28

O brasão FMT é o de Maria Francisca Teresa, a florzinha da Santíssima Virgem, por isso essa florzinha é representada recebendo os raios benéficos da Doce Estrela da manhã[6]. A terra verdejante representa a família abençoada no seio da qual a florzinha cresceu; mais ao longe, vê-se uma montanha que representa o Carmelo. É esse lugar abençoado que Teresa escolheu para representar, nessas armas, o dardo inflamado[7] do amor que deve merecer-lhe a palma do martírio[8] à espera de que possa verdadeiramente dar seu sangue por aquele que ama. Pois para retribuir todo o amor de Jesus gostaria de fazer por ele o que ele fez por ela... mas Teresa não esquece que é um *caniço* fraco[9], por isso o colocou no brasão.

O triângulo luminoso representa a Adorável Trindade, que não cessa de derramar seus dons inestimáveis[10] na alma da pobre Teresinha, por isso, na sua gratidão, ela nunca se esquecerá desse lema: "O Amor só se paga com o Amor[11].

> Je chanterai éternellement les Miséricordes du Seigneur !...
>
> Armoiries de Jésus et de Thérèse
>
> JHS   FMT
>
> Jours de Grâces accordés par le Seigneur à sa petite épouse
>
> Naissance 2 Janvier 1873 — Baptême 4 Janvier 1873 — Sourire de la Sainte Vierge Mai 1883 — Première Communion 8 Mai 1884 — Confirmation 14 Juin 1884 — Conversion 25 Décembre 1886 — Audience de Léon XIII 20 Novembre 1887 — Entrée au Carmel 9 Avril 1888 — Prise d'habit 10 Janvier 1889 — Notre grande richesse 12 Février 1889 — Examen canonique — Bénédiction de Léon XIII Septembre 1890 — Profession 8 Septembre 1890 — Prise de voile 24 Septembre 1890 — Offrande de moi-même à l'Amour 9 Juin 1895.

NOTAS MANUSCRITO A

1. Iniciais de Jesus, Maria, José, Teresa de Ávila. Cabeçalho em uso no Carmelo e que encontramos em quase todos os escritos de Teresa.

2. "A história da florzinha colhida por Jesus" (3v) desenvolve-se ao longo do Manuscrito A, até as armas (85v). A "florzinha branca" foi a arrebenta-pedra que seu pai lhe deu quando lhe anunciou sua vocação (50v). Manuscrito A, 17r, 31v, 81v; Manuscrito B, 4r,/v; Poesias (P) 34; 51 etc.

3. O tema principal do Manuscrito A. A palavra *misericórdia*, encontrada na mesma página com a citação de São Paulo, volta vinte e nove vezes nos Manuscritos autobiográficos, ao lado da oração principal, o *Ato de oferenda ao Amor Misericordioso* (O 6).

4. A "Virgem do Sorriso" que, hoje, encima o relicário da santa. Ocupa um lugar essencial na vida de Teresa, curando-a, na infância, de sua doença nervosa (29v/31f) e acompanhando-a na agonia, na enfermaria.

5. Teresa insiste na ideia, que lhe é cara, a do *prazer* de Deus, retomada catorze vezes nos Manuscritos. A *gratuidade* do amor de Deus está no centro da sua mensagem. Cf. Manuscrito C, 2f, 20.

6. Um dos "gestos", uma das imagens essenciais do amor, da graça divina, segundo Teresa, que aparece vinte e quatro vezes nos Escritos (cf. sobretudo Manuscrito B, 3v, fim).

7. Cf. 50v.

8. A família toda de Teresa: naquele momento, "três lírios" no Carmelo; "um outro lírio" (Leônia) na Visitação; "as duas hastes abençoadas" (os pais), que foram encontrar "os quatro lírios", os irmãos e irmãs mortos na infância.

9. Primeira infância, em Alençon (até a morte de sua mãe), infância nos Buissonnets (até a "Graça de Natal"), 1886, e de 1886 até a data da redação do Manuscrito A (1895). As demarcações desses períodos não são bem determinadas, tanto é que, em 13r e 45v, Teresa fala dos três períodos "da sua vida".

10. Carta da senhora Martin para sua filha Paulina (5/12/1875). Naquele lugar, Teresa acrescenta uma folha (5f/v), para transcrever passagens das cartas da senhora Martin que Madre Inês lhe comunicou.

11. Da senhora Martin para Maria e Paulina, 25/6/1874.

12. Da senhora Martin para Paulina, 29/10/1876.

13. *Idem*, 21/5/1876.

14. Sua irmã, Maria. Tinha deixado o internato (a Visitação do Mans) em 2/8/1875.

15. 23/5/1875; Teresa tinha dois anos e meio.

16. Armandina Dagorau, companheira de primeira comunhão, a quem a senhora Martin "tinha dado a roupa, segundo costume das famílias abastadas de Alençon. Essa criança não se afastou de Leônia um só momento desse dia; à noite, no grande jantar, foi colocada no lugar de honra" (HA).

17. Na realidade, em 1/7/1873.

18. Rosa Taillé, que morava em Semallé, a duas horas a pé de Alençon. Teresa foi-lhe entregue de 15 ou 16/3/1873 a 2/4/1874.

19. Da senhora Martin para Paulina, 14/5/1876.

20. 29/3/1875, visita à irmã da senhora Martin, irmã Maria Dositeia, na Visitação.

21. Da senhora Martin para Paulina, 5/12/1875. A respeito da memória de Teresa, cf. Manuscrito A, 4v, 13v; CA 5.8.7.

22. Luisa Marais, empregada dos Martin em Alençon.
23. "Sacrifícios". Ver complementos em HA.
24. "Fine comine Pombre" em vez de "fine comine Pambre" (*âmbar*).
25. Círculos artísticos e recreativos criados sob o impulso de Albert de Mun; o de Alençon teve início em 1875.
26. Da senhora Martin para Paulina, 8/11/1876.
27. *Idem*, 4/3/1877.
28. A prefeitura encontra-se à rua Saint-Blaise, diante da casa dos Martin.
29. Expressão da senhora Martin.
30. Da senhora Martin para Paulina, 10/5/1877.
31. Um dos verbos essenciais do vocabulário teresiano (noventa e cinco vezes nos escritos). Aqui, Teresa dá imediatamente a esse gesto infantil a força de uma parábola ("o resumo da minha vida"), numa interpretação psicológica muito apropriada, embora paradoxal: em vez de tudo possuir, trata-se de não escolher entre os sofrimentos e abdicar da própria vontade; insiste no tema do sofrimento, condutor dos Manuscritos (cf. Manuscrito A, 73f, 81f etc.). O palre Piat minimiza muito o alcance dessa "avidez" que poderia ser atribuída a Teresa, devido ao pouco valor do presente de Leônia, "pedacinhos de pano"...
32. Vital Homet, amigo do senhor Martin.
33. Esse sonho de criança reflete bem a reação constante de Teresa em relação ao demônio (cf. RP 7, 2f/v; Manuscrito B, 5v; Carta 92; 200 e CA *passim*).
34. A doença, de natureza cancerosa, já sentida em 1865, declarou-se em outubro de 1876. Cf, o relato pormenorizado do Dr. Cadéot, em *Zélie Martin*, p. 173-194.
35. Da senhora Martin para Paulina, 22/3/1877.
36. *Idem*, 4/3/1877.
37. Pequena propriedade adquirida pelo senhor Martin antes do seu casamento (atualmente, rua do Pavilhão Santa Teresa).
38. A mãe do senhor Martin.
39. Esposa de um sobrinho do senhor Martin, que lhe deixara a joalheria em 1870.
40. 28 de agosto de 1877; tinha 45 anos.
41. Na realidade, 14 anos.
42. Madre Genoveva de Santa Teresa, uma das fundadoras do Carmelo de Lisieux; cf. *infra*, Manuscrito A, 69v e 78f/79f.
43. Celina conta que Teresa lhe "teria dito mais tarde ter agido dessa forma a fim de que Paulina não ficasse triste e não se considerasse desprezada" (PA, p. 287s e o apêndice de HA).
44. A Graça de Natal de 1886; vai completar 14 anos (cf. Manuscrito A, 45f/v).
45. Cf. uma expressão análoga aplicada a Jesus (P 36,2, *Só Jesus*).
46. Retomada dos temas *sol* e *flor* (cf. *supra*, 3f, 3v, 12f).
47. 15/11/1877. O senhor Martin resolvera morar em Lisieux a fim de aproximar as filhas da família materna: o senhor e a senhora Guérin, as duas filhas deles, Joana e Maria. Isidoro Guérin tinha uma farmácia na praça São Pedro. Ele foi buscar as sobrinhas.
48. HA esclarece: "No dia seguinte, fomos levadas para a nossa nova morada, quero dizer para os Buissonnets, bairro solitário situado próximo a um belo passeio chamado de 'Jardim da Estrela'. Achei a casa graciosa: um mirante, com uma vista para longe, um jardim inglês na frente, uma grande horta atrás da casa; para a minha jovem imaginação,

tudo isso foi uma feliz novidade. De fato, essa residência risonha veio a ser o palco de muitas e doces alegrias, de inesquecíveis cenas familiares". O bairro chamava-se de "Bissonnets", as meninas Martin deram o nome de "Buissonnets" a sua nova residência, nome primitivo do bairro, provavelmente.

49. Pode-se acrescentar a ortografia (cf. 37v), embora posteriormente Teresa tenha dado aulas de ortografia a Leônia, com grande delicadeza (cf. PO, p. 346). A respeito da ortografia, da pontuação, das maiúsculas, das sublinhas, da letra de Teresa, cf. CG, p. 62-67.

50. Segundo andar, na mansarda, sobre a fachada dos Buissonnets.

51. O céu, nos dois sentidos, desempenha grande papel no pensamento e no imaginário de Teresa (não menos de 681 referências nos escritos). Cf. Manuscritos A, 35v, 44f, 80v; Manuscrito B, 2v; Manuscrito C, 1f, 9f; P 22, 1 etc.

52. Os pingos de chuva ou as lágrimas segundo Teresa (cf. *infra*, 54f/v, 63v, 78v).

53. Irmã Maria do Sagrado Coração relata: "Havia então, no seu rosto, uma expressão enternecida e respeitosa; sentia-se que via Nosso Senhor em seus membros padecentes. Aos 10 anos, pediu para cuidar de uma pobre mulher que estava morrendo e não tinha quem a assistisse etc." (PO, p. 247).

54. Teresa repetia frequentemente a seguinte fórmula de oferta durante o dia: "Meu Deus, dou-vos meu coração: tomai-o por favor, a fim de que nenhuma outra criatura possa possuí-lo, mas apenas vós, meu bom Jesus" (citada por S. Piat, *Histoire d'une famille*, OCI, 1965, p. 189).

55. Vitória Pasquer, empregada da família Martin.

56. Coadjutor, na catedral São Pedro.

57. Final de 1879 ou início de 1880. Cf. *infra*, 34v.

58. Cf. C 7; Manuscrito B, 4f/v; P 34 e 51.

59. O senhor Martin tinha 57 anos em 1880.

60. Leigos do "conselho de fábrica", encarregados de administrar os bens da paróquia, no caso, da catedral.

61. Celebradas imediatamente depois das vésperas, naquela época, no início da tarde.

62. Imagem da eternidade, de que Teresa gostava; cf. P 54, 16; Manuscrito A, 36f; C 137, final; P 5, 14; O 7,

63. Filha do sol, Teresa demonstra pouco interesse pela lua, mas gosta muito das estrelas (cf. *infra*, 18v, 48f; P 18, 27.

64. HA acrescenta: "Maria ou Paulina lia *O Ano litúrgico* (de dom Guéranger); e algumas páginas de um livro ao mesmo tempo interessante e instrutivo".

65. "Os resfriados se transformavam em bronquite; posteriormente, isso deixou de acontecer. No Carmelo, raras vezes se resfriava" (nota de Madre Inês).

66. Esse problema do grau de glória dos eleitos preocupa Teresa; cf. HP 7, 3v.

67. Essa *visão*, acontecida em pleno dia, não em sonho, se deu no verão, quando o senhor Martin estava em viagem a Alençon. O ano fica impreciso: mais 1880 (cf. 20f, 20v) do que 1879 (211). A própria Teresa admite não se lembrar do ano: "Na idade dos 6 ou 7 anos" (20v).

68. Frase restabelecida recentemente (cf. MS/NEC). Uma ideia muito teresiana: Deus prevê, prepara no instante presente eterno. Encontra-se uma expressão paralela a respeito

da provação do senhor Martin, *infra*, em 73f. Talvez, para Teresa, haja sempre por detrás da provação do seu pai, a imagem da agonia no Jardim das Oliveiras.

69. Irmã Maria do Sagrado Coração confirma o aspecto profético deste pormenor ao informar que no início da sua terrível doença, "era visto (o senhor Martin) cobrindo frequentemente a cabeça" (PA, p. 244-245).

70. A paralisia cerebral que anuviará as faculdades do senhor Martin no final da vida e o obrigará a uma internação no hospital psiquiátrico. Cf. *infra*, 71v a 75v.

71. 8/8/1878; portanto, Teresa tinha 5 anos e 8 meses. Tratava-se de uma visita breve à família Guérin.

72. Num compêndio de leitura, *La Tirelire aux histoires*, de Louise S. W. Belloc (com o título de "A senda do ouro"); trata-se do sonho simbólico de uma menina que navega no rastro de ouro do sol poente, imagem da graça (texto e comentário em VT, n. 61, p. 74-80). Mas o episódio se dá, sem dúvida, no outro ano, em 1879 ou 1881.

73. Internato das beneditinas estabelecido perto da Abadia de Notre-Dame-du-Pré, em Lisieux. Teresa encontra as primas Guérin e a irmã Celina, semi-interna como ela.

74. Uma antiga companheira de Teresa relata ter havido uma grande diferença entre "a grande delicadeza" do seu meio familiar e a "educação vulgar" de muitas das companheiras (PO, p. 555).

75. Teresa acrescentou modestamente "quase" na entrelinha. De acordo com sua professora, era "um pouco fraca em cálculo e em ortografia", muito esforçada em tudo, sempre primeira na instrução religiosa. "Quanto à inteligência, era verdadeiramente bem provida, embora tivesse em sua sala de aula, êmulas de igual valor" (PA, p. 390-391).

76. "Era muito alegre e expansiva no seio da sua família e conosco. Via-se, então, que compensava o constrangimento que o internato lhe impunha" (testemunho ao PO, p. 266, da antiga empregada dos Guérin).

77. Amram (Ex 6,20).

78. Primas das meninas Guérin.

79. Teresa não gostava das brincadeiras das crianças de sua idade (cf. PA, p. 391, e *infra*, 37r).

80. Parque em forma de estrela, no caminho de Pont-l'Evêque, próximo aos Buissonnets, loteado posteriormente.

81. Não esquecer que, em 1895, irmã Genoveva (Celina) é a primeira leitora dos caderninhos do Manuscrito A, à medida que se redige.

82. A respeito da irmanação das duas irmãs, cf. C 134; Manuscrito A, 62r; O 9.

83. Quinta-feira, 13/5/1880. Teresa volta no tempo, (desde 22f, falava da Abadia onde só ingressou em outubro de 1881).

84. A separação é uma das obsessões de que Teresa não consegue livrar-se completamente (cf. Manuscrito A, 9f, 41f, 43v, 62f, 68v; C 21, 134, 167 e outras). Ver-se-á, contudo, no Manuscrito C, 9f/v, o heroísmo com que aceitou o exílio das suas irmãs para a Indochina.

85. Maria Guérin, futura irmã Maria da Eucaristia.

86. Só a família próxima e as criancinhas podiam, naquela época, "ver as carmelitas".

87. Madre Maria de Gonzaga.

88. 2 de outubro de 1882.

89. 25 de março; Teresa tinha 10 anos.

90. Consultado pela senhora Martin durante sua última doença, esse médico cuidou do senhor Martin, de 1887 a 1889; parece que não entendeu a doença de Teresa.

91. Aimée Roger, cozinheira dos Guérin.

92. Cf. João da Cruz, CE, estrofes XIV e XV, p. 230 da edição de Teresa.

93. As tomadas de hábito das cinco irmãs Martin (incluindo Leônia).

94. Era a opinião dos Guérin, segundo testemunho de Joana La Néele ao PO (p. 240-241). Segundo o doutor Gayrat, tratava-se de uma neurose, depois de seis meses de angústia: "Vivendo com a impressão de ter sido abandonada pela segunda mãe, afundou num comportamento infantil a fim de ser mimada como bebê" (revista *Carmel*, 1959/2, p. 81-96).

95. Segundo Teresa, a humilhação aceita por Deus é sempre sinal de amor (cf. particularmente Manuscrito C, 27f).

96. O padre Almire Pichon, jesuíta. Cf. *infra*, nota 311 e "Petit Dictionnaire des noms propres".

97. *Exterior* e *temor*, sublinhadas, indicam uma citação; encontram-se numa passagem de João da Cruz (CE, estrofes XX-XXI, p. 307-308).

98. As linhas seguintes até o final do parágrafo ("para mim") foram acrescidas tardiamente por Teresa no seu manuscrito.

99. Uma unica vez, após a morte de Heleninha, segundo nota de Madre Inês.

100. Devoção e santuário parisienses, caros aos Martin; cf. *infra*, 30v, 56v/57f; Manuscrito C, 8f; PO, p. 366; P 35.

101. Pentecostes, 13/5/1883; Teresa estava doente havia quarenta e nove dias.

102. Descrição mais detalhada em HA e, por Maria, ao PO, p. 241; ao PA, p. 228.

103. Essa grave doença nervosa não deixou sequelas, fora dois alertas, relatados por Leônia (PO, p. 344).

104. A palavra é empregada trinta e duas vezes nos Manuscritos e nas Cartas; evoca, como em transparência, a *amargura do cálice* de Cristo (C 100 e 213). Cf. por exemplo Manuscrito A, 36v; Manuscrito B, 4v; Carta 81 etc.

105. A expressão particularmente forte mostra aqui que a *humilhação* é vivida sem contrapartida, mais duramente talvez do que em outros momentos da vida de Teresa.

106. Teresa é a primeira, no Carmelo de Lisieux, a se chamar "do Menino Jesus".

107. Ver o álbum *Thérèse et Lisieux* de H. N. Loose e P. Descouvemont (DLTH), 336 p.

108. Imagem dada por Celina em 8/5/1884; texto em CG, p. 1165s.

109. "Profundamente recolhida", expressão usada no Carmelo de Lisieux; cf. C 54f.

110. Essa atração permanecerá, mas concentrar-se-á quase que exclusivamente na Escritura Sagrada, em João da Cruz, na Imitação (que sabia quase de cor), e em alguns autores espirituais, tais como Arminjon; cf. Manuscrito A, 83v; Manuscrito B 1v; Manuscrito C, 25f.

111. Joana d'Arc passara a ser *Venerável* pouco antes (27/1/1894).

112. 1895 é um ano particularmente luminoso para Teresa, que não é nada modesta em relação às *luzes* que recebe; cf. Manuscrito A, 44v, 74f, 83f/v; com uma restrição em relação ao Manuscrito C, 19v, efeito indireto da "noite" da fé?

113. É uma primeira intuição do *elevador* (Manuscrito C, 2v/3f), ainda que Teresa continue a esperar poder *voar* para Deus (P 22).

114. Agosto de 1883.

115. Os restos mortais da senhora Martin foram transferidos para Lisieux depois da morte do seu marido.

116. Sem dúvida, Teresa censura a si mesma: sentiu-se lisonjeada, feliz em ser admitida em Alençon... A carmelita de 1895 julga com alguma severidade a menina de 10 anos.

117. Um método propondo para cada dia sacrifícios e orações curtas, simbolizados por flores e perfumes (cf. VT, n. 76, p. 310ss e DLTH, p. 55).

118. Cf. *supra*, 25f; a idade limite era fixada em 10 anos completos antes de primeiro de janeiro. Teresa lastimava ter nascido num dia 2 de janeiro e imaginava várias possibilidades para escapar à regra (cf. VT, n. 123, p. 154, e PO, p. 241).

119. De fato, para Teresa, os *perfumes*. Cf. *Orações*, p. 72.

120. LC 24 a 31, em CG.

121. Cf. CG, p. 1166ss.

122. Modo de pensar parecido em Manuscrito C, 5v.

123. Cf. *Imitação*, 1,1, parágrafo 4 e *Recreios*, p. 371 (5v, 2).

124. Cf. PO, p. 548, 554s. E uma recordação mais antiga de Celina: "Sonhava com vida de eremita e, às vezes, afastava-se [...] atrás das cortinas da sua cama para conversar com Deus. Tinha então 7 ou 8 anos" (PO, p. 269).

125. Cf. *infra*, 49f. Sobre os segredos revelados aos pequeninos: Cartas 127; 190; 247; Manuscrito B, 5v; Manuscrito C, 4f; RP 6, 8v, 11f; Ima 2 (cf. BT, p. 212-213).

126. De 4 a 8/5/1884.

127. Capelão das beneditinas e confessor de Teresa na Abadia. As notas de retiro de Teresa são publicadas nos "Escritos diversos" do atual volume. Essas primeiras *instruções* têm, sem dúvida, alguma relação com sua "terrível doença de escrúpulos" (cf. *infra*, 39f).

128. Para a sua profissão prevista para o mesmo dia (8 de maio).

129. Belo paralelo entre Eucaristia e Profissão; porém, já por ocasião da sua primeira comunhão, Teresa "entregou-se para sempre" (35f).

130. Não se costumava dar absolvição às crianças toda vez que se confessavam. Segundo o padre Domin, Teresa lhe teria perguntado: "O senhor pensa que o bom Jesus está contente comigo?" (PA, p. 395; cf. Manuscrito A, 64f, 80f/v; Manuscrito B, 2v).

131. Cf. LC 32, CG, p. 172.

132. Cf. Manuscrito A, 48f; Cartas 182, 187; P 18,51; 20,6; 24,9; 26,6; RP 1, 10v; 3,23fbis; O 3 e 16.

133. Atitude oblativa de Teresa, que será total no final da vida (cf. P 51).

134. A fusão de Teresa em Jesus é dom da sua liberdade (cf. Manuscrito C, 10v; Cartas 36; 103; O 6, 35-36).

135. Cf. João da Cruz, CS, estrofe XXII, p. 328.

136. Para Teresa, a vida terrestre é um *exílio* do céu (cf. 14v, 17v, 41f etc.), como aliás para Jesus (P 13, 9 e 12, 2).

137. Cf. P 21, 3; 22, 11; 24, 32.

138. Na realidade, quinze dias, para a Ascensão, 22 de maio.

139. Vinte e duas comunhões entre 8/5/1884 e 8/9/1885 (cf. suas cadernetas de criança, em "Escritos diversos").

140. A reação de Teresa é espantosa: ela "deseja o sofrimento", pede para "transformar em amargura todas as consolações da terra" (36v). Em resumo, "a partir daquele dia" ela "escolhe tudo" (cf. Manuscrito A, 10r, 30v; CJ 25. 7. 1 e UP, p. 485).

141. *Imitação*, III, 26, 3.

142. Sábado, 14/6/1884, por dom Hugonin. Celina é testemunha do extraordinário entusiasmo de Teresa (PO, p. 266-267).

143. Um pequeno morro atrás do jardim das beneditinas; a festa de *Corpus Christi* era no dia seguinte à Crisma.

144. Cf. *infra*, 76v.

145. Segundo Celina, a pequena Teresa não podia correr, ficava facilmente sem fôlego.

146. Perguntas e respostas deviam ser decoradas e fornecidas a pedido.

147. O *itálico* indica um pouco de ironia por parte de Teresa a seu próprio respeito.

148. De novo *Imitação* III, 26, 3.

149. O pecado contra o qual Teresa se previne; cf. Manuscrito A, 26v, 32v, 40f; Manuscrito C, 2f; CA 14.7.6.

150. O tom exato e quase os mesmos termos que nos primeiros versos de P 36.

151. Cf. João da Cruz: "A alma que dá seu afeto às criaturas [...] não poderá de modo algum unir-se ao ser infinito de Deus" *(Subida do Carmelo* 1, 4, 4).

152. Aqui, o *Fogo* não é o *Espírito*, mas Jesus: é nele que, segundo Teresa, o Fogo queima; e é no coração dele que, em 9 de junho desse mesmo ano de 1895, quando escreve, vai buscar o *Amor misericordioso* (O 6). Para ela, não há Espírito fora de Jesus.

153. A palavra *ama*, muito aumentada, parece furar a página.

154. A parábola de Teresa empresta traços das do Bom Samaritano e do Filho Pródigo, e, talvez, das *Confissões* de Santo Agostinho (Livro II, 7, Ed. Sagnier-Bray, 1854, p. 59-60).

155. A característica do amor de Teresa para com Jesus; cf. Manuscrito A, 52v, 82v, 83v; Manuscrito B, 3f, 4f/v, 5v; P 17, 13; 24, 26 e sete vezes nas Cartas. A grafia, os sublinhados em todo esse parágrafo mostram que Teresa está fortemente emocionada, levada pelo assunto tratado em que revela algo de fundamental para ela.

156. Em parte, é o debate de *Jesus em Betânia* (de 29/7/1895) em RP 4, 27, 3-4 e 29, 1-2; cf. Cartas 130.

157. 17-20/5/1885.

158. Maria relata: "Era sobretudo às vésperas das suas confissões que (os escrúpulos) aumentavam. Ela vinha contar-me todos os seus supostos pecados. Procurava curá-la dizendo que tomava para mim os pecados dela, os quais nem eram imperfeições e lhe permitia acusar só dois ou três que eu apontava (cf. 41v). [...] A paz não demorou a voltar a inundar a alma dela" (PO, p. 241-242). Assim mesmo, o martírio durou um ano e meio...

159. Uma senhora de 51 anos; o ritmo das aulas parece ter sido suave e espaçado.

160. Cf. *supra*, notas 116 e 149. Teresa não perde uma ocasião para castigar e perseguir o "amor-próprio" (41f), particularmente o próprio (cf. Manuscrito A 8f, 40f, 73v, 74v, 75f) até a violenta filípica de Lúcifer em *O Triunfo da Humildade* (RP 7, 3v). Cf. também o Manuscrito C, 28f.

161. Expressão parecida na Carta 93 (a respeito das tentações de Maria Guérin): "As criaturas são pequenas demais para preencher o imenso vazio que Jesus fez em ti".

162. "A Santíssima Virgem... sua florzinha... sua montanha": cf. as armas em 85v/86f.

163. O Anjo da guarda desempenha papel privilegiado na paisagem teresiana: cf. P 46; P 3, 41-48; RP 1, 5f/v, 6v; RP 2, 2v; RP 8, 5v; C 140; 161.

164. Mesma expressão em P 15, 9 e Carta 141, lr. Cf. Manuscrito B, 2v; P 45, 3; RP 8, 6v: "meu único amor"; C 98v, 109r: o "único bem-amado"; Carta 261v: o "único Tesouro".

165. Teresa cita, com um erro, um verso de *Reflexão*, poema de Lamartine que o senhor Martin gostava de recitar: "O tempo é teu navio, não tua morada" (cf. também CG, p. 273).

166. 15/10/1886.

167. Fim de setembro de 1885, durante a viagem do senhor Martin a Constantinopla (cf. Dr. Cadéot, *Louis Martin*, p. 78ss).

168. Fábula de La Fontaine (livro IV, 5).

169. Julho de 1886.

170. Uma decisão heróica, bem de acordo com o caráter de Teresa (cf. Carta 78v).

171. Realmente, alguns dias antes da partida de Maria.

172. *Imitação*, III, 38, 1.

173. Tendo ingressado por teimosia nas clarissas de Alençon, amigas da mãe dela, em 7/10/1886, Leônia regressa em 1º de dezembro.

174. Imagem cara a Teresa, inspirada no Cântico dos Cânticos, cuja mais bela expressão se encontra em P 3, 53 (cf. RP 2, 5v).

175. Os irmãozinhos e as irmãzinhas mortos na infância.

176. A esperança e a fé de Teresa, em que se assenta seu voto de "passar (seu) céu em fazer algum bem sobre a terra" (CJ 17, 7). Cf. Manuscrito B, 2v.

177. Palavra favorita de Teresa (218 vezes nos Escritos). Esse *em breve* da impaciência do céu encontra-se em todas as épocas nas cartas e nas poesias (Cartas 71, 72, 82, 85, 94, 95, 101; P 22,13; Manuscrito A, 4f, 50v, 73v, 77f; Manuscrito B, 2f; Manuscrito C, 4v etc.

178. Expressão de João da Cruz em *A Noite escura*, I, cap. 12.

179. A noite de sexta-feira 24 para sábado 25/12/1886, dia da "conversão" de Paul Claudel e o "primeiro Natal cristão" de Charles de Foucauld.

180. Na Carta 201, 2f, Teresa é mais explícita, embora retomando algumas palavras exatas do Manuscrito A.

181. Cf. P 18, 19 e P 48, 1.

182. Cf. CJ 8.8.3, em que Teresa lembra "o ato de coragem que tive outrora no Natal".

183. Imagem do sol já utilizada por Teresa, mas aplicada a Cristo, em Carta 141, 2f.

184. Cf. os testemunhos de Celina (PO, p. 269; PA, p. 258).

185. Cf. *supra*, nota 9.

186. Um grande tema teresiano; cf. Manuscrito C, 3v, n. 26.

187. Em julho de 1887, segundo os *Novissima Verba*. Imagem de Cristo em cruz, de Müller (cf. DLTH, p. 77; UP, p. 511; VT, n. 77).

188. A palavra *orvalho* aparece cinquenta vezes nos escritos de Teresa e, certamente, faz uma associação de ideias entre o orvalho (*rosée*), a rosa (sua flor) e o sangue, sem se esquecer das *lágrimas* (cf. Manuscrito A, 71f).

189. A sede de Jesus, seu sangue derramado, desperta em Teresa a "sede das almas", o desejo de "purificá-las das sujeiras" (46v), que lhe inspiram as ações audaciosas e os pensamentos inflamados relatados nas páginas seguintes (cf. *infra*, 46v).

190. Cf. *infra*, 56f, 69v.

191. Henri Pranzini, de 31 anos, tinha estrangulado duas mulheres e uma menina para roubar, em 17/3/1887, em Paris. Seu processo terminou em 13/7/1887 com sua con-

denação à morte e foi guilhotinado em 31/8. Há que se notar que no Manuscrito A Teresa não acompanha a cronologia; sua ação a favor de Pranzini situa-se dois meses após o pedido a seu pai para ingressar no Carmelo (50f/v).

192. Teresa fala raramente do inferno, exceto em RP 7. Cf. Manuscrito A, 5v, 45v (aqui), 52f; Cartas 43Av; 43B,2v; 245v; P 48,4: RP 1, 6v; RP 7; CJ 14.7.2.

193. Atitude extraordinária essa de uma adolescente de 14 anos, oferecendo "os méritos infinitos de Nosso Senhor" (cf. C 129v; O 6, 16). Teresa gosta de insistir no caráter *infinito* dos méritos de Jesus. Cf. também O 7, 10, 13; Manuscrito A, 32f.

194. Desde abril de 1886, o jornal *La Croix* está à venda, toda manhã, em Lisieux.

195. De mãos atadas, Pranzini só pediu para beijar o crucifixo. Cf. os textos de *La Croix* e os relatos do capelão da cadeia, em MS/NEC; PO, p. 387s; VT, n. 48, p. 275s.

196. Teresa não esqueceu Pranzini e, mais tarde, no Carmelo, quando tinha algum recurso, fazia celebrar uma missa para seu *filho* (PO, p. 283 e CSG, p. 84).

197. Com muita sutileza, Teresa descreve sua abertura de espírito, acelerada pelo caso Pranzini, que a fez amadurecer de repente e, ao mesmo tempo, a consciência que tinha de tudo o que tinha ainda de *abandonar*. Sabiamente, não se arrepende do tempo que passou estudando *história e ciência*, apesar da advertência da *Imitação* (III, 43, "Contra a vã ciência do século"), pois, a fim de se mortificar, limitava as horas de estudo (47f). Notável atitude de crescimento e de abandono numa menina de 14 anos.

198. Teresa busca o texto de Ezequiel em João da Cruz (CE, estr. XXIII, p. 334ss; cf. P 26). Note-se que, apesar do seu pudor, ela não hesita em afirmar a força do sentimento amoroso, humano ou divino.

199. Cf. *infra*, 83f/v.

200. "Sabia de cor a Imitação de Jesus Cristo" (irmã Genoveva, PO, p. 269).

201. Conferências do padre Charles Arminjon, proferidas na catedral de Chambéry, em 1881 e editadas com o título indicado por Teresa; uma das suas leituras espirituais essenciais, desde 1887 (cf. Cartas, n. 79, p. 219s e n. 110, p. 105ss e 114s). As cópias feitas por ela de diversas passagens estão no presente volume ("Escritos diversos").

202. Versículo do Gênesis muito caro a Teresa e, antes, ao senhor Martin (cf. *infra*, Cartas 182, n. 15).

203. Terá 1,62 m e será a mais alta das irmãs Martin (cf. CSG, p. 39).

204. CE, estr. XXV, texto já citado em Cartas 137, 1f.

205. Sobre suas conversações espirituais no mirante, cf. o relato de Celina ao PO, p. 269; e também CSG, p. 18; Manuscrito A, 73v.

206. Alusão a uma poesia de Alfred Besse de Larzes, *O inverso do céu*, copiada por Teresa na escola.

207. Comparação ousada que tem origem em *Fabíola*, romance do cardeal Wiseman (cf. Cartas, a, 71, p. 230-240).

208. *Imitação*, III, 43, 4.

209. Comparar com Manuscrito C, 7v.

210. Sem dúvida, eco de 1Cor 13.

211. Teresa insiste no seu desejo de comunhão frequente (cf. 36f), até diária, caso seja possível, o que obterá para suas irmãs depois da sua morte (cf. PO, p. 249; PA, p. 156 e 232; e a importante nota sobre O 6, 31-34 em *Orações*, p. 95s).

212. Reminiscência de Lc 2,46-47?

213. João da Cruz, *Noite escura*, estr. 3 e 4; cf. CT, em VT, n. 78, p. 152.

214. Cf. Arminjon, cap. "Do Purgatório". *Chama*, segundo Teresa, sintetiza fé e amor (vinte e quatro vezes nas Poesias, treze nos Recreios; cf. Manuscrito C, 36f).

215. Celina acrescenta interessantes explicações aos motivos de Teresa, notadamente sobre sua vocação missionária precoce (cf. PO, p. 269s e PA, p. 263).

216. Cf. 48f, 82f.

217. Maria, Paulina e Leônia, que acabava de comunicar seu desejo de ingressar na Visitação de Caen, o que fará em 16/7/1887; Teresa fala para seu pai em 29 de maio (Pentecostes).

218. Natal, porque seria o aniversário da sua *conversão*. Sempre sensível ao simbolismo das datas, Teresa manifesta uma certa teimosia nessa determinação, sua "vontade sempre disposta a se impor" (68v), talvez, mesmo que a decisão lhe pareça vir do "menino Jesus" (Cartas 38C). "A criança tímida": cf. Manuscrito B, 3v, último parágrafo.

219. Cf. *infra*, 56f.

220. O senhor Martin estava prevendo a partida da sua filha mais nova (PO, p. 515; LD 596, em CG, p. 227), mas o choque era duro, sem dúvida, para um homem que tivera, em 1º de maio, um primeiro surto de paralisia com hemiplegia parcial.

221. Cf. a *Oração do Filho de um Santo* (P 8).

222. Adjetivo caro a Teresa (Cartas 49f; 172,1f), frequentemente associado ao lírio (P 3, 98; P 24, 30; RP 4, 1v, 2f; RP 5, 1v).

223. Saxífragas (arrebenta-pedras).

224. Simbolismo comum entre os Martin; cf. LC 48, em CG, p. 225; VT, n. 58, p. 152 e 154.

225. Ela colava uma flor na imagem de Nossa Senhora das Vitórias, atrás da qual ela escrevia suas últimas linhas (PRI 21).

226. 8/10/1887 (cf. Carta 27), quatro meses, portanto, depois de ter falado disso com o pai. A autorização do senhor Guérin, tutor das sobrinhas, era necessária.

227. Na realidade, quinze dias.

228. Provação difícil que leva Teresa a multiplicar as imagens: *noite* negra, sem *relâmpago*, como um pressentimento da provação da fé dos últimos anos (cf. P 54, 15).

229. Teoria meteorológica de Teresa, inventada em 26v, mas confirmada aqui e *infra*, como em 52f, 53v, 64f.

230. Sábado, 22/10/1887. Teresa vai ao parlatório na manhã de sexta-feira e, de noite, irmã Inês escreve para o senhor Guérin (cf. CG, p. 251-253). Cronologia retificada em relação a Mss II, p. 34.

231. Seguindo a opinião de Teresa, considerou-se que a mudança do senhor Guérin era milagrosa, quando se pensava que a carta de Inês chegara após a visita de Teresa a seu tio.

232. Passagem acrescentada depois, no pé das páginas 51v e 52f (até "minha Madre").

233. Na realidade, no dia seguinte, domingo (cf. Carta 28).

234. O pároco de São Tiago, Jean-Baptiste Delatroëtte, superior eclesiástico do Carmelo, que as carmelitas chamavam de "nosso Padre", de acordo com o costume. A respeito da sua atitude e das razões de sua longa resistência, cf. CG, p. 315, 318, 322, 328, 649.

235. A viagem a Roma não fora decidida *depois* da recusa do padre Delatroëtte e de dom Hugonin (31/10), mas *antes* (cf. CG, p. 251 e 253).

236. Poucos dias, na verdade. Mero recurso literário para Teresa inserir um certo número de detalhes da sua vida que não quer esquecer após o relato da viagem a Roma.

237. Um desejo de quatro anos enfim realizado (cf. PO, p. 250 e 295; VT, n. 123, p. 155). Dessas lições ficaram uma dúzia de estudos de cabeças e um esboço da igreja de Ouilly-le-Vicomte.

238. Exemplo desses "êxtases de amor" e dessas "mil loucuras" que caraterizam a paixão de Teresa por Jesus, nessa oferta total que irá eclodir em *Uma Rosa desfolhada* (P 51).

239. Título de P 32. Cf. CJ 13.7.17; UP, p. 721, 786, última linha.

240. Já é a mestra das noviças que surge no horizonte dessa cena, como depois, das parábolas do jardineiro e dos pintarroxos.

241. Flores e frutas preferidas de Teresa.

242. Os testemunhos de Teresa para com os pobres fazem-se numerosos nos Processos (por exemplo, PO, p. 161, 283; PA, p. 284).

243. Dom Hugonin, bispo de Bayeux havia vinte anos.

244. *Imitação*, III, 5, 4.

245. Vigário geral.

246. Esse parágrafo inteiro no pé das páginas 54v e 55f.

247. Diante da incompreensão do mundo, Teresa apresenta os títulos que são familiarmente atribuídos entre os Martin.

248. Romaria (de 7/11 a 2/12/1887) organizada pela diocese de Coutances, por ocasião das bodas sacerdotais de Leão XIII e como "testemunho de fé" diante das "espoliações anticlericais" (na Itália). A diocese de Bayeux associara-se a ela; o padre Révérony representava dom Hugonin. Cf. Cartas 30 a 37 e notas; a Cronologia geral, *infra* CG, p. 259-324; 590-593; e os estudos de VT, n. 60, 81, 83, 84.

249. Cento e noventa e cinco romeiros, dos quais setenta e três eclesiásticos e numerosos representantes das famílias nobres da Normandia.

250. *Imitação*, III, 24, 2.

251. CE Carta 94. Esta passagem é inspirada por um livro do Pe. de Chérancé sobre São Francisco de Assis.

252. Sexta-feira, 4/11/1887.

253. Ver a carta de Celina para suas irmãs (CG, p. 261-262).

254. O "manto virginal" da Virgem, proteção para sua pureza antes da longa viagem, mas também (cf. *infra*) para toda a vida. Teresa o associa a São José.

255. Domingo, 6/11, na cripta, a basílica superior não estava terminada.

256. Dom Germain, presidente da romaria.

257. Na meditação seguinte, em que se vê "prisioneira no Carmelo", Teresa não desvaloriza essas provas da "grandeza de Deus".

258. Na descida do trem, um estudante lançou-se sobre ela e a tomou nos braços, lisonjeando-a. Ela livrou-se logo, deitando-lhe um olhar turvo (cf. Vt, n. 81, p. 38).

259. Como a maioria dos católicos do seu tempo, Teresa não duvida da lenda a respeito da casa de José e Maria transportada milagrosamente pelos anjos para Loreto.

260. De domingo 13/11 a quinta-feira 24/11; cf. Cronologia.

261. Cf. P 23, 1 e Manuscrito 13, 3f.

262. "O martírio, eis o sonho da minha juventude" (Manuscrito B, 3f; cf. O 2).

263. Teresa e Celina acumulam relíquias (61v, 62f...).

264. Teresa zomba do guia do Coliseu: "As cornijas e os pequenos cupidos".

265. De São Calixto, na via Ápia.

266. Encontra-se num caderno de ditados de Teresa (fevereiro de 1887), uma extensa passagem dos *Martírios* de Chateaubriand.

267. Santa Cecília do Trastevere. As expressões de entusiasmo mostram o reconforto que traz para Teresa, no momento de falar com o papa, a santa do "abandono", que enfrentou, muito mais do que ela, uma situação desesperada. Cf. P 3 e notas; o fascículo *Minhas Armas — Santa Cecília*, p. 61-68; Cartas 149, 161 e Poesias, II, p. 56-58.

268. CE Carta 105, 2f.

269. Neste parágrafo, Teresa cita a si mesma: "um coral num campo de exército" (Cartas 149,1v; 165,2f; mais tarde P 48); "o Evangelho sagrado cansava sobre meu peito..." P 3, 56; cf. UP, p. 573-574).

270. A basílica Santa-Inês-Extra-Muros. "Uma amiga de infância": cf. VT, n. 71, p. 230-240.

271. Com 77 anos, Leão XIII era papa desde 1878.

272. Cf. LC 57 de irmã Inês, recebido em Loreto em 12/11, em CG, p. 267.

273. No tocante à audiência com o papa, cf. LD 642 de Celina (20)/ 11/1887, em CG, p. 300-302), e Carta 36.

274. Sem dúvida para não cansar o papa.

275. Teresa não tinha feito tão longa viagem para recuar na última hora (cf. Carta 32), além do mais, o Carmelo inteiro a estimulava (LC 59, em CG, p. 269).

276. O final do parágrafo é transferido para o pé da página (63f).

277. Comparar com Carta 36, escrita no mesmo dia. A sequência da narração parece suave cotejada com o relato imediato.

278. O padre Révérony tinha pedido ao papa, antes do desfile, para dar sua bênção a todas as comunidades religiosas.

279. Na realidade, os homens passavam depois das mulheres e dos sacerdotes.

280. Gesto de bênção interpretado aqui como sinal de eleição e marca de proteção na provação. Cf. *infra*, 64f e P 8 (última estrofe).

281. O silêncio de Jesus: uma angústia de Teresa. Cf. Manuscrito C, 9v e Manuscrito A, 51f. Mas ela reagiu corajosamente (Carta 111); sua vida inteira prepara a provação da fé (cf. Poesias, II, p. 92, estrofe 13).

282. Tema importante do simbolismo teresiano (ligado ao da "bolinha"), que é citado quatro vezes aqui. CL Cartas 34; 36; 74; 78; 79; 176; e LD 624 de 8/11/1887, CG, p. 264; Lc 66; 67; CG, p. 287 + b, 1169s; Orações, p. 128, 3.

283. Um Irmão Lassalista, personagem destacado na colônia francesa de Roma, que já conhecia o senhor Martin. Transmitirá a bênção do papa para Teresa em 31/8/1890, para sua profissão, e por ocasião da sua última doença (12/7/1897).

284. Cf. a carta detalhada de Celina (CG, p. 304ss).

285. Um correspondente romano de *L'Univers* tinha divulgado a notícia (24/11/1887).

286. Comparar com a Carta 37 e a LD 652 de Celina para suas irmãs (CG, p. 320s), que mostra a perplexidade dos Martin a respeito dos sentimentos do vigário geral.

287. Em 29/11, em Nice; relato detalhado de Celina (cf. CG, p. 323-324).

288. Volta; em Florença, o corpo de Santa Maria Madalena de Pazzi é conservado na capela do seu mosteiro.

289. Frase obscura; parece que ela quer dizer: "Como não era sabido que teríamos esse privilégio, antes muitas pessoas desejaram fazer seus terços tocar o túmulo da santa, só eu etc....".

290. Atitude constante de Teresa, por uma espécie de realismo da fé. Cf. *tocar* em Manuscrito A, 17f, 79v; Cartas 101,2; 147,2f; 247,21; P 26,6 etc.

291. Teresa manifesta seu feminismo (haverá outros exemplos, cf. Poesias, 1, p. 190). Sua argumentação é forte e a condição da mulher passa a ser uma espécie de privilégio da semelhança com Jesus.

292. O trem margeia a Riviera italiana e serpenteia ao longo da Côte d'Azur, de Nice a Toulon.

293. Últimas excursões: subida a Notre-Dame de la Garde, em Marselha (29/11) e em Fourvière (30). Missa de ação de graças e partida da romaria para Paris, 2/12.

294. Em duas frases, Teresa resume muitas coisas e quase toda a sua vida. Prisioneira (livremente): cf. Manuscrito A, 58f, 81v; Cartas 106f; 201f; P 18,32; O 17,11, e Orações, p. 136.

295. Sobre essas negociações, cf. as três redações de Cartas 38 e 39 e CG, p. 324-333.

296. O manuscrito é, atualmente, uma mixórdia de sobrecargas e raspagens. Encontram-se todas as justificações no texto restabelecido nas Notas de crítica textual de MS/NEC (Cerf, 1992).

297. O *abandono* é, de fato, a palavra-chave desse período (cf. 61v, 67f e aqui).

298. Teresa fala das mortificações corporais, que se sabe ter ela usado no Carmelo.

299. É o mesmo movimento de antes da viagem a Roma (53v): Teresa fala inicialmente de uma "cruz" dolorosa, de uma "provação muito grande" (68f), de "três meses ricos em graças" e de "doces recordações" (68v).

300. 6/1/1888, por motivo de saúde; deixou um retrato impressionante de Teresa no dia da sua entrada para o Carmelo (PO, p. 348).

301. Nenhuma alusão à admoestação do padre Delatroëtte à comunidade, diante do senhor Martin, a porta da clausura totalmente aberta: "Eis, pois! Reverendas Madres, podeis cantar um *Te Deum!* Como delegado de Sua Excelência, o bispo, apresento a vós esta criança de 15 anos, de quem quisestes o ingresso. Faço voto que não desengane vossas esperanças, mas lembro-vos de que se não for como esperais só vós arcareis com a responsabilidade'. A comunidade toda ficou gelada com essas palavras" (Madre Inês, PA, p. 141).

302. Teresa faz sentir que essa paz (sublinhada duplamente) é um dom de Deus (cf. P 24, 2), sendo que não a "abandonou no meio das maiores provações", das quais vai falar sem defini-las, *infra*, 69v/70f (cf. PO, p. 151).

303. Madre Genoveva de Santa Teresa, aos 82 anos, uma das fundadoras do Carmelo de Lisieux. Cf. *infra*, 78f/79f.

304. Priora do Carmelo durante os dois terços da vida religiosa de Teresa. Aprecia muito a esta, sem poupá-la (cf. CG, p. 580-581; PA, p. 118, 358; PO, p. 521). O Manuscrito C é dirigido a ela.

305. *Nosso*, pois todos os objetos são atribuídos, sem distinção, a toda a comunidade.

306. Teresa é sincera demais para não acrescentar logo: 'Porém, [...] meus primeiros passos encontraram mais espinhos que rosas". Cf. o testemunho das suas irmãs (PO, p. 251, 272, 294; CJ 24.7.2). Mas Teresa declarou-se antecipadamente inabalável (cf. Carta 43B).

307. Exame canônico em 2/9/1890.

308. Cf. *supra*, 45v, 56f. Na Carta 135, Teresa comenta com audácia a palavra de Jesus a respeito dos operários da messe.

309. Esses cinco anos coincidem com os priorados de Madre Maria de Gonzaga e o noviciado de Teresa sob a autoridade de Maria dos Anjos, mesmo que não faça referência pessoal às suas superioras.

310. Cf. os testemunhos do padre Pichon (PO, p. 381) e muitas irmãs.

311. 23/5/1888. Para fazer como suas irmãs, Teresa prometera ao padre Pichon (desde 1884) escolhê-lo como diretor de consciência. Mas o diálogo deles foi bastante distendido, por motivos diversos, entre os quais, a partida do padre para o Canadá. Cf. DCL, *O padre Pichon e a família Martin*, VT, 1967/10, 1968/1 e 4, artigos reunidos em plaqueta.

312. 28/5/1888. O padre Pichon ajuda muito Teresa a apagar os últimos vestígios da doença dos escrúpulos que tanto a torturaram (cf. 391); voltará em outubro de 1889 (LC 117, CG, p. 502) e também em 1893 (LC 151, CG, p. 677).

313. *Caminho da Perfeição* VI.

314. As relações pessoais de Teresa com Madre Maria de Gonzaga são difíceis de avaliar devido aos requisitórios apresentados nos Processos por Madre Inês e muitas outras irmãs contra a antiga superiora (cf. sobretudo PA, p. 142-148). Os textos de Teresa manifestam muita admiração, uma certa confiança, uma reserva contra os excessos de afeto (Manuscrito C, 22f), enfim, um juízo muito aguçado, temperado pela caridade.

315. Sublinhado triplo. A maneira forte é própria da época: nas cartas circulares de outros Carmelos, espantam as "provações do noviciado" que mais se parecem com trotes de calouros (cf. também Manuscrito C, 231). *Beijar o chão* era um gesto de humildade praticado em certas comunidades.

316. Mestra de noviças, irmã Maria dos Anjos deu belos testemunhos sobre Teresa (PA, p. 347-348). Havia mais três irmãs no noviciado: Maria do Sagrado Coração, Maria Filomena e Marta.

317. Maria dos Anjos fez Teresa sofrer, sem percebê-lo (cf. CJ 2.9.2; UP, p. 172 + a; PO, p. 465).

318. Irmã Febrônia.

319. Uma das chaves da santidade de Teresa, uma das suas maiores aspirações; cf. Manuscrito A, 2v, 51v, 57f; Manuscrito C, 33v etc.; PO, p. 172; PA, p. 167-168.

320. Teresa exagera um pouco: conservam-se quinze cartas do padre Pichon para Teresa, das quais doze depois de sua partida para o Canadá em 3/11/1888. O padre destruiu todas as cartas, não só de Teresa (a Carta 28 só é conhecida pelo rascunho), mas de todas as que dirigiu. Cf. *supra*, nota 311.

321. Devoção cultuada na família Martin, em consequência das revelações feitas por Nosso Senhor à irmã Maria de São Pedro do Carmelo de Tours, no século XIX. Teresa aprofunda sua meditação de maneira muito pessoal, ajudada por Isaías, principalmente por ocasião da doença do pai. No dia da sua tomada de hábito (10/1/1889), assina pela primeira vez: "Irmã Teresa do Menino Jesus e da Sagrada Face" (Carta 80); foi a primeira no Carmelo de Lisieux a escolher este nome. Cf. Mss II, p. 49; CG, p. 488s, 522ss; P 20 e notas; Poesias, II, p. 134-137; O 12 e notas; Orações, p. 118-125; CJ 5.8.7 e 5.8.9; UP, p. 516ss; PO, p. 158; PA, p. 152; DLTH, p. 136-141.

322. Resposta a seu desejo de criança (32f). Cf. UP/MSC, 16.7; UP, p. 164-167; Carta 103v.

323. Citação da *Imitação*, 1,2,3 e III, 49,7. Cf. Manuscrito A, 47f; P, 31,4.

324. Cf. Manuscrito A, 19v; Manuscrito C, 8v; Cartas 87, 100, 149 e 213.

325. 01/05/1887, seis meses antes da viagem a Roma. Cf. Dr. Cadéot, *Louis Martin*, p. 92.

326. Pagou sozinho o altar-mor da catedral (cerca de 10.000 francos ouro). Perdeu depois cerca de 50.000 F no empréstimo do Panamá. Em 18/6/1889, renunciou à gestão de seus bens, por recomendação do seu cunhado (cf. Dr. Cadéot, *op. cit.*, p. 122-123).

327. Em 23/06, fuga do senhor Martin, que foi encontrado no Havre dia 27 (sobre sua doença em 1888, cf. CG, 373 + c, 375s, 383s, 394 +c).

328. O postulantado era normalmente de seis meses. A priora tinha recebido autorização dos superiores eclesiásticos em fim de outubro.

329. A postulante saía da clausura vestida de noiva e assistia à cerimônia exterior no meio da sua família.

330. Em Honfleur, 31/10 (cf. VT, n. 94, e CG, p. 407-408). O senhor Martin sarou graças aos tratamentos enérgicos do Dr. Notta e do senhor Guérin.

331. A imagem de um Menino Jesus pintado de cor-de-rosa que Teresa foi encarregada de enfeitar até a sua morte (DLTH, p. 132-133).

332. Em 24/11/1891.

333. A aproximação com a Paixão de Cristo virá a ser, pouco a pouco, uma identificação com o servo sofredor de Isaías, descoberto por Teresa em 1890.

334. Cf. UP, p. 483, e PO, p. 411.

335. O senhor Martin é transferido para uma casa de saúde em Caen, em consequência de alucinações que tomaram uma forma preocupante para quem vivia à sua volta. Cf. CG, p. 451-488, particularmente p. 451 e 456s.

336. Teresa sublinha *gloriosas*; cf. CJ 27.5.6; 7.7.6; 23.7.5; 23.7.6.

337. Aqui, Teresa só considera "os três anos" de exílio humilhante (cf. PO, p. 167-168), no Bon Sauveur de Caen, do senhor Martin que viverá mais dois anos com os Guérin.

338. Como em muitas outras ocasiões, Teresa tece aqui as mais contraditórias impressões para descrever o estado de amor heroico que enche seu coração. Sobre o "desejo dos sofrimentos", cf. Manuscrito A, 36f, 69v; Manuscrito B, 5f; Manuscrito C, 7f, 10v etc. Sobre a ausência de *consolação*, cf. Manuscrito A, 36f, 79v; Manuscrito 8, 11. O retiro de Teresa antes da tomada de hábito foi particularmente de pôr à prova (cf. Carta 74).

339. Leônia e Celina hospedaram-se perto do Bon Sauveur (de 19/ 2 a 14/5/1889).

340. Citação de João da Cruz, *Máximes et avis spirituels*, p. 216, edição de 1895. Cf. MS/NEC, 48r, 6 +.

341. Uma edição muito antiga (1732) desses *Fondements de la vie spirituelle, tirés da livre de l'Imitation de Jésus-Christ*, do padre Stahl, SJ.

342. Alusão ao texto de Ezequiel (*supra*, 47f). Retomará a imagem em 75f. Cf. Cartas 120r; 176,1v; P 26, 2-3; O 4 e Orações, p. 71.

343. Celina é inesgotável neste assunto; cf. CSG, p. 122-127; e também PO, p. 170; PA, p. 360.

344. Cf. São Francisco de Sales, *Introdução à vida devota*: "As pequenas condescendências aos desagradáveis humores do próximo... o sofrimento amável de um amuo [...] Ai! só queremos virtudes enfeitadas!" Muito influenciada pela Visitação, Madre Inês compreendia certamente a alusão.

345. Teresa parece atribuir importância mínima às suas *mortificações* (cf. PO, p. 168, 295, 463; CJ 27.7.16; UP, p. 497ss; CSG, p. 144; PS 4, 19-20; DLTH, p. 246). No Carmelo, aplicava a disciplina três vezes por semana, de acordo com as Constituições; as irmãs po-

diam usar um instrumento de penitência também três vezes por semana, durante duas ou três horas, com autorização individual.

346. Cf. UP/MSC 11.8 e PO, p. 252s.

347. Teresa era muito severa quanto às relações de família no interior do Carmelo; cf. CSG, p. 133; CJ 3.8.6; UP, p. 617,15; PO, p. 296; Manuscrito C, 8v.

348. *Imitação*, III, 5, 4.

349. O senhor Guérin opôs-se ao projeto de Celina, achando-o arriscado demais para a saúde do senhor Martin (cf. Carta 120, CG, p. 584ss). Como Teresa irá indicá-lo, antecipou no seu relato, falando da sua "tomada de véu" (24/9) antes de voltar a falar da sua profissão (8/9).

350. Retiro de dez dias, segundo as Cartas 110 a 116. "A mais absoluta aridez e quase o abandono" são mais uma vez a sina de Teresa (cf. 73v, 761). "Estou num subterrâneo muito escuro" (Carta 112).

351. O sono com Jesus é um belo tema de Teresa (P 13,14; 17,9; 24,32; Manuscrito B, 5f).

352. Não é esse o pensamento de Deus ao enviar diariamente o maná no deserto (Ex 16,4)?

353. Segunda-feira, 8 de setembro de 1890.

354. No dia anterior a uma profissão, rezava-se no coro até meia-noite.

355. Cf. Maria dos Anjos, PO, p. 411. Sobre as tentações do demônio assaltando as almas "que vão para o retiro", Teresa preveniu Maria da Trindade (PO, p. 460; YT, n. 75, p. 216s).

356. Termo que corresponde ao excesso dos desejos, dos sentimentos e do amor de Teresa (cf. 25f, 27f, 32f, 34v, 35f, 84f etc., e João da Cruz, CS, estrofes XIV e XV, p. 236.

357. Alusão a João da Cruz, CE, estrofes XX e XXI, p. 315s.

358. Cf. O 2; Carta 201,1f; DLTH, p. 169.

359. Celina traduz, num estilo mais figurado: "No dia da sua profissão, pediu a Deus para esvaziar as prisões do purgatório" (PA, p. 287; cf. Orações, p. 64,22).

360. Cf. CJ 23.7.6 e PA (Leônia), p. 377.

361. A profissão (dias 8/9), cerimônia íntima dentro da clausura, é completada (dia 24) pela tomada do véu preto, cerimônia pública. "O padre": Pichon, no Canadá.

362. Cf. 64r, 69v.

363. Cf. CG. p. 584, chapéu; 586 + d; LC 142, em CG, p. 587.

364. Casamento de Jeanne Guérin com o doutor Francis La Néele, dia 1/10/1890.

365. Teresa, porém, em seu "subterrâneo" (Carta 115) não reclama de Jesus que não faz tanto quanto os "noivos da terra"...

366. Cf. CG, pp. 581ss.

367. Cf. 69v e DLTH, p. 184s.

368. Para Teresa, ao lado de *noites abençoadas* (Carta 201,2f), luminosas (Manuscrito A, 44v), há muitas noites trágicas, *a noite da alma* (44v, 51f), *a noite negra* (51f), a "noite desta vida" (Manuscrito B, 1v; Cartas 96,2v; 141,1v e 2f; 146,2f; 156f), até a "noite ainda mais profunda, a noite do nada" (Manuscrito C, 6v).

369. Teresa receia a ilusão como a peste, o que torna sua provação da fé ainda mais dura e angustiante (cf. Manuscrito A, 69v; Manuscrito C, 35f e Carta 226).

370. Sem dúvida, o sentimento de não possuir verdadeiramente a vocação. Cf. MS/NEC, 78v, 2+.

371. Sábado, 05/12/1891.

372. Cf. Manuscrito A, 12v.

373. Desejo e ansiedade constante de Teresa que contraria a literatura carmelitana do seu tempo; cf. Orações, p. 102,63; O 2; Manuscrito A, 76v, 84v; P 23,8. Ver também, *infra*, P 17, n. 8; VT, n. 99, p. 185ss.

374. Cf. DLTH, p. 169, Teresa deu a relíquia de Madre Genoveva para Celina, por ocasião da profissão desta.

375. Além do sonho com Madre Genoveva, o do Manuscrito 13, 2f, ocupa um lugar essencial no itinerário de Teresa. Cf. também Manuscrito A, 10v e Carta 86. Teresa apresenta a seguir uma bela síntese espontânea do seu imaginário: *as florestas, as flores, os riachos, o mar; as criancinhas, as borboletas e os passarinhos* (ver suas pinturas nessa época em DLTH, p. 198, 199 e 207).

376. O Dr. de Cornière acabava de retirar o coração de Madre Genoveva, a fim de as carmelitas terem uma relíquia para venerar (cf. DLTH, p. 184). Muito impressionada, Teresa sonha com isso (cf. também CJ 2.8.1).

377. Em dezembro de 1891 e janeiro de 1892 (cf. CG, p. 649). Falava-se disso desde o final de 1889. A epidemia teria feito 70.000 vítimas na França durante o inverno de 1889-1890. Sobre o papel de Teresa, cf. PA, p. 355.

378. Irmã São José de Jesus, decana, em 2/1/1892, aniversário de Teresa; no dia 4, irmã Febrônia, vice-priora (cf. 70v); dia 7, irmã Madalena do Santíssimo Sacramento (ver *infra*).

379. Irmã Aimée de Jesus (cf. DLTH, p. 208; Manuscrito A, 82v; CJ 18.9.3).

380. Cf. Cartas 165, 2f/v.

381. Neste parágrafo todo, Teresa faz uma análise sutilíssima do seu "estado de alma" antes e depois da comunhão, assim como do seu "dia em ação de graças". *Feliz:* segundo Teresa, Deus "só quer a nossa felicidade" (52f) e o sentido do seu Ato de Oferta, é fazer Deus "feliz" (84f). Cf. CJ 15.5.2 etc. e UP, p. 459 + a.

382. Citação implícita de João da Cruz, *Glosa sobre o divino*; cf. Poesias, II, p. 196 e P 30.

383. De 8 a 15/10/1891, pelo padre Alexis Prou, recoleto de Caen. Cf. CG, p. 1198; DLTH, p. 182s; VT, n.18, p. 108.

384. Teresa havia sido escaldada por alguns, tal como o padre Blino (cf. CG, p. 533-534 + h; PA, p. 159). "A Serva de Deus, acrescenta Madre Inês, sempre procurava alguém que tivesse autoridade para lhe dizer: 'Adentrai o mar e lançai vossas redes'. Encontrou esse enviado por Deus na pessoa do reverendo padre Alexis."

385. Madre Maria de Gonzaga probiu Teresa de voltar a procurar o pregador. Esta, sacristã, ouvia-o andar, aguardando eventuais penitentes (cf. PA, p. 361)… No final do retiro, pôde confessar-se durante um bom tempo, com grande desgosto da priora (cf. DLTH, p. 182).

386. Questão lancinante para Teresa (Manuscrito B, 2v; Manuscrito C, 5v, 7f, 7v; cf. *infra*, P 22, n. 1).

387. "A partir desse retiro. entregou-se inteiramente à confiança em Deus; procurou na Escritura Sagrada a aprovação da sua ousadia. Repetia feliz a palavra de São João da Cruz: "Obtém-se de Deus tanto quanto se espera dele" (Madre Inês, PO, p. 155; cf. *Noite escura*, 11,21 e *Máxima 46*; VI, n. 78, p. 151.

388. Devemos ver em transparência por detrás dessa imagem, a de Cristo andando sobre as águas e convidando Pedro a vir a seu encontro (Mt 14,25-31)?

389. Cf. PO, p. 157; O 2; Orações, p. 62, 1-2; Cartas 114v; LC 120, em CG, p. 512; Manuscrito B, 2v.

390. Uma preocupação frequente em Teresa, desde a infância; cf. MSA 34, 2v; LC 120, em CG, p. 512; MSB 2, 2v.

391. *"O amor dá asas"* é a alma de uma poesia contemporânea do Manuscrito A (P 22, introdução às notas; cf. Poesias, I, p. 125 e RP 5,4f).

392. 20/2/1893. O priorado da sua irmã será para Teresa um período de progresso incontestável, embora não se deixe levar pela obediência familiar, particularmente quando as duas prioras entram em choque, às vezes violentamente (cf. CG, p. 745 + 8).

393. A respeito dessa última parte da frase, cf. MS/NEC, Notas de crítica textual.

394. Quando da eleição da sua irmã, Teresa deixou a sacristia e passou ao emprego de pintura. Entre outras coisas, pintou o afresco do oratório em junho de 1893 (cf. DLTH, p. 201; CG, p. 685, 725).

395. Teresa insiste sobre uma das suas citações favoritas (cf. Manuscrito A, 32v, 46v, 81f; Cartas 58; 243; O 8; CA 22.6.1) a respeito dos seus dotes para a pintura e a poesia, o que pode causar estranheza, embora 1Cor 13 venha corrigir o Eclesiastes... A explicação foi dada por Maria da Trindade (cf. BT, p. 99).

396. "Porque se sabia fora que ela era encarregada de enfeitar a estátua do Menino Jesus do claustro" (nota de Madre Inês).

397. Cf. CJ 16.7.2; UP II (DP), p. 453.

398. Por motivo da previsível oposição do padre Delatroëtte.

399. Teresa mostra-se intransigente a respeito da virgindade de Celina e da sua consagração a Cristo, de onde o tom firme e suplicante das cartas a sua irmã nesses anos de 1891-1894, particularmente durante o verão de 1893 (cf. Cartas 130; CG, p. 645 + b; *Minhas Almas — Santa Cecília*, p. 72-75).

400. Teresa não poderia escrever mais acertadamente: quando escreve (em 1895), ainda não sabe das provações da sua irmã. Celina passou durante dois anos (1889-1891) por uma crise profunda, "na fornalha", diz ela, mantendo em relação a seus familiares um silêncio total sobre as suas lutas.

401. 20/4/1892, casamento de Henry Maudelonde. Cf. CSG, p. 136-137 e PA, 301. Teresa não diz que censurara fortemente a irmã, no parlatório, dando-lhe como exemplo os três hebreus na fornalha! Seis dias depois, escreveu para Celina uma carta mais ponderada (Cartas, 134).

402. Domingo, 29/7/1894. Cf. CG, p. 780s e VT, n. 120, p. 221-238. Em Teresa, a alegria supera, de longe, a dor: *reencontra* finalmente seu pai "depois de seis anos de ausência" (Cartas 169; 170; P 8).

403. O padre Pichon contava com Celina para uma fundação missionária no Canadá, mas proibira-lhe falar disso (cf. *infra*, Cartas 167, n. 1). Quando revela o projeto no Carmelo, em agosto, foi um protesto só (Carta 168), contra-ofensiva relâmpago; Teresa chora até adoecer, o padre Pichou volta atrás ("Sim, sim, dou a minha Celina ao Carmelo, a Santa Teresa, à Virgem Maria"), o padre Delatroëtte aceita o ingresso de Celina em Lisieux com uma facilidade surpreendente e, "em 14 de setembro, juntava-se a nós", graças à intercessão do senhor Martin (cf. DCL, *Le P. Pichon et la famille Martin, op. cit.*; CG, mormente p. 665, 772, 774 + c, 784 + a,c; Cartas 167; 168; 169; VT, n. 120).

404. Irmã Aimée de Jesus, que pensava não "haver necessidade de artistas nas comunidades". Mas apreciava sinceramente Teresa (PO, p. 572-575 e PA, p. 407).

405. Cf. 39f, 52f, 83f. Teresa atingiu uma espécie de cume (antes da *Kénosis* final), onde seus escritos se realizam.

406. Nem temor, nem desejo: o amor ultrapassa qualquer desejo. Kénosis não diz que sente os primeiros ataques da doença (CG, p. 774 + h, 778 + f, 796; Cartas 173; PO, p. 399).

407. Cf. CJ 13.7.17.

408. Citações textuais de CS, estrofes XXVVI e XXVIII. "Não mais tomo conta de rebanhos": cf. P 18,35 e RP 5, 26.

409. João da Cruz, *Glosa sobre o divino*; cf. P 30, Poesias, II, p. 196.

410. A respeito das leituras de Teresa, a influência de João da Cruz e as citações numerosas, cf. MS/NEC, 83r, 21 + . Conheceu sobretudo o *Cântico Espiritual*, A *Viva Chama* e as *Máximas*. Cf. mormente CJ 27.7.5; 31.8.9; Poesias, I, p. 162s e II, p. 195-197 e 201s; VT, n. 77, p. 47-52; 78, p. 146 a 160; 121, p. 29-51; UP, p. 491-495.

411. Cf. a introdução *à Bíblia com Teresa de Lisieux*, p. 9-41.

412. Cf. João da Cruz, CS, estrofe I, p. 114.

413. *Imitação*, III, 43,3 ou 111,2, tradução Lamennais, intitulada: "A Verdade fala dentro de nós sem ruído de palavras".

414. Dia em que Teresa fez sua "Oferenda ao Amor Misericordioso" (Pri 6); análise e comentário, *infra*, O 6, notas e *Orações*, pp 39-41 e 77-102.

415. GE A *Viva Chama de Amor*, I, 6, p. 152s. (UP, p. 492) e III, 2, p. 218. Para Teresa como para João da Cruz, o fogo é a água viva do Espírito *(Viva Chama*, III, p. 208s). Essa passagem inteira do Manuscrito A faz alternar as imagens de água e de fogo; por isso, essa passagem é interpretada como possível alusão à "ferida de amor" sentida por Teresa em junho de 1895, ao começar a via-sacra (CJ 7.7.2; PO, p. 175; PA, p. 264). Se Teresa não menciona essa ferida de amor no Manuscrito A, talvez seja porque, segundo uma tradição oral, Madre Inês inquietara-se com a confidência de Teresa em junho de 1895 (cf. UP, p. 456 e também LC 162 + b, CG, p. 809-810).

416. Num dos Carmelos da Indochina (cf. Manuscrito C, 9f; MS/NEC, 84v, 14 +; Cartas 207; Cartas 221,2v/3f; UP, p. 211, 353).

EXPLICAÇÃO DAS ARMAS

1. Apelido dado a Teresa pelo senhor Martin, extraído de um romance, A *Órfã de Moscou ou a jovem professora*, da senhora Woilliez. Aparece cinco vezes nas Cartas e na assinatura de P 8.

2. A imagem não aparece mais nos Manuscritos nem nas Cartas, mas é bem representada nas Poesias (P 5,9; 5,10; 18,43; 27,5) e nos Recreios (RP 2,7v), em particular, uma estrofe inteira de RP 5, a que compôs na noite de Natal de 1895, o que parece provar que as armas foram realizadas após essa data (cf. CJ 25.7.10 e 12; 27.7.10).

3. Cf. 45v e os textos em BT, p. 257s.

4. Frases acrescentadas posteriormente.

5. Cf. Poesias, I, p. 33-34; UP, p. 703; Cartas 140v; 145f; 149,2f/2v; Manuscrito A, 61v.

6. A Virgem Maria que a curou na infância (cf. 30v).

7. Único uso nos Escritos, mas Teresa pintou muitos "dardos inflamados" em diversas pinturas. Alusão muito provável à "ferida de amor" de junho de 1895 (nota 415). Cf. DLTH, p. 240 e *Viva Chama*, estrofe II, 2, p. 170ss.

8. Cf. 61r.

9. Teresa recebeu o caniço como marca simbólica (veste etc.), por ocasião da sua tomada de hábito. Mas já utiliza o símbolo em Cartas 49; 54 (n. 3) e 55, em 1888.

10. João da Cruz, CE, estrofe XXVII, p. 382.

11. João da Cruz, CE, estrofe IX, p. 179.

NAS DATAS

* *Armas:* cf. DLTH, p. 244.

* *Maio de 1883*: 13 de maio (Manuscrito B, 2f).

* *Nossa grande riqueza*: internação do senhor Martin em Caen.

* *Bênção de Leão XIII*: 2 de setembro.

CARTA A IRMÃ
MARIA DO SAGRADO CORAÇÃO

Manuscrito B

[1rº]   J.M.J.T.
Jesus †

Ó querida Irmã! Vós me pedis¹ que vos dê uma recordação do meu retiro², retiro que, talvez, seja o último... Já que me autoriza a nossa Madre³, alegra-me vir entreter-me convosco, que sois duas vezes minha irmã, convosco que me emprestastes a voz, quando não me era possível falar, prometendo, em meu nome, que só queria servir a Jesus... Querida madrinha, quem vos fala esta noite⁴ é a criança que ofertastes ao Senhor, a que vos ama como uma filha sabe amar a própria mãe...⁵ Só no céu tereis conhecimento da gratidão⁶ que transborda do meu coração... Ó querida irmã! quereis ouvir os segredos que Jesus confia a vossa filhinha, esses segredos, sei que ele os confia a vós, pois fostes vós quem me ensinastes a recolher os ensinamentos divinos. Contudo, vou tentar balbuciar⁷ algumas palavras, embora sinta que é impossível à palavra humana exprimir coisas que o coração humano apenas consegue pressentir... 1Cor 2,9

Não penseis que nado em consolações⁸, oh não! meu consolo é não tê-las na terra⁹. Sem mostrar-se, sem se fazer ouvir, Jesus ensina-me em segredo, não é por meio dos livros, pois não entendo o que leio, às vezes, porém, uma palavra como esta que destaquei no final da oração (após ter ficado no silêncio e na aridez) vem consolar-me: "Eis o Mestre que te dou, ensinar-te-á o que deves fazer. Quero levar-te a ler no livro da vida que contém a ciência do Amor"¹⁰. A ciência do Amor, oh sim! esta palavra soa suavemente ao ouvido da minha alma, só desejo essa ciência. Tendo dado por ela todas as minhas riquezas, julgo, como a esposa dos cânticos sagrados¹¹, nada ter dado... Entendo tão bem que só o amor possa nos tornar agradáveis a Deus, que fiz dele o único objeto dos meus desejos. Jesus compraz-se em mostrar-me o único caminho que leva para essa fornalha divina¹², e esse caminho é a *entrega* da criancinha¹³ que adormece sem receio nos braços do pai... "Quem for *criança*, venha a mim"¹⁴, disse o Espírito pela boca de Salomão, e esse mesmo Espírito de Amor disse também que "A misericórdia é concedida aos

Ct 8,7

Pr 9,4
Sb 6,7

pequenos". Em nome dele, o profeta Isaías revela que, no último dia, "o Senhor levará às pastagens o seu rebanho, reunirá os *cordeirinhos* e os aconchegará no regaço". E, como se todas essas promessas não fossem suficientes, o mesmo profeta, cujo olhar inspirado já mergulhava nas profundezas eternas, exclama em nome do Senhor: "Como uma mão acaricia seu filho, assim eu vos consolarei, sereis levados no meu colo e acariciados sobre os meus joelhos"[15]. Ó madrinha querida! depois de tal linguagem, só resta calar, chorar de gratidão [1v] e de amor... Ah! Se todas as almas fracas e imperfeitas sentissem o que sente a menor de todas as almas, a alma da vossa Teresinha, nenhuma perderia a esperança de atingir o cimo da montanha do amor[16], pois Jesus não pede ações grandiosas, apenas o abandono e a gratidão[17], pois disse no Salmo XLIX: "Não preciso dos bodes dos vossos rebanhos; pois pertencem-me todos os animais das florestas, as alimárias dos montes aos milhares. Conheço todas as aves do céu, e tenho ao meu alcance os animais do campo. Se tivesse fome, não o diria a ti, porque minha é a terra e tudo o que encerra. Porventura devo comer carne de touros ou beber o sangue dos cabritos?..."

"Imolai a Deus sacrifícios de louvor e ação de graças." Eis, portanto, tudo o que Jesus quer de nós. Ele não precisa das nossas obras, mas só do nosso amor; pois esse mesmo Deus que declara não precisar dizer-nos se tem fome não receou *mendigar* um pouco de água à samaritana. Ele estava com sede... Mas ao dizer "dá-me de beber", o que o criador do universo estava pedindo era o *amor* da sua pobre criatura. Tinha sede de amor...[18] Ah! Sinto-o mais do que nunca, Jesus está *sedento*, só encontra ingratos[19] e indiferentes entre os discípulos do mundo enquanto, e entre os seus *próprios discípulos*, encontra infelizmente poucos corações que se entregam a ele sem reserva[20], que compreendem toda a ternura do seu amor infinito.

Irmã querida, como somos felizes por compreender os íntimos segredos do nosso esposo. Ah! Se quisestes escrever tudo o que sabeis a respeito, teríamos para ler belas páginas, tenho certeza, mas sei que preferis conservar no fundo do vosso coração "os segredos do Rei", e a mim dizeis que "é honroso apregoar as obras do Altíssimo". Acho que tendes razão em guardar silêncio e é unicamente para vos agradar[21] que escrevo estas linhas, pois sinto minha incapacidade de expressar[22] com palavras da terra os segredos do céu e, além disso, depois de ter escrito páginas e mais páginas, ainda parecer-me-ia não ter começado... Há horizontes tão diversos, tantos matizes variados ao infinito, que só a paleta do pintor celeste poderá, depois da noite desta vida, fornecer-me as cores capazes de pintar as maravilhas que ele expõe diante do olho da minha alma.

Minha irmã querida, pedistes que eu vos descreva meu sonho e "minha pequena doutrina", como a chamastes... Foi o que fiz nas páginas a seguir, mas tão mal que me parece impossível que compreendais. Talvez acheis minhas expressões exageradas... Ah! Perdoai-me, isso deve ser atribuído a meu estilo pouco agradável. Asseguro-vos não haver exagero nenhum na minha *alminha*, que nela tudo está calmo e descansado...[23]

Is 40,11

Is 66,13.12

Sl 49,9-14

Tb 12,7

(Ao escrever, é a Jesus que falo, assim me é mais fácil expressar meus pensamentos... O que, infelizmente, não impede que estejam assaz mal expressos!)

[2rº]   J.M.J.T.   8 de setembro de 1896
(À minha querida Irmã Maria do Sagrado Coração.)

Ó Jesus, meu Bem-Amado! quem poderá exprimir a ternura, a doçura com que conduzis[24] minha *alminha*?[25] Como vos agrada fazer resplandecer o raio da vossa graça bem no meio da mais tenebrosa tempestade?...[26] Jesus, a trovoada rugia muito forte em minha alma desde a bonita festa do vosso triunfo, a radiosa Páscoa, quando, num sábado do mês de maio[27], pensando nos sonhos misteriosos que, às vezes, são concedidos a certas almas, eu estimava que deviam ser um consolo bem agradável, contudo não os pedia. À noite, observando as nuvens que lhe encobriam o céu, minha *alminha* cogitava que os belos sonhos não lhe eram destinados e, em meio à tempestade, adormeceu... No dia seguinte, 10 de maio, segundo *domingo* do mês de Maria, talvez fosse aniversário do dia em que a Santíssima Virgem se dignou *sorrir* para sua florzinha...[28]

Nos primeiros clarões da aurora, encontrava-me (em sonho) numa espécie de galeria. Havia várias outras pessoas, mas afastadas. Só nossa Madre estava perto de mim. De repente, sem ter percebido como tinham entrado, avistei três carmelitas cobertas com suas capas e grandes véus. Pareceu-me que vinham ter com nossa Madre; mas o que compreendi claramente é que elas vinham do céu. Do fundo do meu coração, exclamei: Ah! Como ficaria feliz de ver o rosto de uma dessas carmelitas. Nesse momento, como se minha oração tivesse sido ouvida por ela, a mais alta das santas adiantou-se para mim; logo caí de joelhos. Oh, felicidade! A carmelita levantou seu véu, ou melhor, o suspendeu e me cobriu com ele...[29] Reconheci, sem a menor hesitação, a venerável Madre Ana de Jesus[30], fundadora do Carmelo na França. Seu rosto era bonito, de uma beleza imaterial, nenhum raio de luz efundia-se dele. Contudo, apesar do véu que nos envolvia, eu via esse rosto celeste iluminado por uma luz indizivelmente suave, luz que não recebia, mas produzia por si mesmo...

Não saberia exprimir o júbilo da minha alma. Essas coisas sentem-se mas não se podem exprimir... Vários meses já se passaram desde esse doce sonho, mas a recordação que deixa em minha alma nada perdeu do seu frescor, dos seus celestiais encantos... Ainda vejo o olhar e o sorriso *cheios de amor* da Venerável Madre. Parece-me sentir ainda as carícias de que ela me cumulou[31].

...Vendo-me amada com tanta ternura, atrevi-me a dizer: "Ó Madre! suplico-vos, dizei-me ainda se Deus me deixará ainda por muito tempo na terra... Virá ele buscar-me logo?..." Sorrindo com ternura, a santa murmurou: "Sim, em breve, em breve... eu vo-lo prometo". "Madre", acrescentei, "dizei-me ainda se Deus não pede mais alguma coisa de mim [2v] além das minhas pobres pequenas ações e dos meus desejos. Ele está satisfeito comigo?"[32] O rosto da santa revestiu-se de uma expressão *incomparavelmente mais terna* do que na primeira vez que me falou. Seu olhar e suas carícias eram a mais doce das respostas. Entretanto disse-me: "Deus não pede mais nada a vós, ele está satisfeito, muito satisfeito!..." Após ter-me acariciado ainda com amor maior do que o da mais terna das mães para um filho, vi-a afastar-se... Meu coração repassado de alegria, lembrei-me das minhas irmãs e quis pedir algumas graças para elas; ai... acordei!...

Ó Jesus! a trovoada então não ribombava. O céu estava calmo e sereno. *Eu acreditava, sentia*[33] que havia um céu e que esse céu é povoado de almas que me querem bem[34], que me olham como sua filha... Essa impressão permanece em meu coração, tanto mais que a venerável Madre Ana de Jesus era-me, até então, *absolutamente indiferente*. Nunca a tinha invocado e só pensava nela ao ouvir falar dela, o que era raro. Por isso quando compreendi até que ponto ela *me amava*, que eu não lhe era indiferente, meu coração se desfez em amor e gratidão, não apenas para com a santa que me visitara, mas ainda para com todos os bem-aventurados do céu...

Ó Bem-Amado meu! Esta graça era apenas o prelúdio de graças maiores com que tu querias acumular-me. Deixa, único amor[35] meu, que eu tas recorde hoje... hoje, sexto aniversário da *nossa união* Ah! Perdoa-me Jesus se desarrazoo querendo relatar novamente meus desejos, minhas esperanças que alcançam o infinito. Perdoa-me e cura minha alma dando-lhe o que espera!!!...[36]

Ser tua *esposa*, ó Jesus; ser *carmelita*; ser, pela minha união contigo, a *mãe das almas*[37], deveria bastar-me... mas não é... Sem dúvida, esses três privilégios são de fato minha vocação: carmelita, esposa e mãe. Todavia, sinto em mim outras vocações[38], a de Guerreiro, a de Sacerdote, a de Apóstolo, a de Doutor[39], a de Mártir, enfim, sinto a necessidade, o desejo de realizar, para Ti, Jesus, todas as obras mais heroicas... Sinto na minha alma a coragem de um cruzado, de um zuavo pontifício[40]. Queria morrer num campo de batalha pela defesa da Igreja...

Sinto em mim a vocação de *Sacerdote*[41]. Com que amor, ó Jesus, segurar-te-ia em minhas mãos quando, pela minha voz, descesses do céu... Com que amor eu te daria às almas!... Mas ai! embora desejando ser sacerdote, admiro e invejo a humildade de São Francisco de Assis e sinto em mim a vocação de imitá-lo, recusando a sublime dignidade do sacerdócio.

Ó Jesus! meu amor, minha vida... como conciliar esses contrastes? [3rº] Como realizar os desejos da minha pobre *alminha*?...

Ah! Apesar da minha pequenez, desejaria iluminar as almas como os profetas, os doutores. Tenho a vocação de ser apóstolo... desejaria correr a terra, propagar teu nome e fincar tua cruz gloriosa no solo infiel. Ó *meu amor*, uma só missão não seria suficiente. Gostaria também de anunciar o Evangelho nas cinco partes do mundo, até nas mais longínquas ilhas... Queria ser missionária[42], não só durante alguns anos, mas gostaria de sê-lo desde a criação do mundo e até o final dos séculos... Mas, sobretudo, meu bem-amado salvador, desejaria derramar meu sangue por ti até a última gota...

Is 66,19

O martírio[43], eis o sonho da minha juventude. Este sonho cresceu comigo nos claustros do Carmelo... Mas, ainda aí, sinto que meu sonho é uma loucura, pois não conseguiria limitar-me a uma *forma* de martírio... Para satisfazer-me, precisaria de *todas*... Como tu, esposo adorado, queria ser flagelada e crucificada... Queria morrer esfolada como São Bartolomeu... Como São João, queria ser mergulhada no óleo fervente, queria sofrer todos os suplícios infligidos aos mártires... A exemplo de Santa Inês e Santa Cecília, gostaria de oferecer o pescoço ao gládio e, como Joana d'Arc, minha irmã querida, queria murmurar teu nome na fogueira, ó Jesus... Ao pensar nos tormentos reservados aos cristãos no tempo do Anticristo, sinto meu coração estremecer e queria que esses sofrimentos me fossem reservados... Jesus, Jesus, se eu quisesse escrever todos os meus desejos, teria de pedir que me emprestasses *teu livro de vida*, aí estão relatadas as ações de todos os santos e, essas ações, gostaria de tê-las realizado por ti...

Ó meu Jesus! o que vais responder a todas essas loucuras?... Haveria uma alma *menor*, mais impotente que a minha?...[44] Entretanto, precisamente por causa da minha fraqueza, aprouve-te, Senhor, satisfazer os meus *pequenos desejos infantis* e queres, hoje, satisfazer outros desejos, *maiores que o universo...* Ap 20,12

Como os meus desejos me faziam sofrer um verdadeiro martírio na oração, abri as epístolas de São Paulo a fim de procurar alguma resposta. Meus olhos caíram sobre os capítulos 12 e 13 da primeira epístola aos Coríntios... No primeiro, li que nem todos podem ser apóstolos, profetas, doutores etc.... que a Igreja é composta de diversos membros e que o olho não poderia ser, *ao mesmo tempo*, a mão.

...A resposta era clara, mas não satisfazia meus desejos, não me propiciava paz... Como Madalena se inclinando sempre junto ao túmulo vazio acabou por encontrar [3v] o que desejava, também me abaixei até as profundezas do meu nada e elevei-me[45] tão alto que consegui atingir minha meta... Sem desanimar, prossegui minha leitura e esta frase aliviou-me: "Procurai com ardor os dons mais perfeitos. Mas vou mostrar-vos ainda uma via mais excelente". E o apóstolo explica como todos os *dons mais perfeitos* não valem nada sem o Amor... Que a caridade é a *via excelente* para levar seguramente a Deus. Enfim, tinha encontrado repouso... Considerando o corpo místico[46] da Igreja, não me reconhecera em nenhum dos membros descritos por São Paulo, ou melhor, queria reconhecer-me em *todos*... A caridade deu-me a chave da minha *vocação*. Compreendi que se a Igreja tem um corpo, composto de diversos membros, o mais necessário, o mais nobre de todos não lhe falta. Compreendi que a Igreja tem um coração e que esse coração ardia de amor. Compreendi que só o Amor leva os membros da Igreja a agir, que se o Amor viesse a extinguir-se os apóstolos não anunciariam mais o Evangelho, os mártires negar-se-iam a derramar o sangue... Compreendi que o *Amor* abrangia todas as vocações, que o Amor era tudo, que abrangia todos os tempos e todos os lugares... numa palavra, que ele é eterno!... Jo 20,11-18 1Cor 12,31 1Cor 13

Então, no excesso da minha alegria delirante, exclamei: Ó Jesus, meu Amor... enfim, encontrei minha vocação, é o Amor!...

Sim, achei meu lugar na Igreja e esse lugar, meu Deus, fostes vós que mo destes[47]... no Coração da Igreja, minha Mãe, serei o Amor... assim serei tudo... desta forma, meu sonho será realizado!!!...

Por que falar de uma alegria delirante? Não, essa expressão não é exata. Era antes a paz calma e serena do navegante ao avistar o farol que deve guiá-lo ao porto... Ó Farol luminoso do Amor[48], sei como chegar a ti, encontrei o segredo para apropriar-me da tua chama.

Lv 22,18-25; Sl 23,8

Sou apenas uma criança, impotente e fraca, contudo é minha própria fraqueza que me dá a audácia de me oferecer como Vítima ao teu Amor[49], ó Jesus! Outrora, só as hóstias puras e sem manchas eram aceitas pelo Deus forte e poderoso. Para satisfazer a *justiça* divina, eram necessárias vítimas perfeitas. Mas à lei do temor sucedeu a do Amor e o Amor escolheu-me para holocausto, a mim, fraca e imperfeita criatura... Não é esta escolha digna do Amor?... Sim, a fim de que o Amor seja plenamente satisfeito é preciso que se abaixe, que se abaixe até o nada e que transforme esse nada em *fogo*...

[4f] Ó Jesus, bem sei, o amor só se paga com amor[50]; por isso, procurei, achei o meio de aliviar meu coração retribuindo Amor com Amor. "Granjeai as riquezas que vos tornam injustos para conseguir amigos que vos recebam nas tendas eternas". Eis, Senhor, o conselho que dás a teus discípulos depois de lhes teres dito que "os filhos deste mundo são mais atilados que os filhos da luz, nos seus negócios". Filha da luz, compreendi que meus *desejos de ser tudo*, de abraçar todas as vocações, eram riquezas que bem poderiam tornar-me injusta, então servi-me delas para granjear amigos... Lembrando-me do pedido de Eliseu[51] a seu pai Elias quando se atreveu a pedir-lhe *dupla porção do seu espírito*, apresentei-me diante dos anjos e dos santos e lhes disse: "Sou a menor das criaturas, conheço minha miséria e minha fraqueza, mas sei também quanto os corações nobres e generosos gostam de fazer o bem, suplico-vos, portanto, ó bem-aventurados habitantes do céu, suplico-vos que *me adoteis por filha*, a glória que me fizerem adquirir *será só para vós*, mas dignai-vos atender o meu pedido; sei que é temerário, mas atrevo-me a pedir que obtenhais para mim *vosso duplo* Amor"[52].

Lc 16,9

Lc 16,8

2Rs 2,9

Não posso, Jesus, aprofundar o meu pedido, recearia ver-me acabrunhada sob o peso dos meus desejos audaciosos... Minha desculpa é que sou *uma criança* e as crianças não medem o alcance das suas palavras. Contudo seus pais, quando colocados no trono e donos de imensos tesouros, não hesitam em contentar os desejos dos *pequenos seres* que amam tanto quanto a si mesmos; para agradar-lhes, fazem loucuras, chegam até a *fraqueza*... Pois bem! eu sou a CRIANÇA da *Igreja* e a Igreja é Rainha, pois é tua esposa, ó divino Rei dos Reis... Não são as riquezas e a glória[53], (nem sequer a glória do céu), que o coração da criancinha deseja... Compreende que a glória cabe por direito a seus irmãos, os anjos e os santos...[54] A glória dela será o reflexo daquela que brotará da fronte de sua mãe. O que ela pede é o Amor... Só quer uma coisa, amar-te, ó Jesus... As obras estrepitosas lhe são interditadas, ele não pode anunciar o Evangelho, derramar o próprio sangue... mas não importa, seus irmãos trabalham em lugar dele e ele, *criancinha*, fica juntinho do trono do Rei e da Rainha. Ama pelos seus irmãos que combatem... Mas como testemunhará seu amor já que o Amor se prova pelas obras?[55] Pois a criancinha *lançará flores*[56], *perfumará*[57] o trono real com seus aromas, com sua voz argêntea, cantará o cântico do Amor...

Ap 14,3

Ap 8,3

Sim, meu Bem-Amado, eis como se consumará[58] minha vida... Não tenho outros meios para te provar meu amor, a não ser lançar flores, isto é, não deixar escapar nenhum pequeno sacrifício, nenhum olhar [4v], nenhuma palavra, aproveitar todas as menores coisas e fazê-las por amor... Quero sofrer e mesmo gozar por amor, assim lançarei flores diante do teu trono, não encontrarei uma só sem desfolhá-la para ti... depois, ao jogar minhas flores, cantarei (caberia chorar fazendo uma ação tão alegre?) Cantarei, até mesmo quando for preciso colher minhas flores no meio dos espinhos e meu canto será tanto mais melodioso quanto mais longos e pungentes forem os espinhos.

Jesus, de que te servirão minhas flores e meus cantos?... Ah! Sei! Esta chuva perfumada, essas pétalas frágeis e sem valor algum, esses cantos de amor do menor dos corações te encantarão. Sim, esses nadas te agradarão, farão sorrir a Igreja triunfante que recolherá minhas flores desfolhadas *por amor* e, fazendo-as passar por tuas mãos divinas, ó Jesus, essa Igreja do céu, querendo brincar com sua criancinha, lançará por sua vez essas flores que, pelo teu contato[59] divino, terão adquirido um valor infinito, ela as lançará sobre a Igreja padecente, a fim de apagar as chamas; ela as lançará sobre a Igreja combatente, a fim de lhe propiciar a vitória!...[60]

Ó meu Jesus! amo-te, amo a Igreja, minha Mãe, lembro-me de que: "O menor movimento de *puro amor* lhe é mais útil que todas as outras obras reunidas"[61]. Mas será que o *puro amor* está mesmo em meu coração?... Meus desejos imensos não seriam sonho, loucura?... Ah! Se assim for, Jesus, esclarece-me, tu sabes que procuro a verdade...[62] se meus desejos são temerários, faze-os desaparecer pois são para mim o maior dos martírios... Contudo sinto, ó Jesus, que depois de ter aspirado às regiões mais elevadas do Amor, se um dia eu não puder alcançá-las, terei experimentado mais *doçura no meu martírio, na minha loucura*, do que haverei de experimentar no seio das *alegrias da pátria*, a menos que, por um milagre, tu elimines em mim a lembrança das minhas esperanças terrestres. Então, deixa-me gozar, durante meu exílio, as delícias do amor. Deixa-me saborear as doces amarguras do meu martírio...

Jesus, Jesus, se o *desejo de te amar* é tão delicioso, como será o de possuir, de gozar o Amor?...

Como pode uma alma tão imperfeita como a minha aspirar à plenitude do Amor?... Ó Jesus! meu *primeiro, meu único Amigo*, tu que *amo* UNICAMENTE, dize-me que mistério é esse. Por que não reservas essas imensas aspirações para as grandes almas, para as águias[63] que planam nas alturas?... Quanto a mim, considero-me apenas como um fraco passarinho coberto só de leve penugem[64], não sou uma águia, dela só tenho os *olhos* e o *coração*, pois apesar da minha extrema pequenez ouso fixar o Sol Divino, o Sol do Amor, e meu coração sente em si todas [5f] as aspirações da águia[65]... O passarinho quer *voar* para esse sol brilhante que encanta seus olhos, quer imitar as águias, suas irmãs, que vê alçar-se até o foco divino da Trindade Santíssima... ai! o que pode fazer é abrir as *asinhas*, voar, porém, não está em sua mínima capacidade![66] O que será dele? Morrer de tristeza por se ver tão impotente?... Oh, não! o passarinho nem vai ficar aflito. Com audaz abandono, quer ficar fitando seu divino sol; nada poderá assustá-lo, nem o vento nem a chuva, e se nuvens escuras vierem esconder o Astro de Amor o passarinho não trocará de lugar. Sabe que, além das nuvens, seu sol continua brilhando, que seu brilho não poderá eclipsar-se. Às vezes[67], é verdade, o coração do passarinho é investido pela tempestade, parece não acreditar que existem outras coisas além das nuvens que o envolvem. Esse é o momento *da felicidade perfeita*[68] para o *pobre serzinho* frágil. Que felicidade para ele ficar aí, assim mesmo; fixar a luz invisível que foge à sua fé!!! Jesus, até agora, compreendo teu amor para com o passarinho, pois ele não se afasta de ti... mas sei e tu também sabes, muitas vezes a criaturinha imperfeita, embora permaneça a postos (isto é, debaixo dos raios do sol), deixa distrair-se um pouco da sua única ocupação, cata um grãozinho aqui, outro acolá, corre atrás de um vermezinho... e, encontrando uma pocinha d'água, *banha* suas penas mal formadas... então vê uma flor que lhe agrada, sua mente ocupa-se com ela... enfim, não podendo planar como as águias, o pobre passarinho ocupa-se ainda com as bagatelas da terra. Contudo após todas essas faltas, em vez de esconder-se num cantinho[69] para chorar sua miséria e morrer de arrependimento, o passarinho volta-se para seu bem-amado sol, expõe suas asinhas *molhadas* aos seus raios benfazejos, geme como a andorinha e no seu suave canto confidencia, relata detalhadamente suas infidelidades, pensando, no seu temerário abandono, adquirir assim mais poder, atrair mais inteiramente o amor daquele que não veio chamar os justos, mas os pecadores...

Se o Astro Adorado permanece surdo aos chilreios plangentes da sua criaturinha, se continua *encoberto*... pois bem! a criaturinha permanece *molhada*, aceita ficar transida de frio e alegra-se ainda por esse sofrimento que não deixa de merecer[70]... Ó Jesus! como teu *passarinho* é feliz por ser *fraco e pequeno*. O que seria dele se fosse grande?... Nunca se atreveria a ficar na tua presença, em *dormitar diante de ti*[71]... sim, é mais uma fraqueza do passarinho quando quer fixar o sol divino e as nuvens o impedem de ver um raio sequer. Sem querer, seus olhinhos se cerram, sua cabecinha se esconde sob sua asinha e o pobre bichinho adormece, crente ainda de que está fixando seu astro querido. Ao despertar, não se aflige, seu coraçãozinho fica em paz, recomeça seu ofício de *amor*[72]. Invoca os anjos e os santos que se elevam como águias para o foco devorador, objeto de seus anseios [5v]. Com pena do irmãozinho, as águias o protegem, o defendem e afugentam os abutres que querem devorá-lo. O passarinho não tem medo dos abutres, imagens dos demônios[73], ele não é destinado a ser presa deles, mas sim da *Águia*[74] que ele contempla no centro do Sol de Amor. Ó Verbo divino, tu és a águia adorada que amo e que me *atrai*, és tu que arrojando-te para a terra do exílio quiseste sofrer e morrer para *atrair as almas* até o seio do Eterno Foco da Santíssima Trindade. Bem-aventurada és tu que, tornando a subir à luz inacessível que de agora em diante será tua morada, ainda permaneces no vale de lágrimas, oculto sob a aparência de uma hóstia branca... Águia Eterna, queres alimentar-me com tua divina substância, a mim, ser pobre e pequeno, que voltaria ao nada se teu divino olhar deixasse de me dar vida a cada instante... Ó Jesus! deixa-me no excesso da minha gratidão, deixa-me dizer-te que teu amor alcança até a loucura...[75] Como queres que, diante dessa loucura, meu coração deixe de se jogar em teus braços? Como pode minha confiança ter limites?... Ah! Sei, para ti os santos também cometeram *loucuras*, fizeram grandes coisas, pois eram *águias*... Mc 16,19 Sl 88,7

Jesus, sou pequena demais para fazer grandes coisas... e minha *loucura* pessoal é esperar que teu amor me aceite como vítima... Minha *loucura* consiste em suplicar às águias, minhas irmãs, que consigam para mim o favor de voar para o sol do amor com as próprias asas da águia divina...

Enquanto quiseres[76], ó meu bem-amado, teu passarinho ficará sem forças e sem asas, de olhos sempre fixos em ti. Quer ser fascinado pelo teu olhar divino, quer tornar-se *presa* do teu amor... Um dia, espero, águia adorada, virás buscar teu passarinho e, subindo com ele ao foco do amor, mergulharás para sempre no ardente abismo desse amor a quem se ofereceu como vítima...

Ó Jesus! como posso dizer a todas as *almas pequeninas*[77] quanto é inefável a tua condescendência...[78] sinto que, embora seja impossível, se tu encontrasses uma alma mais fraca, menor que a minha, comprazer-te-ias em cumulá-la de favores ainda maiores, caso ela se abandonasse com inteira confiança à tua misericórdia infinita. Mas por que desejar comunicar teus segredos de amor, ó Jesus? Não foste só tu quem nos ensinastes e não podes revelá-los a outros?... Sim, sei, e te suplico que o faças, te suplico que abaixes teu olhar divino sobre um grande número de *almas pequeninas*... Suplico-te que escolhas uma legião de *pequenas* vítimas dignas do teu AMOR!... Lc 10,21

A *pequenina* Irmã Teresa do Menino Jesus e da Sagrada Face
religiosa carmelita ind.

NOTAS MANUSCRITO B

1. Esta primeira parte é uma carta (Cartas 196) em que Teresa responde a um pedido escrito da sua irmã, 13/9/1896 (LC 169, citada *infra* em Cartas 196, n. 2); estas duas páginas 1f/v foram redigidas *depois* da segunda parte, com data de 8 de setembro.

2. O objeto do pedido varia segundo os textos: "Os segredos de Jesus para Teresa" (LC 160), "sua pequena via de confiança e de amor" (PO, p. 245) e também seu "sonho" e sua "pequena doutrina" *(infra,* 1v), segundo pedido oral de Maria. *Último retiro:* Teresa retoma as palavras da irmã; teve sua primeira hemoptise na sexta-feira santa daquele ano.

3. Madre Maria de Gonzaga.

4. Sem dúvida em 13/9; o tom de Teresa é rico em circunlocuções, como investido por uma espécie de mistério.

5. Maria fora sua madrinha e sua terceira mãe (após o ingresso de Paulina no Carmelo).

6. Palavra muito forte em Teresa, empregada três vezes nessas duas páginas de introdução (cf. Manuscrito B, 5v; Manuscrito C, 251). O coração de Teresa *transborda* sempre de *gratidão* (Manuscrito A, 43f, 73f; Cartas 138; 139,1v; 229 etc.), porque "tudo é graça" (CJ 5.6.4).

7. Cf. João da Cruz, CE, estrofe VII, p. 168.

8. Teresa fornece os esclarecimentos necessários sem revelar à sua irmã Maria que está na noite da fé desde a Páscoa (cf. *infra,* 2f).

9. Encontra-se aqui alguma coisa da asserção do Manuscrito A, extraído da *Imitação,* III, 26,3 (36v, 38f; Manuscrito B, 4v).

10. Palavra de Jesus a Margarida Maria Alacoque *(Pequeno breviário de Sagrado Coração de Jesus,* p. 58; cf. CJ 6.8.3).

11. Todo o dinheiro do mundo não vale o amor, isso é o sentido do versículo do Cântico dos Cânticos. Para Teresa, "o amor só se paga pelo amor" (Cartas 85; armas do Manuscrito A; Manuscrito B, 4f, retomando a expressão de João da Cruz, CE, estrofe IX, p. 179).

12. Expressão que lembra o Cântico dos três hebreus (Dn 3), mas tomado de Margarida Maria Alacoque (cf. Cartas 224, 1f), que designa o próprio coração de Deus; cf. P 17, 6; 28,5; O 10 e Orações, p. 115.

13. Um dos temas essenciais de Teresa (Manuscrito A, 68r; P 3; 32; 38; 42; 44; 52; Cartas 258, 1v; CA 7.7.3). De fato, é "a pequena doutrina" que Maria pediu para sua jovem irmã lhe ensinar.

14. As quatro citações que se sucedem aqui (Provérbios, Sabedoria, Isaías 40 e 66), extraídas da Caderneta de Celina, são o fundamento bíblico da "via de infância espiritual". Cf. CG, p. 801 + f; 892 + f,g,h,i: VT, n. 79, p. 228s; C. De Meester, *Dynamique de la confiance,* especialmente as páginas 62-65, 74-85.

15. Cf. Manuscrito C, 3f e João da Cruz, CE, estrofe XXVII, p. 382.

16. Teresa pensa, sem dúvida, no "gráfico do Monte da Perfeição" de *Subida do Carmelo* de João da Cruz. Cf. Cartas 105; 110; 112 e Manuscrito C, 28f.

17. Um resumo da "pequena via", que prossegue pelas citações bíblicas.

18. Um grande tema teresiano (Cartas 141,2v; Manuscrito A, 45v, 46v, 85v; P 24,25; O 12). Mas aqui, como em P 31, a preocupação com a salvação das almas a fim de *saciar a sede* de Jesus afasta-se para deixar aparecer o face a face patético da esposa com Cristo.

Cf. também a Imagem 1, que data sem dúvida do verão de 1896, reproduzida (ampliada) em DLTH, p. 77.

19. Cf. Manuscrito A, 84f. O movimento de Teresa é o mesmo que no Ato de Oferenda (O 6). Mas o acento desloca-se da "vítima de holocausto" (o meio) para o amor total que "contém todas as vocações" (3v), que Teresa sente subir nela (cf. 2v). Trata-se de "retribuir amor com amor" (41). Teresa tratava os cristãos tépidos da mesma forma que os incrédulos. Cf. Orações, p. 71,9.

20. Cf. João da Cruz, CE, estrofe XXVII, p. 385.

21. Embora o ponto de partida tenha sido o pedido de Maria, foi evidentemente uma "carta de amor" que Teresa escreveu a Jesus (cf. fim).

22. CL João da Cruz, CE, estrofe XXXIII, p. 41.

23. A calmaria após a tempestade... É difícil não encontrar sinais de entusiasmo, primeiro no número de expressões, depois, na grafia de Teresa (cf. DLTH, p. 273).

24. Teresa dirige-se a Jesus na segunda pessoa do plural, mas logo a partir do apóstrofo (2v), passa para a segunda pessoa do singular, como em todas as efusões íntimas, particularmente nas Poesias (cf. CSG, p. 82), diferentemente dos textos "públicos", o Manuscrito C particularmente, que sabe que servirá para compor sua "Nota necrológica".

25. Nas sete vezes em que aparece, a expressão é sublinhada. O adjetivo "pequeno" é empregado trinta e oito vezes em dez páginas.

26. A provação da fé, evocada de maneira precisa, embora velada.

27. Passagem escrita sobre três linhas inteiramente raspadas, que faziam alusão ao sonho da mítica Diana Vaughan (cf. TrH, p. 99ss).

28. Em 1883, o segundo domingo de maio era o décimo terceiro dia do mês, não o décimo.

29. Gesto de proteção e de bênção, frequente nas Poesias e nos Recreios piedosos, graças às asas dos anjos, às vezes, ao manto de Maria. Muitas vezes, é também o sentido do verbo *ocultar* (cf. MS/NEC, 2r, 24 +). Dois dias antes houve a tomada do véu preto de uma noviça muito querida de Teresa, Maria da Trindade.

30. Ana de Lobera, conselheira de Teresa d'Avila e para quem João da Cruz escreveu o *Cântico Espiritual*; introduziu a reforma teresina na França (1604). Cf. CJ 26,5; 11.9.5; 30.9 (UP, p. 392); DLTH, p. 272.

31. Consolações sensíveis de que Teresa tanto precisava, sem ousar pedi-las.

32. *Em breve... está contente comigo?* Perguntas importantes para Teresa, que ela faz há muito tempo com alegria ou ansiedade. Cf. Manuscrito A 44f; P 33; Cartas 190; Manuscrito A, 34v, 37v, 801, 80v.

33. *Sentir*, no sentido de ter experiência pessoal, vivida, é frequente em Teresa: dezenove vezes no Manuscrito B; oito no RP 6; cf. Manuscrito C, 5v, 6v.

34. Esse sonho reconforta Teresa na certeza de existir um céu, objeto da dúvida lancinante dos seus oito últimos meses; um céu onde "ainda se sabe amar" (Manuscrito A, 44f), onde os bem-aventurados que não conhecemos vos amam *"como filhos"*.

35. Cf. Poesias, II, p. 214,1,1. Teresa gravou na verga da porta da sua cela (nessa época, talvez?): "Jesus é meu único Amor" (cf. DLTH, p. 261).

36. Sem dúvida, um eco da estrofe XI do Cântico espiritual (cf. VT, n. 78, p. 154).

37. Teresa evoca com frequência o mistério da maternidade espiritual da virgem consagrada que se une a Jesus; cf. P 24,21-22 e Poesias, II, p. 163; *Minhas Armas*, p. 78s.

38. É o fogo dos "desejos da (sua) pobre pequena alma" que desencadeia essa ladainha de vocações.

39. Cf. Cartas 182,1v; P 39 (para Teresa d'Ávila); Manuscrito A, 2v e também 83v.

40. Teresa, como Celina, tem a fibra guerreira e valorosa; emprega com frequência o vocabulário militar (P 36; P 48, sobretudo; RP 1 e 3; P 4 e 50; CJ 4.8.6; NV 3.8.2b; *Minhas Armas*, p. 118-119). Os *zuavos* dos Estados Pontifícios eram combatentes da fé; depois da tomada de Roma pelos piemonteses, tinham regressado à França para defender a pátria, sob a bandeira do Sagrado Coração, e foram esmagados em Loigny, em 2/12/1870, quando duzentos e sete deles (de trezentos) morreram no campo de batalha. Estavam sob o comando do general de Sorris, de quem Teresa emprestou a imagem do *grão de areia* (cf. Manuscrito C, 2v, nota 16 e CG, p. 1170).

41. Cf. *infra*, P 40, introdução às notas e Cartas 201,1f para o padre Roulland, em 1/11/1896. Cf. *Recreios*, p. 39,407; CSG, p. 86; UP, p. 619; CG, p. 849s.

42. Será proclamada padroeira das missões e dos missionários, por Pio XI, em 14/12/1927. Cf. P 35, de 16/7/1896.

43. Além de todas as vocações, Teresa pede o martírio, todos os martírios, por ser o cume do amor, que vai "abranger todas essas vocações" (3v). No bilhete de profissão (8/9/1890), Teresa escrevia: "Jesus, que morra mártir para ti, o martírio do coração ou do corpo, ou melhor, ambos" (O 2 e notas *infra*). Fora Joana d'Arc, Teresa encontrou, por ocasião da sua viagem à Itália, todos os mártires que cita; Roma é antes de tudo "terra regada pelo sangue dos mártires" (Manuscrito A, 55v). As cartas permitem acompanhar a evolução do seu desejo: Cartas 96,2f; 132v; 167,1v; 192,1v; 197f; 213,1v; 224,2f, em que diz ao padre Bellière: "Sendo que o Senhor só parece querer conceder-me o martírio do amor, espero que me permita colher; por meio de vós, a outra palma que ambicionamos". CL também Mss III, p. 124; CG, p. 1373; Poesias, II, p. 337; RP, p. 430.

44. Esses "desejos infantis" ou "maiores que o universo" fazem com que Teresa "sofra um verdadeiro martírio", enquanto dá um pulo para Deus para negar o nada que a atormenta (Manuscrito C, 6v); cf, Poesias, I, p. 232. Triunfo da provação da fé (e da esperança) só pelo amor de Jesus; cf. Manuscrito C, 7f e as citações do Salmo 17 (BT, p. 94).

45. Cf. Manuscrito A, 60v e o poema de João da Cruz, *Num arrebatamento ardendo de amor* (VT, n. 73, p. 65; n. 77, p. 50; n. 78, p. 149s.).

46. Única vez que emprega a expressão em seus escritos. Necessária para seu raciocínio intuitivo: se a Igreja tem um corpo, esse corpo deve possuir um coração que o faça viver...

47. Todos os "eu queria" (dezesseis vezes em 2v/3f) refletiam os desejos de Teresa; aqui, é Deus quem dá "esse lugar". *A Igreja, minha mãe*: a expressão surge pela primeira vez em P 32,2. O Manuscrito B é o grande escrito de Teresa sobre a Igreja (citada quinze vezes).

48. O farol vive, é animado por sua *chama*, como o corpo do homem pelo seu *coração*, e o "corpo místico" pelo *amor*.

49. Cf. o Ato de Oferenda (O 6 e Orações, principalmente p. 88s): a certeza é a mesma, mas aqui a insistência incide sobre a *fraqueza, a infância, a pequeneza, a imperfeição* (cf. 1r, 2f).

50. CE, estrofe IX, p. 179. Paralelamente a esse lema das suas armas, Teresa procura e encontra o meio de retribuir "Amor com Amor". Cf. de novo, João da Cruz, CE, estrofe XXXVIII, p. 83-84).

51 Teresa ocupa, no dormitório Santo Elias, a cela Santo Eliseu.

52. Cf. 2 Reis 9 (BT, p. 62) e MSS II, p. 64.

53. Cf. 1 Reis 7 e 13 (tradução Glaire): "Mas sou uma *criancinha*... até o que não me pediu eu te dei: *as riquezas e a glória*"; e João da Cruz, CE, estrofe XLIII, p. 87.

54. Cf. P 35.11-12, n. 6: "A Ele a honra... A mim o reflexo da sua glória".

55. Teresa d'Ávila, *Château intérieur, III*[es] *demettres,* capítulo 1, (Ed. Bouix, 1884, t. III, p. 406).

56. Cf. Manuscrito A, 17f; P 34, 51; UP, p. 439, 486, 543s, 559s. etc.

57. Cf. Apocalipse 8,3-4 e Orações, p. 72; Poesias, II, p. 114, 136, 215; Manuscrito C, 6v; 341.

58. Cf. Manuscrito A, 83f, 84f; Manuscrito C, 161; O 6 (e Orações, p. 98), 16; Cartas 89; 182; 197; 226; 242. O verbo e a esperança de Teresa encontram-se em numerosas Poesias a partir de 1894: P 15,4; 17,14; 19,6; 21,3; 25,2; 26,9; 27,r2; 28,4; 29,11; 30, 3; 41,2; Teresa repetiu na enfermaria esses dois versos de *Minha Alegria* (P 45,7): "O amor, esse fogo da pátria,/Não cessa de consumir-me" (CJ 2.8.4).

59. A palavra origina-se da tradução de João da Cruz (*Viva Chama*, verso 4, p. 181-182).

60. Descrição muito figurada da comunhão dos santos.

61. João da Cruz, CE, estrofe XXIX, p. 400; cf. O 12; Cartas 221; 245; VT, n. 77, p. 77.

62. Uma constante em Teresa; cf. CJ 21.7.4; UP, p. 482. Desconfia das *ilusões* (Manuscrito A, 781), mas está consciente das luzes que recebeu (Manuscrito A, 32f). Estabeleceu um laço forte entre a *verdade* e a *humildade* (CSG. p. 19; RP 4,31-32; RP 8.2f; *Recreios*, p. 350 e 402), até no seu leito de morte: "Sim, parece que eu nunca procurei outra coisa a não ser a verdade; sim, compreendi a humildade do coração" (CJ 30/9/1897).

63. Quase todo o final do Manuscrito B é consagrado à parábola que opõe "as grandes almas", as águias, às pequenas almas, (5v) representadas pelo "passarinho". Lembramos que Teresa emprega a comparação com a águia, pela primeira vez, a respeito de Maria do Sagrado Coração (Cartas 49). A águia e o passarinho originam-se, em primeiro lugar, da *Vida* de Teresa d'Ávila (capítulo XX). Mas as águias (para designar os santos), encontram-se também num sermão de dom Landriot (no final da *La Vive Flamme*, na edição de Teresa, p. 356; ver também p. 332-333) e no *Ano Litúrgico* de dom Guéranger (dia de Santo Aleixo, IV, p. 145). Há também a "oração da *águia,* a oração dos *pintinhos* no retiro do padre Armand Lemonier no Carmelo de Lisieux, em 1894. Não esquecer uma possível origem bíblica para essa águia: Dt 32,11; Ex 19,4; Isaías 40, 2931. Cf. também, João da Cruz, CE, estrofe XXXI, p. 22 e TrH, p. 103-106 sobre "a Águia branca" de Diana Vaughan, retomada nos *Recreios piedosos — Orações* (NEC).

64. Cf. Teresa d'Ávila, Vida, capítulos XIII, XIX, XX; e *infra*, P 43, introdução às notas.

65. Não é Jesus ainda (como a partir de 5v); mas este é "o Sol" (dez vezes até 5v).

66. Cf. *Poesias*, I, p. 124s. que mostra a evolução do pensamento de Teresa entre 1895 e 1896, a ascensão à assunção... Alcança João da Cruz, num poema citado em sua "Caderneta escriturária" (VT, n. 78, p. 149): "Contudo, esse trabalho era tão grande / Que a meu voo faltou força; / Mas o amor fez um esforço tal / Que consegui alcançar minha meta".

67. Entre abril e setembro de 1896, a provação continua intermitente. A noite vai adensar-se no inverno seguinte.

68. A de Francisco de Assis em seu despojamento total; cf. CG, p. 936 + h.

69. O que fez Adão depois da queda (Gn 3,10); atitude que Teresa desaconselhou a Leônia, em termos idênticos (Cartas, 191, 1v).

70. Cf. CJ 3.7.2; P 30,3. Teresa alcança a afirmação agostiniana: "etiam peccata" (complementando Rm 8,28). É um dos recursos fundamentais da "pequena via".

71. Em 1893, representou a si mesma no afresco pintado no oratório, nos traços de um anjo adormecido, apertando flores e uma lira (DLTH, p, 201); trata-se, então, de um símbolo do seu abandono (CG, p. 685).

72. Cf. Manuscrito A, 83f e João da Cruz, CE, estrofe XXVIII e *Explicação*, p. 394-396.

73. Cf. P 43, 7, para o Natal de 1896.

74. Empregado sessenta e cinco vezes nos Escritos, *atrair* indica habitualmente uma iniciativa de amor, no Manuscrito A (46v, 80v, 83f), mas sobretudo no Manuscrito C com seu longo epílogo 34f/36f. Cf. Cartas 141,2f; 147,2v; P 17,2;18,53; 32,2; 54,2 e 4; O 3; RP 1, 3v, 10v, 12f; RP 2,3r, 7v. 8f; RP 8,6v etc.

75. Depois de ter admitido tantas loucuras em seu amor (3f, 4v e 5v), Teresa devolve o elogio a Jesus para defender-se: como poderia não ter respondido *à loucura* da Cruz? Fala frequentemente de loucura a respeito do amor de Deus (Manuscrito A, 52v, 82v, 83v; Cartas 85v; 93v; 96,1v; 169,1v, 2f; 225,1v; P 17,13; 24,26).

76. Por amor, Teresa não quer adiantar o momento fixado por Jesus para o encontro (cf. Cartas 103; CJ 9.6.5; 7.7,8; 1.8.5 etc.).

77. Após ter falado só em seu próprio nome, até aqui, Teresa passa agora a universalizar sua mensagem. Esses "segredos de amor", Jesus os revelará a outros, o que ela lhe suplica fazer, a fim de que haja "uma legião de pequenas almas dignas do teu Amor", que enfrentarão as "poderosas legiões" de Lúcifer (cf. RP 7,4v).

É preciso reler, a seguir, o que diz Teresa na primeira parte do Manuscrito B (1v) e as objeções de Maria (LC, 170; cf. *infra*, LT 197, n. 1), que admira de longe, e a resposta complementar de Teresa (Cartas, 197), verdadeira carta das "pequenas almas".

78. Palavra pouco encontrada em Teresa mas que sempre indica ao mesmo tempo a distância e a proximidade amorosa (Manuscrito A, 72v; Cartas 224, 2f).

MANUSCRITO ENDEREÇADO A MADRE MARIA DE GONZAGA

Manuscrito C

[1f]   J.M.J.T.

Madre bem-amada, manifestastes-me o desejo de que eu termine de cantar convosco as Misericórdias do Senhor[1]. Comecei este suave canto com vossa filha querida, Inês de Jesus, que foi a mãe encarregada por Deus de guiar-me na minha infância. Portanto, era com ela que eu devia cantar as graças concedidas à florzinha da Santíssima Virgem, quando estava na primavera da vida. Mas é convosco que devo cantar a felicidade desta florzinha, agora que os tímidos raios da aurora deram lugar aos ardores do meio-dia[2]. Sim, é convosco, Madre querida, é para atender ao vosso desejo que vou tentar redizer os sentimentos da minha alma, minha gratidão para com Deus e para convosco, que mo representais visivelmente. Não foi nas vossas mãos maternas que me entreguei inteiramente a ele? Oh, Madre! lembrai-vos daquele dia?...[3] Sim, sinto que vosso coração não poderia esquecê-lo... Quanto a mim, devo esperar o belo céu, pois não encontro palavras capazes de exprimir[4] o que aconteceu em meu coração naquele dia bendito.

Sl 88,2

Madre querida, há um outro dia em que minha alma se ligou ainda mais à vossa, se isso fosse possível. Foi o dia em que Jesus vos impôs novamente o cargo do superiorado[5]. Naquele dia, Madre querida, semeastes em lágrimas, mas no céu sereis cumulada de alegria [1v] ao vos apresentardes carregada de feixes preciosos. Ó Madre, perdoai minha simplicidade infantil[6], sinto que me permitis falar-vos sem procurar distinguir o que é permitido a uma jovem religiosa dizer à sua priora. Talvez não me contenha sempre nos limites prescritos aos subalternos, mas, querida Madre, ouso dizê-lo, é por culpa vossa, tenho convosco atitudes de criança[7] porque não agis comigo como priora, mas como mãe...

Sl 125,5-6

Ah! Sinto perfeitamente, querida Madre, é Deus que sempre me fala por vosso intermédio. Muitas irmãs pensam que me tendes mimado. Que desde minha entrada na arca santa só recebi de vós carícias e elogios. Mas não é bem assim. Vereis, Madre, no caderno no qual constam minhas lembranças de infância[8], o que penso da educação *forte* e materna que recebi de vós. Do mais profundo do

Gn 7,13

meu coração, vos agradeço por não me terdes poupado. Jesus sabia muito bem que sua florzinha precisava da água vivificante da humilhação[9], ela era fraca demais para criar raizes sem essa ajuda, e foi por vós, Madre, que esse benefício lhe foi outorgado.

Há um ano e meio, Jesus quis mudar a maneira de fazer crescer sua florzinha. Achou-a, sem dúvida, bastante regada; pois agora é o *sol* que a faz crescer. Doravante, Jesus só lhe quer dar o seu sorriso e o dá por vós, Madre querida. Esse sol suave, longe de fazer murchar a florzinha, a faz [2f] crescer maravilhosamente. No fundo do seu cálice, ela conserva as preciosas gotas de orvalho que recebeu e essas gotas recordam-lhe sempre que é pequena e fraca... Todas as criaturas podem inclinar-se para ela, admirá-la, cobri-la de elogios; não sei por que, tudo isso não poderia acrescentar uma única gota de falsa alegria à alegria verdadeira que saboreia em seu coração, por se ver o que é[10] aos olhos de Deus: apenas um pobre nadinha, nada mais... Digo que não entendo por quê, mas não seria por ter sido preservada da água dos elogios enquanto seu calicezinho não estivesse repleto do orvalho da humilhação? Agora[11], o perigo passou. A florzinha acha tão delicioso o orvalho do qual está repleta que não o trocaria de forma alguma pela água insípida dos elogios.

Não quero falar, Madre querida, do amor e da confiança que me manifestais[12]. Não penseis que o coração da vossa filha lhes seja insensível, somente sinto não ter nada que temer agora, pelo contrário, posso gozar deles, atribuindo a Deus o que ele se dignou pôr de bom em mim. Se lhe agrada fazer-me parecer melhor do que sou, isso não me diz respeito. Ele é livre[13] para agir como quer... Oh, Madre! como são diferentes os caminhos pelos quais o Senhor conduz as almas! Na vida dos santos, vemos que muitos não quiseram deixar nada de si [2v] depois da morte, nem a mínima lembrança, nem o mínimo escrito. Outros, pelo contrário, como nossa Madre Santa Teresa, enriqueceram a Igreja com suas sublimes revelações, sem receio de revelar os segredos do Rei, para que seja mais conhecido, mais amado pelas almas. Qual desses dois tipos de santo agrada mais a Deus? Parece-me, Madre, que ambos lhe são igualmente agraciáveis, pois todos seguiram o movimento do Espírito Santo, e que o Senhor disse: Dizei ao justo que está *tudo* bem. Sim, tudo está bem quando se procura apenas a vontade de Jesus. Eis por que eu, pobre florzinha, obedeço a Jesus procurando agradar a minha Madre querida.

Sabeis, Madre, que sempre desejei ser santa[14], mas ai! sempre constatei, quando me comparei com os santos, que há entre eles e mim a mesma diferença que existe entre uma montanha cujo cimo se perde nos céus e o obscuro grão de areia[15] pisado pelos transeuntes. Em vez de desanimar, disse a mim mesma: Deus não poderia inspirar desejos irrealizáveis[16], portanto posso, apesar da minha pequenez, aspirar à santidade; não consigo crescer, devo suportar-me como sou, com todas as minhas imperfeições; mas quero encontrar o meio de ir para o céu por um caminhozinho bem reto, bem curto, uma pequena via[17], totalmente nova.

Estamos num século de invenções. Agora, não é mais preciso subir os degraus [3f] de uma escada, nas casas dos ricos, um elevador a substitui com vantagens. Eu também gostaria de encontrar um elevador[18] para elevar-me até Jesus, pois sou pequena demais para subir a íngreme escada da perfeição[19]. Procurei então, na Sagrada Escritura, a indicação do elevador, objeto do meu desejo, e li estas palavras da eterna Sabedoria: Quem for *pequenino*[20], venha a mim. Então, vim, adivinhando ter encontrado o que procurava[21] e querendo saber, ó meu Deus, o que faríeis ao pequenino que respondesse ao vosso chamado. Continuei minhas pesquisas e eis o que encontrei: Como uma mãe acaricia seu filho, assim eu vos consolarei, levar-vos-ei no colo e vos embalarei nos joelhos! Ah! Nunca palavras mais suaves, mais melodiosas, vieram alegrar minha alma. Vossos braços são o elevador que deve elevar-me até o céu[22], ó Jesus! Para isso, eu não preciso crescer, pelo contrário, preciso permanecer pequena[23], me apequenar sempre mais. Ó meu Deus, superastes minha expectativa e quero cantar as vossas misericórdias. "Vós me instruístes desde a minha juventude, e até agora proclamei as vossas maravilhas; e até a velhice continuarei a publicá-las". Qual será para mim essa idade avançada? Parece-me que poderia ser agora, pois dois mil anos não são mais que vinte aos olhos do Senhor... que um dia... Ah! Não creiais, Madre querida, que vossa filha deseja vos deixar... não creiais que considera [3v] como graça maior a de morrer na aurora em vez de no crepúsculo. O que aprecia, o que deseja unicamente é *agradar* a Jesus[24]... Agora que ele parece aproximar-se dela, a fim de atraí-la para a mansão da sua glória, vossa filha se alegra. Há muito compreendeu que Deus não precisa de ninguém (menos ainda dela que das outras) para realizar o bem na terra[25].

Pr 9,4

Is 66,13.12

Sl 88,2

Sl 52,17-18

Sl 89,4

Perdoai-me, Madre, se vos entristeço... ah! Gostaria tanto de vos alegrar... mas credes que se vossas orações não são atendidas na terra, se Jesus separa por *alguns dias* a filha da sua mãe, essas orações não serão atendidas no céu?...

Vosso desejo, sei, é que eu cumpra junto a vós uma missão[26] muito suave, muito fácil; mas não poderia eu terminá-la do alto do Céu?... Como Jesus disse um dia a São Pedro, vós dissestes à vossa filha: "Apascenta meus cordeiros", e eu espantei-me e vos disse "ser eu *pequena* demais"... supliquei que vós mesma apascentásseis vossos pequenos cordeiros e me conservásseis, me apascentásseis, por favor, com eles. E vós, Madre querida, atendendo *um pouco* ao meu justo desejo, guardastes os cordeirinhos com as ovelhas[27], mas ordenando-me que fosse muitas vezes fazê-las pastar na *sombra*, que lhes indicasse as melhores ervas e as mais fortificantes, que lhes mostrasse cuidadosamente as flores brilhantes que nunca devem tocar a não ser para esmagá-las com os pés... Não receastes, Madre querida, que eu extraviasse vossos cordeirinhos; minha inexperiência, minha [4f] juventude não vos atemorizaram. Talvez vos tenhais lembrado que, muitas vezes, o Senhor se compraz em conceder a sabedoria aos pequenos e que, um dia, num transporte de alegria, bendisse a seu Pai por ter ocultado seus segredos aos sábios e tê-los revelado aos menores. Sabeis, Madre, muito raras são as almas

Jo 21,15

Lc 10,21

que não medem o poder de Deus segundo seus diminutos pensamentos, aceitam que em toda a parte na terra haja exceções, só Deus não tem o direito da fazê-las. Sei que faz tempo essa maneira de [medir] a experiência pelos anos vividos se pratica entre os humanos, pois na sua adolescência o santo rei Davi cantava ao Senhor: "Sou *jovem* e desprezado". Contudo, no mesmo salmo 118, não receia dizer: "Tornei-me mais prudente que os anciãos: porque busquei vossa vontade... Vossa palavra é a lâmpada que ilumina meus passos... Estou pronto para cumprir vossas ordens; *nada me perturba*..."[28]

Sl 118,141

Sl 118,100. 105.60

Madre querida, não receastes dizer-me, um dia, que Deus iluminava a minha alma, que até me dava a experiência dos *anos*... Ó Madre! sou *pequena demais* para ter vaidade agora, sou ainda *pequena demais* para elaborar belas frases para vos fazer crer que tenho muita humildade, prefiro confessar, simplesmente, que o Todo-Poderoso fez grandes coisas na alma da filha de sua divina Mãe e a maior é ter-lhe mostrado a sua *pequenez,* sua impotência. [4v] Madre querida, sabeis muito bem, Deus se dignou fazer minha alma passar por provações de diversas espécies, sofri muito desde que estou na terra, mas se, na minha infância, sofri com tristeza, não é mais assim que sofro atualmente, é na alegria e na paz. Sou verdadeiramente feliz em sofrer[29]. Ó Madre, é preciso que conheçais todos os segredos da minha alma para não sorrirdes ao lerdes estas linhas, pois será que existe uma alma menos provada que a minha, julgando pelas aparências? Ah! Se a provação que padeço há um ano aparecesse aos olhares, que espanto!...

Lc 1,49

Madre querida, sabeis qual é essa provação[30], mas vou falar-vos dela ainda, pois considero-a uma grande graça recebida sob vosso priorado abençoado.

No ano passado[31], Deus permitiu-me o consolo de observar o jejum da Quaresma em todo o seu rigor[32]. Nunca me sentira tão forte e essa força manteve-se até a Páscoa. Porém, na sexta-feira santa[33], Jesus quis dar-me a esperança de ir vê-lo, em breve, no céu... Oh! Como me é suave essa lembrança!... Após ter ficado junto ao támulo[34] até a meia-noite, recolhi-me à nossa cela, mas apenas coloquei a cabeça no travesseiro senti um fluxo subir, subir borbulhando até meus lábios. Não sabia de que se tratava, mas pensei que, talvez, fosse morrer e minha alma [5f] estava inundada de alegria... Mas, como nossa lâmpada estava apagada, cuidei que era preciso esperar o amanhecer para certificar-me da minha felicidade, pois parecia-me ser sangue o que tinha vomitado. O amanhecer não se fez esperar muito[35]. Ao acordar, pensei imediatamente ter alguma coisa alegre a constatar. Aproximando-me da janela, pude verificar que não me enganara... Ah! Minha alma ficou repleta de uma grande consolação; estava intimamente persuadida de que Jesus, no dia do aniversário de sua morte, queria me fazer ouvir um primeiro chamado. Era como um suave e longínquo murmúrio que me anunciava a chegada do esposo[36]...

Mt 25,6

Assisti com grande fervor à Prima e ao capítulo dos perdões[37]. Estava ansiosa por que chegasse a minha vez, a fim de poder, pedindo perdão, confidenciar-vos, querida Madre, minha esperança e minha felicidade. Mas acrescentei que não tinha dor nenhuma (o que era verdade) e pedi-vos, Madre, que nada me désseis de particular. De fato, tive o consolo de passar a sexta-feira santa conforme o meu desejo[38]. Nunca as austeridades do Carmelo pareceram-me tão deliciosas. A esperança de ir para o céu arrebatava-me de alegria. Ao anoitecer desse feliz dia, foi preciso repousar, mas, como na noite anterior, Jesus deu-me o mesmo sinal de que meu ingresso na vida eterna[39] estava próximo... Então eu gozava de uma fé tão viva, tão clara, que o pensamento do céu era toda a minha felicidade, eu não podia [5v] crer na existência de ímpios desprovidos de fé[40]. Acreditava[41] que falavam contra o próprio pensamento ao negar a existência do céu, do belo céu onde o próprio Deus quer ser a recompensa eterna. Nos dias tão alegres do tempo pascal, Jesus fez-me sentir[42] que há verdadeiramente almas sem fé que, por abuso das graças, perdem esse precioso tesouro, fonte das alegrias puras e verdadeiras. Permitiu que minha alma fosse invadida pelas mais densas trevas[43] e que a ideia do céu, tão suave para mim, não passasse de um lema de combate e tortura... Essa provação não devia durar apenas alguns dias, algumas semanas, só devia cessar na hora marcada por Deus e... essa hora ainda não chegou... Gostaria de poder expressar o que sinto, mas creio ser impossível. É preciso ter percorrido esse túnel escuro para compreender sua escuridão. Mas vou tentar explicar por meio de uma comparação.

Gn 15,1

Imagino ter nascido num país cercado por um denso nevoeiro. Nunca contemplei o risonho aspecto da natureza, inundada, transfigurada pelo sol brilhante; verdade é que desde minha infância, ouço falar dessas maravilhas, sei que o país em que estou não é a minha pátria, que existe outro ao qual devo aspirar sem cessar. Não se trata de uma história inventada por um habitante do triste país em que estou, mas é uma realidade comprovada, pois o Rei da pátria do sol brilhante veio viver trinta e três anos [6f] no país das trevas. Infelizmente! as trevas não entenderam que esse Rei divino era a luz do mundo... Mas, Senhor, vossa filha compreendeu vossa divina luz, pede-vos perdão pelos seus irmãos[44], aceita comer, pelo tempo que quiserdes, o pão da dor e não quer levantar-se desta mesa coberta de amargura onde comem os pobres pecadores[45] antes do dia marcado por vós... Mas tampouco ela pode dizer em seu nome e em nome dos seus irmãos: Tende piedade de nós, Senhor, pois somos pobres pecadores!?... Oh! Senhor, despedi-nos justificados... Que todos aqueles que não estão iluminados pela luz resplandecente da fé[46] a vejam finalmente luzir... Ó Jesus, se for preciso que a mesa por eles maculada seja purificada por uma alma que vos ama, aceito comer sozinha nela o pão da provação até o momento que vos apraza introduzir-me em vosso reino luminoso. A única graça que vos peço é a de nunca vos ofender!...

Hb 11,13-16

Jo 1,5.9.10

Sl 126,2

Mt 9,10-11

Lc 18,13

Madre querida, o que vos escrevo não tem sequência lógica. Minha historiazinha que se assemelhava a um conto de fadas transformou-se de repente em oração. Não sei que interesse teríeis em ler todos estes pensamentos confusos e mal expressos. Enfim, Madre, não escrevo para fazer uma obra literária, mas por obediência. Se vos aborreço, vereis, pelo menos, que vossa filha mostrou boa vontade. Portanto, sem desanimar[47], [6v] vou prosseguir com minha comparaçãozinha, a partir do ponto em que a deixei. Eu dizia que a certeza de, um dia, ir longe do país triste e tenebroso me fora dada desde a infância; não acreditava apenas pelo que ouvia dizer por pessoas mais instruídas que eu, mas ainda sentia no fundo do meu coração aspirações por uma região mais bonita. Assim como o gênio de Cristóvão Colombo levou-o a pressentir a existência de um novo mundo quando ninguém tinha pensado nisso, também eu sentia que outra terra um dia me serviria de morada estável. Mas, de repente, a névoa que me cerca torna-se mais densa[48], invade minha alma, e a envolve de tal maneira que não me é mais possível ver nela a imagem tão suave da minha pátria. Tudo desapareceu! Quando quero que meu coração, cansado das trevas que o envolvem, repouse com a lembrança do país luminoso ao qual aspiro, meu tormento avulta. Parece-me que as trevas, emprestando a voz dos pecadores, me dizem zombeteiras: "Sonhas com a luz, com uma pátria aromatizada pelos mais suaves perfumes[49], sonhas com a *eterna* posse do Criador de todas essas maravilhas, acreditas um dia sair da cerração que te envolve, avança, avança, alegra-te com a morte que não te dará o que esperas, mas uma noite ainda mais profunda, a noite do nada".

[7r°] Madre querida, a imagem que quis vos dar das trevas que escurecem minha alma é tão imperfeita quanto um esboço comparado com o modelo. Contudo, não quero alongar-me mais, receio blasfemar... receio até ter falado demais...

Ah! Jesus que me perdoe se o magoei, mas ele bem sabe que, embora sem o gozo da fé, procuro, pelo menos, realizar as suas obras. Creio ter feito mais atos de fé, faz um ano, do que em toda a minha vida[50]. A cada nova ocasião de luta, quando meus inimigos vêm me provocar, comporto-me como corajosa; por saber que bater-se em duelo é covardia, viro as costas para meus adversários[51], sem dignar-me olhá-los de frente, mas corro para meu Jesus, digo-lhe que estou pronta para derramar até a última gota do meu sangue[52] para confessar que o céu existe: Digo-lhe que estou feliz por não gozar desse belo céu na terra, a fim de que ele o abra para a eternidade aos pobres incrédulos. Assim, apesar dessa provação que me priva de *todo o gozo*, posso exclamar: "Senhor, vós me cumulais de *alegria*[53] por *tudo* o que fazeis" (Sl XCI). Pois existe *alegria* maior que a de sofrer por vosso amor?... Quanto mais íntimo é o sofrimento, menos aparece aos olhos das criaturas, tanto mais ele vos alegra, ó meu Deus; mas se, por impossível que fosse, vós mesmo devêsseis ignorar meu sofrimento, ainda seria feliz de suportá-lo se, por meio dele, eu pudesse impedir ou reparar uma única falta cometida contra a fé...

Sl 91,5

[7v] Madre querida, talvez vos pareça que exagero minha provação; de fato, se julgais a partir dos sentimentos expressos nas pequenas poesias que compus durante este ano, devo parecer-vos uma alma repleta de consolações e para quem o véu da fé está quase rasgado. Contudo... não é mais um véu para mim, é um muro que se ergue até os céus e que encobre o firmamento estrelado... Quando canto a felicidade do céu, a eterna posse de Deus, não sinto alegria alguma, pois

só canto o que *quero crer*. Às vezes, é verdade, um raiozinho de sol vem iluminar minhas trevas; então, a provação cessa por *um instante*, mas depois a recordação desse raio, em vez de causar-me alegria, torna minhas trevas ainda mais densas.

Oh Madre! nunca senti tão bem quanto o Senhor é compassivo e misericordioso, só me mandou essa provação no momento em que tive a força para suportá-la. Creio que, mais cedo, ela me teria mergulhado no desânimo... Agora, elimina tudo o que poderia encontrar-se de satisfação natural no desejo que eu tinha do céu... Madre querida, parece-me que agora nada me impede de levantar voo, pois não tenho mais grandes desejos a não ser o de amar até morrer de amor... (9 de junho[54]).   Sl 102,8

[8f] Madre querida, estou muito espantada vendo o que vos escrevi ontem. Que garranchos!... minha mão tremia tanto que me foi impossível prosseguir e agora até lastimo ter tentado escrever, espero hoje escrever de forma mais legível, pois não estou mais na cama, mas numa bonita poltroninha toda branca.

Oh, Madre! Sinto que tudo o que vos digo não tem sequência, mas sinto também a necessidade de, antes de vos falar do passado, falar-vos dos meus sentimentos atuais. Se adiar, perderei, talvez, a lembrança deles. Quero dizer-vos, inicialmente, o quanto estou comovida por todas as vossas delicadezas maternas. Ah, acreditai, Madre querida! O coração da vossa filha está repleto de gratidão, nunca esquecerá o que vos deve...

Madre, o que mais me comove é a novena que estais fazendo a Nossa Senhora das Vitórias, as missas que mandais celebrar por minha cura. Sinto que todos esses tesouros espirituais fazem um bem imenso à minha alma. No início da novena, eu vos dizia, Madre, que era preciso a Santíssima Virgem curar-me ou me levar para os céus, pois achava muito triste para vós e para a comunidade ter de cuidar duma jovem religiosa doente; agora, aceito ficar doente a vida toda se isso for do agrado de Deus e consinto, até, que minha vida seja muito longa. A única graça [8v] que desejo é que ela seja rematada pelo amor[55].

Oh! Não! Não receio uma vida longa, não recuso a luta, pois o Senhor é a rocha na qual estou erguida, ele é quem adestra minhas mãos para o combate e meus dedos para a guerra. Nunca pedi a Deus para morrer jovem[56], mas é verdade que sempre esperei que esta seja a vontade dele. Muitas vezes, o Senhor contenta-se com o desejo de trabalhar para sua glória[57] e sabeis, Madre, que meus desejos são muito grandes. Sabeis também que Jesus me ofereceu mais de um cálice amargo, que afastou dos meus lábios antes que o bebesse, porém não sem antes me fazer provar seu amargor[58]. Madre querida, o santo rei Davi tinha razão quando cantava: "Oh! Como é bom, como é agradável o convívio de muitos irmãos juntos numa perfeita reunião!" É verdade, senti isso muitas vezes, mas é no meio dos sacrifícios que essa união deve efetuar-se na terra. Não foi para viver com minhas irmãs[59] que vim para o Carmelo, foi unicamente para atender ao chamado de Jesus, ah! Eu pressentia que seria de fato um motivo de sofrimento contínuo viver com as próprias irmãs, quando não se quer conceder nada à na-   Sl 143,1-2

Sl 132,1

tureza. Como se pode dizer que é mais perfeito afastar-se dos seus?... Já se censuraram irmãos por combaterem no mesmo campo de batalha? Já os censuraram por voarem juntos para colher a palma do martírio?... Julgou-se [9rº], sem dúvida e com razão, que eles se animavam mutuamente; mas também que o martírio de cada um passava a ser o de todos. Assim é na vida religiosa, que os teólogos chamam de martírio. Ao dar-se a Deus, o coração não perde sua natural ternura, pelo contrário, essa ternura cresce ao tornar-se mais pura e mais divina.

Madre querida, é com essa ternura que vos amo, que amo minhas irmãs; estou feliz por combater *em família*[60] para a glória do Rei dos céus, mas estou disposta também a voar para outro campo de batalha se o Divino General me manifestar tal desejo. Não haveria necessidade de uma ordem, bastaria um olhar, um simples sinal.

Gn 8,11-12

Desde meu ingresso na arca abençoada[61], sempre pensei que se Jesus não me levasse logo para o céu, o destino da pombinha de Noé seria o meu. Que um dia o Senhor abriria a janela da arca e me mandaria voar para muito longe, muito longe, para praias infiéis, levando comigo o raminho de oliveira. Madre, esse pensamento fez crescer minha alma, fez-me planar acima de todo o criado. Compreendi que até no Carmelo poderia haver separações, que só no céu a união seria completa e eterna. Quis, então, que minha alma morasse nos céus[62], que só de longe olhasse as coisas da terra. Não só aceitei exilar-me no meio de um povo desconhecido, mas, o que me era *muito mais amargo*, aceitei o exílio [9vº] para minhas irmãs. Nunca me esquecerei do dia 2 de agosto de 1896. Naquele dia, que vinha a ser justamente o da partida das missionárias[63], tratou-se seriamente da [partida] de Madre Inês de Jesus. Ah! Eu não teria tentado fazer um só gesto para impedi-la de partir; embora sentisse uma grande tristeza em meu coração, achava que sua alma tão sensível, tão delicada, não era feita para

Mc 4,37-39

viver no meio de almas que não saberiam compreendê-la. Mil outros pensamentos acorriam numerosos, apinhados ao meu espírito e Jesus permanecia calado[64], não dava ordens à tempestade... E eu lhe dizia: Meu Deus, por vosso amor, aceito tudo; se quiserdes, aceito sofrer até morrer de tristeza. Jesus contentou-se com a aceitação, mas alguns meses depois falou-se da partida de irmã Genoveva e de Irmã Maria da Trindade. Então foi outro tipo de sofrimento, muito íntimo, muito profundo. Imaginava todas as provações, todos os sofrimentos que elas teriam de padecer Enfim, meu céu estava carregado de nuvens... só o fundo do meu coração ficava no sossego e na paz.

Madre querida, vossa prudência soube descobrir a vontade de Deus e, por parte dele, proibistes às vossas noviças de pensar agora em deixar o berço da sua infância religiosa. Mas compreendíeis as aspirações delas, já que vós mesma, Madre, havíeis pedido, na juventude, para ir a Saigon[65]. É assim, muitas vezes, que o desejo das mães encontra eco na alma [10rº] dos filhos. Ó Madre querida, vosso desejo apostólico encontra em minha alma um eco muito fiel, bem o sabeis. Deixai que vos confidencie o motivo de eu ter desejado e ainda desejar, caso a Santíssima Virgem me cure, trocar por uma terra estrangeira o delicioso oásis onde vivo tão feliz sob vosso olhar materno.

Madre, vós mesma me dissestes que para viver em Carmelos estrangeiros é preciso ter uma vocação toda especial. Muitas almas pensam ser chamadas sem o ser de fato. Dissestes-me também que eu tinha esta vocação e que só minha saúde era empecilho. Sei perfeitamente que esse obstáculo desapareceria se Deus me chamasse para uma terra longínqua; portanto, vivo sem preocupações. Se eu precisasse, um dia, deixar meu querido Carmelo, ah! Não seria sem mágoa, Jesus não me deu um coração insensível, e é justamente por ser capaz de sofrer que desejo que ele dê a Jesus tudo o que pode dar. *Aqui*, Madre querida, vivo sem preocupação alguma com os cuidados da miserável terra. Só tenho de cumprir a suave e fácil missão que me confiastes. *Aqui*, estou cumulada das vossas atenções maternas, não sinto a pobreza, pois nunca me faltou coisa alguma. Mas *aqui*, sobretudo, sou amada, de vós e de todas as irmãs, e esse afeto me é muito agradável. Eis por que sonho com um mosteiro onde não seria conhecida[66], onde teria de sofrer pobreza, falta de afeto, enfim, o exílio do coração.

Ah! Não foi com a intenção de prestar serviços ao Carmelo que [10v] consentisse em receber-me que eu deixaria tudo o que me é caro; sem dúvida, eu faria tudo o que dependesse de mim, mas conheço minha incapacidade[67] e sei que fazendo o melhor que eu pudesse não conseguiria sair-me bem, por não ter, como dizia há pouco, conhecimento algum das coisas da terra. Minha única finalidade seria pois cumprir a vontade de Deus, sacrificar-me por ele da maneira que lhe agradasse.   Mt 6,10

Bem sei que eu não teria decepção nenhuma, pois, quando se espera um sofrimento puro e sem mistura, a menor alegria torna-se uma surpresa inesperada e, ademais, vós sabeis, Madre, o próprio sofrimento passa a ser a maior das alegrias quando é buscado como o mais precioso dos tesouros.

Oh, não! não é com a intenção de tirar proveito dos meus trabalhos que quero partir, se tal fosse meu objetivo, não sentiria essa doce paz que me inunda e até sofreria por não poder realizar a minha vocação para as missões longínquas. Há muito que não me pertenço mais, entreguei-me totalmente a Jesus[68]. Portanto, ele é livre para fazer de mim o que lhe agraciar. Deu-me a atração por um exílio completo, fez-me *compreender todos os sofrimentos* que eu encontraria,   Mt 20,21-23
perguntando-me se desejaria beber este cálice da amargura. Eu quis tomar logo essa taça que Jesus me apresentava, mas ele, retirando a mão, fez-me entender que a aceitação lhe era suficiente.

[11f] Ó Madre, de quantas dúvidas nos livramos pelo voto da obediência! Como as simples religiosas são felizes, tendo por única bússola a vontade das suas superioras, estão sempre seguras de estar no caminho certo, não receiam se enganar mesmo quando lhes parece óbvio que as superioras se enganam[69]. Quando, porém, alguém para de olhar para a bússola infalível, quando se afasta do caminho que ela aponta, sob pretexto de fazer a vontade de Deus que não está

esclarecendo direito quem todavia o representa, logo a alma se extravia nos caminhos áridos onde a água da graça logo lhe falta.

  Madre querida, sois a bússola que Jesus me deu para levar-me seguramente à praia eterna. Como me é agradável fixar em vós o meu olhar e depois cumprir a vontade do Senhor. Desde que ele permitiu que eu sofresse tentações contra a fé, ele aumentou muito, em meu coração, o espírito de fé que me faz ver em vós, não apenas uma mãe que me ama e que amo, mas, sobretudo, me faz ver o Jesus vivo em vossa alma que me comunica a sua vontade por vosso intermédio. Sei muito bem, Madre, que me tratais como alma fraca, menina mimada; por isso, não me custa carregar o fardo da obediência, mas parece-me, pelo que sinto no fundo do meu coração, que eu não alteraria minha conduta e que meu amor por vós não sofreria diminuição alguma se [11v] vos aprouvesse tratar-me severamente; pois ainda veria que se trata da vontade de Jesus que ajais assim para o maior bem da minha alma.

  Este ano, Madre querida, Deus deu-me a graça de compreender o que é a caridade[70]. Antes é verdade que eu o compreendia, mas de maneira imperfeita, não tinha aprofundado esta palavra de Jesus: "O segundo [mandamento] é *semelhante* a este: 'Amarás o teu próximo[71] como a ti mesmo'". Dedicava-me, sobretudo, a amar a Deus e foi amando-o que compreendi que não devia deixar meu amor traduzir-se apenas em palavras, pois: "Nem todos os que me dizem: 'Senhor, Senhor' entrarão no reino dos céus, mas os que fazem a vontade de meu Pai que está nos céus". Essa vontade, Jesus ma deu a conhecer muitas vezes, deveria dizer quase a cada página do seu Evangelho; mas na última ceia, quando sabe que o coração dos seus discípulos arde de maior amor por ele que acaba de dar-se a eles no inefável mistério da sua Eucaristia, esse doce salvador quer dar-lhes um novo mandamento. Diz-lhes com indizível ternura: "Dou-vos um mandamento novo: que vos ameis uns aos outros; e que, *assim como eu vos amei, vós também vos ameis uns aos outros*[72]. O sinal pelo qual todos reconhecerão que sois meus discípulos é este: se tiverdes amor uns pelos outros".

  [12f] De que maneira Jesus amou seus discípulos e por que os amou? Ah! Não eram suas qualidades naturais que podiam atraí-lo, havia entre eles e ele uma distância infinita. Ele era a ciência, a Sabedoria Eterna; eles eram pobres pescadores ignorantes e cheios de pensamentos terrenos. Contudo, Jesus os chama de amigos, de irmãos[73], quer vê-los reinar consigo no reino do seu pai e, para abrir-lhes este reino, quer morrer numa cruz, pois disse: Não há amor maior que dar a vida por quem se ama.

  Madre querida, ao meditar essas palavras de Jesus, compreendi como era imperfeito o meu amor para com minhas irmãs, pois não as amava como Deus as ama. Ah! Compreendo agora que a caridade perfeita consiste em suportar os defeitos alheios[74], não se surpreender com suas fraquezas, edificar-se com os menores atos de virtude que os vemos praticar. Compreendi, sobretudo, que a caridade não deve ficar presa no fundo do coração[75]. Ninguém, disse Jesus, acende uma candeia para colocá-la debaixo do alqueire, mas é posta sobre o candelabro, para alumiar a quantos estão em casa. Parece-me que esse facho representa a caridade que deve alumiar, alegrar, não só os que me são mais caros, mas *todos*[76] os que estão em casa, sem excetuar ninguém.

Mt 5,15

Quando o Senhor ordenou a seu povo que amasse o próximo [12v] como a si mesmo, não tinha vindo ainda à terra. Por isso, sabendo até que grau a pessoa ama a si mesmo, não podia pedir às suas criaturas amor maior para com o próximo. Mas quando Jesus deu a seus discípulos um mandamento novo, o *Seu mandamento*, como diz adiante, não é mais amar o próximo como a si mesmo que ele ordena, mas amá-lo como *ele, Jesus o amou*, como o amará até o final dos séculos...

Lv 19,18

Ah, Senhor! sei que não ordenais nada impossível[77], conheceis minha fraqueza e minha imperfeição melhor do que eu mesma; bem sabeis que nunca poderei amar as minhas irmãs como vós as amais, se *vós mesmo*, ó meu Jesus, não as *amásseis em mim*. É porque queríeis conceder-me essa graça que fizestes um mandamento *novo*. Oh! Como o amo, já que ele me dá a certeza de que vossa vontade é *amar em mim* todos aqueles que me mandais amar!...

Jo 13,34-35

Sim, eu sinto que quando sou caridosa é só Jesus que age em mim; quanto mais unida fico a ele, tanto mais amo todas as minhas irmãs. Quando quero aumentar em mim este amor, sobretudo quando o demônio procura pôr-me ante os olhos da alma os defeitos de tal ou qual irmã que me é menos simpática, apresso-me em investigar suas virtudes, seus bons desejos. Penso que, se a vi cair uma vez, bem pode ter conseguido muitas vitórias [13f] que ela esconde por humildade, e que mesmo aquilo que me parece ser uma falta pode ser, devido à intenção, um ato de virtude. Não tenho dificuldade em persuadir-me disto, pois um dia já fiz uma pequena experiência[78] que me provou que não se deve julgar. Foi durante um recreio[79], a porteira deu dois toques, era preciso abrir a grande porta dos operários a fim de introduzir árvores destinadas ao presépio. O recreio não estava alegre, pois não estáveis lá, Madre querida, e, por isso, pensei que ficaria satisfeita se me mandassem servir de terceira. Nesse momento, a madre vice-priora disse-me que fosse, ou a irmã que estava a meu lado. Logo comecei a desatar o nosso avental, mas bem devagar, a fim de que minha companheira pudesse desatá-lo antes de mim, pois pensei agradar-lhe deixando-a ser terceira. A irmã que substituía a depositária observava-nos rindo e, vendo que me levantara por último, disse-me: Ah! Bem que imaginei que não seríeis vós que acrescentaríeis uma pérola à coroa, andáveis devagar demais...

Certamente, a comunidade toda pensou que eu tinha agido segundo a natureza e não sei dizer quanto um incidente tão insignificante fez bem à minha alma e me tornou indulgente em relação às fraquezas dos outros. Isso também me impede de sentir vaidade quando sou julgada favoravelmente, pois digo a mim mesma: já que meus pequenos atos de virtude são vistos como imperfeições, pode também haver engano [13v] e considerar-se como ato de virtude o que não passa de imperfeição. Então, digo com São Paulo: Bem pouco me importo de ser

1Cor 4,3-4 julgado por um tribunal humano, nem julgo a mim mesma; quem me julga é o Senhor. Por isso, a fim de fazer com que esse julgamento me seja favorável, ou melhor, a fim de não ser julgada de forma alguma, quero ter sempre pensamen-
Lc 6,37 tos caridosos, pois Jesus disse: Não julgueis e não sereis julgados.

Ao ler o que acabo de escrever, poderíeis, Madre, crer que a prática da caridade não me é custosa. É verdade que, desde alguns meses, não tenho mais de combater para praticar essa bela virtude. Não quero dizer com isso que nunca me aconteça cair em faltas. Ah! Sou imperfeita demais para isso, mas não tenho muita dificuldade em me levantar quando caí, pois num certo combate alcancei a vitória e, por isso, a milícia celeste vem agora em meu socorro, não podendo suportar ver-me vencida depois de ter sido vitoriosa na guerra gloriosa que vou procurar descrever.

Há na comunidade uma irmã que tem o dom de desagradar-me em tudo[80], seus modos, suas palavras, seu caráter eram-me *muito desagradáveis*, porém é uma santa religiosa que deve ser *muito agradável* a Deus. Por isso não querendo ceder à antipatia natural que sentia, disse comigo mesma que a caridade não deveria consistir nos sentimentos, mas nas obras. Então [14f], apliquei-me em fazer por essa irmã o que teria feito pela pessoa que mais amo. Cada vez que a encontrava, rezava por ela, oferecendo a Deus todas as suas virtudes e méritos. Sentia que isso agradava a Jesus, pois não há artista que não goste de receber elogios pelas suas obras, e Jesus, o artista das almas, fica feliz quando, em vez de deter-nos apenas o exterior, entramos no santuário íntimo que ele escolheu para morada e admiramos sua beleza. Não me restringia a rezar muito pela irmã que me provocava tantos combates, procurava prestar-lhe todos os serviços possíveis e quando era tentada a responder-lhe de modo desagradável, contentava-me em lhe dar meu mais amável sorriso e procurava desviar a conversa, pois diz a Imitação que é melhor deixar cada um no seu sentimento que fincar-se na contestação[81].

Muitas vezes também quando não estava no recreio (isto é, durante as horas de trabalho), tendo algum relacionamento de serviço[82] com essa irmã, quando os combates se faziam violentos demais, eu fugia como desertora. Como ela ignorava completamente o que eu sentia por ela, nunca suspeitou dos motivos do meu comportamento e está persuadida de que seu caráter me agrada. Um dia, no recreio, disse-me, aproximadamente, essas palavras com ar muito contente: "Poderia dizer-me, Irmã Teresa do Menino Jesus, o que tanto a atrai em mim[83], pois cada vez que me olha vejo-a sorrir?" Ah! O que me atraía era Jesus oculto no fundo da alma dela… Jesus que torna suave o que é amargo[84]… Respondi que sorria por ficar contente ao vê-la (obviamente não acrescentei que era do ponto de vista espiritual).

[14v] Madre querida, já vo-lo disse meu recurso derradeiro para não ser vencida nos combates: a deserção. Esse meio, já o empreguei durante meu noviciado[85] e sempre deu ótimos resultados. Quero, Madre, citar um exemplo que, creio, vos fará sorrir. Durante um dos vossos ataques de bronquite, fui uma ma-

nhã, de mansinho, entregar na vossa cela as chaves da grade de comunhão, pois eu era sacristã. No fundo, não me desagradava ter essa ocasião de vos ver, estava até muito contente, mas evitava deixar transparecê-lo. Uma irmã, animada por um santo zelo e que, todavia, gostava muito de mim, vendo-me entrar em vossos aposentos, Madre, pensou que eu ia vos acordar. Quis tomar as chaves, mas eu era bastante esperta para não entregá-las a ela e ceder-lhe *meus direitos*. Disse-lhe, o mais cortesmente, que eu cuidava tanto quanto ela de não vos acordar, mas que cabia *a mim* entregar as chaves... Agora compreendo que teria sido mais perfeito ceder diante dessa irmã, jovem, é verdade, porém mais antiga que eu[86]. Então, não o compreendia. Por isso, querendo a todo custo entrar atrás dela, que empurrava a porta para me impedir de passar, logo aconteceu a infelicidade que temíamos: o barulho vos acordou... Então, Madre, tudo recaiu sobre mim. A pobre irmã a quem eu resistira iniciou um discurso parecido com este: Foi Irmã Teresa do Menino Jesus quem fez barulho... meu Deus, como ela é desagradável... etc. [15f]. Eu, por acreditar no contrário, fiquei com muita vontade de defender-me; felizmente, acudiu-me uma ideia luminosa. Pensei que se eu começasse a justificar-me não conseguiria, certamente, manter a paz da alma; sentia também que não tinha virtude suficiente para me deixar acusar sem reagir. Minha última tábua de salvação foi a fuga. Dito e feito. Saí em surdina, deixando a irmã continuar seu discurso, que parecia com as imprecações de Camilo contra Roma[87]. Meu coração batia com tanta força[88] que não me foi possível ir longe e sentei-me na escada para saborear em paz os frutos da minha vitória. Não havia bravura nisso, não é verdade, querida Madre? Acredito, porém, que mais vale não se expor à luta quando a derrota é certa. Ai! quando recordo o tempo do meu noviciado, como percebo quanto era imperfeita... Atormentava-me com tão pouca coisa que hoje rio disso. Ah! Como o Senhor é bom por ter feito crescer a minha alma, por ter-lhe dado asas... Todas as redes dos caçadores não poderiam me aterrorizar pois "em vão se lança a rede diante dos olhos dos que têm asas". Futuramente, sem dúvida, o tempo atual parecer-me-á ainda cheio de imperfeição, mas agora não me espanto com nada, não fico triste por constatar que sou a própria *fraqueza*, pelo contrário, é nela que me glorifico e espero cada dia descobrir em mim novas imperfeições. Lembrando-me de que a caridade cobre uma multidão de pecados, [15v] abasteço-me nessa mina fecunda que Jesus abriu diante de mim. No Evangelho, o Senhor explica em que consiste seu mandamento novo. Diz, em São Mateus: "Ouvistes o que foi dito: 'Amarás o teu próximo e odiarás o teu inimigo'. Eu, porém, vos digo: 'Amai os vossos inimigos e orai pelos que vos perseguem'". No Carmelo, sem dúvida, não encontramos inimigos, mas afinal há simpatias, sente-se atração por tal irmã enquanto tal outra nos levaria a dar uma longa volta a fim de não encontrar com ela. De sorte que, sem que se perceba, ela passa a ser objeto de perseguição. Ora, Jesus me diz que essa irmã deve ser amada, que se deve rezar por ela, muito embora seu comportamento me leve a crer que ela não me ama[89]. "Se amardes os que vos amam, de que vos agradecerão?

Pr 1,17

2Cor 12,5

1Pd 4,8
Jo 13,34-55
Mt 5,43-44

Pois os próprios pecadores amam os que os amam." Não basta amar, é preciso dar provas desse amor. Tem-se naturalmente prazer em dar um presente a um amigo, gosta-se, especialmente, de causar surpresas; mas isso não é caridade pois os pecadores também fazem o mesmo. Eis o que Jesus me ensina ainda: "Dai a *todo aquele* que vos pede, e *ao que toma* o que é vosso não lho reclameis". Dar a todas aquelas que *pedem* é menos agradável do que oferecer espontaneamente segundo a inclinação do coração; se bem que, quando se pede com gentileza, não custa dar, mas, se por desdito não se usam palavras bastante delicadas, a alma logo se revolta, caso não seja firmada na caridade. Encontra mil motivos para recusar [16f] o que lhe é pedido e só depois de ter convencido a solicitante da sua indelicadeza é que lhe dá, *finalmente e por favor*, o que ela requer, ou lhe presta um leve serviço[90] que teria exigido vinte vezes menos tempo para se cumprir do que foi preciso para valorizar direitos imaginários. Se é tão difícil dar a quem quer que peça, mais difícil ainda é deixar levar sem pedir de volta. Ó Madre, digo que é difícil, deveria dizer que *parece* difícil, pois o jugo do Senhor é suave e leve quando aceito, sente-se logo sua doçura e exclama-se com o salmista: "*Corri* pelo caminho dos vossos mandamentos desde que me dilatastes o coração". Só a caridade pode dilatar o meu coração, ó Jesus. Desde que essa doce chama o consome, corro alegre na via do vosso mandamento *novo*... Quero correr nela até o dia bem-aventurado em que, unindo-me ao cortejo virginal, poderei seguir-vos pelos espaços infinitos, cantando vosso cântico *novo* que deve ser o do amor.

Eu dizia: Jesus não quer que eu reclame o que me pertence; isso deveria parecer-me fácil e natural pois nada me pertence. Renunciei aos bens da terra pelo voto de pobreza, portanto não tenho o direito de queixar-me quando me tiram uma coisa que não me pertence; pelo contrário, devo alegrar-me quando me acontece sentir a pobreza. Outrora eu tinha a impressão de não estar apegada a nada, mas desde que entendi as palavras de Jesus vejo que sou muito imperfeita em certas [16v] ocasiões. Por exemplo, no serviço da pintura[91], bem sei que nada é meu; mas se ao iniciar o trabalho vejo que pincéis e tintas estão fora do lugar, que uma régua ou um canivete sumiram, a paciência fica a pique de abandonar-me e preciso recorrer à coragem com ambas as mãos para não reclamar contrariada os objetos que me faltam. É preciso, às vezes, pedir as coisas indispensáveis, mas ao fazê-lo humildemente não pecamos contra o mandamento de Jesus; pelo contrário, agimos como os pobres[92] que estendem a mão para receber o que lhes é necessário. Se são repelidos, não se espantam, ninguém lhes deve coisa alguma. Ah! Quanta paz inunda a alma quando ela se eleva acima dos sentimentos da natureza... Não há alegria comparável à de que goze o verdadeiro pobre de espírito. Se pede com desapego uma coisa que lhe é necessária e que não só lhe é recusada, mas se tenta tomar-lhe até aquilo que ele possui, segue o conselho de Jesus: "Cedei também o manto a quem vos quer citar em juízo para tomar a vossa túnica..." Ceder o manto, parece-me, é renunciar aos últimos direitos, é considerar-se como serva, escrava das outras. Quando se abandonou o manto, é mais

fácil andar, correr, por isso Jesus acrescenta: "E, se alguém te obrigar a andar uma milha, vai com ele mais duas". Portanto, [17f] não é suficiente dar a quem me pede, é preciso antecipar-se a seus desejos, parecer muito grata e muito honrada em prestar serviço, e quando tomam alguma coisa de meu uso não devo parecer lastimá-lo mas, pelo contrário, parecer feliz por ficar *livre* dela. Mt 5,41
Lc 6,30

    Madre querida, estou longe de praticar o que entendo, e no entanto só o desejo que tenho de praticá-lo é suficiente para me dar a paz.

    Ainda mais do que nos outros dias, sinto que me expliquei muitíssimo mal. Fiz uma *espécie de discurso* sobre a caridade, cuja leitura vos deve ter cansado. Perdoai-me, Madre querida, e pensai que, neste momento, as enfermeiras[93] estão fazendo para comigo o que acabo de escrever. Não se temem em dar vinte mil passos onde vinte seriam suficientes. Pude, portanto, contemplar a caridade em ação![94] Sem dúvida, isso deve ter perfumado a minha alma, quanto à minha mente, confesso que ficou meio paralisada perante tal dedicação e minha pena perdeu a leveza. Para poder expressar meus pensamentos, preciso estar como o passarinho solitário no telhado[95], e isso é raramente minha sina. Quando começo a pegar a pena para escrever, eis que uma boa irmã[96] passa perto de mim, com o forcado ao ombro. Pensa distrair-me batendo um papinho comigo. Feno, patos, galinhas, visita do médico, tudo é assunto de conversa. Na verdade, isso não demora, mas há *mais de uma irmã caridosa* e, de repente, outra ceifeira coloca flores no meu colo, pensando, talvez, inspirar-me ideias poéticas. Como não as procuro de momento [17v], preferia que as flores ficassem a se balançar nas hastes. Enfim, cansada de abrir e fechar este famoso caderno, abro um livro (que não quer ficar aberto) e digo firmemente que estou copiando pensamentos dos salmos e do Evangelho para a festa da nossa Madre[97]. Não deixa de ser em parte verdade, pois não economizo as citações... Madre querida, creio que eu vos divertiria se vos contasse todas as minhas aventuras nos bosques do Carmelo. Não sei se consegui escrever dez linhas sem ter sido incomodada. Isso não deveria fazer-me rir, nem divertir-me, contudo, pelo amor de Deus e das minhas irmãs (tão caridosas para comigo), procuro assumir um ar de contentamento e, sobretudo, *ficar* contente... Sl 101,8

    Olhe! eis uma ceifeira que se afasta depois de me ter dito em tom compassivo: "Pobre irmãzinha, deveis cansar escrevendo assim o dia todo". "Ficai tranquila", respondi, "parece que escrevo muito, mas na verdade escrevo quase nada." "Ainda bem", disse-me com ar tranquilizado, "mas estou muito satisfeita por estarmos recolhendo o feno, isso vos distrai um pouco." De fato, é uma distração tão grande para mim (sem contar as visitas das enfermeiras), que não minto quando digo que não escrevo quase nada.

    Felizmente, não desanimo com facilidade. Para comprová-lo, Madre, vou acabar de vos explicar o que Jesus me fez entender a respeito da caridade. Até agora, só vos falei do exterior, agora gostaria de vos confidenciar como entendo a caridade [18f] puramente espiritual. Tenho certeza de que logo vou misturar as duas, mas, Madre, sendo a vós que falo, estou certa de que não vos será difícil captar meu pensamento e desembaraçar a meada da vossa filha.

Nem sempre é possível, no Carmelo, praticar ao pé da letra as palavras do Evangelho. Devido ao ofício de cada uma, há quem se veja obrigada, às vezes, a recusar uma prestação de serviço. Mas quando a caridade deitou raízes profundas na alma ela se manifesta no exterior. Existe um modo tão gracioso de recusar o que não se pode dar que a recusa agrada tanto quanto a dádiva. É verdade que nos constrangemos menos em pedir um serviço a uma irmã sempre disposta a fazer um favor, mas Jesus disse: "Não evites quem te pede emprestado". Assim, sob pretexto de que seríamos obrigadas a recusar, não devemos nos afastar das irmãs que têm o hábito de sempre pedir serviços. Tampouco se deve ser obsequiosa por mera *aparência*, na esperança de uma retribuição futura, pois Nosso Senhor disse: "E, se emprestardes àqueles de quem esperais receber alguma coisa, que gratidão mereceis? Também os pecadores emprestam aos pecadores, a fim de receberem o equivalente. Quanto a vós, fazei-o bem, e emprestai *sem nada esperar em troca* e vossa recompensa será grande". Oh, sim! a recompensa é grande mesmo na terra... nesta via, só o primeiro passo custa. *Emprestai sem nada esperar em troca*, parece duro à natureza, prefere-se *dar*, pois uma vez dada [18v] a coisa não nos pertence mais. Quando vos vem dizer, com ar totalmente convencido: "Irmã, preciso da vossa ajuda por algumas horas, mas ficai tranquila pois tenho a autorização da nossa Madre e vos *retribuirei* o tempo que me concedeis, pois sei o quanto estais atarefada". Na verdade, quando se sabe muito bem que o tempo que se *empresta* nunca será restituído, preferiríamos responder: "Dou-vos esse tempo". Isso satisfaria ao amor-próprio, pois dar é um ato mais generoso que emprestar e além disso fazemos sentir à irmã que não esperamos retribuição... Ah! Como os ensinamentos de Jesus são contrários aos sentimentos da natureza. Sem a ajuda da sua graça, seria impossível não só praticá-los, mas ainda compreendê-los.

Madre, Jesus concedeu à vossa filha a graça de fazê-la penetrar as misteriosas profundezas da caridade; se ela pudesse exprimir o que entende, ouviríeis uma melodia do céu, mas ai! só tenho balbucios a vos oferecer... Se as próprias palavras de Jesus não me servissem de apoio, ficaria tentada de vos pedir clemência e largar a pena... Mas preciso prosseguir, por obediência, o que por obediência comecei.

Madre querida, ontem, a respeito dos bens da terra, escrevia que, por não serem meus, não deveria achar difícil nunca reclamar por eles caso me fossem tirados. Os bens do céu tampouco me pertencem, são *emprestados* por Deus, que podemos tirar [19f] sem que eu tenha direito de queixa. Porém, os bens que vêm diretamente de Deus, os ímpetos da inteligência e do coração, os pensamentos profundos[98], tudo isso forma uma riqueza à qual nos apegamos como se fosse um bem próprio no qual ninguém tem o direito de tocar... Por exemplo, se com autorização superior comunicamos a uma irmã alguma ideia que nos veio durante a oração e, pouco depois, essa mesma irmã, falando com uma outra, lhe diz, como se aquela ideia fosse dela, o lhe fora confidenciado, parece que toma o que não é seu. Ou, no recreio, diz-se baixinho a uma companheira uma palavra muito espirituosa e oportuna; se ela a repete em voz alta sem indicar donde, isso parece um furto à proprietária, que não reclama, mas teria muita vontade de fazê-lo e aproveitará a primeira ocasião para fazer saber, astuciosamente, que alguém se apossou dos seus pensamentos.

Madre, eu não poderia explicar-vos tão bem esses tristes sentimentos da natureza, se não os tivesse sentido em meu coração, e gostaria de me embalar na doce ilusão de que só aconteceram no meu se não me tivésseis ordenado ouvir as tentações das vossas queridas novicinhas. Sempre aprendi cumprindo a missão que me confiastes, sobretudo vi-me forçada a praticar o que eu ensinava. Por isso, agora, posso dizer que Jesus me concedeu a graça de não ser mais apegada aos bens do espírito e do coração que aos da terra. Quando me acontece pensar e dizer uma coisa [19v] que agrada às minhas irmãs, acho muito natural que se apropriem dela como sendo um bem que lhes pertence. Esse pensamento pertence ao Espírito Santo, não a mim, pois São Paulo disse que, sem esse Espírito de Amor, não podemos chamar de "pai" a nosso pai que está nos céus. Portanto, ele tem plena liberdade de servir-se de mim para dar um bom pensamento a uma alma. Se eu imaginasse que esse pensamento me pertence, seria como "o burro que transportava relíquias"[99] e acreditava que as homenagens prestadas aos santos se dirigiam a ele.   Rm 8,15

Não desprezo os pensamentos profundos que alimentam a alma e as unem a Deus, mas compreendi há muito tempo que não devemos nos apoiar neles[100] nem achar que a perfeição consiste em receber muitas luzes. Os mais belos pensamentos nada são sem as obras[101]. É verdade que outras pessoas podem auferir deles muito proveito caso se humilhem e manifestem a Deus sua gratidão por lhes permitir participar do banquete de uma alma que ele gosta de enriquecer com suas graças. Mas se essa alma se compraz em seus *belos pensamentos*, e faz a oração do fariseu, torna-se parecida com uma pessoa que morre de fome diante de uma mesa bem provida enquanto todos os seus convidados se fartam e, às vezes, lançam um olhar de inveja sobre o dono de tantos bens. Ah! Só Deus mesmo para conhecer o fundo dos corações... como as criaturas têm pensamentos mesquinhos!... Quando descobrem uma alma mais esclarecida que as outras, concluem [20f] logo que Jesus as ama menos que a essa alma e que não podem ser chamadas para a mesma perfeição. Desde quando o Senhor *perdeu o direito* de servir-se de uma das suas criaturas para distribuir às almas que ama o alimento que lhes é necessário? No tempo dos faraós, o Senhor ainda tinha *esse direito*, pois na sagrada escritura ele diz a esse monarca: "Eu te suscitei de propósito para fazer resplandecer o *meu poder* e para que meu nome seja anunciado em toda a terra". Os séculos sucederam aos séculos desde que o altíssimo pronunciou essas palavras e, desde então, seu proceder não mudou, serviu-se sempre das suas criaturas como instrumentos para realizar sua obra nas almas.   Rm 9,17
Ex 9,16

Se a tela pintada por um artista pudesse pensar e falar, certamente não se queixaria de ser incessantemente tocada e retocada por *um pincel*[102] e não teria inveja da sorte desse instrumento, pois saberia que não é ao pincel, mas ao artista que o maneja, que ela deve a beleza que a cobre. Por seu lado, o pincel não poderia glorificar-se da obra-prima feita por ele, sabe que os artistas não se apertam, que zombam das dificuldades, que lhes apraz, às vezes, usar instrumentos vis e defeituosos...

Madre querida, eu sou um pincelzinho que Jesus escolheu para pintar sua imagem nas almas que me confiastes. Um artista não usa um só pincel, precisa, pelo menos, de dois. O primeiro é o mais útil, é com ele que imprime as tonalidades mais gerais [20v], que cobre completamente a tela em muito pouco tempo; o outro, o menor, serve para os detalhes.

Madre, sois vós que me representais o pincel precioso que a mão de Jesus pega com amor quando quer efetuar uma obra de vulto na alma de vossas filhas, e eu sou o pequenininho do qual digna servir-se depois para os mínimos pormenores.

A primeira vez que Jesus se serviu do seu pincelzinho foi por volta de 8 de dezembro[103] de 1892. Lembrar-me-ei sempre dessa época como de um tempo de graças. Vou, querida Madre, confiar-vos essas doces recordações.

Aos 15 anos, quando tive a felicidade de ingressar no Carmelo, encontrei uma companheira de noviciado que me tinha precedido alguns meses. Era oito anos mais velha que eu, mas seu caráter infantil fazia esquecer a diferença dos anos; por isso, logo tivestes, Madre, a alegria de ver vossas duas pequenas postulantes entenderem-se maravilhosamente e tornarem-se inseparáveis. A fim de favorecer essa afeição nascente, que vos parecia promissora de bons frutos, permitistes que tivéssemos, de tempos em tempos, breves conversas espirituais. Minha querida companheirinha encantava-me com sua inocência, seu caráter expansivo, mas por outra parte eu estranhava ao constatar que o afeto que tinha por vós era diferente do meu. Havia também muitas outras coisas em seu comportamento com as irmãs que eu desejava que ela mudasse... Desde aquele tempo, Deus fez-me compreender [21f] que há almas que sua misericórdia não se cansa de esperar, às quais comunica sua luz aos poucos. Por isso, eu tinha o cuidado de não prevenir sua hora e esperava pacientemente que Jesus a fizesse chegar.

Refletindo um dia sobre a permissão que nos tínheis concedido para nos entretermos juntas, de acordo com as nossas santas constituições, *para nos inflamar mais no amor por nosso esposo*, pensei com pesar que nossas conversas não alcançavam o ojetivo desejado. Deus fez-me sentir, então, que chegara o momento em que eu não devia ter medo de falar ou encerrar essas conversações que mais se pareciam com as das amigas do mundo. Era um sábado. No dia seguinte, durante minha ação de graças, supliquei a Deus que pusesse em minha boca palavras suaves e convincentes, ou melhor, que ele mesmo falasse por meu intermédio. Jesus atendeu ao meu pedido e permitiu que o resultado correspondesse inteiramente à minha expectativa, pois: "os que voltam o olhar para ele serão esclarecidos" e "a luz despontou nas trevas para os de coração reto". A primeira citação dirige-se a mim e a segunda à minha companheira que, na verdade, tinha o coração reto... Sl 33,6 Sl 111,4

Tendo chegado a hora em que tínhamos combinado ficar juntas[104], ao olhar para mim, a pobre irmãzinha percebeu logo que eu não era a mesma. Sentou-se ao meu lado enrubescendo e eu, apoiando sua cabeça no meu coração, disse-lhe com lágrimas na voz [21v] *tudo o que pensava dela*, mas com expressões de tanta ternura, manifestando-lhe tão grande afeto que logo as lágrimas dela misturaram-se às minhas. Admitiu com muita humildade que tudo o que eu lhe dizia era verdade, prometeu-me iniciar vida nova e pediu como um favor avisá-la sempre das suas faltas. Enfim, no momento de nos separarmos, nosso afeto passara a ser totalmente espiritual, nada de humano[105] subsistia. Realizava-se em nós esta passagem da Escritura: "O irmão ajudado pelo seu irmão é como uma cidade fortificada". Pr 18,19

O que Jesus fez com seu pincelzinho teria sido logo apagado se não tivesse agido por meio de vós, Madre, para realizar sua obra na alma que ele queria inteiramente para si. A provação pareceu muito amarga à minha pobre companheira, mas vossa firmeza triunfou e foi então que pude, tentando consolá-la, explicar àquela que me destes por irmã entre todas em que consiste o verdadeiro amor[106]. Mostrei-lhe que era a si mesma que amava e não a vós; disse-lhe como eu vos amava e que sacrifícios fora obrigada a fazer, no início da minha vida religiosa, para não me apegar a vós de maneira totalmente material, como o cachorro se apega a seu dono. O amor alimenta-se de sacrifícios, quanto mais a alma recusa para si satisfações naturais, tanto mais sua ternura se torna forte e desinteressada.

Lembro-me de que, quando postulante, tinha às vezes tentações tão violentas [22f] de ir ter convosco para minha satisfação, para achar algumas gotas de alegria, que tinha de passar rapidamente diante do depósito[107] e agarrar-me ao corrimão da escada. Acudiam à minha mente uma porção de licenças a pedir; enfim, Madre querida, encontrava mil motivos para satisfazer a minha natureza... Como estou feliz agora por me ter privado, logo no início da minha vida religiosa. Já usufruo da recompensa[108] prometida aos que combatem corajosamente. Não sinto mais necessidade de me recusar todas as consolações do coração, pois minha alma está consolidada pelo único que eu queria amar unicamente. Vejo com satisfação que, amando-o, o coração se dilata e pode dar incomparavelmente mais ternura aos que lhe são caros, do que se tivesse ficado concentrado num amor egoísta e infrutífero. Jt 15,10-11

Madre querida, eu vos relatei o primeiro trabalho que Jesus e vós vos dignastes realizar por mim; era apenas o prelúdio dos que me deviam ser encomendados. Quando me foi dado penetrar no santuário das almas[109], vi logo que a tarefa ultrapassava as minhas capacidades. Então, lancei-me nos braços de Deus[110] e, como uma criancinha, escondendo o rosto nos seus cabelos, disse-lhe: Senhor, sou pequena demais para alimentar vossas filhas, se quiserdes dar-lhes, por mim, o que convém a cada uma, enchei minha mãozinha e, sem deixar vosso colo, sem desviar a cabeça, [22v] darei vossos tesouros à alma que vier pedir alimento. Se ela gostar, saberei que não é de mim, mas de vós que o recebe; pelo contrário, se reclamar, e achar amargo o que lhe ofereço, minha paz não ficará perturbada, procurarei persuadi-la de que esse alimento vem de vós e evitarei procurar outro para ela.

Lc 10,41-42
Mt 6,33
Rm 5,5

Madre, desde que entendi ser impossível fazer alguma coisa por mim mesma, a tarefa que me impusestes deixou de me parecer difícil; senti que a única coisa necessária consistia em unir-me sempre mais a Jesus e que o resto me seria dado por acréscimo. De fato, nunca minha esperança foi frustrada[111], Deus dignou-se encher minha mãozinha todas as vezes que foi necessário para que alimentasse a alma das minhas irmãs[112]. Confesso, Madre querida, que se me tivesse apoiado, o mínimo que fosse, nas minhas próprias forças, teria capitulado... *De longe, parece* fácil fazer bem às almas, fazê-las amar sempre mais a Deus, modelá-las, enfim, segundo os próprios pontos de vista e ideias pessoais. *De perto*, é o contrário, o róseo desapareceu... sente-se que fazer o bem, sem a ajuda de Deus, é tão impossível quanto fazer o sol brilhar no meio da noite... Sente-se que é absolutamente necessário esquecer as próprias preferências, as concepções pessoais e guiar as almas pelo caminho que Jesus traçou para elas, sem procurar fazê-las caminhar [23f] pelo nosso caminho. Mas ainda não é o mais difícil; o que mais me custa é observar as faltas, as mais leves imperfeições e dar-lhes combate de morte. Ia dizer: infelizmente para mim, mas seria uma covardia, portanto digo: felizmente para minhas irmãs, desde que tomei lugar nos braços de Jesus, sou como o vigilante que, do mais alto torreão de um castelo, observa o inimigo[113]. Nada escapa ao meu olhar; fico muitas vezes espantada por enxergar tão bem[114] e acho o profeta Jonas muito desculpável por ter fugido em vez de ir anunciar a

Jn 1,2-3

ruína de Nínive. Preferiria mil vezes receber recriminações a fazê-las, mas sinto que é muito necessário que seja um sofrimento para mim, pois quando se age segundo a natureza é impossível que a alma à qual se quer apontar as faltas compreenda os próprios erros; só vê uma coisa: a irmã encarregada de me dirigir está zangada e tudo recai sobre mim, embora eu esteja cheia das melhores intenções.

Jo 10,10-15

Sei que vossos cordeirinhos me acham severa[115]. Se lessem estas linhas, diriam que não parece custar-me o mínimo correr atrás deles, falar-lhes num tom severo mostrando seu belo velo sujo ou trazendo-lhes algum floco de lã que deixaram pelos espinhos do caminho. Podem dizer tudo o que quiserem, no fundo, sentem que os amo com amor verdadeiro, que nunca imitarei o mercenário que, vendo o lobo chegar, abandona o rebanho e [23v] foge. Estou pronta a dar minha vida por eles, mas meu afeto é tão puro que não desejo que o conheçam. Com a graça de Jesus, nunca procurei atrair o coração deles[116]. Compreendi que minha missão consiste em levá-los a Deus e fazê-los compreender que, neste mundo, vós sois a minha Madre, o Jesus visível que devem amar e respeitar.

Eu vos disse, Madre querida, que instruindo os outros muito aprendi. Primeiro vi que todas as almas têm de travar, mais ou menos, os mesmos combates, mas são tão diferentes sob outros aspectos, que não tenho dificuldades em compreender o que dizia o padre Pichon: "Há muito mais diferenças entre as almas que entre os rostos". Por isso, é impossível agir da mesma maneira com todas. Com certas almas, sinto que devo fazer-me pequena, não recear diminuir-me, confessando meus combates, minhas desfeitas; vendo que tenho as mesmas fraquezas que elas, minhas irmãzinhas confessam por sua vez as faltas de que se acusam e ficam satisfeitas por eu compreendê-las *por experiência*. Com outras, percebi que é preciso, pelo contrário, para seu bem, agir com muita firmeza e nunca voltar ao que foi dito. Apoucar-se não seria humildade, mas fraqueza. Deus deu-me a graça de não temer a guerra[117], preciso cumprir minha obrigação, custe o que custar. Mais de uma vez, ouvi dizer: "Se quiserdes obter alguma coisa de mim, tem de ser pela doçura; pela [24f] força, não conseguireis nada". Sei que ninguém é bom juiz em causa própria e que uma criança em quem o médico faz sofrer uma operação dolorosa não deixará de soltar grandes gritos e dizer que o remédio é pior que o mal. Contudo, se curar alguns dias depois, fica toda feliz por poder brincar e correr. Acontece o mesmo com as almas, reconhecem logo que um pouco de amargor é, às vezes, preferível ao açúcar e não receiam admiti-lo. Em alguns casos, não deixo de sorrir interiormente vendo as transformações que se operam de um dia para outro. É fantástico... Vêm dizer-me: "Tivestes razão, ontem, em mostrar severidade; no início, isso me revoltou, mas depois me lembrei de tudo e vi que fostes muito justa... Escutai: ao retirar-me, pensava que estava tudo acabado, dizia para mim mesma: 'Vou falar com nossa Madre e dizer-lhe que não irei mais com a Irmã Teresa do Menino Jesus'. Mas senti que era o demônio que me inspirava aquilo e pareceu-me que rezáveis por mim, então, fiquei tranquila e a luz começou a brilhar; mas agora é preciso que me esclareçais plenamente, e é por isso que estou aqui". A conversação trava-se sem demora; fico muito feliz em poder seguir a tendência do meu coração, deixando de servir alimento amargo. Sim, mas...[118] logo percebo que não se deve avançar demais, uma *palavra* poderia fazer desmoronar o belo edifício construído nas lágrimas. Se eu tiver a infelicidade de dizer uma só palavra que pareça atenuar o que disse ontem, vejo minha irmãzinha tentar [24v] agarrar-se novamente nos galhos, faço então uma breve oração interior e a verdade triunfa sempre[119]. Ah! É a oração, é o sacrifício que fazem toda a minha força, são as armas invisíveis[120] que Jesus me deu. Elas têm muito mais poder que as palavras para sensibilizar as almas, experimentei-o amiúde. Uma, entre todas, causou-me doce e profunda impressão.

Era durante a Quaresma e eu então só me ocupava da única noviça[121] que havia aqui e da qual eu era o anjo da guarda. Certa manhã, ela veio procurar-me, radiante: "Ah! Se soubésseis", disse-me, "o que sonhei esta noite. Eu estava perto da minha irmã e queria afastá-la de todas as vaidades de que tanto gosta e, para isso, explicava-lhe os versos de Viver de amor. — Amar-te Jesus, que perda fecunda / Todos os meus perfumes são teus, para sempre[122]. Sentia que minhas palavras penetravam na alma dela e eu ficava extasiada de alegria. Hoje de manhã, ao acordar, pensei que Deus, talvez, quisesse que eu lhe desse essa alma. E se lhe escrevesse, depois da Quaresma, a fim de contar-lhe meu sonho e dizer que Jesus a quer só para si?"

Eu, sem pensar mais, disse-lhe que podia tentar, mas que antes era preciso pedir autorização à nossa Madre[123]. Como a Quaresma estava ainda longe do fim, ficastes, Madre querida, muito surpresa com semelhante pedido, que vos pareceu prematuro demais. Inspirada por Deus, certamente, respondestes que não é por cartas que as carmelitas [25f] devem salvar as almas, mas pela oração.

Ao saber da vossa decisão, compreendi logo que era a de Jesus e disse à Irmã Maria da Trindade: "Precisamos pôr mãos à obra, rezemos muito. Que alegria *se, no fim da Quaresma, formos atendidas!...*" Oh! Misericórdia infinita do Senhor, que escuta a oração das suas filhas... No *final da Quaresma*, mais uma alma consagrava-se a Jesus. Era um verdadeiro milagre da graça[124], milagre obtido pelo fervor de uma humilde noviça!

Como é grande o poder da oração![125] Dir-se-ia uma rainha[126] com livre acesso ao rei e capaz de obter tudo o que pede. Para ser atendida a qualquer momento, não é preciso ler uma bela fórmula de circunstância em algum livro; se assim fosse, ai! como eu seria lamentável!... Fora o *Ofício Divino* que sou *muito indigna* de rezar, falta-me coragem para sujeitar-me a procurar *bonitas* orações nos livros, causa-me dor de cabeça, são tantas!... e uma é mais *bonita* que a outra... Não poderia rezar todas e não saberia qual escolher. Faço como as crianças que não sabem ler, digo simplesmente a Deus o que quero dizer, sem frases bonitas, e ele sempre me compreende... Para mim, a oração é um impulso do coração, um simples olhar para o céu, um grito de gratidão e de amor[127] no meio da provação como no meio da alegria[128]; enfim, é algo de grande [25v], de sobrenatural que dilata a minha alma e me une a Jesus.

Mt 18,19-20

Todavia, não quero, Madre querida, que penseis que as orações em comum, no coro ou nos eremitérios[129], eu as faço sem devoção. Pelo contrário, gosto muito das orações em comum, pois Jesus prometeu estar no meio dos que se reúnem em nome dele. Sinto, então, que o fervor das minhas irmãs supre o meu; sozinha (tenho vergonha de confessá-lo), a recitação do terço custa-me mais do que usar um instrumento de penitência...[130] Sinto que o recito tão mal; por mais que me esforce por meditar sobre os mistérios do rosário, não consigo fixar minha mente... Durante muito tempo, lastimei essa falta de devoção que me intrigava, pois *amo tanto Nossa Senhora* que deveria ser-me fácil recitar em honra dela orações que lhe agradam. Agora, lastimo menos, penso que, por ser *minha mãe*, a rainha dos céus deve perceber a minha boa vontade e satisfazer-se com ela.

Mt 6,9-13
Lc 1,28

Vez por outra, quando minha mente está em tão grande aridez que me é impossível extrair um pensamento para me unir a Deus, recito *muito lentamente* um "Pai nosso" e a saudação angélica; então, essas orações me encantam, alimentam minha alma muito mais de que se as tivesse recitado precipitadamente uma centena de vezes...

Nossa Senhora me mostra não estar zangada comigo [26f], nunca deixa de me proteger quando a invoco. Se me sobrevém uma preocupação, um problema, logo me dirijo a ela e sempre, como a mais terna das mães, ela toma conta dos meus interesses... Quantas vezes, ao falar às noviças, aconteceu-me invocá-la e sentir os favores de sua maternal proteção!...

Frequentemente, as noviças me dizem: "Mas tendes resposta para tudo; desta vez, pensava embaraçar-vos... aonde é que ides buscar o que dizeis?" Algumas há tão ingênuas que pensam que leio em suas almas, só porque me aconteceu preveni-las dizendo o que pensavam. Uma noite, uma das minhas companheiras[131] resolvera ocultar-me uma pena que a fazia sofrer muito. Encontro-a logo de manhã, ela me fala com semblante sorridente e eu, sem responder ao que ela me dizia, digo-lhe num tom convicto: Estais aflita. Se tivesse feito a lua cair aos pés dela, creio que não teria olhado para mim com maior espanto. Seu pasmo foi tanto que me contagiou e, por um instante, fui tomada de um pavor sobrenatural. Tinha toda a certeza de não ter o dom de ler nas almas e espantava-me ter acertado assim, em cheio. Sentia que Deus estava muito perto, que eu sem perceber dissera, como uma criança, palavras que não provinham de mim, mas dele.

Madre querida, compreendeis que às noviças tudo é permitido [26v], é necessário que possam dizer o que pensam sem restrição alguma. O bem e o mal. Isso lhes é tanto mais fácil comigo que não me devem o respeito que se presta a uma mestra. Não posso dizer que Jesus me faz caminhar *exteriormente* pela via das humilhações. Contenta-se em humilhar-me no *fundo* da minha alma[132]. Aos olhos das criaturas, tudo me dá certo. Sigo pelo caminho das honras, na medida em que é possível na vida religiosa. Compreendo que não é para mim, mas para os outros que devo andar por esse caminho que parece tão perigoso. De fato, se eu fosse considerada pela comunidade como uma religiosa cheia de defeitos, incapaz, sem inteligência nem juízo, ser-vos-ia impossível, Madre, fazer-vos ajudar por mim. Eis por que Deus lançou um véu sobre todos os meus defeitos interiores e exteriores. Às vezes, este véu atrai elogios para mim por parte das noviças. Sinto que não o fazem por adulação, mas que é expressão dos seus ingênuos sentimentos; francamente, isso não poderia inspirar-me vaidade, pois tenho sempre presente à mente a lembrança do que sou. Vez por outra, contudo, sou tomada de um desejo muito grande de ouvir outra coisa que não sejam elogios. Sabeis, Madre querida, que prefiro o vinagrete ao açúcar; minha alma também se cansa duma alimentação doce demais, então Jesus permite que se lhe sirva uma boa saladinha [27f], bem avinagrada[133], bem temperada, à qual nada falte, a não ser o *azeite*, o que lhe dá um sabor suplementar... Essa boa saladinha me é servida pelas noviças quando menos espero. Deus levanta o véu que esconde as minhas imperfeições e então as minhas queridas irmãzinhas, vendo-me tal como sou não me acham totalmente do gosto delas. Com uma simplicidade que me encanta, declaram-me todos os combates que lhes causo, o que lhes desagrada em mim; enfim, não se constrangem mais do que se tratasse de outra pessoa, sabendo que me agradam muito agindo dessa forma. Ah! Francamente, é mais que um prazer, é um banquete delicioso[134] que enche minha alma de alegria. Não consigo explicar como uma coisa que tanto desagrada à natureza possa causar tanta felicidade; se não a tivesse experimentado, não poderia acreditar... Num dia em que tinha desejado particularmente ser humilhada, aconteceu que uma noviça[135] incumbiu-se tão bem de satisfazer-me que logo pensei em Semei amaldiçoando Davi, e pensei: Sim, é o Senhor que lhe ordena dizer-me todas essas coisas... E minha alma saboreava deliciosamente o alimento amargo que lhe era servido com tanta fartura.

2Sm 16,10

Assim é que Deus se digna cuidar de mim. Nem sempre pode dar-me o pão fortificante da humilhação exterior, mas de vez em quando permite que me alimente das migalhas que caem da mesa *das crianças*[136]. Ah! Como é grande a sua misericórdia, só poderei [27v] cantá-la no céu...

Mc 7,28
Sl 88,2

Madre querida, já que, convosco, tento começar a cantar na terra essa misericórdia infinita, preciso contar-vos[137] mais um grande benefício que alcancei na missão que me confiastes. Outrora, quando via uma irmã fazer alguma coisa que me desagradava e me parecia irregular, dizia comigo mesma: Ah! Se eu pudesse dizer-lhe o que penso, mostrar-lhe que está errada, quanto bem isso me faria. Desde que comecei a praticar um pouco o ofício, asseguro-vos, Madre, que mudei totalmente de sentimento. Quando me sucede ver uma irmã fazer alguma coisa que me parece imperfeita, solto um suspiro de alívio e penso: Que felicidade! Não é uma noviça, não tenho obrigação de repreendê-la. Depois procuro bem depressa desculpar a irmã e atribuir-lhe boas intenções que, sem dúvida, tem para agir dessa forma.

Ah! Madre, desde que fiquei doente, os cuidados que me prodigalizais instruíram-me muito a respeito da caridade. Não há remédio que vos pareça caro demais e, se não dá os resultados esperados, não vos cansais de procurar outro. Quando ia ao recreio, quantas precauções tomáveis em que eu ficasse bem colocada ao abrigo das correntezas; enfim, se eu quisesse contar tudo, não acabaria nunca.

Pensando em todas essas coisas, disse comigo mesma que deveria ser tão compassiva com as enfermidades espirituais das minhas irmãs quanto vós o sois Madre querida, ao cuidar de mim com tanto amor.

Observei (e é bem natural) que as irmãs mais santas são as [28f] mais amadas[138], procura-se a conversação delas, prestam-se lhes serviços sem que os peçam, enfim, essas almas capazes de suportar faltas de consideração, de delicadezas, vêem-se cercadas pelo afeto de todas. Pode-se aplicar-lhes as seguintes palavras do nosso pai, São João da Cruz: Todos os bens me foram dados quando não os procurei mais por amor-próprio[139].

Ao contrário, as almas imperfeitas não são procuradas. Permanece-se, sem dúvida, dentro dos limites da cortesia religiosa, mas receando, talvez, dizer-lhes algumas palavras pouco amáveis, evita-se a sua companhia. Ao mencionar almas imperfeitas não estou me referindo apenas às imperfeições espirituais, pois as mais santas só serão perfeitas no céu. Refiro-me à falta de juízo, de educação, à suscetibilidade de alguns temperamentos, todas coisas que não tornam a vida muito agradável. Sei que essas enfermidades morais[140] são crônicas, sem esperança de cura, mas sei também que minha Madre não deixaria de cuidar de mim, de procurar aliviar-me, se ficasse doente a vida toda. Eis a conclusão a que cheguei: devo procurar, no recreio, na licença, a companhia das irmãs que me são menos agradáveis, desempenhar junto a essas almas feridas o papel do bom samaritano. Uma palavra, um sorriso amável bastam muitas vezes para alegrar uma alma triste. Mas não é absolutamente para alcançar este objetivo que quero praticar a caridade, pois sei que logo desanimaria: uma palavra que eu teria proferido com a melhor das intenções seria, talvez, mal interpretada. Por isso, a fim de não perder meu tempo, quero ser amável com todas [28v] (e particularmente com as irmãs menos amáveis) para alegrar Jesus e responder ao conselho que me dá no Evangelho, mais ou menos nos seguintes termos: "Quando ofereceres um almoço ou um jantar, não chames os teus amigos, nem os teus irmãos, nem os teus parentes, nem os ricos vizinhos; para evitar que eles também te convidem e terias uma retribuição. Mas, quando deres um banquete, convida os pobres, os aleijados, os coxos, os cegos; e serás feliz, porque eles não terão como retribuir-te; mas ser-te-á retribuído na ressurreição dos justos". Lc 14,12-14 / Mt 6,4

Que banquete poderia uma carmelita oferecer às suas irmãs, a não ser um festim espiritual composto de caridade amável e alegre? Pessoalmente, não conheço outro e quero imitar São Paulo, que se alegrava com quem estava alegre. Verdade que também chorava com os aflitos e as lágrimas devem aparecer, às vezes, no banquete que quero servir, mas sempre procurarei que no fim essas lágrimas se transformem em alegria; pois o Senhor ama quem dá com alegria. Rm 12,15 / Jo 16,20 / 2Cor 9,7

Recordo-me de um ato de caridade[141] que Deus me inspirou fazer quando ainda era noviça. Era pouca coisa, mas nosso Pai, que vê o que é secreto, que olha mais para a intenção[142] do que para o vulto da ação, já me recompensou[143] sem esperar a outra vida. Era no tempo em que irmã São Pedro ainda ia ao coro e ao refeitório. Para a oração vespertina, estava acomodada à minha frente: 10 minutos antes das 6 horas, uma irmã devia levá-la ao refeitório, pois as enfermeiras tinham então doentes demais e não. podiam [29f] levá-la. Custava-me muito oferecer-me para prestar esse pequeno serviço, pois sabia não ser fácil contentar essa pobre irmã São Pedro, que sofria tanto que não gostava de mudar de condutora. Mas eu não queria perder tão boa ocasião de praticar a caridade, lembrando-me de que Jesus disse: "Tudo o que fizerdes ao menor dos meus, a mim o tereis feito". Ofereci-me, portanto, muito humildemente, para levá-la. Não foi sem dificuldade que consegui fazê-la aceitar meus préstimos! Enfim, pus mãos à obra e tinha tão boa vontade que consegui perfeitamente. Mt 6,3 / Mt 25,40

Todas as tardes, quando via irmã São Pedro sacudir sua ampulheta, sabia o que aquilo significava: partamos. É incrível como me era custoso incomodar-me, sobretudo no início. Assim mesmo, fazia-o imediatamente e começava todo um cerimonial. Era preciso mover e levar o banco de um certo modo, sobretudo, não se apressar; depois, empreendia-se o passeio. Tratava-se de acompanhar a pobre enferma amparando-a pela cintura, o que eu fazia com a maior delicadeza possível; mas se, por infelicidade, ela dava um passo em falso parecia-lhe logo que não a segurava direito e ela ia cair. "Ah, meu Deus! você anda depressa demais, vou me arrebentar." Se eu procurava andar mais devagar: "Mas acompanhe-me, não sinto mais a sua mão, vai largar-me, vou cair, ah! Bem sabia que você é jovem demais para me levar". Por fim, chegávamos sem incidente ao refeitório. Aí surgiam novas dificuldades, tratava-se de fazer sentar a Ir. S. Pedro e agir com jeito [29v] para não machucá-la. Depois, era preciso arregaçar suas mangas (ainda de um modo predeterminado). Depois, ficava livre para retirar-me. Com suas pobres mãos estropiadas, ela ajeitava, como podia, o pão em seu godê. Logo percebi e, todas as noites, só a deixava após ter-lhe prestado mais esse servicinho. Como não mo tinha pedido, ficou muito comovida com este obséquio e foi por esse gesto, que eu não tinha planejado, que conquistei seu afeto e sobretudo (soube mais tarde) porque, depois de ter cortado o pão, despedia-me dela com meu mais lindo sorriso.

Sl 88,2

Madre querida, talvez estejais surpresa por eu vos escrever esse pequeno ato de caridade, acontecido há tanto tempo. Ah! Se o fiz foi porque sinto que preciso cantar[144], por causa dele, as misericórdias do Senhor. Dignou-se conservar-me a sua lembrança em mim, como um perfume que me incita a praticar a caridade. Recordo-me, às vezes, de certos pormenores que são para minha alma como uma brisa primaveril. Eis mais um que me vem à memória: numa tarde de inverno, cumpria, como de costume, meu humilde ofício. Fazia frio, estava escuro... de repente, ouvi ao longe o som harmonioso de um instrumento musical. Imaginei, então, um salão bem iluminado, todo brilhante de douraduras, moças elegantemente vestidas trocando cumprimentos e gentilezas mundanas; meu olhar desviou-se para a pobre doente que eu sustentava. Em vez de melodia, ouvia, de vez em quando, seus gemidos plangentes, em vez de douração, [30f] via os tijolos do nosso claustro austero, apenas iluminado por luz fraca. Não pude exprimir o que se passou na minha alma, sei é que o Senhor a iluminou com os raios da verdade, que superaram tanto o tenebroso brilho das festas da terra que eu não podia acreditar na minha felicidade... Ah! Para gozar mil anos das festas mundanas, não teria dado os dez minutos empregados na execução do meu humilde ofício de caridade... Se já no sofrimento, no meio da luta, pode-se gozar por um instante de uma felicidade que ultrapassa todas as felicidades da terra, pensando que Deus retirou-nos do mundo, como será no céu, quando virmos, no seio duma alegria e dum repouso eterno, a graça incomparável que o Senhor nos fez escolhendo-nos para morar em sua casa, verdadeiro pórtico dos céus?...

Gn 28,17
Sl 26,4

Nem sempre pratiquei a caridade com tais enlevos de alegria, mas no início da minha vida religiosa quis Jesus que eu sentisse como é bom vê-la na alma das suas esposas[145]. Por isso, quando levava a Irmã São Pedro, fazia-o com tanto amor que me teria sido impossível fazer melhor, mesmo que tivesse de levar o próprio Jesus. A prática da caridade não foi sempre tão suave para mim, como vos dizia há pouco, Madre querida. Para prová-lo, vou contar-vos alguns pequenos combates que, certamente, vos farão sorrir. Por muito tempo, na oração da noite, meu lugar foi em frente de uma irmã que tinha uma mania estranha[146] e, penso... muitas luzes, pois raramente usava livro. Eis [30v] como o percebia: Logo que essa irmã chegava, punha-se a fazer um barulhinho esquisito semelhante ao que se faria esfregando duas conchas uma contra a outra. Só eu percebia, pois tenho ouvido muito bom (às vezes, um pouco demais). Impossível dizer-vos, Madre, como esse barulhinho me incomodava. Tinha muita vontade de virar a cabeça e olhar a culpada que, por certo, não se dava conta do seu cacoete; era a única maneira de avisá-la, mas no fundo do coração sentia que mais valia sofrer isso por amor de Deus e não magoar a irmã. Por isso ficava quieta, procurava unir-me a Deus, esquecer esse ruidinho... tudo inútil. Sentia o suor inundar-me e ficava forçada a fazer uma oração de sofrimento. Embora sofrendo, procurava fazê-lo não com irritação, mas com paz e alegria, pelo menos no íntimo da alma. Esforcei-me por gostar do barulhinho tão desagradável. Em vez de procurar não ouvi-lo (coisa que me era impossível), pus-me a prestar toda a atenção nele como se fosse um concerto maravilhoso e minha oração toda (que não era de quietude) ocupava-se em oferecer esse concerto a Jesus.

Em outra ocasião, estava na lavanderia diante de uma irmã[147] que me jogava água suja no rosto toda vez que levantava os lenços na tábua de bater. Meu primeiro ímpeto foi de recuar [31f] enxugando o rosto, a fim de mostrar à irmã que me aspergia que me prestaria serviço ficando quieta. Mas pensei logo que seria tolice recusar tesouros oferecidos tão generosamente. Evitei revelar a minha luta. Esforcei-me o mais possível por desejar receber muita água suja, de sorte que acabei gostando desse novo gênero de aspersão e propus-me voltar outra vez àquele feliz lugar onde se recebiam tantos tesouros.

Madre querida, estais vendo que sou uma *alma muito pequena* que só pode oferecer a Deus *coisas muito pequenas*. Assim mesmo, acontece-me com frequência deixar escapar esses pequenos sacrifícios que dão tanta paz e tranquilidade à alma. Isso não me desanima, suporto ter um pouco menos de paz[148] e procuro ser mais vigilante na ocasião seguinte.

Ali! o Senhor é tão bom para comigo que me é impossível temê-lo[149]. Deu-me sempre o que desejei, ou melhor, fez-me desejar o que queria me dar[150]. Foi assim que, pouco antes de começar minha provação contra a fé, dizia a mim mesma: Francamente, não tenho grandes provações exteriores e, para tê-las no interior, seria preciso Deus mudar o meu caminho. Não creio que ele o faça, contudo não posso viver sempre assim no repouso[151]... então, que meio Jesus irá encontrar para me provar? A resposta não se fez esperar e mostrou-me que aquele que amo não está desprovido de meios. Sem alterar meu caminho, mandou-me a prova que devia misturar salutar amargura a todas as minhas alegrias. Não é só quando quer me provar [31v] que Jesus me faz pressentir e desejar. Há muito, tinha um desejo que me parecia totalmente irrealizável, o de ter um *irmão sacer-*

dote[152]. Frequentemente pensava que se meus irmãozinhos não tivessem ido para o céu teria tido a felicidade de vê-los subir ao altar; mas, como Deus os escolheu para fazer deles anjinhos, eu não podia mais esperar ver meu sonho realizar-se. E eis que não só Jesus concedeu-me o favor desejado, mas uniu-me, pelos laços da alma, a *dois* dos seus apóstolos que passaram a ser meus irmãos... Quero, Madre querida, contar-vos minuciosamente como Jesus atendeu a meu desejo e até o ultrapassou, pois eu só desejava *um* irmão sacerdote que, todo dia, pensasse em mim no santo altar.

Foi nossa Santa Madre Teresa que me mandou, a título de ramalhete de festa, em 1895, meu primeiro irmãozinho[153]. Estava na lavanderia, muito atarefada com meu trabalho, quando Madre Inês de Jesus, chamando-me à parte, leu uma carta que acabava de receber. Tratava-se de um jovem seminarista inspirado, dizia ele, por Santa Teresa, e que vinha pedir uma irmã que se dedicasse especialmente à salvação da sua alma e o ajudasse com suas orações e sacrifícios quando missionário, a fim de que ele pudesse salvar muitas almas. Prometia lembrar-se dela sempre, que passaria a ser sua irmã, quando pudesse oferecer o Santo Sacrifício. Madre Inês de Jesus disse-me que queria fosse eu a irmã desse futuro missionário.

[32f] Madre, seria impossível descrever a minha felicidade. Meu desejo atendido de modo inesperado fez nascer em meu coração uma alegria que chamarei de infantil, pois preciso remontar aos tempos de minha infância para encontrar a lembrança dessas alegrias tão vivas que a alma se sente pequena demais para conter. Jamais depois de anos eu tinha provado esse tipo de felicidade. Sentia que, sob esse aspecto, minha alma permanecera nova; era como se tivessem tocado, pela primeira vez, cordas musicais até então deixadas no esquecimento.

Tinha consciência das obrigações que eu me impunha, por isso pus logo mãos à obra[154] procurando redobrar meu fervor. É preciso admitir que, inicialmente, não tive consolações para estimular meu zelo. Depois de ter escrito uma encantadora cartilha cheia de ânimo e nobres sentimentos, a fim de agradecer a madre Inês de Jesus, meu irmãozinho só deu sinal de vida em julho, excetuando o cartão que enviou em novembro para comunicar que se alistava no exército. Foi a vós, Madre querida, que o Senhor reservara perfazer a obra iniciada[155]. Sem dúvida, é pela oração e pelo sacrifício que se pode ajudar os missionários. Mas, às vezes, quando Jesus se compraz em unir duas almas para a sua glória, ele permite que, de vez em quando, elas possam comunicar seus pensamentos e estimular-se mutuamente a crescer no amor de Deus. Porém, para isso, é preciso uma *autorização expressa* da superiora[156], pois creio que, do contrário, a correspondência faria mais mal que bem[157]; se não ao missionário, pelo menos à carmelita que, pelo seu gênero de vida [32v], está continuamente levada a ensimesmar-se. Então, em vez de uni-la a Deus, esta correspondência que teria solicitado, embora esporádica, lhe absorveria o espírito. Imaginando realizar mundos e fundos, não faria coisa alguma só granjeando, a pretexto de zelo, uma distração inútil. Para mim, essa situação não difere das demais: sinto que minhas cartas só produzirão algum bem se forem escritas por obediência e se eu sentir mais repugnância que prazer[158] ao escrevê-las. Assim, quando falo com uma noviça, procuro fazê-lo mortificando-me; evito fazer perguntas que satisfariam a minha curiosidade. Se ela inicia um assunto interessante e passa de repente, sem concluir o primeiro, a outro que me aborrece, abstenho-me cuidadosamente de lembrar-lhe o assunto que deixou de lado, pois parece-me que não se pode fazer bem algum quando se procura a si mesmo.

Madre querida, dou-me conta de que nunca me corrigirei. Eis-me, mais uma vez, muito longe do meu assunto, com todas as minhas digressões. Desculpai-me, peço, e permiti que recomece na próxima oportunidade, pois não consigo fazer doutra forma!... Vós agis como Deus, que não se cansa de me ouvir[159] quando lhe conto simplesmente minhas penas e alegrias, como se ele não as conhecesse... Vós também, Madre, conheceis há muito o que penso e todos os acontecimentos um pouco memoráveis da minha vida. Eu não conseguiria informar-vos de nenhuma coisa nova. Não posso abster-me de rir ao pensar que vos relato escrupulosamente tantas coisas [33f]que sabeis tão bem quanto eu. Enfim, Madre querida, obedeço-vos. E se, agora, não encontrais interesse na leitura destas páginas, talvez possam distrair-vos na vossa velhice e depois servir para acender o fogo. Assim não terei perdido meu tempo... Mas estou brincando de falar como criança. Não creiais, Madre, que procuro saber que utilidade meu pobre trabalho possa ter, já que o faço por obediência e isso me basta. Não sentiria mágoa alguma se o queimásseis diante dos meus olhos, sem o terdes lido.

Chegou o momento de voltar a falar dos meus irmãos que ocupam, agora, tanto espaço em minha vida. No ano passado, em fins de maio[160], lembro-me de que me mandastes chamar antes da refeição. O coração batia-me muito forte quando fui ter convosco, Madre querida. Perguntava-me o que podíeis ter para me dizer, pois era a primeira vez que mandáveis chamar-me dessa forma. Depois de mandar-me sentar, eis a proposta que me fizestes: "Quereis encarregar-vos dos interesses espirituais de um missionário[161] que deve ser ordenado sacerdote e partir brevemente?", e, depois Madre, lestes-me a carta desse jovem padre, a fim de que eu soubesse exatamente o que ele pedia. Meu primeiro sentimento foi de alegria, logo substituído pelo temor. Eu vos expliquei, Madre querida, que, tendo já oferecido meus pobres méritos por um futuro apóstolo, pensava não poder fazê-lo também pelas intenções de outro e que, aliás, havia muitas irmãs melhores do que eu que poderiam responder ao desejo dele. Todas as minhas objeções foram inúteis, [33v] respondestes que é possível ter diversos irmãos. Perguntei, então, se a obediência poderia duplicar meus méritos[162]. Respondestes afirmativamente, dizendo muitas coisas que me faziam ver que era preciso aceitar sem escrúpulo um novo irmão. No fundo, Madre, eu pensava o mesmo que vós e, até, já que "o zelo de uma carmelita deve abranger o mundo"[163], espero, com a graça divina, ser útil a mais de *dois* missionários, e não poderia esquecer de rezar por todos, sem deixar de parte os simples padres cuja missão é, às vezes, tão difícil de cumprir quanto a dos apóstolos que pregam para infiéis. Enfim, quero ser filha da Igreja[164] como era nossa Madre Santa Teresa e rezar nas intenções do nosso Santo Padre, o Papa, sabendo que as intenções dele abrangem o universo. Eis a meta geral da minha vida, mas isso não me teria impedido de rezar e unir-me especialmente às obras dos meus anjinhos queridos se tivessem sido sacerdotes. Pois bem! eis como me uni espiritualmente aos apóstolos que Jesus me deu como irmãos: tudo o que me pertence pertence a cada um deles[165], sinto muito bem que Deus é *bom* demais para fazer partilhas, é tão rico que dá sem medida tudo o que lhe peço... Mas não penseis, Madre, que eu me perco em longas enumerações.

Lc 15,31

Desde que passei a ter dois irmãos e minhas irmãzinhas as noviças, se eu quisesse pedir para cada alma o que ela necessita e pormenorizá-lo acertadamente, os dias seriam curtos demais e recearia muito esquecer alguma coisa importante. Para as almas simples, não são necessários meios complicados. Como sou uma delas, certa manhã, durante minha ação de graças, Jesus deu-me um meio *simples* de cumprir minha missão. Fez-me [34f] compreender a seguinte palavra dos Cânticos: *"Atraí-me, corramos ao odor de vossos perfumes"*[166]. Ó Jesus, nem é necessário dizer: atraindo-me, atraí as almas que amo. Esta simples palavra: "Atraí-me", basta. Compreendo-o, Senhor, quando uma alma se deixou cativar pelo odor inebriante dos vossos perfumes, não lograria mais correr sozinha; todas as almas que ela ama são arrastadas em seu seguimento. Isso se dá sem coação, sem esforço; é consequência natural da sua atração para vós. Assim como uma torrente que se lança com impetuosidade no oceano arrasta atrás de si tudo o que encontrou na sua passagem, assim, ó meu Jesus, a alma que mergulha no oceano sem margens do vosso amor arrasta consigo todos os tesouros que possui... Sabeis, Senhor, não tenho outros tesouros senão as almas que vos dignastes unir à minha; esses tesouros fostes vós que mos confiastes, por isso ouso tomar de empréstimo as palavras que dirigistes ao pai celeste na última noite que passastes na terra, viajante e mortal. Jesus, meu bem-amado, não sei quando acabará meu exílio... mais de uma tarde me verá cantar ainda no exílio as vossas misericórdias, mas, enfim, para mim também, chegará a última noite[167]. Gostaria, então, de poder dizer-vos: "ó meu Deus: eu vos glorifiquei na terra, cumpri a obra que me destes para fazer. Manifestei o vosso nome aos que me destes. Eram vossos e mos destes; eles guardaram a vossa palavra. Sabem agora que tudo quanto me destes vem de vós, porque eu lhes transmiti as palavras que vós me comunicastes, e eles as receberam e creram que fostes vós que me enviastes. Por eles é que eu rogo; não é pelo mundo que rogo, é por aqueles que me destes, porque são vossos. [34v] Já não estou no mundo, quanto a eles, ficam no mundo, e eu volto para vós. Pai santo, guardai por causa do vosso nome os que me destes. Agora vou para vós e digo estas coisas estando ainda no mundo para que tenham em si a plenitude da minha alegria. Não peço que os tireis do mundo, mas que os guardeis do mal. Eles não são do mundo, como eu tampouco sou do mundo. Não rogo só por eles, mas também por aqueles que vão crer em vós, por aquilo que lhes ouvirão dizer.

Ct 1,3

Sl 88,2

"Meu pai, desejo que onde eu estiver, os que me destes estejam também comigo, e que o mundo conheça que vós os amastes como amastes a mim". Jo 17,4-24

Sim, Senhor, eis o que queria repetir depois de vós antes de voar para os vossos braços. Talvez seja temeridade. Pelo contrário há muito tempo permitis que seja eu audaciosa convosco[168]. Como o pai do filho pródigo, falando a seu filho primogênito, dissestes-me: "*Tudo* o que é meu é teu"[169]. Portanto, vossas palavras são minhas e posso servir-me delas para atrair sobre as almas, que me são unidas, os favores do pai celeste. Mas, Senhor, quando digo que onde eu estiver desejo que os que me foram dados por vós também estejam, não pretendo que não possam alcançar uma glória muito mais elevada que aquela que vos agradar me conceder. Apenas quero que sejamos todos reunidos no vosso belo céu. Vós sabeis, Deus meu, que nunca desejei nada senão amar-vos, não almejo outra glória. [35f] Vosso amor preveniu-me desde a minha infância, cresceu comigo e, agora, é um abismo cuja profundeza não posso avaliar. O amor atrai o amor, por isso, meu Jesus, o meu se lança para vós, queria encher o abismo que o atrai, mas ai! não é sequer uma gota de orvalho perdida no oceano!... Para amar-vos como me amais, preciso tomar de empréstimo o vosso próprio amor[170], só então consigo o repouso. Ó meu Jesus, talvez seja uma ilusão, mas parece-me que não podeis encher uma alma com mais amor do que o com que enchestes a minha. É por isso que ouso pedir-vos para amar os que me destes como amastes a mim Jo 17,23 mesma. Um dia, no céu, se eu descobrir que os amais mais do que a mim, regozijar-me-ei, reconhecendo desde agora que essas almas merecem muito mais que a minha o vosso amor. Mas na terra não posso conceber imensidão maior de amor do que aquele que vos dignastes prodigalizar-me gratuitamente, sem mérito algum da minha parte. Rm 3,24

Lc 15,31

Madre querida, enfim, volto para vós, toda pasma pelo que acabo de escrever, pois nunca tivera a intenção. Mas, já que está escrito, tem de ficar. Mas antes de voltar à história dos meus irmãos, quero dizer-vos, Madre, que não aplico a eles, mas às minhas irmãzinhas, as primeiras palavras tomadas de empréstimo ao Evangelho: Comuniquei-lhes as palavras que me comunicastes etc., pois não me sinto Jo 17,8 capaz de instruir missionários, felizmente ainda não sou bastante orgulhosa para tanto! Nem teria sido capaz [35v] de dar alguns conselhos às minhas irmãs, se vós, Madre, que representais Deus para mim, não me tivésseis dado graça para isso.

Ao contrário, era nos vossos filhos espirituais, que são meus irmãos, que eu pensava ao escrever essas palavras de Jesus e as que se lhes seguem: "Não vos peço para retirá-los do mundo... rogo-vos ainda por aqueles que acreditarão em vós pelo que os ouvirão dizer". Como, de fato, poderia não rezar pelas almas que Jo 17,15.20 salvarão em suas missões longínquas pelo sofrimento e pela pregação?

Madre, creio ser necessário dar-vos mais algumas explicações referentes à passagem do Cântico dos Cânticos: "Atraí-me, corremos". Pois o que disse me parece pouco compreensível. "Ninguém", disse Jesus, "pode vir a mim, se *meu* Ct 1,3 *Pai* que me enviou não o atrair". A seguir, mediante parábolas sublimes e, muitas Jo 6,44 vezes, sem mesmo usar desse meio tão familiar ao povo, ele nos ensina que basta bater para que se abra, procurar para encontrar e estender humildemente a mão para receber o que se pede... Acrescenta que tudo o que se pedir a *seu Pai*, em seu nome, ele o concede. É por isso sem dúvida que o Espírito Santo, antes do nascimento de Jesus, ditou essa oração profética: Atraí-me, corremos.

    O que significa então pedir para ser *atraído*, senão unir-se de maneira íntima[171] ao objeto que cativa o coração? Se o fogo e o ferro tivessem raciocínio, e este último dissesse ao outro: Atraí-me, não provaria que deseja identificar-se com o fogo de maneira que o penetre [36f] e o impregne da sua ardente substância[172] e pareça formar um só com ele? Madre querida, eis a minha oração: peço a Jesus que me atraia nas chamas do seu amor, que me una tão estreitamente a si, que seja ele quem viva e aja em mim. Sinto que quanto mais o fogo do amor abrasar meu coração, tanto mais repetirei: "Atraí-me", mais as almas também se aproximarão de mim (pobres pequenos fragmentos de ferro inúteis, se eu me afastasse do braseiro divino), tanto mais rápido correrão em direção ao odor dos perfumes do seu bem-amado, pois uma alma abrasada de amor não pode permanecer inativa[173]. Sem dúvida, como Santa Madalena, fica aos pés de Jesus, escuta suas palavras suaves e ardentes. Parecendo nada dar, dá muito mais que Marta, que se atormenta a respeito de muitas coisas e desejaria que sua irmã a imitasse. Não são os afazeres de Marta que Jesus censura, esses trabalhos, sua divina mãe submeteu-se humildemente a eles a vida toda, pois cabia a ela preparar as refeições da Sagrada Família. É apenas a inquietação[174] de sua inflamada anfitriã que ele quer corrigir. Todos os santos o compreenderam e, mais particularmente, talvez, os que preencheram o universo com a iluminação da doutrina evangélica. Não foi na oração[175] que os santos Paulo, Agostinho, João da Cruz, Tomás de Aquino, Francisco, Domingos e tantos outros ilustres amigos de Deus hauriram essa ciência divina que encanta os maiores gênios? Um cientista disse: "Dêem-me uma alavanca, um ponto de apoio, e levantarei o mundo". O que Arquimedes não conseguiu obter, porque seu pedido não foi feito a Deus e era feito só do ponto de vista material, os santos o obtiveram [36v] em toda a sua plenitude. O Todo-Poderoso deu-lhes como ponto de apoio: *Ele próprio e só ele*. Como alavanca: a oração que abrasa com o fogo do amor. Foi com isso que ergueram o mundo. É com isso que os santos que ainda militam o erguem. Até o final dos séculos, será com isso também que os santos que vierem haverão de erguê-lo.

    Madre querida, desejo dizer-vos agora o que entendo por odor dos perfumes do bem-amado. Como Jesus voltou ao céu, só posso segui-lo pelos vestígios que deixou. Como são luminosos esses vestígios, como são perfumados! Basta lançar o olhar nos santos Evangelhos[176], que logo respiro os perfumes da vida de Jesus e sei de que lado me dirigir... Não o primeiro lugar que vou ocupar, mas o último[177]. Em vez de avançar com o fariseu, repito, cheia de confiança, a humilde oração do publicano e, sobretudo, imito o comportamento de Madalena, seu espantoso, ou melhor, seu amoroso atrevimento, que encanta o coração de Jesus, seduz o meu[178]. Sinto-o. Mesmo que eu tivesse na consciência todos os pecados que se possam cometer, iria, com o coração dilacerado pelo arrependimento, lançar-me nos braços de Jesus, pois sei quanto ama o filho pródigo[179] que volta para ele[180]. Não é porque Deus, na sua *obsequiosa* misericórdia, preservou minha alma do pecado mortal[181] que me elevo para ele [37f] pela confiança e pelo amor[182].

Lc 15,20-24

NOTAS MANUSCRITO C

1. Teresa estabelece uma correlação direta com seu primeiro manuscrito (cf. *supra*, Manuscrito A, 2f, n. 3). Não pára de cantar: os Manuscritos, assim como as Poesias, sito um "cântico de amor", uma "melodia do céu" (18v; cf. Manuscrito A, 85v).

2. *Arder* volta quarenta e oito vezes nos Escritos.

3. 8/9/1890, dia da sua profissão. Ver a carta de Madre Maria de Gonzaga, LD 840, em CG, p. 580s.

4. Teresa tem sempre o sentimento do *inefável* e do que não se pode dizer (Manuscrito A, 14v, 26f; Manuscrito B, 1f/1v. Cf. *Carmelo*, 1957, p. 253-265).

5. A difícil eleição de Madre Maria de Gonzaga para o priorado, em 21/3/1896. Embora Madre Inês não fosse reeleita, Teresa manifestou lealdade total para com a nova (e antiga) priora.

6. A *simplicidade* da pomba não exclui a prudência da serpente... para navegar no meio dos escolhos, entre suas duas Madres (cf. Cartas 190).

7. Teresa define com poucas palavras seu relacionamento com Madre Maria de Gonzaga, que conhece desde os 9 anos e que acreditou em sua vocação (Manuscrito A, 26v); a priora tratou-a como filha (CG, p. 135 e 145-146), embora se tenha mostrado muito severa em relação a Teresa nos primeiros tempos dessa no Carmelo (cf. Manuscrito A, 70v).

8. A nova priora não tinha lido ainda o Manuscrito A; cf. *supra*, 69v e 70v, n. 314.

9. Cf. Manuscrito A, 28v e 31f. É preciso de certa ousadia para dizer à priora que foi por meio dela que "esse favor lhe foi concedido".

10. Texto paralelo em CJ 21.7.4; cf. UP, p. 382.

11. A repetição deste advérbio (treze vezes no Manuscrito C; cf. UP, p. 43) mostra como Teresa tem consciência de ter atingido um ponto sem regresso, e o grau de liberdade espiritual a que chegou.

12. Por ter indicado Teresa para tomar conta das noviças (sem o título de mestra), e por lhe pedir que escrevesse seus pensamentos (com a confiança de Maria de Gonzaga, cf. Maria da Trindade, PA, p. 494s e PO, p. 471).

13. Teresa insiste três vezes no Manuscrito C sobre a *liberdade* de Deus (cf. 10v e 19v). Teresa possui um sentido equilibrado dessa liberdade que nada tem de arbitrária, que dirige a "predestinação", mas que não prejudica ninguém, sendo que existe a comunhão dos santos, em que todos se enriquecem pela predestinação *livre* de cada um (cf. Cartas 36,2v; 57,1v; 103; Manuscrito A, 217v).

14. Cf. Manuscrito A 32f, 33f; Cartas 45,1v; 52,1v; 80; O 6, 11; P 20,5; RP 8,3v, 41; LC 77, em CG, p. 346; e CG, p. 533s., Orações, p. 92.

15. Esse símbolo privilegiado de Teresa desde março de 1888 tinha sumido desde sua profissão e aqui reaparece (cf. *infra*, Cartas 45, n. 4; Cartas 104, n. 2; CG, p. 349 + d e 1170).

16. Uma das grandes molas do pensamento e da vida de Teresa (Manuscrito A, 71f; Manuscrito C, 22v, 31f; cf. LD 620 de 21/10/1887, CG, p. 251).

17. Único lugar nos Escritos de Teresa em que ela fala de uma "pequena via"; nunca usa a célebre expressão: "a infância espiritual".

18. Teresa e Celina divertiram-se muito nos elevadores durante a viagem a Roma. Porém, o termo é empregado pela primeira vez só em 23/5/1897 (Cartas 229; cf. CG, p. 989 + c).

19. CE Cartas 258, 2f.

20. Cf. Manuscrito B, 1f.

21. O verbo *procurar* aparece cento e vinte e duas vezes nos Escritos; essa tenacidade é para Teresa uma das chaves da perfeição, segundo demonstra, em particular, esta passagem (2v/31). Cf. Manuscrito A, 20v, 32f; 48f, 55v, 61f; Manuscrito B, 3f, 3v, 4f, 4v; Cartas 104; 167; P 23,1; RP 6,5v; RP 8,5f; O 2 etc.

22. Cf. o testemunho de Maria da Trindade (PA, p. 488; cf. VT, n. 73, p. 64).

23. A expressão encontra-se nos seguintes escritos, por ordem cronológica: Cartas 141, 1v (dv. n. 2); 154v; RP 1, 12v; P 11,3; 13,5; 31,4; 45,4; 54,6; Cartas 242 e aqui. Cf. CJ 18.4.1; 6.8.8; 7.8.4; 25.9.1; PO, p. 467s.

24. *Agradar a Jesus*: cf. *supra*, Manuscrito B, 2v, n. 32; Manuscrito A, 44v, 64f, 73v; Manuscrito B, 4f; Manuscrito C, 8r, 14f; Cartas 78v; 93v; 143v; 149,2v; 160,2f; 161v; 165,2v; 241; 257v; O 6; CA 9.5.3 (e UP, p. 418); 15.5.2; 30.7.3; 4.8.8.

25. O polo negativo da doutrina das "mãos vazias" que, para Teresa, coexiste com o desejo e certeza de poder "fazer o bem na terra depois da morte" CA 13.7.17; 17.7). Cf. Cartas 221,3f; O 17,18.

26. Junto às noviças, oficialmente, desde 21/3/1896, Teresa parece ter recusado o título de mestra das noviças, por prudência, perante a priora e a comunidade. Em setembro de 1893, pedira para prolongar seu tempo de noviciado (cf. CG, p. 725 e 728 + h), onde ficou até a morte.

27. As noviças com as professas.

28. As últimas Palavras são sublinhadas, como para avisar o leitor, para o que vai em seguida, pois, apesar disso (a doença e a provação da fé), "nada a perturba", graças à "Palavra" de Deus.

29. Cf. P 54,16; Cartas 253; 254; UP, p. 485, 500 (29.7.2).

30. Madre Maria de Gonzaga estava a par, portanto, dessa tentação contra a fé, iniciada em abril de 1896, que Madre Inês só soube em 1897.

31. Para suavizar o choque desse relato, em particular em relação a Madre Inês (cf. *infra*, notas de Cartas 231, 232, 233), Teresa fala das suas hemoptises no clima de *alegria*; não deixa de ser sincera, embora o relato seja "mais bonito que a realidade".

32. Cf. *infra*, o "Regime do Carmelo de Lisieux, em 1897".

33. Primeira hemoptise na noite de 2 para 3 de abril de 1896; a segunda, na tarde da sexta-feira, dia 3.

34. Andor da Quinta-feira Santa.

35. Despertar às 5h45, até a Páscoa.

36. *Imitação*, III, 47, *Reflexões*.

37. Na Sexta-feira Santa, a priora falava, na sala do Capítulo, sobre a Caridade, e as irmãs pediam perdão mútuo e se abraçavam.

38. Maria da Trindade, que incrimina duramente Madre Maria de Gonzaga no PO (p. 462), testemunha o estado de Teresa naquele dia (cf. PA, p. 484).

39. Cf. Cartas 244; 258,1v; sobretudo RP 3,23r e *Recreações*, p. 339.

40. Por exemplo, o senhor Tostain, marido de Margarida Maudelonde (cf. Cartas 126, CG, p. 635 + a; UP, p. 551). Lembramos que Leo Taxil tirou a máscara dois meses antes (cf. TrH, p. 114).

41. Cf. Manuscrito A, 33f.

42. *Sentir* (= experimentar) por oposição a *acreditava* (= imaginava). Teresa emprega muito esse verbo, especialmente no Manuscrito C.

43. Para Teresa, esta palavra possui toda a força joanina (Jn 1,5), já no momento da sua profissão (Manuscrito A, 76f) e, sobretudo, oito vezes no Manuscrito C.

44. Cf. P 46,4; P 54,4. Depois de: "Meu primeiro filho" para Pranzini (Manuscrito A, 46v), nota-se a mudança de expressão: a relação aprofunda-se.

45. É a aceitação total da vocação pressentida em 1887 (Manuscrito A, 45v), confortada pelo caso Pranzini. Jesus deu o exemplo comendo à *mesa dos pecadores*.

46. No momento em que "a luminosa tocha da fé" se eclipsa para ela, uma outra luz surge em seu coração, "a tocha da caridade" (12f; cf. CG, p. 885 e CSG, p. 93-96).

47. Teresa nunca desanima; cf. Manuscrito B, 3v; Manuscrito C, 2v, 6v, 17v, 31f; Cartas 26,2f; 143v; 150,2f; 202,2f; O 7, 20 e sobretudo CA 6.4.2; 20.7.1; 4.8.4; 6.8.8.

48. No momento de descrever a mais rude experiência, Teresa adota uma linguagem poética que faz o leitor ressentir a acuidade dessa provação, com um final dramático que cai como um trinchante de guilhotina.

49. O *perfume* em Teresa vai muito além do seu valor sensual, como o demonstra a grande conclusão, quebrada pela morte, do presente Manuscrito (particularmente 36f/v). Cf. Poesias, II, p. 215 e 337; Orações, p. 72.

50. Cf. *infra*, O 19, introdução às notas; CA 10.8.7, n. 35.

51. CE. RP 7, cena 3; *Recreios*, p. 252. No Manuscrito C, 14v/15f, em vez de desentender-se com irmã Marta, prefere *fugir*.

52. Cf. O 19 e nota.

53. Em junho de 1897, Teresa (BT, p. 82) escreve este versículo também no final do Evangelho que conserva sempre sobre ela; cf. CJ 13.7.16. Cf. *infra*, P 45, introdução às notas.

54. Segundo aniversário da *Oferenda ao Amor Misericordioso*. A data a lápis, registrada por Teresa, parece tardia. Cf. também CJ 9.6.2.

55. Cf. CJ 27.7.5, que cita João da Cruz (*Viva Chama*, 1,6 e p. 157); UP, p. 492-495.

56. Cf. C.J 13.7.13; 27.7.14; Cartas 258, 1v. Teresa sempre gostou dos santos e dos mártires jovens: Cecília, Inês, Joana d'Arc, Théophane Vénard, Tarcísio, Estanislau Kostka, os Santos Inocentes.

57. Cf. Cartas 213.2v; 218,1v; 220,1v,2f. Cf. RP 8, *infra*, n. 20; VT, n. 99, p. 147. *Trabalhar* é rezar e imolar-se.

58. O desejo de Teresa, repetindo as palavras da *Imitação* (Manuscrito A, 36v), realizou-se (Manuscrito A, 30v).

59. Cf. Manuscrito A, 260 Teresa manteve numa grande reserva em relação às suas irmãs no Carmelo. Cf. CJ 3.8.6; PA, p. 189; PO, p. 417.

60. O grifo de *em família* prova que Teresa quer insistir no fato de que sua família não são suas irmãs Martin, mas todas as irmãs do convento.

61. Portanto, Teresa tem pensado há muito em partir para as missões (CG, p. 634 + g; 728 + d), pelo menos desde a sua profissão, em 1890. O que, aliás, correspondia a um desejo de infância (PA, p. 231).

62. Cf. *Imitação*, II, 1,4.

63. O padre Roulland embarcava em Marselha para a China (cf. CG, p. 855ss, 872-880).

64. Cf. BT, p. 187-190.

65. Em 1861 ou 1892. Cf. Cartas 221,2v e A1, n. 641,

66. Teresa sonha com a mais difícil condição possível ("pobreza, falta de afeto, exílio do coração"), correspondendo à vida quase de eremita de que falava outrora com Celina (cf. CG, p. 728 + d). Cf. *Imitação*, II,9 e PO, p. 467.

67. Teresa era tida por vagarosa e pouco prática; cf. por exemplo CJ 15.5.6 e 13.7.18. Não é para pregar ou "prestar serviços" que deseja partir; nas missões, o ideal carmelitano continua idêntico: amar e *sacrificar-se*.

68. Para Teresa, é o período derradeiro do *abandono* pleno que enche essas duas páginas 10f/v.

69. Teresa não admite que as noviças critiquem a priora (cf. PO, p. 453; VT, n. 101, p. 45).

70. Pode-se pensar que o encargo quase oficial do noviciado (março de 1896), a adoção efetiva de Maurice Bellière (primeira carta em outubro), a ajuda a Maria do Santíssimo Sacramento (março de 1896) muito ensinaram a Teresa no plano da fraternidade (cf. *Recreios*, p. 404, 4f, 9-13). Segundo Madre Inês, falar da caridade fraterna foi a primeira ideia de Teresa quando iniciou o Manuscrito (PA, p. 173). Segundo Maria da Trindade, teria desejado, inicialmente, comentar o Cântico dos Cânticos (CRM).

71. O *próximo* não é palavra que pertença o vocabulário de Teresa; só aparece nesta passagem e mais uma vez em CJ 9.5.2.

72. Numa grafia inclinada e com grifos, essas palavras de Jesus (e essencialmente o *como*) são a alavanca dessa grande exegese da caridade (BT, p. 245s. e Salmos 7). Frase escrita num dos muros, no lugar do recreio, onde Teresa pode lê-la duas vezes ao dia durante nove anos.

73. Antíteses muito teresianas: "a ciência, a Sabedoria eterna" que transforma "pescadores ignorantes" e, seus *amigos, seus irmãos*.

74. Teresa elabora uma espécie de sumário dos pensamentos que irá desenvolver sobre a vida em comunidade.

75. Cf. palavras relatadas por Maria da Trindade, em VT, n. 77, p. 53s.

76. De novo, Teresa sublinha *todos* para insistir. Observação entre duas observações simétricas: "aqui, sou amada [...] por todas as irmãs" (10f) e "mais amo a todas as minhas irmãs" (12v).

77. Teresa utiliza cada citação bíblica como degrau para um novo salto: ela não pode amar como Jesus, a não ser que Jesus ame nela; e, consequentemente, ela ama como Jesus: "Quando sou caridosa, é só Jesus que age em mim" (*infra*). Ela está na linha de Gal 2,20 (cf. BT, p. 274. Cf. Manuscrito A, 76f, 78f; Manuscrito B, 3v; Manuscrito C, 12v, 36f; O 7.

78. Relato paralelo em CJ 6.4.3, que fornece o nome dos personagens. O fato acontece em dezembro de 1896.

79. Ver o que Teresa diz a Maria da Trindade a respeito dos recreios como ocasiões para exercitar a caridade (VT, n, 73, p. 66), e também a Maria da Eucaristia (VT, n. 99, 146).

80. Irmã Teresa de Santo Agostinho, que não se reconhece neste retrato e fala disso ingenuamente em PA (p. 333). Cf. *infra*, Pequeno Dicionário dos nomes próprios; CG, p. 1175; VT, n.100, que publica os *Souvenirs d'une sainte amitié* dessa irmã; P I e Poesias, II, p. 45-49.

81. *Imitação*, III, 44, 1.

82. Na sacristia.

83. Teresa acaba por cair na armadilha da sua amabilidade, que enganou até suas próprias irmãs (VT, n. 100, p. 252, n. 19).

84. *Imitação*, III, 5, 3.

85. Uma anedota mais risonha cuja protagonista é irmã Marta, sem dúvida, em 1891.

86. Irmã Marta tinha sete anos e meio a mais que Teresa e ingressara no Carmelo quatro meses antes dela.

87. Cena de *Horácio*, de Corneille, copiada por Teresa em 1888.

88. Grande emotividade de Teresa; cf. Manuscrito A, 45f, 61f, 62v, 69f; Manuscrito C, 33f etc.

89. Não há testemunho mais lindo sobre a atitude de Teresa que o de uma outra noviça, irmã Maria Madalena do Santíssimo Sacramento (P0, p. 479; cf. P 10, e *infra*, introdução às notas; Poesias, II, p. 80-81). Ver também o que diz irmã Marta (VT, n. 101, p. 47, 11 e 49,16).

90. A maneira de "prestar serviços", tão importante na vida comunitária, estende-se por numerosas páginas do Manuscrito C (14f, 17f, 18f, 28f, 29f, 29v).

91. Recebido em fevereiro de 1893. *Pincéis, tintas, réguas e canivetes* são guardados na antecâmara da sua cela onde Madre Inês e Celina os tomam emprestados à vontade.

92. Teresa vai ao limite das suas intuições da palavra de Deus: "deixar levar; não estranhar por ser posta de lado, abandonar" o que vos resta, enfim, "considerar-se como a criada das outras". Uma vertiginosa espiral de santidade, numa "espécie de discurso" do qual vai sentir o aspecto terrivelmente exigente.

93. Irmã Santo Estanislau e irmã Genoveva.

94. Teresa conta o que vê da sua cadeira de rodas na ala dos castanheiros.

95. Alusão a João da Cruz, CE, estrofe XIV-XV, p. 252s.

96. Uma irmã conversa totalmente dedicada ao galinheiro: irmã Maria da Encarnação (cf. CG, p. 1177).

97. Dia de São Luís Gonzaga, 21 de junho.

98. Aplicação da desapropriação e do desapego dos bens do espírito pregados anteriormente por Teresa. Cf. *Imitação*, I, 3, *Reflexão*.

99. Fábula de La Fontaine a respeito da qual Teresa fez uma redação em setembro de 1887.

100. Cf. Cartas 197, início: CSG, p. 29; P 30.

101. Sob o paradoxo do pensamento teresino (as obras não são necessárias — o amor se prova pelas obras), cf. C. De Meester, *Dynamique de la confiance*, p. 333-342 e CSG, p. 50. Teresa está sempre na divisa: seu paradoxo é o antídoto, ao mesmo tempo, da ideia que se fez do protestantismo (a fé *sem* as obras) e do farisaísmo (a fé *em suas* próprias obras).

102. Nova parábola, após a do fariseu faminto: ao artista, não ao pincel, cabe a glória. Madre Maria de Gonzaga é o primeiro pincel (priora e mestra elas noviças), Teresa é o pincelzinho, encarregada dos retoques, como a conversa com irmã Marta (sobre esta, cf. CG, p. 712 + j; P 7 e Poesias, I, p. 61; O 3; 4; 7; 20; DLTH, p. 117; PO, p. 424-435; PA, p. 411-420).

103. Dia 4 ou, mais provavelmente, 11 de dezembro de 1892.

104. Ver o relato paralelo feito por irmã Marta no PO, p. 430.

105. Teresa abstém-se, naturalmente, de dizer aqui o que ela disse para sua companheira: "Se nossa Madre perceber que chorastes e vos perguntar o que vos causou tristeza, podeis, se quiserdes, contar-lhe tudo o que acabo ele vos dizer: prefiro ser mal vista por ela e ser mandada embora do mosteiro se ela quiser, do que faltar com minha obrigação" (PO, p. 430). Observa-se que foi somente em fevereiro de 1893 que Madre Inês, nova priora, associou Teresa a Madre Maria de Gonzaga, que passou a ser mestra das noviças; portanto, a posição de Teresa perante irmã Marta era delicada (cf. VT, n. 101, p. 58, n. 39).

106. Cf. as judiciosas observações de Maria da Trindade no PA (p. 475-476) e no PO (p. 452); cf. VT, n. 74, p. 145 e Cartas 188.

107. O escritório da prima (na realidade, da tesoureira); cf. DLTH, p. 113.

108. Cf. BT, p. 64s. ct VT, n. 101, p. 54 (n. 33). Teresa mostra-se, no Manuscrito C, muito livre, solta (uma vez liberada da confidência terrível sobre a provação da fé), tal como desabrocha naturalmente nas Últimas Conversações, vivo paradoxo, muito teresiano, de uma grande doente às voltas com os piores sofrimentos (aos quais, aqui, não faz nenhuma alusão direta).

109. Cf. Cartas 140v, onde parece profetizar seu próprio papel. De 1893 a 1896, Teresa cuidou das suas companheiras de noviciado, inicialmente irmã Marta e irmã Maria Madalena; depois, irmã Maria da Trindade, irmã Genoveva (que ingressou em 1894) e irmã Maria da Eucaristia (agosto de 1895). Primeiramente como adjunta, mais ou menos oficiosamente, de Madre Maria de Gonzaga, em 1893, passou a ser, a partir de março de 1896, mestra de noviças sem usar o título.

110. Mais uma vez, é Deus (Jesus) que faz tudo: basta colocar-se "nos braços dele"...

111. Teresa pôde desempenhar a contento sua função de verdadeira "mestra de noviças" (sem o título) graças a sua entrega total "nos braços de Jesus", que vale, de maneira geral, para a sua vida inteira; "nunca sua esperança foi enganada" porque "nunca (Deus) me fez desejar alguma coisa sem a conceder a mim" (Manuscrito A, 711); cf. O 6 e *Orações*, p. 94; Cartas 197v; 201v; 201,1v; Manuscrito C, 2v, 31f, 33v; CA 13.7.15; 16.7.2; 18.7.1; 31.8.9; e essa certeza estende-se ao porvir celeste (Cartas 230v).

112. Cf. CA 15.5.5.

113. Teresa d'Ávila, *Vie*, capítulo XX, 1884, I, p. 229s.

114. Irmã Maria Madalena ficava intimidada pela clarividência de Teresa: "Receava ser adivinhada" (PO, p. 481).

115. Teresa também achava Madre Maria de Gonzaga severa (Manuscrito A, 70v) e acaba de lhe revelar o quanto lhe custava "travar guerra de morte" contra "as mínimas imperfeições".

116. Teresa estabelece distinção entre amor, afeto e ternura. Desconfiou sempre, no Carmelo, dos apegos naturais (cf. Manuscrito A, 70v; Manuscrito C, 21v; CSG, p. 13; PO, p. 431 e 452).

117. Apesar do seu cansaço, Teresa não vacila quando se trata da sua obrigação. Cf. CJ 18.4.1; UP, p. 639, 656 etc. E sobretudo P 48, *Minhas Armas*.

118. Um precioso instrumento dialético para Teresa. Cf. UP, p. 412s.

119. "Devo a vós a verdade", dizia-me ela, "odiai-me se quiserdes, mas vo-la direi até a minha morte" (Maria da Trindade, PA, p. 475).

120. Cf. RP 8,4v; Cartas 220, 2v.

121. Irmã Maria da Trindade de quem, em 1895, Teresa é encarregada especialmente porque, segundo Madre Inês, ela vem de outro Carmelo. Sobre essa grande discípula de Teresa, cf. *infra*, "Pequeno dicionário"; CG, p. 1399; P 11; 12; 20; 29; 30; 31; 49; 53 e todos os documentos de VT, n. 72 a 78, 87 a 89, a partir dos quais Pierre Descouvemont publicou *Une novice de sainte Thérèse* (Cerf, 1985).

122. *Viver de Amor* (P 17,13, de 26/2/1895).

123. Madre Maria de Gonzaga, mestra das noviças. O *sonho* não lhe parece ser razão muito séria, acertadamente, pois a noviça sonha muito (cf. VT, n. 78, p. 141-145). Portanto, preconiza a *oração*.

124. Teresa não podia prever que, depois da sua morte, Anna Castel sairia do seu mosteiro e casaria.

125. Cf. introdução geral das *Orações*, p. 7-29.

126. Cf. Manuscrito A, 35f, 76v.

127. Teresa desconfia das "orações bonitas" e dos "belos pensamentos" (*supra*, 19v); ela falava "simplesmente com Deus" (cf. *infra*, 32v).

128. Chamada discreta. De fato, três meses depois, essa jovem carmelita tão serena, morreu. No dia 22 de junho ainda estava no jardim, em sua cadeira de rodas; no dia 2 de julho, sentiu-se sem força ao ir, pela última vez, ao oratório; no dia 6 de julho, as hemoptises voltam; dia 8, é levada à enfermaria; deixa o Manuscrito C inacabado por volta dessa data.

129. Oratórios dedicados aos santos.

130. Cf. CJ 20.8.16 e UP, p. 535. O aspecto repetitivo não convém ao temperamento de Teresa, sobretudo quando o terço é recitado em comum, com pressa.

131. Irmã Marta; cf. VT, n. 101, p. 59 (n. 44).

132. Exteriormente, ela segue "o caminho das honras" (cf. *supra*, 21), mas interiormente, sente na mesma proporção sua humildade ou a humilhação que Jesus lhe manda (as palavras estão frequentemente recobertas). Teresa precisou sempre dessa "água vivificante da humilhação" (Manuscrito C, 1v); cf. Manuscrito A, 28v, 31f; CJ 12.8.3; 22.9.1.

133. Cf. CJ 8.7.9.

134. "Procurava a humilhação como um tesouro" diz Maria da Trindade (cf. VT, n. 75, p. 225-226).

135. Sua própria irmã Celina (cf. BT, p. 59-60).

136. Esta citação pouco conhecida do evangelho de Marcos deve ter encantado quem inventou a "pequena via".

137. Este parágrafo de transição parece hesitar quanto à orientação a seguir (muito doente, Teresa escreve sem rascunho no seu caderno). A linha do discurso é aproximadamente a seguinte: Teresa, encarregada das noviças, não tem mais propensão em apontar os defeitos das demais irmãs; alegra-se ao constatar os cuidados da priora com a sua saúde, o que a leva à caridade que ela própria manifestou, por compaixão, "em relação às enfermidades espirituais das minhas irmãs". Por esse caminho, não humilha ninguém.

138. Para introduzir "as almas imperfeitas", de que precisa não se tratar tanto das suas "imperfeições espirituais", Teresa avança cautelosa.

139. Texto de João da Cruz que acompanha o desenho do "Monte da Perfeição" que Teresa viu na primeira página da *La Montée du Carmel*, tomo II da tradução das carmelitas de Paris. Cf. Manuscrito B, 1v, n. 16.

140. Entre as irmãs desfavorecidas, a quem Teresa gostaria de prodigalizar *afeto e delicadeza*, poder-se-iam citar Maria de São José, Aimée de Jesus, Marta, Maria Madalena, irmã Vincente de Paulo, irmã São João Batista. Entre as "mais santas", Maria Filomena, Maria dos Anjos, Maria de Jesus, irmã Santo Estanislau... Recorrer-se-á à "Lista de presença das carmelitas de Lisieux", de maio de 1893 (CG, p. 1171-1179), aos testemunhos pouco conhecidos de algumas contemporâneas de Teresa (VT, n. 73, 88, 99, 101) e às diversas notícias publicadas em *Atalaies de Lisieux* entre novembro de 1981 e abril de 1985.

141. Para com irmã São Pedro, prematuramente impotente, morta em 1895, aos 65 anos. "Essa pobre irmã tinha caráter rude e sem educação. Estremecia-se de impaciência só de tocá-la" (PO, p. 248). Cf. também VT, n. 99, p. 174 e um retrato da irmã em AL, n. 601, abril de 1982.

142. Cf. Teresa d'Avila, *Chateau intérieur, VIIes Demeures*, capítulo IV, p. 638-639; cf. Cartas, 65.

143. Sem dúvida pela gratidão de irmã São Pedro (cf. PO, p. 281s.) e a graça que recebeu dela (*infra*, 29v/30f).

144. Teresa retoma aqui o grande tema dos Manuscritos A e C, talvez porque sua "história primaveril" se aproxima do fim. Esta página desemboca numa primeira abordagem da alegria celeste, que dá grande força à proclamação da supremacia da Caridade.

145. Cf. P 17, 8.

146. Irmã Maria de Jesus (UP, p. 861 e VT, n. 99, p. 173-177) que fazia ranger as unhas nos dentes.

147. Irmã Maria de São José (cf. P 28, e Poesias, 1, p. 156 e 195; DLTH, p. 281).

148. Cf. 3.7.2.

149. Cf. Cartas 266f.

150. Mesma fórmula, alguns dias depois, em Cartas 253,2v. Cf. João da Cruz: "Mais ele quer dar, mais faz desejar" (Carta XI de 08/07/1589), que encontramos no Ato de Oferenda. Cf. Cartas 197v; CG, p. 897 + 1; Cartas 201,1v; CJ 13.7.15; UP, p. 471; Orações, p. 94; CJ 16.7.2; 18.7.1. Ver também, *supra*, nota 111.

151. Teresa apresenta sua "provação contra a fé" como resposta a seu desejo, inspirado por Deus. Cf. Poesias, II, p. 139s.

152. Cf. Cartas 201,1f.

153. O padre Maurice Barthélemy-Bellière (1874-1907), que tinha escrito para Madre Inês, em 15/10/1895 "em nome e no dia da grande Santa Teresa" (VT, n. 66, p. 139). Órfão de mãe, seminarista de Bayeux, aspirante missionário, embarcou na véspera da morte de Teresa para Argel, noviciado dos Padres Brancos. Missionário na Niassalândia (Malawi), voltou à França e morreu no Bom Salvador de Caen. Ver a bibliografia em *Orações*, p. 107 e, em particular, VT, n. 66 a 69.

154. "Pela oração e pelo sacrIfício", pois Madre Inês não lhe pediu para escrever uma carta. Compôs uma oração (O 8) que a priora anexou à sua resposta.

155. Foi Madre Maria de Gonzaga que fez Teresa escrever (CG, p. 884). Sobre as diferenças de temperamentos e de métodos entre as duas prioras, cf. CG, p. 845s.

156. Teresa observa as regras com absoluto rigor, de olho na "bússola infalível" (11f) que é "a vontade dos superiores".

157. Cf. CJ 8.7.16.

158. Embora Teresa não sinta repugnância em escrever para o padre Bellière, esgota-se; a ninguém fora sua família e o Carmelo, escreverá tanto e por tanto tempo (última verdadeira carta Cartas 263 de 10/8/1897, última estampa com dedicatória em 25/8).

159. A mais simples forma de oração (cf. *Orações*, p. 8, n. 4).

160. Sábado, 30/5/1896.

161. O padre Adolphe Roulland (1870-1934), seminarista das Missões Estrangeiras de Paris. Celebra uma das suas primeiras missas no Carmelo em 3/7/1896 e embarca para a China. Cf. seus testemunhos no PO, p. 370ss, e no PA, p. 524ss. Madre Maria de Gonzaga proibiu Teresa de falar com Madre Inês desse novo "apadrinhamento", até maio de 1897 (CJ 1.5.2 e UP, p. 417 + e).

162. Teresa hesita por já ter oferecido pelo padre Bellière "todas as orações e todos os sacrifícios de que possa dispor" (O 8). Para aceitar o padre Roulland, ela precisa "duplicar seus méritos". Afirmativa a resposta, Teresa estende então toda a envergadura da sua missão que pode abranger as *noviças*, os "meros padres" e até mesmo "nosso Santo Padre, o Papa".

163. Teresa escreveu *embraser* [abrasar]. Madre Inês acrescentou um *s* [*embrasser*, abranger]. Cf. MS/NEC, 33v, 3 +. Citação de Teresa d'Ávila, *Fragment du livre sur le Cantique des cantiques* (capítulo II, fim; Bouix, III, p. 318), onde se lê "embrasser" [abranger]; mas algumas linhas mais abaixo encontra-se: "Esse zelo apostólico que os *abrase*". Nos Manuscritos, encontra-se *abrasar* mais cinco vezes (Manuscrito A, 47v, 84f; Manuscrito C, 36f, 2 vezes, 36v); *abranger*, nesse sentido, três vezes (Manuscrito B, 3v, 4r; Manuscrito C, 33v).

164. Em seu leito de morte, Teresa d'Ávila repetia: "Sou filha da Igreja" (cf. RP 3,15v e *Recreios*, p. 331).

165. Cf. Lc 15,31 (o pai do filho pródigo) e *infra*, 34v.

166. Cf. Cartas 1.37,11; 259v; P 18,37.

167. É o que dá a Teresa a *ousadia* (ou "a *temeridade*", 34v) de parafrasear o discurso após a Ceia, a Oração de Jesus que retoma vertendo para o feminino *enviada* e *amada* (Jn 17,4,6-9, 11, 13, 15-16, 20, 24, 23). Cf. Cartas 258,1v.

168. A ousadia, uma das características de Teresa em seu relacionamento com Deus, Jesus, quando é tão rigorosa na obediência aos superiores... Nove empregos muito fortes: Manuscrito A, 48v; Manuscrito B, 3v, 5f; Manuscrito C, 36v; Cartas 201,24 247,2f; P 44,8; 48,4, ao que se deva acrescentar seis vezes o adjetivo *audaciosos* no mesmo sentido.

169. Teresa apropria-se de tudo o que é do seu Esposo (cf. *supra*, 341); mas é confortada em sua ousadia por João da Cruz que cita o mesmo texto, com um comentário inequívoco (*Viva Chama*, estrofe III,6, p. 287ss).

170. Cf. João da Cruz, CE, estrofe XXXVIII, p. 85, e *Viva Chama*, estrofe III, 5-6, p. 291.

171. Depois das *parábolas*, muito simples, do relacionamento com Deus, do contato, do serviço, da caridade, Teresa passa para o plano místico com a comparação do ferro que "deseja identificar-se com o fogo".

172. Cf. Arminjon, texto citado em CT e reproduzido em VT, n. 79, p. 22; *Chama Viva*, capítulo I, 6, p. 159 e 161.

173. Transcrição de um pensamento de Teresa d'Ávila.

174. A partir desta palavra, o texto é escrito a lápis. Em 8 de julho, Teresa foi levada para a enfermaria. Escreve mais algumas linhas, mas sua fraqueza a impede de terminar seu manuscrito. É provável que as correções a lápis encontradas nas páginas anteriores sejam dessa época (cf. MS/NEC, 36f, 15 +).

175. A *oração* é a última palavra de Teresa, porque é o meio da fusão com Deus, a *alavanca* que "levanta o mundo".

176. "Vestígios luminosos, perfumados", "perfumes da vida de Jesus", até o final, Teresa conservou um amor sensível (ou melhor, suprasensível) e maravilhado pela pessoa de Jesus. Aproxima-se, neste particular, de João da Cruz (*Viva Chama*, estrofe III, 3, p. 229; cf. Manuscrito A, 47v; Manuscrito C, 34f).

177. Cf. O 20 de 16/7/1897; P 29,8; Cartas 243f/v; RP 8, 2v; e BT, p. 218.

178. Cf. Cartas 247,2f de 21/6/1897.

179. Cf. o testemunho de Maria da Trindade (PO, p. 455, e VT, n. 73, p. 67).

180. A *História de uma Alma* apresenta aqui três parágrafos próprios, cuja origem se encontra em CJ 11.7.6. Portanto, foi a pedido de Teresa que Madre Inês contou "A história da pecadora convertida que morreu da amor", reproduzida em PO e nos *Novissima Verba*, com a seguinte indicação de Madre Inês: "Eis o trecho que me ditou textualmente". HA acrescenta o seguinte:

"Ninguém conseguiria amedrontar-me; pois sei como agir em relação ao seu amor e à sua misericórdia. Sei que toda essa profusão de ofensas se desfaria num piscar de olhos, como gota d'água num braseiro ardente.

Conta-se na vida dos Padres do deserto, que um deles converteu uma pecadora pública cujas desordens escandalizavam uma região inteira. Alcançada pela graça, essa pecadora seguia o santo no deserto, a fim de fazer uma rigorosa penitência, quando, na primeira noite da viagem, antes mesmo de chegar ao lugar do repouso, seus laços mortais foram arrebentados pela impetuosidade do seu arrependimento cheio de amor: e o solitário viu, no mesmo instante, sua alma ser levada pelos anjos ao seio de Deus.

Eis um exemplo impressionante do que eu queria dizer, mas essas coisas não podem ser expressas..."

Encontrar-se-á *infra*, nos Apêndices, o texto original, extraído de *Vies des Pères des déserts d'Orient*.

181. Sem dúvida, Teresa se refere à declaração solene do padre Pichon (Manuscrito A, 700, mas para reforçar sua última mensagem, isto é, que mesmo que tivesse cometido "todos os pecados" possíveis, não deixaria de ir jogar-se nos braços de Jesus.

182. Cf. CA 12.8.2, a respeito de uma fotografia do padre Bellière.

CARTAS

Introdução

1. Durante cinquenta anos

Diferentemente da *História de uma alma* (1898), cuja difusão atingiu em quinze anos quase duzentos mil exemplares, as Cartas de irmã Teresa do Menino Jesus esperaram cinquenta anos (1948) por uma publicação do conjunto. Até então, o público só tivera acesso a um número restrito de trechos escolhidos:

"Considerando simplesmente esses textos como úteis complementos ao livro fundamental que era, e ainda é, a *História de uma alma*, as irmãs da santa trataram-nas como um repertório de ideias edificantes do qual lhes pareceu lícito extrair diversas passagens a fim de esclarecer e tornar mais precisas as posições essenciais fixadas pela autobiografia. Desse ponto de vista, a cronologia, o teor original ou a rigorosa integridade de cada carta perdem importância. Nada parecia opor-se à aproximação, às vezes com uma mesma data, frases provenientes de cartas diversas, embora relacionadas ao mesmo assunto" (André Combes, *Lettres*, 1948, prefácio, p. XXII).

Assim foi que dezoito fragmentos de cartas a Celina foram publicados em 1898: a coleção enriqueceu-se por ocasião das edições subsequentes, alcançou quarenta e sete fragmentos em 1907, cinquenta e um em 1910. É pouco, quando se considera que a cópia autêntica dos escritos, realizada nesse mesmo ano, para o processo de canonização, não contou menos de cento e oitenta e quatro *fólios* só para as cartas. Durante trinta anos, a situação ficou a mesma em relação à publicação.

2. A primeira edição das cartas

O cinquentenário da morte de Teresa, em 1947, sua recente promoção à padroeira da França, em 1944, suscitaram um novo surto de fervor em relação a ela. Um historiador, o padre André Combes[1], preocupa-se em destacar o alcance doutrinal dessa devoção. Mas nenhuma doutrina fora da vida, nenhuma teologia separada da história.

Solicita ao Carmelo uma documentação apropriada e, por meio da arquivista, é com irmã Genoveva, que tem setenta e sete anos em 1946, que ele vai fazer com que os estudos teresianos transponham, num encaminhamento comum e difícil, mas sempre fecundo, a etapa importante da publicação das Cartas.

Logo percebe que faltam elementos para se estabelecer uma cronologia, base de qualquer itinerário espiritual: "Na mente da maioria dos admiradores de Santa Teresa reina uma imprecisão extrema quanto à ordem dos acontecimentos e a relação real entre a vida e as obras, enquanto os textos editados permitem seguir esse relatório com muito mais exatidão do que se pensa" (carta de 25 de janeiro de 1946). A publicação integral das cartas pareceu-lhe condição prévia para qualquer progresso posterior.

"O que procuro alcançar", escreve ele, "é a própria evolução do pensamento de Teresa em suas reações vitais, seja no contato com influências do exterior, seja diante da experiência íntima do seu desenvolvimento natural, das graças próprias, das provações. Esse é o único meio, segundo me parece, de encontrar Teresa *em si*, tal como realizou no tempo o projeto que Deus tinha para ela desde a eternidade. [...] O único meio para conseguir isso, na medida em que se possa esperar consegui-lo, é retomar a documentação inteira e analisá-la a partir desse ponto de vista. Tudo o que ela escreveu. Tudo o que se escreveu sobre ela. Vê-la como ela se viu. Vê-la como foi vista. Completar essas duas fontes, cotejando-as. Respeitar todas as nuances (carta de 2/10/1946).

O padre Combes consegue convencer irmã Genoveva, numa luta passo a passo, a entregar *todas* as cartas de Teresa, incluindo os bilhetes da infância, a fim de realizar uma edição "exata e completa", de acordo com a estrutura cronológica. Esse livro, que representa um progresso decisivo, saiu do prelo em 30 de setembro de 1948, exatamente meio século após a primeira edição da *História de uma Alma*.

3. A "Sinfonia Teresiana"

Numa importante carta para irmã Genoveva (11/9/1947), o padre Combes mostrou a importância de uma publicação integral das Cartas (e de todos os textos) de Teresa de Lisieux:

"Precisamente porque ela é *Santa* Teresa e vai ocupar, a partir deste ano jubilar, um lugar crescente na história da espiritualidade, acontece com ela o que

---

[1]. André Combes (1899-1969), doutor em teologia e em letras, professor de teologia ascética e mística no Institut Catholique de Paris, pesquisador no Centre Nationale de Recherches Scientifiques; nomeado prelado doméstico em 1960.

acontece com todos os seres excepcionais. A história interessa-se por todos os aspectos da sua vida e das suas obras, e pode publicar tudo o que ela escreveu. [...] É coisa inevitável e a compreendemos muito bem. Em se tratando de uma santa, é toda a sua vida que possui valor exemplar e, para termos certeza de compreender bem sua vida inteira, é necessário conhecer-lhe todos os pormenores. É o que justifica todas as publicações de obras *completas*. O que explica também minha insistência em ver surgir todas as cartas, todos os bilhetes da vossa santa irmãzinha. Ela precisa ser tratada como os maiores santos. [...]

"1º Em se tratando de uma santa, nada há de banal. Quantas partes teríamos eliminado da Sagrada Escritura se o Senhor nos tivesse consultado! Teríamos errado! É preciso aceitar a obra de Deus tal como ela é, e meditá-la até sermos capazes de compreendê-la e tirar dela as lições oportunas.

"2º Em relação a Teresa, é preciso cautela. O que parece banal (sobretudo para Celina, que sabe tudo, que sabe muito mais do que está escrito) pode ter imensa utilidade para a história e para a edificação das almas simples que se sensibilizarão com o que encontrarão 'ao alcance delas'. Verão logo, dessa forma, que Teresa viveu como elas, que nem sempre voava nas asas da Águia e, pouco a pouco, deixar-se-ão levar.

"3º Mais ainda. Dessas cartas que vos afligem por 'nada dizer', a história poderá fazer uso imprevisto. Penso particularmente nessa série de cartas da Itália ou de Roma que nada contêm de vivaz ou pitoresco a respeito da viagem e das pessoas encontradas. É de lastimar? Não, pelo contrário. É documentação de extrema importância para refutar a velha tese do padre Ubald que Van der Meersch acaba de suscitar[2]. Teresa parece tão desapegada do que é acidental, do que poderia tê-la distraído, tão concentrada em sua única meta, em sua vocação e sua audiência, que vou poder replicar com muita força a todos esses amadores: 'A autora de tais cartas não era, em absoluto, a menina leviana, o cavalo solto que não hesitam em descrever. Era uma alma recolhida e profunda na qual nenhuma distração influiu gravemente.' O relato da *História de uma alma*, por ser muito mais colorido e pitoresco, serviria para restabelecer o equilíbrio, e a verdade seria vingada. [...]

"O que há de espantoso numa criança escrever cartas infantis? O contrário é que seria grave! [...] Vereis que quando o conjunto ficar concluído, as pérolas reencontrarão o brilho. [...] Se interrompermos uma sinfonia logo após os primeiros compassos, ficaremos desorientados, não compreenderemos onde o autor quer chegar... Mas, se esperarmos até o fim, se deixarmos o músico introduzir e desenvolver todos os seus temas até o *final*, compreenderemos então, ficaremos maravilhados e enlevados pela admiração.

"O autor da Sinfonia teresina é Teresa, mas é sobretudo o próprio Jesus. É preciso deixar-lhe tempo para preparar 'sua pequena lira', para afiná-la de acordo

---

2. Em A pequena Santa Teresa (Paris, 1947).

com as vibrações do seu coração... Uma vez pronta a lira, ah! Que sons! Mas o que há de mais comovente, de mais divino do que os prelúdios! Mais humildes parecem, mais *verdadeiros* são.

"Enfim, não nos esqueçamos que as *Cartas* fazem parte de um conjunto. É preciso completá-las pela *História de uma alma* e pelas *Poesias*. Asseguro-vos, então, que tudo se acomoda e não há risco de má interpretação quanto ao esplendor dessa alma incomparável[3]."

4. A "correspondência geral"

Quando uma reedição das *Cartas* fez-se necessária, em 1962 — a primeira esgotara-se —, o princípio da fidelidade literal aos originais deixara de apresentar dificuldade (em 1956, o padre François de Sainte-Marie havia publicado os *Manuscritos autobiográficos* em fac-símile e, no ano seguinte, numa edição destinada ao público; também as fotos autênticas de Teresa em *Visages de Thérèse de Lisieux*, em 1961).

O projeto inicial era modesto: simples "edição revista e corrigida". Porém, o inventário das fontes ia mostrar, em relação às cartas de Teresa, um problema crítico não menos complexo que o do texto da autobiografia (cf. *supra* a Introdução aos *Manuscritos autobiográficos*).

Contudo, o recuo oferecido à história pela morte de Madre Inês de Jesus (1951) e de irmã Genoveva (1959), o acesso agora possível a uma documentação familiar das mais ricas, permitiam preparar uma edição de grande envergadura associando às Cartas de Teresa, colecionadas minuciosamente a partir das originais (às quais o padre Combes só tivera acesso), as de seus correspondentes e dos correspondentes entre si.

Trata-se da *Correspondência geral*, publicada em 1972, um ano antes do centenário de Teresa de Lisieux. Dessa forma, a santa reencontrava a rede das suas relações em vida, em que sua personalidade, enfocada mais de perto, assume sua verdadeira dimensão. A seção das Cartas do presente volume é oriunda desse trabalho crítico.

5. Teresa e seus correspondentes

A correspondência de Teresa compreende 266 cartas e bilhetes reencontrados, dos quais 227 autógrafos foram conservados[4]. Só vinte anos, de 4 de abril de 1877 a 24 de agosto de 1897, separam o primeiro bilhete desajeitado de uma menina, da última carta patética escrita por uma santa em seu leito de agonia.

---

3. Texto mais completo desta carta em CG, p. 46-48.
4. Para a complicada história das cartas de Teresa, fontes e publicação, consultar a Introdução geral de CG, p. 20-88.

Embora preciosa, essa coleção não coincide com a real atividade espistolar de Teresa. Pode-se calcular em um terço a proporção das cartas perdidas: avaliação que decorre da evidência, da tradição ou da hipótese. Entre as perdas mais lastimáveis, deve-se citar um mínimo de cinquenta cartas enviadas ao padre Pichon, no Canadá, para quem ela escrevia mensalmente.

Criada num meio familiar bastante fechado em si mesmo, tendo ingressado aos quinze anos numa Ordem religiosa na qual a "separação do mundo" é fortemente acentuada, tendo falecido aos vinte e quatro anos, aquela que o papa Pio XI chamou de "a criança querida do mundo" tem, em vida, um universo de relacionamento restrito. Sua correspondência reflete essa conjuntura. A família absorve 78%; a família religiosa — excluindo suas três irmãs carmelitas —, totaliza apenas 10%. O restante reparte-se entre doze correspondentes: sete eclesiásticos, três religiosas e duas amigas.

Estimulada pelo exemplo da mãe, das irmãs mais velhas e também de Celina, que tinha facilidade em redigir, Teresa manifestou cedo o desejo de comunicar-se por escrito. Atormentava os seus para que lhe dessem ajuda (C 3, 6, 7).

Com o ingresso de Paulina no Carmelo, em 2 de outubro de 1882, e o consequente ensimesmamento da criança, a comunicação parece prejudicada. Teresa deve "quebrar a cabeça para procurar", no dizer da senhora Guérin (C 514 de 4/5/1885, CG, p. 188), recorre habitualmente ao rascunho, até para escrever para sua prima Maria Guérin (cf. C 19).

A inibição ainda persiste depois da extraordinária libertação de Natal de 1886, quando se trata de relatar por escrito sua vida íntima (C 28, 36). No Carmelo, em 1888-1890, um pequeno rascunho de irmã Inês de Jesus pode ser ainda bem-vindo nos casos mais difíceis (C 70, 112).

A naturalidade manifesta-se mais cedo na sua correspondência com Celina (cf. C 96 e anos 1891-1892). Mas é preciso esperar até o ano de 1893 para que Teresa alcance esse dom de expressão que não deixará de se aperfeiçoar até sua morte. Então, dentro dos limites impostos pela Regra do Carmelo e pelas disposições das suas prioras (cf. Ms C, 32v, 6), escreve de bom grado e longamente.

Reparemos que, excetuando os bilhetes trocados no interior do Carmelo — exige-se a permissão da priora —, poucas cartas de Teresa foram lidas apenas pelo destinatário. Nos Buissonnets, nenhuma correspondência reservada. No Carmelo, toda mensagem para o exterior é antes lida pela priora, seguido o costume do tempo e, em mais de um caso, pelas suas irmãs mais velhas. Essa ingerência teria influído na redação das cartas? Provavelmente, pelo menos, no início da sua vida religiosa: percebe-se em alguns bilhetes para irmã Inês de Jesus (C 54, 55, 76, 78, 95 etc.). Cedo, porém, sem dúvida por ter-se situado na sua verdade diante de Deus, chega a tal autonomia que sua liberdade de expressão não parece atingida pela intromissão de uma terceira pessoa.

*

Numa época em que o uso do telefone (inventado em 1876) é ainda pouco difundido, as cartas desempenham um papel importante em famílias tão unidas como os Martin/Guérin. Breves temporadas no campo ou na praia, *a fortiori* a excepcional viagem à Itália, em 1887, provocam uma atividade epistolar assídua. Teresa segue o exemplo familiar.

Mas é sobretudo a clausura do Carmelo que determina a linha de demarcação entre os correspondentes: o ingresso sucessivo das quatro irmãs Martin e de Maria Guérin, que separam ou reúnem os membros da família, servem de baliza.

A partir de 9 de abril de 1888, Teresa não mais precisa escrever para suas *duas irmãs mais velhas* às quais se junta, no Carmelo. É autorizada por Madre Maria de Gonzaga a dirigir-lhes bilhetes durante seus retiros de tomada de hábito (10 de janeiro de 1889) e de profissão (8 de setembro de 1890), e durante os retiros privados delas (1888-1890). Depois, ingressa num silêncio quase completo que vai até o final de 1896. A seguir, esforça-se, através de bilhetes alegres, por distraí-las do seu estado de saúde.

Dá-se o contrário em relação ao *Senhor Martin*. O fato de as cartas de Teresa carmelita para seu pai serem todas do tempo do postulantado deve-se à doença mental do seu "Rei querido", que interrompe repentinamente o diálogo. Aliás, a partir de 1888, suas missivas dirigem-se a um homem diminuído. Não é que ela diz, em maio de 1889: "Papai, é o filhinho do Bom Deus" (C 91v)?

Celina é a correspondente privilegiada de Teresa durante os seis anos do seu "exílio", anterior a seu ingresso no Carmelo (14/9/1894). Às vésperas de festa e aniversário, abstém-se do parlatório semanal a fim de assegurar-se o direito à "sua" carta. Os meses críticos de fevereiro/maio de 1889 e o verão de 1893 marcam os tempos fortes do seu relacionamento.

Durante os dois anos de sua estada na Visitação (1893-1895), em que recebeu onze cartas, *Leônia* poderia ser considerada esquecida, se ela própria não nos informasse da destruição das cartas da sua irmã. Não é menos verdade que a Teresa "falta tempo" para escrever-lhe (C 105, 122) e lhe transmite suas "recomendações" por intermediária (C 85). Porém, em 1896-1897, Teresa trata em pé de igualdade com essa parceira ideal da "pequena via" evangélica.

Os votos tradicionais de festa ou de passagem de ano *à família Guérin* não inspiram Teresa. Em compensação, as necessidades espirituais de Maria tornam-na eloquente (1889-1890). Depois do ingresso desta no Carmelo (15/8/1895), rarefaz-se a correspondência com os tios.

Em 1896-1897, o círculo familiar desdobra-se para ela numa família espiritual: as *noviças* (seis cartas) que Madre Maria de Gonzaga lhe confiou, e os dois *missionários*, padres Roulland e Bellière (onze cartas) dos quais a priora faz-se também correspondente. A jovem carmelita escreve-lhes belíssimas cartas e, mormente em relação ao seminarista Bellière, sua dedicação nas últimas semanas chega ao heroísmo.

6. Guiada pelo Espírito

Os contrastes dessa correspondência surpreendem. Ao mesmo tempo em que essa noviça de dezesseis anos redige linhas incolores para sua tia Guérin por ocasião do seu aniversário, manda à sua prima Maria uma carta de direção que suscitará a admiração de Pio X. Aos vinte e quatro anos, doente, continua sendo, aos olhos do tio, "uma boa menina" que escreve cartas sem brilho. Entretanto, ensina às noviças e aos seus irmãos espirituais a via da "confiança e do amor" que descobriu sozinha, guiada pelo Espírito.

Nada mais enganador que essa simplicidade desenrolada na monotonia da vida cotidiana a fim de passar despercebida. Quer-se que a santidade seja sublime. Nem tudo o é nesses bilhetes escritos frequentemente às pressas. Mas é preciso decifrar o que se passa realmente nessa vida oculta e descobrir que força de amor impregna os mais anódinos acontecimentos e lhes confere uma dimensão de eternidade. Enquanto as *Últimas Conversas* fazem reviver sob nossos olhares um ser que atingiu a plenitude, que olha a morte de frente, as *Cartas* de Teresa expressam o dinamismo de uma vida em busca do amor absoluto.

"Essas cartas são um tesouro precioso, complemento da sua história!!!" escrevia o padre Bellière para Madre Maria de Gonzaga em 24 de novembro de 1898. O seminarista percebeu que a *História de uma alma* completava-se por numerosas cartas que cobrem períodos em que Teresa passou rapidamente em suas recordações. Aliás, o Manuscrito B é composto de duas cartas, uma dirigida à irmã Maria do Sagrado Coração e a outra, a Jesus. O conjunto das Cartas de Teresa fornece-nos os elementos de uma verdadeira biografia, inseparável dos *Manuscritos autobiográficos*.

Inscreve-se nele uma "carreira de gigante", trajetória perfeita que não exclui os anseios, os desejos, os sofrimentos, mas traduz uma inflexível audácia esteada pela esperança de atingir a meta: esse Amor misericordioso que Teresa experimenta em cada etapa da sua vida e que ela quer revelar em seu derredor.

PRIMEIRO PERÍODO

A INFÂNCIA

(Abril de 1877 / Novembro de 1886)

C 1   Para Luísa Madalena.

4 de abril de 1877

Minha querida Luisinha[1]

Não a conheço, mas assim mesmo amo-a muito [1v] Paulina disse-me para escrever-lhe estou no colo dela pois nem sei segurar uma caneta, ela quer que lhe diga que [2r] sou uma preguiçosinha, mas não é verdade pois trabalho o dia inteiro fazendo artes com minhas pobres irmãzinhas. Enfim, sou um diabretezinho que ri sempre. [2v] Adeus minha Luisinha mando-lhe um beijão, dê um abraço por mim na Visitação quero dizer na irmã Maria Aolysia[2] e na irmã Luísa de Bonzague[3] pois não conheço mais ninguém.

Teresa.

C 2   Para Joana e Maria Guérin.

12-17 de abril de 1877

Minhas queridas priminhas

Sendo que Celina escreve para vocês quero escrever-lhes também para dizer-lhes que as amo [1v] com todo o meu coração Queria muito vê-las e abraçá-las.

Adeus minhas queridas priminhas Maria não quer mais segurar minha mão [2l] e não sei escrever sozinha.

Teresa

C 3   Para Maria.

10-17 de junho de 1877

Minha querida Mariazinha[1]

abraço-a com todo o meu coração e Paulina também

Teresa

C 4   Para Maria Guérin.

16 de setembro de 1877

Minha querida Mariazinha[1]

Abraço-a com todo o meu coração. Sua carta agradou-me muito. Gosto muito de ir a Lisieux

Sua priminha
Teresa

C 5 Para Paulina.

Lisieux, 26 de junho de 1878

Minha querida Paulina[1]

Maria Guérin está no campo[2] desde segunda-feira, mas me divirto bastante sozinha com minha tia. Fui comprar meias cinzas com minha tia e a senhora deu-me pérolas. Fiz um anel com elas.

Adeus, minha Paulinazinha, dê um abraço no papai e na Maria de minha parte. Abraço-a com todo o meu coração

Sua irmãzinha Teresa

C 6 Para Paulina.

Primeiro de dezembro de 1880

Minha querida Paulina

Estou muito contente por escrever-lhe[1], pedi para minha tia. Faço muitos erros, mas você conhece bem sua Teresinha e sabe que não sou jeitosa. Dê abraço no papai da minha parte. Tive quatro bons pontos no primeiro dia e cinco no segundo.

[v] Dê um abraço da minha parte na senhorita Paulina[2]. Divirto-me muito, pois sabe que estamos na casa da tia, enquanto Maria faz as contas brinco de pendurar[3] estampinhas bonitas que minha tia me deu.

Até logo minha querida Paulinazinha sua Teresinha que a ama.

C 7 Para Paulina.

4 (?) de julho de 1881

Minha querida Paulina[1],

Estou muito contente por escrever-lhe. Desejo-lhe uma boa festa pois sabe que não pude dar-lhe meus votos na quarta-feira, dia da sua festa[2].

Espero que esteja se divertindo muito em houlgate. Gostaria de saber se você montou num burro.

Agradeço-a por ter-me dado feriado enquanto você está em houlgat. Gostaria muito que se escrever para Maria escrevesse também uma palavrinha para mim.

Se soubesse que no Dia de Santa Domítia minha Tia colocou-me um cinto cor-de-rosa e lancei [2f] rosas para Santa Domítia. Não mostre minha carta a ninguém.

Até logo minha querida Paulinazinha Abraço-a com todo o meu coração. Abraça também da minha parte a Maria Teresa e a Margaridinha[3]

Tua Teresinha que te ama.

C 8   Para Celina (fragmentos).

23 de abril de 1882 – Domingo

Minha querida Celinazinha.
Amo-a muito, você bem o sabe [...]
Adeus Minha querida Celinazinha.
Sua Teresinha que a ama com todo o coração.

Teresa Martin.

C 9   Para madre Maria de Gonzaga.

Novembro/Dezembro de 1882 (?)

Minha madre querida

Há muito tempo que não vos vejo e, por isso, estou muito contente em vos escrever para vos contar minhas coisinhas. Paulina me disse que estais em retiro e venho pedir-vos para rezar ao Menino Jesus por [1v] mim pois tenho muitos defeitos e gostaria de corrigir-me deles.

Preciso fazer-vos minha confissão. De algum tempo para cá, sempre respondo quando Maria me diz para fazer alguma coisa. Parece que Paulina, quando pequena, desculpava-se junto a minha tia de Mans[1] e lhe dizia; Tantos buracos, tantas cavilhas, mas comigo é muito pior. Mas quero corrigir-me e em cada buraquinho colocar [2l] uma bonita florzinha que oferecerei ao menino Jesus a fim de preparar-me para minha primeira Comunhão. Não é, madre querida, que rezareis para isso. Oh! Sim, esse belo momento chegará em breve e como ficarei feliz quando o menino Jesus vier dentro do meu coração ter muitas flores bonitas para lhe oferecer.

Até logo Madre querida Abraço-vos muito ternamente como vos amo.

Vossa filhinha Terisita[2]

C 10   Para Celina.

Para minha Celinazinha querida por parte de sua irmãzinha que a ama ternamente.

Teresa

Domingo, 29 de abril de 1883[1]

C 11   Para Irmã Inês de Jesus.

Primeiro – 6 de março de 1884

Minha querida Paulinazinha

Pensei muito em escrever-lhe a fim de agradecer a você pelo livrinho[1] encantador, mas pensava que isso não era permitido durante a quaresma; agora que sei ser permitido, agradeço-a de todo o meu coração.

Você não sabe a alegria que senti quando Maria me mostrou o bonito livrinho. Achei-o encantador. Nunca tinha visto coisa tão bonita e não me cansava de olhar para ele. Que lindas orações há no início! Recitei-as com todo o coração para o menino Jesus. Todo dia procuro fazer o maior número de práticas[2] que posso e faço o possível para não deixar escapar a mínima oportunidade. Recito do fundo do coração as oraçõezinhas que dão odor às rosas e com a maior frequência possível.

Como é bonita a estampa no começo! É uma pombinha que dá o coração ao menino Jesus. Bem! eu também quero enfeitá-lo com todas as flores bonitas que encontrar, para oferecê-las ao menino Jesus no dia da minha primeira Comunhão; e de fato quero, conforme se lê na oraçãozinha do início do livro, que o menino Jesus se encontre tão confortável em meu coração que não pense mais em voltar para o Céu...

Agradeça da minha parte à irmã Teresa de Santo Agostinho pelo lindo tercinho de prática, e por ter bordado para mim a bonita capa do meu livro. Abraça por mim Madre Maria de Gonzaga, e diga-lhe que sua filhinha a ama com todo o coração.

Leônia e Celina enviam-lhe um grande abraço.

Até breve, minha querida Paulinazinha; abraço-a com todo o meu coração.

Sua filhinha que muito a ama.

Teresita

C 12   Para Maria¹.

8 de maio de 1884

Para minha Mariazinha lembrança da primeira comunhão de

Sua filhinha Teresa

C 13   Para Celina¹.

8 de maio de 1884

Lembrança de primeira comunhão para minha querida Celinazinha por parte da sua irmãzinha Teresa

C 14   Para Maria Guérin¹.

1883-1885

Para minha Mariazinha por parte da sua Irmãzinha² Teresa.

C 15   Para Celina¹.

1883-1885

Para minha cara Celinazinha *Querida* Lembrança da sua irmãzinha que a ama de todo o coração.

Teresa

C 16   Para a senhora Guérin (fragmentos).

10-17 de maio de 1885

Minha querida tia,

A tia disse-me para escrever-lhe a fim de informá-la a respeito da minha saúde. Estou melhor do que no domingo, embora continue com muita dor de cabeça. Espero que a senhora esteja bem assim como Joana e que Maria acabe por sarar completamente.

Penso com frequência na senhora e recordo o quanto tem sido boa para comigo¹. Não me esqueço tampouco das minhas queridas priminhas e peço à senhora que diga a Maria que não lhe escrevo hoje, mas lhe escreverei na próxima ocasião a fim de ter mais coisas para lhe contar.

Começo o retiro Domingo à tarde[2], a primeira Comunhão continua marcada para o dia 21; agora é certo que não será adiada.

Até logo, Tia querida, dê um forte abraço de minha parte em Joana e Maria e fique a senhora com o beijo mais amigo.

Teresa
Menina dos Santos Anjos[3]

C 17   Para Maria[1].

Para minha querida Mariazinha
Lembrança da segunda comunhão da sua filhinha.
21 de maio de 1885.

Teresa

C 18   Para o senhor Martin.

25 de agosto de 1885.

Meu papaizinho querido[1]

Se o senhor estivesse em Lisieux deveríamos, hoje, celebrar a sua festa, mas como não está, quero assim mesmo e mais do que nunca desejar para sua festa muita felicidade e, sobretudo, muita alegria durante sua viagem[2]. Espero, paizinho querido, que o senhor se divirta muito e que esteja muito contente em viajar. Penso constantemente no senhor e peço a Deus que lhe dê muito contentamento e que volte logo em perfeita saúde. Papai querido, para sua festa Paulina escreveu lindos versos para eu recitar pelo seu anomástico[3] [1v], mas como não posso, vou escrevê-los:

Os Votos de uma Rainhazinha
para a festa do seu Papai-Rei.

Se eu fosse uma Pombinha,
Sabe, papai onde iria?
Teu coração, seria meu ninho, minha tumba:
Onde para sempre estaria.

Se me chamasse andorinha,
nos belos dias viria,
repousar a minha asinha,
Pai, ao abrigo do teu amor.

Se eu fosse pintarroxo,
Morava no teu jardim;

De tua mão um grãozinho
Me daria um bom festim.

Caso eu fosse rouxinol bravo,
Deixaria minha mata;
[2f] E viria neste bosque,
Cantar os meus trinados.

E se uma estrelinha eu fosse,
De noite queria ficar,
Na crepuscular hora,
Esperança a te dar.

Pelos vidros da janela,
Lançaria mil fogos,
E não desapareceria
Sem falar-te dos céus.

Se belo arcanjo fosse,
De asas todas de ouro,
Papai, fosse eu anjinho
É para ti que voaria.

Mostrar-te-ia a minha Pátria
Num sonho misterioso,
Dar-te-ia: depois da vida,
Para ti: este trono luminoso.

[2v] Se quisesses brancas asas,
Dos céus eu as traria.
E para as praias eternas:
Tu e eu voaríamos.

Mas, não tenho asas de luz
Não sou um serafim;
Eu sou uma menininha
Que se leva pela mão.

Eu sou uma simples aurora,
De flor um simples botão.
O sol que me faz abrir.
É, Pai, o teu coração.

Crescendo eu vejo tua alma,
Plena do Deus de amor;
Teu exemplo bendito me inflama:
Eu quero te seguir com ardor.

Quero ser cá na terra:
Tua alegria, tua consolação,
Imitar-te, Paizinho
És tão terno e bondoso.

[1f] Tenho mais para dizer,
Mas devo terminar.
Papai, dá-me o teu sorriso,
Vem minha fronte beijar.

Até a vista, Papai querido. Tua rainha que te ama de todo o coração.

Teresa

C 19 Para Maria Guérin.

Nos Buissonnets. Sábado, 26 de junho de 1886

Minha querida Mariazinha,

Agradeço-te muito pela gentileza de não ficar de mal comigo por eu não te ter escrito, por isso, apresso-me logo em responder à tua gentil cartinha. Não podes imaginar o quanto me agradou. Estou muito contente com tua melhora e que te divertes muito. Não sei de nada novo em Lisieux para te informar, só sei que estamos todos bem.

Em tua carta, me pediste [v] notícias da Senhora Papinot[1]; ela está muito bem e pede informações frequentes da tua saúde. Quanto às lições, estão indo muito bem, aumentaram de algum tempo para cá[2], eis a razão por que não pude escrever-te domingo. Estou muito contente, pois amanhã vestirei de branco para a procissão[3]. Maria fez-me experimentar os vestidos e me caem muito bem.

Minha querida Mariazinha, encarrego-te de abraçar bem forte da minha parte, minha boa tia e minha Joaninha querida.

Até logo, querida priminha, desculpe se minha carta está ruim e mal redigida, porque me apressei muito e não tive tempo de fazer [v tv] um rascunho. Celina me encarrega de te abraçar, bem como a Joana e a minha tia; ainda não passei teu recado para Paulina, mas irei fazê-lo esta tarde. Tua priminha que te ama de todo o coração.

Teresa

C 20   Para Maria Guérin.

Nos Buissonnets, quinta-feira, 15 de julho de 1886

Minha querida Maria,

És muito gentil por me ter escrito. Tua carta me agradou muito, estou muito contente por realizares belos passeios como aquele que me contaste. Interessou-me muito.

Acabo de balançar-me; Maria receia que eu me torne corcunda e pediu para Papai colocar as argolas no balanço; as argolas agradam-me [1v] menos que o balanço, fiquei com as mãos vermelhas por ter ficado pendurada nelas.

Ontem fomos passar a tarde com a Senhora Maudelonde e diverti-me muito com Celina e Helena. A Senhora Papinot deu-me feriado amanhã, em honra da festa de Nossa Senhora do Monte Carmelo, para eu poder assistir ao sermão[1].

Estás vendo, minha Maria, que não tenho coisas muito interessantes para te contar, não fiz, como tu, um passeio deslumbrante que eu pudesse te narrar, mas espero que, apesar disso, minha pobre cartinha irá te agradar um pouco.

Até logo, minha querida Mariazinha, abraça bem forte, da minha parte, minha tia e a Joana.

Tua irmãzinha que muito te ama.
Teresa.

C 21   Para Maria.

Sábado, 2 de outubro de 1886, 18 horas

Festa dos Santos Anjos

Minha querida Mariazinha

Acabamos de receber a notícia; estou muito contente pois creio que isso significa que tu vistes o padre em Douvres[1], ele te mandou uma carta quarta-feira e dizia para que tu fosses recebê-lo hoje. Não podes imaginar o quanto nos afligimos, Celina mandou [1v] cartas para Douvres e Calais para a posta-restante.

Todos os dias, Nossa Senhora teve uma vela acesa e rezei e supliquei tanto que eu não podia acreditar que tu não soubesses que o padre voltava hoje. O senhor Pichon[2] mandou também uma carta para papai, mas não ousamos abri-la, Paulina nos disse que era melhor isso pois talvez houvesse alguma coisa de urgente nela, mas o senhor Pichon não sabia ainda o dia em que o padre [2f] voltaria e que ia escrever para o superior a fim de o saber.

Ó minha Mariazinha se soubesses como acho que tu acertaste; no que nos disseste, Deus nos mima, mas não te dás conta de como é ficar separado de uma pessoa que se ama como eu te amo. Se soubesses tudo o que penso, mas não te posso dizer, está ficando tarde e escrevi minha carta toda atrapalhada porque não enxergava. Minha madrinha querida, perguntei a Paulina se as garrafinhas de bronze [2v] serviam para a pintura de aquarela, ela disse-me que não serviam, que essas eram para pintar os santos e as imagens; digo-te isso para que não as compres para mim de lembrança. Suplico-te, não me tragas nada, isso me entristeceria. Leônia te abraça e papai também!

Até à vista, minha Maria querida, abrace fortemente por mim meu paizinho querido.

Tua verdadeira filhinha
que te ama tanto quanto se possa amar.
Teresinha

[2v tv] Sobretudo, não te esqueças das nossas encomendas e do bastidor para minha tia. Felicidade[3] te manda lembranças ela está com humor encantador desde que tu saíste. Minha tia, meu tio, Joana e Maria enviam recomendações. Ainda não levamos a mensagem ao Carmelo.

SEGUNDO PERÍODO

A ADOLESCÊNCIA

(Natal de 1886 / Abril de 1888)

C 22   Para Celina¹.

31 de março de 1887

    Conservo meu Diadema até amanhã de manhã,
    Mas depois na tua cabeça ficará meu Destino.
    Brincadeira de Primeiro de Abril!...
    Amanhã terás um pente que a brincadeira do Primeiro de Abril te dará.

C 23   Para Maria Guérin[1].

Nos Buissonnets. Segunda-feira, 27 de junho de 1887

    Minha querida doentinha,

Como estás esta manhã? Dormiste bem esta noite? Teu dente está te fazendo sofrer menos?... Eis, minha querida Mariazinha as perguntas que me fiz esta manhã, mas, infelizmente, ninguém pode responder e vejo-me obrigada a resolvê-las por mim mesma; consequentemente, faço-o segundo meu agrado e vejo-te melhorando muito.

[v] Estou forçada a virar a página pois acabo de perceber que eu estava escrevendo desordenadamente; há tanto tempo que não seguro uma caneta que isso me parece esquisito. Estou de volta do Carmelo. Disse a Maria e a Paulina o quanto estás sofrendo e elas vão rezar para que Deus te cure e possas gozar do teu tempo em Trouville... Ainda teria muitas coisas para te dizer, meu Luluzinho[2] querido, mas não tenho tempo pois ainda pretendo escrever uma palavra para Joana, aliás receraria ferir teus olhos, minha carta está um verdadeiro rascunho e nem sei como me atrevo mandar-ta assim.

Deixo-te com um beijo não nas duas bochechas, [v tv] recearia causar dor a teus dentes, mas na tua linda testinha.

                                                            Teresa f.m.[3]

[r tv] Acima de tudo, recomendo ao meu querido Luluzinho não se incomodar por me responder, isso não me impedirá de lhe mandar cartas frequentes. É preciso que o meu Luluzinho mereça o seu nome, que coma como um verdadeiro lobinho.

C 24 Para Joana Guérin.

27 de junho de 1887

(Aqui, barco à vela *desenhado com caneta*)

Minha querida Joaninha,

Não tendo o artista Darel[1] para me desenhar um barco e, assim mesmo, querendo colocar um no cimo da minha carta, vi-me forçada a rabiscá-lo eu mesma. Venho, querida Joana, aborrecer-te por alguns instantes, espero que tua enxaqueca te tenha deixado; agora que a grande inglesa[2] se foi, estarás menos incomodada e, por certo, todos se sentirão muito melhor.

Creio que estás muito satisfeita por não ouvires mais meus sermões sobre a morte, por não veres mais meus olhos que te fascinam e por não mais seres obrigada a ires à casa das senhoritas Pigeon[3]...

Devo anunciar-te a morte de *oito* dos meus queridos bichos-da-seda, sobraram-me só *quatro*; Celina lhes prodigalizou tantos cuidados que conseguiu fazê-los morrer quase todos de tristeza ou de derrame fulminante; receio muito que os quatro restantes tenham apanhado gérmen da doença dos seus irmãos e os sigam no reino das toupeiras.

Estou achando muito estranho ver-me nos Buissonnets esta manhã, estava toda espantada ao ver-me ao lado de Celina. Falamos com papai da amável proposta que minha boa tia nos fez, mas é absolutamente impossível, pois papai parte quarta-feira e ficará muito pouco tempo em Alençon, desta vez.

Até logo, minha Joana querida, amo-te sempre com todo o meu coração.

Teresa, f.m.

C 25 Para Maria Guérin.

Nos Buissonnets, 14 de julho de 1887

Minha mimosa Mariazinha,

Recebi agora mesmo tua querida cartinha, ainda estou rindo pensando em tudo o que me dizes. Vejamos, feiosa danadinha, é preciso começar por repreender-te: por que levaste [1v] teu rosto de novo ao escultor[1]? Ele o compôs bem!... Fiquei realmente aborrecida ao saber que as tuas bochechinhas danadas voltaram a tomar a forma de um balão; a experiência deveria ter te corrigido, parecia-me que tu aguentaste o suficiente da primeira vez.

Estou muito contente por minha boa tia ter melhorado; fiquei consternada quando soube que ela [2f] estava adoentada; de fato, Deus manda-vos muitas provações este ano.

Esta semana não está muito alegre nos Buissonnets; é a última que nossa querida Leônia passa conosco; os dias correm muito rápidos, só tem dois dias para estar junto de nós[2].

Mas afinal, que queres minha pobre querida, uma certa alegria mistura-se com minha pena, estou [2v] feliz por enfim ver minha querida Leônia no seu ambiente; sim, creio que só aí ela será feliz, encontrará na Visitação tudo o que lhe falta no mundo.

Celina está de luto pelos seus dois passarinhos azuis[3], o macho foi juntar-se à sua companheira na manhã seguinte, seus restos mortais, porém, estão no empalhador. Desejo, minha querida, que o final da tua estada em Trouville seja mais alegre que o começo, [2v tv] espero que Deus que tanto vos provou irá dar-vos agora muita alegria.

Celina está desolada por não poder escrever à Joana, ela está tão atarefada devido à partida de Leônia que lhe é impossível. Diga a Joana que não poderia imaginar o quanto Leônia ficou sensibilizada com a sua carta e a tua, ela abraça-vos com todo o coração assim como à minha querida tiazinha. Abraça Joana muito forte por mim. Diz para minha tia o quanto a amo e guarda para ti grande parte dos meus beijos. (Ouvi falar da carta do Carmelo, parece que era muito divertida.) Papai manda lembranças, particularmente à sua querida afilhada[4].

Teresa

C 26   Para Maria Guérin.

Nos Buissonnets, 18 de agosto de 1887

Querida Mariazinha,

Meu tio acaba de me dizer que estás doente, danadinha, logo que poderias ter um pouco de divertimento, te apressas em ficar doente. Tens sorte [1v] por eu estar longe de ti, caso contrário terias de haver-te comigo...

E minha boa tia, como vai ela? Sempre melhor, espero. Ai, como as coisas acontecem diferentemente do que as imaginamos, via-te, de longe, correr alegremente pelo parque[1], olhando os peixes, [2f] sentir-te feliz na companhia da Joana, enfim, via-te levando uma vida de castelã; mas em vez de uma vida de castelã, é uma vida de doente que estás levando ai, oh! Pobre querida, lastimo de todo o meu coração, mas não deves desanimar, pois ainda terás tempo para passear e te divertires; basta que em breve deixes teu quarto que, embora bonito [2v] e dourado, não é + para o passarinho que gostaria de pular ao sol que descortina através da janela + que uma bela gaiola.

(Vejo que acabo de colocar o arado na frente dos bois, peço-te entender as cruzinhas que coloquei na frase anterior.)

Sim, irmãzinha QUERIDA, precisas do pleno ar do parque como os passarinhos [2v vt]. É preciso que quando voltares entre nós venhas fresca como uma linda rosa que acaba de entreabrir. Oh, minha querida! Ao falar de rosas, tenho vontade de beijar tuas mimosas faces, embora não estejam cor-de-rosa gosto tanto de uma bela rosa branca quanto de uma vermelha; veja se consegues tornar [2r tv] tuas bochechinhas menos brancas e peça para Joana beijá-las por mim, diga-lhe que penso muito nela também e mando-lhe um beijo de todo o meu coração. Minha querida Maria, deixei correr a pena como uma louquinha e escrevi coisas que não são nem um pouco fáceis de se ler e compreender; peço-te culpar só a ela por essas coisas ruins, mas o que não quero que lhe atribuas é o afeto que tua irmãzinha tem por ti.

Abraça muito forte por mim a minha tia que amo de todo o meu coração.

[1r tv] Adeus, irmãzinha querida, mando-te um grande beijo com a recomendação de sarar logo a fim de gozar de um pouco de distração.

Tua irmã que te ama.
Teresa f.m.

C 27   Para irmã Inês de Jesus.

Sábado, 8 de outubro de 1887

        Minha irmãzinha querida,

Desde quarta-feira, procuro a ocasião de falar com meu tio; apresentou-se esta manhã. Meu tio é muito bom. Receava, por ser sábado, que não estivesse contente, pois nesse dia ele tem muita pressa[1], pelo contrário, logo que lhe pedi para vir, deixou sua leitura no mesmo instante.

Disse-me que desde algum tempo suspeitava que eu tinha alguma coisa para lhe dizer [1v]; depois, fez-me um sermãozinho *muito AFETUOSO* que eu esperava[2]; disse-me estar seguro da minha vocação, que não seria isso que o impediria de deixar-me partir, apenas o mundo constitui um obstáculo. Seria um verdadeiro *escândalo público* ver uma criança ingressar no Carmelo, seria a única em toda a França etc... Porém, se essa for a vontade de Deus, a ele cabe mostrá-lo; entretanto, meu tio disse-me que de acordo com as regras da sabedoria humana, não devo esperar ingressar antes da idade de dezessete ou dezoito anos, o que seria ainda muito cedo.

[2f] Meu tio disse-me ainda muitas coisas deste gênero, mas seria demorado narrá-las. Como pensas, não mencionei data alguma. Querida Paulinazinha, estou muito feliz por meu tio não encontrar outros obstáculos além do mundo, penso que Deus não ficará embaraçado para mostrar a meu tio, quando ele achar oportuno, que não será o mundo que o impedirá de me receber no Carmelo. Sabes, minha querida irmãzinha, meu tio disse-me muitas outras coisas muito gen-

tis, mas só te conto os obstáculos que achou. Felizmente, para Deus, esses obstáculos não existem.

[2v] Oh! Minha Paulina querida, não posso contar-te, hoje, todas as coisas que enchem meu coração, não consigo reunir todas as minhas ideias. Apesar de tudo, sinto-me cheia de coragem, estou muito segura de que Deus não irá abandonar-me. Agora, segundo me dizia meu tio, vai começar meu tempo de provação, oh! Reza por mim, reza pela tua Teresita, tu sabes como ela te ama, és tu a minha confidente. Precisaria muito ver-te, mas é mais um sacrifício para fazer por Jesus, oh! não quero recusar-lhe *nada*, mesmo quando me sinto triste e só sobre a terra, resta-me ele sempre e Santa Teresa não disse: Só Deus basta[3]...

Perdoa-me, minha Paulina querida, por te mandar esta carta, ou melhor, este rascunho em que as ideias não [2v tv] têm sequência. Nem sei se poderás lê-la por estar tão mal escrita, mas meu coração tinha tantas coisas para dizer-te que minha pena não conseguia segui-lo. Diz para minha querida madrinha que penso muito nela durante seu retiro[4], peça-lhe para não esquecer sua afilhada.

Até breve, irmã querida, mais uma vez, não me censures por te mandar esta carta, pois não tenho coragem para recomeçá-la.

Tua pequena Teresita

Mando-te tua canetazinha.

[2r tv] Diz para minha Madre querida[5] que sua Teresita a ama de todo o seu coração.

C 28 Para padre Pichon.

23 de outubro de 1887

Meu reverendo padre[1]

Visto que o senhor atende minhas irmãs, pensei que aceitaria atender também a última. Gostaria fazer-me conhecer pelo senhor, mas não sou como minhas irmãs, não sei dizer direito numa carta tudo o que sinto. Creio, padre, que apesar disso, o senhor vai adivinhar-me. Quando vier a Lisieux, espero poder vê-lo no Carmelo para lhe abrir meu coração.

Meu Padre, Deus acaba de conceder-me uma grande graça; há muito tempo desejo ingressar no Carmelo, creio que chegou o momento. Papai quer muito que eu entre no Natal.

Oh! Meu Padre, como Jesus é bom [v] em me aceitar tão jovem! Não sei como agradecer-lhe.

Meu tio achava-me jovem demais, mas me disse ontem que queria cumprir a vontade de Deus. Meu Padre, venho pedir-lhe para rezar muito pela sua última filha. Estou de volta do Carmelo, minhas irmãs disseram-me que eu podia escrever-lhe simplesmente o que se passava no meu coração. Está vendo, Padre, que o fiz esperando que não recusará aceitar-me por sua filhinha.

Abençoe seu segundo Cordeirinho[2]

Teresa

C 29   Para Leônia.

23-30 (?) outubro de 1887

Querida irmãzinha,

Não sei te dizer quanto tua carta me agradou, obrigada por ter-me desejado tão bem uma boa festa. Teria gostado de escrever-te logo, mas estamos tão apressadas agora[1] que me foi impossível. Celina não pode escrever-te pois tem muito o que fazer, mas isso não a impede de pensar na irmãzinha que tanto ama. Encarrega-me de beijar-te. Tu dizes em tua carta para eu rezar à Bem-aventurada Margarida Maria para ela obter que tu te tornes uma santa visitandina. Não [falto] um só dia.

Agradeço-te por ter-me prevenido a fim de que conserve meu lindo menino Jesus; ele não está estragado, está tão fresquinho como quando [v] o deixaste. Beijei seu pezinho por ti, sua mãozinha parecia benzer-te de longe.

Irmã querida, teria muito a te dizer, mas[2]

C 30   Para irmã Inês de Jesus e irmã Maria do Sagrado Coração.

6 de novembro de 1887

Paris, Hotel de Mulhouse.

Minhas queridas irmãzinhas,

Celina não quis que eu vos escrevesse ontem, mas não quero que recebais uma carta dela sem uma palavra da vossa pequena Teresita. Vejo que estou escrevendo como um verdadeiro gatinho, mas espero que não levareis a mal [1v] pois estou *extremamente* cansada; tudo gira ao meu redor. Amanhã, não estaremos mais na França. Estou pasma com tudo o que vejo, vimos muitas coisas bonitas em Paris, mas tudo isto não é a felicidade. Celina vai contar-vos, se ela quiser, as maravilhas de Paris, da minha parte, vou só dizer que penso em vós *com muita frequência*; as lindas coisas de Paris não cativam meu coração.

[2f] Sou um pouco como minha querida madrinha, tenho sempre medo de ser esmagada[1], a cada momento, sinto-me cercada pelos carros. Oh! Caríssimas irmãzinhas, todas as lindas coisas que vejo não me dão a felicidade. Só a terei quando eu estiver onde vós estais...

Fiquei muito feliz em Nossa Senhora das Vitórias², rezei muito para vós e para minha *Madre querida*.

Gostaria de escrever para minhas priminhas, mas fica [2v] para uma outra vez, pois vou ainda escrever para Leônia. Pobre Leônia, que será dela?... Peço-vos para dizer-lhes³ que penso muito nelas. Pedi *a graça* para Joana no Sagrado Coração de Montmartre. Penso que ela vai entender. Não vos esqueçais tampouco de meu *bom tio* e da minha querida tia. Adeus QUERIDA madrinha e minha *confidentezinha*⁴ QUERIDA, rezai pela vossa pequena Teresita.

Espero que pensareis que escrevi minha carta de noite e muito cansada, caso contrário, não ousaria mandá-la para vós. Abraçai por mim minha Madre querida.

C 31 A Para Maria Guérin.

10 de novembro de 1887

      Veneza, quinta-feira, dia 10 (Noite)

Minha querida Mariazinha,

Enfim, chegou o momento em que posso te escrever. Não iremos passear esta noite; preferi vir descansar um pouco perto de ti.

Peço-te que digas para minha Tiazinha *querida* que não pode imaginar *quanto* a sua carta me COMOVEU, [1v] gostaria de escrever-lhe para agradecer mas espero que desculpe sua filhinha e adivinhe o que meu coração gostaria de dizer-lhe; aliás, tenho pouco tempo, pois Celina não quer que eu continue acordada por muito tempo.

Não podes imaginar, irmãzinha querida, tudo o que vemos é verdadeiramente maravilhoso, nunca teria imaginado ver tantas coisas lindas; são tantas que preciso renunciar a descrevê-las para ti, o que farei bem melhor quando eu estiver no meu pequeno e querido Lisieux que nem todas as belezas da Itália me poderiam fazer esquecer.

Irmãzinha querida, como vais? Como estão todos? Bem, espero. Estás tão alegre como quando da nossa partida?

Oh! Maria, sabes que penso com frequência em vós todos. Nas belas igrejas que visitamos, não me esqueço de vós. Pensei em vós também diante das maravilhas da natureza, ao lado das montanhas da Suíça que atravessamos¹, reza-se tão bem, sente-se que Deus está aí!

Como me sentia pequena diante dessas montanhas gigantescas!

[2v] Esta região da Itália é muito bonita, usufruímos agora do seu belo céu azul. Esta tarde, temos visitado, de gôndola, os monumentos de Veneza, é encantador².

Acho muito engraçado ouvir falar perto de nós a língua da Itália, é muito bonita, muito harmoniosa. As pessoas do hotel me chamam de Signorella, mas não entendo nada além desta palavra que quer dizer senhorita.

Gostaria de escrever com muita frequência, mas é incrível como nossos dias estão repletos, só se pode escrever à noite, muito tarde. Tenho vergonha da minha carta, escrevi-a apressada e as ideias não têm sequência, [2v tv] vejo que nem comecei a dizer-te o que eu queria, tenho tantas coisas para te dizer, para te perguntar, se escutasse minha vontade, continuaria por muito tempo, mas Celina não me deixaria terminar, obrigou-me mesmo a despachar-me muito depressa.

Agradece a meu tio pela palavrinha que nos enviou, agradou a todos nós, abraça-o *bem* FORTE por mim. Não se esqueça da minha Joaninha, penso muito nela.

[2r tv] Adeus, irmãzinha querida, pensa de vez em quando em tua Teresita que pensa muitas vezes em Ti. (Sabes, não me esqueci do que fizeste por mim certo domingo.)

Tua Teresinha

Papai está bem, manda muitas lembranças a todos vós. P C. T.[3] Saúda por mim a Maria[4] e a Marcelina[5].

C 32   Para a senhora Guérin.

14 de novembro de 1887 – Segunda-feira, 14 Noite

Tiazinha querida,

Se soubésseis como vossa filhinha seria feliz se pudesse estar junto a vós para desejar-vos feliz festa[1], mas sendo que esta felicidade lhe é negada, ela quer, pelo menos, que uma palavrinha do seu coração parta do além dos mares[2] para substituí-la. Pobre palavrinha, que vai ser insuficiente [1v] para dizer à minha tia querida todo o afeto que sinto por ela!

Como ficamos felizes, esta manhã, ao recebermos vossas queridas cartas! Ó minha tia, se soubésseis como vos acho boa...

Recebemos todas as cartas do Carmelo, nenhuma se extraviou. Farei o que Paulina me recomenda na carta dela (Hotel de Milão), não sei como farei para falar com o Papa. Francamente, se Deus não se encarregar de tudo, não sei como farei. Mas tenho tanta confiança nele que não poderá [2f] abandonar-me, entrego tudo nas suas mãos.

Ainda não sabemos qual será o dia da audiência. Parece que para falar com todos, o Santo Padre passa diante dos fiéis mas não creio que pare; mesmo assim, estou muito resolvida a falar-lhe pois, antes de Paulina me escrever, pensava nisso, mas achava que se Deus quisesse que eu falasse com o Papa, ele me daria a conhecer...

Minha querida tia, gostaria de vos fazer ler em meu coração, aí veríeis muito melhor do que na minha carta tudo o que desejo para vós por ocasião da vossa festa. [2v] Estou longe, muito longe de vós, querida tiazinha, mas é incrível como esta noite sinto estar perto de vós, queria dizer-vos o quanto vos amo e o quanto penso em vós, mas há coisas que não se dizem, só podem ser adivinhadas...

Minha querida tiazinha, peço-vos para agradecer a minha querida Mariazinha pela sua encantadora e tão AFETUOSA cartinha, causou-me um prazer imenso. Agradeço também a minha Joaninha QUERIDA por ela pensar na sua irmãzinha.

Até à vista, minha querida tiazinha, peço-vos que abraceis por mim o meu querido tio, mando-vos, minha tia, os melhores votos que nunca vos mandei pois é [2v tv] quando estamos separados dos que amamos que sentimos todo o afeto que temos por eles.

Vossa filhinha
Teresa f.m.

C 31 B   Para Maria Guérin.

14 de novembro de 1887

[1r tv] Segunda-feira, dia 14. Irmãzinha querida, estás vendo a data da minha carta¹. Pensava que Celina a tinha enviado há muito tempo, pensava que tu a tinhas recebido!... Por certo, vais pensar que me esqueço de ti.

Oh! Minha irmãzinha, como tua carta me agraciou, encontrei nela a minha Mariazinha...

OBRIGADA!... Adeus... Mando-te esta *velha* carta, imagina que deveria ter sido mandada há quatro dias...

C 33   Para irmã Maria do Sagrado Coração.

14 de novembro de 1887

Minha madrinha querida,

Fizeste um verdadeiro juízo temerário ao pensar que leria a carta de Paulina antes da tua, foi exatamente o contrário que aconteceu...

Oh! Sim, Maria, tu disseste bastante nas palavrinhas desta tarde, meu coração entendeu tudo... Como estas palavrinhas me agradaram!

Quando leio as cartas que me mandaste, sinto alguma coisa de muito suave que se difunde no meu coração.

Papai está bem, está muito contente com as vossas cartas. Perguntei a uns monges se eu poderia obter relíquias de Santa Inês, isso é *impossível*¹.

Tua Teresita te ama de todo o coração.

C 34 — Para irmã Inês de Jesus.

14 de novembro de 1887

Paulina querida, não posso mesmo deixar de agradecer-te por tudo o que fazes por mim. Oh! Reza muito a Deus por mim! sendo que o Senhor Bispo não quer[1], falar com o Papa é o último meio de que disponho, mas é preciso que seja possível, é preciso que seja o Menino Jesus que prepare tudo para que sua bolinha[2] só tenha de rolar aonde ele quer. Se soubesses quanto o que me disseste na tua carta de Loreto me agradou e consolou! Oh! Paulina, continua a proteger-me. Estou tão longe de ti... Não posso dizer-te tudo o que penso! é impossível... O brinquedinho de Jesus.

Teresita.

C 35 — Para Maria Guérin.

Sábado, 19 de novembro de 1887

Minha querida Mariazinha

É amanhã, domingo, que falarei com o Papa; quando receberes minha carta a audiência terá acontecido. Acho que o correio não me manda as cartas com bastante rapidez, pois quando receberes minha carta, nada saberás do que vai acontecer. Não vou escrever para o Carmelo esta noite, mas amanhã direi o [1v] que o Papa me tiver dito.

Oh! Minha irmãzinha querida, se soubesses como meu coração bate forte quando penso no amanhã.

Se soubesses dos pensamentos todos que tenho esta noite, gostaria poder contá-los para ti, mas não, isso é-me impossível, vejo a pena de Celina que corre sobre o seu papel, a minha para, tem coisas demais para dizer.

Oh! Minha Mariazinha, não sei o que irás pensar da tua pobre Teresa, mas esta noite ela não pode, de forma alguma, narrar-te a viagem, vai deixar isso para Celina.

Espero que estejas bem, que continues a exercitar-te na bela música. [2f] Na Itália, ouve-se muito, sabes que é o país dos artistas, tu poderias julgar bem melhor do que eu o que é belo, pois eu não sou artista. Joana veria pinturas muito lindas; estás vendo, irmãzinha, que nada há para mim em Roma, tudo é para os artistas! Se, pelo menos, pudesse eu ter uma palavra do Papa, não pediria mais...

Hoje é dia da festa da minha querida tia, penso muito nela, espero que tenha recebido nossas cartas.

Irmãzinha querida, abraça bem forte, por mim, todos os que eu amo. Penso com muita frequência [2v] na minha querida Joaninha. Obrigada pela tua carta, não sabes do prazer que me causou, foi como um raio de alegria.

Até a vista, irmãzinha, reza por mim.

Tua Teresinha

C 36   Para irmã Inês de Jesus.

20 de novembro de 1887

Deus faz-me passar por muitas provações antes de me fazer ingressar no Carmelo. Vou contar-te como se passou a visita ao Papa. Oh! Paulina, se tivesses podido ler no meu coração terias visto uma grande confiança; creio ter feito o que Deus queria [1v] de mim, agora, só me resta rezar.

O Senhor bispo não estava aí[1], Mons. Révérony o substituía; para formares uma ideia da audiência, seria preciso que estivesses ali. O Papa estava sentado numa grande cadeira, muito alta. Mons. Révérony estava perto dele, olhava os romeiros que passavam diante do Papa depois de lhe terem beijado os pés, e dizia uma palavra a respeito de alguns. Pensas como meu coração batia forte ao ver chegar a minha vez, mas não queria voltar sem ter falado ao Papa. Disse o que me disseste em tua carta, mas não tudo, pois Mons. Révérony não me deixou tempo, disse logo: Santíssimo Padre, é [2f] uma criança que quer entrar para o Carmelo aos quinze anos, mas seus superiores cuidam disso no momento. (O bom Papa é tão velho, que parece morto, nunca o teria imaginado assim, quase não pode falar nada, é Mons. Révérony quem fala.) Teria gostado de explicar meu caso, mas não foi possível. O Santo Padre só me disse: "Se Deus quer, entrareis". E fizeram-me passar para outra sala[2]. Ó Paulina, não posso dizer-te o que senti, estava como aniquilada, sentia-me abandonada, e depois estou tão longe, tão longe... Choraria muito ao escrever esta carta, estou muito triste. Contudo, Deus não pode dar-me [2v] provações que estejam acima das minhas forças. Deu-me a coragem para suportar esta provação, oh! É muito grande... Mas Paulina, eu sou a Bolinha do Menino Jesus; se quiser quebrar o seu brinquedo, ele é livre, sim quero tudo o que ele quer.

Não escrevi o que eu teria desejado escrever, não consigo escrever estas coisas, precisava falar, e depois tu não vais ler minha carta antes de três dias, oh! Paulina, só tenho Deus, só ele, só...

Adeus, Paulina querida, não posso acrescentar nada, receio que papai venha e queira ler minha carta, e é impossível[3].

Reza para tua filhinha.

Teresita.

[2v tv] Gostaria de escrever para minha Madre querida, mas não posso esta noite. Pede-lhe que reze por sua pobre Teresita.

Abraça minha querida Maria por mim, escrevi esta carta para ela também, mas prefiro falar com uma só pessoa, espero que ela compreenda sua pequena Teresita. [2r tv] Não tenho tempo para reler minha carta, está certamente cheia de erros, desculpa-me.

C 37   Para Maria Guérin.

Florença[1], sexta-feira, 25 de novembro de 1887

Minha querida Mariazinha,

O tempo passa veloz, mais alguns dias e estaremos reunidas, espero que de hoje a oito dias já estaremos convosco.

Prometo-te que deixarei com prazer todas as maravilhas da Itália, tudo isto é muito bonito, mas não posso esquecer-me dos que deixei em Lisieux, há como um ímã que me [1v] atrai, portanto, volto com *muita* satisfação.

Tu não sabes da alegria que tua gentil carta me causou. Fiquei muito contente por me falares da festa da minha querida tia, estava, em espírito, junto de vós, naquele momento não havia mais distância entre Roma e Lisieux. Fizeste bem em me dizer qual foi o presente que minha tia te deu, pois nunca poderia eu ter adivinhado, que bonita surpresa!

Não te falo da minha visita ao Soberano Pontífice, creio que tiveste notícias pelo Carmelo. Fui muito provada, mas já que é a vontade de Deus...

[2f] Espero, minha irmãzinha querida, que vais continuar a rezar por mim, tenho muita confiança em tuas orações, parece-me que Deus não pode recusar-te coisa alguma.

Reclamavas de que tua carta estava mal escrita. Francamente, se és tão exigente, não mais me atreverei a te mandar as minhas que são verdadeiros rabiscos. Penso com muita frequência em ti, e em todos vós, tão amiúde que sonho convosco de noite, gostaria de estar já perto de vós.

Há muito tempo que não temos notícias do Carmelo, receio que as cartas se tenham extraviado.

Ontem, fomos a Assis. [2v] Ao voltar de uma igreja, vi-me sozinha e sem carruagem, só havia a do Mons. Révérony. Fez-me subir com ele; ele foi muito amável, ele não quis que eu pagasse meu lugar[2]. Ele não me falou dos meus assuntos, não sei o que ele pensa a respeito da audiência.

Vejo que exagero escrevendo muitos *ele*, minha carta está redigida de forma estranha.

Agradece muito minha tia pela carta, comoveu-me tanto que não poderia descrevê-lo. Abraça por mim todos os que amo.

Adeus, irmãzinha querida,
até breve, até à vista
Teresa.

C 38 B   Para dom Hugonin[1].

3-8 (?) de dezembro de 1887

        Excelência,

Venho pedir a Vossa Excelência que se digne dar-me a resposta que desejo há tanto tempo.

Excelência, tudo espero da vossa paternal bondade; sim, creio que é por meio de vós que Jesus vai querer realizar a sua promessa.

Sr. Bispo! diz-se que as provações são sinais de vocação; sim, de fato, sabeis que Deus não me privou delas, mas sentia que sofria por Jesus, e em nenhum momento deixei de ter esperança. O Menino Jesus fez-me sentir tão bem que ele me queria para o Natal, que não posso resistir à graça que ele me concede. É verdade que sou muito nova; mas, Excelência, Deus me chama e papai está de acordo.

Espero que Mons. Révérony tenha falado de mim para Vossa Excelência; assim mo prometeu durante a viagem a Roma. Nunca me esquecerei da sua bondade para comigo.

Oh, Excelência! O Natal está chegando, mas aguardo a vossa resposta com grande confiança. Nunca me esquecerei que é a Vossa Excelência que ficarei devendo o cumprimento da vontade de Deus.

Dignai-vos abençoar vossa filha, Excelência.

Sou de Vossa Excelência Reverendíssima a menor e mais grata filha,

                              Teresa Martin

C 39   Para o padre Révérony.

Lisieux, 16 de dezembro de 1887

        Revmo. Senhor vigário geral,

Acabo de escrever ao Senhor Bispo, Papai e meu Tio me autorizaram. Aguardo sempre confiante o "sim" do Menino Jesus. Senhor padre, só faltam oito dias para o Natal! Porém, mais o tempo se aproxima, mais espero, talvez seja temeridade, no entanto parece-me que é Jesus que fala em mim

[v] Todas as distrações da Viagem a Roma não conseguiram por um só momento expulsar da minha mente o desejo ardente de unir-me a Jesus. Ah! Por que chamar-me com tanta força se é para me fazer enlanguescer longe dele?

Senhor padre, espero que tenha defendido minha causa junto a Sua Excelência segundo me prometestes. Se Jesus consolou-me das minhas provações foi por vosso intermédio, e se entrar no Carmelo no Natal, sei que será a vós que o deverei. Mas eu não sou ingrata e lembrar-me-ei disto a vida toda.

Peço-vos, humildemente, Senhor Vigário Geral, de abençoar

Vossa mui respeitosa e grata
Servazinha
Teresa Martin

C 40   Para dom Hugonin.

Início de janeiro de 1888

Excelência,

Demorei muito para agradecer a Vossa Excelência pelo lindo presente que vos dignastes mandar-me[1]. Todas as belezas deste mundo não me teriam agradado tanto. O Menino Jesus não me enganou! Disse-me "sim" em seu berço.

Excelência, não creio que[2]

C 41   Para o cônego Delatroëtte[1].

13-30 de janeiro de 1888

Senhor pároco,

Agradeço-vos pela linda estampa que vos dignastes mandar-me pela irmã Inês, guardá-la-ei preciosamente como uma primeira lembrança que me será sempre cara.

Dignai-vos, senhor pároco, abençoar de longe a menor das vossas filhas; trabalha atualmente no preparo da sua alma para a vida do Carmelo. Sei que é uma graça muito grande a de ser chamada tão jovem, mas não serei ingrata e [v] Deus me dará, espero, o meio de ser-lhe fiel como o desejo de todo o meu coração.

Peço-vos, humildemente, senhor pároco, que não vos esqueçais em vossas orações de

Vossa filhinha
Teresa

(P.S.) Eis uma palavrinha de Mons. Révérony que pedi a Celina para vos entregar.

C 42   Para irmã Maria do Sagrado Coração.

Terça-feira, 21 de fevereiro de 1888

        Minha querida madrinha,

Não me esqueço de que amanhã é teu aniversário. Há muito tempo que penso nele. Ficaria muito feliz se pudesse ver-te para comemorar teus vinte e oito anos, mas como estamos na quaresma, é preciso fazer alguns sacrifícios[1].

Minha querida Mariazinha, na Quarta-feira de Cinzas, papai deu-me um presente; ainda que te desse cem ou mil dicas [1v], creio que não adivinharias. Imagina, minha querida Maria, no fundo do grande saco de papai, um cordeirinho lindo, com pêlo encaracolado. Ao entregar-mo, esse bom paizinho disse que desejava, antes do meu ingresso no Carmelo, que eu tivesse o prazer de ter um cordeirinho. Todos estávamos felizes e Celina encantada por termos um cordeirinho de um dia. O que mais me comoveu foi a bondade de papai ao dar-mo; e depois, um cordeiro é coisa tão simbólica, lembrava-me Paulina...

Até agora, está tudo bem, maravilhoso, mas é preciso esperar o final. Já fazíamos muitos planos para o cordeirinho, esperávamos vê-lo saltar perto de nós, depois de dois ou três dias, mas ai! o lindo bichinho morreu de tarde, sentiu frio demais no carro em que nasceu; coitadinho, apenas nasceu, sofreu e morreu.

O cordeirinho era tão meigo, tinha ar tão inocente que Celina desenhou o seu retrato numa telinha, em seguida papai abriu uma cova onde colocamos o cordeirinho que parecia estar dormindo; eu não quis que fosse coberto de terra, jogamos neve em cima e depois tudo acabou...

[2v] Não sabes, minha querida Madrinha, quanto a morte deste animalzinho levou-me a refletir, oh! Sim, na terra não devemos nos apegar a nada, mesmo às mais inocentes das coisas, pois faltam-nos no momento mais imprevisto. Só o eterno pode contentar-nos. Minha querida Maria, vejo que só te falei do cordeirinho, e agora Leônia[2] quer que lhe deixe um espaço na folha. Portanto, adeus, minha querida Madrinha, tua filhinha te ama muito mais do que podes imaginar.

                                Teresita

[2r tv] Amanhã, oferecerei minha comunhão pela minha querida Madrinha... Beija por mim a Minha Querida Madre e Paulina, diz-lhe que estou bem.

Rezei muito pelo senhor de Virville[3].

C 43 B   Para irmã Inês de Jesus[1].

18 (?) de março de 1888

Minha querida Paulina

Queria escrever-te logo a fim de agradecer-te a carta, mas não me foi possível, tive de esperar até hoje.

Ó Paulina, é bem verdade que a gota de fel deve misturar-se em todos os cálices, mas acho que as provações muito ajudam a desapegar-nos da terra; elas obrigam-nos [1v] a olhar acima deste mundo. Cá na terra, nada pode satisfazer-nos, só se pode saborear um pouco de repouso quando nos dispomos a cumprir a vontade de Deus.

O meu barquinho custa muito para chegar ao porto, há muito vislumbro a margem e sempre me encontro longe dela; mas é Jesus quem guia meu naviozinho e tenho certeza que, no dia que lhe aprouver, ele o fará acostar feliz no cais do porto. Ó Paulina, quando Jesus me tiver posto na praia abençoada do Carmelo, quero entregar-me inteiramente a ele, não quero viver senão para ele. Oh não, eu [2f] não recearei seus golpes, pois mesmo nos mais amargos sofrimentos sente-se que é sua suave mão que bate, senti-a muito bem em Roma no momento em que teria acreditado que a terra ia me faltar debaixo dos meus pés.

Quando eu estiver no Carmelo, desejarei uma só coisa, sofrer sempre por Jesus. A vida passa tão depressa que, francamente, é melhor possuir uma belíssima coroa com um pouco de sofrimento do que ter uma ordinária sem sofrimento. Quando penso que por um sofrimento suportado com alegria amaremos mais a [2v] Deus por toda a eternidade! Além do mais, sofrendo, pode-se salvar almas. Ah! Paulina, se no momento da minha morte eu pudesse ter uma alma para oferecer a Jesus, como ficaria feliz! Haveria uma alma arrancada do fogo do inferno e que bendiria a Deus por toda a eternidade.

Irmãzinha querida, vejo que não te falei ainda da tua carta que, porém, me causou grande alegria. Ó Paulina, estou muito feliz por Deus me ter dado uma irmã como tu, espero que rezará pela tua pobre filhinha a fim de que corresponda às graças que Jesus quer lhe dar; ela precisa muito da tua ajuda, pois é MUITO POUCO o que ela *gostaria de ser*.

[2v tv] Diz à minha querida Madrinha que penso muito nela, gostaríamos de saber quando é que fará sua profissão no interior[2]...

Celina te manda um grande abraço, esta pobre irmãzinha está com dor num pé, creio que não vai poder participar das Vésperas. Na casa do meu tio, quase todos estão doentes; francamente, a vida não é alegre, é muito difícil apegar-se a ela.

Até à vista, querida Paulina, minha *Confidente*. Até segunda-feira da Páscoa[3], mas sobretudo até 9 de abril[4]... Abraça por mim minha Madre QUERIDA[5].

C 44   Para dom Hugonin.

27 de março de 1888

                      Excelência,

Permito-me vir reclamar uma bênção às vésperas do meu ingresso no Carmelo. Não me esqueço de que sou a filhinha de Vossa Excelência[1] e sei o que devo a vossa bondade paterna. Agora, vossa pequena[2].

C 45   Para irmã Inês de Jesus.

Terça-feira, 27 de março de 1888

               Minha irmãzinha querida,

Acabo de copiar ao Sr. Bispo a carta que tu escreveste para mim[1], agradeço-te muito. Oh! Como é bela a tua estampa, é uma maravilha.

Mando-te logo esta palavrinha para saber se queres que eu diga na casa do meu tio que tu fizeste uma estampa e que eu escrevi. Se mais tarde chegarem a saber, não ficarão contentes[2], mas prefiro perguntar. Dir-lhes-ei também que é para o dia 9. Sendo que [1v] iremos Quinta-feira à casa do meu tio, gostaria que pusesses uma palavrinha na roda[3] que papai pegará amanhã cedo.

Oh! Sim, Paulina, quero ser sempre o GRÃOZINHO de areia[4]... como tua carta me fez bem! se soubesses como ela foi até ao fundo do meu coração.

Queria dizer-te muitas coisas a respeito do grãozinho de areia, mas não tenho tempo... (Quero ser uma santa...)

Vi no outro dia palavras que me agradam muito, não me lembro que santo as disse; eram: "Eu não sou perfeito, [2f] mas *quero* sê-lo[5]".

Quantas palavras sem nexo! perdoa-me, irmãzinha querida, estou com muita pressa.

Até ao dia 9 de abril!

                                                           Teresita

TERCEIRO PERÍODO

O POSTULANTADO

(9 de Abril de 1888 / 10 de Janeiro de 1889)

C 46   Para o senhor Martin.

J.M.J.T.[1]   Domingo, 29 de abril de 1888.

Paizinho querido,

Como és bom para tua Rainhazinha[2], não se passa quase nenhum dia sem que ela receba algum presente do seu Rei.

Obrigada por tudo, meu bom paizinho. Se soubesses o quanto a orfãzinha de Bérésina [1v] te ama! Mas isso só o saberás no céu. Aí é que veremos belas *Estátuas* sobre belas *Cornijas*, enquanto poderemos entrar de fato em *Êxtases*[3], e depois que guia nos fará visitar as maravilhas do céu!... Penso que muitos santos terão em seu *nimbo* uma cruz *bizantina*. Só não veremos *sarcófagos*, pois no céu não haverá mais túmulos.

Meu Paizinho querido, vejo a hora passar, é preciso [2f] deixar-te, mas antes eu te abraço de longe e de todo o meu coração.

A Perolazinha fina te abraça também, oh! Papai, se soubesses como *é preciosa* a tua Pérola fina...

O Diamante brilhante, a Boêmia, abraça-te também de todo o coração.

Adeus e obrigada meu Paizinho,

a tua Rainhazinha que foi enfim tirada de debaixo do carro[4].

Teresa do Menino Jesus.

C 47   Para Celina.

Em 8 de maio de 1888.

Mando-te, Minha Celininha, duas toalhinhas para coser à máquina. Sei que estás muito atarefada, mas não vais recusar este serviço à tua Teresinha. Creio que dois pontos dariam certo, há uma cuja bainha é pequena demais, queira afastar o segundo ponto. Gostaria de tê-las amanhã depois do jantar, o mais tardar, pois é Quinta-feira da Ascensão.

Faz quatro anos hoje que fiz minha Primeira Comunhão, pensa bem!... Quantas graças Deus me deu desde então!

Celina querida, há horas em que pergunto para mim mesma se é verdade que estou no Carmelo, há momento em que não consigo acreditar. Ai! que fiz eu a Deus para ele me encher de tantas graças?

[v] Faz um mês amanhã que estou longe de ti, mas parece-me que não estamos separadas, não importa o lugar onde estamos... mesmo que o oceano nos separe, permaneceremos unidas, pois nossos desejos são os mesmos e nossos corações batem juntos... Tenho certeza que me compreendes. (Que importa, afinal, que a vida seja risonha ou triste, não deixaremos de chegar ao término da nossa

viagem na terra.) Um dia de carmelita passado sem sofrimento é um dia perdido[1]; é a mesma coisa para ti, pois és carmelita de coração.

Beija Leônia por mim.

Tua pequena Teresa do Menino Jesus.

C 48 Para o senhor Martin.

Em 8 de maio de 1888

Paizinho querido,

As tuas lindas velinhas me agradaram tanto que não posso deixar de te escrever uma palavra a fim de te agradecer.

O carteiro de Jesus[1] é muito bom por dar assim à sua Rainhazinha o meio de fazer *bonitas* iluminações[2].

[1v] A Rainha pensa constantemente no seu Rei, aliás o carteiro do Bom Jesus vem trazer suas mensagens com tanta frequência que não seria possível esquecê-lo.

Meu Paizinho querido, francamente, creio que vais arruinar-te, mas vou assustar-te dizendo que não me importo muito com isso. É que tens tantos meios que não te verás embaraçado... até a fome não te amedrontaria. Lembras-te quando me dizias: "Comeremos disso ou daquilo se vier a fome"; ou ainda: "Faremos isso quando formos arruinados." Com tais disposições, não há perigos que nos possam amedrontar.

Obrigada pelo peixe, meu Paizinho querido. Obrigada, obrigada, nos dás tantas coisas que me vejo forçada a te agradecer por tudo, em geral, embora cada coisa causa um prazer peculiar.

Adeus, meu Rei querido. Teu Diamante e tua Pérola agradecem-te muito assim como tua Rainha também

Teresa do Menino Jesus

C 49 Para irmã Maria do Sagrado Coração.

12-20 de maio de 1888

A Solitária do Coração de Jesus causou um prazer muito suave a sua filhinha, leu no seu coração!... Portanto, Jesus fala quando se está em retiro?... Estou de tal maneira impregnada do perfume da sua palavrinha e pela maneira tão encantadora como me foi apresentada[1] que não pude deixar de responder esta mesma noite, logo a campainha vai tocar, está to[2]

Interrompi minha palavrinha bem no momento em que queria dizer muito...

A vida é cheia de sacrifícios, é verdade! mas quanta felicidade! não é melhor que a nossa vida que é uma noite passada num mau albergue[3] se passe num hotel *totalmente* ruim do que num outro que o seria só pela metade...

Se *soubésseis* quanto VOS AMO. Quando vos encontro,[v] parece-me que sois um anjo... Vós que sois uma ÁGUIA chamada a planar nas alturas e a fixar o sol, rezai pelo caniço[4] tão frágil que está no fundo do vale, o mínimo sopro o faz vergar. Ó rezai por ele no dia da vossa profissão!

Pedi para vossa filhinha permanecer sempre um grãozinho de areia muito obscuro, muito escondido a todos os olhares, que só Jesus possa vê-lo; que passe a ser cada vez mais pequenino, que seja reduzido ao *nada*...

Perdoai-me todas as penas que vos causei, se soubésseis quanto me arrependo por ter-vos dito que me chamáveis demasiadas vezes[5]...

Oh! Depois da vossa profissão, nunca mais vos causarei desgosto... Adeus!... Perdoai-me...

Rezai pela vossa, VOSSA filhinha.

Fiz secar cuidadosamente vossa violetazinha.

C 50   Para Maria Guérin.

13 de maio de 1888   Domingo, maio de 1888.

Minha irmãzinha querida,

Se tu tens o mal de Pott[1] na ponta da língua, certamente não o tens no espírito nem na ponta dos dedos. Que carta encantadora!...

Se quiseste fazer-me rir, não perdeste teu tempo, traquinazinha. [1v] Bobinha, eis que tens dor no pé, é muito extraordinário, pois teus pés são tão pequenos que realmente não há lugar para isso.

Felizmente Pentecostes está chegando, o Espírito Santo consertará certamente um grave esquecimento que teve no dia da tua Crisma. Deu-te todos os seus dons, mas, infelizmente, esqueceu um que te seria de muita utilidade. Estás adivinhando qual deles?...

Vou rezar tanto para ele [2f] durante meu retiro[2] que no dia de Pentecostes estarás forte como um pequeno Sansãozinho. Se ainda estiveres com dor no pé, cuidado com tua *Lulu*[3].

Esta noite, sonhei muito COM Joana; desde que estou no Carmelo, é incrível a frequência com que tenho sonhado com ela. Abraça-a bem forte pela sua Teresinha.

Que tempo bonito! o sol está radioso, brilha mais que aquele que estava desenhado na tua carta; pois aquele nem iluminava a terra, e se hoje acontecesse o mesmo, ver-me-ia forçada a servir-me da tua [2v] lâmpada[4].

Agradou-me muito ter a palavra lâmpada para colocar naquela página; caso contrário teria sido obrigada a fazer uma indelicadeza contigo virando a página para dizer-te adeus.

Até breve, assim o espero, minha Irmã querida, abraça por mim meu bom tio, diz-lhe que não nos esqueceremos da sua recomendação. Mil beijos à minha tia querida.

(E preciso que tua força não esteja nos teus cabelos[5], mas no teu pé.)

Traquinazinha querida, abraço-te com todo o meu coração.

Tua Irmãzinha,
Teresa do Menino Jesus
p.c.in.[6]

[2v tv] Nossa irmã mais velha[7] está em retiro para profissão; está com seu grande véu branco abaixado, parece um anjo. Vai rezar, sim, por sua Mariazinha.

C 51 Para o senhor Martin.

17 de maio (?) de 1888

J.M.J.T.

Meu rei querido,

Eu sei que o Diamante te escreveu uma palavrinha, eis por que não vou me alongar, pois tua pobre Rainha ficaria eclipsada pelo esplendor do Diamante... Só preciso repetir que te amo, como se tu não o soubesses ainda e, aliás, como uma Rainha não amaria seu Rei [v], um Rei como tu, tão santo, tão bom, sim és certamente tão santo como o próprio São Luís...

Obrigada, meu paizinho querido, por tudo o que me deste, a bonita pá[1] etc... etc.... e tudo mais...

Lembras-te, papai, quando em Gênova corríamos atrás do Senhor Benoit[2] e dos outros, ah! Como era divertido! A lembrança desta linda viagem feita com meu paizinho querido permanecerá em mim, para sempre.

Abraço-te, meu Rei querido.

Tua Rainha de França e de Navarra

Teresa do Menino Jesus
p. c. ind.

C 52   Para o senhor Martin.

Maio-junho (?) de 1888

J.M.J.T.

O carteiro do Menino Jesus é muito bom, mando-lhe toda a minha ternura e meus beijos. Tomarei com satisfação o vinho que me dá[1], pensando que vem da adega do Menino Jesus.

Meu Paizinho querido, és tu o carteiro de Jesus [1v], sei muito bem. Oh! Obrigada... como és bom para mim!

Sim, sempre serei tua Rainhazinha e procurarei dar-te glória tornando-me uma grande santa.

Teresa do Menino Jesus, o Diamante brilhante e a pequena Pérola *muito* fina te abraçam ternamente.

Acabam neste instante de mostrar-me passarinhos[2]. Oh, meu Paizinho querido, como és bom! São três passarinhos: um para o Diamante, um para a Pérola fina e um para [2f] a Rainhazinha de Papai, ela procurará fazer o possível para assemelhar-se com seu Rei.

C 53   Para Celina.

17 de junho de 1888

J.M.J.T.

Domingo, junho de 1888.

Minha querida Celina,

Far-me-ias um grande favor se me mandasses o MAIS CEDO possível a fazenda que compraste para fazer um avental. Precisaria também do cinto escocês que tu tinhas para te fantasiar. Manda-me também todas as fitas brancas *limpas* que tens, há uma que eu pus em volta da cabeça no dia da minha primeira comunhão; podes também pegar a do boné[1]... Tudo isto é para representar Santa Inês[2]...

Irmãzinha querida, como Deus é bom para ti! Se pudesses ver que graça recebeste sexta-feira[3], creio realmente que é a graça que tu esperavas. Sabes, me dizias: mas eu não recebi graça decisiva[4]. Estou convencida que é esta a graça. Agora, deves ser toda de Jesus; mais do que nunca, ele é todo teu, já passou no teu dedo a aliança misteriosa do noivado[5], Ele quer ser o único senhor da tua alma.

Irmã querida, somos verdadeiramente IRMÃS em toda a *força* do termo! Adeus; de longe, meu coração lê no teu coração.

Teresa do Menino Jesus.
p.c.ind.

[tv] Abraça por mim meu Rei incomparável.

C 54   Para irmã Inês de Jesus.

4 (?) de julho de 1888

J.M.J.T.

O balido do Cordeiro querido de Jesus ressoou como suave música aos ouvidos do Cordeirinho![1]... Onde é que o Cordeiro aprendeu a melodia de Cecília?[2]

A Eternidade, oh! O Cordeirinho está mergulhado nela; tenta, seguindo o Cordeiro, avançar saltitando, mas precisa que o caminho lhe seja aberto pela música do meigo Cordeiro.

Apesar da sua pequenez, o grão de areia *quer* preparar-se belas Eternidades, ele quer também prepará-las para as almas dos pecadores, mas, ai! ainda [v] não é bastante pequeno nem bastante leve.

Para o Cordeiro e o Cordeirinho é preciso a palma de Inês, se não for pelo sangue, tem de ser pelo amor... Eis o sonho do grão de areia!...

Só Jesus! Só Ele! O grão de areia é tão pequenino que se quisesse colocar mais um no seu coração não sobraria já lugar para Jesus...

Que o Cordeiro branco reze para o grão de areia obscuro, a fim de que, na eternidade, se torne brilhante e luminoso.

O caniçozinho[3] de Jesus.

C 55   Para irmã Inês de Jesus.

5-9 de julho de 1888

Agradeço ao Cordeiro querido por ter feito o Cordeirinho ouvir novamente a música do céu. A suave aragem agitou levemente o caniçozinho...

Passava das 9 horas quando o caniço viu o papelzinho querido[1], ela não tinha nenhuma luz da terra[2], mas seu coração, mais do que os seus olhos, soube decifrar a música de Santa Cecília; ele não perdeu uma só palavra!...

Sim, desejo estas angústias do coração, estas alfinetadas de que fala o cordeiro; que importa ao caniçozinho dobrar-se, ele não receia quebrar-se, pois foi plantado à beira das águas; em [v] vez de tocar na terra, quando ele se dobra, só encontra uma onda benfazeja que o fortifica e lhe faz desejar que sobrevenha uma outra tempestade e passe por sobre sua frágil cabeça. É a sua própria fraqueza que lhe dá confiança, é impossível quebrar-se pois, aconteça o que acontecer, ele não vê senão a suave mão do seu Jesus... Em certas ocasiões, os ventos fracos são mais insuportáveis ao caniço do que as grandes tempestades, pois então ele vai retemperar-se no regato querido, mas os ventos fracos não o fazem dobrar-se suficientemente até o fundo, são as tais picadelas de alfinete...

Nunca há sofrimento quando se trata de conquistar a palma[3]...

C 56   Para irmã Inês de Jesus.

11 de julho de 1888

Que prazer o de rever amanhã o meigo rosto do Cordeiro[1], mas o Cordeirinho suplica ao Cordeiro para não dar ainda o salto para o céu. Se o seu lugar já está pronto, que pense no pobre Cordeirinho, que aguarde um pouco que o Cordeirinho possa saltar também, então ambos irão para a pátria. O coração deles, que na terra nunca se saciou, irá dessendentar-se na própria fonte do amor. Oh, doce festim. Que felicidade a de ver a Deus[2]; de ser julgada por aquele [v] que tivermos amado acima de todas as coisas[3]. Sonhei que o Cordeiro voaria em breve para sua pátria, mas espero que ficará ainda mais um pouco no exílio a fim de guiar o pobre Cordeirinho.

C 57   Para Celina.

J.M.J.T.

Só Jesus †   Segunda-feira, 23 de julho de 1888

Irmã querida,

Tua Teresa compreendeu toda a tua alma, leu ainda mais do que escreveste. Compreendi a tristeza do Domingo, senti tudo... Ao ler, parecia-me que a mesma alma nos animava, há entre nossas almas alguma coisa tão sensível, que se parece tanto. Estivemos sempre juntas; nossas alegrias, nossas penas, tudo esteve em comum. Ah! Sinto que isto continua no Carmelo, nunca, não, nunca ficaremos separadas. Sabes, só o lírio amarelo[1] poderia ter-nos afastado um pouco, digo-te porque tenho certeza que um lírio branco será sempre a tua parte, sendo que o escolheste e que ele te escolheu primeiro... Entendes de lírios...

[v] Perguntava a mim mesma, algumas vezes, por que Jesus me tomou primeiro; agora entendi... Sabes, tua alma é um *lírio-perpétua*[2], Jesus pode fazer dele tudo o que quiser, pouco importa que esteja num lugar ou no outro, sempre será perpétua; a tempestade não pode fazer cair o amarelo dos estames sobre

o branco cálice perfumado, foi Jesus quem o fez assim, é livre e ninguém tem direito de perguntar-lhe por que dá sua graça a uma determinada alma em vez de outra[3]. Ao lado deste Lírio, Jesus colocou outro, companheiro fiel[4], cresceram juntos, mas um era perpétua, o outro não o era, foi preciso Jesus tomar seu lírio antes que a flor se abrisse a fim de que os dois fossem para ele... Um era fraco e o outro, forte. Jesus tomou o fraco e deixou o outro para que se revestisse de novo brilho... Jesus pede TUDO a seus dois lírios, só quer deixar-lhes a sua túnica branca, TUDO, a perpétua entendeu a sua irmãzinha?...

[2f] Frequentemente, a vida pesa, quanta amargura... mas quanta doçura! Sim, a vida custa, é penoso iniciar um dia de trabalho, o fraco botão o experimentou tanto como o belo lírio; se pelo menos Jesus fosse sentido, oh! Faríamos tudo por ele, mas não, parece ficar a mil léguas, ficamos sós conosco mesmas, oh! Enfadonha companhia quando Jesus não está perto. Mas o que faz este suave amigo, não se dá conta da nossa angústia, do peso que nos oprime? Onde está ele? Por que não vem consolar-nos, sendo que só temos a ele por amigo? Ai! Ele não está longe, está bem perto, olha para nós, *a mendigar-nos* esta tristeza, esta agonia. Ele *precisa* dela para as almas, para a nossa alma. Ele quer dar-nos uma recompensa tão bela, suas ambições para conosco são tão grandes. Mas como dirá ele: "A minha vez"[5] se a nossa não chegou, se nós não lhe demos nada? Ai!

1Cor 13,12

custa-lhe dar-nos de beber tristezas [2v], mas ele sabe que é o único meio de nos preparar para "conhecê-lo como *ele se conhece* e a nos tornarmos *nós mesmas, Deuses*". Oh, que destino! Como é grande a nossa alma...

Elevemo-nos acima do transitório, mantenhamo-nos distantes da terra, mais alto, o ar é puro, Jesus se esconde, mas o adivinhamos; ao verter lágrimas, enxugamos as suas e a Santíssima Virgem sorri, pobre Mãe, ela sofreu tanto por nossa causa, é justo que a consolemos um pouco chorando e sofrendo com ela...

Mt 10,34

Li esta manhã uma passagem do Evangelho onde se diz: "Não vim trazer a paz, mas a guerra", só nos resta combater; quando nos falta força, então Jesus combate por nós... Coloquemos juntas o machado à raiz da árvore[6]...

Pobre rascunho de Teresa, que carta, que confusão... Oh, se eu tivesse conseguido dizer tudo o que penso, Celina teria muito que ler...

Jesus é bom por nos ter feito encontrar uma madre como a que temos[7]. Que tesouro, Irmãzinha, se a tivesses visto esta manhã, às 6 horas[8] trazer-me tua carta, fiquei emocionada...

Jesus pede-te TUDO, TUDO, TUDO, tanto quanto pode pedir aos maiores santos.

Tua pobre Irmãzinha
Teresa do Menino Jesus
p.c.ind.

C 58   Para o senhor Martin.

J.M.J.T.

Em 31 de julho de 1888. Carmelo

Meu rei querido,

Se soubesses como tua carpa, teu *monstro* nos agradou! O jantar atrasou meia hora, foi Maria do Sagrado Coração quem fez o molho, estava delicioso, cheirava a cozinha do mundo. Estava melhor ainda que a suntuosa cozinha da Itália, o que não é pouco, pois que banquetes... e que companhia, lembras-te, meu paizinho? [1v]... Mas nem sempre é isto que abre o apetite: pelo menos no meu caso, pois nunca comi tanto como desde que estou no Carmelo. Sinto que estou totalmente no meu ambiente; se a Senhorita Paulina[1] estivesse aí, diria que: "encontrei o meu caminho".

Teu Diamante não pode te escrever pois está em grande faxina, mas isto não a impede de pensar em ti, meu Paizinho querido. Ela te abraça com todo o coração, sabes que o coração da tua grande não é pequeno.

Penso em tudo o que nos dizias frequentemente: Vaidade das vaidades, tudo é vaidade[2], vaidade da vida que passa etc. Mais vivo, mais, acho que é verdade que tudo é vaidade na face da terra.

Ecl 1,2

[2f] Quando penso em ti, paizinho querido, penso naturalmente em Deus, pois parece-me impossível haver alguém mais santo que tu sobre a terra.

Quanto mais vivo, paizinho querido, mais te amo, não sei como isto acontece, mas é a verdade, pergunto a mim mesma como será isso no final [2v] da minha vida.

Estou muito satisfeita com meu título de Rainha da França e de Navarra, espero merecê-lo sempre. Jesus, o Rei do Céu, ao me chamar, não me tirou meu santo Rei da terra. Oh, não! Sempre, se meu paizinho querido o quiser e não me considera indigna demais, permanecerei: A Rainha de Papai.

A Pérola fina te abraça *bem forte*.

Adeus e até breve meu Rei querido.

Tua Rainhazinha,
Teresa do Menino Jesus
p.e.ind.

C 59   **Para o senhor Guérin.**

J.M.J.T.

† Jesus   No Carmelo, 22 de agosto de 1888

Meu querido tio,

Acabamos de receber uma carta da minha tia em que nos conta todos os vossos dissabores. Embora longe de vós, vossa sobrinhazinha participa das vossas tristezas, gostaria de estar perto do seu bom tio a fim de consolá-lo, mas ai! o que poderia ela fazer?... Não é melhor que ela esteja no Carmelo, aí, pelo menos, pode rezar tanto quanto quiser para o único que pode dar o consolo, [1v] e derramá-lo com abundância no coração do seu caro tio.

O estado desse bom senhor Davi[1] entristece-nos muito, compreendo, caro tio, como deveis sofrer, pois nada há de mais penoso do que ver sofrer os que amamos. Todavia, agradeço a Deus de todo o meu coração a grande graça que ele se dignou conceder a essa alma tão bela. Que disposição para comparecer diante dele; é verdadeiramente admirável. Tudo o que nossa querida tia nos disse como-veu-me profundamente.

Era impossível, meu tio, que Deus não vos concedesse este consolo, depois de tudo o que fizestes [2f] pela sua glória. Ah! Como a coroa que vos está reservada me parece bonita. Não poderia ser diferente, sendo que a vossa vida toda não é senão uma cruz perpétua e que Deus só age assim com os grandes santos.

Que felicidade pensar que no céu estaremos reunidos para não mais nos separarmos, sem esta esperança, a vida não seria suportável...

Meu caro tio, não sei o que ireis pensar da vossa pobre sobrinha, ela deixa a pena correr sem tomar consciência do que diz, se seu coração pudesse escrever, DIRIA muitas outras coisas, mas ele é forçado a confiar nesta pena fria [2v] que não sabe exprimir o que ele sente. Confio-me ao meu bom Anjo, penso que um mensageiro celeste vai se ocupar do meu recado, envio-o junto do meu caro tio, para derramar o consolo no seu coração, tanto quanto pode a nossa alma conter neste vale de exílio...

Adeus, meu bom tio.

Peço-vos para me recomendar junto à senhora Fournet, participo da sua pena; para vós, meu tio, envio tudo o que meu coração contém de ternura e continuarei a rezar sem cessar pelo bom Senhor Davi.

Vossa sobrinhazinha que gostaria poder diminuir um pouco vosso desgosto.

                                                     Teresa do Menino Jesus
                                                                 p.c.ind.

C 60   Para a senhora Guérin.

J.M.J.T.

Jesus †   Carmelo, 23 de agosto de 1888. 6 h. M.

Minha querida tia,

Soubemos ontem à noite da morte do bom senhor Davi, se bem que a cada momento aguardássemos a triste notícia, perante a realidade, fiquei muito comovida, rezo a fim de que Deus, leve para o seu paraíso essa alma tão santa. Talvez já esteja lá, pois com tão perfeitas disposições pode-se ir direto para o céu.

[1v] Peço a Deus, cara tia, que derrame a consolação na vossa alma, já foi muito bom atendendo a todas as orações que fizestes para a alma do vosso caro parente, se do fundo da sua solidão, a vossa filhinha pudesse esperar ter tido uma pequena participação, ela ficaria muito feliz.

Acho, minha querida tia, que nestes momentos de grande tristeza, precisamos olhar para o céu, em vez de chorar, todos estão alegres, pois Nosso Senhor possui um eleito a mais, um novo sol[1] ilumina com os seus raios os anjos do céu, todos estão no arrebatamento do êxtase divino, espantam-se que nós chamemos morte [2f] ao início da vida. Para eles, nós estamos num túmulo estreito, e a sua alma pode transportar-se até ao extremo das praias etéreas, de horizontes infinitos[2]... Minha tia querida, quando se contempla a morte do justo não se pode deixar de invejar sua sorte. O tempo do exílio não existe mais para ele, só há Deus, mais nada além de Deus.

Oh, minha tia! Quantas coisas vossa filhinha teria para dizer-vos, seu coração transborda; esta manhã está totalmente absorvida no imenso, a melancolia da morte dos santos, mas falta-me tempo para terminar meu pequeno rascunho, é preciso parar, pois a campainha acaba de avisar-me que está na hora de terminar. Ofereço este sacrifício a Jesus a fim de que sua doce mãozinha se digne consolar-vos.

Vossa filhinha que está de coração junto a vós assim como junto das suas queridas irmãzinhas[3].

Teresa do Menino Jesus
p.c.ind.

C 61   Para o senhor Martin.

J.M.J.T.

Jesus † Carmelo, 25 de agosto de 1888.

Meu querido paizinho,

Chegou enfim o dia em que tua Rainha pode desejar-te um feliz aniversário com todas as *patentes*, sendo que está no Carmelo na companhia das tuas joias: o Diamante, a Pérola fina... Pobre da Rainhazinha, ela teria de retirar-se para deixar todo o lugar para as joias esplêndidas do seu Rei, mas não consegue resignar-se a tanto, também tem seu título, pode ostentá-lo [1v] para quem quiser vê-lo, está assinado pelo próprio punho do seu Rei: Rainha da França e de Navarra. Nada mais tem, mas parece-me que isto é suficiente para fazê-la chegar a seu Rei; aliás ninguém tenta contestar-lhe o seu direito, mesmo no estrangeiro, é reconhecido: Na Itália, em Roma, sabia-se que a Rainha estava ali...

Meu Rei querido, tua Rainhazinha gostaria de ter presentes magníficos para te oferecer, mas nada tem, aliás, ela seria exigente demais. Para seu Rei, todos os palácios do Vaticano, cheios de presentes, não seriam suficientemente belos, sonha com outra coisa [2f], mais real, precisa de tesouros imensos, horizontes infinitos[1]; o que gostaria de dar para seu Rei não se encontra na terra, só Jesus o possui, por isso, ela vai pedir-lhe para encher o seu Rei de consolações celestiais. Para um Pai que não é da terra, tudo o que é terrestre não o poderia satisfazer.

Estás vendo, Paizinho querido, embora parecendo nada te oferecer, dou-te um presente magnífico, se ele não deslumbra tua vista, pelo menos teu coração o sentirá, pois espero que Deus atenda a minha oração.

Porém, Paizinho querido, embora te diga que não desejo senão encantar o teu coração, dou-te [2v] uma estampinha feita pela tua Rainha, espero que apesar da minha carência de talento ela te agrade, a Pérola fina quis ajudar-me com seus conselhos de artista e compôs-me o lindo desenho, mas quis que eu a pintasse *sozinha*, o mérito não é grande, mas minha incapacidade é tão grande e meu Rei tão indulgente que espero dar-lhe um pouco de prazer, oferecendo-lhe esta estampinha.

Até breve, Paizinho querido, se tua Rainha não está perto de ti hoje, ela o está pelo pensamento e pelo coração. Ela deseja-te o melhor dos aniversários que tenhas tido em toda a tua vida e te abraça com todo o coração.

Tua Rainhazinha
Teresa do Menino Jesus
p.c.ind.

C 62 **Para Maria Guérin.**

Setembro de 1888

J.M.J.T.

Jesus †   Carmelo, quinta-feira

Minha querida irmãzinha,

Já tinha começado uma carta para ti terça-feira à noite, agora quis retomá-la, mas as coisas que te dizia não são as que quero dizer-te hoje, por isso, resolvi recomeçar.

Obrigada pela tua linda carta, se Madame de Sévigné me tivesse escrito, certamente [1v] não me teria agradado tanto como a tua.

Se minha priminha pensa em mim com frequência, eu também estou amiúde, em espírito, junto dela. Como tu, preciso de ouvir falar muitas vezes da minha Mariazinha, sobretudo preciso eu mesma falar dela, fico satisfeita em falar com Deus da minha irmãzinha querida, nunca receio que ele se canse pois estou certa que minha Mariazinha está bem dentro do seu coração.

Querida traquinazinha, quantas coisas teria para te dizer [2f] mas como o tempo corre, vejo-o fugir com uma velocidade espantosa. Está ficando tarde, escrevo-te à luz da tua tampadazinha; estás vendo que minha letra se ressente de minha pressa, o que me consola por ter tão má caligrafia é pensar que no céu não precisaremos deste meio para comunicar os nossos pensamentos, verdadeiramente, isto é uma sorte para mim!... Ontem, recebi uma visita. Dou-te cem dicas para adivinhares... Uma bela senhora *do MUNDO,* seu caro marido, uma mocinha de 16 anos, um mocinho de 14 anos, sabes quem é?... É a madrinha [4v] que plantava verbenas[1]... ela estava acompanhada de sua sobrinha Th. Gilbert e do sobrinho Pedro. O mundo é isto! Se a tivesses visto no locutório, quase que cantava: "Como o meu coração, como o meu coração tem pena" vendo-vos atrás das grades.

Já é tempo de minha tagarelice acabar, se bem que não tenha dito nada de interessante a minha querida priminha — mas o que se pode esperar de uma pessoa como eu, que escreve sem perceber que seu papel se enche de banalidades quando tem tantas coisas sérias para contar...? Perdão!...

[2r tv] Termino, querida Mariazinha, pedindo-te um serviço; far-me-ias um grande favor se pudesses, ao passeares pelo teu belo parque[2], colher musgos secos, cascas de árvore etc. Seria para executar pequenos trabalhos, tais como presépios. Se isso te aborrece, não me tragas nada, é só se por acaso os encontrares.

Sinto muito que minha querida tia esteja doente, penso muito nela e rezo continuamente para ela melhorar logo, abraça-a bem FORTE por sua filhinha, mas não de modo a lhe causar dor!...

[2v tv] Abraça também da minha parte minha QUERIDA Joaninha, Celina e Helena[3]; delas, que não estão doentes, não tenho dó nenhum, por isso peço-te que as abraces o mais forte que puderes.

Vejo, querida Mariazinha, que todos os meus beijos não têm fim, mas não terminei ainda, pois não os dei a ti que estás encarregada de tudo distribuir, por isso, peço a todas as queridas pessoas a quem vais dá-los que tos retribuam o mais que puderem, duvido que meu pedido seja atendido, por isso, abraço-te de coração, mas bem forte, tão forte que se tu tivesses um abcesso, ele rebentasse como aconteceu antes da viagem a Roma.

Tua irmãzinha
Teresa do Menino Jesus
p.c.ind.

C 63   Para o senhor Martin.

30 de setembro de 1888

J.M.J.T.

Carmelo, 30 de setembro

Meu rei querido,

Tua Rainhazinha está esmagada sob o peso e a magnificência dos teus presentes[1], vê-se bem que é um Rei que os oferece à sua Rainha. Primeiro, vi chegar a renda de Alençon. É verdadeiramente Real. Não sei como te agradecer [1v] por tão belos presentes; onde está o tempo em que tua Rainhazinha teria pulado de alegria diante de um objeto de um centavo que o seu Rei lhe dava[2], agora o seu coração sentir-se-ia ainda feliz, mas o do Rei precisa dar mais; eis por que dá à sua Rainha renda *digna* da RAINHA DE FRANÇA E DE NAVARRA.

De fato, Paizinho querido, se tua Rainha é indigna de tantas riquezas, elas não são bonitas demais para o esposo divino a quem tu as deste, eis [2f] por que ficarei feliz em vesti-las; caso contrário, nem ousaria, pois ainda não passo senão de orfãzinha da *Bérésina*, só no dia da minha tomada de hábito merecerei usar meu título de Rainha.

Ainda tenho uma doce missão a cumprir, a de agradecer-te, em meu nome de Rainha, no do Diamante e no da Pérola fina, por uma avalanche de pêras, cebolas, ameixas, maçãs, que saíam da roda como de uma cornucópia. De onde vinha tudo isso? Um velhote disse que vinha de certo senhor que morava ao lado do jardim da Estrela[3]. Só [2v] podia ser tu. Por isso, meu querido Paizinho, a provisão foi bem aceita, teve boa recepção, sem nenhuma restrição. Coisa estranha, foi mais fácil para ela entrar do que para a tua Rainha que foi obrigada a ir até Roma para que se lhe abrisse a porta...

As cebolas enormes me alegraram; fizeram-me pensar nas do Egito, não teremos, como os israelitas, de sentir saudades delas. Pensei também nas de Lyon[4], que custam cinquenta centavos e são tão grandes. Enfim, meu Rei, creio que tua Rainha vai aborrecer-te com tanta tagarelice, mas ela está tão contente que não consegue deixar de to dizer. Ela te agradece por *tudo* e te abraça de todo o coração.

Nm 11,5

Teresa do Menino Jesus
p.c.ind.

C 64   Para o senhor Martin.

8-15 de outubro (?) de 1888

Meu rei querido,

Gostaria de te escrever uma longa carta, mas estou em retiro; isso é-me impossível. Não sabes quanto a tua Rainhazinha te ama!... Precisando mandar uma carta para a filha do Rei, a princesa Leônia, achei não poder fazer a minha mensagem chegar [v] senão por intermédio do próprio Rei, é por isso que me dirijo à Sua Majestade o Rei "de França e de Navarra". Se a sua dignidade não aparece aos olhos dos homens, eu sei que no céu será vista pelos olhos de Deus, então o menor dos eleitos será como o chefe de um povo numeroso[1] e o meu Rei, Oh! Que lugar!...

Is 60,22

Tua Rainhazinha
Teresa do Menino Jesus

C 65   Para Celina.

J.M.J.T.

Jesus†   Carmelo, 20 de outubro de 1888

Minha Celina querida,

É amanhã o dia da tua festa[1]. Oh, como gostaria de ser a primeira a te felicitar! Mas não sendo possível, posso pelo menos fazê-lo em meu coração. Para tua festa, que queres que te ofereça? Se desse ouvidos a mim mesma, pediria a Jesus mandar-me todas as penas, todas as tristezas, os aborrecimentos da vida da minha Celina querida, mas, veja, não dou ouvidos a mim mesma, pois receio que [v] Jesus me chame de egoísta: gostaria que ele me desse tudo o que há de melhor sem deixar um pouco para a sua noivinha que ele tanto ama. É para provar-lhe o seu amor que lhe faz sentir a *separação*[2], portanto, não posso pedir isto a Jesus. E depois, ele é tão rico, tão rico, que tem com que nos enriquecer a ambas...

Quando se pensa que, se Deus nos desse o universo inteiro, com todos os seus tesouros, isso não seria comparável ao mais *leve* sofrimento. Que graça quando, pela manhã, não sentimos nenhuma coragem, nenhuma força para praticar a virtude, é então o momento de pôr o machado à raiz da árvore[3]; em vez de perder tempo colhendo lantejoulinhas, extraímos [2v] diamantes, quanto lucro no final do dia... verdade é que, às vezes, deixamos por alguns momentos de recolher nossos tesouros, é o momento difícil, tem-se vontade de largar tudo, mas num ato de amor, mesmo *não sentido*, tudo é reparado e mais que reparado; Jesus sorri, ajuda-nos sem parecer ajudar, e as lágrimas que lhe fazem derramar os maus são enxugadas pelo nosso pobre e fraco amorzito. O amor pode tudo, as coisas mais impossíveis não lhe parecem difíceis[4], Jesus não olha tanto para as grandezas das ações nem mesmo para a sua dificuldade, mas para o amor que preside estes atos[5]...

Encontrei, há algum tempo, uma palavra que acho muito bonita. Ei-la, creio que vai te agradar: "A resignação é ainda distinta da vontade [2v] de Deus, a mesma diferença existente entre a união e a unidade. Na união, continua-se sendo dois, na unidade não se é senão um[6]. Oh! Sim, sejamos um só com Jesus, desprezemos tudo o que passa, nossos pensamentos devem dirigir-se para o céu, pois aí é que Jesus mora. Outro dia, pensei que não devíamos apegar-nos ao que nos cerca sendo que poderíamos estar num lugar diferente daquele em que estamos, nossos afetos e nossos desejos não seriam os mesmos, não posso explicar-te meu pensamento, sou tola demais para isso, mas quando te vir to direi.

Por que terei dito estas coisas que tu sabes *muito* MELHOR do que eu? Perdoa-me, precisava ter uma conversa contigo como aquelas de outrora. Mas esse tempo não passou, somos sempre a MESMA ALMA e nossos pensamentos continuam os *mesmos* que eram nas janelas do mirante[7]...

Alegro-me com o dia em que te festejaremos na cidade celeste.

Tua Irmãzinha
Teresa do Menino Jesus

[2v tv] Oh! Sim, é muito triste pensar que o padre[8] está indo para o Canadá, mas Jesus fica conosco!...

C 66   **Para o senhor Martin.**

J.M.J.T.

Em 15 de novembro de 1888.

Meu rei querido,

Como Deus é bom por te ter curado![1] Asseguro-te que tua Rainhazinha se afligiu muito e, não sem motivo, pois estiveste [1v] muito doente. Todo o Carmelo estava em oração, e Deus acabou por escutar os seus suspiros e me devolveu o meu Rei, mas sabes, meu Paizinho querido, agora que Deus fez o que desejávamos, chegou a tua vez de nos fazer felizes: a Orfãzinha *da Bérésina* [2f] vem pedir-te para te cuidares BEM, tanto quanto for necessário, sabes que a *Intrépida* n. 2[2] é entendida, por isso, peço-te ter *consideração* ao seu *título* (outorgado pelo próprio Rei) para cuidar de ti como for necessário.

Tua Rainhazinha está sempre perto de ti [2v] pelo coração, como poderia se esquecer do seu Rei tão bom?... E depois, parece-me que o afeto é maior, caso seja possível, quando se tem sofrido tanto!...

Até à vista, meu Rei querido, sobretudo trata-te bem para agradares à tua Rainha.

Teresa do Menino Jesus
p.c.ind.

C 67   **Para a senhora Guérin.**

18 de novembro de 1888

J.M.J.T.

Minha querida tia,

Permiti a vossa filhinha vir também dar-vos seus parabéns; parecer-vos-ão muito pouca coisa comparados aos que tendes recebido, mas não importa, o seu coração não pode deixar de dizer à sua tia querida quanto ela a ama.

[1v] Esta manhã, na minha comunhão rezei muito a Jesus para vos encher de suas alegrias; ai! não é bem o que nos manda há algum tempo, é a cruz, só nos dá a cruz para nosso descanso... Oh! Minha querida tia, se só eu sofresse, não me importaria, mas sei da enorme parte que tomais em nossa provação[1], gostaria por ocasião da vossa festa, aliviar-vos de toda tristeza, tomar para mim todos os vossos sofrimentos (2f). É o que pedia agora há pouco àquele cujo coração batia em uníssono com o meu. Sentia então que tudo o que podia nos dar de melhor era o sofrimento, que só o dava a seus amigos *prediletos*; esta resposta provava-me que eu não era atendida, pois percebia que Jesus ama demais minha querida tia para privá-la da cruz!...

Estou muito sensibilizada, tia, pelo belo bolo que nos mandastes, em vez de nós [2v] o oferecermos para vossa festa, sois vós que nos ofereceis; é realmente demais! Só tenho para oferecer a minha tia querida uma pobre estampa, mas espero que olhe para a intenção da sua pobre filhinha.

Até a vista, tia querida, parece-me que durante a provação estais ainda mais perto da vossa

filhinha
Teresa do Menino Jesus
post. carm. ind.

A carta de Irmã Maria do Sagrado Coração já estava terminada quando recebemos o bolo, ela encarrega-me de agradecer-vos muito.

C 68 — Para o senhor Martin.

J.M.J.T.

Carmelo, 25 de novembro de 1888.

Meu querido paizinho,

Tua Rainha pensa continuamente em ti e reza todo o dia para seu Rei. Estou muito feliz no doce ninho do Carmelo e nada desejo sobre a terra, senão ver meu Rei querido completamente curado. Mas sei muito bem por que Deus nos manda esta provação, é para [1v] que nós ganhemos o belo céu, ele sabe que nosso Pai querido é tudo o que mais amamos na terra, mas sabe também que é preciso sofrer para ganhar a vida eterna. É por isso que nos prova em tudo o que temos de mais querido.

Sinto também que Deus quer dar a meu Rei, no reino do céu, um trono magnífico, tão bonito e tão acima de todos os pensamentos humanos que se pode dizer com São Paulo: "Aquilo que olho não [2f] viu, nem ouvido escutou, nem jamais passou pela mente humana, o que Deus preparou para aqueles que o amam". Há alguém a quem Deus ame mais na terra que meu paizinho querido?... Francamente, não acredito!... Hoje mesmo, nos dá a prova de que não estou enganada, pois Deus prova sempre aqueles a quem ama. Creio que Deus faz sofrer assim na terra para [2v] que o céu pareça melhor aos seus eleitos; ele diz "que no último dia enxugará todas as lágrimas dos seus olhos" e, sem dúvida, quanto mais lágrimas houver para enxugar, maior será a consolação!...

Adeus, meu Rei querido, tua Rainha alegra-se ao pensar no dia em que reinará *contigo* no belo e único verdadeiro REINO do céu.

Teresa do Menino Jesus
post. carm. ind.

Marginal references: 1Cor 2,9 ; Hb 12,6 ; Ap 21,4

C 69   Para Maria Guérin.

Novembro (?) de 1888

Jesus M.J.T.

Minha linda boneca,

Não resisto ao desejo de te agradecer pela tua carta, agradou-me muito. Não podes imaginar quanto penso em ti. Sempre me lembro da minha Mariazinha, aliás, mesmo que eu quisesse esquecer-me das minhas priminhas queridas, não o conseguiria, a minha linda lampadazinha me ilumina tão bem!...

[1v] Mais um serviço que Teresa vem te pedir. Irmã Inês acaba de dizer-me que preciso de um par de calçados forrados, como os que te vi muitas vezes no inverno, são espécie de pequenas botinas bordadas de astracã. Se minha tia as quisesse comprar para mim, ficaria muito contente. Joana poderia experimentá-las, calça o mesmo número que eu.

Tenho muitas coisas a dizer para minha boneca, mas estão à espera desta palavrinha, preciso deixar-te. Quinta-feira terei muitas coisas para dizer à minha irmãzinha querida, enquanto aguardo, abraço bem forte minha tia QUERIDA, meu BOM tio e minha querida Joaninha.

[2f] Ao meu Lulu, não sei dizer quanto o amo, meu coração transborda de afeto por ele.

Se eu pudesse ter os calçados esta tarde, ficaria muito contente. Tu não podes imaginar como se é bem tratada no Carmelo, sempre preciso comer e aquecer meus pés[1]...

Até quinta-feira queridinha, minha bela boneca viva. Estou *muito*, *muito* feliz, no auge dos meus desejos.

Teresa do Menino Jesus

Penso muito em minha querida Marcelina.

C 70   Para madre São Plácido.

Início de dezembro de 1888

J.M.J.T.

Jesus †   No Carmelo, de dezembro de 1888

Minha querida mestra,

Fiquei muito comovida pela vossa amável atenção. Foi com prazer que recebi a querida carta circular das filhas de Maria[1]. Certamente, não deixarei de assistir de coração a essa bela festa, pois foi nessa capela abençoada que a Santíssima

Virgem quis me adotar por sua filha, no lindo dia da minha primeira Comunhão e no da minha recepção na congregação das filhas de Maria. Não poderei esquecer, querida mestra, como fostes bondosa para comigo no momento dessas grandes épocas da minha vida, e não posso duvidar de que a graça insigne da minha vocação [1v] tenha começado a germinar nesse feliz dia[2] em que, cercada pelas minhas boas mestras, fiz a Maria a consagração de mim mesma ao pé do seu altar, escolhendo-a especialmente por minha Mãe, quando de manhã tinha recebido Jesus pela primeira vez. Gosto de pensar que não olhou então para a minha indignidade e que, em sua imensa bondade ela quis considerar a virtude das caras Mestras que tinham preparado meu coração com tanta dedicação para que recebesse seu divino filho; gosto de pensar que foi por essa razão que ela quis tornar-me mais perfeitamente sua filha, concedendo-me a grande graça de me conduzir para o Carmelo.

Penso, querida Mestra, que soubestes da doença do meu Pai amado; por alguns dias, tive receio que Deus o tirasse da minha ternura, mas Jesus dignou-se conceder-me a graça de restabelecê-lo para a ocasião [2f] da minha tomada de hábito; projetava todos os dias escrever-vos para vos comunicar minha recepção no Capítulo[3], mas não sabendo exatamente o momento que o Sr. Bispo iria determinar, estava sempre à espera. Espero, cara Mestra, que não tenha tomado esse atraso como indiferença. Oh, não! Meu coração continua sendo o mesmo, creio que desde meu ingresso no Carmelo, tornou-se ainda mais terno e mais amante; por isso penso muito nas minhas boas Mestras e gosto de as nomear em particular a Jesus nas horas abençoadas que passo a seus pés. Ouso pedir-vos, minha querida Mestra, o favor de ser minha intérprete junto delas, a fim de recomendar-me à sua religiosa lembrança, particularmente à da senhora Priora, pela qual conservo a mais filial e grata afeição. Queira também apresentar minhas saudações às minhas felizes companheiras de quem continuo sendo a irmãzinha em Maria.

Adeus, minha querida Mestra, espero que não vos esqueçais em vossas santas orações daquela que é e sempre será vossa filha agradecida.

Irmã Teresa do Menino Jesus
post. carm. ind.

C 71   Para a senhora Guérin.

J.M.J.T.

Jesus †   28 de dezembro de 1888

Minha tiazinha querida,

Estou muito triste, pois ontem à noite, não sabendo que minhas irmãs iam vos escrever, dormi como uma preguiçosa[1]... Esta manhã, sobra-me pouco tempo e, assim mesmo, subtraído ao ofício[2].

Minha querida tia, queria ser a primeira a vos desejar um feliz ano de 1889!...

[1v] Quando penso, minha querida tia, que há quase nove meses vossa filhinha está no Carmelo, fico pasma, parece-me que ontem mesmo estava convosco!... Como a vida passa depressa, já há dezesseis anos que estou na terra. Oh! Em breve estaremos todos reunidos no céu. Gosto muito dessa palavra dos salmos: "Mil anos aos olhos do Senhor são como o dia de ontem que já passou". Que velocidade! Oh! Quero deveras trabalhar enquanto o dia da vida continua brilhando, pois "virá [2f] a noite em que nada poderei fazer[3]". Orai pela vossa filhinha, minha querida tia, para que ela não abuse das graças que Deus lhe prodigaliza no fértil vale do Carmelo.   Sl 89,4   Jo 9,4

Não posso deixar de rir vendo minha carta, francamente, não é uma carta de feliz ano-novo, mas minha querida tiazinha, convosco sou como uma criança que deixa livre curso ao coração sem procurar o que vai dizer!...

Se soubésseis, minha tia querida, tudo o que vou pedir para vós e [2v] para meu *caro tio*, no primeiro dia do ano! Não, não o sabeis, e não vou tentar dizer-vos, isso vos aborreceria, pois seria demorado demais.

E para minhas priminhas (minhas *imãzinhas queridas*), como rezarei por elas!...

Até à vista, minha querida tia, peço-vos dizer a meu tio quanto o amo, deveria ter-lhe escrito ao mesmo tempo que a vós, minha tia querida, mas sou tola demais para falar com duas pessoas ao mesmo tempo... Peço-vos que me perdoeis e envio a ambos o mais terno beijo do vosso Benjamim mais pequenino[4].

Teresa do Menino Jesus
post. carm. ind.

[2v] Acabo de lembrar que não agradeci minha querida tia pela bela coroa que quer me dar para minha tomada de hábito[5]. Oh! Se ela soubesse como lhe sou grata e também como essa recordação será cara ao coração da sua filhinha!...

C 72   Para o senhor Martin.

J.M.J.T.

Jesus †   Em 30 de dezembro de 1888

Meu rei querido,

Que felicidade poder este ano enviar-te do *Reino* do Carmelo meus votos de feliz ano novo. Nunca tua Rainhazinha pôde te oferecer seu afeto com mais alegria, ela sente-se *tão perto* do seu Rei, tão perto que nada poderá afastá-la dele!...

Os Reis da terra ficam muito felizes quando conseguem nobres alianças [1v] para suas filhas e quanta gratidão não sentem estas filhas para com seus pais!... Para tua Rainhazinha é muito diferente, tu, *como Pai*, e verdadeiramente *como Rei*, só quiseste entregá-la ao *Rei do Céu*, ao próprio Jesus, de Órfã de Bérésina, passei a usar o título tão nobre de carmelita.

Como devo amar um Pai que quis propiciar-me uma felicidade tão grande, e como o amo!... Se o guia de Roma estivesse aqui, poderia dizer: "Senhores Padres, vou mostrar-vos um [2f] Pai tal como nunca viram, há motivos para caírem em *assombramento*[1]". Não é verdade, meu paizinho querido, que não podias fazer mais por tua Rainhazinha? Se ela não é uma santa, será bem por sua culpa, pois com um Pai como tu, ela tem realmente meios para isso!...

Pai querido, o dia está se pondo, é tempo de deixar-te, mas tornando-te a encontrar ao lado de Jesus, no teu verdadeiro lugar.

Em breve brilhará para nós o dia sem sombras, então, [2v] nunca terminaremos nossa conversa!...

Feliz Ano-Novo, Rei querido, obrigada por todos os mimos que nos deste esta semana!... e durante o *ano TODO*!...

Mt 19,29   Que Jesus te cumule com suas bênçãos, que te dê, como o prometeu, o cêntuplo nesta vida e seu BELO céu na outra, são estes os votos da tua Rainhazinha que te ama mais do que qualquer Rainha amou seu Rei.

Irmã Teresa do Menino Jesus
post. carm. ind.

C 73   Para a senhora Guérin.

J.M.J.T.

Jesus †   Em 2 de janeiro de 1889.

Minha tia querida,

Vossa filhinha está no auge da alegria!... Como sois boa para com ela, francamente; é demais... como agradecer-vos?... Mas não sabe uma mãe ler no coração da sua filhinha? Portanto, não vou me preocupar; estou certa de que ireis adivinhar minha gratidão.

Os lírios são MARAVILHOSOS, parece que acabam de ser colhidos! Como minhas *irmãzinhas* são boas por mos oferecer, será uma grande alegria para mim no dia da minha tomada de hábito pensar que são elas que me arrumaram para eu ir ao encontro do meu divino noivo. Estas flores falarão por elas a Jesus que, estou certa, as encherá de suas graças, como a vós, tia querida.

Se soubésseis como me senti feliz por ter o *enorme* doce de maçã para oferecer à nossa Madre, reconheci nisso minha tia querida, que sempre procurais o que mais agrada à vossa filhinha. Minha alegria [2f] não foi menor vendo o bonito pacote de pães de mel; fiquei toda contente no refeitório quando nossa Madre disse à comunidade que em honra dos meus 16 anos vós nos dáveis essa guloseima.

Obrigada, tia querida, não sabeis o quanto vos acho boa! No dia da minha tomada de hábito, rezarei muito por vós e por meu tio querido, a quem agradeço de todo o meu coração, pois sei que foi também ele quem me deu todos esses lindos presentes que recebi [2 v] esta tarde.

Nossa Madre querida, e a comunidade toda, acha a coroa muito bonita. Nunca vi flores que me agradassem tanto, são tão puros, os lírios, gostaria que minha alma fosse toda ornada com eles para ir a Jesus, pois não basta tê-los nos cabelos, é para o coração que o olhar de Jesus sempre se dirige!...

Até a vista e obrigada, tia querida, rezai para que vossa filhinha esteja tão bem enfeitada no interior como no exterior!...

Irmã Teresa do Menino Jesus
post. carm. ind.

C 74   Para irmã Inês de Jesus.

6 de janeiro de 1889

J.M.J.T.

Cordeirinho querido de Jesus, obrigada!... Se soubésseis quanto vosso bilhetinho me agrada!...

Pedi a Jesus que eu seja muito generosa durante meu retiro, ele me CRIVA de *alfinetadas*, a pobre bolinha não aguenta mais, por toda parte tem furinhos que a fazem sofrer mais do que se tivesse um só grande!... Nada junto a Jesus, secura!... Sono!... Mas, pelo menos, é o silêncio!... o silêncio faz bem à alma... Mas as criaturas, oh! As criaturas!... A bolinha estremece!... Entendei o brinquedo de Jesus!... Quando é o próprio doce amigo que alfineta a bolinha, o sofrimento é só doçura, a sua mão é *tão suave!*... Mas as criaturas!... As que me cercam são muito boas, mas [1v] há alguma coisa que me revolta!... Não posso explicar-vos, compreendei a vossa alminha. Mas sou MUITO *feliz*, feliz por sofrer o que Jesus quer que eu sofra, se não alfineta diretamente sua bolinha, é ele quem conduz a mão que a alfineta![1]... Sendo que Jesus quer dormir, por que eu o impediria? Fico muito satisfeita por não fazer cerimônia comigo, demonstra-me que não sou uma estranha [2f] ao me tratar dessa forma, pois asseguro-vos que não se incomoda para vir conversar comigo!...

Se soubésseis como quero ficar indiferente para com as coisas da terra, que me importa todas as belezas criadas? Seria muito infeliz possuindo-as, meu coração sentir-se-ia tão vazio!... É incrível como meu coração me parece grande quando considero todos os tesouros da terra, pois vejo que todos reunidos não conseguiriam satisfazê-lo, mas quando considero a Jesus, como me parece pequeno!... Gostaria tanto de amá-lo!... Amá-lo como jamais foi amado!... Meu único desejo é fazer sempre a vontade de Jesus! Enxugar as lágrimas que os pecadores [2v] lhe fazem derramar... Oh! Não QUERO que Jesus sofra no dia do meu noivado, gostaria de converter *todos* os pecadores da terra e salvar todas as almas do purgatório![2]...

O Cordeiro de Jesus vai rir ao ver este desejo do *grãozinho* de areia!... Sei que é uma loucura, mas contudo, queria que fosse assim, a fim de que Jesus não tivesse uma única lágrima a verter.

Rezai para que o grão de areia se transforme num ÁTOMO sensível apenas aos olhos de Jesus!...

Teresa do Menino Jesus
post. carm. ind.

C 75   Para irmã Maria do Sagrado Coração.

6 ou 7 de janeiro de 1889

J.M.J.T.

Jesus †

Leão[1] querido de Jesus, o cordeirinho precisa muito tomar-vos de empréstimo um pouco de força e coragem, dessa coragem que faz o leão vencer tudo!... O pobre cordeirinho não pode dizer nada a Jesus e, sobretudo, Jesus não lhe diz absolutamente nada, rezai por ele a fim de que seu retiro agrade assim mesmo ao coração do ÚNICO que lê no mais profundo da alma!...

Por que procurar felicidade na terra, confesso-vos que meu coração tem dela uma sede ardente, mas este pobre coração vê bem que nenhuma criatura é capaz de estancar sua sede, pelo contrário, mais bebe nesta fonte encantada, mais sua sede se torna ardente![2]... Conheço outra fonte, aquela que depois de se beber nela a sede permanece, uma sede que não é ofegante, que é, pelo contrário, muito suave porque ela tem com que satisfazê-la, esta fonte é o sofrimento conhecido só de Jesus!...

Leão querido, tenho muitas coisas para vos dizer, mas não tenho tempo, *lede* no coração da vossa *filhinha*, como sabeis tão bem fazer!...

Teresa do Menino Jesus.
post. carm. ind.

C 76   Para irmã Inês de Jesus.

7 de janeiro de 1889

J.M.J.T.

Jesus †

Esta manhã me aborreci com minha Irmã São Vicente de Paulo[1], saí de perto dela com o coração muito triste...

O que tendes em vós que tanto atraís minha alma? Não podeis imaginar quanto me custa não poder falar-vos[2]...

Compreendeis alguma coisa da conduta de Jesus?... Bem vos dizia que as crianças não sabem o que querem, Jesus age assim com sua bolinha. Achou, sem dúvida, que a data de 9 era bonita demais[3], ele não quer nada de deslumbrante para ela!... Eu bem sei o porquê, é que só ele é encantador em toda a FORÇA do termo, e quer mostrar à sua bolinha que ela enganar-se-ia procurando alhures uma sombra de beleza que tomaria [1v] pela própria beleza!...

Como é bom para mim aquele que será em breve meu noivo, como é divinamente amável não querendo permitir que me apegue a NENHUMA coisa criada! Ele bem sabe que se me desse apenas uma *sombra* de FELICIDADE, apegar-me-ia com toda a energia, toda a força do meu coração; esta sombra, ele ma recusa, prefere deixar-me nas trevas em vez de dar-me uma falsa luz que não seria ele!... Sendo que não posso encontrar criatura *nenhuma* que me satisfaça, quero dar tudo a Jesus; à criatura, não quero dar nem um *átomo* do meu amor; possa Jesus me fazer sempre compreender que só ele é a felicidade perfeita mesmo quando parece ausente!...

Hoje mais do que ontem, se isso é possível, fiquei privada de toda a consolação; [2f] agradeço a Jesus que considera isso bom para a minha alma e, além do mais, se ele me consolasse, talvez me deteria nessas doçuras, mas ele quer que *tudo* seja para ele!... Pois bem! *Tudo* será para ele, tudo, mesmo quando eu não sentir nada para poder oferecer-lhe, então, como esta noite, dar-lhe-ei esse *nada*!...

Se Jesus não me dá consolação, me dá uma paz tão grande que me faz um bem maior!...

E a carta do padre[4]?... Acho-a celestial, o meu coração encontra nela coisas muito bonitas, mas a felicidade?... Oh! Não, não a felicidade... a felicidade só está no sofrimento [2v] e no sofrimento sem consolação!...

Minha Irmãzinha, minha *Mamãe*[5], que ireis pensar da vossa filhinha? Oh! Se não fôsseis vós, não ousaria mandar-vos estes pensamentos, os mais íntimos da *minha alma*!... SUPLICO-VOS, rasgai estes papéis depois de os terdes lido!...

Rezai para que vossa filhinha não negue a Jesus um só *átomo* do seu coração.

Teresa do Menino Jesus

C 77 Para o senhor Martin[1].

J.M.J.T.

Jesus †   Em 8 de janeiro de 1889,

Meu rei incomparável,

Se soubesses como estou sensibilizada com tua bondade!... Um melão![2]... champanha, oh! Isto dar-me-ia vontade de chorar se não me contivesse; mas controlo-me e me alegro muito pela bela festa de quinta-feira.

Ordinariamente, as bodas de uma Rainha celebram-se por meio de grandes regozijos, é por isso, sem dúvida, que a Rainha da França e de Navarra terá um fogo [1v] de artifício... É o rei que faz os gostos para a Rainha e ele é entendido em fazer surpresas, ao *besourinho louro*[3] só lhe resta agradecer!...

Sim, quinta-feira haverá uma bela festa na terra, creio que será ainda mais magnífica no céu, os anjos ficarão admirados por ver um Pai tão agradável a Deus e Jesus preparará uma coroa que acrescentará a todas aquelas que meu Rei já reuniu.

Nunca as festas da terra serão tão encantadoras quanto as do [2f] céu, mas parece-me impossível encontrar uma festa mais celestial do que a que se prepara. Nada fiz todavia para ser digna de uma graça tão grande, mas Deus quis considerar os méritos do meu Pai querido, é por isso que me concede este favor insigne.

Agora estou em retiro e, durante o retiro, não é permitido escrever. Porém, nossa Madre permitiu-me enviar-te esta palavrinha a fim de agradecer-te, és tão bom para tua Rainha; e depois, a proibição de escrever é, sem dúvida, para [2v] não perturbar o silêncio do retiro, mas poder-se-á perturbar a sua paz escrevendo a um santo?...

Até quinta-feira, meu Rei querido, tua Rainhazinha te abraça de coração enquanto espera fazê-lo de fato[4].

A Rainha da França e de todas as Navarras.

Teresa do Menino Jesus
post. carm. ind.

C 78 Para irmã Inês de Jesus.

8 de janeiro de 1889

J.M.J.T.

Jesus †

    Não vi o cordeiro no dia de *hoje,* mas sei que ele está com muita *dor de cabeça,* isto entristece o cordeirinho que receia muito que Jesus dê asas ao cordeiro!... Que linhas bonitas!... É etéreo, isto cheira à Pátria!... O cordeiro está enganado se pensar que o brinquedo de Jesus não está nas trevas, está sim, e mergulhado. Talvez, e o cordeirinho não descarta a hipótese, estas trevas sejam luminosas, se bem que não deixam de ser trevas... Seu *único* consolo consiste numa força e numa paz muito grande, e depois ele espera estar como Jesus quer, eis a sua alegria, pois fora disso tudo é tristeza...

    Quando estou com Nossa Madre, sou continuamente interrompida[1] e quando tenho um momento, não consigo dizer-lhe o que se passa na minha alma, saio sem alegria após ter entrado sem alegria!...

    Creio que o trabalho de Jesus, durante este retiro, consistiu em desapegar-me de tudo o que não é ele...

    [v] Se soubésseis como minha alegria é grande por não ter nenhuma, para agradar a Jesus!... É uma alegria puríssima (mas nada sentida).

    Cordeiro querido, só falta um dia para ser a noiva de Jesus!...

    Não morrais já, esperai que o cordeirinho tenha asas para vos seguir...

    Teresa do Menino Jesus, brinquedinho de Jesus!

post. carm. ind.

    Quereis, por favor, dar-me: 1º vossa tinta nanquim e de ouro; 2º dizer-me se para os santinhos da tomada de hábito ficam bem os responsórios de Santa Inês; 3º entreabrir nossa porta às 6 horas se estiverdes aí, caso contrário, acordarei bem sozinha. Se todas estas coisas vos causarem transtorno, não me deis nada, posso ficar sem elas.

C 79 — Para irmã Maria do Sagrado Coração.

8 de janeiro de 1889

J.M.J.T.

Jesus †

Leão querido, vossa palavrinha causou GRANDE PRAZER ao coração da vossa filhinha!... Obrigada... Como sois boa!... Oh! Como gostaria de ser semelhante a vós. Mas o brinquedo de Jesus é a própria fraqueza, se Jesus não o carrega, ou não joga ele mesmo sua bolinha, ela fica ali, inerte, no mesmo lugar!...

Mais um dia e serei a noiva de Jesus, que graça!... O que fazer para agradecer-lhe, para que me faça menos indigna de tal favor?...

[v] Oh! A pátria... a pátria![1]... Como sinto sede do céu, lá onde se amará a Jesus sem reserva!...

Mas é preciso sofrer e chorar para lá chegar... pois bem! Eu quero sofrer tudo o que aprouver a Jesus, e deixá-lo fazer o que ele quiser com sua bolinha.

Teresa do Menino Jesus
post. carm. ind.

C 80 — Para irmã Marta de Jesus[1].

10 de janeiro de 1889

Lembrança da minha querida Tomada de Hábito oferecida à minha Irmãzinha querida.

Em breve, o divino Noivo de Teresa do Menino Jesus será também O de Irmã Marta de Jesus![2]

Pedi a Jesus que me torne uma grande santa, pedirei a mesma graça para minha querida companheirinha!

Irmã Teresa do Menino Jesus da Sagrada Face[3].

nov. carm. ind.[4]

QUARTO PERÍODO

O NOVICIADO

(Janeiro de 1889 / Setembro de 1890)

C 81   Para Celina.

23-25 (?) de janeiro de 1889

J.M.J.T.

Jesus e sua cruz!...

Irmã querida,

Sim, *querida* do meu coração, Jesus está aí com sua cruz!¹ Privilegiada do seu amor, ele quer tornar-te semelhante a ele, porque recear não poderes carregar esta cruz sem fraquejar? No caminho do Calvário, Jesus caiu três vezes, e tu, pobre criancinha, não serias parecida com teu *esposo*, não gostarias de cair cem vezes se fosse preciso para lhe provares o teu amor levantando-te com mais força do que antes da tua queda!...

Celina... é preciso que Jesus te ame com um amor particular para provar-te tanto assim. Sabes que estou quase com inveja? A quem ama mais, ele dá *mais*, a quem ama menos, ele dá menos!²...

Mas tu não sentes teu amor por TEU ESPOSO, gostarias que teu coração fosse uma chama a se elevar para ele sem a menor fumaça³, observa bem que a fumaça que te envolve é só para ti; para tirar-te toda a visão do teu amor por Jesus, a chama só é vista por ele, pelo menos, nesse caso, é toda para ele, pois quando ele no-la mostra um pouco, o amor-próprio surge como um vento fatal que apaga tudo!...

[v] Fazes-me a impressão, neste momento, de uma pessoa cercada de riquezas imensas... cuja vista se perde no horizonte... Essa pessoa quer virar as costas porque, diz ela, riquezas demais me incomodariam, e não saberia o que fazer delas, melhor deixar que se percam, ou que *outro* as tome. Este outro não virá, pois estas riquezas foram preparadas para a noiva de Jesus... E só para ela!... Deus revolveria o mundo para encontrar o sofrimento, a fim de dá-lo a uma alma sobre a qual seu DIVINO OLHAR se pousou com um *amor indizível*!⁴...

De que nos servem as coisas desta terra... Seria nossa pátria este *barro* tão pouco digno de uma alma imortal... e que nos importa que homens mesquinhos cortem os *bolores* que crescem sobre este barro. Quanto mais nosso coração estiver no céu, menos sentiremos estas *alfinetadas*⁵...

Mas não penses que isto não seja uma *graça* e *uma grande graça* a de senti-las, pois então nossa vida passa a ser um *martírio* e, um dia, Jesus dar-nos-á a palma. Sofrer e ser *desprezado*!⁶ Que *amargura*, mas que glória! Eis o distintivo do Lírio-perpétua!... Nenhum outro lhe seria apropriado. Meu coração te acompanha na nobre *tarefa* que Jesus te confiou. Não és um soldado, mas um general... Sofre mais e sempre... Porém, tudo passa⁷.

C 82　Para Celina.

J.M.J.T.

Jesus †　　　　　　　　　　　　Carmelo, 28 de fevereiro de 1889.

Minha Celina querida,

É possível que te escreva para Caen?¹... Estou me perguntando se sonho ou se estou acordada... Mas, não é uma realidade!... Vou surpreender-te, irmãzinha querida, ao te dizer que estou longe de te lastimar, pelo contrário, acho tua sorte digna de inveja. Jesus tem sobre ti vistas de um amor indizível, quer seu pequenino Lírio-perpétua só para ele, ele próprio se encarrega de fazê-la passar pelo seu primeiro noviciado, é sua divina mão que enfeita sua esposa para o dia das núpcias, e sua mão querida não erra no enfeite... Jesus é esposo de *sangue*²... Quer para si *todo* o sangue do coração....

<small>Ex 4,25s</small>

Oh! Como custa dar a Jesus tudo o que ele pede!... Que *alegria* por isso custar... Mas que alegria inefável a de carregar nossas cruzes FRACAMENTE. O Lírio-perpétua compreendeu o pobre grão de areia?... Teu noviciado é o [v] da dor, que privilégio inexplicável!...

Ah! Irmãzinha querida, longe de me queixar com Jesus da cruz que nos manda, não consigo compreender o amor *infinito* que o levou a nos tratar dessa forma... É preciso que nosso Pai querido seja muito amado de Jesus por ter de sofrer assim, mas não achas que a infelicidade que o acomete é bem o complemento da sua bela vida?... Sinto, Liriozinho-Perpétua, que estou te dizendo tolices, mas não importa, penso ainda muitas outras coisas a respeito do amor de Jesus, as quais são, talvez, muito mais fortes do que as que te digo... Que felicidade a de sermos humilhadas, é o único meio de se fazer os santos!... Podemos duvidar agora da vontade de Jesus a respeito das nossas almas?... A vida não passa de um *sonho*³, logo acordaremos, e que alegria... maiores são nossos sofrimentos, mais será infinita a nossa glória... Oh! Não deixemos escapar a provação que Jesus nos manda, é uma mina de ouro para ser explorada. Vamos perder a oportunidade?... O grão de areia quer pôr mãos à obra, sem *alegria*, sem *coragem*, sem *força*, e são todos estes títulos que tornarão o empreendimento mais fácil, ele quer trabalhar por Amor.

<small>2Cor 4,17</small>

É o *martírio* que começa; entremos juntas na luta se o Lírio-Perpétua não quer desprezar

　　　　　　　　　　　　　　　　　　　　　　o pobre *grão de areia*.

C 83   Para Celina.

5 de março de 1889

J.M.J.T.

Jesus †

Minha querida Celina,

Não saberia dizer-te como tua cara palavrinha me fez bem!... Agora é que és verdadeiramente o Lírio-Perpétua de Jesus, oh! Como ele está contente com seu lírio, como olha com amor a sua flor querida que só quer *a ele*, que só deseja consolá-lo...

Cada novo sofrimento, cada angústia do coração é como uma suave brisa que leva para Jesus o perfume do seu lírio, ele sorri com amor, e logo prepara uma nova amargura, enche o cálice até à borda, pensando que mais seu lírio cresce no amor, mais deve também crescer no sofrimento!...

Que privilégio Jesus nos faz mandando-nos uma tão grande *dor*, ah! A ETERNIDADE não será longa demais para agradecer-lhe. Cumula-nos de seus favores como cumulava os maiores santos [v], por que tão grande predileção?... É um segredo que Jesus nos revelará em nossa pátria no dia em que "ele enxugará todas as lágrimas dos nossos olhos"... É por ser à minha alma que assim falo, pois caso contrário não seria compreendida; mas é a ela que me dirijo e todos os meus pensamentos foram precedidos por ela; porém, o que talvez ignore, é o amor que Jesus lhe dedica, amor que pede TUDO, nada há que lhe seja impossível, não quer colocar limites à SANTIDADE de seu lírio, o limite para ele é não o haver!... Por que é que o haveria? Somos maiores que todo o universo, um dia, *nós mesmas* teremos uma existência divina... (Ap 21,4)

Oh! Como agradeço a Jesus por ter colocado um lírio à cabeceira do nosso pai querido, um lírio ao qual nada amedronta, um lírio que prefere *morrer* a abandonar o campo *glorioso* onde o amor de Jesus o colocou!...

Agora, não temos mais nada a esperar na terra, só o sofrimento, e sempre o sofrimento, quando tivermos terminado, o sofrimento ainda nos esperará e nos estenderá os braços, oh! Que sorte invejável... Os querubins no céu invejam a nossa felicidade.

[v tv] Não era para isto que estou escrevendo para minha Celina querida, era para lhe dizer que escreva para a Senhora Paulina[1], a fim de comunicar-lhe a infelicidade que se abateu sobre nós com a doença de papai. Ri, por tua vez, da tua pobre Teresa que trata o seu assunto no final da carta. Pobre Leônia, amo-a muito também, ela é mais infeliz que nós, Jesus lhe deu menos. Mas àquelas a quem deu muito, será pedido *muito*. (Lc 12,48)

Tua Irmãzinha
Teresa do Menino Jesus
post. carm. ind.[2]

C 84   Para a senhora Guérin.

J.M.J.T.

Jesus † Carmelo, em 12 de março de 1889

Minha tiazinha querida,

Vejo-me impossibilitada de obedecer-vos, pois seria difícil demais para mim não vos dizer *obrigada*!... Como estas oito letras são pouca coisa para exprimir-vos a minha gratidão, mas minha tia querida, peço-vos que compreendais tudo o que vossa filhinha quer dizer-vos. Ó minha tia, como sois bondosa!... Como vou rezar por vós [1v]. Ai! é verdade que sou incapaz de fazer alguma coisa útil, em vez de ganhar dinheiro, só sei perdê-lo, por isso, a delicada atenção da minha tiazinha querida comoveu-me vivamente[1]. Fiquei pasma ao me ver de repente tão rica, sem nada ter feito para ganhar tanto dinheiro... Não posso deixar de sorrir pensando que graças aos meus bons tios, sou *eu* que vou fornecer o peixe para toda a comunidade...

Espero que minha tia querida [2f] agradeça a meu tio por mim e diga-lhe todo o meu reconhecimento.

É preciso, querida tia, que Deus vos ame muito particularmente para fazer-vos sofrer assim, porém, se escutasse minhas orações, nunca mais ficaríeis doente, porque sentir-me-ia feliz se ele quisesse enviar-me todas as aflições que vos destina.

Ai! minha tia querida, como minha carta vai exprimir pouco os sentimentos do meu coração... gostaria de poder demonstrar-lhe toda a minha gratidão!...

[2v] Como Jesus é bom por deixar-nos, na cruel provação que nos envia, o consolo de ver nossa dor partilhada e compreendida por nossos bons tios!...

Abraço de todo o meu coração a minha Joaninha e também a minha donazinha de casa[2].

Adeus, minha querida tiazinha, agradeço-vos mais uma vez, e também a meu caro tio e vos abraço muito ternamente.

Vossa filhinha muito grata
Irmã Teresa do Menino Jesus
nov. carm. ind.

C 85   Para Celina.

J.M.J.T.

Carmelo, 12 de março de 1889.

"Viva Jesus!... Como é bom dedicar-nos a ele, sacrificar-se pelo seu amor[1]..."

Celina!... Este nome querido ressoa docemente no fundo do meu coração!... Não se harmonizam, nossos dois corações, perfeitamente?...

Sinto necessidade, nesta tarde, de vir mergulhar-me no infinito com a minha Celina... preciso esquecer-me da terra... neste mundo, tudo me cansa, tudo me pesa... Só encontro uma alegria, a de sofrer por Jesus, mas esta alegria *não sentida* está acima de qualquer alegria!...

A vida passa... A eternidade se aproxima a passos largos... Em breve, viveremos da própria vida de Jesus... depois de termos sido desalteradas na fonte de todas as amarguras, seremos deificadas na própria fonte de todas as alegrias, de todas as delícias... Em breve, Irmãzinha, com um só olhar poderemos compreender o que se passa no íntimo do nosso ser!...

A figura deste mundo PASSA... Em breve veremos novos céus, um sol mais radiante iluminará com seus esplendores mares etéreos, horizontes infinitos![2]... A imensidão será nosso reino... não seremos mais prisioneiras nesta terra de exílio... *tudo* terá PASSADO!... Com nosso esposo celeste, vogaremos sobre lagos sem margens... o infinito não tem limites, nem profundidade, nem margens![3]... "Coragem, Jesus ouve até o último eco da nossa dor[4]". Neste momento, nossas harpas estão suspensas nos salgueiros que marginam o rio da Babilônia..., mas [v] no dia da nossa libertação quantas harmonias não faremos nós ouvir... com que alegria nós faremos vibrar todas as cordas dos nossos instrumentos!... 1Cor 7,31

Sl 136,1-2

O amor de Jesus por Celina só pode ser compreendido por Jesus!... Jesus fez loucuras por Celina... Que Celina faça *loucuras* por Jesus... O amor só se paga com amor e as *chagas* do amor só se curam pelo amor[5].

Ofereçamos nossos sofrimentos a Jesus a fim de salvar as almas, pobres almas!... elas têm menos graças do que nós, embora todo o sangue de um Deus tenha sido derramado para salvá-las... no entanto, Jesus quer fazer depender a sua salvação de um suspiro do nosso coração... Que mistério!... Se um suspiro pode salvar *uma alma*, que não poderão fazer sofrimentos como os nossos?... Não neguemos nada a Jesus!...

O sino está tocando e ainda não escrevi para minha pobre Leônia, dá-lhe minhas lembranças, abraça-a e diz-lhe que a amo!... Que ela seja *muito fiel à* graça e Jesus a abençoará. Que ela pergunte a Jesus o que quero dizer-lhe, encarrego-o dos meus recados!...

Até breve!... Oh! O céu, o céu! Quando é que estaremos lá?

O *grãozinho de areia de Jesus*

C 86   Para Celina.

J.M.J.T.

Jesus †   15 de março de 1889.

Obrigada pela tua carta querida, ela *agradou* ao grãozinho de areia!...

Numa das tuas cartas, dizias recentemente que és a minha sombra. Ai! seria muito triste se assim fosse, pois o que é a sombra de um pobre grãozinho de areia?...

Eu pensei em alguma coisa melhor para minha Celina querida; esta ideia de sombra me agradou, e pensei com efeito que na verdade a minha Celina devia ser a sombra de alguma coisa, mas de quê?... No mundo criado, nada encontro que possa corresponder à ideia que tenho dessa realidade da qual a minha Celina querida deve ser a sombra fiel... Deve ser o próprio Jesus esta *divina realidade*!...

Cl 2,17   Sim, Celina deve ser a sombrazinha de Jesus... Que título humilde e, ao mesmo tempo, glorioso, pois o que é uma sombra?... mas sombra de Jesus, que glória!...

Quantas coisas teria para dizer a respeito deste assunto à sombrazinha de Jesus, mas falta-me tempo, é-me impossível!...

O sonho da minha Celina é muito bonito, talvez um dia seja realizado[1]... mas enquanto esperamos, comecemos o nosso martírio, deixemos Jesus *arrancar-nos* tudo o que nos é mais caro, e não lhe recusemos nada. Antes de morrer pela espada, morramos às alfinetadas... Celina está compreendendo?...

O grãozinho de areia une-se no sofrimento à *sombrazinha* de Jesus.

Irmã Teresa do Menino Jesus da Sagrada Face.

                                                                                nov. carm. ind.

C 87   Para Celina.

J.M.J.T.

Jesus †   No Carmelo, em 4 de abril de 1889.

Celininha querida,

Tua carta foi motivo de grande tristeza para minha alma!... Pobre Paizinho!...

Is 55,8   Não, os pensamentos de Jesus não são os nossos nem suas vias as nossas vias...

Mt 20,22-23   Ele oferece-nos um cálice tão amargo na medida que nossa fraca natureza pode suportar!... não afastemos nossos lábios deste cálice preparado pela mão de Jesus...

Vejamos a vida à luz da verdade... É um instante entre duas *eternidades*[1]... Soframos em *paz*[2]!...

Confesso que esta palavra "paz" me parecia um pouco forte, mas outro dia, ao refletir sobre ela, encontrei o segredo para sofrer em paz... Quem diz *paz* não diz alegria, ou pelo menos, alegria *sentida*... Para sofrer em paz, basta querer tudo o que Jesus quer... Para ser a esposa de Jesus, *é preciso* assemelhar-se a Jesus, Jesus está todo ensanguentado[3], coroado de espinhos!...   Mt 27,29

Mil anos são aos vossos olhos, Senhor, como o dia de *ontem* que já passou!...   Sl 89,4

Estando às margens dos rios da Babilônia, aí, juntos chorávamos, ao lembrar-nos de Sião... Penduramos as nossas harpas nos salgueiros que estão nos campos... Aqueles que nos levaram cativos disseram-nos: 'Cantai-nos algum dos cânticos de Sião!' Como haveríamos de cantar o canto do Senhor em terra estrangeira?... Salmo de Davi.   Sl 136,1-4

Não, não cantemos os cânticos do céu para as criaturas... mas como Cecília, cantemos em nosso coração um cântico melodioso para nosso bem-amado[4]!...

O cântico do sofrimento unido aos seus sofrimentos é o que mais encanta o seu coração!...

Jesus arde de amor por nós... Olha para sua face adorável!... Vê os seus olhos apagados e baixos!... olha para as suas chagas... Olha para Jesus na sua face[5]... Ai verás quanto ele nos ama.

Irmã Teresa do Menino Jesus da Sagrada Face
nov. carm. ind.

C 88   Para Maria Guérin.

24 de abril de 1889

J.M.J.T.

Jesus †   Quarta-feira, abril de 1889.

Minha irmãzinha querida,

Venho pedir-te um serviço. Dirijo-me a ti, pois sei que os Buissonnets, que agora infelizmente estão desertos, eram antes teu domínio.

Lembras-te de um livro que a Senhora Tifenne me dera por ocasião da minha primeira Comunhão?... Intitulava-se: "O ramalhete da moça". Este livro deve estar numa das gavetas da cômoda do pobre paizinho, ficaria muito contente se eu pudesse tê-lo o mais breve possível [1v] assim como um outro, *menor*, que as senhoritas Primois[1] me tinham dado. É um livro castanho com vinheta dourada, creio que se trata de meditações sobre a Eucaristia. Este livro está numa das prateleiras do armário do quarto de Celina (o do lado da porta). Irmãzinha querida, desculpa-me por te pedir este serviço!... Se for possível, podes explicar à empregada de que se trata, sem ires pessoalmente até os Buissonnets!...

É incrível como agora os nossos laços se estreitam mais, parece-me que depois da nossa terrível provação, somos ainda mais *Irmãs* do que antes!...

[2f] Se soubesses como *te amo*!... como penso em vós todos... Oh! Faz tanto bem quando se sofre ter corações amigos cujo eco responde à nossa dor!... Como agradeço a Jesus por nos ter dado tão bons parentes... irmãzinhas tão gentis. Nossas pobres irmãzinhas *lá debaixo*² não se cansavam, outro dia, de contar-nos todas as bondades que têm para com elas. Vi que o *coração* da minha Mariazinha comoveu o *coração* da minha Celina e isto causou uma grande alegria a meu pobre *coração*, pois amo tanto a minha Maria!... Todos os elogios que lhe façam [2v] dificilmente chegariam aquilo que eu penso a seu respeito.

Escrevo às pressas como uma tolinha sem pensar que minha pobre pena não sabe de forma alguma corresponder ao meu coração, e que, sem dúvida, vou sofrer a vergonha de não poder ser lida.

Irmãzinha tão querida, abraçá por mim *todos* aqueles que tanto amo, agradece-lhes por nos terem mimado na Páscoa com o gostoso chocolate e o bom Peixe... Ah! Não posso pensar no *peixe*⁵... o meu tio tinha alguma coisa de tão PATERNAL naquele dia, alguma coisa fora do comum!... Nunca esquecerei essa sua visita no locutório.

Tua irmãzinha que te ama.
Irmã Teresa do Menino Jesus

C 89 Para Celina.

J.M.J.T.

Jesus † !...   Carmelo, 26 de abril de 1889.

É Jesus que se encarrega de dar FELIZ ANIVERSÁRIO pelos vinte anos da sua noiva!¹...

Que vigésimo ano fértil em *sofrimentos*, em graças de escol!... vinte anos! Idade cheia de *ilusões*... diz-me que ilusões deixas no coração da minha Celina?...

Quantas lembranças entre nós!... Um mundo... Sim, Jesus tem suas preferências, há no seu jardim frutos que o sol do seu amor faz amadurecer num piscar de olhos... Por que somos nós deste número?... Pergunta repleta de mistério... Que motivo nos pode dar Jesus? [1v] Ai! seu motivo é que ele não tem motivo!... Celina!... aproveitemo-nos da preferência de Jesus que nos ensinou tantas coisas em tão poucos anos, não negligenciemos nada do que possa lhe agraciar!... Ah, deixemo-nos dourar pelo sol do seu *amor*... este sol queima... consumamo-nos de *amor*!... São Francisco de Sales diz: "Quando o fogo do amor se encontra num coração, todos os móveis voam pelas janelas"². Oh! Não deixemos nada... nada em nosso coração a não ser Jesus!...

Não pensemos poder amar sem sofrer, sem sofrer muito... nossa *pobre* natureza aí está! E não está à toa!... É nossa riqueza, nosso ganha-pão!... Ela é tão preciosa que Jesus veio à terra expressamente para a possuir.

[2f] Soframos com amargura, sem coragem!... "Jesus sofreu com *tristeza*! A alma sofreria sem tristeza?[3]..." E gostaríamos de sofrer generosamente, grandiosamente!... Celina, quanta ilusão!... E nós gostaríamos de nunca cair?... Que importa, meu Jesus se eu cair a cada momento, assim *vejo* a minha fraqueza e isso é para mim um grande lucro... Por aí vós vedes o que posso fazer e agora sereis, doravante, mais tentado em carregar-me no colo... Se não o fazeis, é porque vos agrada ver-me *caída por terra*... então, não vou me preocupar, mas sempre estenderei para vós braços suplicantes e cheios de amor!... Não posso crer que me abandoneis!...

[2v] "Os santos quando estavam aos pés de Nosso Senhor, era então que encontravam suas cruzes![4]..."

Celina querida, doce eco da minha alma!... Se conhecesses a minha miséria!... oh! Se tu soubesses... A santidade não consiste em dizer coisas bonitas, nem mesmo consiste em pensá-las, nem em senti-las!... ela consiste em *sofrer* e em sofrer *de tudo*. "A santidade! É preciso conquistá-la à ponta da espada, é preciso *sofrer... é preciso agonizar*![5]..."

Um dia virá em que as sombras desaparecerão, e então só a alegria e o inebriamento permanecerão... Ct 4,6

Aproveitemo-nos do nosso único momento de sofrimento!... não vejamos senão cada instante!... um instante é um tesouro... Um único ato de amor far-nos-á conhecer melhor a Jesus... aproximar-nos-á dele durante toda a *eternidade*!...

Irmã Teresa do Menino Jesus da Sagrada Face
nov. carm. ind.

C 90   Para Celina.

27 (?) de abril de 1889

Para o dia 28 de abril

J.M.J.T.

Quero ainda desejar um feliz aniversário à minha Celina querida, mando-lhe um pequeno ramalhete da parte do Menino Jesus[1], ele agradece por todas as lindas flores que ela lhe deu. Ai! estas flores não são brilhantes, o menino Jesus do Carmelo é pobre, mas no céu ele [1v] mostrar-nos-á suas riquezas e eu sei bem a quem ele as dará em abundância...

Amanhã receberei meu Jesus[2]! Oh! Como lhe falarei de minha Celina, desta outra *eu mesma*. Terei muitas coisas para lhe dizer, mas isso não me será difícil, um só suspiro dir-lhe-á tudo.

Que rabiscos! mas corro tanto que é preciso desculpar-me. Eu queria que meu coração e tudo o que ele contém para ti te fosse conhecido, mas há coisas que não podem ser escritas e que só o coração compreende.

[2f] (O ramalhete de Jesus passou muitas horas diante dele, num vaso ainda mais pobre do que ele!...)

Ap 21,25
Celina querida, um dia iremos para o céu, para sempre, então não haverá mais dia nem noite como na terra... Oh! Que alegria, caminhemos em paz olhando para o céu, a *única* meta dos nossos trabalhos. Aproxima-se[3] a hora do repouso.

Abraça bem forte, por mim, a minha Leônia que eu amo tanto. Não me esquecerei do dia dos seus vinte e cinco anos[4], [2v] depois que entrei para o Carmelo, tenho muita memória para as datas.

Até breve, minha Celina, "Perpétua" de Jesus... amo-te mais do que saberia dizer.

Tua irmãzinha
Teresa do Menino Jesus.

C 91   Para irmã Maria do Sagrado Coração.

Fim de maio de 1889

J.M.J.T.

Jesus †

Leão querido, obrigada, obrigada!... Que quereis que o pobre cordeirinho vos diga?[1] Não fostes vós que o instruístes?... Lembrai-vos do tempo em que, assentada na *grande poltrona,* segurando-me no vosso colo, me faláveis do céu?[2]... ouço-vos ainda dizer-me: "Olha os comerciantes como se sacrificam para ganhar dinheiro, e nós, nós podemos juntar tesouros para o céu em cada instante sem tanto cansaço, basta-nos ajuntar diamantes com um ANCINHO".

[v] E lá me ia embora com o coração transbordando de alegria, cheio de boas resoluções!... Talvez, sem vós, eu não estivesse no Carmelo!...

Sb 3,5-6
O tempo já passou sobre estes felizes momentos decorridos em nosso doce ninho... Jesus veio visitar-nos... Achou-nos dignas de passar pelo crisol do sofrimento...

Antes do meu ingresso no Carmelo, nosso *incomparável* pai dizia ao me entregar a Deus: "Gostaria de ter alguma coisa de melhor para oferecer a Deus". Jesus escutou sua prece... esta alguma coisa de melhor, era *ele mesmo!...* Quanta

Sl 117,23
alegria por um *momento* de sofrimento!... *Foi o Senhor* quem fez isto... E o Senhor ama papai incomparavelmente mais do que nós o amamos. Papai é a criancinha de Deus; [v tv] a fim de poupar-lhe *grandes* sofrimentos, Deus quer que soframos por ele!...

A nós cabe agradecer-lhe!...

Leão querido, a vida passará bem depressa, no céu, ser-nos-á indiferente que todas as *relíquias* dos Buissonnets tenham sido espalhadas[3] para aqui ou para ali![4]... Que importa a terra?...

Vossa filhinha a quem educastes!...
Irmã Teresa do Menino Jesus da Sagrada Face
nov. carm. ind.

C 92   Para Maria Guérin.

J.M.J.T.

Jesus †   Quinta-feira, 30 de maio de 1889

Minha irmãzinha querida,

Fizeste bem em me escrever, entendi *tudo... tudo, tudo, tudo*![1]...

Tu não fizeste *sombra* do *mal*, sei muito bem o que são essas espécies de tentações que te posso assegurar sem temor, por outra parte, Jesus mo disse no fundo do coração... É preciso desprezar todas essas tentações, não lhes prestar nenhuma atenção.

Queres que te confie uma coisa que me deixou *muito* penalizada?...

É que minha Mariazinha deixou as suas comunhões... no dia da Ascensão[2] e no último dia do mês de Maria!... Oh! Como isso entristeceu a Jesus!...

É preciso que o demônio seja muito esperto para enganar assim uma alma[3]!... mas não sabes, minha querida, que esse é todo o objetivo dos seus desejos. Ele sabe muito bem, pérfido, que não pode fazer pecar uma alma que é toda de Jesus, [1v] por isso só tenta fazer-lho crer. Já é muito para ele colocar a inquietação nessa alma, mas para a sua raiva, é necessária outra coisa: ele quer privar Jesus de um sacrário amado, não podendo penetrar nesse santuário, quer que pelo menos ele fique *vazio* e sem dono!... Ai! que será desse pobre coração?... Quando o demônio conseguiu afastar uma alma da Sagrada Comunhão, *ganhou tudo...* E Jesus chora!...

Ó minha querida, pensa pois que Jesus está aí, no sacrário para ti, *só para ti*, arde de desejo de entrar no teu coração..., não escutes o demônio, zomba dele e vá sem receio receber o Jesus da paz e do amor!...

Mas ouço-te dizer: "Teresa diz isso porque ela não sabe... ela não sabe como o faço bem de propósito... isso me diverte... e depois não posso comungar, pois penso que cometeria um sacrilégio *etc., etc., etc.*" Sim, tua pobre Teresinha sabe muito bem [2f], digo-te que ela adivinhou *tudo,* assegura-te que tu podes ir sem receio receber teu único amigo verdadeiro... Ela também passou pelo *martírio* do escrúpulo[4], mas Jesus deu-lhe a graça de comungar assim mesmo, embora pensasse ter cometido *grandes pecados...* asseguro-te que ela se deu conta que era o único meio de livrar-se do demônio, pois quando vê que perde o tempo ele nos deixa em paz!...

Não, é impossível que um coração "que não descansa senão à vista do sacrário" ofenda a Jesus a ponto de não poder recebê-lo. O que ofende Jesus, o que lhe fere o coração é a falta de confiança!...

Irmãzinha, antes de receber a tua carta, pressentia tuas angústias, meu coração estava unido ao teu, esta noite, no sonho, procurei consolar-te, mas ai! não o conseguia!... Não serei mais feliz hoje a não ser que Jesus e a Santíssima Virgem venham me ajudar; espero que meu desejo [2v] se realize e que no último dia do seu mês, a Santíssima Virgem cure minha irmãzinha querida. Mas para isso, é preciso rezar, *rezar muito*, se pudesses acender uma vela a Nossa Senhora das Vitórias... tenho tanta confiança nela!...

Teu coração é feito para Jesus, para amá-lo apaixonadamente, reza muito para que os *mais belos anos da tua vida* não se passem em temores quiméricos.

Nós não temos senão os breves instantes da vida para amar Jesus, o demônio bem o sabe, por isso trata de consumi-la em trabalhos inúteis...

Irmãzinha querida, *comunga com frequência*, muitas vezes... eis o *único remédio* se queres sarar, não foi sem razão que Jesus pôs essa atração em tua alma. (Creio que ele ficaria contente se pudesses recuperar as tuas comunhões perdidas, pois então a vitória do demônio seria menor, pois não teria conseguido afastar Jesus do teu coração.) Não temas amar *demais* a Santíssima Virgem, *nunca* a amarás suficientemente e Jesus ficará muito satisfeito visto que a Santíssima Virgem é a sua mãe.

Adeus Irmãzinha, desculpa meus rabiscos que nem posso reler, falta-me o tempo, abraça por mim todos os meus.

[2v tv] Irmã Teresa do Menino Jesus
nov. carm. ind.

C 93 Para Maria Guérin.

J.M.J.T.

Jesus †   Domingo, 14 de julho de 1889.

Minha irmãzinha querida,

Sendo que tens a humildade de pedir conselhos à tua Teresinha, ela não tos pode negar[1], mas pobre novicinha sem experiência, recearia errar e poderias ter dúvidas sobre o que ela te diz. Mas hoje, não receies, é a própria resposta de Jesus que te trago... Oh! Como sou feliz de poder transmiti-la...

Esta manhã, perguntei à nossa boa Madre o que eu devia te responder a respeito do que disseste para Celina. Fazendo o que me disse para ti, esta Madre querida, não tenhas medo de errar, pois Deus colocou no seu coração um profundo conhecimento das almas e de todas as suas misérias, ela sabe *tudo*; *nada* lhe está escondido, a tua alminha é-lhe perfeitamente conhecida; eis o que ela me disse para te dizer *da parte de Jesus:* "Fizeste muito bem em dizer tudo a Celina, embora seja melhor não conversar sobre essas coisas, é melhor não lhes dar a menor atenção, pois nossa Madre tem certeza que tu não fazes nenhum mal". Então, estás tranquilizada?... Parece-me que se eu estivesse no teu lugar, se me tivessem falado do mesmo modo, estaria curada e ter-me-ia deixado conduzir [v] como uma cega, pois é o único meio para ter a paz e, sobretudo, para agradar a Jesus.

Ainda mesmo que estivesses certa de fazer algum mal, não há perigo nenhum pois *nossa Madre*, que tem (penso eu) mais experiência do que *tu*, diz que tu não o fazes...

Oh! Maria, como és feliz por ter um coração que sabe *amar* assim... Agradece a Jesus por haver-te dado um dom tão precioso e entregar-lhe *inteiramente* o teu coração. As criaturas são pequenas demais para encher o *vazio imenso* que Jesus cavou em ti, não lhes dês lugar em tua alma...

Deus não te pegará em suas redes, pois tu já estás bem presa nelas...

Sim, é bem verdade que o nosso afeto não é da *terra*, é forte demais para isso, a própria morte não seria capaz de o quebrar...

Não te entristeças por não sentires consolo nenhum em tuas comunhões, é uma provação que se deve suportar com amor, não percas nenhum dos *espinhos* que encontrares diariamente; com um deles, podes *salvar* uma *alma*!...

Ah, se soubesses como Deus é ofendido! Tua alma é tão bem feita para o consolar... ama-o *loucamente* por todos aqueles que não o amam!... Irmãzinha, depois da sua louca correria, é preciso que minha pena pare, tenho cinco cartas para escrever hoje, mas comecei pela minha Mariazinha... amo-a tanto e tão *pouco naturalmente!*... Abraça por mim meu tio, minha tia e minha querida Joana, diz-lhes que os amo. Tu, privilegiadazinha de Jesus, reza para que tua indigna Irmãzinha possa amar tanto quanto tu, se isso for possível!...

Irmã Teresa do Menino Jesus da Sagrada Face
nov. carm. ind.

C 94 Para Celina.

J.M.J.T.

Jesus †   Carmelo, 14 de julho de 1889.

Minha querida Celina,

A minha alma não te abandona... ela sofre o exílio[1] contigo!... Oh! Como custa viver, ficar nesta terra de amargura e de angústia... Mas amanhã... dentro de uma hora, estaremos no porto, quanta felicidade! Ah, como será bom con-

1Cor 13,12 templar Jesus *face a face* durante *toda* a eternidade! Sempre, sempre mais amor, sempre alegrias mais inebriantes... uma felicidade sem nuvem!...

Como fez Jesus para desapegar assim nossas almas de todo o criado? Ah! Feriu-nos com um grande golpe... mas foi um golpe de amor. Deus é admirável, mas sobretudo, é amável, amemo-lo portanto... amemo-lo bastante para sofrer por ele tudo o que ele quiser, *inclusive* as penas da alma, a aridez, as angústias, as friezas aparentes... ah! É um grande amor o de amar Jesus sem sentir a doçura deste amor... é um martírio... Portanto, *morramos mártires.* Oh! Minha Celina... doce eco da minha alma, compreendes?...

O martírio ignorado, conhecido só de Deus, que o olhar da criatura não pode descobrir, martírio sem honra, sem [v] triunfo... Eis o amor levado até o heroísmo... mas um dia, o Deus reconhecido exclamará: É agora a minha vez². Oh! O que veremos então?... O que é essa vida que não terá mais fim?... Deus será
1Cor 2,9 a alma da nossa alma... mistério insondável... "Nunca o olhar do homem viu a luz incriada, nunca o seu ouvido ouviu as harmonias incomparáveis e jamais o seu coração pode pressentir o que Deus reserva àqueles que ele ama". E tudo isto acontecerá *em breve*, sim, logo, apressemo-nos em fazer nossa coroa, estendamos a mão para agarrar a palma e se amarmos muito, se amarmos a Jesus com paixão, ele não será tão cruel para nos deixar longo tempo nesta terra de exílio... Celina, durante os BREVES INSTANTES que *nos restam*, não percamos nosso tempo... salvemos as almas... as almas se perdem como flocos de neve³, e Jesus chora, e nós... nós pensamos em nossa dor sem consolar nosso noivo... Oh! Minha Celina, vivamos para as almas... sejamos apóstolas... salvemos sobretudo as almas dos sacerdotes⁴, estas almas deveriam ser mais transparentes que o cristal... Ai! quantos maus padres, padres que não são bastante santos... Rezemos, soframos por eles, e no último dia Jesus ficará *agradecido.* Dar-lhe-emos almas!...

Celina, compreendes o grito do meu coração?... Juntas... Sempre juntas,

Celina e Teresa do Menino Jesus da Sagrada Face.
nov. carm. ind.

[P.S.] Irmã Maria do Sagrado Coração não pode escrever-te porque a carta teria excesso de peso.

C 95 Para irmã Inês de Jesus.

Julho-agosto (?) de 1889

J.M.J.T.

Jesus †

Querido Cordeirinho, deixai vosso Cordeirinho balir um pouco... O Cordeiro fez-me bem no domingo!

Há sobretudo uma frase da sua carta que foi, para mim, luminosa, era: "Retenhamos uma palavra que poderia elevar-nos". É verdade, precisa-se guardar tudo para Jesus com um cuidado *cioso*... Cordeiro querido, como é bom trabalhar *só* para Jesus, SOMENTE para ele!... Oh! Como o coração fica satisfeito então, como nos sentimos leves... Pequeno Belloni[1] de Jesus, rezai pelo pobre grãozinho de areia, que ele esteja sempre no devido lugar, isto é, sob os pés de todos, que ninguém pense nele, que sua existência seja, por assim dizer, *ignorada*, o grão de areia não deseja ser *humilhado*, isto é ainda glorioso [iv] demais sendo que seriam obrigados a ocupar-se dele, e ele só deseja uma coisa, ser ESQUECIDO, tido por *nada*[2]!... Mas ele deseja ser *visto* por *Jesus*, se os olhares das criaturas não podem abaixar-se até ele que pelo menos a face ensanguentada de Jesus[3] se volte para ele... não deseja senão um olhar, um só olhar!...

Se fosse possível para um grão de areia consolar a Jesus, enxugar-lhe as lágrimas[4], como há um que o queria fazer...

Que Jesus tome o pobre grão de areia e o esconda na sua face adorável... aí o pobre átomo não terá nada a recear, terá a certeza *de nunca mais pecar*!... Sl 30,21

[2f] O grão de areia quer a todo custo salvar almas... Jesus tem de lhe conceder esta graça; Veronicazinha, pedi esta graça à face *luminosa* de Jesus!... Sim, a face de Jesus *é luminosa*, mas se, em meio às feridas e às lágrimas já é tão bonita, como será quando a virmos no céu? Oh! O céu... o céu... Sim, para ver um dia a face de Jesus, para contemplar eternamente [2v] a maravilhosa beleza de Jesus, o pobre grão de areia deseja ser desprezado sobre a terra!...

Cordeiro querido, pedi a Jesus que o seu grão de areia se apresse em salvar muitas almas em pouco tempo para voar mais cedo para a *sua face* querida!...

Eu sofro!... mas a esperança da pátria me dá coragem, em breve estaremos no céu... Aí não haverá mais dia nem noite, mas a face de Jesus fará reinar uma Ap 21,25 luz sem igual!...

Cordeiro querido, compreendei o grão de areia, que não sabe o que diz esta noite, mas com toda a certeza não tinha intenção de dizer uma única palavra do que rabiscou...

C 96 Para Celina.

J.M.J.T.

Jesus † 15 de outubro de 1889.

Minha Celina querida,

Se soubesses como tocaste o coração da tua Tê!... Teus vasinhos[1] são LINDOS, tu não SABES o prazer que me causaram!... Celina... A tua carta me agraciou muito, muito, senti como nossas almas são feitas para se compreenderem, para caminharem na mesma via!... A vida... ah! É verdade que para nós ela não

1Cor 13,12

tem mais encanto... mas engano-me, é verdade que os encantos do mundo [v] se desvaneceram para nós, mas é uma fumaça... e a *realidade* fica, sim, a vida é um tesouro... cada instante é uma *eternidade*, uma eternidade de alegria para o céu[2], uma eternidade para ver Deus *face a face*[3], não ser senão um com ele!... Só Jesus é; todo o restante *não é*... amemo-lo, portanto, loucamente, salvemos-lhe almas, ah! Celina, sinto que Jesus pede de *nós duas*, que desalteremos a *sua sede*, dando-lhe almas, almas de *sacerdotes* principalmente [2f], sinto que Jesus quer que eu te diga isto, pois nossa missão consiste em nos *esquecer,* nos aniquilar... somos tão pouca coisa... e contudo Jesus quer que a salvação *das almas* dependa de nossos sacrifícios, do nosso amor, ele mendiga-nos almas... Ah! Entendamos seu *olhar*! Tão poucos sabem compreendê-lo, Jesus nos dá a graça insigne de nos instruir ele mesmo, de mostrar-nos uma *luz escondida*!... Celina... a vida será curta, a eternidade não tem fim... Façamos da nossa vida um sacrifício contínuo, um martírio de amor para consolar [2v] Jesus, ele não quer senão um *olhar; um suspiro*, mas um olhar e um suspiro que sejam *só para ele*!... Que todos os instantes da nossa vida sejam *só para ele*, que as criaturas não nos toquem senão de passagem... Só há uma coisa a fazer durante a noite, a única noite da vida que só virá *uma vez*, é amar, amar a Jesus com toda a força do nosso coração e salvar-lhe almas para que ele seja *amado*... Oh! Fazer amar a Jesus! Celina! Como falo bem contigo... é como se falasse à minha alma... Celina, parece-me que a ti posso dizer tudo...

(Obrigada, mais uma vez, pelos vasinhos, o menino Jesus parece *radiante* por estar tão bem enfeitado.)

Irmã Teresa do Menino Jesus da Sagrada Face
nov. carm. ind.

C 97   Para a senhora Guérin.

J.M.J.T.

Jesus †   15 de outubro de 1889.

Minha querida tia,

Não saberia dizer-vos o quanto fico comovida com vossos mimos!... Peço à minha santa padroeira para agradecer-vos assim como a meu tio querido enchendo-vos de suas graças. Peço-vos que agradeçais por mim as minhas irmãzinhas Joana e Maria pelos lindos ramalhetes e pelas deliciosas uvas.

[1v] Minha carta foi interrompida pela chegada de um novo presente, duas plantas magníficas para o Menino Jesus... Francamente, estou cumulada, ficaria confundida se não fosse para enfeitar o altar do Menino Jesus, é ele, sem dúvida, que se encarregará de pagar a minha dívida junto aos meus caros tios. Ignoro o nome da pessoa que faz este presente gracioso ao Jesus de Teresa... se vós a conheceis, querida tia, peço-vos para dizer-lhe toda a minha gratidão...

Ó tia, como rezo hoje a Santa Teresa [2f] para dar-vos em cêntuplo tudo o que fazeis por nós. Em sua cartinha de parabéns, Celina falava-me das vossas bondades para com ela, fiquei muito comovida, mas não me surpreendi, pois conheço todas as maternas *delicadezas* que tendes por nós.

Minha querida tia, estou com o coração cheio de coisas amáveis que gostaria de vos repetir, mas vejo-me obrigada a deixar-vos para ir às Vésperas.

Envio-vos os meus melhores beijos assim como a meu tio e às minhas quatro irmãzinhas[1].

Vossa filhinha muito agradecida

Irmã Teresa do Menino Jesus
nov. carm. ind.

C 98   Para Celina.

J.M.J.T.

Jesus † No Carmelo, 22 de outubro de 1889.

Minha Celina querida,

Se soubesses da pena que sinto por ter deixado passar o dia 21 sem felicitar a minha Celina!... Celina teria duvidado do coração da sua Teresa?...

Há muito tempo contudo ela pensava nesta festa querida, mas a vida do Carmelo é tão eremítica que a pobre solitariazinha nunca lembra a data em que se encontra... Celina, este esquecimento foi-me ao coração, mas creio que este ano Jesus quis que nossa festa fosse no mesmo dia; não é hoje a oitava de Santa Teresa? Sim, Celina, Santa Teresa é também tua padroeira, pois já és sua filha querida...

Se soubesses como encaro o pesar que tenho hoje, como sendo da vontade de Jesus, porque ele compraz-se em semear nossa vida de pequenas aflições...

Remeto-te uma bonita estampa da Sagrada Face que nossa Madre querida me deu há algum tempo. Acho que convém tão bem a Maria da Sagrada Face[1] [1v] que não posso guardá-la para mim; há muito tempo pensava em dá-la à minha Celina.... à Celina minha... que Maria da Sagrada Face seja uma outra Verônica que enxugue todo o sangue e as lágrimas de Jesus, seu *único* Bem-amado, que lhe conquiste almas, sobretudo as almas que ela *ama*[2], que se obstine em enfrentar os soldados, isto é, o mundo, para chegar até ele... ah! Como ela será feliz quando puder um dia contemplar na glória a bebida *misteriosa* com a qual terá saciado a sede do seu noivo celeste, quando ela vir seus lábios outrora ressecados abrirem-se para lhe dizer a *única e eterna palavra de amor!...* O *obrigado* que não terá fim...

Jo 11,16   Até breve, pequena Verônica querida, amanhã, sem dúvida, o bem-amado pedirá outro sacrifício, um novo alívio para sua sede, mas que importa, morramos com ele...

Boas festas, Celina querida...

Tua pobre Irmãzinha
Teresa do Menino Jesus da Sagrada Face
nov. carm. ind.

[P.S.] Não esqueça de colher uma florzinha, Celina[3], é o meu coração que ta vai oferecer...

C 99   Para a senhora Guérin.

J.M.J.T.

Jesus †   No Carmelo, 18 de novembro de 1889.

Minha tiazinha querida,

Como o tempo passa... Já se passaram dois anos desde que vos enviava de Roma meus votos de festas[1], e contudo parece-me que foi ontem.

Passaram-se muitas coisas nestes dois anos, Deus concedeu-me grandes graças... Também nos visitou com sua cruz [1v] e, ao mesmo tempo, ele revelou-nos toda a ternura que tinha depositado no coração da nossa querida tia...

Quantas recordações nesta data de 19 de novembro, quanta alegria quando via chegar este momento!... É sempre com a mesma alegria que venho repetir para minha cara tia todos os votos que formulo para ela; mas engano-me, não vou perder meu tempo enumerando-os, pois creio que um volume inteiro não seria suficiente...

Lc 11,5-8   Se soubésseis, tiazinha querida, como vossa filhinha vai rezar por vós no dia da vossa festa, ai! sou tão imperfeita que minhas pobres orações não têm grande valor, mas há mendigos que, de tanto importunar, obtêm o que desejam; farei como eles e Deus não poderá despedir-me de mãos vazias...

Eis quatro horas batendo no relógio, preciso deixar-vos, [2v] minha querida tiazinha, mas asseguro-vos que meu coração continua convosco.

Peço-vos, querida tiazinha, para me recomendar à Senhora Fournet[2], pois não me esqueço que é também o dia de sua festa. Nem preciso dizer que abraço de todo o coração meu querido tio e minhas queridas irmãzinhas.

Para vós, minha tia querida, envio-vos o mais terno beijo do coração da *mais pequenina* das vossas sete filhinhas.

Irmã Teresa do Menino Jesus
nov. carm. ind.

C 100   Para o senhor e a senhora Guérin.

Jesus †   30 de dezembro de 1889.

Meu querido tio e minha querida tia,

O vosso Benjamim vem, por sua vez, desejar-vos um Feliz Ano-Novo!... Assim como cada dia tem sua última hora, cada ano vê também chegar sua última noite, e é na noite deste ano que me [1v] sinto levada a lançar um olhar sobre o passado e sobre o futuro; considerando o tempo que já decorreu, sinto-me levada a agradecer a Deus, pois se a sua mão nos ofereceu um cálice de amargura, o seu divino coração soube amparar-nos na provação e nos deu a força necessária para beber o seu cálice até o fim... O que nos reserva ele para o ano que se inicia?... Não me é dado desvendar este mistério, mas suplico a Deus [2f] que recompense com o cêntuplo meus queridos tios, por todas as amabilidades tão comovedoras que tiveram para conosco!...   Mt 20,22-23

O primeiro dia do ano é para mim um mundo de recordações... Vejo ainda papai cumulando-nos de suas carícias... Ele era tão bom!... Mas por que trazer à mente tais lembranças? Este pai querido recebeu a recompensa das suas virtudes, Deus lhe enviou uma provação digna dele.

Eis o toque das nove horas. [2v] Vejo-me obrigada a terminar minha carta sem ter dito nada daquilo que deveria, mas espero que meus queridos tios desculpem sua Teresinha, e sobretudo, *desculpem a letra* que não é legível...

Feliz Ano-Novo para minhas queridas irmãzinhas!... Sobretudo que Maria sare logo, eu ficaria zangada com ela se a GRIPE a impedir de vir nos visitar!...

Até breve meu caro tio e minha cara tia, vossa filhinha vos deseja um *bom, bom Ano* e vos abraça de todo o coração

Irmã Teresa do Menino Jesus
nov. carm. ind.

C 101   Para Celina.

J.M.J.T.

Jesus †   Em 31 de dezembro de 1889.

Minha querida Celina,

És tu que tens o meu último adeus deste ano!... Dentro de algumas horas terá passado para sempre... estará na eternidade!...

Sendo que minha Celina está nanando[1], cabe a mim ir ao seu encontro para desejar-lhe um *bom ano*...

Lembras-te de outrora?... [1v] O ano que acaba foi bom, sim, foi precioso para o céu, oxalá que o que vai seguir-se seja semelhante a ele!...

Celina, não estranho por te ver na cama depois de um ano assim! No final de um *dia* como esse há motivo para o repouso...! Compreendes?... Talvez o ano que se inicia seja o último!!! Ah! Aproveitemos, aproveitemos os [2f] mínimos instantes, façamos como os avarentos, sejamos ciumentas das menores coisas para o bem-amado!... Nosso dia de ano-novo é muito triste, este ano... É com o coração cheio de recordações que vou velar aguardando meia-noite... Lembro-me de tudo... agora somos órfãs², mas podemos dizer com amor: "Pai nosso que estais nos céus³". Sim, ainda nos resta o único *tudo* das nossas almas!...

Mt 6,9

[2v] Mais um ano se foi!... Celina, passou, passou, não voltará nunca; assim como este ano passou, nossa vida também passará e, em breve, diremos: "Ela passou", não percamos o tempo, em breve a eternidade brilhará para nós!... Celina, se quiseres, convertamos as almas, é preciso que este ano façamos muitos *sacerdotes* que saibam amar a Jesus!... que o *toquem* com a mesma *delicadeza* com que Maria o *tocava* no seu berço³!...

Tua irmãzinha Teresa do Menino Jesus da Sagrada Face
nov. carm. ind.

[2v tv] Desejo também um Feliz Ano-Novo a *Loló*⁴, mas creio que a verei!... [1r tv] Agradece muito a meu tio e minha tia, diz-lhes que estou muito comovida por todos os seus presentes, agradeça também a Joana e Maria, elas são verdadeiramente muito gentis.

C 102   Para Celina.

27 de abril de 1890

J.M.J.T.

Jesus †

Minha Celina querida,

Minha alegria era te escrever uma longa carta pelos teus *vinte e um anos*, mas eis que só tenho alguns instantes!... Celina, acreditavas que tua Tê podia se esquecer do dia *28 de abril*?... Celina, meu coração está repleto de lembranças... Parece-me que te amo há séculos e, porém, nem faz vinte e um anos... mas agora tenho a eternidade à minha frente...

Celina, a lira do meu coração cantará para ti no dia 28, teu nome ressoará amiúde aos ouvidos queridos do meu Jesus!... Ah! Sendo que nosso coração é o MESMO demo-lo todo inteiro a Jesus, é preciso irmos *juntas*, pois Jesus não pode habitar num *meio-coração*!... Pede para tua Tê não ficar para trás...

[v] Ao ver a estampa da Sagrada Face¹, as lágrimas afloraram aos meus olhos, não é a imagem da nossa família? Sim, nossa família é um *ramo de lírios* e o *lírio sem nome*² reside no meio, reside como rei e nos faz compartilhar as hon-

ras da sua realeza, o seu sangue divino rega nossas corolas, e os seus espinhos, ao nos ferir, deixam exalar o perfume do nosso amor.

Adeus, Celina, vieram interromper minha conversa, compreende *tudo*

Teresa

C 103   Para irmã Inês de Jesus.

4 (?) maio de 1890

J.M.J.T.

Jesus †

Cordeirinho querido, meu coração vos acompanha na solidão[1], vós sabeis "*cotoviazinha* leve" que tendes um fio amarrado ao vosso pé e, por mais alto que subais tereis de levar vosso fardo... mas um grão de areia não é pesado, e depois, será ainda mais leve se pedirdes a Jesus... Oh! Como ele deseja ser reduzido ao nada, ser ignorado de todas as criaturas, pobrezinho, nada deseja a não ser o ESQUECIMENTO[2]... não os desprezos, as injúrias, isto seria glorioso demais para um grão de areia. Para desprezá-lo, seria preciso vê-lo. [v] Mas o ESQUECIMENTO!... Sim, desejo ser esquecida, não só das criaturas, mas também de MIM MESMA, gostaria de ser tão reduzida ao nada que não tivesse mais desejo algum... A glória do meu Jesus, eis tudo; a minha, abandono-lha e se parecer me esquecer, pois bem! ele é livre, porque já não me pertenço a mim, mas a ele... Ele cansar-se-á mais depressa de me fazer esperar do que eu de o esperar![3]...

Cordeiro querido, compreendeis?... Compreendeis tudo, até o que meu coração não consegue exprimir. Vós que sois uma tocha luminosa que Jesus me deu para iluminar os meus passos nas sendas tenebrosas do exílio, tende piedade [v tv] da minha fraqueza, escondei-me sob vosso véu[4] para participar da vossa luz... Pedi a Jesus que *olhe* para mim, que as *boas-noites* penetrem com seus raios luminosos o coração do grão de areia e, se não é demais, pedi também que a Flor das flores entreabra a sua corola e que o som melodioso que dela emana faça vibrar no meu coração seus misteriosos ensinamentos... Cordeiro querido, não vos esqueçais do grão de areia!...

C 104   Para irmã Inês de Jesus (fragmentos[1]).

5-6 de maio de 1890

J.M.J.T.

Obrigada pela vossa carta[2], ah! Obrigada!...

[f] Não estou surpresa por não terdes consolações, pois Jesus é tão pouco consolado que fica feliz em encontrar uma alma na qual possa descansar sem fazer cerimônias...

Como me orgulho por ser vossa irmã! E também vossa filhinha, pois fostes vós que me ensinastes a amar a Jesus, a não buscar senão a ele.

[f] [...] e a desprezar todas as criaturas...

Quanto à Celina, não sei mais do que vós, e até menos, pois não sabia que está sofrendo[3], a não ser em [...] [v] enfadonho, em primeiro lugar, Celina nos falou desse pobre paizinho, reparou que é

[...] ela nos [...] de Joana. Disse-nos também para rezar muito por Leônia, pois ela sofre do seu mal[4] e creio que meu tio considera isto perigoso, está inchado ao redor.

Celina falou-nos do pobre paizinho, ela notou que foi sábado, dia da Invenção da Santa Cruz que nós também encontramos a nossa cruz! Leônia estava lá. Espera ficar curada na Sagrada Face[5] ou em Lourdes. Descerá à piscina. Pobre Leônia, ela é muito boa e queria privar-se das suas visitas no locutório para agradar Celina... Tendo tocado Vésperas, parti. Não sei quando elas estarão em Tours, mas creio que na semana que vem estarão em Lourdes. É preciso escrever segunda-feira ou terça antes do meio-dia, para que a carta chegue sábado.

Oh! Como a terra é exílio!... Não há que buscar apoio algum fora de Jesus, pois só ele é *imutável*. Que felicidade pensar que ele não pode mudar... Que alegria para nosso coração pensar que nossa humilde família ama ternamente a Jesus; é sempre o meu consolo; não é nossa família uma família virginal, uma família de lírios[6]?... Pedi a Jesus que a mais pequena, a *derradeira*, não seja a *última* a amá-lo com todo o seu poder de amar!...

C 105   Para Celina.

10 de maio de 1890

J.M.J.T.

Jesus †

Minha querida Celina,

Estás contente com tua viagem?... Espero que a Santíssima Virgem te cumule com suas graças, se não são graças de consolação, são, sem dúvida, graças de luz!... E a Santa Face![1]... Celina, tu sabes que é uma grande graça a de visitar todos esses lugares abençoados... Meu coração gostaria de seguir-te [1v] por toda parte, mas ai! não conheço o itinerário da viagem, pensava até que não estaríeis em Lourdes senão na próxima semana.

Celina, como deves sentir-te bem contente por contemplar a bela natureza, as montanhas... os rios prateados, tudo isso é tão grandioso, tão apropriado para elevar as nossas almas... Ah! Irmãzinha, desprendamo-nos da terra, voemos para a montanha do amor onde se encontra o belo lírio das nossas almas.. Desprendamo-nos [2f] das consolações de Jesus, para nos prendermos só a *ele*!...

E a Santíssima Virgem! Ah! Celina, esconda-te bem à sombra do seu manto virginal para ela te virginizar!... A pureza é coisa tão bonita, tão branca!... Bem-aventurados os corações puros, pois verão a Deus!... Sim, eles o verão mesmo na terra, onde nada é puro, mas onde todas as criaturas se tornam límpidas, quando vistas através da face do mais lindo, do mais branco dos lírios[2]!...   Mt 5,8

[2v] Celina, os *corações puros* estão muitas vezes, cercados de espinhos... Estão frequentemente nas trevas, então esses lírios pensam ter perdido sua brancura, pensam que os espinhos que os cercam chegaram a rasgar sua corola!... Celina, compreendes?... Os lírios no meio dos espinhos são os prediletos de Jesus, é no meio deles que ele tem suas delícias!...   Ct 2,16

Bem-aventurado aquele que foi encontrado *digno* de sofrer a tentação!...   Tg 1,12

Tê do Menino Jesus da Sagrada Face
nov. carm. ind.

[2v tv] Pretendia escrever a minha cara Leônia, mas isso é-me impossível, por falta de tempo, diz-lhe como rezo por ela, e como penso na minha madrinha querida[3]. Pretendia também escrever para minha Mariazinha, mas não posso, rezo muito para que a Santíssima Virgem faça dela um *pequeno lírio,* que pense muito em Jesus e *se esqueça* de si mesma e de todas as suas pequenas misérias entre as mãos da obediência![4]... Não me esqueço da minha Joana...

[1f] Nada recebemos do Canadá[5]. Irmã Inês de Jesus não pode escrever por causa do seu retiro.

Se nada compraste para Nossa Madre, poderias trazer uma Nossa Senhora de Lourdes *que não seja pintada,* de uns 4 ou 5 francos.

C 106   Para irmã Inês de Jesus.

10 de maio de 1890

J.M.J.T.

Jesus †

Cordeiro querido, mais um dia[1] e voltareis a combater na planície!... O pobre cordeirinho reencontrará enfim sua *mamãe...* Como estou feliz por estar *prisioneira para sempre* no Carmelo[2], não tenho vontade de ir a Lourdes para ter êxtases, [v] prefiro a "monotonia do sacrifício"!. Que felicidade estar tão bem escondida que ninguém pensa em vós!... de ser *ignorada* até das pessoas que vivem conosco...   Ex 17,9-13

Cordeiro querido, como agradeço a Jesus por me ter *dado* a *vós,* por fazer que compreendais tão bem a minha alma!... Não posso dizer-vos tudo o que penso... Ah! O CÉU!!! Então [v tv] um único olhar, e tudo será dito e compreendido!...

O *silêncio*, eis a única linguagem que pode vos dizer o que se passa na minha alma!...

C 107 Para Celina.

19-20 de maio de 1890

J.M.J.T.

Jesus †   Maio de 90

Minha querida Celinazinha,

Estou encarregada de escrever-te uma palavrinha para te dizer que não venhas nos dar notícias de papai durante o retiro de Pentecostes; se quisesses escrever-nos uma palavrinha seria uma delicadeza e depois virias [1v] segunda-feira[1] para nos ver. Celina querida, estou contente por ter sido encarregada do recado, pois preciso dizer-te quanto acho que Deus te ama e te trata como privilegiada...

Mt 5,11-12   Ah! Podes dizer que tua *recompensa é grande nos céus*, pois está dito: "Sereis felizes quando vos injuriarem e perseguirem e disserem, falsamente, contra vós toda a espécie de mal". [2f] Então, alegra-te e vibra de alegria!...

Celina, que privilégio ser ignorada na terra!... Ah! Os pensamentos de Deus

Is 55,8   não são os nossos pensamentos, se o fossem, nossa vida não seria senão um hino de gratidão!...

Celina, pensas que Santa Teresa recebeu mais graças do que tu?... Não te direi [2v] que tendas à sua santidade *seráfica*, mas que sejas perfeita como teu

Mt 5,48   pai celeste é perfeito![2]... Ah! Celina, os nossos *desejos infinitos*[3] não são portanto nem sonhos, nem quimeras pois o próprio Jesus nos deu este *mandamento*[4]!...

Celina, não achas que sobre a terra *nada mais* nos resta? Jesus quer que be-

Mt 20,22-23   bamos do seu cálice até à última gota deixando nosso *querido* paizinho além, ah! Não lhe neguemos nada, ele necessita tanto de *amor* e está com *tanta sede* que espera de nós a gota de água que deve refrescá-lo!... Ah! Entreguemo-nos sem calcular, [2v tv] ele saberá, um dia, dizer-nos: "É agora a minha vez[5]".

Agradece muito à minha querida Mariazinha pelo seu maravilhoso ramalhete, diz-lhe que o ofereço a Jesus por ela, e lhe peço, em troca, que adorne a sua alma com tantas virtudes quantos botões de rosas há no ramalhete!...

                               Tua Irmãzinha Teresa do Menino Jesus da Sagrada Face
                                                                              nov. carm. ind.

C 108   Para Celina.

J.M.J.T.

Jesus †!...   No Carmelo, 18 de julho de 1890

Celina querida,

Se soubesses o que tua carta disse à minha alma!... Ah! A alegria inundava meu coração como um vasto oceano!... Celina, tudo o que tenho a dizer-te, tu o sabes, pois que tu és eu... Envio-te uma folha[1] que muito diz à minha alma, parece-me que a tua se vai engolfar nela também...

Celina, há *tanto tempo...* e já a alma do profeta Isaías *mergulhava,* como a nossa, nas BELEZAS OCULTAS de Jesus... Ah! Celina, quando leio estas coisas pergunto-me o que é o tempo?... O tempo não passa de uma miragem, de um sonho... já Deus *nos vê na glória,* ele GOZA da nossa beatitude eterna!... Ali! como este pensamento faz bem à minha alma, compreendo, então, porque é que ele não regateia conosco... Ele sente que o *compreendemos,* e nos trata como seus amigos, como às suas mais queridas esposas...

Celina, sendo que Jesus foi "o único a pisar o vinho" que nos dá de beber, por nossa vez não recusemos vestir roupas manchadas [1v] de sangue... pisemos para Jesus um vinho novo que o desaltere, que lhe retribua amor por amor, ah! Não percamos uma única gota do vinho que podemos lhe dar... então, olhando ao seu redor, verá que vimos para o ajudar!... Sua face estava como que escondida!... Celina, ainda hoje está assim, pois quem é que compreende as lágrimas de Jesus?...   Is 63,3 / Is 63,5 / Is 53,3

Celina querida, façamos em nosso coração um pequeno sacrário no qual Jesus possa se refugiar, será consolado, então, e esquecerá o que não podemos esquecer: "A ingratidão das almas que o abandonam num sacrário deserto![2]..." "Abre-me, minha irmã, minha esposa, porque minha face está cheia de orvalho e os meus cabelos das gotas da noite" eis o que Jesus nos diz à alma quando está abandonado e esquecido!... Celina, o *esquecimento,* parece-me que é o que mais o entristece!...   Ct 5,2

Papai!... Ah! Celina, não posso dizer-te tudo o que penso, seria longo demais, e como dizer coisas que mesmo o pensamento apenas consegue traduzir, das profundezas que estão nos mais íntimos abismos da alma!...

Jesus mandou-nos a cruz, a mais bem escolhida que pôde inventar no seu imenso amor... como nos queixar quando ele próprio foi considerado como um homem ferido por Deus e humilhado!... O divino encanto[3] encanta a minha alma e a consola maravilhosamente a cada instante do dia! Ah! *As lágrimas de Jesus, que sorrisos!...*   Is 53,4

[1v tv] Abraça todos por mim *e diz-lhes tudo o que quiseres*!... Penso muito na minha Leônia querida, minha querida visitandinha[4]. Diz a Maria do Santíssimo Sacramento[5] que Jesus lhe pede muito amor, e quer a reparação pelas friezas

que recebe, é preciso que o coração dela seja um braseiro onde Jesus possa aquecer-se!... É preciso que ela se esqueça de si inteiramente para só pensar nele...

Celina, rezemos pelos padres. Ah, rezemos por eles! Que nossa vida lhes seja consagrada, Jesus faz-me sentir todos os dias que ele quer isto de nós duas.

C. T.[6]
[2f]

J.M.J.T.

Do profeta Isaías (cap. 53)[7]

Is 53,1-5

"Quem teria acreditado no nosso anúncio, e a quem se teria revelado o braço do Senhor? Ele cresce diante dele como tenra vergôntea, como raiz, de uma terra sequiosa; não tem aparência bela nem decorosa para atrair os nossos olhares, nem aspecto para que nele nos comprazamos. Foi desprezado e evitado pelos homens; homem de dores, familiarizado com o sofrimento, como pessoa da qual se desvia o rosto, desprezível e sem valor para nós. No entanto ele tomou sobre si as nossas enfermidades e carregou-se com as nossas dores. Nós o julgávamos açoitado e ferido por Deus e humilhado; mas foi transpassado por causa dos nossos delitos, e espezinhado por causa das nossas culpas. A punição, salutar para nós, foi infligida a ele, e as suas chagas nos curaram."

Continuação do capítulo 53[8].

Is 63,1-3.5

"Quem é este, que avança tingido de vermelho, e com as vestes mais salpicadas do que as de um vindimador? Este que, adornado com os seus indumentos, ostenta a sua grande força? — Sou eu, que me glorio de justiça e sou grande em trazer salvação. — Por que, pois, está vermelha a tua vestidura e as tuas roupas como as de quem pisa no lagar? — Eu pisei sozinho no lagar, e ninguém do meu povo estava comigo. E eu os pisei na minha cólera, esmaguei-os no meu furor; e o seu sangue salpicou as minhas vestes; e todas as minhas roupas estão dele manchadas;... Olhei ao meu redor: nenhuma ajuda; parei ansioso: ninguém que me sustivesse. Então me foi de ajuda o meu braço, e o meu furor susteve-me!...".

Ap 7,13-15

Um dos anciãos tomou a palavra e disse-me: "'Esses, vestidos de branco, quem são e donde vieram?' Respondi-lhe: 'Meu senhor, tu o sabes!' Disse-me ele: 'Esses são aqueles que vêm da grande tribulação; lavaram as suas vestes, branqueando-as no sangue do cordeiro. Por isso estão aqui diante do trono de Deus e tributam-lhe culto, dia e noite, no seu templo e aquele que está sentado no trono estenderá sua tenda sobre eles"[9].

"Enquanto o rei está no seu divã, o meu nardo exala a sua fragrância. O meu amado é para mim uma bolsinha de mirra, que repousa sobre o meu peito. O meu amado respladece pela alvura e brilho do seu rosto, os seus cabelos são semelhantes à púrpura real. O meu amado é deveras amável, o seu rosto inspira amor e a sua face inclinada impele-me a dar-lhe amor por amor"[10].

Ct 1,12
Ct 5,10
Ct 7,5
Ct 7,6

O rosto inclinado sobre o meu bem-amado, ali fiquei de todo esquecido; tudo desapareceu para mim e abandonei-me, deixando todas as minhas solicitudes perdidas entre os lírios!... (Fragmento de um cântico do Nosso Pai São João da Cruz[11].)

C 109   Para Maria Guérin.

27-29 de julho de 1890

J.M.J.T.

Jesus †   No Carmelo, julho de 1890.

Minha querida Mariazinha

Agradece muito a Deus por todas as graças que te concede e não sejas tão *ingrata* de as não reconheceres. Estás me parecendo uma camponesinha que um rei poderoso viesse pedir em casamento e que não ousaria aceitar, sob o pretexto de não ser bastante rica nem suficientemente educada aos costumes da corte sem refletir que seu pretendente conhece sua pobreza e sua fraqueza muito melhor do que ela mesma conhece... Maria, se tu nada és, não podes esquecer que Jesus é *tudo*, por isso, deves perder teu pequeno *nada* no seu *tudo infinito* e não mais pensar senão nesse tudo unicamente amável[1]... Não podes desejar tampouco ver o fruto recolhido dos teus esforços; Jesus se compraz em guardar só para ele estes pequenos nadas que o consolam... Enganas-te, minha querida, se crês que tua pequena Teresa anda sempre com ardor no caminho da virtude, ela é fraca e muito fraca, todos os dias faz disso uma nova experiência, mas, Maria, Jesus gosta de ensinar-lhe, como a São Paulo, a ciência de glorificar-se em suas enfermidades, é esta uma grande graça e peço a Jesus para ta ensinar, pois só aí se encontra a paz e o descanso do coração, quando nos vemos tão miseráveis não queremos já olhar para nós e só olhamos para único bem-amado!...

2Cor 12,5

[v] Minha querida Mariazinha, por mim não conheço outro caminho para se chegar à perfeição senão o "do amor"... Amar, como nosso coração é bem feito para isso!... Às vezes, procuro uma outra palavra para exprimir o amor, mas sobre a terra de exílio, as palavras são impotentes para traduzirem todas as vibrações de uma alma, por isso, é preciso ficarmos com esta única palavra: "Amar!..."

Mas, a quem o nosso pobre coração faminto de amor o prodigalizará?... Ah! Quem é bastante grande para isso... poderia um ser humano compreendê-lo... e, sobretudo, saberia retribuí-lo?... Maria, só há um ser capaz de compreender a profundeza desta palavra: Amar!... Só o nosso Jesus sabe retribuir-nos infinitamente mais do que lhe damos...

Maria do Santíssimo Sacramento!... teu nome te indica a missão... Consolar Jesus, fazê-lo *amar* pelas almas... Jesus sofre de amor[2] e é preciso saber que a doença do amor não se cura senão pelo amor[3]!... Maria, dá todo o teu coração a Jesus, ele tem sede e fome dele, o teu coração, eis o que ele quer a ponto de, para consegui-lo, consentir em morar num reduto sujo e obscuro[4]!... Ah! Como não amar um amigo que se submete a tão extrema indigência, como ousar alegar ainda a pobreza quando Jesus se faz semelhante à sua noiva? Era rico e fez-se pobre para unir sua pobreza à pobreza de Maria do Santíssimo Sacramento... Que mistério de amor!...

2Cor 8,9

[v tv] Todos os meus cumprimentos à cara Colônia.

Meu coração está sempre com Maria do Santíssimo Sacramento, o sacrário é a casa do amor onde nossas duas almas estão reclusas... Tua Irmãzinha que te pede para não ser esquecida em tuas orações.

Irmã Teresa do Menino Jesus da Sagrada Face
nov. carm. (ind.)

C 110   Para irmã Inês de Jesus.

30-31 de agosto de 1890

J.M.J.T.

Jesus †

Mamãezinha minha, obrigada, oh! Obrigada!... se soubésseis o que vossa carta disse à minha alma!...

Mas é preciso que a pequena solitária vos diga o itinerário da sua viagem. Ei-lo: Antes de partir, seu noivo pareceu perguntar-lhe em que país ela queria viajar, que caminho ela queria seguir etc., etc. A noivinha respondeu que só tinha um desejo, o de chegar ao cume da *montanha do amor*[1]. Para lá chegar, muitos caminhos lhe eram oferecidos, tantos mostravam-se perfeitos que se via incapaz de escolher, então ela disse a seu divino guia: Vós sabeis onde quero chegar, sabeis *por quem* quero subir a montanha, [1v] para quem quero chegar ao cume, sabeis a quem eu amo e a quem quero satisfazer unicamente, é só por ele que empreendo esta viagem, levai-me pelos caminhos por onde ele gosta de andar, se ele estiver satisfeito, estarei no auge da felicidade. Então Jesus tomou a minha mão e me fez entrar num subterrâneo onde não faz frio nem calor, onde não brilha o sol e onde nem a chuva nem o vento se fazem sentir; um subterrâneo onde nada vejo a não ser uma claridade semivelada, a claridade que os olhos abaixados da face do meu noivo espalham ao seu redor!...

Meu Noivo não me fala e eu não lhe falo tampouco, só o *amo mais que a mim*, e sinto no fundo do meu coração que é verdade, porque eu pertenço mais a ele [2f] do que a mim mesma!... Não vejo que estamos avançando para o cume da montanha, pois nossa viagem se dá debaixo da terra, mas assim mesmo, parece-me que estamos nos aproximando sem saber como. O caminho que sigo não me traz consolo nenhum, se bem que me dá todas as consolações, pois foi Jesus quem o escolheu e desejo consolá-lo, a ele só, só a ele!... Ah! É bem verdade que lhe dou uvas do meu coração, isto é entre o B e o A² pois não entendo nada disto.

[2v] É preciso escrever para o padre Lepelletier³ e para o padre Révérony para informá-los que faço profissão?...

Sobretudo, não vos esqueçais de ir à adega tomar vosso vinhozinho⁴. Ao tomá-lo, pensareis na vossa filhinha que, claro, não bebe o bom vinho doce de Engadi... pedi que saiba dá-lo a seu esposo salvando as almas e será consolada...   Ct 1,13

C 111   Para irmã Maria do Sagrado Coração.

30-31 de agosto de 1890

Madrinhazinha querida, se soubésseis como vosso canto do céu extasiou a alma da vossa filhinha!...

Asseguro-vos que ela não ouve as harmonias celestes. Sua viagem de núpcias é muito árida, seu noivo a leva a passear por países férteis e magníficos, mas a *noite* a impede de admirar o que quer que seja e sobretudo de gozar de todas estas maravilhas.

Pensais, talvez, que ela se aflija por isso [v], mas não; pelo contrário, está feliz em seguir o esposo *só* por causa do amor que tem *por ele* e não devido a seus dons... Ele é tão bonito, tão encantador! até mesmo *quando se cala*... até mesmo *quando se esconde*!...

Compreendeis a vossa filhinha?...

Ela está cansada das consolações da terra, não quer mais nada, a não ser o seu bem-amado, só ele... Não vos esqueçais de rezar muito pela menina que *criastes*¹ e que é vossa.

C 112   Para irmã Inês de Jesus.

Primeiro de setembro de 1890

J.M.J.T.

Jesus †   Segunda-feira

Ex 4,25s   Entrego-vos a carta que escrevi para papai; se achardes que não pode ir, peço-vos o favor de me fazer um pequeno rascunho, mas creio que ele não compreenderá... Ah, que mistério é o amor de Jesus para com nossa família!... que mistério as lágrimas e o amor deste esposo de sangue[1]...

Amanhã vou encontrar-me com o padre Youf[2], ele disse-me para fazer-lhe uma pequena revisão[3] só do tempo em que estou no Carmelo; rezai para que Jesus me deixe a *paz* que ME DEU. Fiquei muito feliz em receber a absolvição no sábado... Mas não compreendo o retiro que estou fazendo [v], não penso em nada, numa palavra, estou num subterrâneo muito escuro!... Oh! Pedi a Jesus, vós que sois a minha luz, que ele não permita que as almas fiquem privadas, por minha causa, das luzes de que precisam, mas que minhas trevas sirvam para esclarecê-las... Pedi, também, a ele, para eu fazer um bom retiro e que esteja tão contente quanto possa sê-lo; então, eu também estarei contente e consentirei, se essa for sua vontade, em andar a vida toda pelo caminho escuro que sigo contanto que, um dia, chegue ao cume da montanha do amor, mas creio que não será aqui na terra.

(Vou tomar meu vinhozinho, o mesmo que o desta manhã, isto me agradaria, mas não pude achar Nossa Madre[4].)

[v tv] É preciso escrever para a Senhora Papinot?... Parece-me que não vale a pena, ela não compreenderia, talvez seja melhor esperar a tomada do véu?...

C 113   Para irmã Maria do Sagrado Coração.

2-3 de setembro de 1890

J.M.J.T.

Jesus

Se soubésseis como vossas palavrinhas me fazem bem!... São para mim uma música do céu, parece-me ouvir a voz de um anjo...

Mas não sois o anjo que me guiou no caminho do exílio até meu ingresso no Carmelo? Agora ainda continuais sendo para mim o anjo que consolou a minha infância [v] e vejo em vós o que os outros não podem ver, pois sabeis tão bem ocultar o que sois que no dia da eternidade muitas pessoas ficarão surpreendidas.

Mas a vossa filhinha não ficará surpresa com nada, e por mais bonitos que sejam vosso trono e vosso diadema, ela não se surpreenderá pelo que o amor do esposo divino dará àquela que terá formado em seu coração o mesmo amor pelo esposo das virgens, e vossa filhinha espera também estar na vossa coroa, uma florzinha que emprestará o seu humilde brilho à glória do seu anjo visível da terra.

C 114   Para irmã Inês de Jesus.

3 de setembro de 1890

J.M.J.T.

Jesus †

 Cordeiro querido, sim, para nós as alegrias sempre virão mescladas com o sofrimento, a graça de ontem[1] pedia um coroamento e foi a vós que Jesus o pediu, e depois a mim ao mesmo tempo, pois tudo o que vos faz sofrer fere-me profundamente!... Gostaria muito de saber se Nossa Madre vos consolou e se estais triste ainda. Parece-me necessário agradecer ao "Santo Ancião Simeão[2]" e dizer-lhe que a carta dele chegou. O que pensais a respeito disto?... Passo-vos um bilhetinho da minha Irmã Teresa de Jesus[3], recebi esta manhã. É preciso fazer-lhe tudo isso?... Não tenho modelos e parece-me que a roupa e a Santíssima Virgem[4] têm mais pressa, mas vou fazer o que vós me disserdes.   Lc 2,25

 Estais achando que Celina vai morrer mesmo[5]?... Prometi-lhe ontem fazer profissão por nós duas, mas não terei a coragem de pedir a Jesus que a deixe na terra se não é da sua vontade. Parece-me que o amor pode substituir uma longa vida... Jesus não olha ao tempo pois que no céu não há já tempo. Ele não deve atender senão ao amor. Pedi-lhe para dar-me muito dele a mim também, não peço o amor sensível, mas sentido só por Jesus. Oh! Amá-lo e fazê-lo amar, como é doce!... Dizei-lhe também para levar-me no dia da minha profissão caso eu vá ofendê-lo depois, gostaria de levar para o céu o vestido branco do meu segundo batismo, sem mancha alguma[6], mas parece-me que Jesus bem pode me dar a graça de nunca mais ofendê-lo ou só cometer faltas que não o OFENDEM[7], mas só humilham e tornam o amor mais forte. Se soubésseis como teria tanto para lhe dizer se eu tivesse palavras para expressar o que penso, ou melhor, *não penso, sinto*!... A vida é muito misteriosa!... É um deserto e um exílio... mas no fundo da alma, sente-se que haverá um dia PANORAMAS infinitos, PANORAMAS que farão esquecer para sempre as tristezas do deserto e do exílio...

o grãozinho de areia.

 [r tv] O padre Domin[8] não sabe que faço profissão, será preciso dizer-lhe? Parece-me que se Nossa Madre ainda não escreveu para a Abadia, ela poderia dizer a essas senhoras para lhe comunicarem.

C 115 Para irmã Inês de Jesus.

4 de setembro de 1890

J.M.J.T.

Entrego-vos a carta de Roma[1] para que a entregueis a Celina, se quiserdes. Talvez papai não compreenda, mas isso não é difícil de levar e se, por acaso, compreendesse, ficaria muito feliz. É preciso enviar-lhe também meus votos para que ele os abençoe? Na afirmativa, poderíeis dizer-me amanhã cedo a fim de que lhes escreva logo. Colocá-los-íamos no meio da coroa, mas talvez seja melhor não fazer nada?...

Obrigada pela vossa cartinha, se soubésseis como me agradou[2]!... Minha alma continua no subterrâneo [v] mas está *muito feliz*, sim, feliz por não ter consolo nenhum pois acho que assim seu amor não é como o amor das noivas da terra que olham sempre para as mãos de seu noivo para ver se não lhe traz algum presente, ou para o seu rosto a fim de nele surpreenderem um sorriso de amor que as encante...

Mas a pobre noivinha de Jesus sente que ama Jesus *por ele só*, e não quer olhar para o rosto do seu bem-amado senão para nele surpreender lágrimas que correm dos olhos que a encantaram pelos seus *encantos ocultos*!... Ela quer enxugar estas lágrimas para fazer delas seu adereço no dia das suas núpcias, adereço que, para ela também *será oculto*, mas será compreendido pelo bem-amado.

C 116 Para irmã Maria do Sagrado Coração.

7 de setembro de 1890

J.M.J.T.

Gostaria que as velas do Menino Jesus estivessem acesas quando eu fosse ao Capítulo[1], quereis fazer isso?... Suplico-vos, que não vos esqueçais... não coloquei as velas cor-de-rosa, novas, pois essas falam mais à minha alma, começaram a queimar no dia da minha tomada de hábito, eram então rosadas e frescas. Papai (que mas dera) estava aí e tudo era alegria!... mas agora a cor-de-rosa se foi, haverá ainda para a órfã da Beresina alegrias cor-[v] *de-rosa* nesta terra? Oh! Não, só haverá para ela alegrias celestes... alegrias em que todo o criado, que nada é, deixa lugar ao incriado que é a realidade...

Is 53,3 Compreendeis a vossa filhinha?... Amanhã, ela será a esposa de Jesus, amanhã ela será a esposa daquele cujo rosto estava oculto e que ninguém reconheceu!... Que aliança e que porvir!... Sim, sinto-o, minhas bodas serão cercadas de anjos, só o céu se regozijará com a esposazinha e as suas irmãs queridas[2]!...

C 117   Para irmã Maria do Sagrado Coração[1].

Lembrança de 8 de setembro de 1890.

Dia de eterna recordação em que vossa filhinha se tornou, como vós, a esposa daquele que disse: "Meu reino não é deste mundo" e, mais adiante: "De resto bem depressa vereis o filho do homem que virá sobre as nuvens do céu à direita de Deus". Para nós, é o dia que esperamos... Dia das bodas eternas em que o nosso Jesus "enxugará todas as lágrimas dos nossos olhos e nos fará assentar com ele no seu trono..."   Jo 18,36   Mc 14,62   Ap 21,4; 3,21

Agora sua face é como oculta aos olhos dos mortais, mas a nós que compreendemos as suas lágrimas neste vale de exílio, sua face resplandecente nos será mostrada na pátria e então será o êxtase, a união eterna de glória com nosso esposo... Rezai para que aquela que instruístes nas vias da virtude esteja um dia pertíssimo de vós na pátria!...   Is 53,3

Vossa filhinha.

C 118   "Convite para as Bodas de irmã Teresa do Menino Jesus da Sagrada Face"[1]

8-20 de setembro (?) de 1890

J.M.J.T.

Deus todo poderoso, criador do céu e da terra, soberano dominador do mundo, e a gloriosíssima Virgem Maria, rainha e princesa da corte celeste, se humilham para fazer parte do enlace matrimonial de seu filho Jesus, Rei dos Reis e Senhor dos Senhores, com a senhorita Teresa Martin, agora dama e princesa dos reinos trazidos em dote por seu esposo, a saber: a infância de Jesus e sua Paixão, seus títulos de nobreza são do Menino Jesus e da Santa Face.   Ap 19,16

O senhor Luís Martin, proprietário e senhor dos domínios do sofrimento e da humilhação, e a senhora Martin, princesa e dama de honra da corte celeste, desejam comunicar-vos o enlace matrimonial de sua filha Teresa com Jesus, o Verbo de Deus, segunda pessoa da Santíssima Trindade que, por obra do Espírito Santo, fazendo-se homem, nasceu da virgem Maria.   Jo 1,1

Não podendo convidar-vos para a bênção nupcial que foi dada sobre a montanha do Carmelo (apenas a corte celeste fora admitida), sois contudo solicitados a comparecer às bodas que se realizarão amanhã, dia da eternidade, quando Jesus, o Filho de Deus, virá sobre as nuvens do céu para julgar os vivos e os mortos (pelo fato de a hora continuar incerta, sois convidados a permanecer de prontidão e a vigiar).   Mt 25,31; 24,42

C 119   Para irmã Marta de Jesus[1].

23 de setembro de 1890

Para minha querida companheirinha, recordação do mais belo dia da vossa vida[2], dia único em que fostes consagrada a Jesus.

Juntas, consolemos a Jesus por todas as ingratidões das almas e, pelo nosso amor, façamos-lhe esquecer suas dores.

Vossa indigna Irmãzinha
Teresa do Menino Jesus e da Sagrada Face
rel. carm. ind.3

C 120   Para Celina.

23 de setembro de 1890

J.M.J.T.

Jesus †

Oh! Celina, como dizer-te o que se passa na minha alma?... Ela está dilacerada, mas sinto que esta ferida é feita por uma mão amiga, por uma mão *divinamente ciumenta*!...

Estava tudo pronto para minhas bodas, mas não achas que alguma coisa faltava para a festa? É verdade que Jesus tinha colocado já muitas joias na minha corbelha, mas sem dúvida faltava-lhe uma de beleza incomparável, e esse diamante precioso, deu-mo Jesus hoje... Celina... ao recebê-lo, minhas lágrimas correram... ainda correm e quase me censuraria se eu não soubesse "que existe um amor cujas lágrimas são a única garantia"[1]. Foi unicamente Jesus que fez tudo isto, foi ele, e reconheci seu toque *de amor*...

Tu sabes até que ponto desejava, esta manhã, tornar a ver o nosso pai querido[2], pois bem! Agora vejo claramente que a vontade de Deus é que ele não esteja presente; permitiu isto só para provar o nosso amor... Jesus me quer *órfã*, quer que eu esteja sozinha com ele só a fim de unir-se mais intimamente a mim e quer também dar-me na pátria as alegrias tão *legítimas* que me recusou no exílio!... Celina, consola-te, nosso esposo é um esposo de lágrimas e não de sorrisos, demos-lhe as nossas lágrimas para o consolar e, um dia, estas lágrimas transformar-se-ão em sorrisos de inefável doçura!...

Celina, não sei se vais compreender a minha carta, custa-me segurar a pena... [v] em outra dar-te-ia muitas explicações da conversa do meu tio no locutório, mas a tua Teresa só sabe falar-te a linguagem do céu. Celina, compreenda a tua Teresa!...

A provação de hoje é difícil de ser compreendida, vê-se uma alegria que se nos é ofertada, ela é possível, natural, estendamos a mão... e não podemos pegar esta consolação tão desejada... mas Celina, como tudo isto é misterioso!... nós não temos asilo na terra ou, pelo menos, podes dizer como a Santíssima Virgem: "Que asilo!", sim, que asilo... mas não foi uma mão humana que fez isto, foi Jesus, foi seu "olhar velado" que caiu sobre nós!... Recebi uma carta do padre exilado[3] e aqui vai uma passagem: "Oh! Meu aleluia é impregnado de lágrimas. Nenhum dos vossos pais estará aí para vos oferecer a Jesus. É para ter muita pena de vós cá na terra quando lá em cima os anjos vos dão parabéns e os santos vos invejam. É vossa coroa de espinhos que eles invejam. Ameis, portanto, essas alfinetadas como sendo tantas provas de amor do divino esposo".

Celina, aceitemos de bom grado o espinho que Jesus nos apresenta, a festa de amanhã será uma festa de lágrimas para nós[4], mas sinto que Jesus será tão consolado!... Gostaria de dizer-te muito mais, mas as palavras me faltam!... Estou encarregada de escrever-te para te consolar, mas, sem dúvida, cumpri muito mal a minha missão... Ah, se eu pudesse comunicar-te a paz que Jesus depôs em minha alma no auge das minhas lágrimas, é o que lhe peço para ti que és eu!...

Celina!... As sombras se esvaem e a figura deste mundo passa, em breve, sim, em breve, veremos a face desconhecida[5] e amada que nos encanta pelas suas lágrimas.

Ct 4,6
1Cor 7,31
Jo 4,15

Irmã Teresa do Menino Jesus, da Sagrada Face
rel. carm. ind.

Teresa, com três anos e meio de idade (julho de 1876).

Zélia Martin, mãe de Teresa.

Celina e Teresa em 1881.

A Virgem do Sorriso.

J'ai soif... Donne moi à boire !...
Jean XIX, 28 — IV, 7

Si tu connaissais le Don de Dieu, et quel est Celui qui te dit : « Donne-moi à boire », peut-être Lui en aurais-tu demandé et il t'aurait donné une eau vive... Celui qui boira de l'eau que je lui donnerai n'aura jamais soif.

et cette eau que je lui donnerai deviendra en lui une source d'eau qui jaillit jusqu'à la vie éternelle.

Seigneur donnez-moi de cette eau afin que je n'aie plus jamais soif.
(Jean IV)

Seigneur, vous savez bien que je vous aime... mais ayez pitié de moi, car je ne suis qu'un pécheur.
Jean XXI, 15 — Luc XVIII

Imagem de breviário, composta por Teresa
para irmã Genoveva (cf. Ms A, 45f).

A última cela de Teresa.

Imagem de breviário confeccionada por Teresa a partir de uma reprodução do Menino Jesus "de Messina" (cf. Orações 13, 14, 15, 16).

Teresa com as rosas (1925).

Vitória Pasquier, empregada nos Buissonets.

Paulina, antes de sua entrada no Carmelo.

Teresa aos 13 anos (fevereiro de 1886).

Foto de abril de 1888, dias antes do ingresso de Teresa no Carmelo.

Brasão do Carmelo, pintado por madre Inês, com a colaboração de Teresa, que desenhou e pintou as flores. O lema diz: "Zelo zelatus sum pro Domino Deo exercituum (1Rs 19,14). Sofrer e ser desprezado".

Teresa, fotografada por Pe. Gombault,
em janeiro de 1889, com seu hábito de noviça.

Sacristã do Carmelo, novembro de 1896.

Céline Martin.

Primeira fotografia de família (fins de 1894). Celina, com hábito de noviça; Madre Maria de Gonzaga e Madre Inês, com capas brancas de coro; ao centro, irmã Maria do Sagrado Coração, a mais velha das quatro carmelitas Martin, e Teresa.

Teresa e sua irmã, Genoveva,
nos papéis de Joana d'Arc e Santa Catarina.

Maurício Bellière (1874-1907).

As irmãs Martin (Maria e Celina, Paulina e Teresa), com Maria Guérin (agachada).

Visão desde a janela da cela de Teresa:
o claustro e o campanário do Carmelo de Lisieux.

216 LE S. ÉV. SELON S. JEAN. [CH. XXI.]

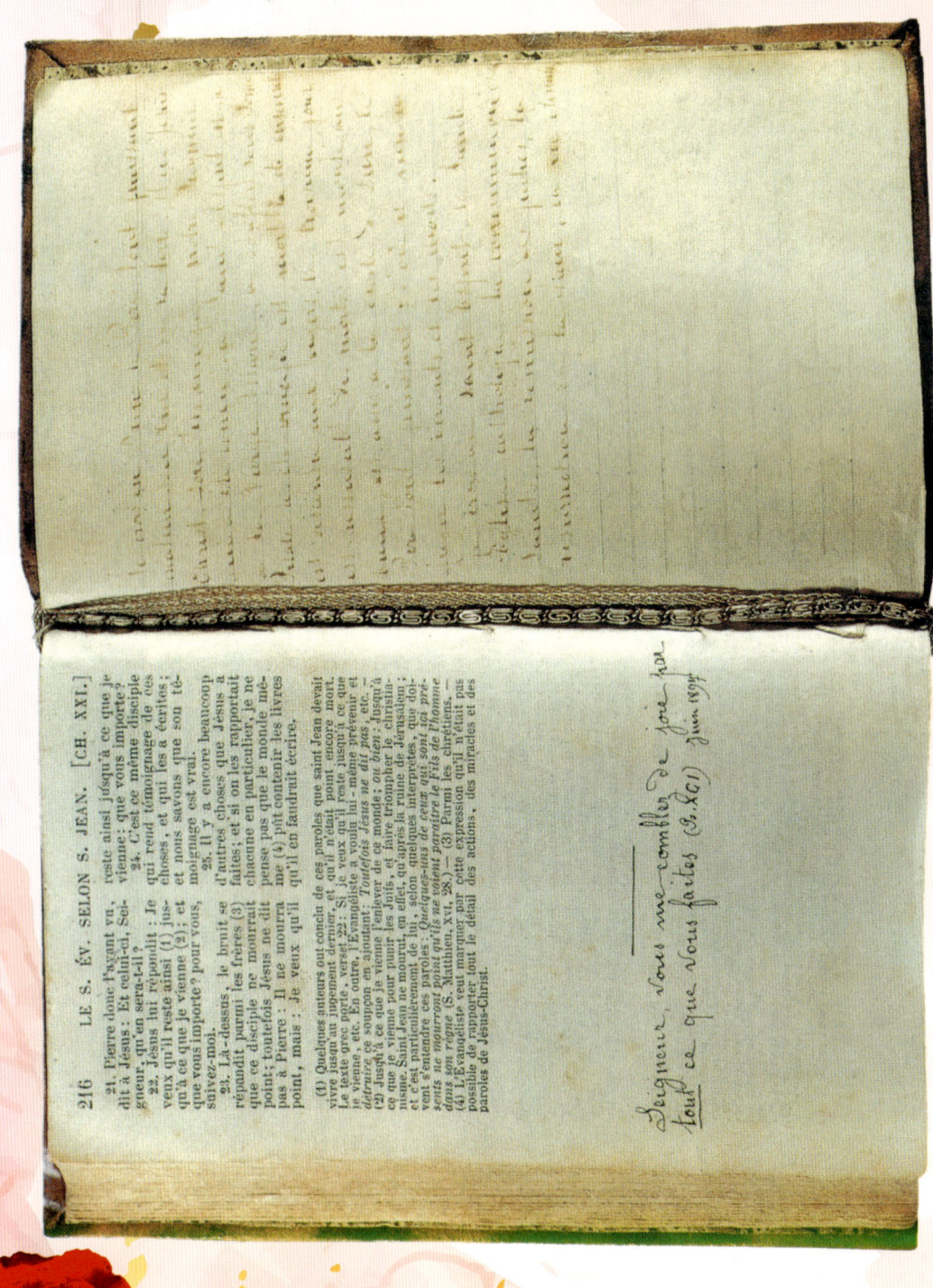

21. Pierre donc l'ayant vu, dit à Jésus : Et celui-ci, Seigneur, qu'en sera-t-il ?

22. Jésus lui répondit : Je veux qu'il reste ainsi (1) jusqu'à ce que je vienne (2) ; et que vous importe ? pour vous, suivez-moi.

23. Là-dessus, le bruit se répandit parmi les frères (3) que ce disciple ne mourrait point ; toutefois Jésus ne dit pas à Pierre : Il ne mourra point, mais : Je veux qu'il reste ainsi jusqu'à ce que je vienne ; que vous importe ?

24. C'est ce même disciple qui rend témoignage de ces choses, et qui les a écrites ; et nous savons que son témoignage est vrai.

25. Il y a encore beaucoup d'autres choses que Jésus a faites ; et si on les rapportait chacune en particulier, je ne pense pas que le monde même (4) pût contenir les livres qu'il en faudrait écrire.

(1) Quelques auteurs ont conclu de ces paroles que saint Jean devait vivre jusqu'au jugement dernier, et qu'il n'était point encore mort. Le texte grec porte, verset 22 : Si je veux qu'il reste jusqu'à ce que je vienne, etc. En outre, l'Évangéliste a voulu lui-même prévenir et *détruire* ce soupçon en ajoutant : *Toutefois Jésus ne dit pas*, etc.
(2) Jusqu'à ce que je vienne *pour punir les Juifs, et faire triompher le christianisme*. Saint Jean ne mourut, en effet, qu'après la ruine de Jérusalem ; et c'est particulièrement de lui, selon quelques interprètes, que Jésus s'entendrait parler des paroles : *il y en a ici qui ne mourront pas qu'ils ne voient paraître le Fils de l'homme dans son règne* (S. Matthieu, XVI, 28.) — (3) Parmi les chrétiens.
(4) L'Évangéliste veut marquer par cette expression qu'il n'était pas possible de rapporter tout le détail des actions, des miracles et des paroles de Jésus-Christ.

Seigneur, vous me comblez de joie partout ce que vous faites (P. XCI) Juin 1897.

O Credo, que Teresa escreveu com o próprio sangue na guarda de seu evangelho de bolso.

Entre a noviça, ajoelhada, e a Priora, sentada, Teresa, de pé, séria e serena. Vêem-se aqui, da esquerda para a direita, as irmãs Marta, Maria do Sagrado Coração, Maria Madalena do Santíssimo Sacramento, Maria da Eucaristia e Teresa. De joelhos, atrás da neoprofessa, irmã Genoveva, que professara em 24 de fevereiro de 1896 (a foto é de 30 de abril de 1896).

Pe. Adolfo Roulland (1870-1934).

Fotografia do início de julho de 1896.

Consécration à la Sainte Face.

Ô Face Adorable de Jésus! puisque vous avez daigné choisir particulièrement nos âmes pour vous donner à elles, nous venons les consacrer à vous.... Il nous semble ô Jésus, vous entendre nous dire : « Ouvrez-moi mes sœurs, mes épouses bien-aimées, car ma Face est couverte de rosée et mes cheveux des gouttes de la nuit.» Nos âmes comprennent votre langage d'amour, nous voulons essuyer votre Doux Visage et vous consoler de l'oubli des méchants, à leurs yeux vous êtes encore comme caché, ils vous considèrent comme un objet de mépris......

Ô Visage plus beau que les lys et les roses du printemps! vous n'êtes pas caché à nos yeux... Les larmes qui voilent votre Divin regard nous apparaissent comme des Diamants précieux que nous voulons recueillir afin d'acheter avec leur valeur infinie les âmes de nos frères.

De votre Bouche Adorée, nous avons entendu la plainte amoureuse, comprenant que la soif qui vous consume est une soif d'Amour, nous voudrions pour vous désaltérer posséder un Amour infini.... Époux Bien-Aimé de nos âmes, si nous avions l'amour de tous les cœurs, tout cet amour serait à vous.... Eh bien! Donnez-nous cet amour et venez vous désaltérer en vos petites épouses.................

Des âmes, Seigneur, il nous faut des âmes..... surtout des âmes d'apôtres et de martyrs afin que par elles nous embrasions de votre Amour la multitude des pauvres pécheurs. Ô Face Adorable nous saurons obtenir de vous cette grâce!... oubliant notre exil sur le bord des fleuves de Babylone nous chanterons à vos Oreilles les plus douces mélodies, puisque vous êtes la vraie, l'unique Patrie de nos cœurs, nos cantiques ne seront pas chantés sur une terre d'exil.

Ô Face chérie de Jésus! en attendant le jour éternel où nous contemplerons votre Gloire infinie, notre unique désir est de charmer vos Yeux Divins en cachant aussi notre visage afin qu'ici bas, personne ne puisse nous reconnaître... Votre Regard Voilé voilà notre Ciel ô Jésus!....

Signé :
Sr Thf. Jésus et de la Ste Face — M. de la Trinité et de la Ste Face — S. de St Jn. Marie de l'Euch.

Consagração à Sagrada Face, composta por Teresa em 6 de agosto de 1896, na festa da Transfiguração.

Fotografia de 7 de junho de 1897.

O primeiro túmulo de Teresa (1897-1910).

Sœur Thérèse de l'Enfant-Jésus

ET DE LA SAINTE FACE

RELIGIEUSE CARMÉLITE

1873-1897

Histoire d'une Ame

ÉCRITE PAR ELLE-MÊME

LETTRES — POÉSIES

DEUXIÈME MILLE

LIBRAIRIES DE L'ŒUVRE DE SAINT-PAUL

PARIS	BAR-LE-DUC	FRIBOURG (Suisse)
6, rue Cassette, 6.	36, rue de la Banque.	13, Grand'Rue, 13.

Capa da primeira edição de *História de uma alma*, de 30 de setembro de 1898, exatamente um ano após a morte de Teresa, da qual circularam 2.000 exemplares de 476 pp.

Retrato realizado por irmã Genoveva em 1911.

Leônia.

Teresa do Menino Jesus e da Sagrada Face,
padroeira das missões.
Quadro de irmã Maria do Espírito Santo.

QUINTO PERÍODO

OS ANOS OBSCUROS

(Setembro de 1890 / Fevereiro de 1893)

C 121   Para irmã Maria Josefa da Cruz¹.

J.M.J.T.

Jesus †   Mosteiro do Carmelo, 28 de setembro de 1890

Minha querida irmã,

Vossa carta me comoveu muito e vos agradeço pelas orações que fizestes por mim. Também não me esqueci de vós e recomendei a Deus todas as vossas intenções.

Eis-me agora totalmente de Jesus; apesar da minha indignidade, ele se dignou aceitar-me por sua esposinha. Agora, preciso dar-lhe provas do meu amor e conto convosco, cara irmã, para me ajudar a agradecer a Nosso Senhor.

Ambas recebemos grandes graças [v] e, em breve, espero, o mesmo laço nos unirá para sempre a Jesus.

Tive a felicidade de receber a bênção do santo padre para o dia da minha profissão. O religioso que ma enviou escrevia-me dizendo que os inimigos da Igreja são numerosos, em Roma, a luta não para um instante contra nosso santo padre, o Papa. É desolador...

Como é bom ser religiosa para rezar e apaziguar a justiça de Deus. Sim, a missão que nos está confiada é muito bela e a eternidade não será suficientemente longa para agradecer Nosso Senhor pela parte que nos deu.

Minha querida irmã, recomendo às vossas orações meu pai querido, tão provado pela cruz e tão admirável em sua resignação. Ouso também recomendar-me às orações da vossa santa comunidade.

Crede, minha cara irmã, na muita e religiosa afeição daquela que é tão feliz por dizer-se

Vossa Irmãzinha
Teresa do Menino Jesus
rel. carm. ind.

C 122   Para Celina.

J.M.J.T.

Jesus †   Em 14 de outubro de 1890

Minha Celina querida,

Não quero deixar partir a carta de Maria sem acrescentar uma palavrinha para ti. Nossa Madre querida me autoriza a vir fazer minha oração contigo... Celina, não é o que fazemos *sempre* juntas?...

Celina querida, é *sempre* a mesma coisa que tenho para te dizer. Ah! Rezemos pelos padres¹, cada dia mostra como os amigos de Jesus são raros... Parece-me que é isto o que deve ser para ele mais sensível que, a ingratidão, [1v] sobretudo de ver as almas que lhe são consagradas darem a outrem o coração que lhe pertence de maneira tão absoluta... Celina, façamos do nosso coração um canteirinho de delícias onde Jesus venha descansar... plantemos só lírios em nosso jardim, sim, lírios e não admitamos outras flores, pois podem ser cultivadas por outras, mas lírios, só as virgens podem dá-los a Jesus...

"A virgindade é um silêncio profundo de todos os cuidados da terra", não só cuidados inúteis, mas de *todos os cuidados*... Para ser virgem, é preciso pensar só no esposo que não aceita nada ao seu redor que não seja virgem "pois ele quis nascer de uma mãe virgem, ter tido um precursor virgem, um tutor virgem, um predileto virgem [2f] e, enfim, um túmulo virgem". Ele quer também uma esposinha virgem, sua CELINA!...

Diz-se também que "cada um ama naturalmente sua terra natal, e como a terra natal de Jesus é a virgem das virgens e que Jesus nasceu, por vontade própria, de um lírio, gosta de estar em corações virgens". E a tua viagem[2] parece que me estou esquecendo... não, meu coração te acompanha por aí, compreendo tudo o que sentes... compreendo tudo!... Tudo passa, a viagem a Roma, com suas dilacerações *passou*... nossa vida de outrora passou... A *morte* também passará e, então, gozaremos da vida, não durante séculos, mas milhões de anos passarão [2v] e serão para nós como um dia e outros milhões de anos suceder-lhe-ão plenos de repouso e de felicidade[3]... Celina...

Ct 2,16
1Cor 13,12

Reza muito ao Sagrado Coração, sabes, eu não vejo o Sagrado Coração como todos o veem[4], penso que o coração do meu esposo é só meu como o meu é só dele e então falo-lhe na solidão dessa deliciosa entrega aguardando contemplá-lo, um dia, face a face!...

Não te esqueças da tua Teresa lá, é só murmurar o seu nome e Jesus compreenderá, tantas graças são atribuídas a esse santuário, sobretudo para um coração que sofre... Gostaria de escrever para Leônia, mas é impossível, nem tenho tempo de reler o que escrevi, diz-lhe o quanto penso nela etc., etc. estou certa [2v tv] que o S.C. vai lhe conceder muitas graças etc., etc., diz-lhe tudo, tu compreendes...

Tua Teresa do Menino Jesus da Sagrada Face
rel. carm. ind.

C 123   Para a senhora Guérin.

J.M.J.T.

Jesus †   Em 15 de outubro de 1890

Minha querida tia,

Fiquei muito comovida pelo que me mandastes para minha festa, não sei como agradecer-vos, nem por onde começar.

Primeiramente, querida tiazinha, enviastes vossa encantadora Maria que, em nome de todos os que amo, me felicitou pela minha festa.

[v] Os dois lindos vasos de flores oferecidos pelas minhas irmãzinhas queridas, Joana e Maria, me causaram imenso prazer; estão colocados ao lado do Menino Jesus e a cada hora do dia pedem para minhas duas irmãzinhas tantas graças e bênçãos como cada haste de urze contém de florzinhas...

Enfim, tiazinha querida, vossos deliciosos bolos vieram coroar a festa e encher o coração da vossa Teresinha de gratidão por vós que me dais todos estes mimos.

Estou tanto mais agradecida quanto sei, querida tiazinha, como estais adoentada e, apesar [2f] disso, ainda pensais na vossa Teresinha. Mas se pensais nela, ela também pensa em vós com frequência e não cessa de pedir a Deus que vos dê em cêntuplo tudo o que fazeis por nós. Rezo também muito para minha Joaninha, que Deus a faça feliz tanto quanto se pode ser sobre a terra. Peço-lhe também que vos console pelo grande vazio que a partida dessa irmã querida vai causar[1]. [2v] Não me esqueço tampouco do meu querido tio e vos peço abraçá-lo bem forte por mim.

Deixo-vos, querida tiazinha, ou melhor, deixo a pena que sabe tão mal desempenhar a missão que meu coração lhe confia. Ela não se afasta um só instante de vós.

Vossa filhinha
Irmã Teresa do Menino Jesus
rel. carm. ind.

C 124   Para Celina.

J.M.J.T.

Jesus †   Em 20 de outubro de 1890

Minha Celina querida,

Tua Teresa vem desejar-te boa festa!... Há muito tempo que pensa nela e, este ano, não será a última. Celina, talvez seja a última vez que tua festa é celebrada na terra[1]!... talvez!... que doce esperança... no próximo ano a *florzinha Celina*, ignorada sobre a terra será, talvez, colocada sobre o coração do cordeiro divino, mas os olhos maravilhados dos anjos contemplarão, então, em vez de uma pobre florzinha sem beleza, um lírio de brancura deslumbrante!... Celina, a vida é muito misteriosa, nada sabemos... nada vemos... mas Jesus já descobriu para nossas almas o que o olho do homem não viu!... sim, o nosso coração pressente o que o coração não pode compreender pois, às vezes, estamos sem *pensamentos* para exprimir um não sei quê que sentimos em nossa alma!...

1Cor 2,9

[2f] Celina, envio-te *duas Celinas*² para tua festa, vais compreender a sua linguagem... uma só haste as sustenta, um mesmo sol as fez crescer juntas, o mesmo raio as fez abrir e, sem dúvida, o mesmo dia as verá morrer!...

Os olhos das criaturas não pensam em se fixar numa *florzinha Celina* e, porém, sua corola branca está repleta de mistérios, carrega no seu coração um grande número de outras flores, sem dúvida, os filhos da *sua alma* (as almas), e seu cálice branco é vermelho no interior, dir-se-ia empurpurado do seu sangue!...

[2v] Celina! O sol e a chuva podem cair sobre essa florzinha ignorada sem fazê-la desbotar! Ninguém pensa em colhê-la!... Mas não é ela também virgem?... Sim, sendo que só Jesus a viu, sendo que foi ele que a criou para ele só!... Oh! Então ela é mais feliz que a rosa brilhante que não é só para Jesus!...

Celina, felicito-te pela tua festa de maneira pouco comum, pode-se dizer, mas vais compreender as palavras incoerentes da tua Teresa!...

Celina, parece-me que Deus não precisa de *anos* para cumprir sua obra de amor numa alma, um raio do seu coração pode num instante³ fazer desabrochar sua flor para a eternidade!...

Tua Teresa do Menino Jesus e da Sagrada Face
rel. carm. ind.

C 125 Para a senhora Guérin.

J.M.J.T.

Jesus †   No Carmelo, 17 de novembro de 1890

Minha querida tia,

Com que felicidade venho desejar-vos boas-festas!... Há muito tempo penso neste lindo dia e alegro-me por vir junto à minha tiazinha querida dizer-lhe quanto sua última filhinha a ama; quer ser em tudo a última e a mais pequenina, mas no afeto e na ternura, nunca ela se deixará ultrapassar pelas mais velhas... [v] Além do mais, não é o direito do Benjamim amar mais que as outras?...

Quantas recordações para mim esta data do dia 19. Alegrava-me com muita antecedência, primeiro, porque neste dia era a festa da minha tia querida; e depois também devido aos lindos mimos com que era cumulada nesse dia. Agora, o tempo passou, os passarinhos cresceram, abriram as asas e voaram para fora do ninho tão doce da infância. Mas, querida tiazinha, ao crescer, o coração da vossa filhinha cresceu também em ternura para convosco e é sobretudo agora [2f] que ele compreende tudo o que vos deve... A fim de saldar a minha dívida, só tenho um recurso, por ser muito pobre e ter por esposo um rei poderoso e riquíssimo, encarrego-o de lançar em profusão os tesouros do seu amor sobre minha tia querida e retribuir-lhe dessa forma todas as bondades maternas com as quais cercou minha infância.

Querida Tia, não vos digo adeus, pois espero ficar o dia inteiro convosco e espero que adivinhareis o coração da vossa filhinha.

Teresa do Menino Jesus
rel. carm. ind.

C 126 Para Celina.

J.M.J.T.

Jesus † Em 3 de abril de 1891

Minha querida Celinazinha,

Vimos esta tarde a Margarida M.[1], não tenho tempo para te falar detalhadamente desta visita, mas posso contar-te o bem que fez à minha alma... Ah! Celina, como somos felizes por termos sido escolhidas pelo esposo das virgens!... Margarida confiou-nos segredos íntimos que não conta a ninguém. É preciso rezar muito por ela [v], pois está muito exposta... Ela diz que livro algum lhe faz bem, pensei que os mistérios da vida futura[2] lhe fariam algum benefício e fortaleceriam a sua fé que, infelizmente está em grande perigo!... Ela disse-nos que podia ler livros sem o conhecimento do marido.

Precisas dar-lhe esse livro dizendo-lhe que pensamos ser interessante para ela, mas começá-lo só no terceiro capítulo, onde há uma pequena estampa, pois os três primeiros seriam sem interesse para ela, creio que seria melhor [2f] dares a impressão de que não conheces esse livro e apenas entregar-lho, simplesmente, pois ela ficaria constrangida se soubesse que temos falado das suas confidências. Preferíamos que a Senhora Maudelonde e minha tia não soubessem que emprestamos esse livro à Margarida. Enfim, faz o que for melhor e diz-lhe que pode ficar com o livro o tempo que quiser... Se não puderes dar-lhe sem ser vista, seria talvez melhor ficar quieta, enfim, procura, pelo menos, falar-lhe dele. Eu desejo muito [2v] que ela leia um livro onde encontrará certamente a resposta a muitas dúvidas!... Creio que será uma ação muito agradável a Deus; foi a mim que ele deu esta ideia, mas tu sabes que Tê nada pode fazer sem Celina, precisa-se das duas para fazer um trabalho completo, por isso, cabe a Celina completar o que Tê começou!... Celina... se soubesses como te amo e como meu amor por ti é puro!...

Querida Celina, tua pequena Tê fica sempre contigo visto estares dentro do seu coração e seres a metade do seu coração...

Teresa do Menino Jesus da Sagrada Face
rel. carm. ind.

C 127   **Para Celina.**

J.M.J.T.

Jesus †   No Carmelo em 26 de abril de 1891

Minha Celina querida,

Pela quarta vez, é da solidão do Carmelo que tua Teresa vem desejar-te feliz aniversário... Oh! Como estes votos se parecem pouco com os do mundo... Não é a saúde, a felicidade, a fortuna, a glória etc., que Teresa deseja para sua Celina, oh não! não é nada disso!... Nossos pensamentos não estão na terra de exílio, nosso coração está onde está o nosso tesouro, e nosso tesouro está lá em cima na pátria onde Jesus nos prepara um lugar perto dele. Digo *um lugar* e não lugares, pois, sem dúvida, o mesmo trono está reservado àquelas que, sobre a terra, sempre foram uma só alma... Crescemos juntas, Jesus instruiu-nos juntas nos seus segredos, segredos sublimes que ele oculta aos poderosos e revela apenas aos pequenos, juntas ainda sofremos em *Roma*, nossos corações estavam então estreitamente unidos, e a vida teria sido sobre a terra o ideal da felicidade se Jesus não tivesse tornado nossos laços ainda mais estreitos, sim, ao nos separar, uniu-nos de um modo até então desconhecido à minha alma, pois desde esse momento, não posso desejar mais nada só para mim, mas sim para nós duas... Ah! Celina!... Há três anos, nossas almas ainda não tinham sido despedaçadas, a felicidade era ainda possível para nós sobre a terra, mas Jesus enviou-nos um olhar de amor [v], um olhar velado pelas lágrimas, e esse olhar passou a ser para nós um oceano de sofrimentos, mas também um oceano de graças e de amor. Ele tomou-nos aqueles que amávamos com tanta ternura, de um modo ainda mais doloroso do que aquele com que nos tirou a nossa mãe querida na primavera da nossa vida, mas não é para que possamos dizer verdadeiramente: "Nosso pai que estais nos céus"? Oh! Como é consoladora esta palavra, que horizonte infinito ela abre aos nossos olhos... Celina, a terra estrangeira não tem para nós senão plantas bravas e espinhos, mas não é esta a parte que deu ao nosso divino esposo, oh! Como é bela também para nós esta parte que é a nossa, e quem nos dirá o que a eternidade nos reserva?... Celina querida, tu que tantas perguntas me fazias quando éramos pequenas, pergunto-me como é que nunca me fizeste a seguinte: "Mas por que Deus não me criou anjo?" Ah! Celina, vou dizer-te o que penso: se Jesus não te criou anjo no céu, é que ele quer que sejas um anjo na terra, sim, Jesus quer ter aqui sua corte celeste como lá em cima! Ele quer anjos mártires, anjos apóstolos, e criou uma florzinha ignorada que se chama Celina com esta intenção. Ele quer que sua florzinha lhe salve almas, e, para isso, não quer senão uma coisa, que sua flor *olhe para ele* enquanto sofre seu martírio... É este misterioso olhar trocado entre Jesus e sua florzinha que fará maravilhas e dará a Jesus uma multidão de outras flores (sobretudo um lírio murcho e machucado[1], que é preciso transformar em rosa de amor e de arrependimento!)...

[r tv] Querida Celina, não me leve a mal se te digo que lá em cima teremos o mesmo lugar, pois penso que uma pobre margaridinha pode bem crescer na mesma terra que cresce um belo lírio resplandecente de brancura, ou ainda que uma perolazinha pode ser encastoada ao lado de um diamante e lhe tomar emprestado o seu brilho!...

Oh! Celina, amemos a Jesus infinitamente e dos nossos dois corações façamos um só para que seja maior em amor!...

Celina, contigo nunca terminaria, compreende tudo o que queria dizer-te pelos teus vinte e dois anos!...

Tua irmãzinha que é uma só contigo...

(Sabes que juntas temos quarenta anos, não é de surpreender que tenhamos a experiência de tantas coisas, que achas tu disto?)

Teresa do Menino Jesus da Sagrada Face
nov. carm. ind.[2]

C 128   Para irmã Maria do Sagrado Coração[1].

5 de julho de 1891

Recordação oferecida à minha Irmã querida no dia da festa do precioso sangue pela sua saída do noviciado.

Irmã Teresa do Menino Jesus da Sagrada Face
rel. carm. ind.

C 129   Para Celina.

J.M.J.T.

Jesus †   8 de julho de 1891

Minha querida Celina,

Tuas palavrinhas disseram muito à minha alma. Foram como eco fiel que repete todos os meus pensamentos...

Nossa Madre querida continua muito doente, é muito triste ver sofrer assim os que amamos. Todavia, não te aborreças muito. Embora Jesus esteja bem tentado a gozar no céu da presença da nossa Madre querida, ele não poderá recusar-nos o deixar-nos ainda na terra aquela cuja mão materna sabe tão bem conduzir-nos e consolar-nos no exílio da vida...

Oh! Como é exílio, o exílio da terra, sobretudo nestas horas em que tudo parece abandonar-nos... Mas é então que se faz precioso, é então que brilham os dias de salvação, sim, Celina querida, só o sofrimento pode gerar almas para   2Cor 6,2

Jesus... Não é de estranhar que estejamos tão bem servidas, nós cujo único desejo é salvar uma alma que parece perdida para sempre¹... As notícias pormenorizadas interessaram-me muito, embora tenham feito bater muito forte o meu coração... Mas vou dar-te outras que não são mais consoladoras. O infeliz pródigo foi a Coutances onde [v] recomeçou as conferências de Caen. Parece que pretende percorrer a França... Celina... E, com isto, acrescentam que é fácil perceber-se que o *remorso* o atormenta, percorre as igrejas com um grande crucifixo e parece fazer grandes adorações... A sua mulher o acompanha por toda a parte. Celina querida, ele é muito culpado, mais culpado talvez que um pecador que se tenha convertido, mas não pode Jesus fazer o que nunca fez? E se não o quisesse, teria ele posto no coração das suas pobres esposinhas um desejo que não pudesse realizar?... Não, é certo que ele deseja, mais do que nós, trazer de volta ao rebanho esta pobre ovelha desgarrada; um dia virá em que ele abrirá os olhos e, então, quem sabe a França não será percorrida por ele com uma meta totalmente diferente daquela que tem em vista agora! Não esmoreçamos na oração, a confiança opera milagres e Jesus disse à bem-aventurada Margarida Maria: *"Uma alma justa tem tanto poder sobre meu coração que pode obter o perdão para mil criminosos*²*"*. Ninguém sabe se é justo ou pecador, mas, Celina, Jesus concede-nos a graça de sentirmos no fundo do nosso coração que nós gostaríamos mais de morrer que de ofendê-lo, e depois não são nossos méritos, mas os do nosso esposo que são os *nossos* que oferecemos a nosso pai que está nos céus, a fim de que nosso irmão, um filho da Santíssima Virgem, volte vencido lançar-se sob o manto da mais misericordiosa das mães...

[v tv] Celina querida, devo concluir, adivinha o restante, são *volumes* para adivinhares!...

Abraça por mim a todos e tudo o que quiseres dizer-lhes da minha parte, também o penso!...

Teresa do Menino Jesus da Sagrada Face
rel. carm. ind.

C 130 Para Celina.

J.M.J.T.

Jesus †   No Carmelo, 23 de julho de 1891

Minha Celina querida,

Sou ainda eu quem está encarregada de responder-te... A Madre Genoveva ficou muito comovida com tua carta e reza muito pela sua Celinazinha; que graça a de ter as orações de uma tal santa e de ser amada por ela!... A festa de ontem¹ foi maravilhosa, foi verdadeiramente um antegozo do céu... Os presentes nos agradaram muito: o peixe, as cerejas, os bolos, agradece minha tia e diz-lhe tudo o que quiseres de mais carinhoso...

Querida Celina, as tuas duas cartas disseram muito [v] à minha alma, fizeram-me chorar...

O *pretendente*[2] fez-me rir muito, é preciso admitir que é ousado por vir procurar a noiva do Rei do Céu, mas o pobre homem não viu, sem dúvida, "O sinal que o esposo colocou na tua testa"[3], sinal misterioso que só Jesus contempla e os anjos que formam sua corte real... Celina, por que este privilégio extraordinário, por quê?... Ah! Que graça ser virgem, ser esposa de Jesus, deve ser muito belo, muito sublime visto que a mais pura, a mais inteligente entre todas as criaturas preferiu permanecer virgem a se tornar mãe de um Deus... E é esta graça que Jesus nos dá. [2f] Ele quer que sejamos suas esposas e, a seguir, nos promete ser sua mãe e suas irmãs, é o que diz no seu Evangelho: "... todo aquele que fizer a vontade de meu Pai que está nos céus, esse é para mim irmão, irmã e mãe". Sim, aquele que ama Jesus é toda a sua família. Encontra nesse coração *único*, sem SEMELHANÇA, tudo o que ele deseja. Encontra seu céu!... Mt 12,50

Celina querida, permaneçamos sempre os lírios de Jesus, a graça que lhe peço é que os retire deste mundo antes que o vento pernicioso da terra lhes desgarre um só grãozinho de pó dos seus estames, pó que poderia amarelecer um pouco o brilho e a brancura do lírio. É preciso que Jesus encontre nos seus lírios tudo o que deseja [2v] encontrar, neles a pureza que só procura a ele; que só descansa nele...

Ai! Nada é tão fácil de manchar como um lírio... pois bem! Digo que se Jesus disse a Madalena que ama mais aquele a quem se perdoou mais, pode-se dizer com mais razão ainda quando Jesus perdoou *antecipadamente* os pecados[4]!... Celina, compreendes?... E depois, quando as lágrimas de Jesus são o sorriso de uma alma, que tem ela a temer? Penso que estas pérolas misteriosas têm o poder de branquear os lírios, de conservar-lhes o brilho... Celina querida, a figura deste mundo passa, as sombras se dissipam, em breve estaremos na nossa terra natal, em breve as alegrias da nossa infância, os serões de domingo, as conversas íntimas... tudo isso nos será devolvido para sempre e com juros, Jesus restituir-nos-á as alegrias que [2v tv] nos subtraiu por um instante!... Então, da cabeça radiante do nosso pai querido veremos sair torrentes de luz e cada um dos seus cabelos brancos será como um sol que nos encherá de alegria e de felicidade!... A vida é pois um sonhos?[5]... e dizer que com este sonho nós podemos salvar as almas!... Ah! Celina, não nos esqueçamos das almas, mas esqueçamos de nós mesmas por elas, e um dia Jesus dirá olhando para nós: "Como é bela a casta geração das almas virgens"![6] Lc 7,42-43 / 1Cor 7,31 / Ct 4,6 / Sb 4,1

[1r tv] Abraço bem forte a minha Mariazinha, Leônia e todos, para ti, Celina, sabes onde é teu lugar no meu coração!...

Teresa do Menino Jesus da Sagrada Face
rel. carm. ind.

C 131   Para a senhora La Néele (Joana Guérin).

J.M.J.T.

Jesus †   No Carmelo, 17 de outubro de 1891

Minha querida Joaninha,

Não sei como agradecer-te pela tua delicada atenção.

Fiquei muito comovida ao ver que o nome de Francis acompanhava o de Joana para me felicitar, portanto, é aos dois que transmito meus agradecimentos.

A meu divino esposo encarrego o pagamento da minha dívida; sendo [1v] que sou pobre por causa dele, é mais que justo que ele não recuse o que lhe peço para os que amo.

Asseguro-te, minha querida Joana, que se tu não te esqueces da menor das tuas irmãs, ela também pensa frequentemente em ti, e sabes que para uma carmelita, recordar-se e sobretudo amar, é orar. Sem dúvida, as minhas pobres orações não têm muito valor, mas espero que ainda assim Jesus as acolha favoravelmente e que, em vez de olhar para quem as dirige, olhe para os que são objeto delas, assim [2f] estará na obrigação de me conceder todos os meus pedidos. Espero que em breve Deus mande um Isidorozinho tão perfeito quanto seu papai ou então uma Joaninha parecidíssima com a sua mamãe... Peço também que a farmácia seja enfim vendida[1], queria que nada faltasse para a felicidade perfeita da minha querida irmãzinha e do meu bom primo. Mas sobre a terra, sempre haverá alguma nuvenzinha, pois a vida não pode passar sem isso e só no céu a alegria será perfeita. Mas desejo que, na medida do possível, Deus poupe [2v] aos que amo os sofrimentos inevitáveis da vida, disposta a tomar sobre mim, se for o caso, as provações que ele lhes reserva.

Irmã Maria do Sagrado Coração encarrega-me de te agradecer muito pelo que mandaste para a cestinha, é verdadeiramente muita amabilidade da tua parte, tanto mais que Nossa Madre ficou muito feliz em poder te oferecer este trabalhinho. Não me fica lugar senão para dizer-te de novo obrigada, por mim e pelas minhas irmãs e enviar-te assim como a nosso querido primo, a certeza do afeto da última das tuas irmãs que não é a menor na ternura que tem por ti...

Irmã Teresa do Menino Jesus
rel. carm. ind.

C 132 Para Celina.

J.M.J.T.

Jesus †   No Carmelo, 20 de outubro de 1891

Minha querida Celina,

Pela quarta vez desde meu ingresso no Carmelo, venho desejar-te os parabéns...

Parece-me que estes quatro anos apertaram ainda mais os laços que nos uniam tão estreitamente. Mais avançamos na vida, mais amamos a Jesus e, como é nele que nós nos queremos, este é o porquê de nosso afeto se tornar tão forte, é mais a UNIDADE do que a união que existe entre nossas duas almas!... Celina, que é que preciso te dizer, não sabes já tudo?... Sim, mas quero te dizer porque as *Celinas* floresceram mais cedo este ano. Jesus mo fez sentir esta manhã, para tua festa. Reparou, sem dúvida, que nunca o inverno foi tão rigoroso como no ano passado; consequentemente, todas as flores ficaram atrasadas no seu desabrochar, era tão natural que ninguém estranhou. Mas há uma florzinha misteriosa que Jesus reservou para instruir as nossas almas. Esta flor, é a flor Celina... ao contrário das outras, desabrochou um mês antes do tempo da sua floração... Compreendes, Celina, a linguagem de minha florzinha querida... a flor da minha infância... a flor das recordações?!!!... As geadas, os rigores do inverno, em vez de atrasar o crescimento [v] fizeram-na rebentar e florescer... Ninguém prestou atenção nela, esta flor é tão pequena, tão pouco brilhante... apenas as abelhas conhecem os tesouros contidos no seu misterioso cálice, composto de muitos calicezinhos tão ricos uns como os outros... Teresa, como as abelhas, compreendeu este mistério. O inverno é o sofrimento, o sofrimento incompreendido, desconhecido, visto como inútil pelos olhos profanos, mas fecundo e poderoso aos olhares de Jesus e dos anjos que, como abelhas vigilantes, sabem recolher o mel contido nos misteriosos e múltiplos cálices que representam as almas, ou melhor, os filhos da virginal florzinha... Celina, eu precisaria volumes para escrever tudo o que penso a respeito da minha florzinha... representa tão bem, para mim, a imagem da tua alma, sim, Jesus fez passar as geadas sobre ela em vez do sol quente das suas consolações e o efeito esperado por ele produziu-se; a plantinha cresceu e floresceu quase de repente... Celina, quando uma flor está desabrochada, só falta colhê-la; mas quando e como Jesus colherá sua florzinha?... Talvez a cor rósea da sua corola seja indício de martírio!... Sim, sinto meus desejos renascerem[1], talvez Jesus queira, depois de nos ter pedido, por assim dizer, amor por amor, pedir-nos ainda sangue por sangue, vida por vida... Enquanto esperamos, deixemos as abelhas extrair todo o mel dos calicezinhos, nada reter, dar tudo a Jesus e, depois, diremos como a flor ao anoitecer da nossa vida: "A noite, eis a noite[2]". Então, será o fim... Às geadas suceder-se-ão os doces [v tv] raios do sol, às lágrimas de Jesus, os sorrisos eternos...

Ah! Não nos neguemos a chorar com ele durante um dia sendo que gozaremos da sua glória durante a eternidade!...

Compreendes, querida Florzinha, a tua Teresa?...

C 133   Para a senhora Guérin.

J.M.J.T.

Jesus †   No Carmelo, 16 de novembro de 1891

Minha querida tia,

É bem doce para a vossa filhinha mais pequenina vir com suas irmãs mais velhas desejar-vos uma boa festa.

É com alegria que vejo voltar, todos os anos, o 19 de novembro e se é repleto de doces recordações para mim é também rico de esperança para o futuro...

Quanto mais avanço na vida, mais percebo como é doce a festa de uma Mãe. Ai! desde a minha infância Deus pareceu subtrair-me para sempre uma alegria que nunca experimentara, [1v] mas do alto do céu aquela que não podia prodigalizar-me as carícias inspirou a um coração materno que lhe era muito caro, a ternura de uma Mãe para sua pobre filhinha, e desde então ela também pôde sentir as doces alegrias que se sentem festejando uma Mãe querida!...

Minha querida tiazinha, depois que passou para a montanha do Carmelo, vossa Teresinha sente ainda melhor, se isso é possível, o afeto que vos dedico, quanto mais aprende a amar a Jesus, mais a sua ternura cresce em relação a seus tios queridos.

O presentinho[1] que nossa boa Madre teve o gosto de mandar arranjar para vossa festa, dir-vos-á melhor do que eu, querida tia, o que não sou capaz de vos dizer [2f]. Meu coração está cheio de emoção vendo estes pobres cabelos que, sem dúvida, não possuem outro valor que o do trabalho delicado e a graça do seu arranjo, mas que, porém, eram queridos por aquele que Deus nos tirou[2]... Compreendeis, querida tiazinha? Estou feliz vendo que é àquela que me é a mais cara nesta vida, depois deste pai querido, que estes cabelos são oferecidos, que ele os teria recebido com tanto gosto.

Querida tiazinha, esta carta não se parece com uma carta de festa na qual se deve falar só de alegria e felicidade. Mas só sei falar com meu coração, só ele guia minha pena e tenho certeza que o coração maternal [2v] ao qual me dirijo saberá compreender-me e até adivinhar o que não sei exprimir...

Minha tia querida, sou obrigada a terminar minha carta, mas antes, quero mandar-vos todos os meus beijos e peço-vos que digais às vossas filhinhas que é a elas que eu encarrego de dá-los da minha parte, tenho certeza que ficarão encantadas com a missão que lhes confio e que vão cumpri-la perfeitamente...

Vossa filhinha envia-vos novamente todos os seus votos e vos suplica minha querida tiazinha, que creiais em toda a ternura de seu coração de filha...

Irmã Teresa do Menino Jesus
rel. carm. ind.

C 134   Para Celina.

J.M.J.T.

Jesus †   26 de abril de 1892

Minha querida Celina,

A pradaria do Carmelo fornece-me, este ano, um presente simbólico que te ofereço com prazer pelos teus vinte e três anos... Um dia, no meio da grama branqueada pelas simples margaridas, pareceu-me ver uma de talo elegante que as superava em beleza; aproximando-me, vi com surpresa que em vez de uma margarida eram duas bem distintas. Dois talos tão estreitamente unidos levaram-me logo a pensar nos mistérios das *nossas almas*... Compreendi que, se na ordem da natureza Jesus se agrada em semear sob os nossos pés maravilhas tão encantadoras, é só para nos ajudar a adivinhar os mistérios mais escondidos, de ordem superior, que ele opera, às vezes, nas almas... Celina, sinto que já compreendeste tua Teresa, já teu coração adivinhou o que se passa neste outro coração ao qual o teu é tão estreitamente unido que a seiva que os nutre é a mesma!... Porém, quero falar-te de alguns dos mistérios ocultos na minha florzinha. Para alegrar a nossa vista e instruir as nossas almas, Jesus criou um sem número de margaridinhas. Vejo com espanto que, de manhã, suas corolas rosadas, voltadas para o lado da aurora, esperam o levantar do sol; logo que este astro radiante envia para elas um dos seus ardentes raios, as tímidas florzinhas entreabrem os seus cálices e suas delicadas folhas formam como uma coroa que, deixando descobertos seus coraçõezinhos amarelos, dá logo a estas flores uma grande semelhança com aquele que as feriu com a sua luz. Durante o dia inteiro, as margaridas não cessam de fixar o sol e o acompanham até à tarde e, depois que [v] ele desaparece, fecham depressa suas corolas e, de brancas voltam a ficar rosadas... Jesus é o divino sol e as margaridas são suas esposas, as virgens. Quando Jesus olha para uma alma, dá-lhe logo sua divina semelhança, mas é preciso que esta alma não cesse de *fixar seu olhar só nele*. Para desenvolver o mistério das margaridas, precisaria de um volume, mas minha Celina compreende tudo e, por isso, quero falar-lhe agora das fantasias de Jesus... No seu prado, Jesus tem muitas margaridas, mas estão separadas e recebem cada uma à parte os raios do sol. Um dia, o esposo das virgens baixou à terra; uniu estreitamente dois botõezinhos recém-abertos; os seus talos fundiram-se num só e um só olhar os fez crescer; juntas, estas duas florzinhas transformadas numa *flor única* desabrocharam e, agora, a dupla margarida, fixando o seu olhar no seu divino sol, cumpre a sua missão que é única... Celina, só tu podes compreender minha linguagem; aos olhares das criaturas, nossa vida pode parecer muito diferente, muito separada, mas sei que Jesus uniu os nossos corações de modo tão maravilhoso que o que faz bater um faz também estremecer o outro... "Onde está vosso tesouro, aí está o vosso coração". Nosso tesouro é Jesus, e nossos corações não são senão um só com ele. O mesmo olhar conquistou nossas almas, olhar velado pelas lágrimas, que a dupla margarida resolveu enxugar; sua humilde e branca corola será o cálice no qual os diamantes preciosos serão recolhidos para serem derramados depois sobre outras flores que, menos privilegiadas, não terão fixado em Jesus os primeiros olhares dos seus corações... Talvez que ao entardecer da sua vida, a margarida ofereça a seu divino esposo uma corola tornada rosada[1]...

Mt 6,21

Adeus, Celina querida, a florzinha que te mando é uma relíquia, pois repousou nas mãos da nossa Santa Madre Genoveva[2], e abençoou Celina e Teresa...

Teresa do Menino Jesus da Sagrada Face
rel. carm. ind.

C 135   Para Celina.

J.M.J.T.

Jesus †   Em 15 de agosto de 1892

Minha querida Celina,

Não posso deixar sua carta partir[1] sem acrescentar uma palavrinha. Para isso, vejo-me obrigada a furtar alguns momentos de Jesus, mas ele não me leva a mal pois é dele que falamos juntas, sem ele, discurso nenhum tem atrativo para os nossos corações[2]... Celina, as vastas solidões, os horizontes encantadores que se abrem diante de ti[3] devem calar fundo em tua alma. Eu não estou vendo nada disso, mas digo com São João da Cruz: "Tenho no meu bem-amado as montanhas, os vales solitários e nemorosos[4] etc..." E este bem-amado instrui a minha alma, fala-lhe no silêncio, nas trevas... Veio-me, recentemente, um pensamento que preciso comunicar à minha Celina. Foi num dia em que pensava no que eu podia fazer para salvar as almas, uma palavra do evangelho mostrou-me uma viva luz. Outrora, Jesus dizia a seus discípulos mostrando-lhes os trigais maduros: "Erguei os olhos e olhai os campos que já branquejam para a ceifa" e, um pouco mais tarde: "A messe é grande, mas os trabalhadores poucos. Rogai, pois, ao Senhor da messe que envie trabalhadores para a sua messe". Que mistério!... Não é Jesus todo poderoso? As criaturas não pertencem àquele que as fez? Por que Jesus diz então: "Rogai ao senhor da messe que envie trabalhadores para a sua messe"? Por quê? Ah! É que Jesus tem por nós um amor tão incompreensível, que quer que tenhamos [2f] parte com ele na salvação das almas. Ele não quer fazer nada

Jo 4,35
Mt 9,37-38

sem nós. O criador do universo aguarda a oração de uma pobre alma pequenina para salvar as outras almas resgatadas como ela com o preço de todo o seu sangue. Nossa vocação não consiste em ir ceifar nos trigais maduros. Jesus não nos diz: *"Baixai* os olhos, olhai os trigais e ide ceifá-los". Nossa missão é ainda mais sublime. Eis as palavras de nosso Jesus: "Levantai os olhos e vede". Vede como no meu céu há lugares vagos, a vós cabe enchê-los, sois meus Moisés orando sobre a montanha; pedi-me operários e enviá-los-ei, só espero uma oração, um suspiro do vosso coração!... Ex 17,8-13

Não é o apostolado da oração mais [2v] elevado que o da palavra? Nossa missão, como carmelitas, consiste em formar operários evangélicos que salvarão milhares de almas de quem seremos as mães... Celina, se não fossem as próprias palavras de Jesus, quem ousaria acreditar nelas? Considero nossa parte muito bela, que temos nós que invejar aos sacerdotes?... Como gostaria de poder dizer-te tudo o que penso, mas falta-me tempo, compreenda tudo o que não posso te escrever!...

No dia da festa de Joana[5], cumprimenta-a por nós com um ramalhetezinho. A regra não nos permite fazê-lo, mas diz-lhe que pensaremos mais ainda nela. Abraça a todos da minha parte e diz-lhes tudo o que puderes achar de mais amável. Se pudesses arranjar-me urzes, ficaria muito satisfeita.

Tua pequenina Teresa do Menino Jesus
rel. carm. ind.

C 136   Para Maria Guérin.

J.M.J.T.

Jesus † No Carmelo, 16 de outubro de 1892

Minha querida Mariazinha,

Visto que te incumbiram de me apresentar os votos de boas festas em nome de toda a família, creio que é a ti que devo confiar a missão de agradecer, em primeiro lugar, a minha querida tia. Primeiramente, pela sua cartinha e o enorme pacote de chocolate que alegrou muito a nossa pequena provisorazinha[1]. A seguir, o delicioso creme de café e, mais ainda, a cara e amável cartinha da sua enfermeira que, não o duvido, vai devolver logo a saúde a minha querida tia. Peço também ao doutorzinho[2] da rua do Oratório que apresente meus agradecimentos ao grande doutor e à sua tão cara Joaninha que, apesar da sua convalescença, pensou na minha festa, o que me comoveu muito...

A pequena recaída que, felizmente, não teve sequelas para a saúde de Joana, deu-me um pensamento que vou confiar a meu querido doutorzinho. Parece-me que [2f] a boa Santa Ana achava-se um pouco esquecida[3] e, por isso, apressou-se em fazer-se lembrada! Asseguro-te, que agora não me esqueço dela. Quando, pelo pensamento, encontro-me junto da minha irmãzinha de Caen, logo a boa da Santa Ana vem à minha memória e lhe confio aquela que amo.

Vejo com prazer, minha querida Maria, que o ar da cidade de Caen não te leva à melancolia; tua alegria, não duvido disso (mais ainda do que a tua ciência de doutor), vai em pouco tempo restabelecer [2v] as nossas duas queridas doentes.

Os "pastéis folhados" feitos por uma pasteleira tão distinta como tu parecem-me ser um prato muito fino para carmelitas, mas não poderias demonstrar teu talento fazendo pastéis bastante leves que Joana possa não só devorá-los com os olhos, mas comê-los sem receio de que lhes façam mal…

Termino, meu caro doutorzinho, pedindo que desculpes minha letra tão feia. Abraça bem forte por mim toda a família e agradece por todos os mimos que me foram enviados com tanta abundância que receio ter esquecido algum.

Diz à minha querida tia que lhe peço para depor um grande beijo da minha parte nas tuas bochechinhas e crê na ternura da tua irmãzinha.

Teresa do Menino Jesus
rel. carm. ind.

C 137 Para Celina.

J.M.J.T.

Jesus † No Carmelo, 19 de outubro de 1892

Minha querida Celina,

Outrora, nos dias da nossa infância, nos regozijávamos por causa dos presentinhos que trocávamos mutuamente. O menor objeto tomava valor desmedido aos nossos olhos… Bem depressa, a cena mudou, tendo crescido asas no mais novo dos passarinhos, que voou para longe do ninho suave da sua infância. Então, todas as ilusões se desvaneceram! O verão sucederá à primavera; aos sonhos da juventude, a realidade da vida…

Celina, não foi neste momento decisivo que os laços que encadeavam nossos corações se apertaram? Sim, a separação uniu-nos de uma maneira que a linguagem não pode exprimir. Nossa ternura de criança transformou-se em união de sentimentos, unidade de almas e de pensamentos. Quem pôde ter realizado esta maravilha?… Ah! Foi aquele que tinha conquistado os nossos corações. "Este bem-amado escolhido entre mil, basta só o odor dos seus perfumes para arrastar atrás de si. Seguindo seus passos, as donzelas percorrem ligeiras o caminho¹". (Ct 5,10; 1,3-4)

[1v] Jesus nos atraiu juntas, embora por caminhos diferentes. Elevou-nos acima de todas as coisas frágeis deste mundo cujo cenário passa; Ele pôs, por assim dizer, *todas as coisas* sob nossos pés. Como Zaqueu, subimos numa árvore para ver Jesus… Podíamos, então, dizer com São João da Cruz: "Tudo é meu, (1Cor 7,31; Lc 19,4)

tudo é para mim, a terra é minha, os céus são meus, Deus é meu e a mãe do meu Deus é minha"². A propósito da Santíssima Virgem, preciso contar-te uma das minhas simplicidades para com ela. Às vezes, surpreendo-me dizendo-lhe: "Mas, minha boa Santíssima Virgem, acho-me mais feliz do que vós, pois vos tenho por mãe e vós não tendes *Virgem Santíssima para amar*³... É verdade que sois a mãe de Jesus, mas este Jesus vós no-lo destes inteiro... e ele, na cruz, vos deu a nós para mãe. Dessa forma, somos mais ricos que vós, sendo que nós possuímos Jesus e que vós sois nossa também. Outrora, na vossa humildade, desejáveis ser, um dia, a servazinha da feliz Virgem que teria a honra de ser a Mãe de Deus, e eis que eu, pobre criaturinha, não sou vossa serva, mas vossa filha, vós sois [2f] a mãe de Jesus e sois a minha mãe". Sem dúvida, a Santíssima Virgem deve rir da minha ingenuidade mas, contudo, o que lhe digo é bem pura verdade!... Celina, que mistério é a da nossa grandeza em Jesus... Eis tudo o que Jesus nos mostrou fazendo-nos subir na árvore simbólica de que falava ainda há bem pouco! E agora, que ciência ele vai nos ensinar? Não nos ensinou ele tudo?... Escutemos o que ele nos diz: "Apressai-vos em descer, devo ficar na vossa casa hoje". O quê! Jesus nos diz para descer... Aonde é que devemos então descer? Celina, tu o sabes melhor do que eu, mas deixe-me dizer-te para onde devemos agora seguir a Jesus. Outrora, os judeus perguntavam ao nosso divino Salvador: "Mestre, onde habitas?, e ele lhes respondeu: "As raposas têm covas e as aves do céu ninhos, mas o filho do homem não tem onde reclinar a cabeça". Eis aqui aonde devemos descer para poder servir de morada a Jesus. Ser tão pobre que não tenhamos onde repousar a cabeça. Eis, minha Celina querida, o que Jesus operou na minha alma durante meu retiro... Entende que se trata do interior. Aliás, o exterior não foi, já, reduzido [2v] a nada pela provação de Caen?... Em nosso pai querido, Jesus atingiu-nos na parte exterior mais sensível do nosso coração, agora, deixemo-lo agir, ele saberá concluir sua obra em nossas almas... O que Jesus deseja é ser recebido em nossos corações, sem dúvida já estão vazios das criaturas, mas ai! sinto que o meu não está totalmente vazio de mim mesma e é por isso que Jesus me diz para descer... ele, o Rei dos reis, humilhou-se de tal maneira que sua face estava escondida e ninguém o reconhecia... e eu também quero esconder o meu rosto, quero que só o meu bem-amado possa vê-lo, que ele seja o único a contar minhas lágrimas... que pelo menos em meu coração possa descansar sua cabeça querida e sinta que aí ele é conhecido e compreendido!...

 Celina, não consigo dizer-te o que eu gostaria, minha alma é incapaz... Ah, se eu pudesse!... Mas não, isso não está em meu poder... porque lastimar, não pensas tu sempre o que eu penso?... Assim, tudo o que não te digo, tu o adivinhas. Jesus fá-lo sentir ao teu coração. Aliás, não estabeleceu nele a sua morada para consolar-se dos crimes dos pecadores? Sim, é no retiro íntimo da alma que ele nos instrui a ambas, e um dia, ele nos mostrará [1r tv] o dia que não terá mais ocaso...

 Boa festa! Como será agradável, um dia, para a tua Teresa, festejar-te no céu!...

C 138 Para a senhora Guérin.

J.M.J.T.

Jesus †   No Carmelo, 17 de novembro de 1892

Minha querida tia,

A menor das vossas filhas sente-se impotente para vos dizer mais uma vez da sua ternura e de todos os votos que formula para vós. Mas o coração de uma mãe adivinha facilmente o que se passa na alma da sua filha; por isso, querida titia, não vou tentar traduzir os sentimentos que conheceis há tanto tempo.

[1v] Este ano, Deus encheu meu coração de uma consolação muito suave chamando do seu exílio meu querido paizinho[1]. Ao rememorar no meu espírito os anos dolorosos que acabam de decorrer, minha alma transborda de gratidão. Não posso lastimar penas já passadas e que completaram e embelezaram a coroa que Deus se dispõe a colocar em breve na fronte venerável daquele que tanto o amou e o serviu com tanta fidelidade...

E depois estas penas permitiram-me conhecer melhor os tesouros de ternura ocultos no coração dos tios queridos que Deus me deu... [2f] "A obra-prima mais bela do coração de Deus é o coração de uma mãe"[2]. Sinto como é verdadeira esta palavra e agradeço ao Senhor por me ter propiciado a doce experiência.

Querida tiazinha, asseguro-vos que se vós tendes para nós um coração maternal, vossa filhinha tem um que é muito filial, por isso ela pede a Jesus para que vos cumule de todos os favores que o coração de uma filha possa almejar para a mãe querida. Frequentemente, apenas o silêncio consegue exprimir a minha oração, mas o hóspede divino do sacrário compreende tudo; até o silêncio de uma alma [2v] de criança cheia de reconhecimento... Se não estou presente no dia da festa da minha tia querida, meu coração estará bem pertinho dela e ninguém, mais do que eu, a cumulará de ternura.

Peço-vos, querida tia, que abrace por mim meu bom tio e minhas irmãzinhas queridas.

Deixo-vos, tia querida, permanecendo muito unida, como uma filha à sua mãe.

Vossa filha que vos ama

Irmã Teresa do Menino Jesus
rel. carm. ind.

C 139   Para o senhor e a senhora Guérin.

Jesus †   No Carmelo, 30 de dezembro de 1892

Meu querido tio e minha querida tia,

É bem doce ao seu Benjaminzinho vir apresentar os seus votos para o novo ano que vai começar.

Não vou tentar aqui dizer todos os desejos que formulo para meus queridos tios, seria longo demais e depois o meu coração tem frequentemente aspirações que a palavra é impotente para traduzir. Há [1v] desejos que só Deus pode compreender, ou melhor, adivinhar. É pois a ele que eu vou confiar os votos que meu coração formula por aqueles que me são tão caros.

Muitas vezes, quando estou aos pés de Nosso Senhor, sinto minha alma transbordar de reconhecimento ao pensar na graça que ele me fez dando-me tios como os que tenho a felicidade de ter.

Não me esqueço que dois de janeiro é o dia do aniversário do meu querido tio. Estou orgulhosa por ter nascido no mesmo dia que ele e espero que não se esqueça de rezar pela sua Teresinha que logo será uma velha de vinte anos. Como passa o tempo!... Parece-me que foi ontem que meu bom tio me fazia pular nos seus joelhos cantando a canção do Barba-azul com olhos terríveis que quase me faziam morrer de medo[1]... A ariazinha de *Mirlitir* era mais do meu agrado... A lembrança dessa canção ainda me faz rir.

[2v] Estão vendo, queridos tios, que o peso dos anos não enfraquece ainda a memória da vossa filhinha, pelo contrário, está numa idade em que as lembranças da juventude possuem um encanto particular...

Peço-vos, meus queridos tios, para apresentarem todos os meus votos aos que amo, não especifico ninguém pois o restante do meu papel não é suficiente, mas no meu coração todos os nomes estão gravados e ocupam um vasto lugar.

Vossa VELHA sobrinha que vos ama de todo o coração

                                                    Irmã Teresa do Menino Jesus
                                                              rel. carm. ind.

SEXTO PERÍODO

O PRIORADO DE MADRE INÊS DE JESUS

(Fevereiro de 1893 / Março de 1896)

C 140 **Para madre Inês de Jesus.**

J.M.J.T.

Jesus †   20 de fevereiro de 1893

Minha querida mãe,

Como me é doce poder dar-vos este nome!... Há muito tempo já, que éreis minha *mãe*, mas era no segredo do meu coração que eu dava este doce nome àquela que era ao mesmo tempo meu *Anjo da Guarda* e minha *Irmã*; hoje, Deus vos *consagrou*... sois verdadeiramente minha mãe e sê-lo-eis por toda a eternidade... Oh! Como é lindo este dia para vossa filha!... O véu que Jesus lhe lançou sobre este dia¹ torna-o ainda mais luminoso aos meus olhos, é o selo da face adorável, o perfume do ramalhete misterioso² que se derramou sobre vós. Sem dúvida, sempre será assim, "aquele cuja face era oculta", aquele que continua oculto   Is 53,3
na sua hostiazinha branca e que só se comunica às almas de forma *velada*, saberá lançar sobre a vida inteira da *apóstola* amada da sua divina face um véu misterioso que só ele poderá penetrar!...

Sim, o espírito de Madre Genoveva reside inteiramente em vós³, e sua palavra profética cumpriu-se⁴. Aos *trinta* anos, começastes a vossa vida pública, não fostes vós que propiciastes a todos os Carmelos e a tantas almas piedosas o consolo de terem os pormenores comoventes e poéticos da vida da nossa santa?...

Mas Jesus já lançara sobre minha querida mãe seu *olhar velado* e [v] não permitiu que ela fosse reconhecida⁵, "pois estava oculto"!...   Is 53,3

Se este dia já é tão belo na terra, como não o será no céu! Parece-me ver nossa santa mãe querida, olhando contente para sua Paulina (aquela que ela amava, aquela que a atraía⁶), ela a vê feita por sua vez, mãe, mãe de muitas virgens, entre as quais suas próprias irmãs. Que mistério!...

Agora, ireis penetrar no santuário das almas, espalhareis sobre elas os tesouros de graças de que Jesus vos cumulou. Sofrereis, sem dúvida... Os frascos serão pequenos para conter o perfume precioso que desejareis depositar neles, mas também Jesus possui só pequenos instrumentos musicais para tocar a sua melodia de amor, porém, sabe servir-se de todos os que se lhe apresentam. Sereis como Jesus!... Irmãzinha, mãe querida, o meu coração, o coração da vossa filha é uma lirazinha, quando estiverdes cansada de fazer vibrar as harpas, vireis buscar vossa lirazinha e, tão logo a tocardes, ela produzirá os sons que desejardes... só com o contato dos vossos dedos *consagrados* ela COMPREENDERÁ, e sua fraca melodia unir-se-á ao canto do vosso coração...

Ó minha mãe! quantas coisas gostaria de vos dizer... mas não, sabeis de tudo... Um dia, quando as sombras se tiverem dissipado, repousarei sobre o vos-   Ct 4,6
so coração e repetirei este doce nome:

Minha mãe

C 141   **Para Celina.**

J.M.J.T.

Jesus †   No Carmelo, 25 de abril de 1893

Minha querida Celina,

Vou dizer-te um pensamento que me veio esta manhã, ou melhor, vou comunicar-te os desejos de Jesus para com a tua alma... Quando penso em ti junto ao único amigo das nossas almas, é sempre a simplicidade que se me apresenta como sendo a característica maior do teu coração... Celina!... *simples* florzinha *Celina*, não invejes as flores dos jardins. Jesus não nos disse: "Eu sou a flor dos jardins, a rosa cultivada", mas sim: "Sou a *flor dos campos* e o lírio dos vales"[1]. Pois bem! Esta manhã, ao pé do sacrário, pensei que minha Celina, a florzinha de Jesus, devia ser e permanecer sempre uma *gota de orvalho* oculta na divina corola do belo lírio dos vales. Uma gota de orvalho, o que há de mais simples e mais puro? Não é formada pelas *nuvens* e quando o céu azul está estrelado, o orvalho desce sobre as flores, não se compara à chuva à qual ultrapassa em frescor e beleza. O orvalho só existe de noite; tão logo o sol dardeja seus raios ardentes, faz destilar as encantadoras pérolas que cintilam na extremidade das ervazinhas dos prados e o orvalho transforma-se em leve vapor. Celina, és uma gotinha de orvalho que não foi formada pelas nuvens [1v], mas que desceu do belo céu, tua pátria. Durante *a noite* da vida, sua missão consiste em ocultar-se no coração da *Flor dos campos*, nenhum olhar humano deve descobri-la, só o cálice que possui a minúscula gotícula conhecerá seu frescor. Feliz gotinha de orvalho, conhecida só de Jesus!... não te detenhas para considerar o curso dos rios retumbantes que provocam a admiração das criaturas. Nem invejes o límpido riacho que serpenteia pelo prado. Sem dúvida, seu murmúrio é muito suave... Mas as criaturas não podem ouvi-lo... e depois o cálice da flor dos campos não o poderia conter. Não pode ser só para Jesus. Para pertencer a ele, é preciso ser pequeno, pequeno como uma gota de orvalho!... Oh! Como são poucas as almas que aspiram a ficar assim pequenas![2]... Mas, dizem elas, as flores e os riachos não são mais úteis que a gota de orvalho? Que faz ela? Não serve para nada a não ser refrescar por alguns momentos "uma flor dos campos que hoje existe e amanhã terá desaparecido"... Sem dúvida, essas pessoas têm razão, a gota de orvalho só serve para isso, mas não conhecem a flor campestre que quis habitar a nossa terra de exílio e aqui permanecer durante a breve noite da vida [2f]. Se a conhecessem, compreenderiam a repreensão feita por Jesus a Marta... Nosso bem-amado não precisa dos nossos belos pensamentos, das nossas obras esplendorosas; se ele quiser pensamentos sublimes, ele tem seus anjos, suas legiões de espíritos celestes cuja ciência ultrapassa infinitamente a dos maiores gênios da nossa triste terra?... Portanto, não foi pois o espírito nem os talentos que Jesus veio buscar na terra. Ele se fez a flor dos campos para nos mostrar quanto gosta da simplicidade. O lírio *do vale* só almeja uma gotinha de orvalho... E foi por isso que ele criou uma que tem por nome Celina!... Durante a noite da vida, ela deverá ficar oculta aos olhares humanos, mas quando as sombras começarem a declinar, e a flor dos campos se tiver transformado em sol de justiça, quando ele vier para realizar sua corrida de gigante, esquecer-se-á da sua gotinha de orvalho? Oh, não! logo que aparecer em sua glória, a companheira do seu exílio aí estará também. O divino sol pousará nela um dos seus raios de amor e, no mesmo momento, mostrar-se-á aos olhares dos anjos e dos santos deslumbrados a pobre gotinha de orvalho que cintilará como um diamante precioso que, refletindo o sol de justiça, se tornará semelhante a ele. Mas isto não é tudo. Ao olhar sua gota de orvalho, o astro divino irá atraí-la a si, subirá como [2v] leve vapor³ e irá fixar-se para toda a eternidade no seio da fornalha ardente do amor incriado e, para sempre, permanecerá unida a ele. Assim como na terra ela foi fiel companheira do seu exílio e dos seus desprezos, assim no céu ela reinará eternamente...

Ct 4,6
Mt 4,2
Sl 18,6
Cl 3,2

1Jo 3,2

Como ficarão estupefatos os que neste mundo tinham considerado inútil a gotinha de orvalho!... Sem dúvida, procurarão uma desculpa, o *dom* de Deus não lhes havia sido revelado, não tinham aproximado o seu coração do da *flor dos campos*, e não tinham ouvido estas palavras animadoras: "Dá-me de beber". Jesus não chama todas as almas para serem gotas de orvalho, ele quer que haja licores preciosos apreciados pelas criaturas, que as aliviam em suas necessidades, mas para ele só reserva uma gota de orvalho, eis toda a sua ambição...

Jo 4,7

Que privilégio ser chamada para tão elevada missão!... Mas para responder, é necessário permanecer *simples*... Jesus bem sabe que na terra é difícil conservar-se puro, por isso, quer que as suas gotas de orvalho se ignorem a si mesmas, compraz-se em contemplá-las, mas só ele as vê, e elas, desconhecendo seu valor, consideram-se abaixo das demais criaturas... Eis o que deseja o lírio dos vales. A gotinha de orvalho, Celina, entendeu... Eis a finalidade para a qual Jesus a criou, mas ela não pode esquecer a sua pobre irmãzinha, é preciso que ela obtenha a graça de realizar o que Jesus lhe faz compreender para que, um dia, o mesmo raio de amor destile as duas gotinhas de orvalho [2v tv] e que, juntas, possam, depois de não se terem feito mais que uma na terra permanecer unidas durante a eternidade no seio do sol divino⁴.

Teresa do Menino Jesus da Sagrada Face
rel. carm. ind.

C 142   Para Celina.

J.M.J.T.

Jesus †   No Carmelo, 6 de julho de 1893

Minha querida Celina,

Tuas duas cartas foram como doce melodia para meu coração... Sinto-me feliz ao constatar a predileção de Jesus para com a minha Celina. Como ele a ama, como a *olha com ternura*!... Agora estamos, as cinco, no nosso caminho¹. Que felicidade poder dizer: "Estou certa de fazer a vontade de Deus". Esta vontade santa manifestou-se claramente em relação à minha Celina. Ela foi *escolhida* entre todas para ser a coroa, a recompensa, do santo patriarca que encantou o céu pela sua fidelidade. Como ousar dizer que foste esquecida, menos amada que as outras; digo que foste escolhida por PRIVILÉGIO, tua missão é tanto mais bela quanto, ao ficares o anjo visível do nosso pai querido, és a esposa de Jesus. "Isso é verdade (pensa, talvez, minha Celina), mas enfim, eu faço menos que as outras por Deus, tenho mais consolações e, consequentemente, menos méritos"...

Is 55,8 "Meus pensamentos não são os vossos pensamentos", diz o Senhor. O mérito não consiste nem em fazer nem em dar muito, mas em receber, em amar muito...

At 20,35 Diz-se que é muito mais agradável dar que receber, e é verdade, mas quando Jesus quer *tomar para si a doçura de dar*, não seria delicado recusar. Deixemo-lo tomar

Mt 12,50 e dar tudo o que ele quiser, a perfeição consiste em cumprir a sua vontade², e a alma que se lhe [1v] entrega inteiramente é chamada pelo próprio Jesus de "sua

Jo 14,23 mãe, sua irmã" e toda a sua família. E noutra parte: "Se alguém me ama, guardará as minhas palavras (isto é, fará a minha vontade); e meu pai o amará e nós viremos a ele e faremos nele a nossa habitação". Ó Celina! como é fácil agradar a Jesus, conquistar o seu coração! Não há mais nada a fazer senão amá-lo sem olhar para nós mesmas, sem examinar muito os próprios defeitos... Tua Teresa não se encontra nas alturas, neste momento, mas Jesus ensina-lhe "a tirar proveito de tudo, *do bem e do mal* que encontra em si³". Ensina-lhe a jogar à banca do amor, ou melhor, ele joga para ela sem lhe dizer como proceder, pois isso é assunto seu, e não de Teresa, o que compete a ela é abandonar-se, entregar-se sem nada reservar, nem mesmo a satisfação de saber quanto rende⁴ a sua banca. Mas, afinal, ela

Lc 15,31 não é o filho pródigo, não vale pois a pena que Jesus lhe faça uma festa "pois está
Lc 15,4 sempre com ele". Nosso Senhor quer deixar "as ovelhas fiéis no deserto". Quanto isto significa para mim!... Ele está *seguro delas;* elas não podem desgarrar-se, pois são prisioneiras do amor, por isso Jesus as priva da sua presença sensível para dar

Mc 9,1 seu consolo aos pecadores, ou se as leva ao Tabor, é por uns instantes, o vale é o
Ct 1,7 lugar mais frequente do seu repouso. "É aí que ele repousa ao meio-dia". A manhã da nossa [2f] vida passou, gozamos das brisas perfumadas da aurora, então tudo

Ct 5,1 nos sorria, Jesus fazia-nos sentir sua doce presença, mas quando o sol ganhou força, o bem-amado "levou-nos ao seu jardim, fez-nos colher a mirra" da provação ao nos separar de *tudo* e dele próprio; a colina de mirra fortaleceu-nos com

Ct 4,6 seus perfumes amargos, por isso Jesus nos fez descer e, agora, estamos no vale.
Sl 22,2 Ele conduziu-nos docemente ao longo das águas... Querida Celina, não sei muito bem o que estou a te dizer, mas parece-me que vais compreender, adivinhar o que gostaria de dizer. Ah! Sejamos sempre a *gota* de orvalho de Jesus, aí está a felicidade, a perfeição... Felizmente que falo contigo, pois outras pessoas não saberiam compreender minha linguagem e confesso que ela não é conhecida senão por muito poucas almas. De fato, os diretores fazem avançar na perfeição levando a fazer muitos atos de virtude e têm razão, mas meu diretor, que é Jesus⁵, não me

ensina a contar meus atos; ensina-me a fazer *tudo* por amor, a não lhe recusar nada e, a ficar contente quando ele me dá uma ocasião de provar-lhe que o amo, mas isto faz-se na paz, no *abandono*[6], é Jesus [2v] quem faz tudo e eu nada faço.

Sinto-me muito unida à minha Celina, creio que Deus só raramente faz duas almas que se compreendam tão bem, nunca há nota discordante. A mão de Jesus que toca uma das liras faz, ao mesmo tempo, vibrar a outra... Oh! Fiquemos ocultas na nossa divina flor dos campos até que as sombras declinem, deixemos que as gotas de *licor* sejam apreciadas pelas criaturas, sendo que nós agradamos ao *nosso lírio*, continuemos felizes por ser sua gota, sua *única* gota de orvalho!... E por esta gota que o terá consolado durante o exílio, o que é que ele não nos dará na pátria?... Ele próprio no-lo diz: "Aquele que tem sede venha a mim e beba", assim Jesus é e será o nosso *oceano*... Como o cervo sedento, suspiremos pela água que nos é prometida; mas nossa consolação é grande por sermos, nós também, o oceano de Jesus, o oceano do lírio dos vales! Ct 2,1
Ct 4,6

Ct 7,37

Sl 41,2

Só teu coração saberá ler esta carta pois até eu tenho dificuldade para decifrá-la, não tenho mais tinta, fui obrigada a *cuspir* no nosso tinteiro para render mais... não é para rir?...

Abraço a toda família, mas sobretudo meu rei querido que receberá um beijo da sua Celina por parte da sua rainha.

Irmã Teresa do Menino Jesus da Sagrada Face
rel. carm. ind.

C 143   Para Celina.

J.M.J.T.

Jesus †   No Carmelo, 18 de julho de 1893

Minha querida Celina,

Não contava responder à tua carta desta vez[1], mas Nossa Madre quer que eu acrescente uma palavrinha à dela. Quantas coisas teria para te dizer! Mas como só tenho alguns momentos, devo primeiro assegurar à gotinha de orvalho que sua Teresa a compreende... Depois de ter lido tua carta, fui para a oração; ao pegar o evangelho, pedi a Jesus para encontrar uma passagem para ti e eis o que encontrei: "Vede a figueira e todas as árvores: quando começam a brotar, verificais, ao observá-las, que está próximo o verão. Assim vós também, quando virdes estas coisas acontecerem, ficai sabendo que está próximo o reino de Deus". Fechei o livro, tinha lido o suficiente. De fato *estas coisas* que se passam na alma da minha Celina provam que o reino de Jesus se estabeleceu na sua alma... Agora, quero dizer-te o que se passa na *minha* alma, sem dúvida, é a mesma coisa do que na tua. Tu disseste a verdade, Celina, as manhãs frescas[2] já se foram para nós, não há mais flores para se colher, Jesus as apanhou todas; talvez um dia ele faça de- Lc 21,29s sabrochar umas novas, mas enquanto isso, que devemos fazer? Celina, Deus não me pede mais nada... no começo, pedia-me uma infinidade de coisas. Pensei por algum tempo, visto que Jesus não me pedia nada, que agora era preciso caminhar suavemente na paz e no amor, fazendo só o que ele me pedia[3]... Mas tive uma luz. Santa Teresa diz que é [v] preciso alimentar o amor[4]. *A lenha* não está ao nosso alcance quando estamos nas trevas, nas securas, mas não somos obrigadas a lançar aí algumas palhas? Jesus é suficientemente poderoso para conservar sozinho o fogo, mas fica contente por nos ver alimentá-lo, é uma *delicadeza* que lhe agrada e, então, ele joga no fogo muita lenha, nós não o vemos, mas sentimos a *intensidade* do calor do amor. Fiz a experiência, quando não *sinto* nada, quando sou INCAPAZ de *rezar*, de praticar a virtude, é então o momento de procurar pequenas ocasiões, uns *nadas* que dão mais prazer a Jesus que o império do mundo ou mesmo o martírio sofrido generosamente, por exemplo, um sorriso, uma palavra amável quando teria vontade de não dizer nada ou de parecer aborrecida etc., etc.

Minha querida Celina, compreendes? Isto não é para tecer a minha coroa[5], para granjear méritos, é para agradar a Jesus... Quando não tenho ocasião, quero, pelo menos, lhe dizer amiúde, que o amo, não é difícil e isto mantém o *fogo, ainda mesmo que* me parecesse extinto este fogo de amor, assim mesmo queria jogar nele alguma coisa e Jesus saberia então reanimá-lo. Celina, receio não ter dito o que precisas, talvez penses que faço sempre o que digo, oh, não! não sou sempre fiel, mas nunca desanimo[6], abandono-me nos braços de Jesus. A gotinha de orvalho abisma-se cada vez mais no cálice da flor dos campos, e aí reencontra tudo o que perdeu e muito mais ainda.

Ct 2,1

> Tua pequena Irmã
> Teresa do Menino Jesus da Sagrada Face
> rel. carm. ind.

C 144   Para Celina.

J.M.J.T.

Jesus †   No Carmelo, 23 de julho de 1893

Minha querida Celinazinha,

Não me surpreendo que não entendas o que se passa na tua alma. Uma *criancinha completamente só* no mar, num barco perdido no meio das ondas furiosas, poderia saber se está longe ou perto do porto? Quando seu olhar alcança ainda a margem de onde partiu, sabe quanto percorreu; ao olhar a terra afastar-se, sua alegria infantil não consegue conter-se. Oh! Diz ela, eis-me no fim da minha viagem. Mais a margem se afasta, mais o oceano parece vasto, então a CIÊNCIA da criança fica reduzida a nada, não sabe mais para onde vai seu barquinho; não sabendo como manejar o leme, a única coisa que pode fazer é abandonar-se, deixar sua vela flutuar ao sabor do vento... Minha Celina, *a criancinha de Jesus* está sozinha num pequeno barco, *a terra* sumiu aos seus olhos, não sabe aonde vai, se avança ou recua... A Teresinha sabe, tem *certeza* que sua Celina está *em pleno mar,* o barquinho que a leva navega de vento em popa para o porto, o leme que Celina não pode sequer perceber, não está sem piloto. Jesus está aí, *dormindo,* como outrora, no barco dos pescadores da Galileia. Dorme... e Celina não *o vê,* pois a noite desceu sobre o barco... Celina não *ouve* a voz de Jesus. O vento sopra... ela *escuta-o; vê* as trevas... e Jesus continua *dormindo;* [1v] bastaria que acordasse um momento, que comandasse ao vento e ao mar e reinaria a bonança, a noite ficaria mais clara que o dia, Celina *veria o divino olhar* de Jesus e sua alma seria consolada... Mas também Jesus não estaria mais dormindo, e ele está tão CANSADO!... Os seus divinos pés fatigaram-se à procura dos pecadores e, no barquinho de Celina, Jesus repousa tão docemente. Os apóstolos lhe tinham dado um *travesseiro.* O evangelho nos conta este pormenor. Mas no barquinho da sua *esposa* querida, N.S. encontra outro travesseiro, muito mais suave. É o coração de Celina; aí, ele se esquece de tudo, sente-se em casa... Não é uma pedra que serve de apoio à sua cabeça divina (essa pedra que desejava durante sua vida mortal), é um coração *de criança,* um coração de *esposa.* Oh! Como Jesus está feliz! Mas como pode ele estar feliz quando sua esposa sofre, quando *ela vela* enquanto ele dorme tão tranquilo? Não sabe ele que Celina só vê a noite, que seu divino rosto lhe está oculto... e mesmo, às vezes, o peso que ela sente sobre o coração lhe parece pesado... Que mistério! Jesus, a criança de Belém que Maria carregava como "um fardo leve", torna-se pesado, tão pesado que São Cristóvão se admira... Também a esposa dos Cânticos diz que *seu bem-amado é um ramalhete de mirra e que repousa no seu seio.* A mirra é o sofrimento e é assim que Jesus repousa sobre o coração de Celina... E contudo Jesus está feliz por vê-la sofrer, fica feliz por receber tudo durante a *noite...* Espera pela aurora e, então, oh! Então, que despertar o de Jesus!!!

Mc 4,38

Mc 4,39
Sl 138,12

Jo 4,6

Mc 4,38

Mt 8,20

Is 53,3

Mt 11,30

Ct 1,12

Esteja certa, minha querida Celina, que teu barquinho está em alto mar, talvez *muito perto do porto.* O vento de dores que o impele é *um vento de amor* e este vento é mais rápido que o relâmpago...

[r tv] Como fiquei *comovida* vendo que Jesus te inspirou a ideia dos pequenos sacrifícios; eu lho tinha pedido, não contando escrever-te tão cedo. Nosso Senhor ainda nunca me recusou o inspirar-te o que lhe tinha pedido para te dizer[1]. Sempre nos concede as mesmas graças juntas. Sou mesmo obrigada a ter um terço de práticas[2], eu o tinha feito por caridade para com uma das minhas companheiras[3], contar-te-ei isto com detalhes, é bastante divertido... Estou presa em redes que não me agradam, mas que me são muito úteis no estado de alma em que me encontro[4].

C 145 **Para Celina.**

J.M.J.T.

Jesus †   No Carmelo, 2 de agosto de 1893

Minha querida Celinazinha,

    A tua carta encheu-me de consolação, o caminho que segues é um caminho real, não é um caminho trilhado, mas é um atalho que foi traçado pelo próprio Jesus. A esposa dos Cânticos diz que, não tendo encontrado seu bem-amado no seu leito, levantou-se para procurá-lo na cidade, mas foi em vão; depois de ter saído da cidade, achou aquele que sua alma amava!... Jesus não quer que encontremos no repouso a sua adorável presença, esconde-se, envolve-se em trevas; não era deste modo que ele procedia para com a *multidão* dos judeus, pois vemos nos evangelhos "que o povo ficava ARREBATADO quando ele falava". Jesus encantava as almas fracas com suas divinas palavras, procurava torná-las fortes para o dia da provação... Mas como foi reduzido o número dos amigos de Nosso Senhor quando ele SE CALAVA diante dos juízes!... Oh! Que melodia para o meu coração este silêncio de Jesus... Faz-se pobre a fim de que possamos fazer-lhe caridade, estende-nos a mão como *mendigo*, a fim de que, no dia radioso do juízo, quando aparecerá na sua glória, possa fazer-nos ouvir estas doces palavras: "Vinde, benditos do meu pai, porque tive fome e me destes de comer; tive sede e me destes de beber; era peregrino e me hospedastes; andava nu e me vestistes, estava doente e me visitastes, estava no cárcere e fostes ver-me". Foi o próprio Jesus que pronunciou estas palavras, é ele que quer o nosso amor, que o *mendiga... Põe-se*, por assim dizer, à nossa mercê. Ele não quer senão aquilo que lhe damos e a mais pequenina coisa é preciosa aos seus divinos olhos...

    [v] Minha querida Celina, regozijemo-nos pela nossa parte, é tão bonita, demos, demos a Jesus, sejamos avaras para os outros, mas pródigas para com ele...

    Jesus é um *tesouro* oculto, um bem inestimável que poucas almas sabem encontrar, pois ele está *escondido* e o mundo gosta do que brilha. Ah! Se Jesus tivesse desejado mostrar-se a todas as almas com seus dons inefáveis, sem dúvida, nem uma só o teria rejeitado, mas não quer que o amemos pelos seus dons, é ele mesmo que deve ser a nossa *recompensa*[1]. Para encontrar uma coisa escondida é preciso esconder-se a si mesmo[2]; portanto, nossa vida deve ser um *mistério*, é necessário parecer-nos com Jesus, cujo *rosto estava oculto*... "Quereis aprender alguma coisa que vos sirva", diz a Imitação: "Gostais de ser ignorado e tido por *nada*"[3]... e em outra passagem: "Depois de ter deixado tudo, é preciso cada um se deixar a si mesmo"[4]; embora alguém se vanglorie de uma coisa, um outro de outra coisa, ponhais a vossa alegria apenas no desprezo de vós mesmos". Como estas palavras dão paz à alma, minha Celina, tu as conheces, mas não sabes tudo aquilo que eu quereria dizer?... Jesus te ama com um amor tão grande que, se tu o visses, ficarias num arrebatamento de felicidade que te faria morrer, mas não o vês e sofres...

Em breve Jesus "levantar-se-á para salvar todos os mansos e os humildes da terra"!...   Sl 75,10

C 146   Para a senhora Guérin.

J.M.J.T.

Jesus †   No Carmelo, 10 de agosto de 1893

Minha querida tia,

Constatei com prazer que sabeis adivinhar o coração da vossa filhinha, mas não quero, porém, que minha *bonita* caligrafia perca a honra de ser admirada no castelo de La Musse! Por isso, fiquei muito contente quando a nossa boa Madre me confiou a missão de responder à vossa carta.

Oh, querida tia! Cada uma das linhas que escrevestes me revela o vosso coração; é o da mais terna [1v] das mães, mas o da vossa Teresinha é um coração de criança cheio de amor e de reconhecimento...

Peço a Deus para meu tio sarar[1]. Francamente, parece-me que esta oração não pode deixar de ser atendida, pois Nosso Senhor em pessoa está interessado nesta cura. Não é pela sua glória que o braço do meu bom tio se cansa em escrever páginas admiráveis que devem salvar as almas e fazer tremer os demônios[2]?

Espero que já tenhamos sido atendidas e que gozeis em paz dos últimos dias que tendes a passar [2f] no vosso belo castelo[3]. Como Joana deve estar feliz por poder gozar à vontade da presença de Francis, ela que está tão privada dele em Caen![4] Rezei muito para que a desagradável entorse desaparecesse completamente, pois devia ser uma grande nuvem no azul do céu de minha Joana.

Penso também na minha irmãzinha Maria; parece-me que desde que ela fixou sua moradia nas *alturas das árvores*[5] devo parecer-lhe muito pequena e muito desprezível; ao aproximar-se dos céus descobrem-se maravilhas que não se encontram nos [2v] humildes vales. Ela vai dizer que sou má, mas isso não me impedirá de comungar para sua *alteza* no dia da sua festa...

Não tenho palavras para vos dizer, querida tia, a felicidade que sinto ao pensar que meu paizinho está no meio de vós, cercado de ternuras e de cuidados; Deus fez por ele o que fez por seu servo Jó. Depois de tê-lo humilhado, cumulou-o dos seus favores e é por meio de vós que todos estes bens e esta afeição lhe são dados.   Jó 42,10-12

Querida titia, ainda tenho muitas coisas para vos dizer, mas não tenho mais espaço e não é respeitoso terminar assim [2v tv], escrevendo nas margens da carta. Desculpe-me minha querida tia, e compreendei todas as coisas que eu gostaria de vos escrever assim como a toda a família.

A Madre Maria de Gonzaga e nossa Madre vos enviam muitas recomendações; estão felizes por pensar que a Senhora de Virville[6] vos será apresentada.

Abraça-vos com todo o meu coração, minha querida tia, e sou sempre Vossa filhinha respeitosa

Irmã Teresa do Menino Jesus
rel. carm. ind.

C 147 Para Celina.

J.M.J.T.

Jesus † No Carmelo, 13 de agosto de 1893

Minha querida Celinazinha,

Todas as dificuldades que tens com a tua empregada nos entristeceram[1]. Nossa Madre não pretendia enviar-te uma carta antes do teu regresso, mas é tão bondosa, gosta tanto do seu pequeno Celinozinho que, sabendo-o na tristeza, quer dar-lhe um pequeno consolo permitindo que a tua Teresa te escreva uma palavrinha.

Não sabemos o que deves fazer no tocante à casa[2], deves consultar o meu tio, estaremos de acordo com o que ele decidir, noutra ocasião te falaremos nisto de viva voz. Tua pobre empregada é muito infeliz por ter tão desagradável defeito, sobretudo o de ser falsa, mas não poderias tu convertê-la, assim como a seu marido[3]? Para todo pecado há misericórdia e Deus é bastante [1v] poderoso para dar *consciência* às pessoas que não a têm. Vou rezar muito por ela, talvez, no seu lugar, eu fosse pior do que ela e quem sabe se ela seria uma grande santa se tivesse recebido metade das graças que Deus me deu.

Acho que Jesus é muito bom por permitir que minhas pobres cartinhas te façam bem, mas asseguro-te que não me iludo julgando que contribuo para isso com alguma coisa. "Se o Senhor não edificar a casa, em vão trabalham os edificadores". Todos os mais belos discursos dos maiores santos seriam incapazes de provocar um *só* ato de amor no coração que Jesus não possuísse ainda. Só ele sabe servir-se da sua lira, ninguém mais sabe fazer vibrar suas notas harmoniosas, mas Jesus utiliza todos os meios; as criaturas [2f] estão todas a seu serviço e ele gosta de servir-se delas durante a noite da vida a fim de ocultar a sua presença adorável, mas não se esconde tanto que se não deixe adivinhar. De fato, sinto com frequência que ele me dá luzes, não para mim, mas para sua pombinha exilada, a sua esposa querida. Isto é bem verdade e disso encontro um exemplo na própria natureza. Eis um belo pêssego[4], rosado e tão doce que nenhum doceiro poderia imaginar tão agradável doçura. Diz-me, minha Celina, foi *para o pêssego* que Deus criou esta linda cor de rosa tão aveludada e tão agradável de se ver e tocar? Foi para ele ainda que despendeu tanto açúcar?... Claro que não, foi para

Sl 126,1

nós e não para ele. O que lhe pertence, o que constitui a *essência* da sua vida é seu *caroço*, podemos tirar-lhe toda a sua beleza sem [2v] destruir o *seu ser*. Assim, Jesus gosta de prodigalizar seus dons a algumas das suas criaturas, mas, muitas vezes é para atrair outros corações, e quando alcança sua meta, faz desaparecer estes dons exteriores, despoja completamente as almas que lhe são as mais caras. Ao se verem em tal nudez, estas pobres e pequenas almas têm medo, ficam com a impressão de não prestar para nada pois recebem tudo dos outros e nada podem dar, mas não é assim; a *essência* do seu *ser* trabalha em segredo, *Jesus* forma nelas o germe que deve desenvolver-se nos celestes jardins dos céus. Gosta de mostrar-lhes o nada delas e o poder dele. Para chegar até elas, usa os mais *vis* instrumentos para lhes fazer ver que é só ele que opera. Apressa-se em aperfeiçoar a sua obra para aquele dia em que as sombras tiverem desaparecido, então não se servirá já de intermediários mas do face a face eterno!... Ct 4,6

1Cor 13,12

(Nossa Madre agradece a Maria[5] pela sua cartinha e também M. M. de Gonzaga; ficaram encantadas com ela).

Teresa do Menino Jesus da Sagrada Face
rel. carm. ind.

C 148   Para Leônia.

J.M.J.T.

Jesus †   No Carmelo, 13 de agosto de 1893

Minha cara Leônia,

Pensas, talvez, que tua Teresinha te esquece? Mas, não! Conheces bem demais o seu coração para pensar assim. Teria gostado de escrever-te quando nossa Madre e Irmã Maria do Sagrado Coração o fizeram, mas houve mal-entendido e a carta delas partiu mais cedo do que eu supunha. Hoje, venho descontar e passar um momentinho contigo.

Se soubesses, querida irmãzinha, das ações de graças que envio aos céus pelo favor que Deus te concedeu! [1v] Enfim, teus desejos se realizam, como a pomba saída da arca, não conseguias achar a terra do mundo onde pousar o pé, voaste longo tempo procurando entrar na morada abençoada onde teu coração tinha fixado para sempre sua habitação. Jesus fez-se esperar, mas enfim os gemidos da sua pomba o tocaram, estendeu sua mão divina e, tomando sua noiva, a pôs sobre o coração no sacrário do seu amor. Gn 8,8-9

Portanto, já está realizada a predição da nossa santa tia[1]. A filha da bem-aventurada Margarida Maria[2] está na Visitação e, para sempre, será a esposa de Nosso Senhor.

Oh! Sem dúvida, minha alegria é toda espiritual, pois não deverei rever na terra minha cara Leônia, não deverei mais ouvir a sua voz nem desafogar meu coração no dela. Mas sei que a terra é o lugar [2f] do nosso exílio, somos viajantes que caminhamos para nossa pátria, não importa que o caminho seguido não seja o mesmo quando o destino único é o céu, aí nos reuniremos para nunca mais nos separar, é aí que provaremos eternamente as alegrias da família, reencontraremos nosso pai querido, que estará cercado de glória e de honra pela sua fidelidade perfeita e, sobretudo, pelas humilhações que sofreu, veremos nossa boa mãe que se regozijará das provações que foram o nosso quinhão durante o exílio da vida, gozaremos da sua felicidade ao contemplar as suas cinco filhas religiosas e formaremos, com os quatro anjinhos que nos aguardam lá em cima, uma coroa que cingirá para sempre a fronte dos nossos pais queridos.

Querida irmãzinha, estás vendo a parte que tomo na tua alegria, sei [2v] que é muito grande, mas também não lhe faltam sacrifícios que a acompanham. Sem eles a vida religiosa seria meritória? Não, sem dúvida. Pelo contrário, as pequenas cruzes são toda a nossa alegria, são mais corriqueiras que as grandes e preparam o coração para receber estas, quando for da vontade do bom mestre.

Peço-te, querida Leônia, que apresentes minhas respeitosas lembranças à tua Reverenda Madre, pela qual conservei um afeto muito filial desde o dia em que tive a honra de conhecê-la[3]. Porventura não serei um pouco da sua família sendo que tu és sua filha e eu tua indigna irmãzinha?...

Nossa Madre Maria de Gonzaga e Irmã M. do Sagrado Coração enviam também suas respeitosas lembranças à Madre Superiora e à sua querida Leônia os melhores votos de felicidade.

Não esqueças em tuas orações, querida irmã, a mais pequenina carmelita que te está unida no coração da Santíssima Virgem.

Irmã Teresa do Menino Jesus da Sagrada Face
rel. carm. ind.

C 149   Para Celina.

20 (?) de outubro de 1893

J.M.J.T.

Jesus †

Minha querida Celina,

É Jesus quem eu encarrego de felicitar por mim minha irmãzinha Maria da *Sagrada Face*[1]... *É Jesus* que deve ser o nosso divino traço de união. Só Ele tem o direito de penetrar no santuário do coração da sua esposa... Oh, sim! *Só ele* ouve, ainda que nada nos responda[2]... Só *ele* dispõe os acontecimentos da nossa vida de exilio, é ele que, às vezes, nos oferece o cálice amargo. Mas nós não o vemos, ele esconde-se, oculta sua mão divina e só podemos ver as criaturas, sofremos então, pois a voz do nosso bem-amado não se faz ouvir e a das criaturas parece nos ignorar... Sim, a pena mais amarga é a de não sermos compreendidas... Mas esta pena nunca será a de Celina e nem de Teresa, jamais, pois os seus olhares veem mais alto que a terra, elevam-se acima do criado, quanto mais Jesus se esconde, mais sentem que Jesus está perto delas; na sua *terna delicadeza*, ele caminha adiante, afastando as pedras do caminho, afugentando os répteis; isto não é nada ainda, ele faz ressoar aos nossos ouvidos vozes amigas, estas vozes advertem-nos que não caminhemos com excessiva segurança... E por quê? Não foi Jesus quem traçou a nossa senda? Não é ele que nos ilumina e se revela às nossas almas...? Tudo nos leva a ele, as flores que crescem à beira do caminho não cativam [1v] os nossos corações[3], vemo-las, amamo-las pois elas nos falam de Jesus, do seu poder, do seu amor, mas nossas almas continuam livres, por que perturbar assim nossa doce paz? Por que temer a tempestade quando o céu está sereno?... Ó Celina! minha querida Celina... não são os precipícios que devemos evitar, estamos nos braços de Jesus e se vozes amigas nos aconselham a temer, é o nosso bem-amado que o *quer* assim, por quê?... Ah! No seu amor, ele escolhe para suas esposas o mesmo caminho que escolheu para ele... Quer que as mais puras alegrias se transformem em sofrimentos a fim de que não dispondo, por assim dizer, de tempo para respirar à vontade, o nosso coração se volte para ele, nosso único sol e nossa alegria...

As *flores da estrada* são os *prazeres puros* da vida, não há mal nenhum em usufruir delas, mas Jesus é *ciumento* das nossas almas. Ele deseja que todos os prazeres sejam para nós mesclados de amargura... E contudo, as *flores da estrada* levam ao bem-amado, mas é um caminho desviado, é a chapa ou o espelho que reflete o sol, mas não é o próprio sol... Não estou dizendo à minha querida Celina o que gostaria de lhe dizer, explico-me tão mal... Talvez compreendas as meias palavras, Jesus consegue transmitir tão bem as mensagens da sua pobre Teresa!... Ex 34,14

No Cântico dos Cânticos há uma passagem que convém perfeitamente à pobre Celinazinha exilada. Ei-la: "Que vedes na esposa a não ser coros de música num campo de batalha?" Oh, sim! A vida da minha Celina é um verdadeiro campo de batalha... Pobre pombinha, geme às margens dos rios da Babilônia, e como poderá cantar os cânticos do Senhor [2f] nesta terra estrangeira?... Porém, ela precisa cantar. E necessário que sua vida seja uma *melodia* (um coro de música). É Jesus quem a retém cativa, mas ele está a seu lado... Celina é a lirazinha de Jesus[4]... Realizar-se-á um concerto quando ninguém *canta*?... sendo que Jesus toca, não é necessário que Celina *cante*?... Quando a melodia for triste, ela *cantará* o cântico do exílio, e quando for alegre, sua voz fará ouvir a modulação da *pátria*... Tudo o que acontecer, todos os acontecimentos da vida não passarão de ruídos longínquos que não farão vibrar a lirazinha, só Jesus tem o direito de nela pôr seus dedos divinos, as criaturas são *degraus*, instrumentos, mas é a mão de Jesus que dirige *tudo*. Precisa-se ver apenas ele em *tudo*... Não posso pensar sem satisfação na querida Santa *Cecília*, que modelo para a lirazinha de Jesus... No meio do mundo, mergulhada em todos os perigos, no momento de unir-se a um

Ct 7,1

Sl 136,4

jovem pagão que só respira o amor profano, parece-me que Cecília deveria ter tremido e chorado... mas não, ao ouvir o som dos instrumentos que celebravam suas bodas, *Cecília cantava no seu coração*[5]... Que abandono!... *Ela ouvia*, sem dúvida, outras melodias que não eram da terra, o seu Esposo divino *cantava* também, os anjos faziam ressoar no coração de Cecília o som dos seus concertos celestes... Cantavam [2v] como outrora junto ao berço de Jesus: "Glória a Deus nas alturas e paz na terra aos homens de boa vontade". A glória de Deus! Oh! Cecília adivinhava que o seu divino esposo estava com sede de almas e já ela cobiçava a do jovem romano que só sonhava com a glória da terra. Em breve, fará dele um mártir e as multidões caminharão sobre as suas pegadas... Ela não teme, pois os anjos já cantaram *"Paz* aos homens de boa vontade", ela sabe que Jesus tem obrigação de guardá-la, de proteger a sua virgindade, e que recompensa!...

Lc 2,14

Sb 4,1

Sim, ela é bela, a casta geração das almas virgens; a Igreja a canta muitas vezes e esta palavra é tão verdadeira ainda hoje como no tempo da virgem Cecília...

Ó minha querida Celina, como Jesus se agracia da sua lirazinha! Ele tem tão poucas no mundo, deixa-o repousar perto de ti, não te canses de *cantar*, pois Jesus nunca se cansa de tocar... Um dia, lá em cima, na pátria, verás os frutos dos teus trabalhos... Depois de ter sorrido para Jesus no meio das lágrimas, gozarás das irradiações da sua divina face e ele tocará ainda na sua lirazinha. Ele tocará durante toda a eternidade canções novas que *ninguém* poderá cantar, exceto Celina!...

C 150 Para a senhora La Néele.

J.M.J.T.

Jesus † No Carmelo, 22 de outubro de 1893

Minha querida Joana,

Chegou a minha vez de pedir-te desculpas, pois estou muito atrasada para te agradecer pelos mimos todos[1], mas eu tinha uma pequena esperança de te dizer de viva voz a minha gratidão e foi por este motivo que demorei em te escrever.

Oh, não! não tive o desagradável pensamento que minha irmãzinha se esquecia de mim, mas achava bem natural que se contentasse em fazer uma oração pela sua Teresinha, [1v] por isso fiquei tão comovida como não sei explicar ao receber tua amável carta. Os votos do meu caro primo sensibilizaram-me também, e muito. Enfim, os potes de geleia vieram completar todas as vossas delicadezas para comigo!... Nossa Madre Santa Teresa era tão reconhecida que dizia com graça "que lhe conquistavam o coração com uma sardinha[2]". O que teria ela dito se tivesse conhecido Francis e Joana?...

Mas o céu não está tão longe da terra que ela não possa vê-los e abençoá-los. Tenho mesmo a confiança de que ela ama de modo particular [2f] a minha querida Joana.

Nossa santa Madre tinha também uma irmã chamada Joana e fiquei muito comovida, ao ler sua vida, por ver com que ternura velava pelos seus sobrinhos. Portanto, sem deixar de lado a boa Santa Ana[3], dirijo-me a Santa Teresa para obter, pela sua intercessão, que eu também seja tia[4], não duvido que ela me atenda e mande para minha querida Joaninha uma família abençoada que dará à Igreja grandes santos e santas[5].

A demora não me desanima, pois sei que Roma leva muito tempo [2v] para fazer os santos eu não posso censurar Deus por ele pôr todos os seus cuidados e todo seu amor no preparo das pequeninas almas que ele confiará, um dia, à minha Joana.

Peço-te, minha irmãzinha, que dirijas uma oração à Santa Teresa, tenho certeza que Santa Ana ficará feliz com isso, a união faz a força e juntas obterão a graça que pedimos.

Peço-te, minha querida Joana, ser minha intérprete junto a Francis para agradecer-lhe os bons votos e abraço-te cordialmente com toda a ternura de uma irmãzinha.

Irmã Teresa do Menino Jesus
rel. carm.ind.

[2v tv] Nossa Madre e Irmã Maria do Sagrado Coração enviam lembranças afetuosas e não cessam de rezar a fim de que os desejos da sua querida Joaninha sejam plenamente satisfeitos.

C 151   Para Leônia.

J.M.J.T.

Jesus †   No Carmelo, 5 de novembro de 1893

Minha querida Leônia,

Sinto-me muito feliz com a tua sorte, as tuas boas cartinhas são para mim uma verdadeira alegria. Vejo, sem sombra de dúvida, que estás onde Deus te quer.

Como Nosso Senhor foi bom para com a nossa família! Não admitiu que algum mortal se tornasse esposo de uma só de entre nós.

Acabamos de ter um belo retiro em preparação para a [1v] festa da nossa santa Madre. O bom padre[1] falou-nos sobretudo da união com Jesus e da beleza da nossa vocação. Mostrou-nos todas as vantagens da vida religiosa, particularmente da vida contemplativa: Fez uma comparação que me encantou. "Vede", dizia-nos ele, "os carvalhos dos nossos campos, como são tortos, têm galhos à direita, e à esquerda, nada os tolhe, por isso, nunca alcançam uma grande altura. Pelo contrário, olhai os carvalhos das florestas, apertados por todos os lados, só veem a luz lá *em cima*, por isso, seus troncos estão desprovidos desses galhos disformes [2f] que lhes roubam a seiva necessária à sua elevação. Só veem o céu, por isso toda a sua força se volta para essa direção e logo atingem uma altura prodigiosa. Na vida religiosa, a alma, tal como o carvalho novo, encontra-se pressionada por todos os lados; pela sua regra todos os seus movimentos estão tolhidos, contrariados pelas árvores da floresta... Mas ela *tem luz* quando olha para o céu, só aí pode repousar seu olhar, nunca deste lado deve recear subir demais".

Querida irmãzinha, creio agradar-te falando-te destas coisas, a nossa felicidade consiste em falar das coisas da alma, em mergulhar nossos corações [2v] no infinito!...

Peço-te que me perdoes por te enviar cartas tão *mal redigidas*, mas, irmãzinha querida, prefiro deixar a pena correr sob o impulso do meu coração do que caprichar muito as frases e mandar-te uma *página literária*.

Peço-te que transmitas minhas respeitosas lembranças à Madre superiora.

Não te esqueças de mim em tuas orações, pensa em mim junto de Jesus tanto quanto eu penso em ti.

Deixo-te, minha querida Leônia, permanecendo muito unida a ti no coração do nosso divino esposo.

Tua indigna irmãzinha,
Teresa do Menino Jesus da Sagrada Face
rel. carm. ind.

C 152   Para a senhora Guérin.

J.M.J.T.

Jesus †   No Carmelo, 17 de novembro de 1893

Minha querida tia,

Como é agradável à vossa Teresinha vir, todos os anos, dar-vos os parabéns!

Porém, nada de novo tenho a vos contar, há muito que sabeis quanto vos estimo.

Jo 21,15 Querida tiazinha, ao dizer-vos outra vez o mesmo, não receio aborrecer-vos e eis a razão que me faz pensar assim. Quando estou perto do sacrário, só sei dizer uma coisa a Nosso Senhor: "Meu Deus, sabeis [1v] que vos amo". E sinto que minha oração não cansa a Jesus. Ciente da impotência da sua pobre esposinha, ele contenta-se com a sua boa vontade. Sei também que Deus pôs no coração das mães alguma coisa do amor que transborda do seu coração... E aquela a quem me dirijo recebeu com tanta profusão o amor maternal que eu não receio sentir-me incompreendida...

Por outro lado, a minha impotência não há de durar eternamente; na pátria celeste poderei dizer à minha tiazinha querida muitas coisas que não podem exprimir-se por palavras humanas.

Por enquanto, peço a Nosso Senhor que deixe *por muito, muito tempo* na terra aquela que [2f] sabe trabalhar tão bem para a sua glória e desejo que ela veja "os *filhos* dos seus *netos*"[1]. Possivelmente, minha irmãzinha, Joana, haveria de sorrir se lesse estas linhas, mas tenho muito mais confiança do que ela e espero "o *grande santo* e o *grande pontífice*"[2] seguido por um grande número de outros anjinhos.

Sl 127,6

Minha querida tia, amanhã comungarei nas suas intenções e nas da senhora Fomnet. Penso muito nela e peço a Nosso Senhor que a conserve convosco por muito tempo ainda[3].

Peço-vos, querida tia, que abrace por mim o meu bom tio e encarrego-o, assim como as minhas irmãzinhas, de cobrir-vos, da minha parte, das mais ternas carícias.

Vosso Benjamim que se orgulha do seu título.

Irmã Teresa do Menino Jesus
rel. carm. ind.

C 153   Para o senhor Guérin.

Dezembro (?) de 1893

J.M.J.T.

Meu caro tio,

A nossa Madre está muito melhor[1], mas muito *fraca*, embora diga o contrário.

Obrigada, obrigada por todos os cuidados que lhe dispensais. Espero que ela seja muito obediente, seria muito ruim não obedecer a um tio *tão paternal!*... A Madre Maria de Gonzaga está muito sensibilizada pelas vossas atenções, ela as agradece prodigalizando todos os cuidados maternais à sua querida priora.

[v] Desculpai-me, meu querido tio, estou com tanta pressa que não sei o que vos digo, mas espero que adivinhareis a nossa *gratidão*. Estamos rezando *muito* pela senhora Fournet.

Abraço-vos da parte das vossas três carmelitazinhas, assim como a minha tia.

Irmã Teresa do Menino Jesus
rel. carm.

C 154   Para Leônia.

J.M.J.T.

Jesus †   No Carmelo, 27 de dezembro de 1893

Minha querida Leônia,

Sinto-me feliz por te vir apresentar os meus votos para 94. O voto que formulo junto do berço de Jesus é ver-te, em breve, revestida das santas vestes da Visitação. Digo ver-te, mas sei que só terei essa felicidade no céu. Como será grande, então, a nossa alegria ao reencontrarmo-nos depois do exílio da vida!...

Quantas coisas para contar uma à outra! Na terra, a palavra é impotente, mas no céu, um só olhar será suficiente para nos compreendermos e creio que a felicidade será ainda maior do que se nunca nos tivéssemos separado.

Tua querida cartinha me causou grande prazer, vejo que estás verdadeiramente feliz [v] e não duvido que Deus te dê a graça de ficar para sempre na santa arca. Estamos lendo, no refeitório, a vida de Santa Chantal; para mim, é um verdadeiro consolo ouvi-la, porque isso me aproxima ainda mais da querida Visitação que tanto amo, e depois vejo a união íntima que sempre existiu entra ela e o Carmelo. Isto me faz agradecer a Deus por ter escolhido estas duas congregações para a nossa família. A Santíssima Virgem é verdadeiramente a nossa mãe, pois nossos mosteiros lhe são particularmente dedicados.

Querida irmãzinha, não te esqueças de rezar por mim durante o mês do Menino Jesus; pede-lhe que eu fique sempre pequena, *pequenininha*!... Eu farei por ti a mesma oração, pois conheço os teus desejos e sei que a humildade é tua virtude preferida.

Não te esqueças, minha querida Leônia, de apresentar os meus respeitosos cumprimentos à tua veneranda Madre, e acredite no afeto sincero da última mais *pequena* das tuas irmãs.

Teresa do Menino Jesus da Sagrada Face
rel. carm. ind.

C 155   Para o senhor e a senhora Guérin.

J.M.J.T.

Jesus †   No Carmelo, 29 de dezembro de 1893

Meu querido tio e minha querida tia,

Só disponho de alguns minutos para apresentar-vos meus votos de feliz ano. Nossa Madre acaba de dizer-me que a carta dela deve seguir amanhã cedo. Mas não preciso de muito tempo para dizer aos meus queridos tios quais são os desejos que meu coração formula pela sua felicidade. Gostaria, caso fosse possível, que o ano-novo lhes desse apenas consolações. Mas ai! Deus que conhece [1v] as recompensas reservadas a seus amigos gosta, frequentemente, de fazer conquistar seus tesouros por meio de sacrifícios. Nossa santa Madre Teresa dizia sorrindo para Nosso Senhor as seguintes palavras tão verdadeiras: "Meu Deus, não estranho que tenhais tão poucos amigos, vós os tratais tão mal"[1].

1Cor 2,9

Contudo, mesmo no meio das provações que ele manda, Deus é cheio de delicadeza. A doença do meu querido paizinho é para mim uma prova evidente disto. Esta cruz era a maior que eu poderia ter imaginado, mas depois de nos ter feito provar a amargura, Nosso Senhor veio suavizar pelas mãos dos nossos queridos tios [2f] o cálice de dor que ele nos apresentara e que eu esperava beber até à última gota...

Ó querido tio e querida tiazinha! se soubésseis como o coração da vossa Teresinha vos ama e vos é grato!... Não posso dizer-vos tudo o que gostaria, está na hora de matinas, desculpai o desconexo desta carta e minha *letra de gato*[2]... olhai só para o coração da vossa filha.

Teresa do Menino Jesus
rel. carm. ind.

Peço-vos que apresenteis à senhora Fournet os mais sinceros votos por parte da sua filhinha.

C 156   Para madre Inês de Jesus.

21 de janeiro de 1894

J.M.J.T.

O sonho do Menino Jesus[1].

Enquanto brinca com as flores trazidas ao seu presépio pela sua esposa querida, Jesus pensa no que fará para lhe agradecer... Lá em cima, nos jardins celestes, os anjos, auxiliares do Divino Menino, já tecem as coroas que o seu coração tem reservadas para sua bem-amada.

Porém, caiu a noite. A lua manda seus raios prateados e o meigo menino Jesus adormece... Sua mãozinha não larga as flores que o encantaram durante o dia e seu coração continua sonhando com a felicidade da sua querida esposa.

De repente, vê ao longe objetos estranhos que nada têm a ver com as flores primaveris. Uma cruz!... Uma lança!... Uma coroa de espinhos! E apesar disso o Divino Menino não treme. Eis o que escolheu para mostrar à sua esposa quanto a ama!... Mas ainda não é suficiente, vê seu rosto infantil e tão belo sendo desfigurado, sangrando!... irreconhecível!... Jesus sabe que sua esposa sempre o reconhecerá, que permanecerá a seu lado, quando todos os demais o abandonarem. Por isso, o Divino Menino sorri diante dessa imagem sangrenta, ainda sorri

Mt 27,29

Is 53,3
Zc 9,17

Ct 4,6 para o cálice cheio do vinho que faz germinar as virgens. Sabe que os ingratos o abandonarão na sua Eucaristia, mas Jesus pensa no amor da esposa, em suas delicadezas. Vê as flores das suas virtudes embalsamando o santuário, e Jesus menino continua dormindo tranquilamente... Ele aguarda o declínio das sombras... que a noite da vida seja substituída pelo dia radiante da eternidade!...

Jesus, então, entregará à sua esposa bem-amada as flores que ela lhe deu a fim de consolá-lo na terra... É então que ele inclinará para ela a sua divina face, toda resplandecente de glória, e lhe dará a saborear eternamente a doçura inefável do seu divino beijo!!!...

[v] Minha Mãe querida.

Acabais de ler o *sonho* que vossa filha queria reproduzir para a vossa festa. Mas ai! Só vosso pincel de artista pode pintar tão doce mistério!... Espero que olheis apenas para a boa vontade daquela que se consideraria tão feliz por vos agradar.

Sois vós, minha mãe, são vossas virtudes que eu quis representar pelas florzinhas que Jesus aperta ao seu coração. As flores são só para Jesus! Sim, as virtudes da minha mãe querida sempre permanecerão ocultas com o menino do presépio; porém, apesar da humildade com que desejaria escondê-las, o misterioso perfume que exalam essas flores faz-me pressentir as maravilhas que verei, um dia, na eterna pátria, quando me for permitido contemplar os tesouros de ternura que prodigalizais agora a Jesus[2].

Ó minha mãe! Vós sabeis que nunca poderei exprimir minha gratidão por ter-me guiado, como um anjo dos céus[3], no meio dos caminhos da vida; vós me ensinastes a conhecer Jesus, a amá-lo; agora que sois duplamente minha mãe, oh! Dirigi-me sempre para o bem-amado, ensinai-me a praticar a virtude para que, no céu, eu não seja posta muito longe de vós e que me possais reconhecer por vossa filha e vossa irmã.

Teresa do Menino Jesus da Sagrada Face
rel. carm. ind.

C 157 Para Celina.

Março ou maio de 1894

J.M.J.T.

Os *codfiches*[1] agradaram muito à nossa Madre, ela gostaria de escrever uma palavrinha para agradecer ao seu querido Celino, mas não pode. Ficou também muito feliz com a carta de Maria[2].

Que a exiladinha sinta tristeza, *sem estar triste*, pois enquanto as ternuras das criaturas não se concentram sobre ela, a *ternura* de Jesus está toda CONCENTRADA nela. Agora que Celina está sem teto[3], Jesus está bem alojado, ele gosta de ver sua esposa querida *errante*, isso lhe agrada! Mas, por quê?... Não o sei...

É segredo de Jesus, mas creio que ele prepara coisas muito bonitas na sua casinha... Trabalha tanto que parece esquecer-se da sua pobre Celina..., mas não, sem ser visto por ela, olha-a pela janela... Compraz-se em vê-la no deserto, não tendo outra ocupação senão amá-lo[4], sofrendo sem mesmo *sentir* que ele a *ama*!... Jesus sabe muito bem que a vida não passa de um sonho, por isso regozija-se ao ver sua esposa chorando às margens do rio da Babilônia. Em breve, virá o dia em que Jesus, tomando sua Celina pela mão, a fará entrar na sua casinha que se transformará num [v] palácio eterno... É então que ele dirá: "Agora é minha vez". Deste-me na terra a *única morada à* qual nenhum coração humano não quer renunciar, isto é, *tu mesma*, agora te dou por morada minha substância eterna[5], isto é, "a mim mesmo". Eis a tua morada para toda a eternidade. Durante a noite da vida foste errante e solitária, agora terás um companheiro, sou eu, Jesus, teu esposo, teu amigo por quem sacrificaste tudo. Eu serei esse companheiro que deve encher-te de alegria pelos séculos dos séculos!...

Ct 2,9

Sl 136,1

C 158 Para Leônia.

Março (?) de 1894

J.M.J.T.

Jesus †

Minha querida Leônia,

Não posso descrever a minha felicidade ao saber que fostes aceita para tomar o hábito!... Compreendo como deves estar feliz e compartilho amplamente da tua alegria.

Querida irmãzinha, como Deus recompensou bem os teus esforços! Lembro-me do que me dizias no locutório antes de teu ingresso na arca santa. Não te importavas em seres sempre a última, em tomar o hábito sem cerimônias... Procuravas só Jesus e, por ele, renunciavas a todas as consolações. Mas, como o nosso pai querido nos repetia amiúde: "Deus não se deixa vencer em generosidade". É por isso que ele não quis que fosses privada da felicidade de te tornares publicamente sua noiva, aguardando que venhas a ser sua esposa. Parece-me que os anos de exílio que passaste no mundo serviram para adornar tua alma com uma veste preciosa para o dia do teu noivado. Os dias tristes de inverno deixaram lugar para os dias resplandecentes da primavera e Jesus te diz, como a esposa dos Cantares: "... o inverno já passou, as chuvas findaram... Levanta-te, minha amada, formosa minha, e vem. Eis que estou à porta, abre-me minha irmã, minha amiga, porque a minha face está cheia de orvalho e os meus cabelos das gotas da noite". Há muito suspiravas pela visita de Jesus e lhe dizias como a esposa: "Quem me dera meu bem-amado, encontrar-te *sozinho, fora,* para poder *te dar um beijo* sem que ninguém me despreze!..."

Gn 7,13

Ct 2,11
Ct 5,2

Ct 8,1

Chegou, enfim, esse dia tão desejado... Ainda não tinhas, querida irmãzinha, encontrado Jesus na presença de todo o mundo, mas depois de tê-lo procurado com grande diligência, eis que ele vem a ti espontaneamente... consentias em encontrá-lo *às escondidas*, mas ele deseja *beijar-te diante de todos* para ninguém ignorar "que ele pôs um sinal na tua testa e nunca mais terás outro amante"[1].

Minha querida Leônia, esquecia-me de te agradecer pela tua carta, eu devia ter iniciado por aí, mas compreendes, não foi senão a alegria que sinto pela tua imensa felicidade que me levou a este esquecimento.

Espero que os teus desejos se realizem em breve e que vosso capelão sare logo. [2v] Peço-te, minha querida irmãzinha, que apresentes as minhas respeitosas lembranças à tua Boa e Veneranda Madre[2]. Sinto-me como tu, muito contente em que seja ela quem te dará o santo hábito...

Deixo-te permanecendo muito unida contigo no Coração Divino de Jesus.

Tua indigna irmãzinha
Irmã Teresa do Menino Jesus da Sagrada Face
rel. carm. ind.

C 159 Para Celina Maudelonde.

J.M.J.T.

No Carmelo, 26 de março de 1894

Minha querida Celinazinha,

Desejava responder mais cedo à sua carta que me causou grande alegria. A quaresma mo impediu, mas já chegou o tempo da Páscoa e posso dizer à minha querida priminha[1] o quanto participo da sua felicidade[2].

A grande paz que sente parece-me um sinal evidente da vontade de Deus, pois só ele pode derramá-la em sua alma e a felicidade de que goza sob seu divino olhar, só pode vir dele. [1v] Querida Celininha, não posso provar-lhe o meu afeto como faria se eu estivesse ainda no mundo, contudo nem por isso ele deixa de ser menos vivo, pelo contrário, sinto que, na solidão, lhe serei mais útil do que se tivesse a consolação de estar perto de você. As grades do Carmelo não são feitas para separar corações que só se amam em Jesus, mas servem antes para estreitar os laços que os unem.

Enquanto minha Celina segue o caminho que Deus lhe traçou, eu rezarei por ela, ela que foi a companheira da minha infância, pedirei para suas alegrias serem tão puras que possa sempre saboreá-las sob o olhar de Deus. [2f] Pedirei, sobretudo, que goze da alegria incomparável de conduzir a Nosso Senhor uma alma que, dentro em pouco, deve se fazer uma só com a sua.

Não duvido que esta graça lhe seja concedida em breve e ficarei feliz se minhas fracas orações tiverem contribuído um pouco para isso.

Espero que minha querida Helenazinha esteja curada, o momento seria muito mal escolhido para ficar doente!... Peço-lhe para abraçá-la fortemente por mim e encarrego-a de dar à minha Celina querida meus mais ternos beijos; tenho certeza de que não posso escolher ninguém melhor para o cumprimento desta agradável missão...

Madre Maria de Gonzaga une-se às suas três primas do Carmelo para alegrar-se [2v] com a sua felicidade; pedem-lhe, minha querida Celinazinha, para que apresente as suas respeitosas lembranças ao senhor e à senhora Maudelonde.

Deixo-a, minha querida Celina, ficando-lhe sempre muito unida pelo coração.

Sua primazinha que a amará toda a vida e não cessará de rezar pela sua felicidade,

Irmã Teresa do Menino Jesus
rel. carm. ind.

(P.S.) A Madre Priora do Carmelo de Saigon[3] nos enviou muitos objetos chineses, entre os quais, um lindo movelzinho de sala. Nossa Madre pensou em rifá-los em benefício da nossa comunidade. Os bilhetes custam 50 centavos. Estamos oferecendo-os a todas as pessoas amigas do nosso Carmelo; se quiserem alguns, mandar-lhos-emos com todo o gosto.

C 160 Para Irmã Maria Aloísia Vallée.

J.M.J.T.

Jesus † 3 de abril de 1894

Minha caríssima irmã,

Sinto-me incapaz de dizer-vos como a vossa amável carta me comoveu. Já era para mim uma grande alegria saber que o quadro do Menino Jesus vos agradou[1], sentia-me recompensada acima de todas as minhas expectativas... Querida *tia*[2], seja-me permitido dar-vos ainda este nome, em vós é que eu pensava quando meditava a respeito do presente que queria oferecer à nossa Reverenda Madre por ocasião do seu primeiro aniversário como Priora.

Eu bem sabia que ela gostaria de mandar-vos uma lembrançazinha, por isso, pus todo o empenho em compor "O [1v] sonho do Menino Jesus". Mas ai! mostrando-se meu pincel inábil em reproduzir o que a minha alma tinha *sonhado, reguei com minhas lágrimas* a roupinha branca do meu Menino Jesus. O que não fez descer um raio de luz celeste ao seu rostinho! Então, no meio do meu desgosto, prometi a mim mesma nada dizer a respeito do pensamento que me fizera empreender o trabalho. De fato, foi só por causa da bondade da nossa boa Madre que lhe confiei meu pequeno segredo. Ela apreciou mais o afeto e a intenção do que a arte da filha e, com grande satisfação minha, meu Menino Jesus foi, *por mim*, conhecer minha *boa tia* de Mans. Pintei este divino Menino de [2f] maneira a mostrar o que ele representa para mim... De fato, está, quase sempre, *dormindo*... O Jesus da pobre Teresa não a acaricia como acariciava sua Santa Madre[3]. Isto é muito natural, pois a filha é tão indigna da mãe!... Porém, os olhinhos fechados de Jesus dizem muito à minha alma e, como não me acaricia, procuro ser-lhe agradável. Bem sei que seu coração vigia sempre e que, na pátria dos céus, dignar-se-á abrir os divinos olhos... Então, ao ver Jesus, terei a felicidade de contemplar junto dele as minhas boas Madres da Visitação. Espero que elas aceitem reconhecer-me como sua filha. Não são elas, com efeito, minhas mães aquelas que formaram os corações dos *dois anjos* visíveis que me serviram de [2v] verdadeiras mães?[4]...

Ct 5,2

Lembro-me perfeitamente da minha viagem à Visitação de Mans com a idade de três anos[5], renovei-a muitas vezes pelo coração, e a grade do Carmelo não é um obstáculo que me impeça de visitar com frequência minha querida tia e todas as venerandas Madres que se dignam amar, sem a conhecer, a Teresinha do Menino Jesus.

Peço-vos, *boa tia,* pagar a dívida de gratidão da vossa *sobrinhazinha* agradecendo por ela à vossa Reverenda Madre e a todas as vossas caras Irmãs, particularmente à Irmã José de Sales[6] cuja lembrança afetuosa me tocou muito.

Minha MUI QUERIDA TIA, gostaria de falar convosco por muito mais tempo, mas estou no final do papel e vejo-me na obrigação de deixar-vos pedindo-vos desculpas!...

Irmã Teresa do Menino Jesus
Vossa indigna *sobrinhazinha*

C 161   Para Celina.

J.M.J.T.

Jesus †   Em 26 de abril de 1894

Querida lirazinha de Jesus

Para comemorar os teus vinte e cinco anos, mando-te uma pequena poesia[1] que compus pensando em ti!...

Celina, tenho certeza que vais compreender tudo o que o meu cântico gostaria de te dizer. Ai! seria preciso uma língua que não é da terra para expressar a beleza do abandono de uma alma nas mãos de Jesus, meu coração só pode balbuciar o que sente... *Celina*, a história de *Cecília* (a *santa do* ABANDONO) é também a tua história! Jesus pôs perto de ti um anjo dos céus que te protege sempre, carrega-te em suas mãos para que não tropeces em alguma pedra, tu não o vês, mas por vinte e cinco anos protege a tua alma, conserva-lhe a sua *brancura virginal*, afasta de ti as ocasiões de pecado... Foi ele quem se mostrou a ti num sonho misterioso da tua infância. Tu vias um anjo levando uma tocha e que caminhava à

Sl 90,12

frente do nosso pai querido. Sem dúvida, queria levar-te a compreender a missão que, mais tarde, terias de cumprir; és tu, agora, o anjo visível daquele que, em breve, irá unir-se aos anjos da cidade celeste! Celina, não receies as tempestades da terra... Teu anjo da guarda te cobre com as suas asas e Jesus, a pureza das virgens, repousa no teu coração. Tu não vês os teus tesouros, Jesus dorme e o anjo permanece no silêncio misterioso; todavia eles estão lá com Maria, que também ela te esconde debaixo do seu manto!...

Não temas, Celina querida, enquanto *tua lira* não cessar de cantar para Jesus, não se *quebrará*... Ela é frágil, sem dúvida, mais [v] frágil que o cristal; se a entregasses a um músico inexperiente, logo se quebraria, mas é Jesus quem faz vibrar a lira do teu coração... Ele está feliz porque sentes a tua fraqueza; é *ele* quem imprime em tua alma os sentimentos de desconfiança de si mesma. Celina querida, agradece a Jesus. Ele *te cumula* com suas *graças* de predileção, sejas sempre fiel em agradar-lhe nas *pequenas* coisas; ele sentir-se-á OBRIGADO a ajudar-te nas GRANDES... Sem nosso Senhor, os apóstolos trabalharam a noite inteira e não pescaram peixe algum, mas o trabalho deles agradava a Jesus; ele queria provar-lhes que só ele pode dar-nos alguma coisa, queria que os apóstolos *se humilhassem*... "Senhor, tendes alguma coisa para comer?". "Mestre, respondeu Pedro, afadigamo-nos toda a noite e *nada apanhamos*...". Se eles tivessem apanhado *alguns peixinhos*, Jesus não teria talvez feito o milagre, mas *nada* tinham, por isso Jesus encheu as redes até quase rompê-las. Eis a *índole* de Jesus². Ele dá como um Deus, mas exige a *humildade do coração*... Jo 21,3.5
Lc 5,5

"Toda a terra é diante dele como o *grãozinho de areia* que quase não interfere na balança ou como *uma* gota do orvalho matinal que cai sobre a terra." Sb 11,23

(Celina querida, se consegues ler o que escrevi é de espantar, mas não tenho tempo para rever o que te escrevo...)

O tempo passa como uma sombra, em breve estaremos reunidos lá em cima. Não disse Jesus durante a paixão: "E haveis de ver o filho do homem assentar-se à direita de Deus e vir sobre as nuvens do céu"... Mc 14,62

Estaremos lá!...

Teresa do Menino Jesus

C 162 Para Celina¹.

26 de abril de 1894

(Texto da estampa)

Jesus, quem vos fez tão pequeno? O amor².

(Texto do envelope)

Pequenina estampa
pintada pela

pequenina Teresa
por ocasião dos 25 anos
da *pequenina* Celina
com a permissão da
Pequenina Madre Priora

C 163   Para irmã Teresa Dositeia (Leônia).

J.M.J.T.

Jesus †   Domingo, 20 de maio de 1894

Querida irmãzinha Teresa,

Como tua carta me alegrou!... Não posso agradecer suficientemente a Deus por todas as graças com que ele te cumula.

Celina nos descreveu nos mínimos detalhes a linda festa de 6 de abril[1]. Como do Céu nossa Mãezinha devia alegrar-se nesse dia!... E a minha tia de Mans[2], como o seu olhar, cheio de amor, estava fixo em ti!

Estou muito feliz por minha santa Madre Teresa ter-se tornado tua, parece-me ser um laço que nos une ainda mais fortemente.

Não posso, querida irmãzinha, dizer-te tudo o que eu gostaria, meu coração não pode traduzir seus sentimentos íntimos [v] com a fria linguagem da terra... Mas um dia, no céu, na nossa linda pátria, *olharei* para ti e, no meu *olhar*, verás tudo o que eu gostaria de te dizer, pois o *silêncio* é a linguagem dos felizes habitantes do céu[3]!...

Enquanto esperamos, faz-se necessário ganhar a pátria dos céus... É preciso sofrer, combater... Oh! Suplico-te, reza para a tua Teresinha a fim de que ela aproveite do exílio da terra e dos abundantes meios que lhe são fornecidos para merecer o céu.

Celina nos informou o resultado das vossas eleições. Sofri vendo-te deixar uma Madre que amavas, mas consolei-me pensando que aquela que a substitui é verdadeiramente digna da sua santa predecessora[4] e tenho certeza que, agora, tens para guiar-te a Jesus *duas Madres* que merecem este doce nome.

Deixo-te, querida irmãzinha, sem nunca me afastar de ti pelo coração e peço-te que apresentes minha respeitosa lembrança às tuas boas Madres.

Irmã Teresa do Menino Jesus da Sagrada Face
rel. carm. ind.

C 164 Para irmã Teresa Dositeia (Leônia).

J.M.J.T.

Jesus † Em 22 de maio de 1894

Minha querida irmãzinha,

Minha palavrinha de domingo chegará às tuas mãos ao mesmo tempo que esta e verás que já me alegrava com a tua felicidade... Obrigada pela tua cartinha que me causou muita, muita alegria!...

És muito feliz, querida irmãzinha [1v] por Jesus ser tão ciumento do teu coração. Ele te diz, como à esposa dos Cantores: "Feriste o meu coração, minha irmã, minha esposa; com um só dos teus olhares, e com um só dos teus cabelos a esvoaçar sobre o teu pescoço". Sinto que Jesus está muito contente contigo; se ainda te deixa ver infidelidades em teu coração, tenho certeza que os atos de amor que ele recolhe são mais numerosos.

Ex 34,14
Ct 4,9

Qual das Teresas será a mais fervorosa?... Aquela que for a mais humilde, a mais unida a Jesus, a mais fiel em fazer todas as suas ações por amor!... [2f] Ah! Rezemos uma pela outra para sermos igualmente fiéis... Firamos a Jesus com nosso olhar e com um só cabelo, isto é, pelas coisas grandes e pelas pequenas. Não lhe recusemos o menor sacrifício. Tudo é tão grande na vida religiosa... apanhar um alfinete por amor pode converter uma alma... Que mistério!...

Ah! Só Jesus pode dar tal valor às nossas ações. Portanto, amemo-lo com todas as nossas forças...

[2r tv] Tua irmãzinha que te ama

Teresa do Menino Jesus
rel. carm. ind.

C 165 Para Celina.

J.M.J.T.

Jesus † Em 7 de julho de 1894

Minha querida Celina,

A carta de Leônia[1] preocupa-nos muito...

Ah! Como ela será infeliz se voltar para o mundo! Mas confesso-te esperar que não passe de uma tentação. Precisamos rezar muito por ela. Deus pode lhe dar o que lhe falta...

Nossa Madre está no retiro grande, é por isso que não te escreverá, mas ela pensa muito em ti e em Maria, vai rezar muito pelas suas duas meninas.

Não sei se estás ainda na mesma disposição de espírito de outro dia, mas assim mesmo, vou transcrever uma passagem do Cântico dos Cânticos que exprime perfeitamente o que é uma alma mergulhada na secura, e à qual nada consegue animar e consolar: "Desci até o horto das nogueiras, para ver os frutos do vale, para ver se a vinha já brotava, e se as romãzeiras já estavam em flor. Não soube mais onde estava, a minha alma perturbou-se toda por causa dos carros de Aminadab".

Ct 6,10-11

Eis a imagem das nossas almas; descemos com frequência ao vale fértil onde nossos corações gostam de se alimentar; o *vasto campo das escrituras*[2] que tantas vezes se abriu diante de nós para distribuir em nosso favor os seus ricos tesouros, este *vasto campo* parece-nos ser um *deserto* árido e sem água... Nem *sabemos mais onde estamos*; em vez da paz e da luz, só encontramos inquietação ou pelo menos as trevas... Porém, como a esposa, conhecemos a causa da nossa provação. Nossa alma está perturbada por causa dos carros de Aminadab... Ainda não estamos em nossa pátria e a *provação* deve purificar-nos como o ouro [1v] no crisol; às vezes, sentimo-nos abandonadas. Ai! os carros, os ruídos vãos que nos afligem estão dentro de nós ou fora de nós? Não o sabemos... mas Jesus o sabe; ele vê a nossa tristeza e, de repente, sua doce voz faz-se ouvir, voz mais doce que aragem primaveril[3]: "Volta, volta, ó Sulamita, volta, volta para que nós te consideremos!...". Que chamamento o do nosso esposo!... O quê! nós nem ousávamos olhar para nós mesmas, de tanto achar que tínhamos perdido o brilho e o enfeite, e Jesus nos chama. Ele quer contemplar-nos à vontade, mas não está sozinho, com ele, as duas outras pessoas da Santíssima Trindade vêm tomar posse da nossa alma... Jesus prometera-nos outrora, quando estava prestes a voltar para seu pai e nosso pai; ele dizia com inefável ternura: "Se alguém me ama, guardará as minhas palavras; meu pai o amará e nós viremos a ele e faremos nele a nossa morada". Guardar a palavra de Jesus, eis a única condição da nossa felicidade, a prova do nosso amor por ele. Mas o que é então esta palavra? Parece-me que a *palavra* de Jesus é *ele mesmo*... Ele, *Jesus*, o *Verbo*, a *Palavra de Deus*!... Ele o repete mais adiante, no mesmo evangelho de São João, orando a seu pai pelos seus discípulos, assim se exprime: "Santificai-os pela vossa palavra, a vossa palavra é a verdade"; em outra passagem, Jesus nos informa ser o caminho, a *verdade*, a vida. Portanto, sabemos qual é a palavra que devemos guardar; não perguntaremos a Jesus, como Pilatos: "O que é a *verdade*?" Nós possuímos a *verdade*. *Guardamos* Jesus em nossos *corações*!... Muitas vezes, como a esposa, podemos dizer que "nosso bem-amado é um ramalhete de mirra", é para nós um esposo de sangue... Mas como será doce para nós ouvir, um dia, esta palavra tão suave saída da boca do nosso Jesus: "Vós sois aqueles que permanecestes ao meu lado nas minhas provações; por isso preparei-vos meu reino, como meu pai mo preparou!" (Evangelho). As provações de Jesus, que mistério! Também ele tem, portanto, provações? Sim, ele também tem e muitas vezes ele está sozinho para pisar o vinho no lagar. Ele procura consoladores e não os encontra... Muitos servem Jesus, quando ele os consola, mas *poucos* aceitam permanecer na companhia de *Jesus dormindo* sobre as ondas ou sofrendo no jardim da agonia!... Quem estará

Sl 62,2

Sb 3,6

Ct 6,12

Jo 20,17
Jo 14,23

Jo 1,1
Jo 17,17

Ct 1,12
Ex 4,25s
Lc 22,28-29

Is 63,3.5

disposto a servir Jesus por ele mesmo?... Ah! Seremos nós..., Celina e Teresa unir-se-ão sempre mais, nelas cumprir-se-á a oração de Jesus: "Assim como tu, ó pai, estás em mim e eu em ti, também eles sejam um em nós". Sim, Jesus já *prepara* seu reino para nós, assim como seu pai o preparou para ele. Prepara-no-lo, deixando-nos na provação; ele quer que o *nosso rosto seja visto* pelas criaturas, mas que esteja como que *oculto* a fim de que ninguém nos identifique, senão ele!... Mas também que felicidade pensar que *Deus, a divindade* inteira olha para nós, que está em nós e se compraz em nos *considerar*. Mas, o que ela quer ver em nosso coração senão "coros de música num acampamento"?. "Mas como haveríamos de cantar o cântico do Senhor em terra estrangeira?... Há muito tempo que "nos salgueiros daquela terra penduramos as nossas cítaras". Não saberíamos tocá-las!... Nosso *Deus*, o *hóspede* da nossa alma bem o sabe, por isso ele vem a nós a fim de encontrar uma morada, uma *tenda* VAZIA no meio do [2v] campo de batalha da terra. Ele pede só isto e ele mesmo é o músico divino que se encarrega do *concerto*... Ah! Se ouvíssemos esta inefável harmonia, se uma só vibração chegasse aos nossos ouvidos!...

"Pois não sabemos o que devemos pedir como nos convém; mas o próprio Espírito implora por nós com gemidos inexprimíveis." Só nos cabe entregar a nossa alma, *abandoná-la* ao nosso grande Deus. Não importa, então, que ela esteja sem dons que brilhem no exterior, pois no interior brilha o Rei dos Reis com toda a sua glória! Como deve ser grande uma alma para conter um Deus!... No entanto, a alma de uma criança *de um dia* é para ele um paraíso de delícias[4], o que será então das nossas, nós que lutamos e sofremos para conquistar o coração do bem-amado?...

Mt 4,38
Lc 22,39-46

Jo 17,21
Lc 22,29

Is 53,3

Ct 7,1
Sl 136,4
Sl 136,22

Rm 8,26

Querida Celina, asseguro-te que não sei o que estou te dizendo, isto não deve ter nexo, mas parece-me que mesmo assim vais compreender!... Gostaria de dizer-te tantas coisas!...

Não me escrevas uma longa carta para falar-me da tua alma, uma palavrinha só será suficiente, prefiro que escrevas uma carta bem *divertida* para *todo mundo*. Deus quer que eu me esqueça de mim própria para dar prazer.

Um abraço para o meu bom tio, minha tia querida e minha irmãzinha[5]. Para meu *papai* querido, *sorrio-me* e *guardo-o* por meio do seu *anjo* VISÍVEL[6] ao qual estou tão intimamente unida que não formamos senão uma!...

Teresa do Menino Jesus da Sagrada Face
rel. carm. ind.

C 166   Para a senhora Pottier (Celina Maudelonde).

J.M.J.T.

Jesus †   No Carmelo, 16 de julho de 1894

Minha querida Celinazinha,

Sua carta causou-me verdadeira alegria, admiro como a Santíssima Virgem se agradou em atender a todos os seus desejos. Antes mesmo do seu casamento, ela quis que a alma à qual você devia se unir não se fizesse senão uma com a sua pela igualdade dos sentimentos. Que graça para você sentir-se tão bem compreendida e, sobretudo, por saber que a sua união será imortal, que depois desta vida poderá ainda amar o esposo que lhe é tão caro!...

Já se foram para nós os dias abençoados da nossa infância! Estamos agora na seriedade da vida, o caminho que seguimos é muito diferente, mas a meta é a mesma. Ambas [1v] devemos ter um mesmo objetivo: *santificarmo-nos* pela via que Deus nos indicou.

Sinto, querida amiguinha, que posso falar-lhe livremente, que você compreende melhor a linguagem da fé que a do mundo, e o Jesus da sua primeira comunhão continua o dono do seu coração; é nele que ama a bela alma que passou a formar uma só com a sua, é por causa dele que o seu amor é tão terno e tão forte.

Oh! Como é linda a nossa religião, em vez de restringir os corações (como imagina o mundo), eleva-os e torna-os capazes de *amar; de amar* com amor *quase infinito*, pois deve continuar depois desta vida mortal, a qual nos é dada apenas para adquirir a pátria dos céus onde reencontraremos os seres queridos que tivermos amado na terra!

Minha querida Celina, eu tinha pedido para você, a Nossa Senhora do Monte Carmelo, a graça que obteve em Lourdes. Como estou feliz por você estar revestida do santo escapulário! É um sinal seguro de predestinação e, depois desse modo, você não está ainda [2f] mais unida intimamente às suas irmãzinhas do Carmelo?...

Você me pede, querida priminha, para rezar por seu querido esposo; pensa que eu poderia deixar de fazê-lo?... Não, não poderia separá-los nas minhas fracas orações. Peço a Nosso Senhor que seja tão generoso em relação a vocês como o foi outrora para os esposos das Bodas de Caná. Possa sempre transformar a água em vinho!... Isto é, que continue a fazê-la feliz e depois que lhe suavize tanto quanto possível as provações encontradas no decorrer da vida.

Jo 2,1-10

As provações, como pude colocar esta palavra na minha carta, quando sei que, para você, tudo é felicidade?...

Desculpe-me, querida amiguinha, goze em paz da alegria que Deus lhe dá, sem se preocupar com o futuro. Tenho certeza de que ele lhe reserva novas graças e muito consolo.

Nossa boa Madre Maria de Gonzaga está muito sensibilizada pela boa lembrança que você tem dela; por sua vez, ela não esquece [2v] a sua querida Celinazinha. Nossa Madre e Irmã Maria do Sagrado Coração estão também muito felizes com a sua felicidade, elas encarregam-me de a certificar da afeição que lhe dedicam.

Ouso, querida *priminha*[1], pedir-lhe para apresentar minhas respeitosas homenagens ao Senhor Pottier, que não posso deixar de considerar também como meu *primo*.

Deixo-a, minha Celina querida, ficando-lhe sempre muito unida pelo coração e toda a minha vida sentir-me-ei feliz em subscrever-me

Sua irmãzinha em Jesus,

Teresa do Menino Jesus
rel. carm. ind.

C 167   Para Celina.

J.M.J.T.

Jesus †   18 de julho de 1894

Querida Celina,

Tuas provações não me surpreendem, passei por isso no *ano passado* e sei *de que se trata*[1]!... Deus quis que eu fizesse o meu sacrifício, eu o fiz e, como tu, senti a calma no meio do sofrimento.

Mas senti outra coisa ainda, é que, muitas vezes, Deus só quer a *nossa vontade*; ele pede *tudo* e se nós lhe negássemos a mínima coisa, ama-nos demais para poder transigir conosco; mas logo que a nossa vontade se conforma à dele, vendo que é só a ele que procuramos, então comporta-se para conosco como se comportou outrora com Abraão... Eis o que Jesus me faz sentir no meu íntimo e penso que tu estás na PROVAÇÃO, e que é *neste momento* que se dá o corte de que sentes necessidade... (É *agora* que Jesus *quebra a tua natureza*, que ele te dá a cruz e a tribulação.) Quanto mais o tempo passa, mais tenho a certeza íntima que um dia virás aqui. Madre Maria de Gonzaga recomenda-me que to diga[2], ela era toda bondade ao ler a tua carta, se a tivesses visto ficarias comovida!... Gn 22,12

[1v] Não tenhas receio, aqui mais do que em qualquer outro lugar, encontrarás a cruz e o *martírio*!... Sofreremos juntas, como outrora os cristãos que se uniam para se animarem mais na hora da provação[3]...

E depois Jesus virá, levará uma de nós e as outras ficarão por *algum tempo* no exílio e nas lágrimas... Celina, diz-me, o sofrimento seria tão grande se estivéssemos uma em Lisieux e a outra em Jerusalém?... A Santíssima Virgem teria sofrido tanto se não estivesse ao pé da cruz do seu Jesus?...

Pensas, talvez, que não te entendo? E asseguro-te que leio em tua alma... leio que és fiel a Jesus, desejando apenas a sua *vontade,* procurando apenas o seu amor, nada temas; na *atual provação,* Deus purifica o que poderia haver de sensível demais em nosso afeto, mas o próprio *fundo* desse afeto é puro demais para que ele o destrua... Escuta bem o que vou te dizer. Nunca, nunca, Jesus nos separará... se eu morrer antes de ti, não penses que me afastarei da tua *alma,* nunca teremos estado tão unidas!... Talvez seja isto que Jesus quer fazer-te sentir ao falar-te de separação?... Mas não te aflijas, não [2f] estou doente, pelo contrário[4], tenho uma saúde de ferro, só que Deus pode quebrar o ferro como a argila... Tudo isto é criancice, não pensemos no futuro (falo de mim, pois não considero criancice a provação que visita a alma da minha Celina querida).

As cruzes exteriores, o que são?... Poderíamos afastar-nos, uma da outra, sem sofrer, se Jesus consolasse nossas almas... Cruz verdadeira é o martírio do coração, o sofrimento íntimo da alma, e esta que ninguém vê, podemos levá-la sem nunca nos separarmos.

Sei muito bem que tudo o que te digo é o mesmo que nada, tua provação interior só cessará no dia marcado por Jesus; mas como ele quer servir-se de mim, algumas vezes, para fazer bem à tua alma, talvez sejam as minhas palavras a expressão da sua vontade... É incrível como temos sempre as mesmas provações!

Mt 20,23   Um pouco mais cedo ou mais tarde, temos de beber na mesma taça.

Quando a tempestade é muito forte na terra, todos dizem: Não há "nada a temer pelos navios, pois a tempestade já não ruge agora no mar"[5]. Pois bem, eu digo a Celina: A tempestade passou na minha alma e agora visita a tua, mas

Mc 4,39   não temas [2v], em breve a calma voltará (uma grande serenidade vai suceder à tempestade).

Queres saber notícias da minha filha?[6] Pois bem! Creio que ela FICARÁ, não foi educada como nós, é deplorável para ela, à sua educação devemos atribuir suas maneiras pouco *atraentes,* mas no fundo é boa, gosta de mim agora, mas procuro tocá-la só com *luvas de seda branca...* Porém, tenho um título que me causa dificuldades[7], sou um "cãozinho de caça", sou eu quem corre atrás da caça o dia todo. Tu sabes, os caçadores (as mestras de noviças e as prioras) são grandes demais para penetrar na moita, mas um cãozinho... tem o *faro fino* e se *infiltra em qualquer lugar!...* por isso vigio minha filha de perto e os *caçadores* não reclamam do seu cãozinho... Não quero ferir meu coelhinho, mas *lambo-o* compassivamente dizendo-lhe que seu pelo não está bastante *liso,* que sua *aparência* lembra demais a de um *coelho bravo,* enfim, procuro torná-lo do jeito que meus caçadores o querem. Um coelhinho muito simples que só se interessa pelas ervinhas que tem de pastar. Estou brincando, mas no fundo, penso que o coelhinho vale mais que o cãozinho... no seu lugar, há muito que me teria *perdido* para sempre na vasta floresta do mundo!!!...

Obrigada pelas duas pequenas fo[8], são *lindas.*

Teresa do Menino Jesus.

[2r tv] Peço-te que dês muitos cumprimentos da minha parte a todos os queridos visitantes[9] que tanto se divertem aí. Entendo o que me dizes dos rapazes... Mas é só um momento que passa, um dia virá em que não verás muitos, consola-te!...

Envio-te dois pequenos cânticos que compus, mostra-os à minha querida Mariazinha, diz-lhe que a amo, que rezo por ela... Oh! Que o sofrimento engrandeça a sua alma e a aproxime do termo!...

M. Maria de Gonzaga não lhe escreve porque a carta é endereçada à minha tia, fica para a próxima vez!... Pede "meu canto de hoje"[10] à minha tia, foi a ela que Irmã Maria do Sagrado Coração quis mandá-lo.

C 167 bis — Para a senhora Guérin[1].

Mt 12,50

19 de julho de 1894

Nossa Madre não tem tempo de escrever para sua Joaninha. Agradece muito a sua carta e os seus *lindos* modelos[2].

A Teresinha envia todas as suas ternuras aos seus caros *passeadores*!...

C 168 — Para Celina.

5-10 de agosto de 1894

J.M.J.T.

Jesus †

Minha querida Celina,

Tua carta é *encantadora*[1], fez-nos derramar lágrimas bem doces!...

Não receies, Jesus não te enganará, se soubesses como tua *docilidade*, tua *candura* de criança o encanta!... Estou com o coração *dilacerado*... sofri tanto por ti que espero não ser um obstáculo à tua vocação; não foi o nosso afeto purificado como o ouro no crisol?... Semeamos chorando as sementes e agora bem depressa voltaremos juntas trazendo feixes nas nossas mãos. Não vou escrever para o padre hoje, creio ser melhor [1v] aguardar a sua carta para saber melhor o que dirá[2]... Se preferes que eu escreva para *justificar-te*, diz-mo quando vieres e não ficarei *embaraçada*!... Estou muito magoada!!!...

Sb 3,6

Sl 125,6

Mas agradeço a Deus por esta provação que ele *quis*, tenho certeza disso, pois é impossível que Jesus engane uma *criancinha* como *tu*.

Todas três te amamos mais do que antes, se isso é possível, teu *olhar* disse-nos muito. Se ouvisses Irmã Maria do Sagrado Coração, asseguro-te que te assustarias!... Ela não hesita em dizer que o seu muito estimado padre se enganou... mas só foi o instrumento dócil de Jesus, por isso a Teresinha não o recrimina!...

[2f] Agradece muito minha tia pela sua carta, *se ela souber* que te escrevi, diz-lhe que ficamos profundamente comovidas.

(Madre Maria de Gonzaga chorou muito também ao ler a tua carta. Pobre madre, não sabe absolutamente nada³... estás vendo como somos discretas!)

C 169   Para Celina.

J.M.J.T.

Jesus †   Em 19 de agosto de 1894

Minha querida irmãzinha,

Então, esta é a última vez que sou obrigada a escrever-te para o mundo!... Não me era possível falar tão de verdade na carta que te mandei para Musse prometendo-te que em breve estarias no Carmelo.

Não me espanto com a tempestade que ruge em Caen, F. e J. escolheram um caminho tão diferente do nosso que não podem compreender a sublimidade da nossa vocação¹!... Mas ri melhor quem ri por último... Após esta vida de um dia, eles compreenderão quais terão sido os mais privilegiados, se nós ou eles...

Tua pesca miraculosa nos tocou docemente²... Como estas pequenas delicadezas nos fazem sentir que nosso pai querido está perto de nós! Após uma *morte* de cinco anos, que alegria reencontrá-lo sempre igual, procurando [1v], como outrora, os meios para agradar-nos. Oh! Como ele vai retribuir a sua Celina os cuidados que ela lhe prodigalizou!... Foi ele que fez a tua vocação³ ter êxito em tão pouco tempo; agora que ele é puro espírito, é-lhe coisa fácil ir ter com os padres e os bispos, por isso não teve tanto trabalho com a sua Celina querida como para com a sua pobre rainhazinha!...

At 20,35   Estou muito feliz, minha querida irmãzinha por não sentires atração sensível para o Carmelo, é uma delicadeza de Jesus que quer de ti um *presente*. Ele sabe que é muito mais agradável dar do que receber. Nós só temos o curto instante da vida para *dar* a Deus... e ele já se prepara para dizer: "Agora, a minha vez..." Que felicidade a de sofrer por quem nos ama *loucamente* e ser tidas por *tolas* aos olhos do mundo. Julga-se os outros por si mesmo e, como o mundo é insensato, pensa naturalmente que somos nós as insensatas!... Mas, afinal, não somos as primeiras [2f], o único crime do qual Herodes acusou Jesus foi de ser

Lc 23,11   *louco*⁴ e penso como ele!... sim, era *loucura* procurar os pobres coraçõezinhos dos mortais para transformá-los em seus *tronos*, ele, o rei da glória sentado acima

Sl 79,2   dos querubins... Ele cuja presença não pode encher os céus... Estava *louco* nosso

1Rs 8,27   bem-amado ao vir sobre a terra buscar pecadores para fazer deles seus amigos, seus íntimos, seus *semelhantes*, ele que era perfeitamente feliz com as duas adoráveis pessoas da Trindade!... Nós nunca poderemos fazer por ele as loucuras que ele fez por nós e as nossas ações não merecerão este nome, pois não passam de atos muito razoáveis e muito inferiores ao que nosso amor gostaria de realizar. Portanto, o mundo é que é insensato, pois ignora o que Jesus fez para salvá-lo, ele é o açambarcador que seduz as almas e as conduz a fontes sem água... Jr 2,13

Nós não somos *vadias*, pródigas. Jesus tomou a nossa defesa ao tomar partido por Madalena. Ela estava à mesa, Marta servia, Lázaro comia com ele e os discípulos. Quanto a Maria, ela nem pensava em servir-se, só lhe interessava *agradar* a Jesus, aquele que amava, por isso tomou uma ânfora cheia de perfume de grande valor e o derramou sobre a cabeça de Jesus, *quebrando a ânfora*. Então, a casa toda ficou perfumada, mas os APÓSTOLOS *murmuraram* contra Madalena... E o que acontece conosco, os mais fervorosos *cristãos*, os *sacerdotes*, acham que *exageramos*, que deveríamos *servir* como Marta em vez de *consagrar* a Jesus as *ânforas* das nossas *vidas* com os perfumes que elas contêm... Mas pouco importa que nossas ânforas sejam quebradas contanto que Jesus seja *consolado* e que o mundo, mesmo sem o querer, seja obrigado a sentir os *perfumes* que deles exalam e que servem para purificar o ar envenenado que não cessa de respirar. Mc 14,3-6

Jo 12,1-6

A enfermeira desejava que procurasses em Caen *meio frasco* de água anti-hemorrágica de Tisserand, 2fr. 50. Caso houver só frascos inteiros, não os tragas, encontram-se aqui, em Lisieux.

Irmã Maria do Sagrado Coração quer sete ou oito quebra-nozes.

C 170 Para irmã Teresa Dositeia (Leônia).

J.M.J.T.

Jesus †   Em 20 de agosto de 1894

Minha querida irmãzinha,

Gostaria de escrever-te uma longa carta, mas só disponho de alguns minutos, estão esperando este bilhetinho para o levarem ao correio.

Depois que nosso pai querido se foi para o céu, penso em ti mais do que antes, creio que sentes as mesmas impressões que nós. A morte de papai não me causa a impressão de uma morte, mas sim de uma verdadeira *vida* [1v]. Reencontro-o após seis anos de ausência, sinto-o perto de *mim*, olhando-me e protegendo-me...

Querida irmãzinha, não estamos nós mais unidas ainda, agora que olhamos para os céus para lá descobrirmos um pai e uma mãe que nos ofereceram a Jesus?... Em breve os seus desejos serão realizados e todos os filhos que Deus lhes deu serão reunidos para sempre...

Compreendo o vazio que vai causar-te a partida de Celina, mas sei como és generosa para com Nosso Senhor, e a vida passará tão depressa... e então nos reuniremos para nunca mais nos separar e seremos felizes [2f] por termos sofrido por Jesus...

Querida irmãzinha, desculpe-me esta letra horrível, olha só para o coração da tua Teresa que gostaria de dizer-te tantas coisas que não consegue exprimir...

Peço-te que apresentes meus respeitos à Madre Superiora e a tua cara Mestra.

Gostaria que entregasses a carta a Celina[1] quando ela for visitar-te, o mais breve possível.

Adeus, minha querida irmãzinha, não te esqueças de rezar pela *mais pequenina* e mais *indigna* das tuas irmãs,

Teresa do Menino Jesus da Sagrada Face
rel. carm. ind.

C 171 Para irmã Teresa Dositeia (Leônia).

J.M.J.T.

Jesus † 11 de outubro de 1894

Minha querida irmãzinha,

Como estou contente por tua festa ocorrer agora no mesmo dia que a minha... Tenho certeza de que Santa Teresa vai te cumular com suas graças no dia 15; vou pedir-lhe muito por ti, como também à beata Margarida Maria...

Se soubesses, querida irmãzinha, como rezamos por ti!... E, sobretudo, quantos *sacrifícios* oferecemos, creio que ficarias muito comovida... Desde que passamos a conhecer as tuas provações, nosso fervor é muito grande, asseguro-te, todos os nossos pensamentos e nossas orações são para ti.

Tenho uma grande confiança que a minha querida visitandininha sairá vitoriosa de [v] todas a suas *grandes provações* e que, um dia, ela será uma religiosa modelo. Deus lhe concedeu tantas graças, poderia ele abandoná-la agora que parece ter chegado ao porto?... Não, Jesus dorme enquanto sua pobre esposa luta contra as ondas da tentação, mas nós vamos chamá-lo tão ternamente que ele acordará depressa, dará ordem ao vento e à tempestade, e a tranquilidade restabelecer-se-á...

Mc 4,38-39

Querida irmãzinha, verás que a alegria tomará o lugar da provação e que, mais tarde, sentir-te-ás feliz por teres sofrido; aliás, Deus te sustenta visivelmente na pessoa das tuas BOAS MADRES que não cessarão de prodigalizar-te seus cuidados e seus conselhos ternos e maternais.

Peço-te, minha irmã *querida*, que me recomendes à sua religiosa lembrança, e tu, minha querida *Teresa*, crê na ternura sempre crescente da tua irmãzinha.

Teresa do Menino Jesus
rel. carm. ind.

C 172   Para a senhora Guérin.

J.M.J.T.

Jesus †   Em 17 de novembro de 1894

Minha querida tia,

É com a alma ainda toda perfumada pela linda carta do meu tio para Irmã Maria Madalena[1] que venho felicitar-vos pela vossa festa.

Ó minha titia querida! Se soubésseis como me orgulho por ter parentes como os meus tios!... Sinto-me feliz por ver Deus tão bem servido pelos que amo, e pergunto a mim mesma por que razão ele me deu a graça de pertencer a uma tão linda família...

Parece-me que Jesus vem descansar com prazer na vossa casa, como fazia outrora em Betânia. É verdadeiramente [1v] "O divino mendigo de amor"[2] que pede hospitalidade e que diz "Obrigado" pedindo sempre mais, na proporção das doações que recebe. Ele sente que os corações aos quais se dirige compreendem "que a maior honra que Deus possa fazer a uma alma não é dar-lhe muito, mas pedir-lhe muito[3]". Jo 12,1-2

Mas também quanto lhe será doce um dia, querida tia, ser chamada de *mãe* pelo próprio Jesus!... Sim, sois verdadeiramente sua *mãe*, *ele* assegura-nos no evangelho com as seguintes palavras: "Quem faz a vontade do meu pai, esse é minha mãe". E vós não só fizestes a sua vontade, mas lhe destes seis das vossas filhas para serem suas esposas!... Dessa forma, sois *seis* vezes sua mãe, e os anjos do céu poderiam dirigir-vos estas belas palavras: [2f] "Alegra-te, então, e exulta por causa dos teus filhos; pois todos se congregarão e bendirão ao Senhor dos séculos". Sim, *todos* são abençoados e, no céu, minha tia querida, vossa coroa será composta de rosas e lírios... Tb 13,17

As *duas* rosas[4] que brilharão no meio não serão o menor enfeite. Serão elas que, na terra, terão reproduzido vossas virtudes a fim de perfumar o triste mundo; para que Deus possa encontrar de novo, na terra, algumas flores que o atraiam e suspendam seu braço disposto a punir os maus...

Minha querida tiazinha, queria dizer-vos muita coisa... mas estão chegando para buscar minha carta, só tenho o tempo de reiterar-vos toda a minha ternura. Penso também no aniversário da nossa querida vovozinha[5] e peço-vos para abraçá-la fortemente por mim.

Vossa filhinha

Teresa do Menino Jesus
rel. carm. ind.

C 173   Para irmã Teresa Dositeia (Leônia).

Janeiro de 1895

J.M.J.T.

Jesus †

      Minha querida irmãzinha,

    É com grande alegria que venho apresentar-te meus votos no início deste ano novo. Aquele que acaba de terminar foi muito proveitoso para o céu. Nosso pai querido viu o que "O olho do homem não pode contemplar". Ouviu a harmonia dos anjos... e seu coração compreende, sua alma goza das recompensas que Deus prepara para quem o ama!

    Nossa vez virá também... talvez não vejamos terminar o ano que se inicia! Talvez uma de nós ouça bem depressa o chamado de Jesus!...

    Oh! Como é doce pensar que vogamos [1v] para a praia eterna!...

    Querida irmãzinha, não achas, como eu, que a partida do nosso pai querido aproxima-nos dos céus? Mais da metade da família usufrui, agora, da visão de Deus e as cinco exiladas não demorarão em levantar voo para a pátria. Este pensamento sobre a brevidade da vida dá-me coragem, ajuda-me a suportar as fadigas do caminho. Que importa (diz a *Imitação*[1]) um pouco de trabalho na terra... nós passamos e não temos aqui morada permanente! Jesus nos precedeu a fim de preparar um lugar na casa de seu pai, e depois ele virá e levar-nos-á com ele, para que lá onde ele está, também estejamos... Aguardemos, soframos [2f] em paz, a hora do repouso se aproxima, as leves adversidades desta vida passageira produzem em nós um peso eterno de glória...

Hb 13,14
Jo 14,23
2Cor 4,17

    Querida irmãzinha, como tuas cartas me agradaram e, sobretudo, fizeram *bem à minha alma*. Alegro-me vendo como Deus te ama e te cumula de graças... Acha-te digna de sofrer por seu amor e é a maior prova de ternura que ele te pode dar, pois é o sofrimento que nos torna semelhantes a ele...

    Ó minha querida irmãzinha! não te esqueças da última, da mais *pobre* das tuas irmãs; pede a Jesus que ela seja *muito fiel*, que ela seja como tu, feliz por ser em toda a parte a mais pequenina, a última[2]!...

    Peço-te apresentar meus votos às tuas boas madres e assegurar-lhes que lhes estou muito unida no coração de Jesus.

    Tua pobre irmãzinha

Teresa do Menino Jesus
rel. carm. ind.

C 174   Para irmã Genoveva (Celina).

Fim de janeiro de 1895

> Irmã Genoveva de Santa Teresa,
> é a Teresinha a primeira
> a escrevê-lo!¹...

C 175   Para irmã Teresa Dositeia (Leônia).

J.M.J.T.

Jesus †   24 de fevereiro de 1895

Minha querida Leônia,

Fiquei muito feliz em receber notícias tuas, espero que continues bem e que tuas caras irmãs estejam em vias de cura¹.

Tenho muito pouco tempo para ti, hoje, mas quero, antes da quaresma, recomendar-me às tuas orações e prometer-te que pensarei ainda mais em ti, caso seja possível. Virei, depois, cantar o [1v] Aleluia demoradamente contigo para compensar de o não ter podido fazer hoje... Quero dizer depois da Páscoa, mas explico-me tão mal que poderias pensar que vou cantar Aleluia durante a quaresma... Oh! Não, vou contentar-me em seguir Jesus em sua via dolorosa, vou pendurar a minha cítara nos salgueiros que se encontram às margens dos rios da Babilônia... Mas após a Ressurreição, retomarei a minha cítara, esquecendo por um momento que estou exilada; contigo cantarei a felicidade de servir a Jesus e de habitar em sua casa, a felicidade de ser sua esposa, no [2f] tempo e na eternidade!... *Sl 136,1-2* *Sl 26,4*

Querida irmãzinha, peço-te que apresentes meu religioso respeito às tuas boas madres e crê na minha *grande* ternura.

Tua *pequenina* irmã

Teresa do Menino Jesus

(P.S.) Quando escreveres, faze-me o favor de dizer qual foi o *ano* da tua primeira comunhão².

C 176   Para irmã Teresa Dositeia (Leônia).

Jesus †   Domingo, 28 de abril de 1895

Minha querida irmãzinha,

Queria agradecer-te mais cedo pela tua carta que me causou grande alegria, mas tendo-te respondido logo, não pude escrever-te naquela ocasião.

Querida irmãzinha, estou intimamente persuadida que estás na tua vocação, não só como visitandina, mas como visitandina de *Caen*. Deus nos deu tantas provas disso que não é permitido duvidar... Considero essa ideia (de ir para Mans) como uma tentação e peço a Jesus para livrar-te dela. Oh! Como compreendo que o adiamento da tua profissão deve ser uma provação para ti, mas é também uma grande graça, pois quanto mais tempo se tem para se preparar para ela, mais devemos nos alegrar. Lembro-me com satisfação o que se passou na minha alma alguns meses antes da minha profissão. Via meu ano de noviciado terminado, e ninguém se preocupava comigo (por causa do nosso padre superior que me considerava jovem demais). Asseguro-te que tinha muito pesar[1], mas um dia Deus fez-me compreender que, nesse meu desejo de pronunciar os meus santos votos havia uma grande procura de mim mesma; então, disse para comigo: Para a minha tomada de hábito, revestiram-me com um belo vestido branco enfeitado de rendas e de flores, mas quem pensou em dar-me um para as minhas núpcias?... Este vestido, sou eu quem vou prepará-lo, *sozinha*. Jesus quer que ninguém me ajude, exceto *ele*, portanto, com a sua ajuda, vou pôr mãos à obra, trabalhar com ardor... As criaturas não verão meus esforços, que [2f] ficarão escondidos no meu coração. Procurando permanecer *esquecida*, não desejarei outro olhar, senão o de Jesus... Pouco importa se eu parecer pobre e desprovida de espírito e de talentos... Quero pôr em prática o seguinte conselho da *Imitação*: "Que este se vanglorie de uma coisa, aquele de outra, quanto a vós, ponde vossa alegria no *desprezo de vós mesmos*, na minha vontade e na minha glória"[2]; ou ainda: "Quereis aprender alguma coisa que vos sirva: Querei ser ignorados e tidos por nada![3]..." Pensando em tudo isto, senti uma grande paz na minha alma, senti que era a *verdade* e a *paz*! Não me inquietei mais com a data da minha profissão, imaginei que, no dia em que o meu *vestido* estivesse pronto, Jesus viria buscar sua pobre esposinha...

Querida irmãzinha, não me enganei e Jesus contentou-se com meus desejos, com meu abandono total. Ele dignou-se unir-me a ele muito mais cedo que eu ousava esperar... Agora [2v] Deus continua dirigindo-me pelo mesmo caminho, só tenho um desejo, o de fazer a sua vontade. Talvez te lembres que outrora eu gostava de considerar-me como "brinquedinho de Jesus"[4], ainda hoje estou feliz em sê-lo; apenas pensei que o divino menino tinha muitas outras almas cheias de virtudes sublimes que se consideravam "seus brinquedos", então pensei que elas eram seus *lindos brinquedos* e que a minha pobre alma não passava de um *brinquedozinho* sem valor... Para consolar-me, disse para comigo que muitas vezes as crianças têm mais prazer com *pequenos brinquedos* que podem *largar* ou *pegar, quebrar ou beijar*, segundo a sua fantasia, do que com outros de valor muito superior que quase não ousam tocar... Então, alegrei-me por ser *pobre*, passei a querer sê-lo cada dia mais, a fim de que, cada dia, Jesus sinta mais gosto em *brincar* comigo.

Querida irmãzinha, agora que te dei a minha direção, reza por mim a fim de que eu ponha em prática as luzes que Jesus me dá.

(Apresenta, te peço, minha respeitosa lembrança às tuas boas madres.)
Tua *pequenina* irmã que te estima

> Teresa do Menino Jesus
> rel. carm. ind.

C 177   Para Maria Guérin.

7 de julho (?) de 1895

Para minha irmãzinha querida[1], por parte da sua Teresinha que *pensa muito nela!*... E que, sobretudo, espera (tremendo) que sua querida Maria mantenha sua promessa, ficando tão tranquila como uma criancinha no colo da mãe...

Rezo muito por ti, irmãzinha querida, e por todos os queridos moradores de La Musse que, neste momento, devem fazer rápidos progressos na perfeição, pois estão aceitando o sacrifício da separação!...

[v] *Eu Amo e rezo* por meu *tio e minha tia sempre mais queridos*, não sei como isto irá terminar, pois minha ternura cresce de dia para dia!...

C 178   Para a senhora Guérin.

20-21 de julho de 1895

J.M.J.T.

Jesus †   20 de julho de 1895

Querida titia,

Fiquei muito emocionada ao constatar que pensais na vossa Teresinha; ela também pensa muito em vós e se ela não escreveu mais cedo para sua tia querida, não foi por indiferença, mas porque seu coração está tão cheio de ternura e veneração que não sabe como traduzir os pensamentos...

Mas preciso tentar, mesmo arriscando dizer à minha tiazinha coisas que irão desagradar-vos. Não sai a verdade pela boca das crianças? Pois bem! É preciso desculpar-me se digo a verdade, eu que sou e quero ser sempre uma criança...

Vou dar-vos um pouco conta de consciência e mostrar-vos como Deus é *bom* comigo. — Gosto muito de ler a vida dos santos, o relato das suas ações heroicas incentiva a minha coragem e leva-me a imitá-los. Mas confesso que, às vezes, aconteceu-me invejar a feliz sorte dos seus pais que tiveram a ventura de viver na sua companhia, de gozar das suas santas conversações. Agora, não tenho mais nada a invejar, pois estou em condições de contemplar de perto as ações dos santos, de ver suas lutas e a generosidade com que se submetem à vontade de Deus[1].

Minha querida tiazinha, bem sei que não gostaríeis que eu vos chamasse de santa, porém, estou com muita vontade de fazê-lo... mas se não o faço, posso dizer-vos uma coisa que não deveis repetir para meu tio, porque não gostaria mais de mim; é [1v] que ele é um santo como há poucos na terra e que sua fé pode ser comparada à de Abraão... Ah! Se soubésseis que doce emoção encheu minha alma, ontem, vendo meu tio com sua angelical Mariazinha[2]... Nós estávamos mergulhadas em grande dor por causa da nossa pobre Leônia; era como uma verdadeira agonia. Deus queria provar a nossa fé e não nos mandava consolação alguma e, quanto a mim, não conseguia fazer outra oração a não ser a de Jesus na cruz: "Meu Deus, meu Deus, por que nos abandonastes?!" ou como no jardim da agonia: "Meu Deus, seja feita a vossa vontade, não a nossa". Enfim, para consolar-nos, nosso divino salvador não enviou o anjo que o amparou no Getsêmani, mas um dos seus *santos* ainda peregrino pela terra e revestido da sua força divina; vendo sua tranquilidade, sua resignação, nossas angústias dissiparam-se, sentimos o apoio de uma mão paterna!... Ó minha querida tiazinha! Como são grandes as misericórdias de Deus para com vossas pobres filhas!... Se soubésseis as doces lágrimas que derramei ao ouvir a conversação celeste do meu santo tio... Parecia-me já transfigurado; sua linguagem não era a da fé que espera, mas do amor que possui. No momento em que a provação e a humilhação vinham visitá-lo, ele parecia esquecer-se de tudo e só pensar em abençoar a mão divina que tomava o seu *tesouro* e, por *recompensa*, provava-o como um santo... Santa Teresa tinha razão em dizer a Nosso Senhor que a sobrecarregava de cruzes quando empreendia por ele grandes trabalhos: "Ah! Senhor, não me surpreendo que tenhais tão poucos amigos, vós os tratais tão mal![3]..." [2f]. Em outra ocasião, dizia que às almas que Deus ama com um amor ordinário, manda-lhes algumas provações; mas àquelas que ele ama com um amor de predileção, prodigaliza suas cruzes, como a marca mais segura da sua ternura[4].

Mt 27,46
Lc 22,42

(21 de julho)

Ontem deixei minha carta sem concluir, pois Maria chegou com Leônia; ao vê-la, nossa emoção foi muito grande, não conseguíamos arrancar-lhe uma palavra de tanto que chorava; no final, acabou olhando para nós e tudo deu certo. Não vos dou maiores detalhes, querida tiazinha, pois sabê-lo-eis todos por meio de Maria, que se comportou como verdadeira *mulher forte* nessa circunstância dolorosa que acaba de dar-se. Dissemos-lho, mas vi que o elogio não lhe agradava, então chamei-a de "anjinho" e me disse, rindo, que isto lhe agradava mais do que "mulher forte". Ela é tão alegre que faria rir as pedras e isso distrai a sua pobre companheira, servimo-las em pratos de barro, como às carmelitas, o que as divertiu muito[5].

Ah! Como é virtuosa a vossa Mariazinha... O domínio que tem sobre si mesma é espantoso, não lhe falta *energia* para tornar-se uma santa e é a virtude mais necessária, com ela pode-se atingir o ápice da perfeição. Se ela pudesse dar um pouco à Leônia, vosso *anjinho* ficaria ainda com bastante e não prejudicaria a esta... Minha querida tiazinha, percebo que minhas frases não estão claras, apresso-me para entregar minha carta a Maria, que não queria que vos escrevesse, dizendo que ela transmitiria todos os meus recados ou então me daria [2v] *três centavos* para comprar um selo, mas eu não quis esperar mais tempo para enviar à minha tia tão querida outra coisa senão *um olhar*, por mais expressivo que fosse, ela não poderia vê-lo nesta distância.

Queria falar-vos de Joana e de Francis, mas não tenho tempo. Tudo o que posso dizer é que os considero entre o número dos *santos* que me é permitido contemplar de perto na terra e aos quais me alegro por poder vê-los, em breve, no céu, na companhia dos *seus filhos*[6] cujas brilhantes coroas aumentarão a sua própria glória...

Minha querida tiazinha, se não podeis ler o que escrevi, a culpa é da Maria, beijai-a da minha parte como repreensão e dizei-lhe que vos abrace apertadamente por mim.

Vossa *filhinha*
Teresa do Menino Jesus
rel. carm. ind.

C 179   Para irmã Genoveva.

Depois do 8 de setembro de 1895

Senhorita[1] está contente?...
O Pobre Senhor apressou-se em satisfazê-la[2].

C 180   Para a senhora La Néele.

J.M.J.T.

Jesus † 14-15 e 17 de outubro de 1895

Minha querida Joana,

Parece-me que te vejo e te ouço ao ler a tua carta, isso me causa grande alegria por constatar a amável doença que meu tio e minha tia te trouxeram de Lisieux. Espero que não tenhas sarado ainda da tua crise de alegria... é provável, pois o célebre membro da faculdade[1], apesar da sua ciência universal, não pode encontrar remédio algum para a sua querida Joaninha. Se, por acaso, o descobrir, peço-lhe para não esquecer do nosso Carmelo, o noviciado todo está contaminado desde a chegada "da marotazinha que aprofundou as rugas e branquejou os cabelos da sua querida *Fifine*"[2].

É um grande consolo para mim, a *velha* decana do noviciado[3] ver tanta alegria envolvendo meus últimos dias; isso me rejuvenesce e, apesar dos meus sete anos e meio de vida religiosa, falta-me a gravidade muitas vezes na presença do encantador diabete que alegra toda a comunidade. Se a tivesses visto, outro dia, com a tua fotografia e a de Francis, terias achado muito divertido!... Nossa Madre as tinha trazido para o recreio e fazia-as circular no meio das irmãs [1v]; quando chegou a vez de irmã Maria da Eucaristia, pegou as fotos e, uma após outra, fazia-lhes os mais *graciosos sorrisos*, dizendo: "Bom dia, minha *Fifine*... Bom dia, meu *Serafim*". Estas expressões de ternura fizeram rir todas as carmelitas, que estão muito contentes por terem uma postulante tão gentil. Sua linda voz faz a alegria e o encanto dos nossos recreios, mas o que alegra sobretudo o meu coração, muito mais do que os talentos e as qualidades exteriores do nosso querido anjo, são suas disposições para a virtude.

Mt 19,29   É muito grande, querida Joana, o sacrifício que Deus te pede, mas não prometeu, "àquele que por ele deixar pai, mãe ou *irmã*, o cêntuplo nesta vida"? Pois bem! Por ele, não hesitaste em separar-te de uma irmã querida além de tudo o que se possa dizer! Ah! Jesus será obrigado a cumprir a promessa... Bem sei que, habitualmente, estas palavras são aplicadas às almas religiosas, porém, no fundo do meu coração, sinto que elas foram pronunciadas para os parentes generosos que fazem o sacrifício de filhos que lhes são mais caros do que eles mesmos...

Não recebeste tu já o cêntuplo prometido?... Sim, já a doce paz e a felicidade da tua Mariazinha transpuseram as grades do claustro para se derramarem em tua alma... Em breve, tenho confiança, receberás um cêntuplo mais abundante, um anjinho virá alegrar teu lar e receber teus beijos maternais...

[2f] Minha querida irmãzinha, deveria ter começado por agradecer-te o presente que queres oferecer-me para a minha festa, fico muito comovida, asseguro-te, mas desculpa-me se te digo, simplesmente, o meu gosto. Sendo que desejas me agradar, preferia um modelo de flores[4] ao de *peixe*. Vais pensar que sou muito egoísta, mas, veja bem, meu tio mima suas caras carmelitas, elas estão seguras de não morrerem de fome... A Teresinha, que nunca *gostou do que se come*[5], gosta muito ainda assim das coisas úteis à sua comunidade. Ela sabe que, com os modelos, pode-se ganhar dinheiro para comprar *peixe*. É um pouco como a história de Perrette, não é? Mas se me deres um pé de rosas bravas, ficarei muito contente. Se não houver, pervincas ou botões-de-ouro, ou até qualquer outra flor *comum* me agradaria. Receio ser indelicada, caso o seja, não ligues para meu pedido e ficarei muito agradecida pelo peixe que me deres, sobretudo se quiseres acrescentar as *pérolas* de que me falaste outro dia... Estás vendo, minha querida Joana, que estou convertida e que, longe de guardar o silêncio, sou uma tagarela e ousada demais em meus pedidos... é tão difícil manter a justa medida!... Felizmente, uma irmã perdoa tudo, até as inoportunidades de uma caçulinha...

Interrompi tantas vezes a minha carta que ficou sem nexo, pensava coisas muito bonitas a respeito do *cêntuplo* do qual te falava no início [2v], mas preciso guardar as *coisas bonitas* no fundo do meu coração e pedir para que Deus as realize em ti. Pois não tenho tempo de enumerá-las. Preciso ir para a lavagem e, sem dúvida, enquanto esfregar a roupa, escutar o querido diabretezinho que vai cantar que "Esta lavagem deve conduzir-nos às praias sem tempestade[6]...".

Nossas duas boas madres e todas as tuas irmãzinhas mandam-te mil cumprimentos, assim como a Francis. Não me esqueço de que, amanhã, celebra-se a festa de São Lucas, um dos seus padroeiros[7], por isso, oferecerei a santa comunhão por ele e pedirei a Jesus que o recompense pelo trabalho que teve em procurar-me os remédios...

Abraço-te, cordialmente, querida Joaninha, e te asseguro a afeição e o reconhecimento da tua *pequenina* irmãzinha

Teresa do Menino Jesus
rel. carm. ind.

C 181   Para a senhora Guérin.

J.M.J.T.

Jesus †   Em 16 de novembro de 1895

Minha querida tiazinha,

Vossa filhinha vem juntar sua fraca voz ao concerto melodioso que suas irmãs mais crescidas fazem ouvir por ocasião do vosso aniversário.

Que votos posso eu desejar para vós, minha tia querida?... Sinto que depois de todos os votos que vos foram dirigidos, só posso dizer com todo o coração: "Amém!..."

Repito-vos todos os anos, na terra não encontro as palavras que exprimam os sentimentos da minha alma, portanto, fico feliz em unir-me às minhas três irmãs mais velhas e, sobretudo, ao nosso querido Benjamin[1] para oferecer-vos meus votos de feliz aniversário.

Não tenho tempo de escrever-vos mais demoradamente, minha querida titia, mas tenho plena certeza que ireis adivinhar os sentimentos de ternura que transbordam do meu coração.

No dia do vosso aniversário, oferecerei a minha comunhão para vós e pela nossa querida vovozinha.

Peço-vos, querida tia, cobrir de beijos todos os que amo, particularmente o meu tio querido e encarregai-o de vos dar mil outros beijos por parte da vossa filhinha

Teresa do Menino Jesus
rel. carm. ind.

C 182   **Para irmã Genoveva¹.**

J.M.J.T.

Jesus †   23 de fevereiro de 1896

     Irmãzinha querida, pedistes-me para vos dizer como as coisas acontecerão no céu no dia do vosso enlace. Vou procurar fazê-lo, mas eu já sei que não vou conseguir esboçar festas indescritíveis, pois: "Aquilo que olho não viu, nem ouvido ouviu, nem jamais passou pela mente humana, o que Deus preparou para aqueles que o amam!..." *(1Cor 2,9)*

     No dia 24 de fevereiro, à meia-noite, São Pedro abrirá as portas do céu; logo, os anjos e os santos sairão com alegria imensa a fim de formar a corte do rei e da noiva.

     A Virgem Maria logo à frente da adorável Trindade, avançará com as vestes reais da esposa, sua filha querida. Com uma delicadeza toda maternal, antes de descer à terra, ela abrirá o abismo do purgatório. Logo, as multidões incontáveis de almas lançar-se-ão em direção à sua libertadora a fim de agradecer-lhe e saber qual o motivo de sua libertação inesperada. A doce rainha responder-lhes-á: "Hoje é dia do casamento do meu filho. Lá, na terra de exílio ele escolheu desde toda a eternidade, uma alma que o encanta e o seduz entre milhões de outras que criou à sua imagem *(Gn 1,26s)*. Esta alma privilegiada fez-me este pedido: "No dia das minhas núpcias, queria que todos os sofrimentos fossem banidos no reino do meu esposo". Atendendo a seu pedido, vim libertar-vos... Tomai lugar em nosso cortejo, cantai com os bem-aventurados as graças de Jesus e de Celina".

     Então, o céu inteiro descerá à terra, encontrará a feliz noiva prostrada diante do sacrário². Levantando-se à chegada do cortejo, cumprimentará graciosamente as falanges angélicas e a multidão dos santos e, depois, aproximando-se de Maria, apresentar-lhe-á a fronte para que seu beijo maternal a prepare para receber em breve o sinal e o beijo do esposo... *(Ct 8,1)* Jesus tomará sua querida Celina pela mão e levá-la-á à pobre celinha do dormitório Santo Elias³ para descansar durante algumas horas. Toda a corte celeste virá ocupar lugar nesse reduzido recinto, os anjos já se disporão a começar seus concertos, mas Jesus dir-lhes-á baixinho: "Não desperteis minha bem-amada, deixai-me sozinho com ela, pois não poderia separar-me dela nem por um só momento". *(Ct 2,7)*

     A doce rainha do céu compreenderá o desejo do seu divino filho, fará sair o luminoso cortejo e o levará à sala das núpcias⁴.

     Iniciando-se logo os preparativos da festa, miríades de anjos entrelaçarão coroas tais como não se encontram na terra, os querubins prepararão brasões que brilham mais que diamantes e seus delicados pincéis pintarão com tintas indeléveis as armas de Jesus e de Celina⁵. Serão colocados em todos os lugares, nas paredes, nas arcadas dos claustros, no refeitório, no coro etc... os pintores serão tão numerosos que muitas obras-primas não encontrarão espaços, então, o inocente grupo das criancinhas virá oferecer-se para segurá-los durante todo o dia diante do esposo e da esposa. Sorrindo, os anjos [1v] recusar-se-ão a ceder seus brasões, precisarão deles para enfeitar todos os santos e para ornar a si mesmos, a fim de mostrar que são os humildes servos de Jesus e de Celina. A fim de consolar as criancinhas, dar-lhe-ão a cada uma um lindo brasãozinho para que participem também da festa, e depois mandando-os desfolhar rosas e lírios, prosseguirão com os esplêndidos preparativos...

Os pontífices e os doutores terão uma grande missão para cumprir. A seu pedido, o *cordeiro* abrirá o Livro da Vida. Recolherão neste *livro* documentos preciosos sobre a *Vida de Celina* e, para honrar seu esposo, escreverão todas as graças *especiais*, todos os sacrifícios *ocultos* que encontrarão escritos com letras de ouro pela mão dos anjos. Havendo um grande número de estandartes compostos pelos doutores, reservar-se-ão a glória de levá-los pessoalmente diante do cortejo real... Ap 20,12

Os apóstolos reunirão todas as almas que Celina gerara para a vida eterna, eles reunião até mesmo todos os filhos espirituais que ela deverá gerar no futuro a seu divino esposo.

Os santos mártires não permanecerão ociosos; com palmas sem iguais e setas incandescentes estarão dispostos com impressionante delicadeza sobre todo o percurso do desfile real. Eles prestarão uma homenagem ao martírio de *amor*[6] que deve, em pouco tempo, consumir a vida da feliz esposa...

Precisaria de muito mais tempo para descrever as múltiplas tarefas dos santos confessores, eremitas etc... e de todas as santas mulheres; restringir-me-ei a dizer que cada um deles porá todo o seu empenho, toda a sua delicadeza em festejar condignamente um dia tão lindo... Mas não posso esquecer os cânticos das *virgens*, as palmas e os lírios que, com uma alegria indizível, apresentarão a Celina, sua irmã querida. Já vejo Cecília, Genoveva, Inês com sua companheira Joana, a pastora, revestida do seu uniforme de guerreira. Vejo *Celina*, a patrona de nossa noiva, oferecendo-lhe um buquê de flores com seu nome[7]...

Vejo sobretudo toda a ordem do Carmelo brilhando com uma nova glória; primeiro, aparecerão Santa Teresa, São João da Cruz e Madre Genoveva. Essas bodas esplêndidas são verdadeiramente a festa deles, pois Celina é a sua filha querida...

E o gracioso povo dos Santos Inocentes[8], será ele excluído de um dia tão lindo?... Não, vejo-os se desfazendo das coroas que não mereceram, preparam-se a colocá-las na cabeça daquela que quer se parecer com eles e não ganhar coroa. Estão felizes como reis e sacodem com graça suas cabeças louras, pois triunfam vendo a sua irmã mais velha tomá-los por modelos... De repente, uma *mãe* de uma beleza incomparável surge no meio deles, para e toma pela mão *quatro* dos lindos querubins, veste-os de [2f] roupas mais brancas que os lírios e de diamantes que cintilam como o orvalho no sol... Um venerável ancião de cabelos prateados está aí também, acaricia-os; vendo isso, todas as demais crianças se espantam com tal preferência, uma delas aproxima-se timidamente da pequena Teresa[9] e pergunta-lhe: por que essa bela dama os veste com tamanha riqueza? — Responde a pequena Teresa com uma voz argêntea: "É que somos as irmãs e os irmãos da feliz noiva do rei Jesus. Helena e eu seremos damas de honra com os dois pequenos José que nos segurarão pela mão[10]. Papai e mamãe que vós quereis que estejam conosco levar-nos-ão com nossas irmãzinhas que ainda estão no exílio da terra, e, estando toda a família reunida, vamos gozar de uma felicidade sem igual". No excesso da alegria, a pequena Teresa começará a bater palmas com suas mãozinhas mais brancas que as asas dos cisnes, e exclamará saltando ao colo de seu papai e de sua mamãe: "Oh! Como é lindo! Como é lindo! O casamento da nossa irmã querida... Já viemos aqui três vezes para festas semelhantes, para: Maria, Paulina e *Teresa*. (a ladrazinha que tomou meu nome), mas nunca vi tantos enfeites, bem se vê que Celina é a última!..."

A pequena Helena e os pequenos José também farão observações graciosas sobre a felicidade de pertencer à família da rainha de uma tão bonita festa. Então, algumas criancinhas que os tiverem ouvido, com cabeça sisudamente apoiada nas mãozinhas, levantar-se-ão gentilmente para declarar que eles também são *irmãos de Celina*. A fim de provar, explicarão a origem desse ilustre parentesco. Só se ouvirão gritos de alegria e a Santíssima Virgem ver-se-á forçada a restabelecer a ordem entre a criançada. Os santos todos acorrerão. Informados do motivo de tal algazarra, acharão a ideia brilhante e cada um se apressará em levantar uma genealogia que prove algum *parentesco próximo* com Celina. Todos os pontífices, os gloriosos mártires, os guerreiros (começando por São Sebastião)[11], enfim, toda a nobreza do céu se orgulhará por poder chamar de irmã a esposa de Jesus e a festa compor-se-á de uma só e grande família.

Mas voltemos ao belo ancião, à linda dama e aos quatro querubins. Uma vez arrumados, entrarão no Capítulo, os anjos inclinar-se-ão à sua passagem e lhes indicarão os tronos magníficos preparados para eles, de cada lado da humilde cadeira destinada à *querida* Madrezinha. Nas suas mãos é que, dentro de algumas horas, irão formar-se os laços indissolúveis que devem unir Jesus e Celina. Por isso, esta *Madre, pequena* aos olhos das criaturas[12], mas grande aos olhos daquele que ela representa, receberá as mais abundantes bênçãos de seus pais queridos, para derramá-las sobre a cabeça de sua irmã, sua filha querida...

Cada santo, cada anjo, virá dar os parabéns ao venerável patriarca e à sua feliz esposa, que estarão irradiando uma glória nova, e suas [2v] queridas criancinhas exclamarão na sua admiração: "Ó papai, ó mamãe! Como sois lindos! Que pena que Celina não vos vê!... só por hoje, mostrai-lhes a vossa glória".

Ex 33,18

"*Deixem*, filhos", responderá papai, "não sabeis que se hoje me oculto, é por saber como a minha *corajosa*[13] lucrará por ficar sem consolo no exílio. Sofri muito outrora, Celina era, então, meu único apoio. Quero ser o dela agora; mas não penseis que quero tirar-lhe o mérito do sofrimento! Oh, não! Sei muito bem o seu valor... Deus não se deixa superar em generosidade[14]. Ele já é a minha gran-

Gn 15,1

de recompensa[15] e, em breve, será a da minha *fiel* Celina". — "É bem verdade", dirá por sua vez mamãe, "é melhor que não nos mostremos a ela, nesta *terra estrangeira*, pois Celina só está exilada por um *instante, para combater e morrer*[16]. Virá logo o dia em que Jesus será verdadeiramente o Senhor e minha filhinha a ela mo dizia quando era pequenina[17] e vejo que ela tinha razão!" Esta conversação familiar será interrompida pelos anjos que virão anunciar, em grande pompa, que a noiva deve dirigir-se para a missa do casamento. Então, o cortejo se movimentará numa ordem perfeita e precederá Jesus e *Celina*, cercada por sua família do céu e a da terra. Não consigo descrever os transbordamentos de amor de Jesus por Celina, a deslumbrante beleza desta (pois ela estará vestida com os adereços que *Maria* lhe trouxera). Não sei se os habitantes do céu já viram festa tão linda, não creio; digo-o à minha irmãzinha *querida*, que eu jamais vira uma festa tão agradável ao meu coração!...

Não falarei do *momento exato da união*, pois as palavras não podem exprimir este mistério incompreensível que só deve ser revelado no céu... Só sei que, naquele momento, a Trindade descerá à alma de minha Celina querida e *a possuirá*, dando-lhe um esplendor e uma inocência *superior* à do batismo... Sei que a Santíssima Virgem passará a ser a *mamãe* de *sua* filha privilegiada de maneira ainda mais íntima, mais *maternal* do que antes...

Sei que a pobre Teresinha já sente em seu coração uma alegria tão grande ao pensar nesse dia próximo, que ela se pergunta o que sentirá quando chegar aquela hora!...

Irmãzinha querida, minha alma traduziu muito mal os seus sentimentos... imaginei tantas coisas a respeito das festas do céu que não me foi possível esboçar o tema...

Não tenho presente de casamento para dar à minha Celina, mas amanhã pegarei no colo os *lindos querubins* de que lhe falei e eu mesma lhos oferecerei; como desejamos permanecer crianças, é melhor unir-nos a eles; serei, assim, a dama de honra da *senhorita*[18] com um belo buquê de lírios. Tudo é *nosso*, tudo é *para nós*, pois em Jesus temos tudo[19]!...

A *irmãzinha* de Celina
Teresa do Menino Jesus da Santa Face

[2v tv] Esqueci-me de dizer que, ao acordar, Celina encontrará Jesus ao seu lado. Maria e o *bom São José* que tanto ama, com papai, mamãe e os anjinhos. Eles é que farão os seus trajes de gala. Esqueci-me também de mencionar a alegria de Jesus ao ouvir Celina pronunciar pela [2r tv] primeira vez as palavras do santo *Ofício*[20] que serão, então, o seu *ofício*, a eles, a esposa do seu coração encarregada de encantá-lo no meio dos campos!...

Ct 7,1

C 183   **Para irmã Genoveva¹.**

24 de fevereiro de 1896

CONTRATO DE ALIANÇA
DE JESUS COM CELINA

Jo 1,1   EU, JESUS, O VERBO ETERNO, FILHO ÚNICO DE DEUS E DA VIRGEM MARIA, tomo hoje por esposa CELINA, princesa exilada, pobre e sem títulos. Dou-me a ela sob o nome de: CAVALEIRO DO AMOR, DO SOFRIMENTO E DO DESPREZO².

Is 53,3

Ef 6,17

Não tenho ainda a intenção de entregar já à minha bem-amada, sua pátria, seus títulos e sua riqueza. Quero que ela compartilhe da sorte que eu quis escolher para mim na terra... Aqui, meu rosto está oculto, mas ela sabe reconhecer-me enquanto os demais me desprezam; em compensação, ponho hoje sobre a sua cabeça o elmo da salvação³ e da graça, para que seu rosto seja oculto como o meu... Quero que ela esconda os dons que recebeu de mim, deixando-me dá-los e retomá-los a meu bel-prazer, que não se apegue a nenhum, que até se esqueça de tudo o que possa engrandecê-la a seus olhos e aos olhos das criaturas.

Minha bem-amada chamar-se-á doravante: GENOVEVA DE SANTA TERESA (seu mais glorioso título: MARIA DA SAGRADA FACE, permanecerá oculto na terra⁴ a fim de, no céu, aparecer com um brilho incomparável). Ela será a pastora do único cordeiro⁵ que se torna seu esposo. Nossa união gerará almas mais numerosas que as estrelas do firmamento, e a família da seráfica Teresa regozijar-se-á do novo esplendor que lhe será dado.

Ct 7,1

Genoveva suportará com paciência a ausência do seu cavaleiro, deixando-o combater sozinho a fim de que a honra da vitória pertença só a ele; ela se contentará em manejar o gládio do amor⁶. Como uma suave melodia a sua voz encantar-me-á no meio dos campos. O mais leve dos seus suspiros de amor abrasará com novo ardor as minhas tropas de elite.

Ct 2,1
Zc 9,17

Eu, a flor dos campos, lírio dos vales, o alimento que quero dar à minha esposa será o trigo dos eleitos, o vinho que faz germinar as virgens... Ela receberá este alimento pelas mãos da humilde e gloriosa Virgem Maria, mãe de nós dois...

Ap 2,17
Gn 15,1

Ap 3,21

Quero viver na minha bem-amada e, como penhor desta vida, dou-lhe meu nome⁷, esse selo real será a marca do seu poderio sobre o meu coração. AMANHÃ, DIA DA ETERNIDADE⁸, levantarei meu capacete... Minha bem-amada verá o brilho da minha face adorável... Ela ouvirá o NOME NOVO que lhe reservo... Como grande recompensa, receberá a TRINDADE BEM-AVENTURADA! Depois de termos compartilhado da mesma vida oculta, desfrutaremos em nosso reino as mesmas GLÓRIAS, o mesmo TRONO, a mesma PALMA e a mesma COROA... Nossos dois corações unidos para a eternidade amar-se-ão com o mesmo ETERNO AMOR!!!...

Dado sobre a montanha do Carmelo, com nossa assinatura sob o nosso sinal e selo das nossas armas, na festa da minha agonia⁹, vigésimo quarto dia de fevereiro do ano mil oitocentos e noventa e seis.

TÊ DO MENINO JESUS EDITOR DO CAVALEIRO DIVINO

(No verso do envelope, grande sinete de cera marrom com as armas do Carmelo e carimbo com tinta preta.)

MONTANHA DO CARMELO

24 DE FEVEREIRO

TERRA DE EXÍLIO

C 184   Para irmã Genoveva.

24 de fevereiro de 1896

J.M.J.T.

A vós, minha filha querida, dou como presente de núpcias a *última lágrima*[1] que derramei nesta terra de exílio. Levai-a sobre o vosso coração e lembrai-vos que é pelo sofrimento que uma Irmã Genoveva de Santa Teresa pode chegar à santidade. Não vos custará amar a cruz e as lágrimas de Jesus se vos lembrardes frequentemente da seguinte palavra: "Ele amou-me e entregou-se a si mesmo por mim!".   Gl 2,20

C 185   Para irmã Genoveva[1].

24 de fevereiro — 17 de março de 1896

(Na frente, em gótico:)

POSUIT SIGNUM IN FACIEM MEAM[2]!...

Santa Inês v.m.

(No verso.)

Recordação do mais lindo dos dias... Do dia que encerra e confirma todas as graças com que Jesus e Maria cumularam a sua bem-amada Celina...

Por amor, a partir de agora, Celina apertará sobre o coração os espinhos do sofrimento e do desprezo, mas ela não teme, sabendo por experiência que Maria pode transformar em leite o sangue que jorra das feridas causadas pelo amor...

Ct 1,12 Com a mão esquerda, Celina aperta os espinhos; com a direita, abraça sempre Jesus, o divino ramalhete de mirra que repousa sobre o seu coração.

Sl 125,6 É só para ele que Celina gerará almas, ela regará as sementes com as suas lágrimas e Jesus ficará sempre alegre carregando os feixes de lírios em suas mãos...

Os quatro querubinzinhos cujas asas apenas tocaram a terra só de leve[3] acorrem e contemplam maravilhados a sua irmã querida; esperam, ao aproximarem-se dela, participar nos méritos dos seus sofrimentos, em troca eles fazem refletir sobre ela o brilho imaculado da inocência e de todos os dons que o Senhor
Rm 3,24 lhes prodigaliza gratuitamente.

24 de fevereiro – 17 de março de 1896.
Teresa do Menino Jesus da Sagrada Face
rel. carm. ind.

SÉTIMO PERÍODO

NOVO PRIORADO DE MADRE MARIA DE GONZAGA

(21 de Março de 1896 / 30 de Setembro de 1897)

C 186   Para Leônia.

11 de abril de 1896

J.M.J.T.

Minha querida Leônia.

Tua irmãzinha não pode deixar de vir dizer-te como te ama e pensa em ti, sobretudo neste dia da tua festa. Nada tenho para te oferecer, nem mesmo um *santinho*, aliás, estou me esquecendo, oferecer-te-ei, amanhã, a divina *Realidade*, Jesus Hóstia, *teu esposo*, e meu... Querida irmãzinha, como nos é doce podermos, as cinco, chamar Jesus, todos os dias, de "nosso esposo", mas como será quando o virmos no céu e que, em toda parte, o seguirmos cantando o mesmo cântico, que só as virgens podem repetir!...   Ct 2,17

Ap 14,3-4

[v] Compreenderemos, então, o valor do sofrimento e da provação, como Jesus repetiremos: "Não era necessário que sofresse estas coisas, e assim entrasse na glória".   Lc 24,26

Minha irmãzinha querida, não posso dizer-te tudo o que meu coração contém de pensamentos profundos a teu respeito; a única coisa que quero te repetir é a seguinte: "Amo-te mil vezes mais ternamente do que se amam irmãs comuns, pois posso amar-te com o *coração* do nosso celeste esposo".

É nele que vivemos a mesma vida e que, para a eternidade, eu permanecerei.

Tua irmãzinha pequenina
Teresa do Menino Jesus
rel. carm. ind.

C 187   Para irmã Maria da Trindade.

30 de abril de 1896

Minha querida irmãzinha,

Gostaria de ter flores imortais para vos oferecer, como lembrança deste lindo dia[1], mas só no céu é que as flores não murcharão!...

Estes miosótis vos dirão, pelo menos, que no coração da vossa irmãzinha sempre estará gravada a lembrança do dia em que Jesus vos deu o beijo da *união* que deve terminar, ou melhor, completar-se nos céus!...   Ct 8,1

Teresa do Menino Jesus da Sagrada Face
rel. carm.

C 188   Para irmã Maria da Trindade.

7 de maio de 1896
(na frente:)

    Por amor, sofrer e ser desprezada[1]

(no verso:)

    Pensamentos do nosso pai São João da Cruz.

Quando o amor que se tem por uma criatura é uma afeição inteiramente espiritual e fundamentada apenas em Deus, na medida em que ela cresce, o amor de Deus cresce também em nossa alma; então, mais o coração se lembra do próximo, mais se lembra também de Deus e o deseja, esses dois amores à porfia um do outro.

Aquele que ama a Deus verdadeiramente, vê como lucro e recompensa perder tudo e perder-se a si mesmo por Deus...

No ocaso desta vida, sereis examinados sobre o amor. Aprendei, portanto, a amar a Deus como ele quer ser amado e abandonai-vos a vós mesmos[2].

Lembrança do 7 de maio do ano da graça de 1896[3]. Oferecida à minha querida irmãzinha Maria da Trindade e da Sagrada Face.

            Irmã Teresa do Menino Jesus da Sagrada Face
                        rel. carm. ind.

C 189   Para o padre Adolfo Roulland.

        J.M.J.T.

23 de junho de 1896

       Carmelo de Lisieux.

Jesus †

      Meu reverendo padre,

Pensei que agradaria à nossa boa Madre, oferecendo-lhe no dia 21 de junho, pela sua festa, um corporal e um sanguinho com uma pala a fim que ela tivesse o prazer de lhos mandar para o *dia 29*[1]. É a esta veneranda Madre que devo a íntima felicidade de estar unida a vós pelos laços apostólicos da oração e da mortificação; por isso, suplico-vos, meu reverendo padre, que me ajude, no santo altar, a pagar-lhe a minha dívida de gratidão.

Sinto-me muito indigna de estar especialmente associada a um dos missionários do nosso adorável Jesus, mas como a obediência confia-me esta doce tarefa[2], tenho certeza de que meu celeste esposo suprirá os meus fracos méritos (nos quais não me apoio de forma alguma) e que ele atenderá os desejos da minha alma fecundando o vosso apostolado. Ficarei verdadeiramente feliz em poder trabalhar convosco para a salvação das almas; foi com esta finalidade que me tornei carmelita; não podendo ser missionária pela ação, quis sê-lo pelo amor e pela penitência como santa Teresa, minha seráfica Madre... Suplico-vos, meu reverendo padre, pedi por mim a Jesus, no dia em que se dignar descer do céu pela primeira vez à vossa voz, pedi-lhe que me abrase com o fogo do seu amor, a fim de que eu possa, depois, ajudar-vos a acendê-lo nos corações[3]. Lc 12,49

Há muito tempo que eu desejava conhecer um apóstolo que quisesse pronunciar meu nome no santo altar no dia da sua primeira missa... Desejava preparar-lhe eu mesma as alfaias sagradas e a hóstia branca destinada a ocultar o rei do céu... Este Deus de bondade aceitou realizar meu sonho e provar-me, mais uma vez, quanto se compraz em atender os desejos das almas que só amam a ele.

Se não receasse ser indiscreta, pedir-vos-ia ainda, reverendo padre, que fizésseis, todos os dias, no santo altar, um memento por mim... [v] Quando o oceano vos separar da França, lembrar-vos-eis, vendo a pala que pintei com tanto gosto, que sobre a montanha do Carmelo uma alma reza sem cessar ao divino prisioneiro do amor, pelo êxito da vossa gloriosa conquista. Ex 17,8-13

Desejo, reverendo padre, que nossa união apostólica seja conhecida só de Jesus[4] e solicito uma das vossas primeiras bênçãos para aquela que será feliz em se dizer eternamente

Vossa indigna irmãzinha em Jesus Hóstia
Teresa do Menino Jesus da Sagrada Face
rel. carm. ind.

C 190 Para madre Maria de Gonzaga.

J.M.J.T.

29 de junho de 1896

Lenda de um cordeirinho[1]

Numa risonha e fértil pradaria, vivia uma feliz pastora; ela amava o seu rebanho com toda a ternura do seu coração; ovelhas e cordeiros retribuíam-lhe esse amor[2]... Mas a felicidade perfeita não se encontra no vale das lágrimas; uns dia, o belo céu azul da campina cobriu-se de nuvens e a pastora ficou triste. Já não sentia alegria em guardar o seu rebanho e, di-lo-ei? Chegou a pensar em abandoná-lo para sempre[3]. Felizmente, gostava ainda de um cordeirinho, tomava-o no colo com frequência, acariciava-o e, como se o cordeiro fosse seu igual, a pastora contava-lhe suas penas e, às vezes, chorava com ele...

Vendo sua pastora chorar, o pobrezinho afligia-se. Em vão, procurava no seu coraçãozinho o meio de consolar aquela que ele amava *mais do que a si mesmo.*

Uma noite, o cordeirinho adormeceu ao pé de sua pastora, então, a campina... as nuvens... tudo sumiu de sua vista. Ele encontrou-se num campo infinitamente mais vasto e mais bonito. No meio de um rebanho mais branco que a neve, viu um pastor resplandecente de glória e suave majestade... O pobre cordeirinho não ousava prosseguir; porém, adiantando-se, o bom, o divino pastor o pegou no colo, beijou-o como fazia outrora sua doce pastora... e disse-lhe: "Cordeirinho, por que brilham lágrimas nos teus olhos, por que tua pastora, *que eu amo*, derrama tantas lágrimas?... Fale, quero consolar-vos, ...os dois".

"Se choro", respondeu o cordeiro, não é senão "por ver minha pastora querida chorar; escutai, divino pastor, o motivo das suas lágrimas: Outrora, julgava-se amada pelo seu querido rebanho, ela teria dado a sua vida para fazê-lo feliz, mas por vossa ordem, foi obrigada a ausentar-se durante alguns anos; ao voltar, pareceu-lhe não reconhecer mais o mesmo espírito que tanto apreciava nas suas ovelhas. [1v] Vós o sabeis, Senhor, ao rebanho tendes dado o poder e a liberdade de escolher a pastora. Pois bem, em vez de ver-se, como outrora, escolhida por unanimidade, só depois de sete deliberações é que o cajado foi posto nas suas mãos⁴... Vós que, outrora, *chorastes* sobre a nossa terra, não compreendeis como o coração da minha pastora querida deve sofrer?..."

(O bom pastor sorriu e, inclinando-se para o cordeiro:) "Sim", disse ele, "compreendo... mas que tua pastora se console; fui eu que *não só permiti*, mas *quis* a grande provação que a faz sofrer tanto". — "É isso possível, Jesus!", respondeu o cordeirinho. "Eu que vos imaginava tão bom, tão meigo... poderíeis então ter dado o cajado a uma outra, como o desejava a minha madre querida⁵, ou, se quisésseis a todo custo repô-lo nas suas mãos, por que não o ter feito após a *primeira* deliberação?..." — "Por que, cordeirinho? É porque amo a tua pastora! Guardei-a, a vida toda, com um cioso cuidado, tinha, já, sofrido muito por mim, na sua alma, no seu *coração*, mas faltava-lhe *a provação da escolha* que acabo de lhe enviar depois de tê-la *preparado desde toda a eternidade*".

"Ah! Senhor, bem vejo agora que não estais sabendo qual é a maior aflição da minha pastora... ou não quereis confiar-mo!... Também pensais que o espírito primitivo do nosso rebanho está desaparecendo... Ai! como poderia a minha pastora não pensar assim também?... São tantas as pastoras que lastimam o mesmo desastre em seus apriscos..." "É verdade," respondeu Jesus, "o espírito do mundo infiltra-se até no meio das mais longínquas campinas, mas é fácil errarmos no discernimento das intenções. Eu, que vejo tudo, que conheço os mais secretos pensamentos, digo-te isto: o rebanho da tua Pastora é daqueles *que mais gosto*, só me serviu de *instrumento* para cumprir a minha obra de santificação na alma da tua madre querida".

1Cr 28,9

— Ah! Senhor, asseguro-vos que a minha pastora não compreende tudo o que me dizeis... e como ela compreenderia, pois ninguém julga as coisas [2f] da maneira como vós as apresentais... Conheço ovelhas que causam muitos dissabores à minha pastora com seus raciocínios *rasteiros*⁶... Jesus, por que não contais a estas ovelhas os segredos que me confiais, por que não falais ao coração da minha pastora?..."

— "Se eu lhe falasse, *desapareceria a sua provação*, seu coração ficaria repleto de tão grande alegria que seu cajado nunca lhe teria parecido tão leve... mas não quero *eliminar sua provação*, só quero que ela *compreenda a verdade* e reconheça que a sua *cruz* lhe vem do *céu* e não da terra."

— "Então, Senhor, falai com a minha pastora, como quereis que ela *compreenda a verdade* se ao seu redor só ouve mentiras..."

— "Cordeirinho, não és tu o preferido da tua pastora?... Então, repete-lhe as palavras que eu disse ao teu coração".

— "Jesus, fá-lo-ei, mas prefiriria que encarregásseis uma dessas ovelhas cujo raciocínio é *rasteiro*... sou tão pequeno... minha voz é tão fraca, como é que a minha pastora vai me dar crédito?..."

— "Tua pastora sabe muito bem que tenho prazer em ocultar meus segredos aos sábios e aos prudentes, sabe que os revelo aos *pequenos*, aos simples cordeiros cuja lã branca não se maculou com o pó da estrada... Ele acreditará em ti e se lágrimas ainda caírem dos seus olhos, não terão a mesma amargura, embelezarão a sua alma com o brilho severo do sofrimento amado e aceito com gratidão." Lc 10,21

— "Compreendo-vos, Jesus, mas ainda há um mistério que eu gostaria de aprofundar: Dizei-me, suplico-vos, por que escolhestes as *ovelhas queridas* da minha pastora para prová-la... Se tivésseis escolhido estranhas, a provação teria sido mais suave..." Mostrando, então, ao cordeiro os seus pés, as suas mãos e o seu coração enfeitados de luminosas feridas, o bom pastor respondeu: "Olha para estas chagas, são [2v] as que *recebi na casa dos que me amavam*!... É por isso que são tão bonitas, tão gloriosas e que, durante toda a eternidade, o seu brilho encantará os anjos e os santos..." Jo 20,27 Zc 13,6

"Tua pastora pergunta o que ela tem feito para afastar as suas ovelhas, e *eu* o que tinha feito a meu povo? Em que o tinha contristado?⁷..." Mq 6,3

"É preciso que a tua madre querida se alegre por compartilhar das minhas dores... Se lhe retiro os apoios humanos, é para encher sozinho seu coração *tão amante*!..."

"Feliz aquele que põe em mim seu apoio, dispõe no seu coração degraus que lhe permitem elevar-se até o céu⁸. Observa bem, cordeirinho... eu não digo que se separe completamente das criaturas, que despreze o seu amor, as suas atenções, pelo contrário, deve-se *aceitá-las* para me agradar, servir-se delas como *degraus*, pois afastar-se das criaturas serviria para uma só coisa, *caminhar* e extraviar-se pelas veredas da terra... Para elevar-se, é preciso *pôr o pé* nos *degraus* e apegar-se somente a mim... Estás compreendendo, cordeirinho?" Sl 83,6

— "Creio, Senhor, mas sobretudo *sinto* que vossas palavras são a verdade, pois estabeleces a *paz*, a alegria no meu *coraçãozinho*, ah! Possam elas penetrar no coração *tão grande* da minha pastora!..."

— "Jesus, antes de voltar para junto dela, tenho um pedido a fazer-vos... Não nos deixeis definhar muito tempo na terra de exílio, chamai-nos para as alegrias da celeste campina onde guiareis eternamente o nosso querido rebanhozinho pelas alamedas floridas."

"Querido cordeirinho" (respondeu o bom pastor), "atenderei ao teu pedido, em *breve*, sim em breve[9], tomarei a pastora e o seu cordeiro; então, pela eternidade, bendireis o feliz sofrimento que vos terá propiciado tanta felicidade, e eu mesmo enxugarei todas as lágrimas dos vossos olhos!..."

Ap 21,4

C 191 Para Leônia.

J.M.J.T.

Jesus †   12 de julho de 1896

Minha querida Leoniazinha,

Teria respondido à tua *linda* carta domingo se ela me tivesse sido entregue a tempo. Mas nós somos cinco e tu sabes que sou a menor[1]... portanto, sou destinada a ver as cartas só muito tempo depois das outras ou então nem chegar a vê-las... Só vi tua carta sexta-feira, por isso, querida irmãzinha, não estou atrasada por culpa minha...

Se soubesses como estou feliz por ver-te em tão boas disposições[2]...

Não estranho que o pensamento da morte te seja agradável, pois não estás apegada a nada na terra. Asseguro-te que Deus é muito melhor do que imaginas. Contenta-se com um olhar, um suspiro de amor... Quanto a mim, acho a perfeição fácil de praticar, porque entendi que [1v] é só *pegar Jesus pelo coração*... Veja uma criancinha que acaba de aborrecer a sua mãe, zangando-se ou desobedecendo-lhe; se ela se esconder num canto com ar amuado e gritar por medo do castigo, certamente a mãe não lhe perdoará a falta; mas se lhe estende os seus bracinhos sorrindo e dizendo: "Dê-me um beijo, não *o farei mais*", poderá a mamãe não apertá-la ao seu coração com ternura e esquecer as faltas infantis?... Todavia ela bem sabe que seu querido filho *recairá* na próxima ocasião, mas isso não importa, se ele a prende de novo pelo coração, jamais será castigado[3]...

No tempo da lei do temor, antes da vinda de Nosso Senhor, o profeta Isaías já dizia, falando em nome do rei dos céus: "Pode, acaso, uma mãe esquecer o próprio filhinho, não se enternecer pelo fruto das suas entranhas? Pois bem; ainda que uma mãe esquecesse o seu filho, eu, porém, jamais vos esqueceria". Que linda promessa! Ah! Nós que vivemos na lei do amor, como não aproveitarmos dos amorosos convites que [2f] nosso esposo nos faz... como temermos aquele que se deixa prender por um *cabelo* que esvoaça no nosso pescoço?...

Is 49,15

Ct 4,9

Saibamos então manter prisioneiro esse Deus que se faz mendigo do nosso amor. Ao nos dizer que é um cabelo que pode operar este prodígio, ele nos mostra que as *mínimas ações*, feitas por amor, encantam seu coração...

Ah! Se fosse preciso cumprir grandes coisas, como seríamos dignas de lástima!... Mas como somos felizes! Pois Jesus deixa-se prender pelas *mais pequeninas*...

Não te faltam pequenos sacrifícios, minha cara Leônia, tua vida está repleta deles... Alegro-me por te ver diante de tal tesouro e, sobretudo, sabendo que sabes aproveitar-te deles, não só para ti, mas também para as almas... É tão bom *ajudar Jesus* com os nossos pequenos sacrifícios, ajudá-lo a salvar as almas que ele resgatou com seu sangue e que só aguardam o nosso auxílio para não caírem no abismo...

[2v] Parece-me que se nossos *sacrifícios* são cabelos que cativam Jesus, as nossas *alegrias* também o são, para isso basta não se concentrar numa felicidade egoísta, mas *oferecer* a nosso esposo as *pequenas alegrias* que ele semeia no caminho da vida a fim de encantar nossas almas e *elevá-las* até ele...

Pensei em escrever para minha tia, hoje, mas não tenho tempo. Fica para o próximo domingo. Peço-te para lhe dizeres quanto a amo, e a meu querido tio.

Penso muito também em Joana e Francis. Tu me perguntas a respeito da minha saúde[4]. Pois bem! querida irmãzinha, não tusso mais. Estás contente?... Isso não impedirá Deus de vir me buscar quando bem entender; como me esforço muito para ser uma criancinha, não tenho muitos preparativos para fazer. Jesus será obrigado a custear as despesas da viagem e o ingresso no céu...

Adeus, querida irmãzinha, amo-te, creio, sempre mais...

Tua irmãzinha
Teresa do Menino Jesus
rel. carm. ind.

[2v tv] Irmã Genoveva gostou muito da tua carta, responder-te-á em breve. As cinco, te abraçamos...

C 192 Para a senhora Guérin.

J.M.J.T.

Jesus †   Em 16 de julho de 1896

Querida tia,

Teria gostado de ser a primeira a escrever; mas resta-me o doce e grato dever de vos agradecer pela linda carta que recebi.

Como sois bondosa, titia querida, por pensar na vossa Teresinha. Asseguro-vos que não sou nada ingrata.

Gostaria de contar-vos alguma novidade, mas por mais voltas que dê à cabeça não encontro nada além da ternura por meus queridos tios... e esta coisa está longe de ser novidade pois é tão *velha quanto eu*...

Perguntais-me querida tia, que vos dê notícias, a respeito da minha saúde, como a uma mãe, é o que vou fazer. Se responder que me sinto ótima, não acreditareis, por isso, vou deixar a palavra ao célebre doutor de Cornière[1] ao qual tive a honra insigne de ser apresentada ontem, no locutório. Este ilustre personagem, depois de me ter *honrado* com um olhar, declarou que: "Eu tinha boa aparência!..." Esta declaração não me impede de pensar que, em breve, terei permissão para "estar no céu com os anjinhos[2]", não por causa da minha saúde, mas devido a uma *declaração* feita hoje na capela do Carmelo pelo padre Lechêne... Depois de nos ter mostrado as ilustres origens da nossa santa ordem, depois de nos ter comparado ao profeta Elias lutando contra os sacerdotes de Baal, *declarou* que "tempos semelhantes aos da perseguição de Acab vão voltar". Pareceu-nos que já íamos voar para o martírio...

1Rs 18,20-40

Que felicidade, minha querida tiazinha, se toda a nossa família entrasse no céu no mesmo dia! Parece-me que vos vejo sorrir... talvez pensais que esta honra não nos é reservada... O que é certo é que, juntos ou um após o outro, deixaremos um dia o exílio pela pátria, e então alegrar-nos-emos com todas estas coisas de que o *céu*[3] será o prêmio... Afinal nos alegraremos por ter tomado remédio nos dias de recepção e por ter ido a Matinas apesar da nossa indisposição, ou por ter caçado as lebres[4] e colhido aveia...

Vejo-me na impossibilidade de dizer-vos esta noite alguma coisa que tenha sentido, é certamente porque desejava escrever muita coisa para a minha querida tiazinha que tanto amo...

Felizmente Irmã Maria da Eucaristia vai suprir à minha miséria, é meu único consolo na minha extrema indigência... Continuamos juntas no mesmo emprego[5] [2v] e nos entendemos muito bem. Asseguro-vos que nem uma nem outra causam melancolia; precisamos ter sempre muito cuidado para não dizer palavras inúteis, pois depois de cada *frase útil* sempre há um estribilhozinho engraçado que é preciso guardar para o recreio.

Minha querida tia, peço-vos que transmitais minha amizade a todos os moradores de La Musse, particularmente a meu querido tio a quem vos encarrego de o abraçar muito estreitamente por mim.

Vossa filhinha que vos ama
Teresa do Menino Jesus
rel. carm. ind.

C 193   Para o padre Roulland.

J.M.J.T.

Carmelo de Lisieux   30 de julho de 1896

Jesus †

Meu irmão,

Permitis-me, não é, que não vos dê outro nome, pois Jesus dignou-se unir-nos pelos laços do apostolado.

É-me muito agradável pensar que, desde toda a eternidade, Nosso Senhor formou esta união que deve salvar-lhe almas e que ele me criou para ser a vossa irmã...

Recebemos ontem as vossas cartas; foi com alegria que nossa boa madre *introduziu-vos* na clausura. Ela me permite guardar a foto do meu irmão[1], privilégio *especialíssimo*, uma carmelita não tem sequer as fotos dos parentes mais chegados, mas nossa madre bem sabe que a vossa, longe de lembrar-me o mundo e as afeições da terra, só elevará a minha alma às regiões mais altas e só fará que se esqueça de si mesma pela glória de Deus e a salvação das almas. E assim, meu irmão, enquanto eu atravessar o mar em vossa companhia, permanecereis perto de mim, bem escondido na nossa pobre cela...

Tudo o que me rodeia leva-me a lembrar-me de vós. Afixei o mapa de Sutchuen na parede do ofício onde trabalho e a estampa que me destes[2] repousa sempre sobre o meu coração, no livro dos Evangelhos que nunca me deixa. Introduzindo-a ao acaso, deu nesta passagem: "E todo aquele que tiver deixado casas, ou irmãos, ou irmãs, ou pai, ou mãe, ou filhos, ou campos por causa do meu nome, receberá cem por um e conseguirá a vida eterna". Essas palavras de Jesus [1v] já se realizaram para vós, pois me dizeis: "Parto feliz". Compreendo que essa alegria é toda espiritual; é impossível deixar pai, mãe e pátria, sem sentir todas as dilacerações da separação... Oh, meu irmão! sofro convosco, convosco ofereço o vosso grande sacrifício e suplico a Jesus que derrame suas consolações abundantes sobre os vossos queridos pais, aguardando a união celeste quando os veremos alegrarem-se com a vossa glória a qual, ao enxugar para sempre as suas lágrimas, os encherá de alegria para toda a bem-aventurada eternidade... Mt 19,29

Esta tarde, durante a minha oração, meditei passagens de Isaías que me pareceram tão apropriadas a vós que não posso deixar de transcrevê-las:

"Ampliai o espaço para erguer vossas tendas... Vós vos estendereis para a direita e a esquerda, vossa posteridade terá por herança as outras nações e povoará as cidades desertas... Levantai os olhos e olhai ao vosso redor: todos acorreram, vieram a vós; os vossos filhos vêm de longe e as vossas filhas virão encontrar-vos de todos os lados. A tal vista ficareis radiantes, palpitará e dilatar-se-á o vosso coração, porque sobre vós se derramará a riqueza do mar e a opulência das nações virá a vós". Is 54,2-3

Is 60,4-5

Não é isto o cêntuplo prometido? E não podeis observar: "O Espírito do Senhor repousou sobre mim e encheu-me com sua unção? Enviou-me para anunciar a sua palavra, para curar os que têm o coração partido, para libertar os que estão presos em cadeias e consolar os que choram... Regozijo-me no Senhor, a minha alma exulta no meu Deus, porque me vestiu com as vestes da salvação e me adornou com o manto da justiça... Assim como a terra faz germinar as sementes, assim o Senhor Deus fará germinar por mim sua justiça e sua glória em meio às nações. O meu povo será os renovos que plantei... Irei às ilhas mais longínquas ter com os que jamais ouviram falar do Senhor. Anunciarei a sua glória às nações e oferecê-las-ei como um presente ao meu Deus".

Is 61,1-2
Is 61,10-11
Is 60,21
Is 66,19-20

Se pretendesse transcrever todas as passagens que mais me tocaram, precisaria de muito tempo. Concluo, mas antes tenho um pedido a fazer. Quando tiverdes um instante disponível, gostaria que me escrevêsseis as principais datas da vossa vida, poderia, dessa forma, unir-me mais particularmente a vós para agradecer a Deus pelas graças que vos tem feito.

A Deus, meu irmão... jamais a distância poderá separar as nossas almas, a própria morte tornará nossa união mais íntima. Se eu for em breve para o céu, pedirei permissão a Jesus para ir visitar-vos no Su-tchuen e continuaremos juntos o nosso apostolado. Enquanto espero, permanecerei unida a vós pela oração e peço a Nosso Senhor que nunca me deixe deleitar-me quando vós estiverdes sofrendo. Gostaria até que meu irmão tivesse sempre as consolações e eu as provações, talvez seja egoísmo?...

Mas não, pois a minha única *arma é* o amor e o sofrimento e o vosso gládio é o da palavra³ e dos trabalhos apostólicos.

Ef 6,17

Mais uma vez, a Deus, meu irmão, queira abençoar aquela que Jesus vos deu por irmã,

Teresa do Menino Jesus e da Sagrada Face
rel. carm. ind.

C 194   Para irmã Maria de São José[1] (fragmento).

8-17 de setembro (?) de 1896

[...] Estou encantada com o menino[2] e *aquele* que o carrega no colo está ainda mais encantado do que eu... Ah! Como é bela a vocação do menino! Não é *uma missão* que ele deve evangelizar, mas *todas as missões*[3]. Como?... *É amando, dormindo,* jogando flores para Jesus quando ele dormita. Jesus, então, apanhará essas flores e, comunicando-lhes um valor inestimável, jogá-las-á por sua vez e fá-las-á voar por todas as praias e salvará as almas, com as flores, com o *amor do menino* que nada verá, mas que continuará sorrindo mesmo através das suas lágrimas!... (Um menino missionário e guerreiro, que maravilha!)

C 195   Para irmã Maria de São José (fragmentos).

8-17 de setembro (?) de 1896

J.M.J.T.

O irmãozinho[1] pensa como o menino...

O martírio mais *doloroso*, o mais amoroso é o nosso, pois só Jesus o vê.

Jamais será revelado às criaturas, na terra, mas quando o cordeiro abrir o *livro da vida*, que espanto para a corte celeste ouvir proclamar, com o dos missionários e dos mártires, o nome das pobres criancinhas que nunca tiverem feito ações brilhantes... Ap 20,12

[...]

[v] Continuo a cuidar dos toucas[2] muito doentes.

C 196   Para irmã Maria do Sagrado Coração[1].

13 (?) de setembro de 1896

[1f]   J.M.J.T.

Jesus †

Ó querida irmã! Pedis-me para vos dar uma lembrança do meu retiro, retiro que talvez seja o último... Já que nossa madre permite, é uma alegria para mim vir conversar convosco que sois duplamente minha irmã, convosco que me emprestastes vossa voz, prometendo, em meu nome, que eu só queria servir a Jesus, quando não me era possível falar... Querida madrinhazinha, é a criança que oferecestes ao Senhor que vos fala esta noite[2], é ela que vos ama como uma filha sabe amar a sua mãe... somente no céu tereis conhecimento de toda a gratidão que transborda do meu coração... Ó irmã querida! desejaríeis ouvir os segredos que Jesus confia à vossa filhinha, estes segredos, ele vo-los confia, eu o sei, pois fostes vós que me ensinastes a recolher os ensinamentos divinos. Entretanto vou tentar balbuciar algumas palavras, embora sinta ser impossível à palavra humana repetir coisas que o coração humano mal pode pressentir...   1Cor 2,9

Não penseis que nado em consolações, oh, não! minha consolação é não ter nenhuma na terra. Sem manifestar-se, sem fazer ouvir sua voz, Jesus me instrui em segredo, não por meio dos livros, pois não entendo o que leio, mas, às vezes, uma palavra como esta que me ocorreu no final da oração (depois de ter ficado no silêncio e na secura) vem consolar-me: "Eis o mestre que te dou, ensinar-te-á tudo o que deves fazer. Quero que leias no livro da vida, onde está contida a ciência do amor[3]". A ciência do amor, ah, sim! esta palavra ressoa suavemente ao ouvido da minha alma, só desejo esta ciência; tendo dado por ela todas as minhas riquezas, considero, como a esposa dos Sagrados Cantares, nada ter dado...   Ct 8,7

Compreendo tão bem que só o amor pode tornar-nos agraciáveis a Deus, que este amor é o único bem que anelo. Jesus se compraz em me mostrar o único caminho que leva para essa fornalha divina, este caminho é o *abandono* da criancinha que adormece sem temor no colo do seu pai... "Se alguém é *pequenino*, que venha a mim", disse o Espírito Santo pela boca de Salomão, e este mesmo Espírito de Amor disse ainda que "a misericórdia é concedida aos pequenos". Em seu nome, o profeta Isaías revela-nos que, no último dia, "o Senhor conduzirá o seu rebanho às pastagens, que reunirá os cordeirinhos e os aconchegará no seu regaço". E como se todas essas promessas não fossem suficientes, o mesmo profeta cujo olhar inspirado já mergulhava nas profundezas eternas exclama, em nome do Senhor: "Como uma mãe acaricia seu filhinho, assim vos consolarei, carregar-vos-ei ao peito, acariciar-vos-ei nos joelhos". Ó madrinha querida, depois de semelhantes palavras, só resta calar e chorar de gratidão [1v] e de amor... Ah! Se todas as almas fracas e imperfeitas sentissem o que sente a menor de todas as almas, a alma de vossa Teresinha, nenhuma perderia a esperança de chegar ao cume da montanha do amor, pois Jesus não pede grandes ações, apenas o abandono e a gratidão, pois disse no salmo 49: "Não preciso dos bodes de vossos rebanhos, porque todas as feras das selvas me pertencem, e os milhares de animais que pastam nos montes. Conheço todas as aves das montanhas." "Se tivesse fome, não vo-lo diria, porque meu é o orbe e tudo o que encerra. Porventura preciso comer carne de touros ou beber o sangue dos bodes?"

"*Imolai a Deus sacrifícios de louvor e de ações de graças*". Eis tudo o que Jesus exige de nós, ele não precisa das nossas obras, só do nosso *amor*, pois esse mesmo Deus que diz não precisar de nós quando tem fome, não receia *mendigar* um pouco de água da samaritana. Estava com sede... mas, ao dizer: "dá-me de beber", era o *amor* da sua pobre criatura que o criador do universo reclamava. Ele tinha sede de amor... Ah! Sinto sempre mais que Jesus anda *sedento*, só encontra ingratos e indiferentes entre os discípulos do mundo e entre *seus próprios discípulos*, infelizmente! Encontra poucos corações que se lhe entreguem sem reserva, que compreendam toda a ternura do seu amor infinito.

Querida irmã, como somos felizes por compreender os segredos íntimos do nosso esposo! Ah! Se quisésseis escrever tudo o que sabeis a este respeito, teríamos belas páginas para ler, mas sei, preferis conservar no fundo do coração "os segredos do rei", e a mim dizeis: "Como é honroso publicar as obras do altíssimo". Acho que tendes razão em ficar calada e é só para vos agradar que escrevo estas linhas, pois sinto minha impossibilidade em formular com palavras terrestres os segredos do céu e, depois de escrever páginas e páginas, pensaria ainda não ter começado... São tantos os horizontes diferentes, tantas são as nuances infinitamente variadas, que só a palheta do pintor celeste poderia, depois da noite desta vida, fornecer-me as cores adequadas para pintar as maravilhas que descortina aos olhos da minha alma.

Minha irmã querida, pedistes-me que escrevesse meu sonho e "minha pequena doutrina" como a chameis... É o que fiz nas páginas seguintes[4], mas tão mal que me parece impossível que as compreendais. Talvez as minhas expressões vos pareçam exageradas... Ah! Desculpai-me, isso deve ser decorrência do meu estilo pouco agradável, asseguro-vos que não há exagero nenhum em minha alminha, pois nela está tudo calmo e tranquilo...

(Ao escrever, é a Jesus que me dirijo, fica mais fácil para exprimir meus pensamentos... O que, lamentavelmente não impede que saiam muito mal redigidos!)

C 197 Para irmã Maria do Sagrado Coração.

J.M.J.T.

Jesus †   17 de setembro de 1896

Minha irmã querida, não me sinto embaraçada para vos dar uma resposta[1]... Como é que me podeis perguntar se vos é possível amar a Deus como eu o amo?...

Se tivésseis compreendido a história do meu passarinho, não me faríeis essa pergunta. Meus desejos do martírio *nada são*, não são eles que me dão a confiança ilimitada que sinto em meu coração. Na verdade, são as riquezas espirituais que fazem alguém *ser injusto*, quando nelas descansa com complacência e acredita que elas são *algo grande*[2]... Estes desejos são um *consolo* que Jesus concede, às vezes, às almas fracas como a minha (e estas almas são numerosas), mas quando ele não dá esse *consolo*, é uma graça *de privilégio*, lembrai-vos daquelas palavras do padre[3]: "Os mártires sofreram com alegria e o rei dos mártires sofreu com tristeza". Sim, Jesus disse: "Meu pai, afastai de mim este cálice". Irmã querida, como podeis dizer, depois disso, que meus desejos são o sinal do meu amor?... Ah! Sei muito bem que não é nada disso que agrada a Deus na minha alma pequenina, o que lhe agrada é *ver-me amar a minha pequenez* e a minha *pobreza, é a esperança cega* que *tenho na sua misericórdia*... Eis meu único tesouro. Madrinha querida, por que esse tesouro não poderia ser também vosso?...

Lc 16,9

Lc 22,42

Não estais vós disposta a sofrer tudo o que Deus quiser? Sei que estais. Então, se desejais sentir alegria, ter atração pelo sofrimento, é vossa consolação que procurais, pois quando se ama uma coisa, o sofrimento desaparece[4]. Asseguro-vos que se fôssemos para o martírio juntas, com as disposições que temos, teríeis grande mérito e eu, nenhum, a não ser que aprouvesse a Jesus mudar as minhas disposições.

Ó minha irmã querida, rogo-vos, compreendei a vossa filhinha, compreendei que para amar a Jesus, ser sua *vítima de amor*[5] quanto mais fraca se é, sem desejos, nem virtudes, mais se é bem disposta às operações desse amor que consome e que transforma[6]... Basta apenas o *desejo* de ser vítima, mas é preciso consentir em ficar pobre e sem força, e aqui está o difícil, pois "onde encontrar o verdadeiro pobre de espírito? É preciso buscá-lo muito longe" disse o salmista[7]... Não diz que é preciso procurá-lo entre as grandes almas, mas "muito longe", quer dizer *"na baixeza" no nada*... Ah! Fiquemos *muito longe* de tudo o que brilha, amemos nossa pequenez, gostemos de nada sentir, então, seremos pobres de espírito e Jesus virá [v] buscar-nos, *por mais longe* que estejamos ele transformar-nos-á em chamas de amor!... Oh! Como gostaria de fazer-vos compreender o que sinto!... É a confiança, só a confiança que deve levar-nos ao amor... O temor não leva à justiça (1)?... Já que vemos o *caminho*, corramos juntas. Sim, sinto-o bem, Jesus quer conceder-nos as mesmas graças, quer dar-nos seu céu *gratuitamente*.

Mt 5,3

Rm 3,24

Ó minha irmãzinha querida, se não me compreendeis, é porque sois uma alma demasiado grande... ou antes é porque eu me explico mal, pois tenho certeza de que Deus não vos daria o desejo de ser POSSUÍDA *por ele*, por seu *amor misericordioso* se não vos reservasses esse favor... ou melhor, já vos fez tal favor, pois vos entregastes a *ele, desejais* ser consumida por *ele* e Deus nunca inspira desejos que não possa realizar...

São nove horas, sou obrigada a vos deixar[8]. Ah! Quantas coisas desejaria dizer-vos, mas Jesus vai fazer-vos sentir tudo o que não posso escrever...

Amo-vos com toda a ternura do meu *coraçãozinho de criança AGRADECIDA*

Teresa do Menino Jesus
rel. carm. ind.

(1) À *justiça severa* tal como é apresentada aos pecadores, mas não à esta *Justiça* que Jesus reserva àqueles que o amam[9].

C 198 Para o seminarista Maurice Bellière.

J.M.J.T.

Jesus †   Carmelo de Lisieux, 21 de outubro de 1896

Senhor seminarista,

Por encontrar-se adoentada, nossa reverenda madre confiou-me a missão de responder à vossa carta. Lastimo que fiqueis privado das santas palavras que esta boa madre vos teria dirigido, mas sinto-me feliz por servir-lhe de intérprete e comunicar-lhe a sua alegria ao saber o trabalho que Nosso Senhor acaba de operar em vossa alma. Ela continuará a pedir a fim de que ele termine em vós sua obra divina.

Penso ser inútil dizer-vos, senhor seminarista, a grande parte que tomo na felicidade da nossa madre. Vossa carta de julho me afligiu muito[1]; atribuindo à minha falta de fervor os combates que tivestes de travar, eu não cessava de implorar para vós o socorro maternal da doce rainha dos apóstolos, por isso, minha consolação foi muito grande ao receber, como ramalhete de festa, a confirmação de que minhas pobres orações [v] haviam sido atendidas[2]...

Agora que a tempestade passou, agradeço a Deus por vos ter feito vencer, pois nos livros sagrados lemos estas belas palavras: "Feliz do homem que suportou a tentação", e mais: "O que não foi tentado, que coisa sabe?..." De fato, quando Jesus chama uma alma para dirigir, para salvar multidões de almas, é necessário que lhe faça experimentar as tentações e as provações da vida. Visto que vos concedeu a graça de fazer-vos sair vitorioso da luta, eu espero, senhor seminarista, que o nosso doce Jesus realizará os vossos grandes desejos. Peço a ele que sejais não apenas um *bom* missionário, mas um *santo* inflamado do amor de Deus e das almas; suplico-vos obter esse amor também para mim a fim de que eu possa ajudar-vos na vossa obra apostólica. Já sabeis, uma carmelita que não fosse apóstola, afastar-se-ia da sua vocação[3] e deixaria de ser filha da seráfica santa Teresa que desejava dar mil vidas para salvar uma só alma[4].

Tg 1,12
Eclo 34,10

Não duvido, senhor seminarista, que desejareis juntar as vossas orações às minhas a fim de que Nosso Senhor cure a nossa veneranda madre.

Nos sagrados corações de Jesus e de Maria, sempre serei feliz em dizer-me

Vossa indigna irmãzinha
Teresa do Menino Jesus da Sagrada Face
rel. carm. ind.

C 199   Para irmã Maria de São José.

20-30 de outubro (?) de 1896

J.M.J.T.

Fazer serão[1], irmãozinho[2] malvado? *Não, mil* vezes não!... Não me surpreendo com as lutas do irmãozinho, mas simplesmente que ele perca a pouca força ao entregar as armas ao primeiro cabo de esquadra que encontra pelo caminho, e que o persiga nas escadas da caserna, a fim de obrigá-lo a tomar até a última peça da armadura.

Como nos espantar, depois, se um forte raio de sol (habitualmente suportado com valentia) ao cair sobre o soldadinho *desarmado* o queime e lhe cause febre?...

[v] Como penitência, seu irmãozinho condena-o a encarcerar-se na prisão do amor e *dormir* como um bem-aventurado. Mas antes, é preciso usar, *esta noite*, o instrumento de penitência *musical*[3]!...

Caso contrário, o irmãozinho vai ficar sentido.

(Sobretudo, nada de fazer serão! Amanhã, ambas nos desconjuntaremos os braços juntas!...)

C 200   Para irmã Maria de São José.

Final de outubro (?) de 1896

J.M.J.T.

Tudo vai bem. O garoto é um bravo que merece dragonas de *ouro*. Mas que nunca mais *se rebaixe* a combater com pedrinhas[1], isso é indigno dele... Sua arma deve ser "A Caridade".

O resto também vai bem, pois o garotinho zomba do senhor Satanás e cochila sempre sobre o coração do grande general... Junto desse coração aprende-se a bravura e, sobretudo, a *confiança*. A metralha, o estrondo do canhão, que é tudo isso quando se é levado pelo general?...

C 201   Para o padre Roulland.

J.M.J.T.

Carmelo de Lisieux   1º de novembro de 1896

Jesus †

           Meu irmão,

Vossa interessante missiva, chegada sob o patrocínio de Todos os Santos, causa-me grande alegria. Agradeço-vos por tratar-me como *verdadeira irmã*; com a graça de Jesus, espero tornar-me digna deste título que me é tão caro.

Agradeço-vos também por ter-nos enviado "A Alma de um Missionário[1]", este livro interessou-me vivamente, e permitiu-me que vos seguisse durante a vossa longínqua viagem. A vida do padre Nempon está perfeitamente intitulada, revela bem a alma de um missionário, ou melhor, a alma de todos os apóstolos verdadeiramente dignos deste nome.

Pedis-me (na carta escrita em Marselha) que reze a Nosso Senhor e que afaste de vós a cruz de ser nomeado diretor de um seminário ou mesmo de voltar para a França. Compreendo que esta perspectiva não vos seja agradável; de todo o meu coração, peço a Jesus que ele haja por bem realizar o laborioso apostolado tal como vossa alma sempre sonhou. Contudo, acrescento convosco: "Seja feita a vontade de Deus". Só nela se encontra o repouso, fora desta amável *vontade*, não faríamos *nada*, nem para Jesus, nem pelas almas.

Mt 6,10

Não posso dizer-vos, meu irmão, como estou feliz por ver vos tão completamente entregue nas mãos dos vossos superiores, parece-me ser uma prova segura de que, um dia, meus desejos serão realizados, quero dizer que sereis um grande santo.

Permita-me que vos confie um segredo que acaba de me ser revelado pela folha onde estão escritas as datas memoráveis da vossa vida.

— Oito de setembro de 1890, vossa vocação de missionário era salva por Maria, rainha dos apóstolos e dos mártires[2]; neste mesmo dia, uma pequena carmelita tornava-se esposa do rei dos céus. Ao dizer ao mundo um eterno adeus, seu único objetivo era salvar as almas, sobretudo as almas de apóstolos. A seu esposo divino, Jesus, ela pediu particularmente uma alma apostólica. Não podendo ser sacerdote, queria que, em seu lugar, um sacerdote recebesse as graças do Senhor, que tivesse as mesmas aspirações, os mesmos desejos que ela...

Meu irmão, conheceis a indigna carmelita que fez esta oração. Não pensais, como eu, que nossa união, confirmada no dia da vossa ordenação sacerdotal, começou em 8 de setembro?... [1v] Eu pensava que só encontraria no céu o apóstolo, o irmão que eu pedira a Jesus, mas este bem-amado salvador, levantando um pouco o véu misterioso que oculta os segredos da eternidade, dignou-se dar-me, desde o exílio, a consolação de conhecer o irmão da minha alma, de trabalhar com ele para a salvação dos pobres infiéis.

Oh! Como é grande a minha gratidão quando penso nas delicadezas de Jesus!... O que nos reserva ele, no céu, se já desde este mundo nos proporciona tão deliciosas surpresas?

Compreendo mais do que nunca que os mínimos acontecimentos da nossa vida são dirigidos por Deus; é ele que nos faz desejar e satisfaz nossos desejos. Quando nossa boa madre me propôs que me tornasse vossa auxiliar, confesso-lhe, meu irmão, que vacilei[3]. Levando em conta as virtudes das santas carmelitas que me cercam, parecia-me que a nossa madre teria melhor acertado para o serviço dos vossos interesses espirituais se tivesse escolhido uma outra irmã; só a ideia de que Jesus não levaria em conta as minhas obras imperfeitas, mas a minha boa vontade, fez-me aceitar a honra de compartilhar os vossos trabalhos apostólicos. Eu não sabia, então, que Nosso Senhor mesmo já me havia escolhido, ele que utiliza os mais frágeis instrumentos para cumprir maravilhas!... Eu não sabia que havia seis anos que eu tinha *um irmão* que se preparava para tornar-se missionário; agora que este irmão é verdadeiramente seu apóstolo, Jesus revela-me este mistério, sem dúvida para aumentar ainda mais em meu coração o desejo de amá-lo e fazê-lo amar. 1Cor 1,27

Sabeis, meu irmão, que se o Senhor *continuar* atendendo às minhas orações, obtereis um favor que a vossa humildade vos impede de solicitar? Este favor incomparável, já o adivinhais, é o martírio...

Sim, assim espero, depois de *longos anos* levados nos trabalhos apostólicos, depois de ter dado a Jesus amor por amor, vida por vida, dar-lhe-eis também sangue por sangue...

Ao escrever estas linhas, ocorre-me que elas chegarão às vossas mãos em janeiro, mês em que se trocam votos de felicidade. Tenho fé em que os da vossa irmãzinha serão os únicos no seu gênero... para dizer a verdade, o mundo chamaria de loucura votos como estes, mas para nós, o mundo não vive mais e "nossa conversação já está no céu"[4], nosso único desejo é de assemelhar-nos ao nosso Fl 3,20

Jo 1,10 adorável mestre que o mundo não quis reconhecer porque aniquilou-se, toman-
Fl 2,7   do a forma e a natureza de escravo. Ó meu irmão! Como sois feliz por seguirdes
de tão perto o exemplo de Jesus... Ao pensar que vos vestistes com o traje chinês,
penso, naturalmente, no salvador que se revestiu da nossa pobre humanidade e
Fl 2,7   se fez um de nós a fim de resgatar as nossas almas para a eternidade.

Talvez pensareis que sou muito infantil, mas não importa, confesso-vos que cometi um pecado de inveja ao ler que vossos cabelos serão cortados e substituídos por uma trança chinesa. Não foi esta que cobicei, mas simplesmente uma mechazinha dos cabelos que se tornaram inúteis. Sem dúvida, perguntar-me-eis, rindo, o que farei com ela? Pois bem, é muito simples: esses cabelos serão para mim *relíquias* quando estiverdes no céu, com a palma de mártir nas mãos. Sem dúvida estais achando que estou me antecipando demais, mas sei que é o único meio de alcançar minha meta, pois vossa irmãzinha (reconhecida como tal só por Jesus)[5] será certamente esquecida no momento da distribuição das *vossas relíquias*. Tenho certeza de que estais rindo de mim, mas pouco importa. Se aceitardes *pagar* o pequeno divertimento que eu vos propicio com "Os cabelos de um futuro mártir", estarei bem recompensada.

No dia 25 de dezembro, não deixarei de enviar o meu anjo a fim de que coloque as minhas intenções junto à hóstia que será consagrada por vós[6]. Agradeço-vos de todo o coração o oferecimento da vossa missa da aurora pela nossa madre e por mim; enquanto estiverdes no altar, nós cantaremos as Matinas de Natal que precedem imediatamente a missa da meia-noite.

Meu irmão, não vos enganastes ao dizer que, sem dúvida, minhas intenções seriam "agradecer a Jesus o dia de graças entre todos singular". Não foi naquele dia que recebi a graça da vocação religiosa? Nosso Senhor desejando só para ele o meu primeiro olhar, dignou-se pedir o meu coração desde o berço, se assim me posso exprimir.

É verdade, que a *noite* de Natal de 1886 foi decisiva para a minha vocação, mas para a designar com mais propriedade, devo chamá-la: a noite da minha conversão[7]. Nesta noite abençoada a respeito da qual está escrito que ilumina
Sl 138,12 as delícias do próprio Deus, Jesus que se fazia criança por meu amor dignou-se desprender-me das faixas e das imperfeições da infância. Transformou-me de tal sorte que eu mesma não me reconhecia. Sem esta transformação, eu teria ficado ainda muitos anos no mundo. Santa Teresa, que dizia às suas filhas: "Não quero que sejais mulheres em coisa alguma; mas que, em tudo, vos igualeis a homens fortes"[8]. Santa Teresa não teria querido reconhecer-me por sua filha se o Senhor não me tivesse revestido com a sua força divina, e ele próprio não me tivesse armado para a guerra.

Prometo-vos, meu irmão, recomendar de modo muito particular a Jesus a jovem de quem me falais e que encontra obstáculos à sua vocação; compadeço-me sinceramente na sua aflição porque sei, por experiência, quanto é amargo não poder responder imediatamente ao chamado de Deus. Desejo-lhe que não seja obrigada, como eu, a ir até Roma... Ignorais, sem dúvida, que vossa irmã teve a audácia de falar ao papa⁹? No entanto foi verdade, e se não tivesse tido esta ousadia, talvez estivesse ainda no mundo.

Jesus disse que "o reino dos céus sofre violência, e que só os violentos o arrebatam". Assim sucedeu comigo a respeito do reino do Carmelo. Antes de ser a prisioneira de Jesus, fui obrigada a viajar para bem longe a fim de conquistar a prisão que preferia a todos os palácios da terra; por isso não tinha vontade nenhuma de fazer uma viagem para meu agrado pessoal. E quando meu incomparável pai propôs levar-me a Jerusalém, caso quisesse adiar meu ingresso por [2v] dois ou três meses, não hesitei (apesar da atração natural que me impelia a visitar os lugares santificados pela vida do salvador) em escolher o repouso à sombra daquele que eu tinha desejado. Compreendia realmente que um único dia passado na casa do Senhor valia mais do que mil em qualquer outro lugar. Mt 11,12

Ct 2,3

Sl 83,11

Talvez queirais saber, meu irmão, que obstáculo encontrava na realização da minha vocação; nenhum outro do que a minha pouca idade. O nosso bom padre superior¹⁰ negou-se formalmente a aceitar-me antes que completasse vinte e um anos. Dizia que uma criança de quinze anos não podia saber a que se comprometia. Sua conduta era prudente e não duvido que, provando-me, cumpria a vontade de Deus que desejava fazer-me conquistar a fortaleza do Carmelo à ponta da espada. Possivelmente, Jesus deu permissão ao demônio para entravar uma vocação que não era, certamente, do gosto desse miserável *privado de amor*, como o chamava nossa santa madre¹¹; felizmente, todas essas astúcias serviram para sua vergonha, para tornar mais retumbante a vitória de uma criança. Se quisesse descrever-vos todos os detalhes do combate que tive de travar, ser-me-ia necessário muito tempo, muita tinta e muito papel. Referidos por uma pena hábil, creio que estes detalhes teriam para vós algum interesse; mas não é a minha que sabe dar encantos a um longo relato. Portanto, peço-vos desculpas de vos ter talvez já aborrecido.

Vós me prometeis, meu irmão, continuar a dizer, cada manhã, no santo altar "Meu Deus, abrasai a minha irmã no vosso amor". Sou-lhe profundamente grata e não me custa assegurar que vossas condições são e serão *sempre* aceitas¹². Tudo o que peço para mim a Jesus, peço-o também para vós; quando ofereço meu fraco amor ao bem-amado, permito-me oferecer ao mesmo tempo o vosso. Como Josué, combateis na planície, eu sou vosso pequeno Moisés e, sem cessar, meu coração está elevado para o céu a fim de obter a vitória. Ó meu irmão, como seríeis digno de lástima se o próprio Jesus não sustentasse os braços do vosso Moisés!... Mas com a ajuda da oração que ofereceis todos os dias por mim ao divino prisioneiro de amor, espero que nunca sereis *digno de lástima* e que, depois desta vida, durante a qual teremos semeado juntos nas lágrimas, nos tornaremos a encontrar alegres carregando feixes. Ex 17,8-13

Sl 125,5-6

Gostei muito do sermãozinho que dirigistes à nossa boa madre a fim de exortá-la a permanecer ainda na terra; não é comprido, mas, como dizeis, nada há que replicar. Vejo que não tereis muita dificuldade em convencer os vossos ouvintes, quando pregardes, e espero que uma messe abundante de almas será colhida e oferecida por vós ao Senhor. — Percebo que meu papel está acabando, o que me obriga a parar com minhas garatujas. Quero dizer-vos, porém, que comemorarei fielmente todos os vossos aniversários. O *dia 3 de julho* ser-me-á particularmente caro pois, nesse dia, *recebestes Jesus* pela primeira vez e, nessa mesma data, *recebi Jesus* da vossa mão e assisti à vossa primeira missa no Carmelo.

Abençoai, meu irmão, vossa indigna irmã

Teresa do Menino Jesus
rel. carm. ind.

[2v tv] (Recomendo às vossas orações um jovem seminarista que deseja ser *missionário*, sua vocação acaba de ser abalada pelo serviço militar[13].)

C 202 Para a senhora Guérin.

J.M.J.T.

Jesus † 16 de novembro de 1896

Querida tia,

É com tristeza que vossa filhinha se vê obrigada a confiar a uma pena fria a incumbência de traduzir-vos os sentimentos do seu coração... Talvez me direis, sorrindo: "Mas minha Teresinha, tu não os traduzirias mais facilmente por meio de palavras?..." minha querida tia, vejo-me obrigada a confessá-lo, não, é verdade, não encontro expressões que satisfaçam as aspirações do meu coração.

O poeta que ousou dizer:

"O que bem se concebe enuncia-se claramente

e as palavras para dizê-lo acodem facilmente[1]"

este poeta, certamente, não sentia o que sinto [1v] no fundo da minha alma!!!...

Para consolar-me, tenho, felizmente, o profundo padre Faber. Este compreendia bem que as palavras e as frases deste mundo não são capazes de exprimir os sentimentos do coração e que os corações *cheios* são os que mais se fecham em si mesmos.

Minha querida tia, vou aborrecer-vos com as minhas citações, tanto mais que as cartas das minhas quatro[2] amáveis irmãs estão aí para desmentir as minhas palavras. Pois bem! minha tia querida, ficai certa de que apesar de toda a eloquência delas, não vos querem mais do que eu que não sei dizê-lo com termos escolhidos... Se não me acreditais agora, um dia, quando estivermos todas reunidas no belo céu, sereis obrigada a constatar que a *menor* das vossas filhas não o era na ternura e na gratidão, só era *a menor* apenas na idade e na sabedoria.

Rogo-vos, querida tia, rezai a Deus para que eu cresça em sabedoria, como o divino Menino Jesus. Não é isso que faço, asseguro-vos, perguntai à nossa querida Mariazinha da Eucaristia, ela vos dirá que não minto; cada dia que passa, pioro e, em breve, completarei *nove anos* na casa do Senhor. Portanto, já deveria estar adiantada nas vias da perfeição, mas continuo no pé da escada; isso não me desanima e vivo feliz como a cigarra, como ela, canto sempre, esperando que, no final da minha vida, terei parte nas riquezas das minhas irmãs que são muito mais generosas que a formiga. Espero, também, minha querida tia, ter um bom lugar no banquete celeste, e eis a razão: quando os santos e os anjos souberem que tenho a honra de ser a vossa filhinha, não vão querer dar-me o desgosto de me colocarem longe de vós... Assim, por causa das vossas virtudes, gozarei dos bens eternos. Ah! Francamente, nasci sob os auspícios de uma estrela feliz e o meu coração desfaz-se em gratidão a Deus por ter-me dado parentes [2v] como já não se encontram mais na terra.

Lc 2,52

Sl 26,4

Já que sou, minha querida titia, uma *pobre* cigarra que só tem seus cantos (se bem que só pode cantar no fundo do coração, pois sua voz é pouco melodiosa)[3], cantarei minha ária mais bonita no dia do vosso aniversário e procurarei um timbre tão comovedor que todos os santos, com pena da minha miséria, dar-me-ão tesouros de graças que terei imenso prazer em vos oferecer. Tampouco me esquecerei de festejar, com as riquezas dos santos, a minha boa vovozinha; eles serão tão generosos que o meu coração não terá mais nada a desejar e asseguro-vos, tia, que não é pouco, pois meus desejos são muito grandes.

Peço a meu querido tio que vos beije muito ternamente por mim. Se Francis, Joana e Leônia quiserem fazer o mesmo, cantar-lhes-ei uma ariazinha em agradecimento (obviamente, meu tio não será esquecido na minha alegre canção).

Desculpai-me, tia querida, por dizer-vos tantas coisas que não têm nem rima, nem razão, e acreditai que vos amo de todo o meu coração.

Teresa do Menino Jesus
rel. carm. ind.

C 203 Para madre Inês de Jesus[1].

4 de dezembro de 1896

J.M.J.T.

A mãezinha é gentil demais!... Se ela não *sabe* o que é, eu o sei muito bem e a AMO!... Oh, sim! mas como é puro o meu *afeto*!... *é* o de uma criança que admira a *humildade* de sua *mãe*. Vós me fazeis mais bem que todos os livros do mundo!...

C 204 Para madre Inês de Jesus.

18 de dezembro de 1896

    Nossa Senhora está tão contente de possuir um burrinho e uma criadinha que os faz correr da direita para a esquerda só *por prazer*[1], por isso, não é de espantar que a mãezinha caia, de vez em quando...

Jo 14,2
Jo 18,36
Lc 12,37

    Sim, mas[2] quando o Menino Jesus for grande e não precisar mais aprender o "oficiozinho da loja"[3], providenciará um *lugarzinho* para a *mãezinha* em seu reino que não é deste mundo e, por sua vez, "irá e virá para servi-la". Mais de um narizinho puxado pela mãezinha será forçado a levantar-se para fitar a mãezinha que não teve outra ambição senão a de ser o burro do Menino Jesus.

C 205 Para irmã Maria de São José.

Dezembro (?) de 1896

    Como é feio passar o tempo a aborrecer-se em vez de adormecer no coração de Jesus!...

    Se a noite amedronta a criancinha, se reclama por *não estar vendo* quem a carrega, é só *fechar os olhos*; faça VOLUNTARIAMENTE o sacrifício que lhe é pedido e aguarde o sono... mantendo-se assim tranquila, a noite que ela não verá mais não a poderá assustar, e logo a paz, se não a alegria, [v] voltará a seu coraçãozinho.

    Seria pedir demais à criancinha que feche os olhos? ... que não lute contra as quimeras da noite?... Não, não é demais e a criancinha vai abandonar-se, vai acreditar que Jesus a carrega, vai consentir em não vê-lo e deixar bem longe o temor estéril de ser infiel (temor que não convém a uma criança).

(Um embaixador.)

C 206 Para irmã Maria de São José.

Dezembro (?) de 1896

    O pequeno E[1] não está com vontade de pular fora do barquinho, mas está aí para mostrar o céu ao menino; quer que todos os seus olhares, todas as suas delicadezas sejam para Jesus. Por isso, ficará muito satisfeito ao ver o menino privar-se de consolações exageradamente infantis e indignas de um missionário e de um guerreiro... Amo muito o meu menino... e Jesus o ama ainda mais.

C 207   **Para irmã Genoveva.**

Dezembro (?) de 1896

                              J.M.J.T.

Pobre, pobre[1], não devemos nos entristecer pelo fato de o Sr. T[2] ter sido pego na armadilha!... Quando ele tiver asas[3], por mais que lhe armais arapucas, ele não se deixará prender, tampouco vós pobre M[4]. Ele vos estenderá a mão, atará um par de belas asas brancas e, juntas, voaremos bem alto, bem longe, bateremos nossas asinhas prateadas até Saigon[5] ... É o que de melhor nos será possível [v] fazer por Jesus, pois é ele quem nos quer dois querubins e não duas fundadoras, nesta ocasião, é certo, se ele mudar de ideia também nós mudaremos, é só isso!...

C 208   **Para irmã Genoveva[1].**

Inverno de 1896-1897

                                J.M.J.T.

Suplico-vos muito humildemente que dispenseis o pobre Sr. do seu aquecedor amanhã[2]... mas peço-vos ainda que *vigieis* a fim de que esteja acordado para as Horas[3]. Ele receia que seu papel não tenha serventia[4], pois a despertadora acostumou-se a ver a senhorita vir almoçar o Sr. todas as manhãs, a fim de tirá-lo, suavemente, dos seus sonhos[5].

Não vos incomodeis, pobre senhorita, obrigada a levar potezinhos de cá para lá[6]. Um dia, Jesus "irá e virá para vos servir" e este dia chegará em breve.   Lc 12,37

C 209   **Para irmã Genoveva.**

Inverno de 1896-1897 (?)

Não vos esqueçais de despertar o Sr. T. amanhã, pobre Srta. L., humilhada por todas[1], mas AMADA de Jesus e do Sr. T.

C 210   **Para irmã Genoveva.**

Inverno de 1896-1897 (?)

Fazei-me o favor de verificar, amanhã, se o Sr. Totó ouviu a matraca[1]?...

C 211   **Para irmã Genoveva¹.**

24 de dezembro de 1896

Natal de 1896

Minha querida filhinha,

Se soubesses como regozijas o meu coração e o do meu Menino Jesus, oh! Como serias feliz!... Mas não sabes, não vês e tua alma jaz na tristeza. Eu gostaria [1v/2f] de poder consolar-te, se não o faço é que conheço o valor do sofrimento e da angústia do coração. Ó filha querida, se soubesses quanto a minha alma mergulhou na amargura quando via meu terno esposo São José voltar tristemente para junto de mim sem ter encontrado hospedaria.

Lc 2,7

Se quiseres suportar em paz a provação de não agradares a ti mesma², dar-me-ás com isso um aconchegante asilo; é verdade que sofrerás pois ficarás fora da tua casa, mas não temas, quanto mais pobre fores, tanto mais Jesus te amará. Ele irá longe, muito longe para te buscar³, caso te desgarres um pouco. Ele prefere ver-te tropeçar na escuridão da noite nas pedras do caminho a andares em pleno dia numa estrada esmaltada de flores que poderiam atrasar a tua caminhada. Eu te amo, ó minha Celina, amo-te mais do que poderias imaginar...

[2v] Alegro-me por ver-te desejar coisas grandes e preparo-te maiores ainda... Um dia, virás com a tua *Teresa* ao belo céu, tomarás o teu lugar nos joelhos do meu Jesus bem-amado⁴ e eu também tomar-te-ei nos braços e cumular-te-ei de carícias, pois sou a tua mãe, a tua mamãe querida.

(Maria, a Rainha dos anjinhos⁵)

C 212   **Para irmã Maria da Trindade¹.**

24 de dezembro de 1896   Noite de Natal de 1896

Minha querida esposinha²,

Oh! Como estou satisfeito contigo... O ano todo me divertistes jogando malhas³. Deu-me tanto prazer que a corte dos anjos ficou surpresa e encantada, mais de um querubinzinho me perguntou porque não o tinha feito criança... mais de um perguntou se [1v] a melodia da sua harpa não me era mais agradável do que teu riso alegre quando derrubavas uma garrafa com a bola do teu amor. Respondi aos meus querubinzinhos que não deviam ficar pesarosos por não serem crianças, pois, um dia, poderiam jogar malha contigo nas pradarias do céu; disse-lhes que, na verdade, teu sorriso me era mais doce do que as suas melodias, porque só podias jogar e sorrir [2f] *sofrendo*, esquecendo-te de ti mesma.

Esposinha bem-amada, tenho alguma coisa para te pedir, tu ma vais recusar?... Oh, não! amas-me demais para tanto. Pois bem! vou confessar-te que desejaria trocar de jogo; as malhas me divertem muito, mas agora gostaria de brincar de pião e, se quiseres, *tu* é que serás o meu pião. Dou-te um como modelo, vês que não é bonito, qualquer um que não saiba usá-lo o jogará fora, mas [2v] uma criança pulará de alegria ao vê-lo e dirá: "Ah! Como é divertido, isso pode rodar o dia inteiro sem parar[4]".

Eu, o Menino Jesus, amo-te, apesar de não teres atrativos, e te suplico que rodes sempre para me divertires… Mas para fazer o pião girar, são precisas chicotadas… Pois bem! Deixa tuas irmãs prestarem-te esse serviço e sê grata para com as mais assíduas em não te deixar esmorecer. Depois de me ter divertido bastante contigo, levar-te-ei lá para cima e poderemos brincar sem sofrer…

(Teu irmãozinho, Jesus.)

C 213 Para o seminarista Bellière.

J.M.J.T.

Carmelo de Lisieux

Jesus † 26 de dezembro de 1896.

Senhor seminarista,

Teria desejado poder responder-vos mais cedo, mas a regra do Carmelo não permite escrever nem receber cartas durante o tempo do Advento. Todavia, nossa veneranda madre permitiu-me, excepcionalmente, ler a vossa, compreendendo que precisais ser particularmente amparado pela oração.

Asseguro-vos, senhor seminarista, que faço tudo o que de mim depende a fim de obter para vós as graças que vos são necessárias; essas graças ser-vos-ão certamente concedidas, pois Nosso Senhor nunca nos pede sacrifícios acima das nossas forças[1]. Às vezes, é verdade, este divino salvador nos faz sentir toda a amargura do cálice que apresenta à nossa alma. Quando ele pede o sacrifício de tudo o que nos é mais caro neste mundo, é impossível, a não ser por uma graça muito especial, não exclamar como ele, no jardim da agonia: "Meu pai, afaste de mim este cálice; contudo faça-se a vossa vontade e não a minha" [1v]. Lc 22,42
Is 9,5

É muito consolador pensar que Jesus, o Deus forte[2], conheceu as nossas fraquezas, que tremeu à vista do cálice amargo, este cálice que, outrora, desejara tão ardentemente beber… Lc 22,15

Senhor seminarista, vossa parte é verdadeiramente bela, pois Nosso Senhor a escolheu para si e foi o primeiro que molhou os lábios na taça que vos apresenta. Mt 20,23

Um santo disse: A maior honra que Deus pode fazer a uma alma não é dar-lhe muito, mas pedir-lhe muito![3] Portanto, Jesus vos trata como privilegiado. Ele quer que comeceis imediatamente a vossa missão e que, pelo sofrimento, salveis muitas almas. Não foi sofrendo, morrendo, que ele resgatou o mundo?... Sei que aspirais à felicidade de sacrificar a vossa vida pelo divino mestre, mas o martírio do coração não é menos fecundo do que a efusão do sangue e, desde agora, este martírio é o vosso; portanto, tenho pois muita razão de dizer que vossa sorte é bela, que é digna de um apóstolo de Cristo.

Senhor seminarista, vindes buscar consolo junto àquela que Jesus vos deu por irmã e tendes esse direito. Já que nossa reverenda madre me permite escrever-vos, gostaria de corresponder à doce missão que me é confiada, mas sinto que o meio mais seguro de alcançar meu objetivo é rezar e sofrer...

Mt 19,29
[2f] Trabalhemos juntos pela salvação das almas, só temos o único dia desta vida para salvá-las e, dessa forma, dar ao Senhor provas do nosso amor. O dia seguinte a este será a eternidade; então, Jesus retribuir-vos-á centuplicadas as alegrias tão doces e tão legítimas que lhe sacrificais. Ele conhece a extensão do vosso sacrifício, sabe que o sofrimento dos que vos são caros aumenta ainda mais o vosso, mas ele também sofreu este martírio; para salvar nossas almas, deixou sua
Jo 19,25
Lc 2,35
mãe, viu a virgem imaculada, de pé, junto à cruz, de coração traspassado por um gládio de dor, por isso, espero que nosso divino salvador console vossa boa mãe, é o que eu lhe peço encarecidamente. Ah! Se o divino Mestre deixasse entrever, aos que ides deixar por seu amor, a glória que vos reserva, a multidão de almas que formarão o vosso séquito no céu já seriam recompensados pelo grande sacrifício que vosso afastamento vai lhes causar.

Nossa madre ainda está doente, embora tenha melhorado um pouco nestes últimos dias; espero que o divino Menino Jesus lhe devolva as forças que empregará para a sua glória. Esta veneranda madre manda-vos a estampa de São Francisco de Assis que vos ensinará como encontrar a alegria no meio das provações e dos combates da vida.

Espero, senhor seminarista, que vos digneis de [2v] rezar por mim que não sou um anjo como pareceis julgar-me, mas uma pobre carmelitazinha muito imperfeita e que, todavia, apesar da sua pobreza, deseja, como vós, trabalhar pela glória de Deus.

Permaneçamos unidos pela oração e pelo sofrimento junto ao presépio de Jesus.

Vossa indigna irmãzinha
Teresa do Menino Jesus da Sagrada Face
rel. carm. ind.

C 214   Para irmã Genoveva.

3 de janeiro de 1897 (?)

Feliz onomástico!!!...

O Senhor Totó deseja um feliz onomástico para a senhorita Lili![1]

C 215 — Para irmã Maria do Sagrado Coração.

Início de 1897 (?)

J.M.J.T.

O bom Jesus ama-vos de todo o seu coração e eu também, querida madrinha!!!…

Tê do Menino Jesus
rel. carm.

C 216 — Para Madre Inês de Jesus.

J.M.J.T.

Jesus †   9 de janeiro de 1897

Mãezinha querida, se soubésseis quanto fico comovida ao ver como me amais!… Oh! Nunca na terra poderei testemunhar-vos a minha gratidão… Espero ir em breve lá para cima[1]. Pois "Se houver *um céu, é para mim*[2]", serei rica, terei todos os tesouros de Deus e ele próprio será o *meu bem*, então, poderei retribuir-vos centuplicado tudo o que vos devo. Oh! Que feliz perspectiva… Fico tão pesarosa por só receber sem nunca retribuir.

Teria desejado muito não ver as lágrimas da minha mãezinha correrem, mas o que gostei de *ver* foi o bom efeito que elas produziram, foi magnífico. Ah! Não fico sentida com ninguém quando a minha mãezinha é olhada *com animosidade*, pois vejo muito bem que as irmãs não passam de instrumentos postos atravessados no caminho da *mãezinha (da Teresinha)*, pelo próprio Jesus, a fim de que esse caminho se pareça com aquele que ele escolheu para si mesmo, quando andava pela terra de exílio… Seu rosto era, então, como que escondido, ninguém o reconhecia. Era objeto de desprezo… Minha mãezinha não é objeto de desprezo, mas poucas a reconhecem desde que Jesus escondeu seu rosto![3]

Ó madre, como é bela a vossa sorte!… É verdadeiramente digna de *vós*, a privilegiada da nossa família, de vós que nos mostrais o caminho, como a andorinha pequenina que sempre se vê à frente das companheiras e que delinea nos ares a via que deve conduzi-las para a nova pátria.

Oh! Compreendei o afeto da VOSSA filhinha que desejaria dizer-vos *tantas, tantas* coisas!

C 217   Para irmã Maria de São José.

Janeiro de 1897 (?)

J.M.J.T.

Lindas as quadrinhas¹... Como é feio mendigar² em casa alheia quando se tem a bolsa cheia! Mas não é feio dormir, ser gentil e alegre, é "o oficiozinho da loja"³ e esta nunca deve fechar, nem aos domingos e feriados. Isto é, nos dias que Jesus reserva para provar as nossas almas... Cantai como um tentilhão vossos graciosos estribilhos⁴, eu, como um pobre passarinho, gemo no meu canto, cantando como o judeu errante: A morte nada pode comigo, bem que o percebo⁵!...

[v] Não ouço mais falar da famosa toalha⁶; ainda se fala nela?

C 218   Para irmão Simeão.

J.M.J.T.

Jesus †   Carmelo de Lisieux, 27 de janeiro de 1897

Senhor diretor,

Fico feliz em associar-me à minha irmã Genoveva a fim de agradecer-vos pelo precioso favor que obtivestes para o nosso Carmelo¹.

Não sabendo como exprimir minha gratidão, é aos pés de Nosso Senhor que quero demonstrar-vos, pelas minhas pobres orações, quanto me comoveu a vossa bondade para conosco...

Um sentimento de tristeza misturou-se à minha alegria ao saber que a vossa saúde esteve abalada; por isso, peço a Jesus, de todo o meu coração, que prolongue o mais possível vossa vida tão preciosa para a Igreja. Bem sei que o divino mestre deve ter pressa [1v] de coroar-vos no céu, mas espero que vos deixará ainda no exílio para que, trabalhando para a sua glória como vindes trabalhando desde a vossa juventude, o peso imenso dos vossos merecimentos supra para outras almas que se apresentarem perante Deus de mãos vazias.

Ouso esperar, caríssimo irmão, que eu serei do número dessas almas felizes que partilharão dos vossos méritos, creio que minha carreira nesta terra não será duradoura... quando comparecer diante do meu esposo bem-amado, só terei desejos a lhe oferecer; mas se me tiverdes precedido na pátria, espero que vireis ao meu encontro e oferecereis por mim o mérito das vossas tão fecundas obras... Estais percebendo que as vossas carmelitazinhas não podem escrever-vos sem pedir algum favor e sem apelar para a vossa generosidade!!!

Senhor diretor, sois tão *poderoso* para *conosco* na terra, obtivestes tantas vezes, para nós, a bênção [2f] do nosso santo padre Leão XIII, que não posso deixar de pensar que Deus vos dará, no céu, um poder muito grande sobre o seu coração. Peço-vos que não me esqueçais junto dele se tiverdes a felicidade de vê-lo antes de mim... A única coisa que vos rogo que peçais para a minha alma é a graça de *amar* a Jesus e de fazê-lo amar tanto quanto me for possível.

Se Nosso Senhor vier buscar-me antes de vós, prometo rezar nas vossas intenções e por todas as pessoas que vos são caras. Aliás, não espero estar no céu para fazer esta oração, desde agora sou feliz de poder provar-vos assim a minha profunda gratidão.

No sagrado coração de Jesus, ficarei sempre feliz em dizer-me, Senhor diretor,

Vossa carmelitazinha agradecida
Irmã Teresa do Menino Jesus da Sagrada Face
rel. carm. ind.

C 219 Para madre Inês de Jesus.

22 de fevereiro de 1897

Obrigada, mãezinha! — quebrou o nariz[1], *sim, mas é* COMPRIDO!... Sempre lhe sobrará bastante; ao passo que se fosse o meu, se o fizesse quebrar não sobraria mais nada[2]!... Ah! Como temos sorte por poder rir de tudo... *oh! Sim!...* não há objeção a isso...

C 220 Para o seminarista Bellière.

(Carmelo de Lisieux)   J.M.J.T.

Noite de quarta-feira, 24 de fevereiro de 1897

Jesus †

Senhor seminarista,

Antes de entrarmos no silêncio da santa quaresma[1], quero acrescentar uma palavrinha à carta da nossa veneranda madre, a fim de agradecer-vos por aquela que me mandastes no mês passado[2].

Se sentis consolo ao pensar que, no Carmelo, uma irmãzinha reza sem cessar por vós, minha gratidão não é menor que a vossa para com Nosso Senhor, que me deu um irmãozinho que ele destina a ser seu sacerdote e seu apóstolo... Francamente, só no céu sabereis como sois caro para mim. Sinto que as nossas almas são feitas para se compreenderem. Vossa prosa, que qualificais de "rude e breve", revela-me que Jesus pôs em vosso coração aspirações que ele só dá às almas chamadas à mais alta santidade. Já que ele mesmo me escolheu para ser vossa irmã, espero que não olhará para a minha fraqueza, ou antes, que se servirá mesmo desta fraqueza para cumprir a sua obra; pois o Deus forte gosta de demonstrar Is 9,5
seu poderio servindo-se do nada. — Unidas a ele, as nossas almas poderão salvar 1Cor 1,27

Mt 18,19 [1v] muitas outras, pois este doce Jesus disse: "Se dois de vós concordarem entre si acerca de qualquer coisa que tiverem a pedir a meu pai, ser-lhe-á concedida". Ah! O que pedimos é trabalhar para a sua glória, amá-lo e fazê-lo amar... Como a nossa união e a nossa oração poderiam deixar de ser abençoadas?

Senhor seminarista, como o cântico sobre o amor[3] vos agradou, nossa boa madre disse-me que lhe copiasse vários outros, mas só os recebereis dentro de algumas semanas, pois tenho poucos momentos livres, inclusive aos domingos, devido ao meu ofício de sacristã. Estas pobres poesias não vos revelarão o que sou, mas o que desejaria ser e deveria ser... Ao compô-las, dei mais atenção ao fundo do que à forma, o que faz com que as regras da versificação não sejam sempre respeitadas, minha finalidade consistia em traduzir os meus sentimentos (ou melhor, os sentimentos da carmelita) a fim de atender aos desejos das minhas irmãs. Estes versos são mais adequados a uma religiosa do que a um seminarista; contudo, espero que vos agradarão. Não é a vossa alma a noiva do divino cordeiro e não se tornará, em breve, sua esposa, no dia abençoado da vossa ordenação ao subdiaconato?

Agradeço-vos, Senhor seminarista, por me terdes escolhido para madrinha da primeira criança que tereis a alegria de batizar[4]. A mim, pois, cabe escolher os nomes do meu futuro afilhado; desejo dar-lhe por protetores a Santíssima Virgem, São José e São Maurício, padroeiro do meu caro irmãzinho. Sem dúvida, esta criança só existe, por enquanto, no pensamento de Deus, mas já rezo por [2f] ela e cumpro antecipadamente minhas obrigações de madrinha. Rezo também por todas as almas que vos serão confiadas e, sobretudo, suplico a Jesus que embeleze a vossa com todas as virtudes e, particularmente, com seu amor. Dizeis que rezais frequentemente pela vossa irmã; já que tendes essa caridade, gostaria muito que, cada dia, aceitásseis rezar por ela a seguinte oração que contém todos os seus desejos: "Pai misericordioso, em nome do nosso doce Jesus, da Virgem Maria e dos santos, peço que abraseis a minha irmã com o vosso espírito de amor e lhe concedais a graça de fazer amar-vos muito[5]". Prometestes-me rezar por mim durante *toda a vossa vida*; sem dúvida, ela será mais longa que a minha e não vos é permitido cantar, como eu: "Tenho esperança de que meu exílio será breve[6]!..." Tampouco vos é permitido esquecer da vossa promessa. Se o Senhor me levar em breve para ficar com ele, peço que continueis, cada dia, a mesma oraçãozinha, pois desejarei no céu o mesmo que desejo na terra: amar Jesus e fazê-lo amar.

Senhor seminarista, deveis achar-me estranha, e talvez vos arrependais, por terdes uma irmã que parece ansiosa por gozar do descanso eterno e vos deixar trabalhar sozinho..., mas tranquilizai-vos, meu único desejo é a vontade de Deus e confesso que se no céu não pudesse mais trabalhar para a sua glória preferiria o exílio à pátria.

Ignoro o futuro, porém, se Jesus realizar [2v] os meus pressentimentos, prometo-vos continuar sendo vossa irmãzinha no céu. Longe de romper-se, a nossa união será mais íntima, então não haverá mais clausura, nem grades, e minha alma poderá voar convosco nas missões longínquas. Nossos papéis continuarão os mesmos: para vós, as armas apostólicas, para mim, a oração e o amor...

Senhor seminarista, acabo de perceber a minha distração, está ficando tarde; dentro de alguns minutos tocará o sinal para o ofício divino[7] e não obstante ainda tenho um pedido a vos fazer. Desejaria que me comunicásseis as datas memoráveis da vossa vida a fim de que eu possa unir-me a vós, de maneira especial, para agradecer a nosso doce salvador pelas graças que vos concedeu.

No coração sagrado de Jesus-Hóstia, que em breve será exposto à nossa adoração[8], fico feliz em declarar-me, para sempre:

Vossa pequeníssima e indigna irmã
Teresa do Menino Jesus da Sagrada Face
rel. carm. ind.

C 221 Para o padre Roulland.

Jesus †   19 de março de 1897

Meu irmão,

Nossa boa madre acaba de entregar-me as vossas cartas. Apesar de estarmos na Quaresma (tempo em que não se escreve, no Carmelo). Ela me permite responder hoje, pois receamos que a nossa carta de novembro tenha ido visitar as profundezas do Rio Azul. As vossas, com data de setembro, tiveram feliz travessia e vieram alegrar a vossa madre e a vossa irmãzinha, no dia de Todos os Santos. A de 20 de janeiro chega-nos sob a proteção de São José. Como seguis meu exemplo, escrevendo em todas as linhas, não quero perder este bom costume o qual, todavia, torna minha letra feia ainda mais difícil de ser decifrada... Ah! Quando é que não precisaremos mais de tinta e papel para comunicar os nossos pensamentos? Escapastes, meu irmão, de ir visitar o país encantado onde é possível comunicar os pensamentos sem escrever e sem falar[1]. De todo o meu coração, agradeço a Deus por vos ter conservado no campo de batalha para que possais acumular numerosas vitórias. Vossos sofrimentos já salvaram muitas almas. São João da Cruz disse: "O mínimo [1v] movimento de puro amor é mais útil à Igreja que todas as obras juntas"[2]. Sendo assim, como vossas penas e vossas provações devem ser proveitosas para a Igreja, pois é só por amor a Jesus que as suportais *com alegria*. Francamente, meu irmão, não posso lastimar vossa situação, pois realizam-se em vós as seguintes palavras da Imitação: "Quando achardes o sofrimento agradável e o amardes por amor a Jesus Casto, tereis encontrado o paraíso na terra"[3]. Este paraíso é o do missionário e da carmelita; a alegria que os mundanos procuram nos prazeres não passa de tuna sombra fugaz; mas a nossa alegria, procurada nos trabalhos e nos sofrimentos é uma doce realidade, um antegozo da felicidade do céu.

Vossa carta impregnada de santa alegria interessou-me muito, segui o vosso exemplo e ri à vontade às custas do vosso cozinheiro que vejo arrebentando a panela... vosso cartão de visita[4] divertiu-me muito, nem sei de que lado virá-lo, estou como uma criança que quer ler um livro de cabeça para baixo.

Mas para voltar ao vosso cozinheiro, acreditaríeis que, no Carmelo, temos, às vezes, aventuras hilariantes?

Assim como o Sutchuen, o Carmelo é um país estranho para o mundo, lugar onde se perdem os seus mais primitivos costumes. Eis um pequeno exemplo: Uma pessoa caridosa presenteou-nos, ultimamente, com uma *pequena lagosta*, bem amarrada numa canastra. Havia certamente muito tempo que esta maravilha não era vista no mosteiro. Nossa boa irmã cozinheira lembrou-se de que era necessário pôr o bichinho vivo na água para cozinhá-lo; o que fez lamentando, por ver-se obrigada a exercer tamanha crueldade com uma inocente criatura. A inocente criatura parecia adormecida [2f], deixando que se fizesse com ela o que bem se quisesse; mas logo que sentiu o calor, sua mansidão transformou-se em fúria e, por saber da sua inocência, não julgou necessário pedir permissão a quem quer que fosse para pular para o meio da cozinha, pois seu bondoso carrasco não tinha posto tampa na panela. Logo, a pobre irmã arma-se de pinças e corre atrás da lagosta, que dá pulos desesperados. A luta prossegue por bastante tempo até que, cansada de lutar e ainda armada das pinças, a cozinheira corre desfeita em lágrimas à procura da nossa madre e declara que a lagosta está endemoninhada. Seu rosto falava ainda mais do que suas palavras. (Pobre criaturinha, tão mansa, tão inocente há pouco, eis que está agora endemoninhada! Francamente, não se deve acreditar nos elogios das criaturas!). Nossa madre não pôde conter o riso ao ouvir as declarações do juiz severo clamando por justiça. Dirigiu-se à cozinha, pegou a lagosta que, não tendo feito voto de obediência, ofereceu alguma resistência, colocou-a na sua prisão, fechou bem a porta, quero dizer, pôs a tampa e saiu. À noite, no recreio, toda a comunidade riu até às lágrimas das peripécias da lagostazinha endemoninhada e, no dia seguinte, cada irmã pôde saborear *um bocado*. A pessoa que queria nos regalar não errou o alvo, pois a famosa lagosta, ou melhor, a sua história servir-nos-á mais de uma vez de festim, não no refeitório, mas no recreio. Talvez a minha historieta não vos pareça muito divertida, mas posso assegurar-vos que se tivésseis assistido ao espetáculo, não teríeis ficado impassível. Enfim, meu irmão, se vos aborreço, peço-vos que me desculpeis. Agora vou falar-vos mais seriamente. Desde a vossa partida, li a biografia de diversos missionários (na minha carta que talvez não tenhais recebido, agradecia-vos a biografia do padre Nempon). Li, entre outras, [2v] a de Théophane Vénard[5], que me interessou e tocou mais do que poderia exprimir; sob esta impressão, compus algumas estrofes que são muito pessoais; assim mesmo eu vo-las[6] envio, nossa boa madre me disse que pensava que estes versos agradariam a meu irmão de Sutchuen. A penúltima estrofe exige alguma explicação: digo que partiria feliz para o Tonquim se Deus quisesse me chamar. Talvez vos cause surpresa saber que uma carmelita sonha em partir para o Tonquim? Pois bem! não é um sonho e posso até afirmar que se Jesus não me vier buscar em breve para o Carmelo do céu, partirei, um dia, para o de Hanói, pois agora há um Carmelo nesta cidade, fundado recentemente pelo de Saigon. Visitastes este último e sabeis que na Cochinchina, uma ordem como a nossa não pode sustentar-se sem membros franceses, mas ai! as vocações são escassas e, muitas vezes, as superioras não querem deixar partir irmãs que elas julgam capazes de prestar serviços à própria comunidade. Destarte em sua juventude, nossa boa madre foi impedida, pela vontade de seu superior, de ir socorrer o Carmelo de Saigon. Não me cabe lastimar o fato, agradeço a Deus por ter inspirado tão bem seu representante, mas lembro-me de que o desejo das mães realiza-se, com frequência, em suas filhas[7] e não ficaria surpreendida se fosse para regiões infiéis rezar e sofrer como nossa madre teria desejado fazer... É preciso admitir que as notícias que recebemos agora do Tonquim não são tranquilizadoras. No fim do ano passado, ladrões entraram no pobre mosteiro, penetraram na cela da priora, que não acordou, mas pela manhã, deu falta do crucifixo (de noite, o crucifixo de uma carmelita repousa sempre na sua cabeceira, amarrado ao travesseiro), um pequeno armário fora quebrado e o pouco dinheiro que compunha todo o tesouro da comunidade havia sumido. Os Carmelos da França, comovidos pelo desamparo [3f] do de Hanói, cotizaram-se para fornecer-lhes meios de construir um muro bastante alto que impedisse os ladrões de penetrar no mosteiro.

Gostaríeis, talvez, de saber o que pensa nossa madre da minha ida para o Tonquim? Acredita na minha vocação (pois, na verdade, é preciso ter uma vocação especial e nem toda carmelita se sente chamada a exilar-se), mas não acredita que a minha vocação possa realizar-se. Seria necessário para isso que a bainha fosse tão sólida como a espada e, talvez (nossa madre assim pensa), a bainha fosse lançada ao mar antes de chegar a Tonquim. Realmente, não é prático ser composto de corpo e alma! Este miserável irmão asno, como o chamava São Francisco de Assis, tolhe com frequência sua nobre irmã e a impede de lançar-se para onde quer... Enfim, não quero amaldiçoá-lo, apesar dos seus defeitos, ainda serve para alguma coisa, pois ajuda a sua companheira a merecer o céu, e o merece para si mesmo e por isso somos-lhe gratos.

Não me preocupo com o futuro, tenho certeza de que a vontade de Deus será cumprida e é a única graça que desejo. Não se deve ser mais realista que o próprio rei... Jesus não precisa de ninguém para cumprir a sua obra e se me aceitasse seria por pura bondade; mas para dizer a verdade, meu irmão, creio que Jesus me tratará como uma preguiçosinha; não o desejo, pois ficaria muito feliz em trabalhar e sofrer muito tempo por ele; por isso, peço-lhe que se compraza em mim, quero dizer, não preste atenção alguma aos meus desejos, seja o de amá-lo sofrendo, seja de ir gozar com ele no céu. Tenho firme esperança, meu irmão, que se eu deixasse o exílio, não vos esqueceríeis da vossa promessa de rezar por mim, como sempre acolhestes meus pedidos com tão imensa bondade, ouso formular mais um. Não desejo que peçais a Deus que me livre das chamas do purgatório; Santa Teresa dizia à suas filhas [3v1 quando queriam rezar por ela mesma: "Pouco me importa de ficar no purgatório até o fim do mundo se, pelas minhas orações, salvo uma única alma[8]!" Estas palavras encontram eco no meu coração, gostaria de salvar almas e esquecer-me de mim mesma por amor delas; gostaria de salvá-las mesmo depois da morte. Eu seria feliz se, em vez da oraçãozinha que fazeis e que será para sempre realizada, dissésseis: "Meu Deus, permiti a minha irmã que vos faça amar ainda". Se Jesus atender o vosso pedido, saberei provar-vos a minha gratidão... Pedis-me, irmão, para escolher entre os nomes: Maria ou Teresa para uma das meninas que batizareis[9]; considerando que as chinesas não querem duas protetoras em vez de uma é preciso dar-lhe a mais poderosa, a quem vence é pois: Maria. Mais tarde, quando batizardes muitas crianças, daríeis muito prazer à minha irmã (carmelita como eu), chamando duas irmãzinhas de Celina e Teresa. São os nomes que tínhamos no mundo. Celina é quase quatro anos mais velha que eu, e veio se juntar a mim depois de ter fechado os olhos do nosso bom pai; esta querida irmã não sabe da correspondência íntima que tenho convosco; mas como falamos nos recreios do missionário da nossa madre[10] (nome que tendes no Carmelo de Lisieux), manifestou-me ultimamente o desejo de que, por vós, Celina e Teresa fossem reviver na China.

Desculpai, meu irmão, os meus pedidos, e minha demasiada longa tagarelice e dignai-vos abençoar

Vossa indigna irmãzinha
Teresa do Menino Jesus e da Sagrada Face

C 222   Para madre Inês de Jesus.

19 de março de 1897

J.M.J.T.

Obrigada, minha mãezinha. Oh! Sim Jesus vos ama e eu também!... Todos os dias ele vos dá provas disso e eu não... Mas quando eu estiver lá em cima, meu bracinho parecerá comprido e minha mãezinha terá notícias dele.

C 222bis   Para o senhor Guérin[1].

3 de abril de 1897

Teresa do Menino Jesus que é a menor, mas que não tem menos amor!!!
Não é verdade, é a febre que tenho todos os dias, às 3 horas, hora militar.

A Teresinha

Nosso padre[2] deseja que Teresa Pougheol entre aqui a título de experiência.

C 223   **Para madre Inês de Jesus.**

4-5 de abril de 1897

Receio ter magoado a minha mãezinha[1], entretanto amo-a! Oh, sim! Mas não lhe posso dizer tudo o que penso, ela tem de o adivinhar.

C 224   **Para o seminarista Bellière.**

J.M.J.T.

25 de abril de 1897

Aleluia.

Meu querido irmãozinho[1],

A minha pena, ou melhor, meu coração, recusa-se a chamar-vos, de agora em diante, de "senhor padre", e nossa boa madre me disse que podia fazer uso, quando vos escrevo, do nome que sempre utilizo quando falo de vós a Jesus. Parece-me que este divino salvador aceitou unir as nossas almas para trabalharmos na salvação dos pecadores, como uniu, outrora, as do venerável padre de la Colombière e da bem-aventurada Margarida Maria. Eu lia, recentemente, na biografia desta santa[2]: "Um dia em que me aproximava de Nosso Senhor para recebê-lo na sagrada comunhão, mostrou-me seu sagrado coração como uma fornalha ardente e dois outros corações (o seu e o do padre de la C.) que iam unir-se e abismar-se nele dizendo: Assim é que meu puro amor une estes três corações para sempre. Fez-me entender, ainda, que esta união era toda para a sua glória e que, para isso, queria que fôssemos como irmão e irmã, igualmente compartilhando os bens espirituais. Nisso, fazendo Nosso Senhor notar a minha pobreza e a desigualdade existente entre um sacerdote de tão grande virtude e uma pobre pecadora como eu, disse-me [1v]: As riquezas infinitas do meu coração suprirão tudo e igualarão tudo."

Talvez, meu irmão, a comparação não vos pareça justa? Verdade é que não sois ainda um padre de la Colombière, mas não duvido que, um dia, sereis como ele, um verdadeiro apóstolo de Cristo. Quanto a mim não pretendo comparar-me à bem-aventurada Margarida Maria; apenas constato que Jesus escolheu-me para ser a irmã de um dos seus apóstolos e as palavras que a santa amante do seu coração lhe dirigia, por *humildade*, repito-lhas eu, com *toda a verdade*; por isso, espero que suas infinitas riquezas suprirão tudo o que me falta para cumprir a obra que me confia.

Sinto-me verdadeiramente feliz por Deus ter-se servido dos meus pobres versos para vos aproveitar um pouco; teria ficado constrangida em vo-los mandar se não me tivesse lembrado que uma irmã não deve esconder nada do seu irmão. Acolheste-os e os julgastes com um coração fraterno... Sem dúvida, ficastes surpreso por reencontrar "Viver de Amor". Não era minha intenção mandá-la duas vezes, tinha iniciado a cópia e, quando me lembrei de que já a tínheis, era tarde demais para desistir.

Meu caro irmãozinho, devo admitir que, na vossa carta, uma coisa me entristeceu, é que não me conheceis tal como sou na realidade. É verdade que, para encontrar grandes almas, precisa-se vir ao Carmelo; como nas florestas virgens, germinam aqui flores com perfume e beleza ignorados do mundo. Jesus, na sua misericórdia, quis que, entre estas flores, crescessem umas menores. Nunca poderei agradecer-lhe o suficiente pois [2f] é graças a esta condescendência que eu, pobre flor sem brilho, encontro-me no mesmo canteiro que as rosas, minhas irmãs. Ó meu irmão! suplico-vos, acreditai, Deus não vos deu por irmã uma alma, mas uma muito e muito imperfeita.

Lc 1,49
Lc 7,47

Não penseis que é a humildade que me impede de reconhecer os dons de Deus, sei que ele fez em mim grandes coisas e louvo-o com satisfação, todos os dias[3]. Lembro-me que aquele a quem mais se perdoou deve amar mais, por isso procuro fazer com que a minha vida seja um ato de amor e não me preocupo mais por ser uma alma pelo contrário, alegro-me. Eis por que ouso esperar que "meu exílio será curto[4]", mas não é porque estou *pronta*; sinto que nunca o estaria se o Senhor não se dignasse em transformar-me; ele pode fazê-lo num instante; depois de todas as graças com que me cumulou, ainda espero essa da sua infinita misericórdia.

Rm 9,16

Dizeis, meu irmão, que peça para vós a graça do martírio; solicitei-a para mim muitas vezes, mas sou indigna dela e podemos dizer com São Paulo: "Não depende daquele que quer, nem daquele que corre, mas de Deus que usa de misericórdia[5]". Como o Senhor parece desejar conceder-me apenas o martírio do amor, espero que me permitirá, *por meio de vós*, colher *a outra palma* a que ambicionamos. Vejo com prazer que Deus nos deu as mesmas inclinações, os mesmos desejos. Eu vos fiz sorrir, caro irmãozinho, ao cantar "as minhas Armas", pois bem! vou fazer-vos sorrir de novo, contando que, na minha infância [2v], sonhei em combater nos campos de batalha... Quando comecei a estudar a História da França, o relato das façanhas de Joana d'Arc encantava-me, eu sentia no meu coração o desejo e a coragem de imitá-la, parecia-me que o Senhor também me destinava a grandes coisas[6]. Não estava enganada. Porém, em vez de vozes do céu convocando-me ao combate, ouvi, no fundo da minha alma, uma voz mais suave, ainda mais forte, a do esposo das virgens chamando-me para outras façanhas, para conquistas mais gloriosas. E, na solidão do Carmelo, compreendi que a minha missão não consistia em fazer coroar um rei mortal, mas em fazer amar o rei do céu, em sujeitar-lhe o reino dos corações.

Tenho de parar, mas preciso ainda agradecer-lhe pelas datas que me enviastes, gostaria também que acrescentásseis os anos, pois não sei qual é a vossa idade. Para que desculpeis a minha simplicidade, mando-vos as datas memoráveis da minha vida, também com a intenção de servir particularmente à nossa união pela oração e pela gratidão nesses dias abençoados.

Se Deus me der uma afilhadinha, ficarei muito feliz em responder ao vosso desejo dando-lhe por protetores a Santíssima Virgem, São José e minha santa padroeira.

Enfim, meu caro irmãozinho, termino pedindo que desculpeis minha longa garatuja e a falta de nexo da minha carta.

No Sagrado Coração de Jesus, sou para a eternidade.

Vossa indigna irmãzinha

Teresa do Menino Jesus da Sagrada Face
rel. carm. ind.

[2r tv] Está bem entendido, não é verdade, que nosso relacionamento deve permanecer secreto? Ninguém, exceto o vosso diretor, deve saber da união que Jesus formou entre as nossas almas.)

C 225   Para irmã Ana do Sagrado Coração.

J.M.J.T.

Jesus †   2 de maio, festa do Bom Pastor, 1897

Minha queridíssima irmã,

Ficareis sem dúvida muito surpreendida por receberdes uma carta minha. A fim de ser perdoada por vir perturbar o silêncio da vossa solidão, vou dizer logo o motivo por que tenho o prazer de vos escrever. A última vez que estive para direção com nossa boa madre, falamos de vós e do caro Carmelo de Saigon. Nossa madre me disse que me permitia escrever-vos se me agradasse. Aceitei essa proposta com alegria e aproveito da permissão[1] do bom Pastor para vir entreter-me alguns instantes convosco.

Espero, querida irmã, que não vos tenhais esquecido de mim [1v]; quanto a mim penso amiúde em vós, lembro-me com agrado dos anos que passei na vossa companhia, e já sabeis, para uma carmelita, pensar numa pessoa amada é rezar por ela. Peço que Deus vos encha das suas graças e aumente cada dia no vosso coração seu santo amor. Mas não duvido que tenhais este amor num grau elevado. O sol ardente de Saigon não é nada em comparação ao fogo que arde na vossa alma. Ó minha irmã! suplico-vos, pedi a Jesus que eu também ame e o faça amar; desejo amá-lo, não com amor comum, mas com o amor dos santos que faziam loucuras por ele. Ai, como estou bem longe de me parecer com eles!...

Pedi ainda a Jesus que eu faça sempre a sua vontade; para isso estou pronta a atravessar o mundo[2]... preparada também para morrer!

O silêncio[3] vai terminar daqui a pouco, preciso acabar a minha carta e vejo que [2f] ainda não disse nada de interessante. Felizmente, as cartas das nossas madres estão aí para vos dar todas as notícias do nosso Carmelo. Nossa permissão foi muito curta, mas se isso não vos aborrece, voltarei a conversar convosco mais demoradamente numa próxima vez.

Queira, minha querida irmã, apresentar meu respeitoso filial respeito à vossa reverenda madre[4]. Ela não me conhece, mas ouço muito falar dela pela nossa boa Madre, amo-a e peço a Jesus que a console nas suas provações.

Deixo-vos, minha querida irmã, permanecendo muito unida a vós no coração de Jesus onde sinto-me feliz por me declarar para sempre:

Vossa pequenina irmã
Teresa do Menino Jesus da Sagrada Face
rel. carm. ind.

C 226   Para o padre Roulland.

J.M.J.T.

Carmelo de Lisieux   9 de maio de 1897

Meu irmão,

Recebi com alegria, ou melhor, com emoção, as relíquias que tivestes a bondade de me enviar[1]. Vossa carta é quase uma carta de "adeus" para o céu. Ao lê-la, parecia-me ouvir o relato das dificuldades dos vossos ancestrais no apostolado.

Nesta terra onde tudo muda, só uma coisa permanece estável, a conduta do rei dos céus para com seus amigos; desde que ergueu o estandarte da cruz, é à sua sombra que todos devem combater e conseguir a vitória: "Toda a vida de missionário é fecunda em cruzes" dizia Teofânio Vénard, e também: "A verdadeira felicidade é sofrer. E para viver, precisamos morrer".

Meu irmão, os primórdios do vosso apostolado são marcados com selo da cruz. O Senhor vos trata como privilegiado; é muito mais pelo sofrimento e pela perseguição do que por brilhantes pregações que ele quer firmar seu reino nas almas. — Dizeis: "Ainda sou uma criança que não sabe falar"[2]. O padre Mazel, que foi ordenado sacerdote no mesmo dia que vós, também não sabia falar, e contudo, já colheu a palma[3]... Oh! Como os pensamentos divinos estão acima dos nossos!... Ao tomar conhecimento da morte deste jovem missionário cujo nome ouvia pela primeira vez, senti-me levada a invocá-lo, parecia-me vê-lo no céu no glorioso coro dos mártires. Bem sei: aos olhos dos homens, o seu martírio não tem este nome, mas, do ponto de vista de Deus, este sacrifício sem glória não é menos fecundo do que o dos primeiros cristãos que confessaram sua fé diante dos tribunais. A perseguição mudou de forma, os apóstolos de Cristo não alteram seus sentimentos, por isso, seu divino mestre não poderia alterar suas recompensas, a menos que fosse para as aumentar em compensação da glória que lhes foi recusada na terra.

Is 55,9

Não compreendo, meu irmão, que pareçais duvidar do vosso ingresso imediato no céu, se os infiéis vos tirassem a vida [1v]. Sei que é preciso ser muito puro para comparecer diante do Deus de toda a santidade, mas sei também que o Senhor é infinitamente justo e é esta justiça que aterroriza tantas almas, que faz o objeto da minha alegria e da minha confiança. Ser justo não consiste em exercer a severidade para punir os culpados, é também reconhecer as retas intenções e recompensar a virtude. Espero tanto da justiça de Deus como da sua misericórdia. É por ser justo que "ele é compassivo e repleto de doçura, lento em punir e rico em misericórdia. Pois conhece nossa fragilidade, de que massa somos feitos; lembra-se de que somos pó. Como um pai se compadece dos filhos, assim o Senhor[4] tem compaixão de nós". Ó meu irmão, ao ouvir estas lindas e consoladoras palavras do profeta-rei, como duvidar que Deus não possa abrir as portas do seu reino para seus filhos que o amaram até sacrificar tudo por ele, que não só deixaram a família e a pátria para o fazerem conhecer e amar, mas ainda desejam dar a vicia por aquele que amam... Jesus tinha muita razão ao dizer que não há amor maior do que aquele! Sl 102,8 Sl 102,14 Sl 102,13 Jo 15,13

    Como deixar-se-ia vencer em generosidade? Como purificaria nas chamas do purgatório almas purificadas pelos ardores do amor divino? É verdade que nenhuma vida humana é isenta de faltas, só a virgem imaculada se apresenta totalmente pura diante da majestade divina. Que alegria pensar que a Santíssima Virgem é nossa mãe! Já que nos ama e conhece a nossa fraqueza, por que temer?

    São muitas frases para exprimir o meu pensamento, ou melhor, para não conseguir exprimi-lo, eu queria apenas dizer que me parece que todos os missionários são *mártires* pelo desejo e pela vontade e, consequentemente, nenhum deveria passar pelo purgatório. Se, no momento de comparecer diante de Deus, ainda houver em suas almas algum vestígio da fraqueza humana, a Santíssima Virgem obtém para eles a graça de fazer um ato de amor perfeito e a seguir lhes dá a palma e a coroa que tão bem mereceram.

    Eis, meu irmão, o que penso da justiça de Deus, minha trilha é toda de confiança e de amor, não compreendo as almas que temem um amigo tão terno. Às vezes, quando leio [2f] alguns tratados de espiritualidade em que a perfeição é exposta através de mil obstáculos, cercada de uma infinidade de ilusões, minha pobre mentezinha cansa-se depressa, fecho o livro erudito que me quebra a cabeça e me seca o coração e tomo a Sagrada Escritura. Então tudo me parece luminoso, uma só palavra basta para desvendar à minha alma horizontes sem fim. A perfeição me parece fácil, vejo que basta reconhecer o próprio nada e abandonar-se como criança nos braços de Deus. Deixando para as grandes almas, os grandes pensadores, os belos livros que não consigo entender, menos ainda praticar, alegro-me por ser pequena, pois só as crianças e os que se lhes assemelham serão admitidos ao banquete celeste. Sinto-me muito feliz por haver muitas moradas no reino de Deus, pois se houvesse apenas aquela cuja descrição e acesso me parecem incompreensíveis, eu lá não poderia entrar. Desejaria muito, entretanto, não ficar muito longe da *vossa morada*; em consideração aos vossos méritos, espero que Deus me dê a graça de participar da vossa glória, da mesma ma- Mc 10,14 Jo 14,2 neira que, neste mundo, a irmã de um conquistador, mesmo carente dos dons da natureza, toma parte, apesar da sua pobreza, nas honras prestadas a seu irmão.

O primeiro ato do vosso ministério na China pareceu-me encantador. A alminha cujos restos mortais abençoastes devia, de fato, sorrir-vos e vos prometer proteção assim como aos vossos. Quanto vos agradeço por contar-me entre eles! Fiquei também profundamente comovida e grata pela recordação que tendes, na santa missa, dos meus queridos pais. Espero que estejam, agora, na posse do céu para o qual se dirigiam todas as suas ações e desejos; isto não me impede de rezar por eles, pois parece-me que as almas bem-aventuradas recebem uma grande glória das orações que são feitas por sua intenção e de que elas podem dispor em favor de outras almas padecentes.

Se, como acredito, meu pai e minha mãe estão no céu, devem olhar e abençoar o irmão que Jesus me deu. Desejaram tanto um filho missionário!... Contaram-me que, antes de eu nascer, os meus pais esperavam ver realizado o seu desejo. Se eles tivessem podido vislumbrar o futuro, teriam visto que, de fato, por meu intermédio, o seu desejo está sendo realizado; já que um missionário passou a ser meu irmão, é também seu filho e, nas suas orações, não podem separar o irmão da sua indigna irmã.

[2v] Meu irmão, vós rezais pelos meus pais que estão no céu; quanto a mim rezo muito pelos vossos que ainda estão na terra. Para mim é uma doce obrigação e prometo ser sempre fiel em cumpri-la, mesmo no caso de deixar o exílio e mais ainda, talvez, conhecerei melhor as graças que lhes serão necessárias. Além disso, quando sua carreira nesta vida estiver concluída, virei buscá-los em vosso nome e os introduzirei no céu. — Como será doce a vida de família de que gozaremos juntos durante toda a eternidade!

Enquanto aguardamos esta bem-aventurada eternidade, que em breve se abrirá para nós, pois a vida é apenas um dia, trabalhemos juntos para a salvação das almas; eu muito pouco posso fazer, ou melhor, absolutamente nada se estivesse sozinha, o que me consola é pensar que ao vosso lado posso ser útil. De fato, o zero, por si mesmo, não tem valor, mas posto perto da unidade torna-se poderoso, contanto que se coloque na *posição certa*, depois, não antes!... É o lugar onde Jesus me pôs e espero ficar aí sempre, seguindo-vos de longe, pela oração e pelo sacrifício.

Se eu escutasse o meu coração, não terminaria esta carta hoje, mas o fim do silêncio está para tocar[5] e tenho de levar esta carta à nossa boa madre que a aguarda.

Portanto, meu irmão, peço-vos que mandeis a vossa bênção ao *zerinho* que Deus pôs junto de vós.

Teresa do Menino Jesus da Sagrada Face
rel. carm.

C 227   Para irmã Genoveva.

13 de maio de 1897

Jesus está satisfeito com a Celinazinha a quem se deu pela primeira vez há 13 anos[1]; está mais orgulhoso ainda com o que faz na sua alma, [v] com sua pequenez, com sua pobreza, do que por ter criado os milhões de sóis e a vastidão dos céus!...

C 228   Para irmã Genoveva.

Abril-maio de 1897 (?)

Receio que a nossa madre não esteja satisfeita, faz muita questão das fricções[1], *sobretudo nas costas*. Se, domingo, o Sr. Clodion[2] vier agitar sua longa cabeleira nas minhas costas, perguntar-se-á por que não foi feito o que recomendou... Talvez seja melhor esperar até segunda-feira; enfim *Pobre, Pobre*[3], fazei como quiserdes, tudo estará pronto amanhã. Sobretudo, não faleis com esse pobre Sr[4], fazei o que melhor vos parecer e lembrai-vos que devemos ser *ricas, muito ricas, as duas*[5]!...

C 229   Para madre Inês de Jesus.

23 de maio de 1897

J.M.J.T.

Receio muito ter magoado a minha mãezinha[1]... Ah! Eu que gostaria de ser a sua alegriazinha, sinto que, pelo contrário, sou seu desgostozinho...

Sim, mas! quando estiver longe desta triste terra onde as flores murcham, onde os pássaros desferem voo, estarei pertinho da minha madre querida, do anjo que Jesus mandou à minha frente para preparar o caminho que leva ao céu, o elevador[2] encarregado de fazer-me subir sem fadiga às regiões do amor... Sim, estarei pertinho dela e, sem deixar a pátria, pois não sou eu que *descerei*, é a minha mãezinha que *subirá* lá onde eu estarei... Oh! Se eu soubesse, como ela, exprimir o que penso, se soubesse dizer como meu coração transborda de gratidão e de amor por ela, creio que já seria a sua alegriazinha, mesmo antes de estar longe da triste terra.

Ex 23,20

Mãezinha querida, o bem que fizestes à minha alma, foi a Jesus que o fizestes, pois ele disse: Tudo o que fizestes a um destes meus irmãos *mais pequeninos*, a mim o fizestes... E sou eu que sou o *mais pequenino*[3]!...

Mt 25,40

C 230   **Para madre Inês de Jesus.**

28 de maio de 1897

J.M.J.T.

Mãezinha *querida*, vossa filhinha ainda agora derramou mais algumas suaves lágrimas de arrependimento, mas ainda mais de gratidão e de amor... Ah, esta tarde dei uma demonstração da minha *virtude*, dos meus *tesouros de paciência*!... Eu que prego tão bem aos outros!!! Estou satisfeita porque vistes a minha imperfeição[1]. Ah, quanto bem me fez ter sido má!... Não repreendestes a vossa filhinha embora o merecesse; mas a isso está habituada a vossa filhinha, a vossa doçura fala mais do que palavras severas, sois para ela a imagem da *misericórdia* de Deus. Sim, mas... Irmã São João Batista, pelo contrário, é *habitualmente* a imagem da *severidade* de Deus; pois bem! acabo de encontrá-la e, em vez de passar friamente a meu lado, me abraçou dizendo-me: (absolutamente como se eu tivesse sido a mais mimosa menina do mundo) "Pobre irmãzinha, tive pena de vós, não quero cansar-vos, fui eu que errei etc., etc.". Como sentisse no meu coração a contrição perfeita, fiquei pasmada que ela não me passasse uma repreensão. Bem sei que, no fundo, ela deve achar-me imperfeita, é porque pensa que vou morrer que me falou assim, mas não importa, só ouvi da sua boca palavras doces e ternas, então, achei-a muito bondosa e eu muito má... Ao voltar para a nossa cela, perguntava a mim mesma o que Jesus achava de mim, mas logo me lembrei das palavras que, um dia, dirigiu à adúltera: "Alguém te condenou?..." E eu, com lágrimas nos olhos, respondi: "Ninguém, Senhor... Nem minha mãezinha, imagem da vossa ternura, nem minha Irmã São João Batista, imagem da vossa justiça, e sinto que posso ir em paz, pois nem vós me condenareis!..."

_{Jo 8,10-11}

Mãezinha, por que é que o bom Jesus é tão *indulgente* para comigo? Por que nunca me repreende?... Ah! Francamente, é de se morrer de gratidão e de amor!...

[v] Sinto-me muito mais feliz por ter sido imperfeita do que se, amparada pela graça, tivesse sido um modelo de mansidão... Faz-me tanto bem constatar que Jesus é sempre tão indulgente, tão terno para comigo!... Ah! Desde já reconheço; sim, todas as minhas esperanças serão realizadas... sim, o Senhor fará por nós maravilhas que ultrapassarão infinitamente nossos *imensos desejos!*...

_{Ct 2,9}

Mãezinha, Jesus faz bem escondendo-se, falando-me só de vez em quando e, assim mesmo, só "através das grades", (Cântico dos cânticos), pois sinto que eu não poderia suportar mais, meu coração romper-se-ia, incapaz de conter tanta felicidade... Ah! Mãezinha, vós que sois o doce eco da minha alma, compreendereis que, esta noite, o vaso da misericórdia divina transbordou para mim!... Vós compreendereis que fostes e sereis sempre o anjo encarregado de me guiar e de me anunciar as misericórdias do Senhor!...

Vossa filhinha muito pequenina
Teresa do Menino Jesus da Sagrada Face
rel. carm. ind.

C 231   Para madre Inês de Jesus.

30 de maio de 1897

J.M.J.T.

Não vos aflijais, minha querida mãezinha, *por parecer que vossa* filhinha ocultou alguma coisa de vós, digo *parecer*, pois sabeis muito bem que, se ela escondeu um cantinho *do envelope*[1], nunca vos escondeu uma única linha da *carta*; e quem conhece melhor do que vós esta cartinha que tanto amais? Aos outros, podemos mostrar o envelope por todos os lados, pois só conseguem ver aquilo, mas a vós!!! Oh, mãezinha! Agora sabeis que foi na sexta-feira santa[2] que Jesus começou a rasgar um pouco o envelope da *vossa* cartinha, não estais contente por ele se preparar para ler esta carta que vindes escrevendo há vinte e quatro anos?! Ah! Se soubésseis como ela saberá dizer-lhe bem vosso amor durante toda a eternidade[3].

C 232   Para Madre Inês de Jesus.

30 de maio de 1897

(2ª palavrinha)   J.M.J.T.

Entreguei a minha primeira palavrinha nas mãos de Irmã Genoveva[1] no momento em que ela me entregava a vossa. Lamento (*gai raigrette*)[2] agora ter entregue minha carta ao correio, mas vou pagar dupla tarifa para dizer-vos que compreendo a vossa aflição. Desejava mais do que vós, talvez, nada esconder de vós, mas parecia-me que era melhor esperar. Se agi mal, desculpai-me e acreditai que *nunca* me faltou confiança em vós!... Ah, eu vos amo demais para que isso aconteça!... Estou muito contente por terdes adivinhado comigo. Não me lembro de ter ocultado outra coisa do *envelope* à minha mãezinha e peço-vos que, depois da minha morte, não acrediteis no que lhe poderiam dizer. Oh, minha mãezinha! *A carta é vossa*, rogo-vos, continuai a escrevê-la até o dia em que o Senhor rasgar completamente o envelopinho que vos causou tanto desgosto desde que foi feito![3]...

C 233   Para madre Inês de Jesus.

Primeiro de junho de 1897

J.M.J.T.

É comovedor demais, extremamente melodioso!... Prefiro calar-me a tentar, em vão, cantar o que se passa na minha alminha!... Obrigada, mãezinha!...

C 234   Para irmã Maria da Eucaristia.

J.M.J.T.

2 de junho de 1897

À minha irmãzinha querida¹, lembrança do belo dia em que o esposo da sua alma se digna imprimir o seu sinal na fronte² que ele prepara para coroar, um dia, perante todos os eleitos...

Outrora, o céu inteiro reuniu-se, em 2 de junho, a fim de contemplar este mistério de amor: Jesus, o doce Jesus da Eucaristia, entregava-se pela primeira vez a Maria³. Ainda está aí, este belo céu formado pelos anjos e pelos santos. Está aí, maravilhado, contemplando Maria entregando-se a Jesus perante o mundo espantado diante de um sacrifício que não compreende. Ah! Se tivesse compreendido o *olhar* que Jesus lançou sobre Maria no dia da sua primeira visita, compreenderia também o *sinal misterioso* que ela quer receber hoje daquele que a feriu de amor... Já não é mais o gracioso véu de longas pregas níveas que deve envolver Maria da Eucaristia, mas um véu escuro que lembre à esposa de Jesus que ela está exilada, que seu esposo não é um esposo que deve levá-la às festas, mas ao monte Calvário. Doravante, Maria não deve olhar mais *nada* neste mundo, *e olhar só o Deus misericordioso*, o *Jesus da EUCARISTIA!*...

A pequena Teresa do Menino Jesus da Sagrada Face
rel. carm. ind.

C 235   Para irmã Maria da Eucaristia¹.

2 de junho de 1897

Lembrança do belo dia da tomada do véu da minha irmãzinha querida: 2 de junho de 1897.

Que o Menino Jesus de Teresa acaricie sempre Maria da Eucaristia.

C 236   Para irmã Maria da Trindade.

2 de junho de 1897

Deus *quer* que suporteis sozinha a vossa provação¹, ele o prova de muitos modos... Mas, minha querida b² sofro convosco!!!. e amo-vos muito...

[v] Não vos aflijais, irei ao vosso encontro durante alguns minutos, amanhã cedo e, no dia seguinte à lavagem, irei convosco aos pães³.

C 237   Para madre Inês de Jesus.

Não, a pombinha não quer abandonar a sua Mãezinha[1], quer voar sempre e descansar no mundozinho encantador do seu coração. — Amanhã agradecerei a minha mãezinha, nada lhe digo esta noite, para não *desgostá-la* e porque já é tarde. O nenê[2] vai nanar.

Sl 54,7

C 238   Para Leônia[1].

3 de junho de 1897

Querida irmãzinha, como me é doce pensar que, um dia, seguiremos juntas o cordeiro durante toda a eternidade!...

Ap 14,4

Lembrança do dia 3 de junho de 1897.

Ir. Teresa do Menino Jesus da Sagrada Face
rel. carm. ind.

C 239   Para madre Inês de Jesus[1].

3 de junho (?) de 1897

Preciso caminhar até meu último momento — Ele é quem terminará o meu tormento — Como o pobre judeu errante[2] —

C 240   Para irmã Maria da Trindade.

3 (?) de junho de 1897

J.M.J.T.

Florzinha querida de Jesus, compreendi tudo muito bem, sabei que não é necessário demorar-se em confidências, o *olhinho* que se acha no vosso cálice indica-me o que devo pensar de toda a florzinha[1]... Estou muito satisfeita, muito consolada, mas já não é preciso ter *vontade de comer terra*, é preciso que o miosótis se entreabra, ou melhor, levante a sua corola para que o *pão dos anjos* venha como um orvalho divino fortificá-la e dar-lhe tudo o que lhe falta[2].

Boa noite, pobre florzinha, acreditai que vos amo mais do que imaginais...

C 241   Para irmã Marta de Jesus.

Junho de 1897 (?)

J.M.J.T.

Irmãzinha querida, sim, compreendi tudo... Peço a Jesus que faça luzir sobre vossa alma o sol da sua graça, ah! Não receeis dizer-lhe que *o amais, mesmo sem sentir*, é o meio de forçar Jesus a socorrer-vos, a carregar-vos como uma criança fraca demais para andar.

Ct 2,1
Ap 14,4

É uma grande provação essa de ver tudo preto, mas isso não depende só de vós, fazei o que *puderdes*, desprendei o vosso coração dos cuidados da terra e, sobretudo, das criaturas, e tende certeza de que Jesus fará o restante, não poderá permitir que caias no temido *lodaçal*... Consolai-vos, irmãzinha querida, no céu não *vereis* mais *tudo preto*, mas *tudo branco*... Sim, tudo será revestido com a brancura divina do nosso esposo, o lírio dos vales. *Juntas*, o seguiremos por toda a parte onde ele for... Ah! Aproveitemos o *breve instante* da vida... *juntas* agrademos a Jesus, salvemos-lhe almas com os nossos sacrifícios... Sobretudo, sejamos *pequenas*, tão pequenas que todos possam esmagar-nos com os pés[1], sem que pareçamos sentir ou sofrer...

Até breve, irmãzinha querida, alegro-me por vos ver...

C 242   Para irmã Maria da Trindade.

J.M.J.T.

Jesus †   6 de junho de 1897

Minha querida irmãzinha, vossa linda cartinha me alegrou a alma, bem vejo que não me enganei quando pensei que Deus vos chama a ser uma grande santa embora permanecendo *pequenina* e tornando-vos sempre mais. — Compreendo muito bem a vossa aflição por já não me poderdes falar, mas tende certeza de que também sofro com a minha impotência e que nunca senti tão bem que ocupais um *lugar muito grande* no meu *coração!*...

O que me agrada é constatar que a tristeza não vos faz melancólica, não pude [v] deixar de rir ao ler o final da vossa carta. Ah! É assim que zombais de mim? E quem vos falou das *minhas escrituras*[1], a que in-fólio estais vos referindo? Vejo que estais jogando verde para colher maduro. Pois bem! um dia o sabereis, se não for na terra, será no céu, mas é claro que isso não vos há de preocupar muito, teremos outras coisas em que pensar, então...

Quereis saber se estou contente por estar de partida para o paraíso? Estaria muito *se* estivesse indo, mas... não conto com a doença, é uma condutora muito lenta. *Só conto com o amor*, pedi ao bom Jesus que todas as orações que estão sendo feitas por mim sirvam para aumentar o fogo que deve me consumir...

[v tv] Creio que vós não conseguireis ler, sinto muito, (*gai regrette*)², mas só dispunha de alguns minutos.

C 243   Para irmã Genoveva¹.

J.M.J.T.

7 de junho de 1897

Irmãzinha muito amada, não procuremos nunca o que parece grande aos olhos das criaturas. Depois de considerar os diversos ofícios que ocupam os homens debaixo do sol, a pintura, a escultura, as artes todas, Salomão, o mais sábio dos reis que passaram pela terra, compreendeu que *todas estas coisas eram objetos de inveja* e exclamou que não passam de vaidade e aflição de espírito!...   Ecl 2,11   Ecl 4,4

A única coisa que não é objeto de *inveja é* o último lugar; portanto, só este *último lugar* não é vaidade e aflição de espírito...   Lc 14,10

[v] Todavia, "o homem não é dono do seu destino" e, às vezes, surpreendemo-nos desejando o que brilha. Então, alinhemo-nos entre os imperfeitos, consideremo-nos *almas pequenas* que Deus precisa sustentar a todo momento; mal ele nos vê muito convencidas do nosso nada, estende-nos a mão; se ainda quisermos fazer alguma *grande ação*, mesmo por zelo, o bom Jesus nos deixa sozinhas. Mas "desde que eu disse: 'Vacilou-me o pé', firmou-me Senhor a vossa misericórdia". Sim, basta humilhar-se, suportar as próprias imperfeições com mansidão. Eis a verdadeira santidade!² Demo-nos as mãos, irmãzinha querida, corramos para o último lugar... ninguém virá disputá-lo conosco...   Jr 10,23   Sl 93,18

C 244   Para o seminarista Bellière¹.

J.M.J.T.

9 de junho de 1897

Meu caro irmãozinho, recebi a vossa carta esta manhã² e aproveito o momento em que a enfermeira está ausente para escrever-vos uma última palavrinha de adeus. Quando a receberdes, terei deixado o exílio... Vossa irmãzinha estará para sempre unida a seu Jesus, então poderá obter graças para vós e voar convosco nas missões longínquas.

Ó meu querido irmãozinho, como estou feliz por morrer!... sim, estou feliz, não porque estarei libertada dos sofrimentos da terra (o sofrimento, pelo contrário, é a única coisa que me parece desejável no vale das lágrimas), mas porque sinto que esta é a vontade de Deus.

Nossa boa madre desejaria reter-me na terra; neste momento, reza-se por mim uma novena de missas a Nossa Senhora das Vitórias³, que já me curou na minha infância⁴, mas creio que o milagre que ela fará será o de [v] consolar a madre que me ama com tanta ternura.

Querido irmãozinho, no momento de comparecer diante de Deus, compreendo mais do que nunca que só há uma coisa necessária: trabalhar *unicamente por ele* e nada fazer para si mesmo nem para as criaturas.

Lc 24,26 Jesus quer possuir o vosso coração por inteiro, quer que sejais um grande santo. Para isso, precisareis sofrer muito; mas outrossim que alegria inundará a vossa alma quando chegardes ao feliz momento do vosso ingresso na vida eterna!... Meu irmão, a todos os vossos amigos do céu, irei em breve oferecer o vosso amor, pedir-lhes que vos protejam. — Meu querido irmãozinho, eu desejaria dizer-vos mil coisas que compreendo, agora que estou à porta da eternidade, mas não morro, entro na vida e tudo o que não vos posso dizer na terra, farei com que o compreendais do alto do céu...

A Deus, irmãozinho, rezai por vossa irmãzinha que vos diz: Até *breve, até à vista, no céu!*...

Teresa do Menino Jesus da Sagrada Face
rel. carm. ind.

C 245   Para madre Inês de Jesus, irmã Maria do Sagrado Coração e irmã Genoveva¹.

Junho (?) de 1897

Frente:

no alto: Não choreis por mim, pois estou no céu com
o cordeiro e as virgens sagradas²!...

em baixo: Vejo o que acreditei
Possuo o que esperei
Estou unida àquele que amei
com todo o poder do meu amor³

de cada lado: O menor movimento de puro amor é mais útil à Igreja do que todas as outras obras reunidas!⁴ Portanto, é de suma importância que a alma se exercite muito no amor para que, consumindo-se rapidamente, não se detenha muito na terra e chegue depressa a ver seu Deus face a face⁵.

(São João da Cruz)

Verso:

Nada encontro na terra que me faça feliz; meu coração é grande demais, nada do que se chama felicidade, neste mundo, pode satisfazê-lo. Meu pensamento alça voo para a eternidade, o tempo vai terminar!... meu coração está calmo como um lago tranquilo ou um céu claro; não sinto falta da vida deste mundo, meu coração tem sede das águas da vida eterna!... Mais um pouco e minha alma deixará a terra, acabar-se-á o exílio, terminará o combate... Subo ao céu... atinjo a pátria, alcanço a vitória!... Vou penetrar na morada dos eleitos, ver belezas que o olho do homem nunca viu, ouvir harmonias que ouvido nenhum ouviu, gozar de alegrias que coração nenhum provou... Eis que cheguei a esta hora que cada uma de nós tanto desejou!... É bem verdade que o Senhor escolhe os pequenos para confundir os grandes deste mundo... Não me firmo nas minhas próprias forças, mas na força daquele que, na cruz, venceu as potências do inferno. Sou uma flor primaveril que o dono do jardim colhe para seu prazer... Todas nós somos flores plantadas nesta terra e que Deus colhe a seu tempo, um pouco mais cedo, um pouco mais tarde... Eu, florzinha efêmera, vou primeiro! Um dia, nos encontraremos no paraíso e gozaremos da verdadeira felicidade!...

1Cor 2,9

1Cor 1,27

Cl 2,14-15

(Teresa do Menino Jesus tomando de empréstimo os pensamentos do angélico mártir, Théophane Vénard[6].)

C 246 Para irmã Maria da Trindade.

13 de junho de 1897

Que o divino Menino Jesus encontre em vossa alma uma morada perfumada pelas rosas do amor, que nela encontre também a lâmpada ardente da caridade fraterna[1] que aquecerá seus membros gelados, que alegrará seu coraçãozinho fazendo-o esquecer a ingratidão das almas que não o amam bastante.

Teresa do Menino Jesus e da Sagrada Face
(13 de junho de 1897[2].) r.c.i.

C 247 Para o seminarista Bellière.

Carmelo de Lisieux   J.M.J.T.   21 de junho de 1897

Jesus †

Meu querido irmãozinho,

Convosco agradeci a Nosso Senhor pela grande graça que ele se dignou conceder-vos no dia de Pentecostes[1]. Foi também no dia desta bela festa (há dez anos) que obtive, não do meu diretor, mas do meu pai, a permissão para fazer-me apóstola no Carmelo[2]. Mais um relacionamento entre as nossas almas.

Ó meu caro irmãozinho, suplico-vos, não penseis nunca que "me aborreceis ou me distraís" falando muito de vós. Seria possível que uma irmã deixasse de ter interesse por *tudo* o que toca a seu irmão? Quanto a distrair-me, não tendes motivo algum de receio, pelo contrário, as vossas cartas unem-me ainda mais a

Lc 10,21	Deus, fazendo-me contemplar de perto [1v] as maravilhas da sua misericórdia e do seu amor.

    Algumas vezes, Jesus compraz-se em "revelar seus segredos aos mais pequeninos", a prova disso é que, depois de ter lido a vossa primeira carta, de 15 de outubro de 1895, pensei o mesmo que vosso diretor: Não podereis ser santo pela metade, devereis sê-lo por completo ou de modo nenhum. — Senti que deveis possuir uma alma enérgica e é por isso que fiquei feliz em me tornar vossa irmã.

    Não receeis apavorar-me falando "dos vossos belos anos desperdiçados".

Mc 10,21	Quanto a mim, agradeço a Jesus por ter-vos olhado com *olhar de amor* como outrora ao jovem do Evangelho. Mais feliz do que ele, respondestes fielmente ao chamado do mestre, deixastes tudo para segui-lo, e na *mais bela idade* da vida,
Sl 88,2	aos dezoito anos. Ah, meu irmão! Como eu, podeis cantar as misericórdias do Senhor³, elas brilham em vós com todo o seu esplendor... Amais Santo Agostinho,
Lc 7,47	Santa Madalena, almas a quem "muitos pecados foram perdoados [2f] porque amaram muito". Eu também os amo, amo o seu arrependimento e, sobretudo...
Lc 7,36-38	sua amorosa audácia!⁴ Quando vejo Madalena adiantar-se perante os numerosos convidados, regar com suas lágrimas os pés de seu mestre adorado que toca pela primeira vez, sinto que compreendeu os abismos de amor e de misericórida e por
Lc 10,39	muito pecadora que seja este coração de amor não só está disposto a perdoar-lhe, mas também a prodigalizar-lhe os favores da sua divina intimidade, a levá-la até os mais altos cumes da contemplação.

    Ah, meu querido irmãozinho! A partir do momento em que me foi dado compreender também o amor do coração de Jesus, confesso que expulsou qualquer temor do meu coração. A lembrança das minhas faltas humilha-me, leva-me a nunca contar com a minha força que não passa de fraqueza, mas esta lembrança fala-me ainda mais de misericórdia e de amor.

    Como é que ao atirarmos as nossas faltas com uma confiança toda filial no braseiro devorador do amor, [2v] como poderiam deixar de serem consumidas sem recaída?⁵

Jo 14,2	Eu sei que há santos que passaram a vida toda praticando espantosas penitências para expiar seus pecados; mas, o que quereis, "Há muitas moradas na casa do pai celeste". Jesus o disse, e é por isso que sigo a via que ele me indicou. Procuro não ocupar-me mais comigo mesma em nada, e o que Jesus se digna operar na minha alma confio a ele, pois não escolhi uma vida austera para expiar as minhas faltas, mas as dos outros.

    Acabo de reler o pouco que escrevi e pergunto a mim mesma se o compreendereis, pois expressei-me muito mal. Não penseis que reprovo o arrependimento que tendes das vossas faltas e vosso desejo de expiá-las. Oh, não! longe disso, mas sabeis: agora somos o trabalho será feito mais depressa (e eu, farei mais do que vós), e espero que, um dia, Jesus vos fará caminhar pelo mesmo caminho que eu⁶.

    Perdão, querido irmãozinho, não sei o que me acontece hoje, pois digo exatamente o que não gostaria de dizer. Não tenho mais espaço para responder à

[2v tv] vossa carta. Fá-lo-ei em outra ocasião. Obrigada pelas vossas datas, já festejei os vossos vinte e três anos[7]. Rezo pelos vossos queridos familiares que Deus levou deste mundo e não me esqueço da mãe que amais[8].

Vossa indigna irmãzinha
Teresa do Menino Jesus da Sagrada Face
rel. carm. ind.

C 248   Para Leônia.

Final de junho (?) de 1897

J.M.J.T.

Minha querida Leoniazinha,

Ser-me-ia impossível ficar mais comovida com a tua diligência em me agradar. Agradeço-te de todo o meu coração e estou encantada com a cobertazinha que fizeste para mim. Está como a queria...

Comungarei nas tuas intenções amanhã...

Amo-te e beijo-te

Tua irmãzinha
Teresa do Menino Jesus
rel. carm. ind.

C 249   Para irmã Maria da Trindade[1] (fragmentos).

Meados de julho (?) de 1897

J.M.J.T.

Minha querida irmãzinha,

Não quero que fiqueis triste. Sabeis que perfeição eu sonho para a vossa alma, [...]

compadeço-me da vossa fraqueza [...] convosco é preciso dizer logo o que se pensa. [...]

enfermaria deveria fazer-vos entender que seria mais difícil para vós obter permissão para vir depois das matinas [...]

o demônio se afasta

Agora, só me [...]

compreendido o vosso combate, e ter-vos-ia consolado suavemente, se não o tivésseis dito em voz alta, mas que vós [...]

Adeus, pobre pequena b.[2] que precisarei levar em breve para o céu! quero-vos inteira.

C 250   Para irmã Maria de São José.

Julho (?) de 1897

J.M.J.T.

Espero que Irmã Genoveva vos tenha consolado[1], é o pensamento de que já não tendes mágoa que faz desaparecer a minha!... Ah! Como seremos *felizes* no céu, então partilharemos as perfeições divinas e poderemos dar a todos sem privar os nossos amigos mais queridos!... Deus fez [v] bem em não nos conceder este poder na terra, talvez não quiséssemos abrir mão dele. Ademais é tão bom reconhecer que só ele é perfeito, que só ele nos deve bastar quando lhe aprouver tirar o galho que sustinha a avezinha! O pássaro tem asas, é feito para voar[2]!

C 251   Para irmã Marta de Jesus.

Junho-julho (?) de 1897

J.M.J.T.

A esposinha de Jesus não deve ficar triste, pois Jesus também ficaria; deve sempre cantar no seu coração o cântico do amor. Precisa esquecer-se das suas *pequenas* aflições a fim de consolar as *grandes* penas do seu esposo.

Irmãzinha querida, não sejais uma *menina triste* quando percebeis que sois incompreendida, mal julgada, esquecida, mas surpreendei a todos procurando fazer como fazem os outros [v] ou melhor, fazendo com relação a vós mesma o que os outros vos fazem, isto é, *esquecei tudo* o que não é Jesus, *esquecei a vós mesma* por amor dele!... Irmãzinha querida, não digais que é difícil, se falo assim é por vossa culpa, vós me dissestes que amais *muito* a Jesus, e nada parece impossível para a alma que ama[1]...

Crede que vossa palavrinha me *agradou* muito![2]...

C 252   Para madre Inês de Jesus.

13 de julho de 1897

Amo-vos muito, mamãezinha, em breve o vereis!... Oh, sim!...

C 253   Para o seminarista Bellière[1].

J.M.J.T.

Jesus †   13 de julho de 1897

Meu querido irmãozinho,

Talvez, quando lerdes esta cartinha, eu não esteja mais na terra, mas no seio das eternas delícias! Desconheço o futuro, porém, posso dizer-vos com certeza que o esposo está à porta, precisaria de um milagre para reter-me no exílio e não creio que Jesus fará esse milagre inútil.

Ó meu querido irmãozinho, como estou feliz por morrer! Sim, estou feliz, não por ver-me livre dos sofrimentos deste mundo (o sofrimento unido ao amor é, pelo contrário, a única coisa que me parece desejável no vale das lágrimas), [1v]. Estou feliz em morrer por sentir que essa é a vontade de Deus e que, muito mais do que na terra, serei útil às almas que me são queridas, à vossa, particularmente. Na vossa última carta pedistes à nossa madre que eu vos escrevesse com frequência durante as férias. Se o Senhor quiser prolongar por mais algumas semanas a minha peregrinação e nossa madre o permitir, poderei rascunhar ainda algumas palavrinhas como estas, mas o mais provável é que farei mais do que escrever para o meu caro irmãozinho, mais até do que falar-lhe a linguagem cansativa da terra, estarei *pertinho* dele, verei tudo o que ele precisa [2f] e não deixarei Deus descansar enquanto não me der o que eu quiser!... Quando meu querido irmãozinho partir para a África, segui-lo-ei, não já pelo pensamento; pela oração minha alma estará sempre com ele e a sua fé saberá descobrir a presença de uma irmãzinha que Jesus lhe deu não para ser seu amparo durante apenas dois anos, mas *até o último dia da sua vida.*

Todas estas promessas, meu irmão, talvez vos pareçam quiméricas, porém, deveis começar a perceber que Deus sempre me tratou como criança mimada, embora sua cruz me tenha acompanhado desde o berço [2v], mas Jesus fez-me amar essa cruz com paixão. Sempre faz-me desejar o que me queria dar[2]. Será que deixará no céu de satisfazer os meus desejos? Francamente, não o posso crer e vos digo: "Em breve, irmãozinho, estarei perto de vós".

Ah! Suplico-vos, rezai muito por mim, as orações me são tão necessárias neste momento, mas, *sobretudo,* rezai por *nossa madre,* que teria gostado de me segurar aqui por muito tempo ainda; para o conseguir, nossa veneranda madre mandou celebrar uma novena de missas a Nossa Senhora das Vitórias que me curou na minha infância, mas eu, sentindo que o milagre não ia acontecer, pedi e obtive da Santíssima Virgem que ela consolasse um pouco o coração da minha madre ou, melhor, que a fizesse consentir que Jesus me levasse para o céu.

[2r tv] *Adeus,* irmãozinho, *até breve, até a vista* no belo céu.

Teresa do Menino Jesus da Sagrada Face
rel. carm.

C 254   Para o padre Roulland.

J.M.J.T.

Carmelo de Lisieux   14 de julho de 1897

Jesus †

Meu irmão,

Lc 22,30
Ap 7,17

Na vossa última carta (que me causou grande alegria), dissestes-me: "Sou um *bebê* que está aprendendo a falar"[1]. Pois bem! eu, há cinco ou seis semanas, também sou um nenê, pois só vivo de *leite*[2], mas em breve irei sentar-me no banquete celeste, vou matar a sede nas águas da vida eterna! Quando receberdes esta carta, sem dúvida, terei deixado a terra. Na sua infinita misericórdia, o Senhor terá aberto para mim o seu reino e poderei tomar dos seus tesouros para prodigalizá-los às almas que me são caras. Crede, meu irmão, que vossa irmãzinha manterá suas promessas e, feliz, sua alma liberta do peso do invólucro mortal, voará para as regiões longínquas que estais a evangelizar. Ah, meu irmão! Sinto, ser-vos-ei muito mais útil no céu do que sobre a terra e é com felicidade que venho anunciar-vos meu próximo ingresso nessa bem-aventurada cidade, certa de que compartilhareis minha alegria e agradecereis ao Senhor por dar-me os meios de ajudar-vos mais eficazmente nas vossas obras apostólicas.

Mt 18,10

Não pretendo ficar inativa no céu, meu desejo é continuar trabalhando pela Igreja e pelas almas. Peço isto a Deus e tenho certeza de que ele atenderá meu pedido. Sem cessarem de ver a divina face, perdendo-se no oceano infinito do amor, os anjos não se ocupam de nós continuamente[3]? Por que Jesus não me permitiria imitá-los?

Meu irmão, estais vendo que se já deixo o campo de batalha, não é com o desejo egoísta de descansar. A ideia da beatitude eterna mal faz estremecer o meu coração. Há muito que o sofrimento se tornou meu céu cá na terra e tenho dificuldade em conceber como poderei aclimatar-me num país em que a alegria reina sem mistura alguma de tristeza. Será preciso Jesus transformar a minha alma e dar-lhe a capacidade de gozar, caso contrário, não poderei suportar as delícias eternas.

O que me atrai para a pátria dos céus é o chamamento do Senhor, a esperança de amá-lo, enfim, como sempre desejei, e o pensamento de que poderei fazê-lo amar por uma multidão de almas que bendirão o seu nome eternamente.

Meu irmão, não tereis tempo de me mandar os vossos recados para o céu, mas eu os adivinho e bastar-vos-á dizê-los baixinho que vos ouvirei bem e levarei fielmente as vossas mensagens ao Senhor, à Nossa Mãe Imaculada, aos anjos, aos santos que amais. Pedirei para vós a palma do martírio e estarei perto de vós, sustentando a vossa mão para que colha sem esforço essa palma gloriosa, e depois com alegria voaremos juntos para a pátria celeste, cercados por todas as almas que tiverdes conquistado!

Até à vista, meu irmão, rezai muito por vossa irmã, rezai *por nossa Madre*, cujo coração sensível e materno tem muita dificuldade em consentir na minha partida. Conto convosco para a consolar.

Por toda a eternidade, sou vossa irmãzinha

Teresa do Menino Jesus e da Sagrada Face
rel. carm. ind.

C 255   Para o senhor e a senhora Guérin.

J.M.J.T.

Jesus †   16 de julho de 1897

Meu caro tio e minha cara tia,

Estou muito feliz de provar-vos que a vossa Teresinha ainda não deixou o exílio, pois sei que isso será de vosso agrado. Parece-me, porém, queridos tios, que a vossa alegria será ainda maior quando, em vez de ler algumas linhas escritas com mão trêmula, puderdes sentir a minha alma perto da vossa. Ah! Tenho certeza, Deus permitirá que eu espalhe suas graças a mancheias, sobre vós, minha irmãzinha Joana e seu querido Francis. Escolherei para eles o mais bonito querubim do céu [1v] e pedirei ao bom Jesus que o dê a Joana a fim de que se torne "um grande pontífice e um grande santo"[1]. Se não for atendida, será necessário que a minha querida irmãzinha desista do desejo de ser mãe na terra, mas poderá alegrar-se ao pensar que, no céu, "o Senhor lhe dará a alegria de se ver *mãe de numerosa prole*[2]", segundo prometeu o Espírito Santo ao cantar pela boca do rei profeta as palavras que acabo de escrever. Esses filhos seriam as almas que seu sacrifício bem aceito faria nascer para a vida da graça. Mas espero muito obter o *meu querubim*, isto é, uma alminha que seja a sua *cópia*, pois infelizmente nenhum querubim vai querer exilar-se, mesmo para receber as doces carícias de uma mãe!... Sl 112,9

Percebo que na minha carta nunca terei espaço para dizer tudo o que quero. [2f] Eu queria, meus queridos tios, falar-vos com detalhes da minha comunhão desta manhã[3], que fizestes tão comovedora, ou melhor, tão triunfante graças aos vossos ramalhetes floridos. Deixo à minha querida Irmã Maria da Eucaristia contar-vos os detalhes e eu quero apenas dizer-vos que ela cantou antes da comunhão uma estrofezinha que eu tinha composto para esta manhã[4]. Quando Jesus esteve no meu coração, ela cantou ainda a estrofe da poesia "Viver de amor": Morrer de amor é um martírio muito suave. Não posso dizer-vos como a sua voz era forte e bela; prometera-me não chorar para agradar-me; minhas esperanças foram muito ultrapassadas. O bom Jesus deve *ter* perfeitamente *escutado* e compreendido o que espero dele e era exatamente o que eu queria!...

[2v] Sei que as minhas irmãs falaram-vos da minha alegria; é verdade que sou como um tentilhão, menos quando estou com febre; felizmente, ela costuma

visitar-me só à noite, na hora em que os tentilhões dormem, com a cabeça escondida debaixo da asa. Eu não estaria tão alegre se Deus não me mostrasse que a única alegria na terra consiste em cumprir sua vontade. Um dia, creio-me à porta do céu pela expressão consternada do senhor de Cornière, e no dia seguinte, ele sai todo alegre, dizendo: Estais em vias de recuperação... O que penso eu (*nenezinho de leitinho*[5]), é que não sararei, mas *arrastar-me-ei* por muito tempo ainda. A Deus, meus caros tios, só no céu vos direi o meu afeto, pois enquanto eu *me arrastar*, o meu lápis não vo-lo poderá exprimir.

Vossa filhinha
Teresa do Menino Jesus
r.c.i.

C 256   Para irmã Marta de Jesus.

16 (?) de julho de 1897

J.M.J.T.

Minha querida irmãzinha, lembro-me neste momento que não comemorei o vosso aniversário[1]. Ah! Crede que é um esquecimento que me parte o coração. Era para mim motivo de tão grande alegria. Queria oferecer-vos a oração sobre a humildade[2], ainda não está toda acabada de copiar, mas em breve a tereis. Vossa gemeazinha[3] que não poderia dormir se não vos [v] enviasse esta palavrinha.

Teresa do Menino Jesus
rel. carm. ind.

C 257   Para Leônia.

J.M.J.T.

Jesus †   17 de julho de 1897

Minha cara Leônia,

Estou muito feliz por poder ainda entreter-me contigo. Alguns dias atrás não imaginava que teria ainda este consolo na terra, mas Deus parece querer prolongar um pouco meu exílio; não me aflijo com isso, pois não desejaria entrar no céu um só minuto antes do tempo, por minha própria vontade. A única felicidade na terra consiste em esmerar-se sempre em achar delicioso o quinhão que Jesus nos dá; o teu é muito belo, querida irmãzinha [v], se quiseres ser uma santa, ser-te-á fácil, pois no fundo do teu coração o mundo nada é para ti. Tu podes, como nós, ocupar-te da "única coisa necessária", quero dizer que, ao mesmo tempo em que te dedicas às obras exteriores, teu objetivo é *um só*: Agradar a Jesus, unir-te mais intimamente a ele.

Sl 15,6

Lc 10,41

Queres que, no céu, eu reze ao Sagrado Coração por ti, não duvides de que não me esquecerei de levar-lhe os teus recados e pedir tudo o que for necessário para que te tornes uma *grande santa*.

A Deus, minha querida irmã, faço votos de que a ideia do meu ingresso no céu te encha de alegria, pois poderei amar-te ainda mais.

Tua irmãzinha Teresa do Menino Jesus

[v tv] Escrever-te-ei mais longamente em outra ocasião, agora não o posso, o nenê precisa nanar¹.

C 258   Para o seminarista Bellière.

J.M.J.T.

Jesus †   18 de julho de 1897

Meu pobre e *querido* irmãozinho,

Vossa dor *comove-me profundamente*¹, mas vede como Jesus é bom. Permite que ainda possa escrever-vos a fim de consolar-vos e, sem dúvida, não é pela última vez. Esse doce salvador ouve as vossas queixas e as vossas orações, é por isso que me deixa ainda na terra. Não penseis que me aflijo por isso! Oh, não, meu querido irmãozinho! Pelo contrário, pois vejo nessa conduta de Jesus quanto ele vos ama!...

Sem dúvida, expressei-me mal na minha última cartinha, pois dizeis, meu querido irmãozinho, "para não vos pedir essa *alegria* que eu sinto com a aproximação da *felicidade*". Ah! Se por alguns instantes pudésseis ler na minha alma, como ficaríeis surpreso!² A ideia da felicidade celeste não só não me causa alegria alguma, mas ainda pergunto-me às vezes como me será possível ser feliz sem sofrer. Sem dúvida, Jesus mudará a minha natureza, caso contrário sentirei falta do sofrimento e do vale das lágrimas. Nunca pedi a Deus para morrer jovem [1v], isso parecer-me-ia covardia, mas ele, desde a minha infância dignou-se dar-me a persuasão íntima de que minha carreira nesta terra seria breve. Portanto, é só a ideia de cumprir a vontade do Senhor que me causa alegria.

Ó meu irmãozinho, como gostaria de poder derramar no vosso coração o bálsamo da consolação! Só posso tomar de empréstimo as palavras de Jesus na última ceia. Ele não poderá ofender-se com isso já que sou sua esposinha e, consequentemente, os bens dele são meus³. Como ele a seus íntimos, digo-vos: "E agora vou para aquele que me enviou e nenhum de vós me pergunta: Para onde vais? — Mas, por vos ter eu cito isso, a tristeza encheu o vosso coração. Contudo, digo-vos a verdade: é melhor para vós que eu vá"; "vós estais agora em tristeza, mas Jo 16,22 eu voltarei a ver-vos, então o vosso coração alegrar-se-á e ninguém arrebatará a vossa alegria".

Jo 16,5-7

Jo 16,22

Tenho certeza, depois do meu ingresso na vida, a tristeza do *meu querido irmãozinho* transformar-se-á numa *alegria serena* que nenhuma criatura lhe poderá arrebatar. Sinto que devemos ir para o céu pelo mesmo caminho, o do sofrimento unido ao amor. Quando eu estiver no porto, ensinar-vos-ei, caro irmãozinho da minha alma, como deveis navegar no mar turbulento do mundo; com o abandono e o amor de uma criança que sabe que seu pai a ama [2f] e não a poderia largar sozinha na hora do perigo. Ah, como desejaria fazer-vos compreender a ternura do coração de Jesus, o que ele espera de vós! Na vossa carta do dia 14[4] fizestes estremecer docemente o meu coração, compreendi mais do que nunca até que ponto a vossa alma é irmã da minha, pois é chamada a alçar-se para Deus pelo elevador do amor e não pela rude *escada* do temor... Não estranho de modo algum que a prática da familiaridade com Jesus vos pareça um pouco difícil de realizar; não se pode chegar a isso num só dia, mas tenho certeza de que vos ajudarei muito mais a caminhar por esta via deliciosa quando estiver liberta do meu invólucro mortal e, em breve, como Santo Agostinho, direis: "O amor é o peso que me impele[5]".

Eu queria tentar fazer-vos compreender por uma comparação muito simples[6], quanto Jesus ama as almas mesmo imperfeitas que confiam nele: Suponho que um pai tenha dois filhos travessos e desobedientes e, vindo castigá-los, vê um deles tremer e se afastar com terror, embora tendo no fundo do coração o sentimento de merecer o castigo; seu irmão, ao contrário, lança-se nos braços do pai dizendo que lastima tê-lo magoado, que o ama e que, para o provar, será obediente doravante; e se esse filho pedir [2v], *com um beijo*, ao pai que o puna, não creio que o coração do feliz pai possa resistir à confiança filial do seu filho cuja sinceridade e amor conhece. Não ignora, todavia, que seu filho recairá nas mesmas faltas, mas está disposto a perdoá-lo sempre se, sempre, o filho o pegar pelo coração... Nada vos digo do primeiro filho, meu querido irmãozinho, deveis imaginar se o pai pode amá-lo tanto e tratá-lo com a mesma indulgência...

Mas por que falar-vos da vida de confiança e de amor? Explico-me tão mal que preciso esperar o céu para entreter-vos sobre essa feliz vida. O que queria fazer, hoje, era consolar-vos. Ah! Como seria feliz se aceitásseis a minha morte como a aceita madre Inês de Jesus. Ignorais, sem dúvida, que ela é duas vezes minha irmã e que foi ela quem me serviu de mãe na minha infância, nossa *boa* madre receava muito que sua natureza sensível e sua grande afeição por mim lhe tornasse a minha partida muito amarga. Aconteceu o contrário; fala da minha morte como de uma festa, o que é uma grande consolação para mim; suplico-vos, meu caro irmãozinho, procurai, como ela, persuadir-vos de que, em vez de me perder, me *encontrareis*, e não mais vos deixarei. Pedi a mesma graça para a madre que estimais e que eu estimo ainda mais do que o meu irmão a estima, pois é meu Jesus visível. Dar-vos-ia com alegria o que me pedistes[7] se não tivesse feito o voto de pobreza, mas por causa dele, não posso dispor nem sequer de uma estampa, só a nossa madre pode atender a esse pedido e sei que ela [2v tv] satisfará o vosso desejo. Justamente, em razão da minha morte próxima, uma irmã me fotografou para a festa [1v tv] da nossa madre. As noviças exclamaram quando me viram, que eu tinha tomado ares⁸ de importância, parece que, habitualmente, sou mais sorridente, mas crede, meu irmãozinho, que se a minha foto não vos sorri, minha [2r tv] *alma* não deixará de *vos sorrir* quando estiver perto de vós. A Deus, meu *querido e muito amado irmão*, crede que serei, durante toda a eternidade, a vossa *verdadeira irmãzinha*.

Teresa do Menino Jesus
r.c.i.

C 259   Para irmã Genoveva.

J.M.J.T.

Jesus †   22 de julho de 1897 — Festa de Sta. Madalena

"Que o justo me fira por compaixão para com os pecadores. Que o óleo com o qual se perfuma a cabeça não amoleça a minha."   Sl 140,5

Só posso ser ferida, provada por justos, pois todas as minhas irmãs são agradáveis a Deus. É menos amargo ser ferido por um pecador do que por um justo; mas por compaixão pelos pecadores, para obter a sua conversão [v] peço-vos, ó meu Deus! que eu seja ferida por amor deles pelas almas justas que me cercam. Peço-vos ainda que o *óleo* dos elogios, tão suave para a natureza, não me amoleça a cabeça, isto é o meu espírito, fazendo-me crer que possuo virtudes que apenas pratiquei várias vezes. Ó Jesus, vosso nome é como um óleo derramado, é nesse perfume divino que eu quero banhar-me inteira, longe do olhar das criaturas...   Ct 1,2

C 260   Para o senhor e a senhora Guérin.

24-25 (?) de julho de 1897

J.M.J.T.

A Teresinha agradece muito a sua querida tia pela linda carta que lhe mandou; agradece também a seu tio querido pelo desejo que tinha de lhe escrever e a sua irmãzinha Leônia que a encanta, pelo seu abandono e sua *verdadeira* afeição.

A Teresinha manda presentes para todos os seus (infelizmente! são flores tão efêmeras como ela própria...)

(*Gravíssimas explicações* para a distribuição das flores)

Há um *amor-perfeito** para o meu tio, *um amor-perfeito* para a minha tia (sem contar todos aqueles que desabrocham para eles no jardinzinho do meu coração).

Os dois botões de rosas são para Joana e Francis, o que está sozinho é para Leônia.

Com as suas flores, a Teresinha desejaria enviar todos os frutos do Espírito Santo para seus queridos tios, particularmente o da *alegria*!

C 261   Para o seminarista Bellière.

J.M.J.T.

Jesus †   26 de julho de 1897.

Meu caro irmãozinho,

Como a vossa carta me agradou![1] Se Jesus ouviu as vossas orações e prolongou meu exílio por causa delas, também atendeu, no seu amor, as minhas, pois estais resignado a perder "minha presença, minha ação sensível" como dizeis. Ah, meu irmão! Permiti-me dizer-vos: Deus reserva para a vossa alma surpresas bem agradáveis, ela está como me escrevestes, "pouco habituada às coisas sobrenaturais" e eu que não sou por nenhum motivo a vossa irmãzinha, prometo fazer-vos provar, depois da minha partida para a vida eterna, o que se pode achar de felicidade ao sentir perto de si uma alma amiga. Não será esta correspondência mais ou menos espaçada, sempre muito incompleta, que pareceis deplorar, mas um entretenimento fraterno que encantará os anjos, um entretenimento que as criaturas não poderão censurar, visto que lhes será oculto. Ah! Como me parecerá bom estar livre desse invólucro mortal que me obrigaria, numa *hipótese impossível* a ver-me na presença do meu caro irmãozinho, no meio de muitas pessoas, olhá-lo como um desconhecido, um estranho!... Rogo-vos, meu irmãozinho, não imiteis os hebreus que tinham saudade "das cebolas do Egito", [1v] aliás, nesses últimos tempos, só vos servi em demasia esses legumes que fazem *chorar* quando se aproximam dos olhos sem estarem cozidos.

Nm 11,5

Ap 2,17

Agora, sonho em compartilhar convosco "o maná *escondido*" que o Todo-Poderoso prometeu dar "ao vencedor". É somente por estar *escondido* que esse *maná* celeste vos atrai menos do que "as cebolas do Egito"; mas tenho certeza, logo que me for permitido servir-vos um alimento todo espiritual, não sentireis mais saudade daquela que vos teria servido caso tivesse permanecido na terra. Ah! Vossa alma é grande demais para prender-se a qualquer consolação da terra. É nos céus que deveis viver antecipadamente, pois está escrito: "Onde está o vosso tesouro, aí está o vosso coração". Vosso *único tesouro não é Jesus?* Já que ele está no céu, aí deve morar o vosso coração, e digo-vos simplesmente, meu querido irmãozinho, parece-me que vos será mais fácil viver com Jesus quando eu estiver perto dele para sempre.

Mt 6,21

Seria preciso conhecer-me apenas imperfeitamente para pensar que um relato detalhado das vossas faltas pudesse diminuir a ternura que tenho para com a vossa alma! Ó meu irmão, crede, não precisarei "pôr a mão na boca de Jesus"! Há muito tempo ele se esqueceu das vossas infidelidades, só os vossos desejos de perfeição estão presentes para alegrar-lhe o coração. Suplico-vos, não vos *arrasteis* mais a seus *pés*, segui o "primeiro impulso que vos leva nos seus braços", [2f] aí está o vosso lugar e constatei mais do que nas cartas anteriores que vos é *proibido* ir para o céu por outro caminho diferente do de vossa pobre irmãzinha.

Sou completamente da vossa opinião, "o coração divino sofre mais tristeza pelas mil pequenas indelicadezas dos seus amigos que pelas faltas até graves cometidas pelas pessoas do mundo", mas, meu caro irmãozinho, parece-me que é *apenas* quando os seus, não se dando conta das contínuas indelicadezas fazem delas um hábito e não lhe pedem perdão, que Jesus pode dizer estas palavras comovedoras que nos são colocadas na boca pela Igreja durante a Semana Santa: "Estas chagas que vedes no meio das minhas mãos são as que recebi na casa dos que me *amavam*". Para os que o *amam* e, depois de cada indelicadeza, vêm pedir-lhe perdão lançando-se nos seus braços, Jesus vibra de alegria. Ele diz aos seus anjos o que o pai do filho pródigo dizia aos seus servidores: "Veste-o com a túnica de antes; ponde-lhe um anel no dedo, regozijemo-nos". Ah, meu irmão! Como *a bondade, o amor misericordioso* de Jesus são pouco conhecidos!... É verdade que, para gozar destes tesouros, é preciso humilhar-se, reconhecer o próprio nada, e é isso o que muitas almas não querem fazer, mas, meu irmãozinho, não é assim que procedeis por isso o caminho da confiança simples e amorosa é feito para vós.

Zc 13,6

Lc 15,22

É meu desejo que fôsseis *simples* com Deus, mas também... comigo, estais espantado com a minha frase? É que [2v], meu caro irmãozinho, pedis-me *perdão* "pela vossa *indiscrição*" que consiste em desejar saber se, no mundo, *vossa irmã* se chamava Genoveva; eu acho a pergunta muito natural; para prová-lo vou dar-vos pormenores sobre a minha família, pois não fostes muito bem informado.

Deus me deu um pai e uma mãe mais dignos do céu do que da terra; pediram ao Senhor que lhes desse muitos filhos e os tomasse para si. Este desejo foi atendido. Quatro anjinhos voaram para o céu e as cinco filhas que ficaram na arena tomaram a Jesus por esposo. Foi com uma coragem heroica que meu pai, como um novo Abraão, subiu três vezes a montanha do Carmelo para imolar a Deus o que tinha de mais caro. Primeiramente, foram as duas mais velhas e, depois, a terceira das suas filhas[2], a conselho do seu diretor e conduzida pelo nosso incomparável pai fez uma tentativa num convento da Visitação (Deus contentou-se com a aceitação, *mais tarde* voltou ao mundo onde vive como se estivesse no claustro). Só restavam ao eleito de Deus duas filhas, uma de dezoito anos e a outra de quatorze. Esta, "a Teresinha", pediu-lhe para voar para o Carmelo, o que obteve sem dificuldade por parte do seu bom pai, que levou a condescendência até conduzi-la a Bayeux e, depois a Roma, a fim de levantar os obstáculos que

Gn 22,2-10

atrasavam a imolação daquela que ele chamava de sua rainha. Depois de levá-la ao porto, ele disse à única que lhe restava³: "Se quiseres seguir o exemplo das tuas irmãs, consinto, não te preocupes comigo". O anjo que devia amparar a velhice de tal santo respondeu-lhe que *após sua partida para o céu*, voaria também para o claustro, o que encheu de alegria aquele que vivia só para Deus⁴. Mas tão bela vida devia ser coroada por uma provação à altura. Pouco tempo depois da minha partida, o pai que nós amávamos com justo título foi tomado por um ataque de paralisia nas pernas que reincidiu por várias vezes, mas não podia ficar nisso; a provação teria sido suave demais, pois o heroico patriarca havia-se oferecido como vítima a Deus⁵. Por isso a paralisia mudou de rumo e fixou-se na cabeça venerável da vítima que o Senhor aceitara... Falta-me espaço para fornecer-vos pormenores comovedores, quero apenas dizer-vos que tivemos de beber o cálice até à última gota e separar-nos, durante três anos, do nosso venerando pai, confiando-o a mãos religiosas, porém estranhas. [2v tv] Ele aceitou esta provação da qual compreendia toda a humilhação e levou o heroísmo até não querer que se pedisse pela sua cura.

[2r tv] A Deus, meu querido irmãozinho, espero escrever-vos novamente se o tremor da minha mão não aumentar, pois fui obrigada a escrever esta carta por etapas. Vossa irmãzinha, não *"Genoveva"*, mas *"Teresa"* do Menino Jesus da Santa Face.

C 262   Para irmã Genoveva.

3 de agosto de 1897

Ó meu Deus, como sois meigo para com a vitimazinha do vosso amor misericordioso! Agora mesmo que juntais o sofrimento exterior às provações da minha alma¹, não posso dizer: "As angústias da morte me cercaram", mas exclamo na minha gratidão: "Desci ao vale da sombra da morte [v], todavia não temerei mal algum, porque estais comigo, Senhor²!"

Sl 17,5

Sl 22,4

(Para a minha querida irmãzinha Genoveva de Sta. Teresa)
— 3 de agosto de 1897 — St XXII, 4.

C 263   Para o seminarista Bellière.

J.M.J.T.

Carmelo de Lisieux   10 de agosto de 1897

Jesus †

Meu querido irmãozinho,

Estou prontinha para partir, recebi meu passaporte para o céu e foi meu pai querido que me obteve esta graça, no dia *29* deu-me a garantia que eu iria encontrá-lo brevemente¹; no dia seguinte, o médico espantado pelos progressos que a doença fizera em dois dias, disse à nossa boa madre que chegara o momento de atender aos meus desejos fazendo-me receber a unção dos enfermos. Tive pois esta felicidade no dia 30, e também a de ver sair para mim do tabernáculo Jesus Hóstia, que recebi como viático para a minha *longa* viagem!... Este pão do céu fortaleceu-me, ora veja, a minha peregrinação parece não poder terminar. Longe de reclamar, regozijo-me por Deus ainda me permitir sofrer por seu amor. Ah! Como é doce abandonar-se em seus braços sem temores nem desejos.

Confesso-vos meu irmãozinho, que não compreendemos o céu da mesma maneira². Parece-vos que por participar da justiça, da santidade de Deus, eu não poderei, como na terra, desculpar as vossas faltas. Estais vos esquecendo, então, que participarei também da *misericórdia infinita* do Senhor? Creio que os bem-aventurados têm grande compaixão das nossas misérias, lembram-se que, sendo frágeis e mortais como nós, cometeram as mesmas faltas, sustiveram os mesmos combates³ e sua ternura fraternal passa a ser ainda maior [v] do que era na terra, é por isso que eles não cessam de proteger-nos e rezar por nós.

Agora, meu caro irmãozinho, preciso falar-vos da *herança* que vos caberá depois da minha morte. Eis a parte que nossa madre vos dará: 1º O relicário que recebi no dia da minha tomada de hábito e que, desde então, nunca mais me deixou. 2º Um pequeno crucifixo que me é incomparavelmente mais caro do que o grande, pois este que tenho agora não é mais o primeiro que me fora dado. No Carmelo, trocam-se, de vez em quando, os objetos de piedade, é um bom meio para impedir o apego. Volto ao pequeno crucifixo. Não é bonito, o rosto de Cristo quase sumiu, não ficareis surpreso quando souberdes que desde a idade dos treze anos esta lembrança de uma das minhas irmãs⁴ acompanhou-me por toda a parte. Foi sobretudo durante a minha viagem à Itália que este crucifixo passou a ser precioso para mim. Eu o fiz tocar todas as insignes relíquias que tive a felicidade de venerar, dizer o número delas seria impossível; além do mais, foi bento pelo santo padre. Desde que adoeci, tenho quase sempre em minhas mãos nosso querido crucifixozinho; ao olhá-lo, penso com alegria que, depois de ter recebido os meus beijos, irá reclamar os do meu irmãozinho. Eis no que consiste a vossa *herança*; além disso, a nossa madre dar-vos-á a última estampa que pintei⁵. Vou concluir, meu querido irmãozinho, por onde devia ter começado, agradecendo-vos pela *grande alegria* que me destes, mandando-me a vossa foto.

[v tv] A Deus, meu querido irmãozinho, que ele nos conceda a graça de amá-lo e de lhe salvar almas. Este é o voto que formula

Vossa indigna irmãzinha
Teresa do Menino Jesus da Santa Face
r.c.i.

(Foi por escolha que me tornei vossa irmã.)

[r tv] Felicito-vos pela vossa nova dignidade; dia 25, quando festejar meu caro irmãozinho, terei a felicidade de festejar também meu irmão Luís da França⁶.

C 264   **Para irmã Maria da Trindade¹.**

Para minha querida irmãzinha, lembrança
dos seus 23 anos. — 12 de agosto de 1897.

Que a vossa vida seja toda de
humildade e de amor, a fim de
em breve virdes para onde vou:
nos braços de Jesus!...

Vossa irmãzinha, Teresa do Menino Jesus da Sagrada Face.

C 265   **Para irmã Maria da Eucaristia¹.**

22 de agosto de 1897

Para a minha querida irmãzinha Maria da Eucaristia, lembrança dos seus 27 anos — Teresa do Menino Jesus.

C 266   **Para o seminarista Bellière¹.**

25 de agosto de 1897

Frente:
Não posso temer um Deus que se fez por mim tão pequeno... amo-o!... pois é só amor e misericórdia!

Verso:
Última recordação de uma alma irmã da vossa

T. do M. J.

NOTAS

C 1

1. Louise Magdelaine (1860-1939), amiga de Paulina desde o internato na Visitação de Le Mans.
2. Irmã Marie-Aloysia Vallée (1841-1903), uma das mestras preferidas de Paulina. Cf. C 160.
3. Irmã Marie-Louise de Gonzague Vétillard (1849-1884), diretora do internato.

C 3

1. Maria participa de um retiro de antigas alunas, no Mans. Celina, com oito anos, segura a mão da irmã.

C 4

1. Paulina anota, na margem: "Teresa redigiu esta carta, dirigi a mão dela para escrever".

C 5

1. Paulina e Maria estavam em Paris, com o pai, para visitar a Exposição. Teresa ficou com a tia Guérin.
2. Em Saint-Ouen-le-Pin, a uns dez quilômetros de Lisieux. Teresa passou diversas férias naquele lugar campestre.

C 6

1. Paulina está viajando com o pai. Das cartas que restam, esta é a primeira que Teresa escreveu sozinha; razão da ortografia infantil.
2. Pauline Romet (1829-1889), amiga da família, madrinha de Paulina.
3. "Pintar".

C 7

1. Paulina está de férias em Houlgate (Calvados), na casa de uma amiga de internato, Marie-Thérèse Paullu du Bellay (1862-1951).
2. Quarta-feira, 29 de junho, festa de São Pedro e São Paulo.
3. Irmã da anterior.

C 9

1. Irmã Maria-Dositéia Guérin.
2. Diminutivo dado a Teresa pelas carmelitas, em lembrança de Teresita de Jesus, sobrinha de Santa Teresa d'Ávila, que ingressou no mosteiro aos nove anos de idade.

C 10

1. Linhas a lápis, no verso de uma estampa do Sagrado Coração pintada por Teresa. Celina completara catorze anos no dia anterior.

C 11

1. Livrinho de preparação para a primeira comunhão, inteiramente feito à mão por Irmã Inês de Jesus; cf. Ms A, 33r.
2. Sacrifícios ou atos de virtude. Cf. Ms A, 11r.

C 12

1. Dedicatória no verso de uma estampa de renda: "A Pastorinha".

C 13

1. Dedicatória no verso de uma estampa pintada por Irmã Inês de Jesus.

C 14

1. Dedicatória no verso de uma estampa colorida.
2. Tratar-se por "irmã" era frequente entre as filhas Martin e Guérin, primas irmãs.

C 15

1. Dedicatória no verso de uma estampa do Sagrado Coração.

C 16

1. Durante as férias em Deauville, de 3 a 10 de maio.
2. Retiro preparatório para a comunhão solene de Teresa.
3. Associação da qual Teresa faz parte desde 31/5/1882.

C 17

1. Dedicatória no verso de uma estampa pintada por Teresa.

C 18

1. Teresa enfeita sua carta com uma flor costurada, enquadrada pelas seguintes palavras: "Resedá colhida no meu jardim".
2. Viagem turística de cerca de seis semanas nos Balcãs.
3. Dia de São Luis, 25 de agosto.

C 19

1. Valentine Papinau (1835-1898), professora de Teresa de março de 1886 a fevereiro de 1888. Cf. Ms A, 39v.
2. Em quantidade.
3. De Corpus Christi (24 de junho), solenizada no domingo 27.

C 20

1. Na capela do Carmelo.

C 21

1. O padre Pichon, conselheiro espiritual de Maria desde 1882, volta do Canadá após dois anos de ausência. Ela quis revê-lo antes de ingressar no Carmelo em 15 de outubro.
2. Alphonse Pichon, irmão do padre.
3. Nome verdadeiro: Marie Hubert, empregada dos Martin.

C 22

1. Irmã Genoveva anotou: "Nos Buissonnets, Teresa ofereceu-me um pente para colocar nos cabelos. — Na véspera de primeiro de abril, recebi um sobrescrito dentro do qual ela tinha desenhado um peixe com tinta vermelha, verde e roxa. Esse peixe tinha um pente à guisa de diadema!".

Os textos estão acima e abaixo do peixe; a última frase está oculta por tiras de papel transversais grudadas nas extremidades.

C 23

1. De férias em Trouvilie. Teresa vem passar alguns dias.
2. Um dos apelidos de Maria Guérin, cujo segundo sobrenome é Luisa.

3. Abreviação de "Filha de Maria". Teresa fora recebida na associação no dia 31 de maio anterior.

C 24

1. Muito provavelmente a própria Joana.
2. Trata-se, sem dúvida, da própria Teresa.
3. Josefina e Clemência Pigeon, amigas dos Guérin.

C 25

1. O dentista.
2. Leônia ingressa na Visitação de Caen em 16 de julho.
3. Pássaros das ilhas que Teresa comprara para Celina no mês anterior, na Exposição do Havre.
4. Maria Guérin.

C 26

1. Em La Musse.

C 27

1. Dia de feira em Lisieux, com afluência à farmácia Guérin.
2. Sobre essa entrevista, cf. Ms A, 50v.
3. Última frase de um marcador de breviário de Teresa d'Ávila.
4. Retiro comunitário pregado pelo padre Pichon, diretor espiritual de Maria do Sagrado Coração.
5. Madre Maria de Gonzaga.

C 28

1. Rascunho. — A carta foi mandada? Caso afirmativo, por que padre Pichon não respondeu e por que Teresa não teria conservado a resposta?
2. O primeiro cordeiro é Irmã Inês de Jesus.

C 29

1. Pelos preparativos da viagem a Roma.
2. Rascunho inacabado.

C 30

1. Alusão a três curtas estadas de Maria em Paris.
2. Cf. Ms A, 56v. Desde muito tempo, a família Martin gostava desse santuário.
3. Às primas Joana e Maria Guérin.
4. Irmã Inês de Jesus.

C 31 A

1. Cf. Ms A, 57v.
2. Eis, segundo Celina, os lugares visitados pelos Martin: Praça São Marcos e a Igreja, Palácio dos Doges, Palácio dos Chambord, vidraria, fábrica de rendas com 5.000 operárias, igreja de Santa Maria dos Irmãos, com mausoléus de Canova e de Ticiano, igreja dos frades dominicanos, dos carmelitas perto da estação ferroviária etc. — Com o recuo do tempo, Teresa parece ter conservado de Veneza uma impressão de tristeza; cf. Ms A, 59r.
3. Sem dúvida, deve-se ler: *P.S.*, ou talvez: "Para Celina e Teresa"?

4. A empregada dos Buissonnets (nome não consignado).
5. Marcelina Rusé, empregada dos Guérin. Cf. C. 120.

C 32

1. Santa Elisabete de Hungria, 19 de novembro.
2. Lapso por: "além dos montes".

C 31 B

1. Teresa retoma e completa a carta iniciada em Veneza no dia 10 de novembro; cf. 31 A.

C 33

1. Teresa obterá satisfação de outra maneira; cf. Ms A, 62r.

C 34

1. A respeito da resposta dilatória de dom Hugonin, cf. Ms A, 62r.
2. Sugerido por Irmã Inês, a partir de uma poesia (publicada em CG, p. 1169s.), o símbolo da bolinha ocupa um lugar de destaque na vida e nos escritos de Teresa nessa época. Cf. C 36, 74, 76, 78, 79, 176; Ms A, 64r; RP, est. 12. Ver também CG, p. 288.

C 36

1. Dom Germain, de Coutances, que presidia a romaria das duas dioceses.
2. Cf. Ms A, 63v.
3. Teresa receia causar aflição a seu pai.

C 37

1. A respeito da visita a Florença, cf. Ms A, 66r.
2. Cf. Ms A, 65v.

C 38 B

1. Este texto é cópia (passada a limpo), por ocasião do Processo dos Escritos (1910), de dois rascunhos autógrafos muito rasurados (C 38 A e 38 B; ver CG, p. 325s.). Enfim, o senhor Guérin redige uma versão definitiva que Teresa transcreve tal e qual (C 38 C em CG, p. 331) para mandar para dom Hugonin, em 16 de dezembro.

C 40

1. A autorização para ingressar no Carmelo.
2. Texto inacabado.

C 41

1. Rascunho do punho de irmã Inês, que Teresa só copiou.

C 42

1. Os parlatórios (visitas) ficam suprimidos durante a quaresma.
2. Leônia deixou a Visitação em 6 de janeiro.
3. Irmão de Madre Maria de Gonzaga.

C 43 B

1. Redação definitiva. O rascunho (43 A, em CG, p. 341s.) comportava a seguinte frase, não retomada aqui: "Creio que Deus me manda essas provações a fim de que eu não deseje nada, nem aquilo que creio ser o melhor..."

2. Irmã Maria do Sagrado Coração fará profissão "no interior", isto é, na sala do Capítulo, na clausura, em 22 de maio.

3. Dois de abril, primeiro dia de parlatório possível, depois da quaresma.

4. Data do seu ingresso no Carmelo.

5. Madre Maria de Gonzaga.

C 44

1. Cf. Ms A, 72v.

2. Cópia inacabada de um rascunho fornecido por Irmã Inês de Jesus. Desconhece-se a sequência do texto.

C 45

1. C 44.

2. "Descontentes", subentendido "por não terem sido informados".

3. Portaria do Carmelo.

4. Esse símbolo de enterramento (inspirado pela oração do general de Sonis, cf. CG, p. 1170) alterna, a partir de agora, com o do brinquedinho (C 34) nas cartas de Teresa; cf. C 49, 54, 74, 82, 85, 86, 95, 103, 114. Também, Ms C, 2v; Op 2; e CG, p. 349+d.

5. Atribuídas a Santo Agostinho.

C 46

1. Iniciais de Jesus, Maria, José, Teresa (d'Ávila).

2. Nesta primeira carta dirigida por Teresa a seu pai desde seu ingresso no Carmelo, em 9 de abril, parece deleitar-se em acumular os apelidos afetuosos dados pelo senhor Martin às suas filhas: "rainhazinha" (aparece cinquenta vezes nas cartas da postulante); "órfã da Beresina" (tirado de um romance lido nos Buissonnets, cf. C 63, 66, 72, 116); "pérola fina": Paulina (cf. C 48, 52, 58, 61, 63); "Diamante": Maria (do Sagrado Coração; C 48, 51, 52, 58, 61,63); "Boêmia": também Maria.

3. "Estátuas em cima de cornijas bonitas... em êxtase." Teresa arremeda o guia ouvido em Roma; cf. Ms A, 61r e CG, p. 362+d.

4. Expressão local que significa: "Eis que estás protegido dos perigos do mundo". (Nota de Madre Inês).

C 47

1. Reminiscência provável de uma máxima de Santa Maria Madalena de Pazzi.

C 48

1. O próprio senhor Martin.

2. Diante da estátua do Menino Jesus, na clausura. Cf. Ms A, 72v.

C 49

1. Fazia-se acompanhar de uma violeta.

2. Por obediência, Teresa para de escrever ao ouvir o sino bater, sem terminar a palavra iniciada.

3. Santa Teresa d'Ávila, *Caminho da Perfeição*, cap. XLII.

4. A respeito deste símbolo, cf. C 54, n. 3.

5. Irmã Maria do Sagrado Coração era o "anjo" de Teresa, encarregado de iniciá-la nos costumes do Carmelo.

C 50

1. A doença de Pott.
2. Retiro comunitário entre Ascensão e Pentecostes.
3. Apelido dado a Teresa por Maria Guérin.
4. Lampadinha rudimentar, de querosene, dada por Maria à prima.
5. Alusão a Sansão.
6. Abreviação de "postulante carmelita indigna".
7. Irmã Maria do Sagrado Coração.

C 51

1. Recomendara um pouco de jardinagem à postulante.
2. O senhor Félix Benoit, magistrado de Caen.

C 52

1. Vinho fortificante.
2. Codornas.

C 53

1. O boné de primeira comungante.
2. Para a festa de Madre Maria de Gonzaga, 21 de junho; esquete composto por Irmã Inês de Jesus e publicado em VTn. 71 (cf. *Poesias* II, p. 180-183).
3. Quinze de junho. Celina comunicou ao pai a sua vocação para o Carmelo.
4. Nove de abril, dia da entrada de Teresa no Carmelo. Celina tinha recebido um pedido de casamento que a deixava indecisa quanto à via a seguir.
5. Cf. PN 26, 3, 2.

C 54

1. A respeito desse apelido de Teresa, cf. CG, p. 378+b. — O "cordeiro", Irmã Inês, está em retiro por dez dias, desde primeiro de julho.
2. Alusão ao ofício litúrgico de Santa Cecília; "A virgem Cecília cantava no seu coração só para o Senhor" (primeiro responso de matinas). Cf. PN 3. — É a primeira vez, nos Escritos, que ela menciona essa santa.
3. Símbolo importante para Teresa, o caniço está em suas armas (Ms A, 85v). Reencontra-se em C 49 e 55, e também em CC 84, 85, 120; cf. CG, p. 379+g. Por ocasião de sua tomada de hábito, Teresa recebeu um caniço como emblema para marcar certas peças.

C 55

1. Bilhete passado debaixo da porta da cela de Teresa por Irmã Inês.
2. Vinte e uma horas, horário solar.
3. A palma de Inês, cf. C 54.

C 56

1. Durante o retiro, quando em comunidade, as irmãs mantinham o véu descido no rosto, sinal de solidão.
2. Embora menos repetido que o desejo de amar, o de ver Deus está longe de ficar ausente ou secundário em Teresa, como se deduziu abusivamente de CA 15.5.7. Cf. PN 5,5 e 13; 17, 15; 18, 54; 22, 17; (23, 3); 24, 27; 33,2; 36,4; RP 3, 12v (3f.), 19r/v, 20v; Ms C, 4v; C 95, 96, 186, 254.
3. Santa Teresa d'Ávila, *Caminho da Perfeição*, cap. XLII.

C 57

1. "O 'Lírio-perpétua', em nossa linguagem comum, significava o matrimônio", anotou Irmã Genoveva.

2. Sempre-viva: flor-símbolo atribuída a Celina por Irmã Inês de Jesus. Isso explica porque Teresa escreve *immortelle*, no feminino, sem preocupação da concordância com lírio.

3. Cf. Ms A, 2r/3r.

4. A própria Teresa.

5. Citação de Arminjon, *Fim do mundo presente...*, p. 290. Resposta a Celina que acaba de citar: "Agora, minha vez" (CC 86) que encontrou num caderno escolar onde Teresa copiou passagens de Arminjon em 1887. Essa leitura exerceu influência considerável em Teresa adolescente (cf. Ms A, 47r/v; C 94, 107, 157, 169, todas destinadas a Celina). A citação de são Paulo (2v) também está em Arminjon.

6. Cf. Im I, 11, 4.

7. Madre Maria de Gonzaga.

8. No final da oração matutina.

C 58

1. Pauline Romet.

2. Im I, 1, 3.

C 59

1. O senhor David, primo-irmão da senhora Fournet, mãe da senhora Guérin, está muito doente.

C 60

1. Cf. Arminjon, *op. cit.*, p. 312.

2. Lamennais, *Uma voz de prisão*. A senhora Martin gostava de citar esse texto.

3. Suas primas, Joana e Maria Guérin.

C 61

1. Cf. C 60, n. 2.

C 62

1. Senhora Tifenne, madrinha de Leônia.

2. No castelo de La Musse, que os Guérin acabam de herdar com a morte do senhor David.

3. Celina e Helena Maudelonde, primas-irmãs de Joana e de Maria Guérin.

C 63

1. Para a tomada de hábito de Teresa, o senhor Martin já manda rendas feitas com o ponto de Alençon.

2. Cf. Ms A, 14r.

3. Parque privado situado próximo aos Buissonnets.

4. Teresa tinha visitado Lyon ao voltar de Roma.

C 64

1. Citado em Im III, 58, 9.

C 65

1. Santa Celina, virgem, padroeira de Meaux e companheira de Santa Genoveva.
2. A separação de Teresa.
3. Im I, 11, 4.
4. *Ibid.*, III, 5, 4.
5. Santa Teresa d'Ávila. *Castelo interior, Sétimas moradas*, cap. IV.
6. Senhor Swetchine. Cf. CA 23. 7.5.
7. Cf. Ms A, 48r.
8. O padre Pichou. Embarca em 3 de novembro, no Havre. Teresa não voltará a vê-lo em vida.

C 66

1. Cf. Ms A, 72r.
2. Apelido dado pelo senhor Martin a Celina. A intrépida número um era Maria.

C 67

1. A doença do senhor Martin.

C 69

1. Até os vinte e um anos, Teresa será dispensada do jejum. Nesse primeiro inverno, provavelmente, deu-se um braseiro à postulante.

C 70

1. Antiga aluna do internato das beneditinas e Filha de Maria, Teresa tinha recebido o convite para o 25º aniversário da ereção da associação, em 13 de dezembro. Segundo uma tradição oral, foi Irmã Inês quem redigiu o rascunho desta carta. Teresa só o recopiou.
2. Interpretação gratuita por parte de Irmã Inês, "para agradar" a destinatária.
3. Admissão à tomada de hábito pelo Capítulo conventual.

C 71

1. Durante a hora livre que antecede Matinas, das 20 às 21 horas, o repouso é permitido.
2. Naquela época, uma postulante podia ser facilmente dispensada de participar, no coro, das "Pequenas Horas" (prima, terça, sexta e nona), recitadas às 7 horas.
3. Cf. Im I, 1, Reflexões.
4. Para esse apelido de Teresa, ef. CG, p. 423+e.
5. Uma coroa de lírios artificiais. Cf. C 73.

C 72

1. Cf. C 46, n. 3.

C 74

1. Essa mão, por enquanto, é a de Irmã São Vicente de Paulo. Cf. C 76.
2. Mesmo desejo, no ano seguinte, no bilhete de profissão, 8 de setembro de 1890, cf. Op 2.

C 75

1. Apelido dado a Irmã Maria do Sagrado Coração pelo padre Pichon.
2. Alusão a seu afeto excessivo por Madre Maria de Gonzaga; cf. Ms C, 22r.

C 76

1. Sem dúvida, por ocasião da experimentação de alpargatas (calçados de lona com solas de cordas). Irmã São Vicente de Paulo multiplicava as reflexões ofensivas para Teresa que se contentava em sorrir.

2. Teresa está em retiro. Sé pode falar com a priora e a mestra de noviças.

3. Data inicialmente prevista para a tomada de hábito. Cf. CG, p. 433.

4. O padre Pichon.

5. A respeito desse nome "mamãe", cf. Ms A, 13r e 80v; C 106, 110, 252; CA 30.7.12.

C 77

1. Última carta que Teresa escreveu a seu pai, nos Buissonnets. Aquelas que ela escreveu posteriormente foram todas destruídas.

2. Fruta surpresa que explodia mediante um pavio aceso, lançando uma chuva de bombons.

3. Apelido dado pelo senhor Martin a Teresa, devido a seus cabelos loiros.

4. No dia da tomada de hábito, a postulante podia sair da clausura durante parte da cerimônia.

C 78

1. Pelas Irmãs que vão falar com a priora.

C 79

1. Exclamação costumeira do senhor Martin; cf. CG, p. 441+c.

C 80

1. Dedicatória no verso de uma estampa.

2. Irmã Marta tomou o hábito em 2 de maio de 1889.

3. Primeira aparição, na assinatura de Teresa, da expressão "da Sagrada Face". Cf. Ms A, 71r; e C 87, n. 5.

4. Abreviatura de "noviça carmelita indigna".

C 81

1. A doença do senhor Martin.

2. Teresa d'Ávila, *Caminho da Perfeição*, cap. XXXIII.

3. Cf. Im III, 49, 2.

4. Pensamento do padre Pichon.

5. Reflexões humilhantes a respeito da doença do pai delas.

6. Palavra de São João da Cruz. Cf. Ms A, 48r, 73v, C 183, 185 e 188. Notar que muito antes do verão de 1887, Teresa leu na *Imitação* (que decorou cedo): "Jesus Cristo quis sofrer e ser desprezado" (Im 11, 1, 5).

7. Cf. marcador de breviário de Teresa d'Ávila.

C 82

1. Depois de uma crise grave, o senhor Martin foi hospitalizado no Bon Sauveur de Caen, em 12 de fevereiro.

2. Expressão do padre Pichon; cf. C 112 e 165.

3. Cf. Santa Teresa d'Ávila, *Exclamações* 13.

C 83

1. Pauline Romet.
2. Ler: "noviça" e não "postulante".

C 84

1. "Minha tia tinha pago um trabalho feito por Teresa", anotou Irmã Genoveva.
2. Maria Guérin, encarregada da vigilância dos Buissonnets, na ausência de Celina e de Leônia, instaladas em Caen.

C 85

1. De uma carta do padre Pichon para Teresa.
2. Lamennais, *Uma voz de prisão*.
3. Arminjon, *op. cit.*, p. 300.
4. De uma carta do padre Pichon para Irmã Maria do Sagrado Coração.
5. São João da Cruz, CE, est. IX c XI.

C 86

1. Eis o sonho de Celina: Se soubesses com que sonhei, outra noite! Acabavas de morrer mártir, um homem levara-te para a mata para te matar, vira-te partir para o martírio com inveja... aguardava o que ia acontecer quando, de repente, vimos uma fumacinha elevar-se, e um passarinho cantou, então, dissemos um para o outro: O sacrifício está concluído! Teresa é mártir... Com essa notícia, meu coração vibrou: E eu, vou ficar separada da minha Teresa querida? Oh, não, não é possível, alguma coisa fazia-me esperar pela mesma felicidade. De fato, enquanto ando pelo campo, um menino, aprendiz de sapateiro, lança-se sobre mim e golpeia minha garganta diversas vezes com sua sovela. Estava tão feliz que não pensava em fugir; mas tampouco morria, talvez porque a criança era fraca. Porém, sua raiva aumentava sempre mais e acabou por me arrancar os olhos [...] acordei, lastimando que esse sonho não fosse realidade". (Para Teresa, C 110, 13/3/1889.)

C 87

1. Cf. P. d'Argentan, *Conférences sur les grandeurs de Dieu*, t. II, cap. XI.
2. Cf. Im III, 47, *Reflexões*, por Lamennais.
3. Nessa quinta-feira, 4 de abril, celebraram-se as Primeiras Vésperas da festa do Precioso Sangue de N.S.J.C., fixada, então, para a sexta-feira da quarta semana da quaresma.
4. Cf. C 54, n. 2.
5. São numerosas as cartas desse período que evocam a Face de Cristo (em 1889: C 87, 95, 98; em 1890: C 102, 105, 108, 110, 117), a maioria das vezes, em referência à estampa da Sagrada Face propagada pelo Oratório de Tours; cf. Ms A, 71r e CG, p. 488s. Para a devoção de Teresa, no último período da sua vida, cf. Op 12 (*Consagração à Sagrada Face*) e *Orações*, p. 118s.

C 88

1. Maria e Joana Primois, amigas da família Martin.
2. Celina e Leônia, as "exiladas de Caen" (Ms A, 73v), que foram morar numa pensão próxima ao Bon Sauveur.
3. Esse presente comove Teresa por lhe lembrar o pai, tão feliz, outrora, em oferecer sua pesca às suas carmelitas.

C 89

1. Celina completará 20 anos no dia 28 de abril.
2. Cf. Camus, *Esprit de Saint François de Sales*, III, 27; sentença citada pelo padre Pichon em sua instrução de 13 de outubro de 1887.
3. Padre Pichon, conferência de retiro, outubro de 1887.
4. *Ibid.*, maio de 1888.
5. *Ibid.*, maio de 1888.

C 90

1. Estátua do Menino Jesus no claustro.
2. Comunhão de domingo. A comunhão diária não estava em uso, então, no Carmelo.
3. Cf. Im III, 47, *Reflexões*; e C 173.
4. Teresa se engana; Leônia completará vinte e seis anos em 3 de junho.

C 91

1. Irmã Maria do Sagrado Coração lhe escrevera: "Uma palavrinha para a vossa irmã mais velha, minha irmã Maria dos Anjos mo permitiu. Consolai-me um pouco, meu coração sofre, apesar de tudo, quando penso em nosso querido pai". (C 112.)
2. Cf. Ms A, 33r.
3. Começa-se a dispersar a mobília dos Buissonnets, agora inútil. Ver CG, p. 484+d.

C 92

1. Eis um trecho da carta de Maria, então em visita à Exposição de Paris: "Mais uma vez, venho atormentar-te e sei por antecipação que não vais ficar contente comigo, mas o que queres, sofro tanto e me sinto melhor quando derramo todas as minhas tristezas no teu coração. Paris não é feita para curar os escrupulosos, não sei para onde olhar; se desvio de uma nudez, encontro outra e assim vai o dia inteiro, é para morrer de tristeza; parece-me que é por curiosidade, preciso olhar tudo, parece que é para eu olhar coisas ruins. Não sei se vais me compreender, tenho tantas coisas na minha pobre cabeça que não sei como organizá-las. O demônio não deixa de trazer à minha lembrança todas as coisas ruins que vi durante o dia, o que constitui outro motivo de tormento. Como queres que comungue amanhã e sexta-feira?; não posso. É a maior provação. Nunca tinha sentido tanto amor pela comunhão; sinto que ficaria inundada de consolações, me sentiria fortificada se pudesse ter Deus no meu coração; sem isso, ele está tão vazio, meu pobre coração, cheio de tristeza, nada consegue distrair-me. Oh! Que cidade, essa Paris, há mais felicidade na casinha da rua Condorcet. Sabes onde é que me sinto mais feliz? Na igreja; pelo menos posso aí descansar os olhos olhando o sacrário; sinto-me no meu meio, o restante não foi feito para mim; não sei como se pode viver aqui. É um verdadeiro inferno para mim". (Para Teresa, C 113, 29 de maio de 1889.)
2. Nesse mesmo dia, 30 de maio.
3. Cf. pasta sobre o demônio, TrH, p. 128ss.
4. Cf. Ms A, 39r e 44r.

C 93

1. Maria acabava de escrever-lhe: "Irmãzinha querida, vou dizer-te uma coisa que vai te agradar imensamente, estou muito menos escrupulosa. Há um ponto, porém, que me perturbou bastante. Foi na véspera de uma das minhas comunhões. Receava, ou melhor,

tinha certeza de ter cometido o meu pecado (compreendes, não?; não me achava digna de receber Deus e não tinha conseguido encontrar mamãe para lhe comunicar as minhas inquietações. Então, disse tudo para Celina. Fiz certo? Não sei. Pensei muito no caso, receava que isso pudesse dar ideias a Celina; pensava que não se deve contar os pecados a todos e, porque o padre Domin me proibira de falar com Joana a respeito dos meus escrúpulos, a proibição estendia-se, talvez, a Celina? Enfim, minha pequena Teresa, se quiseres dar-me alguns esclarecimentos sobre este caso, tirará um grande peso da minha consciência". (C 114, 10/7/1887.)

C 94

1. Celina e Leônia estão em La Musse.
2. Cf. C 57, n. 5.
3. Cf. P. d'Argentan, *op. cit.*, T. II, p. 83-84; e CG, 495+e.
4. Cf. Ms A, 56r e 69v. É a primeira vez que a preocupação com os sacerdotes se manifesta nos escritos de Teresa; na correspondência de 1889-1890, com Celina, volta o leitmotiv: "Rezemos pelos padres" (C 94, 96, 101, 108, 122). Cf. CG, p. 496+g.

C 95

1. Deformação de Ben-oni, cf. Gn 35, 18.
2. Im 1, 2, 3. Cf. Ms A, 71r.
3. Cf. a estampa que Teresa dará a Celina para seu aniversário (C 98).
4. Cf. C 94 e 98; Ms A, 71r.

C 96

1. Vasos de flores para a imagem do Menino Jesus.
2. Padre d'Argentan, *op. cit.*, II, p. 13.
3. Cf. CG I, p. 505+c.

C 97

1. Suas duas irmãs, Leônia e Celina, e suas duas primas Guérin.

C 98

1. Nome dado espontaneamente por Teresa a Celina. Cf. C 149, 174 e 183; Op 12, *infra*, n. 1.
2. Almas de sacerdotes.
3. A áster, que floresce em outubro. Cf. C 124 e 132.

C 99

1. C 32.
2. Mãe da senhora Guérin.

C 101

1. Teresa escreve depois de matinas, antes da vigília das onze à meia-noite que as carmelitas passavam diante do sacrário na véspera do ano-novo.
2. Quase não há comunicação possível entre o senhor Martin e suas filhas, por causa do seu estado mental.
3. CL *Prière à Jesus Prêtre et Hostie*, de Th Durnerin (CG, p. 516s.); ver também RP 2, 7v e Op 8.
4. Leônia.

C 102

1. A miniatura sobre pergaminho pintada por Irmã Inês para Celina: um véu de Verônica suspenso por um galho de nove lírios.
2. Jesus.

C 103

1. Irmã Inês está em retiro privado por dez dias, desde primeiro de maio.
2. Cf. C 95 e Op 2.
3. Alusão provável ao adiamento da profissão de Teresa.
4. Cf. C 56, n. 1.

C 104

1. Só se conservaram alguns resíduos do original deste bilhete. O restante do texto foi obtido segundo a Cópia do Processo dos Escritos e a edição de 1948; cf. CG, p. 528s, notas a, d, e, h.
2. Eis o texto completo deste bilhete: "Meu grãozinho de areia querido, não digais que sou o vosso archote! Ah! Se soubésseis que trevas! Rezai muito por mim, não estou perturbada, mas nenhuma luz! É como um céu sem tempestade, sem relâmpago, mas nublado... Nenhuma estrela! Sabeis o que é um céu sem estrelas!

No pé da cruz, pelo padre Faber, li que Nosso Senhor, na noite da Paixão, foi tão maltratado pelos seus inimigos, que as bofetadas recebidas foram tão violentas que, depois, seus belos olhos abriam-se com dificuldade, tão penosa era a luz do dia... Grãozinho de areia, nesse detalhe amargo encontro consolo, pois tudo o que brilha fere o olhar de Jesus e o faz sofrer; portanto, ao andar nas minhas trevas sei que não lhe causo sofrimento... Grãozinho de areia querido, estais aí, pertinho de mim, ah! Lembremo-nos, ambas, que na terra só há sofrimento para quem ama e procura com ardor a suave face de Jesus padecente... Não sejamos covardes a ponto de querer gozar com amor assim no coração!...

Mas, meu Deus! como a pátria será doce depois deste exílio de lutas e de lágrimas! Que felicidade nos espera! Que espera! Ver essa grande visão da eternidade iluminada, não pelos archotes deste mundo, mas pelo cordeiro divino!

"Dá-me notícias de Celina, nossa madre diz que ela sofre tanto! E o itinerário da viagem. Qual é o dia da chegada a Lourdes? Não é amanhã o dia da Sagrada Face?" (De irmã Inês, C 127, 5/5/1890.)
3. Celina dá sinais de problemas cardíacos.
4. Sem dúvida, eczema, de que Leônia sofre desde a infância.
5. No oratório da Sagrada Face, em Tours.
6. Cf. C 102, n. 1: Ms A, 3v/4r.

C 105

1. Em Tours.
2. Alusão à estampa evocada na C 102.
3. Madrinha de crisma, cf. Ms A, 37r.
4. Alusão aos escrúpulos de Maria Guérin. Cf. C 92 e 93.
5. De padre Pichon.

C 106

1. Irmã Inês termina o retiro na manhã do dia 12 de maio.
2. Cf. Ms A, 58r, 67r, 81v; PN 18, 32; C 201; OP 17.

C 107

1. 26 de maio.
2. Cf. Im I, 17, *Reflexões*.
3. Cf. RP 2, 6v; OP 6.
4. Cf. CG, p. 533s.
5. CE C 57, n. 5.

C 108

1. A cópia de trechos da Sagrada Escritura, citada adiante.
2. Celina acabava de escrever: "Outro dia, fomos, por acaso, a uma pobre igrejinha. Pensei que minhas lágrimas iam trair meu coração. Tinha todas as dificuldades do mundo para segurá-las. Imagine: um sacrário sem cortina, verdadeiro buraco preto, talvez refúgio de aranhas, um cibório tão pobre que me pareceu de cobre. E o que havia para cobri-lo? Um pano sujo que perdeu a forma de um véu de cibório... Nesse cibório, uma única hóstia. Ai! Não é preciso mais nessa paróquia: nenhuma só comunhão no ano, fora da Páscoa. Além do mais, nesses campos, padres grosseiros que fecham a igreja durante todo o dia. Aliás, são idosos e sem recursos.

Ó Teresa! fiquei absorta diante desse espetáculo, minha alma dilacerou-se toda." (C 129, 17/7/1890.)
3. Poesia composta por Celina.
4. Leônia desejava voltar para a Visitação, deixada em janeiro de 1888, após seis meses de vida religiosa.
5. Maria Guérin. Cf. C 109. De fato, esse nome de carmelita será modificado e substituído pelo de "Maria da Eucaristia".
6. Iniciais de Celina e Teresa.
7. Citado a partir da primeira leitura do Ofício das Cinco Chagas de Nosso Senhor e primeira leitura do Ofício da Compaixão da Bem-aventurada Virgem Maria, ambos celebrados, então, durante a quaresma.
8. De fato, Is 63,1-3.5, citado a partir da terceira lição do Ofício das Cinco Chagas.
9. Teresa cita as três primeiras antífonas de laudes do Ofício do Precioso Sangue.
10. Citação das antífonas 4 e 2 das vésperas da Compaixão e primeiro responsório de matinas da mesma festa.
11. *Subida do Carmelo*, Cântico da alma, est. CIII. É a primeira vez que Teresa se refere explicitamente a São João da Cruz; cf. CG, p. 543+r.

C 109

1. "Tudo... nada": dialética de João da Cruz na *Subida do Carmelo*.
2. Irmã Genoveva acrescentou: "de amor".
3. Cf. São João da Cruz, CE, est. XI.
4. Ver C 108, n. 2.

C 110

1. Cf. São João da Cruz, *Subida do Carmelo*, Encontra-se a mesma expressão em C 105, 112 e C 196 (Ms B, 1v).
2. Alusão incompreensível para nós.
3. Confessor de Teresa de 1886 a 1888.
4. Quinina prescrita à Irmã Inês.

C 111

1. Cf. CA 23.9.6.

C 112

1. Cf. C 82, n. 2.
2. Capelão do Carmelo.
3. Confissão geral.
4. Subentendido: para pedir-lhe autorização.

C 114

1. A bênção de Leão XIII pedida por Teresa ao irmão Simeão, para a sua profissão. Cf. Ms A, 76r.
2. O Irmão Simeão, de Roma, Lasalista.
3. Irmã Teresa de Jesus que, frequentemente, pedia a Teresa trabalhos de pintura de difícil execução.
4. Roupa para consertar e uma imagem da Santíssima Virgem para enfeitar.
5. Cf. C 104; e C 115, n. 2.
6. Cf. Op 2.
7. Cf. Ms A, 80v.
8. Capelão das beneditinas de Lisieux.

C 115

1. A bênção apostólica recebida por intermédio do irmão Simeão. Celina a levou para o pai ver, em 5 de setembro.
2. Irmã Inês dizia especificamente: "Grãozinho de areia querido, não creio que Celina morra em breve, embora não me surpreendesse. Ah! Como seria feliz... Que felicidade ir ver essa 'Face desconhecida' de que Jó nos falava esta noite... Deixemos que Deus faça o que bem entender com a nossa família, que ele esteja à vontade!... Não está em casa?... Outrora, Jesus reclamou por não ter uma pedra onde descansar a divina cabeça; agora, reclamar não ficaria bem para ele, pois nossos corações querem ser travesseiros muito macios e muito calorosos. [...]

Grãozinho de areia amado, não estou mais triste por causa da bagatela de ontem à noite... Não voltemos a falar nisso e cuidei em não falar tampouco. Meu Deus! como tudo passa na terra! Isso dá coragem. Hoje, tristeza; amanhã ela vai embora e depois de amanhã o céu volta a ficar nublado. Oh! Mil vezes feliz a alma que se eleva acima de todas essas vicissitudes... É difícil, mas a graça opera maravilhas no coração fiel...

Filha querida... agradecei ao vosso noivo, pois desde a vossa primeira juventude ele vos fez seguir essa via da fidelidade... Não vos consola, pois estais nos braços dele, não andais, pois ele vos carrega... A criança nos braços do pai precisa de mais consolo?... Represento-me Jesus levando seu grãozinho de areia e, carregado desse leve fardo, correndo em busca das almas."

C 116

1. Indo à sala do Capítulo onde Teresa deve emitir seus votos ao sair da missa, a comunidade passará diante da imagem do Menino Jesus, na clausura.
2. Irmã Maria do Sagrado Coração vai responder: "Minha filhinha querida, vossa palavrinha disse muito para a minha alma... Como Jesus fez crescer, em poucos anos, 'a órfã de Beresina'! Como amou de amor de privilégio essa rainha de longos cabelos louros que

esse pobre paizinho amava tanto. Ela continua sendo a alegria dele, a glória dele, curvado sob a provação, e amanhã o céu contemplará maravilhado a nova auréola que brilhará na sua testa venerável. [...]

Rezai por vossa pequena madrinha para que ela se torne uma santa e corresponda a essa graça da qual foi, ela também, favorecida com a sua filhinha. Família abençoada! Família mimada por Jesus!..." (C 138, 7/7/1890).

C 117
1. Dedicatória no verso de uma estampa.

C 118
1. Temos três versões dessa participação simbólica: a) o rascunho supra; b) uma cópia de Irmã Inês, muito parecida, comunicada a Celina (cf. CG, p. 581 ss); c) o texto do Ms A. 77v, quase indêntico à cópia de Irmã Inês.

C 119
1. Dedicatória no verso de uma estampa.
2. Teresa escreve: "*do vosso dia*".
3. Abreviatura de "*religiosa carmelita indigna*".

C 120
1. Citação de uma poesia de Celina. Cf. C 108.
2. Para sua tomada de véu. Cf. Ms A. 75r/v.
3. O padre Pichon.
4. Cf. Ms A, 77r.
5. Ver C 115, n. 2.

C 121
1. Marcellina Husé, empregada dos Guérins, que ingressou nas beneditinas de Bayeux em julho de 1889.

C 122
1. Cf. C 94, n. 4.
2. Peregrinação a Paray-le-Monial, com Leônia, por ocasião do segundo centenário da morte da bem-aventurada Margarida Maria, 17 de outubro de 1890.
3. Cf. Arminjon, *op. cit.*, p. 316.
4. Cf. PN 23, introdução.

C 123
1. Desde o seu casamento com o doutor La Néele, em primeiro de outubro, Joana Guérin mora em Caen, a uns cinquenta quilômetros de Lisieux.

C 124
1. Celina tem problemas cardíacos. Cl. C 104.
2. Duas flores de áster comuns (cf. C 98) numa só haste. Estão de novo espetadas na palavra "Jesus", encabeçando o autógrafo.
3. Cf. C 114; Op 6; C 224.

C 126
1. Marguerite-Marie Maudelonde, sobrinha da senhora Guérin, casada com René Tostain, magistrado ateu; cf. CA 2.9.7.

2. A obra de Arminjon.

C 127
1. O padre Jacinto Loyson. Cf. C 129.
2. Por distração, assina noviça em vez de religiosa.

C 128
1. Dedicatória no verso de uma estampa. Maria deixa Teresa com quem acaba de passar mais de três anos no noviciado.

C 129
1. O padre Jacinto Loyson, ex-carmelita; cf. CG, p. 641s.
2. *Vida e Obras da Bem-aventurada Margarida Alacoque*, t. I, p. 159.

C 130
1. Os sessenta anos de profissão religiosa da Madre Genoveva.
2. Henrique Maudelonde.
3. Ofício litúrgico de Santa Inês, terceira antífona de matinas. Cf. PN 26, 7.
4. Cf. Ms A, 38v.
5. Santa Teresa d'Avila, *Exclamações*, 13.
6. Texto do Ofício das Virgens.

C 131
1. A farmácia do Dr. La Néele, em Caen.

C 132
1. Cf. Op 2, n. 5.
2. Citação de uma poesia de Celina, "O Orvalho".

C 133
1. Um quadro contendo cabelos de Teresa, cortados após a sua tomada de hábito.
2. O senhor Martin orgulhava-se da cabeleira do seu "besourinho loiro"; cf. C 77.

C 134
1. Alusão ao martírio possível, cf. C 132.
2. Madre Genoveva faleceu em 5 de dezembro de 1891. A descoberta da margarida data, portanto, da primavera de 1891.

C 135
1. Uma carta de Irmã Inês de Jesus.
2. Cf. Im II, 8, I e III, 34, 1.
3. Celina está de férias em La Musse com os Guérin.
4. *Cântico espiritual*, est. XIV. Cf. PN 18, 22+.
5. A senhora La Néele, festejada em 21 de agosto.

C 136
1. Irmã Inês de Jesus. A "provisora" era encarregada da ordenação das refeições.
2. Maria Guérin. O "grande doutor" é Francis La Néele.
3. O doutor e a senhora La Néele tinham feito a peregrinação de Sainte-Anne-d'Auray, em maio, para obter a graça de ter um filho.

C 137

1. São João da Cruz, *Cântico espiritual*, est. XXV; cf. Ms A, 47v/48r.
2. *Oração da alma ardente de amor*.
3. Cf. CA 11.8.4.

C 138

1. O senhor Martin foi levado de volta para Lisieux em 10 de maio de 1892.
2. Dom Dupanloup, *Conferências para as mulheres cristãs*.

C 139

1. Cf. Ms A, 18r.

C 140

1. Esse véu é primeiramente as lágrimas da nova priora devido à sua emotividade; ou talvez algumas circunstâncias da sua eleição.
2. Alusão à oração simbólica à Sagrada Face, composta por Irmã Inês de Jesus em 1890.
3. Teresa evoca a exortação do cônego Delatroëtte para a nova priora, diante da comunidade inteira, logo após a eleição. Cf. Escritos diversos.
4. Não foi encontrado texto escrito a respeito dessa "profecia".
5. Teresa alude à notícia consagrada à Madre Genoveva (†1891), assinada pela priora, Madre Maria de Gonzaga, mas escrita por Madre Inês de Jesus.
6. A senhora Martin tinha preferência por sua filha Paulina, enquanto Maria era a preferida do pai.

C 141

A expressão bíblica "Flor dos Campos" aparece oito vezes nesta carta; a de "Lírio dos vales", quatro.

2. "Permanecer pequena": primeira aparição nos escritos de Teresa da expressão destinada a ser uma linha mestra de sua espiritualidade; cf. Ms C, 3r, *supra*, n. 23. A fórmula definitiva "permanecer criança, ficar criancinha" só será inventada por Teresa em 1895 (C 178) e, sobretudo, em 1896 (C 182).
3. Cf. CA 7.4.1. — Mesma ideia em João da Cruz, CE, est. XXXI.
4. De Caen, Celina agradece à irmã em 28 de abril. Eis um excerto da sua resposta: "Minha Teresa, minha Teresa querida, minha! Se soubesses tudo o que penso e como medito longamente, muitas vezes ao dia, o que murmuras ao coração da tua Celina...

'Ser o orvalho, a gota de orvalho da flor dos campos...' Ó Teresa, compreendo tanto, como a minha alma se aprofunda em abismos... se soubesses! Não, nunca poderei dizer-te tudo o que se passa em mim a esse respeito. Agora, nada desejo, nada me sorri, a não ser a gota de orvalho que refresca o cálice da flor dos campos. Cada palavra da tua carta querida é um mundo para o meu coração...

Vou calar-me agora, pois prefiro meditar no silêncio em vez de falar do que não é exprimível. A gotinha de orvalho, sempre e em tudo, é incapaz de outra coisa senão dar de beber à flor dos campos... Teresa! Mas não somos, nós duas, duas gotinhas de orvalho no cálice da flor dos campos? E sabes que duas gotas de orvalho não podem ficar muito perto uma da outra sem se misturar e formar *uma só gota* de orvalho. Então, com a gota de orvalho 'Teresa/Celina', o cálice da flor dos campos fica satisfeito, com essa *única* gota que, para ele, é um oceano!

Paulina diz-me, na carta dela, que 'para Jesus, o amor de Celina é mais precioso do que amargo lhe é o ódio dos maus e que uma só nota de gemido da sua alma faz-lhe esquecer as blasfêmias dos pecadores'. Portanto, é bem verdade que *uma só gota* de orvalho é *suficiente* para Jesus, uma só! E fica consolado, e mata a sua sede... Teresa, minha Teresa querida, não poderia dizer-te tudo o que sinto, é demais, estou me explicando muito mal, mas adivinha-me!" (Para Teresa, C 152.)

C 142

1. Leônia voltou para a Visitação de Caen em 24 de junho.
2. Cf. Ms A, 2v.
3. São João da Cruz, *Glosa sobre o divino.* Cf Ms A, 83r e PN 30.
4. CL CRG, p. 71.
5. Cf. Ms A, 71r e 80v.
6. Primeira aparição dessa palavra nos Escritos.

C 143

1. A de 12 de julho (C 154). Celina, que respondia à C 142, dizia, entre outras coisas: "Tua linda carta me agradou muito, é um alimento para a minha alma. [...] Em mim, sempre é o nada, a noite escura. Para onde foi o tempo em que, tão enlevada, tão forte, tão corajosa, eu lia São João da Cruz e, com a alma dilatada pela alegria, voava tão alto! Foi-se o tempo de 'traçar grinaldas com flores e esmeraldas escolhidas pelas frescas manhãs...'

Minha Teresa, tu me compreendes tão bem e tua alma é o eco fiel da minha! Sim, a manhã da nossa vida foi-se, agora é o meio-dia, tão pesado, tão estafante...

Porém, ocorre-me um pensamento: São João da Cruz não diz que 'a alma traça grinaldas *durante* as frescas manhãs, mas com flores escolhidas durante as frescas manhãs'. Portanto, é agora, ao meio-dia, que a alma traça as flores escolhidas antes, durante as frescas manhãs...

Agora, nada tem a oferecer a seu bem-amado, a não ser as flores já colhidas, não sabe fazer outra coisa senão amarrá-las 'com um só dos seus cabelos'...

Minha Teresa querida, então, crês que um só cabelo do nosso amor é suficiente?... Crês que Deus não me pede para escolher novas flores e novas esmeraldas, praticar muitas virtudes, produzir 'aspirações divinamente perfumadas', mas só amarrar, com amor, as flores das frescas manhãs?... Então, crês que só o amor é suficiente? Oh! Esse pensamento faz-me bem, veio-me de repente ao te escrever, pois interpretava as tuas palavras de forma bem diferente". (C 154, 12/7/1893.)

2. São João da Cruz, CE II, est. XXX.
3. Autógrafo: "o que me pedia outrora"; adição de Irmã Genoveva, registra no processo (CE II) e na edição de 1948.
4. Santa Teresa d'Avila, *Vida por ela, mesma,* cap. XXX.
5. Cf. C 43 e 94; PN 13, 17; o Ato de oferenda (Op 6); C 182; carta de Maria da Eucaristia para a senhora Guérin de 10/7/1897.
6. A recusa do desânimo é uma atitude muito teresiana, desde a sua infância; cf. sua resolução de primeira comunhão: "Não desanimarei" (*VT*, n. 74, p. 134 e *supra*, Ms C, n. 50).

C 144

1. Cf. C 137, 4; C 149, 2; CA 13.7.9.

2. Terço de contas móveis, permitindo contar os atos de virtudes ou os sacrifícios. Quando criança, Teresa usou esse pequeno meio de ascese; cf. C 11.

3. Irmã Marta de Jesus. Cf. Op 3.

4. Canta responde em 27 de julho. Diz: "Tua carta me fez um bem tão grande que agradeci ao Senhor. Não entendo, mas sempre me dizes o que é preciso dizer-me...

A imagem da criança em alto-mar dá-me muito o que pensar, e isto: 'Jesus fica feliz em receber tudo de noite... Ele aguarda a aurora, oh! Então, que despertar é o de Jesus!!!...' Isto, Teresa, me enleva.

Fiquei comovida, muito comovida com a tua coincidência dos pequenos sacrifícios. Sim, Jesus me pede e não me recuso. 'Sendo que Jesus não me dá', sinto-me levada a dar sem contar e aproveitar as ocasiões" (C 155, 27/7/1893).

C 145

1. Cf. C 182, n. 15.
2. São João da Cruz, CE, Explicação do primeiro versículo da estrofe I.
3. Im I, 2,3.
4. lm II, 11, 4.
5. Im III, 49, 7; cf. C 176 e Ms A, 71r.

C 146

1. O senhor Guérin padecia de reumatismo no braço.
2. Desde outubro de 1891, o senhor Guérin sustentava com sua pena e seu dinheiro o jornal conservador *Le Normand*.
3. A volta de La Musse para Lisieux é fixada para o dia 18 de agosto.
4. O exercício da profissão obriga o doutor La Néele a ausências frequentes.
5. Maria Guérin gostava particularmente de um dos carvalhos do parque.
6. Cunhada de Madre Maria de Gonzaga.

C 147

1. Maria, esposa de Désiré, excedia-se, às vezes, na bebida.
2. Casa da rua Labbey, alugada por Celina em 1892, depois da volta do senhor Martin para Lisieux.
3. Désiré voltara à prática da religião depois de uma novena de Celina a São José, em março de 1893.
4. Uma das frutas preferidas de Teresa; cf. CA 24,7.1.
5. Maria Guérin, que deseja ingressar no Carmelo.

C 148

1. Irmã Maria Dositéia Guérin, visitandina em Le Mans, escrevia em 28 de abril de 1869: "Quanto a essa pequena Leônia, não posso deixar de acreditar que ela será uma pequena visitandina".
2. Alusão à cura de Leônia criança, após uma novena feita por Irmã Maria Dositéia para a bem-aventurada Margarida Maria, em março de 1865.
3. Madre Maria de Sales Lefrançois, que Celina e Teresa tinham visto por ocasião de uma visita a Leônia, quando da sua primeira estada na Visitação (julho de 1887 — janeiro de 1888).

C 149

1. A respeito desse nome, cf. C 98, n. 1.
2. Santo Agostinho.
3. Cf. CE, estrofe III, v. 3.
4. Teresa está à vontade com esse instrumento *melodioso* cujo símbolo lhe é familiar: cf. C 102, 140, 142, 147, 161; PN 3 (3f); PN 5, 14; PN 17, 14; PN 18, 40; PN 20, 4; PN 47, 1; PN 48, 5; RP 1, 19v; RP 2 (4f.); RP 3, 13r; RP 5, estrofe 5; RP 7, 5v; Op 4.
5. Ofício litúrgico de Santa Cecília; cf. C 54, n. 2.

C 150

1. Por ocasião da festa de Teresa, 15 de outubro.
2. Carta a Maria de São José, setembro de 1578.
3. Cf. C 136, n. 3.
4. Tia à moda da Bretanha.
5. Cf. C 152, n. 2.

C 151

1. O padre Armando Lemonnier, dos Missionários da Libertação (Calvados). Voltará a pregar em 1894 e 1895 e controlará o ato de Oferta (Op 6).

C 152

1. Salmo então integrado à liturgia do matrimônio.
2. Alusão a um sonho que Joana teve após sua peregrinação a Auray. Sonhou que as orações dela tinham sido atendidas e que uma voz misteriosa pronunciava as seguintes palavras: "Será um grande santo e um grande pontífice". (Cf. PN 38, 6.)
3. A senhora Fournet restabelecia-se de uma crise cardíaca.

C 153

1. Madre Inês de Jesus.

C 155

1. Cf. *Histoire de sainte Thérèse* pelas carmelitas de Caen, segundo os Bolandistas, t. II, p. 366. Cf. C 178.
2. Última carta de Teresa redigida com letra inclinada. Madre Inês de Jesus autorizou-a a usar a letra reta.

C 156

1. Teresa vai comentar o quadro que pintou para a primeira festa de "priora" de Madre Inês de Jesus.
2. Alusão aos choques já ocorridos entre a antiga e a nova priora, exigindo desta muita humildade.
3. Cf. PN 22, introdução.

C 157

1. Da palavra inglesa *cod-fish* (bacalhau), atribuída impropriamente, na Normandia, às vieiras.
2. Maria Guérin.
3. O senhor Guérin cogita em acolher de novo, na casa dele, a sobrinha e o cunhado que não estão mais seguros à rua Labbey. A mudança está prevista para junho.

4. Cf. São João da Cruz, CE, estrofe XXVIII.

5. Cf. Arminjon, op. cit., p. 290; excerto copiado por Teresa em 4 de junho de 1887.

C 158

1. Cf. Ofício litúrgico de Santa Inês, terceira antífona de matinas; PN 26.

2. Madre Maria de Sales; cf. C 148, n. 3.

C 159

1. Termo afetuoso. Não há parentesco entre as famílias Martin e Maudelonde, mas as crianças eram muito unidas desde a infância; cf. Ms A, 23r.

2. Seu casamento próximo com o advogado Gaston Pottier.

3. Madre Filomena da Imaculada Conceição, uma das carmelitas de Lisieux que fundaram em Saigon o primeiro Carmelo de missão, em 1861.

C 160

1. Cf. C 156. Madre Inês de Jesus ofertou o quadro pintado por Teresa à sua antiga mestra da Visitação de Le Mans.

2. Paulina chamava de "tia" a sua antiga mestra em honra de sua tia visitandina, Irmã Maria Dositéia. Seguindo o desejo de Paulina, Teresa faz o mesmo.

3. Cf. C 162, nota 1.

4. Maria e Paulina, as duas educadoras de Teresa, conservaram forte impressão dos seus anos de internato na Visitação de Le Mans.

5. Em 29 de março de 1875; cf. Ms A, 7v.

6. Louise Gasse, companheira e amiga de Paulina no internato.

C 161

1. *Santa Cecília*, cf. PN 3 e fascículo *Mes Armes* (Cerf-DDB, 1975).

2. Cf. CRG, p. 80.

C 162

1. Para os 25 anos de Celina, Teresa acrescenta à carta anterior uma estampa iluminada de formato reduzido: vinheta representando Santa Teresa d'Ávila acariciada pelo Menino Jesus.

2. São Bernardo.

C 163

1. A tomada de hábito de Leônia.

2. Irmã Maria Dositéia cujo nome a noviça retomou parcialmente.

3. "O silêncio é a linguagem dos anjos!": sentença pintada por Madre Inês na entrada do dormitório de Teresa.

4. Madre Maria de Sales, superiora há seis anos, foi substituída por Madre Jeanne-Françoise, ex-mestra do noviciado.

C 165

1. Essa carta deixava entrever a hipótese de Leônia não ficar, ainda desta vez, na Visitação.

2. Im III, 51, 2.

3. Cf. Soumet, citado em RP 3, 5v.

4. Cf. RP 2, 6v.

5. Maria Guérin.
6. Celina.

C 166

1. Cf. C 159, n. 1.

C 167

1. A frase de Teresa alude a seu desejo persistente de partir para o Carmelo de Saigon; cf. Ms C, 9r. Responde, sobretudo, às confidências de Celina que cogita, à revelia de suas irmãs, em partir para o Canadá. É preciso ouvir Celina expor seus problemas a Teresa: "Minha Teresa querida, oh! Não sei dizer-te como esta vida me é pesada... Quando recebi tua carta, minha alma estava ainda sensibilizada, apreciei-a, saboreei a tua carta..., mas agora estou como um pau, nada mais há para se tirar de mim. [...] Minha Teresa!... oh! Meditei muito a teu respeito, a respeito do nosso afeto mútuo!... Pareceu-me, não saberia dizer-te exatamente, pareceu-me que tu és demais para mim que és um apoio que me permite apoio demais... que conto demais contigo, que me amparo demais em ti, que me és excessivamente indispensável enfim, adivinha o restante!... Pareceu-me que para ser inteiramente de Deus, preciso deixar-te... Entrevi o futuro e pensei que seria necessário separar-me de ti para só te rever no céu... Enfim, ó minha Teresa querida, estive com medo e tive o pressentimento de um sacrifício que ultrapassa todos os sacrifícios... Todos os dias, com o coração tremulando, porém com a alma inundada de graças, preciso acostumar-me com essa ideia. Depois que te vi, tive pensamentos muito profundos sobre diversos assuntos... A cruz apareceu-me totalmente nua e, como ela, uma multidão de realidades... certamente, Deus fez à minha alma chamados estranhos, no íntimo e em meio a uma paz e tranquilidade de alma incríveis. Ó minha Teresa! que pena não te poder falar!... contudo, nada te diria, nada tenho para te dizer...

Minha Teresa! Oh! Compreenda a tua Celina sem que ela fale, sem que diga uma única palavra!... Ó a vida! A vida! Acho-a tão breve e como seremos felizes ao encontrar-nos em cima... Tudo me parece sonho...

Teresa, tua carta foi para mim uru canto do céu, uma doce melodia... oh! Compreenda tudo o que compreendi! Mas, veja, amo-te demais... Ó minha Teresa, meu coração me embaraça e é por isso que tenho uma espécie de certeza de que Deus, para reinar sobre a minha natureza, precisará quebrá-la; preciso da cruz e da mais amarga tribulação... Teresa!...

Nestes dias, estou no meio do mundo e sofro muito por isso; é um mal-estar contínuo, além do mais, passamos os nossos dias às gargalhadas quando estou sedenta de solidão. Não respiro. E estou infeliz... pois não estou acostumada a viver no meio de rapazes, acho estranho passar meus dias na companhia deles; por mais santos que sejam, puros e simples, não consigo acostumar-me. Ó minha Teresa, compreenda o que quero dizer... Atualmente, tenho escrúpulos e, tudo fica confuso, e a falta dos meus exercícios faz-me árida e triste..." [C 159, 17/7/1894.]

2. A influência de Madre Maria de Gonzaga sobre os superiores e sobre a comunidade faz-se determinante a favor de Celina.
3. Cf. Ms C, 8v/9r.
4. Teresa sofre de uma rouquidão tenaz.
5. Ditado local.
6. Irmã Maria da Trindade, ingressada em 16 de junho.

7. Madre Maria de Gonzaga é mestra titular: a função de Teresa é mal definida e delicada.

8. "Fotografias": provavelmente de Celina com Maria Guérin.

9. Celina está em La Musse, com os Guérin, o doutor e a senhora La Néele, e José de Cornière, amigo da família. "Fantasiamo-nos e montamos uma história de viajantes em quadros vivos." [C 159, para Teresa.]

10. Cf. PN 5.

C 167 bis

1. Pós-escrito na carta de Irmã Maria do Sagrado Coração para a senhora Guérin.

2. Modelos de flores pedidos por Madre Inês.

C 168

1. Carta [não conservada] escrita pouco depois do enterro do senhor Martin (2 de agosto). Celina revelava às suas irmãs seus projetos e seus temores a respeito do próprio futuro.

2. O padre Pichon responde em 20 de agosto: "Sim, sim, dou a minha Celina ao Carmelo, a Santa Teresa, à Santíssima Virgem".

3. Parêntese obscuro, hoje.

C 169

1. De Caen, onde passa alguns dias com a família Guérin, na casa dos primos La Néele, Celina escreve para Teresa: "Jeanne e Francis estão aborrecidos comigo, têm uma linguagem repleta de amargura. Censuram-me por muitas coisas, e quando Maria os refuta num ponto, encontram outro motivo para azucrinar. Primeiro, dizem que não tenho vocação, que sou destinada a ser mãe de família, que eu devia ter falado mais cedo dessa atração para a vida religiosa, que sou leviana ao decidir-me tão depressa, que se me apresentassem um bom partido eu o aceitaria, que é um desatino, que em último recurso ingresso no convento etc; após, é sobre vós, sois açambarcadoras, eu e vós, diminuímos na estima deles etc.; a seguir, sou uma ingrata, partir tão cedo depois da morte de papai! Deveria terminar meu luto no mundo, amadurecer minha vocação e dar, pelo menos, um ano a meu tio e a minha tia em gratidão etc., etc. Isso não termina nunca... e não poderia dizer-te como eles estão exaltados. Nunca teria imaginado que minha vocação, já tão provada, encontrasse tanta objeção. Estou com 25 anos, sei o que faço e deve-se saber que nunca fui inclinada ao matrimônio; deveriam ter adivinhado que logo após a morte de meu pai querido, meu primeiro objetivo seria acertar minha vida. Não me censurar. Enfim! É assim! Há muita severidade para com as almas que se consagram a Deus, parecem merecer todo o desprezo e o sofrimento. É assim que Joana teria preferido ver-me ir para Jerusalém em vez de Lisieux". [CC 160, 19/8/1894.]

2. Todos os dias, os Guérin levam Celina para excursionar no litoral: Luc, Saint-Aubin, Liou etc. Nessa mesma carta para Teresa, lê-se: "Vou à praia todos os dias. Ontem pescamos caranguejos; não via nenhum, rezei para papai e vieram numerosos; uma verdadeira pesca milagrosa, mais de cem" [CC 160.]

3. Cf. Ms A, 82v.

4. Cf. *Recreações*, p. 336 [21r, 25-27].

C 170

1. A carta anterior, C 169.

C 172

1. O senhor Guérin era padrinho de tomada de hábito de Irmã Maria Madalena. A "madrinha" era a senhora de Virville, cunhada de Madre Maria de Gonzaga.
2. Cf. RP 5.
3. Padre Pichon.
4. Francis e Joana.
5. A senhora Fournet.

C 173

1. Im III, 47, *Reflexões*. A citação prossegue até o final do parágrafo.
2. Cf. CG, pp, 801s.

C 174

1. Desde 1889 [cf. C 98, n. 1], Teresa tinha dado a Celina o nome de "Maria da Sagrada Face". Em fins de janeiro de 1895, o padre Delatroëtte expressa o desejo de que o nome de Madre Genoveva de Santa Teresa (†1891) seja perpetuado. O assunto é resolvido, uma noite, no recreio. Ao sair da reunião, contrariada, a própria Teresa escreve estas palavras a fim de consolar a irmã. Esta toma o hábito em 5 de fevereiro.

C 175

1. A febre atinge a Visitação de Caen.
2. Leônia fizera sua primeira comunhão em 23 de maio de 1875. CL Ms A, 6v.

C 176

1. Cf. Ms A, 73v.
2. Im III, 49, 7.
3. Im I, 2, 3.
4. Cf. C 34, n. 2.

C 177

1. Pela última vez antes de seu ingresso no Carmelo, 15 de agosto, Maria passa as férias com a família em La Musse.

C 178

1. O senhor e a senhora Guérin acabam de escrever, em 18 de julho, duas cartas admiráveis para Madre Inês de Jesus a respeito da próxima partida da filha.
2. Estavam indo a Caen a fim de buscar Leônia, que saía novamente da Visitação.
3. CE C 155, n. 1.
4. Santa Teresa d'Ávila, *Caminho da Perfeição*, cap. XXXIV.
5. Leônia e Maria almoçaram, excepcionalmente, no refeitório das irmãs conversas.
6. O senhor e a senhora La Néele não terão filhos, o que os deixará muito amargurados.

C 179

1. "Senhorita Lili" (Celina) e "Senhor Totó" (Teresa). A respeito desses apelidos, reminiscência dos Buissonnets, cf. CG, p. 817+a.
2. Teresa tinha pintado sobre tamancos o monograma IHS, marca simbólica da fundadora, agora atribuída a Celina.

C 180

1. Francis, médico.

2. A "traquina" é Maria Guérin, agora Irmã Maria da Eucaristia; *Fifine*, Jeanne; e, infra, *Serafim*: Francis.
3. Teresa devia ter deixado o noviciado em 8 de setembro de 1893.
4. Para trabalhos de pintura vendidos para o sustento da comunidade.
5. Cf. CA 31.8.5.
6. Quadra composta por Irmã Maria da Eucaristia.
7. Padroeiro dos médicos.

C 181

1. Irmã Maria da Eucaristia.

C 182

1. A profissão de Irmã Genoveva está fixada para o dia 24 de fevereiro. A noviça pediu à sua irmã que lhe descrevesse as "festas do céu", nessa ocasião. Teresa responde ao pedido adaptanto-se ao gosto de Celina para o maravilhoso e os efeitos carregados, também a seu estilo.
2. Era costume, em véspera de profissão, rezar-se no coro até a meia-noite.
3. Cela ocupada por Irmã Genoveva.
4. O Capítulo.
5. Cf. C 183.
6. Cf. o Ato de Oferenda (Op 6).
7. As asteres; cf. C 98.
8. CL PN 44.
9. Marie-Mélanie-Thérèse Martin, morta aos dois meses, em 1870.
10. Evocação das três outras crianças: Hélène, Joseph-Louis e Joseph-Jean-Baptiste, mortos na infância.
11. "Eu gostava muito de São Sebastião", anotou Irmã Genoveva. Cf. Op 18.
12. Alusão às circunstâncias penosas que precederam a profissão de Irmã Genoveva, por causa do caráter de Madre Maria de Gonzaga. Cf. CG, p. 1182.
13. Um dos apelidos de Celina.
14. Máxima cara ao senhor Martin; cL C 158.
15. Um dos textos bíblicos preferidos por Teresa (cf. Ms A, 47v; Ms C, 5v; C 145v, 183; PN 17, 15; RP 4, 4v; NPPA/AJ e G; in BT, p. 52 s) a exemplo do senhor Martin a respeito do qual Irmã Genoveva escreve: "Muitas vezes, surpreendendo nosso pai querido em seu mirante, nós o vimos, de olhar fixo no infinito, repetir num tom profundo essa palavra da Escritura Sagrada que o encantava: 'Ego sum merces tua magna nimis' [...] Eis por que colocamos esse texto na estampa-lembrança". (G/NPHF, p. 214.)
16. Cf. Lamartine, "Reflexões" em *Recolhimentos poéticos*.
17. Cf. carta da senhora Martin para Paulina, em 9 de julho de 1873.
18. CL C 179, n. 1.
19. Cf. São João da Cruz, *Oração da alma ardente*.
20. De acordo com o costume da época, a nova professa presidia ao Ofício coral no dia da sua profissão.

C 183

1. No dia anterior à sua profissão, Irmã Genoveva encontra em sua cela um envelope selado com a efígie da Sagrada Face e o endereço reproduzido na página lateral. No en-

velope, um pergaminho iluminado. Aí estão as armas de Celina com seu lema: "Quem perde, ganha" e o texto seguinte.

2. Cf. Ms A, 73v e C 185.

3. Segundo a tradução da *Regra do Carmelo*.

4. Cf. C 174, n. 1. Irmã Genoveva retomará, em 1916, seu vocábulo "da Sagrada Face", passando a ser definitivamente "Genoveva da Sagrada Face".

5. Cf. PN 10, 4, 4+.

6. Cf. Op 17.

7. Alusão ao monograma IHS; cf. C 179, n. 2.

8. Cf. C 118 e Ms A, 77v.

9. Segunda-feira, 24 de fevereiro de 1896. O Ofício celebrado foi o da Agonia de Nosso Senhor, pois a festa de São Matias fora transferida para o dia 25, devido ao ano bissexto.

C 184

1. Na noite de 5 de dezembro de 1891, Teresa recolhera "a última lágrima" de Madre Genoveva (cf. Ms A, 78v). É essa relíquia que ela oferece, hoje, à sua irmã, em nome da fundadora.

C 185

1. Estampa-lembrança para a sua profissão e sua tomada de véu.

2. "Pôs seu sinal na minha face": responso do Ofício de Santa Inês, retomado pelo cerimonial da imposição do véu. Cf. PN 26, 7.

3. Os irmãozinhos e irmãzinhas de que se falou em C 182.

C 187

1. A profissão de Irmã Maria da Trindade, em 30 de abril de 1896. O bilhete foi posto sobre a cama da jovem professa, que Teresa recobrira de miosótis. "Imagino Joana d'Arc assistindo à sagração de Carlos VII", diz Teresa ao se referir a essa profissão (Carta Circular de Irmã Maria da Trindade, p. 7). De fato, a perseverança da jovem carmelita devia-se, em grande medida, à atuação de Teresa.

C 188

1. Palavra de São João da Cruz (cf. C 81), com o acréscimo de Teresa: "Por Amor" — Os textos dessa carta 188 estão numa estampa do santo.

2. Sentenças 129, 103 e 70, tiradas das *Máximas e Avisos espirituais do nosso Bem-aventurado Pai São João da Cruz*, um dos poucos livros que Teresa teve para uso próprio.

3. Tomada de véu de Irmã Maria da Trindade.

C 189

1. Data da primeira missa do padre Roulland, ordenado em 28 de junho.

2. Cf. Ms C, 33v, 32r e CA 8.7.16.

3. Cf. PN 17, 10; 24, 17; 35, 5; 47, 5; RP 4, 4v.

4. Madre Maria de Gonzaga tinha pedido que Teresa mantivesse essa correspondência em segredo. Aos olhos da comunidade, o padre Roulland era "o missionário da Nossa Madre" (CE C 221).

C 190

1. Desde a eleição difícil de 21 de março, Madre Maria de Gonzaga sofre com a atitude de certas irmãs. Sem querer, Teresa recolhe as confidências, queixas e lamúrias da sua

priora. Por meio de uma parábola, tenta fazer-lhe compreender "que sua cruz vem do céu, não da terra".

2. Papéis fáceis de serem distribuídos: a pastora, Madre Maria de Gonzaga; as ovelhas, as irmãs professas; os cordeiros, as jovens irmãs do noviciado; o cordeirinho, Teresa. Cf. Ms C, 3v.

3. Madre Maria de Gonzaga tinha, sem dúvida, cogitado em demitir-se e partir para outro Carmelo.

4. Trata-se, evidentemente, dos sete escrutínios que foram necessários para se conseguir uma maioria suficiente.

5. Talvez Madre Maria de Gonzaga tivesse desejado a reeleição de Madre Inês.

6. Nenhum documento permitiu identificar as religiosas em causa.

7. Citação bíblica retomada dos Salmos imprecatórios da Sexta-feira Santa.

8. Essa sentença estava escrita na parede, ao pé da escada que Teresa subia todos os dias para chegar à sua cela. Cf. também PN 30.

9. Cf. Ms B, 2r; "'Dizei-me se Deus me deixará por muito tempo na terra... Virá ele buscar-me em breve?' [...] 'Sim, em breve, em breve... Prometo'".

C 191

1. Cf. CA 2.9.4: "Alta assim, na família!"

2. Leônia escrevia em primeiro de julho: "Se soubesses como penso sempre em ti e como me é doce a tua lembrança, aproxima-me de Deus e compreendo teu desejo de ir vê-lo em breve a fim de perder-te eternamente nele: eu, como tu, também o desejo, gosto de ouvir falar da morte e não compreendo quem gosta desta vida de sofrimento e de morte contínua.

Tu, minha querida, estás pronta para ir ver Deus, por certo, serás bem recebida; mas eu, ai! chegaria de mãos vazias e, assim mesmo, tenho a temeridade de não ter receio, entendes isso? É incrível; sei e concordo, mas não posso impedi-lo." (C 164.)

3. Cf. C 258 que retoma e desenvolve a comparação.

4. Leônia perguntava: "Como vais, irmãzinha querida, a respeito deste assunto, só deste, não tenho confiança em ti, pois sempre me dizes que está tudo bem ou melhor e não acredito nem um pouco.

Quando me escreveres, digas a verdade para mim." (C 164.)

C 192

1. O médico da comunidade.

2. Cf. PN 34: "Lanceis flores!", poesia de 28 de junho.

3. Alusão a um cântico humorístico composto alguns dias antes por Irmã Maria da Eucaristia (cf. "Poesias suplementares", PS 4).

4. Isso se refere a Francis La Néele, bom caçador.

5. Na sacristia.

C 193

1. Teresa conservou essa foto na escrivaninha dela; cf. CG, p. 877 s+a.

2. Estampa-lembrança de sua ordenação.

3. Citado na Regra do Carmelo.

C 194

1. Os bilhetes de Teresa para Irmã Maria de São José não são datados. Para a datação aproximativa, cf. CG, p. 886.

2. Irmã Maria de São José.

3. Cf. Ms B, 3r. Notar as semelhanças numerosas entre este bilhete e o seguinte com o Ms B.

C 195
1. Teresa.

2. Véus de tecido branco (*toques très malades* — toucas estragadas).

C 196
1. Esta carta integra a primeira parte do Manuscrito B (1f/v).

2. Irmã Maria do Sagrado Coração acaba de entregar-lhe o seguinte bilhete: "Minha irmãzinha querida, escrevo para vós, não por ter alguma coisa a vos dizer, mas para receber alguma coisa de vós, de vós que estais tão perto de Deus, de vós que sois sua esposinha privilegiada a quem ele confia todos os seus segredos... São muito doces os segredos de Jesus para com Teresa e gostaria de ouvi-los ainda. Escrevei uma palavrinha para mim, talvez seja o último retiro, pois o *cacho dourado* de Jesus deve dar-lhe vontade de colhê-lo [...] Nossa Madre permitiu que me respondêsseis *pelo próximo correio*". (C 169, 13/9/1896.) Aparentemente, Teresa responde na mesma noite.

3. *Pequeno breviário do Sagrado Coração de Jesus*, p. 58.

4. As "páginas seguintes" referem-se aos quatro fólios do Ms B propriamente dito, escritos em 8 de setembro. As expressões utilizadas no final desta carta provam que foi escrita depois da "segunda parte" do Ms B.

C 197
1. Esta "resposta" de Teresa representa uma atualização importante de sua doutrina. Faz-se indispensável, portanto, ler o bilhete inteiro que Irmã Maria do Sagrado Coração lhe tinha escrito depois da recepção do Ms B: "Irmãzinha querida, li as vossas páginas ardentes de amor por Jesus. Vossa pequena madrinha está *muito feliz* por possuir esse tesouro e muito grata à sua filhinha querida que lhe revelou os segredos da alma. Oh! Como teria coisas para vos dizer a respeito dessas linhas marcadas pelo selo do amor. — Apenas um palavra pessoal. Como para o jovem do Evangelho, certo sentimento de tristeza se apoderou de mim diante dos vossos desejos extraordinários do martírio. Aí está, sem dúvida, a prova do vosso amor; sim, possuís o amor, mas eu! Nunca me fareis acreditar que posso alcançar essa meta desejada. Pois receio tudo o que vós amais.

Eis uma prova de que não amo a Jesus tanto como vós o amais. Ah! Dizeis que não fazeis nada, que sois como um pobre passarinho fraco, mas vossos desejos, o que achais deles? Deus os considera como obras.

Não posso dizer mais. Iniciei esta palavrinha pela manhã e não tive um minuto para terminá-la. São cinco horas. Gostaria que disséssseis, por escrito, à vossa pequena madrinha, se ela pode amar a Jesus como vós o amais. Mas só duas palavras, pois o que tenho basta para a minha satisfação e para a minha pena. Para a minha felicidade por ver até que ponto sois amada e privilegiada; para a minha pena, pressentindo o desejo que Jesus tem de colher sua florzinha querida! Oh! Fiquei com vontade de chorar ao ler essas linhas que não são da terra, mas um eco do coração de Deus... Quereis que vos diga? Pois bem, sois possuída por Deus, mas possuída pelo que se chama... absolutamente, como os maus o são pelo desgraçado.

Também eu gostaria de ser possuída pelo bom Jesus. Mas amo-vos tanto que me alegro por vós, por ver-vos mais privilegiada que eu.

Uma palavrinha para a pequena madrinha." (C 170, 17/9/1896.)

2. Cf. Im II, 11, 5.

3. O padre Pichon, retiro de outubro de 1887 no Carmelo de Lisieux, conferência do sétimo dia.

4. Cf. Santo Agostinho, *De bono vidultatis*.

5. A terceira depois de Teresa e Celina, Irmã Maria do Sagrado Coração fez sua oferenda ao amor misericordioso durante o verão de 1895. Cf. CG, p. 896 s.+f e *Orações*, p. 87s.

6. Afirmação a ser posta no contexto de C 196 e 197, e especialmente do Ms B: "É minha própria fraqueza que me dá a audácia de me oferecer" (3v). Estamos no âmago da "pequena via".

7. De fato, Im II, 11, 4, citando Op 31, 10.

8. Para ir ao Ofício de Matinas.

9. Nota acrescentada por Teresa. No texto (1), ela eliminou "à Justiça".

C 198

1. De Caen, onde entrou no serviço militar em novembro de 1895, Maurício Bellière mandou, em 21/7/1896, uma mensagem desesperada para a priora do Carmelo: "Estou numa situação deplorável — e é preciso, a todo custo, que minha querida Irmã Teresa do Menino Jesus me arranque dela — ela precisa violentar o céu". (CG, p. 871.)

2. Em 14 de outubro, véspera da festa de Santa Teresa d'Ávila, o padre Bellière escrevia para Madre Maria de Gonzaga: "Obrigado, boa Madre, pela ajuda prestada num momento de desespero — A tempestade passou, a tranquilidade veio e o pobre soldado voltou a ser o seminarista de antes". Referindo-se a Teresa, acrescentava numa carta: "Amanhã é festa dela". (CG, p. 903.)

3. Cf. Santa Teresa d'Ávila, *Caminhos da Perfeição*, cap. III.

4. *Ibid.*, cap. I. Teresa copiou esta sentença no rolo que segura para a foto de julho de 1896 (VTL, n. 29; cf. CG, p. 873+e). Retomou-a, na mesma época, em PN 35, estrofe 4.

C 199

1. Para o serviço da rouparia, ver nota 4.

2. Abreviatura de "irmãozinho". Teresa é o outro "irmãozinho"; cf. C 195.

3. Quer dizer cantar.

4. Sem dúvida para esticar a roupa ainda úmida, o que substituía a passagem a ferro.

C 200

1. Provável recordação do incidente acontecido "nas escadas da caserna" (C 199).

C 201

1. *Vie du P. Nempon, Missionnaire apostolique du Tonkin occidental*, por G. Monteuuis, Victor Retaux et Fils, Paris, 1895.

2. O padre Roulland dará testemunho mais tarde: "Em 8 de setembro de 1890, tinha dúvidas a respeito da minha vocação e do meu ingresso no Seminário Maior. Enquanto rezava na capela de Nossa Senhora da Libertação, senti-me repentina e definitivamente decidido". No mesmo dia, Teresa fazia profissão no Carmelo.

3. Cf. Ms C, 33r.

4. Citado em Im I, 8, *Reflexões*.

5. Cf. C 189, nota 4.

6. Em 26 de setembro, o padre Roulland escrevia para Teresa: "No dia 25 de dezembro, mandareis vossas intenções; adivinho quais sejam: agradecereis ao Senhor por esse dia de

graças, provavelmente o dia em que Deus vos chamou para o Carmelo". (C 171.) A enfermidade impediu o missionário de celebrar aquela missa de Natal; cf. CA 1.8.9.

7. Cf. Ms A, 44v/45r.
8. Santa Teresa d'Ávila, *Caminhos da Perfeição*, cap. VIII.
9. Cf. C 36 e Ms A, 63r.
10. O cônego Delatroëtte.
11. A expressão não é de Teresa d'Ávila, mas de São Francisco de Sales. Cf. RP 7, 1r e *infra* n. 6.
12. Durante a travessia, em agosto-setembro de 1896, o padre Roulland leu um caderno de poesias compostas por Teresa. Escreve-lhe a respeito: "Suplico-vos, irmã, colocai com frequência aos pés de Jesus, em nome do vosso irmão, alguns dos sentimentos que inflamam o vosso coração: nesta condição, continuarei dizendo, todas as manhãs: 'Meu Deus, inflamai minha irmã do vosso amor'". (C 171.)
13. O padre Bellière.

C 202

1. Boileau, *Arte poética*.
2. Suas três irmãs e a prima, Maria Guérin.
3. Devemos deduzir que Teresa não tinha boa voz? É bastante provável; cf. CG, p. 917+e.

C 203

1. Pode-se supor que esse bilhete faz sequência ao incidente do vesicatório relatado nos Cadernos verdes; cf. UC II (UP), p. 38.

C 204

1. Teresa alude aos numerosos transtornos que o cargo de ecônoma impõe à Madre Inês. Muitas expressões deste bilhete são tiradas da biografia de Irmã Maria de São Pedro, de Tours, cara à Madre Inês.
2. Expressão característica de Teresa em seus últimos meses; cf. UC, p. 412s.
3. Recordações de um Natal de Auvergne que se gostava de cantar nos Buissonnets.

C 206

1. "O pequeno embaixador"; cf. C 205.

C 207

1. Um dos apelidos de Irmã Genoveva, extraído de uma romança cantada nos Buissonnets.
2. "Senhor Totó"; cf. C 179, nota 1.
3. Depois da sua morte.
4. "Senhorita Lili".
5. No Carmelo de Saigon, que pede "fundadoras" para o de Hanói recentemente fundado. Parece que pouco antes, Irmã Genoveva cogitou nessa partida para a Ásia, para si e para Teresa. Ver seu bilhete inédito (C 172 *bis*) em *Cartas — Uma corrida de gigantes*, p. 481.

C 208

1. Este bilhete e os dois seguintes colocam de novo em cena "Senhor Totó" e "Senhorita Lili".

2. Fogareiro de brasas, que Madre Maria de Gonzaga obrigou Teresa a usar durante o inverno de 1896-1897. Como segunda enfermeira, Irmã Genoveva era qualificada para "desobrigar" ou não a sua irmã.

3. Ofício das horas menores, recitado às sete horas no inverno.

4. Uma irmã dispensada do levantar matutino colocava um papel na tranqueta da sua cela. Para o "segundo despertar", pelas seis horas e quarenta, uma religiosa batia em cada uma das portas com tal papel.

5. Irmã Genoveva friccionava Teresa com um cinto de crina. Cf. CA 27.7.17.

6. Para as irmãs doentes.

C 209

1. Irmã Genoveva notou que seus "defeitos mantinham-na constantemente na humilhação", pois — diz ela —, "por causa do meu caráter impetuoso tinha frequentes atritos com as irmãs. Atritos que muito me entristeciam devido a meu grande amor-próprio".

C 210

1. Instrumento de percussão, formado por tabuinhas movediças, ou argolas de ferro, que, ao serem agitadas, percutem a prancheta em que se acham presas e produzem uma série rápida de estalos secos [Novo Dicionário Básico da Língua Portuguesa — Aurélio. Verbete.]

C 211

1. O envelope tem o seguinte endereço: "Remessa da Santíssima Virgem para minha filha querida, sem asilo nesta terra estrangeira".

2. Cf. C 209, nota 1.

3. Cf. Im II, 11, 4.

4. Os "Joelhos de Jesus" ou os "Joelhos do bom Deus": lugar cobiçado por Totó e Lili quando estiverem no paraíso; cf. UC, p. 595 e 603.

5. Cf. C 192 e a nota 2.

C 212

1. Irmã Maria da Trindade explica da seguinte forma a origem desta carta: "A Serva de Deus seguia a atração da minha alma para levá-la a Jesus. [...] Naquela época, por ter um caráter muito infantil, servia-me de um método bastante original a fim de praticar a virtude: alegrar o Menino Jesus tomando parte com ele de diversas brincadeiras espirituais. Irmã Teresa do Menino Jesus encorajou-me pela carta seguinte..."

2. É o Menino Jesus quem fala. O envelope tem o seguinte endereço: *"Pessoal.* Para a minha esposinha querida *Jogadora de Malhas* no Monte Carmelo".

3. Irmã Maria da Trindade explica: "Em minha imaginação, estas malhas possuíam todos os tamanhos e todas as cores, a fim de personalizar as almas que eu queria atingir".

4. Teresa recorre às palavras da noviça, alguns dias antes: "Em dezembro de 1896, as noviças receberam, para as missões, diversos bibelôs para uma árvore de Natal. No fundo da caixa, encontrou-se [...] *um pião*. Minhas companheiras exclamaram: 'Que feiura! Para que serve?' Eu, por conhecer bem o objeto, peguei o pião, dizendo: 'Mas é muito divertido! poderia girar um dia inteiro, mediante boas chicotadas!' E pus-me a dar uma exibição que as deixou maravilhadas. Irmã Teresa do Menino Jesus observava-me sem nada dizer". (Recordações de Irmã Maria da Trindade.)

C 213

1. O padre Bellière escrevia para Teresa em 28 de novembro de 1896: "O Senhor manda-me uma dura provação — como faz a quem ama, e sou muito fraco. Dentro de alguns dias, sem dúvida, vai mandar-me para o seminário das missões africanas — Meu desejo estará, finalmente, realizado. — Mas preciso lutar muito — tenho de romper grandes e caros afetos — um passado risonho e feliz que me solicita ainda fortemente. — Preciso de força, querida irmã". (C 172.) Temos o resumo da resposta de Teresa em rascunho, o qual mostra sua maneira de proceder (cf. CG, p. 934).

2. Versículo muitas vezes repetido na liturgia natalina.

3. Padre Pichon; cf. C 172.

C 214

1. Irmã Genoveva anotou: "Este bilhete era-me oferecido por um nenê, de cromo com forte relevo, munido também de uma florzinha".

C 216

1. Primeira alusão explícita, na correspondência de Teresa, à sua morte próxima.

2. Alusão provável ao seguinte verso de Soumet: "Para quem seriam os céus, se não para ti?" (*Joana d'Arc mártir*). A variante introduzida por Teresa: "Se há um céu" é uma alusão velada à sua provação da fé. Cf. RP 3, 22r/v, que atribui erroneamente este verso a d'Avrigny.

3. Isto é, desde que Madre Inês deixou de ser priora.

C 217

1. Quadra composta por Irmã Maria de São José.

2. A própria Teresa, a quem Irmã Maria de São José pediu para compor uma poesia para ela.

3. Cf. C 204, n. 3.

4. Alusão à voz harmoniosa de Irmã Maria de São José.

5. Lamentação do judeu.

6. Trabalho de remendo entregue às roupeiras: Irmã Maria de São José e Teresa.

C 218

1. A bênção do santo padre para o Carmelo, por ocasião das bodas de ouro da decana das carmelitas, Irmã Santo Estanislau.

C 219

1. Desgraças cujas circunstâncias ignoramos.

2. A respeito do nariz comprido de Madre Inês, cf. CA 8.7.5, e do "narizinho" de Teresa, cf. CA 31.7.3.

C 220

1. A quaresma, com início em 3 de março.

2. Eis excertos dessa carta: "Minha querida irmã em Nosso Senhor. A bondade de Deus para comigo é comovente e a que vos comunicou age profundamente em minha alma, muito reconfortada pelas atenções que a caridade vos inspira. Sinto que me torno melhor toda vez que me chega um pouco da piedade vivida no Carmelo — e gostaria de amar a Jesus como o amais aí. Vós o tínheis no coração, irmã, quando compusestes esse cântico de amor que vos dignastes enviar-me. Respira-se nele um sopro divino que puri-

fica e fortalece [...] Gostaria de poder cantar como vós, querida irmã, para dizer a Jesus os sentimentos que os vossos me inspiram — Mas ele, bondoso, digne-se aceitar a minha prosa rude e breve. Seu coração tão terno não dá atenção à forma e sua graça desce sempre. Oh! Sim, irmã, 'Vivamos de amor'". (C 174, 31/1/1897.)

3. Sua poesia *Viver de amor!* é de 26 de fevereiro de 1895.

4. O padre Bellière tem certeza agora de partir para a África em outubro: "No próximo ano será o Noviciado, o preparo imediato e, após = Para frente, Deus e labor. Quando eu batizar o meu primeiro negrinho, pedirei à vossa veneranda madre que sejais a madrinha — pois será vosso; vós, mais do que eu, o tereis atraído para Deus". (C 174.)

5. Cf. pedido igual para o padre Roulland, C 189.

6. Poesia *Viver de amor!*, estrofe 9.

7. Ofício de matinas, às 21 horas.

8. Nos três dias chamados de *Quarenta Horas*.

C 221

1. Em sua carta de 20 de janeiro, padre Roulland contava sua chegada na missão: "Como fizestes, vou escrever em todas as linhas, não desperdiçar papel e, com a permissão da nossa boa madre, direi apenas duas palavras sobre o caro Su-Tchuen oriental. Chego à fronteira dessa província, recito o Te Deum, ofereço a Deus o que sou e o que tenho: penso em Santa Teresa que dizia: ou sofrer, ou morrer; por que essas palavras me vieram à mente? A explicação veio logo. Conto o fato e pensareis como eu. Termino a minha oferta e vejo-me obrigado a deitar; mais dois dias e descemos em Kuy-Fu, na residência de um confrade. Meu mal-estar aumenta; chama-se o médico chinês, pois só há um europeu aqui, o padre. Declarado incapaz de continuar a viagem. Portanto, adeus aos caros confrades, meus companheiros. Dez dias depois, a febre aparece, violenta, espécie de tributo pago ao clima. Durante dez dias digo disparates. Parece que tudo o que disse era de natureza a fazer rir. O primeiro médico me abandona; um segundo, outrora perseguido por causa da fé, serve-me muito quinino A febre que facilmente se faz mortal, quando contínua, em mim se faz periódica e começo a melhorar. Hoje, estou quase bom. Eis o fato, concluo: é graças às orações das pessoas que se interessam por mim, e sobretudo às vossas, que não cantei meu *Nunc Dimitis* ao ingressar na minha missão. [...] Dissera-vos que, no Natal, celebraria uma missa em vossas intenções e estava de cama: cumprirei a minha promessa logo que eu puder". (C 173.)

2. *Cântico espiritual*, explicação da estrofe XXIX.

3. Im II, 12, 11; cf. CA 29.5.

4. "Carta de visita" em caracteres chineses.

5. *Vida e correspondência de J. Théophane Vénard*. Essa leitura está na origem de uma das "grandes amizades" de Teresa. Redundará num verdadeiro reconforto para a carmelita doente e moribunda; cf. CA 21/ 26.5.1.

6. Poesia *Para Théophane Vénard* (PN 47, 2/2/1897).

7. Cf. Ms C, 9v/10r.

8. Santa Teresa d'Ávila, *Caminho da Perfeição*, cap. III.

9. Cf. "Desejais que uma das meninas que eu batizar se chame Maria (Ma li ia) Teresa (Te le sa). Escolhei entre os dois nomes, pois os chineses só usam um". (C 173). Teresa formulara esse desejo em sua carta de 27 ou 28/7/1896, não conservada; cf. CG, p. 874.

10. Cf. C 189, nota 4.

C 222 bis

1. Teresa assinou e anotou uma carta de Irmã Maria da Eucaristia ao pai dela; cf. CD em CG, p. 967.
2. O cônego Maupas, superior.

C 223

1. Ignora-se a que respeito.

C 224

1. O padre Bellière acaba de escrever uma longa carta, por ocasião da Páscoa, para Madre Maria de Gonzaga e para Teresa. Eis excertos de sua carta a esta última: "Minha boa e caríssima Irmãzinha [...] Apresso-me em vos dizer o prazer que me destes pelas poesias que tivestes a bondade de copiar para mim; suponho que tomaram muito dos vossos recreios e quase vos peço perdão por ter causado esse trabalho. Mas não insisto, pois tive muita satisfação. Não esperais, minha querida irmã, que as avalie; nem penso nisso, calculando, com justa razão, que eu ficaria aquém da exatidão — sabei apenas que fiquei encantado e feliz —; não vos envio cumprimentos banais, mas a expressão do meu sentimento. Compusestes para as carmelitas, mas os anjos devem cantar convosco e os homens, embora grosseiros, como eu, encontram um verdadeiro encanto ao ler e cantar essa poesia do coração. Tudo me agradou e, particularmente, talvez, 'Meu canto de hoje' — 'Para Th. Vénard' (pudera!) — 'Lembra-te' — 'Ao meu Anjo da Guarda' etc. Perdão! Vejo que indicaria tudo. Sim, tudo me é agradável e precioso. Obrigado, simples, mas sinceramente, pela vossa bondade. Sabeis usar de todas as nuances: suavidade com as sacristãs do Carmelo, acentos másculos do guerreiro nas 'Minhas Armas'. Gosto de vos ver falar de lança, elmo, couraça, atleta, e sorria imaginando-vos numa dessas armaduras. Mas Joana d'Arc, que amais e que, *cada dia*, invoco pelo título com que a saudei no final do cântico: santa Joana da França, vestiu essas peças que cantais e que, sem dúvida, são seu mais belo enfeite. Sou e serei, irmã, fiel à pequena oração que me indicais. Coisa sagrada, sempre a farei, mesmo que... vosso exílio seja curto. Eu adivinhara, irmã, destaquei no cântico do amor este verso: 'Tenho esperança de que meu exílio seja breve' e este outro: 'Sinto-o, meu *exílio* está no fim'. Compreendo os vossos desejos, a vossa impaciência: estais pronta, irmãzinha, para entrar no céu e o vosso esposo Jesus pode a qualquer momento estender-vos a mão que vos colocará no trono da glória; estais impaciente como a esposa do Cântico — 'Puxai-me para vós', diz ela ao se arrastar aos pés de bem-amado, desfalecida pela chama que a devora. Ao analisar e meditar esse Cântico dos Cânticos, aplicava-o à carmelita e a seu Jesus. Foi por isso, sem dúvida, e naturalmente, que o redigi nesse sentido e que versos do 'Viver de Amor', e outros, encaixaram-se. Tendes razão quando dizeis que não me é permitido cantar como vós! Não, francamente, preciso de início, por meio de muito esforço e muita penitência, fazer Deus esquecer um passado de pecado e, depois, fazer alguma coisa para ele, trabalhar na sua vinha. Antes das honras, Joana d'Arc passou pelo sofrimento. Mais do que qualquer outro, preciso expiar. Se eu não conseguir, vos direi: Irmã, pedi a Deus *para que eu sucumba na luta*; pedi — por que não? —, que eu morra *mártir (!)*. Esse foi o sonho de toda a minha vida. Outrora, sonhava em morrer pela França; hoje, por Deus e, sabeis: 'Se morrer pelo seu príncipe é sorte ilustre', 'Quando se morre para seu Deus, qual é a morte'. [...]

Agradeço também por vossas intenções como madrinha, mas não desejais dar nomes como recordação vossa ao pequeno beduíno — se o primeiro for uma menina! Solicito de vós essa benevolência". (CC 177, 17-18/4/1897.)

2. Texto extraído por Teresa segundo um *Boletim do Sagrado Coração*, dezembro de 1896; cf. *Vie et Oeuvres de la Bienheureuse Marguerite-Marie Alacoque. Sa vie inédite par les Contemporaines*, Poussièlgue, 1867, t. 2, p. 347.

3. Cf. Ms C, 4r.

4. Poesia *Viver de Amor!...* (PN 17, estrofe 9, de 26/2/1895).

5. Ms A, 2r.

6. Cf. Ms A, 32r.

C 225

1. Dia de recreio extraordinário durante o qual as irmãs tinham permissão, "licença" para entreter-se umas com as outras.

2. "Para ir para a Cochinchina"; cf. CA 21/26.5.2.

3. Hora de sesta facultativa de meio-dia às 13 horas, no verão.

4. Madre Maria de Jesus, que sucedera a Madre Filomena da Imaculada Conceição, fundadora oriunda de Lisieux, em 1861.

C 226

1. Em 24 de fevereiro, o padre Roulland escrevia para Teresa: "Irmã, não escreverei muito, pois estou de partida para Tchug-Kin; nem respondo à vossa longa carta que me faz muito bem. Só quero enviar-vos relíquias de um futuro mártir; deixei algumas para meus parentes no dia em que deixei a minha família; mandei também de Shang-Hai. Por que não enviar também para a minha irmã? Neste momento, não estamos em perigo iminente de morrer; mas, de um dia para outro, podemos receber punhaladas. Não seríamos mártires, na força do termo; mas dirigindo corretamente a nossa intenção: dizendo, por exemplo: 'Meu Deus, é por vosso amor que viemos aqui, aceitai o sacrifício das nossas vidas e convertei as almas'. Não seríamos bastante mártires para entrar no céu?... [...]. Enfim, estamos à disposição de Deus. Se os bandidos me assassinarem e eu não for digno de entrar imediatamente no céu, me arrancareis do purgatório e irei vos esperar no paraíso. [...] Dizeis-me, irmã, que ofereceis meu amor com o vosso; pois bem! Na santa missa, ofereço o vosso com o meu, depois da santa comunhão; tenho certeza de que, vendo essa oferta, Jesus me perdoará o fraco amor que tenho por ele. No memento dos mortos, penso nos vossos queridos parentes falecidos". (CC 175, 24/2/1897).

2. O padre Roulland estudava a língua chinesa; cf. sua carta para Teresa, 20 de janeiro de 1897: "Quando é que farei meu primeiro batismo, minha primeira conversão? Ai, sou apenas uma criancinha: não sei falar. Vou passar alguns meses numa família cristã, estudar a língua, os costumes etc., e o apostolado com o confrade antigo". (CC 173).

3. Em primeiro de maio, chega ao Carmelo de Lisieux a notícia da morte desse missionário de vinte e seis anos, morto por ladrões, por ser europeu; cf. CA 1.5.2.

4. Cf. Ms A, 3v e 76r.

5. Cf. C 225, nota 3.

C 227

1. De fato, dezessete anos (13/5/1880); cf. Ms A, 25r.

C 228

1. Cf. C 208, nota 5.

2. Apelido do Dr. de Cornière; cf. UC, p. 708.

3. Cf. C 207, nota 1.

4. "Senhor Totó" (Teresa). Irmã Genoveva friccionava-a pela manhã, antes do Ofício de prima, durante o tempo do silêncio maior.

5. Cf. CRG, p. 175.

C 229

1. Ignora-se o motivo; sem dúvida, devido a seu estado de saúde.

2. A palavra aparece pela primeira vez nos escritos de Teresa. O Ms C, 3r desenvolverá o tema do elevador; cf. CG, p. 989+c.

3. Eis a resposta de Madre Inês a este bilhete:

"No momento mesmo em que tomava a caneta para dar um suspiro, recebia a vossa palavrinha, ó meu anjo querido! Isso fez transbordar o pequeno vaso, mas provocou também uma transformação física, pois o pequeno vaso cheio de água amarguíssima só pôde deixar transbordar um licor muito doce e muito suave. Há pouco, dizia para mim mesma: gostaria que, antes de se ir, meu anjinho me dissesse o que fará por mim lá em cima, preciso disso em minhas pequenas consolações; e eis que sua palavrinha me diz exatamente aquilo. Pois bem! morrei agora, sei que lá em cima dareis atenção à vossa pequena madre, morrei logo a fim de que meu coração não tenha mais apego algum na terra, a fim de que tudo o que amo esteja no céu. Eis que começo a derramar grossas lágrimas ao escrever isso e não enxergo mais nada... não sei o que tenho hoje. NUNCA tivera tanta certeza do vosso próximo fim. Pobre anjinho, ou melhor, feliz anjinho, se soubésseis o que vos espera! Oh! Como sereis bem recebida! Que festa para toda a assembleia dos santos. Como a Virgem imaculada vos apertará no seu colo. Sereis como uma criança que cada um se apressa em acalentar e acariciar, e os pequenos inocentes irão garbosos buscar-vos pela mãozinha, vos ensinarão a usar as asas, vos iniciarão nos jogos deles".

"Oh! Pedi que deixem um lugarzinho para mim no meio deles." (CC 179, 23/5/1897).

C 230

1. Madre Inês apresenta os fatos da seguinte forma: "Um dia (já doente, mas não inválida), uma irmã veio pedir-lhe ajuda imediata para um trabalho de pintura. Eu estava presente e, mesmo objetando sua febre e fadiga extrema, a irmã insistia. Então, uma emoção apareceu no rosto de Irmã Teresa do Menino Jesus e, naquela noite, escreveu essas linhas para mim".

C 231

1. Irmã Maria do Sagrado Coração anotou: "Escondera de Madre Inês de Jesus, que não era mais priora na época, que cuspira sangue".

2. Três de abril de 1896.

3. Enquanto Teresa escrevia o bilhete que acabamos de ler, Madre Inês redigia as seguintes linhas: "Meu pobre anjinho querido, vos afligis, na certa, e mesmo assim asseguro-vos que é uma graça de Deus para mim saber o que vos aconteceu. Conhecendo esses pormenores depois da vossa morte, creio que nunca ficaria consolada. Meu caráter é tão estranho que teria imaginado que, por causa dos meus combates, vos teríeis escondido de mim, e assim sempre teria pensado que a vossa intimidade tão doce, tão completa a meus olhos durante a vossa vida, não estivera no grau que eu supunha. Que quereis, não dona dessas impressões dolorosas, é o ponto fraco do meu geniozinho. Oh! Como agradeço a Deus pelo recreio desta noite. Sim, vejo que me amais e que tendes pena do meu pobre coraçãozinho. Estou disposta a sofrer qualquer combate durante a vossa vida, mas depois,

preciso que todas as lembranças me sejam suaves e não tenha mais nada *a saber*. Que as coisas não me sejam ditas na hora, não acho ruim, mas tendes piedade da minha fraqueza materna e pedis, mais uma vez, que eu seja informada de tudo. Oh, meu anjinho! Tendes uma estranha pequena madre. Ora! Durante Completas, havia um verdadeiro abismo de amargura no meu coração, de um tipo muito peculiar, que eu não tinha experimentado antes. Oh! Como tenho pena de Deus quando as almas faltam com a confiança nele. É a maior ofensa que se pode fazer à ternura paterna. Quanto a vós, meu anjo querido, vosso motivo era TODO DE TERNURA, oh! Não tenho dúvida, e termino esta palavrinha dizendo de novo a Jesus: Oh! Obrigada! Tivestes piedade da minha fraqueza; não, não teria podido suportar isso depois da morte do meu anjinho, teria morrido de dor...

Sobretudo, não vos atormenteis, pois fui eu quem adivinhei tudo". (CC 180, 30/5/1897).

C 232

1. O bilhete 231 que Irmã Genoveva transmitira na qualidade de enfermeira.

2. Em vez de "Je regrette" (Arrependo-me): transcrição fonética que alude a uma entonação de padre Baillon, confessor extraordinário da comunidade, do que dizia às suas penitentes: "Raigrettez-vous?" (Estais arrependida?)

3. Novo intercâmbio simultâneo: enquanto Teresa escreve sua "segunda palavrinha", Madre Inês escreve também: "Ainda receio, meu anjinho, ter-vos causado tristeza com minha palavrinha desagradável; a vossa, oh! A vossa é tão suave. Peçais a Jesus que me faça semelhante a vós.

Em breve, fugireis para longe da terra, e no fundo meu coração rejubila de uma alegria sobrenatural: enquanto meus olhos choram, sinto-me transportada a um sentimento indizível de felicidade. Ó branca pombinha, chegou o momento de o dono do pombal vos colocar no devido lugar! Os anjinhos não podem ficar mais tempo sem a vossa companhia, está na hora de Deus receber uma glória nova pela vossa entrada na celeste pátria. Depois, aceito sofrer na terra enquanto Deus quiser, quero gemer também como rolinha plangente exilada nos vales da terra; quero as lágrimas para mim. Sim, estou MUITO FELIZ, enfim, meu anjinho vai voltar para seu país, vai preparar um lugar para sua pequena madre, a fará santa; lá de cima, vai lhe ensinar a dominar seus impulsos desoladores, obterá para ela toda espécie de graças, pois estará para sempre numa tão grande abundância!

Ó meu Jesus, amo-vos! Eu também irei vos ver em breve; enquanto espero, mando-vos TUDO O QUE AMO." [CC 181, 30/5/1897].

C 233

1. Com essas poucas linhas, Teresa respondia a um longo bilhete de Madre Inês do qual eis uma parte:

"Esta noite, recitei meu tercinho inteiro, ajoelhada diante da Santíssima Virgem do mês de Maria. Pareceu-me que, no fim, ela tinha um sorriso especial. Ó meu anjinho, sinto que se orardes por mim começarei de verdade uma vida nova, sinto ter recebido uma graça muito grande. Nem quero afligir-me se nossa madre vos recusa, a Santíssima Virgem fez-me entender que todas as mais bonitas vidas de santos não valem um ato de obediência e de renúncia. Mesmo que, depois da vossa morte, nossa madre rasgue vossa pequena biografia, parece-me, se eu ficar como estou esta noite, que não sentirei outra coisa senão uma atração mais poderosa para o céu. Voarei mais alto, só isso: *Por cima das nuvens, o céu está sempre azul. Toca-se nas margens onde reina Deus!*...

Não tenhais pena nenhuma de mim, nossa união nunca foi mais íntima, oh! É o que sinto. Esta tarde, junto da Santíssima Virgem, havia uma vela que escorrera e a cera formava ao lado o *verdadeiro modelo de um cordeirinho suplicante*. Pensei que vós éreis a luz e eu, o cordeirinho que, aproveitando-se da vossa luminosidade e virando para Maria o meu olhar, ela teria pena de mim Não sei o que estou dizendo, meu anjo querido. Meu coração e minha alma, a minha pequena pessoa inteira formam um mundo esta noite. Espero que me compreendais e que, após a vossa partida deste vale de lágrimas, volteis frequentemente para embelezar este pequeno mundo, passear nele com os anjinhos e, *por um sopro luminoso*, façais deste mundo um *pequeno sol* [...]". (CC 182, 31/5/1897).

C 234

1. Para sua tomada do véu.
2. Alusão a um dos responsos do Ofício litúrgico de Santa Inês.
3. Maria Guérin tinha feito a sua primeira comunhão em 2 de junho de 1881.

C 235

1. Estampa que acompanhava o bilhete anterior.

C 236

1. Irmã Maria da Trindade não deixou esclarecimento a este propósito.
2. Abreviatura de "boneca"; cf. C 249; CA 22.9.4.
3. Onde se assavam os pães do altar.

C 237

1. Madre Inês acabava de escrever-lhe: "Ó meu anjinho! Faltam-me palavras para dizer-vos minha ternura. Não me censureis, vede como os apóstolos ficaram tristes quando Jesus lhes disse que ia deixá-los em breve... *Sim, mas!*... Voltaram cheios de alegria depois... Assim será feito com a mãezinha. [...] Levantai-vos, pombinha querida, o inverno terminou para vós, a fonte das vossas lágrimas secou, ide desfrutar os encantos da eterna primavera do amor.
Sobretudo, não me respondais, isso me causaria muita tristeza". (CC 183, 2 (?)/6/1897).
2. A respeito desta expressão, cf. UC, p. 442-444. Vai aparecer de novo em C 254, 255 e 257.

C 238

1. Dedicatória no verso de uma estampa.

C 239

1. Teresa responde a essas linhas de Madre Inês: "Não posso dizer-vos tudo o que se passa na minha alma a vosso respeito, é inefável!
Será que, apesar dos vossos passeios errantes, conseguirei falar convosco uns 15 minutos?" (CC 184, 3 (?)/6/1897).
2. Canto do judeu errante, 22ª estrofe; cf. C 217, nota 5.

C 240

1. Este bilhete desenvolve o simbolismo do miosótis, caro à Irmã Maria da Trindade (cf. C 187). Compreende-se aqui que um mero olhar da noviça informa Teresa a respeito de suas disposições.
2. Irmã Maria da Trindade queria ficar sem comunhão para castigar-se por uma falta.

C 241

1. Cf. Im III, 13, 3 e Op 20 de 16/7/1897.

C 242

1. A retomada da autobiografia de Teresa (Ms C). Madre Inês obteve para isso o consentimento de Madre Maria de Gonzaga na noite de 2 para 3 de junho.
2. Cf. C 232, nota 2.

C 243

1. Irmã Genoveva fotografou a irmã nesse 7 de junho, segunda-feira de Pentecostes. Apesar de seu esgotamento, Teresa teve de posar muito tempo para atender às exigências de Celina. Esta (segundo uma tradição oral) perdeu a paciência. Este bilhete parece ser resposta aos arrependimentos expressos pela noviça.
2. Cf. Ms C, 2v, escrito nestes mesmos dias. Irmã Maria da Trindade comenta esta frase de C 243: "Que santo canonizado já falou desta maneira: 'Nós', dizia-me ela, 'não somos santos que choram seus pecados; alegramo-nos porque servem para glorificar a misericórdia de Deus'". (Bilhete para Madre Inês, 8/3/1925).

C 244

1. Esse bilhete não foi enviado, devido, sem dúvida, a uma melhora passageira. Teresa desenvolverá algumas ideias dele em C 253.
2. Cf. C 247, n. 1.
3. Santuário parisiense caro aos Martin e aos Guérin; cf. Ms C, 8r e UC, p. 675.
4. 13 de maio de 1883; cf. Ms A, 30r.

C 245

1. Textos escritos por Teresa numa estampa, para um adeus.
2. Adaptação da terceira leitura de Matinas, para a segunda festa de Santa Inês (28 de fevereiro).
3. Antífona do cântico *Benedictus*, do mesmo Ofício.
4. São João da Cruz; cf. C 221, n. 2; Ms B, 4v; Op 12r.
5. ID., *A Viva Chama de Amor*, estrofe I, explicação do versículo 6. Esta frase conclui a terceira passagem marcada por Teresa, com uma cruz, no exemplar que ela guarda como livro de cabeceira durante sua doença. Cf. UC, p. 492-495 e Orações, p. 121.
6. Empréstimos feitos à correspondência redigida pelo mártir no cárcere, entre a prisão (30/11/1860) e a decapitação (2/2/1861). Teresa tinha copiado esses trechos e outros em sua caderneta. Ao copiá-los para suas irmãs, introduz mínimas variações, apropriadas a seu caso.

C 246

1. Cf. Ms C, 11v e seg. redigidos por volta de 12-15 de junho; particularmente 12r.
2. Domingo da Trindade, festa de Irmã Maria da Trindade. Esse texto estava escrito no verso de uma estampa.

C 247

1. Em 7 de junho, segunda-feira de Pentecostes, o padre Bellière escrevia para Teresa: "Ontem, minha muito querida irmã, na hora exata em que o Santo Espírito descia sobre os apóstolos com sua luz e sua força, recebia suas ordens, pela boca do meu diretor; dito de outra forma, recebia uma decisão quase definitiva sobre minha vocação e ouvia o se-

guinte: Sois uma vocação séria, na qual acredito firmemente e na qual Deus manifesta sua Providência de maneira singular. Com mil ocasiões de perda, vos dava dez mil de salvação; além disso, ele quer que sejais missionário, a carreira está aberta, ide. E vou partir, irmãzinha; passarei os atuais feriados com minha família, e, em primeiro de outubro, chegarei a Argel para meu noviciado na Maison Carré, com os padres Brancos. [...] Se, mais tarde, acontecer-me sentir alguma fraqueza, desânimo [...], saberei que estais muito perto de mim, irmã, pela vossa caridade fraterna que não será o menor sustento para minha pobre alma. Prometestes-mo, mesmo depois do exílio, que estareis aí e não tenho receio.

Adoremos a Deus, irmã, agradecei comigo. Menos do que qualquer outro, peço que acrediteis, merecia eu essa honra na qual só penso tremendo, e esse amor de Deus me amedronta um pouco. Mas quero que a confiança supere o medo de entregar-me sem reserva. Aliás, é o que me foi pedido, meu pai me disse: é preciso que vos deis completamente a Deus que vos pede tudo. Não podeis estar a serviço dele só pela metade. Sereis bom padre ou nada. Esse é meu sentimento e quero dar sem contar [...].

Dizíeis recentemente: 'Sinto que nossas almas são feitas para se compreenderem', também penso assim e, como sou um pouco supersticioso para com a Providência, não posso deixar de estabelecer essas aproximações (mas quantas diferenças também!).

Permiti-me informar-vos de algumas com toda simplicidade: esses mesmos desejos: almas, apostolado ... à frente de qualquer apóstolo, creio, essa necessidade de devotamento para uma causa sagrada. [...]

Muito jovem, querida irmãzinha, fostes apartada das carícias maternas. Não conheci a minha mãe; mais, morreu por minha causa. Até os 10 ou 11 anos, desconhecida essa infelicidade, recebendo de uma tia a dedicação e as carícias que acreditava serem maternas por serem suaves e benfazejas. Chamava de 'mãe' a essa irmã de minha mãe, e meu coração sofrerá tanto como teria sofrido se tivesse de deixar minha mãe para o apostolado longínquo. [...]

Não me surpreenderia se tivéssemos as mesmas devoções. Foi o Sagrado Coração que me converteu, depois de muitas tolices, de covardias. Os belos anos, os que Jesus mais ama, estraguei-os, entregando ao mundo e às suas loucuras os 'talentos' que Deus me emprestava. Mas a Santíssima Virgem, Nossa Senhora da Libertação, que conheceis, sem dúvida, deu-me grande ajuda. São José recebeu-me em sua guarda de honra e peço muito à amizade dos santos Paulo, Agostinho, Maurício, Luís de Gonzaga, Francisco Xavier e santas como Joana d'Arc, Celina, Inês, já as cantastes. Genoveva era uma valente e está enquadrada pelo vosso nascimento e pelo vosso batismo (3 de janeiro); Teresa, depois que soube ser ela a padroeira da minha cara irmãzinha, Maria Madalena, a pecadora que veio a ser tão amada por Jesus. [...]

Como devo estar vos enfadando, valente e querida irmãzinha, com todo esse blábláblá em que, me parece, falo demais de mim. Perdoai-me. Na verdade, asseguro-vos, sou um miserável e vós precisais estar comigo para que Deus continue a me amar. Espero que ele vos recompense, peço a ele com ardor.

Minha querida e muito boa irmã, sou para sempre vosso grato, embora indigno irmão.
M. Barthélemy-Bellière

Não receeis, irmã, estou demasiadamente ciumento da graça de Deus que me concede o benefício das vossas cartas para deixar que um profano desvele o segredo". (CC 186, 7/6/1897).

2. 29 de maio de 1887; cf. Ms A, 50r.

3. Tema fundamental do Ms A, retomado no início de Ms C, que está sendo redigido.

4. Cf. Ms C, 36v.

5. Cf. CA 11.7.6. e CG, p. 1022+g.

6. Em 15 de julho, o padre Bellière responde a isso: "Sabeis que estais me abrindo novos horizontes: na vossa última carta, especialmente, encontro ideias sobre a misericórdia de Jesus, sobre a familiaridade que ele estimula, sobre a simplicidade nas relações da alma com esse grande Deus que me tinham impressionado até agora. Talvez porque não me foram apresentadas com a mesma simplicidade, com a unção que o vosso coração prodigaliza. Pensei como vós. Mas só chego imperfeitamente a essa simplicidade deliciosa que considero espantosa, pois sou um triste orgulhoso e ainda conto demais com as coisas criadas.

Não, querida irmãzinha, não explicastes mal, tendes razão, compreendi muito bem as vossas teorias e, como o dizeis tão bem e com tanta bondade, como para a prática somos dois, entrego-me plenamente a Nosso Senhor e a vós. É o que há de mais seguro. Considero tudo o que me dizeis como oriundo do próprio Jesus, tenho plena confiança em vós e pauto-me na vossa maneira que eu gostaria de fazer minha". (CC 188, 15/7/1897).

7. 10 de junho.

8. Sua tia, a senhora Barthélemy.

C 249

1. "Um dia", contou a interessada, "não aguentando mais estar mantida longe dela (Teresa) como se eu fosse uma estranha, fui até a enfermaria e expus minhas queixas diante de uma das suas irmãs [...] Minha queixa amarga causou aflição à serva de Deus. Mandou-me embora censurando severamente minha falta de virtude. À noite, mandou que me entregassem este bilhete". (Cf. CG, p. 1024).

2. "boneca"; cf. C 236, n. 2.

C 250

1. Sem dúvida por não ter acesso à enfermaria da qual Irmã Genoveva é a guardiã?

2. O galho é, evidentemente, Teresa; o pássaro, Maria de São José. Esta sofrerá por ser obrigada a contentar-se com visitas escassas e silenciosas à enfermaria. Cf. UC, p. 558-559.

C 251

1. Cf. Im III, 5.4.

2. Cf. CA 15.6.2 e 8.7.6.

C 253

1. Esta carta retoma muitas ideias do bilhete de adeus de 9 de junho (C 244), não enviada.

2. Cf. CA 13.7.15, frase idêntica à daquele dia, e Ms C, 31r; cf. UC, p. 471.

C 254

1. "Eis que sou nenê, não sei falar, aprendo a língua numa família cristã", escrevia o padre Roulland para Teresa (CC 178, 29/4/1897).

2. Teresa está em dieta láctea desde a semana de Pentecostes.

3. Cf. Arminjon, *op. cit.*, p. 302 e CA 17.7.

C 255

1. Cf. C 152, nota 2.
2. Cf. C 178, nota 6.
3. Cf. CA 15.7.3 e UC, p. 702.
4. "Tu que conheces a minha extrema pequenez" (PS 8); UC, p. 469.
5. Cf. C 254, n. 2.

C 256

1. Irmã Marta completa trinta e dois anos nesse 16 de julho.
2. "Oração para obter a humildade", composta por Teresa (Op 20).
3. Teresa e Marta são quase gêmeas de profissão: 8 e 23 de setembro de 1890.

C 257

1. Cf. CG, p. 1037+c.

C 258

1. No recebimento da carta 253 e de uma outra "desolada" de Madre Maria de Gonzaga, o padre Bellière escreveu para esta última: "Choro como se eu fosse vítima de uma grande calamidade" (17/7/1897). E dirige para Teresa esta carta chorosa: "Oh! Minha pobre irmãzinha, que golpe para o meu pobre coração. Ele estava tão pouco preparado. Não lhe peçais essa alegria que sentis na aproximação da felicidade, ele continua preso à pesada corrente; pregado à sua cruz. Partireis, querida irmãzinha, e ele ficará só, mais uma vez. Sem mãe, sem família, concentrava-se na caridade da irmã, formara um doce hábito da sua intimidade, estava feliz (Oh, quão feliz!) por sentir perto dele essa mão amiga que consola, fortifica e corrige; avançava sorrindo no caminho da cruz por não se sentir sozinho; estava feliz e aguardava impaciente o momento de lançar-se no deserto, pois sabia-se amparado. Ia quebrar a única afeição terrestre contando ser compensado por aquela que Jesus lhe tinha emprestado em um anjo da terra. Eis que Jesus retira esse bem no momento em que parece mais desejável. Oh! Como é duro, penoso para a alma mal firmada em Deus! Porém, *fiat! fiat!* pois sereis feliz para sempre, minha irmã. Sei, é justo. Sou egoísta. Parti, irmãzinha, não deixeis Jesus esperar mais, ele está impaciente para vos colher, deixai-me lutar, carregar a cruz, cair sob o seu peso e morrer na batalha. Estareis comigo, o prometestes, e conto com vossa assistência, é minha última esperança por enquanto e para o futuro. Estareis comigo, perto de mim, vossa alma conduzirá a minha, falará a ela, a consolará, a não ser que Jesus, irritado com minhas queixas, o proiba. Mas vós, irmãzinha, sua filhinha mimada, tornada sua esposa, rainha com ele, defendereis e ganhareis a minha causa e me atraireis para ele, no último dia. Sabeis por qual caminho, o mais direto, o martírio, se ele quiser. Assim mesmo, agradeço ao mestre, ensina-me, com uma nova lição, a destacar-me por desprender-me de tudo o que passa e a olhar só para ele.

Parti, querida irmãzinha de Deus, irmãzinha minha também. Dizei a Jesus que eu gostaria de amá-lo, muito, com todo o meu ser. Ensinai-me a fazê-lo como vós, dizei a Maria que a amo com toda a minha alma; aos meus santos, que conheceis, transmiti meu amor, e vós, que passareis a ser a minha santa predileta, vós irmã minha, abençoai-me, salvai-me [...]". (CC 189, 17/7/1897.)

2. A provação da fé de que Teresa sofre há quinze meses não se abranda: "É sobre o céu que tudo incide" (CA 3.7.3).
3. Cf. Ms C, 34v.

4. De fato, de 15 de julho; ver C 247, nota 6.
5. Santo Agostinho, *Confissões*, 13, 9.
6. Cf. C 191.
7. O padre Bellière escrevia também para Teresa em 17 de julho: "Deixai-me, peço, alguma coisa vossa, vosso crucifixo, se quiserdes". (CC 189).
8. *Rosto de Teresa de Lisieux*, n. 43, terceira pose de 7 de junho. Teresa se firma para dominar seu esgotamento; cf. C 243, nota 1.

C 261

1. Longa carta, muito confiante. Eis alguns trechos: "Minha boa e caríssima irmãzinha. Ganhei! Oh, como foi fácil. Tenho a vossa fotografia. [...] Apesar de terdes 'adotado vossa aparência solene', como dizeis, minha querida irmã, achei-vos tal como imaginava, muito boa, muito amante e, mas sim, sorridente, apesar do que dizeis. Obrigado pela condescendência com que me propiciastes esta alegria de vos ter realmente perto de mim, comigo para sempre. Que será quando vossa alma animar esses traços, sorrindo para a minha e vivendo da sua vida. Já será o paraíso e ainda encontrarei o meio de ser infeliz. Qual o sofrimento possível quando um canto do céu ilumina toda a vossa vida! Mas, sabeis, receio que Jesus vos conte todas as penas que lhe fiz, toda a minha miséria e que a vossa ternura esfrie. Se soubésseis como sou miserável! Se for para ser assim, logo nas primeiras palavras, fazei com que se cale e vinde, pois sem vós não me sustento em pé. [...] Portanto, embarcareis comigo para a África; primeiramente, no noviciado [...] E, dentro de três anos, partiremos para o deserto, seremos missionários. Aí estareis no vosso ambiente. Não faltará sofrimento, mas, então, serei o vosso representante, pois não sofrereis mais.

Agradeço a Jesus que quer conservar-vos mais um pouco para nós. Sim, francamente, ele nos ama! Rezei muito, reclamei, gritei. Deixou-se vencer pela nossa dor, pelas nossas lágrimas. Eu estava resignado, porém. No primeiro momento, foi a impetuosidade da dor libertando-se; a calmaria veio a seguir. Acabei pensando como vós. Sim, é bom que partais. Sem contar que estareis mais perto de mim. Mas a vossa presença, a vossa ação, pelo menos, deixará de ser sensível, como agora, e eu, pouco habituado às coisas sobrenaturais, não me faço de que estareis mais realmente presente à minha atuação. Tanto faz, não vou recriminar mais; estou pronto para a vossa partida. Talvez pareça menos iminente, pois ainda estais com vida.

Estais feliz, cara irmã, por me verdes entrar no amor pela confiança. Creio, convosco, que essa é a única via que leva ao Porto. Nos meus relacionamentos com os homens, nada fiz por medo; nunca pude obedecer à violência, os castigos dos meus professores deixavam-me frio, enquanto censuras dadas com afeto e suavidade arrancavam-me lágrimas, provocavam desculpas e promessas que, habitualmente, cumpria. É quase a mesma coisa em relação a Deus. Se me mostravam Deus irritado, com a mão sempre armada para bater, desanimava e nada fazia; mas se vejo Jesus aguardando pacientemente o meu regresso, concedendo-me uma nova graça depois de eu ter-lhe pedido perdão por mais uma falta, sinto-me vencido e recomeço a caminhada. O que me segura, às vezes, não é Jesus: sou eu mesmo. Tenho vergonha de mim e, em vez de me jogar nos braços desse amigo, ouso com dificuldade arrastar-me aos pés dele. Muitas vezes, um primeiro impulso me atrai para seus braços, mas paro de repente, à vista da minha miséria e não ouso. Estou errado, dizei, irmãzinha minha? Creio que o coração divino está muito mais triste com as mil pequenas covardias, indelicadezas feitas por seus amigos do que as faltas, mesmo graves, que escapam da natureza. Compreendei-me e me fareis generoso, irrepreensível aos olhos de Jesus [...].

Foi por vós e por vossa família que eu soube da existência de um Carmelo em Lisieux. Confrades meus de Lisieux falavam entre eles, um dia, de uma família Martin que tinha dado três filhas ao Carmelo e parentas afastadas. Uma das filhas tinha ingressado aos quinze anos, uma outra, depois de ter cuidado, de modo admirável e até o fim, do feliz pai. Estava presente à conversa. Mais tarde, quando pensei em pedir uma irmã ao Carmelo, procurando onde me dirigir, lembrei-me da existência de um Carmelo em Lisieux. Vedes a coincidência. Vossa irmã me recebe, e sois vós — a única de quem eu tinha ouvido falar — que me é proposta. Quando recebi as vossas 'datas' fiquei impressionado da aproximação e tirei algumas conclusões. Errei? Não sois quem, no mundo, era chamada de Genoveva Martin? Peço-vos perdão pela minha indiscrição, mas ensinastes-me nada esconder. Eis tudo. Mais uma vez, perdão". CC 191, 21/7/1897).

2. Leônia.

3. Celina.

4. Cf. *Histoire d'une Ame* (ed. 1989, p. 347, nota 23), adição de Madre Inês (desde 1898): "Venha (diz ele), vamos juntos diante do Santíssimo Sacramento agradecer ao Senhor pelas graças que concede à nossa família, e pela honra que me faz de escolher esposas na minha casa. Sim [...], se eu possuísse alguma coisa melhor, me apressaria em lhe oferecer'. Esse melhor *era ele mesmo!* E o Senhor recebeu-o como hóstia de holocausto, provou-o como o ouro na fornalha e o achou digno de si" (Sb 3,6).

5. *Ibid*, p. 347, nota 19. "Ó Madre, tendes lembrança desse dia, desse parlatório, em que ele nos disse: 'Minhas filhas, estou de volta de Alençon onde recebi na igreja de Nossa Senhora graças muito grandes, consolações tais que fiz esta oração: Meu Deus, é demais! sim, estou muitíssimo feliz, assim não é possível ir para o céu, quero sofrer alguma coisa por vós! Ofereci-me...' A palavra *vítima* morreu nos seus lábios, não ousou pronunciá-la diante de nós, mas tínhamos compreendido".

C 262

1. Cf. CA 3.8.8: "Desde 29 de julho, os sofrimentos são grandes".

2. Cf. Ms A, 3f/v, onde o texto estava citado no futuro.

C 263

1. 29 de julho, terceiro aniversário da morte do senhor Martin.

2. No dia 5 de agosto, o padre Bellière escrevia-lhe: "Cara irmãzinha, na verdade, estou pronto para tudo o que o mestre quiser de mim. Tanto que acredito *plenamente* na vossa palavra e nos vossos projetos para a outra vida. Apesar do vosso receio, minha querida, as 'cebolas cruas' eram um prato delicioso de que não me fartava.

Sem dúvida, Jesus é o tesouro, mas eu o via em vós e fazia-se mais abordável. Ainda é por meio de vós que ele virá a mim, não é? Quer dizer que, do céu como daqui, espero TUDO por vós e minha confiança será bastante poderosa para esperar, caso for preciso, uma ação direta e manifesta dessa alma amiga que Jesus fez irmã da minha, numa união muito estreita.

Minha queridíssima irmãzinha, conheço-vos o suficiente para saber que a minha miséria nunca devia esgotar aqui na terra a vossa ternura; mas, no céu, partícipe da divindade, adquirireis as prerrogativas de justiça, de santidade... e qualquer mácula deve tornar-se objeto de horror. Eis por que temia; mas, espero, continuareis sendo a menina mimada, fareis o que queríeis realizar na terra para mim e creio, e espero, aguardo de vós, também, essa *confiança amorosa* que me falta ainda e que desejo ardentemente, calculando que, com ela, é-se plenamente feliz cá, na terra, e não se acha o exílio excessivamente longo.

Como sois bondosa, irmãzinha, nessa simplicidade e abertura que me encantam confundindo-me! Estou tão pouco habituado a encontrar isso entre os homens que fico espantado, às vezes, mas imensamente contente. [...] Quereis dizer-me, também, como viestes a ser minha irmã: por escolha ou por sorte". (CC 193, 5/8/1897).

3. Pensamentos semelhantes em Arminjon, *op. cit.*, p. 310 seg.
4. Leônia.
5. Ver C 266.
6. Nome adotado recentemente pelo padre Bellière na Ordem Terceira de São Francisco.

C 264
1. Linhas a lápis no verso de uma estampa da Sagrada Família.

C 265
1. Linhas a lápis no verso de uma estampa representando Santo Antônio de Pádua.

C 266
1. Dedicatória a lápis, no verso de uma estampa, a última que Teresa pintou, em maio-junho; cf. C 263.

POESIAS

Introdução

As poesias são, ao lado dos *Recreios Piedosos*, sem dúvida, a parte mais desconhecida dos escritos de Teresa de Lisieux. Elas sintetizam bom número de preconceitos e lugares-comuns, e contribuíram para uma reputação de pieguice que ainda paira sobre elas, se bem que exegetas do pensamento teresiano, tais como D. André Combes, Pe. François de Sainte-Marie, Hans Urs von Balthasar, Jean Guitton, Jean-François Six, Conrad de Meester e, desde o princípio, Pe. Godefroid Madelaine tenham insistido sobre a importância de que se revestem estas poesias para o conhecimento e a interpretação da mensagem de Santa Teresinha.

Além de pouco conhecidas, as poesias são, sobretudo, mal conhecidas. Quinze delas ficaram inéditas até 1979[1], entre as quais apenas quatro oferecem interesse real (P 6, 22, 29 e sobretudo 50). Todas as demais tinham sido publicadas nas edições antigas da *História de uma Alma*, nas versões retocadas por Madre Inês de Jesus que, muitas vezes, modificava o pensamento de Teresa. Estas aliás não tinham sido mais reeditadas entre 1953 e 1979.

Por menor atenção que se dedique a seu exame, as poesias se revelam mais ricas do que parecem a um primeiro relance. De fato, esta é a problemática da poesia teresiana: é preciso ir além da aparência meio simplória da expressão, a fim de descobrir os tesouros que nela se encerram.

A poesia não é para Teresa uma espécie de "arte de agradar", uma vez que ela não rima para seu próprio prazer, mas, se não por obrigação, pelo menos com a preocupação de servir, ajudar, encorajar (cf. Carta 220, por ex.) Trata-se de uma poesia que se insere numa tradição: a do Carmelo. O dom que lhe é atribuído, ela deve empregá-lo, e isso desempenhará papel importante em sua vida, sem constituir um fim em si mesmo.

---

1. Poesias 2, 6, 7, 9, 11, 12, 15, 19, 22, 29, 37, 38, 39, 49, 50. Devem-se acrescentar a estas as oito poesias suplementares.

Para bem apreciar sua obra poética, convém não esquecer que toda ela foi escrita entre fevereiro de 1893 e maio de 1897, dos 20 aos 24 anos de uma jovem sem formação específica. Sua cultura literária é, de fato, bastante medíocre, como o são também sua cultura geral e sua ortografia. Sua irmã, Celina, deu, de viva voz, esclarecimentos[2] muito pertinentes sobre essas composições:

1. Irmã Teresa do Menino Jesus não aprendeu de ninguém as regras de metrificação que ignorava. Aproveitara-se apenas do que alguns estudos clássicos lhe tinham sugerido, chegando a reter, por exemplo, passagens de *L'Art poétique*, de Boileau.
2. Jamais utilizou um "dicionário de rimas", coisa que não existia no Carmelo.
3. Nunca tinha escrito poesia alguma antes de sua entrada para a religião e, mesmo no Carmelo, só o fez, na maioria das vezes, para satisfazer os desejos de suas irmãs.
4. Ela compunha frequentemente no decorrer do seu dia, durante o trabalho ou nas horas de recolhimento. Excetuando os dias feriados, como o domingo, tinha sempre de esperar as horas de "tempo livre" para *escrever* suas composições. Não tinha autores poéticos preferidos, mas encontrara sabor em certas obras que tinha lido em antologias de textos escolhidos. Lia com prazer as *Fábulas* de La Fontaine, muitas das quais sabia de cor.
5. Fazia ordinariamente um rascunho da sua primeira inspiração e o trabalhava até ficar satisfeita com o resultado. Mas para ela, evidentemente, as ideias profundas contidas em seu tema eram muito mais importantes que a forma poética que lhes devesse dar e dizia que, com frequência, muito lhe custava o trabalho de dizer exatamente o mais profundo do seu pensamento.

De fato, ao lado de algumas peças românticas de Lamartine, Musset e Chateaubriand, os "modelos poéticos" de Teresa são as canções que se cantam no Carmelo, as imagens piedosas que a rodeiam, as poesias de suas irmãs (especialmente de Madre Inês de Jesus) e, finalmente, os textos das canções, quase sempre bem pobres, sobre os quais ela irá calcar seus ritmos. Leia-se, depois destas observações, algumas poesias como *Viver de Amor, Ao Sagrado Coração, Somente Jesus, Minhas Armas, Uma Rosa Desfolhada*. Logo se constatará até que ponto estas poesias revelam um gênio espontâneo no qual o material poético é sublimado pela intensidade espiritual. Entretanto, Teresa se inspira sobretudo nos textos bíblicos e litúrgicos que constituíam seu alimento cotidiano, e também nas obras de São João da Cruz; é aí que ela hauria o essencial da sua inspiração.

---

2. Recolhidas pela Irmã Marie Henriette, cerca de 1953.

Gêneros literários

As poesias de Teresa não são todas do mesmo valor; longe disso. Ela mesma fizera suas escolhas nesta abundante produção, nascida ao acaso da sua vida conventual; são textos escolhidos de modo especial para seus "irmãos espirituais", Maurício Bellière e Adolfo Roulland. No fim de sua vida ela chegou a aceitar a ideia de uma publicação dessa seleção.

Esses textos têm finalidades bem diversas. Alguns são "homenagens" sem pretensão alguma, nas quais Teresa, por várias razões, não se abre muito; outros são poesias de ocasião, dentro da comunidade, que não deixam de ter seu encanto, às vezes. Muitas dessas composições são *encomendas* de suas irmãs, e aí Teresa às vezes rima seguindo a instrução de quem pediu; já em outras ela confia mais em si mesma (*Meu Céu, Criança, conheces o meu nome, O abandono*) e há também aquelas em que se liberta de toda sugestão externa (*Meu canto de hoje, Ao Sagrado Coração de Jesus, Lembra-te, Tenho Sede de Amor, O que verei em breve, Como desejo amar, Minha alegria*); mas mesmo aí ela nunca esquece a destinatária do poema (cf. *Somente Jesus*).

São muito semelhantes os poemas feitos a pedido de tal ou qual irmã (*Santa Cecília, A Rainha do Céu a sua filha, Meu Céu aqui embaixo*), a tal ponto que é difícil achar neles alguma distinção. Com frequência Teresa aproveita determinada circunstância para passar uma lição (*Lembra-te*), um estímulo (*História de uma pastora*). Elaboradas com bastante delicadeza, essas poesias requerem uma exegese delicada na qual se deve evitar uma interpretação baseada somente na autora (*Meu Céu*).

Há também os poemas de livre expressão pessoal (mesmo quando eles são respostas a algum pedido ou levam dedicatórias) vazados em gêneros literários também diferentes:

— lembranças infantis, às quais estão associadas todas as irmãs Martin (sobretudo *Oração da filha de um santo*);
— hinos de inspiração litúrgica (*Jogar flores*), exaltação dos santos dos quais se sentia mais próxima e que são seus modelos (*Santa Cecília, Responsório de Santa Inês, A Joana d'Arc*), poemas a Nossa Senhora (*Por que Te amo, Maria*);
— poemas que falam de luta e de apostolado (*Minhas armas*);
— e sobretudo poemas de contemplação e de amor a Jesus, à Sagrada Face, ao Sagrado Coração; toda a gama dos poemas de amor e de noivado místico que se vão tornando cada vez mais luminosos e trágicos, na medida em que sobrevém a noite da fé (*Viver de Amor, Ao Sagrado Coração, Lembra-te, Responsório de Santa Inês, Tenho sede de amor, O que logo verei, Somente Jesus, Como desejo amar, Minha alegria, Uma rosa desfolhada*).

O "Ofício" poético

Santa Teresinha não teve aulas de poesia e começou a rimar sem pretensão, sem deixar, entretanto, de procurar respeitar as regras habituais da métrica que, de resto, sua irmã, Madre Inês de Jesus, não deixava de lhe lembrar; prova desta louvável preocupação são as numerosas correções feitas por esta irmã (quando retomamos o texto autêntico de Teresa, reencontramos, naturalmente, erros de prosódia e de sintaxe). Pelo fato de se concentrar mais nas ideias do que na forma de expressão, Teresa trabalhou assiduamente no sentido de desenvolver e tornar maleável sua atividade poética, convencida de que seu conteúdo de ideias teria mais força dentro de uma expressão mais elaborada. Testemunhas disso são os rascunhos e as numerosas versões da maioria de suas poesias que ainda se conservam.

O apoio musical

Quando Ir. Genoveva apresentou a Frei Simeão de Roma uma seleção das poesias de sua irmã, escolhidas entre as mais típicas, teve o cuidado de indicar as músicas de canções francesas para as quais estas poesias tinham sido feitas, acrescentando que "cantadas ficam mais bonitas". Esta era, sem dúvida, a mesma opinião de Teresa, que, geralmente, assinalava a melodia escolhida[3].

É difícil para nós, hoje, ratificar esta opinião, devido à grande distância que se intervala entre o nosso universo cultural e o de um século atrás, num círculo provinciano francês muito fechado. A maioria dessas canções estão horrivelmente fora de moda, como os velhos chapéus das damas, em velhas fotografias de família. Mas é o rosto que aí se procura e não os chapéus... Igualmente, a música dessas canções, em vez de valorizar a poesia de Teresa, corre o risco de ridicularizá-la, como um ornamento antiquado.

Os modelos de sua escolha não tinham sido compostos, na maioria dos casos, para formar o bom gosto. A adaptação rítmica não a preocupa de modo algum. Há sílabas mudas que caem sobre tempos fortes da música e vice-versa. É provável que, uma vez escolhida a canção-modelo, Teresa retivesse apenas o número de sílabas exigido pelo compasso; o ritmo e a melodia seguiriam depois bem ou mal.

Suas árias preferidas figuram no repertório das poesias. Ela as escolheu espontaneamente para suas criações mais íntimas. Talvez tenha descoberto nessas canções algo de seu próprio canto interior. São hinos de ritmo largo, expressão fervorosa ou nostálgica que respondem a seus sentimentos. Com exceção de algumas imperícias, há verdadeira coincidência entre o texto e a música: entretanto

---

3. No total, são 39 árias ou canções que se puderam identificar por meio das poesias. As novas melodias introduzidas nos *Recreios Piedosos* levam o total a 68.

é preciso convir que esses casos são raros. De fato, a melodia das poesias é antes de tudo espiritual, "melodia celeste" que transcende qualquer escrita.

O canto de Teresa de Lisieux

A vida de Teresa é uma canção de amor. Desde a primeira página dos *Manuscritos autobiográficos*, ela anuncia:

Quero fazer apenas uma coisa: começar a cantar o que devo repetir eternamente: as misericórdias do Senhor! (Ms. A, 2f) Esta citação do Salmo 88 domina igualmente o *Escudo de Jesus e Teresa* onde, perto da Sagrada Face, figura uma harpa com a seguinte legenda: *A harpa representa Teresa que quer cantar, sem cessar, melodias de amor* (Ms. A 85v). Será assim que ela ficará na lembrança de suas irmãs, antes que se impusesse a imagem de Teresa segurando rosas. Madre Inês de Jesus tinha escolhido como primeiro título para a *História de uma Alma* este outro: "Cântico de amor"; Maria do Sagrado Coração, desde julho de 1897, dizia que "sua vida não terá sido outra coisa senão uma celeste melodia" (*Últimas Palavras*, p. 703) e o primeiro quadro de Celina (de 1899) representava Teresa tendo o Evangelho sobre o coração e tocando as cordas de uma harpa (uma Santa Cecília carmelita).

Este canto é eminentemente "cristão" por ser cantado *para* e não *ao nome* de alguém, *a* alguém. O canto de Teresa jamais é egoísta; ele se dirige à sua família, às suas irmãs, a seus irmãos missionários, aos santos do céu, à Virgem Santíssima, a Deus; esse canto é sobretudo um diálogo espiritual ou místico com Jesus.

Dessa maneira, Teresa faz dialogar sem cessar o céu e a terra; sua poesia é fundamentalmente "um canto de exílio", numa terra estrangeira, à margem de um *rio*, em frequente referência ao Sl 136, *Super flumina Babylonis*[4]; é um canto dirigido ao céu (a Pátria) ou que fala do céu. Daí vem, tantas vezes, um movimento de vaivém entre céu e terra e o papel dos *anjos*, do voo e das *asas*.

Essa escada de Jacó, essa ponte aérea que ela estabeleceu entre a terra e o céu, é o modo como ela exalta "as misericórdias do Senhor": a poesia de Teresa canta um perpétuo maravilhamento, canta sua ação de graças diante do onipotente que se fez homem e desposou a pobre humanidade. Daí surgem suas numerosas imagens e comparações ou esses jogos de palavras paradoxais que dá a tantas de suas poesias um frêmito de amor.

O que mais deixa Teresa maravilhada, o assunto inexaurível de sua poesia é o amor de Jesus (identificado, por vezes, com toda a Trindade), esse Jesus, senhor do mundo, que é seu esposo. Trata-se de um amor ao qual ela responde com outro amor apaixonado, cada vez mais despojado e ardente, martirizado e combativo, que a leva à oblação total de *Uma Rosa desfolhada*. É o canto de uma grande apaixonada, quase "possessiva", e esta nota (acentuadamente presente já

---

4. Cf. *La Bible avec Thérèse de Lisieux*, Cerf-DDB, 1979.

em São Paulo, em Pascal) será uma constante dos seus poemas, com uma audácia que, às vezes, causará certo recuo em suas irmãs.

Uma extraordinária *alegria* (experimentada sensivelmente ou não) sublima ainda mais a felicidade de amar e acentua a vibração poética. Tanto o sofrimento físico e moral, como a abnegação de toda uma vida muito austera e as próprias provações da fé são vistos numa perspectiva basicamente positiva, porque atrás de tudo isso está o amor de Deus ao qual o amor de Teresa só quer responder.

Nessa ótica, as poesias contêm ainda uma notável revelação do grande movimento da *oração* de Teresa. O "Tu" e, em sentido inverso, o "Eu" divino são constantes. A Teresa contemplativa que não consegue passar mais de três minutos sem pensar explicitamente *no bom Deus* (cf. CSG, p. 77) reza compondo seus poemas ao longo de sua jornada de trabalho. Se, de acordo com suas confidências a Celina (CSG, p. 82), ela trata Jesus por "Tu" em sua oração, isto mostra que ela faz nas Poesias o que não ousa fazer quando fala e escreve.

A forma poética permite-lhe exprimir toda a ternura de ser mulher e esposa. Quantas vezes, nesses versos, nós a vemos *nos braços* do bem-amado, repousando sobre seu coração, lendo seu olhar, acariciando sua face, com anseios de receber dele o beijo do amor!

Poucos terão tido uma fé tão profunda e, por assim dizer, tão "carnal" na encarnação do Filho de Deus. O que ela encontrava ainda de "satisfação natural" será totalmente purificado pela provação da fé, como ela o assegura no Manuscrito C (7v), exatamente depois de ter falado das poesias. O ressuscitado educa a ternura natural dessa outra Madalena (Ms. A, 38v-39f), tornando-a cada vez *mais pura e divina* (*Ms.* C, 9f; cf. *O Responsório de Santa Inês*).

Importância das poesias

Quanto mais se lerem estas Poesias mais se terá a convicção de que elas são insubstituíveis para o conhecimento de Teresa de Lisieux. O instrumento poético com seu apelo à música, à sensibilidade, ao inconsciente e a dificuldade da busca do ritmo e das rimas (que neutraliza, de certo modo, o controle da reflexão) obrigavam-na a dizer certas coisas, a utilizar certas imagens, a desvelar o fundo do seu ser de uma maneira que a prosa impede ou dissimula com mais facilidade. Isso lhe permite também, nas poesias dedicadas a suas irmãs, transpor certas barreiras (*História de uma pastora*) e transmitir muitos conselhos e verdades que seria difícil expressar na vida comum sem ferir sensibilidades. Mas, sobretudo, as Poesias nos informam sobre a evolução interior de Teresa, sobre seu desabrochar, sua irradiação, seu amor e, além de tudo, sobre a aspereza do seu combate nas provações da fé.

No fim desta introdução, caberá talvez algum receio de que ela tenha sido um pórtico belo demais para os "pobres versos" de uma carmelita, cujas imagens são, quase sempre, convencionais. Mas o que parece insignificante, à primeira vista, revela uma riqueza e um vigor desconhecidos, hauridos na santidade de Teresa, que sabia transfigurar, num grande sonho de amor, os gestos mais humildes da vida cotidiana e elevar em nível de dimensão cósmica os limites do seu horizonte humano[5].

---

5. Encontram-se neste volume das Poesias da "Nouvelle Édition du Centenaire" todos os esclarecimentos necessários sobre os manuscritos, as cópias, a datação, as variantes, o ofício poético, as melodias, as correções de Madre Inês de Jesus e as sucessivas edições.

P 1 J.M.J.T.

2 de fevereiro de 1893

**O ORVALHO[1] DIVINO
OU O LEITE[2] VIRGINAL DE MARIA**

1 Meu Doce Jesus, no seio de tua Mãe,
   Tu me apareces todo radiante de Amor[3].
   O Amor, eis o inefável mistério
   Que Te exila[4] da Celeste Morada.
   5 Ah, deixa que eu me esconda sob o véu[5]
   Que Te oculta a todo olhar mortal:
   Bem junto a Ti, ó Estrela Matinal! Ap 22,16
   Vou prelibar um gostinho de céu.

2 No despertar de uma nova aurora,
   Quando do sol veem-se os primeiros raios,
   A pequena flor que a desabrochar começa
   Espera do alto céu precioso bálsamo.
   5 Este é o momento do salutar orvalho
   Que, cheio de doçura em seu frescor,
   Faz borbulhar a seiva em cada galho
   E nos botões faz entreabrir-se a flor.

3 Tu és, meu bom Jesus, flor primorosa
   Que assim contemplo apenas entreaberta;
   Tu és, Jesus, a cativante rosa,
   Rubro botão de graça que desperta!
   5 Os braços puros de tua Mãe querida
   São Teu berço, trono real!
   Teu doce sol é o seio de Maria,
   o orvalho é o Leite Virginal!...

4 Meu Bem-Amado, Irmão querido,
   Todo o futuro eu vejo em Teu olhar.
   Pela ânsia de sofrer sempre impelido,
   Cedo, por mim, Tua Mãe irás deixar.
   5 Mas sobre a cruz, ó Flor Desabrochada,
   Eu reconheço teu perfume matinal
   Eu reconheço o orvalho de Maria
   Teu sangue divino é o Leite Virginal.

5 Esse orvalho se oculta no santuário,
   Anjo do Céu o contempla jubiloso,
   Oferecendo a Deus sua sublime oração,
   Dizendo, com São João: "Ei-lo!" Jo 1,29

5 Sim, ei-lo, o Verbo feito Hóstia,
  Sacerdote eterno, Cordeiro Sacerdotal,
  O Filho de Deus é o Filho de Maria,
  O Pão do Anjo é o Leite Virginal.

6 O serafim se nutre da glória
  E perfeito, no céu, é seu deleite,
  Mas eu, pobre criança, no cibório
  Vejo só a aparência e a cor do leite.

5 Mas é o leite que convém à infância
  E de Jesus o amor é sem rival.
  Ó terno Amor! Insondável Potência,
  Minha Hóstia branca é o Leite Virginal!

(Música de: Minuit Chrétiens)

P 2
À NOSSA MESTRA E MÃE QUERIDA, PARA FESTEJAR SEUS 60 ANOS

1 Oh! Que alegre aniversário
  Celebramos neste belo dia!
  A nossa boa e terna Mãe
  Cantemos, cantemos todo nosso amor.

2 Depois de sessenta anos na terra,
  Divino Jesus contemplais
  Uma flor a vós muito querida
  Que com vossas graças orvalhais.

3 Jesus, vossa rosa perfumada
  Para vós ganhou muitos corações,
  Ela colheu no vale
  Um belo maço de flores.

4 Divino Jesus, na Pátria,
  Sabereis recompensá-la;
  com a colheita que juntou
  Nós vos veremos coroá-la.

5 Jesus, nossa Mãe é a Vossa Rosa
  Que dirige nossos corações de filhas,
  Dignai-vos escutar sua prece:
  Que elas festejem seus oitenta!

Das três novicinhas:
Ir. Teresa do Menino Jesus

Ir. Marta de Jesus
Ir. Maria Madalena
20 de fevereiro do ano da graça de 1894

SANTA CECÍLIA

Ao som dos intrumentos
Cecília cantava em seu coração
(Ofício da Igreja)

1 Ó Santa bem-amada, contemplo extasiada
Esse sulco de luz¹ que deixas atrás de ti.
Creio ainda escutar tua doce melodia;
Sim, teu canto celeste ainda chega a mim!
5 De minha alma exilada escuta a oração:
Deixa-me reclinar em teu coração virgem
O lírio imaculado que brilhou nesta terra,
Envolto em bela luz de fulgor sem igual.

Ó castíssima Pomba, atravessando a vida
10 Só buscaste um esposo e não outro: Jesus!
Tendo escolhido tu'alma, a ela se uniu,
Pois a viu perfumada e com todas as virtudes.
Entretanto, um mortal cheio de juventude
Sentiu o teu perfume, ó branca e celeste flor!
15 E a fim de te colher, de ganhar tua ternura,
Valeriano quis dar-te o seu coração.
Logo ele preparou núpcias magníficas,
Com o palácio reboando ao som das melodias…
Mas teu coração virginal repetia cânticos
20 Cujo eco divinal se elevava até o céu.   Sl 136,4
Que podias cantar longe de tua Pátria,
Vendo a teu lado somente um coração mortal?
Querias, certamente, abandonar a vida
E te unir a Jesus para sempre no céu…
25 Mas não… ouço vibrar a tua lira angélica,
Lira do teu amor, de som que foi tão doce,
Cantando a teu Senhor este canto sublime:
"Conservai puro meu coração, ó Jesus,   Sl 118,80
    meu terno Esposo!…"
Que abandono inefável! Divina melodia!
30 Desvelas teu amor por teu celeste canto.
O amor que nada teme, adormece e se entrega   1Jo 4,18
Ao coração de Deus, como uma criancinha².

No céu apareceu, toda branca, uma estrela
Que se pôs a alumiar com seus tímidos brilhos
35 A noite de esplendor que nos mostrou, sem véus,
O virginal amor do Esposo lá dos Céus...

Valeriano, em sonho, antevia o prazer
No desejo de ter, Cecilia, o teu amor...
Felicidade e paz ele achou junto a ti
40 E tu lhe revelaste uma vida sem fim.
E lhe disseste: "Amigo, a meu lado, de pé,
Um anjo do Senhor guarda puro o meu corpo;
Jamais ele me deixa e, até quando adormeço,
Com suas asas azuis alegre me protege.
45 Vejo brilhar, à noite, a sua face amável
Com mais suave luz que o resplendor da aurora.
Seu rosto me parece a transparente imagem,
A pura irradiação do semblante divino".
E Valeriano: "Então me deixe ver esse anjo
50 Para que em teu juramento eu possa acreditar;
Senão podes temer que o meu amor se mude
Em terrível furor, em ódio contra ti..."

Ct 2,14
Ó Pomba que num vão do rochedo[3] se esconde!
Sl 90,3
Não temias a rede do teu caçador.
55 A Face de Jesus[4] te mostrava sua luz,
Repousava em teu peito o Evangelho sagrado...[5]
Com teu doce sorriso assim recomeçaste:
"Meu celeste Guardião, escuta teu pedido
E tu logo o verás; ele te vai dizer
60 Que para voar ao céu deves tornar-te mártir.
Mas antes de enxergá-lo é mister que o batismo
Derrame em tua alma uma brancura santa
E que o Deus verdadeiro habite nela vivo
E que em teu coração viva o Espírito Santo.

Jo 1,1
65 O Verbo, Filho de Deus e Filho de Maria,
Em seu imenso amor se imole sobre o altar.
Tu deves te assentar no Banquete da Vida
Jo 6,32.48.59
A fim de receber Jesus, o Pão do céu[6].
Então o Serafim te chamará de irmão
70 E vendo, dentro em ti, o trono do seu Deus,
Far-te-á abandonar as plagas deste mundo
E verás onde mora o Espírito de fogo".
"Sinto dentro do peito ardor de chama nova",
Disse com alegria o fogoso patrício.

75 "Que esse Deus verdadeiro habite em minha alma,
Cecília, e o meu amor será digno do teu..."

Revestido da veste, emblema de inocência,
Valeriano pôde ver o belo anjo do céu;
Absorto contemplou seu sublime poder
80 E viu em sua fronte irradiante fulgor.
Brilhante Serafim trazia frescas rosas
Entremeadas de lírios de nívea brancura,
Rosas que no jardim do céu desabrocharam
Sob os raios do Amor de Deus, Astro Criador.

85 "Esposos que o céu ama, as rosas do martírio
Cingirão vossas frontes", diz o anjo de Deus[7],
"Não há no mundo voz, tampouco lira existe,
Capazes de cantar tão inefável graça!
Eu me abismo em meu Deus, seus encantos contemplo,
90 Mas não posso imolar-me nem sofrer por Ele.
Não lhe posso ofertar nem lágrimas nem sangue;
Malgrado meu amor, não posso morrer...
A pureza de um anjo é a luminosa herança
De uma felicidade imensa que não passa,
95 Mas neste ponto, sim, venceis os Serafins:
Sois puros e além disso ainda podeis sofrer!..."

Da virgindade vedes o símbolo
Nos lírios perfumados que o Cordeiro envia,
Com os quais vos cingirão a fronte em branca auréola.
100 E, então, entoareis um canto sempre novo;   Ap 14,3
Da vossa casta união só almas[8] vão nascer,
Almas que só Jesus hão de ter como esposo.
Vós as vereis brilhar como chamas puras
Junto ao trono de Deus, morada dos eleitos."

105 Ah, Cecília, empresta-me tua doce melodia:
Desejo converter todos os corações a Jesus!
Gostaria também de imolar minha vida,
Ofertando a Jesus meus prantos e meu sangue...
Dá-me saborear, nesta terra estrangeira[9],
110 O perfeito abandono, doce fruto do amor.
Dá-me, santa querida, a graça de voar
Para longe desta terra em revoada sem volta!

28 de abril de 1894

P 4 (Música de: Pitié, mon Dieu)

HINO PELA CANONIZAÇÃO
DE JOANA D'ARC

1Rs 19,10.14

1. Deus dos exércitos, toda a Igreja
Deseja venerar, no Vosso Altar,
Uma Mártir heroica, uma Virgem guerreira
Cujo nome no céu ressoa.

Estr. 1
   Por teu Poder,
   Ó Rei do céu,
   Dá a Joana de França ⎫
   A auréola e o Altar! ⎭ *(bis)*

2. Achar conquistador para a França culpada
Não é este o desejo que ela traz;
Só por Joana será ela libertada:
Entre muitos heróis um mártir vale mais!

3. Joana d'Arc, Senhor, é a Tua grande obra!
Um coração de fogo, alma de guerreiro
Deste a essa Virgem tímida,
Pois querias coroar sua fronte altaneira.

4. Joana escutou, nos seus humildes prados,
Vozes do céu chamando-a para a guerra.
E ela partiu para salvar a pátria,
Meiga Menina a comandar o exército!

5. Ela ganha as almas de briosos guerreiros:
O brilho divino da Enviada dos Céus,
Seu olhar puro e palavras ardentes
Fazem curvar a fronte mais audaz!

6. Por um prodígio singular na história
Viu-se um monarca hesitante
Reconquistar sua coroa e glória
Pela mão de uma criança tão-somente.

7. Não é bem a Joana d'Arc das vitórias
Que queremos celebrar neste dia;
Sabemos que suas verdadeiras glórias
São, Deus meu, suas virtudes, seu amor.

8. Por combater, Joana salvou a França;
Mas era preciso que suas grandes virtudes
Fossem marcadas pelo elo do sofrimento,
Selo divino de seu esposo que é Jesus.

9 Na chama em que imolou a sua vida
   Joana ouviu a voz dos Bem-aventurados;
   Ela deixou o exílio pela Pátria
   E, como Anjo Salvador, voltou às alturas!...

10 És, Joana, nossa única esperança,
   Do céu escuta as vozes do teu povo:
   Desce até nós, vem converter a França;
   Pela segunda vez: Salva-a de novo!

Estr. 2 Pelo poder que tudo alcança
   Do Deus Vencedor,
   Salva, salva tua França ⎫
   Anjo libertador!... ⎭ *(bis)*

11 Expulsando os ingleses de toda a França,
   Filha de Deus, que belos passos eram os teus!
   Entretanto, nos dias da infância,
   Só guardavas uns frágeis cordeiros...

Estr. 3 Toma a defesa
   Dos impotentes,
   Conserva a inocência ⎫
   Na alma das crianças. ⎭ *(bis)*

12 Doce Mártir, são teus nossos conventos,
   Irmãs tuas as nossas virgens são
   E querem, como tu, a todo momento,
   Ver Deus reinando em cada coração.

Estr. 4 Salvar as almas
   É seu desejo;
   Ah, dá-lhes as palmas ⎫
   De Apóstola e de Mártir! ⎭ *(bis)*

13 Dos corações todo temor se afasta
   Quando virmos a Igreja coroar
   De nossa Joana santa a fronte casta
   E, então, iremos todos nós cantar:

Estr. 5 És tu nossa esperança,
   Escuta, então, nossa voz:
   Santa Joana de França, ⎫
   Roga, roga por nós! ⎭ *(bis)*

P 5 (Música de: Dieu de paix et d'amour)

MEU CANTO DE HOJE

1. Minha vida é um instante[1], um rápido segundo,
Um dia só que passa e amanhã estará ausente;
Só tenho, para amar-Te, ó meu Deus, neste mundo,
  O momento presente!…

2. Como Te amo, Jesus! Por Ti minha alma anseia;
Sejas meu doce apoio por um dia somente.
Reina em meu coração: Teu sorriso incendeia
  Agora, no presente!

Sl 118,30; 90,4

3. Que me importa, Senhor, se no futuro há sombra?
Rezar pelo amanhã? Minha alma não consente!
Guarda meu coração puro! Cobre-me com tua sombra
  Agora, no presente!

4. Se penso no amanhã, temo ser inconstante[2],
Vejo nascer em meu coração a tristeza e o enfado.
Eu quero, Deus meu, o sofrimento, a prova torturante
  Agora, no presente!

5. Devo ver-te em breve na praia eterna,
Ó Piloto Divino, cuja mão me conduz.
Sobre as vagas em fúria, guia minha navezinha
  Agora, no presente.

Sl 30,21

6. Ah! Deixa-me, Senhor, em tua Face[3] esconder-me.
Para não ouvir o mundo a clamar futilmente.
Dá-me Teu amor, conserva-me tua graça
  Agora, no presente.

Sl 90,5

7. Junto ao Teu Coração divino, esqueço o que se passa,
Não temo mais a noite em ameaça.
Dá-me em Teu Coração, Jesus, um lugar,
  Agora, no presente.

Jo 6,33.48.59

8. Pão vivo, Pão do Céu, divina Eucaristia,
Ó mistério sagrado! que o Amor produziu…
Vem morar no meu coração, minha branca Hóstia,
  Agora, no presente.

Jo 15,5

9. Digna-Te unir-me a Ti, Vinhedo Consagrado,
Para que meu ramo assim, com frutos, se apresente
E eu vou Te oferecer algum cacho dourado[4], Senhor,
  Agora, no presente.

10 Esse cacho de amor, cujos grãos são as almas...
Só tenho para formá-lo este dia que foge.
Ah! Dá-me, Jesus, de um Apóstolo o ardor,
  Agora, no presente.

11 Virgem Imaculada, tu és minha Doce Estrela[5].
Que me dás Jesus e a Ele me unes;
Deixa-me, terna Mãe, repousar sob teu véu
  Agora, no presente.

12 Anjo da minha guarda, cobre-me com tuas asas,
Clareia com teus fogos a estrada que sigo;
Vem dirigir meu passo e auxiliar-me, te peço,
  Agora, no presente.

13 Quero ver-Te sem véu, Senhor! Sem nuvem,
sua, ainda exilada, longe de ti, languesço.
Não me escondas, meu Deus, Tua amável Face   Is 53,3
  Agora, no presente.

14 Já voarei ao céu para que aí profira
Meus louvores a Ti, no dia sem poente,
Quando, então, cantarei em angélica lira
  O Eterno presente!...

P 6

Festa do Sagrado Coração de Jesus
1º de junho de 1894

RETRATO DE UMA ALMA QUE AMO

Conheço um coração, alma amantíssima,
Que do céu recebeu sublime fé.
Nada atrai, aqui embaixo, esta alma ardente,
Só Jesus, que ela chama seu Rei.
5 É uma alma bela, grande e generosa;
Terna e viva, ela tem um coração humilde.
Um longínquo horizonte... estrela luminosa
Bastam, às vezes, para uni-la a seu Senhor.
Outrora eu vi que amava a sua independência
10 E buscava o prazer puro e a verdadeira liberdade...
Distribuir bondade era todo o seu gozo
E a vontade que tinha era esquecer-se toda!...
O Coração Divino atraiu esta alma,
Obra do Seu Amor, digna do Criador.

15 Um dia hei de vê-la como uma chama pura
   Refulgindo bem junto ao Coração Sagrado.

(Um coração de filha reconhecida)

P 7   CANTO DE GRATIDÃO
A NOSSA SENHORA DO MONTE CARMELO

1   Desde o começo, ó Mãe, de minha vida,
     Vós me tomastes entre vossos braços
     E, a partir desse dia, Mãe querida,
     Sempre me protegeis aqui embaixo.
   5 Para me conservar sempre inocente,
     me reservastes um ninho sagrado,
     Guardando minha infância ternamente
     À sombra de um claustro abençoado.

2   Anos mais tarde, já na juventude,
     Escutei de Jesus o suave apelo
     E Vós, com maternal solicitude,
     Me mostrastes o rumo do Carmelo.
   5 "Pelo teu Salvador vem imolar-te"
     — Me dizíeis, então, com muito amor —,
     "Serás feliz comigo em qualquer parte,
     Vem imolar-te por teu Salvador!"

---

3   Junto de vós, ó Mãe tão adorada,
     Descansou, afinal, meu coração;
     Eu desta terra não desejo nada,
     Só em Jesus acharei consolação!
   5 Se, por vezes, caio na tristeza,
     E vãos temores ousam me assaltar,
     Sempre, Mãe, sustentando-me a fraqueza,
     Dignai-vos vir a fim de me abençoar.

4   Concedei-me ser sempre fiel
     A meu Jesus, divino Esposo!
     Que, um dia, sua doce voz me chame
     A voar para o seio dos eleitos.
   5 Então, sem mais exílio ou sofrimento,
     Hei de entoar no Céu
     A canção de meu reconhecimento,
     Amável Rainha do Carmelo!

16 de julho de 1894

Agosto de 1894

ORAÇÃO DA FILHA DE UM SANTO

1   Recorda-te de que outrora na terra
    Tua felicidade era sempre nos amar.
    De tuas filhas escuta agora a prece,
    Protege-nos, digna-te ainda nos abençoar.
    5 Encontraste, no céu, nossa Mãe querida[1]
    Que já te precedera na Pátria eterna:
        Agora nos Céus
        Reinais os dois[2].
        Velai por nós!

2   Lembra-te de Maria[3], tua bem-amada,
    Tua primogênita, a mais cara a teu coração;
    Lembra-te de que ela preencheu tua vida
    Com seu amor, encanto e felicidade...
    5 Por Deus renunciaste a sua doce presença
    E abençoaste a mão que te oferecia o sofrimento...
        Ah, sim, do teu diamante[4],
        Cada vez mais brilhante
        Recorda-te!...

3   Recorda-te também de tua bela pérola fina[5]
    Que viste como um frágil cordeirinho belo.
    Ei-la, hoje, transbordando uma força divina,
    Dirigindo o rebanho[6] do Carmelo.
    5 De tuas filhas ela é a Mãe estremecida.
    Ó Papai, vem guiar esta filha querida
        E, sem deixar o Céu,
        Do teu pequeno Carmelo
        Recorda-te!...

4   Recorda-te da ardente prece
    Que fizeste por tua terceira filha![7]
    Deus te atendeu, pois ela é na terra
    Como suas irmãs, um lírio perfumado.
    5 A Visitação a oculta aos olhos do mundo,
    Ela ama Jesus, é sua paz que a inunda.
        Dos seus ardentes desejos
        E de todos os seus suspiros
        Recorda-te!...

5   Recorda-te de tua querida Celina
    Que foi para ti como um anjo dos Céus[8],

      Quando um olhar da Face divina⁹
      Te escolheu pra sofrer gloriosas amarguras…¹⁰
  5 Hoje reinas no céu, tarefa já cumprida,
   E agora¹¹ ao bom Jesus ela oferta sua vida.
      Protege tua filha
      Que repete e estribilha:
      Recorda-te!…

6   Lembra-te de tua princesinha,
    A órfã de Bérésina¹².
    Recorda-te de que, em seus passos de incerteza,
    Era tua mão que a toda parte a guiava.
  5 Em sua infância querias ardorosamente
   Guardá-la só pra Deus, sempre pura e inocente.
      Dos seus cabelos de ouro
      Que eram o teu tesouro,
      Recorda-te!…

7   Lembra-te de que no belvedere¹³
    Tu a assentavas sempre no teu colo
    E, murmurando uma prece,
    A embalavas entre riso e canção
  5 E ela via um reflexo do Céu em tua face,
   Enquanto teu olhar sondava o azul distante…
      E cantavas com voz terna
      Do céu a beleza eterna;
      Recorda-te!…

8   Lembra-te do domingo ensolarado
    Em que, estreitando-a em teu coração paterno,
    Deste-lhe uma florzinha branca,
    Permitindo-lhe voar para o Carmelo.
  5 Lembra-te, Pai, de que em suas provações,
   Só lhe destes de amor belas demonstrações!
      Em Roma e em Bayeux
      Tu lhe apontavas os Céus.
      Recorda-te!…

9   Lembra-te de que no Vaticano a mão do Santo Padre
    Levemente pousou em tua fronte;
    Não compreendeste ali o mistério
    Do selo divinal impresso em tua vida…
  5 Tuas filhas, agora, em orações tão puras,
   Agradecem a cruz das tuas amarguras!…
      Em tua fronte sem véu

Hoje brilham, no céu,
Nove lírios[14] em flor!

A órfã de Bérésina

P 9 ORAÇÃO DE UMA CRIANÇA EXILADA

Junto a Vós, meu bom Deus, lembro-me de um Padre
Apóstolo bem-amado de Vosso Coração.
Ele vive exilado em terras estrangeiras;
É tempo! Restituí-me este meu bom Pastor.
Dai de volta a teus filhos esta luz e guia;
Senhor, trazei de volta à França esse Pastor!

11 de setembro de 1894

P 10

20 de novembro de 1894

(Música de: Tombé du nid)

HISTÓRIA DE UMA PASTORA QUE SE TORNOU RAINHA

Para a Ir. Maria Madalena, no dia da sua Profissão,
feita nas mãos de Madre Inês de Jesus.

1   Neste belo dia, ó Madalena!
Vamos cantar a teu lado
maravilhoso e doce laço
Que te uniu a teu Esposo.
5 Escuta essa bela história
De uma pastora que um grande Rei
Quis encher de glória um dia
E que respondeu a sua voz.

    Estribilho
  Cantemos a Pastora
  Tão pobre da terra
  Que o Rei lá do céu
Hoje desposa no Carmelo.

2   Uma simples pastorinha
Guardando suas ovelhas
Amava cada florzinha
E ouvia o canto das aves.
5 Compreendendo o louvor
Dos bosques, do céu azul,
Para ela tudo era imagem
Que revelava o bom Deus.

	3	Amava Jesus e Maria,
		Com grande e sereno ardor
		eles amavam Melânia
Os 2,16		ao seu coração falaram:
	5	"Queres tu", disse a Rainha,
		"Junto a mim, lá no Carmelo,
		Transformar-te em Madalena
		Pra ganhar somente o Céu?"

       4   Abandona, filha, os campos
　　　　　Sem saudade do rebanho;
　　　　　Em minha montanha santa,
　　　　　Jesus será teu Cordeiro"[1].
　　　5 "Vem, pois tua alma encontrou-Me",
　　　　　Diz Jesus, por Sua vez,
Os 2,19　 "Eu te tomo como noiva;
　　　　　Serás minha para sempre!"

       5   "Feliz, a humilde pastora,
　　　　　Respondendo a tal convite,
　　　　　Nos braços da mãe, Maria,
　　　　　Veio ao cume do Carmelo".

---

　　　5 És Maria Madalena,
　　　　　Que nós hoje festejamos
　　　　　Pastora feita Rainha
　　　　　Junto a Cristo, Rei de amor!

       6   Sabes bem, Irmã querida,
　　　　　Servir a Deus é reinar[2],
　　　　　Como o Salvador, em vida,
　　　　　Não cessava de ensinar:
　　　5 "Se, lá na Pátria celeste,
　　　　　Quiseres ser o primeiro,
　　　　　Tens de, em toda a tua vida,
Mc 9,34　 Ser o último e esconder-te."

       7   Feliz de ti, Madalena,
　　　　　Que rezas a Deus no Carmelo;
　　　　　Sofres alguma pena
　　　　　Estando tão perto do Céu?
　　　5 Imitas Marta e Maria[3]:
　　　　　Orar, servir o doce Salvador;
　　　　　Esta é a meta de tua vida
　　　　　Que te traz felicidade.

8   Se às vezes o amargo sofrimento
    Visita teu coração,
    Transforma-o logo em júbilo:
    Sofrer por Deus é doçura!
 5 Então, as ternuras divinas
    Te farão tudo esquecer
    E, ao caminhar sobre espinhos,
    Parecerás estar voando...

9   Os anjos hoje te invejam,
    Querendo a felicidade
    Que tu possuis, ó Maria,
    Sendo a esposa do Senhor.
 5 És já, a partir desta vida,
    A esposa do Rei dos eleitos
    E, um dia, na Pátria Santa,
    Hás de reinar com Jesus.

    Último estribilho
   Logo, logo a pastora
   Pobrezinha da terra
   Voando para o céu
Reinará junto de Deus.

  A nossas Madres veneradas:

10 É a vós, boas, ternas Madres,
    E às vossas preces atentas,
    Que nossa Irmã Madalena
    Deve sua paz feliz.
 5 Ela saberá reconhecer
    Vosso doce amor materno,
    Suplicando ao Mestre eterno
    Para vós os bens do céu.

    Estribilho
   E nas vossas coroas,
   Mães que sois tão boas,
   Há de refulgir a flor
Que ofertais a Deus Salvador.

P 11 — [PARA A TOMADA DE HÁBITO DE MARIA INÊS DA SAGRADA FACE]

1
Virgem Maria, apesar de impotente,
Quero cantar na tarde deste dia

O cântico do reconhecimento,
Na esperança de ser de Deus toda e para sempre.
5 Há tempos que bem longe da arca sacrossanta
Meu pobre coração almejava o Carmelo;
Agora o encontrei e não há mais temor
E aqui já saboreio as primícias do céu!...

Gn 8,8-9

Estribilho
Passou enfim a hora do pranto,
E vestida com a lã do rebanho
Novo horizonte se levanta.
Mãe divina, em dia assim de encantos
5 Escondei bem a pobre ovelha
Debaixo do vosso manto¹.

2
Sou muito jovem, mas o sofrimento,
A dor atroz já visitou meu peito²;
Virgem Maria, minha única esperança,
Trazei felicidade à vossa ovelha.
5 O Carmelo me dais como família
E sou assim Irmã das vossas filhas:
Torno-me tua filha, Mãe querida,
E noiva de Jesus, meu Salvador.

3
O inefável olhar do vosso Filho
Dignou-se pousar sobre minh'alma;
Sua Face³ adorável procurei
E é Nele só que almejo me esconder.
5 Para tanto devo ser sempre pequena⁴
A fim de merecer o Seu olhar,
Mas em virtude crescerei depressa,
Aos raios celestiais do sol divino⁵.

Sl 26,8
Sl 30,21

4
Doce Maria, não temo essa tarefa,
Minha boa vontade conheceis;
Tenho defeitos, mas também coragem
E a grande caridade das irmãs.
5 Enquanto espero o meu dia de núpcias,
Suas belas virtudes vou imitar
E sinto bem que vós me dareis forças
Para tornar-me esposa de Jesus.

Último estribilho
Abençoai as veneráveis Madres
Que, bondosas, me deram o Carmelo;
Junto de vós, num trono imortal,
Virgem Mãe, as vejo situadas.
5   Que o vosso coração materno
As coroe no céu.

Dezembro de 1894

P 12

J.M.J.T

18 de dezembro de 1894

1   É bem perto de vós, Virgem Maria,
    Que, nesta tarde, vimos cantar,
    Rezando pela filha tão querida
    Da qual vós sois a única esperança.

2   Neste dia da vossa Expectação,
    Tornais muito feliz seu coração:
    Ela ergue no Carmelo a sua tenda,
    Enquanto espera só os Santos Votos.

3   Este dia, ó terníssima Maria,
    À sua mente traz doce lembrança
    De outro dia assim em sua vida
    Quando veio envolvê-la vosso manto.

4   Finalmente o burel lhe foi entregue,
    Duas vezes tomou o vosso hábito;
    Pois que ela seja, então, vestida
    Com o vosso duplo espírito, ó Mãe.   2Rs 2,9

5   Ela já entoou "tenho coragem!…"
    — É verdade, dissemos nós baixinho.
    Ela cantou também "amo o trabalho!"
    — Trabalho aqui é bem o que não falta!

6   Mas ter forças é sempre ótima coisa
    a fim de trabalhar com entusiasmo;
    Tornai rosadas, pois, suas bochechas,
    Dai-lhe cor de saúde, terna Mãe!…

7   O seu tempo de espera já passou
    E a paz do céu sua alma saboreia;
    vestida já com o hábito de Noiva,
    Jesus deseja vê-la no Natal.

Sl 30,21   8   Digne-se Ele acolher sob Sua Face
               Vossa humilde ovelhinha, terna Mãe.
               É aí que ela reclama seu lugar
               Não querendo saber de outro berço.

           9   Dignai-vos atender, Virgem Maria,
               Os votos desta vossa humilde ovelha;
               Durante toda a noite desta vida,
               Envolvei-a no manto maternal.

          10   Ouvi todas as suas orações;
               Também que o vosso coração Materno
               Lhe conserve por muito tempo as Madres
               Que lhe tornam querido este Carmelo.

P 13   J.M.J.T.

A RAINHA DO CÉU A SUA FILHA QUERIDA
MARIA DA SAGRADA FACE

           1   Busco uma criança semelhante
               A Jesus, que é meu único cordeiro[1],
               Para poder guardar os dois juntinhos,
               No mesmo berço os dois lado a lado.

           2   O anjo da Pátria celestial
               Vai invejar[2] esta felicidade!...
               É este o dom que dou a ti, Maria:
               Será o Filho de Deus o teu esposo!...

           3   Foi a ti mesma, sim, que eu escolhi
               Pra ser a irmã de Jesus.
               Queres ser sua companheira?
               Repousarás em meu coração!

           4   Sob o meu véu[3] te esconderei,
               Onde se abriga o Rei do céu;
               Ele será a única estrela
               Que irá brilhar ao teu olhar.

           5   Mas eu para sempre te abrigo
               Sob o meu véu junto a Jesus;
               Para tanto precisas ser pequena,
               Ornada de virtudes infantis[4].

           6   Quero que brilhe em tua fronte
               Doçura ao lado da pureza;

	Mas a virtude que te oferto É sobretudo a simplicidade.	
7	Deus, um só em três pessoas, Que os anjos tremendo adoram, O Eterno, quer que tu lhe dês O nome simples de Flor dos campos.	Ct 2,1
8	Como a branca margarida Que sempre contempla o céu, Sejas também simples florzinha Da criancinha de Natal.	
9	O mundo desconhece[5] o encanto Do Rei que se exilou[6] do céu; Muitas vezes verás lágrimas Brilhando em Seus doces olhinhos.	
10	É bom esquecer tuas penas; Para alegrar o Amável Menino Canta leve e docemente Bendizendo os teus grilhões.	
11	O Deus cujo poder supremo Susta o bramido das ondas, Tomando aspecto de criança, Quer ser frágil e pequeno.	Mc 4,37-39
12	A Palavra incriada do Pai Que por ti aqui se exila, Meu Cordeirinho, teu pequeno irmão Não te falará, Maria!...	
13	Seu silêncio é o primeiro penhor Do seu Amor inexprimível; Entendendo esta linguagem muda Hás de imitá-lo cada dia.	
14	E se, às vezes, Jesus adormecer, Repousarás perto dele; Seu Coração, sempre acordado, Te servirá de doce apoio.	Mc 4,38-39 Ct 5,2 Jo 13,23
15	Não te inquietes não, Maria, Pela obra de cada dia, Pois teu trabalho nesta vida Deve ser somente: "O Amor!"	
16	Mas, se alguém vem repetir Que tuas obras não aparecem,	

"Amo muito", poderás dizer,
"Eis minha riqueza aqui embaixo!..."

17 Jesus tecerá tua coroa[7]
Se nada queres além do seu amor;
Se teu coração a Ele se entregar,
Ele te fará sempre reinar.

18 Após a noite desta vida,
Convidada por Seu doce olhar,
Ao céu tua alma arrebatada
Sem demora há de voar!...

Noite de Natal de 1894
(Música da canção: Sur le grand mat d'une corvette)

P 14

A NOSSO PAI, SÃO JOSÉ

1
José, tua vida admirável
Na pobreza decorreu,
A contemplar sempre a beleza
De Jesus e de Maria.

Estribilho
José, ó terno Pai,
Protege nosso Carmelo:
Que tuas filhas, neste mundo,
Saboreiem sempre a paz do Céu! } (bis)

2
O Filho de Deus, na infância,
Sendo a ti sempre submisso,
Quantas vezes, bem feliz,
Em teu colo repousou.

Lc 2,51

3
Como tu, na solidão,
Outro plano não temos nem desejo
Além de sempre agradar
E de servir a Jesus e a Maria.

4
Nossa Mãe, Santa Teresa,
Com muito amor te invocava
E todas as suas preces
Dizia que escutavas.

5
Findo o exílio desta vida,
Temos a doce esperança
De que, com nossa Mãe querida,
Iremos ver São José.

Último estribilho
Abençoa, terno Pai,
O nosso humilde Carmelo;
Após o exílio da terra, ⎫
Ajunta-nos lá no céu! ⎭ *(bis)*

(Música de: Nous voulons Dieu)

P 15 — O ÁTOMO DO SAGRADO CORAÇÃO

Estribilho
Teu átomo, Divino Coração,
Te consagra sua vida;
Esta é a sua paz feliz:
Só dar-Te prazer, Senhor.

1
Estou à Tua porta
De dia e de noite,
Tua graça me leva;
Viva o Teu amor!...

2
Esconde a Tua glória,
Me faze um bom ninho
No santo cibório,
De noite e de dia.

3
Tua asa, ó que encanto,
Se faz meu abrigo;
E quando eu acordo,
Jesus, me sorris.

4
Teu olhar me incendeia
E é meu único amor;
Pra sempre, Jesus,
Consome minha alma.

5
Transborda ternura
Tua voz que me encanta;

Só o Teu Coração,
Doce Amigo, me impele!...

6
Tua mão me consola,
Me serve de apoio,
Me traz a coragem
Ao peito que sofre.

7
De todo cansaço
Consolas minha alma.
Sê Tu o bom pastor
Do pródigo filho.

8
Que cena tão suave,
Prodígio de amor:
É só no sacrário
Que eu fico pra sempre.

9
Bem longe do mundo
Sem ter nele apoio,
Tua graça me inunda,
Meu único Amigo!...

10
Oh! Suave martírio:
Me abraso de amor!
Por Ti eu suspiro,
Jesus, todo dia!...

P 16   **CANTO DE GRATIDÃO DA NOIVA DE JESUS**

(Música de: Oh! Saint Autel)

Sl 30,21   1   Tu me escondeste para sempre em Tua Face!...
Escuta minha voz, ó divino Jesus;
Venho cantar a inexprimível graça
De ter sofrido e carregado a cruz.

Mt 20,22-23   2   Muito tempo bebi no cálice do pranto
E partilhei a taça de tuas dores,
Descobri que sofrer tem seu encanto
E pela cruz se salvam pecadores.

3	Pela cruz foi que cresceu a minha vida E nela achei um horizonte lindo. Nos raios de Tua Face tão querida Meu frágil coração vive subindo.	
4	Ouço Tua voz, meu Bem-Amado, em tom macio e terno: "É uma nova estação que se inicia; Vem", me dizes, "chegou o fim do inverno[1], A noite finalmente virou dia"!	Ct 2,10-11
5	"Mantém os olhos ao céu sempre elevados E, em dois tronos, verás, na eternidade, Teu Pai e tua Mãe, seres amados Dos quais te veio a felicidade!..."	Sl 120,1
6	"Como um instante fluirá a tua vida E estás perto do céu neste Carmelo; Por Meu Amor é que foste escolhida no céu te reservo um trono belo!"	

(5 de fevereiro de 1895)

P 17 (Música de: Il est à moi)

VIVER DE AMOR

1	No entardecer do Amor, falando sem figuras,
	Assim disse Jesus: "Se alguém me quer amar,
	Saiba sempre guardar minha Palavra[1]
	Para que o Pai e Eu o venhamos visitar.
	  5 Se do seu coração fizer Nossa morada,
	Vindo até ele, então, haveremos de amá-lo
	E irá, cheio de paz, viver
	    Em Nosso Amor!"
		Jo 16,29
		Jo 14,23.27
		
		Jo 15,9

2	Viver de Amor, Senhor, é Te guardar em mim,
	Verbo incriado, Palavra de meu Deus,
	Ah, divino Jesus, sabes que Te amo sim,
	O Espírito de Amor me abrasa em chama ardente[2];
	  5 Somente enquanto Te amo o Pai atraio a mim
	Que Ele, em meu coração, eu guarde a vida inteira,
	Tendo a Vós, ó Trindade, como prisioneira[3]
	    Do meu Amor!...
		Jo 1,1
		Jo 21,15

3	Viver de Amor é viver da Tua vida, Delícia dos eleitos e glorioso Rei;	Gl 2,20

Vives por mim numa hóstia escondido,
Escondida também por Ti eu viverei!
5 Os amantes[4] procuram sempre a solidão:
Coração, noite e dia, em outro coração;
Somente Teu olhar me dá felicidade:
Vivo de Amor!

Mc 9,5

4 Viver de amor não é, nesta terra,
A nossa tenda armar nos cumes do Tabor;
É subir o Calvário com Jesus,
Como um tesouro[5] olhar a cruz!
5 No céu eu viverei de alegrias,
Quando, então, todo sofrimento acabará;
Mas, enquanto exilada, quero, no sofrimento
Viver de Amor!

5 Viver de Amor é dar, dar sem medida[6],
Sem reclamar na vida recompensa.
Eu dou sem calcular, por estar convencida
De que quem ama nunca em pagamento pensa!...
5 Ao Coração Divino, que é só ternura em jorro,
Eu tudo já entreguei! Leve e ligeira eu corro[7],
Só tendo esta riqueza tão apetecida:
Viver de Amor!

1Jo 4,18

6 Viver de Amor, banir todo o temor
E lembranças das faltas do passado.
Não vejo marca alguma em mim do meu pecado:
Tudo, tudo queimou o Amor num só segundo...[8]
5 Chama divina, ó doce fornalha,
Quero, no teu calor, fixar minha morada
E, em teu fogo é que canto o refrão mais profundo:
"Vivo de Amor!..."

2Cor 4,7

7 Viver de Amor, guardar dentro do peito
Tesouro que se leva em vaso mortal.
Meu Bem-Amado, minha fraqueza é extrema,
Estou longe de ser um anjo celestial!...
5 Mas, se venho a cair cada hora que passa,
Em meu socorro[9] vens,
A todo instante me dás tua graça:
Vivo de Amor!

8 Viver de Amor é velejar[10] sem descanso,
Semeando nos corações a paz e a alegria.

> Timoneiro amado, a caridade me impulsiona,   2Cor 5,14
> Pois te vejo nas almas, minhas irmãs".
> 5 A caridade é minha única estrela
> E, à sua doce luz, navego noite e dia,
> Ostentando este lema, impresso em minha vela:
>   "Viver de Amor!"

9   Viver de Amor, enquanto meu Mestre cochila,   Mc 4,37-39
     Eis o repouso entre as fúrias da vaga.
     Oh! Não temas, Senhor, que eu te acorde,
     Aguardo em paz[12] a margem dos céus...
     5 Logo a fé irá rasgar seu véu,
     Minha esperança é ver-te um dia.
     A Caridade infla e empurra minha vela.
        Vivo de Amor!...

10   Viver de Amor, ó meu Divino Mestre,
     É pedir-Te que acendas teus Fogos   Lc 12,49
     Na alma santa e consagrada de teu Padre[13].
     Que ele seja mais puro que um Serafim dos céus!...
     5 Tua Igreja imortal[14], ó Jesus, glorifica
     Sem fechar Teu ouvido a meus suspiros;
     Por ela tua filha aqui se sacrifica,
        Vivo de Amor!

11   Viver de Amor, Jesus, é enxugar Tua Face[15]
     E obter de Ti perdão para os pecadores[16].
     Deus de Amor, que eles voltem à Tua graça
     E para todo o sempre teu Nome bendigam.
     5 Ressoa em meu peito a blasfêmia[17];
     Para poder apagá-la estou sempre a cantar:
     "Teu Nome sagrado hei de amar e adorar;
        Vivo de Amor!..."

12   Viver de Amor é imitar Maria,   Lc 7,37-38
     Banhando, com seu pranto e com perfumes raros,
     Os pés divinos que beijava embevecida,
     Para, depois, com seus cabelos enxugá-los...
     5 Levanta-se, a seguir, quebra o vaso   Mc 14,3
     E Tua Doce Face perfuma...
     Mas Tua Face eu só perfumo", bom Senhor,
        Com meu Amor!

13   "Viver de Amor, estranha loucura",
     Vem o mundo e me diz, "para com esta glosa,

Não percas o perfume e a vida que é tão boa,
Aprende a usá-los de maneira prazerosa!"
5 Amar-Te é, então, Jesus, desperdício fecundo!...
Todos os meus perfumes dou-te para sempre,
E desejo cantar, ao sair deste mundo:
"Morro de Amor!"

14 Morrer de Amor[19] é bem doce martírio:
Bem quisera eu sofrer para morrer assim...
Querubins, todos vós, afinai vossa lira,
Sinto que meu exílio está chegando ao fim!
5 Chama de Amor[20], vem consumir-me inteira.
Como pesa teu fardo, ó vida passageira!
Divino Jesus, realiza meu sonho:
Morrer de Amor!...

15 Morrer de Amor, eis minha esperança!
Sl 115,16 Quando verei romperem-se todos os meus vínculos,
Só meu Deus há de ser a grande recompensa[21]
E não quero possuir outros bens,
5 Abrasando-me toda em seu Amor,
A Ele quero unir-me e vê-Lo:
Eis meu destino, eis meu céu:
Viver de Amor!!!

P 18   CÂNTICO DE CELINA

1 Oh, como adoro a lembrança
Dos dias benditos de minha infância...
Para guardar a flor de minha inocência,
O Senhor sempre cercou-me
De amor![1]...

2 Apesar de pequenina,
Eu transbordava ternura
E de meu coração escapou a promessa
De desposar o Rei dos céus:
Jesus!...

3 Amava, na primavera da vida,
São José, a Virgem Maria;
Minh'alma absorta[2] ficava
Ao refletir-se em meus olhos
O céu.

4 Amava os trigais e os campos
E as colinas no horizonte;

Alegre, mal respirava
   Com minhas irmãs colhendo
      As flores.

5   Amava colher plantinhas,
        Colher florzinhas azuis;
   Eu adorava o perfume
        Das pequenas violetas
           Mimosas.

6   Gostava das margaridas,
        Dos passeios de domingo,
   Das avezinhas cantando
        E do azul sempre radiante
           Dos céus.

7   Gostava de pôr, cada ano,
        Sapatos na chaminé
   E corria, ao despertar,
        Cantando a festa do céu:
           Natal!

8   Gostava do sorriso de Mamãe,
        Cujo olhar profundo dizer-me parecia:
   "A eternidade me arrebata e atrai;
        Em breve para o Céu azul irei
           Ver Deus!"

9   "Na Pátria eu encontrarei
        Meus anjos[3]... a Virgem Maria.
   Das filhas que deixo em vida
        A Jesus oferecerei os corações
           E os prantos."

10   Como amava Jesus-Hóstia,
        Que veio na manhã de minha vida[4]
   Desposar minha alma absorta
        E eu lhe abri meu coração
           Feliz.

11   Mais tarde amei a criatura
        Que sempre vi como pura;
   Buscando o Deus da natureza,
        Nele encontrei, para sempre,
           A paz.

12   No mirante lá de casa,
        Cheio de luz e alegria,

Adorava receber as carícias de um Pai,
Vendo seus cabelos brancos
De neve.

13   E, sentada em seus joelhos,
Enquanto Teresa[5] olhava,
Longo tempo me ninava,
E Seu canto ainda escuto
Tão suave.

14   Oh! Lembranças repousantes,
Trazendo-me tantas coisas…
Ceias à noite… odor de rosas!…
E os "Buissonets", no verão,
Alegres.

15   Gostava do entardecer
Para fundir, à vontade,
Minh'alma co'a de Teresa,
Formando um só coração
Com o dela.

16   Nossas vozes se mesclavam,
Nossas mãos se entrelaçavam…
Cantando as "Núpcias Sagradas"
Com o Carmelo já sonhávamos,
Com o céu.

17   Céus da Suíça, céus da Itália[6],
Frutos dourados, que encanto!
Mas, sobretudo, o olhar santo
Do Santo Ancião pontífice-rei pousando
Em mim.

18   Com que amor eu não beijei
Do Coliseu o chão sagrado!…
E, nas arcadas das catacumbas,
Ouvi ecoar docemente
Meu canto.

19   Depois da alegria… os prantos![7]
Foram grandes meus espantos…
Cingindo as armas do Esposo,
Sua cruz foi meu apoio,
Meu bem.

20   Como foi demorado o meu exílio,
Bem longe da família tão querida.

E eu, pobre gazela machucada,
    Só tinha a flor de uma roseira brava
        Por abrigo...

21   Uma noite, minha alma enternecida
    Contemplou o sorriso de Maria[8]
E, então, seu sangue, em gota abençoada,
    Se transformou pra mim — que benefício! —
        Em leite.

22   Escondida do mundo, eu adorava
    Ouvir o eco distante responder-me!...
Nos vales solitários[9] e fecundos,
    Por meus prantos, eu colhia
        As flores.

23   Era um prazer ouvir a igreja, ao longe,
    Com a voz diluída dos seus sinos.
Sentava-me na relva para escutar
    Os suspiros da brisa que soprava
        À tarde.

24   Amava o belo voo das andorinhas
    E os arrulhos queixosos das pombinhas.
Ouvia o som das aves, dos insetos,
    E seu zumbido; então, se transformava
        Em canto.

25   Eu gostava do orvalho das manhãs,
    Do canto gracioso das cigarras
E amava ver a abelha virginal
    Que preparava, logo ao acordar,
        Seu mel.

26   Como gostava de ir pela campina,
    Correndo sobre o musgo tão macio!
E apanhava, por entre as samambaias,
    Borboletas voando entre reflexos
        Do azul.

27   Qualquer insetozinho reluzente
    Eu amava... e as estrelas infinitas!
E os tons sombriamente azuis do poente
    a lua[10], com o seu disco prateado
        Brilhando.

28   Gostava de cobrir só de ternuras,
    Já na sua velhice, o pai querido

	Que era meu tudo: amor, riqueza... filho
	E, ternamente, às vezes, o envolvia
	No abraço.
29	Amávamos o doce barulho da onda
	Ouvir a tormenta que ruge
	A noite na solidão profunda[11]
	E do rouxinol, no fundo da mata,
	A voz!
30	Mas, em certa manhã, seu belo rosto
	Ergueu-se procurando o crucifixo...
	Como penhor do seu amor, deixou-me
	Aquele último olhar com que me olhou...
Sl 15,6	"Minha parte!..."
31	E Jesus, com a Sua mão divina,
	Leva o único tesouro de Celina...
	Para além das colinas transportou-o
	E o colocou junto do Eterno,
	No céu!
32	Eis-me agora prisioneira,
	Deixando os bosques da terra;
	Tudo nela é transitório[12],
	Murchou a felicidade,
	Morreu!...
33	Sob meus pés morrem as ervas,
	Murcha a flor nas minhas mãos;
	Jesus, quero correr pelos Teus prados[13],
	Nos quais não serão notados
	Meus passos.
Sl 41,2 — 34	Como o cervo, em sua sede ardente,
	Anseia pelas águas marulhantes,
	A Ti, Jesus, corro desfalecida:
	Preciso, para acalmar os meus ardores,
	Teus prantos!
35	O Teu amor é só o que me arrasta
	E meu rebanho deixo na campina[14];
	Não me dou ao trabalho de guardá-lo,
Ap 14,3-4	Pois quero pertencer a este meu novo
	Cordeiro.
36	Eis o Cordeiro, ó meu Jesus, que eu amo
	E Tu me bastas, ó meu bem supremo!

Em Ti eu tenho o céu, a terra e tudo[15];
A flor que colho, meu divino Rei,
És Tu[16]!

37 Belo Lírio do Vale, meu Jesus, — Ct 2,1
O Teu fino perfume cativou-me. — Ct 1,3
Buquê de mirra, flor cheia de olores, — Ct 1,2
Sobre meu coração quero guardar-Te
E amar-Te!

38 Teu amor sempre, sempre me acompanha;
Tenho os bosques em Ti, tenho a campina,
Arbustos, pradarias e montanhas,
Tenho as chuvas também, flores de neve
Dos céus!

39 Possuo em Ti, Senhor, todas as coisas,
Os grãos de trigo, as flores entreabertas,
Miosótis, botões-de-ouro, belas rosas
E os brancos lírios[17] com os seus frescores
E olores.

40 Tenho a lira[18] com sua melodia
E tenho a solidão harmoniosa;
Rios, rochedo e a graça das cascatas,
Gamo veloz, esquilos e gazelas
E cabras.

41 Possuo o arco-íris, a neve pura,
Horizontes infindos, verdes vales,
Ilhas ao longe e searas maduras,
Borboletas e a alegre primavera
Dos campos.

42 Em Teu imenso amor eu tenho ainda
As esguias palmeiras que o sol doura,
A noite igual ao despertar da aurora[19],
O canto dos riachos marulhantes,
As aves.

43 E tenho cachos de uvas deliciosas
E as trêmulas libélulas graciosas
E a floresta com flores e mistérios,
Crianças louras, todas entoando
Canções.

44 Em Ti eu tenho fontes e colinas,
Lianas, samambaias e pinheiros,

>   Rosas silvestres, flores de água-pé,
>   Ramos esguios de álamos trementes
>   Ao vento.
>
> 45   Tenho as hastes da aveia tremulante
>   E os ventos com sua voz grave e possante;
>   Tenho o fio da Virgem, a chama ardente,
>   Os bosques e os arbustos florescentes
>   Com ninhos.
>
> 46   Tenho o límpido lago, tenho o vale
>   Em sua solidão arborizada;
>   Tenho a vaga prateada do oceano,
>   Peixes dourados, todos os tesouros
>   Dos mares.
>
> 47   Tenho o barco que deixa sua praia,
>   Sulcos de luz dourada[20], ondas e areias;
>   Tenho os raios do sol bordando as nuvens,
>   Quando descamba, à tarde, lá no céu
>   Poente.
>
> 48   Em Ti, Jesus, eu tenho a pomba pura,
>   Em Ti possuo, sob o meu burel,
>   Anéis, colares, todos os enfeites,
>   Joias diversas, pérolas, diamantes
>   Fulgentes.
>
> 49   Em Ti possuo a estrela que cintila;
>   Às vezes, Teu amor se manifesta
>   E percebo, por entre certo véu,
>   Sempre que o dia chega ao seu poente,
>   Tua mão.

Sl 94,4

> 50   Tu, cuja mão sustenta os universos,
>   Que plantas todas as florestas virgens
>   E as tornas, com um olhar, belas, fecundas[21],
>   Com Teus olhos[22] de amor Tu me acompanhas
>   Na vida.

> 51   Tenho Teu coração, Face adorada,
>   E este Teu doce olhar que me abençoa;

Ct 1,1; 8,1

>   De Teus lábios sagrados tenho o beijo;
>   Eu Te amo e não desejo nada mais,
>   Jesus.
>
> 52   Um dia irei cantar, junto com os anjos,
>   Os louvores do Teu divino Amor;

Dá que eu depressa voe às suas fileiras;
Ó meu Jesus, que um belo dia eu morra
De amor[23].

53 Atraída por uma bela chama,
Vai a ela a falena e aí se queima;
Assim o Teu Amor atrai minh'alma
E até ele é que eu quero assim voar,
Queimar-me![24]

54 Ouço este Amor que, enfim, já se prepara,
Ó meu Deus, para a Tua eterna festa...
Retiro dos salgueiros a harpa muda;   Sl 136,2
Vou assentar-me sobre os Teus joelhos[25]
E ver-Te!

55 Junto de Ti verei também Maria,
Os santos e a família que me deste!...
E, atrás deixando o exílio desta vida,
Vou encontrar de novo o teto[26] Paterno
No céu!...

P 18 bis

Muitos destes pensamentos foram
tomados do Cântico Espiritual de
S. J. da †

(Música de: Combien j'ai douce souvenance)

QUEM TEM JESUS TEM TUDO

1 Desprezando as alegrias desta terra,
Eu me tornei prisioneira;
Vi que todo prazer é passageiro,
Minha felicidade és Tu somente,
Senhor!...

2 Sob os meus passos morre a erva,
Murcha a flor em minha mão;
Jesus, quero correr pelos Teus prados,
Nos quais não serão notados
Meus passos!...

3 O Teu amor é só o que me arrasta
E o meu rebanho deixo na campina;
Não me dou ao trabalho de guardá-lo,

Ap 14,3-4   Pois quero pertencer a este meu novo
                                Cordeiro.

4   És o Cordeiro, ó meu Jesus, que eu amo
            E Tu me bastas, ó meu bem supremo!
    Em Ti eu tenho o céu, a terra e tudo;
             A flor que colho, meu divino Rei,
                 És Tu!…

5   A natureza bela tenho em Ti,
           Tenho o arco-íris e a neve branca e pura,
    Ilhas ao longe e maduras searas,
            Borboletas e a alegre primavera
                 Dos campos.

6   Tenho o barco que deixa suas praias,
            Sulcos de luz dourando ondas e areias;
    Tenho os raios do sol bordando as nuvens
            Quando descamba, à tarde, lá no céu
                 Poente.

Sl 94,4   7   Tu, cuja mão sustenta o mundo inteiro,
             Que plantas todas as florestas virgens
    E as tornas, com um olhar, belas, fecundas,
            Com Teus olhos de amor Tu me acompanhas
                 Pra sempre!…

8   Atraída por uma bela chama,
            Voa a ela a falena e aí se queima;
    Assim o Teu amor minh'alma atrai,
            Até ele é que eu quero assim voar,
                 Queimar-me!…

9   Ouço dizer que, enfim, já se prepara,
            Ó meu Senhor, a Tua festa eterna;
Sl 136,2   Retiro dos salgueiros a harpa muda,
            Vou assentar-me sobre os Teus joelhos,
                 Ver-te!

10   Junto de Ti verei também Maria,
            Os santos e a família que me deste,
    E, atrás deixando o exílio desta vida,
            Vou encontrar de novo o lar paterno
                 No céu!…

P 19   O ÁTOMO DE JESUS-HÓSTIA

(Pensamentos da Irmã S. Vicente de Paulo versificados a seu pedido.)

1   Eu sou um grãozinho de pó
      Querendo fixar morada
      Com o prisioneiro do Amor[1]
      À sombra do Santuário.
5   Minh'alma almeja esta Hóstia
      Que eu amo acima de tudo.
      Deus escondido me atrai;   Is 45,15
      Sou o átomo de Jesus...

2   Quero ficar ignorada,
      por todo o mundo esquecida[2],
      Consolando com o silêncio
      O Hóspede do cibório.
5   Eu quisera salvar almas,
      De pecador fazer santo...[3]
      Concede chamas de apóstolo
      Ao Teu átomo, Jesus!...

3   Se este mundo me despreza,
      Me tendo em conta de nada,
      Inunda-me a paz divina,
      Tendo na Hóstia sustento.
5   Ao achegar-me ao cibório,
      Meus suspiros são ouvidos...
      A minha glória é ser nada:
      Sou o átomo de Jesus...

4   Às vezes o céu é escuro
      E o átomo não pode voar;
      No sacrário ele se esconde,
      Agarrado à porta de ouro.
5   Então é que a luz divina
      Que alegra os eleitos todos
      Vem aquecer, neste mundo,
      O pobre átomo de Jesus...

5   Aos quentes raios da graça
      Então o átomo reluz,
      E à leve brisa que passa
      Docemente se balança...
5   Oh! Que inefável delícia,
      Quantos dons já recebeu!...

Junto à Hóstia ele se ajeita
O pobre átomo de Jesus...

6 Fixando-se junto à Hóstia,
Em seu sacrário de amor,
Assim passa sua vida
À espera do último dia,
5 Quando, ao fim das provações,
Pondo-se ao lado dos santos,
Este grão da Eucaristia
Brilhará com seu Jesus.

(Música de: Par les chants les plus magnifiques)

P 20   J.M.J.T

(Música de: Mignon sur la rive étrangère)

MEU CÉU NA TERRA

1 Jesus, Tua imagem[1] inefável
É o astro que guia meus passos.
Ah, bem sabes que a Tua doce Face
É o céu para mim nesta existência.
5 O meu amor sempre descobre encantos[2]
Desta Face que os prantos embelezam.
Eu sorrio em meio a minhas lágrimas,
Cada vez que contemplo Tuas dores...

2 Quero, para poder-Te consolar[3],
Viver ignorada[4] nesta terra!...
Esta beleza que tão bem escondes
Me revela, entretanto, o Teu mistério.
Para junto de Ti quero voar!...

3 Minha única Pátria é Tua Face,
Ela é também o meu Reino[5] de amor,
Ela é minha campina sorridente,
Meu encantado sol de cada dia.

Ct 2,1   5 Ela é o lírio do vale, Tua Face,
Da qual se evola o olor misterioso[6]
Que consola minh'alma neste exílio
E a faz saborear a paz do céu.

4 Ela é minha Doçura, meu Repouso,
A minha lira cheia de harmonia...
A Tua Face, ó terno Salvador,

              É esta mirra divina em ramalhete   Ct 1,12
              Que sobre o coração⁷ quero guardar!

5   Ela é minha única riqueza,
              A qual, se eu possuir, não peço mais;
              Escondendo-me nela, sem cessar⁸,   Sl 30,21
              Eu serei semelhante a Ti, Jesus⁹
              Ah, deixa bem impressa em mim a marca
              Dos Teus traços repletos de ternura
              E assim me tornarei logo uma santa
              E atrairei pra Ti os corações.

6   Para poder aqui armazenar
              Uma bela colheita bem ceifada,
              Abrasa-me, Senhor, com Tuas chamas,
              Dá-me logo, com Teus lábios dourados,
              O beijo da Eternidade!   Ct 1,1
                                                         12 de agosto de 1895

P 21   J.M.J.T.

                                  (Música: Connais-tu le pays)

CÂNTICO DE UMA ALMA
QUE ENCONTROU SEU LUGAR DE REPOUSO   Ct 1,6

1   Neste dia, Jesus, rompes minhas amarras!…¹   Sl 115,16
              É na Ordem bendita da Virgem Maria
              Que poderei achar os verdadeiros bens.
              Se abandonei, Senhor, a família querida,
           5 Tu, por certo, a encherás de favores celestes;
              A mim, basta que dês o perdão que dás aos pecadores….

2   No Carmelo, Jesus, quero viver
              Porquanto Teu amor me chamou a este oásis.
                      Aqui (bis) quero seguir-Te,
                      Amar-Te, amar-te e morrer²…
                   5 Aqui Te quero seguir
                      Ah, sim, somente aqui!…

3   Neste dia, Jesus, cumulas meus votos;
              Agora poderei, junto da Eucaristia³,
              Imolar-me em silêncio, aguardar em paz os Céus.
              Expondo-me aos raios da Hóstia Divina,
           5 Nesse foco de amor irei me consumir
              E, como um Serafim, Senhor, eu Te amarei.

4   Breve, Jesus, devo seguir-Te
A esta praia[4] do céu, ao findarem meus dias.
Sempre (bis) no céu hei de viver,
Amar-Te e não mais morrer...
5   Sempre no céu hei de viver
Sempre, sim, para sempre!...[5]

P 22

J.M.J.T

7 de setembro de 1895

A MINHA MÃE QUERIDA, ANJO DE MINHA INFÂNCIA

1   Longe do belo céu[1], minha Pátria,
Aqui embaixo não estou só,
Pois no exílio desta vida
Um anjo[2] guarda meus passos.

2   Este anjo, ó Mãe querida,
Cantou junto do meu berço,
E o acento dos seus cantos
Parece novo ainda agora.

3   Ele entoava os encantos[3] de Jesus
E as alegrias de um coração puro;
Secava com suas asas minhas lágrimas
E me cantava o belo céu azul.

4   Ele cantava a Onipotência
Que fez o astro de ouro e a flor[4],
Cantava o Deus da infância
Que conserva dos lírios a brancura.

5   Cantava a Virgem Maria,
O azul do seu vasto manto,
A colina e a pradaria
Em que o Cordeiro as virgens seguem. *(Ap 14,4)*

6   Este belo Anjo — ó mistério! —
Me chamava de "irmãzinha"...
Tinha os traços de u'a Mãe
E em seu colo eu dormia.

7   Sob as suas asas brancas
Rapidamente eu crescia...
E as praias da eternidade
Já encantavam meus olhos infantis.

8   Quisera, deixando a terra,
Voar ao céu com tal Anjo

E ver a divina luz
Nos envolver a nós duas.

9   Mas ai! Um dia meu Anjo
    Em vez de levar-me ao céu,
    Buscando o bando das virgens,
    Voou para o céu do Carmelo!..

10 Quisera tê-lo seguido,
    Ver de perto suas virtudes...
    E, vivendo sua vida,
    Como ela unir-me a Jesus.

11 Felicidade sem mancha!...
    Jesus ouviu minhas preces;
    No Carmelo, junto a este Anjo,
    Nada mais quero; só o céu!

12 Agora sua melodia
    Eu posso ouvir cada dia
    E, à sua voz, minha alma absorta
    Se abrasa em chamas de amor.

13 Ó Mãe, o amor dá-nos asas...
    Logo poderei voar
    Para as Eternas Colinas
    Onde Jesus está a chamar-me...

14 Mas, nesta plaga estrangeira,
    Sem deixar o Átrio Celeste,
    Virei[5] até minha Mãe
    E, então, serei o seu Anjo.

15 O céu pra mim perde o encanto
    Se eu não puder consolar-te,
    Mudando em riso teu pranto
    Contando-te meus segredos!...

16 A alegria Celeste profunda
    Gozar, sem ti, eu não saberia,
    Te deixando sozinha no mundo,
    Tal dor jamais suportaria!...

17 Nós voaremos para a Pátria,
    Lá do outro lado do azul,
    As duas juntas, Mãezinha,
    veremos sempre a Deus!!!...

P 23

(Música de: Quand viendra Noël)

AO SAGRADO CORAÇÃO DE JESUS

Jo 20,1.11-30

1   No santo sepulcro, Maria Madalena
Procurando seu Jesus, curvava-se em prantos;
Os anjos queriam suavizar sua dor,
Mas nada poderia pacificar suas penas.
5 Não era a vós, luminosos Arcanjos,
Que aquela alma ardente vinha procurar;
Ela queria ver o Senhor dos Anjos,
Tomá-lo em seus braços, bem longe o levar.

2   De junto do túmulo fora a última a afastar-se
E a primeira a vir com a luz do dia;
Seu Deus também veio, velando sua luz,
Pois, em questão de amor, ela não o vencia.
5 E Jesus, ao mostrar seu Divino Semblante,
Um nome, apenas um, lhe sai do Coração,

Jo 20,16

Dizendo-lhe: Maria![1] E foi bem nesse instante
Que a encheu toda de paz e de consolação.

---

3   Bem como Madalena, assim também, um dia,
Eu quis Te ver, de Ti me aproximar.
Nas plagas deste mundo o meu olhar queria
Encontrar o seu Mestre e descobrir seu rei.
5 Eu exclamava, olhando a onda pura,
O azul estrelado, a flor e o pássaro:
"Se em ti não vejo Deus, natureza brilhante,
Não passas, para mim, de um vasto cemitério".

4   Desejo um coração ardente de ternura,
Que um apoio me dê sem nada reclamar,
Amando tudo em mim, até minha impotência
E noite e dia assim, sem nunca me deixar.
5 Jamais encontrei nenhuma criatura
Que pudesse me amar, mas sem poder morrer:
Um Deus deve tomar a minha natureza,
Tornar-se meu irmão[2] para poder sofrer.

5   Tu me escutaste, Amigo único que amo,
Tornando-Te mortal para me conquistar;
Derramaste Teu sangue, mistério supremo!...
E todavia vives para mim no Altar.

5 Se não posso ver o brilho de Tua Face,
Ouvir Tua voz de plena mansidão,
Posso, ó Deus, viver de Tua Graça,
Posso repousar em Teu Sagrado Coração.

6 Coração de Jesus, tesouro de ternura,
Minha felicidade e única esperança,
Tu soubeste encantar minha terna juventude,
Fica junto a mim quando a última noite chegar! Lc 24,29
5 Senhor, a Ti, só a Ti dei minha vida,
E todos os meus desejos os conheces bem; Sl 37,10
É na Tua bondade sempre infinita
Que me quero perder, Coração de Jesus!

7 Bem sei que todas as nossas justiças Is 64,6
aos Teus olhos não têm nenhum valor.
Para valorizar meus sacrifícios
Eu os quero lançar em Teu Divino Coração.
5 Encontraste defeito até em Teus anjos; Jó 4,18
No seio dos trovões emites Tua lei!... Ex 19,16
Em Teu Coração Sagrado, Jesus, me escondo,
E nada temo, minha virtude és Tu![3]...

8 Para poder contemplar Tua glória,
Eu sei que deverei passar por fogo, 1Cor 3,13.15
Mas escolho sofrer a chama purgatória
Do Teu ardente[4] Amor, Coração de Meu Deus!
5 A minh'alma, ao deixar o exílio desta vida,
Quer fazer um ato de puro amor,
E voando ao Céu, sua Pátria,
Entrar no Teu Coração sem olhar para trás.

Outubro ou junho de 1895

P 24

(Música de: Rappelle-toi)

RECORDA-TE, JESUS, MEU BEM-AMADO

"Minha filha, procure atentamente, entre as minhas palavras, aquelas que respirem mais amor; escreva-as e, a seguir, guardando-as como relíquias, empenhe-se em relê-las muitas vezes. Quando um amigo quer despertar no coração do seu amigo a vitalidade primeira de sua afeição, ele lhe diz: 'Lembra-te daquilo que experimentavas quando me disseste, um dia, aquela palavra', ou então: 'Tu te recordas dos teus sentimentos naquela época, naquele dia, em tal lugar?...' Acredite, então, que as mais preciosas relíquias minhas sobre a terra são as palavras do meu amor, as palavras do meu dulcíssimo Coração."

(Palavras de Nosso Senhor a Santa Gertrudes[1])

Hb 1,3	1	Recorda-Te da glória do Pai
		E também dos divinos esplendores
		Que deixaste, exilando-Te na terra
		Para resgatar Teus pobres pecadores.
		5 Jesus, quando desceste ao seio de Maria,
		Velaste Tua grandeza e Tua glória infinita!
		Ah, do seio maternal
		Que foi Teu segundo céu,
		Recorda-Te!
	2	Recorda-Te de que no dia de Teu nascimento,
Lc 2,13-14		Vindo do Céu os Anjos entoaram:
		"Glórias ao nosso Deus, honra e poder
		E paz aos corações de boa vontade!"
		5 Dois mil anos depois manténs Tua promessa:
		Pra Teus filhos, Senhor, a paz é uma riqueza.
		A fim de saborear
		Sempre esta Tua Paz,
		Eu venho a Ti.
Lc 2,7	3	Eu venho a Ti, Senhor, esconde-me em Teus panos[2],
		Pois desejo ficar pra sempre no Teu berço;
		Aí eu vou poder, cantando com Teus anjos,
		Lembrar-Te as alegrias dos primeiros dias.
Lc 2,15-18;		5 Sim, lembra-Te, Jesus, dos pastores e magos
Mt 2,11-12		Oferecendo-Te, radiantes, seus corações e suas homenagens.
Mt 2,16-18		Do cortejo inocente
		Que Te deu seu sangue,
		Recorda-Te!
	4	Recorda-Te dos braços de Maria
		Que preferiste a Teu trono real.
		Criança, para manter Tua vida
		Só tinhas o leite virginal.
		5 A esta festa de amor que Te dava Maria,
		Convida-me, Jesus, meu pequenino irmão.
		Esta tua irmãzinha
		Fez pulsar Teu coração;
		Recorda-Te!
	5	Recorda-Te… Chamavas de Teu pai
Mt 2,13-15		O humilde José, que, com ordens do céu,
		Sem Te acordar, no colo de Maria,
		Salvou-Te dos furores de um mortal.
Jo 1,1		5 Recorda, Verbo Eterno, esse mistério estranho:
		Tu ficas em silêncio e mandas falar um anjo!

Do Teu exílio distante,
Lá nas margens do Nilo,
Recorda-Te!

6 Recorda-Te de que, em outras paragens,
Os astros de ouro e a lua prateada,
Que eu contemplo no céu limpo, sem nuvens,
Se encantaram com Teus olhos de Criança.
5 Com pequenina mão acariciando Maria,   Sl 94,4
Sustentavas o mundo e a vida lhe mantinhas
E pensavas em mim³,
Jesus, meu Reizinho,
Recorda-Te!

7 Recorda-Te de que, na solidão,
Com Tuas mãos divinas trabalhavas;
Viver esquecido foi Teu mais doce estudo,
Rejeitaste a ciência dos humanos.
5 Com uma palavra só o mundo encantarias,
Mas quiseste esconder o Teu saber profundo
Parecendo ignorante,
Senhor Onipotente.
Recorda-Te!

8 Recorda-Te de que, estrangeiro nesta terra,
Viveste como errante, sendo o Verbo Eterno,
Sem possuir nada Teu, nem sequer uma pedra,   Mt 8,20
Nem mesmo um ninho, como um pássaro do céu…
5 Ó Jesus, vem a mim, repousa Tua fronte,
Minh'alma está pronta, a fim de receber-Te.
Meu Bem-Amado Salvador,
Repousa no meu peito
Que Te pertence…

9 Recorda-Te das Tuas divinais ternuras
Com as quais cumulavas humildes criancinhas;   Mc 10,13-16
Quero receber também os Teus carinhos,
Dá-me, então, eu Te peço, os beijos que extasiam.
5 Para gozar no céu Tua doce presença,
Saberei praticar as virtudes da infância.
Não disseste tantas vezes:
"O céu é das crianças?"
Recorda-Te!   Mt 19,14

10 Recorda-Te… Cansado, ao lado de uma fonte,   Jo 4,6-10.14
Exausto viajor, depois das caminhadas,

                         Fizeste transbordar⁴ sobre a Samaritana
                         Os vagalhões de amor contidos no Teu peito.
                      5 Ah, bem conheço Aquele que pedia água⁵:
                         É Ele o Dom de Deus, fonte de toda glória.
                           Ele é a água que jorra,
                           Ele é aquele que diz
Jo 7,37-38   "Vinde a Mim!"

Mt 11,28.30   11   "Vinde a Mim, pobres almas sobrecarregadas,
                         Vossos fardos pesados logo serão leves
                         E, depois, para sempre já dessedentados,
Jo 4,15   Do vosso peito fontes hão de borbulhar."
                      5 Tenho sede, Jesus! Esta água eu Te peço!
                         Com torrentes do céu vem inundar minh'alma.
                             Para fixar morada
                             No mar do Teu amor,
                             Eu venho a Ti.

Lc 16,8   12   Recorda-Te... de que, filha da luz⁶,
                         Muitas vezes me esqueço de servir meu Rei.
                         Ah, vem ter compaixão desta miséria imensa
                         E em Teu amor, Jesus, vem perdoar-me.
                      5 Torna-me familiar com os assuntos do céu,
                         Ensina-me o segredo oculto no Evangelho.
                             Ah, que este livro de ouro
                             Se faça o meu tesouro;
                             Recorda-Te!

                 13   Recorda-Te de que Tua divina Mãe
                         Sobre Teu coração tem poderes maravilhosos.
Jo 2,1-10   Recorda-Te de que, um dia, ante um pedido dela,
                         Tu transformaste a água em vinho delicioso⁷.
                      5 Transforma em mim também as obras imperfeitas,
                         Torna-as perfeitas, Senhor, ante a voz de Maria.
                             De que sou Tua filha,
                             Ó Jesus, com frequência,
                             Recorda-Te!

                 14   Recorda-Te de quando, às vezes, as colinas
Lc 6,12   Subias, quando o sol, de tarde, descambava;
                         Recorda-Te de Tuas orações divinas,
                         De teus cantos de amor na hora de dormir.
                      5 Tua prece, meu Deus, oferto com prazer
                         Em minhas orações e no sagrado Ofício.
                             Apoiada em Teu peito,

Canto alegremente:
Recorda-Te!

15   Recorda-Te de quando, olhando a pradaria,   Jo 4,35
Teu Coração Divino antecipava as messes
E levantando o olhar[8] para a montanha santa,   Sl 120,1
Tua boca murmurava o nome dos eleitos...
5 Para que o Teu trigal seja logo colhido,
Eu me imolo, Senhor, e rezo cada dia:
Que meus gozos e prantos
Sejam dos missionários,
Recorda-Te...

16   Recorda-Te da festa dos Teus anjos,   Lc 15,10s
Da harmonia que ecoa lá nos céus,
Do gozo das celestiais falanges
Sempre que um pecador a Ti eleva o olhar.
5 Ah! Quero aumentar essa grande alegria,
Jesus, rezando sempre pelos pecadores.
Vim para o Carmelo
Para povoar Teu céu...
Recorda-Te!

17   Recorda-Te da doce e eterna chama
Que Tu nos corações querias acender!   Lc 12,49
Esse fogo do céu acendeste em minh'alma[9]
E quero Te ajudar a espalhar seus ardores.
5 Uma fagulha só, ó mistério de vida,
Basta para atear todo um imenso incêndio[10].
Como quero, ó meu Deus,
Levar longe Teu fogo[11]...
Recorda-Te!

18   Recorda-Te, Senhor, da festa esplêndida
Que deste[12] àquele filho arrependido.   Lc 15,23.20
Mas lembra-Te também de que cada alma pura
Por Ti é alimentada a todo instante.
5 Jesus, com Teu amor o pródigo acolheste,
Mas, para mim, não têm dique as águas de Teu Peito.
Meu Amado e meu Rei,
Tudo o que tens é meu...   Lc 15,31
Recorda-Te!

19   Recorda-te de que, desprezando a glória,
Prodigalizando Teus milagres divinos,

Jo 5,44		Escrevias: "Como podeis crer,
		Vós que buscais a estima humana?
	5	Se as obras que faço parecem surpreendentes,
Jo 14,12; 15,15		Meus amigos farão obras bem mais notáveis".
Mt 11,29		Que foste manso e humilde,
		Jesus, meu terno Esposo,
		Recorda-Te!
	20	Recorda-Te de que, santamente inebriado,
Jo 13,23		O Apóstolo-Virgem repousou em Teu Peito...
		Descansando aí, conheceu as ternuras
		E compreendeu, Senhor, todos os Teus segredos...
	5	Do discípulo amado não tenho ciúme;
		Conheço Teus segredos por ser Tua esposa.
		Divino Salvador,
		Adormeço em Teu Peito
		É meu Teu coração![13]...
	21	Recorda-Te da noite da agonia...
Lc 22,44		Teu sangue misturando-se a Teus prantos.
		Esse orvalho de amor de valor infinito,
		Fazendo germinar só flores virginais.
	5	Um anjo, então, Te mostrou esta seara escolhida
		E assim fez renascer a alegria em Teu rosto.
		Ah, Senhor, Tu me viste
		No meio de Teus lírios...
		Recorda-Te!
	22	Recorda-Te do orvalho tão fecundo
		Virginizando o cálice das flores
		E tornando-as capazes, neste mundo,
		De gerar multidões de corações.
	5	Sou Virgem, ó Jesus! No entanto, que mistério!
		Com minha união a Ti me torno Mãe[14] das almas.
		Das flores virginais
		Que salvam pecadores,
		Recorda-Te!
	23	Recorda-Te, Jesus, de que, encharcado de dores,
		Condenado a morrer, voltando-Te para os céus,
Mc 14,62		Exclamaste: "Bem cedo, em meu poder,
		Vós me vereis aparecer glorioso".
Lc 22,67	5	Ninguém queria crer que eras Filho de Deus,
		Porque estava escondida essa glória inefável.
		Mas eu a reconheço,

　　　　　　Ó Príncipe da Paz:　　　　　　　　　　　Is 9,5
　　　　　　Eu creio em Ti!...

24　　　　Recorda-Te de que Tua divina Face
　　　　　Entre os Teus sempre foi desconhecida;　　Is 53,3
　　　　　Mas para mim deixaste a Tua doce imagem
　　　　　E nela, bem o sabes, Te reconheci...
　　　　5 Reconheço-Te sim, toda banhada em pranto,
　　　　　Ó Face Eterna em que só vejo encantos.
　　　　　　Dos Corações, Jesus,
　　　　　　Que recolhem Tuas lágrimas
　　　　　　Recorda-Te!

25　　　　Recorda-Te daquele amoroso queixume
　　　　　Que na cruz Te escapou do Coração.
　　　　　Esta queixa no meu ficou impressa
　　　　　E me faz partilhar o ardor de Tua sede[15].　Jo 19,28
　　　　5 Quanto mais me abraso em Teu fogo divino,
　　　　　Mais em mim sinto sede de ofertar-Te as almas.
　　　　　　Sim, na sede do amor
　　　　　　Me abraso noite e dia...
　　　　　　Recorda-Te!

26　　　　Recorda-Te, Jesus, ó Verbo que dá vida,　　1Jo 1,1
　　　　　Que me amaste até o ponto de morrer por mim.
　　　　　Quero também[16] amar-Te até a loucura;
　　　　　Quero viver por Ti, por Ti quero morrer.
　　　　5 Bem sabes, ó meu Deus, tudo quanto desejo
　　　　　é só fazer-Te amado e morrer no martírio.
　　　　　　Quero morrer de amor...
　　　　　　Senhor, deste desejo
　　　　　　Recorda-Te...

27　　　　Recorda-Te, Jesus, que após Tua vitória
　　　　　Tu dizias: "Aquele que não viu　　　　　　Jo 20,29
　　　　　O Filho do Homem refulgindo em glória
　　　　　Poderá ser feliz se nele tiver fé!"
　　　　5 Na sombra dessa fé eu Te amo e aí Te adoro
　　　　　E, para ver-Te, espero em paz a aurora...
　　　　　　Meu desejo não é
　　　　　　Ver-Te nesta vida[17];
　　　　　　Recorda-Te...

28　　　　Recorda-Te de que, subindo ao Pai,
　　　　　Órfãos Tu não podias nos deixar　　　　　　Jo 14,18
　　　　　E Te fizeste prisioneiro nesta terra,

Sabendo disfarçar Teus fulgores divinos.
5 Mas mesmo esse disfarce é luminoso e puro:
Jo 6,35   O Pão Vivo da Fé, Alimento Celeste...
   Ó mistério de Amor,
Mt 6,11   Meu Pão de cada dia
   És Tu, Jesus!...

29   És Tu, Jesus, que apesar dos blasfemos,
Inimigos de Teu Sacramento de Amor, me
Queres demonstrar o quanto me amas,
Porque em meu coração fixas morada.
5 Pão de exilados, Hóstia santa, Hóstia divina,
Gl 2,20   Não sou mais eu quem vive, vivo de Tua vida.
Teu sacrário dourado[18],
Entre todos preferido,
Sou eu, Jesus!

30   Jesus, sou eu Teu santuário vivo,
Que os maus não podem profanar.
Fica em meu coração. Não é ele um canteiro
Cujas flores todas querem se voltar para Ti?
Ct 2,1   5 Mas, se Tu Te afastas, ó branco Lírio dos Vales,
Tu o sabes, minhas flores logo murcharão.
Meu Bem-Amado,
Jesus, Lírio perfumado,
Floresce sempre em mim

31   Recorda-Te... desejo, nesta terra,
Te consolar porque Te esquecem os malvados.
Ó meu único Amor, escuta minha prece:
Dá-me mil corações para Te amar!
5 Isto é pouco demais, Jesus, Bondade infinda.
Para amar-Te me dá Teu próprio Coração[19].
De meu desejo ardente,
Senhor, a cada instante,
Recorda-Te!

32   Recorda-Te, Senhor, tua santa vontade
É meu repouso[20] e única alegria;
Eu me abandono e durmo sem temor
Entre Teus braços, meu Divino Salvador.
Mc 4,38   5 Se adormeces também e a tempestade ruge,
Quero sempre ficar em profunda paz;
Mas, durante Teu sono,
Para o meu despertar
Prepara-me, Senhor!...

33	Recorda-Te de quantas vezes suspiro	
	Pelo dia final do grande evento!	
	Envia logo o Anjo, aquele que dirá:	
	"É tempo de acordar! Não existe mais tempo!"	Ap 10,6
5	Depressa, então, irei atravessar o espaço	1Ts 4,16
	E bem perto de ti tomarei meu lugar	Jo 14,2
	E na morada eterna	
	Serás, Senhor, meu céu…	
	Recorda-Te!	

P 25

Composta a pedido da Irmã Vicente de Paulo para ser cantada com a mesma música da poesia precedente ou com aquela da glosa de Santa Teresa.

MEUS DESEJOS AOS PÉS DE JESUS ESCONDIDO EM SUA PRISÃO[1] DE AMOR

1   Oh! Chavezinha que invejo!
    Por abrires, cada dia,
    A prisão da Eucaristia
    Onde mora o Deus de Amor.
  5 Mas posso, ó doce milagre,
    Só pelo esforço da fé,
    Abrir também o sacrário
    E esconder-me[2] aí com o Rei.

2   Quisera eu no Santuário,
    Consumindo-me junto a Deus,
    Brilhar sempre com mistério,
    Como a lâmpada do lugar Santo.
  5 Oh! Prazer! Em mim há chamas:
    Ganhar posso, cada dia,
    Muitas almas para Jesus,
    Abrasando-as em Seu amor!

3   A cada aurora te invejo,
    Sagrada pedra do altar!
    Como na gruta, em Belém,
    Em ti nasce o Rei eterno…
  5 Digna-Te ouvir minha prece,
    Vem à minh'alma, Senhor…
    Longe de ser pedra fria,
    Ela é o anseio de Teu Peito!

4   Corporal, rodeado de anjos,
    Quão invejável tua sorte;
    Sobre ti, como em suas fraldas,
    Vejo Jesus, meu tesouro.
5   Maria, faz de meu peito
    Um corporal puro e belo
    Para receber a Hóstia branca
    Que esconde o doce Cordeiro.

5   Pátena santa, eu te invejo,
    Pois Jesus em ti repousa.
    Que Sua grandeza infinita
    Possa descer até mim...
5   Enchendo minha esperança,
    Não espera a noite de minha vida:
    Ele a mim vem; sua presença
    Faz de mim vivo Ostensório.

6   Eu invejo o feliz cálice
    Em que adoro o Sangue divino...
    Mas posso, na Santa Missa,
    Recolhê-lo cada dia.
5   Mais cara é a Jesus minh'alma
    Mais cara que os vasos de ouro.
    O altar é o novo Calvário
    Onde Seu Sangue ainda corre...

Jo 15,5

7   Jesus, vinha santa e sagrada,
    Bem sabes, meu Rei Divino,
    Que sou um cacho dourado[3]
    Que por Ti vai consumir-se...
5   No lagar do sofrimento,
    Provarei meu amor.
    Outro prazer não desejo
    Que imolar-me cada dia.

Jo 12,24s.

8   Que alegria! Sou escolhida,
    entre os grãos de puro trigo
    Que sucumbem por Jesus;
    Grande é a minha exultação!...
5   Sou Tua esposa querida,
    Amor, vem viver em mim.
    Tua beleza conquistou-me,
    Vem me transformar em Ti!...

RESPONSO DE SANTA INÊS

(Música de: Dieu de paix et d'amour)

1.   O Cristo é meu Amor, é minha vida toda;   Fl 1,21
O meu Noivo é Ele que só encantou meu olhar.
Escuto, desde agora, os melodiosos sons
    De Sua doce harmonia.

2.   Ele adornou-me as mãos com gemas sem iguais,
Com colar de alto preço o pescoço cingiu-me;
Os ricos diamantes que se pendem de minhas orelhas
    São presentes de Cristo.

3.   Toda inteira me ornou de pedras preciosas;
Em meu dedo já brilha Seu anel nupcial.
E dignou-se cobrir de pérolas luzentes
    Meu manto virginal.

4.   Sou a noiva Daquele a quem os anjos
Servirão a tremer, por toda a eternidade;
Narram a lua e o sol todos os seus louvores
    E adornam Sua beleza.

5.   Seu império é o céu, sua natureza é divina.
A virgem Imaculada por Mãe Ele escolheu,
E o verdadeiro Deus, sem princípio, é Seu Pai,
    Puro Espírito Ele é.

6.   Quando amo Jesus e cada vez que O toco,
Fica-me o coração mais puro e sou mais casta;   Sl 118,80
O dom da virgindade é o tesouro que traz   Ct 1,1; 8,1
    No beijo de Sua boca.

7.   Ele já colocou sua marca em minha face,
Para que amante nenhum ouse achegar-se a mim...
Sinto que me sustenta a graça divinal
    De meu amável Rei.

8.   Seu precioso Sangue as faces coloriu-me;
Creio já saborear as delícias do céu,
Pois posso recolher de seus lábios sagrados
    Tanto o leite quanto o mel.

9.   Vivo assim, sem temor de ferro nem de fogo;
Nada pode turbar minha inefável paz
E esta chama de amor que consome minh'alma
    Jamais se apagará!...

P 27

J.M.J.T.
LEMBRANÇA DE 24 DE FEVEREIRO DE 1896

(Música de: Sur terre tout n'est pas rose)

Primeiro coro
Ó inefável lembrança
De um dia belo entre todos;
Tua incomparável doçura
Sempre conservarei...

Segundo coro
A Jesus estou unida
Pelos vínculos do amor,
Sua grandeza infinita
Morada em mim fixou.

Primeiro estribilho
Que embriaguez misteriosa!
Sinto palpitar em mim
Coração-calor-ternura
De meu Esposo e meu Rei.

Terceiro coro
Suporto o exílio sem dor
Vivendo com meu Esposo...
É doce minha corrente
Que a um Deus *Ciumento* me prende!...

Ex 34,14

Quarto coro
Ó que divino *Ciúme*,
Feriste meu coração!...
Ser-me-ás, pela vida inteira,
Repouso e felicidade.

Segundo estribilho
Vem consumir o meu ser;
Jesus em mim deve viver.
De hoje em diante quero ser
Somente o véu do meu Rei!...

(Teresa do M. Jesus da Sagrada Face
à sua irmãzinha mil vezes querida)

P 28   J.M.J.T.

1º de março de 1896

CÂNTICO ETERNO ENTOADO DESDE O EXÍLIO

1   Tua esposa, exilada em plagas estrangeiras,   Sl 136,4
Pode cantar o Amor numa canção eterna.
Porque, doce Jesus, Tu te dignas, na terra,
Abrasá-la de Amor como se fora no céu.

2   Meu Bem-Amado, Beleza suprema,
Tu Te entregas todo a mim,
Mas eu, em troca,
Te amo, Jesus
E minha vida é um só ato de amor!

3   Minha grande miséria esquecendo,
Neste meu coração vens habitar;
Meu fraco amor, ó que mistério, ⎫
Basta, Senhor, para te acorrentar. ⎬ *(bis)*
                                            ⎭

Meu Bem-Amado etc…

4   Amor que me inflama,
Penetra minh'alma,
Vem logo, eu Te peço,
Vem, sim, me consome!

5   Teu fogo me apressa.
Sem pausas eu quero,
Divina fornalha,
Em Ti me abismar.

6   Senhor, até as dores
Transformam-se em gozo
Se uma alma se lança
Em Ti sem reservas.

7   Ó Pátria Celeste,
Alegrias do além;
Eterno sabor
De minh'alma extasiada.

8   Ó Pátria Celeste,
Alegrias do além!
Vós sois o Amor!

P 29

J.M.J.T.

LEMBRANÇA DE 30 DE ABRIL DE 1896

A nossa querida Irmã Maria da Trindade e da Sagrada Face

1   Como é doce, Irmã Querida,
     Cantar o dia radiante
     Mais lindo de vossa vida
     Que vos une ao Rei Celeste.

2   Hoje vossa alma exilada
     Revestiu-se de esplendor,
     De adornos imaculados,
     Imolando-se ao Senhor.

3   Outrora, olhando vossa alma,
     A Santíssima Trindade
     Marcou-vos com sua chama,
     Em vós gravou Sua beleza.

4   Contemplando a Face Divina,
     Vós sentiste o desejo
     De desprezar o que passa,
     Tudo que possa acabar.

Gn 7,17.13   5   Temendo o mundo em dilúvio[1],
     Vós invocastes o céu.
     E o céu vos deu um refúgio
     Na Arca Santa do Carmelo.

6   Mas ai, pobre fugitiva,
Gn 8,8   Foi mister sair da Arca
     E, como pomba queixosa,
     Por muito tempo gemestes.

Gn 8,11   7   O ramo verde de oliva
     Ao vosso olhar, enfim, brilha,
     Indicando-vos a sombra
     Do Carmelo de Lisieux.

8   Logo, atravessando o espaço,
     Vós viestes reclamar
Lc 14,10   Entre nós o último lugar[2],
     Querendo sofrer e amar!...

9   Jesus, quando Se imolou,
     Nos disse, no último dia:
Jo 15,13   "Não existe amor maior
     Que alguém morrer por quem ama".

10   A tal palavra bendita
Vosso coração se inflama.
A Jesus que é o vosso amor
Vós destes vida por vida.

11   Hoje, vítima feliz[3],
Imolando-se ao Amor,
Gozais a paz interior
De abrasar-vos cada dia.

12   Vossa alma aspira ao Amor
Que é vosso astro luminoso.
No Amor tereis o martírio,
O Amor vos abrirá o céu.

               (A nossa Madre)

13   Foi por vós, ó Mãe Querida,
Que vimos, nesta manhã,
Esta nova e branca hóstia
Imolando-se ao Cordeiro.

14   Ela será vossa glória;
Jesus a fará luzir
No cibório[4] misterioso
Que vosso amor soube encher.

P 30   GLOSA SOBRE O DIVINO

Composta por nosso pai São João da Cruz e versificada pela menor de suas filhas para festejar a Profissão de sua cara Irmã Maria da Trindade e da Sagrada Face

       Apoiada sem apoio algum,
       Sem luz e em meio às trevas,
       Vou consumindo-me de Amor...

1   Ao mundo (Oh! Imensa felicidade!)
Eu disse adeus para sempre!...
Elevada bem acima de mim mesma,
Outro apoio não tenho; só meu Deus.

5 Neste momento proclamo
Que o que, junto Dele, estimo
É ver e sentir minh'alma
Apoiada sem apoio algum!...

2   Apesar de sofrer assim sem luz
Nesta vida que é pouco mais que um dia,

Eu, ao menos, possuo sobre a terra
A vida celestial que vem do Amor...
5 No caminho que deverei seguir
Se encontra bem mais de um perigo,
Mas por Amor é que quero viver
Nas Trevas do exílio.

3 O Amor, disso tenho experiência,
Sabe tirar proveito (Oh! Que poder!)
Do bem, do mal que em mim encontra.
Ele em si mesmo minha alma transforma;
5 O fogo que crepita em minha alma
Penetra-me para sempre o coração.
Assim, nesta chama encantadora,
Vou consumindo-me de Amor!...

30 de abril de 1896. Teresa do Menino Jesus e da Sagrada Face, Rel. Carm. Ind.

P 31

J.M.J.T.

CÂNTICO DE IRMÃ MARIA DA TRINDADE E DA SAGRADA FACE

Composto por Irmã Teresinha do M. Jesus

1 Em Teu imenso amor, exilando-Te na terra,
Tu te imolaste por mim, ó divino Jesus;
Meu Bem-Amado, toma minha vida inteira,
Quero padecer, quero morrer por Ti...

Jo 15,13

R.1 Senhor, Tu mesmo nos disseste:
"Ninguém pode fazer mais
Do que morrer por quem ama".
E meu supremo amor
És Tu, Jesus!...

Lc 24,29

2 A tarde vem caindo e o dia já declina;
Vem guiar-me, Senhor, em meu caminho.

Mt 27,32s.

Levando Tua cruz também subo a colina,
Fica comigo, então, Celeste Peregrino...

R.2 Dentro em minh'alma ecoa a Tua voz;
Quero me assemelhar a Ti, Senhor.
Exijo para mim o sofrimento
E Tua palavra-chama

Lc 24,32

Queima-me o peito.

3	É Tua eternamente a vitória. E cantam-na os anjos exultantes; Mas para entrar em tua sublime glória Foi-Te mister, Senhor, sofreres antes.	Lc 24,26

R.3	Por minha causa, em plagas estrangeiras,
	Que desprezos sem conta recebeste!
	Eu, nesta terra, quero me esconder,
	    Ser a última em tudo
	    Por Ti, Jesus!...
		Lc 14,10

4	Meu Bem-Amado, o Teu exemplo é que me acena Para desprezar louvor, na humilhação. A fim de conquistar-Te hei de ficar pequena, Mas, esquecendo-me, atrairei Teu Coração.	

R.4	Minha paz está na solidão,
	E, além disso, nada mais imploro...
	Meu único desejo é agradar-Te.
	    Minha felicidade
	    És Tu, Jesus!...	

5	Tu, Grande Deus que o céu inteiro adora, Vives em mim qual prisioneiro, noite e dia, Tua doce voz suplica a cada hora E me diz: "Tenho sede, oh! Sim, sede de Amor!..."	Jo 19,28

R.5	Sou também Tua prisioneira
	E quero repetir, por minha vez,
	Tua terna e divina oração:
	    "Meu Bem-Amado, Irmão,
	    Tenho sede de Amor!..."	

6	Tenho sede de Amor, enche minha esperança, Acende mais em mim tua divina chama. Tenho sede de Amor, é grande meu tormento; Bem quisera voar para Ti, ó meu Deus!	

R.6	Teu Amor é meu único martírio.
	E quanto mais em mim ele se abrasa,
	Mais e mais minh'alma Te deseja.
	    Jesus, faze que eu morra
	    De amor por Ti!!!	

31 de maio de 1896

P 32

J.M.J.T.

Festa do Santíssimo Sacramento, 7 de junho de 1896

(Música de: Dieu de paix et d'amour)

O CÉU PARA MIM!...

Sl 83,7

1   Para suportar o exílio em um vale de lágrimas,
    Preciso do olhar de meu Divino Salvador;
    Este olhar só de amor mostrou-me seus encantos
    E me fez pressentir o celeste esplendor.
    5 Meu Jesus me sorri quando por ele anseio
    E, então, não sinto mais as provações da fé.
    Este olhar de meu Deus, seu encantador sorriso,
    Eis meu céu para mim!...

2   Meu céu é poder atrair sobre as almas,
    Sobre a Igreja minha Mãe[1] e todas as irmãs,

Lc 12,49
    As graças de Jesus, suas divinas chamas
    Que sabem abrasar e alegrar corações.
    5 Tudo posso obter se, dentro do mistério,
    Falo ao coração de meu Divino Rei
    E essa doce oração, bem junto do sacrário
    Eis meu céu para mim!...

3   Meu céu está latente em uma Hóstia pequena,
    Onde o Esposo, Jesus, se esconde por amor;
    Neste foco de luz quero beber a vida
    E aí meu Salvador me aceita noite e dia.
    5 "Oh! Que instante feliz, quando em Tua ternura,
    Tu vens, ó meu Amor, me transformar em Ti;
    Esta união de amor, esta embriaguez divina
    Eis meu céu para mim!..."

Gn 2,7

4   Meu céu é sentir em mim a semelhança
    Do Deus que me criou com sopro poderoso[2].
    Meu céu é ficar sempre em Sua presença,
    Chamando-O de Pai e sendo Sua filha.
    5 Entre seus braços não temo a tempestade
    E sigo como lei o abandono[3] total.
    Dormir sobre Seu Peito e sob o Seu Semblante
    Eis meu céu para mim!...

5   Vim encontrar meu céu junto à Trindade Santa
    Que vive dentro em mim, prisioneira de amor.
    E contemplando aí meu Deus, digo sem medo
    Que desejo servi-Lo e amá-Lo para sempre.

5 Meu céu é sorrir para este Deus que adoro
E que se esconde a fim de testar minha fé.
Sofrer, enquanto espero que Ele me olhe sempre,
   Eis meu céu para mim!

(Pensamentos de Irmã São Vicente de Paulo, versificados
por sua irmãzinha Teresa do Menino Jesus)

P 33

J.M.J.T.

Festa do Sagrado Coração de Jesus

12 de junho de 1896

O QUE LOGO VEREI PELA PRIMEIRA VEZ

1   Ainda vivo em plagas estrangeiras,   Sl 136,4
    Mas pressinto a feliz eternidade;
    Oh! Bem quisera já deixar a terra
    E contemplar o céu com seus encantos...
  5 Quando sonho com os gozos da outra vida,
    De meu exílio o peso já não sinto,
    Pois logo para minha única Pátria
    Voarei pela primeira vez...

2   Dá-me, Senhor Jesus, asas bem brancas
    Para que eu levante voo até onde estás;
    Quero voar até as praias eternas,   Sl 54,7
    Quero ver-Te, Tesouro meu Divino!
  5 Quero voar nos braços de Maria,
    E repousar em meu trono escolhido,
    Recebendo de minha Mãe querida
    O doce beijo pela primeira vez.

3   Ó meu Amor, faze que eu entreveja
    Teu primeiro sorriso de ternura
    E deixa-me, em meu santo delírio[1],
    Dentro de Teu Coração me refugiar!...
  5 Ó belo instante! Ó que infinda alegria,
    Quando ouvirei Tua doce voz,
    Quando verei Tua adorável Face
    Sob a luz do céu, pela primeira vez!...

4   Sabes bem[2] que meu único martírio
    É Teu amor, Sagrado Coração.
    Se por Teu céu minha alma suspira,
    É para amar-Te, amar-Te sempre mais!...

     5 Lá no céu, inebriada de ternura,
       Hei de amar-Te sem lei e sem medida
       E meu gozo irá sempre parecer-me
       Tão novo quanto na primeira vez!!!

                                      A irmãzinha do Menino Jesus

P 34   (Música de: Oui, je le crois)

JOGAR FLORES

1   Jesus, único Amor, ao pé de Teu Calvário,
    Que prazer para mim, à noite, jogar flores!…
    Rosas primaveris[1] por Ti despetalando,
         Quisera enxugar Teu pranto[2].

R.1   Atirar flores é ofertar as primícias
         De pequenos gemidos e de grandes dores.
         Alegrias e penas, leves sacrifícios,
              Estas são minhas flores![3]…

2   Com a alma enamorada[4] de Tua beleza,
    Quero dar-Te, Senhor, meus perfumes e flores.
    E, atirando-as por Ti, sobre as asas da brisa,
         Quero abrasar os corações!…

R.2   Jogar flores, Jesus, eis aí minhas armas
         Quando quero lutar[5] para salvar pecadores;
         Nesta batalha venço… e sempre Te desarmo
              Com minhas flores!…

3   As pétalas da flor, acariciando Tua Face,
    Vão dizendo que é Teu este meu coração.
    Compreendes o que diz minha rosa esfolhada
         Sorrindo ao meu amor!

R.3   Jogar Flores, repetindo Teus louvores,
         Só tenho este prazer neste vale de dores…
         Daqui a pouco, no céu, estarei com os Teus anjos
              Jogando flores!…

Sl 83,7

P 35   16 de julho de 1896

A NOSSA SENHORA DAS VITÓRIAS[1]
RAINHA DAS VIRGENS, DOS APÓSTOLOS E DOS MÁRTIRES

1   Vós que realizais minha esperança,
    Escutai, doce Mãe o humilde canto,

Canção minha de amor e gratidão
Que vem do coração de vossa filha...

2   Vós que, um dia, me unistes para sempre
    À trabalhosa ação de um Missionário[2],
    Pela oração que cria laços,
    De um amor vinculado ao sofrimento.

3   Compete a ele atravessar a terra
    Para pregar o nome de Jesus.
    Ficarei à sombra do mistério,
    Praticando virtudes pequeninas.

4   Reclamo para mim o sofrimento.
    Meu amor, meus desejos são de cruz...
    Para ajudar a salvar uma só alma,
    Mil vezes gostaria de morrer![3]...

5   Por ele que conquista almas para Deus,
    Desejo imolar-me no Carmelo.
    E por meio dele espalharei as chamas
    Que Jesus Cristo trouxe lá do Céu.   Lc 12,49

6   Por meio dele, ó encantador mistério,
    Até lá no Su-tchuen oriental,
    Posso conseguir tornar amado
    O nome virginal da Mãe querida!...

7   Dentro de minha solidão profunda,
    Quero, Mãe, ganhar os corações.
    E por meio de vosso Apóstolo distante,
    Poderei converter os pecadores.

8   Por meio dele a água santa do batismo
    Transformará a criança de um só dia
    Num templo consagrado ao próprio Deus,
    Que nele irá habitar com Seu amor.

9   Quero povoar, com pequeninos anjos[4],
    O céu morada eterna e reluzente...
    Por ele falanges infantis
    Irão em revoada para o céu!...

10 A palma do martírio que almejo,
    Por meio dele poderei colher.
    Ó que bela esperança, Mãe Querida:
    Irei me tornar irmã de um Mártir!!![5]

11 Quando deixar o exílio desta vida,
    No entardecer da luta gloriosa,
    Iremos saborear, juntos na Pátria,
    Frutos que, como apóstolos, colhemos.

12 Pertence a ele a glória da vitória
    Diante dos exércitos dos santos;
    A mim basta o reflexo[6] de sua glória
    Por toda a eternidade, lá nos céus!...

                                    A irmãzinha de um Missionário

P 36   (Música de: Près d'un berceau)

SÓ JESUS

1   Meu coração deseja sempre doar-se,
    Precisa demonstrar sua ternura.
    Quem poderá entender o meu amor?
    E que outro coração me dará retorno?...
  5 Mas em vão tal retorno aqui reclamo;
    Só Tu, Jesus, minh'alma contentas.
    Coisa alguma me encanta nesta terra;
    Felicidade pura aqui não há...

        Minha única paz, minha felicidade,
        O meu único Amor és Tu, Senhor!...

2   Tu soubeste criar o coração das mães
    E tenho em Ti o mais terno dos pais!
Jo 1,1 Jesus, único Amor e Verbo Eterno,
    Para mim Teu coração é mais que maternal.
  5 A cada instante Tu me segues, Tu me guardas,
    Vens sempre ao meu chamado, sem tardança,
    E se, às vezes, parece que Te escondes,
    Vens Tu mesmo ajudar-me a procurar-Te.

3   A Ti, Jesus, somente a Ti é que me apego,
    Aos Teus braços acorro e aí me escondo,
    Querendo amar-Te, assim como criança,
    Mas querendo lutar como um bravo guerreiro.
  5 Como criança cheia de ternuras,
    Quero encher Teu rosto de carícias.
    Lá nos campos, porém, de meu apostolado,
    Qual valente soldado, atiro-me ao combate!...

4   Teu Coração, que guarda e que nos dá a inocência,
    Jamais enganaria minha confiança!

Em Ti repousa, e só em Ti, minha esperança
E, depois deste exílio, irei ver-Te no céu...
5 Quando em meu coração se forma a tempestade,
A Ti, Jesus, elevo minha fronte
E em Teu olhar, repleto de bondade,
Eu leio: "Filha, foi para ti que fiz os Céus".

5   Bem sei que meus prantos, meus gemidos
Chegam diante de Ti repassados de encantos.
No céu os serafins são Tua corte,
No entanto, vives mendigando amor!...
5 Queres meu coração, Jesus: aqui o entrego!
Meus desejos também em Ti abandono,
E todos os que eu amo, ó meu Esposo e Rei,
Somente em Ti e por Ti desejo amá-los.

P 37   21 de agosto de 1896

J.M.J.T.

1   São um triste buquê de festa
Estas quadrinhas sem graça...
Lá no fundo da memória
Ficaram os *Alexandrinos!*...

2   Queriam, lembro-me bem,
"*Alexandrinos para Francis*".
Deveria ficar calada
Ante uma ordem tão precisa...

3   Mas conhecendo a indulgência
De Joana e do sábio doutor,
Chego, *sem Alexandrinos*,
Para festejar minha amável Irmã.

(Teresa do M. Jesus)

P 38   J.M.J.T.

21 de agosto de 1896

CONFIDÊNCIA DE JESUS A TERESA

1   Ouve, Jesus, minha oração,
Escuta meu desejo ardente:
Exila um anjo na terra
Dá um bebê a Joana!...

2   Há já tempo que é esperado
     O exiladinho dos céus…
     Mas, Senhor, Tu me dás a entender
     Teu misterioso silêncio.

3   Sim, Teu silêncio me diz:
     "Chegam ao céu teus suspiros,
     Devo fazer-Me violência
     Para não ouvir teus desejos.

4   Não é um anjo qualquer
     Que quero dar à tua irmã…
     É que desejo, em segredo,
     Formar-lhe alma e coração.

5   Eu mesmo adorno esta alma
     Com Meus tesouros e dons;
     Mas, em troca… isto eu exijo:
     Todo o abandono de Joana…

6   Co'uma ternura especial
     Cuido dela pessoalmente,
     Pois a minha Igreja ela deve
     Dar um Pontífice, um grande santo!"

P 39

J.M.J.T.

A UM SANTO E CÉLEBRE DOUTOR

Francis tomou como divisa:
"Nada para os homens, tudo para Deus!"

Mas também, para defender a Igreja,
Não tem ele um coração de fogo?…
5 Combatendo a ímpia ciência,
Declarou alto e bom som:
Sua glória é a Glória de Maria!…

A filha da Seráfica Doutora Santa Teresa.
21 de agosto de 1896

P 40

AS SACRISTÃS DO CARMELO

1   Aqui na terra nosso ofício
     É preparar para o altar
     Vinho e pão do sacrifício
     Que o céu à terra pode dar.

2   O céu, mistério de luz,
    Se esconde em humilde pão;
    O céu é o próprio Jesus
    Vindo a nós cada manhã.

3   Não há rainhas na terra
    Mais felizes do que nós;
    Nosso ofício é uma prece
    Que nos une a nosso Esposo.

4   Não há glórias neste mundo
    Que se possam comparar
    Com a paz celeste e profunda
    Que Jesus nos faz gozar.

5   Temos uma inveja santa
    Do que faz nossa mão,
    Como temos da Hóstia branca
    Que esconde o Santo Cordeiro.

6   Seu amor nos escolheu,
    Ele é nosso Esposo e amigo
    E nós também somos hóstias
    Que Ele em Si quer transformar.

7   Sublime missão do Padre,
    Agora és nossa também;
    Transformadas pelo Mestre,
    Por Ele somos guiadas.

8   Ajudemos Missionários
    Pelas preces, pelo amor;
    Suas batalhas são nossas
    E nossas lutas são deles.

9   Deus, oculto no Sacrário   Is 45,15
    E em nosso peito também,
    A nossa voz — Oh! Milagre —
    Os pecadores perdoa!

10 Nosso prazer, nossa glória
    É trabalhar por Jesus.
    Seu belo céu é o cibório
    Que vamos encher de eleitos!…

P41 J.M.J.T.

(Música de: Je crois au Dieu) (Para a Irmã S. João da Cruz)

COMO DESEJO AMAR

1 Jesus Divino, escuta minha prece:
Com meu amor quero Te alegrar;
Bem sabes que a Ti só quero agradar.
Digna-Te ouvir meu mais vivo desejo.
5 Aceito as provas deste triste exílio
A fim de consolar Teu Coração,
Mas transforma em amor minhas obras todas,
Meu doce Esposo e amado Salvador.

2 É Teu amor, Jesus, que busco ansiosa,
É Teu amor que deve transformar-me.
Põe em meu coração Teu fogo que consome
E vou poder amar-Te e bendizer-Te.
5 Sim, poderei Te amar do jeito como se ama
E bendizer-Te qual se faz no céu.
Vou Te amar co'aquele mesmo amor
Jo 1,1   Com que me amaste Jesus, Verbo Eterno.

3 Divino Salvador, no fim de minha vida,
Vem procurar-me sem sombra de atraso.
Tua infinda ternura vem mostrar-me
A doçura de Teu divino olhar!
5 Que Tua voz me chame com amor,
Lc 7,47   Dizendo: "Vem, que tudo está perdoado;
Vem descansar, esposa minha fiel,
Vem para meu Coração que tanto amaste".

P42

1 Menino, conheces meu nome,
Teu doce olhar me convida,
Dizendo-me: "Abandona-Te,
Que vou guiar teu barco".

2 Com tua mãozinha infantil
   Oh! Maravilha!
Com tua vozinha de criança
Mc 4,39   Acalmas o rugir das ondas
   E o vento!

3   Se queres podes repousar,
    Enquanto brame a tempestade.
    Reclina aqui, sobre meu peito,
    Tua cabecinha loura...

4   Que encantador é teu sorriso
        Enquanto dormes!...
    Sempre com a mais doce canção
    Quero ternamente te ninar
        Bela criança!

P 43   (Música de: Au rossignol)

O VIVEIRO DO MENINO JESUS

1   Para os pobres exilados da terra,
    Nosso Criador criou os pássaros,
    Que vão gorgeando sua prece
    Tanto nos vales como nas colinas.

2   As crianças alegres, saltitantes,
    Escolhem suas aves preferidas
    E as aprisionam dentro das gaiolas,
    Que com douradas grades são construídas.

3   Ó Jesus, irmãozinho nosso,
    Por nós abandonaste o lindo céu,
    Mas, aqui nesta terra, o Teu viveiro
    É o Carmelo, ó divino Infante!

4   Não é dourada, não, nossa gaiola,
    Mas, assim mesmo, nós a amamos muito.
    Não podemos mais voar, isto sabemos,
    Nos bosques e planícies sob o azul.

5   Os bosques e arvoredos deste mundo
    Não podem mais, Jesus, nos contentar.
    Na solidão profunda do convento,
    Tão somente a Ti vamos cantar.

6   Tua linda mãozinha nos atrai,
    Menino de carícias encantadas.
    Ó divino Jesus, o Teu sorriso
    É que sempre cativa as avezinhas!...

7   Toda alma que for simples e pura
    Aqui realiza o seu sonho de amor.

E, mesmo sendo tímida pombinha,
Não mais precisa temer o abutre[1].

8   Levado pelas asas da oração,
Vê-se subir o coração ardente,
Como leve e sonora cotovia
Que, cantando, se eleva nos espaços.

9   Aqui dentro se escutam os trinados
Do rouxinol, do alegre pintassilgo
Que, nas gaiolas, ó Jesus Menino,
Vão cantando Teu nome com gorgeios.

Mt 6,26

10 As avezinhas cantam sem parar,
Porque sua vida não as preocupa.
Com um grãozinho de alpiste se contentam
E não precisam nunca plantar nada.

Sl 144,16
Lc 10,42

11 Como elas nós também, neste viveiro,
De Tua boa mão tudo ganhamos.
E somente uma coisa é necessária:
Sempre Te amar, Menino divinal!

12 Também nós entoamos Teus louvores,
Unidas aos espíritos celestes.
E sabemos que os anjos[2], todos eles,
Amam, no céu, as aves do Carmelo.

13 Para enxugar o pranto, meu Jesus,
Que Te fazem verter os pecadores,
Tuas aves repetem Teus encantos
e, cantando, Te ganham corações.

14 Um dia, já bem longe deste mundo,
Após terem ouvido o Teu chamado,
Todas as aves deste Teu viveiro
Baterão suas asas rumo ao céu.

15 Então, entre as falanges encantadas
De Querubins pequenos, jubilosos,
Ó divino Infante, Teus louvores
Nós cantaremos todas lá no céu.

P 44

Se alguém é pequenino, (Música de: La rose mousse
venha a mim. (Provérbios) ou de: Le fil de la Vierge.)

AOS MEUS IRMÃOZINHOS DO CÉU

1   Felizes criancinhas, ah! Com que ternura,   Mc 10,13.16
        Rei dos céus
   Abençoou-as outrora e cobriu de carícias
        Suas frontes alegres!
  5 Figuravam vocês todos os inocentes,
        E entrevejo
   Os dons que, lá no céu, sem medida, lhes dá
        O Rei dos reis!

2   Vocês já contemplaram as grandes riquezas
        Do Paraíso,
   Antes de conhecer nossas amarguras,
        Pequenos lírios.
  5 Perfumados botões, colhidos bem na aurora[1]
        Pelo Senhor.
   O doce sol do amor que os fez desabrochar[2]
        Foi Seu Coração.

3   Que inefáveis cuidados, que raras ternuras
        E quanto amor
   Sobre vocês derrama alegre a Mãe Igreja,
        Filhos de um dia!
  5 Em seus braços maternos vocês são primícias
        Ofertadas a Deus.
   Vocês, eternamente, hão de ser as delícias
        Do belo céu azul.

4   Crianças, vocês formam o virginal cortejo   Ap 14,3-4
        Do suave Cordeiro
   e podem repetir — incrível privilégio! —
        Um canto novo.
  5 Vocês, sem combates, chegaram à glória
        Dos vencedores;
   O Salvador ganhou para vocês a vitória,
        Lindos conquistadores!

5   Ninguém vê cintilar joias, pedras preciosas
        Em suas frontes;
   Só o brilho de ouro que há em seus cachos dourados
        Encanta o céu...
  5 Dons dos eleitos, suas palmas e coroas
        Tudo isso é seu[5].

No céu, ó criancinhas, os seus ricos tronos
São seus joelhos[4].

6   Vocês brincam com anjinhos, lado a lado,
Junto do altar
E seus cantos infantis, lindas falanges,
Encantam o céu.
5 O bom Deus lhes ensina como faz a rosa,
A ave e o vento[5];
Nenhum gênio aqui embaixo sabe tanta coisa
Quanto vocês!...

7   Do firmamento os véus todos afastando
Misteriosos,
Vocês pegam, nas mãos[6] pequenas, as estrelas
De mil reflexos
5 E deixam, ao correr, uma esteira de prata
Quando anoitece.
Quando vejo, no céu, a branca Via Láctea,
Creio vê-los.

8   Findas as festas, para os braços de Maria
Vocês acorrem
E escondem, sob seu véu, as cabecinhas louras
E aí adormecem.
5 Sua audácia infantil, pequeninos traquinas,
Agrada a Deus.
Vocês ousam até acarinhar-lhe[7] a Face,
Que grande dita!...

Mc 10,13-16

9   Foram vocês que Deus me deu como modelo,
Meus inocentes.
Quero aqui embaixo ser sua fiel imagem,
Ó criancinhas.
5 Venham me ajudar a obter as virtudes da infância.
Sua candura,
Abandono perfeito e amável inocência
Me cativaram.

Ct 2,1

10 Ah! Conheces, Senhor, de minh'alma exilada
O voto ardente:
Quisera colher belos lírios do vale,
Lírios brilhantes.
5 Esses botões primaveris procuro e amo
Para Teu prazer;
Por sobre eles derrama o orvalho do batismo[8]
E vem colhê-los...

11 Ah! Quero aumentar a cândida falange
      Dos inocentes.
   Meu sofrimento e dor ofereço em troca
      De almas crianças.
5 Entre estes inocentes um lugar reclamo[9],
      Rei dos eleitos.
   E como eles, no céu, quero beijar Tua Face,
      Ó meu Jesus!...

P 45

(Música de: Rêve, parfum ou frais murmure)

MINHA ALEGRIA

1 Há almas na terra
  Que em vão procuram a felicidade;
  Entretanto, comigo dá-se o contrário:
  Trago no coração sempre a alegria
5 E não é uma alegria passageira;
  Eu a trago comigo a todo instante!
  Como uma rosa em plena primavera,
  Ela sorri para mim dia após dia.

2 Sim, sou feliz, sou feliz demais,
  Pois faço sempre aquilo que bem quero...
  Como deixar, então, de ser alegre
  Ou deixar de mostrar minha alegria?...
5 Minha felicidade é amar a dor
  E sorrir, mesmo enquanto o pranto escorre;
  Aceito, com a mesma gratidão,
  Flores[1] entrelaçadas com espinhos.

3 Quando meu céu azul se torna escuro,
  Quando tudo parece abandonar-me[2],
  Minha alegria é ficar na sombra,
  Esconder-me e rebaixar-me.
5 Minha alegria é a vontade sagrada
  De Jesus Cristo, meu único amor.
  Assim vivo sem nenhum temor
  E amo igualmente o dia como a noite[3].

4 Minha alegria é sempre ser pequena[4].
  E assim, se às vezes caio no caminho,
  Posso me levantar bem depressa.
  Jesus Cristo me pega pela mão.
5 Cobrindo-O, então, todo de carícias,
  Digo que Ele é tudo para mim.

Se acaso Ele se esconde de minha fé,
Aí é que redobro meus carinhos.

5   Se, às vezes, derramo algumas lágrimas,
O meu prazer consiste em escondê-las.
Ah! Como o sofrimento tem encantos,
Quando, com flor, se sabe disfarçá-lo!
5   Desejo sofrer sem dizer nada
Para consolar Jesus desta maneira.
Minha alegria é ver Seu sorriso,
Enquanto o coração tenho no exílio...

6   Minha alegria é viver lutando,
Gerando, assim, eleitos para o céu
E, coração ardendo de ternuras,
Repetir a Jesus continuamente:
5   "Por Ti, meu Irmãozinho divinal,
Eu me sinto feliz no sofrimento
E minha única alegria neste mundo
É só poder sempre alegrar-Te.

7   Quero viver ainda muito tempo,
Meu Senhor, se esta for Tua vontade,
E quisera, depois, seguir-Te ao céu,
Se isto também Te causa algum prazer[5].
5   Esta chama de amor que vem da Pátria
Não deixa nunca de me consumir!
Pouco me importa a morte ou mesmo a vida:
Jesus, minha alegria é Te amar"!

P 46

J.M.J.T.

A MEU ANJO DA GUARDA

(Música de: Par les chants les plus magnifiques)

1   Glorioso Guardião de minh'alma,
Tu que brilhas lá no céu,
Como pura e doce chama
Ao lado do trono do Eterno,
5   Tu, por mim desces à terra
E com tua luz me iluminas,
Tornando-te meu irmão,
amigo e consolador.

2   Conhecendo-me a fraqueza,
Tu me diriges pela mão[1].

E te vejo, com ternura,
Tirar pedras do caminho².
5 Tua doce voz me convida
A sempre olhar para o céu;
Mais me vês pequena³ e humilde,
Mais esplendor tens na fronte.

3   Ó tu que cruzas o espaço
Mais veloz do que os relâmpagos,
Peço-te, em meu lugar,
Voa até aqueles que amo!
5 Com as asas seca seu pranto,
Canta que Jesus é bom
E que a dor tem seus encantos
E sussurra-lhes meu nome…

4   Quero, nesta curta vida,
Salvar irmãos pecadores⁴;
Ó meu belo anjo do céu,
Dá-me teus santos ardores.
5 Só tenho meus sacrifícios
E minha austera pobreza:
Com os teus gozos celestes
Oferece-os à Trindade.

5   A ti o Reino e sua Glória
Com os dons do Rei dos reis.
A mim o cibório e sua hóstia,
A mim o tesouro da cruz.
5 Sim, a mim só cruz com Hóstia.
Com tua ajuda celeste,
Espero em paz a outra vida
E as alegrias eternas.

A minha querida irmã Maria Filomena
lembrança de *sua filhinha*
Teresa do Menino Jesus da Sagrada Face
Rel. Carm. Ind.

P 47

(Música de: Les adieux du martyr)

A TEOFÂNIO VÉNARD

Padre das missões estrangeiras,
martirizado em Tonkin aos 31 anos.

1   Os eleitos do céu celebram teus louvores,
Ó Teofânio, Angélico mártir!

Sei que, em santas falanges reunidos,
Os serafins desejam te servir!...
5 Não posso, no exílio deste mundo,
Misturar minha voz à dos eleitos,
Mas quero, mesmo aqui em plagas terrestres,
Teus méritos cantar em minha lira.

2 O teu exílio foi suave canção
Em tons que comoviam corações.
E tua alma de poeta[1], a cada instante,
Fazia nascer flores para Jesus.
5 Ao elevar-te às celestiais alturas,
Cantaste o adeus em tom de primavera;
E murmuravas: "Eu, pequeno e efêmero,
Estou sendo o primeiro[2] a ir aos céus".

3 Mártir feliz, na hora do suplício,
Saboreaste a alegria de sofrer.
Sofrer por Deus te pareceu delícia.
Sorrindo tu viveste e morreste sorrindo...
5 Foste logo dizendo a teu carrasco,
Quando quis abreviar teu suplício:
"Quanto mais dure meu cruel martírio,
Maior valor terá e serei mais feliz[3]"!!!

4 Virgíneo lírio em plena primavera,
O Rei do céu ouviu teu desejo.
Vejo em ti a flor desabrochada,
Colhida por Jesus para agradar-lhe[4]...
5 E agora não estás mais exilado
E contemplam os santos tua glória.
Rosa de amor, a Virgem Imaculada
Aspira, ela também, o teu perfume.

5 Soldado de Jesus[5], empresta-me tuas armas.
Eu quisera, aqui embaixo, à sombra de tuas palmas,
Combater e sofrer em prol dos pecadores!
Vela por mim e dá força a meu braço.
5 Por eles desejo, enquanto dura a guerra,
Tomar de assalto o Reino do Senhor:
O que veio Jesus trazer à terra
Não foi a paz, mas sim a espada e o fogo.

Mt 11,12
Mt 10,34
Lc 12,49

6 Também amo estas plagas infiéis,
Ardente amor de toda a tua vida.
Mui feliz até lá eu voaria,
Se nessa direção Deus me chamasse...

5 Mas, aos olhos de Deus, não há distâncias
E, diante dele, o mundo é apenas um pontinho.
Com Sua bênção, meu pobre amor, meus sofrimentos
Podem fazê-Lo amado até no fim do mundo.

7   Quem me dera ser flor primaveril!
E que o Senhor quisesse logo me colher!...
Desce do céu, na minha hora final[6],
Eu te suplico, ó venerável mártir!
5 Com as chamas virginais de teu amor,
Vem me abrasar aqui em meu exílio
Para que eu possa voar, com muitas almas,
Que serão teu cortejo celestial!...

P 48 — MINHAS ARMAS

(Canto composto para uma profissão)
(Música de: Partez, hérauts de la bonne nouvelle)

"Revesti-vos das armaduras de Deus, a fim de que possais resistir às ciladas do diabo." (Efésios)   Ef 6,11

"A Esposa do Rei é terrível como um exército, alinhado para o combate; ela é semelhante a um coro musical num campo de batalha." (Cântico dos Cânticos)   Ct 6,3 / Ct 7,1

1   Do Poderoso visto as armaduras[1],
Pois Sua mão dignou-se me adornar.
Daqui por diante nada mais me assusta;
Quem me vai separar de Seu Amor?   Rm 8,35
5 Lançando-me, a Seu lado, em plena arena,
Sei que não temerei ferro nem fogo[2];
Saibam meus inimigos: Sou rainha,
    Sou esposa de um Deus[3]!
Jesus, guardarei as armaduras   Ef 6,11
10 Que visto ante Teus olhos adorados.
Meu mais belo ornamento, até morrer,
    Serão meus santos votos!

2   Pobreza, meu primeiro sacrifício,
Vais seguir-me, até a morte, em toda parte,
Pois sei que, para poder correr na pista,   1Cor 9,24-25
De tudo deve o atleta despojar-se.
5 Gozai, mundanos, o remorso e a dor,
Que são frutos amargos da vaidade.
Mas, na arena, alegre irei colher

		As palmas da pobreza.

Mt 11,12   Disse Jesus: "É pela violência
                  10 Que se conquista o reino celestial".
Ef 6,17   Seja, então, a pobreza minha lança
                      E glorioso capacete.

          3   A Castidade faz-me irmã dos anjos,
                      Os espíritos puros, vitoriosos;
                      Hei de voar, um dia, em suas falanges.
                      Mas, neste exílio, lutarei como eles.
                  5   Sem repouso nem trégua hei de lutar
                      Pelo Senhor dos Reis que é meu Esposo.
                      Minha espada celeste[4] é a Castidade
                          Que pode conquistar-Lhe corações.
                      A Castidade é minha arma invencível
                  10 Com que meus inimigos são vencidos.
                      Ela me torna — Oh, que prazer infindo! —
                          Esposa de Jesus.

          4   Foi um anjo orgulhoso, entre esplendores,
Jr 2,20   Que disse: "Nunca irei obedecer[5]!"
                      Mas grito, na noite desta vida:
                      "Quero obedecer sempre na terra[6]".
                  5   Sinto nascer em mim uma audácia santa,
                      Com que enfrento o furor de todo o inferno.
Ef 6,14.16   A Obediência é para mim Couraça
                          E Escudo do coração.
1Rs 19,10.14   Não quero outro esplendor, Deus dos Exércitos,
                  10 Só quero submeter minha vontade em tudo,
Pr 21,28   Pois a Obediência sempre há de cantar vitórias
                          Por toda a Eternidade.

          5   Se tenho as armas poderosas do Guerreiro
                      E se, valentemente, O imitar na luta,
                      Como a Virgem das Graças encantadoras,
                      Quero também cantar em meu combate.
                  5   Fazes vibrar as cordas de Tua lira,
                      Que é, meu Jesus, meu próprio coração![7]
Sl 88,2   Então posso gozar Tuas misericórdias,
                          Cantar a força e a doçura.
                      Sempre sorrindo enfrentarei metralhadoras
                  10 E, nos Teus braços, meu Divino Esposo,
                      Cantando morrerei[8] no campo de batalha,
                          Com as armas na mão!...

J.M.J.T.

A NOSSA SENHORA DO PERPÉTUO SOCORRO

(Primeira estrofe)
Ó Mãe querida, desde minha infância
Teu semblante encantou meu coração;
Lia em teu olhar tua ternura
E achava, junto a ti, felicidade.

(Estribilho)
Lá nas plagas do céu, Virgem Maria,
Hei de ver-te, depois de meu exílio,
Mas, aqui nesta vida, tua imagem
É sempre meu socorro a toda hora!

(Segunda estrofe)
Quando era boazinha e obediente,
Tinha a impressão de que sempre me sorrias,
Mas se era, às vezes, meio levadinha,
Eu cria ver-te sobre mim chorando!

(Terceira estrofe)
Ao escutar minha oração tão simples,
Mostravas-me carinho maternal
E eu encontrava, ao ver-te sobre a terra,
Prelibadas delícias de meu céu.

(Quarta estrofe)
Enquanto luto, ó minha Mãe querida,
Tornas minh'alma forte no combate,
Pois sabes que; na tarde da existência,
Quero ofertar Padres ao Senhor!...

(Quinta estrofe)
Doce Imagem de Mãe, eternamente,
Meu tesouro serás, minha alegria.
E quero, em minha hora derradeira,
Fixar ainda em ti o meu olhar.

(Último estribilho)
Depois, voando às plagas celestiais,
Vou assentar-me, ó Mãe, em teus joelhos
E aí, sem dividi-los com ninguém,
Receberei teus beijos de ternura!...

Lembrança de um retiro abençoado — março de 1897

(Teresa do M. Jesus para sua irmãzinha)

P 50 — A JOANA D'ARC

1Rs 19,10.14

1. Quando o Deus das Nações te concedeu vitória
E, expulsando o invasor, sagraste o rei, ó Joana,
Teu nome se tornou famoso em toda a história,
Diante de ti os heróis perderam brilho e fama.

2. Mas aquela era ainda a glória passageira;
Ao teu nome faltava a auréola dos santos.

Mt 20,22-23

O Bem-Amado deu-te, amarga, a taça inteira,
E te tornaste a rejeitada dos humanos.

3. Numa escura masmorra, entre grilhões e horrores,
O cruel invasor cobriu-te de amarguras.
Nenhum amigo teu partilhou tuas dores,
Nenhum se apresentou para enxugar teu pranto[1].

4. Vejo-te, neste horror, mais reluzente e bela
Do que no dia-luz do rei em sagração.
Donde te veio a luz, este fulgor de estrela
Que hoje te faz brilhar? De uma ignóbil traição!

Sl 83,7

5. Se um dia o Rei de amor, neste vale de prantos,
Não tivesse buscado a traição e a morte,
Para todos nós a dor já não teria encantos...
Mas hoje a amamos como um tesouro e uma sorte.

P 51 — J.M.J.T.

(Música de: Fil de la Vierge ou de: La rose mousse)
(19 de maio de 1897)

UMA ROSA DESFOLHADA

1. Jesus, quando Te vejo, em Tua Mãe apoiado,
    Deixar seus braços
E ensaiar a tremer, nesta terra exilado,
    Os Teus primeiros passos,
5 Diante de Ti quisera *uma flor desfolhar*
    Em seu frescor,
Para ver Teu pezinho repousar sem dor
    Sobre uma flor!...

2. *A rosa desfolhada* é a imagem verdadeira,
    Divino Infante,
De uma vida que quer se imolar toda inteira
    A cada instante.

  5 Muita rosa deseja irradiar formosura
    Em Teu altar,
  Numa doação total... Busco ambição mais pura:
    "Desfolhar-me!..."

3 Brilho de rosa torna uma festa luzente,
    Ó Menino do céu;
  Mas, *rosa desfolhada*, esta vai, simplesmente,
    Do vento ao léu.
  5 *Uma rosa desfolhada* entrega-se a seu dono
    Para sempre, amém.
  É como ela, Senhor, que feliz me abandono
    A Ti também.

4 Sem susto a gente pisa em *pétalas de rosa*
    Que vão morrendo.
  Decoração sem arte e despretensiosa,
    Assim o entendo...
  5 A Ti foi minha vida, ó Jesus, consagrada
    Com meu porvir.
  Aos olhos dos mortais isto é *rosa fanada*:
    Vou me *extinguir!...*

5 *Por Ti* devo *morrer,* Beleza[1] eterna e viva
    Que sorte de ouro!
  Desfolhando-me dou prova definitiva
    Que és meu tesouro!...
  5 Teus *passos infantis* eu sigo, em meu fadário,
    Vivendo aqui em Teus braços,
  Pensando em suavizar, na estrada do Calvário,
    Os Teus últimos passos!...

      J.M.J.T.

          31 de maio de 1897

P 52

O ABANDONO É O DELICIOSO FRUTO DO AMOR

1 Existe, aqui nesta terra,
  Uma árvore excelente:
  Sua raiz — que mistério! —
  Se encontra, porém, no céu[1].

2 Debaixo de sua sombra,   Ct 2,3
  Nada é capaz de ferir.
  Sem medo da tempestade,
  Lá se pode repousar.

3   Amor é o nome que tem
    Essa árvore inefável,
    E seu fruto[2] delicioso
    Leva o nome de abandono.

4   Já desde aqui, nesta vida,
    Seu fruto me dá prazer.
    Minh'alma rejubila
    Com seu divino perfume.

Ct 2,3

5   Este fruto, quando o toco,
    Deixa impressão de um tesouro.
    Mas é quando à boca o levo
    Que sinto maior doçura.

6   Ele me traz, neste mundo,
    Um mar inteiro de paz.
    Neste repouso profundo
    Encontro descanso eterno.

7   Só o abandono me leva
    A Teus braços, ó Jesus,
    Só ele me faz viver
    A vida de Teus eleitos.

8   A ti, pois, eu me abandono,
    Ó meu Esposo divino
    E nada mais ambiciono
    Que a unção de Teu doce olhar.

9   Para Ti quero sorrir,
    Dormindo em Teu Coração
    E sempre Te repetir
    Que Te amo muito, Senhor[3].

10 Assim como a margarida,
    Com seu cálice dourado,
    Eu também, *pequena* flor,
    Abro as pétalas ao sol.

11 Meu doce sol da vida,
    Amabilíssimo Rei,
    É Tua pequena Hóstia,
    Tão pequenina como eu...

12 Os reflexos luminosos
    De sua chama celeste
    Fazem nascer em minh'alma
    Um Abandono perfeito.

13 As criaturas deste mundo
Poderão me abandonar,
Mas, junto a Ti, sem queixar-me,
Passo muito bem sem elas.

14 Mas se Tu me abandonares,
Ó meu Tesouro Divino,
Mesmo sem Tuas carícias,
Ainda quero sorrir.

15 Quero esperar em paz,
Doce Jesus, Tua volta,
Sem jamais interromper
Os meus cânticos de amor.

16 Não, nada mesmo me inquieta,
Nada pode perturbar-me.
Mais alto que a cotovia,
Minh'alma sabe voar.

17 Lá, bem acima das nuvens,
O céu fica sempre azul.
E aí se toca a fronteira
Do Reino do nosso Deus.

18 Espero em paz[4] a glória
Da morada celestial,
Porque encontro na Hóstia
O doce fruto do Amor!

P 53 — PARA A IRMÃ MARIA DA TRINDADE

1 Senhor, me escolheste desde a mais tenra infância[1],
E posso me chamar a obra de Tuas mãos...
Gostaria, meu Deus, em minha gratidão,
De poder retribuir, pagando-Te de volta!...
5 Bem-Amado Jesus, que imenso privilégio!
Que coisa fiz por Ti, em meu pequeno nada?[2]
Eu me vejo seguindo o cortejo real
Das Virgens de Tua corte, amável Rei do céu!

Sl 44,15-16

2 Ai de mim, nada sou senão total fraqueza!
Sabes bem, ó meu Deus, que não tenho virtudes...
Mas Tu sabes também que amo um só amigo[3]
Que um dia me encontrou: és Tu, doce Jesus.
5 Quando em meu coração se acendeu esta chama
Que chamamos de amor, vieste reclamá-la...

Só Tu pudeste, ó Deus, contentar uma alma
Que sentia um desejo infinito de amar.

3   Como um cordeiro, assim, longe de seu redil,
Divertia-me alegre, ignorando o perigo.
Mas, Rainha do céu e divina Pastora,
Tua invisível mão sabia proteger-me.
5 Mesmo quando brincava ao lado dos abismos,
Tu já me apontavas o cume do Carmelo.
Compreendi assim as austeras delícias
Que deveria amar para chegar aos céus!

4   Se amas o anjo, Senhor, esta pureza em chama,
Casto fogo flutuando em pleno azul da altura,
Não amarás também, vendo-a subir da lama,
A flor que Teu amor soube manter tão pura?
5 Se ele é feliz, Senhor, o anjo de asa dourada,
Que é puro ao Teu olhar, na luz da eternidade,
Minha alegria, então, à sua é comparada
Porque tenho o tesouro e a luz da virgindade![4]...

P 54   J.M.J.T.

(Música de: *Pourquoi m'avoir livré l'autre jour, ô ma Mère*)
Maio de 1897

PORQUE EU TE AMO, MARIA

1   Quisera cantar, *Maria, porque te amo*,
Porque, ao teu nome, exulta[1] meu coração
E porque, ao pensar em tua glória suprema,
Minh'alma não sente temor algum
5 Se eu viesse a contemplar o teu fulgor sublime
Que supera de muito o dos anjos e santos,
Não poderia crer que sou tua filha
E, então, diante de ti, baixaria meus olhos.

2   Para que um filho possa amar sua mãe,
Que ela chore com ele e partilhe suas dores...
Pois tu, querida Mãe, nestas plagas de exílio,
Quanto pranto verteste a fim de conquistar-me!...
5 Ao meditar *tua vida escrita no Evangelho*,
Ouso te contemplar e me acercar de ti;
Nada me custa crer que sou um de teus filhos,
Pois te vejo mortal e, como eu, sofredora[2].

3	Quando o anjo te anunciou que serias *a Mãe*	Lc 1,31-33
	Do Deus que reinará por toda a eternidade,	
	Eu te vi preferir, Maria — que mistério! —,	
	O inefável, luzente ouro da *Virgindade*.	
	5 Compreendo que tua alma, Imaculada Virgem,	
	Seja mais cara a Deus que o próprio céu divino;	
	Compreendo que tua alma, *Humilde e doce Vale*,	Mt 11,29
	Possa conter Jesus, o grande Mar³ do Amor!...	

4	Como te amo, Maria, ao declarar-te serva	Lc 1,38
	Do Deus que conquistaste por tua humildade,	
	Tornou-te onipotente essa virtude oculta.	
	Ela ao teu coração trouxe a *Trindade santa*	
	5 e o *Espírito de Amor, cobrindo-te em sua sombra,*	Lc 1,35
	O Filho, igual ao Pai, encarnou-se em teu seio...	Jo 1,14
	Inúmeros serão seus irmãos pecadores,	
	Uma vez que Jesus é o teu primeiro filho!...	Lc 2,7

5	Ó Mãe muito querida, embora pequenina,
	Trago em mim, como tu⁴, o Todo-Poderoso
	e nunca tremo ao ver em mim tanta fraqueza.
	O tesouro da Mãe é possessão do Filho,
	5 e sou tua filha, ó Mãe estremecida.
	Tua virtude e amor não são, de fato, meus?
	E quando ao coração me vem a Hóstia santa,
	Teu Cordeiro, Jesus, crê que repousa em Ti!...

6	Tu me fazes sentir que não é impossível	
	Os teus passos seguir, Rainha dos eleitos,	
	Pois o trilho do céu nos tornaste visível,	Mt 7,14
	Vivendo cada dia as mais simples virtudes.	
	5 Quero ficar pequena ao teu lado, Maria,	
	Por ver como são vãs as grandezas do mundo.	
	Ao ver-te visitar a casa de Isabel,	Lc 1,39-40
	Aprendo a praticar a caridade ardente.	

7	Aí escuto absorta, ó Rainha dos anjos,	
	O canto celestial que jorrou de teu peito⁵;	Lc 1,46-55
	Ensinas-me a cantar os divinos louvores	
	E *a só me gloriar em Jesus Salvador*.	
	5 Tuas frases de amor caíram como rosas	
	Que iriam perfumar⁶ os séculos futuros.	
	O Todo-Poderoso em ti fez maravilhas,	
	Cujas bênçãos, na prece, quero usufruir.	

Mt 1,19	8	Quando o bom São José ignorava o milagre
		Que intentavas velar com tua humildade⁷,
		Tu o deixaste chorar aos pés do *Tabernáculo*
		Que esconde o Salvador e sua eterna Beleza!...
	5	Maria, amo esse *teu eloquente silêncio*,
		Que soa para mim como um doce concerto,
		Melodia cantando a grandeza e o poder
		De um coração que espera ajuda só dos céus...
	9	E, mais tarde, em Belém, ó José e Maria,
		Rejeitados os vi por todas as pessoas.
		Não os recebeu ninguém em sua hospedaria,
		Que só os grandes acolhe e não pobres migrantes...
	5	*Para os grandes o hotel, portanto é num estábulo*
Lc 2,7		*Que a Rainha do céu dá à luz o Filho-Deus.*
		Minha querida Mãe que acho tão amável,
		Como te vejo grande em lugar tão pequeno!...
Lc 2,7	10	Quando vejo o Eterno envolvido em paninhos
Jo 1,1		E ouço o fraco vagir desse Verbo divino,
		Ó Mãe querida, não invejo mais os anjos,
		Porquanto o Onipotente é meu amado Irmão!...
	5	Como te amo, Maria, a ti que, em nossas terras,
Ct 2,1		Fazes desabrochar essa divina Flor!...
Lc 2,19		Como te amo escutando os pastores e os magos
		Guardando, com amor, tudo no coração!...
	11	Amo ao ver-te também, entre as outras mulheres,
Lc 2,22-35		Os passos dirigindo ao Templo do Senhor.
		Amo-te apresentando o nosso Salvador
		Àquele santo ancião que O tomou em seus braços.
	5	Em princípio, sorrindo, escuto o canto dele,
		Logo, porém, seu tom me faz cair em pranto,
		Pois, sondando o porvir com olhar de profeta,
		Simeão te apresentou uma espada de dores.
	12	Rainha do martírio, até a noite da vida
Lc 2,35		Essa espada de dor *transpassará teu peito.*
Mt 2,13-15		Cedo tens de deixar o teu país natal,
		Fugindo do furor de um rei cheio de inveja.
	5	Jesus cochila em paz nas dobras de teu véu;
		José te vem pedir para partir depressa
		E logo se revela tua obediência,
		Partindo sem atraso ou considerações.
Mt 2,13-15	13	Lá na terra do Egito, ó Maria, parece
		Que manténs, na pobreza, o coração feliz.

Uma vez que *Jesus é a mais bela das pátrias*,
Com Ele tendo o céu, pouco te importa o exílio...
5 Mas, em Jerusalém, uma amarga tristeza,   Lc 2,41-50
Como um imenso mar, vem inundar teu peito:
Por três dias Jesus se esconde[8] *de teu amor*;
Agora é exílio, sim, em todo o seu rigor.

14 Tu O descobres enfim, e alegria te inunda   Lc 2,48-50
Vendo teu belo filho encantando os doutores
E lhe dizes: "Por que, meu filho, agiste assim?
Eis que eu mais o teu pai chorando te buscávamos!"
5 Então o Filho de Deus responde (Oh! Que mistério!)
À sua terna Mãe que os braços lhe estendia:
"Por que me procurais?... Não sabeis, talvez,
Que das obras do Pai devo me ocupar?"

15 O Evangelho nos diz que, crescendo em saber,   Lc 2,51-52
A Maria e José, Jesus obedecia.
E o coração me diz com que infinda ternura
O Menino a seus pais assim se submetia.
5 Só agora compreendo o mistério do templo:
Palavras de meu Rei envoltas em mistério.
Teu doce Filho, Mãe, quer que sejas exemplo
De quem O busca em meio à escuridão da fé.

16 Já que o supremo Rei do Céu quis que sua mãe
Se afundasse na noite e em angústias interiores[9],
Então, Maria, é um bem sofrer assim na terra?
Sim, *sofrer com amor é o mais puro prazer*[10].
5 Tudo quanto me deu Jesus pode tomar;
Dize-lhe que comigo nunca se preocupe...
Que se esconda, se quer; consinto em esperar
Até o dia sem poente em que se apaga a fé[11].

17 Sei que, em Nazaré, ó Mãe, cheia de graça,   Lc 1,28
Longe das ambições, viveste pobremente,
Sem arrebatamento ou êxtase e milagre
Que te adornasse a vida, ó Rainha do Céu.
5 Na terra é muito grande o bando dos pequenos
Que, sem temor, a ti elevam seu olhar.
É o *caminho comum* que te apraz caminhar,
Incomparável Mãe, para guiá-los ao céu!

18 Enquanto espero o céu, ó minha Mãe querida,
Contigo hei de viver, seguir-te cada dia.

Contemplando-te, Mãe, sinto-me extasiada
Ao descobrir em ti *abismos só de amor.*
⁵ Teu olhar maternal expulsa meus temores,
Ensina-me *a chorar* e também *a sorrir.*
Em vez de desprezar gozos puros e santos,
Tu os queres partilhar, digna-te a abençoá-los.

Jo 2,1-11   19   Em Caná, ao notar a angústia do casal
Que não sabe ocultar a falta de vinho,
Preocupada contas tudo a teu Jesus,
Esperando de Seu poder a solução.
⁵ Parece que Jesus recusa teu pedido
Dizendo: "Isto que importa a mim e a ti, Mulher?"
Mas, lá em seu coração, Ele te chama Mãe
E por ti Ele opera o primeiro milagre...

Mt 12,24-50   20   Pecadores[12], um dia, ouviam a palavra
Daquele que no céu deseja recebê-los.
Junto deles te vejo, ó Mãe, sobre a colina,
E alguém diz a Jesus que tu pretendes vê-Lo.
⁵ Então o Filho de Deus, diante da turba inteira,
Mostrou a imensidão de Seu amor por nós
Dizendo: "O meu irmão e minha Mãe quem é?
Não é outro senão quem faz minha vontade".

21   Virgem Imaculada, a mais terna das mães,
Ao escutar Jesus tu não ficaste triste[13]
Mas te alegraste, pois Ele nos fez saber
Que nossa alma, aqui embaixo, *é Sua família.*
⁵ Tu te alegras por ver que Ele nos dá Sua vida,
E os tesouros sem fim de Sua divindade!...
Como, pois, não te amar, ó Mãe terna e querida,
Ao ver tamanho amor e tão grande humildade?

Jo 13,34   22   Tu nos amas, ó Mãe, como Jesus nos ama
E consentes, por nós, em afastar-se dele.
Amar é tudo dar; depois, dar-se a si mesmo.
Isto provaste ao te tornares nosso apoio.
⁵ Conhecia Jesus tua imensa ternura
E os segredos de teu coração maternal.

Jo 19,27   *Ele nos deixa a ti, do pecador Refúgio,*
Quando abandona a cruz para esperar-nos no céu.

Jo 19,25   23   Tu me apareces, Mãe, no cimo do Calvário,
De pé, junto da cruz, qual padre ao pé do altar,

        E ofertas, para aplacar a justiça do Pai,
        Teu querido Jesus, esse doce Emanuel...   Mt 1,23
5   Um profeta já disse, ó Mãe tão desolada:
        "Não há dor neste mundo igual à tua dor"!   Lm 1,12
        Ficando aqui no exílio, ó Rainha dos mártires,
        Todo o sangue que tens no coração nos dás.

24   O teu único asilo é a casa de São João;   Jo 19,27
        Filho de Zebedeu deve substituir Jesus!...
        É o detalhe final que vem nos evangelhos[14]
        E não se fala mais da Rainha dos céus.
5   Mas, Mãe querida, teu silêncio tão profundo
        Não revela tão bem a nós *que o Verbo eterno*   Jo 1,1
        Quer cantar Ele próprio o louvor de tua vida
        Para poder encantar *teus filhos* lá no céu?

25   Logo, logo ouvirei essa doce harmonia;
        Cedo irei para o céu a fim de lá te ver.
        Tu que, no amanhecer da vida, *me sorriste*[15],
        Vem me sorrir de novo, ó Mãe! Já se faz noite!...
5   Não tenho mais temor do brilho de tua glória[16];
        Contigo já sofri, o que desejo agora
        É cantar, em teu colo, ó Mãe, porque é que te amo
        E mil vezes dizer-te que sou tua filha!...

                                                Teresinha

ANEXO

POESIAS SUPLEMENTARES

Fiéis à proposta de uma edição integral, quisemos recolher até as menores migalhas poéticas de Teresa: ensaios inacabados, trovas humorísticas escritas por sua mão (mesmo que não todas compostas por ela). Desse conjunto um tanto disparatado das oito "poesias suplementares", serão conservadas sobretudo as três últimas *"melodias de amor"* de Teresa já doente, as derradeiras vibrações de sua harpa, antes do grande silêncio da morte.

A coleção das *Cartas* termina com alguns bilhetes curtos, traçados a lápis com mão trêmula. As sentenças das *Últimas palavras* vão se tornando como que rarefeitas à medida que a fraqueza aumenta. Só resta "olhar para ela, vendo-a sofrer, sorrir, sufocar-se, chorar". Paralelamente, depois do grande cântico final *Porque te amo, Maria*, Teresa compôs apenas três poesias muito curtas. Mas elas emitem ainda o som do mais puro amor e da mais refinada ternura: para sua Priora (PS 6), para uma colega, entristecida por causa de sua partida (PS 7), e para Jesus-Hóstia, que não cessou de *"se inclinar"* sobre sua *"pequenez"* (PS 8).

Depois ela se cala. Mas aquela que compreendeu tão bem e amou tão obstinadamente o *silêncio de Deus* nos previne: o seu silêncio será *"o penhor de seu inexprimível amor"* (cf. P 13,13), *"até o dia sem poente em que se apaga a fé"* (P 54,16).

PS 1

1 Deus escondido nos traços da infância,
Vejo em Ti o Monarca dos céus.
Reconheço tua grandeza, teu poder,
Que emite Teu olhar em suaves cintilâncias.
5 Anjos, em legiões às mil, se Tu os chamasses,
Viriam para ser Tua corte real.
Semeando estrelas de ouro em teus paninhos brancos,
Estariam cantando Teu imenso amor.

R.1 Eu Te vejo em terra estranha,
Sem poder falar ainda,
Meu Deus, Salvador e Irmão,
Sem cetro algum nem tesouro.
5 Adorando este mistério,
Meu Rei, te oferto meu ouro.

2 Vieste, ó Rei do Céu, a esta nossa terra,
Desejando remir os homens Teus irmãos;
Eu quisera sofrer, meu Deus, por Teu amor!
Pois por mim quiseste morrer um dia.
5 O símbolo de Tuas dores Te oferto.
Vendo em Ti reluzir uma auréola sangrenta,
Quisera conquistar todos os corações
Para enxugar Teu pranto, ó divino Jesus.

R.2 Recebe a mirra, Rei do Céu,
Pois queres ser mortal.
(inacabado)

PS 2

1 Surgiu, lá no Oriente, uma estrela
E seguimos sua rota de mistério…
A luz deste astro bendito nos revela
Que o Rei do Céu nasceu aqui na terra.

2 O Céu nos protege
E nosso cortejo,
Com chuvas ou neve
Segue o astro fulgente!…

3 Que todos se aprestem…
A estrela parou…
Entremos com festa,
Para adorar o Menino!…

PS 3

1   Há cinquenta anos que, na terra,
    Com as vossas virtudes perfumais
    Nosso humilde e pequeno mosteiro,
    O palácio do Rei dos eleitos.

    Estribilho
    Cantemos, cantemos a entrada feliz
    Da decana do Carmelo.
    Nossos corações todos a amam
    Como um doce dom do Céu.

2   Vós recebestes todas nós
    Quando entramos nesta casa.
    Notórias são vossas bondades
    Bem como vosso terno amor.

3   Bem cedo, uma festa mais bela
    Alegrará os nossos corações,
    Quando, cantando, novas flores
    Poremos sobre vossa fronte.

PS 4

O CÉU É O PRÊMIO

1   O Céu é o prêmio.
    A matraca[1] sonora
    Que chega antes da hora
    Faz-me saltar do leito.

2   O Céu é o prêmio.
    E logo ao despertar,
    Se veem outras maravilhas
    Que não são as de Paris.

3   O céu é o prêmio.
    Em minha pobre cela
    Não há cortinas de tule,
    Nem espelhos nem tapetes[2].

4   O Céu é o prêmio.
    Não há mesa nem cadeira.
    A felicidade aqui
    É não se estar à vontade.

5   O Céu é o prêmio.
    Descubro, sem alarme,

Minhas luzentes armas
  E amo o ruído que fazem.

6 O Céu é o prêmio.
  Venha a mim o sacrifício,
  Cadeias, cruz e cilício[3]:
  São estas as minhas armas.

7 O Céu é o prêmio.
  Logo depois da oração,
  Deve-se beijar o chão,
  Porque a regra assim ordena.

8 O Céu é o prêmio.
  Escondo minha armadura
  Debaixo de meu burel
  E de meu véu abençoado.

9 O Céu é o prêmio.
  Se a "senhora" natureza
  Manifesta alguma queixa,
  Eu lhe respondo sorrindo:

10 O Céu é o prêmio.
   Jejuar[4] é muito fácil,
   Pois deixa a gente mais ágil;
   Mas, se vem fome... azar nosso!

11 O Céu é o prêmio.
   Nós aqui não respeitamos
   Os nabos, as batatinhas,
   Cenouras, couves, rabanetes.

12 O Céu é o prêmio.
   Ninguém jamais se espanta
   Se, à noite, só se nos dão
   Um pouco de pão e frutas.

13 O Céu é o prêmio.
   Às vezes, sem exagero,
   O pão passa e também deixo
   As frutas dentro do prato.

14 O Céu é o prêmio.
   Meu prato é feito de barro,
   Minha mão serve de garfo
   E a colher é de madeira.

15 O Céu é o prêmio.
   Enfim, quando nos reunimos,

Podemos conversar juntas
Sobre alegrias do Céu.

16 O Céu é o prêmio.
Trabalhando conversamos,
Uma coze e outra corta
Os paramentos do altar.

17 O Céu é o prêmio.
Vê-se uma alegria santa
Que deixa sua bela marca
Nas frontes claras e abertas.

18 O Céu é o prêmio.
Uma hora passa logo,
E eu volto a ser ermitã,
Sem franzir as sobrancelhas.

19 O Céu é o prêmio.
O silêncio se interrompe
Com ruídos de penitência[5]
Que nos deixam meio surdas.

20 O Céu é o prêmio.
Vão desfilando meus golpes:
Sessenta e seis mil por ano[6]
é uma conta bem exata.

21 O Céu é o prêmio.
É em favor dos missionários
Que fazemos estas guerras
Sem trégua nem compaixão.

PS 5   **[PARA UMA SANTA MARTA]**

Estribilho
Nobres irmãs de véu branco,
Que prazer é festejá-las!

1 À irmã Maria da Encarnação
Oferecemos a navegação
E este lindo naviozinho
Que a senhorita Henrieta achará belo.

2 Damos a irmã São Vicente
Este cãozinho gracioso.
Ele há de ser um bom guarda
Latindo em seu jardim

3   Ao caríssimo Marthón oferecemos
    Encantador leitãozinho
    Servir-lhe-á de cavalinho
    Ao sair caçando ratos.

4   Para festar Melânia Lebon[1],
    Baatista[2] é quem dá o tom
    Presenteando-lhe um gatinho
    Útil para lamber pratos.

5   E a moringa, a quem daremos?
    Fico mesmo sem saber…
    ………………………………..
    Pai do céu! Lá vem Magister;
    E vem solene… Fujamos!

PS 6

J.M.J.T.

21 de junho de 1897

Eu também, ó Mãe bem-amada,
Vou dizer minha palavrinha.
Mas as ideias são poucas
Quando só se toma leite!…
5 Entretanto, Mãe querida,
Eu te oferto muito feliz
O álbum de fotografias,
Minhas toucas, meu coração.

Teresa do Menino Jesus,
Rel. Carm. Ind.

PS 7

Eis meu mandamento: Que vos ameis uns aos outros assim como Eu vos amei!… S. João 16-12.

1   Silêncio, doce linguagem
    Dos anjos e dos eleitos,
    Tem de ser também partilha
    Das almas que se amam em Jesus.

2   Só em meio a sacrifícios
    Se pode amar no Carmelo.
    Um dia, ébrias de delícias,
    Nos amaremos no céu.

PS 8

    Tu que conheces minha extrema pequenez,
    Que não receias nunca abaixar-Te até mim,
    Vem a meu coração, Hóstia branca que amo,
    Vem a meu coração que anseia só por Ti!
5 Desejo demais que Tua bondade me faça
    Morrer de amor após este favor.
    Escuta, meu Jesus, meu grito de ternura:
        Vem a meu coração.

NOTAS

P 1 O orvalho divino

Data: 2 de fevereiro de 1893. Composta para irmã Teresa de Santo Agostinho, a seu pedido. Foi publicada em HA 98 (onze versos corrigidos), com indicação de melodia: *Minuits chrétiens*.

Um botão de rosa que desabrocha ao primeiro raio de sol, sob a ação do orvalho matinal. Esse é o emblema mais tipicamente teresiano no marco das Poesias.

Com uma tranquila audácia de criança, à vontade no mistério, Teresa segue o caminho desse "orvalho celeste". E reconhece seu perfume matinal na Flor ensanguentada do Calvário, seu sabor no Pão dos Anjos, o Corpo Eucarístico do Senhor, Verbo feito hóstia, depois de ter-se feito carne por intermédio de Maria. No tom que lhe é típico, em balbucios, Teresa canta finalmente o mesmo *Ave verum* de Tomás de Aquino.

Começar a fazer poesia a partir de argumento tão difícil era empreendimento arriscado para quem jamais escrevera versos antes. Por trás da inexperiência, especialmente na continuidade e apropriação das imagens, revela-se uma capacidade de fazer chegar, pela via poética, a mistérios escondidos, de ordem superior (cf. C 134).

Irmã Teresa de Santo Agostinho contou como encomendou essa poesia a Teresa (*Souvenir d'une sainte amitié*, VT 100, p. 4241-4255), antes de fazê-la praticar uma caridade heroica no fim da vida (cf. Ms C, 14f)...

O aleitamento do Filho de Deus por uma Mãe Virgem é um aspecto da Encarnação cantado pela Igreja no decorrer dos séculos. Teresa recebeu essa tradição pela liturgia e pelos diversos autores espirituais (notadamente por meio de *L'Année Liturgique*, de Dom Guéranguer). É clara ainda a influência da *Vie de soeur Marie de Saint-Pierre*, da qual Teresa de Santo Agostinho era leitora fervorosa.

Notas

1. A palavra reaparece 50 vezes nos escritos. Normanda, Teresa inicialmente haure imagens nas riquezas naturais (cf. C 141). *Orvalho* era uma metáfora do Sangue de Jesus (P 24, Recreios piedosos 2, 8f, do batismo (P 44, Recreios piedosos 2, 6v) ou da Eucaristia (C 240).
2. Uso raro: catorze vezes (sete das quais aqui): Teresa jamais digeriu o leite...
3. "Jesus. Quem vos fez tão pequenino? O amor" (Bernardo, citado em C 162.
4. Cf. P 13, 9, 2+.
5. Cf. P 13, 4+.

P 2 A nossa mestra e mãe querida

Data: 20 de fevereiro de 1894, composta para Madre Maria de Gonzaga, para festejar seus 60 anos, publicada em *Poésies*, 1979.

Madre Maria de Gonzaga é mestra de noviças há um ano. Madre Inês de Jesus a sucedeu no cargo de priora. Teresa, no noviciado, ocupa-se de Irmã Marta de Jesus e de irmã Maria Madalena há pouco menos de um ano.

P 3 Santa Cecília

Data: 28 de abril de 1894, composta para Celina, por ocasião de seus 25 anos, enviada com a C 161. Foi publicada em HA 98 (dezessete versos corrigidos), para ser cantada com a melodia de Hymne à l'Eucharistie, "Dieu de paix et d'amour" ou Prends mon coeur, le voilà, Vierge, ma bonne Mère.

O primeiro poema espontâneo de Teresa surge como uma primeira sinfonia, por sua vasta composição, imbricação dos temas, certa nobreza de estilo e disposição em grandes estrofes. É uma mensagem a Celina, que ficou só, junto a um pai idoso quase inconsciente. Apesar de já se ter consagrado a Deus por voto privado, ela se sente tentada a casar. Teresa alimenta o sonho de tê-la junto a si no Carmelo (Ms A, 82I). Para seduzi-la mansamente, Teresa recorre ao modo poético: a "História de Cecília" não será uma parábola poética da "História de Celina"? (cf. C 161)

Teresa tenta balbuciar as correspondências que pressente entre virgindade, casamento e martírio. Ela não desqualifica a admiração de sua irmã pelo casamento, mas também não deixa de orientá-la para uma fecundidade espiritual maior ainda: a fecundidade da virgindade consagrada.

Mas essa poesia é ainda um canto pessoal, no qual Teresa exprime sua ternura de amizade por Cecília, sua santa de predileção (Ms A, 61v; cf. C 149), que, acima de tudo, a santa do abandono. Teresa fará do abandono uma das componentes fundamentais de sua pequena via.

Teresa toma de empréstimo elementos históricos de seu poema ao ofício próprio do Breviário romano (22 de novembro) e a *Sainte Cecile et la societé romaine aux deux premiers siècles,* de Dom Guéranguer (1875).

Notas

1. Cf. Ms A, 22f; P 18, 47; VT 61, p. 74.
2. Os versos 29-32 são um trecho de sua pequena via.
3. Cf. o comentário de João da Cruz no *Cântico espiritual,* XXXV.
4. Desde 1889, Teresa descobrira não apenas a Face Dolorosa, mas também a Face luminosa de Jesus; cf. C 95. Vinte e uma menções nas Poesias, cf. P 20+.
5. Cf. Ms A, 61v. Teresa seguirá o exemplo de Cecília, levando constantemente o Evangelho sobre o coração.
6. Em oito versos (61-68), condensa-se o essencial da iniciação cristã.
7. O discurso do anjo desenvolve uma ideia cara a Teresa, a da superioridade dos humanos em relação aos anjos (P 10, 9, 1: P 13,2, 2; C 83; Recreios piedosos 2, fim nota; Recreios piedosos 5, 1f; CA 16.8.4); de onde certo ciúme perceptível entre eles.
8. Esse toque delicado, bem teresiano, enfatiza a qualidade específica do apostolado de Cecília e Valeriano: por terem escolhido a castidade perfeita, eles geram espiritualmente uma posteridade a sua imagem, apaixonados pela virgindade (cf. a exclamação de Teresa em P 26; *Poésies,* II, p. 178).
9. Os quatro últimos versos datam sem dúvida de maio de 1897.

P 4 Hino pela canonização de Joana d'Arc

Data: 8 de maio de 1894, composta por Teresa para si mesma e dedicada a Celina. Foi publicada em HA 98 (quinze versos corrigidos), com indicação de melodia: *Pitié, mon Dieu.*

Poesia patriótica e religiosa, em que a expressão beira a banalidade. Naturalmente Teresa insiste nas profundas virtudes cristãs de sua heroína. Ela junta em poucas estrofes os temas principais de suas duas peças consagradas a Joana d'Arc: a vocação (estrofes 3, 4), assunto de Recreios piedosos 3 (21 de janeiro de 1894); a missão e a paixão (estrofes 5-6 e 8-9), assunto de Recreios piedosos 3 (21 de janeiro de 1895) e a missão póstuma (estrofes 10-11). A estrofe 3 retoma um verso de Recreios piedosos 1, 5f. Sobre as circunstâncias dessa composição, ver as introduções aos dois Recreios citados.

Detectam-se aqui as várias nuanças do entusiasmo de Teresa pelos títulos com que ela assina cópia original de seu cântico: "Um soldado francês, defensor da Igreja, admirador de Joana d'Arc", dedicando-o à irmã, o "bravo cavaleiro C. Martin".

P 5 Meu canto de hoje

Data: 1º de junho de 1894, composta para irmã Maria do Sagrado Coração, a pedido seu, para sua festa. Foi publicada em HA 98 (vinte e um versos corrigidos), com indicação de melodia: *Hymne à l'Eucharistie*, *"Dieu de paix et d'amour"* ou *Une religieuse à son crucifix*.

Essa poesia nasceu de uma conversa com Maria do Sagrado Coração na primavera de 1894. Teresa exprime seus pensamentos comuns para a festa de sua irmã mais velha. A imagem, a atitude da alma se desenvolve harmoniosamente, sem nada forçar ao longo do poema, exprimindo-se como um ser frágil que nada pode prometer ou solicitar para amanhã, mas que se entrega totalmente a Deus, confiando em sua graça. Essa poesia junta como num feixe precioso vários temas fundamentais para Teresa.

A expressão é simples, com imagens familiares a Teresa, e o entusiasmo cresce pouco a pouco, mantendo a modéstia, graças ao refrão: "Agora, no presente". A estrofe final é tipicamente teresiana, com o arrebatamento poderoso e definitivo.

A tonalidade lamartiniana, que reflete o gosto de Maria do Sagrado Coração, é inegável. Mas, à constatação negativa do poeta: "Só temos para nós o dia de hoje" (*L'Homme*), Teresa responde positivamente: "O que importa para nós é o dia de hoje", este hoje de Deus que nos confere a graça. Destaque-se a coerência dessa poesia com toda a vida de Teresa (cf. C 89, 96, 169, 241 e CA 19,8.10).

Além de Lamartine, nota-se o parentesco com um texto, "Mon aujourd'hui", que Teresa conservava num livro muito frequentemente utilizado. Mas aqui a perspectiva ultrapassa o marco da paciência no sofrimento à qual o texto "Mon aujourd'hui" se limitava.

Notas

1. Termo tipicamente teresiano, 110 vezes encontrado nos escritos.

2. Único emprego em Teresa.

3. Esse versículo bíblico (51 30,31) reaparecerá 4 vezes nas Poesias (11,3; 12,8; 16,1; 20,5) e será escolhido para o memento do Sr. Martin.

4. Cf. P 25,7+.

5. Sobre Maria como Estrela, cf. Recreios piedosos 1, 11f/v; 3, 12v; Ms A, 85v+.

P 6 Retrato de uma alma que amo

Data: 1º de junho de 1894, composta para irmã Maria do Sagrado Coração, para sua festa, e publicada em *Poésies*, 1979.

Com a poesia precedente, essa poesia (em francês um acróstico a partir das letras de Marie du Sacré-Coeur), completa o buquê de Teresa para sua irmã mais velha na Festa do Sagrado Coração. Presente estritamente pessoal, que não alcançará a mesma difusão do canto anterior. A impressão de grandeza que daqui se depreende traduz bem a ascendência de Maria sobre sua irmãzinha e afilhada, sua "filhinha", depois da entrada de Paulina no Carmelo (cf. C 49, 75, 113, 197).

P 7 Canto de gratidão a Nossa Senhora do Monte Carmelo

Data: 16 de julho de 1894, composta para irmã Marta de Jesus, por ocasião de seus 29 anos, e publicada em *Poésies*, 1979.

Alguns versos simples cujo interesse é mais histórico que poético. Destacam a delicadeza de Teresa para com sua noviça (órfã desde os 8 anos) e ensinam mais sobre a personalidade da homenageada que sobre a vida mariana da autora. Note-se, porém, que Maria já aparece aqui "mais mãe que Rainha".

P 8 Oração da filha de um santo

Data: agosto de 1894, composta por e para Teresa, em memória de seu pai (que falecera em 29 de julho. Foi publicada em HA 98 (vinte e cinco versos corrigidos), com indicação de melodia: *Rappele-toi*.

A primeira poesia de Teresa para uso próprio. Durante as semanas posteriores à morte de seu pai, representa a pacificação da memória (cf. C 170). Ela o reencontra na oração e folheia com ele o álbum de família.

"Recorda-te" é uma importante expressão de seu vocabulário, expressão de um temperamento inclinado a tudo registrar indelevelmente.

Essa poesia histórica, biográfica, pequeno ex-voto no santuário familiar, dedica uma estrofe ao casal Martin, uma a cada uma das quarto filhas, três à própria Teresa, concluindo-se pela paixão e glorificação do Sr. Martin. Não é um simples recorrido de fatos; a recordação se desdobra em interpretação, assim como se dera já em seu primeiro Manuscrito.

A falta de sintaxe, característica constante de Teresa, desfigura diversos versos no original francês. Todavia, há poucas incongruências nessa meditação lírica, que flui.

Dentro de um ano, Teresa retomará a mesma melodia, os mesmos ritmos, na composição de um grande poema contemplativo, para recordar a Jesus tudo o que ele fez por ela (P 24).

Notas

1. A Sra. Martin morrera dezessete anos antes, em 28 de agosto de 1877.
2. Sobre a certeza de Teresa na permanência de seu pai no céu, cf. Ms A, 82v.
3. Não é segredo para nenhuma das irmãs Martin que a primogênita, Maria, seja a preferida de seu pai.
4. Apelido dado pelo Sr. Martin a Maria, frequentemente retomado por Teresa em suas cartas para seu pai.
5. Apelido dado a Paulina pelo Sr. Martin.

6. Inês foi eleita priora em 20 de fevereiro de 1893.

7. Leônia, à época na Visitação de Caen.

8. Cf. C 142, 161, 165 e Ms A, 82f.

9. Para Teresa, o sofrimento nasce de uma escolha gloriosa, de um olhar da Sagrada Face sobre um ser, um olhar velado (cf. C 120, 127, 134, 140; Orações 12), que imprime a semelhança do Servo Sofredor.

10. Quatro vezes no Ms A o epíteto glorioso é aplicado à doença do Sr. Martin (cf. Ms A 20v, 21f, 49v, 73f; C 83; CA 27.5.6).

11. A decisão está tomada: Celina entrará para o Carmelo em um mês, no dia 14 de setembro.

12. Dois apelidos dados a Teresa pelo Sr. Martin; cf. C 46.

13. O mirante dos Buissonnets: cf. Ms A, 18f e P 18, estrofes 12 e 13.

14. Visto que o chefe da família encontra-se no glória, todos os seus membros participam de seu poder (cf. C 173).

P 9 Oração de uma criança exilada

Data: 11 de setembro de 1894, composta para Pe. Almire Pichon, em sua festa, a pedido de irmã Maria do Sagrado Coração. Foi publicada em *Poésies*, 1979.

Pe. Pichon é o guia espiritual de Maria do Sagrado Coração desde 1882; ela se sente exilada, porque ele vive no Canadá. Em agosto de 1894, as relações entre o Carmelo e o jesuíta ficam tensas, por conta da vocação de Celina. Teresa ficou magoada, mesmo sem querer (C 168). A composição desse acróstico, porém, confirma que ela não guardou rancor.

P 10 História de uma pastora que se tornou Rainha

Data: 20 de novembro de 1894, composta para irmã Maria Madalena do Santíssimo Sacramento, por ocasião de sua profissão. A estrofe final é dedicada a madre Inês e madre Maria de Gonzaga. Foi publicada em HA 98 (doze versos corrigidos); a última estrofe e o último refrão foram publicados em *Poésies*, 1979. Melodia indicada": *Tombe du nid*.

Quando noviça, Teresa já evocara a história de uma pequena aldeã que um rei poderoso quis pedir em casamento (C 109). A pastora que se tornou rainha é um dos temas mais clássicos do folclore universal, no estilo romance do coração. A imagem é capaz de seduzir Teresa, sensível à aliança entre o menor e o maior, do nada com o eterno. A imagem se impõe aqui. Visto que Maria Madalena (outrora Melânia) realmente fora pastora (cf. Recreios piedosos 7, cena 1).

Teresa era a mais indicada para escrever um poema tão livre e vivo em intenção de uma noviça tão fechada, que se isola diante da perspicácia da santa. Mas Maria Madalena a ama: seu testemunho para o Processo do Ordinário é um dos mais belos panegíricos de Teresa.

Por seu lado, Teresa nunca perdeu a paciência. Aqui, não há sombra de reticência, nada que permita adivinhar indisposição, esforço. É um mistério do amor, do amor do Grande Rei por uma pobre pastora, e do amor de Teresa pelo próximo, que ela ama como Jesus o ama.

E é a si mesma que Teresa canta, são suas próprias núpcias. Aqui ela já tem o tom de quem vai cantar eternamente as misericórdias do Senhor no Ms A.

Notas

1. Cf. P 18, estr. 35-36; Recreios piedosos, 5,26; C 183. Teresa se recorda de João da Cruz: "não guardo mais o rebanho" (*Cântico espiritual*, XXVIII), mas a consagração exclusiva ao único Cordeiro é uma explicação típica de Teresa, que remete a Ap 14,3-4.

2. Citação de Sto. Agostinho.

3. Marta e Maria: Teresa não se impressiona com distinções de classe comuns à época. Orar e servir é a missão de toda carmelita (cf. Recreios piedosos 4).

4. Ideia importante para Teresa (cf. P 3, 86+).

P 11 Passou o tempo das lágrimas

Poesia composta em 18 de dezembro de 1894, composta para irmã Maria da Trindade (então Maria Inês da Sagrada Face), por ocasião de sua vestição. Foi publicada em *Poésies*, 1979, para ser cantada com a melodia de Nina la glaneuse.

Essa poesia e a seguinte destinavam-se à mesma circunstância: ao recreio na tarde da tomada de hábito daquela a quem a poesia é dedicada. O canto da noviça (P 11) fazia-se seguir pela resposta da comunidade toda (P 12), que retomava os temas, ou seja, as expressões da primeira.

O interesse histórico desses versos sem pretensão supera sua fragilidade poética. Teresa escapa aos lugares comuns evocando traços concretos da vida da noviça, que retoma o burel carmelita depois de havê-lo deixado em 1893 num Carmelo parisiense, vinda de Messina por razões de saúde.

A discreta cumplicidade de Teresa e de sua protegida, da qual se encarregou especialmente no noviciado, desabrochará depois em uma amizade juvenil e profunda, cujo testemunho se encontra em outras seis poesias (cf. P 20, 29, 30, 31, 49, 53).

Notas

1. "Escondida sob o manto da Virgem", cf. Ms A 57f; C 105, 129; Orações 8.

2. Sobre o papel involuntário de Teresa em uma provação da carmelita vinda de Messina, veja-se o curioso testemunho de *Poésies*, II, p. 84.

3. A Sagrada Face marcará com seu selo toda a vida daquela que mais tarde será irmã Maria da Trindade e da Sagrada Face, como Teresa; cf. sua assinatura em Orações 12, e suas recordações e testemunhos apresentados por Pierre Descouvemont, *Une novice de sainte Thérèse* (Cerf, 1985).

4. "Manter-se pequena" é uma expressão frequente: C 141, 154; RP 1, 12v; P 11,3; 13, 5; 31, 4; RP 7, 5v; P 45, 4; 54, 6; Ms C 3f. Cf. C 141+.

5. A Sagrada Face de Jesus é comparada ao sol: tema que P 20 explicitará.

P 12 Perto de vós, Virgem Maria

Data: 18 de dezembro de 1894, composta para irmã Maria da Trindade (à época Maria Inês da Sagrada Face), por ocasião de sua vestição; responso da comunidade. Foi publicada em *Poésies*, 1979, sem indicação de melodia.

Veja-se a apresentação da p 11. Os versos 1, 2, 7 são eco da P 11, 1-2. Os versos 5-6 retomam P 11, 4. O verso 8 responde a P 11, 3; o 9 ao refrão 1 e o 10 ao último refrão. Os versos 3 e 4 explicitam a dupla tomada de hábito, rapidamente evocado em P 11, 2.

P 13   A Rainha do Céu a sua filha bem-amada

Data: 25 de dezembro de 1894, composta para Celina, postulante que levava o nome de irmã Maria da Sagrada Face; composição espontânea. Foi publicada em HA 98 (dezessete versos retocados), com indicação de melodia: *Le petit mousse noir*.

A vibração de uma canção de natal, mas também uma poesia estruturada, minuciosa, de termos cuidadosamente escolhidos, um pequeno tratado sobre a infância e a onipotência. Teresa compõe essa peça para consolar sua irmã, cujos talentos parecem não ser suficientemente reconhecidos no Carmelo: o sucesso será completo (cf. os seis relatos de Celina, notadamente CSG, p. 50.151).

Na realidade, Teresa tem em mente objetivo maior: depois de Maria da Trindade, ela introduz Maria da Sagrada Face na via da infância. Esse canto de natal é, antes de mais nada, um canto de Nazaré, da vida oculta. A presença de Maria é primordial para uma iniciação à simplicidade, ao silêncio de amor, à semelhança (1,1) com o único Cordeiro, Verbo feito infante.

Notas

1. Cf. P 10, 4+.
2. Cf. P 3, 86+.
3. O véu da Santa Virgem que pode ser abrigo (4,2; 5,1), refúgio (P 1, 1, 5; aqui 4,1; RP 8, 6f) ou repouso (P 5, 11, 13), onde se pode dormir em paz (P 44,8; 54,12,5), é o símbolo de total segurança para a criança, o lugar de perfeito abandono. Depois da graça recebida por Teresa no verão de 1889 (cf. CA 11.7.2), o véu toma um sentido místico. Como o manto, ele *virginiza* (C 105), estabelece o ser num silêncio profundo para com todas as preocupações da terra (C 122). Sob esse véu, pode-se encontrar Jesus, olhar para ele, unir-se a ele. Teresa está em plena harmonia com a tradição da Ordem: a vida oculta do Carmelo é como um deserto marial.
4. A estrofe 6 vai falar das grandes virtudes, que são sempre as da infância. O vocabulário não deve fazer perder de vista que essas virtudes infantis exigem um abandono total de si mesmo (cf. O 14, nota 4+).
5. As estrofes 9-14 têm uma implicação de temas muito sutil, ao perseguir ideias polifônicas e ao anunciar, por trás das imagens da infância, o trágico futuro de Jesus. *Desprezar*: cf. RP 2,3f e 7v; 4,1v; 5,2f; C 108 (Is 53,2).
6. Exceto em P 24,5 (fuga para o Egito), *exílio* para Teresa designa a Encarnação (P 1,1; 24,1; 30,1; C 141; Ms B 5v; RP 2,1f; RP 5,1f; RP 6,2v). Parece que Teresa não considera que, ao se encarnar, Jesus veio *para a própria casa*.
7. Cf. C 143, nota 5.

P 14   A nosso Pai, São José

Data: 1894, composta para irmã Maria da Encarnação (Josefina Lecouturier), por encomenda. Publicação: HA 98 (cinco versos corrigidos). Indicação de melodia: *Nous voulons Dieu*.

Ignoram-se as circunstâncias dessa composição, que data seguramente de 1894. A vida oculta de São José, que se traduz em contemplação e serviço a Jesus e Maria, na pobreza e na solidão, é um bom exemplo para as carmelitas (cf. Teresa d'Ávila, *Vida*, 6).

P 15 O átomo do Sagrado Coração

Data: 1894, composta para irmã São Vicente de Paulo, a seu pedido, publicada em *Poésies*, 1979.

Poesia inspirada na devoção da irmã que a encomendou (cf. P 19): ela é o átomo que procura na Eucaristia a presença do Sagrado Coração à porta ou no interior do Tabernáculo, no ninho, no cibório... Mas Teresa mostra no Sagrado Coração a Pessoa de Jesus (cf. P 23), pela ênfase nas palavras: *sorriso, olhar, voz, coração, mão*.

P 16 Canto de gratidão da Noiva de Jesus

Data: 5 de fevereiro de 1895, composta para a vestição de irmã Genoveva de Santa Teresa (Celina), publicada em HA 98 (sete versos corrigidos), com indicação de melodia: *O saint Autel*.

Canto grave, à sombra da cruz (estrofes 1, 2, 3), transfigurado pela esperança (estrofes 4, 5, 6), canto de um horizonte novo para Celina, depois das provações de longos anos junto ao senhor Martin, e para Teresa, que iniciou a redigir suas memórias (cf. Ms A, 3f/v): depois das hesitações de 1894, "o dia vai enfim substituir a noite".

Notas

1. As mesmas imagens encontram-se em RP 3, 23f, recreação de quinze dias antes.

P 17 Viver de amor

Data: 26 de fevereiro de 1895, composição espontânea, publicada em HA 98 (vinte e um versos corrigidos), com indicação de melodia: *Il est à moi*.

Ninguém se furta de sentir-se tocado pelo acento grave, pelo fervor desse poema de amor, rico, profundo e longo. Trata-se de uma verdadeira declaração, que tem em vista toda a envergadura desse amor, todas as consequências de um ato, antes da tomada de uma grave decisão. "Viver de amor — morrer de amor" (cf. um bilhete de madre Maria de Gonzaga a Teresa, datado de 1890, LC 144), este é o núcleo dessa grande meditação, no momento em que Teresa passa a ter certeza da iminência de sua morte e começa a escrever a autobiografia, ponto de vista privilegiado sobre o passado, o presente e o futuro. É significativo que ela escreva esse poema espontaneamente.

Teresa fala "sem figuras", ao menos em dez num conjunto de quinze estrofes. Não que não haja imagens simbólicas. Ocorre que elas são mais raras que antes. As ideias, as intuições às vezes a levam para a poesia. Mas o pensamento teológico é tão intenso, que dificilmente se encarna numa forma poética; ela força o pensamento, ou mesmo o ultrapassa.

"Viver de amor" brotou num só jato, durante os longos momentos de adoração do Santíssimo Sacramento, exposto nos três dias das Quarenta Horas (domingo, segunda, terça-feira que precedem a Quarta-Feira de Cinzas), em reparação aos excessos do carnaval, antes da entrada na Quaresma.

Duas a duas, as irmãs se sucedem de hora em hora diante do ostensório. Só o santuário da capela permanece iluminado. O coro das carmelitas permanece na penumbra. É praticamente impossível ler. É nesse clima de intimidade ardorosa que o canto "Viver de amor" brota na alma de Teresa: torrente de paz, imensa, tranquila, que cada estrofe avoluma como um afluente, sem perturbar-lhe o curso.

As cópias B e C do mesmo poema levam como epígrafe: "Se alguém me ama, guardará minha Palavra, e meu Pai o Amará e nós viremos e faremos nele nossa moradal... Eu vos dou minha paz... Permanecei em meu amor!"... (S. João, cap. XIV, v. 23 e 27 - XV v. 9).

Notas

1. Cf. C 142 e, especialmente, a longa paráfrase de C 165.

2. Primeira das imagens de fogo que vêm dar vida ao poema (estrofes 6, 10, 14, 15). Cf. abaixo nota 8. A palavra "fogo" aparece 17 vezes nas *Poesias*.

3. Provável reminiscência de João da Cruz (*Cântico espiritual*, anotação à estrofe XXXII). Cf. P 32,5,2.

4. Possível alusão ao *Cântico espiritual*, anotação à estrofe XXXVI.

5. Cf. P 46,5 e 50,5.

6. O amor gratuito, pródigo, um tema frequentemente encontrado em Teresa; cf., por exemplo, C 142; O 6; CSG, p. 62; CA 9.5.3; 6.8.4; 6.8.7 etc.

7. Cf. o comentário de João da Cruz ao *Cântico espiritual*, estrofe XXV: "As jovens percorrem rapidamente o caminho", retomado por Teresa (pouco depois) em Ms A, 47v/48f. Pode-se pensar também no Sl 118,32 (cf, Ms C, 16f). Lembramos ainda a *Imitação* 111,5: "Aquele que me ama corre, voa; vive na alegria, é livre... dá tudo" etc., que anuncia diretamente o Ms A, 80v.

8. A estrofe do *fogo*; cf. Ms A, 84v. Textos ulteriores completam e esclarecem essa estrofe do purgatório: Ms A, 84f/v; P 23,8; C 226; CA 8.7.15 e 30.7.3; UP, p. 683; VT 99, p. 185.187.

9. Cf. P 45,4.3.

10. O vocabulário naval em Teresa está repertoriado em VT 61, janeiro de 1976, p. 80.

11. Cf. Ms C, 30f.

12. Sobre a pacífica espera do céu em 1895, cf. P 21,3; 22,11; 24,32.

13. Cf. C 94+.

14. Cf. o ato de oferecimento, O 6.

15. A imagem de Verônica enxugando a face de Jesus, símbolo do amor que apaga a blasfêmia, dá um belo movimento à estrofe; cf. RP 2,4f; Ms A, 66v e O 12.

16. Cf. P 21,1. Primeira menção a "pecadores" nas Poesias.

17. Cf. RP 2,8f; Ms A, 52f; P 24, 29. Quando menina, Teresa fora inscrita, em 1885, na Arquiconfraria Reparadora das Blasfêmias e da Profanação do Domingo. Carmelita, ela reencontrou na *Vie de soeur Marie de Saint-Pierre*, o constante apelo à reparação das blasfêmias. Mas em todos os seus escritos, o único eco disso está aqui.

18. Cf. P 34, estribilho 1+.

19. Essa é a primeira manifestação nos escritos desse impulso para a morte de amor. Ela volta em P 18,52; O 6; P 24,26; 31,6; C 242; Ms C, 7v e 8f; C 255; e depois, nas *Últimas Palavras*. Maria da Eucaristia cantará essa copla na enfermaria, no dia 16 de julho de 1897, depois da comunhão de Teresa; cf. C 255. O martírio de amor é ainda evocado em O 6; P 29,12; 31,6; 33,4; C 182 e 224.

20. Clara remissão a *Chama viva de amor*, em que João da Cruz canta a graça consumante e transformante (cf. C 197).

21. Cf. C 182+, nota 15.

22. Cf. C 56+, nota 2.

P 18 Cântico de Celina

Data: 25 de abril de 1895, composta para irmã Genoveva, a seu pedido, em seu 26º aniversário, publicada em HA 98 (51 estrofes, 2 remanejadas, e 34 versos corrigidos), com indicação de melodia: *Combien j'ai douce souvenance*.

O "Cântico das criaturas" de Celina e, mais especialmente, de Teresa. Depois do ápice de "Viver de amor", Teresa faz o inventário das riquezas da criação que ela reencontra, transpostas, em seu Bem-Amado.

Essa sinfonia de flores, perfumes, verdura e pássaros, orquestra dois versos de Celina. Num domingo de março de 1895, enquanto sua irmã Genoveva apressa-se a colher a primeira campainha branca, sua irmã a detém: "É preciso permissão!" Entrando em sua cela, a noviça tenta consolar-se, lembrando a Jesus, numa poesia, o que ela deixou por ele. Algumas poucas palavras conseguem furar a capa de tristeza:

A Flor que colho, ó meu Rei, És Tu!

Teresa vem ajudar Celina e, com seguro instinto de mestra espiritual, cuida para que nada fique à sombra das alegrias passadas. E isso a leva a dilatar-se no excesso da poesia, a mais longa do repertório em número de estrofes (55).

São suas lembranças da infância e da juventude (o Ms A está sendo redigido nessa época) que ela relaciona nesse poema de amor, da família e especialmente da natureza, dividido em duas partes: antes da entrada no Carmelo (estrofes 1-31) e agora (estrofes 32 *in fine*).

A influência de João da Cruz é inegável (*Cântico espiritual*, estrofes XIV-XV), e Teresa o denota numa carta de 1892 (c 135). O parentesco dos dois grandes santos reside numa intuição comum fundamental, que ultrapassa o senso estético: no Cristo a profusão de todas as riquezas criadas é recapitulada.

Notas

Estrofes 1-9: Alençon

1. Cf. Ms A, 4v.

2. *Mergulhar* ou *ser mergulhado*, empregado de maneira defectiva, sem complemento (como em C 54; Ms A, 31v ou P 54,18,3) é uma expressão da família Martin, que indica um frêmito, um recolhimento admirado.

3. Os quatro filhos mortos ainda pequenos.

Estrofes 10-18: Les Buissonnets

4. Primeira comunhão de Celina, em 13 de maio de 1880.

5. Teresa se põe em cena no mirante; cf. P 8,7.

6. A viagem a Roma em novembro de 1887.

Estrofes 19-31: Celina e seu pai

7. Sequência própria da vida de Celina: a doença do senhor Martin (19-20) e sua morte (30-31), com, no intervalo, as recordações de férias felizes em La Musse (22-27), com o pai (28-29).

8. Dois favores de Maria à exilada: cf. *Poésies*, II, p. 126s.

9. Lugar privilegiado da topografia teresiana; cf. P 54,3; RP 3,14v; RP 5,7; C 142, 146, 165; aqui reminiscência do *Cântico* de João da Cruz, estrofe XV.

10. Apesar de conceder lugar de destaque às estrelas, Teresa, filha do sol, raramente fala da lua (Ms A, 48f; Ms C, 26f; P 24,6; 26,4).

Estrofes 32-36: Celina no Carmelo

11. O Carmelo é uma prisão bendita (Ms A, 67l); cf. C 106. Celina, como Teresa, fez-se livremente prisioneira (Ms A, 58f, 81v), não em grilhões, mas em amor por Jesus (P 31, estribilho 5; C 201), assim como Jesus fez-se prisioneiro do nosso amor; cf. O 17.

12. Cf. Ms A, 69v; C 245; 260; P 18,32; 45,1; 47,2; 50,2.

13. Cf. os prados do céu de CA 24.9.4. Natural da Normandia, é normal que Teresa conceda destaque aos prados (23 vezes em seus escritos), que também figuram no imaginário celeste. São João da Cruz compara o céu a prados sempre verdejantes, ornados de flores (*Cântico espiritual*, IV).

14. Cf. P 10,4+.

15. Cf. a Oração de uma alma abrasada, de João da Cruz: "Os céus são meus; a terra é minha [...] e todas as coisas criadas! Meu próprio Deus é meu e por mim, visto que Jesus Cristo é meu e por mim" Cf. abaixo a P 18: "Quem tem Jesus tem tudo".

16. Os dois versos de Celina que deram origem à poesia; cf. acima a introdução.

Estrofes 38-51: Quem tem Jesus tem tudo

17. Única menção de Teresa ao lírio, ao qual Celina acrescenta a "senda do amor oculto".

18. Símbolo importante para Celina, cf. C 149+.

19. Cf. *Cântico espiritual*, XV.

20. Cf. P 3,3+.

21. Cf. Lamartine: "Tu que conferes a um olhar a imensidão fecunda" (*La prière*).

22. O olhar de Deus, que pousa amorosamente sobre a criatura, dando-lhe vida e beleza, é um dos grandes temas sanjuanistas; cf. O 6, nota 11. Estamos bem longe de um vigia irritado pelo pecado. O olhar de amor recíproco e constante é o núcleo da vida contemplativa de Teresa.

Estrofes 52-55: Em breve... o céu

23. Cf. P 17,14+.

24. Cf. Ms A, 38v; estrofe que sintetiza esse longo poema.

25. Cf. C 211+.

26. "Teto" é uma palavra rara nos escritos (cf. Ms A, 59v; 65f; 75f; 82f). Mas a concepção do céu como casa ou lar do pai é familiar às duas irmãs: cf. Ms A, 41f; trecho muito próximo dessa estrofe; Ms A, 75f.

P 18bis Quem tem Jesus tem tudo

Ao concluir a cópia de dezessete de suas poesias a ser enviada ao Pe. Bellière, Teresa dispõe ainda de meia página branca, que utiliza para acrescentar dez coplas do *Cântico de Celina*. Esse fragmento, que se tornou outro poema, é excelente síntese, bastante concentrada, restrita ao essencial, pode-se até dizer, ao melhor. A escolha das coplas dá testemunho de um delicado senso das necessidades espirituais do seminarista naquele momento.

O título exprime a certeza pessoal de Teresa, que chega à experiência mística cantada por São João da Cruz no *Cântico espiritual* (estrofes XIV-XV).

P 19 O átomo de Jesus-Hóstia

Data: verão de 1895 (?). Poesia composta para irmã São Vicente de Paulo, a seu pedido, publicada em *Poésies*, 1979, com indicação de melodia: *Par les chants les plus magnifiques*.

"O átomo", já registrado em P 15, gosta de se esconder na sombra de um recôndito do coro do Carmelo, particularmente sombrio. O amor à Eucaristia será um dos temas maiores das quatro poesias encomendadas por essa irmã (P 15, 19, 25, 32). Teresa parece não ter ficado muito à vontade com os pensamentos de sua cliente: o átomo não é um símbolo tipicamente teresiano, diferentemente do grão de areia (cf. C 45).

Notas

1. Cf. O título de P 25.
2. Cf. Ms A, 81v.
3. Cf. P 40,20 e O 5, nota 5.

P 20 Meu Céu na terra

Data: 21 de agosto de 1985, composta para irmã Maria da Trindade (à época, Maria Inês da Sagrada Face), para comemorar seus 21 anos. Poesia publicada em HA 98, cinco versos corrigidos, com indicação de melodia: *Les regrets de Mignon*.

Na manhã que se seguiu à Transfiguração, no fulgor do Tabor, dá-se o transbordamento de um ser seduzido pela Divina Face. Assim como no monte santo, as dores da paixão são evocadas, para logo depois serem embelezadas, banhadas de doçura. Em pleno verão de 1895, esse poema é como uma antecipação do face a face evocado algumas semanas antes do ato de oferecimento.

Não é preciso procurar nessa composição toda a riqueza do tema em Teresa. Outros escritos apresentam ou apresentarão elementos complementares: O 11, 12, 14, 16 ou RP 2, inteiramente centrado no caráter gozoso, doloroso e glorioso da Face de Jesus. As *Últimas Palavras* oferecem ainda ensinamentos de grande importância (por exemplo CA 5.8.9). Cf. *Poésies*, II, p. 135.

Notas

1. A reprodução da Sagrada Face segundo o modelo de Tours.
2. Cf. P 24,5-6.
3. Consolar é o modo teresiano da reparação (P 19,2,3; 24,31,2; 41,1,6; 45,5,6), que se exprime sobretudo pela semelhança.
4. Cf. *Imitação* I, 2,3: "Querer ser ignorado e tido na conta de nada", citado em Ms A, 71f (escrito semanas depois de P 20), em C 176. Segundo Maria da Trindade, era constante aspiração de Teresa: "Muitas vezes, no recreio ou fora dele, quando eu lhe dizia: em que

está pensando? Diga-me algo; — *No que penso*, respondia ela com um profundo suspiro, *ah! Que eu queria ser desconhecida e tida na conta de nada!...*" (PO, 466).

5. Cf. Ms A, 77v.

6. Os perfumes caracterizam a pátria com que Teresa sonha (Ms C, 6v).

7. Cf. O 11, reprodução da Sagrada Face (segundo o modelo de Tours), que Teresa logo passará a guardar permanentemente sobre o coração.

8. Cf. P 11,3 e 12,8, compostas pela mesma noviça.

9. Sobre o desejo e a necessidade de assemelhar-se a Jesus, especialmente em sua humildade e aniquilamento, cf. C 87, 145 e 201, P 13,1 e 31, estribilho 2.

P 21 Cântico de uma alma que encontrou repouso

Data: 15 de agosto de 1895, composta para Maria Guérin, por ocasião de sua entrada no Carmelo, onde passou a se chamar irmã Maria da Eucaristia. Foi publicada em HA 98, com um verso corrigido e indicação de melodia: "*Connais-tu le pays?*", de Mignon.

É costume a postulante cantar algo para a comunidade na tarde de sua entrada. Maria Guérin é dotada de uma bela voz de soprano, que Teresa valorizará pela escolha de uma letra apropriada. Algo raro, a poesia está bem próxima de seu modelo, especialmente quanto ao estribilho. Teresa faz com propriedade a transposição do amor humano ao amor místico. Apesar do título, um impulso profundo permeia esse poema, de pretenso repouso.

O termo "repouso" retorna 5 vezes nas Poesias em 1896-1896 (P 17,9; 20,4; aqui; 24,20.32; 27,4), caracterizando bem o clima espiritual que Teresa vivia nesse tempo, do qual ela se afastará no início de 1896. "Não posso viver sempre assim no repouso" (Ms C, 31f).

Teresa dedicará duas outras poesias a sua prima: *Só Jesus* (P 36, de 15 de agosto de 1896) e *Minhas armas* (P 48, para a profissão de Maria Guérin, em 15 de março de 1897).

Notas

1. A partir de um verso do salmista, Teresa trabalha com um anfibologia: tristeza da separação da família, mas libertação do mundo, liberdade para Jesus (cf. Ms A, 67v).

2. Sobre essa aspiração fundamental de Maria Guérin, cf. LC 114 (CG, p. 491), C 92 e 190.

3. Essa copla, pequena teologia da adoração diante da hóstia, testemunha a atração dominante de Maria pela Eucaristia; cf. LC 113 e 130 (CG, p. 485, 546), C 109 e 234.

4. A praia eterna, expressão bem frequente em Teresa (cf. Ms A, 41f+), é importantíssima nessa poesia, que é muito mais da passagem que do repouso.

5. Cf. Ms A, 69v, de redação praticamente contemporânea.

P 22 A minha Mãe querida, belo anjo de minha infância

Data: 7 de setembro de 1895, composta para Madre Inês de Jesus, na celebração de seus 34 anos. Foi publicada na *Circulaire nécrologique de Mère Agnès* (1952) e em *Poésies*, 1979, sem indicação de melodia.

Pequeno cumprimento pelo aniversário de sua irmã, Paulina, cujo estilo se aproxima do estilo das poesias recentemente compostas por ela. Aqui pode-se ver como o epílogo em verso daquilo que muitas páginas do Ms A acabam de dizer em prosa: o papel providencial que Paulina desempenhou e ainda desempenha para Teresa.

Esse poema de tonalidade infantil pode dar origem a um estudo sobre a maneira com que Teresa vê sua partida para o céu no decorrer dos anos. Nesse ponto, o amor dá asas (cf. estrofe 13 e RP 5,4f); o Ms B (4v/5f), em 1896, e o Ms C (3f e 7v), em 1897, mostrarão que os mecanismos são mais complexos.

Notas

1. O belo céu é um lugar-comum da época, em Teresa dotado de sentido mais profundo (21 menções, às quais se devem acrescentar as 12 de belo céu azul), que ela emprega com insistência, como um protesto de fé por ocasião de suas provações de 1896-1897; cf., por exemplo, Ms C, 5v. Nas Poesias, 6 das 8 ocorrências de belo céu são posteriores à Páscoa de 1896 (P 33, 40, 43, 46, 47, 54). A esse propósito, ela escreverá: "Canto aquilo em que quero crer".

2. Ausente dos Manuscritos, o apelido "anjo" aplicado a madre Inês aparece em C 140, 160, 230 e, especialmente, 229.

3. Sobre o canto de Paulina junto a Teresa. Cf. Ms A, 53f/v; C 140 e CA 11,9.2.

4. O sol e a flor, copla à qual Teresa mantém-se invariavelmente fiel. Jamais se encontram em Teresa água e flor; nenhum traço de narcisismo.

5. Um prenúncio de CA 13,7.3.

P 23 Ao Sagrado Coração de Jesus

Data: 21 de junho ou outubro de 1895, composta para irmã Maria do Sagrado Coração, a seu pedido. Publicada em HA 98 (nove versos corrigidos), com indicação de melodia: *Le petit soulier de Noël*.

Para não alterar a nova numeração das Poesias de 1975, na Édition du Centenaire conservou-se a data hipotética de outubro de 1895, comumente atribuída a esse texto a partir de 1907 (cf. HA 07, p. 388). A data de 21 de junho de 1895, porém, parece ser a mais provável (cf. *Poésies*, II, p. 147), o que levaria a pôr "Ao Sagrado Coração" depois do "Cântico de Celina".

Esse desencontro cronológico deve-se ao fato de que a contemplação do Sagrado Coração — do modo como Teresa o vê — teria preparado, acompanhado a iluminação do domingo da Trindade. De todo modo, o parentesco com o ato de oferenda (O 6) é inegável: P 23 e Ms A, 84f/v.

Teresa não se prende ao símbolo, à época objeto de honra, do Coração transpassado pela lança. Ela vai direto à realidade: a Pessoa amorosa de Jesus, seus sentimentos profundos, o amor que preenche seu Coração. A manifestação privilegiada desse amor, ela a encontra não na cena do Getsêmani ou na contemplação da Transpassado no Calvário, mas na resposta do Ressuscitado à busca apaixonada de Madalena: no murmúrio de seu nome.

Apoiada nessa resposta, que lhe assegura que o Coração de seu Esposo é todo seu, assim como o seu é todo dele (cf. C 1229, a confiança da esposa não conhece limites. Ela irá sempre mais longe na audácia, até a entrada irrevogável no Coração de seu Deus. É esse extraordinário dinamismo que dá unidade ao poema, quadro poderoso no qual se exprime um amor simultaneamente humano e sobrenatural dos mais intensos.

Notas

1. Cf. P 24,15,4; 46,3,8.

2. Aqui Jesus é o Irmão-Amigo, isto é, o Esposo à maneira do Cântico dos Cânticos (Ct 4,9 ou 5,2); cf., por exemplo, C 158, 164; RP 3,23f^{bis} P 31,5; O 12. Mas o sentido de nossa fraternidade com Jesus tem em Teresa caráter próprio.

3. Cf. Ms A, 32f; C 197.

4. Alusão (compreendida apenas por ela) à recente chaga de amor (14 de junho de 1895, cf. CA 7.7.2)? Todos conhecem a insistência de João da Cruz em invocar a virtude purificadora da *Chama viva de amor* como um purgatório (estrofe II, explicação do verso 5, p. 184). Cf. P 17,6+.

P 24   Recorda-Te, Jesus, meu Bem-amado

Data: 21 de outubro de 1895, composta para irmã Genoveva (Celina), por ocasião de sua festa, a seu pedido. Publicada em HA 98 (43 versos corrigidos), com indicação de melodia: *Rapelle-toi*.

O noviciado de irmã Genoveva vinha ocorrendo desde fevereiro de 1895. Bastante generosamente, para que Teresa proponha a sua irmã, em 9 de junho, o dom total ao Amor. Bastante laboriosamente, para que Celina sinta necessidade de buscar coragem na enumeração de seus méritos passados. E ela recorre ao talento poético de Teresa para lembrar a Jesus os imensos sacrifícios feitos por ele. Mas Teresa inverte a perspectiva, enumerando os sacrifícios de Jesus por Celina...

Não por espírito de contradição, apenas para dar uma liçãozinha a sua noviça (CSG, p. 73). É sobretudo sua inspiração que a leva para direção bem diferente. O impulso de sua vida está num fortíssimo sentimento de amor providente e gratuito de Jesus por sua criatura. Em 33 estrofes (número intencional para evocar os 33 anos de Cristo?), ela esboça uma vida de Jesus a partir do Evangelho, onde descobre sempre novas luzes, sentidos ocultos e místicos (cf. Ms A, 83v). Com P 54, esse poema oferece um lugar privilegiado de estudo da Escritura em Teresa.

Na época, Teresa se banha em luz. Sua fé é viva e clara. Ela manifesta aqui sua compreensão da fé, na perspectiva muito pessoal em que lê e relê os temas evangélicos.

Notas

1. A epígrafe (acrescentada por Teresa em julho de 1896) provém de *L'Année de Sainte Gertrude*, de Pe. Cros (Toulouse, 1871).

2. Cf. RP 1,12f; RP 2,1f e 7v; RP 5,3f; RP 6,2v; O 8, de outubro de 1895; P 54,10).

3. Teresa não fala de Jesus na terceira pessoa, mas na segunda pessoa do singular, como é habitual em sua oração (CSG, p. 82). A cada estrofe, salvo rara exceção, o Tu e o eu concertam uma delicada reciprocidade de ternura. Há quem possa estranhar que ela se aposse assim de seu Senhor; contudo, ela apenas se apropria das palavras de Paulo: "Ele me amou e se entregou por mim" (Gl 2,20).

4. Cf. estrofe 18,6; O 6.

5. Em 1889-1890, a sede de Jesus que Teresa deseja saciar é sobretudo a do Crucificado (Jo 19,28; cf. C 145 em CG, p. 631). Em 1893, ela pensa muito mais no episódio da samaritana (C 141). Em 1895 e aqui, ela combina os dois temas no Ms A (45v e 46v). Em 1896,

ela enfim os inscreve, entre outros textos evangélicos, numa imagem de Cristo na cruz, com referências explícitas (Ima 1). Cf. C 196 (= Ms B, 1v).

6. Expressão encontrada apenas aqui e em Ms B, 4f.

7. Com discreta alusão à tempestade acalmada, único milagre mencionado na poesia. Teresa é sempre de uma discrição extrema ao referir-se aos milagres.

8. Teresa retoma aqui, aplicando-a a Jesus, sua bem pessoal exegese do convite a erguer os olhos, de 1892: "Erguei os olhos e vede. Vede como, em meu Céu, há moradas vazias. Cabe a vós ocupá-las" (C 135).

9. Provável alusão à ferida de Amor de junho de 1895 (CA 7.7.2).

10. Único uso dos escritos, a despeito da importância do figo no vocabulário de Teresa.

11. Os versos 7-9 foram primitivamente escolhidos por madre Inês para adornar a cruz do túmulo de Teresa, definindo assim sua missão póstuma, nitidamente apostólica; cf. CSG, p. 200; RP 4,4v; P 47,6.

12. O pai do filho pródigo, para Teresa, é Jesus em pessoa nas 6 das 8 passagens em que o menciona (RP 2,3f; C 142; aqui; Ms C, 34v e 36v; C 261).

13. Cf. C 122: o coração de meu esposo é todo meu, assim como o meu é só dele.

14. Os escritos de Teresa frequentemente evocam esse mistério da maternidade espiritual da virgem consagrada que se une a Jesus; cf. C 124 (a flor de Celina); C 129, 135, 182, 183, 185; Ms A, 81f e Ms B, 2v; P 45,6 etc.

15. Das sete palavras de Jesus na cruz, a queixa "tenho sede" é a que Teresa cita mais vezes (Ms A, 45v, 46v, 85v; P 31, estrofes 5 e 6). Cf., acima, nota 5.

16. "Também" sugere que a morte de Jesus é louco amor, que justifica o desejo de Teresa: "Amar até a loucura". Esta aspiração não é nova: cf. C 85, 93, 96, 169; Ms A, 39f, 82f (fim de 1895). Ela se faz mais imperativa em 1896: cf. Ms B (onde "loucura" aparece 10 vezes) e C 225.

17. Apesar da violência de seu amor, Teresa prefere amar Jesus segundo o estatuto que ele escolheu para ela (cf. RP 7,1v). Perto de morrer, ela reafirmará seu desejo de não ver Deus ou os santos na terra (cf. CA 4.6.1; 5.8.4; 11.8.5; 11.9.7).

18. Mesma ideia em Ms A, 48v e P 25,6.

19. Amar a Deus, não apenas com mil corações, mas com seu próprio Amor, com seu Divino Coração, é aspiração que cresce em Teresa até o fim (cf. Ms B, 3v e Ms C, 35f; P 41,2,7-8).

20. O repouso saboreado apenas e segundo a vontade de Jesus, o desejo de realizá-la, é um tema teresiano do qual se encontram marcas em todos os escritos, especialmente aqui (cf. *Poésies*, II, p. 169). Na enfermaria, Teresa repetirá a estrofe 32, com um ar e um tom celestes: cf. CA 14,7.3. No mesmo sentido, ver ainda CA 10,6; 10,7.13; 14.7.9; 30,8.2.

P 25 Meu desejo aos pés de Jesus escondido em sua prisão de Amor

Poesia talvez do outono de 1895 (?), composta para irmã São Vicente de Paulo, a seu pedido. Foi publicada em HA 98 (sob o título *Meus desejos aos pés do Tabernáculo*), 7 versos corrigidos, com indicação de melodia: *Par les chants magnifiques* ou *Glose de saúde Thérèse*, "*Je meurs de ne point morir*".

Nesse poema eucarístico, litúrgico, Teresa não deixa a inspiração alçar voo. É uma meditação sóbria, centrada sobre os objetos de culto tratados como palavras ou imagens da Escritura. Só na última estrofe ela deixa o amor e o entusiasmo se manifestarem.

A fé de Teresa leva-a a descobrir o meio de realizar seus desejos, mas não pode. Ela não tem inveja da chave, do tabernáculo, da lâmpada, da pedra do altar, dos vasos sagrados. Ela tem, ela é incomparavelmente mais que esses objetos inanimados. É como vítima, mesmo que a palavra não seja pronunciada, que a esposa se associa ao sacrifício, com júbilo.

Notas

1. Cf. Ms A, 31v; P 19,1; 24,28; C 189 e 201, 2v; O 7.

2. Jesus escondido na hóstia, no tabernáculo, é um dos temas favoritos da santa do Deus oculto; cf. C 140; numerosas referências em P e RP.

3. Primeiro de três anúncios da paixão de Teresa, sob o símbolo do cacho de uva, com RP 5, 2f e Ms A, 85v (armas).

P 26 Responso de Santa Inês

Data: 21 de janeiro de 1896, composta para madre Inês de Jesus, priora, para sua festa. Publicada em HA 98 (*Cântico de Santa Inês*; onze versos corrigidos), com indicação de melodia: *Le Lac* ou *Hymne à l'Eucharistie*.

Teresa surge para nós nesse poema resplendente como uma noiva toda adornada para seu Esposo. Ele conclui um ano de paz, amor e luz. Ainda em 21 de janeiro de 1896, ela entrega a madre Inês seu primeiro caderno autobiográfico. Com estilos diferentes, o Ms A e esse poema cantam o mesmo Magnificat.

Poema de noivado. Ao lê-lo, pensa-se de imediato na página maravilhada do Ms A onde Teresa relata a profecia de Ezequiel (texto que, por sinal, ela toma emprestado do *Cântico espiritual* de João da Cruz, explicação da estrofe XXIII): "Chegou o meu tempo de ser amada" — isso em 1887 — "Ele fez aliança comigo e me tornei sua... Ele estendeu sobre mim seu manto... revestiu-me de vestes bordadas, dando-me colares e ornamentos valiosos... Sim, Jesus fez tudo isso por mim" (Ms A, 471).

Em 1887, o noivado místico apenas começava. Em 1896, depois do ano de plenitude que se encerra, o noivado espiritual se concretiza em segredo. Logo se ouvirá o primeiro apelo, trágico certamente, quando sobrévem a hemoptise, mas também jubiloso, "como um manso longínquo murmúrio anunciando a chegada do Esposo" (cf. Ms C, 5f).

Teresa o indica explicitamente no título: ela traduz os responsórios do ofício de Santa Inês. A liturgia da jovem mártir (morta por volta de 305) remonta à alta Antiguidade: séculos VII-VIII. Teresa assimilou o texto a ponto de revivificar seu simbolismo do interior, como se constata ao estabelecer uma sinopse linear do poema com seus diversos modelos (cf. *Poésies*, II, p. 180ss.). A transcrição de Teresa é de uma qualidade notável. Observe-se como as palavras se transformam a partir dos modelos do poema; como, por uma admirável organização poética, Teresa extrai todo o potencial de todas as imagens esparsas no texto latino, para desenvolver essa grande visão de movimento harmonioso.

P 27 Lembrança de 24 de fevereiro de 1896

Data: 24 de fevereiro de 1896, composta por irmã Genoveva, a seu pedido, por ocasião de sua profissão. Foi publicada em HA 98 (sob o título *Doce lembrança*, cinco versos corrigidos), com indicação de melodia: *Sur terce, tout n'est pas rose*.

Era de se esperar outro poema para a profissão de Celina, que certamente significou uma grande alegria para Teresa, mas ela não se encarregou do cântico da comunidade e compôs apenas um pequeno trecho, que deu à sua irmã escondido. Por outro lado, Teresa lhe deu muitas composições em prosa e recordações diversas: longa descrição das festas do céu (C 182), pergaminho do "Contrato de aliança de Jesus com Teresa" (C 183), relíquia de madre Genoveva (C 184) e logo depois, na tomada de véu de Celina, uma imagem com inscrições (C 185). Em meio a essa profusão, a poesia deixa de ter tanta importância.

P 28 — Cântico eterno entoado desde o exílio

Data: 1º de março de 1896, composta para irmã Maria de São José, talvez a seu pedido, por ocasião de sua festa. Foi publicada em HA 98 (sete versos corrigidos), com indicação de melodia: *Mignon regrettant sa patrie*.

Sem se deixar acuar pelas enfermidades psicológicas de sua companheira (assim como Jesus esquece a miséria de Teresa, ela esquece a da irmã), Teresa fala apenas de amor a essa discípula da boa vontade, a quem depois passará a ajudar na rouparia.

O poema é pobre, mas o importante aqui é saber que Teresa vive ao pé da letra tudo o que ela canta em nome da irmã para quem fez a poesia.

P 29 — Lembrança de 30 de abril de 1896

Data: 30 de abril de 1896, composta para irmã Maria Trindade, por ocasião de sua profissão; as duas últimas estrofes são dedicadas a madre Maria de Gonzaga. A poesia foi publicada em *Poésies*, 1979, com indicação de melodia: *O Coeur de notre aimable Mère*.

O êxito da noviça é mais obra de Teresa que de irmã Genoveva (cf. C 187+; e *Une novice de sainte Thérèse*, de Pe. Descouvemont, Cerf, 1985).

Nobreza e fervor caracterizam esse canto, que é um canto ao amor maior, à vida pela Vida, em resposta à imolação de Jesus. Resta à neoprofessa consumir-se cada dia. São João da cruz será seu mestre.

É preciso ler essa poesia num só fôlego, ler também a seguinte, os bilhetes C 187 e 188, e o poema de 31 de maio (P31): são expressões variadas de uma única paixão de amor.

Notas

1. A pomba que entra na Arca (o Carmelo), sai dali e volta a entrar: imagens evocativas do tormentoso itinerário de Maria.

2. O grande impulso do primeiro verso, com sua exigência (reclamar) de obter o último lugar, é tipicamente teresiano; cf. C 243 e Ms C, 36v.

3. O oferecimento de Maria da Trindade ao Amor misericordioso se apresenta ao espírito de Teresa e da neoprofessa como a última imolação da profissão religiosa, mesmo antes do fim do noviciado.

4. O Carmelo de Lisieux, que madre Maria de Gonzaga enriqueceu com treze hóstias (professas) durante seus 22 de priorado, entre 1874 e 1902.

P 30 — Glosa sobre o Divino

Data: 30 de abril de 1896, composta para irmã Maria da Trindade, por ocasião de sua profissão. Foi publicada em HA 98 (6 versos corrigidos), sem indicação de melodia.

Ninguém falou como Maria da Trindade do amor de sua mestra por seu pai João da Cruz, cuja glosa sobre o divino Teresa transpõe aqui, quase textualmente, segundo a tradução das carmelitas de Paris.

"Quero por Amor" é sua resposta heroica às mais pesadas provações: ontem uma grande aflição familiar ("querer tudo o que Jesus quer"); hoje, quando ela entra na noite, "sem luz, nas trevas"; e até ao encarar a última agonia ("Sim, meu Deus, tudo o que quiserdes", CA 30,9). Essa é a manifestação do poder do amor.

Esse contexto confere a esse pequeno poema, por sinal muito próximo de seu modelo, uma autenticidade e intensidade tocantes. Mas Teresa é a única a conhecer seu significado, ao viver a provação em silêncio, na esperança.

Remetendo-o a sua destinatária, no dia de sua profissão, Teresa enfatiza: "O pensamento que mais o agradar [...]: o Amor sabe tirar proveito de tudo: do bem, do mal que encontra em nós" (estrofes 3,1-4; cf. C 142 e Ms A, 83f). Essa certeza é o poderoso motor de sua caminhada pela pequena via. Faltas de uma jovem carmelita ainda frágil, provação purificadora de uma santa rumo à plenitude, tudo pode ser assumido e transcendido na confiança absoluta no Amor consumante e transformante (C 197, eco do último verso de João da Cruz).

P 31 Cântico de Irmã Maria da Trindade e da Sagrada Face

Data: 31 de maio de 1896, composta para irmã Maria da Trindade, por ocasião de sua festa. Foi publicada em HA 98 (sob o título *J'ai soif d'amour*; 6 versos corrigidos), sem indicação de melodia.

Essa poesia, de tom muito forte, é uma espécie de diálogo místico, no qual se pode discernir com transparência a voz de Jesus e a resposta de Teresa. O poema causa uma impressão dramática, bem expressa pelo título escolhido para *História de uma alma*: "*Tenho se de amor*".

Teresa sabe que sua morte está próxima e que a noite desce sobre sua alma. Mas Jesus permanece com ela no caminho escuro, na subida ao monte Calvário. Ele volta a dizer-lhe, como já o fizera aos peregrinos de Emaús: "Não era necessário que o Cristo sofresse para entrar na glória?". E sua palavra em chama faz arder o coração de Teresa. Não há outro caminho para a Santa, além do amor e da morte. É quando ela pede o sofrimento: o desprezo inicialmente, sintetizado na pequena via; a sede do Crucificado, uma sede inextinguível de amor. Ela implora que a mesma sede seja nela despertada. E pede repetidamente na última estrofe o martírio de amor, numa prefiguração da agonia por que passará. Leem-se aqui o amor mais absoluto e a angústia, uma esperança apaixonada que beira a desesperança.

Em sua expressão envolvente e dramática, essa estrofe apaixonada e seu refrão evocam a *Chama viva de amor*: "As profundas cavernas do sentido" (explicação do v. 3 da estr. III).

P 32 O céu para mim

Data: 7 de junho de 1896, composta para irmã São Vicente de Paulo, a seu pedido. Foi publicada em HA 98 (3 versos corrigidos), com indicação de melodia: *Hymne à l'Eucharistie*.

Poesia um pouco melancólica, mas iluminada por um sorriso e plena de confiança, em resposta aos pensamentos da destinatária. O olhar pleno de amor de Jesus, o coração-a-coração com ele na oração que se torna intercessão pela Igreja, a união de amor na Eucaristia transformante, a semelhança filiar, o total abandono no Coração do Pai, a inabitação da Trindade santa no coração amante são cantados um por um em seguros versos alexandrinos.

Contudo, Teresa resvala discretamente (dizendo-o), no início e no fim, para a evocação de sua provação pessoal na fé (única menção em seus escritos). Apesar de tudo, continuar a sorrir para o Deus que se oculta (redobrar ternuras, P 45,4; fazer-lhe toda espécie de agrado, CA 6.7.3), será sua resposta até o último suspiro.

Notas

1. Primeira ocorrência da expressão celebrizada pelo Ms B, 3v e 4v.

2. Essa bela expressão ocorrre apenas aqui. Para Teresa, *sopro* é sempre sinônimo de leveza e frescor primaveril.

3. Desde P 3 (de abril de 1894), essa palavra não voltava nas poesias. Depois aqui ela voltará a ocorrer 7 vezes (P 38; 42; 44; 52).

P 33 — O que logo verei pela primeira vez

Data: 12 de junho de 1896, composta para irmã Maria do Sagrado Coração, a seu pedido, por ocasião de sua festa. Foi publicada em HA 98 (sob o título *Mon espérance*; 6 versos corrigidos), sem indicação de melodia.

"Logo, logo, voar, ver, amar" é o desejo apaixonado de Teresa em junho de 1896. Seu amor o exige, ela o quer. Fazia um mês, a venerável madre Ana, que a visitara em sonho, lhe dissera: "Sim, breve, breve, eu te prometo".

"Raio de graça em meio à mais sombria tempestade", esse sonho encontra eco nessa poesia, plena de fervor, movimentada, voltada para o além, com uma espécie de angústia, ou de melancolia subjacente. O "breve, breve" que Teresa repete com alegria atiça a vontade de rasgar os véus. "Breve" ela não mais pedirá asas de pomba, como o salmista, para voar e repousar, mas as asas da Águia Divina (Ms B, 5v). "Breve" ela verá.

O sorriso do Coração, a Face do Bem-Amado falam de um amor simultaneamente humano e sobrenatural aqui expresso. Um amor que é fonte de "martírio". Não há dúvida de que se deve dar a essa palavra que surge espontaneamente toda a sua força. Como uma noiva impaciente, Teresa sofre o martírio por esse amor de Jesus que ainda não pode se expandir em sua presença. Ela suspira pelo céu, onde poderá "amar sem medida e sem leis" (note-se a força da expressão).

Notas

1. Palavra rara em Teresa, que vem confirmar o tom apaixonado da estrofe.

2. Afetuosa advertência a Jesus, que a deixa por tanto tempo no exílio, o que configura seu único martírio, pois, a par disso, os sofrimentos da terra nada valem para Teresa. É o desejo de ser libertada que a faz suspirar pelo céu.

P 34 — Jogar flores

Data: 28 de junho de 1896, composta para madre Inês de Jesus, por ocasião de sua festa. Foi publicada em HA 98 (3 versos corrigidos), com indicação de melodia: *Oui, je le crois, elle est immaculée.*

Em todas as tardes de junho de 1896, depois de Completas, Teresa e as cinco jovens irmãs do noviciado se encontram em torno da cruz de granito do pátio. Elas recolhem pétalas de vinte roseiras e lançam-nas ao Crucifixo. O rito simbólico agrada madre Inês de Jesus.

Apesar de alguns achados, o texto não tem grandes pretensões poéticas. Sua graça virgiliana, a ternura de expressão, o encanto das imagens matizam a força real do símbolo, que, nesse caso, é muito rico. Pode ser que aqui a sensibilidade do leitor desperte os estereótipos associados à imagem de Teresa. Mas seria uma perda neglicenciar por isso uma poesia essencial ao repertório teresiano, especialmente porque os símbolos de jogar flores, de rosa desfolhada — que evoca o estereótipo das carmelitas como os anjinhos da estátua de São Sulpício — lança raízes na infância de Teresa (Ms A, 171).

A última etapa de toda a sua vida de amor será cantada em *Uma rosa desfolhada* (P 51). O anúncio imagético de sua missão póstuma, "uma chuva de rosas" (CA 9.6.3), desvela — ou melhor, não deveria velar — a única ambição de Teresa, no céu e na terra: amar Jesus e fazê-lo amar.

Notas

1. Teresa cita os versos 3-4 em CA 14.9.1. A rosa primaveril é ela própria, quinze dias antes de sua morte.

2. Um desejo antigo de Teresa (cf. C 74, 95, 115, 134), um gesto que se aproxima do de Verônica (cf. C 98).

3. Cf. Ms B 4f/v e CA 6.8.8.

4. Belo verso raciniano, que evoca o Sl 44,12, invertido.

5. Primeira das 11 menções a "lutar" nas Poesias e Recreios Piedosos, até março de 1897; cf. *Poésies*, II, p. 260. Elas têm quase sempre uma visão apostólica. O vocabulário guerreiro é eco longínquo da peça militante, "O triunfo da humildade" (RP 7), encenada dias antes (21 de junho de 1896.

P 35 A Nossa Senhora das Vitórias

Data: 16 de julho de 1896, composta para si mesma e para Pe. Roulland. Publicada em HA 98 (18 versos corrigidos), sem indicação de melodia.

Mais que poesia, prosa rimada, essa página representa um importante aspecto da vocação de Teresa. A Fraternidade com Pe. Roulland, que embarcará em 2 de agosto para a China, reativa poderosamente seu ardor missionário e pacifica provisoriamente seus grandes desejos de fecundidade apostólica. Ela será apóstola e, que esperança!, mártir por procuração. Trata-se na verdade da comunhão dos santos que se revela mais e mais a Teresa.

Tudo isso é como azeite no fogo. Depois seus desejos serão causa de um verdadeiro martírio (Ms B, 3f). Leiam-se ao mesmo tempo esse poema e a carta incandescente de 8 de setembro de 1896 (Ms B), para medir o avançar desse incêndio de amor. Não mais lhe basta ver-se associada às obras de um missionário. Para satisfazer seus desejos, maiores que o universo, é-lhe necessário apropriar-se das ações de todos os santos, abarcar todos os tempos e todos os lugares. Para tanto, só há uma solução: ser o Amor... no Coração da Igreja, até o holocausto absoluto.

Teresa fará uma corrida de gigantes nesses três meses do verão de 1896.

Notas

1. Teresa recebeu grandes graças de Nossa Senhora das Vitórias, cujo santuário ela visitou em Paris (cf. Ms A, 29v; 56v; cf. ainda C 244; CA 7.8.3. As grandes famílias missionárias confiam à Senhora das Vitórias seu apostolado. Pe. Roulland celebrou uma de suas primeiras missas nesse santuário. Sua congregação (as Missões Estrangeiras de Paris) a invoca sob os títulos "Rainha das Virgens, Rainha dos Apóstolos, Rainha dos Mártires", aqui retomados por Teresa.

2. Cf. Ms C, 32f, 33f/v: C 189, 193 etc.

3. Pensamento de Teresa d'Ávila, *Caminho de perfeição*, cap. 1; cf. C 198.

4. A sorte das crianças mortas sem batismo preocupava-a desde jovem; cf. DE, p. 445: "Batizar as criancinhas" é um de seus projetos póstumos; cf. CA 13.7.17; DE/MSC 13.7.1; P 44.10.

5. A escritura carregada e inclinada desses versos, os pontos de exclamação e a linha pontilhada revelam o entusiasmo de Teresa quanto a esse assunto.

6. Exemplo da comunhão dos santos, na qual cada um reflete a graça do outro; cf. agora C 182 e 185, seguidas de Ms B, 2v e 4f. Ideia insistentemente retomada na enfermaria: CA 13.7.12; 15.7.5 etc.

P 36 Só Jesus

Data: 15 de agosto de 1896, composta para irmã Maria da Eucaristia, a seu pedido, para sua festa e seu primeiro aniversário de entrada no Carmelo. Publicada em HA 98 (dois versos corrigidos), com indicação de melodia: *Près d'un berceau*.

Teresa é perita em situar-se no lugar de outrem para exprimir-se plenamente. Em *Só Jesus*, pode-se reconhecer facilmente a grande apaixonada por Jesus do verão de 1896; mas pode-se ler também no poema uma biografia espiritual de Maria da Eucaristia.

Nessa época, Teresa vive semanas de excepcional densidade espiritual. Sem viver ainda na opacidade em que mergulhará em 1897, sua noite a impele com mais paixão que nunca para a pessoa de Jesus. Em 6 de agosto, ela se consagrou à Sagrada Face (com duas noviças) em uma oração amorosa (O 2). Combatendo ao lado de Pe. Roulland, recentemente partido para a China, ela encontra em Isaías, com tons renovados, os belos textos da infância espiritual (cf. C 196). Ela aspira a amar mais e mais como uma criança. São desejos nitidamente veementes e contrastantes, que ela integra na simplicidade de uma vocação única (cf. Ms B).

O poema fala a linguagem do amor humano, à maneira do Cântico dos Cânticos. Por uma dessas inversões que só Teresa consegue fazer, a última estrofe incita a uma atitude bem diferente da atitude inicial. No princípio, a criatura propunha um amor sem destinatário: quem poderá?, quem quererá? Agora, porém, ela descobre um coração de ternura mais transbordante ainda que o seu: um amor que se fez pobre, suplicante, que mendiga os suspiros e as lágrimas de sua criatura. Não há quem resista a um amor assim. É preciso abandonar-se completamente a ele.

O amor por Jesus só é o programa proposto por Teresa à generosidade de Maria da Eucaristia, a meio caminho entre o repouso do primeiro cântico composto para sua prima (P 21) e o violento combate do canto de profissão (P 48). A antítese criança-guerreiro é enfatizada pelo itálico que Teresa reserva às palavras importantes. É o mesmo vocabulário do Ms B, 2v e C 194.

P 37, 38, 39 Para Joana e Francis La Néele

Data: 21 de agosto de 1896, compostas para o senhor e a senhora La Néele, por ocasião da festa de Joana; P 37 para o casal; P 38 para Joana; P 39 para o Dr. Francis La Néele, a seu pedido. Foram publicadas em *Poésies*, 1979, sem indicação de melodia.

Solicita-se que Teresa faça versos para a festa de Joana La Néele: um cumprimento malicioso (P37), uma oração confiante, reconfortante, para sua prima, que sofre muito por não poder ter filhos (C 131; 150, 152, 178, 255 etc.) e um acróstico para Francis, o "sábio doutor", médico cristão de caráter cavalheiresco, consagrado como "defensor da Igreja".

P 40 As sacristãs do Carmelo

Data: início de novembro de 1896, composta para irmã Maria Filomena de Jesus, a seu pedido, e para as outras sacristãs. Foi publicada em HA 98 (*Cântico para as sacristãs do Carmelo e para as irmãs encarregadas do ofício dos Pães do altar*; cinco versos corrigidos), sem indicação de melodia.

Aqui, invoca-se espontaneamente a escada de Jacó, para esse misterioso intercâmbio entre o céu e a terra, intercâmbio do qual as sacristãs são incansáveis agentes, mistério aqui expresso em estrofes plenas de doçura, entre céu e terra.

Discreta doçura da "mulher no lar", se se pode dizer: esposa mais feliz que uma rainha (estrofe 3), cujo coração se mantém atento a seu esposo, enquanto suas mãos trabalham com diligência para ele. Discreta doçura da carmelita, associada ao apóstolo no lugar que é o seu, o de acompanhante oculta. Em um e noutro caso, auxiliadora assemelhada àquele que secunda.

A essa assinalação responde perfeitamente a primeira destinatária da poesia, irmã Maria Filomena, que pediu a sua antiga companheira de noviciado para compor alguns versos a ser cantados em solidão.

Em tom modesto, a segunda parte (estrofes 7-10) dá uma resposta ao aparente desafio do Ms B: ali Teresa proclamava, entre outras aspirações ardorosas, seu desejo de sacerdócio, irrealizável em face das circunstâncias. Aqui ela canta sua maneira concreta de tomar parte, sem mais adiamentos, da missão sublime do padre. Transformada em Jesus pela Eucaristia, mudada nele, não virá ela a ser outro Cristo, definição geralmente aplicada aos sacerdotes? E ela declina a parte que toma na missão, na penitência, na eucaristia.

Nenhum complexo de inferioridade diante dos homens, dos padres. E também nenhuma presunção: para Teresa, Jesus é quem age com a colaboração dos homens... e das mulheres.

Uma bela imagem conclui esse poema de tom muito íntimo: o cibório se dilata às dimensões infinitas do céu, que não está apenas povoado (P 24,16) de eleitos: está cheio deles. Não há lugares vazios (C 135). Para estar lá também, Teresa vai lutar sem cessar (P 45,6). Mesmo no céu não repousará, até que o número de eleitos esteja completo (cf. CA 17,7).

P 41 Quero amar-vos

Poesia do fim de 1896, composta para irmã São João da Cruz, a seu pedido. Foi publicada em HA 98 (sob o título *Encore un chant d'amour*, 14 versos corrigidos), com indicação de melodia: *Credo d'Herculanum, "Je crois au Dieu"*.

Um poema que parece brotar de uma só vez, sob a riqueza do fluxo interior, para uma irmã muito discreta, uma esposa fiel (3,7), muito rígida, mas que muitas vezes se aconselha com Teresa. A Santa, por sua vez, a conduz pela pequena via com verbos claramente teresianos (alegrar, agradar, encantar, consolar). A estrofe 2 apresenta-se como um braseiro ardente e calmo, a estrofe 3 é mais movimentada pelo desejo e pela aproximação da morte, do Esposo verdadeiramente Salvador, num final admirável: "Vem, tudo está perdoado". E dá-se o repouso inefável sobre o Coração de Jesus, pois "muito me amaste".

P 42 Criança, sabes meu nome

Data: dezembro de 1896, composta para irmã Maria de São José, seu pedido. Foi publicada em HA 98 (sob o título *A l'Enfant Jésus*, 3 versos corrigidos), com indicação de melodia: *Où vas-tu quand tout est noir?*

Mais um poema sob encomenda, no qual Teresa joga com a criança e a tempestade, com Jesus Menino apaziguando a tormenta... O menino que dorme (ou que, com efeito, não dorme...) durante a tormenta faz parte dos arquétipos da infância. Jesus quer dormir, como mais tarde o fará na barca... Um jogo sutil.

Esse doce encantatório é particularmente adaptado à destinatária, uma companheira de humor tempestuoso, que Teresa resolveu suavizar. Ela vê que a violenta é também terna, que pode ser desarmada com palavras infantis, melhor do que com raciocínios. Estrofes como essas podem desarmar o mar [*mer*] mais tempestuoso... em mãe [*mère*] carinhosa, a embalar ternamente a cabecinha loura do Menino que a ela se abandona para levá-la a abandonar-se a Ele.

P 43 A gaiola do Menino Jesus

Data: natal de 1896, composta espontaneamente para a comunidade na tarde de Natal. Foi publicada em HA 98 (4 versos corrigidos), com indicação de melodia: *Au rossignol*.

Bela imagem, que confere mobilidade ao natal dos pássaros, que desenvolve mais longamente a comparação entre a gaiola e o Carmelo. Num recreio de uma grande festa, excessos são permitidos... Cada pássaro canta aqui em seu registro próprio: pomba, calhandra, tentilhão, rolinha. Como o pássaro do Evangelho, que não semeia nem colhe, a carmelita recebe tudo da mão de Jesus. Daí vem sua alegria e seu abandono, além de sua consagração ao único necessário: amar. No fim, todos os pássaros libertados tomam juntos impulso para o céu, onde prosseguirão em seu canto de louvor.

Dez anos antes, uma gaiola alegrava a pobre mansarda de Teresa (Ms A, 42f); No Carmelo, os pássaros continuam a povoar seus sonhos (Ms A, 79v); durante o verão de 1896, com o Ms B, o valor simbólico do pássaro toma uma dimensão nova, signo por excelência da unidade dinâmica. Mesmo que voar não esteja em seu pouco poder, como o pássaro, ela é mais canto que voo no olho do furacão, das provações no corpo e na alma. Teresa não renuncia a cantar (estrofe 10; cf. P 52,15 e Ms B, 5v).

Notas

1. Cf. Ms B, 5v e P 3,53-54.
2. Cf. Ms B, 5f/v.

P 44   A meus irmãozinhos do céu

Data: 28 de dezembro de 1896, composta espontaneamente para si mesma. Foi publicada em HA 98 (sob o título *À mes petits frères du Ciel, les Saints Innocents*, 4 versos retocados), com indicação de melodia: *La rose mousee*, ou *Le fil de la Vièrge*.

Desde o verão de 1896, quando ela descobriu os mais belos textos sobre a infância, Teresa pensa muito nos Inocentes. Durante o retiro de setembro, ela pinta dois exemplares de uma imagem de seus quatro irmãozinhos e irmãzinhas mortos quando ainda bebês. No verso, ela transcreve dos versículos bíblicos bastante significativos (cf. Ima 5 e 6). Nesse contexto, os versos dessa poesia proclamam a misericórdia escandalosamente gratuita, manifestada em favor de crianças que não fizeram uso da vontade, e por quem o Salvador alcançou a vitória. Há dez anos, seus irmãozinhos do céu tinham-na libertado dos escrúpulos (Ms A, 44f). Hoje seu exemplo poupa-a da angústia das mãos vazias (cf. CA 23,6.1).

Num excesso de amor Ms A, 40, Teresa chega a ponto de desejar a morte a muitos dos recém-batizados, não para que vão ao céu, mas para oferecer a Jesus essas flores brancas não desabrochadas, que têm sua preferência...

Note-se que Teresa não está sendo simplória em sua imagem, talvez muito longamente desenvolvida (cf. CA 21/26.5.9). Ela está falando de um universo espiritual, de radioso frescor, luz e alegria, ao qual remetemos flores, crianças e mundo estelar.

Notas

1. Não se trata de mártires infantes nesse poema. É Jesus, e não o perseguidor, que colhe lírios. A referência de HA 98 aos santos inocentes é, portanto, inexata.

2. Cf. C 124.

3. Cf. C 182, que remete à Oração ardorosa de João da Cruz.

4. Para Teresa e Celina, há lugar melhor que os joelhos dos eleitos: os do próprio Jesus... Cf. C 211+, bilhete contemporâneo de P 44; e P 18,54.

5. Envolvente invenção poética para a ideia de que o Reino de Deus é dado aos pequenos e não aos sábios.

6. Essas imagens cósmicas tornam-se mais fortes por se tratar de crianças; cf. RP 2,7f.

7. Cf. CA 5.7.3.

8. Cf. RP 2,6v.

9. Teresa reclama muito nas Poesias (P 12,8; 17,5; 24,11; 28,4; 31,2; 35,4; 36,1; 41,2 e aqui).

P 45   Minha alegria!

Data: 21 de janeiro de 1897, composta para madre Inês de Jesus, para sua festa. Foi publicada em HA 98 (sob o título *Ma paix et ma joie*, 14 versos corrigidos), com indicação de melodia: *Où vas-tu, petit oiseau?*

"Toda minha alma está aqui", diz simplesmente Teresa ao remeter *Minha alegria* a madre Inês de Jesus, para sua festa, no momento em que ela empreende os passos mais árduos em sua prova de fé e, logo mais, da agonia. Por trás de expressões e imagens aparentemente ingênuas, há uma atitude de fé e um combate místico que se desenrolam e se exprimem sem refinamento artístico, mas com uma intensidade interior e uma força vital surpreendentes. Cada palavra traduz um peso de experiência e de maturidade, e o desenrolar das estrofes nos faz penetrar na alma de Teresa.

Esse poema prenuncia a famosa página de junho de 1897: "Senhor, vós me cumulais de alegria por tudo o que fizestes" (Ms C, 7f), mesmo que, em janeiro de 1897, a alegria ainda fosse um ato de fé muito voluntário.

Para Teresa não basta acreditar na alegria, aceitar o sofrimento, ocultar as lágrimas, sorrir para Jesus, que se furta. Sua alegria é lutar sem pausa para dar à luz eleitos. Essa notação breve não dá colorido ao poema todo: inconscientemente, Teresa deixa escapar que todos os seus paradoxos e antíteses, ela os ocultou sob flores e que sua alegria é uma luta dura e incessante, atiçada pelo fogo do amor (6,3; 7,5-6).

Notas

1. A segunda estrofe dá sequência à paisagem aparentemente idílica da primeira, mas a pergunta dos vv. 3-4 mostra que essa alegria é, se não forçada, ao menos resultado de um grande esforço de vontade. Nos vv. 5-8, o véu se rasga (cf. Ms C, 4v e Ms B, 4v).

2. A prova da fé; cf. P 32,5-8.

3. Verso de grande bravura, que Teresa sustentará com sua conduta até a morte. Depois da noite da vida (P 12,9,3; 13,18,1), ela entra na noite escura, noite da terra (P 48,4,3), noite da fé (P 54,15,8; 54,16,2).

4. Cf. C 141+; P 11,3,5; 13,5; 31,4; 54,6; Ms C, 3f).

5. Cf. João da Cruz, *Cântico espiritual*, explicação das estrofes XX e XXI: "No que diz respeito à vida ou à morte, sua vontade é absolutamente submissa e abandonada à de Deus... num perfeito abandono ao prazer divino"; ou a *Chama viva*, explicação do verso: Acabai enfim, se é vossa vontade". Numerosas notações nas *Últimas palavras* sobre esse abandono de Teresa em face da vida ou da morte, porque "o que importa é que eu ame" (CA 27.5.4).

P 46 A meu Anjo da Guarda

Data: janeiro de 1897, composta espontaneamente e dedicada mais tarde a irmã Maria Filomena de Jesus. Foi publicada em HA 98 (3 versos corrigidos), com indicação de melodia: *Par les chants les plus magnifiques*.

O tom de fervor calmo do poema caracteriza a última fase, menos visionária, menos banhada em consolação sensível. Os temas levantados são numerosos, agrupando-se em torno da estrofe 3, na qual Teresa parece considerar-se já em outro mundo.

Depois desses versos marcados pela humildade, o tom glorioso registra um final de quase-exultação, à maneira dos salmos com seus "teu... meu... com... com" no início de versos, e sílabas cheias: "Reino, glória, riqueza, Rei dos reis, cibório, cruz"... O termo da pequena via pode manter-se oculto. É na paz que Teresa tende para ele, repetindo essa ladainha de glória em que se concentram em alguns versos grande quantidade de bens eternos, de alegrias que durarão para sempre.

Notas

1. O anjo da guarda é o companheiro de Teresa na pequena via. Essa cena familiar evoca a infância de Teresa, quando seu pai a guiava pela mão (cf. Ms A, 18f; P 8,6).

2. Comparar com Ms A, 38v/39f.

3. A humildade assume tonalidade e desenvolvimentos novos em Teresa a partir do verão de 1896 e sobretudo em 1897, sob o regime da prova da fé.

4. É a primeira vez que Teresa designa os pecadores como seus irmãos; prelúdio à mesa dos pecadores do Ms C, 6f. C. P 54,4,7 e estrofe 20.

P 47 A Teofânio Vénard

Data: 2 de fevereiro de 1897, composição espontânea. Publicada em HA 98 (10 versos corrigidos), com indicação de melodia: *Les adieux du martyr*.

"Minha alma se assemelha à sua", diz Teresa a suas irmãs, enviando-lhes como última lembrança (C 245) breve antologia das cartas desse santinho, missionário martirizado em Tonkin, cuja biografia Pe. Roulland lhe indicara. Desde 21 de novembro de 1896, ela copiara em seu caderno três páginas extraídas dessas cartas.

Para cantar seu bem-aventurado amigo, Teresa recorre à mesma inspiração que sentia diante de Santa Cecília, santa de sua predileção. Cantos e flores, mas também sofrimento e martírio, apostolado vigoroso, gládio e fogo são os temas que a inspiram.

Em 19 de março, ao enviar o poema a Pe. Roulland (cf. C 221), ela chama a atenção para a penúltima estrofe. Ali desvela seu projeto missionário: viajar, se a saúde o permite, para a recente fundação de Hanói. Esperança louca, mas o desejo missionário não para de crescer em seu coração e, por aquelas semanas, sua confiança de voltar à terra para trabalhar sem trégua até o fim do mundo (cf. CA 17,7) se fortalece.

Na enfermaria, o retrato de Teofânio Vénard não a deixará e a assistirá na provação (CA 10,8.11; 10.8.3; 19.8.5; 20.8.13; 6.9).

Notas

1. Teofânio também escrevia poemas, como Teresa.

2. Citação de uma carta de 20 de janeiro de 1861; cf. C 245+.

3. Resposta autêntica ao carrasco, um corcunda cínico, que perguntou ao jovem o que ele lhe daria para ser executado hábil e rapidamente. Mas a cabeça só tombou depois do quinto golpe de sabre.

4. Outra citação de Teofânio.

5. O vocabulário guerreiro anuncia *Minhas armas*, a próxima poesia.

6. Cf. CA 16.8.3.

P 48 Minhas armas

Data: 25 de março de 1897, composta para irmã Maria da Eucaristia, para sua profissão. Foi publicada em HA 98 (3 versos corrigidos), com indicação de melodia: *Chant du départ des Missionaires: "Partez, hérauts de la bonne nouvelle"*.

Poesia nervosa, guerreira, tensa, lançada ao papel como quem enceta uma batalha. Uma Teresa segura de si e de Deus, no cadinho da provação, como Joana d'Arc na fogueira. Ela se sabe rainha, a Rainha que combate, lustra armas para vencer e cuja preocupação primeira é a eficácia.

A citação de São Paulo em epígrafe (tomada de empréstimo à regra do Carmelo) introduz diretamente na armadura do cavaleiro. A audaciosa justaposição de dois versículos independentes do Cântico dos Cânticos dá a imagem de uma rainha formidável em sua onipotência, terrível como um exército em ordem de batalha, semelhante a um coro de música num campo de armas. É preciso ter olhar poético para forjar uma citação tão brilhante, hermética e antitética como fonte de inspiração capaz de motivar uma profissão religiosa e a criar uma alegoria completa dos votos, assunto ingrato por natureza para um poema.

A destinatária é Maria Guérin, anjinho e mulher forte (C 178), meninazinha e valente guerreira (P 36), mas também, ao que parece, irmã Genoveva, que se frustrara no ano anterior (P 27), mas seguia inflamada por ideias de cavalaria.

Para Teresa, trata-se aqui de algo além de romance de cavalaria, mesmo que a linguagem alegórica possa facilitar a redução (cf. C 224). É na verdadeira vida (cf. Ms A, 31v) e na morte que ela batalha. Sorrindo (como seu amigo Teofânio), cantando (como esposa amante), ela luta até o limite de suas forças, antes de cair, armas à mão (note-se a força desse final).

Notas

1. Destaque-se o vocabulário paulino dessa poesia, inspirada em Ef 6. As alegorias diferem: temos em Paulo a verdade por cinturão, a justiça por couraça, o zelo na propagação do Evangelho por calçados, o escudo da fé, o capacete da salvação e o gládio do Espírito. Em Teresa, temos os votos sagrados por armadura, a pobreza como capacete e lança, o gládio da castidade, a couraça da obediência e o escudo do coração.

2. Cf. P 26.9.

3. Cf. RP 7,1f.

4. O gládio comporta para Teresa um pano de fundo bíblico: Mt 10,34 e Ef 6,17; cf. P 47,5 e O 17.

5. Cf. RP 7,3f.

6. Teresa usa por um instante (1-14) o tom dos poetas românticos (Vigny, Lamartine, Hugo), que gostam de diálogos fantásticos em meio a espaços infinitos. Com a antítese luz/noite, a provação da fé surge em toda a intensidade; o enraizamento existencial do poema confere caráter de bravura ao que poderia parecer fantasia literária e bravata.

7. Depois do choque do enfrentamento, a distensão. A doçura da feminidade retoma a dianteira, a exemplo de Santa Cecília (a Virgem, com menção da lira, cf. P 3).

8. A morte no campo de honra teria agradado a Teresa d'Ávila: "Os defensores da Igreja ... podem morrer; ser vencidos, jamais" (*Caminho de perfeição*, III).

P 49 A Nossa Senhora do Perpétuo Socorro

Data: março de 1898, composta para irmã Maria da Trindade, a seu pedido. Publicação inédita em HA; publicada pela primeira vez na revista *Le Perpétuel Secours*, Haguenau, janeiro de 1934, sem indicação de melodia.

Desde menina, Maria Luísa Castel se sente atraída pela imagem bizantina de Nossa Senhora do Perpétuo Socorro. No olhar misterioso da Virgem, ela vê o espelho de sua consciência infantil: sorriso por sua sabedoria, tristeza por sua maldade. Socorrida pela Virgem em 1894, quando de sua entrada em Lisieux, em 1897, ela pede forças para levar uma vida de imolação pelos sacerdotes àquela que, segundo a interpretação do quadro miraculoso, dá segurança e fortaleza ao Menino Jesus assustado pela visão dos instrumentos de sua Paixão. Teresa reúne em alguns versos fáceis os pensamentos de Maria da Trindade durante seu retiro.

P 50 A Joana d'Arc

Data: maio(?) de 1897, composição espontânea, publicada em *Poésies*, 1979, sem indicação de melodia.

No ano de sua morte, Teresa volta a Joana d'Arc (que a vem acompanhando desde a infância), numa espécie de identificação no limiar da própria paixão. Na enfermaria, ela frequentemente fará referências à heroína.

Não é na vitória e na glória que Joana se realiza, mas no cárcere, na traição, em que ela se identifica a Jesus. E ele, por sua morte, dá encanto a todo sofrimento. Teresa também se encontra no fundo de um cárcere escuro, carregada de pesadas correntes, vivendo a provação da fé. Ele bebe a taça amarga do Bem-Amado por meio da doença. Mas para nós, ela aparece mais brilhante e mais bela em sua prisão sombria. A traição também não a poupou. Há sofrimentos que, por natureza, devem ser vividos sozinhos. Escrito a lápis num papel azul, esse poema excelente e denso em sua simplicidade, num movimento que vai da glória ao amargor e à morte, chegando ao amor que transfigura, era desconhecido até poucos anos.

Notas

1. Apesar da dificuldade em aplicar os vv. 3-4 a Teresa, é preciso notar, de um lado, seu cuidado em fazer passar desapercebido que ela se encontra num cárcere (ou túnel) e, de outro, a confissão velada de CA 11.7.1 e 6.8.1: "Não há quem me conheça" (Sl 141,5).

P 51 Uma rosa desfolhada

Data: 19 de maio de 1897, composta para madre Henriette, do Carmelo de Paris, a seu pedido. Publicada em HA 98 (*La rose effeuillée*, 5 versos corrigidos), com indicação de melodia: *Le fil de la Vièrge*, ou *La rouse mousse*.

Poucos místicos foram tão longe quanto Teresa, minada pela doença, no limite das forças, oferecendo seu nada, lançando-se aos pés de Jesus, num ato de puro e total amor. Assim a vemos: sem pedir nada, abandonando-se, quase no além-morte, pode-se dizer, quase no além-amor.

A partir de maio, Teresa já não pode mais participar da liturgia floral das noviças (cf. P 34). Ela vai renunciando aos atos comunitários um após o outro. Só uma tarefa suprema ela conserva: "Devo morrer". Morrer desfazendo-se ao correr dos dias, como uma rosa que se despetala. Na oblação mais absoluta, sem partilha, sem procura, sem lamento, sem encenação, sem arte. Sua generosidade rivaliza com sua delicadeza, e a doação de sua vida se traduz em mansidão sob o pezinho de Jesus Menino, sob os últimos passos do Homem das Dores. O símbolo da rosa desfolhada, hoje em desuso, mantém-se aqui em sua patética beleza, na autenticidade do vivido.

Teresa não está pensando em se dar a Jesus, mas em desfolhar-se sob seus pés, em morrer dissolvendo-se. Ela desenvolve essa ideia nas estrofes 3 e 4 e chega a um ponto ainda não alcançado: "A rosa em seu fulgor pode embelezar a festa, mas a rosa desfolhada é simplesmente lançada ao sabor do vento". A rosa desfolhada se dá para não ser mais. Cúmulo do abandono. Essa é a prova última do amor, sem saber o que Jesus fará. Teresa não passa de uma rosa desfolhada, ou seja, nada.

Teresa responde com esse poema a um pedido de uma carmelita de Paris, ex-priora, que, tendo ouvido falar do talento poético da Santa, apresenta-lhe um desafio: "Se é verdade que essa irmãzinha é uma pérola, que me envie, pois, uma de suas poesias, e eu o verei por mim mesma". E então propôs, segundo Maria da Trindade, o tema da rosa desfolhada.

Madre Henriette ficou muito satisfeita, observando apenas que faltava uma última estrofe para explicar que na morte o bom Deus recolherá essas pétalas, voltando a formar uma bela rosa, que brilhará por toda a eternidade. Menosprezo completo. Para Teresa, amar é dar-se sem esperança de paga. Por isso, ela replicou: "Que a boa madre faça por si essa estrofe, como quiser, visto que não tive inspiração para fazê-la. Meu desejo é ser desfolhada para sempre, para agradar ao bom Deus. Isso é tudo".

Notas

1. O sentimento da beleza é muito vivo em Teresa (56 ocorrências nos escritos; 28 ocorrências tratam da beleza de Jesus). Beleza suprema em P 24,31; 28,2; RP 2, 1f e 8f; RP 4,3f.

P 52 O abandono é fruto delicioso do amor

Data: 31 de maio. Poesia composta para irmã Teresa de Santo Agostinho, a seu pedido. Publicada em HA 98 (sob o título *L'abandon*, 3 versos corrigidos), com indicação de melodia: *Si j'étais grande dame*.

Uma canção que vai além de si mesma, uma canção para passar a tormenta (estrofe 2) e dar-se de coração, calam, firmemente, em paz (termo que ocorre 4 vezes). A segurança das quatro últimas estrofes não é fingida: é o verdadeiro abandono, para além das consolações sensíveis.

Menos fremente, mais circunspecta que *Uma rosa desfolhada*, esse poema é muito pessoal.

Ao mesmo tempo virtuosa e rígida, a destinatária fizera voto de abandono à boa vontade de Deus, não sem deixar de pensar em buscar superioridade na perfeição. Para Teresa, o abandono não é obra de quem quer ou de quem corre, mas do Deus da misericórdia. Reconhecendo em si esse abandono total em face da morte, ela renderá homenagem a seu único autor: "Eis-me aqui. O Bom Deus aqui me trouxe, tomou-me em seus braços e me pôs aqui..." (CA 7.7.3).

Notas

1. Bela imagem de uma árvore à la Chagall, cuja raiz se encontra nos céus. O símbolo da árvore é raro em Teresa (temos aqui o único emprego nas Poesias; cf. C 137, a árvore de Zaqueu).

2. Esse fruto é a antítese do fruto do gênesis (3,6): pode-se tocá-lo sem temor (Gn 3,3) e comê-lo. Ele traz não a desordem do pecado e da morte, mas um oceano de paz e a felicidade nessa vida.

3. Nas estrofes 7-9, temos o tom, as cores de P 3, *Santa Cecília* (vv. 29-32), a santa do abandono.

4. Teresa espera em paz, mas uma paz que nada tem de passividade. A fuga inesperada do pássaro, numa ascensão vertical que rasga a atmosfera densa diz exatamente isso. Ela evoca irresistivelmente o ato anagógico ensinado por João da Cruz: para que a alma vença a tentação, o melhor é voar para Deus... Teresa voa mais alto que o pássaro. O olhar pode

seguir um pássaro no céu, mas não pode ver a alma da carmelita voando até os confins da Terra prometida, onde a Árvore da vida lança raízes.

P 53 Um lírio em meio aos espinhos

Data: maio de 1897. Poesia composta para irmã Maria da Trindade, a seu pedido. Foi publicada em HA 98 (13 versos corrigidos), com indicação de melodia: *L'envers du ciel*.

Malgrado seu colorido lamartiniano, esse poema — de uma firmeza confirmada pela grafia, de uma energia surpreendente numa doente — é de grande despojamento, com formato clássico e uma notável ausência de adjetivos.

É um canto das misericórdias que Teresa compõe para Maria da Trindade. Ao se aceitar como fraca e sem virtudes, Maria da Trindade candidata-se a dar lugar à obra de amor consumante e transformante (C 197). Para Teresa, sobretudo, mais que nunca, só existe o amor (cf. C 242, fim).

Notas

1. A escolha divina; cf. prólogo do Ms A, 2f; P 16,6; 25,8; 40,6.
2. No mesmo tom da *Rosa desfolhada*, a provação da fé e o enfraquecimento decorrente da doença provocam em Teresa uma retomada de consciência mais aguda de seu nada.
3. Cf. P 23,5.
4. Imagens brilhantes exaltam a virgindade, última palavra e coroamento do poema.

P 54 Por que te amo, ó Maria

Data: maio de 1897. Composição espontânea, que também fora pedida por irmã Maria do Sagrado Coração. Publicada em HA 98 (39 versos corrigidos), com indicação de melodia: *La plaiante du mousse*.

Teresa disse a Celina ter algo a fazer antes de morrer: exprimir num canto à Santa Virgem tudo o que pensa dela (cf. PA, Roma, p. 268). Nesse mês de maio, ela começa a pressentir a provável difusão de seus escritos e a considerar seu pensamento sobre Maria como parte integrante da obra importante que se prepara (cf. CA 1.8.2). Para falar de Maria, ela se volta para o Evangelho, sua única fonte de inspiração: "O Evangelho me ensina... e meu coração me revela".

Teresinha assina essas linhas com mão trêmula e letra falha: humilde e emocionante ponto final de toda a sua obra poética.

Notas

1. Verbo forte, que merece ainda mais atenção diante do fato de que, passando pela provação, Teresa não sabe mais o que são alegrias humanas. O verbo é empregado 14 vezes nos escritos (Ms A, 60v; Ms B, 3f; C 74, 107, 134, 254, 258, 261, 5 vezes nas RP), assim como em CA 17.7 e 20.8.4.
2. Cf. P 52,11. Sobre a experiência do sofrimento de Maria, cf. CA 20,8.11.
3. A imagem do oceano de amor sugere a plenitude de repouso que Deus oferece à criatura que o recebe em si.
4. Um mistério da Onipotência realizando-se na pequenez da criatura.

5. Como em P 24, o coração tem grande destaque nesse poema. Com 14 ocorrências, 10 a respeito de Maria.

6. Imagem caracteristicamente teresiana, pela qual o Magnificat é comparado a um roseiral que a tudo perfuma.

7. Assunto difícil, tratado com sobriedade: a expectativa dolorosa de José e o eloquente silêncio da Virgem, tratados por Teresa em belas imagens.

8. Ocultar-se e buscar é o jogo austero descrito pelos 24 versos consagrados ao mistério do templo. A meditação se aprofunda até o admirável protesto da paciência de 16,5-8, um ápice do poema, quando se dá o total despojamento da rosa desfolhada.

9. Esses dois versos (1-2) desenvolvem a intuição enunciada em 15,7-8: é Jesus que quer a prova para aqueles que ele mais ama. Essa certeza é constante em Teresa e reafirmada várias vezes na correspondência. Cf. C 190.

10. Cf. Ms C, 7f; C 253; P 47.3.

11. Cf. Ms C, 5v.

12. A colina onde se reúnem os pecadores, no espírito do Ms C.

13. Maria não se prende a sua condição única de Mãe de Jesus. Ela aceita ser desapropriada do título quando João deve substituir Jesus.

14. Cai o véu sobre a existência de Maria. Teresa não menciona a descida da cruz e omite os mistérios gloriosos.

15. O sorriso da Virgem, que acompanha Teresa desde os Buissonnets, acolhe Teresa na enfermaria. "Ela jamais me pareceu tão bela".

16. O poema volta-se sobre si mesmo com o v. 15 respondendo à estrofe 1.

POESIAS SUPLEMENTARES

PS 1 Ó Deus oculto

Data: 6 de janeiro de 1895 ou 1896. Poesia composta para a comunidade, publicada em *Poésies*, 1979, com indicação de melodia: *Joseph inconnu sur la terre*.

Ensaio inacabado, destinado a um recreio da comunidade, numa tarde da Epifania.

PS 2 No Oriente

Data: 6 de janeiro de 1896 ou 1895. Composta para a comunidade, publicada em *Poésies*, 1979.

Ensaio inacabado, para uma festa da Epifania.

PS 3 Há cinquenta anos

Data: 15 de janeiro de 1896 (?), composta para irmã Santo Estanislau, publicada em *Poésies*, 1979.

PS 4 O céu é o prêmio

Data: julho de 1896 (?). Composta para o noviciado, publicada em *Poésies*, 1979, com indicação de melodia: *Le ciel en est le prix*.

Notas

1. Espécie de matraca que se tocava nos claustros e nos dormitórios às 4h45m no verão.

2. Objetos proscritos pelas Constituições de Santa Teresa d'Ávila.

3. Instrumentos de penitência (cruz, grilhões e cilício). Sabe-se que, em 1896, Teresa praticava generosamente essas penitências, tanto quanto lhe permitia madre Maria de Gonzaga, sua priora. Cf. CG p. 883, 1189.

4. Palavra totalmente ausente dos escritos de Teresa (mas não de sua vida como religiosa. O termo "jejum" ocorre apenas uma vez (Ms C, 4v).

5. Às segundas, quartas e sextas-feiras, ao final do "silêncio" da noite (das 20 às 21h), as irmãs disciplinavam-se em comum, no coro, na obscuridade. Recitavam o S1 50.

6. Cf. CSG, p. 143-144 e 58. Teresa sorria durante as penitências.

PS 5 Para uma Santa Marta

Data: 29 de julho de 1896. Composta para as irmãs conversas, publicada em *Poésies*, 1979, sem indicação de melodia.

Notas

1. Nome civil de irmã Maria Madalena; cf. P 10,3,3; CG II, p. 1178, 1208.
2. "Batista": Maria da Eucaristia.

PS 6 A Madre Maria de Gonzaga

Data: 21 de junho de 1897. Composta para madre Maria de Gonzaga, por ocasião de sua festa. Publicada em *Poésies*, 1979.

PS 7 O silêncio é doce linguagem

Data: junho (?) de 1897. Poesia composta para uma carmelita desconhecida, publicada em *Poésies*, 1979.

PS 8 Tu que conheces minha extrema pequenez

Data: 16 de julho de 1897. Composição espontânea, publicada em HA 98 (dois versos corrigidos), com indicação de melodia: *Il est à moi*.

Com voz alta e bela, irmã Maria da Eucaristia canta essa estrofe antes da comunhão de Teresa, na enfermaria (cf. C 255). Teresa não comporá mais versos. Seu martírio se encerraria onze semanas depois (30 de setembro), por uma morte de amor, como a de Jesus na cruz (cf. CA 4.7.2).

RECREIOS PIEDOSOS

RECFIOS PIEDOSOS

Introdução

Recreios no Carmelo

Para compreender o significado dos recreios nos mosteiros de carmelitas reformadas é necessário remontar à fundadora espanhola da reforma, Teresa de Jesus (1515-1582). Cheia de bom senso, de realismo sadio, e tendo consciência da austeridade de vida que propunha às suas filhas, a Madre não quis expô-las a tensões e "melancolias". Uma vida de oração contínua na solidão e no silêncio, em uma comunidade enclausurada de vinte mulheres, só se faz possível com a graça de Deus e uma verdadeira vocação, se houver um equilíbrio de elementos que as Constituições teresinas dosam com uma arte nascida da experiência. Portanto, os recreios são essenciais na vida carmelita. Além daqueles do cotidiano, acrescentam-se as festas, litúrgicas e comunitárias, que quebram a monotonia.

O Natal é particularmente celebrado. Também as festas dos santos, em especial as dos mártires. De tudo isso surgiu um "teatro" em que o canto ocupa boa parte e onde se misturam divertimento e edificação. Cada Carmelo francês recebeu essas tradições recreativas e, com o passar do tempo, criou sua maneira peculiar de realizá-las.

Em Lisieux, no tempo de Santa Teresa, entre as festas da comunidade, a mais importante era a da priora; tomava dois dias e as noviças apresentavam uma peça séria e bem cuidada. Em 29 de julho, festa de Santa Marta, as irmãs conversas eram homenageadas. Três dias depois do Natal, comemorava-se a festa dos Santos Inocentes; o estilo era muito mais frouxo, com a eleição de uma priora por um dia. Em 1897, as carmelitas festejaram o jubileu áureo de Irmã São Estanislau dos Sagrados Corações.

Quando Teresa Martin ingressou no Carmelo, a organizadora "oficial" das festas recreativas era sua irmã Paulina, Irmã Inês de Jesus, de 27 anos. Em 21 de junho de 1888, a postulante fez o papel de Santa Inês e, em 25 de dezembro de 1889, o da Virgem Maria em *O primeiro sonho do Menino Jesus*. "A comunidade ficou profundamente emocionada e lágrimas rolaram de todos os olhos", nota Madre Inês.

Cedo, portanto, a postulante e, depois, a noviça foi iniciada nesse tipo de recreios teatrais e tomou parte importante neles. Esses papéis não foram "divertimentos" para ela, mas uma experiência espiritual profunda que seus escritos comprovam. Posteriormente fez o papel de Joana d'Arc com a mesma convicção.

Quando, em 20 de fevereiro de 1893, Irmã Inês de Jesus é eleita priora, não há mais possibilidade de ela organizar as festas da comunidade, sem contar que as maiores se referem a ela mesma. Não tendo a vice-priora talento para esse gênero de atividades, Madre Inês passa a responsabilidade para sua irmã, Teresa do Menino Jesus.

Teresa, autora, diretora e atriz (1893-1897)

Esses títulos devem ser considerados com certo sorriso. Pois, até então, Teresa escrevera uma única poesia, no início de 1893. Inaugura sua nova função escrevendo *A missão de Joana d'Arc*, para a festa da priora, em 21 de janeiro de 1894.

Como sempre, dispõe de muito pouco tempo. Oração, trabalho, serviços do mosteiro, reuniões do noviciado não lhe deixam lazeres numa vida em que o sino corta todas as atividades.

A escolha dos temas

A importância da festa e o elenco da circunstância determinam o tempo que Teresa dedica a compor um recreio. Há apreciável diferença entre as peças *Joana* e as vinte quadras do *Divino pequeno mendigo de Natal*. O tema escolhido pode ter sido objeto de debate entre as noviças. Irmã Maria da Eucaristia escrevia para os pais: "Foi Diana Vaughan que nos deu a ideia de compor essa peça". Como disse Irmã Maria do Sagrado Coração: "Era atualidade". E muito atual, segundo se lê em RP 7.

Também eram atuais as duas peças sobre Joana d'Arc; de fato, o ano de 1894, na França, foi particularmente centrado na jovem Lorena, que só seria beatificada em 1909.

Todavia "a autora" não despreza a tradição. RP 2, RP 5 e RP 6 pertencem ao ciclo natalino, importante no Carmelo espanhol. Ao ciclo das biografias de santos pertencem as composições sobre *Joana d'Arc* (RP 1 e RP 3), *Jesus em Betânia* (RP 4), *A Fuga para o Egito* (RP 6), *Santo Estanislau Kostka* (RP 8). Seis entre as oito peças comportam prosa e verso cantados. Esse trabalho de adaptação das palavras às melodias escolhidas por Teresa não deve menosprezado: foram vinte e seis melodias diferentes (cf. *Recreios*, p. 410ss.).

Cenários, trajes, papéis

O lugar das apresentações era habitualmente numa sala no andar térreo, único cômodo aquecido, no canto sul do claustro. O cômodo tem quatro grandes janelas e três portas, o que favorece os jogos de cortinas ou de biombos. É possível que RP 5 e RP 6 tenham sido apresentados na sala do Capítulo, no primeiro andar, onde havia um vasto presépio na época do Natal. Por já ter um cenário pronto, pode ser que as peças do ciclo da Natividade também tenham sido apresentadas nesse local.

No sótão do Carmelo havia uma mala cheia de diversos disfarces: vestidos, perucas, objetos variados para cenários. Para completar, recorria-se às famílias e aos amigos, mormente aos Guérin.

No dia da apresentação, sempre causava surpresa ver as companheiras fantasiadas no palco. As "atrizes" tinham de decorar o papel ao máximo, mas podiam também socorrer-se da cópia que tinham em mão (texto em letras bem legíveis, com as deixas dos parceiros).

Ao noviciado pertencem todos os papéis, embora se pudesse recorrer a algumas irmãs da comunidade em caso de necessidade. Irmã Teresa fez o papel principal em cinco das oito composições: Joana d'Arc (RP 1 e 3), Jesus (RP 4), Maria (RP 6) e seu próprio papel de "mestra das noviças" (RP 7). É preciso acrescentar "o Anjo do Menino Jesus" (RP 2).

Segundo testemunho de Irmã Maria Madalena, "em nossas festinhas do noviciado, ela procurava os papéis mais apagados, pretextando que combinavam melhor com sua voz rouca, mas deixávamos para ela os mais bonitos, ela os fazia tão bem" (NPPO, 6/3/1910).

Teresa perante a sua comunidade

No plano teatral, Irmã Teresa não tinha ofício nenhum e não alimentava nenhuma pretensão. Seu único objetivo era obedecer, agradar, *fazer o bem*. Por esse gênero particular de expressão, o teatro, ela exerce uma influência muito mais real que pelos seus outros escritos. Engaja-se mais na composição dos recreios que nas poesias. Não fazendo papéis importantes nos quais põe muito de si mesma, mas sobretudo escrevendo textos que a fazem sair da sombra de uma vida oculta.

Nada mais distante de Irmã Teresa do que querer aproveitar-se de uma tribuna privilegiada para "dar lição" às suas Irmãs. Todavia, ela está com a palavra e gosta da verdade. Sua função no noviciado prolonga-se na cena. *O triunfo da humildade* (RP 7), em que faz seu próprio papel de mestra das noviças é um bom exemplo disso. Nunca se aproveita da situação para introduzir "suas ideias", mas tampouco deixa de fazer descobrir a misericórdia de Deus.

Sente dolorosamente os conflitos que agitam suas irmãs, por exemplo, na ocasião de uma eleição de priora (1893 e 1896) e as oposições entre as partidárias de Madre Maria de Gonzaga e o "grupo Martin[1]". Nunca se refere a essas mesquinharias, mas sempre eleva o debate, lembrando o essencial numa vida carmelita:

---

1. Cf. PA, p. XXI.

o amor de Cristo, a caridade fraterna, a oração pelos pecadores e os padres, o espírito missionário, a humildade. Não hesita em fazer pronunciar no palco as verdades fundamentais, mesmo quando estão na contracorrente.

Já no seu segundo recreio, *Os anjos no presépio de Jesus*, o anjo vingador, do Juízo Final, aquele que deveria conseguir o assentimento das espectadoras preocupadas com os direitos da justiça divina, esse anjo ajoelha-se *in extremis* ao ouvir a voz misteriosa do Menino Jesus: só ele julgará o mundo.

E quando surgem conflitos entre as irmãs de coro e as conversas, às vezes tentadas em comparar as vocações? Em *Jesus em Betânia*, Teresa tranquiliza as Martas e as Marias Madalenas da comunidade: o Senhor não escolhe, ama cada uma das irmãs. O que vale é o amor.

Perante as leis anticlericais que ameaçam sua existência, as carmelitas tomam partido no combate travado pela ex-maçônica "Diana Vaughan". Teresa não evita as questões da atualidade, mas salienta nitidamente que o combate é, antes de tudo, espiritual. O verdadeiro triunfo sobre as forças do mal será o da humildade: *Para ele, permanecei sempre humildes* (RP 7).

Em três recreios (de oito), assiste-se a uma reviravolta, uma "conversão" do temor para o amor (Joana em RP 1; O Anjo do Juízo em RP 2; Marta em RP 4). Nota-se o interesse constante de Teresa: que algumas das suas irmãs, que ainda respiram os bafios do jansenismo atemorizador que lhes envenena a existência, descubram a primazia do amor. Mas não há sinais seguros de que esses chamados tenham sido entendidos.

Tampouco as irmãs adivinharam as confidências, veladas pela ficção teatral, que fazem dos recreios um complemento autobiográfico dos manuscritos, das cartas e das poesias.

O exemplo mais contundente é, evidentemente, o das duas peças sobre Joana d'Arc. Sem elas, não se poderia avaliar a profunda influência da jovem Lorena sobre a carmelita e não se conheceria o misterioso pressentimento de Teresa que descrevia a agonia e a morte da sua *irmã querida* (Ms B, 3f). Ela própria só tomou consciência do fato durante sua doença, quando confidenciava para Madre Inês de Jesus: *Reli a peça de Joana d'Arc, que eu compus. Vereis aí os meus sentimentos sobre a morte; estão todos expressos nela* (CA 5.6.2).

Contou também à Irmã Maria da Trindade, a respeito de RP 8: *O que me agradou ao compor essa peça é que pude expressar a minha certeza de que, depois da morte, ainda se pode trabalhar para a salvação das almas. Santo Estanislau, morto tão jovem, serviu-me admiravelmente para dizer os meus pensamentos e as minhas aspirações a esse respeito*[2].

Enfim, esse teatro confirma a familiaridade espantosa da jovem carmelita com a Sagrada Escritura que cita frequentemente. Em três anos e oito recreios, cita a Bíblia 270 vezes.

---

2. VT, n. 75, julho de 1979, p. 229s. Cf. PO, p. 469s.

De acordo com seu hábito, Irmã Teresa do Menino Jesus pôs muito amor na composição dos seus recreios, para a glória de Deus e a alegria das suas irmãs. Como diz um dos seus personagens: *As festas do Carmelo têm encanto especial, o espírito de família é a sua marca distintiva e isso me deixa contente...* (RP 7sc.1).

J.M.J.T.

A MISSÃO DE JOANA D'ARC
ou
A pastora[1] de Domremy ouvindo vozes

PERSONAGENS[2]

Joana d'Arc — O arcanjo São Miguel — Santa Catarina — Santa Margarida — Catarina d'Arc, irmã de Joana — Germana, jovem pastora de Domremy

[Cena 1]

Joana, sozinha no campo, guarda o seu rebanho, canta trançando uma grinalda de flores — sua roca e seu cajado estão deitados ao lado dela.

Música: "Sou eu a loura Ietala", ou "Um dia uma pastora chamada Isabel".

1

Eu, Joana, a pastora,
Quero bem a meu rebanho
Meu cajado se faz leve
E gosto do meu bilro.

2

Gosto da solidão
Deste lindo bosque
Tenho o doce hábito
De vir escondida.

3

Tranço uma coroa[3]
De lindas flores do campo
A Maria a ofereço
Com meu mais belo canto.

4

Admiro a natureza
As flores e os passarinhos
Do riacho que sussurra
As água contemplo.

5

Vales e campos
Alegram meus olhos

Os cumes dos montes
Do céu me aproximam.

6

Amiúde vozes estranhas
Por mim se fazem ouvir
Creio que os anjos
Assim querem falar.

7

[21]
Pergunto ao espaço
Examino os céus
Nenhum sinal percebo
De seres misteriosos.

8

Através da nuvem
Que deve escondê-los
Para a margem celeste
Quem me dera voar!

[Cena 2]

Quando Joana acaba de cantar, Catarina se aproxima dela silenciosamente. Joana parece espantada ao vê-la.

Joana

Catarina, irmãzinha, que vem fazer aqui, por que não está tomando conta do seu rebanho?

Catarina

Meu rebanho já foi recolhido ao aprisco. Joana, você se esqueceu de que hoje é dia de festa? Nossas companheiras nos esperam para ir dançar debaixo da grande árvore[4].

Joana

Minha grinalda de flores está terminada e não me esqueci da festa, mas ainda é cedo para recolher meus carneirinhos[5]. Dentro de uma hora alcançarei você debaixo da grande árvore.

[2v]   ### Catarina, *timidamente.*

Joana, preciso lhe pedir um favor, suplico-lhe, não me repreenda... Ouvi você cantar, há pouco, estava escondida atrás das árvores... Você dizia que os anjos vêm falar com você...

Joana, *muito emocionada.*

Você ouviu!...

Ó Catarina! Não repita nunca essas palavras e não pergunte nada, pois não posso responder.

Catarina, *acariciando Joana e sentando-se perto dela.*

Joana, sou sua irmã, não esconda de mim o seu segredo, prometo que nunca o revelarei a ninguém.

Joana

Pois bem! Só a você, Catarina, vou contar meu segredo. Você gosta de mim e sei que não vai contar para ninguém. É verdade que desde os meus treze anos ouço com frequência vozes desconhecidas. São agradáveis e melodiosas... Nem se pode comparar a elas, embora tão suave, o canto do rouxinol.

Catarina

Ó Joana! São os anjos, claro [3f]. Você é tão boa que eu não me surpreendo que Deus e Nossa Senhora a cumulem com suas graças.

Joana

Não sei se essas vozes são as dos anjos, nunca vi um deles. Mas não sou tão boa como você diz. Minhas vozes me incitam a sê-lo e prometem que Nosso Senhor me protegerá sempre se eu conservar o meu coração só para Ele.

Catarina

Joana, o que significa conservar o coração para só Deus? É amar só a Ele? Isso é muito difícil... Amo você acima de tudo o que se possa imaginar. Você acha que a ternura que tenho para com você[6] desagradam a Deus?

Joana

Não, pequena Catarina, não creio. Também amo você ternamente e nosso afeto é agradável a Deus. Mas conservar o coração só para Ele é escolher Jesus por esposo... Há muito tempo minhas vozes aconselharam-me a consagrar a minha virgindade[7] a Nosso Senhor e entregar a guarda dela [3v] a Nossa Senhora. Ó Catarina, se soubesse as ternuras que Jesus reserva para as almas que escolhe por esposas!

Catarina, *levantando-se.*

Também quero consagrar-me a Jesus! Joana, leva-me logo ao altar de Nossa Senhora, quero parecer-me com você, tornar-me boa como você.

JOANA, *sorrindo*.

Você é ainda muito jovem[8], irmãzinha, é preciso aguardar e pedir a Nosso Senhor que lhe dê a graça de ser, um dia, sua esposa. Vou pedir para você também. Seja sempre bem comportada e obediente, esse é o meio da atrair os olhares de Deus.

[CENA 3]
GERMANA *chega, toda enfeitada de flores.*

O que vocês estão fazendo? A festa vai começar dentro de meia hora e Joana ainda não está pronta... (*Pegando a grinalda na mão*). Sua grinalda é muito bonita, sem dúvida, deve ser para a capela de Nossa Senhora, nunca vi você trançar uma grinalda para se enfeitar.

JOANA

É verdade que todas as minhas flores são para Maria [4f], mas não recuso participar da festa. Não preciso de muito tempo para me preparar, chegarei quase tão cedo quanto vocês. Germana, leva Catarina com você, irei logo alcançá-las.

GERMANA

Joana, não falte; sem você não haverá festa.

CATARINA, *para Joana.*

Não quero ir sem você, vou esperar.

JOANA

Seja obediente, Catarina. Sabe o que foi combinado entre nós... Eu preciso ficar algum tempo sozinha.

GERMANA

Por que, tantas vezes, você quer ficar sozinha? Deve se aborrecer por não saber das novidades. Eu sei de algumas muito interessantes... Sabe o que está acontecendo em Orleans?

JOANA

Não, não sei de nada. Meus irmãos mais velhos, Tiago e João, estão no exército, rezo todos os dias para eles, mas [4v] não desejo saber[9] o que está acontecendo em Orleans nem em lugar nenhum.

GERMANA, *estranhando.*

Mas você não ama a França, Joana?

Joana

Sim, amo-a, mas sou apenas uma pastorinha e sei que permanecendo humilde e oculta posso ser mais útil a nossa pobre pátria do que procurando saber coisas que não me dizem respeito.

Catarina, *levantando-se*.

Pois bem, Joana, como você me disse para partir, vou à festa. Se Germana começar a falar de todas as coisas que ela sabe, ainda estaremos aqui quando a festa acabar. Não estou a fim de perdê-la.

Germana e Catarina beijam Joana e partem.

[Cena 4]

Já é tarde e não ouvi minhas vozes ainda... Mas preciso partir para a festa. (*Ajoelha-se*) Ó Nossa Senhora, protegei-me, sou vossa pequena serva. [5f] Dê-me a graça de nada fazer que não lhe seja agradável.

São Miguel, *invisível*, canta a música "Parti, arautos".

> O dia da vitória virá
> E salvará o reino da França
> Mas só a Deus toda glória pertence
> Para provar, arma um braço infantil
> Essa criança, essa jovem guerreira
> Não descende de um rei rico e valente
> Ainda não passa de uma pobre pastora
> Mas Deus chama-se: Onipotente
> Quer dar à virgem tímida
> Um coração de fogo, uma alma de guerreiro
> E coroará sua fronte pura e cândida
> De lírio e de louro.

Joana, *apavorada*.

Ó meu Deus! Não estou entendendo! De costume, a voz que ouço é tão suave... Não é a mim que a de hoje se dirige. Quem é a criança que, por cujo intermédio, devem cumprir-se tão grandes coisas? Talvez serei eu quem lhe comunicará a vontade de Deus... Mas não acreditará em mim! Ó Santíssima Virgem Maria, e vós, meu bom anjo da guarda, dignai-vos a esclarecer-me e dizer-me o que devo fazer!

[5v]   SANTA CATARINA e SANTA MARGARIDA, *invisíveis.*
        Cantam a música "O anjo e a alma".

Amável criança, doce companheira nossa,
Tua voz tão pura alcançou o Céu
O anjo da guarda que sempre te faz companhia
Apresentou teus desejos ao Eterno.

Descemos do seu celeste império
Onde reinamos pela eternidade
É por nossas vozes que Deus vem dizer-te
            A vontade Dele!...
É preciso partir para salvar a Pátria
Empunhar a espada para conservar-lhe a honra
O Rei dos Céus e a Virgem Maria
Saberão tornar teu braço sempre vencedor.

        JOANA, *sempre mais apavorada.*

Salvar a Pátria! Empunhar a espada! Eu, pobre criança dos campos... estou sonhando! (*Levanta-se e olha ao redor*). Não, estou bem acordada! Meu Deus! amparai-me! Estou perturbada. Estou com medo. (*Esconde o rosto com as mãos e chora.*)

        SANTA CATARINA e SANTA MARGARIDA, *invisíveis.*

Consola-te, Joana, enxuga as lágrimas
Presta atenção e olha para os Céus
[6f]   Verás, lá, que o sofrimento tem encanto
Gozarás de cantos harmoniosos.

Essas melodias fortalecerão a tua alma
Para o combate que deve vir em breve
Precisarás de um amor ardente
            Deves sofrer!

Para a alma pura, exilada na terra
Carregar a Cruz é a única glória
Um dia, no Céu, esse cetro austero
Será mais bonito que o dos reis.

        SÃO MIGUEL, *sempre invisível.*

Por que falar em lágrimas, sofrimento?
Cantai, em vez, os combates gloriosos
Cantai, cantai a beleza da França
E a heroína de braço vitorioso

>   Pelo Deus das batalhas, Joana em breve
>   Será levada a façanhas novas
>   Todos a verão cruzar o fogo
>   À frente dos maiores generais
>   Em nenhum momento, a virgem magnânima
>   Procurará as honras da corte
>   Seu coração será puro, sua fé grande e sublime
>   Até seu dia derradeiro.

Durante os cantos[10]*, Joana levanta a cabeça, procura ver os seres invisíveis que lhe falam, e fica em atitude de êxtase. [6v] A voz de são Miguel amedronta-a e a faz chorar de novo. — Depois que ele acaba de cantar, ela diz:*

Joana

Quem sois vós para falar-me desta maneira? Oh! Suplico-vos, mostrai-vos a mim. Se a vossa voz é tão harmoniosa e tão apavorante, vosso rosto deve ser bonito!

[Cena 5]

São Miguel aparece nos ares, numa nuvem luminosa. Joana fica com medo ao vê-lo.

São Miguel

>   Sou Miguel, o guardião da França,
>   Grande general no reino dos Céus.
>   Até nos infernos exerço meu poder
>   E o demônio fica muito invejoso
>   Outrora, também, de muita luz brilhando
>   Satanás quis reinar no Lugar Santo   Is 14,12-15
>   Mas no meio do trovão disse eu
>   As palavras: "Quem pode comparar-se a Deus?"   Ap 12,7-9
>   No mesmo instante, a divina Vingança   (Dn 10,13)
>   Escavou o abismo e lançou Lúcifer
>   Pois, para o anjo orgulhoso, não há clemência
>   Merece o inferno!

>   Sim, é o orgulho que derruba esse anjo
>   De Lúcifer fez um réprobo
>   Também, depois, o homem procurou a lodo
>   Mas Deus, seu orgulho reparou
> [7f]   É o Eterno, o Verbo igual ao Pai
>   Que, revestindo a pobre humanidade,   Fl 2,7
>   Sua obra inteira regenerou
>   Pela sua profunda humildade

> Esse mesmo Deus se digna salvar a França
> Mas não ajudado por grande conquistador
> Rejeita o orgulho e dá preferência
> A um braço fraco de criança[11]!
>
> Joana, foste tu que o Céu escolheu
> Precisas partir para responder a sua voz
> Deves deixar cordeiros e prados
> O fresco vale, os campos, os bosques.
> Arma teu braço! Corre e salva a França!
> Vai, não temas… nem o perigo
> Deus saberá coroar tua valentia
> E o estrangeiro expulsarás…

JOANA, *trêmula*.

É possível que Deus me destine a tão grandes coisas? Não sinto em mim a coragem que alardeais… Sou apenas uma criança fraca e tímida. Ai! terei de deixar este lugar onde minha infância conheceu tantas doçuras?

[7v] ### SÃO MIGUEL

> Tímida criança, deixa a tua choupana,
> Toma esta espada que Deus guardava para ti
> Toma uma bandeira branca por estandarte
> E procura o Rei!…

São Miguel quer pôr a espada na mão[12] de Joana, que se afasta, apavorada.

JOANA, *com voz trêmula*.

Oh! Não, ainda não… Senhor são Miguel, guardai a vossa espada… Sou apenas uma criança, como poderia combater?

São Miguel desaparece. Joana senta-se numa pedra.

[CENA 6]
JOANA, *sozinha*.

Ah! Se Deus recomendasse-me para retirar-me numa solidão longínqua, não hesitaria em deixar meus pais queridos, a fim de obedecer a Ele. Mas é para a guerra que devo ir. Devo combater na frente de um exército. Oh! Não! É impossível.

[CENA 7]

Chora, escondendo o rosto com as mãos [8f]. Após alguns instantes de silêncio, Santa Catarina vem colocar-se ao lado da pastorinha, contempla-a com ternu-

ra e, tocando-a de leve com a mão, murmura suavemente: "Joana..." Joana levanta a cabeça, olha o rosto radiante da virgem e exclama, caindo de joelhos:

Ó Senhora, como sois bonita! Só de vos ver fico consolada... Quem sois? Nunca vi brilho tão suave, tão luminoso.

Santa Catarina
Música: "Caído do ninho... A criança loura da colina."

>Sou a virgem Catarina
>Venho dos Céus consolar-te
>Com a missão divina
>De te abençoar, te proteger
>Como tu, na terra fui
>Criança querida do Senhor
>Tão cara me era sua ternura
>Que meu coração lhe consagrei
>>Na aurora da vida
>>Entreguei contente
>>A Deus minha primavera
>Mártir fui, com 18 anos[13].

[8v]   ### Joana

Que transformação foi feita em mim? Ó dulcíssima virgem! Vossa voz dissipou todos os meus temores, agora não tenho mais medo... O arcanjo São Miguel veio, também, visitar-me, sua voz encheu-me de terror, mas vosso doce canto causa-me tanta alegria que sem receio obedecerei à vontade de Deus!

[Cena 8]
Santa Margarida *aparece, cumprimenta Santa Catarina,*
Música: "Senhor, quando da minha enxerga fria..."

>Ilustre virgem Catarina
>Procurando-vos, em vão, nos Céus
>Acabo de passar a colina
>Que me separava deste lugar
>Estava na santa Montanha[14]   Ap 14,1
>Onde suplicava o Senhor
>De mandar à nossa companheira
>Um belo anjo consolador.
>
>"Voe, celeste mensageira,
>para junto da simples pastora",
>respondeu-me nosso grande Rei
>"Em ti posso confiar

[9f]
    Com a Virgem Catarina
Do meu coração esposa querida
Cumpra a missão divina[15]
De amparar minha humilde flor."

Santa Catarina *para Santa Margarida*
Música: "Caída do ninho"

Vos saúdo, bela Rainha!
Querida do grande Rei
Vinde, amável soberana
Sentai-vos comigo
Ensinai à humilde pastora
O meio de sempre reinar
Esta criança tão nossa querida
Nosso amor e cuidados merece
    No seu martírio
    Para ela vindo sorrir
    Mostraremos o Céu
e para lá a levaremos!...

As duas santas sentam-se em cima da pedra, Joana fica de joelho diante delas.

Santa Margarida *para Joana.*
Música: "Senhor, quando da minha fria enxerga"

O Céu está perto da terra
O Senhor conhece teus desejos
Os santos ouvem tua prece
Teus suspiros recolhem
[9v] Os bem-aventurados e os santos anjos
Hão de proteger-te[16]
Todas as celestes falanges.

Joana

É consolo demais para um só dia. (*Juntando as mãos*) Senhora, não sei como agradecer tanta bondade. Dignai-vos não me ocultar vosso nome...

Santa Margarida
Música: "Senhor etc."

Sou a rainha Margarida[17]
Meu reino é o belo Céu azul
Para a eternidade habito

No vasto palácio do meu Deus
Nunca as grandezas da terra
Tiveram encantos para meus olhos
A alegria parecia-me amarga
Quando os Céus contemplava.

Em breve honras e glória
Joana, para ti vão começar
A vitória alcançarás
E como eu reinarás

[10f]
Não querendo elogios
Para teu Jesus as deixarás
Teu anjo sorrir farás
Que tuas virtudes colherá.

Eis como, suave pastora,
Saberás sempre reinar
Desprezando da terra as honras
Jesus terá o teu amor.

Joana

É verdade, linda rainha! Só desejo a honra e a glória de Nosso Senhor. Não quero as grandezas da terra, mas a realeza do Céu parece-me preferível... Para consegui-la, sinta que nada me custará demais. Mesmo que precisasse ir até o fim do mundo[18] e derramar todo o meu sangue, espero, com a graça de Nosso Senhor, que não vacile um só momento.

Santa Catarina
Música: "Caído do ninho"

Serás como eu mártir
Jesus te dará força
Sempre como buquê de mirra   Ct 1,13
No teu coração descansará
Após o exílio desta vida

[10v]
Jesus te consolar saberá
Inclinando sua Face abençoada
Seu beijo te dará
Joana, criança mártir
Num santo delírio
No Céu para sempre
Cantarás seus favores...

Joana

Para que Jesus incline para mim sua divina Face, sei que precisarei sofrer, mas sou sua esposinha e quero retribuir amor por amor[19]. Diga-me, suplico, que devo fazer para atrair os olhares de Nosso Senhor?

Santa Margarida
Música: "O anjo terminou sua melodia"

Deves deixar este campo
Para obedecer ao divino Rei
Mas Ele está lá, te acompanha
Contigo deseja caminhar.

Joana

E meus pais... Sem dúvida, Deus cuidará também deles? A dor que a minha partida causará é muito mais sensível a mim que qualquer outro sacrifício.

[11f]

Santa Catarina
Música da Glosa de Santa Teresa

Vendo tua boa mãe chorar
Pobre criança teu coração sofrerá
E de teu velho pai[20] as lágrimas
Estremecer-te farão
Mas teus sacrifícios Deus vê todos
Mostrará ser generoso
Fazendo provar suas delícias
A teus caros pais nos Céus.

Joana

Sendo Deus tão generoso comigo, quero sê-lo também com Ele. (Com *firmeza*): Sim, partirei destes lugares para expulsar da França o estrangeiro! De uma só coisa preciso, da bênção do meu Senhor Jesus Cristo e da proteção de Nossa Senhora.

Santa Catarina

Ap 22,16

Maria, estrela-d'alva
Teus passos querida criança guiará
E sua virginal ternura
Em breve teu braço conduzirá
Após brilhantes vitórias

[11v]   O astro, sua beleza mostrando
                De suas glórias te iluminará
                Com sua inefável clareza
                    Sem véu verás
                    A suave estrela
                    A teus olhos eternamente
                Brilhar nos Céus.

JOANA, *levantando os olhos para o Céu*

Quando é que poderei ver essa doce e luminosa estrela? Ó belas santas do Paraíso! Vós que já contemplais a brancura virginal de Maria, dignai-vos levar-me em breve para ela... (*Após uma pausa*)

Oh! Digam-me, suplico, que mistério fez descer do Céu uma Virgem e uma bela Rainha a fim de consolar uma pobre pastorinha e fazê-la pressentir as alegrias do Paraíso?

SANTA MARGARIDA
Música: "Senhor, quando da minha fria enxerga", até o fim

                Não estranhe que uma Rainha
                Dos Céus desça para falar contigo
                De Deus a grandeza soberana
                Sobre tua alma pôs o olhar
[12f]   É a humildade de Maria[21]   Lc 1,48
                Que o divino Rei atraiu
                É a humildade da tua vida
                Que o fez descer a ti[22].

JOANA

Minha vida é pobre e oculta, pensava nada fazer para Deus. Agora compreendo por que Nosso Senhor quis nascer na indigência, pois a humildade é tão cara a Ele.

SANTA MARGARIDA

                Num estábulo nasceu Jesus   Lc 2,7
                Jesus, o filho de Deus vivo   Mt 16,16
                Ocultou sua glória inefável
                Nos traços de uma criancinha
                Um presépio formou seu trono
                Cetro de ouro não tinha
                Não tinha coroa
                E nada em torno dele brilhava.

> Os serafins acreditar não podiam
> Que tão baixo Deus descera
> Queriam de glória coroar
> O grande Rei que perderam
Lc 2,7 [12v] Mas o Menino Jesus no cueiro
> Mais que a grande luz
> Mais que o ardor dos anjos
> A humildade preferiu!...

Joana

Eu também quero ficar sempre pequena[23], muito humilde, para parecer-me com Jesus e merecer que faça em mim a sua morada... Ó belas santas! Vós que vos dignais chamar-me de irmã, protegei-me sempre. Convosco não temerei perigo algum, mas se me abandonardes, voltarei a ser fraca e tímida como antes.

Santa Catarina
Aproxima-se de Joana, beija sua testa e canta:

> Sou tua irmã, tua amiga
> Sempre sobre ti velarei
> Pois na eterna Pátria
> Perto de mim estarás
Ap 7,17 Em breve as celestes colinas
> Onde o rebanho virginal apascenta
> As fontes divinas para ti abrirão
Ap 4,6 Transparentes como cristal
> E nos campos
> Com tuas companheiras
Ap 14,3-4 O cordeiro seguirás
> Cantando o cântico novo!

[13f] ### Santa Margarida

> Já a hora adiantou
> Para os Céus devemos voltar
> Mas não temas, criança querida
> Nos reveremos neste lugar
> Com Miguel, o grande arcanjo
> Voltaremos para te abençoar
> E ouvirás esse anjo belo
> Que para partir te ordenará.

As santas se afastam. Joana as segue com o olhar e fica de joelhos.

[Cena 9]
Joana, *sozinha*.

Ó meu Deus! Como sois poderoso! Ao ordenar-me para salvar a minha Pátria, animai-me de um ardente amor por ela. Agora, meu coração está todo mudado, parece estar em fogo!

Conheço a vossa vontade, Senhor, e quero cumpri-la, mas os detalhes da missão ainda não os conheço... Ó São Miguel! Dignai-vos, novamente, a fazer ouvir a vossa voz, agora não temo mais espada nem guerra e sou capaz de suportar o brilho do vosso rosto resplandecente.

Dizei-me, suplico, a quem devo dirigir-me para ser instruída na arte dos combates?

[Cena 10]

[13v] *São Miguel surge nos ares como da primeira vez. Joana fica cheia de contentamento ao vê-lo.*

São Miguel
Música: "Parti, arautos".

Joana, nossa causa deves confiar
Ao valoroso senhor De Baudricourt
Mas pensando ser sonho falso
A teu apelo surdo estará
O Deus Altíssimo pela sua Onipotência
Derrubará o orgulho do grão senhor
E a tua obediência o submeterá
    Como humilde servo
Armando-te para a guerra, De Baudricourt
Uma escolta de honra para ti escolherá
Que da sua missão feliz e contente
    Vaucouleurs deixará.

Joana

Mas onde encontrarei o rei? Não o conheço e não sei em que cidade mora.

São Miguel

A Chinon verás surgir
grande delfim e seus cortesãos
Reconhecê-lo, Deus te fará
De roupas simples e não brilhantes
[14f] A ele dirás: "Príncipe gentil, na presença
Dos grandes, vos dou fé

>   A vosso nome o poder pertence
>   Sois vós o verdadeiro rei[24].
>   Esteja certo que São Luís, Carlos Magno
>   De joelhos de rezar não cessam
>   A França, pátria deles,
>   Na santa montanha por vós combatem…"

Ex 17,9-13

Joana

O rei acreditará em mim? Como entregar um exército a uma pastorinha?

São Miguel

> Filha de Deus, filha de alma valente!
> Sim, Carlos Sétimo responderá à tua voz
> E teu exército se fará mais possante
> Nos combates que o dos grandes reis.
> Joana, vá logo socorrer
> Orleans que o inimigo cerca
> Só por teu aspecto o sítio terminará
> O inglês verá fugir!
> Após em Reims, entrando vitoriosa
> Teu estandarte flutuará perto de ti
> Farás a gloriosa festa celebrar
> Da sagração do teu Rei!

[14v]
> Nesse dia, valente guerreira,
> Verás a tua missão findar
> Nesse dia, teu Pai verás
> Abrir caminho na multidão para te bendizer.
> Beijando-o, sentirás renascer
> O amor dos teus, tua choupana de outrora
> Te parecerá o único lugar digno de ser
> Teu repouso após tantas façanhas.

Joana

Sim, a aldeia de Domremy sempre será o lugar caro a meu coração! Voltarei depois de cumprida a vontade de Deus. Quando minha missão estiver concluída, só terei um desejo, ocultar-me para deixar a glória do triunfo só a Deus.

Mas receio que o rei não me deixará abandonar o exército. Dizei-me, glorioso arcanjo, suplico-vos, o que então farei?

São Miguel

> Se Carlos Sétimo não quiser atender
> A tua prece, teu humilde desejo

Invoca, Joana, teu Deus de amor tão terno
Teu futuro lhe entrega!

[Cena 11]

São Miguel se vai. Joana fica imóvel em atitude de êxtase. Logo, as pastorinhas chegam perto dela com ar muito inquieto.

[15f] **Germana**

Joana, a festa quase acabou. Ficamos esperando a sua chegada mas, no fim, receamos que tivesse acontecido alguma desgraça... Por que ter-nos causado essa preocupação, não sabe que gostamos de você?

Catarina

Ó Joana! Por que você não foi? Se soubesse o medo que passei! Prometeu alcançar-me e é a primeira vez que você falha comigo!

Joana

Uma grave ocupação veio fazer-me esquecer da promessa, mas nenhuma desgraça me aconteceu. Voltem sem receio à festa e fiquem tranquilas.

Catarina, *quase baixinho.*

Não, Joana, não posso voltar, vejo que ouviu alguma coisa extraordinária. Quero ficar com você. *(Ela chora)*

Joana

Germana, volte para a festa, sua ausência poderia ser notada. Vou ficar com Catarina, pois ela não é ajuizada o suficiente para ficar sem mim.

[15v] **Germana**

Vejo que tem um segredo... Espero que você o revele para mim um dia. Adeus, Joana, voltarei amanhã.

Joana

Até lá, Germana.

[Cena 12]

Joana, *após a saída de Germana, senta-se na pedra, com a irmã, e diz:*

Catarina, irmãzinha querida, alegre-se, Deus quis escolher-me para salvar a França. São Miguel apareceu para mim, ordenou que eu vá socorrer a cidade de Orleans e faça sagrar o Rei em Reims.

Catarina, *perturbada*.

Joana, vai partir! Vai deixar-me! Não sei o que acontece em Orleans e Reims, mas compreendo que vai partir... então, leva-me contigo!...

Joana

Não, Catarina, não pode seguir-me para a guerra, mas console-se, voltarei uma vez cumprida a vontade de Deus.

[16f] ### Catarina, *choramingando*.

Você não me ama mais, pois quer me deixar. Vou morrer de tristeza... E nossos pais, coitados, não vão suportar tão grande aflição.

Joana, *tristemente*.

Arrependo-me por ter contado o meu segredo, pois fiz você chorar. Também chorei quando o arcanjo ordenou-me que partisse, mas Santa Catarina e Santa Margarida vieram consolar-me. Prometeram proteger-me e acrescentaram que Deus recompensaria magnificamente meus queridos pais se eu obedecesse fielmente à voz do Senhor.

Catarina

Não quero mais chorar, pois causo tristeza a você... Vejo muito bem que Deus a visitou, seu rosto tem alguma coisa que me inspira respeito.

Joana

Agora, Catarina, você precisa voltar junto da nossa boa mãe, mas não lhe diga nada a respeito do meu segredo. Contarei a ela quando minhas vozes me ordenarem [16v] para fazê-lo.

Catarina

Joana, suas vozes vão voltar? Gostaria de ouvi-las e ver os santos que cantam tão bem.

Joana

Não irão cantar na sua presença. Nem é para mim que se fazem ouvir, mas para a salvação da França. Sou apenas um fraco instrumento escolhido por Deus que me conduzirá pela sua mão poderosa a fim de que eu cumpra sua obra.

1Cor 1,26-29;
Jo 4,34

Catarina

Joana, vai ser preciso deixar você? Não consigo acostumar-me com a ideia! Mas, pelo menos, não parta sem me avisar.

Joana

Não, Catarina, prometo, e espero voltar em breve para a minha cara aldeia de Domremy.

Catarina

Ó, receio que o rei não vai deixar você voltar!

[17f]
Joana

Querida irmãzinha, é preciso deixar o futuro nas mãos de Deus; se não nos for dado rever-nos na terra, nos reveremos na Pátria celeste para nunca mais nos separar. Então, você se alegrará comigo pela bela missão que o Senhor me confia hoje, a de conservar a Fé[25] da nossa querida França e povoar o Céu de eleitos.

Catarina *abraça Joana e lhe diz:*

Você tem muita sorte de ter sido escolhida por Deus e estou contente por ser a sua irmãzinha. E eu, não posso também fazer alguma coisa por Deus?

Joana

Fique sempre muito pura, sempre unida a Deus e fará grandes coisas por Ele; dessa maneira, você me ajudará a obter vitórias sobre os hereges e, no Céu, você terá uma parte da glória e da felicidade semelhante à minha, caminhos diferentes nos levarão ao mesmo lugar... [17v] *(Abraça a irmãzinha.)* Adeus, Catarina, reze por mim e pela França quando eu estiver combatendo por ela.

[Cena 13]

Catarina se afasta chorando. Depois da sua partida, Joana põe-se de joelhos e canta, com a música do pequeno marujo: "Por que ter-me entregue, outro dia, ó mãe?"

Só por vós, meu Deus, deixarei meu pai
Meus parentes queridos, meu belo campanário
Por vós vou partir e combater na guerra
Por vós vou deixar meu vale, meu rebanho.
Em vez dos meus cordeiros, conduzirei o exército
Dou-vos minha alegria e minhas dezoito primaveras
Para vos agradar, Senhor, manejarei a espada
Em vez de brincar com as flores dos campos. *(bis)*

Minha voz que ao som da brisa se mesclava
Deve logo ressoar no meio do combate
Em vez do som sonhador de um sino indeciso
Ouvirei o grande ruído de um povo que luta.

[18f]   Desejo a Cruz!... Gosto do sacrifício!...
Ah! Dignai-vos chamar-me, estou pronta a sofrer
Sofrer por vosso amor parece-me delícia
Jesus amado, por vós quero morrer. *(bis)*

[Cena 14]

São Miguel aparece com as duas santas. Ele carrega a espada, Santa Catarina, a palma, e Santa Margarida, a coroa.

Música: "Os ramos"

São Miguel

Chegou o momento, Joana, deves partir
O Senhor arma-te para a guerra[26]
Filha de Deus, não temas morrer
Em breve virá a vida que esperas.

Santa Margarida

Criança querida, reinarás.

Santa Catarina

Ap 14,4   Seguindo o Cordeiro, com púrpura virginal.

As duas Santas *juntas*.

Como nós cantarás
De Deus a real magnificência.

[18v]   ### São Miguel

Lc 10,20   Joana, teu nome está escrito nos Céus
Com os nomes dos salvadores da França
E Deus te guarde um trono glorioso
Que tua grandeza e poder mostrará.

As duas Santas *juntas*

Na tua testa já contemplamos
Com felicidade o brilho radioso
Que do Céu te trouxemos.

Santa Catarina

Ap 7,9   A palma do martírio

Santa Catarina

e a coroa.

As santas avançam para dar a Joana a palma e a coroa, mas São Miguel as impede de chegar, mostrando a espada e cantando o seguinte:

São Miguel

[19f]
Hás de combater antes de venceres
Não, ainda não a palma e a coroa
Arma teu braço, Joana, filha de grande coração
Toma esta espada, Deus é quem te dá.

Joana recebe a espada de joelhos, levanta-se depois, olha para ela com alegria e amor e a aperta no peito[27].

As duas Santas *juntas*

Nos combates te seguiremos, Joana
Fazendo-te sempre ganhar a vitória
Em breve na tua fronte colocaremos
Um diadema de glória.

Joana
Música: "Mimoso na margem estranha".

Convosco, santas amadas
O perigo não receio
Sim, deixarei estes vales
A fim de expulsar o estrangeiro.
Amo a França, minha pátria
Quero a Fé lhe conservar
A ela darei minha vida
Por meu rei hei de lutar.

[19v]
Não, morrer não receio
A eternidade espero!…
Agora que tenho de partir
Ó meu Deus, minha mãe consolai!
São Miguel, dignai-vos a abençoar-me. *(bis)*

Joana ajoelha-se para receber a bênção de São Miguel. A seguir, afasta-se.

[Epílogo]

Após a sua partida, São Miguel olha para Céu e canta com ar inspirado (música: "Os ramos".)

São Miguel

Já vejo do Céu os bem-aventurados
Regozijar-se ouvindo a lira
De Leão XIII, imortal pontífice
Que cantará Joana, virgem e mártir.
Ouço o universo proclamar
As virtudes da criança humilde e pia
E vejo Deus confirmar
O belo nome de Joana, bem-aventurada[28]!
Nesses grandes dias, a França sofrerá
Pois seu seio os ímpios encherão
Mas de Joana a glória brilhará
Toda alma pura a santa invocará
[20f]   Vozes aos Céus subirão
Com amor e confiança em coro cantando.

Os três *juntos*

Joana d'Arc, ouça nossos desejos
Novamente, salve a França!

21 de janeiro de 1894

RP 2

[1f] J.M.J.T. 25 de dezembro de 1894

OS ANJOS NO PRESÉPIO DE JESUS

Personagens

O Menino Jesus[1] — O anjo do Menino Jesus — O anjo da Sagrada Face — O anjo da Ressurreição — O anjo da Eucaristia — O anjo do juízo final.

[Cena 1][2]
O Anjo do Menino Jesus
Carrega um turíbulo e flores
e canta a música "A criança loura da colina":

Ó Verbo de Deus, glória do Pai[3],	Jo 1,1
Contemplava-te[4] no Céu	Jo 1,14
Agora vejo-te na terra	
Feito mortal o Altíssimo.	
Criança cuja luz inunda	
Os anjos da brilhante morada	
Jesus, tu vens salvar o mundo	
Quem teu amor compreenderá?	

Refrão

Ó Deus! no cueiro	Lc 2,7
Os anjos encanta	
Verbo feito criança	Jo 1,1
Tremendo para ti minha cabeça curvo.	

Quem este mistério compreenderá
Um Deus criancinha se faz?
Vem na terra exilar-se
Ele, o Eterno... O Onipotente!
Divino Jesus, beleza suprema[5]
Quero responder a teu amor
Para provar como te amo
Sempre sobre ti velarei.

O brilho do teu cueiro	
Os anjos atrai	
Verbo feito criança	
Para ti me curvo tremendo.	Jo 1,1
Desde que o vale das lágrimas	Sl 83,7
O rei dos eleitos possui	

[1v]

Sl 90,4

Os Céus, para mim perderam encanto
E voei para ti, Jesus...
Quero com minhas asas cobrir-te
Seguir-te em todo lugar
E as flores[6] mais lindas
Sob teus passos semearei.

Quero, de uma estrela brilhante
Criança fazer-te um berço
E da neve ofuscante
Cortina fina tecer-te
Quero das longínquas montanhas
Para ti abaixar os cumes

Is 40,4

Quero que para ti os campos
Celestes flores produzam.

De Deus a flor é o sorriso.
É do Céu eco longínquo
Eco fugitivo da lira
Que o Eterno tem na mão.
Essa nota melodiosa
Da harmonia do Criador
Quer de sua voz misteriosa
    Cantar-Te, divino Salvador.
    Doce melodia
    Suave harmonia
    Silêncio das flores
De um Deus cantai as grandezas.

[2f]

Sei que são tuas amigas
Jesus, as encantadoras flores
Vens das celestes pradarias
Buscar as almas das tuas irmãs.
Uma alma é a flor[7] perfumada
Criança, que desejas colher

Ct 2,1

Jesus, belo lírio do vale
Por uma flor queres morrer!

Jo 1,1

    Mistério inefável
    O Verbo Adorável
    Derramará lágrimas
Ao colher sua safra de flores.

*O anjo para um momento,
inclina-se para o Menino Jesus e lhe diz:*

Ó divino Jesus! por que esse sorriso radiante vem responder a meu canto, se Te falo de lágrimas? Ó criança meiga, compreendo o teu olhar[8]... Já quer sair do berço a fim de começar a colher as flores que te encantaram... Ai! em breve deverás afastar-te deste pobre estábulo, único albergue oferecido pela tua pátria terrena. Deixá-lo-ás para fugir de um príncipe mortal que tua realeza divina fará tremer no próprio trono. Mas, fugindo para a terra do Egito, colherás abundante safra de flores primaveris. Todas as felizes crianças da tua idade receberão as brancas coroas que tua rápida passagem pela terra lhes terá propiciado, esses cordeiros inocentes sacrificarão suas vidas de poucos dias para Ti, Jesus, autor da vida, mas em retribuição porás em suas mãozinhas a palma dos vitoriosos e, durante toda a eternidade, essa graciosa falange brincará aos pés do teu trono, ó divino Cordeiro! Mt 2,13-15 Mt 2,16-18 Ap 7,9

Dessa forma, a crueldade de Herodes malogrará; ao querer aniquilar o teu império, mandará diante de ti uma legião inteira de mártires destinados a formar a tua corte.

Ó Jesus! como será doce para mim contemplar os teus triunfos! Como me apressarei em avisar o fiel José quando virá para ti o templo de volta para tua pátria. Sou eu quem amparará tua divina Mãe durante as fadigas da viagem. Mt 2,19-21

À sombra das palmeiras, quando, à noite, te embalar para fazer-te dormir, aí estarei, velando sobre vós, afastando os perigos e os temores da noite. Cantarei suavemente os cânticos do Céu e logo que vir dormir o Verbo eterno e sua augusta Mãe, os cobrirei com minha asa para protegê-los do frio do deserto! Sl 90,5 Jo 1,1

O anjo para por um instante, e prossegue:

[2v] Ó doce Jesus, por que já falar do futuro? És apenas uma criancinha de um dia. Ah! Deixe que eu cante teus encantos e tua doçura.

O anjo canta a melodia do "Incenso divino":

Divino Jesus, qual a melodia
Que rediz a tua beleza, tua doçura?
Encantadora flor, recém-aberta
Quem cantará teu perfume, tua brancura
   Qual é a lira
   De doces sons
   Quem pode contar ⎫
   Teus irresistíveis encantos ⎬ *(bis)*

Ct 2,1

[CENA 2]

Um anjo avança carregando os instrumentos da Paixão, mostra ao anjo da guarda[9] um véu em que está impressa a Sagrada Face; este contempla a figura com satisfação.

O Anjo do Menino Jesus

Ó meu Irmão! Que bela figura é esta? Depois de ter contemplado o rosto do divino menino, acreditava não encontrar mais nada bonito na terra, mas o brilho misterioso deste véu mostra-me a mesma beleza de Jesus, com encantos novos.

O Anjo da Sagrada Face
canta a música do "Incenso divino":

Ct 2,1

Anjo dos Céus, esta figura é a lira
Que sabe cantar os encantos de Jesus
A única melodia que pode redizer
O suave brilho da flor dos eleitos.

  Divina face
  Sim, tua beleza
  Apaga para o anjo ⎫
  O celeste clarão ⎭ *(bis)*

O anjo ajoelha-se diante do Menino Jesus e inclina-se para Ele.

Divino Jesus, na aurora da tua vida
Teu belo rosto está banhado em lágrimas;
Lágrimas de amor na face bendita
Correreis até a noite das dores.

  Divina face
  Sim, tua beleza
  Para o anjo apaga ⎫
  O celeste clarão ⎭ *(bis)*

[3f]

Reconheço Jesus nesta figura
O brilho tão puro da tua face de menino
Eu reconheço de tua divina imagem
Todos os encantos neste véu sangrento.

  Divina face
  Sim, tua beleza
  Para o anjo apaga ⎫
  O celeste clarão ⎭ *(bis)*

Última quadra

Lc 22,42

Divino Jesus o sofrimento te é caro
Teu suave olhar penetra o futuro[10]
Já queres beber a taça amarga
Em teu amor, sonhas com morrer.

  Sonho inefável!
  Criança de um dia!
  Face adorável! ⎫
  Me abrasas de amor. ⎭ *(bis)*

O Anjo do Menino Jesus

Divino Jesus, sim, o brilho do teu augusto rosto[11] ultrapassa o esplendor dos Céus! Oh! Quando os homens tiverem contemplado a tua beleza, terão pressa em te dar o coração, só viverão para Ti.

O Anjo da Sagrada Face

Ai, meu irmão!, não conheces a ingratidão dos mortais? Não sabes o que prediz o profeta Isaías[12], cujo olho inspirado já contemplava os encantos ocultos de Jesus? "Não tem aparência bela nem decorosa para atrair os nossos olhares, nem aspecto para que nele nos comprazamos. Foi desprezado e evitado pelos homens; homem de dores, familiarizado com o sofrimento, como pessoa da qual se desvia o rosto, desprezível e sem valor para nós"[13]!

Is 53,2-4

[3bis f]

....

"Quem é este que avança tingido de vermelho, e com vestes mais salpicadas do que as de um vindimador? Este que, adornado com suas vestes, ostenta a sua grande força? Sou eu, que me glorio de justiça e sou grande em trazer salvação. Pisei sozinho no lagar, e ninguém do meu povo estava comigo. E os pisei na minha cólera, esmaguei-os no meu furor; e o seu sangue salpicou as minhas vestes; e todas as minhas roupas estão dele manchadas."

Is 63,1-3.5

[3f cont] ### O Anjo do Menino Jesus

Ó Jesus! Será possível que tanto amor fique ignorado[14]? *(Inclina-se para o Menino Jesus. Depois de um silêncio bastante demorado, retoma, olhando, os instrumentos da Paixão que o anjo da Sagrada Face segura:)* Ó divino menino, por que teu meigo olhar se fixa nesta cruz? Por que sorrir para essa cruel coroa? Ah! Deixe-me te levar para o Céu, pois a terra só te oferece dores!

Mt 27,29

....

Mas não... Vejo no teu olhar infantil que a cruz tem para ti mais encantos que o trono eterno dos Céus... Ó Jesus, não posso compreender o imenso amor que te fez descer à[15] terra! *(Ele chora)*[16].

[3v] ### O Anjo da Sagrada Face
canta a música da Paixão.

Serafim, chore em silêncio,
Estás vendo esta criança de um dia.
O espinho, a cruz, a lança
Fazem-no estremecer de amor.

Jo 19,34

Virando-se para o Menino Jesus.

Ai! por que sou anjo,
Incapaz de sofrer[17]?
Numa bela troca, Jesus,
Para ti, quero morrer.

O Anjo do Menino Jesus

Mt 2,14-16
Sl 90,4

Ó Jesus, será necessário que eu te veja morrer? Após proteger-te na infância, livrando-te do furor de Herodes, não poderia eu arrancar-te à morte? *(Inclina-se para Jesus)* Divina criança, saberei cobrir-te com as minhas asas... Saberei coroar-te de rosas quando os ingratos tentarem pôr espinhos na tua divina fronte! *(O anjo beija a testa de Jesus.)*

O Anjo da Sagrada Face
mostrando o véu de Verônica.

Mt 26,53
Sl 90,4

Meu irmão, olha esta figura que te pareceu tão bonita... Veja que não foram as rosas que enfeitaram Jesus com esse esplendor! Não sabes que o Rei dos Céus possui mais de mil legiões de anjos que poderiam defendê-lo e cobri-lo com suas asas? Mas Jesus quer sofrer para resgatar seus irmãos da terra!

O Anjo do Menino Jesus, *com tristeza.*

Ct 2,1
Mt 27,29

Ai! será preciso que Jesus, o belo lírio dos vales, [4f] seja dilacerado por cruéis espinhos? Será preciso que o suave perfume da minha linda flor seja entregue a ingratos que não vão querer recolhê-lo? *(Chora.)*

O Anjo da Sagrada Face, *após uma pausa.*

Ct 4,6

Consola-te, belo anjo, o perfume do nosso lírio não será derramado em vão, muitas almas puras se apressarão em colhê-lo. Com o amado, subirão a montanha da mirra, com Ele sofrerão, enxugarão sua divina face e, contemplando suas preciosas lágrimas, exclamarão:

"Ó Jesus, como são lindas as pérolas que fazem brilhar em vosso rosto!...
Cintilam nos seus olhos velados
Com reflexo que encanta
O esplendor dos Céus estrelados
Apaga-se diante de uma lágrima!"

O Anjo do Menino Jesus

Mt 27,60

Sim, as lágrimas de Jesus são mais resplandecentes que o esplendor dos Céus e mais belas que o orvalho da manhã... Mas o que extrapola a minha dor é pensar que, um dia, o gracioso rosto desta criança divina estará oculto num túmulo... Quem, então, o verá? Quem estará aí para enxugar-lhe as lágrimas? Nem Maria poderá contemplar os traços queridos de seu Filho adorado! *(Chora novamente.)*

[Cena 3]
Um Anjo *se aproxima carregando o estandarte da Ressurreição.*
Música: "Sou do Céu o alegre mensageiro".

Não chore mais, anjo do Deus Salvador
Venho do Céu para consolar teu coração.
  Esta frágil criança
  Será poderosa, um dia
  Ressuscitará[18]   Mt 28
  Para sempre reinará.   Lc 1,33

[4F]   *A Jesus (refrão)*

Ó, Deus oculto[19] sob os traços de uma criança!   Is 45,15
  Vejo-te radiante
  E já triunfante!...
Levantarei a pedra do túmulo,
E contemplando teu rosto lindo
  Cantarei
  Me alegrarei
  Vendo-te com meus olhos
  Ressuscitado glorioso!

    Refrão
Ó Deus oculto sob os traços de uma criança!
  Vejo-te radiante
  E já triunfante!...

Dos divinos esplendores vejo brilhar
Teus olhos de criança, molhados de lágrimas
  Verbo de Deus   Jo 1,1
  Tua palavra de fogo   Lc 12,49
  Deve, um dia, ressoar
  Toda ardendo de amor!

    Refrão
Ó Deus oculto, vejo-te com meus olhos
  Elevar-te nos Céus   Mc 16,19
  E reinar glorioso!

[Cena 4]
O Anjo da Eucaristia *aproxima-se, segurando um cálice e uma hóstia radiante. Canta a música: "Na terra, nem tudo é cor-de-rosa".*

[5f]

Mc 16,19

1
Contemplai, anjo, meu Irmão,
Jesus elevando-se ao Céu
Eu, nesta terra vim
Para no altar adorá-lo
Na Eucaristia oculto[20]
Vejo o Deus Onipotente
Vejo o autor da vida
Muito mais que uma criança!

Refrão
Doravante, no santuário
Ah! Quero fixar residência
Oferecer a Deus, meu Pai
O hino do meu amor.

Is 45,15

2
Com minha lira quero cantar
Os encantos do Deus oculto
Quero em santo delírio
Inebriar-me da sua beleza.
Ah! Como gostaria, no sacrário,
de alimentar-me do Deus de amor
E por doce milagre
Cada dia a Ele me unir[21].

Refrão
Oh! Pelo menos quero
À alma santa emprestar meu ardor
Para sem temor nenhum
Me aproximar do Salvador!...

[5v]

O Anjo da Sagrada Face

Divino Jesus, eis o extremo do teu amor; depois de ter mostrado às fracas criaturas a face adorável de que os serafins não podem suportar o brilho, queres ocultá-la atrás de um véu mais grosso que a natureza humana... Mas, Jesus, vejo irradiar na hóstia o esplendor do teu rosto. *(Ajoelha-se diante da hóstia.)* Para mim, teus radiantes encantos não estão ocultos... Vejo teu inefável olhar penetrar

Ct 2,14
nas almas puras, convidá-las para te receber... Como a pomba que se esconde na

cavidade da pedra, assim também tuas esposas procuram o teu rosto. Vejo seus corações inclinarem-se para ti e virem refugiar-se perto do sacrário do teu amor! — Sl 26,8

O Anjo do Menino Jesus

Ó Divina Criança! Queres fixar na terra a tua moradia? *(Olha o anjo da Ressurreição)* Há pouco, um anjo cantava que em breve tu subirás à direita do teu Pai para reinar eternamente nos Céus... Quando é que te verei no trono da glória? — Mc 16,19; Mt 25,31

Jesus, desejo que teu reino venha, que em breve todos os eleitos apareçam nos ares, voando diante de Ti, enquanto um anjo dirá: "Não há mais tempo"... — Mt 6,10; 1Ts 4,17; Ap 10,6

[CENA 5]
O Anjo do Juízo Final *aproxima-se segurando um gládio e balanças, canta a música "Meia-noite, cristãos".*

1

[6f]

Logo virá o dia da vingança — Is 63,4
Este mundo impuro, pelo fogo passará — 2Pd 3,7
Todos os mortais ouvirão a sentença
Que sairá da boca de Deus.
O veremos no brilho da sua glória — Mt 25,31
Não mais oculto sob os traços de uma criança
Lá estaremos para cantar sua vitória
Para proclamar que é o Onipotente. *(bis)*

2

(Segunda quadra do Anjo do Juízo)

O Anjo *vira-se para a gravura da Sagrada Face para cantar.*

Resplandecerão de um brilho inefável
Esses olhos velados de lágrimas e sangue
Veremos essa face adorável
No esplendor da sua luz
E sobre as nuvens veremos surgir — Mt 24,30
Jesus, trazendo o cetro da Cruz
Então poderemos reconhecê-lo
Esse Rei! Esse Juiz! ao som da sua voz... *(bis)*

3

Vós tremeis, habitantes da terra
Vós tremeis no vosso último dia
Não podereis suportar a ira

Dessa criança hoje Deus de amor.
Para vós, mortais, escolhe o sofrimento
Só pedindo vosso frágil coração
No juízo vereis seu poder
Tremereis diante do Deus Vingador! *(bis)*

Todos os Anjos *ajoelham-se (exceto o anjo do juízo)*
e cantam a música "Ó Coração da Nossa Mãe Amada".

Oh! Dignai-vos escutar a prece
Dos teus anjos, divino Jesus
Tu que vens resgatar a terra
Toma a defesa dos eleitos.

Refrão
Com tua mão quebra o gládio...
Apazigua esse Cordeiro irado...
Mt 11,29   Criança, que tua voz se eleve
Sl 75,10   Para salvar o coração humilde e manso. *(bis)*

[6v]   *A voz do* menino jesus *faz-se ouvir;*
nesse momento, o Anjo do Juízo ajoelha-se.

Música: "Sonha, perfume".

1

Consolai-vos, anjos fiéis
Sois vós que, pela primeira vez,
Sl 90,4   Vós que me cobris com vossas asas
Ireis ouvir minha voz.

2

Oculto sob os traços da infância
Reconhecestes vosso rei
Lc 2,13-14   Cantastes meu nascimento
Voastes até mim

3

Amo-vos, ó puras chamas
Anjos da Celeste Morada
Amo também as almas
Amo-as com grande amor.

4

Fi-las para mim mesmo
Fiz infinitos seus desejos[22]
A menor alma que me ama
Para mim se transforma em Paraíso!

720

O Anjo do Menino Jesus

Divino Jesus, como é suave e agradável o som da tua voz infantil! Nem toda melodia dos Céus pode ser comparada a uma única palavra tua! Ó bela Criança! Escuta a minha prece[23]. Tira da terra de exílio muitas almas inocentes que se parecem contigo. Digna-te colher, antes que desabrochem, flores que murchariam se ficassem por aqui. Logo que o orvalho do batismo tiver depositado no coração delas um germe de imortalidade, Jesus, que tua mãozinha se apresse em transplantá-las nos jardins dos Céus.

Jesus

5
Ó belo anjo da minha infância!
Atenderei a teus desejos ardentes
Saberei guardar a inocência
Na alma das criancinhas.

6
Desde a aurora colherei
Lindos botões cheios de frescor
No Céu tu os verás abrir
Sob os puros raios do meu Coração.

[7f]

7
Impregnados ainda de orvalho
Cintilando com mil fogos
Estes lírios são a via láctea
Do azul estrelado dos Céus.

7 (bis)
Quero lírios na minha coroa
Eu, Jesus, o belo Lírio dos Campos   Ct 2,1
E quero para formar meu trono
Um ramalhete de lírios brilhantes.

O Anjo da Sagrada Face

[3bis f] Divina Criança, escuta minha prece… Vejo no futuro numerosas almas que te serão consagradas e que, por laços inefáveis se tornarão tuas esposas amadas… Mas esses anjos da terra estarão dentro de um corpo mortal e, às vezes, seus impulsos sublimes enfraquecerão; muitas vezes a brancura dos seus vestidos será manchada pelas poeiras daqui.

Jesus, vejo almas mais numerosas ainda que se afastarão de ti; irão, como o filho pródigo, procurar a felicidade longe de seu Pai! Em vez de viver em paz   Lc 15,13
sob teu báculo, ó divino Pastor, essas pobres ovelhas vão transviar-se entre os es-   Lc 15,4
pinhos… Mas a provação as reaproximará de Ti, lembrarão que o Filho de Deus

Mt 9,13 não veio chamar os justos, mas os pecadores, e que a alegria é maior no Céu por
Lc 15,7 um só pecador que se penitencia que por noventa justos que não precisam de
Lc 7,47 penitência. Como Madalena, depois de te ofender muito, elas te amarão muito.
Sl 26,8 Quando essas almas procurarem teu rosto, e logo que virem esconder-se no se-
Sl 30,21 gredo da tua face divina invocando teu bendito nome, digna-te, ó Jesus, por um
At 2,21 único olhar teu, torná-las mais brilhantes que as estrelas dos Céus"!

[7f]

Jesus

8

Tu que contemplas meu rosto
Num enlevo de amor
E que, para guardar meu semblante
Deixou a celeste morada.

9

Quero atender a teu pedido
At 2,21 Toda alma obterá perdão
A iluminarei
Logo que meu nome invocar!

10

Ó tu! que quiseste na terra
Compartilhar minha cruz, minha dor
Belo anjo, escuta este mistério
Toda alma padecente é irmã tua.

11

No Céu, o brilho do seu sofrimento
Virá na testa recair
E o brilho da tua pura essência
Iluminará o mártir!

[7v] ## O Anjo da Eucaristia

Jo 6,51 Pão vivo descido dos Céus! Cacho dourado que fará germinar as virgens,
Zc 9,17 digna-te fazer-me ouvir o som suave da tua voz, a mim que, até o fim dos séculos,
Jo 1,1 te adorarei no santuário. Ó Verbo divino que o amor deve forçar ao silêncio, será
preciso que os ministros dos teus altares te toquem com a mesma delicadeza[25]
Lc 2,7 que Maria quando te envolvia com o cueiro... Mas, ai! Muitas vezes o teu amor
Is 45,15 será ignorado e teus sacerdotes não serão dignos de sua sublime missão... Ó
Deus oculto, diga: que posso fazer para te consolar?

Jesus

12

Anjo da minha Eucaristia
És tu quem deliciarás meu coração

Sim, é tua suave melodia,
Que consolará minha dor.

13
Estou sedento por dar-me almas
Mas muitos corações são indolentes
Serafim, dá-lhe tuas chamas
Atrai-as por teus doces cantos.

14
Quero que a alma do sacerdote[26]
Se pareça com o serafim do Céu!
Quero que possa renascer
Antes de ao altar subir!

15
A fim de operar o milagre
É mister que, rezando sempre,
Almas perto do sacrário
Cada dia para mim se imolem.

O Anjo da Ressurreição

Em breve, divina Criança, te contemplarei subindo gloriosa à direita do Pai... Então, todos os anjos estarão alegres, se apressarão em abrir as portas eternas para te receber, ó Rei de Glória.   Mc 16,19
Sl 23,7

Mas o que será feito dos pobres exilados da terra? Serão para sempre órfãos?...   Jo 14,18

[8F]
Jesus

16
Subirei para junto do meu Pai   Jo 20,17
A fim de atrair meu eleitos   Jo 12,32
Após o exílio desta terra
No meu coração serão recebidos.

17
Quando tocar a derradeira hora
Reunirei meu rebanho   Ez 34,13
E na celeste morada
Lhe servirei de tocha.   Ap 21,23

O Anjo do Juízo *levanta-se*.
(Música: "Meia-noite, cristãos".)

Jesus, beleza suprema, estás te esquecendo
De que o pecador deve ser finalmente punido?

Estás te esquecendo, no teu amor extremo
De que infinito é o número dos ímpios?
No juízo, castigarei o crime
Todos os ingratos serão exterminados.
Meu gládio está pronto! Jesus, doce vítima!
Meu gládio está pronto! Saberei te vingar! *(bis)*

O Menino Jesus

18
Ó belo anjo! Abaixa teu gládio
Não te cabe julgar
A natureza que recupero
E quis resgatar.

Jo 5,22

19
Quem vai julgar o mundo
Sou eu, que chamam de Jesus!
O meu sangue, orvalho fecundo
Purificará meus eleitos.

20
Sabes que as almas fiéis
Me consolarão para sempre
Das blasfêmias dos infiéis
Com um mero olhar de amor?

21
Também na Santa Pátria
Meus eleitos serão gloriosos
Ao lhes comunicar minha vida
Farei deles tantos *deuses*[27]!...

O Anjo do Juízo *ajoelha-se e canta a música "Deus de Paz e de amor".*

[8v]
Diante de ti, doce Criança, o querubim se inclina!
Admira, perdidamente, teu inefável amor
Quer, como tu, sobre a sombria colina
Poder um dia morrer! *(bis)*

Todos os Anjos *cantam o estribilho.*
Como é imensa a alegria da humilde criatura
Nos seus arrebatamentos os serafins desejam
Deixar, ó Jesus, a angélica natureza
E fazer-se crianças! *(bis)*

FIM

[1f]   J.M.J.T.

JOANA D'ARC
CUMPRINDO SUA MISSÃO
ou
As vitórias — O cativeiro — O martírio e Os triunfos no céu da venerável Joana da França[1]

PERSONAGENS[2]

Joana d'Arc — São Gabriel — São Miguel
Santa Catarina — Santa Margarida.

O rei Carlos VII — La Trémouille, barão de Sully, favorito do rei — Regnault de Chartres, arcebispo de Reims e chanceler da França — Robert le Maçon, senhor de Trèves e Anjou — Raoul de Gaucourt, magistrado de Orléans — O duque d'Alençon, primo do rei — Jean d'Aulon, escudeiro de Joana — Jean Massieu, sacerdote a serviço do bispo de Beauvais — Irmão Martin l'Advenu, confessor de Joana d'Arc — a França.

[1v em branco]

[2R]   *Primeira Parte*

AS VITÓRIAS[3]

(Cena 1)

Em Chinon, no apartamento real de Carlos VII. Ele está cercado por seus favoritos e vestido simplesmente, como um deles, sem coroa. La Trémouille está à direita do príncipe.

La Trémouille

Senhor, vossas ordens foram pontualmente cumpridas, a pastora de Domremy acaba de passar por muitos interrogatórios.

Delfim

Pois bem, La Trémouille, o que acha? Devo recebê-la?

La Trémouille

Como Vossa Alteza me permite, ouso dizer-lhe que Joana parece-me uma louca, uma visionária, capaz de cobrir de ridículo o partido dos Armagnacs. Se dermos fé às suas palavras, teremos de entregar-lhe o comando dos nossos exércitos... Que lindo espetáculo o de uma pastora promovida a grã marechal da França! Melhor seria nos rendermos hoje que sermos vencidos seguindo uma moça!

Carlos VII,
virando-se para Regnault de Chartres.

Estou interessado em conhecer também a sua opinião. Nenhum conselho deve ser desprezado quando se trata de [2v] salvar o reino, e seus conselhos são mais preciosos à medida que, por ser arcebispo, o senhor pode mais facilmente resolver a questão que nos ocupa neste momento. Acredita que Joana, que se faz chamar de donzela, seja inspirada pelo Céu[4]?

Regnault de Chartres

Senhor, esteja Vossa Alteza Real certa da verdade das palavras que La Trémouille acaba de pronunciar; penso exatamente como ele e não receio em afirmar que uma moça com tais propósitos só pode ser uma alucinada, digna de prisão ou, pelo menos, de ser mandada de volta para a sua aldeia, com proibição de sair de lá.

Robert le Maçon

Permite Vossa Alteza que eu também me manifeste?

Carlos VII

Fale.

Robert le Maçon

Senhor, parece-me que nossos senhores julgam severamente demais a pastora de Domremy. Se Robert de Baudricourt (apesar de sua irritação), a deixou partir de Vaucouleurs [3f] com uma escolta seleta, não seria conveniente conceder-lhe, pelo menos, a audiência que ela solicita com tanta insistência e lágrimas? Isso não obrigará Vossa Alteza a nada e se Joana não passar de uma aventureira[5], será fácil despedi-la.

La Trémouille, *friamente.*

Ouvindo Robert le Maçon, quem reconheceria nele o senhor de Trèves e de Arejou? Não parece que ele está pronto a pôr-se sob o comando de Joana, a pastora?

Raoul de Gaucourt, *a La Trémouille.*

O parecer do senhor de Trèves não é desprezível. Não compreendo a sua resistência e a de monsenhor o chanceler da França. Deixam a pastora chegar, poderá servir para nos divertir se não tiver outra utilidade.

O Duque d'Alençon[6] *aproxima-se magnificamente vestido e vem saudar o delfim.*

Senhor, acabo de receber uma notícia espantosa. Uma pastora da Lorena, segundo dizem, está há alguns dias em Chinon e diz-se enviada pelo Céu para salvar Orleans e restabelecer o reino da França. Gostaria de vê-la. O que ouvi a respeito leva-me a crer que sua missão vem [3v] do Céu para nos salvar. Logo que ouvi falar dessa moça, larguei a caça às perdizes, que estava muito divertida, e vim para junto de Vossa Alteza para obter uma audiência para Joana, a donzela.

Carlos VII

Caro primo, posso satisfazer a sua curiosidade. Joana aguarda desde cedo nas antessalas do palácio o favor de ser admitida na minha presença; vou dar ordem para introduzi-la, mas sinto estar vestido de maneira tão simples; meus trajes reais teriam intimidado mais a pobre pastora.

Duque d'Alençon

Senhor, permita que lhe faça observar que existe um meio fácil de ver se Joana é verdadeiramente inspirada pelo Céu. Desça do seu trono, ocuparei o lugar; se a moça me prestar as honras devidas ao rei e não o reconhecer no meio dos cortesãos, visivelmente não possui o espírito de Deus e só merece o desprezo.

La Trémouille

Duque d'Alençon, sua ideia é excelente e peço a Vossa Alteza que me permita fazer entrar [4f] a pastora.

O Delfim

Sim, de acordo; façam-na entrar logo.

La Trémouille, *em voz baixa, virando-se para Regnault.*

Vamos ficar logo livres dessa moça que nos embaraça; estou farto de ouvir falar dela.

Sai e volta logo, após ter dado as ordens. O rei desce do trono e o duque d'Alençon sobe.

La Trémouille, *para o duque d'Alençon.*

Dei ordem para deixá-la entrar sozinha e não lhe indicar as regras protocolares em uso na corte. Será que vai ficar constrangida diante de Vossa Alteza substituto?

Joana d'Arc entra sozinha com sua espada e seu estandarte que deixa flutuar; avança desembaraçada, faz todas as mesuras usuais diante do rei que ela reconhece, sem nunca tê-lo visto.

Carlos VII

Não sou o rei, por que me cumprimentar desta forma?

Duque d'Alençon

Sou eu o rei, deve prestar-me as honras; qual é seu nome?

Joana, com segurança.

Duque d'Alençon, não sois o rei e minha missão é de falar com o rei. *(Virando-se para Carlos VII.)* [4v] Em meu Deus[7], gentil príncipe, sois vós e não outro que eu venho socorrer. Meu nome é Joana, a donzela, e vos prometo, em nome do Rei dos Céus, que sereis sagrado e coroado em Reims, e sereis o tenente do Rei do Céu que é Rei da França!

Carlos VII

Não posso acreditar em suas palavras: se Deus quisesse salvar o reino, não o teria deixado tanto tempo na penúria extrema em que se encontra.

Joana

Gentil Delfim, por que não acreditais em mim? Digo-vos que Deus tem piedade de vós, do vosso reino, do vosso povo, pois São Luís e Carlos Magno estão de joelhos diante dele, rezando por vós.

Carlos VII

Como está sabendo dessas coisas, quem lhe disse?

Joana

Minhas vozes.

La Trémouille

Não quer dizer agora, na presença do rei, como essas vozes lhe falam?

Joana, para Carlos VII

Gentil príncipe, se quiser, estou pronta para contar.

[5f]   CARLOS VII

Sim, quero. Diga-nos, detalhadamente, como as vozes foram instruí-la quando estava em Domremy.

>   JOANA, *com ar inspirado.*
>   *(Poesia de Alexandre Soumet[8] — 1846)*
>   Desde os treze anos, do lado da igreja,
>   Gentil Delfim, ouvi com frequência
>   Através dos ramos vir as santas vozes
>   Essas vozes diziam — lembrança adorável!
>   Que para conservar a paz sempre inalterável
>   Era preciso ficar pura, e fortes luzes
>   Vinham na mesma hora e dos mesmos lados.
>   Aguardava esse momento com muita alegria
>   Era bom ver chegar o que Deus manda!
>   Vez por outra, vozes me intimidaram;
>   Mas seus sábios conselhos sempre me guiaram bem.
>   Um dia — ainda tremo de êxtase e de medo!...
>   Um dia, rezando a Deus pela França e pelo rei
>   Adornava de ramos frescos a igreja da aldeia
>   — Incrível!... Vi a folhagem resplandecer
>   E no ar avançar através do velho muro
>   Meu senhor São Miguel com manto azul.
>   Sua mão segurava um gládio flamejante
>   Sua asa branca e grande de ouro franjada

[5v]
>   Abria-se como arco e na testa bendita
>   Repousava o raio de uma felicidade sem fim.
>   Seu voo luminoso que vi sem véus
>   Fazia surgir ao passar nuvens de estrelas
>   Brilhava aos meus olhos encantados
>   Como safira caída do firmamento.
>   Os lírios que Salomão admirava gloriosos   Mt 6,29
>   Têm brilho menos puro que seu traje de chamalote;
>   Os ares são menos leves que seus cabelos flutuando
>   E sua voz parecia o sopro da primavera
>   Quando passa de manhã sob os galhos floridos
>   Das tenras castanheiras, buquê dos prados...
>   — Longamente contemplava, muda de felicidade
>   O arcanjo que vinha por parte do Senhor
>   E quando o vi fugir para as abóbadas eternas
>   Disse-lhe chorando: — Leva-me sob tuas asas!

Carlos VII

Essa foi a única visita que recebeu do Céu? Não vejo nela sua missão de salvar o reino.

Joana

Em meu Deus, gentil príncipe, asseguro que depois dessa primeira visita, recebi outras diariamente. Santa Catarina e Santa Margarida apareceram-me e me consolaram, pois chorava amiúde quando São Miguel ordenava que eu partisse para comandar o exército.

Duque d'Alençon

Sua voz, está dizendo, lhe revelou que Deus quer livrar o povo da França da desgraça em que caiu. Se assim é, Deus que é todo-poderoso não precisa da ajuda dos guerreiros.

Joana

Em meu Deus, os guerreiros lutarão e Deus lhes dará a vitória.

Duque d'Alençon

Mas quem lhe dá essa certeza depois das recusas pelas quais passou?

Joana

Quando alguma coisa me atormenta, por exemplo, quando não me dão crédito, afasto-me e rezo... Depois que rezo, ouço uma voz que diz: — "Filha de Deus!... vai, vai... te ajudarei... vai..." e quando me vem essa voz, fico tão consolada que alegro-me por essa maravilha!

Joana fixa o olhar para o Céu como se estivesse perdida no espaço[9].

Duque d'Alençon, *para o delfim.*

Esta moça perturba minha alma... Francamente, acredito na missão dela... Que tom inspirado quando fala das suas vozes, [6v] não parece que as está ouvindo ainda? Quão profundo é seu olhar! Tenho dificuldade em sustentá-lo...

Carlos VII

Não me convenço com tanta facilidade, ainda duvido[10]... Aliás, há uma coisa que ninguém sabe... E tremo... *(Após uma pausa)* Não, essa dúvida nunca sairá da minha mente.

JOANA, *que a voz do rei chamou*
de volta à realidade.

Gentil Delfim, se eu estivesse a sós com o senhor, lhe diria um segredo que ninguém conhece e faria desaparecer as suas dúvidas.

CARLOS VII, *muito emocionado.*

Como, você saberia? Mas é impossível. Mas quero que meus cortesãos saiam por um momento.

Faz um sinal com a mão, os cortesãos se retiram para o fundo da sala, observando de longe a cena tocante que se desenrola sob seus olhos.

DUQUE D'ALENÇON *diz ao se retirar com*
os outros senhores:

Que espetáculo! Um monarca tremendo, ameaçado de perder a coroa, e uma pastora que vem lhe oferecer segurança para sua coroa e fortalecimento para seu poder!

JOANA *aproxima-se do príncipe e*
lhe diz em voz baixa:

[7f] Em meu Deus, gentil príncipe, sei qual foi a oração[11] que o senhor fez esta manhã depois da comunhão, no seu oratório privado, com apenas Deus por testemunha. "Senhor", disse, "se sou o verdadeiro herdeiro da nobre casa da França e se este reino deve pertencer-me legitimamente, queira, vos suplico, conservá-lo e defendê-lo contra os ataques dos ingleses; caso contrário, peço como única graça escapar da morte ou do cativeiro e poder retirar-me na Escócia ou na Espanha onde espero encontrar refúgio". *(O rei parece muito emocionado, enxuga as lágrimas. Com voz mais forte, Joana prossegue:)* Eu lhe digo, por parte de Deus que é o verdadeiro herdeiro do reino da França e filho de Rei. Fui enviada para conduzi-lo a Reims para que receba a sagração e a coroa.

O REI, *apertando a mão de Joana nas suas e*
falando em voz baixa.

Ó Joana! Você é verdadeiramente a enviada do Céu: doravante, bastará você falar e farei executar as suas ordens. *(Elevando a voz, diz aos cortesãos.)* Podem se aproximar! *(Os cortesãos se aproximam em silêncio e retomam seus lugares.)*

O REI

Tenho agora grande confiança nesta moça, pois me disse coisas secretas que [7v] só Deus pode ter revelado a ela.

La Trémouille, *contendo seu descontentamento.*

Senhor, o que faremos para recompensá-la? Deseja que seja cumulada de honras?

Carlos VII

Desejo que seja obedecida... Joana, fale, o que deseja?

Joana

Gentil Delfim, desejo...

Regnault, *interrompendo-a.*

Por que chama o rei de delfim e não pelo título de rei?

Joana

Vou chamá-lo de rei após ser sagrado e coroado em Reims onde tenho por missão conduzi-lo. É preciso que o exército fique pronto para eu dirigi-lo logo a Orleans, pois devo expulsar o inglês de todo o território da França.

Duque d'Alençon

Joana, deseja armas, cavalos? Ofereço-me para lhe fornecer tudo o que lhe for necessário.

Joana

Gentil duque, agradeço muito, aceito um cavalo branco; quanto às armas, a espada[12] de Santa Catarina é suficiente; aliás, não pretendo usá-la, é com meu estandarte que conquistarei a vitória.

Regnault, *com ironia.*

[8f] Por que não combate sozinha? Estando certa da vitória, é inútil levantar todo um exército e a glória que lhe couber será muito maior...

Joana

Não procuro minha glória, mas a de Deus; aliás, me deem só alguns soldados e será como se tivesse um exército numeroso, mas não se deve iniciar o ataque sem mim!

Carlos VII

Joana, quero que o exército inteiro lhe obedeça e prometo que o ataque só começará com as suas ordens. Agora, vamos e cada um ocupe o seu posto; quero que escolha as pessoas que comporão o seu séquito. Dou-lhe os direitos e os rendimentos de um conde com toda a equipagem de um general de exército.

JOANA, *fazendo reverência ao rei.*

Gentil Delfim, Deus o recompensará; em breve verá o seu reinado glorioso e seu reino livre da tirania estrangeira.

Todos saem.

[CENA 2]
JOANA[13] E JOÃO D'AULON, SEU ESCUDEIRO.

[8v] ### JOÃO D'AULON

Joana, a vitória me parece certa; em poucos dias conseguiu transformar o exército. Até o velho La Hire quis confessar-se e comungar antes da batalha.

JOANA

João d'Aulon, não fui eu quem fez essas maravilhas. Só Deus pôde mudar os corações desses bravos guerreiros, e meu venerável capelão, irmão João Pasquerel muito contribuiu para convertê-los. Agora, nada receio, pois só tenho destemidos sob meu comando, pois Deus habita neles.

JOÃO D'AULON

Precisa de muita paciência, pois se todos os grandes da corte a temem e respeitam, muitos estão com inveja secreta; já teve provas muito penosas. Parece-lhes tão difícil obedecer a uma moça!

JOANA

É verdade. O conde Dunois me enganou ao passar com o exército pela Sologne em vez de ir diretamente, conforme minhas ordens, em direção aos ingleses... Mas, não receio, o conselho do meu Deus é mais seguro que os dos grandes da terra. Há um livro que nenhum letrado lê [9f], mesmo que seja excelente em escrituras, e a vontade do Rei do Céu será cumprida; apesar da inveja dos homens[14]... Todos serão obrigados a reconhecer que a vitória só pertence ao Deus dos exércitos.

1Rs 19,10

JOÃO D'AULON

Nobre Cavaleira, não irá repousar esta noite, pois o ataque só vai começar amanhã?

Joana

Sim, mas é preciso repousar sem tirar a armadura, pois receio uma surpresa por parte do inimigo. Não deixe de me avisar ao primeiro alarme.

João d'Aulon

Pode contar comigo, mas estou convencido de que nada virá perturbar o seu sono.

Afasta-se, Joana ajoelha-se e reza:

Sl 67,29

1Sm 17,40-54

Senhor, Deus dos exércitos, dignai-vos abençoar o descanso da vossa serva. Não permitais que os ingleses venham surpreender a cidade de Orleans durante meu sono. Continuai, Senhor, as maravilhas que começastes em favor do vosso povo, e da mesma forma como destruístes os filisteus por intermédio do vosso servo, o pastorzinho Davi que matou o gigante Golias, assim hoje, mostrai o vosso poder na pessoa de vossa serva Joana, a tímida [9v] pastora que, em vosso nome, expulsará o inglês do reino da França e destruirá o poder de Satanás, outro Golias que quer aniquilar a fé da filha primogênita da Igreja.

Joana retira a espada e, sentando-se no chão sem tirar a armadura, descansa apoiando o braço e a cabeça num banco. — Depois de alguns instantes de silêncio, ouve suas vozes e-se levanta logo.

As vozes
(Música: "Venha comigo para amar a primavera".)

Acorde, Joana, Filha de Deus
Tome tua espada, teu estandarte e tua lança
É derramado, lá, o sangue da França
Já o inglês começou a batalha!

Joana, *com força.*

João d'Aulon, João d'Aulon!

O Escudeiro *chega esfregando os olhos.*

O que há? O que quer?

Joana, *com vivacidade.*

Ah! Minhas vozes estão me avisando que o sangue da França corre e você não me avisou! Depressa, minhas armas, meu cavalo! *(Ela toma a espada.)*

João d'Aulon

Vou buscar o seu cavalo. *(Ouve-se o galope de um cavalo.)*

Joana

Não, é inútil, demoraria demais... ouço o ruído [10f] de um cavaleiro, vou fazê-lo desmontar e tomarei seu lugar.

Ela sai. João d'Aulon quer fazê-la parar, dizendo:
Joana, está se esquecendo do estandarte!

Joana, *que já partiu, grita para ele:*
Passa-o pela janela!
João d'Aulon sai.

A terceira cena *é invisível.*

Após alguns instantes, ouve-se o ruído de armas, tiros e a voz de Joana, *que grita:*

Duque d'Alençon, quando a cauda do meu estandarte toca a muralha, avise-me! Ao ataque! Amigos, amigos, Nosso Senhor condenou os ingleses; neste momento são nossos!

Duque d'Alençon

Joana, a cauda toca!

Joana

Jesus, Maria! Avante, tudo é vosso!... Vamos. *(Ouvem-se os gritos dos ingleses, a voz de Joana se sobressai, gritando:)* Vitória! Vitória!... *(Os* franceses *repetem:)* Vitória! Vitória!... Viva Joana d'Arc!... Viva a libertadora de Orleans!... Viva Cristo! Viva Carlos VII *(replica* Joana.*) (Todos os* franceses *exclamam misturando suas vozes:)* Viva Cristo! Viva Joana, a donzela, viva o Rei e o Reino dos Francos!

[10v]
Cena 4
O rei, *em Reims depois da sagração.*

O rei se aproxima, magnificamente vestido, cingindo a coroa real. Joana está à direita dele, levando seu estandarte que deixa flutuar e vestida com sua armadura. Depois deles, vêm os senhores. O rei sobe no seu trono. Joana se coloca a seu lado[15].

O rei

Joana, você foi o digno instrumento que Deus escolheu para salvar o reino da França; quero agradecer pelos serviços... Diga, o que deseja? Estou disposto a atender a todos os seus desejos.

Joana, *lançando-se aos pés do rei.*

Gentil Rei, está cumprida a vontade de Deus, que queria que eu reconquistasse Orleans e o trouxesse a esta cidade de Reims, para que fosse sagrado e coroado e, desse modo, mostrasse que é o verdadeiro rei, a quem deve pertencer o reino. Agora que minha missão foi cumprida, suplico-lhe que me deixe voltar a Domremy junto a meus pais.

O Rei, *muito emocionado.*

Nunca permitirei que se afaste da minha presença: o reino não pode prescindir da sua [11f] libertadora. É preciso terminar com a expulsão dos ingleses, e só você é capaz de intimidá-los.

Duque d'Alençon

Jt 15,9-10

Sim, Joana, podemos verdadeiramente dirigir-lhe palavras semelhantes às que foram dirigidas outrora a Judite: "É a glória de Orleans, a alegria dos franceses, a honra do seu povo... Atuou com uma coragem viril e seu coração firmou-se. Por que amou a castidade, a mão do Senhor a fortaleceu e será eternamente abençoada!..."

La Trémouille, *procurando mudar de assunto.*

Joana, quem é esse velho, vestido como simples camponês, que esta manhã na catedral de Reims nos obrigou, e a todos os senhores da corte, a deixá-lo passar para chegar a você? Tive impressão que a apertou no peito.

Joana, *com voz embargada.*

Oh! Esse ancião é meu pai[10]! Apesar da idade, não hesitou em vir contemplar o triunfo da filha... Não conseguiu falar-me[11]... mas deu-me a bênção e compreendi no seu olhar que vinha convidar-me a voltar com ele para o povoado que me viu nascer; compreendi que a minha missão estava concluída, que vou, agora, contentar-me em rezar pelo meu rei tomando conta das ovelhas, depois de ter lutado por ele [11v] comandando seus exércitos.

O Rei

Tb 13,15

Não, Joana, essa não é a vontade de Deus; quero obedecer às ordens do Senhor, mas sinto que a sua missão não está terminada. Não deseja servir a Deus até o último dia da sua vida? Pois bem, digo em nome dele, eu, cujos santos óleos correram na minha testa esta manhã, digo-lhe que deve permanecer na corte e não mais pensar em voltar à sua aldeia. Prometo-lhe que seus bons pais serão cumulados de honrarias, vou dar a eles títulos de nobreza, nada lhes faltará e se alegrarão por você, que lhes mereceu todos esses bens.

JOANA, *enxugando os olhos.*

Gentil Rei, vossa serva deve curvar-se e obedecer... Agradeço por todas as dignidades que vossa Alteza quer dar a meus pais, mas ouso dizer-lhe que todas as grandezas da terra não conseguirão consolá-los do afastamento da filha; quero assegurar, contudo, que eles serão sempre súditos dedicados e submissos às ordens do seu rei.

O REI, *virando-se para La Trémouille.*

Tragam-me o pergaminho e o brasão que mandei preparar.

La Trémouille faz um sinal para João d'Aulon que sai e volta trazendo os objetos mencionados e o necessário para escrever. Inclina-se profundamente ao apresentá-los ao rei.

[12F]   O REI, *pegando os pergaminhos.*

Nobre donzela, estes títulos servirão para você e para seus pais. Por um privilégio especial, quero que se comunique a seus descendentes tanto pelas mulheres como pelos homens.

(O rei assina e passa sua pena a La Trémouille, que também assina.)

Além disso, eu mesmo mandei compor este brasão, que evocará no futuro o que o reino vos deve. Como vossa espada salvou a coroa, quis uni-la ao brasão da França e dar-lhe em homenagem. Quero que o carregue nos combates.

JOANA, *recebendo os presentes do rei.*

Gentil Rei, minha gratidão para com o senhor não terá fim. Lhe obedecerei conservando preciosamente este brasão. Permita-me, porém, que nunca abandone o meu estandarte e carregue-o sempre nos combates, pois só ele me faz vencer, por causa dos preciosos nomes que mandei inscrever nele.

O REI

Fará como bem quiser e quero que seja sempre obedecida... Agora vou retirar-me para os meus aposentos; amanhã você dará suas ordens.

[CENA 5]

O rei desce do trono, sai. Todos os cortesãos o seguem e também Joana, mas ela volta imediatamente e, ajoelhando-se, canta a oração seguinte, segundo a melodia de "Meigo em terra estranha".

[12v]   A vós toda a honra e a glória
           Ó meu Deus! Senhor todo-poderoso!
           Destes a mim a vitória
           A mim, frágil e tímida criança...

E vós, minha divina Mãe!
Maria, meu astro radioso...
Tendes sido a minha luz
Protegendo-me do alto dos Céus.
De vossa radiante brancura
Ó doce e luminosa estrela
Quando é que verei o esplendor?
Quando é que estarei sob vosso véu
Repousando sobre vosso coração?... *(bis)*
Minha alma exilada na terra
Aspira à felicidade eterna
Nada pode satisfazê-la
Se não vir seu Deus no Céu.
Mas antes de vê-lo sem sombra
Quero lutar por Jesus...
Conquistar para ele inúmeras almas
E amá-lo sempre mais!
Minha vida passará como um dia
Em breve, sem véu e sem nuvem
Verei Jesus, meu amor
Lá... Na celeste praia
Me abraçará para sempre! *(bis)*

Após um demorado silêncio,
as vozes fazem-se ouvir; música: "Fio da Virgem".

Foram-se para ti os dias da vitória
    E da honra
Já os inimigos querem esconder tua glória
    Um calabouço escuro
Será tua morada, ficará sem luz
    Mas cada noite

[13f] Descendo até ti, Joana, doce mártir
    Nós que te amamos
A fim de te agradar pelo som da nossa lira
    Cantaremos
Pobre criança, não temas, serás consolada
    Na tua desgraça
Prometemos que serás libertada[18]
    Pelo Senhor!

Joana escuta essas vozes, de joelhos. Um sentimento de terror passa no seu rosto ao ouvir falar de seu cativeiro. No fim, esconde o rosto com as mãos. — O duque d'Alençon entra e a encontra nesse estado: Joana parece não o perceber.

[Cena 6]

O Duque d'Alençon, *falando consigo mesmo.*

O que está acontecendo? Suas vozes teriam anunciado alguma derrota? Não é assim que ela costuma receber as visitas do Céu... *(Aproxima-se dela e, tocando nela, lhe diz:)* Joana, que há com você? Parece que não está percebendo a minha presença?

Joana, *levantando-se.*

Não tenho nada... Minhas vozes estavam falando comigo...

O Duque

Anunciaram alguma notícia desagradável? Parecia tão abatida quando entrei!

Joana

Não, gentil duque, a notícia não é desagradável, pois é a vontade de Deus. Só que o tempo da minha glória já passou e, em breve, serei prisioneira dos ingleses.

O Duque, *com vivacidade.*

[13v] O que está dizendo, Joana? É impossível! Seu conselho não lhe deu certeza da libertação completa do reino que deve ser salvo por você da tirania inglesa? Enganou-se[19]?

Joana

Não, minhas vozes não me enganaram e a minha missão é divina; mas preciso sofrer por algum tempo; depois, serei libertada com grande glória e honra. Minhas vozes prometeram e sempre cumprem a palavra dada.

Duque

Vai continuar a lutar? Talvez seja melhor esconder-se por algum tempo.

Joana

Não, é preciso que o conselho do meu Senhor se realize... Vou comandar as tropas sobre Paris, pois é muito importante que essa cidade pertença ao rei.

Duque

É em Paris que será presa?

Joana

Não sei; se eu conhecesse a cidade onde serei aprisionada, não iria; mas não sei qual delas.

Duque

Se Paris não se render, para onde levará o exército?

Joana

[14v] Espero que se renda. Mas, se essa cidade não se render, levarei o exército para os muros de Compiègne. Conto com o senhor, duque d'Alençon; como sempre me foi fiel, espero que me acompanhe de novo nas novas campanhas que vou empreender. *(Depois de uma pausa.)* Digo-vos: só receio uma coisa, a traição!

Duque

Ó Joana! Quem seria tão inimigo da pátria para traí-la? Você, a inocência, a própria valentia... Conte com a minha dedicação, lhe farei fiel companhia, mesmo no meio dos perigos...

Joana

La Trémouille sabe como o senhor me é apegado; não ficaria espantado ao vê-lo fazer todo o possível para separar-nos. Enfim, nada acontecerá fora daquilo que Deus previu desde toda a eternidade; esse pensamento me dá grande coragem quando penso no futuro.

Duque

Está ficando tarde, deve estar cansada, vá descansar. Amanhã, segundo disse o rei, dará as ordens.

Saem.

[14v]

Segunda Parte
O CATIVEIRO. O MARTÍRIO
[Cena 1]

O cenário representa a prisão. Acorrentada, Joana está só, sentada em cima de uma pedra. No chão, um pouco de palha, uma moringa e um pedaço de pão preto[20].

Joana *canta a música:*
"Por que me entregou, outro dia, ó mãe!"

Minhas vozes me preveniram, eis-me prisioneira
Só de vós espero socorro, ó meu Deus!

Só pelo vosso amor, deixei meu velho pai
Meu campo florido e meu céu sempre azul.
Só pelo vosso amor, deixei meu vale
Mostrando aos guerreiros o estandarte da cruz
Senhor, em vosso nome comandei o exército
Os maiores generais ouviram minha voz. *(bis)*

Uma prisão escura, eis minha recompensa
A paga dos meus trabalhos, meu sangue, minhas lágrimas
Não mais verei os lugares da minha infância
Meu prado ridente salpicado de flores.
Não verei mais o monte longínquo
Seu cume nevado cortando o azul
E não mais ouvirei do sinal incerto
O som doce e sonhador ecoar no ar puro. *(bis)*

Na minha prisão escura, em vão procuro a estrela
Que cintila de noite no belo firmamento
Procuro a folhagem que me servia de véu
Quando adormecia junto ao rebanho.
Aqui quando durmo banhada em lágrimas
Sonho[21] com os perfumes, o orvalho matinal
Sonho com meu vale, a mata cheia de encantos
Mas o ruído dos meus ferros de repente me acorda. *(bis)*

[Cena 2]

Santa Margarida aparece; ao vê-la, Joana exclama:

[15f] Ó Santa Margarida! Como demorastes... Santa Catarina me dissera que meu cativeiro só duraria três meses e esses três meses já se passaram... Enfim, vinde libertar-me! Quebrai minhas correntes e permiti que volte para minha cara aldeia de Domremy.

Santa Margarida
canta a música "Máscara de ferro".

Não, ainda não posso, Joana, quebrar teus grilhões
Devolver teus vales, teus campos salpicados de flores,
Apenas venho do Céu aliviar tuas penas
Venho enxugar teus olhos em pranto...

Aproxima-se de Joana, a acaricia e, com seu véu estrelado de ouro, enxuga seus olhos.

Joana

Então, não veio libertar-me? Deverei morrer antes de ver o triunfo completo da França? Prometeram-me que o reino de São Luís conservaria a fé, certificaram-me da minha libertação e, vejam, estou acorrentada... nada mais posso fazer para salvar a minha pátria!...

Santa Margarida, *com a mesma melodia.*

Sim, prometi, a vitória é certa
O reino dos francos manterá a fé...
Joana, na tua prisão, sob o peso das correntes
Sofres por Deus e salvas teu rei. *(bis)*

Joana

Como as vossas palavras são misteriosas! Não as compreendo... Santa Catarina me falou da mesma maneira, depois da minha falta, quando me joguei do alto das torres [15v], em Beaurevoir[22], queria socorrer o bom povo de Compiègne... O bispo de Beauvais, no seu interrogatório, repreendeu-me muito por essa desobediência a minhas vozes, mas confessei-me e Santa Catarina me disse que Deus me perdoou. Prometeu-me, também, voltar, mas desde minha chegada aqui não a vi mais. Porém, não me lembro de ter desobedecido... Oh! Suplico-vos, pedi a ela que venha me libertar...

Santa Margarida
(Melodia: "Deus de paz e de amor".

A mártir virá, celebrando tua vitória
Em tuas mãos, colocará a palma
Te mostrará da eterna glória
O luminoso caminho. *(bis)*

[Cena 3]

Santa Margarida desaparece.
João Massieu entra; segura rolos de pergaminho; ao vê-lo, Joana se levanta e diz baixinho:
Ah! Eis João Massieu[23].

[João Massieu]

Joana, o que estava fazendo quando entrei?

Joana

Escutava a voz de Santa Margarida.

João Massieu

Como suas vozes a chamam? Não "filha de Deus, filha de grande coração, filha da Igreja"[24]?

Joana

Sim, todos os dias, quando me falam, me chamam de filha de Deus, filha da Igreja.

João Massieu

Sendo filha da Igreja, por que se nega a recitar [16f] o *Pai-nosso*?

Joana

Recitarei de bom grado. Outro dia, neguei-me a recitá-lo para que Sua Excelência de Beauvais me ouvisse em confissão.

João Massieu

Por que, após a sagração do rei, gostava tanto de ser madrinha e deixava o povo beijar suas roupas e suas mãos? Deixou espalhar-se que pelas suas virtudes uma criança ressuscitou.

Joana

Deixava beijar minhas roupas e minhas mãos o menos possível, mas é verdade que gostava muito de ser madrinha e chamar de Carlos os meninos e de Joana as meninas. Quanto à ressurreição da criança, não sabia que sua volta à vida me era atribuída e estou convencida de que foi Deus, só Ele, que operou esse grande milagre.

João Massieu

[16 bis f] Não reconhece que Deus fez frequentes prodígios em seu favor? João d'Aulon, seu escudeiro, contou que em Saint-Pierre-le-Moutier, disse ter em sua companhia cinquenta mil dos vossos, quando tinha apenas quatro ou cinco... A vitória que teve naquele dia me parece maravilhosa.

Joana

É verdade que, muitas vezes, Deus escolheu-me para ser instrumento das suas maravilhas, mas era para salvar a França que Ele operava esses prodígios... para mim. Ele quis que eu sofresse muito. Quantas lágrimas derramei ao ver as contradições que constatava nos grandes da corte? Era também preciso que meu sangue se misturasse às minhas lágrimas... No assalto a Tournelles, fui atingida por uma flecha e caí; não fosse o socorro das minhas santas teria, desde aquele momento, sido feita prisioneira, pois os ingleses me cercavam por todos os lados. Mas a hora marcada por Deus não tinha chegado... Não sabia, então, das provações que me eram reservadas... Nas minhas cartas aos ingleses, sempre falava de paz, e formulava o sonho de uma cruzada, caso quisessem aliar-se a nós... Como respostas, só recebi ameaças e injúrias; por isso, tratei-os como mereciam... Agora estou em poder deles, mas espero a liberdade [16 bis v] que minhas vozes prometeram; tenho em meu favor a certeza de uma consciência pura e sou boa cristã, submetida à Igreja[25] apesar de tudo o que dizem meus inimigos.

João Massieu

O bispo de Beauvais é o representante da Igreja, prometeu a ele não mais usar suas vestes masculinas[26], por que voltou a usá-las?

Joana

Pretendia cumprir a minha promessa, mas, ontem, o carcereiro me tirou as vestes femininas e recusou-se a me devolvê-las apesar das minhas insistências e lágrimas... Vi-me obrigada a vestir meu traje de guerreira. Não creio ter violado o meu juramento; aliás, o bispo de Beauvais não foi fiel ao dele; não prometeu que passaria a ser guardada por pessoas da Igreja e não mais pelos ingleses? Era só por esse compromisso que me fizeram prometer não usar mais roupas masculinas, pois estou muito convencida de que, na prisão em que me encontro, não devo usar outras, minhas vozes me disseram e todas as pessoas que acreditam na minha missão aprovam minha conduta a esse respeito...

[16f continuação]   ### João Massieu

Enganam-se os que acreditam que você vem por parte de Deus?

Joana

Não, não se enganam e ofendi a Deus[27] ao dizer, diante do povo inteiro, que minhas vozes não vinham do Céu. O falso pregador que me exortava em nome da Igreja é mais culpado que eu; para reparar a minha falta, estou disposta a confessar publicamente [16v] que minha missão é de Deus... Mesmo que a fogueira estivesse lá e eu sentisse a chama, não diria nunca o contrário.

João Massieu, *com voz emocionada.*

Ai! talvez duvide, em breve, da realidade da sua missão... Se soubesse da notícia que estou lhe trazendo!

Joana

O exército do rei teria tido alguma derrota? Se acontecer, não duvidarei, pois estou certa de que dentro de sete anos os ingleses serão expulsos da França.

João Massieu

Não se trata do exército francês, mas de você. Ó Joana! Como me custa anunciar esta terrível notícia... eu que sempre lhe fui tão dedicado... mas é preciso, pela minha vida... aliás, se eu lhe ocultar a verdade, outro a dirá. *(Após uma pausa, João Massieu, parecendo sempre mais emocionado, diz, desenrolando os pergaminhos:)* Joana, a sua sentença foi dada, você foi condenada a ser queimada publicamente hoje mesmo[28].

Joana

Ser queimada? Ó meu Deus, não é possível. Preferia ser decapitada sete vezes! Mas que crime cometi?

[17f]   ### João Massieu, *lendo o pergaminho.*
É acusada de ser herética, relapsa, apóstata, idólatra, feiticeira.

Joana

Ai! Se eu tivesse sido levada a Roma[29], como pedi tantas vezes, o Santo Padre teria reconhecido a minha inocência... Oh! Faço apelo a Deus, o grande juiz do universo, da morte injusta que meus inimigos vão me impor... *(Esconde o rosto com as mãos para chorar.)*

João Massieu

Está lhe faltando coragem, Joana? Não acredita que será salva?

Joana, *levantando a csabeça com redobrada coragem.*

Creio firmemente, segundo disseram minhas vozes, que serei salva; creio como se já estivesse livre.

João Massieu

Vou deixá-la sozinha para, com mais liberdade, preparar-se para comparecer diante de Deus... *(Levanta-se; no momento de sair, vira-se e diz com voz embargada:)* Joana, quando estiver no Céu, roga por mim!

[Cena 4]
Joana, *só.*

É verdade que vou ser queimada? Oh, não!, ainda espero a libertação... minhas vozes prometeram! São Miguel, em vós ponho [17v] a minha confiança, oh! Vinde quebrar meus grilhões...

Sl 115,16

[Cena 5]
O Arcanjo Gabriel[30] aparece, canta a música: "Adeus do mártir"

        Não sou o glorioso arcanjo
Que veio outrora armar-te para o combate
Mas deixei a celeste falange
Para vir aqui te consolar...
Eu, Gabriel, voava na terra
Para colher as lágrimas do Salvador

Mt 26,38   Fui testemunha da sua amarga tristeza ⎫
        Vim do Céu para consolar o coração dele. ⎭ *(bis)*

Lc 22,43-44   No horto, na noite da agonia
Amparava o Senhor Onipotente
Vi lágrimas na sua Face Sagrada!
Vi derramar seu adorável sangue!
Mas afastei as imagens dos pecadores
Ao Deus Salvador mostrei os eleitos...
Você lhe sorri, desde longínquos tempos ⎫
Joana, teu nome consolou Jesus!... ⎭ *(bis)*

Joana

Ó belo anjo! Como é suave a vossa voz! Sinto a esperança renascer em meu coração quando me falais dos sofrimentos de Jesus... Ai! quase me revoltei ao pensar na traição de que sou vítima, pois não ignoro que fui vendida aos ingleses... e agora todos os franceses abandonam-me... mesmo meu rei não parece se incomodar com a minha morte!

O Arcanjo Gabriel
Ainda canta a música "Adeus do mártir" até o fim:

[18f]   Jesus via seu próprio apóstolo
Mt 26,47-50.56   Que o entregava a seus inimigos
        Nesse momento supremo estava
Abandonado pelos mais caros amigos...
Como teu Deus, não tem para te defender
Um só dos teus, nem o rei
Mas para teu coração os Céus descem ⎫
Jesus está lá, Joana, perto de ti. ⎭ *(bis)*

Joana

Jesus está perto de mim? Por que, então, permitiu que os sacerdotes me condenassem? Se tivesse sido julgada pelos ingleses não acharia minha sentença tão penosa. Mas é um bispo da minha pátria que me declara merecedora da morte!

O Arcanjo

O Verbo Deus, o Criador do Mundo   Jo 1,1
Foi condenado pelo seu povo escolhido   Mt 26,57-68
Este universo inundado pelo seu amor
Só lhe deu o desprezo... a Cruz!
No lugar santo, Caifás o sumo sacerdote
Decidiu a morte do Redentor
Isso foi para nosso divino Mestre ⎫
Sua mais amarga e maior dor!... ⎭ *(bis)*

Joana

Oh! Como estou consolada vendo que minha agonia se parece com a do meu Salvador... Porém, não sinto sua divina presença e a morte ainda me amedronta!

O Arcanjo

Redentor morrendo no Calvário   Mt 27,46
Do Eterno viu-se abandonado
Gritou na sua amarga dor
"Meu Deus, por que me abandonastes?"
[18v]   Não vês de Jesus a presença
Ocultos estão seus encantos...
Joana, teu coração receia o sofrimento ⎫
Vês a morte e só tens vinte anos! ⎭ *(bis)*

Filha de Deus, durante a vida
Tu parecias como teu esposo, Jesus,
E agora Ele vê tua agonia
Teus suspiros são ouvidos
Virgem de grande coração, Jesus vê tua angústia
Te ampara com seus braços onipotentes.
Para ti, em breve, a esta vida que passa ⎫
Vai se substituir um presente eterno ⎭ *(bis)*

[Cena 6]

O arcanjo desaparece. Joana, só, continua com a cabeça apoiada nas mãos; sua atitude traduz uma dor profunda mesclada de resignação. Após alguns instantes, João Massieu entra.

João Massieu

Pobre Joana! Está tudo pronto; dentro de meia hora sairá daqui para a morte, ou melhor, para o fim dos seus sofrimentos... Mas talvez tenha algum derradeiro desejo? Fala sem receio, prometo fazer o possível para satisfazê-la...

Joana

Oh! Sim, tenho um desejo e se puder obter para mim a graça que quero lhe serei eternamente grata. Gostaria, antes de morrer, de receber pela última vez a Santa Comunhão... Só Jesus, oculto sob os véus da branca hóstia, poderá dar-me a força de caminhar para a morte... Quando sentir seu divino coração bater perto do meu, o fogo do seu amor me fará suportar com coragem o calor da fogueira...

[19F] #### João Massieu

Embora receie uma recusa, vou imediatamente pedir essa graça a Sua Excelência de Beauvais. Como ele a declarou excomungada, creio que não poderá permitir-lhe a comunhão. Todavia, reze. Deus pode fazer esse milagre em seu favor!

Joana

Oh, obrigada! O Senhor lhe recompensará o consolo que me dá!

[Cena 7]

João Massieu sai; depois da sua saída, Joana ajoelha-se.

Joana

Ó meu Deus! Compreendo agora a libertação que minhas vozes anunciavam. Não era aquela com que eu sonhava. Era a morte! A morte aos vinte anos! Oh! Como a glória humana é pouca coisa; para mim, passou como a fumaça que se esvai num momento! Debaixo de brilhosos louros meus inimigos cavaram meu túmulo! Vou morrer! Dentro de uma hora, só sobrará de mim um punhado de cinza. Mas não, estou enganada, ó meu Deus, minha alma vai precipitar-se para vós, vou viver para nunca mais morrer... Um dia, meu corpo sairá do pó, virá reunir-se a minha alma. Vos verá e possuirá a vós, Senhor! Por que continuo triste?" Por que a fogueira me dá medo?

Jó 19,25-26
Sl 41,6

[Cena 8]

[19v] Santa Catarina aparece[32] de vestido branco, coroada de rosas e segurando a palma do mártir; vem sentar-se perto de Joana, que sorri vendo-a.

Santa Catarina, pegando as mãos algemadas de Joana e apertando-as no seu coração.

Venho a ti, ó minha irmã querida! Venho consolar-te e mostrar-te a glória que Deus reserva para seus eleitos. Escuta as palavras da eterna Sabedoria[33] porque o Deus de amor quis que tua passagem na terra fosse rápida como o voo da pomba. Escute... e que teu coração estremeça de alegria.

Sb 5,11

"As almas dos justos estão na mão de Deus e a aflição da morte não os atingirá; pareceram morrer aos olhos dos insensatos, sua saída do mundo foi acompanhada de tristeza... porém, estão em paz! Se sofreram aflições diante dos homens, sua esperança está cheia da imortalidade que lhes é prometida... A aflição foi leve e a recompensa será grande, porque o Senhor os tentou e achou dignos Dele. Provou-os como o ouro no crisol... Recebeu-os como hóstia de holocausto[34]... Os justos brilharão, luzirão como fogos que correm pelos caniços... julgarão as nações e dominarão os povos, e seu Senhor reinará eternamente."

Sb 3,1-8

Joana

Oh! Como as palavras da eterna Sabedoria propiciam paz à minha alma! É mesmo verdade que terei a felicidade de ver Deus e compartilhar das delícias dos santos? Mas estou apenas na primavera da minha vida; que recompensa posso eu esperar após tão breve passagem na terra?

Santa Catarina

Joana, escute mais as palavras da Sabedoria incriada; ela vai instruir-te a respeito do que [20f] desejas saber: "O justo, porém, ainda que morra prematuramente, gozará de repouso. A ancianidade respeitável não é a longeva, nem se mede pelo número de anos; mas cãs para o homem é a prudência, e idade senil, uma vida imaculada. Tendo-se tornado caro a Deus, foi por ele amado, e, como vivia entre os pecadores, foi transferido. Foi levado, para que a malícia não lhe mudasse os sentimentos, nem a falácia lhe seduzisse a alma; pois a fascinação do vício corrompe o bom, e o vórtice da paixão transforma um espírito ingênuo. Chegado em pouco tempo à perfeição, completou uma longa carreira; e sendo sua alma aceita por Deus, por isso foi tirado às pressas do meio da malícia. E os povos veem sem entender, nem prestam atenção ao fato de que favor e misericórdia são para os seus eleitos e proteção para os seus santos. O justo, depois, morto, condena os ímpios que vivem, e a mocidade, chegada depressa à perfeição, redargui a longa velhice do injusto. Verão, sim, o fim do sábio, mas não compreenderão os desígnios de Deus a seu respeito, nem por que o Senhor o pôs a salvo."

Sb 4,7-17

Joana

Não compreenderão na terra, mas no último dia. Como será grande a sua dor vendo os justos glorificados! Ai! o que dirão os que agora me perseguem quando virem realizadas em mim essas magníficas promessas?

Sb 5,2

Santa Catarina,
repetindo as palavras da Sabedoria.

"No dia do juízo, o justo estará de pé, com grande segurança, em face daqueles que o oprimiram e lhe desprezaram as fadigas. À tal visão serão agitados

Sb 5,1-5

por terrível pavor, assombrados por tão inesperada salvação. Dirão a si mesmos, arrependidos, e gemendo de angústia: Eis aquele que outrora tínhamos por objeto de escárnio e como motejo de vitupério. Nós, insensatos, estimávamos a sua vida uma loucura, e desonrado o seu fim. Como foi, então, contado entre os filhos de Deus, e entre os santos está o seu lugar? Para que serviu o nosso orgulho? O que obtivemos das nossas riquezas? Todas essas coisas passaram como sombra e como navio cortando ondas agitadas, mas que não deixa depois de si vestígios da sua passagem... Assim também nós: apenas nascidos, desaparecemos, e nenhum traço de virtude podemos mostrar; antes, na nossa maldade fomos consumidos. Com efeito, a esperança do ímpio é como palha levada pelo vento, como vapor sutil que a tempestade espalha; como fumaça que ao vento se dissipa, e como lembrança do hóspede de um só dia que apaga-se. Mas os justos vivem para sempre, no Senhor está a sua recompensa, e o Altíssimo cuida deles. Por isso receberão o reino magnífico, e das mãos do Senhor o diadema esplêndido; que os cobrirá com a sua destra e com seu braço os escudará. Tomará o seu zelo como armadura e armará as criaturas para defesa contra os inimigos!"

Sb 5,8-10

Sb 5,13-17

Joana, *com expressão de felicidade indescritível.*

Oh! Como estou feliz! Agora, a morte não me amedronta, desejo-a como a aurora da minha felicidade eterna. Santa Mártir, esta noite serei a vossa irmã, poderei seguir convosco o divino Cordeiro e cantar o cântico que só é permitido às virgens!

Ap 14,3-4

Santa Catarina, *levantando-se.*

Até breve, querida irmã, dentro de alguns instantes deixarás este lugar de exílio. Como a pomba saída da arca não achou onde pousar na terra, vais voar para a arca santa e as portas do Céu vão se abrir para deixar-te entrar!

Gn 8,8-9

Joana

Ó Doce Virgem! não vos esqueçais da vossa promessa, vinde a mim, sustenteis a minha coragem durante o martírio que vou sofrer.

Santa Catarina

Sim, vou acompanhar-te e cantar a beleza do Céu que vai se abrir aos teus olhos! Vou cantar a palma e as coroas imortais que os anjos dos Céus preparam para ti: *(Beija a testa de Joana e desaparece.)*

[Cena 9]

Joana, *só, canta esta quadra da melodia: "Por que ter-me entregue" etc.*

Senhor, por vosso amor aceito o martírio
Não mais receio morte e fogo

　　　　　　　　É por vós, ó Jesus, que minha alma suspira
　　　　　　　　Só tenho um desejo, vos ver ó, Deus.
[21f]　　　　　Quero minha cruz, doce Salvador e seguir-vos　　　　　Mt 16,24
　　　　　　　　Morrer por vosso amor, nada mais
　　　　　　　　Desejo morrer para começar a viver
　　　　　　　　Desejo morrer para unir-me a Jesus *(bis)*

[Cena 10]

João Massieu *entra*

Joana, eis a hora do sacrifício! Mas, antes de deixar a prisão, terá o consolo de receber a divina Eucaristia; o bispo de Beauvais disse-me para não recusá-la a você.

Joana

Agradeço-te por esse favor inestimável; com Jesus no meu coração, vou caminhar sem temor para a morte. *(Levantando os olhos ao Céu.)* Ó meu Deus, vou receber-vos na minha prisão, oculto sob a aparência de um pouco de pão e minha ação de graças vai terminar no Céu, onde vou contemplar-vos num face a face eterno!   1Cor 13,12

João Massieu

Não é neste calabouço que vai receber a santa comunhão, mas na prisão vizinha. Antes de partir, deseja vestir a saia branca que pediu para ir ao encontro da morte? *(Desenrola um pacote que segurava debaixo do braço.)*

Joana

Sim, quero; isso me tornará mais parecida com meu Salvador amado, que também foi vestido de branco ao palácio de Herodes… Não quero ir para o martírio vestida de guerreira, pois a paz é-me assegurada para a eternidade, [21v] quero me vestir com o vestido de uma virgem que vai ao encontro do esposo…   Lc 23,11

Mt 25,6

João Massieu desata as correntes para ela trocar de roupa; ouvem-se ao longe vozes que cantam as ladainhas de Nossa Senhora.

João Massieu

Está ouvindo as vozes dos fiéis que acompanham o Santíssimo? Já a procissão ladeia os muros da prisão, mas ainda temos tempo, as escadas para chegar aqui são muitas…

Ouvem-se distintamente as invocações: "Regina Martyrum ora pro ea — Regina Virginum etc." *e as vozes somem nos escuros contornos da prisão. Joana está de branco e João Massieu recoloca-lhe as correntes e saem.*

[Cena 11]

As Vozes cantam
Voai ao martírio... voai!...
Eis que chegou a libertação
Voai, voai, Joana da França
Voai ao martírio... voai!...
É vosso esposo, vosso rei,
É para Deus que combateis.

Os juízes não são vistos; Joana está na pira com o capelão que a assiste; a parte inferior do palco está escondida com biombos onde luzes e fogareiros acesos dão efeito de fogueira.

Ouve-se a voz do bispo de Beauvais.

Joana, você conhece as numerosas acusações da sua condenação: é herética, relapsa, apóstata, idólatra. Pelas suas feitiçarias, fez que um rei herético fosse coroado, balançando em cima da cabeça dele seu estandarte encantado... pode, agora, ir em paz. A Igreja à qual recusou submissão não pode mais defendê-la... Todo galho seco[35] deve ser separado da vinha e lançado ao fogo.

Jo 15,6

[22f]   Joana

Bispo, é por vós que morro! Não sou herética, sou filha da Igreja e o rei pelo qual lutei é um rei cristianíssimo... Quanto a meu estandarte, não era justo que tendo participado da pena participasse da glória? Oh! Se tivesse sido levada a Roma, o Santo Padre teria reconhecido a minha inocência, mas sou feliz em morrer pela minha pátria e peço a Deus que não castigue meus inimigos. Peço perdão a todas as pessoas que ofendi sem perceber e perdoo a todas aquelas que causaram a minha morte... Santíssima Trindade, tende piedade de mim!... São Miguel, São Gabriel... Santa Catarina e Santa Margarida, rogai por mim.

O Bispo de Beauvais, *irado.*

Vamos acabar com isso? Que se acenda a fogueira!

Joana

Oh! Por favor, não permiti que morra sem ter beijado uma última vez a cruz do meu Redentor. *(Irmão Martin lhe apresenta uma pequena cruz de madeira que aperta contra o peito, mas acrescenta:)* Gostaria de ter na minha frente uma cruz de Igreja.

Irmão Martin

Vou buscar uma. *(Após algum tempo volta trazendo uma cruz.)*

Joana

Obrigada! Segure-a bem alto até eu morrer. Agora posso voar para o Céu... sim, certamente, chegarei antes do anoitecer.

Irmão Martin *recita a seguinte poesia: composta por d'Avrigny*[36]

[22v]
Para quem seriam os Céus se não fossem para ti!
Teu príncipe estava privado do cetro legítimo
Ao Deus que faz os reis, tu te ofereceste por vítima
E foste aceita; te chama hoje
Quer a oferenda; é digna Dele...
Tua testa já brilha dos raios do mártir
A fogueira some, transforma-se em altar
Anjo libertador, alça voo para o Céu.

Acende-se a fogueiras[37]. *Ao ver as chamas subirem,* Joana *exclama:*

Ah, o fogo... Irmão Martin, desçais depressa!
Ele desce. Não se vê a não ser a parte alta da cruz. Joana mantém os olhos fixos nela.

Ouvem-se as Vozes *que cantam "No seio da feliz pátria" etc.*

Descemos da eterna praia
Para te sorrir e levar-te ao Céu!
Troca o exílio pela Pátria
Vem gozar a vida
Filha de Deus!

Joana *olha para o Céu e diz:*

Ouço minhas vozes, convidam-me a voar para os Céus... Não, minhas vozes nunca me enganaram e minha missão era de Deus! *(O fogo e a fumaça envolvem-na progressivamente; exclama, então:)* Oh! O fogo está subindo... Estou queimando!... água, água benta! Jesus, socorro!

[23f]
As Vozes

Dessa fogueira a chama arde
Mais ardente é o amor a teu Deus
Logo para ti, o eterno orvalho
Vai tomar o lugar do suplício do fogo.

Refrão
Enfim, eis a libertação
Olha, o anjo libertador
Já a palma balança
Para ti, Jesus, avança
    Filha de grande coração.

Virgem e mártir, um momento de sofrimento
Vai levar-te ao eterno repouso
Filha de Deus, tua morte salva a França
Para seus filhos deve abrir o Céu.

JOANA *canta o seguinte refrão.*

Entro na vida eterna[38]!
Vejo os anjos, os eleitos...
Morro para salvar minha pátria
    Vinde!... Virgem Maria...
    Jesus!... Jesus!!![30]...

Joana inclina a cabeça e parece desfalecer sobre a fogueira. Deixa, então, seu vestido branco [23 bis f][40] e veste outro, salpicado de estrelas douradas; durante esse tempo a voz de Nosso SENHOR faz-se ouvir. — Música de Mignon: "Vosso Céu é azul, vossa terra florida. E os contemplais com olhar cheio de amor".

	Ó minha querida irmã, tua doce voz me chama
Sl 115,16	E rompo os laços que te prendem neste lugar
Ct 2,10-11.14	Oh! Voa até mim, pomba belíssima
	Vem, o inverno se foi... Vem reinar nos Céus.

    Joana, teu anjo te chama
    Eu, o juiz da tua alma
    Em ti sempre proclamo
    Vi queimar a chama do amor.

    Oh! Vem, serás coroada
Ap 21,4   Tuas lágrimas quero enxugar
Ct 1,2   Vem, esposa amada ⎫
    Quero beijar-te. ⎭ *(bis)*

Canta-se novamente a quadra anterior: Joana, teu anjo *etc.*

[23 bisv]   Com tuas companheiras
    Vem sobre a montanha
    E nos campos
Ap 14,4   Seguirás o cordeiro.

    Ó minha amada
    Canta no vale

Do hino sagrado
O novo refrão.

De todos os santos anjos
As brancas falanges
Cantam teus louvores
Perto do Eterno. *(bis)*

Tímida pastora
Valente guerreira
Teu nome na terra

Deve ser imortal
Tímida pastora
Valente guerreira
Dou-te o Céu!... *(bis)*

[Terceira Parte]
[OS TRIUNFOS DO ALÉM]
[Cena 1]

[23 f continuação] *Os biombos são retirados e vê-se um trono magnífico. Santa Catarina e Santa Margarida amparam Joana e São Miguel também está perto dela. Cantam a música: "Sim, creio, é imaculada".*

Santa Margarida, *coroando Joana de rosas.*

É tua *(bis)* a imortal coroa. *(bis)*

Santa Catarina, *pondo a palma nas mãos dela.*

Mártir do Senhor, esta palma é tua. Ap 7,9

São Miguel, *levando-a a sentar-se no trono.*

E o Deus dos exércitos preparou este trono para ti. 1Rs 19,10.14
É teu. *(bis)*

Os Santos, *juntos.*

Oh! Fica nos Céus, Joana, Pomba pura
Livre para sempre da rede do caçador Sl 123,7
Acharás aqui o riacho que murmura
    O espaço, com campos em flor.

[23v]   *Refrão*
Levanta voo *(bis)*, abre tuas brancas asas *(bis)*
E poderás voar em cada estrela dourada...

Poderás visitar as abóbadas eternas
   Levanta voo. *(bis)*

Joana, sem inimigos, sem prisão escura
O brilhante serafim vai chamar-te de irmã
Esposa de Jesus, teu amado te assegura
O eterno repouso no seu coração!

JOANA *canta o seguinte refrão com os santos.*

É meu[41]
(OS SANTOS)... É teu } *(bis)*
Oh! Que felicidade extrema

O Céu é meu } *(bis)*
(OS SANTOS)... É teu

Os anjos e os Santos!... Maria!... O próprio Deus
(OS SANTOS)... É teu

Eles são meus } *(bis)*
(OS SANTOS)... É teu

OS SANTOS, *sozinhos.*

Séculos passaram na terra longínqua[42]
Desde o feliz momento em que voou para os Céus
Mil anos são como um dia na celeste planície
Mas esse dia há de ser eterno.

Sl 89,4

JOANA E OS SANTOS

Dia eterno! *(bis)* sem sombra, sem nuvem
Ninguém tirará de mim teu brilho imortal
(OS SANTOS) Ninguém te tirará seu brilho imortal.
O mundo passou, a fugidia imagem
Meu é o Céu } *(bis)*
(OS SANTOS) Teu é o ceu.

1Cor 7,31

Ouve-se, ao longe, a voz da FRANÇA, *que canta.*

Lembra-te, Joana, da tua Pátria!
Lembra-te dos seus vales floridos!
Lembra-te do prado ridente
Que deixaste para enxugar minhas lágrimas!
Ó Joana! Lembra-te de ter salvo a França
Como anjo dos Céus, debelou meu sofrer
   Escuta na noite
   A França que geme
   Lembra-te! *(bis)*

[24f]

Lembra-te, Joana, das tuas vitórias
Lembra-te de Reims e de Orleans
Lembra-te que cobriu de glória
Em nome de Deus, o reino dos francos.
Longe de ti, agora, sofro e suspiro
Digna-te, ainda, salvar-me! Joana, doce mártir!
    Oh! Vem romper meus grilhões
    Dos males que padeci
        Lembra-te! *(bis)*

JOANA *canta*
a música: "Era num bosque solitário".

Ó França! Ó bela Pátria!
Deves elevar-te até os Céus
Se queres retornar à vida
E que teu nome seja glorioso.
O Deus dos francos em sua demência
Resolveu salvar-te
Por mim, Joana da França
Que mais uma vez, quer te salvar.
    Vem a mim *(bis)*
    Pátria bela
    Rezo por ti
    Minha voz te chama ⎫
    Volta para mim   ⎬ *(bis)*

[CENA 2]

A FRANÇA *aproxima-se lentamente, está carregada*
de correntes e segura sua coroa nas mãos.

Venho a ti[43] carregada de correntes
A fronte velada, os olhos marejados
Não tenho mais assento entre as rainhas
E meus filhos me acabrunham de dor
Esqueceram-se de Deus! Abandonaram a Mãe!
Ó Joana, tem piedade da minha tristeza
    Vem consolar o meu coração
        Anjo libertador
            Espero em ti!... *(bis)*
Vê em minhas mãos minha coroa de rainha
Na tua fronte quero colocar
Joana, és tu minha doce Soberana
Filha de Deus, sobre os francos vem reinar!

Oh! Vem romper os grilhões da França acorrentada
Que da Igreja ainda seja primogênita!
Joana, escuta a minha voz
Uma segunda vez
Vem para mim! (bis)

*As vozes cantam
a música: "Voai para o martírio".*

Filha de Deus, Filha de coração grande
Voa em socorro da França
Em ti, só, está sua esperança
Voa, anjo libertador
Filha de Deus, Filha de coração grande.
Voa em nome do Deus vencedor.

Joana desce do trono, aproxima-se da França, rompe as correntes, põe a coroa real na sua cabeça e a aperta no peito.

Joana

Oh! Minha França querida! Estou feliz por obedecer às minhas vozes que me convidam para voar em teu socorro! A partir de agora, não mais ficarás acorrentada, pois teu coração orientou-se para o Céu… Se me tivesses invocado mais cedo, teria vindo mais cedo para ti.

[25f] *Livre das correntes, a França quer pôr seu diadema na testa de Joana, mas ela, tomando a coroa, diz:*

Não, não quero cingir minha testa com o diadema da França… deixa que eu o coloque em tua cabeça, pois a partir de agora serás digna de usá-lo!

A coroa das virgens basta para mim e a palma é o cetro que quero, pois se sou honrada no Céu, não é por ter sido ilustre guerreira, mas porque uni a virgindade ao martírio!

Agora, quero que meu estandarte seja teu. *(São Miguel apresenta-o a Joana que o entrega à França.)*

Não foram Jesus e Maria que te salvaram? A augusta rainha do Céu não desceu três vezes[44] do seu trono para te convidar a fazer penitência? Não é o esplêndido monumento[45] que se ergue em uma de tuas colinas para a glória do Sagrado Coração que te mereceu a graça que recebes hoje?

A França *levanta-se e canta a música dos Ramos.*

Sim, para te agradar, anjo libertador
Guardarei o doce nome de Maria
Sempre unido ao do Salvador
Pois são eles que me dão vida.

JOANA E OS SANTOS *cantam o refrão.*

　　　　Foram-se os dias de choro
　　Ó França! sempre querida pela Santa Igreja.
[25v]　　　　Doravante, em tuas grandezas
　　Serás sua primogênita e submissa.

Joana sobe de novo no trono, depois de ter abraçado a FRANÇA; esta, então, une sua voz à voz de sua libertadora para cantar o que segue:

　　Subiu vibrante até o Céu
　　A voz sagrada do sucessor de Pedro.
　　O Pontífice imortal falou...
　　O nome de Joana é brilhante de luz!

　　　　Refrão
　　Em breve veremos no altar
　　Joana, a nova padroeira da França!
　　E a terra cantará com o Céu
　　O hino da gratidão.

　　　　　　　　21 de janeiro do ano da graça de 1895[46]

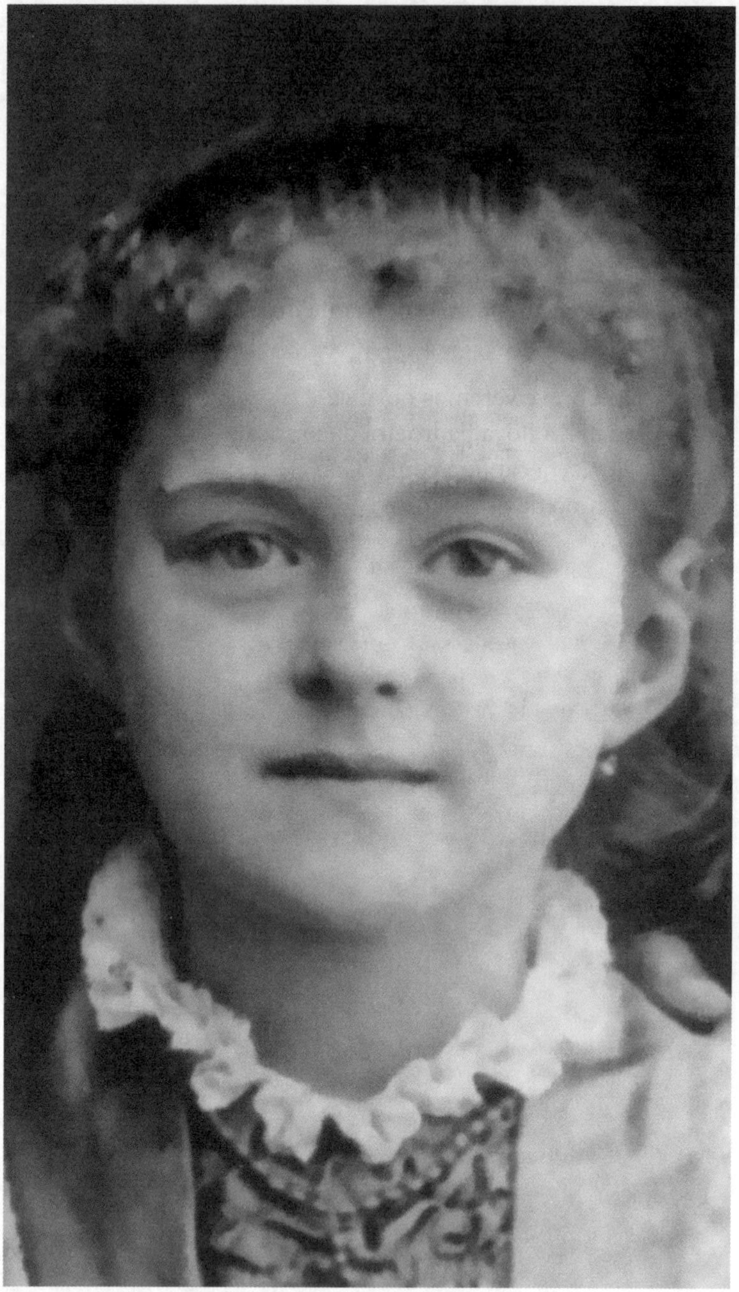

RP 4

[1f] **JESUS EM BETÂNIA**

Santa Madalena fica sentada aos pés¹ de Nosso Senhor, olha para Ele com amor. No fundo da sala, vê-se Marta ocupada em pôr a mesa para a refeição do divino Mestre.   Lc 10,39 / Lc 10,40

Nosso Senhor e Santa Madalena cantam a música "O anjo e o cego".

1   MADALENA

       Meu Deus, meu divino Mestre
       Jesus, meu único amor
       A vossos pés quero ficar   Lc 10,39
       Fixo aqui minha morada.
       Em vão na terra
       Procurei a felicidade
       Só uma tristeza amarga
       Encheu meu coração.

2   JESUS

       Aos meus pés, Madalena,
       Sempre acharás
       Para te consolar
       Um doce olhar de amor.
       Doravante, ó Maria,
       Queres viver para mim
       E eu, para sempre,
       Sofrerei por ti².

3   MADALENA

       É demais, meu bom Mestre
       Sinto-me fraquejar
       Por que não renascer
       Hoje, ou morrer?
       Compreendei minha comoção
       Jesus! Ó meu Salvador!
       Fiz vossas lágrimas derramar
       Que imensa dor!

4   JESUS

       É verdade, por tua alma
       Lágrimas derramei.

Mas por uma só faísca[3]
Posso mudar corações.
Tua alma rejuvenescida
Por meu olhar divino
Na vida eterna
Me abençoará sem fim.

[1v] 5   MADALENA

Jesus, vosso próprio amor
Faz meu coração estremecer
Vossa suprema bondade
Aumenta a minha dor.
Ignorei vossos encantos
E no meu arrependimento
Só tenho lágrimas,
Senhor, a vos ofertar.

6   JESUS

Essas lágrimas preciosas
Brilham mais a meus olhos
Que as vias luminosas
Que sulcam os céus.
À estrela brilhante
Que cintila no azul
Prefiro a amante[4]
De coração tornado puro.

7   MADALENA

Que mistério espantoso
Ó meu divino Salvador!
Nada há na terra
Que encanta vosso coração?
Os montes longínquos
O branco e doce carneiro
As flores dos nossos campos
Há coisas mais lindas?

8   JESUS

Estás vendo a flor aberta
Com o sopro da primavera
E vejo a rosa
Do teu amor ardente.

Esta rosa purpúrea[5]
Soube enlevar meu coração
É amada por mim
Mais que qualquer outra.

9   MADALENA

Com sua voz pura, o pássaro
Canta a vossa grandeza
O riacho que murmura
Dá-vos seu frescor.
O lírio do vale
Oferece-vos feliz
Sua corola perfumada
Seu odor, sua brancura.

10   JESUS

[2f]

Salomão em sua glória   Mt 6,28-29
Estava menos enfeitado
No seu trono de marfim
Que o lírio perfumado.
As simples margaridas
Superam o grande rei
E todas estas florzinhas
Só brilham para ti.

11   MADALENA

Do virginal séquito   Ap 14,4
Ofertando-vos seu amor
O branco manto[6] de neve
Brilhara sem parar.
Eu, de uma triste vida
Oferto-vos o fim
Ai! murchei-a
Quando na aurora!

12   JESUS

Se da aurora gosto
Dos puros e brilhantes fogos
Ó Maria! gosto mais ainda
De uma linda tarde radiosa.
Minha bondade sem igual

Jo 13,23

                Deseja que o pecador
                E a alma virginal
                Repousem no meu coração[7].

13   MADALENA

                Não têm vossos anjos
                Ardores sublimes?...
                Nas suas brancas falanges
                Derramai vossos favores...
                Eu, pobre pecadora,
                Não mereci
                A inefável ternura
                Da vossa intimidade.

14   JESUS

                Muito mais alto que os anjos
                Tu subirás um dia
                Cantarão teus louvores
                Invejando teu amor...
                Mas é preciso na terra
                Para atrair a mim os corações
                Que vivendo solitária[8]
                Rezes para os pecadores!

15   MADALENA

                Oh! De um amor extremo
                Sinto meu coração arder!

[2v]   E vossa voz que amo
                Duplica nele o ardor.
                Mas para ser apóstolo
                Frágil demais é meu coração
                Oh! O vosso me emprestai
                Jesus, meu doce Salvador!

Nesse momento, Santa Marta chega com aparência de apressada[9]. *Olha sua irmã com espanto e canta a música: "Monge e bandido".*

16   MARTA

Lc 10,40

                Olhai minha irmã, bom Mestre, ela se esquece
                Vede que meu trabalho não a preocupa
                Diga-lhe, Senhor, vos suplico
                Diga-lhe para me ajudar a servir a mesa.

17   Jesus

Marta, minha caridosa anfitriã,
Parece que estás esquecendo
Que tua irmã sempre se aproxima
De quem sabe encantá-la.

18   Marta

Mas, ó divino Salvador, eis o que me espanta
Não deveria por um instante desviar
Seus olhares Daquele que cada dia a presenteia
E pensar também em lhe dar[10] algum presente?

19   Jesus

Preciso dizer-te
Se teu amor é generoso
Admito que o de Maria
[3f]   Também me é precioso.

20   Marta

Vossas palavras, Senhor, para mim são mistérios
E ainda não consigo deixar de pensar
Que é melhor trabalhar que orar
Pois sinto que meu coração quer se dedicar.

21   Jesus

O trabalho é necessário
E venho santificá-lo
Mas de uma oração fervorosa
Deve ser acompanhado.

22   Marta

Sabia, Senhor, que ficando ociosa
Não podia ter encanto a vossos olhos
E para vos servir estou sempre ativa
Quero vos oferecer pratos deliciosos.

23   Jesus, *olhando Santa Marta com ternura.*

Ó Marta! tua alma é muito pura
E teu coração gosta de dar.
Mas sabe do alimento
Que meu coração quer achar?

24   Santa Marta, *ajoelhando-se.*

[3v] Enfim compreendo, Jesus, beleza suprema
Vosso divino olhar penetrou o meu coração
Meus dons são poucos, é minha alma[11]
Que devo vos oferecer, ó amantíssimo Salvador!

25   Jesus

Sim, é teu coração que almejo
Até ele venho rebaixar-me[12]
Os Céus e sua glória infinita
Quis por ti largar.

26   Santa Marta, *olhando Madalena*

Mc 14,3 Por que, divino Salvador, fizestes de Maria
Lc 7,44-47 Tão grande elogio[13] a Simão, o leproso?
Parece-me, ó Deus, que em toda a vida dela
Contastes mais de um dia tempestuoso.

27   Jesus

Soube compreender a linguagem
Sl 50,19 O arrependimento de um coração dilacerado
Lc 7,47 Esse ama mais
A quem mais se perdoou!

28   Marta

Ó! assim seja, ainda espanto-me
Pois, Senhor, me impedis de cair
Protegeis minha vida desde a aurora
Por tão grandes favores, não devo amar?

[4F] 29   Jesus

É verdade que uma alma pura
Obra-prima do meu amor
Deveria sem medida alguma
Amar e bendizer-me sempre.

30   Marta

Ah! Bem o sabeis, amei desde a infância
Da virgindade o precioso tesouro
Esse pensamento, Senhor, é um gozo[14]
Que me faz estremecer e alegra meu coração.

31   JESUS

Encantou-me desde a infância
Pela sua grande pureza
Mas se tem a inocência
Madalena tem a humildade!

32   MARTA

Vejo a verdade, o bom Mestre que amo
Sempre com doçura sabe ensinar-me
Não quero mais ter estima de mim
A humildade vos agrada, quero praticá-la.

33   JESUS

Compreende o grande mistério
Que me fez descer aqui
Sim, a vida oculta é para mim mais preciosa
Que toda a glória dos Céus.

34   MARTA

Jesus, para vos alcançar, quero, toda a minha vida,
Desprezar as honras, a glória dos humanos.
Trabalhando para vós, imitarei Maria,
Buscando apenas vossos olhares divinos

35   JESUS

Desse modo, salvareis as almas
E as atraireis[15] para mim,
Levando para bem longe o meu fogo,   Lc 12,49
Com a tocha da fé.

36   MARTA

Vossa voz, doce Jesus, é melodia
Que nos enleva de amor abrasando nosso coração
Ficai conosco, suplico-vos   Lc 24,29
Ficai sempre aqui, meu amável Salvador.

37   JESUS

Estou feliz em Betânia
Repousarei amiúde
[4v]   E vosso Deus, na Pátria
Mostrará gratidão.

38   MARTA

Gn 15,1

Qual é, ó Deus, a grande recompensa[16]
Que posso esperar após meus trabalhos?
Nada mereço, porém almejo
Que me cumulais de favores novos.

39   JESUS

Lc 15,31

No Céu, minha glória será sua
E todos os meus bens serão seus
Honra incomparável
Me chamará de esposo!

40   MARTA

Como depois desta vida sereis minha herança
A coroa de honra da minha virgindade
Ah! Queria voar para a celeste praia

Mt 25,31

Já contemplar a vossa majestade

41   JESUS

Ap 14,3-4

Em breve, na eterna praia
Cantando o cântico novo
Verá minha glória imortal
Seguirá em tudo o Cordeiro!

[I f]   25 de dezembro de 1895
O DIVINO PEQUENO MENDIGO DE NATAL PEDINDO ESMOLA ÀS CARMELITAS.

A comunidade está reunida para o recreio da noite[1], um anjo[2] aproxima-se carregando nos braços o Menino Jesus envolvido em cueiro. — Canta a música de "Santa Maria, sonhei com os serafins".

Em nome de quem adoro,
Minhas Irmãs venho estender a mão
E cantar para o divino Menino
Pois ainda não pode falar...

Para Jesus, o Exilado do Céu
Encontrei no mundo
Só profunda indiferença   Jo 1,11
Eis por que venho ao Carmelo.
    Que vossas ternuras
    E vossas carícias
    Que vossos louvores
    Ó Irmãs dos anjos!
    Sejam para o Menino.
Ardeis de amor, alma enlevada
Um Deus, por vós, fez-se mortal
    Ó mistério comovente
    Quem vos pede[3]
    É o Verbo Eterno!...   Jo 1,1

Ó minhas Irmãs, aproximai sem temor
Vinde, uma por vez
Ofertando a Jesus vosso amor
Sabereis sua vontade santa.
Vos direi o desejo
Do Menino envolto no cueiro   Lc 2,7
A vós, puras como anjos
Mas que podem sofrer.
    Que vossa vida
    Tão bem empregada
    Que vossos sofrimentos
    Vossas alegrias
    Sejam para o Menino.
Ardeis de amor, alma enlevada
Um Deus, para nós, fez-se mortal

Jo 1,1

> Ó mistério comovente
> Quem mendiga a vós
> É o Verbo Eterno!...

A Madre Priora vem primeiro adorar o Menino Jesus que o anjo deposita num presépio preparado de antemão; o anjo entrega à Madre Priora uma cestinha cheia de bilhetes. Ela pega um, ao acaso, e, sem abrir, o remete ao anjo que canta a esmola que o Menino Jesus pede. — A Madre Priora retira-se após ter beijado e acariciado o Divino Menino. Todas as Irmãs vêm, uma após outra, por ordem de idade e fazem o mesmo.

[1v] As seguintes quadras cantam-se na música do Natal de Holmès: "Três anjos vieram esta noite etc".

[1]   Um trono de ouro

> De Jesus, vosso único Tesouro
> Escutai o desejo amável.
> Pede-vos um trono de ouro
> Não acha nenhum no estábulo.
> O estábulo é como o pecador
> Onde Jesus nada vê
> Que possa seu coração alegrar
> Onde nunca descansa
>   Salvai, Irmã
>   A alma do pecador
> Por esse trono Jesus suspira
>   Mas ainda mais
>   Para esse trono de ouro
> É vosso coração que Ele deseja.

[2]   LEITE

> Aquele que alimenta os eleitos
> De sua santa e divina Essência[4]
> Fez-se por vós o Menino Jesus
> Reclama vossa assistência.
> No Céu, sua felicidade é perfeita
> Mas na terra é pobre.
> Dai, Irmã, um pouco de leite
> A Jesus, vosso Irmãozinho.
>   Ele vos sorri
>   Baixinho vos repete:
> "É da simplicidade que gosto
>   Natal, Natal,

　　　　Desço do Céu
　　　　Pois meu leite de amor és tu".

[3]　　　　　　　Passarinhos

　　　　Irmã, desejais saber
　　　　O que o Menino Jesus quer?
　　　　Pois bem! Vos direi agora
　　　　Como fazê-lo sorrir.
　　　　Pegai pássaros bonitos[5]
　　　　Fazei-os voar no estábulo
　　　　São a imagem das crianças
　　　　De quem gosta o Verbo adorável.　　　　　　　　Jo 1,1
　　　　　　Com seus suaves cantos
　　　　　　Seus chilreios
　　　　Seu rosto infantil brilha
　　　　　　Rogai por eles
　　　　　　Um dia, nos Céus,
　　　　Formarão vossa coroa.

[4]　　　　　　　Uma Estrela

　　　　Às vezes, quando negro está o céu
　　　　E coberto de nuvens escuras
　　　　Jesus está muito triste de noite
　　　　Sem luz na escuridão.
　　　　Para alegrar o Menino Jesus
　　　　Como uma Estrela cintilante　　　　　　　　　Mt 2,2
　　　　Brilhar por todas as virtudes
　　　　Sede uma luz ardente.
　　　　　　Ah! Que vossos fogos
　　　　　　Levando-os aos Céus　　　　　　　　　　Mt 2,9
　　　　Dos pecadores rasguem o véu!
　　　　　　A divina Criança
　　　　　　O astro da manhã　　　　　　　　　　Ap 22,16
　　　　Vos escolhe por sua doce Estrela.

[5]　　　　　　　Uma Harpa

　　　　Escutai, escutai, Irmã
　　　　O que deseja o Menino Jesus.
　　　　Pede vosso coração
　　　　Para ser sua harpa melodiosa.
　　　　Tinha no seu belo Céu
　　　　A harmonia de todos os santos anjos

Mas quer que sobre o Carmelo
Como eles, canteis seus louvores.
    Irmã, minha Irmã,
    É do vosso coração
Que Jesus quer a melodia.
    De noite, de dia
    Em cantos de amor
Se consumirá vossa vida[6]...

[6]   ROSAS

Vossa alma é lírio perfumado
Que encanta Jesus e sua Mãe,
Escutai vosso Amado
Que diz baixinho, com mistério:
"Ah! Se gosto da brancura
[2f]   Dos lírios, símbolos da inocência,
Gosto também da cor rica[7]
Das rosas da penitência.
    Quando vossas lágrimas
    Purificam os corações
Lc 15,7   Grande é a alegria que me dais
    Pois poderei
    Quando quiser
A mancheias colher rosas".

[7]   UM VALE

Assim como pelo brilho do sol
A natureza se embeleza,
Que doure do seu fogo rubro
O vale[8] profundo e florido,
Assim, Jesus, o divino Sol
De nada se aproxima sem dourar[9]
Resplandece na sua manhã
Bem mais que uma brilhante aurora.
    Com seu despertar
    O divino Sol
Cobre vossa alma exilada
    De seus dons
    Seus mais quentes raios
Sede seu ridente Vale.

[8]   CEIFEIROS

Lá[10], sob outros horizontes,
Apesar das geadas e da neve

Já douram as messes   Jo 4,35
Que a divina Criança protege.
Mas ai! para ceifá-las
São necessárias almas ardentes,
Ceifeiros querendo sofrer   Mt 9,38
Desprezando ferros e chamas.
    Natal, Natal
    Venho ao Carmelo
Sabendo que meus desejos são vossos.
    Para o doce Salvador
    Dai à luz, Irmã
Numerosas almas de apóstolos.

[9]   UM CACHO DE UVAS

Quero uma fruta saborosa[11]
Um cacho douradinho
Para refrescar do Rei dos Céus
A boquinha adorada…
Irmã, que doce a vossa sorte!
Sois vós esse cacho escolhido.
Jesus vos apertará bem forte
Na sua mãozinha querida.
    O Doce Querido
    É pequeno demais
Para chupar o próprio Cacho
    O doce suco,
    Por Ele dourado
É só disso que Ele gosta!

[10]   UMA PEQUENA HÓSTIA

Jesus, a Bela Criança Divina,
Para comunicar-vos sua vida
Cada manhã Nele transforma
Uma pequena e branca Hóstia.
Com muito mais amor ainda
Quer transformar-vos Nele mesmo
Vosso coração é seu caro tesouro
Sua felicidade e alegria suprema.
    Natal, Natal
    Desço do Céu
Para dizer a vossa alma enlevada
    O Cordeiro tão Manso
    Desce até vós
Sede sua branca e pura Hóstia.

As quadras seguintes cantam-se pela música: "Ao Rouxinol — Quando tua voz celeste preludia etc."

[11]   UM SORRISO

        O mundo desconhece os encantos
        De Jesus, vosso amável Esposo
        E vejo pequenas lágrimas
        Brilharem nos seus olhos tão doces.

        Consolai, ó Irmã querida
        Essa Criança que tendes nos braços
        Para encantá-lo, vos suplico,
        Sorri vós sempre na terra.

[2v]   Vede, seu olhar parece dizer:
        "Quando sorrires para tuas Irmãs
        Ó minha esposa, teu Sorriso
        Basta para enxugar minhas lágrimas[12]".

Teu Sorriso *(bis)* basta para enxugar minhas lágrimas!

[12]   UM BRINQUEDO

        Quereis, na terra ser
        Da divina Criança o Brinquedo[13]?...
        Irmã, desejais agradar a Ele?
        Fiqueis na sua mãozinha.

        Se a amável Criança vos acaricia
        Se vos aproxima do seu Coração,
        E se, às vezes, se afasta de vós,
        De tudo fazei a vossa felicidade.

        Procurai sempre seus caprichos[14]
        Encantareis os divinos olhares.
        Doravante, todas as vossas delícias
        Serão os infantis desejos Dele...

Vossas delícias *(bis)* serão seus infantis desejos.

[13]   UM TRAVESSEIRO

        No presépio onde Jesus repousa
        Amiúde o vejo acordar
        Quereis saber a causa?
        Não encontra travesseiro!

        Bem o sei, vossa alma só aspira
        A consolá-lo, noite e dia

Pois bem! o Travesseiro que Ele quer
É vosso coração ardente de amor.[15]

Ah! Sede sempre humilde e mansa
Para que o divino Tesouro
Possa dizer-vos: "Ó minha Esposa!
"Em ti, suavemente, adormeço..."

Minha esposa *(bis)* em ti suavemente adormeço.

[14]   UMA FLOR

A terra está coberta de neve
Em toda parte o frio e a geada,
O inverno e seu triste séquito
Murcharam as flores de cá.

Mas para vós desabrochou
A encantadora Flor dos campos   Ct 2,1
Que vem da santa Pátria
Onde reina uma eterna primavera.

Irmã minha, escondei-vos na relva
Junto à Rosa de Natal
E sede também a Florzinha
Do vosso Esposo, o Rei do Céu.

A Florzinha *(bis)* do vosso Esposo, o Rei do Céu.

[15]   PÃO

Cada dia em vossa oração
Falando com o Autor de todo o bem
Repeti: "Ó Pai Nosso!
Dai-nos o pão de cada dia!"   Mt 6,11

Esse Deus que se fez nosso Irmão
Como vós, sente fome[16]
Escutai seu humilde pedido
Pede-vos um pouco de Pão.

Ó minha Irmã! tende certeza,
Jesus só quer o vosso amor,
Alimenta-se de alma pura
Eis seu Pão de cada dia.

A alma pura *(bis)* eis seu Pão de cada dia.

[16] Um Espelho

Toda criança gosta de ser posta
Na frente de um espelho fiel
Sorri, então, graciosa
Pois outra criança pensa ver.

Ah! Vinde ao pobre estábulo
Vossa alma é cristal brilhante[17]
Jo 1,1   Refleti o Verbo adorável
Os encantos de Deus feito criança.

[3f]   Ah! Sede a viva imagem.
O puro Espelho do vosso Esposo
O brilho divino do seu Rosto
Ele quer contemplá-lo em vós!

Seu rosto *(bis)* Ele quer contemplar em vós.

[17] Um Palácio

Os grandes, os nobres da terra
Todos têm palácios suntuosos
Casebres, pelo contrário, são
As moradias dos infelizes.

Lc 2,7   Assim vede num estábulo
O Pobrezinho de Natal
Fl 2,7   Cobre sua glória inefável
Deixando seu palácio do Céu!

A pobreza, vosso coração ama
Nela, a paz encontrais
Portanto, Irmã querida, sois vós
Que Jesus quer como Palácio.

Sois vós *(bis)* que Jesus quer por Palácio.

[18] Uma Coroa de Lírio

Mt 27,29   Os pecadores coroam de espinhos
A cabeça querida de Jesus...
Admirai as graças divinas
Que a terra não conhece.

Oh! Que vossa alma virginal
Lhe faça esquecer as dores
E para coroa real
Oferecei as virgens, vossas Irmãs.

> Ah! Vinde pertinho do seu trono
> Para encantar seus lindos olhos
> Diante Dele, trançai sua Coroa
> Formai-a com belos Lírios brilhantes.

Sua Coroa *(bis)* formai-a com belos Lírios brilhantes.

As quadras seguintes são cantadas pela música do Transeunte: "Mimosa, eis Abril etc.".

[19]   BOMBONS

> Minha Irmã, os nenéns
> Gostam muito de bombons,
> Enche logo
> A linda mãozinha
> De Jesus, o divino Menino
> Seu olhar convida.
>
> Os doces do Carmelo
> Que encantam o Rei do Céu
> São vossos sacrifícios
> Irmã, vossa austeridade
> Vossa grande pobreza
> De Jesus fazem as delícias.

[20]   UMA CARÍCIA

> A vós, o Menino Jesus
> Só pede
> Uma doce carícia
> Dai-Lhe todo o vosso amor   2Cor 5,14
> E sabereis no retorno
> A Caridade que o anima
>
> Se uma das vossas Irmãs
> Viesse a chorar
> Logo com ternura
> Pedi ao Menino Jesus
> Que sua mãozinha
> A acaricie!

[21]   UM BERÇO

> Poucos são, na terra, os corações
> Que não aspiram aos favores

Sl 23,7.9
De Jesus, o Rei da Glória
Mas se Ele adormece
Deixam de servi-Lo
Nele deixam de crer.

[3v]
Se soubésseis do prazer
Que o Menino sente em dormir
Sem receio de ser acordado
Serviríeis de berço
A Jesus, manso Cordeiro
Sorridente no sono.

[22] CUEIRO

Vede que a amável Criança
Com seu dedinho delicado
Mostra a vós a palha seca
Ah! Compreendei seu amor
E adornai, neste dia

Lc 2,7
De pano o pobre berço.

Desculpando sempre vossas Irmãs
Ganhareis os favores
De Jesus, o Rei dos anjos.
É a ardente caridade,
A amável simplicidade
Que sempre quer por cueiro.

[23] FOGO

Irmã, o Menino Jesus
O doce Lar dos eleitos
Treme de frio no estábulo
Porém, no belo Céu azul

Sl 103,4
Anjos, tochas de fogo[18]

Jo 1,1
Servia o Verbo adorável.

Mas na terra, sois vós
O lar do vosso Esposo
Pede vossas chamas
Sois vós, Irmã, que deveis
Para aquecer o Salvador

Lc 12,49
Abrasar todas as almas.

[24] UM BOLO

Sabeis que toda criança
Prefere um bolo bonito

25 de Dezembro de 1895

À glória de um império
Ofertai ao Rei dos Céus
Um bolo delicioso
E o vereis sorrir...

Sabeis qual o bolo preferido   Ap 19,16
Do Rei dos Reis?
É a total obediência...
Encantai vosso Esposo
Quando obedeceis
Como Ele na infância.   Lc 2,51

[25]   MEL

Ao raiar da manhã,
Juntando seu rico néctar
Vê-se a abelhinha
Voar de flor e flor.
Com alegria visita
As corolas que explora.

Assim, colhei o amor
E voltai todo dia
Junto ao presépio sagrado
Para ao divino Salvador ofertar
O Mel do vosso fervor
Abelhinha dourada!

[26]   UM CORDEIRO

Para encantar o manso Cordeiro
Não guardeis o rebanho[19]
Abandonando tudo,
Só pensai em encantá-lo
Sempre a bem servi-lo
Enquanto repousa.   Ap 20,12

Ó minha Irmã, a partir de agora
Abandonai-vos a Ele
Dormireis juntos[20]
Maria, vindo ao berço,
Verá junto a seu Cordeiro
Um Cordeiro que se parece com ela

[4f] *Depois que todas as religiosas estiverem de volta a seus lugares, o anjo volta a pegar o Menino Jesus no colo e canta as duas quadras seguintes na melodia "Assim seja. — Cada manhã em sua oração etc."*

Ap 20,12

O divino Menino vos agradece
Está encantado com vossos presentes
Por isso, no seu livro de vida
Inscreva-os com vossos nomes.

Jesus achou suas delícias
   Neste Carmelo
Mas para retribuir vossos sacrifícios
   Ele tem seu belo Céu!

Se fordes sempre fiéis
Para agradar ao manso Cordeiro
O amor vos dará asas
E podereis voar bem alto

Um dia, na santa Pátria
   Após o exílio
Vereis Jesus e Maria
   Amém!

RP 6

[1f] J.M.J.T.

21 de janeiro do ano da graça de 1896

A FUGA PARA O EGITO

[Primeiro Ato]¹

[Cena 1]

A cena representa a casinha de Nazaré². Maria, sozinha na oficina de José, está com o Menino Jesus no colo. Perto dela, vê-se uma cesta cheia de fraldas, sua roca e seu fuso.

A Santíssima Virgem

Ó divino Menino! como gosto de acalentar-te nesta querida casinha³ de Nazaré! Aqui, como em Belém, a pobreza é grande; porém, esta morada é menos indigna de ti que o estábulo abandonado. *(Nossa Senhora olha ao redor dela com ar enternecido.)* Ó lugares abençoados! quantas lembranças inefáveis me trazem! Aqui, o anjo do Senhor visitou a menor, a última de todas as criaturas, aquela que só queria o favor de servir como feliz Mãe⁴ de Deus. Aqui, o Verbo divino, a segunda pessoa da adorável Trindade, encarnou-se por obra do Espírito Santo e, durante nove meses, ficou oculto aos olhares dos mortais. *(Olhando o Menino Jesus.)* O mundo, então, ignorava a tua presença, ó divino Salvador! Agora, carrego-te nos braços como leve fardo e tuas criaturas ainda não te reconhecem... Desde que os pastores e os magos se afastaram, ninguém pensa em vir te adorar. Em breve, a primavera⁵ vai enfeitar-se com mil flores, mas nenhuma delas se igualará à beleza da Flor que desabrocha em Nazaré, longe dos olhares humanos. Ó Flor divinamente perfumada! Como pode teu suave perfume não revelar a tua presença?

Lc 2,7

Lc 1,26-38
Jo 1,1
Jo 1,14

Is 53,3
Lc 2,15-18
Mt 2,11-12
Ct 2,1

[Cena 2]

Entra São José com suas ferramentas.

Nossa Senhora, *num tom de suave censura:*

José, atrasou-se; por que prolonga tanto assim seus dias de trabalho?

São José

Ó Maria, deixa que eu empregue minhas forças a serviço de Jesus. É para ele e para você que trabalho; esse pensamento dá-me coragem, ajuda-me a suportar o cansaço e, de tarde, [1v] quando regresso, uma carícia de Jesus, um olhar seu fazem-me esquecer as fadigas do dia.

Passa a mão na testa para enxugar o suor e, sentando-se perto de Maria, olha o Menino Jesus. Nossa Senhora o põe no colo de São José; então, surge no seu rosto uma expressão de alegria celeste, aperta o divino Menino no peito, beija-o com amor e diz:

Ó Criancinha! como é suave o teu sorriso! É mesmo verdade que eu, o pobre carpinteiro José, tenho a felicidade de carregar em meus braços o Rei do Céu[6], o Salvador dos homens? É mesmo verdade que recebi a sublime missão de ser o pai daquele que satisfaz pela presença os ardentes serafins e alimenta todas as criaturas? É mesmo verdade que seja eu o esposo da Mãe de Deus, o guardião da sua virgindade?

Ó Maria! diga-me qual é esse profundo mistério? O desejado das eternas colinas, o Emanuel objeto dos suspiros de todos os patriarcas está no meu colo, olha-me, a mim, seu pobre e indigno servo.

Sl 144,15-16

Gn 49,26
Mt 1,23

Nossa Senhora

Assim como você, José, espanto-me com o poder de apertar no meu coração o Menino Deus do qual sou a mãe, espanto-me de que um pouco de leite seja o suficiente para a existência daquele que dá a vida ao mundo. *(Após um silêncio bastante prolongado passado na contemplação, Maria retoma a palavra:)* Em breve Jesus estará crescido e você deverá ensinar a trabalhar ao criador do universo... Com você ganhará o pão com o suor do seu adorável rosto...

Lc 2,51-52

Gn 3,19

São José

Que está dizendo, Maria? Jesus vai precisar ser um pobre carpinteiro como eu? Ah! Nunca terei a coragem de vê-lo suportar as agruras que sofro[7]!...

Ainda hoje, o rico senhor[8] para quem trabalhava não ficou contente com meu serviço, despediu-me, dizendo que eu procurasse serviço em outro lugar. Depois de muito procurar e de muitas recusas, acabei encontrando serviço por mais um mês; poderei fazê-lo aqui, é uma sorte que não esperava. Não ter de afastar-me de vocês, que felicidade! *(Percebendo que o Menino Jesus está dormindo, diz, abaixando a voz:)* A divina criança adormeceu, toma o seu tesouro, está na hora do descanso. *(Beija a testa de Jesus e apresenta-o a Maria que o toma com respeito.)*

[2f]   ### Nossa Senhora, *em voz baixa.*

José, Deus abençoe o seu sono, descanse em paz sob o olhar daquele cujo coração vigia sempre.

Ct 5,2

[Cena 3]

Maria afasta-se, José adormece; depois de alguns momentos de silêncio, o anjo do Senhor aparece-lhe em sonho; canta a música "A louca da praia. — Ondas azuis, vagas plangentes etc.".

Mt 2,13

O Anjo

Para o Egito
Deves logo partir
José, esta noite
Sem ruído, afasta-te.

Herodes furioso
Quer tomar de ti o tesouro
Ao vencedor da morte
Quer tirar a vida.

Tome a Mãe e o Menino ⎫
Fuja para longe do tirano ⎭ *(bis)*

[Cena 4]

São José levanta-se logo, bate delicadamente à porta do quartinho onde repousa Nossa Senhora.   Mt 2,14

São José

Maria, acorde, a vida de Jesus está em perigo.

Nossa Senhora *chegando com o Menino Jesus.*

José, durma em paz; perigo nenhum ameaça a divina criança. Vê como descansa em paz no meu colo.

São José

Sim, no seu sono tranquilo, o Rei dos Céus parece ignorar a mensagem de um dos seus anjos... Mas sabe de tudo... Ó Maria! por que Jesus não fala diretamente a você? Por que sou eu o encarregado de transmitir as ordens do céu à Mãe do meu Deus?

Nossa Senhora

Fale, não tenha receio, você é o representante de Deus, o chefe da família. Diga-me o que o anjo ordena por parte do Senhor, estou pronta para obedecer.

[2v]   ### São José

Manda fugirmos para o Egito, porque Herodes resolveu matar a criança. É preciso sairmos já; amanhã, talvez será tarde... (*Olha Maria com ar entristecido.*)   Mt 2,13

Nossa Senhora

Não se preocupe, José. Desde o dia da apresentação[9] de Jesus no templo, estou continuamente preparada para a provação, pois as palavras do santo ancião   Lc 2,22-35

Simeão transpassam minha alma como um punhal. Sua profecia já começa a realizar-se; Jesus sofre perseguição antes mesmo de ter idade para se defender. Sei, uma só palavra infantil por parte dele seria suficiente, se o quisesse, para exterminar seus inimigos todos; mas prefere fugir diante de um fraco mortal, pois ele é o príncipe da paz... O Verbo feito criança não destruirá o caniço meio quebrado, não apagará a tocha ainda acesa. Mesmo rejeitado pelos seus, na sua própria terra, isso não o impedirá de dar sua vida para os pobres pecadores que ignoram o momento da sua visita[10]... Partamos sem temor, vamos santificar um lugar infiel pela presença do Salvador.

Is 9,5; Jo 1,1
Mt 12,20
Mt 21,38-39
Jo 10,18
Lc 19,44

São José

Ai, como custa a mim expor-vos às fadigas e perigos de tão longa e penosa viagem. Como gostaria de assumir pessoalmente toda a pena... mas preciso resignar-me a ver vocês com falta de tudo. Aqui, temos o suficiente, no Egito, estaremos reduzidos à mais extrema pobreza.

Nossa Senhora

A pobreza que encontraremos no exílio não me assusta, pois sempre possuiremos o tesouro que faz a riqueza do céu. Sua divina Providência que alimenta os passarinhos, sem esquecer um só, nos dará o pão de cada dia.

Mt 6,26
Mt 6,11

[Cena 5]

Após tomar suas ferramentas, São José afasta-se com Jesus e Maria; então, os anjos cantam a música das "Gondoleiras de Veneza".

Mt 2,13-14

>Inefável mistério
>Jesus, o Rei do Céu
>Exilado na terra
>Foge diante de um mortal.

Lc 2,7

>A esse Deus de cueiro
>Ofertemos nosso amor
>Que nossas brancas falanges
>Venham formar sua corte.

[3f]

>Cubramo-lo com nossas asas
>E com as mais lindas flores
>Pelos nossos concertos alegres
>Acalentemos o Rei dos Céus.

>Para sua Mãe consolar
>Cantemos com mistério
>Do Salvador os encantos
>A graça e a mansidão

Ah! Deixemos esta praia
Longe da tempestade
Fujamos esta noite
Longe de todo ruído.

Nossa Estrela brilhante
Oculta por um véu
É alegria dos eleitos
O Menino Jesus.

O Rei do Céu   } *(bis)*   Mt 2,13-14
Foge diante de um mortal

[Segundo Ato]

A CAVERNA DOS LADRÕES

[Cena 1][11]

Nas paredes da caverna estão suspensas armas e peles de animais selvagens. No chão há estranha variedade de joias, ricos castiçais misturados com outros objetos sem valor. Uma jovem mulher, Susana, *acalenta o filho,* Dimas, *cantando a música do "Trovador".*

Outrora era, sem pena
Mais feliz que rainha
Minha vida era alegre
Pelo meu filho, estava feliz.

Meu filho nasceu
Como a rosa desabrocha
Mas, ai! murchou
   Minha flora
   Está morrendo!
Ah! Nunca nesta terra   Lm 1,12
   Dor de mãe
Igualou a minha.

[Cena 2]

O som de um apito adverte Susana que um bando de ladrões se aproxima com cuidado, coloca o filho adormecido num bercinho e abre a porta. Abramin, *o chefe do bando, entra primeiro; seus companheiros seguem-no: o velho* Torcol *e o jovem* Izarn. *Os três cantam a música "Estudiantina".*

[3v]   Da caverna somos
                Os ricos ladrões famosos!
                O terror dos senhores
                Que têm o ouro dos antigos.

Com esperteza e valentia
Sabemos, longe do ruído,
Manejar a espada, a lança
à meia-noite.

(Retoma-se:) Da caverna etc.

(No final da quadra, acrescenta-se:)
   Ah! Eis-nos!
Aproveitando da noite escura ⎱ *primeira voz*
Valentes amigos combatemos ⎰

Amanhã na sombra repousando ⎱ *segunda voz*
O dia inteiro dormiremos ⎰

Empreguemos a juventude ⎫
Para formar um tesouro ⎬ *as duas vozes*
Para na velhice ⎪
No ouro nadar. ⎭

(Oh lá! Da caverna etc.)

Abramin *lança aos pés da esposa ricos objetos, principalmente roupas de criança e brinquedos e, sentando-se junto dela, diz:*

Pois bem! Susana, estás contente? Dimas estará vestido como príncipe e não terás dificuldade para diverti-lo. *(Susana olha os objetos com ar triste.)* Não pareces satisfeita! Incrível! Se eu soubesse, não me teria embaraçado com tantas tranqueiras.

Susana

Como queres que me alegre quando Dimas está doente? Cura meu filho e me verás sorrir.

Abramin

Fiz o que pude: quantas vezes levei Dimas a Jerusalém e consultei os melhores médicos? Todos os remédios são inúteis; então, me deixa em paz e não me fala mais de uma doença que me aflige tanto como a ti... *(Levanta-se depressa e, inclinando-se sobre o berço:)* Precisava ter um filho leproso!... Ah, eu que depositava tanta esperança nele!

Torcol, *rindo*

Não há motivo para desânimo, não tens bons ajudantes? Izarn e eu sabemos dar-te uma mãozinha, não precisas do teu filho. Se não reconheces os serviços que te prestamos para os roubos é porque és ingrato.

IZARN, *batendo no ombro do companheiro.*

Companheiro, não te zangues, o chefe não nos ofendeu [4f]. Sinto também que Dimas seja leproso, tem boa constituição; tenho certeza de que ninguém teria podido melhor que ele escalar os muros, arrebentar as traves e, sobretudo, manejar a espada para dominar os que reagem.

ABRAMIN

Calem-se, malcriados, meu filho não lhes diz respeito; proíbo vocês de falarem dele para insultar a dor da mãe.

SUSANA

Abramin, tu que entendes a minha dor, como podes fazer chorar tantas pobres mães? Todos esses objetos, não os roubaste sem derramar sangue. Em outros tempos eu teria sorrido ao ouvir tuas malvadezas, mas depois que passei a sofrer, não consigo alegrar-me com o sofrimento alheio.

ABRAMIN

Ainda bem que não foste hoje à cidade de Belém, teu coração teria ficado doído pela compaixão; o meu, embora tão duro, estremeceu de indignação vendo tantas barbaridades, pois só derramo sangue para defender a minha vida; os que dormem e me deixam pegar o que quero nada têm a temer de mim. Sou o mais pacífico dos homens e minha espada nunca feriu um inocente.

TORCOL

Fora eu, no dia, ou melhor, na noite em que me deste um golpe de espada no ombro porque eu não fugia com bastante rapidez de uma torrinha onde achei bons tesouros. Fica quieto e não diz mais que és o mais pacífico dos homens, arrependo-me por ter posto meus cabelos brancos a teu serviço, pois não os respeitas.

ABRAMIN, *com ironia*

Tu mereceste meu golpe de espada; estou disposto a repetir se não me obedeceres ao primeiro sinal. Não me comovo muito com a cor do teu cabelo, nem sabia que o puseste a meu serviço; podes guardá-lo para ti, pois nem sei o que fazer com ele, minha linda cabeleira preta que me faz parecer um deus do Olimpo é-me suficiente. Quanto à tua, parecida com algodão, só serve para ser lançada ao fogo.

TORCOL, *furioso.*

É demais, vou vingar-me desse insulto.

Estica a mão para um montão de garrafas vazias, pega uma e se dispõe a jogá-la contra a cabeça do chefe. Izarn corre para protegê-lo.

Abramin, *segurando com força o braço de Torcol.*

[4f] Mexe, se puderes!

Torcol grita e debate-se enquanto Izarn tira a garrafa da mão dele.

Susana *corre para o berço.*

Calem-se, por favor, vão acordar o Dimas (*Toma-o no colo.*)

Izarn *para* Torcol

Não tens razão, Torcol, para rebelar-te contra o chefe; é um bom sujeito que nos enche de bens, olha, a ele é que devemos estes ricos uniformes que nos deixam parecidos com os herdeiros do rei Salomão: a ele também que devemos todas essas garrafas com que enchemos a cara tantas vezes, e tu, por um excesso de ingratidão, serve-te delas para vingar o autor da nossa boa fortuna.

Torcol

Guarda teus sermões para ti e me deixa em paz, sei o que tenho de fazer. Consinto em não vingar-me, mas é por grandeza de alma, não por medo.

Vai sentar com Izarn num canto da caverna, os dois passam a fumar cachimbos.

Abramin *aproxima-se de Susana.*

Não sabes fazer meu filho dormir, passa ele para mim, vou cantar-lhe um refrão capaz de fazê-lo sonhar com glória e coragem.

Pega a criança e, marchando, canta o seguinte:

>Glória imortal
>Dos nossos antepassados
>Sejamos fiéis
>E vivamos como eles
>
>Inflama nossos corações. (*bis, bis*)

Devolvendo Dimas para a mãe, Abramin *diz:*

Estás vendo, já dorme, reconheço nele um bravo digno de mim. Que pena que Dimas seja leproso! (*Dá murros na cabeça.*)

Susana

Não pense mais nisso. Há pouco me proibiste de falar disso. [5f] Diga-me o que aconteceu em Belém hoje.

Abramin

Mt 2,16-18

Aconteceu uma coisa capaz de fazer odiar Herodes, pois, por ordem dele, todas as crianças de dois anos para baixo foram impiedosamente massacradas sob os olhos e no colo das mães.

SUSANA, *apertando Dimas com pavor*

Será possível? Ah, não posso acreditar em tal barbaridade! Pobres mães, vão morrer de dor... Eu já estaria morta se meu tesouro me fosse tirado...

ABRAMIN

É verdade o que te contei; aliás, estes objetos todos devem te servir de prova. Pude tomá-los sem dificuldade, pois ninguém prestava atenção em mim.

SUSANA

Mas que motivo levou o rei a cometer um ato tão baixo e tão criminoso? Por que mandou matar todos os inocentes?

ABRAMIN

Não se sabe direito o motivo; cada um conta a coisa à sua maneira. Há quem diz que reis estrangeiros são a causa disso por terem perguntado a Herodes o lugar onde se encontra o novo rei dos judeus, pois viram sua estrela e queriam adorá-lo. Herodes percebeu um rival e quis a todo custo livrar-se dele. Após muitas buscas inúteis para descobri-lo, resolveu matar todas as crianças, certo de que, por esse meio, exterminará o descendente de Davi. Mt 2,1-4

Mt 2,16-18

SUSANA, *pensativa*.

Que história espantosa! Uma criança que recebe adoração de reis estrangeiros, que faz Herodes tremer sobre o trono... Não seria o Messias[12] aguardado pelos judeus? Mt 2,1-4

Jo 1,41

ABRAMIN

Não sei; em todo caso, seu império não existirá nunca, pois acaba de ser massacrado. O deus que me protege é Mercúrio[13] e não reconheço outro; em nome dele e pela honra dele vou empreender novas façanhas. (*Levanta-se, pega as armas e diz para os companheiros:*) Vamos, amigos, mãos à obra!... (*Saem.*)

[CENA 3]

[5v]   SUSANA, *examinando os objetos
que estão no chão.*

Quanta riqueza! Que fartura! Francamente, sou a mais feliz das mulheres! (*Enfia uma pulseira de pérolas finas e, de repente, olhando para o filho, arranca os adornos e, empurrando com o pé o amontoado de tesouros, exclama:*) Não, não estou feliz! As riquezas me fascinam, mas detesto-as, esses tesouros não podem devolver a saúde a meu filho.

Que fiz aos céus para estar assim mergulhada na dor? Talvez os crimes de Abramin atraíram sobre nós a vingança divina... Ah! Se eu conhecesse o lugar onde Deus reside, mesmo que precisasse atravessar os mares, iria jogar-me a seus pés e pedir-lhe a saúde para meu filho, o perdão para os crimes de Abramin, e Deus não repeliria o pedido de um coração de mãe que se entregaria a Ele[14]...

Sinto[15] que ele deve ser infinitamente bom, o ser desconhecido que me criou, e gostaria de conhecê-lo, gostaria de entregar-lhe Dimas para que fizesse dele um guerreiro valente no seu reino, pois desejo a felicidade do meu filho mais que a minha própria e, para vê-lo feliz, daria mil vezes a minha vida.

Mas, estou divagando... nunca deixarei a gruta do deserto, nunca o Deus que procuro ouvirá a minha oração... Seria preciso que ele mesmo se abaixasse até mim para que meu desejo deixasse de ser quimérico... Só uma mãe para ter um sonho desses! Ai, por que não é realizável! (*Chora*).

[Cena 4]

Bate-se levemente à porta. Susana levanta a cabeça num impulso e diz com voz firme:

Quem está aí?

São José

Pobres transeuntes cansados que pedem hospedagem para esta noite.

Susana

Esta caverna não é um albergue, vão embora, não alojamos viajantes.

Nossa Senhora

Em nome da vossa criança, se sois mãe, não recusai o abrigo que pedimos.

Susana entreabre a porta. Vendo Maria que segura o Menino Jesus, diz com voz enternecida:

Em nome do meu filho, nada posso recusar; vê-se que sois mãe também, pois conheceis muito bem a fraqueza de um coração materno.

[6f] *A Sagrada Família entra na caverna.*

Susana

Estão com sorte que eu esteja sozinha; se meu marido estivesse aqui com seus companheiros, podia vos ter maltratado. Mas só deve voltar amanhã cedo; até lá ninguém vos aborrecerá.

São José

Grato, sois boa, Deus vos recompensará pela vossa caridade.

Susana

Quem é o Deus de que me falais? Há muito tempo que desejo conhecê-lo.

São José

Ó mulher! Se soubésseis o nome daquele que acaba de entrar em vossa caverna! Se conhecêsseis o Menino que Maria aperta no coração dela!   Jo 4,10

Susana *aproxima-se de Maria.*

Como é bonita a vossa criança! Por que é que o expondes no deserto às intempéries da estação?

Nossa Senhora

Um assunto importante obriga-nos a deixar Nazaré para ir morar no Egito. Compreendeis o que sofro por ver meu filho sem abrigo e tremendo de frio quando as brisas glaciais da noite levantam a areia do deserto ou quando nem encontro uma palmeira que possa protegê-lo dos ardores do sol do meio-dia.

Susana

Francamente, é preciso que o assunto da viagem seja muito importante mesmo. Se é para procurar fazer fortuna no Egito, não vos recomendo prosseguir com a viagem: parece que os pobres são ainda mais infelizes aí que aqui. Aliás, devem saber que a miséria segue sempre os que nasceram sob o seu signo. O único meio de escapar é rebelar-se contra os ricos e tirar-lhes à força as riquezas mal distribuídas[16].

São José

Não é da pobreza que estamos fugindo. A felicidade não consiste em possuir riquezas, mas em submeter humildemente a própria vontade à de Deus que dá a cada um o que sabe ser necessário para a salvação da sua alma.

Nossa Senhora

[6v] Pobre mulher, como podeis amarrar a vossa alma a todas essas riquezas adquiridas injustamente? Como não pôr toda a vossa felicidade em formar o coração dessa linda criança que Deus vos confiou?   Lc 16,9

Susana *tristemente.*

Longe de ser a minha alegria, esta criança é o objeto da minha dor. Ela é quem me impede de gozar dos bens imensos que me cercam... Como me apressaria em vos dar tudo o que possuo se pudésseis salvar a vida do meu filho.

São José, *aproximando-se da criança.*

O que tem a vossa criança? É bonita como um anjo e parece dormir sossegadamente.

Susana

Sim, Dimas é bonito, mas não estais percebendo que essa brancura de neve na sua testa é lepra? (*Chora*)

Nossa Senhora, *afastando suavemente a mão que Susana levou ao rosto.*

Não choreis, pobre mãe, Deus é bastante poderoso para curar vosso filho. Recompensará a hospitalidade que nos dais esta noite.

Susana

Não sei onde mora esse Deus que dizeis ser tão bondoso. Vós que o conheceis, oh! Suplico-vos, pedi a ele que cure meu filho e vos darei tudo o que desejais.

Nossa Senhora

Prometo-vos rezar para vossa criança e, como recompensa, só quero um pouco de água para lavar Jesus. Vede como seu rostinho está coberto de suor e de poeira.

Susana

Deveria ter pensado em vos oferecer esse serviço. (*Dirige-se ao fundo da caverna e mostra uma espécie de bacia cavada no rochedo.*) Eis a banheirinha que serve para o Dimas, podeis dar banho na vossa criança; mas não tendes receio que apanhe a terrível doença do meu filho?

Nossa Senhora

Is 53,4
Mt 8,20
Is 53,3
Is 53,4

Mt 8,11

Não, não receio. Sei que Jesus veio a esta terra para [7f] curar o vosso filho, tomando sobre si sua enfermidade. Agora, é fugitivo, igual a um viajante que não tem nem uma pedra onde repousar a cabeça, pois os judeus não reconhecem o seu rei! Posteriormente, irão considerá-lo como leproso e seu rosto será oculto para eles. (*Maria pronuncia essas palavras em tom profético. A dor e a alegria misturam-se no seu olhar que mantém fixo em Jesus e, olhando para Susana, acrescenta:*) Mas também vossa criança será revestida dos encantos que meu filho terá perdido para ele... Tomará lugar com ele no seu reino eterno.

Susana, *profundamente emocionada.*

Não consigo entender as vossas palavras. Como poderá a vossa criança devolver a saúde a Dimas, não é tão fraca como ele?

Sem dúvida, vejo no vosso olhar e no dele um brilho desconhecido, mas o que podeis fazer por mim, vós, pobres transeuntes, que foram obrigados a procurar refúgio numa caverna de ladrões?

Ah! Começo a acreditar que sois pessoas misteriosas. A nobreza do porte, o ar de grandeza demonstram ilustre origem. Não sois os descendentes de algum monarca, pois me falastes há pouco de um reino onde meu filho ocupará um lugar com o vosso?

Nossa Senhora

O reino de Jesus não é deste mundo; se seu reino fosse deste mundo, teria palácios como os reis da terra e valentes guerreiros combateriam por ele. Não podeis compreender agora o sentido das minhas palavras, mas as compreendereis um dia.

Jo 18,36

Jo 13,7

Após ter posto água na bacia, Maria dá banho no Menino Jesus.

São José, *para Susana.*

Olhai bem o que faz Maria; fazei como ela, acreditando firmemente que Deus pode curar o vosso filho e esse Deus de bondade recompensará a vossa fé.

Susana

Sim, creio que o verdadeiro Deus mandou-vos a mim para consolar-me, pois sinto na minha alma alguma coisa que não posso definir... Mas como um pouco de água poderia devolver a saúde a meu filho?

[7v] ### São José

Se conhecêsseis a Sagrada Escritura, saberíeis que Naaman, o leproso, foi curado quando, obedecendo ao profeta Eliseu, lavou-se por sete vezes na água do Jordão; e essa água não havia sido santificada ainda pela presença do Verbo feito carne.

2Rs 5,1.10-14

Jo 1,14

Susana

Não conheço o que chamais de Sagrada Escritura, porém o meu coração de mãe me faz obedecer à vossa voz. (*Mergulha sua criança na bacia que acaba de servir para Jesus, e, retirando-a, solta um grito de alegria e diz com voz trêmula de emoção:*) Ah, minha criança, meu Dimas, sarou! Não é sonho? Não, é verdade, sua boca vermelha sorri para mim... seu olhar brilha e está repleto de vida... Só um Deus pôde fazer esse prodígio! (*Virando-se para Maria*) Ah! Agora creio, essa criança que apertais no vosso peito é o próprio Deus que se abaixou até mim... Não compreendo esse mistério, mas creio porque sinto a verdade.

[CENA 5]

Ouve-se um apito e os ladrões entram na caverna.

ABRAMIN, *furioso, levanta a espada ao ver Maria e José.*

Quem são esses atrevidos que tiveram a ousadia de penetrar nos meus domínios? Vão pagar mais caro do que pensam.

SUSANA *lança-se na frente dele e lhe mostra Dimas.*

Abramin, não toca em nossos benfeitores, vieram pôr um fim à nossa dor; olha, Dimas sarou.

ABRAMIN, *deixando cair a espada.*

O que estás dizendo? Dimas curado... (*Olha a criança atentamente.*) Positivo, não há dúvida. (*Esfregando vivamente os olhos com o dorso da mão.*) Não pensava ter lágrimas ainda; porém, meu coração endurecido sente-se emocionado diante de tal prodígio que desafia todos os cálculos humanos. Quem são esses estranhos que possuem a ciência maravilhosa de fazer sumir em tão pouco tempo a terrível doença da lepra?

SUSANA

Não sei o nome deles, mas tenho certeza de que a criança que eles levam é o verdadeiro Deus oculto sob essa fraca aparência.

[8F]   ABRAMIN

Um Deus sob a forma de uma criança! Mas, Susana, a alegria te faz divagar... (*Virando-se para São José.*) Dizei-me, suplico, quem são e que recompensa quereis pela cura do meu filho?

SÃO JOSÉ

Sou o pobre carpinteiro José; não sou eu que deu a saúde a vosso filho, é a criança que Maria segura no colo.

TORCOL

Certamente, estamos num outro mundo! Não sei, mas sinto-me todo remexido no fundo disso. (*Indica o coração.*) Há bastante tempo que estou no meio dos homens para poder julgar das coisas; pois bem, declaro, esses estranhos não são gente comum.

Izarn

Não vi tanto, mas agora, a vida que levamos não me parece tão bonita como antes.

Abramin, *com gesto imperativo.*

Sentem-se aí e... Calados! (*Para São José*) Por favor, explicai para mim, como a vossa criança pôde curar meu filho?

Susana, *com entusiasmo.*

Escuta como as coisas aconteceram. Esta mulher, incomparavelmente mais linda e suave que todas aquelas que vi até hoje, pediu água para dar banho no seu filho; dei-lhe na bacia do Dimas, dizendo-lhe do meu receio de que o filho dela pudesse contagiar-se. Em vez de compartilhar do meu receio, respondeu-me com palavras misteriosas, cujo sentido não entendi, mas senti alguma coisa de extraordinário em mim; quando retirou a criança da água (seguindo o conselho que me dera o esposo dela), mergulhei o Dimas, com a esperança de que seria curado, e estás vendo o que aconteceu... Como duvidar agora de que o Menino Jesus seja Deus... Aliás, a mãe dele falou-me de um reino onde Dimas deverá ocupar um lugar com ele.   Mt 8,11

Abramin

[8v] Um reino! Ah! Entendi... Essa criança maravilhosa é aquele que Herodes pensa ter exterminado... É o Rei dos judeus, o Messias que eles esperam há muito tempo.   Mt 2,16
Jo 19,22
Jo 1,41

Nossa Senhora

Oh! Maravilha da misericórdia de Deus oculta aos sábios e aos hábeis e revelada aos pequenos, às ovelhas errantes e infiéis!   Lc 10,21
Lc 15,4

Abramin

Não é que eu disse a verdade? Não escondais de mim a vossa origem, nada tendes a temer de mim; em vez de trair-vos, estou pronto a defender-vos contra quem quiser atacar-vos e meus bravos, a um simples sinal meu, vão unir-se a mim.

Os Dois Ladrões, *levantando-se ao mesmo tempo.*

Sim, sim, estamos prontos.

Torcol

Nunca teremos servido causa tão nobre.

São José

Is 9,5
Is 63,1

Agradeço-vos, amigos. Não é hora de combater: Jesus é Deus de paz. Vem para defender e para salvar.

Abramin

Sendo Deus o vosso filho, por que não mostrou seu poder isentando da morte tantas crianças que acabam de ser massacradas por causa dele? O prodígio que ele acaba de fazer em favor de Dimas poderia tê-lo feito com muito maior facilidade para as crianças de Belém, pois bastaria fazer morrer o cruel Herodes.

São José

Is 55,8-9

Rm 11,33

Os desígnios de Deus não são como os dos homens[17]. Se fossem, Jesus teria agido como acabais de dizer; mas seus desígnios elevam-se acima dos homens, assim como o céu está mais alto que a terra. Não posso sondar a profundeza dos pensamentos divinos e adoro-os sem os compreender... Maria, mais esclarecida que eu a respeito das luzes do Espírito Santo, poderá, sem dúvida, explicar-vos, melhor que eu, por que seu divino filho deixou que se massacrassem os inocentes em vez de fazer Herodes morrer.

Nossa Senhora

Jo 5,21
Jo 18,36
Jo 15,15

Jesus não veio a terra para tirar a vida [9f], mas para dá-la. Disse para vós, o reino dele não é deste mundo; se deixou o brilhante palácio do céu, não é para conquistar um império terrestre; o que ele deseja, o que ele vem buscar na terra, são amigos, irmãos, para levá-los com ele para o seu reino celeste. Se Jesus deixou massacrar, em sua inocência, as crianças bem-aventuradas da idade dele, é para pô-las em segurança e formar com elas sua corte de honra.

Sb 4,7-14

Gn 1,26-27

A vida mais longa não passa de um sonho durante o qual, muitas vezes, ai! os homens se deixam enganar pelo apego às vaidades da terra, esquecendo que possuem uma alma criada à imagem de Deus. Assim, Jesus fez uso de uma grande misericórdia ao retirar do mundo a falange infantil que, neste momento, goza do repouso eterno.

Abramin, *pensativo*.

Uma alma criada à imagem de Deus! Crianças mortas que gozam de um repouso eterno! Que coisas profundas desconhecidas para mim! Tudo não acaba com a vida?[18] Ah! Estou transtornado, acho que estou sonhando.

São José

Não, não estais sonhando, os sublimes mistérios que Maria acaba de vos revelar são a pura verdade; se soubésseis compreendê-los, longe de juntar injustamente riquezas perecíveis, considerarieis a pobreza como o maior dos tesouros. Procurarieis unicamente o que possa tornar a vossa alma agradável a Deus.

Abramin

E por que quereis que eu procure agradar a Deus, como o saberá ele? Estais dizendo que a pobreza é o mais estimável tesouro; explicai para mim esse estranho mistério.

São José

Se a vida atual devesse durar sempre, teríeis algum motivo para juntar riquezas, mas esta vida que se vai com a rapidez do raio deve ser seguida por uma eternidade de felicidade para aqueles que servirem a Deus fielmente durante seu exílio passageiro.

Então, esse Deus de bondade e misericórdia recompensará magnificamente não só as ações brilhantes cumpridas para ele, mas também os simples desejos de servi-lo e amá-lo, pois ele vê tudo, seu olhar penetra o fundo dos corações, os mais secretos pensamentos não lhe são ocultos e, como diz o profeta Isaías: "Não julgará segundo as aparências, nem sentenciará segundo o que ouve dizer, mas julgará com equidade os pobres e sentenciará com retidão os humildes da terra". 1Cor 28,9

Is 11,3-4

Abramin, *levantando-se.*

Ah! É demais. Estou transtornado. Não reconheço a mim mesmo... Amigos, vamos embora daqui, não somos dignos de ficar na presença destes misteriosos hóspedes.

Susana

Abramin, sendo que a verdade ilumina teus olhos, não fujas dessa luz. Suplico-te, por Dimas que o Salvador acaba de curar, não voltes para essa vida de desordens em que perderias a tua alma. Mostres a gratidão que tu deves aos nossos benfeitores guiando-os pelo deserto quando, amanhã, retomarem o caminho do Egito.

Abramin

Se estou saindo, não é para voltar à pilhagem, mas preciso respirar o ar vivo da noite; a atmosfera que respiro aqui é pura demais para mim. Porém, fica sossegada, amanhã, ao raiar do dia, indicarei a nossos hóspedes um caminho seguro para continuarem a viagem sem nenhum problema.

Dirige-se para a porta, os dois outros ladrões seguem-no.

Torcol, *aproximando-se de Maria.*

Falai de mim, algumas vezes, para o vosso filho, para que um dia ele se lembre do velho Torcol, quando ele estiver no reino dele.

Nossa Senhora

Mt 25,31

Se desejais entrar no reino do meu filho, não vos esqueçais nunca desta noite abençoada durante a qual o vosso Deus descansou no meio de vós. Podereis, então, esperar vê-lo depois desta vida, não mais como fraca criança, mas em todo o brilho da sua glória.

Izarn, *ajoelhando-se.*

Ah! Que esta criança que deve tornar-nos felizes para toda a eternidade nos abençoe.

Os três ladrões inclinam juntos a cabeça. São José e Susana ajoelham-se também.

Nossa Senhora *benze a todos com o Menino Jesus.*

Lc 23,43

[10f] Jesus vos abençoa e vos agradece. Em troca da hospitalidade que recebeu na vossa caverna, vos fará entrar no seu Paraíso.

Abramin *levanta-se,*
enxugando disfarçadamente os olhos.

Quem imaginaria que Abramin, o chefe dos ladrões, se ajoelharia diante de uma criança? Só sendo ela Deus para eu agir desta maneira!

Os ladrões se afastam após olhar Jesus.

[Cena 6]
Susana, *ainda ajoelhada,*
diz com voz suplicante levantando para Maria
olhos marejados de lágrimas.

Ó Maria! como sois bondosa por ter prometido um reino imortal para meu esposo, mas, ai!, não sabeis que essa vida de banditismo passou a ser uma segunda natureza nele, e tremo ao pensar que ainda irá entregar-se às desordens. Tenho medo de que o meu Dimas siga os exemplos do pai. Que será dele?

Nossa Senhora

Sem dúvida, os que amais ofenderam a Deus, que os cumulou de favores; mas tende confiança na misericórdia infinita de Deus; é grande o bastante para redimir os maiores crimes quando encontra um coração materno que deposita nela toda a sua confiança.

Jesus não deseja a morte do pecador, mas que se converta e viva eternamente. Esta criança que, sem esforço, acaba de curar o vosso filho da lepra o livrará um dia de uma lepra muito pior... Então, um simples banho não será suficiente, será preciso que Dimas seja lavado no sangue do Redentor... Jesus morrerá para dar a vida a Dimas, e este entrará no mesmo dia que o Filho de Deus em seu reino Celeste.

Ez 33,11

Lc 23,43

Susana

Vossas palavras são muito consoladoras; nunca senti paz tão profunda tomar conta da minha alma. Sem poder penetrar o sentido das palavras que me dizeis, compreendo a glória que reservais para o meu filho; por isso, muitas vezes lhe lembrarei o que deve ao vosso filho, ensinarei a conhecê-lo e a amá-lo. Eu lhe direi que, um dia, tomará lugar na milícia de honra deste grande Rei.

Ai! que pena que vosso Jesus seja tão pobre que não tenha um criado para vir, de vez em quando, dar-nos notícias dele e ensinar a Dimas o que fazer para ser digno de servi-lo.

[10v]   ### Nossa Senhora

Não será de vez em quando que um servo de Jesus virá dirigir os passos do vosso filho. Desde seu nascimento, Dimas está acompanhado sempre por um mensageiro celeste, e esse mensageiro não o larga nunca. Como ele, vós também tendes um anjo encarregado de vos guardar, dia e noite, ele é quem vos inspira os bons pensamentos e as ações que cumpris.

Sl 90,11

Susana

Asseguro-vos que ninguém além de vós inspirou-me bons pensamentos e ainda não vi o mensageiro do qual me falais.

Nossa Senhora

Não o vistes, sei disso, pois o anjo que fica a seu lado é invisível; todavia, ele está aí tão real como eu mesma. É graças às suas inspirações celestes que sentistes o desejo de conhecer a Deus e de vê-lo aproximar-se de vós. Todo o tempo do vosso exílio na terra, essas coisas serão mistérios para vós, mas quando o tempo acabar, vereis o filho de Deus na sua majestade, vindo sobre as nuvens do céu, acompanhado de todas as suas legiões de anjos.

Mt 25,31

Susana

Ah! Se não posso ver um anjo, pelo menos gostaria de ouvir a voz dele.

NOSSA SENHORA *acredita estar ouvindo uma melodia*
e diz em voz baixa:

Escutai... algum anjo deve ter ouvido vosso pedido, um sussurro de asas me avisa da presença dele.

[CENA 7]
UM ANJO *canta*
pela música do "Credo de Herculanum"
permanecendo invisível[19].

	Venho cantar a Sagrada Família
	O divino brilho que me atrai aqui
	No deserto, este raio que brilha
	Encanta-me mais que a glória dos céus...
	Ah! Quem esse mistério poderá compreender
Jo 1,11	Entre os seus Jesus é rejeitado
	É errante, transeunte na terra
	E ninguém sabe descobrir-lhe a beleza...
[11f]	Mas se os grandes desprezam vosso império
	Ó rei do céu! Astro misterioso,
	Há muito, mais de um coração vos deseja
	Sois vós a esperança de todos os infelizes.
	Astro divino, ó Sabedoria profunda,
	Espalhais vossos inefáveis dons
Lc 10,21	Sobre os pequenos, os pobres deste mundo
Lc 10,20	E no céu escreveis seus nomes.
	Se dais a sabedoria por partilha
	Ao ignorante, ao menor dos corações
Gn 1,26-28	É que toda alma à vossa imagem é feita
1Tm 1,15	E vindes para os pecadores salvar.
	Um dia virá em que no mesmo prado
Is 11,6	O manso cordeiro perto do leão pastará
	E o deserto, vossa única pátria
	Mais de uma vez vosso nome ouvirá.
Is 45,15	Deus oculto! almas virginais
	Abrasadas de chamas de amor
	Nas vossas reais pegadas irão
	E um dia os desertos[20] serão povoados.
	Esses corações ardentes, essas almas seráficas
	Alegrarão dos céus os anjos
	Mas a humilde nota dos seus divinos cânticos
	O tenebroso abismo farão tremer.

Em seu furor, baixa inveja
Os desertos Satã quererá despovoar
Não sabe do poder infinito
Da frágil criança que o universo ignora
Não sabe que a virgem fervorosa
A solidão encontra no seu coração
Não sabe o quanto é poderosa
Essa alma unida a seu divino Salvador.

Talvez um dia vossas esposas queridas
Compartilharão vosso exílio, ó meu Deus
Mas os pecadores que as banirem
Do amor delas não poderão o fogo apagar.
Do mundo impuro, o sacrílego ódio
Nunca poderá das virgens do Senhor
Sujar as níveas vestes
Macular a celeste brancura!

Ó mundo ingrato! Já teu reinado expira
Não vês que esta criancinha
Segura na mão a palma do mártir   Ap 7,9
Já colhe o deslumbrante lírio...
Para dá-lo às suas fiéis virgens   Mt 25,4
Que tiverem a lâmpada do amor a brilhar?
Não vês as eternas portas   Sl 23,7
Que para os santos se abrirão um dia?

Oh! Que instante, que felicidade sem mistura,
Quando os eleitos parecendo gloriosos,
Do seu amor receberem em troca
A eternidade para nos céus amar...
Após o exílio, nunca mais sofrer
Mas o repouso[21] da morada celeste   1Cor 15,13.8
Depois do exílio, nem Fé, nem Esperança
Só alegria, o êxtase do Amor[22]!...

> RP 7

[1f] J.M.J.T. 21 de junho de 1896

O TRIUNFO DA HUMILDADE

[Cena 1][1]

A cena tem lugar na sala de recreio[2] onde três noviças[3] estão reunidas. — Irmã Teresa do Menino Jesus, decana do noviciado, Irmã Maria Madalena, professa de véu branco[4], e Irmã Maria do Espírito Santo, postulante do coro.

Irmã Teresa do Menino Jesus

Que alegria estarmos juntas, vamos ter um bom recreio… Pois é, Irmã Maria do Espírito Santo, diga-me, o que pensa da festa da nossa Madre? Já viu no mundo alguma coisa mais linda que essa união dos corações, essa suave alegria?

Irmã Maria do Espírito Santo

Não, nunca vi coisa que me agradou tanto… As festas do Carmelo possuem um encanto especial, o espírito de família é sua marca distintiva e é isso que me encanta… Oh! Como estou feliz aqui, sinto-me pertinho do céu e só tenho um desejo, o de unir-me intimamente a Jesus, tornando-me sua noiva.

Irmã Maria Madalena

Oh! Como somos felizes por termos sido escolhidas por Deus… Quanto a vocês, minhas irmãs, compreendo, são tão boas! Mas eu, pobre pastorinha, como pôde ele abaixar-se até escolher-me por esposa? Ele sabia que eu não tinha estudos nem virtudes.

Irmã Teresa do Menino Jesus

Nosso Senhor não se abaixou mais indo a você do que vindo a nós; pelo contrário, ao olhos dele, a de condição mais humilde é a maior; mas, como você, fico emocionada quando contemplo o amor dele. Gosto de meditar estas palavras que a nossa santa Madre Genoveva[5] ouviu por ocasião de um êxtase: "Ser esposa de um Deus… Que título! Que privilégio!" De fato, é o próprio Jesus que se faz esposo da nossa alma e não um arcanjo, um glorioso príncipe da sua corte. Longe de agir como ele, Satanás (o sem amor[6], segundo dizia nossa Madre santa Teresa) contenta-se em noivar com as almas que lhe pertencem com alguns dos seus demônios. Esse pensamento impressionou-me muito quando li o relato da conversão extraordinária de Diana Vaughan[7]. Que bela[8] Oh! [1v] Tornou-se uma nova Joana d'Arc[9]…

Meu maior desejo, quando sua missão terminar, é vê-la unir-se a Jesus em nosso Carmelo.

Irmã Maria Madalena

Ela teria também êxtases e revelações, pois Deus [...] [agora] menos privilégios que o demônio que a chamava de filha querida. Tanto faz, há pessoas que têm sorte!

Irmã Teresa do Menino Jesus, *sorrindo*.

Irmã Maria Madalena, está com inveja das consolações e das graças extraordinárias[10]? Imaginava você mais perfeita do que isso...

Irmã Maria Madalena

Minhas orações estão numa aridez pior que a do jardim quando não chove e, ora, não ficaria zangada se pudesse ver um pouco o que acontece no outro mundo.

Irmã Teresa do Menino Jesus

Não sabe que Nosso Pai São João da Cruz disse ser pecado pedir êxtases e revelações?

Irmã Maria do Espirito Santo, *espantada*.

É pecado? Não sabia. Pois bem! assim mesmo os desejo. O que é que faço?...

Irmã Maria Madalena

Nada! Faça como eu! Fique sem, quando a gente não tem.

Irmã Teresa do Menino Jesus

Fariam melhor ainda, parece-me, lembrando-se das palavras de Nosso Senhor: "Felizes os que não viram e creram", isso lhes traria um bem maior.

Irmã Maria Madalena

Pois é, está me dando uma ideia... Deus disse: "Felizes os que não viram e creram", mas não disse: "Felizes os que não ouviram". Por mim, ficaria satisfeita em *ouvir* sem *ver*; e você Irmã Maria do Espírito Santo?

Jo 20,29

Irmã Maria do Espírito Santo

[2f] Penso como você, mas não ouso esperar ouvir os ecos do céu.

Irmã Maria Madalena

Poderíamos ouvi-los tão bem como os do inferno; esses últimos seriam menos agradáveis, mas seria melhor que nada, e gostaria de ouvir o que se diz aí dentro; parece-me que eu seria melhor se soubesse o que o diabo pensa de nós.

Irmã Teresa do Menino Jesus

Eu sei; ele pensa que nós somos suas mais mortais inimigas, sobretudo quando amamos muito Jesus. Portanto, não vale a pena ouvir a horrível voz do demônio.

Irmã Maria Madalena

Não posso dizer o contrário, Irmã Teresa do Menino Jesus, gostaria de colocar meu ouvido na porta do inferno, sobretudo se estivéssemos muitas; e você, Irmã Maria do Espírito Santo?

Irmã Maria do Espírito Santo

Eu também... mas creio que sentiria medo.

Irmã Teresa do Menino Jesus

Ter medo. Quanto a isso, não haveria motivo, pois a nossa santa Madre assegura-nos que os demônios não inspiram mais medo que os mosquitos[11].

Irmã Maria Madalena, *batendo palmas.*

Que sorte! Vejo que está começando a pensar com eu.

Irmã Teresa do Menino Jesus

Mesmo que eu pense como você, isso não nos faria ouvir a conversação do demônio... (*Rindo*) Ah! Que estranho recreio o nosso!... Por sorte, ninguém nos ouve.

Irmã Maria do Espírito Santo

Está achando graça, mas se nosso sonho se realizar, o que diria você?

Irmã Teresa do Menino Jesus

Diria que Deus gosta de atender os desejos das almas simples e inocentes, e aproveitaria da circunstância para fortalecer minha fé. Não me sinto com a coragem de fazer como São Luís, que recusou ir ver Nosso Senhor mostrando-se na hóstia, mas não gostaria de fazer um pedido [2v] que me parece indiscreto[12].

Irmã Maria Madalena

Deus é mais condescendente que você. Talvez, dará ordem a São Miguel para abrir um pouco a porta do inferno e iremos ouvir alguma coisa.

Irmã Maria do Espírito Santo

Prestem atenção... estou ouvido cantar... fomos atendidas.

[CENA 2]

Ouve-se SÃO MIGUEL *que canta
a música "Ameaças maternas".*

Da fé o véu se levanta.
Em nome do nosso Amado
Venho realizar o sonho
Crianças, que formaram.
Para vós entreabrirei a porta
Do lugar das eternas dores.
De Lúcifer e seu séquito
Escutem os tristes clamores.

Sou Miguel
Venho do céu. *(bis)*

Irmãs queridas *(bis)*
Zombem do inferno furioso
Não temam suas fúrias
Pois Jesus combate por vós.

[CENA 3]

Atrás do biombo[13], *saltam-se foguetes, arrastam-se pesadas correntes, os demônios gritam e mostram suas forquilhas, mas as noviças não veem nada por estarem sentadas de costas para o biombo.*

LÚCIFER *com voz de trovão.*   Is 14,12

Vamos, silêncio, não reuni vocês pelo prazer de ouvir seus gritos e o barulho de suas correntes, tenho assuntos sérios para comunicar a vocês.[14]

BAAL-ZEBUB   Mt 10,25

Fala, Lúcifer, mas se apresse, não gosto disto aqui; prefiro sofrer o meu inferno na terra[15]; pelo menos, posso satisfazer a minha raiva perdendo as almas resgatadas por Adonai[16].

LÚCIFER

Baal-Zebub, estou zangado com você, não está cumprindo direito as suas obrigações. Por que você deixou Micael pegar muitos dos nossos mais fiéis adeptos? Por que se ocupar em fazer vingar seus interesses pessoais em vez de pensar em estabelecer meu reino em todos os pontos do globo?

[3F]   BAAL-ZEBUB, *com ironia*

Não serviam![17]... Foi você quem me deu este lema e pensa que vou obedecer   Jr 2,20
a você após ter recusado abaixar-me diante de Deus? Não, nunca, nunca! Cada

um de nós manda aqui; é por isso que a união é tão forte, que nossas legiões são tão bem disciplinadas, é por isso que nossos adoradores não param de altercar-se sobre os pontos dos nossos ritos sagrados... Sabe melhor que ninguém, velha serpente astuta, a discórdia é a marca distintiva de sua realeza... Nosso único ponto de convergência é o ódio implacável que dedicamos aos mortais. A bem da verdade, isso não nos impede de chamá-los de caros amigos, mesmo detestando-os até à morte. *(Caçoa).* É culpa minha se alguns, mais espertos que outros, escapam das nossas redes? Afinal, ainda conseguimos muitos... Poucos apreciam as máximas de Cristo, sobretudo quando diz para os seus discípulos: "Quem quiser vir após mim, renuncie a si mesmo, tome a sua cruz". Ai!... como essa palavra é difícil de pronunciar...

Mas escuta, Lúcifer. Se você quiser aliviar a raiva que o devora por ver os amigos nos escaparem, dê bronca no Asmodeu; ele é quem acaba de perder de modo lamentável a noiva dele: a Diana Vaughan.

Asmodeu

Ah, Baal-Zebub, como você me faz sofrer pronunciando o nome daquela[18]   Ela escapou de mim, de mim que m   preservá-la enf   de   superstições do cristianismo... é preciso que eu tenha   assim meus direitos   raiva. Eu me vingarei!... Se descobrir   de seu retiro ela verá (ru)des   infelizmente nunca poderei   novos suplícios para a f   franco-maçons.

Baal-Zebub

Eu duvidava que   acabaria mal, seu natural nunca me   pôr nossas máximas em prática. Eu a   desde o dia em que vim a saber de seu plano de   as virgens   ficar orgulhoso dessa Diana   de um nome como o de Joana, Joana   inimiga, cujo nome noas faz tremer!!!

Lúcifer, *irado*.

[3v] Você me ofende zombando de Asmodeu, está se esquecendo de que a noiva dele foi, durante muito tempo, minha filha querida? Nem todas as virgens são nossas inimigas[19], muitas me servem sem o perceber; por isso, recomendo-lhes invadirem as comunidades para treinar sua capacidade de luta.

Não ignoro o prejuízo que uma perfeita Adonaita me causa. Arrasta atrás de si muitas almas que seriam nossas. Façam todo o esforço possível para distraí-las com o ruído do mundo, sugiram a elas, principalmente, para cuidar de si mesmas. O amor-próprio é o ponto fraco de todos os seres humanos, encontra-se também nas comunidades de clausura e o entrego a vocês, meus amigos, é minha mais segura arma para diminuir o amor de Adonai nos corações de todas essas freiras... Ah!... Como me fazem sofrer amando a Deus!!! A fim de impedir um único desses atos de amor, mando as minhas mais poderosas legiões, pois se eu não conseguir apossar-me das almas possuídas por Adonai[20], pelo menos ficarei contente em fazê-las perder um pouquinho da glória. (Com *desespero*) Ah! Para mim, nada de amor, nada de trono, nada de glória! Nunca! Nunca!

Asmodeu

Se quiser que tomemos de assalto os conventos, eu o aconselho a organizar legiões especializadas com os melhores de nós. Você, Lúcifer, comandaria; depois viria Eu, Moloque, Astarote, Hermes, Ariel, Astarte e Baal-Zebub.

Baal-Zebub

Não, não irei; você me indicou por último, isso me ofende; aliás, já disse a você, abomino a companhia das virgens... Não que eu tenha medo delas individualmente, mas unidas a Deus, são tão terríveis como ele[21], sem contar que elas têm armas que me atormentam; querendo ou não, a gente tem de bater em retirada diante de uma mulher que tem, na ponta do dedo, alguma gota de água benta[22] (ai! como queima essa água...) ou que mostra o crucifixo (instrumento cujo mero nome me é tão penoso de pronunciar e que me penetra como lança de fogo...). Que vergonha para nós, anjos de luz cuja ciência ultrapassa infinitamente todos os conhecimentos que os homens têm adquirido desde a criação do mundo! Podem sair numa expedição contra as virgens, mas advirto vocês de que serão vencidos... Em vez de abolir o reino de Adonai, só o farão crescer com mártires que nossos inimigos colocarão com triunfo nos altares...

Vão, vão, eu não passarei pela vergonha de uma derrota, fico com meus bons amigos, os maçons.

[4F] Lúcifer

Se você não tomar parte em nossa gloriosa expedição, tampouco terá parte na nossa vitória... Digo a você que eu sou o príncipe deste mundo, preciso reinar em toda a parte. Cristo declarou que as portas do inferno nunca prevalecerão contra a Igreja dele, mas já o meu poderio segura como prisioneiro o sucessor de Pedro[23], mas não é suficiente, preciso de um triunfo completo; só o conseguirei destruindo os conventos... Avante! Audácia, amigos! Guerra... Guerra.

Jo 14,30
1Cor 15,25
Mt 16,18

Asmodeu

Por quais delas devemos iniciar a nossa expedição?

Lúcifer

Gn 3,15   Lilit,[24] a mãe de Adonai, é a minha mais mortal inimiga; vinguemo-nos dela atacando sua congregação preferida, a do Carmelo[25], que os malaques[26] consideram a mais perfeita da Igreja.

Todos os Demônios, *com gritos e risadas.*

Bravo! Bravo! Avante, avante, destruamos a Igreja de Adonai.

As Noviças, *apavoradas, ajoelham-se.*

Ó São Miguel! São Miguel, defendei-nos, prendei os demônios que querem destruir a igreja e expulsar-nos do Carmelo...

[Cena 4]

São Miguel surge nos ares, no meio de uma nuvem; ao vê-lo, os demônios soltam gritos de raiva e desespero.

Lúcifer

Jo 14,30   Ah, infelizes de nós, infelizes de nós! O que você vem fazer aqui, Micael? Fique com os malaques, o inferno não é reino seu, é meu, sou o príncipe dele, e também do mundo, sobre o qual você não possui direito nenhum.

São Miguel mergulha a lança no abismo, Lúcifer redobra os gritos, então, o ARCANJO canta a música do cântico ao Sagrado Coração: "Quando o estrangeiro etc.".

Arcângelo

Is 14,14-15   Tu que te proclamas o príncipe deste mundo,
               Tu que quiseste fazer-te igual a Deus,
[4v]   Permanecerás em noite profunda
Ap 20,10   Ficarás no abismo do fogo.
               E não pensa, em tua cruel loucura
               Que diante de ti os santos vão recuar...
Gn 3,14   Serpente maldita, a Igreja é imortal,
               A Igreja *(bis)*, a verás triunfar! *(bis)*

Lúcifer

Não, a Igreja não vai triunfar... como poderá resistir diante do meu poder? Sei, Adonai é mais forte que eu e isso é a causa da minha eterna raiva, mas olha como pouco se preocupa com a glória dele, deixa seus amigos na humilhação e na dor... Por isso, conte os dele, verá como o número está reduzido... Portanto, com minhas legiões poderosas, vou atacar esse punhado miserável, vencerei logo.

Então, o crime, que os meus fiéis servidores já adoram em todos os pontos do globo, será a única lei do universo.

Serei vencedor e você, com seus malaques, fugirá vergonhosamente.

São Miguel
Se os maus fizeram o crime reinar
Ainda resta mais de um coração virginal
Para a adorável vítima consolar
E para seu séquito real formar.
Está repleta de nobre coragem
O exército que cerca o Senhor
Trema, Satanás, veja sua impotência
Retro... *(bis)* Cristo sempre é vencedor! *(bis)*

Lúcifer
Rio-me do seu exército virginal... não sabe que tenho direitos sobre elas também? Sou o príncipe do orgulho; ora, se as virgens são castas e pobres, que vantagens têm sobre mim? Sou virgem também[27] e, embora distribua riquezas aos homens, desprezo-as para mim mesmo por serem fumaça... Vá replicar: e a obediência, você a pratica? Ah, Micael, sou tão malicioso como você... Não, não obedeço voluntariamente, mas submeto-me às ordens de Deus, contra a minha vontade; as virgens também podem obedecer mesmo mantendo no fundo do coração sua própria vontade; podem obedecer e desejar mandar[28]; então, o que fazem que eu não faço? O orgulho, sei infiltrá-lo em todo lugar; e se você não quer acreditar, olhe [5f] como ele é mais pesado que as virtudes das suas virgens... (*Com ar de triunfo.*) Olhe... Olhe!

Na ponta do seu forcado, Lácifer mostra balanças; num dos pratos estão três pequenos rolos brancos nos quais está escrito: "Pobreza, castidade, obediência"; no outro, mais baixo que o primeiro, veem-se três grandes rolos pretos nos quais estão escritas com letras de fogo: "Orgulho, independência, vontade própria".

São Miguel, *tomando a balança.*
Ainda quero provar sua loucura.
Você se esquece, serpente, monstro infernal,　　　　　　　Gn 3,14-15
Da humildade da Virgem Maria　　　　　　　　　　　　　Lc 1,48
Que o esmagou com seu pé virginal?

Essa virtude ainda brilha na terra,
Seu humilde brilho destrói a realeza de você.
Monstro de orgulho, revire-se na poeira
Recue (*bis*) vencido pela humildade (*bis*)!

Ao proferir essas palavras, São Miguel põe no prato dos votos um pequeno rolo no qual está escrito: "humildade"; no mesmo instante, o outro prato sobe.

O Demônio *grita desesperadamente:*

Estou vencido... Estou derrotado! Chega, chega, Micael, não me atormente mais! Estou vencido!

Todos os Outros Demônios *também gritam:*

Estamos derrotados!

Ouve-se o trovão. São Miguel desaparece e tudo volta ao silêncio.

[Cena 5]
Irmã Teresa do Menino Jesus

Ó minhas irmãs! Que graça Deus acaba de nos conceder! É preciso ir logo contar à nossa Madre o que ouvimos, é preciso dizer-lhe que sabemos agora como vencer o demônio e que temos um só desejo, o de praticar a humildade... eis as nossas armas, nosso escudo; com essa força poderosíssima, saberemos, novas Joana d'Arc, expulsar o estrangeiro do reino, isto é, impedir o orgulhoso Satanás de entrar em nossos mosteiros.

Irmã Maria Madalena

Sim, vamos logo encontrar a nossa Madre, mas você é que vai falar, [5v] Irmã Teresa do Menino Jesus, pois eu estou tremendo ainda e receio que ela não acredite, pense que sonhamos...

Irmã Maria do Espírito Santo

É verdade, com que caras vamos ficar se nossa Madre zombar de nós?

Irmã Teresa do Menino Jesus

Pelo contrário, seria o caso de ficarmos contentes, pois assim poderíamos praticar a humildade... mas ela vai acreditar em nós.

Depois de termos recebido tão grande favor, sinto-me inclinada a pedir aos santos anjos que venham conosco e cantem para a nossa Madre querida uma das melodias celestes.

Irmãzinhas, foram atendidas há pouco, é minha vez de sê-lo...

Ó, santos anjos, suplico-vos, não me desiludam, façam-nos ouvir a vossa voz, mas não vos mostreis a fim deixar-nos o mérito da fé.

As noviças se levantam e dirigem-se para a Madre.

[Cena 6]
Os Anjos *cantam a música*
"À pátria das andorinhas, Andorinhas ligeiras etc.".

Refrão
Sois *(bis)* irmãs dos anjos *(bis)*
Ó virgens do Carmelo!
Cantamos vossos louvores
Em nossas liras do céu
Podeis *(bis)* que glória! *(bis)*
Pela vossa humildade
Alcançar a vitória
Pela eternidade!

Quadra
Desejai, fervorosas carmelitas
Conquistar corações para Jesus, vosso Esposo?
Pois bem, para ele, ficai sempre pequenas
A humildade enfurece o inferno!...

Repete-se o refrão[29].

RP 8

[11] J.M.J.T.

[SANTO ESTANISLAU KOSTKA]

Personagens

Nossa Senhora e o Menino Jesus — Santo Estanislau Kostka — São Francisco de Borja, duque de Gândia[1], senhor da corte de Carlos Quinto, General dos jesuítas — Irmão Estêvão Augusti, jovem noviço.

[Cena 1]

Em Roma, no quarto de São Francisco de Borja. — Está sozinho e lê atento uma carta. — Bate-se de leve à porta.

São Francisco de Borja

Entre. (*Vendo o noviço.*) Pois bem, irmão Augusti, estava aguardando a sua visita. (*O noviço ajoelha-se[2] respeitosamente diante de São Francisco: este lhe indica uma cadeira.*) Sente-se, meu filho, não é com o noviço que quero tratar hoje, mas como um confidente[3], um amigo.

Irmão Augusti, *permanecendo de joelhos.*

Meu Reverendo Padre, estou confuso com a vossa bondade; como podeis tratar-me como amigo, vós, o general da Companhia de Jesus, vós que a Espanha e a Itália já chamam pelo título de santo? Oh! Deixai-me aos vossos pés, não posso falar-vos senão de joelhos; vossa humildade não consegue fazer-me esquecer que sendo duque de Gândia, desprezastes as grandezas da corte de Carlos Quinto para vir...

são francisco, *interrompendo-o num tom severo.*

Cale-se irmão, e que nunca palavras desse teor saiam dos seus lábios; se a sua simplicidade não me fosse conhecida, lhe daria um castigo severo, pois você fala e pensa como criança. De agora em diante, não dê importância nenhuma ao que brilha aos olhos dos homens; só a Deus cabe julgar-nos; diante dele, o pastor é igual ao rei, a verdadeira grandeza está na virtude, não em títulos de nobreza. Saiba que Francisco de Borja não é santo, mas um grande pecador, indigno de ser o discípulo do glorioso Inácio. Rogai a Deus, meu filho, para que se digne usar de misericórdia para comigo e tornar-me menos indigno da nova missão que ele me confiou.

[1v] Irmão Augusti, *ansioso.*

Uma nova missão! Ó, Padre, Vossa Reverência[4] vai deixar Roma?

São Francisco

Não se trata de deixar Roma, mas de receber um noviço que deve ser a glória da Companhia de Jesus. Para que o conheça, vou ler umas passagens de uma carta do Provincial[5] da Alta Alemanha.

Irmão Augusti

Padre, começo a pensar que quereis dar-me uma provação. Não posso entender como a Vossa Reverência se digne escolher-me por confidente, eu, pobre pequeno noviço...

São Francisco, *sorrindo*.

Não, filho, não se trata de provação; conheço-o bastante para saber que minhas confidências não o levarão a se considerar superior a seus colegas. Eis a razão que me obriga a lhe falar intimamente: Quero que seja o anjo do irmão Estanislau, o noviço que o padre Canisio manda para cá.

Pegando a carta[6], *lê as seguintes passagens*:

"A angélica criança que apresento a Vossa Reverência é o filho de João Kostka, senhor de Rostkow no reino da Polônia.

A família do jovem Estanislau é uma das mais ilustres da monarquia, mas é mais recomendável ainda por sua piedade. Todavia, apesar dos exemplos de virtudes que João Kostka deu a seus filhos, esse bom senhor não compreende de forma alguma a prática dos conselhos evangélicos e nunca [Estanislau] obterá o consentimento dele para ingressar na Companhia de Jesus. Pensei, devido à distância, poder admiti-lo no nosso noviciado de Dillingen. Cartas do padre Antônio, diretor do menino, já me tinham falado da santidade dele, mas o que me encantou acima de tudo foi constatar a angélica piedade que brilha no rosto do jovem Estanislau e que manifesta a maturidade da sua alma. Pude constatar que a santidade não faz distinção entre os cabelos louros e os brancos. Contudo, quis provar essa vocação: as longas fadigas de uma viagem de duzentas léguas feita a pé por um jovem de condição nobre não me eram suficientes. Mandei que ele executasse na casa os serviços mais baixos, servir à mesa com as roupas toscas que lhe serviram durante a viagem (para não ser reconhecido, deixara suas vestes de gentil-homem e vestira-se como pobre peregrino). Nenhuma humilhação espantou o jovem noviço, nunca as ordens pareceram embaraçá-lo, por mais contraditórias que fossem; sempre executou imediatamente tudo o que lhe foi ordenado e o fazia com tanta presteza que seus colegas, com simpática brincadeira [2f], o apelidaram de Todo-Poderoso.

Sb 4,8

"Nunca encontrei tão amável simplicidade; se se falasse diante dele do seu nascimento e das suas admiráveis virtudes, não protestava nem negava por falsa humildade aquilo que é evidente, mas sorria como se se tratasse de outra pessoa, sem participar. Alguns padres estranharam o que lhes pareceu ser falta de humildade; porém, devo confessar para Vossa Reverência que a simplicidade do Irmão Estanislau instruiu-me mais que muitos tratados longamente estudados e que falavam da humildade. Por ser essa virtude nada mais que a verdade[7], considero que nosso simples noviço possui a plenitude dela. Aliás, mostra muito desprezo por si mesmo; muitas vezes repetiu que seus irmãos parecem anjos e que ele é indigno de viver numa sociedade assim. Teria ficado muito feliz em poder dar as vestes de jesuíta a esse santo menino, mas pareceu-me mais prudente mandá-lo para Roma para receber o nosso santo hábito das mãos de Vossa Reverência." (*São Francisco de Borja põe a carta em cima da mesa*). O restante da carta trata de assuntos relativos à Província; o que não lhe diz respeito. Agora, meu filho, vai sair para buscar seu novo irmão que deve chegar hoje; penso que já está na igreja.

Irmão Augusti

Ó Padre! como vou ousar falar com ele? Que lugar lhe dareis na nossa casa? Nunca poderemos tratá-lo com suficiente honra!

São Francisco

Deus me livre de tratá-lo com honrarias! Poderia arruinar, dessa forma, o belo edifício da sua perfeição; pelo contrário, quero prová-lo ainda mais e constatar pessoalmente as virtudes que os seus superiores viram nele. Ordeno-vos, Irmão Augusti, não deixar transparecer que já ouviu falar da sua nobreza e das suas virtudes.

Irmão Augusti, *levantando-se.*

Padre, obedecerei; vou agora mesmo buscar Irmão Estanislau.

São Francisco

Traga-o aqui; vou esconder-me no quarto vizinho a fim de ouvir suas palavras e observar suas maneiras. Depois de alguns momentos de conversa com ele, encontre um meio de sair; então, entrarei.

[Cena 2]

São Francisco de Borja sai com Irmão Augusti; depois de alguns minutos, este volta. — Bate à porta, sem obter resposta. Entra [2v] acompanhado de Santo Estanislau, vestido como pobre peregrino.

Irmão Augusti

Nosso Reverendo Padre General não está; se bem que me disse para trazê-lo aqui... Ficou aguardando muito tempo na igreja, irmão?

Santo Estanislau

Não, meu irmão, creio que de cinco a seis horas. Se você o permitir, vou voltar, pois o Padre General não está aqui.

Irmão Augusti

É melhor esperar aqui, creio que não irá demorar; mas, sem dúvida, você não comeu nada desde a sua chegada a Roma. Deveria ter mandado avisar, pelo porteiro, que tinha chegado.

Santo Estanislau

Meu superior, o padre Canisio, me disse para esperar na igreja até que o Reverendo Padre Francisco de Borja me mandasse buscar. Teria achado falta de obediência se me tivesse dirigido ao irmão porteiro.

Irmão Augusti

Fez bem em obedecer, mas vou logo pedir para lhe darem alguma coisa de comer.

Sai sem escutar Santo Estanislau, *que lhe diz:*

Oh! Por favor, irmão, não vá; asseguro-lhe que não preciso de nada.

[Cena 3][8]

São Francisco de Borba *entra; parece surpreso ao ver Santo Estanislau que se ajoelhou após a saída do Irmão Augusti. Fingindo confundi-lo com um mendigo, diz-lhe com severidade:*

Como se atreve a entrar aqui? Se estivesse precisando de uma esmola, devia pedi-la ao porteiro, mas, na sua idade, deveria ter vergonha de pedir esmola; não falta serviço nas oficinas de Roma.

Santo Estanislau

Perdoai-me, Reverendo Padre, e não me recusai a esmola que peço, a do último lugar em vossa santa Companhia.

Lc 14,10

São Francisco

Esse achado não é novo; está pensando que é o primeiro aventureiro que encontro? (*Mostrando a porta*). Saia já, não se recebem noviços como você na Companhia de Jesus.

[3F]   Santo Estanislau, com lágrimas nos olhos.

Ó Padre! tende piedade de mim, prometo...

[Cena 4]

São Francisco *para Irmão Augusti, que acaba de entrar depois de ter batido à porta:*

Não consigo livrar-me deste mendigo, pegue-o e ponha-o para fora.

Irmão Augusti, *muito espantado.*

Reverendo Padre, esse moço não é um mendigo, é o noviço que o padre Canisio vos envia.

São Francisco, *para Santo Estanislau.*

Foi no noviciado que você aprendeu a entrar nos aposentos do seu superior na ausência dele?

Irmão Augusti

Padre, fui eu que o introduzi aqui; deixei-o para levar um recado, suplico a Vossa Reverência que não o puna.

São Estanislau

Reverendo Padre, reconheço que mereço ser severamente punido e peço-vos que não me poupe (*juntando as mãos*), mas por favor, embora indigno, deixai-me ficar na vossa santa casa.

São Francisco

Por ser o Reverendo Padre Canisio quem o manda, admito-o no noviciado, mas advirto-o de que estou bem-informado a seu respeito. Nossos padres do colégio de Viena escreveram-me que, quando estudante aí, raramente o viram estudar. Em vez de prestar a devida atenção às lições dos seus professores, você preferia, a pretexto de devoção, ler ou meditar livros piedosos. Se está pensando em continuar com suas devoções exageradas, é inútil ficar em Roma. Aqui, será necessário trabalhar seriamente e contentar-se com as orações comuns a todos.

Santo Estanislau

Ó Padre! como sois bom por aceitar-me; prometo obedecer em tudo, estudarei tanto quanto o quiserdes. É verdade que quando estive com os jesuítas de Viena não tive grande assiduidade ao trabalho e, sobretudo, faltava-me facilidade. Mas, no final do curso, estava à frente dos meus colegas; nunca atribuí a mim esses pequenos êxitos, pois eu conhecia bem a minha inferioridade.

São Francisco

É inútil falar dos seus bons êxitos, diga-me, em vez disso, qual o motivo que o levou a pedir ingresso na Companhia de Jesus.

[3v] ### Santo Estanislau
Reverendo Padre, é porque quero vir a ser santo.

São Francisco
Não sabe, filho, que é possível tornar-se santo em qualquer lugar; não são as vestes nem o nome de jesuíta que operam essa maravilha.

Santo Estanislau
Padre, como é, então, que todos os jesuítas são santos⁹?

São Francisco
Nem todos; a prova é que eu, o general deles, não passo de um pecador.

Santo Estanislau
Como podeis dizer isso sem mentir, Reverendo Padre? Todos dizem que sois um santo que opera milagres.

São Francisco
O mundo se engana, meu filho, não deves prestar atenção ao que se diz. Se esse mentiroso vier, um dia, murmurar semelhantes lisonjas a seus ouvidos, humilhe-se e perceba o que é aos olhos de Deus.

Santo Estanislau
Ó Padre! mesmo que eu fizesse milagres, creio que não poderia ter orgulho; a lembrança da minha vida pregressa não poderia apagar-se da minha memória. Ah! Sou um miserável, indigno das graças de Deus! (*Chora*)

São Francisco
O Senhor perdoa as piores faltas, mas não sabia que você era culpado de algum crime. Para se humilhar por causa desses pecados, se quiser confessar-se a mim, Irmão Augusti pode retirar-se.

Santo Estanislau, *parando Irmão Augusti.*
Não, Irmão, fique; como devo viver com você, quero que o motivo do meu arrependimento lhe seja conhecido para que me trate como mereço. (*Põe-se de joelhos diante de São Francisco*) Padre, Deus, em sua misericórdia, dignou-se chamar-me a ele desde a aurora da minha vida; em vez de comunicar esse chamado a meu diretor, resisti durante dezoito meses à graça que me solicitava. (*Põe a cabeça nos joelhos de São Francisco e chora amargamente.*)

São Francisco, *emocionadíssimo*.

Sb 50,19
Meu filho, console-se, sua falta está reparada pelo arrependimento sincero que está manifestando. A lembrança dessa infidelidade, longe de ser [4f] prejudicial à sua alma, a manterá na humildade: não há sacrifício mais agradável a Deus que o de um coração arrependido e humilhado.

Santo Estanislau

Padre, que consolo inefável derramais em minha alma! Oh! Suplico-vos que me ensineis agora como poderei vir a ser um santo e compensar o tempo perdido.

São Francisco

Creio que o único meio consistirá em se humilhar sinceramente, estimar muito os outros e demonstrar-lhes, por todos os meios possíveis, o amor que consuma o seu coração. Se a obediência é a regra e a guardiã da sua caridade, poderá, em pouco tempo, fazer um bem imenso.

Bate-se à porta. Irmão Augusti vai atender e volta com uma carta que apresenta, de joelhos, para São Francisco e lhe diz algumas palavras em voz baixa.

São Francisco, *abrindo o envelope*.

Irmão Estanislau, eis uma carta da Polônia, é seu pai que escreve. (*Entrega-lhe a carta.*) Leia-a logo.

Santo Estanislau lê a carta e põe-se a chorar.

São Francisco

Que tem, filho. Está arrependido de ter ingressado na Companhia de Jesus?

Santo Estanislau

Jo 4,10
Oh! Não, Padre! choro por constatar que meus pais não compreendem Deus. Dizem que sou indigno dos meus ancestrais e desonro a família. Contudo, há mais honra, mais nobreza e glória para nossa casa estando eu aqui, o menor entre esses grandes servos de Deus, que se viesse a ser, no mundo, mais ilustre que qualquer um dos meus ancestrais.

São Francisco

Mt 10,34-37
Tem razão, filho; espero que, um dia, seus pais aprovem a sua vocação e, aliás, Nosso Senhor Jesus Cristo não disse: "Não vim trazer a paz, mas o gládio. Aquele que ama seu pai e sua mãe mais que a mim não é digno de mim".

Santo Estanislau, *levantando os olhos para o céu.*

É agora que posso dizer com o salmista: "Meu pai e minha mãe me abandonaram, mas o Senhor me recolheu. Prefiro deter-me no limiar da casa de Deus a habitar nas tendas do iníquo". Sl 26,10
Sl 83,11

[4v] São Francisco

Meu caro filho, reconheço que Deus o conduziu e o quer aqui. Dentro de alguns dias, lhe darei o santo hábito[10]; prepare-se para essa graça no silêncio e no recolhimento. Agradeça ao Senhor que lhe concede o imenso favor de morar em sua casa. (*Põe a mão na cabeça de Irmão Augusti*) Dou-lhe Irmão Augusti por anjo, ele é quem o informará das obrigações exteriores. Sei que suas almas se parecem; por isso, permito que comuniquem um a outro os pensamentos e as graças que o Senhor gosta de distribuir às crianças. (*Levanta-se*) Deixo-os, outros afazeres me chamam. Sl 26,4

Irmão Augusti, *ajoelhando-se ao lado de Santo Estanislau.*

Padre, que Vossa Reverência se digne abençoar-nos.

São Francisco

Caros meninos, que a Santíssima Trindade vos abençoe como eu vos abençoo de todo o meu coração. (*Sai*)

[Cena 5]

Irmão Augusti *senta-se e oferece uma cadeira a Santo Estanislau.*

Irmão, vou levá-lo à sua cela e o mestre de noviços lhe designará o serviço que julgar conveniente; mas se estiver de acordo, aproveitemos a permissão dada pelo nosso Padre General para nos conhecermos. Primeiro, me apresento: chamo-me Estêvão Augusti, sem talento nem virtude, mas os padres aqui gostam muito de mim, a caridade deles os cega a respeito dos meus defeitos; mas espero que você me advirta das minhas faltas.

Santo Estanislau

Cabe a você, irmão, advertir-me quando eu cometer alguma falta e peço que seja fiel em cumprir esta sua tarefa. Sinto que somos feitos um para o outro; portanto, não me será difícil amá-lo, pois já o amo.

Irmão Augusti

Que bom! Fico contente por ter você como irmão. Mas, lembro-me, deve estar triste ao pensar em seus pais.

Santo Estanislau

Não, irmão, minha felicidade não fica perturbada com a lembrança de nenhum afeto humano; sei que meus pais choram a minha partida com mais amargura que teriam chorado a minha morte, mas tenho armas muito poderosas para consolá-los: a oração e a penitência[11]. Sou muito jovem, mas o Senhor já me fez experimentar mais de uma vez que nunca abandona os que procuram só a ele.

Sl 9,11

Irmão Augusti

Irmão Estanislau, quer me revelar essas suaves experiências? Prometo não contar para ninguém.

Santo Estanislau

Não poderia contar todas, seria muito demorado, mas quero contar pelo menos uma.

Há dois anos, estava no colégio dos padres da Companhia com meu irmão Paulo; escolheu nosso alojamento na casa de um herético, pois esse pobre Paulo não era esclarecido pelas luzes celestes. Por ser mais velho que eu, devia submeter-me às vontades dele e nosso preceptor, João Bilinski, compartilhava dos mesmos gostos e ideias. Imagine, irmão, como eu sofria; logo, adoeci gravemente. Paulo não conseguiu decidir-se em procurar um padre por causa do proprietário herético que nunca teria aceito recebê-lo em sua casa. Por não achar ajuda[12] do lado da terra, dirigi-me ao céu. Desde a minha infância, honrava de modo particular a virgem Santa Bárbara[13]; com o coração cheio de confiança, pedi a ela que não me deixasse morrer sem ter recebido o santo Viático[14].

Irmão Augusti

Ah, adivinho que ela atendeu; sem dúvida, o malvado herético se converteu?

Santo Estanislau

Infelizmente, não, mas os habitantes do céu não precisam da permissão dos heréticos para passar por onde querem. Vi Santa Bárbara, resplandecente de glória, entrar no meu quarto na companhia de dois belos anjos; segurava a santa hóstia em suas mãos virginais e tive o inefável consolo de receber, por meio dela[15], o Deus da Eucaristia, o Amado Senhor Jesus.

Irmão Augusti

Uma santa que segura em suas mãos a divina Eucaristia, que mistério! Por que não foram os anjos que lhe deram a santa comunhão?

Santo Estanislau

Durante minha viagem a Roma, um anjo deu-me a santa comunhão, mas Santa Bárbara não estava lá. No reino de Deus, a glória dela é maior que a dos espíritos celestes; é por isso que, na presença deles, essa doce virgem deu-me o pão dos anjos; talvez tenha desejado desempenhar na terra as sublimes funções dos sacerdotes e o Senhor quis realizar esse desejo.

[5v]
Irmão Augusti

Irmão, você fala como anjo; não me cansarei de ouvi-lo.

Santo Estanislau

Também me agrada muito a sua companhia, mas censuro-me por falar mais que você, aprenderia tantas coisas se quisesse me instruir... Porém, acho que é melhor separar-nos, nossa conversa prolongou-se. Se você não se importar, vou ficar sozinho, por alguns minutos, a fim de agradecer Maria, a Rainha do Céu, pelo favor de ingressar na santa Companhia do seu divino Filho.

Irmão Augusti

Você gosta muito de Maria? Oh! Por favor, fale-me dela.

Santo Estanislau, *com ar de ternura indizível.*

A Santíssima Virgem! Ah, o que poderia dizer dela? É minha Mãe[16]!

Ajoelha-se e parece profundamente recolhido. — Irmão Augusti contempla-o com respeito e afasta-se silencioso.

[Cena 6]

Santo Estanislau, *juntando as mãos e olhando para o céu.*

Ó Maria, minha doce, minha terna mãe, tende piedade de vosso pobre filho; amparado pela graça divina, venceu os obstáculos que o mundo punha à frente. Por ter deixado tudo por amor a vosso divino filho Jesus, não o deixe por muito tempo na terra de exílio.

Ó meu santo anjo da guarda! E vós, Santa Bárbara, minha querida padroeira, pedi a minha mãe amada, a rainha dos céus, que venha buscar-me e introduzir-me no séquito virginal que forma a sua corte.

Ap 14,4

[Cena 7]

Ouvem-se vozes celestes que cantam a música "O Anjo e a alma".

O Anjo

Rainha dos Céus, escutai a minha oração
De Estanislau sou o anjo da guarda

Ap 14,4
>Essa doce criança quer, longe da terra
>Seguir em breve Jesus, o Cordeiro divino.

SANTA BÁRBARA

>Eu sou a santa amada
>Da humilde flor que enlanguesce aqui
>Quero ver sua corola perfumada
>Brilhar nos céus.

JUNTOS

[6f]
>Ah! Descei, para a orla estrangeira
>Perto da criança que encanta os eleitos
>Virgem Maria, não sois, vós, a mãe
>De Estanislau, o irmão de Jesus?

[Cena 8]

Nossa Senhora *aparece carregando o Menino Jesus*[17]*.*
Canta a música: "A tarde".

Mt 1,23
>Sim, filho meu, sou tua mãe...
>E para ti do céu desci.
>Trago o Emanuel
>Meu doce Jesus, teu irmãozinho.

Põe a divina criança no colo de São Estanislau, que o recebe com alegria.

SANTO ESTANISLAU

Ó Jesus, meu único amor![18] É verdade que vos dignais repousar no meu coração? Ó Maria! amparai a minha fraqueza, cobri-me com os vossos méritos para que eu seja menos indigno de segurar o vosso tesouro nos meus braços...

A Santíssima Virgem *cobre Santo Estanislau*
com seu véu e canta:

>Com este tesouro dos eleitos
>Quero esconder-te sob meu véu[19],
>Brilharás como estrela
>Na Companhia de Jesus.

SANTO ESTANISLAU

Ó minha mãe! esperava que me levasse para o céu e estais me dizendo que precisarei brilhar na Companhia de Jesus?

Nossa Senhora

Estanislau, flor virginal
Teu perfume os anjos encanta
Em breve, as celestes falanges
Te colherão (*bis*) para o Senhor.

Santo Estanislau

Oh! Como estou feliz... em breve contemplarei Jesus, não sob as aparências de uma criança frágil, mas em todo o esplendor da sua glória... Mãe amada, em breve vos verei no vosso imortal trono!... (*Depois de uma pausa*) Nada me prende à terra, mas tenho um desejo... um desejo tão grande[20] que não poderia ser feliz no céu se não o realizasse... Ah! Mãe querida, dizei-me que os bem-aventurados podem continuar trabalhando para a salvação das almas... Se eu não puder no paraíso trabalhar para a glória de Jesus, prefiro ficar no exílio e combater por ele!

Mt 25,31

[6v]
Nossa Senhora

Quer aumentar as glórias
De Jesus, teu único amor
Para ele, na celeste Corte
Vitórias hás de alcançar...

Sim[21], filho, os bem-aventurados
Almas ainda podem salvar
De teu amor as suaves chamas
Corações atraem para os Céus...

Santo Estanislau

Oh! Como estou feliz... Doce Rainha do Céu, peço-vos, quando eu estiver junto de vós, na pátria, permiti-me voltar à terra[22] para proteger almas santas, almas cujas longas carreiras na terra completarão a minha; assim, por elas, poderei apresentar ao Senhor uma farta messe de méritos.

Nossa Senhora

Querido filho, protegerás
As almas que lutam neste mundo
Quanto mais fecunda for a safra delas
Mais no céu (*bis*) brilharás!

NOTAS

RP 1 A missão de Joana d'Arc

DOCUMENTO: autógrafo. — DATA: dezembro de 1893/janeiro de 1894. — COMPOSIÇÃO: diálogos em prosa e em verso (381), fragmentos poéticos cantados sobre dez melodias diferentes. — PUBLICAÇÃO: HA 98, fragmento de 161 versos, dos quais 37 corrigidos; *Récréations*, 1985, texto integral.

Joana d'Arc está na ordem do dia quando Teresa a adota como tema de sua primeira composição dramática. *A missão de Joana d'Arc* é representada no Carmelo na mesma semana em que Leão XIII declara "Venerável" a Libertadora da França (27/1/1894). Então, o país inteiro fala de Joana d'Arc e a festa, em 8 de maio, se dá com grandes celebrações nacionais. Republicanos e monarquistas, católicos e anticlericais, todos reivindicam a heroína nacional. Em Lisieux, Celina, sua prima Maria Guérin e suas amigas confeccionam doze auriflamas brancas destinadas a ornar a catedral de São Pedro, que acolherá cinco mil pessoas.

Para situar sua personagem, que ela mesma encarnará, por certo Teresa recorreu a documentos autorizados (sobre as fontes do RP 1 e 3, cf. *Récréations*, p. 289s. e 319s.). Mas ela se refere sobretudo a uma inspiração que dormita em seu espírito desde sua infância e que a experiência espiritual adquirida então a ajuda a explicitar.

Foi com oito ou nove anos que ela descobriu a heroína francesa, "uma das maiores graças de minha vida" (Ms A, 32f e C 224). Doze anos se passaram. Em fins de 1893, sua "confiança audaciosa de tornar-se uma grande santa" permanece intacta (ibid.). Porém, cinco anos de Carmelo lhe impõe a constatação seguinte: "Crescer é impossível" (Ms C, 2v). E, no entanto, Deus nunca pede coisas impossíveis. Como conciliar coisas inconciliáveis?

A jovem carmelita está em meio a suas pesquisas quando as circunstâncias a remetem à sua inspiradora de outrora. Sem se dar conta — pois o texto do RP 1 é de uma ingenuidade total —, ela projeta sua história pessoal no interior da história de Joana d'Arc, tal como esta é transmitida pelos relatos populares. Por conaturalidade bem mais que por informação, ela encontra uma Joana de uma verdade muito mais profunda do que aquela que teria conhecido tão só pela erudição.

Quando, por exemplo, ela atribui à camponesa de Domremy os traços de cura "criança... fraca e tímida" (à sua própria imagem), atraída pela solidão, a vida pobre e oculta, a oração assídua, a intimidade com a Virgem Maria (todos valores bem carmelitas), ela se mostra fiel à história. Os documentos confirmam a força de silêncio de Joana, com treze ou dezessete anos de idade, nada aventureira ou belicosa.

Mas eis soada para a jovem Lorena a hora das rupturas em virtude de uma missão inaudita: "tomar a espada para salvar a pátria". Perplexidade, espanto: Joana revela-se (sempre à imagem de Teresa) "de uma natureza tal que o temor fá-la recuar; contudo, com o amor ela não só avança, mas voa" (Ms A, 80v). O jogo antitético do arcanjo São Miguel, arauto de guerra e de glória, e de Santa Catarina, "irmã e amiga" de Joana pela idade e pela vocação, dá vida a esse debate entre o temor e o amor.

A palavra de "confiança" não é mencionada na peça, mas seu dinamismo sustenta a ação, faz transpor o umbral decisivo do medo à obediência, liberando a generosidade. Desde então, Joana só visa "dar amor por amor" a Jesus, ela precisava "ir ao extremo do mundo e derramar todo seu sangue".

Cristaliza-se, assim, toda uma florada de temas teresianos, expressos com muito frescor, ainda que a inexperiência dramática seja flagrante, e a prática poética, balbuciante.

O movimento de vai-e-vem de Joana a Teresa, em uma reflexão prolongada, é para a carmelita um chamado a ir além de si mesma. Se, nas vésperas de seus vinte e um anos de idade, ela ainda se sente considerada pela comunidade como "uma criança" e, para além das delongas canônicas normais, como uma "noviça", o exemplo de Joana mostra-lhe que essas coisas não são obstáculos para o "Todo-Poderoso". Pelo contrário. Contudo, com uma condição: pôr-se a caminho com determinação. Também para Teresa, "é preciso partir", "deixar" o universo familiar (e espiritual?) de sua infância, a "missão", ainda que ela estivesse envolta em obscuridade. De fato, ela hesita mais ou menos no decurso do ano de 1894, no qual a figura de Joana não a deixa uma vez que ela compõe ainda uma poesia para o dia 8 de maio (P 4) e amadurece no RP 3 durante o verão.

Além do mérito objetivo desse primeiro "recreio", que é nos apresentar personagens verdadeiras, o essencial reside no fato de que essa criação concatena uma etapa decisiva para o destino de sua autora e lhe fornece um acréscimo de luz para a releitura de sua vida em seu primeiro caderno autobiográfico, o Manuscrito A.

O tema de Joana d'Arc

Abstração feita dos cadernos escolares, esse recreio é o primeiro texto do punho de Teresa a respeito de Joana d'Arc. Para medir a importância desse tema em sua vida e em sua obra, eis, em ordem cronológica, as referências dos escritos e palavras sobre esse assunto:

* *1874:* RP 1 (21 de janeiro); P 4 (8 de maio).
* *1895:* RP 3 (21 de janeiro); Ms A, 31v/32f.
* *1896:* C 182; RP 7 (21 de junho); imagem de breviário; Ms B, 3f; O 17.
* *1897:* C 224; P 50; palavras no CA 5.6.2; 20.7.6; 27.7.6; 10.8.4, Possui-se cinco fotos de Teresa no papel de Joana d'Arc, no final de janeiro de 1895 (VTL n. 11 a 15).

Notas

1. Subtítulo: "A Pastora de Domremy": para Teresa, como para a tradição popular, Joana era pastora. Na realidade, Joana era filha de lavradores.

2. Quanto à *distribuição de papéis*, há duas certezas: Teresa representava Joana d'Arc, e irmã Maria do Sagrado Coração, Santa Catarina.

3. Costume muito considerado na época de Joana d'Arc. "Trançar uma coroa... para Maria" era "a maior ocupação" de Teresa menina durante sua doença de 1883 (Ms A, 29v) e será um de seus primeiros gestos na enfermaria (cf. CA 11.9.3). Na noite de sua profissão (8/9/1890), ela depõe "(sua) coroa aos pés da Santíssima Virgem" (Ms A, 77f).

4. "Árvore das Damas" ou "árvore das Fadas", na floresta dos carvalhos ou "bois Chesnu".

5. Teresa tem razões para empregar esse termo de pequenez, talvez em recordação do cordeiro de 1888 (C 42), mas sobretudo por sua ressonância bíblica (Is 40,11) e porque ele designa as noviças (cf. Ms C), das quais ela ainda faz parte em 1893-1894.

6. Em determinado momento, conciliar ternura fraterna e dom exclusivo a Deus representou um problema para Teresa. Em janeiro de 1894, a resposta é clara: essas amizades não "desagradam" a Deus.

7. "Consagrar minha virgindade": segundo os Processos, a iniciativa partiu de Joana d'Arc, desde a primeira intervenção das vozes. Quanto a Teresa, sua pertença a Jesus é

evidente desde sempre, posto que ele dignou-se "pedir-lhe seu coração desde o berço" (cf. C 201).

8. O que Teresa ouviu em 1882 ao querer seguir Paulina ao Carmelo (cf. Ms A, 26f/v), e em 1887 quando resolveu confirmar sua vocação...

9. Teresa descreve sua própria opção carmelitana: recuo voluntário em relação às "notícias"; cf. C 135, sobre "o apostolado da oração", e C 146, como também sua observação à irmã Genoveva, indignada com as leis anticlericais: "O que nos cabe é nos unirmos ao bom Deus" (CSG, p. 73).

10. Um tanto desajeitadamente, os jogos cênicos são indicados fora do tempo. Em suma, as vozes de Catarina e de Margarida colocam Joana em "êxtase", a de Miguel "a assusta".

11. Pelo conteúdo e pela forma, as duas primeiras estrofes de São Miguel anunciam RP 7 e P 48. É o mesmo combate apocalíptico em que o campeão de Deus só tem um inimigo: "o orgulho" (6v 25 e 28; 7f 7; 13v 11), e em que um triunfo, o da "humildade" (12f/v) está tanto mais garantido por se operar mediante "um fraco braço de criança" (7f 8), um "fraco instrumento" (16v 10-11).

12. Esse oferecimento da espada, primeiro repelido ("ainda não") e depois aceito "de joelhos... com amor" (cena 14) após um longo debate, representa um dos nós dramáticos da peça. Teresa traz essa espada nas fotos VTL 11, 12.

13. Segundo o breviário romano conhecido de Teresa, Catarina de Alexandria (25 de novembro) "aos dezoito anos de idade... prevalecia sobre os mais eruditos". Foi então que ela defrontou com os filósofos pagãos, sendo entregue ao martírio. — Nessa peça, Teresa dá igualmente "dezoito primaveras" a Joana (17v). O herói do RP 8, Santo Estanislau, morre no início de seus dezoito anos ("Na *mais bela idade* da vida, aos 18 anos", salientará Teresa escrevendo ao Pe. Bellière, em C 247). Uma vez mais, ela marca sua preferência pelos santos jovens.

14. A do Apocalipse, onde a oração é eficaz como sobre "a montanha" onde Moisés intercede pelos combatentes (cf. *infra*, cena 10).

15. Os santos são, portanto, enviados em "missão" após sua morte. No RP 8, Teresa, por intermédio de Estanislau, pedirá o mesmo privilégio para si.

16. Mesma afirmação em C 263; cf. também Ms B, 5v. Essa estrofe já delineia uma teologia da comunhão dos santos, tão cara a Teresa.

17. Santa Margarida, rainha da Escócia († 1093), figurava no breviário romano na época de Teresa no dia 10 de junho (atualmente celebrada em 16 de novembro). Ela permite a Teresa explorar a antítese "pastora/rainha" logo retomada em P 10.

18. Cf. os grandes desejos do Ms B 2v.

19. Cf. o Pe. Pichon a Teresa em LC 82 e 87, CG, p. 374 e 399, mas particularmente a resposta transcrita por ela em 1890: "Meu bem-amado é todo amável [...] sua face inclinada me impele a lhe dar amor por Amor" (C 108),

20. Pensa-se, naturalmente, no Sr. Martin.

21. Tem-se aí um tema central do RP 1.

22. Em 1895, Teresa escreverá sobre sua própria adolescência: "posto que eu era pequena e fraca ele se debruçava sobre mim" (Ms A, 49f).

23. A expressão já esteve na pena de Teresa em C 141 (25/4/1893) e em C 154 (27/12/1893), em referência à "humildade", como aqui.

24. Resposta à grande dúvida de Carlos VII; cf. RP 3, *infra*.

25. Aos olhos de Teresa esse é o próprio objeto da missão de Joana (cf. também RP 3). Essa insistência é compreendida quando se considera que, em seu espírito, o inglês é "herege". Esse anacronismo foi favorecido por uma tese sustentada há muito tempo, segundo a qual Deus, suscitando Joana d'Arc a "expulsar o estrangeiro", livraria preventivamente a França do protestantismo.

26. Teresa evocará em termos semelhantes, em 1895 e 1896, sua "conversão" do Natal de 1886: "Ele me revestiu com suas armas" (Ms A, 44v); "se ele próprio não me tivesse armado para a guerra" (C 201). A reflexão sobre a epopeia de Joana, no decurso de 1894, influencia certamente a releitura de sua própria vida, que Teresa proporá no Ms A; cf. apresentação.

27. Teresa conservava em seu breviário uma imagenzinha de Joana vestida de armadura, apertando a espada sobre seu coração. Ela a acariciará na véspera de sua morte; cf. DE, p. 824. Era na festa de São Miguel. Gesto eloquente da parte daquela que queria morrer "com as armas na mão" (P 48,5).

28. Joana só será beatificada no dia 18 de abril de 1909 pelo papa Pio X. Em janeiro de 1909, abria-se oficialmente a Causa de Teresa.

RP 2 Os anjos no Presépio de Jesus

DOCUMENTO: autógrafo. — DATA: primeira quinzena de outubro de 1894, para o dia 25 de dezembro. — COMPOSIÇÃO: diálogo em prosa e em verso (296), sobre nove melodias. — PUBLICAÇÃO: HA 98, fragmentos poéticos, 261 versos, dos quais 69 corrigidos; *Récréations*, 1985, texto integral.

Primeiro texto sobre o Natal escrito por Teresa, *Os anjos no Presépio de Jesus* não é nem folclore nem afetação, e sim contemplação maravilhada do mistério da Encarnação, mistério do abaixamento por amor.

Nenhuma inteligência humana pode "compreendê-lo", e é aos *anjos* que a autora delega a missão de exaltar "o mistério inefável" com um fervor lírico que não é encontrado em nenhum outro "recreio". Eles se maravilham diante da "beleza" de seu Senhor, o "Verbo Deus, glória do Pai", "oculto" sob um véu cada vez mais espesso à medida que se desenvolve o desígnio divino: véu da natureza humana, feições de um *menino* pobre no cueiro; logo sangue e lágrimas da *Santa Face* (não é costume encontrar Isaías 53 em uma composição de Natal); pedra do túmulo e, por fim, "último limite do amor, a Eucaristia".

Uma sombra entretanto sobre a contemplação de adoração dos quatro cantores do "Verbo feito menino": "a ingratidão dos mortais", que "muito frequentemente" não reconhecerão seu amor por eles.

Ingratidão que parece dar razão ao quinto interveniente, o Anjo do Juízo Final. Como um instrumento incongruente em uma sinfonia, ele entoa de repente uma espécie de *Dies irae* ameaçador. Que se preste atenção: hoje "as feições de um menino" nos apresentam um "Deus de amor". Mas no "último dia" aparecerá o "Deus Vingador!".

De acordo com as intenções misericordiosas de Jesus, que veio "para resgatar seus irmãos da terra", os quatro "anjos fiéis" chamam o menino contra seu colega "em cólera". Eles são bem como Teresa os descreverá mais tarde: "continuamente ocupados de nós sem jamais deixar de ver a Face divina" (C 254).

Então, o Menino Jesus sai de seu silêncio. Ele garante e confirma: a todos, crianças inocentes, sacerdotes (mesmo tíbios), justos e pecadores, a todos, sem exceção, ele oferece seu "grande amor". Tal prodigalidade, contudo, leva ao auge a indignação do Anjo do Juízo, que veio para "punir", "exterminar" e "vingar". À sua espada já levantada, Jesus opõe tão só uma arma, a última revelação de seu plano de amor: não só "resgatar" os homens, mas, "comunicando-lhes sua vida", fazer deles "outros tantos deuses".

Um excesso de misericórdia domina o Anjo exterminador: por sua vez, ele "se ajoelha", "transido" de admiração. Ele não apenas se une a seus companheiros no desejo impossível de "morrer" por Jesus por amor mas também se engaja com eles na via da pequenez, da infância trilhada pelo Menino Deus. A seu exemplo, os "serafins" só aspiram assumir o estado mais vulnerável, o mais pobre, fraco e dependente da "humilde criatura": "tornar-se crianças!..."

Assim, a misericórdia conduziu à infância o Verbo do Pai na realidade da Encarnação redentora e os próprios anjos na ficção recreativa.

No umbral da pequena via

É também o que realizou em Teresa, no final de 1894, o Amor Misericordioso.

No verão anterior, dois acontecimentos familiares lhe revelaram "que imensidão de amor" Deus tem por ela (cf. CA 16.7.2). Seu bem-amado pai, falecido no dia 29 de julho, "foi direto para o céu", ela recebeu um "sinal" indubitável disso (Ms A, 82v). Cumulando um de seus mais caros desejos, sua irmã Celina ingressou no Carmelo no dia 14 de setembro. Então, o coração de Teresa desfaz-se em admiração, submerso pela misericórdia.

Tem-se boas razões para pensar que a descoberta do versículo bíblico (Pr 9,4) no caderno relativo às Escrituras de Celina e a composição do RP 2 são contemporâneos (outono de 1894). Isso mostra a importância dos *Anges à la Crèche* [Anjos no Presépio de Jesus] como testemunho de uma etapa importante no itinerário espiritual de Teresa, no umbral da via de infância (Ms C, 3f).

Nessa espécie de cantata a seis vozes, Teresa partilha com sua comunidade as realidades que ela vive: contemplação da beleza oculta de Jesus, desejo da Eucaristia cotidiana, dignidade do sacerdócio, valor da "menor alma" que ama a Deus. Por certo, não se trata aqui explicitamente nem de infância espiritual nem de amor misericordioso, mas sente-se aflorar uma e outro nessa contemplação mística, mais teológica que dramática, em que se justapõem e se fundem visões aparentemente bem diferentes. *Os Anjos no Presépio de Jesus* testemunha linhas de força indissociáveis da "pequena via" em seu desabrochar: misericórdia, pobreza, infância a partir da qual a vida carmelitana de Teresa será renovada em 1895.

Notas

1. *O Menino Jesus* é uma estátua de gesso policromado, de aproximadamente 60 cm, reclinado em uma manjedoura igualmente de gesso. Ele tem uma expressão grave. Segundo uma nota de HA 1912, o papel do "Anjo do Menino Jesus" é representado por Teresa.

2. O manuscrito não indica nem atos nem cenas. Julgou-se conveniente dividir o texto em cinco cenas.

3. A familiaridade de Teresa com Jesus jamais exclui o respeito. A designação de "Verbo" reaparece seis vezes no RP 2, mas é o único caso dos escritos em que Jesus é chamado: "glória do Pai".

4. "Contemplar", função angélica por excelência, é um termo importante do RP 2, a composição mais contemplativa do repertório.

5. Fórmula cara a Teresa. A *beleza* é outro tema importante do RP 2. É velando sua "Beleza" que Deus quer manifestar seu amor ao homem.

6. A flor, símbolo teresiano tão importante, é evocada quinze vezes no RP 2 (Teresa já encontra aqui o gesto da *Rosa desfolhada*, P 51,1).

7. Das flores materiais passou-se sem choques para as flores animadas, "as almas"; cf. o prólogo do Ms A, cuja redação começará: "o mundo das almas, que é o jardim de Jesus" (Ms A, 2v).

8. A comunicação tão só pelo "olhar", normal em relação a um recém-nascido, traduz uma aspiração profunda da intuitiva Teresa; cf. C 85, 96, 106, 154, 163, 235; Ms A, 56v, 67f; RP 3, 11f 21 etc.

9. "O Anjo da Guarda": correção esquecida; primitivamente Teresa chamou assim o Anjo do Menino Jesus.

10. É uma constante da cristologia de Teresa que Jesus desde o berço "sabe tudo" (RP 6, cena 4).

11. É ainda toda a majestade do Verbo que transparece na Face de Jesus Menino. A "maravilhosa beleza" (C 95) de Jesus jamais será eclipsada, para Teresa, pelas mais belas descrições do "esplendor dos céus".

12. Sobre essa passagem do profeta Isaías, cf. C 108 e CA 5.8.9.

13. Essa passagem de Isaías 63 encontra-se em uma folha complementar (cf. *infra*, nota 24); nós a reinserimos aqui, embora se ignore se ela realmente foi dita em cena.

14. É o sentimento pungente desse não reconhecimento (cf. Ms A, 84f) que provocará o Ato de Oblação ao Amor Misericordioso em alguns meses.

15. Novamente a "kénosis" sobre a qual Teresa parece meditar bastante em 1894 (cf. RP 1, 7f 1-4 e 12f/v e nota). Mas enquanto RP 1 destaca "a humildade" dessa descida, RP 2 acentua o "imenso amor" que é a sua fonte. Em algumas semanas, o Ms A proporá a fórmula lapidar: "é próprio do amor abaixar-se" (2v). Cf. RP 4, estrofe 25.

16. Não é simplesmente "teatro" (cf. *Récréations*, p. 293, nota sobre 5v 22) se o anjo (= Teresa) "chora" diante do "amor não reconhecido". Irmã Maria Madalena testemunhará no Processo: "Um dia, quando eu estava junto dela na cela, ela me diz com um tom que não se pode reproduzir: 'O bom Deus não é bastante amado!... No entanto, ele é tão bom!... Ah, eu quereria morrer!...', e ela irrompeu em soluços. Eu a olhava estupefata, perguntando-me diante de que criatura extraordinária em me encontrava, não compreendendo um amor de Deus tão veemente" (PO, p. 478s.).

17. A exemplo de certos autores dessa época, Teresa empresta um tal pesar aos anjos, em diversas ocasiões; cf. RP 5, 1f 30; P 3, 96; CA 16.8.4.

18. Essa cena é um dos raros locais em que Teresa fala explicitamente da Ressurreição do Senhor. Ver também sua "concordância pascal" (BT, p. 183ss).

19. O mistério do "Deus oculto" é uma das chaves de leitura desse RP 2.

20. Que Jesus possa estar "oculto na Eucaristia", uma vez que ele é "o Todo-Poderoso", foi o objeto de uma das primeiras discussões "teológicas" de Teresa e Celina em 1877 (cf. Ms A, 101). E será também o tema da última imagem pintada por ela em 1897, *A Hóstia de Natal* (CG, p. 1281); cf. *Poésies* II, p. 174, parágrafo 1.

21. O desgosto do anjo por não poder comungar não é uma criação de Teresa. Tal suposição está mesmo bastante difundida. Como quer que seja, a carmelita revela, pela língua do anjo, o seu próprio desejo da comunhão cotidiana. Cf. Ms A, 48v e Ato de Oblação, O 6.

22. No Ato de Oblação, Teresa logo dirá: "Sinto no coração desejos infinitos", que o censor fará corrigir por "desejos imensos" (cf. O 6, nota 37).

23. É bem a oração de Teresa que esse anjo formula; cf. O 13: "Peço-vos... de chamar para as alegrias do céu inumeráveis falanges de crianças". Toda essa passagem, de interpretação delicada, deve ser completada pelo RP 6, 8v/9f. Ela se esclarece num contexto primeiro familiar: lembrança dos quatro irmãos e irmãs falecidos em tenra idade, dos quais Celina acaba de lhe dar as fotos para a sua festa; também num contexto social: no século XIX, a mortalidade infantil é elevada, e Teresa anela que nenhuma criança morra sem batismo; mas sobretudo num contexto de fé: a salvação dos pequeninos, agraciados sem "obras", faz brilhar a gratuidade da redenção.

24. Sem esse acréscimo de 3^{bis}f (que se encontra em uma folha complementar), na qual dominam os textos evangélicos sobre a misericórdia, lançados na balança da justiça, a oração do anjo teria concernido tão só "as almas consagradas". Teresa corrige-se para introduzir maciçamente "os pecadores" entre esses "anjos da terra". Todos sem distinção são chamados a se tornar "mais brilhantes que as estrelas do céu", pela virtude "de um só olhar" de Jesus (cf. Ato de Oblação). Para a datação dessa folha complementar, cf. *Récréations*, p. 302 e 314.

25. Cf. C 101; O 8; aqui Teresa se inspira na oração de Th. Durnerin (fundaddra da Sociedade dos Amigos dos Pobres, 1848-1905; para o texto da oração, cf. CG, p. 516s.).

26. A oração pelos sacerdotes é uma das grandes intenções do Carmelo teresiano e em particular da irmã Teresa do Menino Jesus (cf. Ms A, 69v e P 17,10).

27. A divinização do homem corresponde, por certo, à mais tradicional teologia. Teresa conhecia os belos textos dos Padres da Igreja pelo breviário ou o *Ano Litúrgico*. Ela também impregnou-se das páginas fortíssimas de São João da Cruz sobre esse assunto, no *Cântico espiritual* (Explicação da estrofe XXXIX, t. II, p. 100s. de seu exemplar pessoal).

RP 3 Joana d'Arc cumprindo sua missão

DOCUMENTO: autógrafo. — DATA: para o dia 21 de janeiro de 1895, festa prioral da Madre Inês de Jesus. — COMPOSIÇÃO: diálogos em prosa e em verso (301), sobre catorze melodias, — PUBLICAÇÃO: HA 98, fragmento de 171 versos, dos quais 39 corrigidos; AL, maio de 1929, numerosas supressões e retoques; *Récréations*, 1985, texto integral.

Nunca Teresa teve de investir tanto na preparação de um Recreio, como para a segunda parte de sua *Joana d'Arc*. Esta peça, a mais longa de seu repertório, exigia uma informação histórica precisa, trajes e decorações importantes, repetições múltiplas. Tal realização não se improvisa em um dia, sobretudo em um contexto de vida tão regrado como o de um Carmelo. Mas desde o início, a autora concebeu sua *Joana d'Arc* como um dístico, dando matéria a duas representações. Teresa teve, portanto, todo o ano de 1894 para amadurecer seu projeto e estudar suas fontes (essencialmente a obra de Henri Wallon, a mesma que consultava Péguy, contemporâneo da carmelita; sobre as fontes dos RP 1 e 3, cf. *Récréations*, p. 289s. e 319s.).

Sob sua aparente banalidade, o título *Joana d'Arc cumprindo sua missão* sugere a unidade dinâmica, através do tempo e do espaço, de uma missão sempre atual. Ontem, Chinon, Orléans, Reims, Rouen. Hoje, simplesmente a França inteira. É uma epopeia única que se desenvolve em grandes traços sob nossos olhos. E na ótica da fé, que é a de Teresa, é no céu, ontem como hoje, que se joga o destino da pátria. Com efeito, para ela, a apoteose da III parte — que numa primeira leitura parece bastante fraca — vem relançar a ação e não encerrá-la. Mas à maneira de uma fusão encadeada, Joana encaixa os séculos uns nos outros e nos conduz à atualidade do dia 21 de janeiro de 1895. As vitórias terrestres da Libertadora da França, tão reais como ontem, apesar de seu aspecto oculto, são a sombra de seus triunfos celestes.

"Divina" em sua origem — e este é um argumento central do RP 3 — a missão de Joana o é em sua consumação. Do começo ao fim, trata-se do grande combate da fé. Na lógica da Redenção cristã, a salvação da pátria, como a do mundo, só se realiza com o valor de uma "paixão". É aí particularmente que o gênio religioso de Teresa a introduz na grande História bem além da exatidão documental, que, entretanto, ela sabe respeitar.

Para Teresa, o auge da epopeia de Joana não está nem em Orleans nem em Reims, mas sim em Rouen, na fogueira. Ela emprestou *os fatos* à ciência histórica. À Palavra de Deus ela pede o *sentido* desse destino humanamente incompreensível. Então se dá o diálogo do arcanjo Gabriel com a prisioneira. Aquele que a tradição considera o anjo do Getsêmani vem elevar a heroína ao nível de seu martírio, revelando-lhe sua configuração com o Cristo em sua Paixão. Vem então a longa meditação do livro da Sabedoria, que esclarece a jovem sobre o mistério de sua morte prematura.

Importante em sua elaboração, essa composição o é ainda mais por sua repercussão na existência de Teresa.

De imediato, ela é colocada como vedete aos olhos da comunidade, que está admirada: "o entusiasmo é geral". Na noite de 21 de janeiro de 1895, durante o grande silêncio, a jovem carmelita sente-se "como no apogeu de sua glória". Então, ela recebe "uma luz inefável sobre a vaidade deste mundo", que ela confidencia na manhã seguinte à Irmã Maria da Trindade (cf. BT, p. 99) e, no final do ano, ao seu caderno de lembranças (Ms A, 81v).

O acidente evitado — pois a fogueira realmente pegou fogo durante a representação — marcou Teresa. As chamas a orientam, sem que ela se dê conta, para um "holocausto" que ela realizará oferecendo-se ao Amor Misericordioso no dia 9 seguinte. E o tema do fogo adquirirá uma importância cada vez maior em seus escritos. Mas é sobretudo durante o período das *Últimas palavras* (maio-julho de 1897) que o valor profético desta segunda *Joana d'Arc* adquire todo o seu relevo para o destino de sua autora. A doente tem consciência disso: "Reli a peça de Joana d'Arc que eu compus. Aí vereis meus sentimentos sobre a morte; eles estão todos expressos" (CA 5.6.2). Outras referências a Joana d'Arc podem ser encontradas em CA 20.7.6; CA 17.7 e 27.7.6; CA 10.8.4.

Em seu conjunto, este Recreio está melhor redigido, mais firme, menos "ingênuo" que os dois primeiros. A linguagem é simples e concisa, a concatenação bastante harmoniosa, pelo menos no início. A concepção teatral fez-se mais ambiciosa, revelando um senso autêntico de encenação em Teresa.

Enfim, não se pode esquecer que no dia seguinte à canonização de Santa Teresa do Menino Jesus, Pio XI a apresentava aos peregrinos franceses como "uma nova Joana d'Arc" (18 de maio de 1925) e que nos dias sombrios da Segunda Guerra Mundial, Pio XII a declarava "padroeira secundária de toda a França", como Santa Joana d'Arc (3 de maio de 1944).

Notas

1. O título: "Joana cumprindo sua Missão", explicitado por um subtítulo: "As Vitórias — O Cativeiro — O Martírio e os Triunfos no Céu" dá a entender que uma ação única se desenrola em três ou quatro atos. Sobre o manuscrito, Teresa indica tão só duas partes:

— "Primeira Parte — As Vitórias", que ela subdivide em 4 cenas;
— "Segunda Parte — O Cativeiro. O Martírio", na qual Teresa não distingue nenhuma cena.

Ela sequer menciona a terceira parte.

Em conformidade com as convenções adotadas para o conjunto dos Recreios, nós redistribuímos o texto como segue:

— a *Primeira Parte* está dividida em 6 cenas, indicadas por números arábicos, entre colchetes;
— a *Segunda Parte* possui 11 cenas;
— a *Terceira Parte*, "Os Triunfos no Céu", possui duas cenas.

2. Teresa enuncia as quinze personagens no início de seu livreto sem tomar em consideração a ordem das entradas em cena. É de se notar o lugar privilegiado de "São Gabriel", nomeado logo após Joana. Dado o número limitado de atrizes disponíveis, algumas irmãs acumularam dois papéis. Joana (Teresa) está em cena durante toda a representação.

3. As "vitórias" de Joana (18 menções no RP 3) não são apenas de ordem militar como em Orléans (cena 3) ou em Reims (cena 4). A primeira vitória se dá em Chinon (cena 1), não pela diplomacia, mas pela fé de Joana, que triunfa sobre as hesitações de Carlos VII e os preconceitos dos cortesãos.

4. Este é bem "o fundo do problema", como diz Henri Wallon: para Teresa, trata-se de colocar em evidência não só o fato, mas a própria fonte da inspiração que faz Joana agir.

5. É também o que uma "professora inglesa" (leiga) ousou "dizer em alto e bom som na classe", em presença de Celina Martin, que se levantou e deixou a classe para ir declarar à diretora do pensionato: "Senhora, se vós não me prometerdes fazer uma advertência à professora e reparar a falta que acaba de ser cometida, eu vos advirto que contarei tudo ao Papai"! (*Souvenirs autobiographiques*).

6. Como na história, esse duque é o parceiro privilegiado de Joana, na primeira parte do RP 3. Agradou Teresa, nascida em Alençon, realçar esse jovem senhor de vinte anos (nascido em 1409).

7. "En mon Dieu" para "en nom Dieu", isto é: "em nome de Deus". Encontra-se a expressão assim deformada quatro vezes nessa cena, erro frequente em certos manuais escolares da época.

8. Os 35 alexandrinos dessa "Poésie d'Alexandre Soumet" são copiados por Teresa a partir da obra de Henri Wallon.

9. É a terceira e última vez que se vê Joana em "êxtase" (cf. RP 1, 6f e 14v). E são os únicos "êxtases" do teatro de Teresa, que recusava esse favor para si mesma (C 106), preferindo seguir as pegadas de Maria em Nazaré (P 54,17), e ensinando às noviças, segundo São João da Cruz, que há falta em "pedir os êxtases" (RP 7, 1v).

10. Carlos VII "duvida" da origem sobrenatural da missão de Joana e de sua origem real.

11. Teresa inventa as circunstâncias dessa oração ("esta amanhã após a comunhão"), não, porém, seu conteúdo.

12. Espada encontrada enterrada, segundo as indicações de Joana, na capela de Sainte-Catherine de Fierbois. Os juízes queriam ver nisso uma prova de bruxaria.

13. Desta cena até a da fogueira, Teresa traz um vestido azul-escuro de lã, ornado de flores-de-lis e, por cima, uma "armadura" em papel prateado.

14. Na enfermaria, Teresa retomará essas palavras no que lhe diz respeito (CA 27.7.6), aplicando-as à sua própria missão póstuma, missão garantida amplamente pela publicação de seus manuscritos.

15. Em 30 de abril de 1896, dia da profissão da Irmã Maria da Trindade, Teresa confidenciará: "Sinto-me como Joana d'Arc assistindo à sagração de Carlos VII" (CG, p. 852).

16. Desde fevereiro de 1890, as irmãs Martin faziam a aproximação entre o pai delas e o pai de Joana (CG, p. 1145).

17. Toda essa passagem deve ser lida no contexto da doença do Sr. Martin (por exemplo, C 115) e da última conversa muda no parlatório do Carmelo, no dia 12 de maio de 1892 (CG, p. 662). Após sua morte (29/7/1894), Teresa "sente" seu pai que a "vê" (C 170).

18. A promessa dessa libertação, cuja verdadeira natureza as vozes não revelam, mantém um quiproquó patético no espírito de Joana até o anúncio do suplício.

19. O anúncio da prisão inaugura para Joana seu combate da fé: fé nas vozes mais que em si mesma. Ela enfrenta imediatamente sem temor: "minha missão é Divina" (7-8). É a última "vitória" dessa primeira parte.

20. Para a reconstituição dessa cena 1, ver foto VTL, n. 13.

21. Comparar esse sonho de Joana com os de Teresa carmelita (Ms A, 79f) ou a aspiração expressa no Ms C, 6v: "Tu sonhas... uma pátria embalsamada com os mais suaves perfumes". Ver o "Sonho de Joana d'Arc", escrito por Teresa no período escolar, Escritos diversos.

22. Tentativa de fuga do castelo de Beaurevoir, onde Joana estava detida (agosto-novembro de 1430).

23. Teresa concede um papel bastante extenso a Jean Massieu, "padre a serviço do bispo de Beauvais", sem mencionar seu título de oficial do Tribunal. Aqui se faz eco (benevolente) das principais queixas do Tribunal: a aparente insubmissão de Joana à "Igreja", certos "prodígios" de sua carreira militar, o fato de ostentar "trajes masculinos", a origem e "a realidade da sua missão".

24. Uma testemunha, Jean de La Fontaine, menciona esse chamado ao interrogatório de 12/3/1431. Compreende-se que Teresa preze bastante esse título: é uma das últimas palavras de Teresa de Ávila moribunda. Cf. Ms C, 33v.

25. Por fim, é o âmago do Processo de Rouen. "A Igreja" ocupa um grande espaço no RP 3. Ser condenada pelos "padres... um bispo" será "a maior dor" de Joana.

26. Sabe-se a importância desmedida dessa questão no Processo de Joana.

27. É a "abjuração" do cemitério Saint-Ouen.

28. Estamos, portanto, no dia 30 de maio de 1431.

29. Com efeito, repetidas vezes Joana apresentou essa petição a seus juízes.

30. O arcanjo Gabriel figurava no estandarte de Joana. Sabe-se também que ele veio reconfortá-la "na festa da Santa Cruz", ou seja, em 3 de maio de 1431. Com tais elementos, Teresa cria uma cena "de agonia" que é um dos pontos culminantes do drama. O anjo que "consola" e dá "esperança" põe em relevo, traço por traço, o paralelismo entre a Paixão de Jesus e a da mártir de Rouen; o Evangelho não dá o nome do anjo consolador do Getsêmani; uma longa tradição, porém, chama-o Gabriel.

31. Em 1896, Teresa escreve esse versículo de salmo sob sua foto de Joana presa.

32. Sabe-se que irmã Genoveva (Celina) representa o papel de Santa Catarina. A cena foi reconstituída ulteriormente para a foto VTL, n. 14; cf. *Récréations*, p. 334, parágrafo 8 e *infra* (RP 7).

33. As citações da Sabedoria que se vão ler (cap. 3-5) seguem a tradição de Lemaistre de Saci, com cortes e variantes bem estudados por Teresa.

34. Expressão até então ausente dos Escritos, que passará para o Ato de Oblação em junho de 1895.

35. Tema da exortação feita a Joana no cemitério Saint-Ouen no dia 24 de maio de 1431.

36. A poesia não é de Avrigny, e sim de Soumet.

37. Irmã Maria dos Anjos relatou o acidente que então sobreveio, ou quase: "Sucedeu que um dia, no aniversário da Madre Priora, em que a Serva de Deus representava Joana d'Arc na fogueira, ela, de fato, quase foi queimada viva devido a uma imprudência, que ateou um começo de incêndio, mas, sob uma ordem de nossa Madre para que ninguém se movesse de seu lugar enquanto se esforçavam por apagar o fogo em volta dela, ela permaneceu calma e imóvel no meio do perigo, fazendo a Deus o sacrifício de sua vida, como ela disse depois" (PA, p. 299). O "vestido branco" trazido por Teresa não traz nenhum vestígio de fogo. E a representação terminou normalmente. Cf. ainda CSG, p. 157.

38. Poucos dias após ter relido sua peça, em junho de 1897, Teresa escreverá ao Pe. Bellière a frase que se tornou célebre: "Entro na vida" (C 244).

39. De fato, esse nome foi a última palavra audível de Joana, aquela que Teresa deseja "murmurar" como sua "querida irmã" ao morrer (Ms B, 3f).

40. Segundo a remissão aqui indicada por Teresa, um aditamento interrompe seu texto. A folha acrescentada sem dúvida foi composta por necessidades teatrais: mudança de cenário (passa-se da fogueira para o trono), mudança de traje para Joana.

41. Citação da *Oração da alma abrasada* de São João da Cruz (cf. C 137).

42. O espectador se encontra, pois, no dia 21 de janeiro de 1895. Ora, nessa época, o anticlericalismo é virulento (C 192; PO, p. 401). Sem se reportar ao contexto histórico, é impossível compreender a importância da cena final para Teresa e sua comunidade: o retorno da Libertadora da França. Aquilo que, para nosso gosto moderno, parece desde logo factício, é para as carmelitas de 1895 de uma atualidade candente.

43. Irmã Maria do Sagrado Coração, que representava o papel da França, deixou esta recordação: "Dizendo: '*Venho a ti com os braços carregados de correntes*', eu avançava em direção a ela [Teresa] a fim de que ela as retirasse. Ela me causava o efeito de uma verdadeira Joana d'Arc. Que ar nobre e guerreiro! Ah! Era realmente uma Joana d'Arc" (*Souvenirs autobiographiques*, à Madre Inês de Jesus, 29/6/1909).

44. Teresa evoca sem dúvida as aparições da Rue du Bac (1830), de la Salette (1846) e de Lourdes (1858); a menos que ela não pense em la Salette, Lourdes e Pontmain (1871)?

45. O Sagrado Coração de Montmartre. Quando Teresa o visitou, em 6 de novembro de 1887, só a cripta estava concluída.

46. Não se reproduzirá aqui o *Hino pela Canonização de Joana d'Arc* (P 4) transcrito ulteriormente por Teresa no final do RP 3 (mas composto para o dia 8 de maio de 1894).

RP 4 Jesus em Betânia

DOCUMENTO: cópia da Irmã Maria da Trindade. — DATA: festa das irmãs conversas (Santa Marta). — COMPOSIÇÃO: 41 estrofes (204 versos) sobre duas melodias. — PUBLICAÇÃO: HA 98, 5 estrofes omitidas, 3 acrescentadas, 58 versos retocados; *Récréations*, 1985, texto integral.

O dia 29 de julho, festa de Santa Marta — a hospedeira de Jesus em Betânia —, é tradicionalmente, no tempo de Teresa, a festa das irmãs conversas. Nesse dia, elas devem se deixar servir pelas irmãs do coro e em particular não ir à cozinha, confiada nessa ocasião ao noviciado. Oferecem-se também às "Irmãs de véu branco" alguns presentes, uma canção e uma pequena peça de teatro, cômica ou edificante, conforme a inspiração.

Em 1895, a missão de celebrar as "Martas" é confiada à Irmã Teresa do Menino Jesus. Ela compõe o texto que representará com duas noviças, Irmã Maria da Trindade e Irmã Genoveva (Celina). Então, as irmãs conversas são cinco no Carmelo de Lisieux.

O tema está indicado: o evangelho da festa (Lc 10,38-42), "Jesus em Betânia", acolhido por Marta e Maria. O jogo teatral é reduzido ao mínimo: o "Mestre" dialoga sucessivamente com as duas irmãs; diálogo inteiramente cantado, à maneira de um "cântico" de 41 estrofes.

Segundo uma exegese antiga, comum à sua época, Teresa confunde as Marias dos evangelhos: Maria de Magdala (Lc 8,2), geralmente identificada à pecadora de Lc 7,36-50, e Maria de Betânia, irmã de Marta e de Lázaro (Jo 11,1-44), aquela também da unção "na casa de Simão, o leproso" (Mc 14,3-9). Tal assimilação confere a essa única personagem uma dimensão espiritual bastante contrastante. Teresa se permite deslocar o acento da cena de Betânia. Sem negligenciar a problemática tradicional: contemplação/ação, ela a coloca na surdina, em proveito de um tema que lhe é caro: a emulação de amor entre "a alma pura" e "a alma arrependida" (cf. Ms A, 39f). E é intencionalmente que o nome de "Maria" é eclipsado pelo de "Madalena".

Jesus conversa, portanto, com as duas irmãs. A Madalena, temerosa em razão de sua vida passada, ele afirma que seu perdão a renovou inteiramente. A Marta, que se queixa da ociosidade de sua irmã, ele lembra o valor do puro amor no meio da ação; mas sobretudo, quando ela se vale de sua pureza, ele lhe revela o valor da humildade no próprio cerne da inocência. Às duas irmãs, ele manifesta seu amor e a importância de sua missão apostólica.

É de notar que o Jesus de Teresa passa sob silêncio "a melhor parte" escolhida por Maria (Lc 10,42), sem dúvida para não ferir as "Martas" que, aliás, no Carmelo não estão excluídas disso. Uma vez mais, Teresa diz em cena o que ela mesma vive nesse momento, submersa pela misericórdia obsequiosa de seu "Salvador". Deve-se ler aqui a passagem do Ms A (38v/39f) que explicita essa experiência espiritual, verdadeira fonte do RP 4.

Pouco importa as "categorias" de carmelitas e suas ocupações, "é só o amor que conta". Ela o lembra incessantemente às noviças, como também à Irmã Genoveva, corista (P 13,15; CSG, p. 77) e à Irmã Marta, conversa: "Ocupai-vos mais de Jesus, mesmo em meio aos vossos trabalhos" (PA, p. 413).

O assunto é tanto mais delicado quanto, no dia 2 de junho precedente, a priora Madre Inês de Jesus propôs subitamente à Irmã Genoveva que permanecesse conversa. Dócil, Celina aceitou. Falou-se disso, mesmo no recreio. Madre Maria de Gonzaga, porém, opôs-se firmemente a esse projeto.

Instrumento de pacificação no seio da comunidade, Teresa teve portanto o cuidado de tratar o texto evangélico evitando qualquer polêmica. Representando Jesus, cercada de Maria da Trindade (Madalena) e de Irmã Genoveva (Marta), ela sustenta seu lugar de "mestra" com muito tato e suavidade. Essa atitude apaziguadora, essa pedagogia cheia de ternura têm sua fonte na vida espiritual de Teresa, que conhece em julho de 1895 uma plenitude jamais alcançada até aqui, após sua Oblação ao Amor Misericordioso.

Notas

1. É a posição das carmelitas na oração (sentadas sobre seus calcanhares); atitude cara a Teresa (cf. C 139). Ela descreve ainda assim Madalena no Ms C, 36f).

2. Notar a fortíssima personalização da Redenção (cf. Ms A, 3f).

3. Haverá aqui alusão à "ferida de amor" recebida por Teresa poucos dias após seu Oferecimento do dia 9 de junho? (cf. CA 7.7.2).

4. Um termo audacioso; cf. C 158, que remete ao ofício litúrgico de Santa Inês, e P 17,3.

5. Símbolo aqui do amor que se arrepende, como no RP 5, estrofe 6 (e sua nota 7).

6. "O manto branco" faz parte do hábito carmelitano; cf. CA 26.5.

7. Como João na Ceia, Jesus quer pois dar a Madalena tanto quanto deu ao "Apóstolo-Virgem" (P 24,20). Esse "repouso", sinal e causa da maior "intimidade" (estrofe 13,8), é um símbolo da vida contemplativa.

8. Alusão à reclusão de Madalena em Sainte-Baume, legenda que a iconografia e a historiografia conhecidas de Teresa ilustram. Cf. também o *Cântico espiritual*, de São João da Cruz, estrofe XXIX. No Carmelo de Lisieux um pequeno cômodo contíguo à sala de recreio traz o nome de "Sainte Baume".

9. A intervenção "apressada" de Marta (cf. Lc 10,40) impede a resposta de Jesus: no plano musical, a melodia de *L'Ange et l'Aveugle* permanece em suspenso sobre uma estrofe ímpar.

10. Pode-se discernir aqui certa espiritualidade do "dando dando" — à primeira vista louvável — que Teresa recusa em seu Ato de Oblação: "Comparecerei diante de vós com mãos vazias". Jesus não despreza a "generosidade" de Marta, mas vai lhe lembrar o valor do puro amor, valorizado por São João da Cruz e por Teresa depois dele (cf. C 221).

11. Não é o que Teresa acaba de "oferecer" nos dias 9-11 de junho; e aquilo que o *Pequeno Mendigo* não cessa de reclamar no RP 5, particularmente na estrofe 15?

12. Teresa acaba de escrever no início de 1895: "é próprio do amor abaixar-se" (Ms A, 2v).

13. A redução das três mulheres do Evangelho a uma só permite a alusão ao passado "tempestuoso".

14. "Uma alegria" em que sopra "o vento fatal do amor-próprio" (cf. C 81)! Pela mesma razão, o "tesouro" torna-se uma dessas "riquezas que tornam injustas quando se repousa nelas com complacência" (C 197). Tal é, aos olhos de Teresa, a grande "infidelidade" (CA 7.8.4), RP 7 recordará vigorosamente que virgindade sem humildade é fonte de perigo.

15. Essa "atração" (cf. também 14,6) é o apostolado específico da carmelita, como Teresa o repetirá no Ms C, 35v/36f (em que ela evoca precisamente Madalena e Marta).

16. Teresa amou muito o texto de Gn 15,1, sobretudo em lembrança de seu pai, que o repetia com frequência; cf. BT, p. 52ss.

RP 5   O divino pequeno mendigo de Natal

DOCUMENTO: autógrafo. — DATA: para o recreio da comunidade da noite de Natal de 1895. — COMPOSIÇÃO: 384 versos e algumas indicações em prosa, sobre cinco melodias. — PUBLICAÇÃO: HA 98, 45 versos retocados; *Récréations*, 1985, texto integral.

Este quinto "recreio" coloca-se por si mesmo à parte nas composições teatrais da Irmã Teresa do Menino Jesus. Ele se aparenta ao gênero "poesia" com suas 26 estrofes independentes, que enquadram um preâmbulo e uma conclusão.

Atualmente, dir-se-ia uma espécie de "paraliturgia", da qual Teresa previu o cerimonial em detalhe. Após a ceia da noite de Natal, a comunidade se reúne diante de "uma manjedoura preparada de antemão". Cada irmã se apresenta "por ordem de religião", começando pela priora. Ajoelhada diante do Menino Jesus, ela tira ao acaso um bilhete de um cesto e o dá a um "anjo" que canta a copla. Cada carmelita recebe assim, em presença das demais, uma palavra pessoal que poderá marcá-la espiritualmente, influenciar seu comportamento, alimentar sua oração. Teresa, de seu lado, não esquecerá mais que ela recebeu em partilha "o cacho de uva" (estrofe 9).

Não se trata pois de um jogo mas de uma celebração íntima e recolhida, que substitui, nesse 25 de dezembro de 1895, a pequena peça dos anos anteriores e o costume de tirar "os ofícios da manjedoura". É possível que Teresa não tenha tido tempo de compor uma peça, tanto mais que, no dia 28 de dezembro, as noviças farão uma "grande representação" sobre São Francisco de Assis e o lobo de Gubbio (peça composta por uma Visitandina). Preparando, além disso, para a festa de Madre Inês de Jesus, *A fuga para o Egito* (RP 6), uma poesia, *Responso de Santa Inês* (P 26), e a entrega de seu primeiro manuscrito, compreende-se que Teresa tenha estado um tanto transtornada e ateve-se a uma modesta composição. Tampouco ela lhe imprimirá sua marca pessoal.

Nessa paraliturgia com perfume de pastoral provençal, não são os visitantes da manjedoura que trazem presentes da sua escolha, é o "Rei elos Céus" que se faz mendigo, "pedindo esmola às carmelitas" (título):

>   "Oh! Mistério emocionante
>   Aquele que de vós mendiga
>   É o Verbo Eterno!" (Preâmbulo)

E o que Jesus quer das carmelitas não é nem "obras" nem méritos, mas seu coração, seu amor, *elas mesmas*. Em vez do Deus justiceiro ameaçando o homem com os seus raios, Teresa encontra o abaixamento "do Verbo despojando-se totalmente para descer na noite de nossas almas, como ele revestiu a forma de escravo para descer nas trevas da História" (Marcel Moré). Tal é, para Irmã Teresa do Menino Jesus e da Santa Face, o verdadeiro sentido do Natal.

Lamentar-se-á que ao longo de vinte e seis cópias (tantas quantas eram as carmelitas) a inspiração não se tenha mantido à altura de uma tal teologia da Encarnação (estrofes 10 e 16). Querendo atingir o número requerido, Teresa perdeu o fôlego.

Compreende-se, contudo, que sob a aparência de uma pobre poesia que corre o risco de repelir o leitor não avisado, as carmelitas tenham podido receber com atenção fervorosa a mensagem que lhes era pessoalmente dirigida.

Notas

1. O recreio se realiza às 18h45, e normalmente junto à lareira. Nesse 25 de dezembro de 1895 foi possível reunir-se na sala capitular.

2. Certamente o anjo é encenado pela Irmã Maria da Eucaristia (Maria Guérin), postulante, ingressada no Carmelo no dia 15 de agosto precedente. Sua bela voz de soprano indica-a para todo papel cantado importante.

3. Desde seu ingresso no Carmelo, Teresa ficou impressionada com esse Deus mendigo (cf. C 57, 96, 145, e também 172, 191). Alguns meses depois RP 5, cf. P 36,5.

4. "Essência": um termo raro em Teresa; cf. RP 2, 7f e C 147. Trata-se aqui da natureza divina de Jesus; Teresa vê sempre no Menino Jesus sua Divindade.

5. Em 1896, para sua última composição de Natal, Teresa escreverá *O viveiro do Menino Jesus* (P 43).

6. Um dos desejos mais constantes de Teresa, a ser comparado com Ms 8, 4f: "eis como se consumirá minha vida", programa que ocupa largo espaço no *canto*.

7. Como em RP 4, estrofe 8, a rosa vermelha (*"rica cor"*) é aqui símbolo de "penitência", isto é, de arrependimento e de amor. Os seis versos consagrados ao "lírio, símbolo de inocência" ali estão para ressaltar o valor dessas *"rosas"*. Cf. C 127, a propósito do ex-carmelita Hyacinthe Loyson, que deixou a Igreja e se casou.

8. Esse lugar privilegiado da topografia teresiana favorece sempre as belas imagens poéticas; cf. P 18,22 e P 32,1. O vale é o símbolo nupcial do abandono.

9. Cf. a reflexão de Teresa a Maria do Sagrado Coração, na enfermaria (DE/MSC, 25.7).

10. Dois meses antes (17 de outubro de 1895), Teresa recebeu seu "primeiro irmãozinho", o padre Bellière, aspirante missionário (Ms C, 32v): seu fervor pela missão distante foi então estimulada.

11. Essa estrofe adquire particular relevo nessa noite de Natal de 1895. O fato tocou-a profundamente para que ela, em janeiro de 1896, se representasse a si mesma em seus brasões, como um "cachinho de uva" (Ms A, 85v). Na enfermaria, em julho de 1897, ela retoma a imagem: "Sou um cachinho de uva e diz-(se) que estou tão madura!" (CA 25.7.12; 27.7.10).

12. Teresa vivia heroicamente a caridade fraterna que é o sorriso (Ms C, 14f, 28f, 29v). No Processo de canonização, as irmãs testemunham o quanto ficaram impressionadas com isso.

13. Última evocação de um símbolo do abandono que foi caro a Teresa em sua adolescência (cf. C 34 e CG, p. 287s.) e a respeito do qual ela se explica duas vezes em 1895 (C 176 e Ms A, 64f).

14. Termo exclusivamente reservado a Jesus Menino (Ms A, 64f e 85v). Em O 14, ele é relacionado com o abandono: "Eu me abandono aos teus Divinos Caprichos".

15. Cf. C 144 em que o travesseiro de Jesus é "o coração de Celina".

16. Única menção ao termo nos RP (encontrado somente em C 145, 180, 196 e no Ms C, 19v). O vocabulário da *sede* é muito mais desenvolvido em Teresa, cf, CG, p. 1351.

17. Possível reminiscência do *Castelo interior*, de Teresa d'Ávila: "Considerei nossa alma como um castelo, feito de um só diamante ou de um cristal puríssimo" (*Premières Demeures*, cap. I, Bouix, t. III, p. 364).

18. Sobretudo depois de sua segunda *Joana d'Arc* (RP 3), e mais ainda depois de seu Ato de Oblação de junho de 1895, Teresa utiliza frequentemente o símbolo do "fogo" (cf. Ms A, 84f).

19. Cf. o *Cântico espiritual* de São João da Cruz, estrofe XXVIII.

20. Deve-se ver aqui uma alusão ao sono de Teresa durante a oração ou ação de graças (Ms A, 75f)? Cf. também "Outras palavras", DE/G, julho.

RP 6 A fuga para o Egito

DOCUMENTO: autógrafo. — DATA: para a festa prioral da Madre Inês de Jesus, no dia 21 de janeiro de 1896. — COMPOSIÇÃO: diálogos em prosa e em verso (133) sobre dez melodias. — PUBLICAÇÃO: HA 98, fragmentos poéticos: 100 versos dos quais 26 retocados; *Récréations*, 1985, texto integral.

Pela terceira vez, nesse trienato da Madre Inês de Jesus, Teresa é encarregada de montar um recreio para sua festa. Nesse ano ainda ela não poupou esforços. Por sua extensão, essa composição vem em segundo lugar após *Joana d'Arc cumprindo sua missão*. Infelizmente, como se verá, ela não teve a felicidade de agradar Madre Inês. Felizmente, no fundo, Teresa sempre trabalhou tão só para Jesus: não tem necessidade de recompensa humana. Ela acaba "um ano de paz, de amor, de luz", sem dúvida o mais belo desde 1887: "Não, nada perturbará minha inefável paz" (P 26,9, oferecido nesse mesmo dia a Madre Inês).

A escolha do tema para esse sexto recreio é surpreendente. Sem dúvida o episódio evangélico da fuga para o Egito é familiar a Teresa[1], mas que poderá ele significar hoje para a comunidade? De fato, o contexto político de 1896 corre o risco de lhe dar atualidade. Como a Sagrada Família fugiu da cólera de Herodes, as carmelitas deverão também tomar o caminho do exílio, após outras congregações já tocadas pelos decretos anticlericais da República? O canto final do RP 6 evoca essa ameaça. Quando ela se tornar realidade, que as carmelitas não se espantem: nada poderá impedi-las de amar a Jesus e de fazê-lo amar, pois a força do amor misericordioso pode transformar o exílio em missão, a perseguição em redenção. Tal é a mensagem central (não a única) da *Fuga para o Egito*, ademais de um cenário singular do qual é preciso lembrar a fonte.

Seja-me permitido dizê-lo: Irmã Teresa inspirou-se diretamente em um episódio dos evangelhos apócrifos reproduzido pelo Padre Faber[2]. Resumamos o esboço: a Sagrada Família a caminho do Egito se detém em uma caverna de ladrões. Estes estão ausentes, mas a mulher do chefe acolhe os viajantes. Maria pede água para lavar Jesus. A mulher tem um filho leproso, Dimas. Ela o banha na água que lavou Jesus. Seu filho se cura. A legenda acrescenta que um dia ele se tornará o bom ladrão...

Teresa inventa uma cena truculenta sobre a volta dos ladrões para a caverna. O contraste entre essa cena humorística e a seriedade das conversas de Susana (a mulher) com Maria e José permite os golpes de teatro.

Após o "triunfo" das duas peças sobre Joana d'Arc, *A Fuga para o Egito* foi um fiasco. Madre Inês de Jesus interrompeu a representação. Mais tarde ela se explicará a respeito, arrependida. "Eu a entristeci uma noite de festa quando ela se empenhou em nos alegrar, dizendo-lhe sem cerimônia que suas composições de 'Recreios piedosos' eram muito longas e cansavam a comunidade" (NPPA/ Force).

Por uma vez, Teresa concedeu uma larga parte à alegria e ao humor. Madre Inês não apreciou a batalha dos bandidos a golpes de garrafas, sua linguagem familiar, tão pouco comum à sua irmã, e sua canção "moderna" (*Estudiantina*...), que os tornavam simpáticos e vivos. Aliás, ela suprimiu passagens do manuscrito (cf. *Récréations*, p. 364, 370s.).

Não se sabe exatamente em que ponto a peça foi interrompida. Segundo Irmã Genoveva, tratava-se somente da supressão do canto final do Anjo (CSG, p. 19). Mesmo nesse caso, a interrupção foi desastrosa, pois essas oito estrofes davam atualidade à peça conferindo-lhe seu sentido.

---

1. Cf. RP 2,2f; P 24 (21/10/1895); P 54, estrs. 12-13.
2. Le pied de la Croix ou les douleurs de Marie, Paris, 1877.

"O autor" ficou tocado. "Eu a surpreendi no bastidor, prossegue Irmã Genoveva, enxugando furtivamente algumas lágrimas; a seguir, recompondo-se, ela permaneceu tranquila e doce sob a humilhação." Daí em diante ela só comporá dois breves recreios.

A peça trata de alguns temas que não aparecem em nenhum outro recreio. Sedução de uma reflexão sobre a desigualdade entre ricos e pobres, questão dos pagãos de boa fé que só têm "para se conduzir a lei natural" (Ms A, 3f), diálogos de duas mães que se compreendem, enquanto os homens aparecem rudes e brutais.

Peça marial: José, o justo, cita com frequência as Escrituras, mas se eclipsa diante de sua esposa. Maria está no primeiro plano. É ela que conduz os infiéis a Jesus. Porém muito diferente daquele de *Porque eu te amo, Maria* e de *Últimas palavras*. A mariologia de Teresa teria evoluído em tão pouco tempo? Essa Maria que sabe de antemão parece muito pouco com aquela que caminha "pela via comum" (P 54,17) e "procura seu filho na noite da fé" (P 54,15). A provação da fé pela qual Teresa passou na Páscoa de 1896 pode modificar sua mariologia, mas pensamos sobretudo que ela simplesmente adotou as convenções do jogo teatral, adaptando o cenário dos apócrifos substituído pelo Padre Faber.

Peça de misericórdia: perseguido, o Deus oculto salva os pequenos, os pobres mas também os ladrões arrependidos. "Jesus não quer a morte do pecado; e sim que ele se converta e viva eternamente" (10f). Maria bem sabe que Abramin e seu filho Dimas ainda ofenderão "o Deus que os cumulou de favores" (10f). Maria, contudo, Mãe de Misericórdia, conhece o coração dos homens. Ela pode dizer a Susana: "Entretanto, confiai na misericórdia infinita do Bom Deus; ela é bastante grande para apagar os maiores crimes quando encontra um coração de mãe que nela deposita toda sua confiança" (10f, 18-21).

Enfim, *A Fuga para o Egito* é uma peça bíblica que conta aproximadamente setenta citações ou reminiscências da Escritura. Evidentemente, o tema se prestava a isso. Ainda aqui nós vemos a facilidade de Teresa para "entrelaçar" palavras tomadas dos mais diversos autores bíblicos.

Por todas essas razões, este recreio é muito mais rico que uma primeira leitura deixaria supor.

Notas

1. Teresa não indica nem atos nem cenas. Supre-se isso distinguindo, entre colchetes: um *Primeiro Ato*, dividido em 5 cenas; e um *Segundo Ato*, dividido em 7 cenas.

2. Seguindo Pe. Faber, Teresa faz a Sagrada Família partir de Nazaré (o censor romano do Processo de canonização relevará esse "erro"). Talvez também ela tome ao pé da letra Lc 2,39, que, omitindo a fuga para o Egito, faz dessa cidade a residência de Jesus após a Apresentação no Templo. Nesse recreio, a geografia da Terra Santa é bastante inconsistente.

3. Evocação próxima das lembranças consignadas por Teresa em seu Ms A (59v/60f, a propósito da "casa abençoada" de Loreto, visitada por ela no dia 13 de novembro de 1887. Acabava-se de celebrar, em 1894-1895, o sexto centenário do translado da Santa Casa (10/12/1294).

4. Mesma ideia em C 137.

5. Teresa situa pois sua peça no final de fevereiro e início de março. O Menino tem pouco mais de dois meses.

6. O título de "Rei" é aplicado dez vezes a Jesus, nesse RP 6, que fala muito também de "reino". Dois episódios evangélicos interferem: Jesus é "o novo rei dos judeus" que Herodes quer fazer matar; e é ele também que abrirá seu "reino" a Dimas, o futuro bom ladrão; mas um "reino que não é deste mundo".

7. José evoca a dura condição do trabalhador, vivendo a má acolhida e a insegurança. Teresa voltará sobre essa condição pobre e humilhada em CA 20.8.14.

8. Primeiro dos numerosos anacronismos do RP 6.

9. Teresa segue aqui sua fonte, o texto de Pe. Faber (op. cit., p. 88, no qual Maria recebe "uma visão clara e detalhada de todas as dores de Jesus"). Mas nos *Últimos colóquios*, ela fará o contrapé de tais afirmações (CA 21.8.3*). Sobre esse ponto, cf. *supra*.

10. Um bom exemplo da Escritura em textos "entrelaçados" dos quais é preciso separar os fios.

11. A trama das cenas seguintes é tomada de Pe. Faber, mas Teresa a reconstitui e a desenvolve de uma maneira muito pessoal. Ademais, sem dúvida estimulada pelas noviças, ela adota um estilo popular inusual, e se permite vários anacronismos.

12. "Messias": termo excepcional em Teresa (aqui e em 8f). Ao longo da peça, é Susana, a mãe intuitiva e amorosa, que progredirá no conhecimento da revelação até o ato de fé explícito e levará a isso o seu marido.

13. Mercúrio, deus dos mercadores e dos ladrões. Abramin é um autêntico pagão, o que não é o caso de Susana, que crê em um Deus único.

14. Teresa, otimista quanto à sorte dos pagãos (os "pobres selvagens" do Ms A 2v/3f), empresta a Susana uma oração que faz dela o tipo de fiel monoteísta. Sente-se que ela simpatiza com essa mãe infeliz.

15. Susana emprega 8 vezes esse verbo, que Teresa utiliza com muita frequência para evocar sua própria fé. Não se trata de um "sentir" sentimental, e sim de uma intuição do coração (no sentido pascaliano) que supera a razão racional.

16. Essas linhas mostram que Teresa não ignora os problemas sociais de sua época.

17. Cf. RP 2, nota 23. Em P 44, poesia escrita espontaneamente para a festa dos Santos Inocentes, Teresa, em menos de um ano, aprofundará ainda sua reflexão sobre a sorte das crianças massacradas por Herodes.

18. José e Maria respondem com facilidade as perguntas fundamentais de Abramin: como Teresa que, nesse momento, desfruta "uma fé tão viva, tão clara que a consideração do céu faz toda sua felicidade", e ela não pode "acreditar que existam ímpios que não tenham fé" (cf. Ms C, 5f). Em menos de três meses, entretanto, ela vivenciará essas questões de modo bem diferente, ao entrar na noite (início de abril de 1896).

19. O canto do anjo tira o ensinamento do recreio para a comunidade, que corre o risco "talvez" de "fugir para o Egito" se as circunstâncias políticas trouxerem novas expulsões de congregações. Essas estrofes, no entanto, pertencem a um registro mais interior que o conjunto do cenário e fazem a peça desembocar em uma dimensão escatológica.

20. O Carmelo é o verdadeiro "deserto" (cf. Ms A, 26f), segundo sua tradição eremítica que remonta ao profeta Elias, o que é salientado por sua reformadora Teresa d'Ávila. As carmelitas se lançam, pois, sobre "as pegadas reais" de Jesus.

21. Teresa, moribunda, não quererá "o repouso" no céu, mas o trabalho apostólico intenso (cf. C 220 e 254; CA 17.7).

22. Como os Manuscritos A, B e C, RP 6 termina com o termo "Amor".

RP 7 O triunfo da humildade

DOCUMENTO: autógrafo (deteriorado), completado pela primeira cópia do Processo para 3v e a cópia autógrafa, enviada a Pe. Bellière, para a copla final. — DATA: para a festa prioral da Madre Maria de Gonzaga, no dia 21 de junho de 1896. — COMPOSIÇÃO: diálogos em prosa e em verso (50), sobre três melodias. — PUBLICAÇÃO: HA 98, 16 versos: *O triunfo da humildade* (TAD, texto integral (Cerf/DDB, 1975).

No dia 21 de junho de 1896 as carmelitas celebram sua "nova" priora, Madre Maria de Gonzaga. Repetidas vezes ela exerceu esse cargo, dezesseis anos, no total. Desta vez, o fardo lhe parece mais pesado. Ela tem sessenta e dois anos, uma má saúde, e sobretudo, no dia 21 de março, ela só foi eleita no sétimo escrutínio. Sua amargura é grande, ela que "se julgava amada por seu querido rebanho" (C 190); ela sentia-se como que traída. A festa de São Luiz Gonzaga chega, pois, oportunamente para dissipar o mal-estar e restaurar "a união dos corações" (RP 7, 1f) numa comunidade perturbada.

Tudo será feito para o êxito dessa peça que durará dois dias: profusão de presentinhos, refeição esmerada e duas sessões teatrais: uma, no sábado dia 20 de junho, peça cômica de autor desconhecido, e no domingo, *O triunfo da humildade*.

Uma peça de atualidade

No momento em que Teresa compõe sua peça, ela acabara de ler a história de Miss Diana Vaughan — personagem fictícia criada por Léo Taxil —, filha de um americano e de uma francesa. Um de seus ancestrais fez outrora um pacto com Lúcifer. Ela mesma, aos vinte anos, foi iniciada no Paladismo, espiritismo luciferino maçônico, em 1844. "Filha querida" de Lúcifer, ela foi "dada em noivado" por ele ao demônio Asmodeu (1889). A partir de 1893, Paris torna-se a cidade de eleição de Diana. Estabelece vínculo de amizade com o doutor Bataille e Léo Taxil, embora eles sejam trânsfugas notórios da franco-maçonaria. Os católicos fazem votos pela conversão de Miss Vaughan. O jornal *La Croix* convida a rezar à venerável Joana d'Arc nessa intenção (8 de maio de 1895). Sucesso inesperado: desde 6 de junho, Joana liberta Diana da garra diabólica. E sua "conversão extraordinária" é confirmada no dia 13 de junho.

Diana Vaughan lança-se então na luta antimaçônica. Ela escreve as *Mémoires d'une ex-Palladiste*. O jornal conservador *Le Normand* do tio Guérin informa seus leitores a respeito disso desde julho de 1895. Mas o verdadeiro furo só se deu na primavera de 1896. Um brilhante artigo de *L'Univers* (27/4/1896) acaba de convencer os leitores reticentes.

É sem dúvida nessa época que o Sr. Guérin comunica ao Carmelo os primeiros números das *Mémoires*. "Foi Diana Vaughan quem nos deu a ideia de compor essa peça", escreve Irmã Maria da Eucaristia à Sra. Guérin no dia 17/6/1896. Teresa entra no jogo, não sem orientá-lo à sua maneira, indo ao cerne do acontecimento. Logo ela fez sentir a trama dessa atualidade. Trata-se do grande combate da luz e das trevas que se desenrola do Gênesis ao Apocalipse. A Igreja de seu tempo vive um episódio semelhante que envolve diretamente cada carmelita e em particular a própria Teresa.

O combate espiritual

No início de 1896, Teresa entra bruscamente nas trevas. Sua fé choca-se com uma "parede". Aquela que escreverá *O triunfo da humildade* encontra-se em pleno combate espiritual. O ambiente comunitário não é um dos mais pacíficos. Sem procurá-las, Teresa recebe as confidências amargas da Madre Maria de Gonzaga, sempre ulcerada pela humilhação do dia 21 de março. Leia-se a carta do dia 29 de junho de 1896 (C 190) que Teresa lhe dirige para apaziguá-la.

Confirmada em seu ofício no noviciado — mestra sem levar o título —, ela se sente mais do que nunca "como o vigia" junto das jovens. Embora lhe custe, ela deve "observar as faltas, as mais leves imperfeições e desencadear uma guerra de morte contra elas" (MS C, 23f). Só a humildade poderá triunfar sobre Satanás, que, pelas ciladas do amor-próprio, debilita o amor nos corações. A solução: "permanecer sempre pequena" ou tornar a sê-lo.

Num tom de divertimento, a peça lembra grandes verdades: todo combate espiritual é um combate na Igreja, para a Igreja. O inimigo é o Príncipe das trevas. Vencê-lo no modesto campo de batalha do Carmelo de Lisieux é contribuir para sua derrota no mundo. E o Carmelo, Ordem marial, só terá a vitória no seguimento e imitação de sua Rainha, "humilde Virgem Maria" (última copla).

Distraídas pelo pitoresco dos diabos agitando suas correntes e escarnecendo atrás dos paraventos, não é certo que as espectadoras tenham apreendido a forte lição que lhes propunha a Irmã Teresa, tranquilamente sentada diante do cenário. Elas apreciaram essa "diversão" que lhes proporcionou "mais prazer que tudo o que se pudesse inventar no mundo para distraí-las" (Irmã Maria do Sagrado Coração). De seu lado, "o autor" não previa até que ponto *O triunfo da humildade* mais predizia do que dizia.

O combate continua

A "missão" de Diana Vaughan não terminou. Madre Inês de Jesus sugere a Teresa "compor alguns versos para serem enviados à convertida". Mas pela primeira vez tem completa impotência: não lhe ocorre nenhum verso. Teresa deve contentar-se de escrever em prosa a Diana e de lhe enviar sua própria foto de Joana na prisão consolada por Santa Catarina (VTL n. 14). Miss Vaughan agradece a carmelita por esse quadro simbólico.

Nesse mesmo verão de 1896, Teresa recebe a comunicação da *Novena Eucarística* composta por Diana. O próprio papa Leão XIII leu-a "com grande prazer". A carmelita copia longos trechos dela. O Manuscrito B, em setembro, traz traços inegáveis da leitura das *Mémoires* (cf. TrH, p. 103s.).

Em dezembro, Madre Inês interroga o tio Guérin: "O Sr. tem novos documentos sobre Diana Vaughan?" Pois começam a surgir dúvidas no mundo católico a respeito da "convertida". Roma abre uma investigação. Diana engalfinha-se virulentamente com o presidente da comissão, Mons. Lazzareschi. Essa atitude revoltada alerta Teresa: "Não é possível que isso venha do bom Deus" (PO, p. 166). Ela toma suas distâncias em relação a Diana Vaughan.

Mais eis que esta última anuncia uma conferência de imprensa decisiva para a segunda-feira de Páscoa, 19 de abril de 1897, em Paris. Finalmente, ela vai se mostrar. A sala está repleta, mais de quatrocentas pessoas de todas as partes. Na parede é projetada uma imagem de Joana d'Arc na prisão (tratava-se da foto de Teresa enviada no verão anterior!) No lugar da conferencista, apresenta-se um homem calvo um tanto gordo, com barba branca: Léo Taxil! Ele anuncia o fim de uma mistificação que começou no dia 19 de abril de 1885. Diana Vaughan nunca existiu! O paladismo é uma invenção, como também as *Mémoires* e a *Novena Eucarística*. Durante doze anos, ele enganou o seu mundo. A sala desaba, indignada. Taxil deixa a cena sob as vaias da multidão de jornalistas. Eles não encontrarão os termos suficientemente fortes para exprimir o seu desgosto. O que Léo

Taxil não sabia é que tinha projetado a foto da "maior santa dos tempos modernos" e que certamente ela rezou por ele até sua morte. O mistificador mistificado!

Pode-se imaginar a consternação entre os Guérin, no Carmelo, com a leitura do apanhado publicado no *Le Normand*, do dia 24 de abril.

O golpe atinge Teresa de cheio. Ela jogará no fogo a resposta recebida outrora de Diana-Taxil. Em maio-junho, doente, revendo seus escritos, ela suprime de *O triunfo da humildade* e do Manuscrito B todas as passagens que evocam Diana Vaughan.

No dia 9 de junho ela escreve uma das páginas mais patéticas de sua autobiografia, evocando esses "ímpios" que *perderam* a fé "pelo abuso das graças" (Ms C, 5v). Como ela não poderia ter presente diante do espírito o mistificador que acabava de arrancar a máscara? Ela oferece sua provação por ele.

Diz-se que não há humildade sem humilhações. O caso Diana Vaughan foi um de tal porte. Mas no momento de morrer trata-se de uma "Vitória para uma eternidade", quando Teresa dizia à sua priora: "Sim, parece-me que eu sempre procurei a verdade; sim, eu compreendi a humildade do coração... Parece que sou humilde" (CA 30,9). Triunfo último da humildade.

Notas

1. Teresa não distingue nem atos nem cenas. Propomos a divisão em seis cenas, segundo as convenções adotadas para os outros recreios.

2. A cena se passa "na sala de recreio", no próprio local da representação.

3. As "atrizes", que são também as "personagens", conservam seus nomes reais, exceto a terceira. Com efeito, espera-se uma postulante na época que Teresa compõe sua peça. Mas a coragem lhe falta, e ela não corresponde à expectativa. Irmã Marta de Jesus, que deveria representar o papel de Asmodeu, a substituirá.

4. De fato, Irmã Maria Madalena tinha sido pastora em sua infância; cf. P 10, *História de uma pastora que se tornou rainha*.

5. Nesse dia 21 de junho de 1896, cada irmã recebe um exemplar encadernado de uma reedição da circular da Madre Genoveva, escrita por Madre Inês de Jesus em 1892. Madre Inês insistia então sobre os fatos maravilhosos dessa existência. Cf. a própria confidência da Madre Genoveva a Teresa noviça, nos Escritos diversos. Sobre a santidade de Madre Genoveva segundo Teresa, cf. Ms A, 78f.

6. Essa expressão não é de Teresa d'Avila, embora Teresa o diga aqui e em C 201, mas de São Francisco de Sales (*Tratado do Amor de Deus*, livro VI, cap. 14).

7. Teresa leu esse relato no início de maio de 1896, nos ns. 2, 3, 4 das *Mémoires* (agosto, setembro, outubro de 1895). Eles acenam para essa "conversão" na data de 13 de junho de 1895. Note-se que Teresa, em cena, menciona sua leitura de forma bastante natural, sem ter de apresentar Diana Vaughan: prova que a comunidade está a par.

8. O autógrafo de Teresa apresenta, nos fólios 1 e 3, rabiscos que tornam o texto ilegível; em um ponto ou outro, o papel está perfurado. Nós deixamos os brancos correspondentes, e restabelecido entre colchetes os termos que foram reconstituídos. Para o detalhe da crítica textual, cf. *Récréations*, p. 379-382.

9. Léo Taxil, "pai" de Diana, conhecia bem Joana d'Arc por ter traduzido seu *Processo* em 1890. Será uma de suas astúcias dar crédito a Miss Vaughan junto à opinião católica mediante uma referência frequente à heroína nacional. O combate antimaçônico que

— segundo as *Mémoires* — empreende a nova convertida aparece como a transposição contemporânea da Libertadora de Orléans.

10. Cf. as *Máximas*, de São João da Cruz: "A aluna que quer ter revelações peca pelo menos venialmente" (n. 34, p. 15). A doutrina de Teresa sobre as "consolações e as graças extraordinárias" não é menos exigente que a de João; cf. *Subida do Monte Carmelo*, II, 21 e III, 30, como Ms B, 2f, 6-8 e CSG, p. 154.

11. Com efeito, a "Santa Madre" escreve em sua *Vida*: "Por um puro dom do soberano Mestre, tive sobre eles um tal império que não me importo com eles mais do que com as moscas" (op. cit., cap. XXV).

12. É o pensamento e às vezes o próprio vocabulário de São João da Cruz em *Subida*... II, cap. 21 (p. 267ss. da edição conhecida de Teresa).

13. Os diabos ficarão sempre invisíveis atrás do paravento. Pode-se imaginar que o trio de noviças começa a se dar de coração alegre à tarefa de realizar ruídos endiabrados... As "atrizes" serão reencontradas com toda naturalidade exibindo os mesmos tridentes com malícia, na foto da época da ceifa dos fenos (VTL, n. 35) quinze dias depois.

14. Preste-se atenção nos propósitos de Lúcifer: ele não graceja e sobretudo ele é, no RP 7, um dos porta-vozes de Teresa. É ele que, entre dez mentiras, desfia as quatro verdades destinadas ao público, as carmelitas de Lisieux. Enquanto seus subalternos evocam sobretudo o folclore "paládico" (segundo as revelações de Miss Vaughan), ele primeiro se apoia sobre a Bíblia, que ele cita falseando seu sentido, como fizera outrora no monte da Tentação.

15. Dupla reviravolta da perspectiva dos justos. Teresa quereria "passar seu céu sobre a terra... enquanto houvesse almas para salvar" (CA 17.7).

16. O vocabulário arcaico dessa cena (Adonaï, um dos nomes dados a Deus na Bíblia hebraica; Asmodeu, como os demônios citados adiante, Moloch, Astaroth etc.) lhe confere uma aparência esotérica que as espectadoras podem no entanto apreender sem nenhuma iniciação. De passagem, isso prova que Teresa leu muito bem suas fontes, ou seja, certos escritos de Léo Taxil (cf. Apresentação).

17. Isto é: "Não obedecerei", segundo a *Imitação*, III, 13, *Réfléxions* de Lamennais. Cf. P 48,4.

18. Passagem bastante deteriorada. As palavras relidas entre os furos tiveram de ser decifradas sob rabiscos grossos. Eles bastam entretanto para reconstituir a trama da exposição: apesar de sua vigilância, Asmodeu não pôde preservar Diana das "superstições do cristianismo". Se ele chega a "descobrir onde ela se escondeu", ele se vingará ferozmente, inventando para ela "*novos suplícios*". Todas essas colocações estão inteiramente na linha das *Mémoires*.

19. Teresa, pela boca de Lúcifer, adverte suas irmãs: "O ruído do mundo" e sobretudo "o amor-próprio" colocam as próprias carmelitas à mercê do demônio e esterilizam seu coração destinado unicamente ao amor de Deus.

20. "Almas possuídas (por Deus)": é o caso de Teresa: "sois possuída pelo bom Deus, mas possuída de verdade... assim como os malvados o são pelo vilão" (Irmã Maria do Sagrado Coração, LC 170, 17/9/1896, citado supra, em C 197, nota). É o que ela pediu no Ato de Oblação ("venhais tomar posse de minha alma").

21. Cf. São João da Cruz: "Uma alma unida a Deus é terrível para o demônio como o próprio Deus" (*Máximas*, n. 99).

22. Uma "arma" de que a Igreja costuma se servir contra o demônio. Cf. CA 11.9.5.

23. A tomada de Roma pelos piemonteses (20/9/1870) despojou Pio IX de seu poder temporal. Desde então e até 1929, os papas se consideram prisioneiros no Vaticano.

24. Vocábulo atribuído por Léo Taxil à Virgem Maria.

25. Que saibamos, essas afirmações ("ordem preferida… a mais perfeita da Igreja") não figuram nas publicações de Diana que Teresa pôde conhecer. Esta falaria, portanto, em seu próprio nome. Que o Carmelo esteja particularmente na mira de Satanás, é o que o Sr. Guérin repete em abril de 1897: "É elas (as Carmelitas) que Satanás quer mais. Ele o disse em suas manifestações paládicas, e eu li há pouco uma deliberação das Lojas que querem pedir ao governo o fechamento dos conventos de clausura" (à Irmã Maria da Eucaristia, 4/4/1897).

26. "Les maléahks" (do hebreu *mal'ak*) designam habitualmente os anjos (os bons segundo a Bíblia). Teresa (que toma esse termo dos escritos de Diana) utiliza-o nesse sentido.

27. O ataque é duro. Teresa já relativizou a virgindade como estado de fato no RP 4, estrofes 26-31, o que não tira nada de sua estima da virgindade como dom de Deus; cf. P 3, entre outros numerosos exemplos.

28. Essas reflexões sobre a "obediência", que não dão margem a qualquer escapatória, visam à atualidade da comunidade. As comoções decorrentes da eleição do dia 21 de março de 1896 ainda não se apaziguaram.

29. Em março de 1897, Teresa transcreverá para o Pe. Bellière, com outras poesias, as três coplas de São Miguel dirigindo-se a Satanás (cena 4) e o último canto dos anjos ao qual ela acrescentará a copla seguinte:

Como outrora a humilde Virgem Maria,
Que triunfou do orgulhoso Satã,
A humildade de vossa breve vida
Esmagará a cabeça da serpente.

APÊNDICE

Anexamos ao RP 7 o *Apelo às Carmelitas*. Este texto a lápis está escrito no verso de um rascunho contemporâneo do RP 7. Tratar-se-á de um fragmento inicialmente previsto para ser integrado em *O triunfo da humildade*, talvez como canto final? O autor tê-lo-ia abandonado, tendo modificado seu projeto? Simples hipótese. A composição data certamente de 1896.

J.M.J.T

Ária: Estudantina

Apelo às Carmelitas

Por nossa Mãe, a Igreja,
Armemo-nos logo, minhas irmãs.
O céu abençoa a empresa
Que deve salvar os pecadores. (bis)

Nossas armas, sem dúvida,
Devem um dia triunfar.
Aquele que o inferno (bis) teme

É, acima de tudo (bis), nosso amor. (bis)
Por nossa madre... etc.
no fim

Rezemos, irmãs
ou
Cantemos, irmãs

Apressemo-nos a correr
Para o seio da batalha.
Não temamos a metralha,
Saibamos por Deus morrer!...

É a Pátria Eterna
Que de eleitos devemos povoar:
Minhas irmãs (bis), toda a nossa vida
Combatamos com Jesus.

RP 8 Santo Estanislau Kostka

DOCUMENTO: autógrafo. — DATA: para as bodas de ouro da Irmã Santo Estanislau, no dia 8 de fevereiro de 1897. — COMPOSIÇÃO: diálogos em prosa e em verso (36), sobre duas melodias. — PUBLICAÇÃO: HA 98, 36 versos, dos quais cinco retocados; *Récréations*, 1985, texto integral.

Não era frequente, no Carmelo, celebrar-se o jubileu de ouro de alguma religiosa: cinquenta anos de profissão. Foi, entretanto, o caso da Irmã Santo Estanislau dos Sagrados Corações, nascida em 4 de maio de 1824, tendo entrado no Carmelo de sua cidade natal no dia 6 de abril de 1845. Ela fez sua profissão no dia 8 de fevereiro de 1847.

No dia 8 de fevereiro de 1897, ela foi portanto legitimamente festejada: "À noite, diz a crônica do mosteiro, as noviças representaram um episódio da vida de Santo Estanislau do qual a jovem Mestra Irmã Teresa do Menino Jesus foi a autora".

Tratava-se pois de celebrar "uma das pedras da fundação" do Carmelo. De pequena estatura, sempre ativa, devotada, Irmã Santo Estanislau desempenhou os ofícios de sacristina, depositária (ecônoma), enfermeira e foi várias vezes terceira conselheira da priora. Irmã Teresa foi sua auxiliar na sacristia de 10 de fevereiro de 1891 a 20 de fevereiro de 1893. A afeição das duas irmãs, a deã (setenta e três anos em 1897) e a benjamim, foi sem nuvens. A pedido de Madre Maria de Gonzaga, priora, Teresa põe-se a escrever um recreio para a jubilar.

O nome desta orienta-a na escolha do tema, um episódio da vida do jovem santo polonês, Estanislau Kostka, seu ingresso no noviciado da Companhia de Jesus em 1567.

Nesse 8 de fevereiro de 1897, ninguém duvidará que esse oitavo recreio será o último escrito por Irmã Teresa e que em dois meses a deã fará o ofício de enfermeira de sua companheira de vinte e quatro anos.

A primeira cela atribuída a Teresa, onde ela ficará cinco anos, era dedicada a Santo Estanislau Kostka. Não se sabe se ela tinha uma devoção particular pelo jovem santo, que com Luiz de Gonzaga e João Berchmans formava o trio mais célebre dos jovens jesuítas canonizados.

Para a peça, ela se inspirou em uma *Vie de Saint Stanislas Kotska (sic)*, de A. de Blanche.

Nascido em 1550 em Rostkow em uma rica e nobre família polonesa, Estanislau teve de lutar para corresponder à sua vocação. Em Viena, residindo na casa de um luterano com seu irmão Paulo, ele sofreu por sua fé a ponto de cair doente. Privado de sacramentos, ele recebe a comunhão de um anjo, em presença de Santa Bárbara. A Virgem Maria aparece-lhe e lhe confia o Menino Jesus. Salvo, ele foge de Viena disfarçado de camponês e chega a Roma, onde se apresenta ao Geral dos Jesuítas, Francisco de Borja. Ele será noviço tão só nove meses. Morre no dia 15 de agosto de 1568 repetindo: "Jesus! Maria!" Ele não contava ainda dezoito anos. Será canonizado em 1726.

Feliz coincidência: a história de Estanislau, sua espiritualidade aproximam-se em alguns pontos das preocupações profundas da Irmã Teresa do Menino Jesus no início de seus vinte e cinco anos. Um santo falecido tão jovem, ainda noviço, sem ter feito nada de notável... Um ser humilde, curado pela Virgem que lhe confiou o Menino Jesus e que ele considera como sua mãe... que recebeu a Eucaristia das mãos de uma virgem[3]... um jovem, alegre, amável, nutrindo profundas amizades... Basta enunciar esses breves traços para compreender que Teresa tenha vibrado com a leitura de sua vida.

Uma primeira leitura faz constatar a fraqueza desse *sketch*, cheio de diálogos. O episódio, desagradável para um leitor moderno, das artimanhas do Geral dos Jesuítas para aprovar o postulante, visará animar um tanto a ação? Esse último recreio é interessante sob outro aspecto: ele nos revela o estado de espírito de Teresa ao cair doente. *Saint Stanislas Kostka* resume bem as confidências que serão retomadas no Manuscrito C e nos *Últimos colóquios*: maturidade da juventude, conversas entre noviças, caridade fraterna, oração e sacrifícios, armas apostólicas; amor da Virgem Maria, nossa Mãe; e sobretudo esperança de fazer o bem após a morte. A respeito deste último ponto, Teresa confidenciou à Irmã Maria da Trindade: "O que me agradou compondo esta peça é que manifestei minha certeza de que após a morte pode-se trabalhar sobre a terra para a salvação das almas. Santo Estanislau, falecido tão jovem, serviu-me admiravelmente para dizer meus pensamentos e minhas aspirações a esse respeito" (PO, p. 469).

Estanislau faz parte desses jovens santos mortos prematuramente — dos quais muitos são mártires — que Teresa amava tanto: os Santos Inocentes, Cecília, Inês, Joana d'Arc, Teofânio Vénard... Estanislau.

Uma vez mais, em uma pequena peça de circunstância, Teresa exprime seus sentimentos profundos. Com o recuo do tempo, estamos mais bem situados que seus contemporâneos para descobri-los.

Notas

1. Francisco de Borja (1510-1572), duque de Gândia e um dos mais poderosos senhores da Espanha, deixou tudo e entrou na Companhia de Jesus. Ele tornar-se-á Preposto geral da Companhia.

2. Na época de Teresa, só se fala com a priora de joelho, em qualquer lugar. As noviças fazem o mesmo com sua mestra.

3. Assim faz Madre Maria de Gonzaga em relação a Teresa desde a eleição de março de 1896: cf. Ms C, 1v e C 190.

---

3. Assim acreditava Teresa segundo suas fontes.

4. Teresa d'Ávila queria que se chamasse assim os superiores da Ordem reformada por ela (a mais simples apelação na Espanha do século XVI). O costume, porém, variava nos carmelos franceses do século XIX; não se praticava em Lisieux.

5. Pedro Canísio (1521-1597) foi um dos homens mais célebres da Companhia de Jesus em sua origem. Foi Provincial da Alta-Alemanha de 1556 a 1569. Beatificado em 1864, foi canonizado alguns dias depois de Teresa do Menino Jesus, no dia 21 de maio de 1925. É Doutor da Igreja.

6. Os arquivos da Companhia conservam uma carta em latim de Pedro Canísio a Francisco de Borja, datada de 25 de setembro de 1567. Ela recomenda ao Padre Geral três postulantes, entre os quais Estanislau, a respeito de quem ela expõe o caso e as virtudes em quinze linhas. Teresa pôde conhecê-la, embora não fosse mencionada por A. de Blanche. De todos os modos, ela reconstitui aqui o teor dessa carta com grande liberdade.

7. "A humildade é a verdade", Teresa d'Ávila, *Castelo, VI Morada*, cap. X (trad. francesa. Bouix, t. III, p. 566). Teresa de Lisieux retoma essa frase por sua conta (CSG, p. 19), até em seu leito de morte (cf. CA 30.9).

8. Nas duas cenas seguintes, Teresa se separa de sua fonte principal. O interrogatório que ela imagina lhe permite exprimir sua própria "doutrina", particularmente sobre a humildade, a misericórdia, a caridade fraterna.

9. Isso poderia parecer lisonja ou ingenuidade. Mas não esqueçamos que vários primeiros discípulos de Santo Inácio de Loyola foram de fato canonizados ou beatificados (Estanislau profetiza portanto...): Francisco Xavier, Pedro Favro, Francisco de Borja, Pedro Canísio. Notemos ainda que a família Martin e o Carmelo consideravam o Pe. Pichon, SJ, como um santo...

10. Estanislau recebe o hábito de noviço no dia 28 de outubro de 1567, no mesmo dia que completava dezessete anos.

11. As próprias armas de Teresa; cf. Ms C, 24v, 32f.

12. Teresa retoma aqui os termos do relato de sua própria cura, no dia 13 de maio de 1883 (cf. Ms A, 30f).

13. No colégio de Viena, Estanislau era prefeito da congregação de Santa Bárbara. Esta virgem e mártir, cuja história é bem difícil de ser estabelecida, contaminada por incontáveis legendas, é muito venerada na Alemanha.

14. Frequentemente representa-se Santa Bárbara tendo nas mãos um cibório com uma hóstia, pois se pede por sua intercessão a graça de receber, antes da morte, os últimos sacramentos; e particularmente, segundo uma oração de sua festa (4 de dezembro), "o sacramento do Corpo e do Sangue de nosso Senhor Jesus Cristo".

15. Fazendo Estanislau comungar pelas mãos de Santa Bárbara, Teresa segue sua fonte (A. de Blanche). A Bula de canonização de Santo Estanislau (1726), contudo, informa que ele recebeu a comunhão "da mão dos anjos em presença de Santa Bárbara". Resta que esse erro de A. de Blanehe, ignorado por Teresa, produziu nela um eco profundíssimo; cf. PO, p. 305s. e *Récréations*, p. 406s.

16. Esse grito do coração de Estanislau é o de Teresa. Ela segue sua fonte, mas a grafia do original é interessante: os três nomes "explodem" na página, seguidos de três pontos de exclamação e doze pontos de interrogação.

17. Teresa desloca e modifica este episódio, que, de fato, se situa durante a doença de Estanislau, por volta do fim de sua estada em Viena (1567),

18. Acrescentando "único" com força em seu rascunho, Teresa retoma deliberadamente a exclamação que lhe é cara (cf. Ms B, 2v; P 15,4; 45,3) e que ela gravou sobre o montante da porta de sua última cela: "Jesus é meu único Amor" (cf. DLTH, p. 261).

19. Possível eco da experiência mística do verão de 1889, cf. CA 11.7.2.

20. Esse "desejo" é o da própria Teresa. Ela o explicará cada vez mais claramente a partir dessa peça, até sua morte. Cf. C 220, C 254 e CA 17.7. No mês seguinte, ela fará uma novena a São Francisco Xavier, jesuíta, para pedir essa graça.

21. A resposta afirmativa da Virgem, confirmando Estanislau em suas aspirações, cobre com sua autoridade um ponto da "doutrina" de Teresa, diante de toda a comunidade.

22. Ver a palavra a Celina DE/G, julho (4). Cf. também DE, p. 722: "Teresa, nos últimos meses de sua vida, estava como que visitada pelo desejo de *voltar à terra*"; como também CA 9.7.2 e 2.8.5; DE/G, 12.7.1 etc.

ORAÇÕES

Introdução

Embora Teresa tenha composto as vinte e uma orações aqui reunidas, nunca tentou rivalizar com a intensa criação de sua época, nesse campo. Chegou a confessar que não apreciava tanto essa superprodução: *Sem contar o Ofício divino, que sou bem indigna de recitar, não tenho coragem de me obrigar a procurar belas orações nos livros; isso me daria dor de cabeça; são tantas!... e depois são todas umas mais lindas que as outras!* (Ms C, 25a).

Essas linhas, escritas em junho de 1897, deixam transparecer um certo humor; no entanto, ela está bem doente quando redige seu último manuscrito. Não, jamais quis compor *lindas* orações. Ela é por demais simples, por demais criança, por demais *pequena*, desde que segue a via da confiança e do amor. Segundo ela, somente a verdade conta. Cuidado com a *moeda falsa* em matéria espiritual (CA 8.7.16). Sempre lúcida, a jovem carmelita receia a inflação verbal: *Não menosprezo os pensamentos profundos que alimentam a alma e a unem a Deus, mas há muito tempo compreendi que não é necessário apoiar-se neles e fazer com que a perfeição consista em receber muitas luzes. Os mais belos pensamentos não são nada sem as obras* (Ms C, 19v).

Quanto a ela, ora da maneira mais simples: *O bom Deus não se cansa de me ouvir; quando lhe digo simplesmente minhas dores e minhas alegrias, como se ele não as conhecesse...* (Ms C, 32v).

Tudo o que brota do coração e da pena de irmã Teresa do Menino Jesus exprime a mesma autenticidade interior. Somente a "definição" que ela deu manifesta essa espontaneidade: *Para mim, a oração é um arrebatamento do coração, é um simples olhar lançado ao céu, é um grito de reconhecimento e de ardor; na provação como na alegria; enfim, é alguma coisa grande, sobrenatural, que me dilata a alma e me une a Jesus* (Ms C, 25a).

Estas vinte e uma orações não devem, evidentemente, fazer esquecer todas as que se encontram em seus outros escritos. Assim, nos *Manuscritos autobiográficos*, acontece com frequência que a narrativa deslize para a oração[1]. No plano da escrita, apenas, Teresa atinge alturas extremas quando se dirige diretamente a Jesus. Assim, no Manuscrito B: *Escrevendo, é a Jesus que falo; é mais fácil expressar desse modo meus pensamentos* (1v). Levada por sua efusão interior, ela vai de encontro aos limites da linguagem e muitas vezes deplora não poder exprimir o que experimenta: *Como eu gostaria de poder explicar o que sinto!* (Ms A, 38v). — *É impossível a palavra humana relatar coisas que o coração humano mal pode pressentir"* (Ms B, 1a)... Alcançando os confins do indizível, Teresa entra então na oração silenciosa, que já não tem palavras: *Muitas vezes só o silêncio é capaz de exprimir minha oração, mas o divino habitante do tabernáculo compreende tudo; mesmo o silêncio de uma alma de criança plena de reconhecimento!* (CT 138; CT 106).

Aqui se percebe a importância das duas horas de oração diária na vida carmelita de irmã Teresa. Bastará reler a parábola do *passarinho* (MS B, 4v/5a) para entender, de modo bem concreto, a atitude da carmelita que fica *fitando o seu Divino Sol,* quaisquer que sejam as nuvens e tempestades.

Por outro lado, não é extremamente revelador que, de cinquenta e quatro poesias, trinta e três sejam orações? Quanto às Recreações, estão semeadas delas. As cartas contêm também mensagens a Jesus e inúmeras citações bíblicas.

As orações de Teresa

Teresa deixou vinte e uma orações escritas, de importância quantitativa desigual, pois algumas têm uma linha apenas e a mais longa, setenta e cinco.

Sem muitos artifícios, é possível agrupá-las segundo critérios que serão identificados com muita facilidade:

— orações espontâneas escritas na tribulação ou na alegria (Or. 1, 14, 15, 16, 17, 19, 21);

— orações "pedagógicas" compostas para noviças (Or. 3, 4, 5, 7, 18, 20) e para uma leiga (Or. 10);

— orações mais importantes, em momentos decisivos da vida de Teresa (profissão, Or. 2; Ato de Oferenda, Or. 6; oração por um irmão espiritual, Or. 8; consagração à Sagrada Face, Or. 12).

A sua maneira, essas orações marcam o caminho de Teresa e dão ritmo a sua *corrida de gigante*[2].

Sua importância não é medida pelo tamanho. O que haverá de mais pungente do que essas "orações-clamor" (Or. 1, 11, 19), orações jaculatórias, como se dizia na época? Flechas lançadas rumo ao céu, segundo os Padres do deserto. Elas devem ter brotado do mais profundo de um coração aflito, para que Teresa tivesse querido escrevê-las, para relê-las, para repeti-las.

O apelo à Virgem Maria (Or. 1), que lhe sorrira *na manhã de sua vida*, em 13 de maio de 1883, sem dúvida faz eco às duas *penas de alma* (Ms A, 30v) que a provam ainda por muito tempo depois da cura física.

Treze anos mais tarde, mais angustiada, a Oração 19 (1897) ilustra uma passagem do Manuscrito C: *Creio que fiz, de um ano para cá, mais atos de fé que durante toda a minha vida*.³ Estas duas linhas de um rascunho insignificante, que atestam a extrema aspereza do combate interior, são mais eloquentes que um longo discurso.

Ainda mais reduzida, a Oração 11, que encima um minúsculo ícone da Sagrada Face, de Tours, expressa o desejo intenso de se assemelhar ao Bem-Amado anunciado por Isaías 53. No confronto Teresa-Jesus, a carmelita implora a graça da semelhança, em conformidade com o voto de seu mestre São João da Cruz: tornar-se semelhante ao esposo do *Cântico dos Cânticos*⁴. Desejo de novo manifestado na Oração 16: *Digna-te imprimir em mim tua Divina Semelhança*.

Menos tensas por uma paixão de angústia e de amor impetuoso mostram-se as orações dos anos 1893-1894, que se pode qualificar de "pedagógicas", sob a condição de não acreditar que Teresa as tenha escrito apenas para uso de doutrina. Seguramente, ela quer ajudar as noviças que lhe foram confiadas, mas quando diz *nós* ela se inclui de forma total. Assumindo a direção do pequeno rebanho, leva-o a um esforço ascético de reparação (Or. 9), especialmente de blasfêmias (Or. 4); para conservar os olhos baixos no refeitório (Or. 3), exercitar-se nas orações e nos sacrifícios (Or. 5), *fazer o exame da noite* (Or. 7), obter a humildade (Or. 20).

Sem dúvida, não por coincidência as Orações 11 a 16 (1896 e início de 1897) são centradas na contemplação da Sagrada Face. Desde 10 de janeiro de 1889 (data de sua tomada de hábito), irmã Teresa do Menino Jesus completara seu nome religioso com a expressão *(e) da Sagrada Face*. Ela meditou muitas vezes sobre o misterioso Servo do Segundo Isaías. Essa fascinação pela *Face adorável de Jesus* nunca esmoreceu. O cântico de 12 de outubro de 1895 é testemunha da permanência dessa contemplação:

> *Tua Face é minha única pátria...*
> *Nela, incessantemente me ocultando,*
> *Serei semelhante a ti, Jesus...*⁵

A entrada brutal na noite, na Páscoa de 1896, reanimou a atração por essa *Face querida* e *velada*. Daí resulta, em 6 de agosto desse ano, festa da Transfiguração, a consagração à Sagrada Face (Or. 12), cuja importância talvez não tenha sido suficientemente ressaltada pelos exegetas teresianos. Basta ver o original, para perceber com que cuidado Teresa quis solenizar o fato. Será notada a forte inspiração apostólica (*precisamos de almas...*) que, nesse período, corresponde ao aumento de seu desejo missionário.

Ele foi fortemente estimulado, alguns meses antes, por um acontecimento imprevisto, que a tocou profundamente: Madre Inês de Jesus confiou-lhe um seminarista, Bellière, para que ela o ajudasse espiritualmente (Ms C, 32a). Ainda uma vez, um de seus mais caros desejos — ter um irmão padre — acaba de ser atendido de maneira inesperada. Ela redige bem depressa, para ele, uma oração apostólica que é também, a sua maneira, um ato de oferenda. Pois, por esse futuro missionário, ela *"oferece, feliz,* todas *as* orações *e os* sacrifícios" de que pode dispor (Or. 8).

No dia 24 de fevereiro de 1897, pedirão que faça por ela, "todos os dias", esta oração: "Pai de misericórdia, em nome de nosso Doce Jesus, da Virgem Maria e dos Santos, eu vos peço que inflameis com vosso Espírito de Amor a minha irmã, e que lhe concedais a graça de fazer com que muito vos ame[6]".

O santinho da Sagrada Face, confeccionado por Teresa para seu breviário (Or. 15 e 16), paralelo ao do Menino Jesus (Or. 13 e 14), manifesta o firme desejo de semelhança, de identificação com o Cristo criança e sofredor. Diante da máquina fotográfica de Celina, ela irá posar, no dia 7 de junho de 1897[7], embora esgotada, para deixar um testamento visual em dois retratos, seu nome resumindo-lhe a vocação e a "missão" (CT 109): *Eu sou o Jesus de Teresa,* diz o Menino Jesus, erguendo um dedo para o céu. *Eu sou o Jesus de Teresa,* murmura a Sagrada Face, com os olhos baixos. *Eu sou Teresa do Menino Jesus e da Sagrada Face,* responde, como um eco, aquela que logo vai entrar em sua paixão, seguindo Jesus no Getsêmani.

As orações inspiradas em Joana d'Arc (Or. 17) — ainda não canonizada —, São Sebastião e nos Santos Inocentes (Or. 18) exprimem a luta teresiana que entra numa fase aguda no fim de 1896, começo de 1897: combate contra a doença, da qual alguns sintomas podem anunciar um fim próximo. Derramando ela própria *"o sangue de* (seu) *coração",* quer dar coragem a sua irmã Celina, que, como noviça, trava também um rude combate para seguir a vocação carmelita (Or. 17).

Na enfermaria, Teresa, exaurida, redige ainda uma oração pedagógica para irmã Marta, que fará trinta e dois anos na festa de Nossa Senhora do Monte Carmelo, *para obter a humildade* (Or. 20). Essa meditação sobre os *aniquilamentos* de Jesus, sobre sua própria fraqueza, o apelo à Misericórdia são outras tantas realidades que a enferma está vivendo. Logo, em plena agonia, ela ousa estas palavras audaciosas: *Sim, compreendi a humildade do coração... parece que sou humilde...* (CA 30.9).

Três semanas antes, ela escrevera, com dificuldade, seu último autógrafo, oração dirigida a Maria, na festa da Natividade, sétimo aniversário de sua profissão[8].

Balizando esse percurso, emergem duas orações espontâneas, como duas montanhas de altura desigual, que dominam planícies e colinas: o Bilhete de profissão, de 8 de setembro de 1890, e o Ato de oferenda, de 9 de junho de 1895.

A primeira, com sua grafia atormentada, exprime "ao mesmo tempo o pavor de uma criança e a decisão de um guerreiro[9]". O nome de Jesus — que Teresa chama de "tu" — aparece oito vezes em vinte e três linhas; ela implora que, sozinho, ele seja tudo para ela; pede o amor, *o amor que já não seja eu, mas tu, meu Jesus.* Nesse dia, ela quer salvar *muitas almas.*

O segundo texto domina o conjunto das Orações: trata-se do célebre *Ato de oferenda de mim mesma como Vítima de Holocausto ao Amor Misericordioso do Bom Deus*. As circunstâncias históricas relatadas neste volume confirmam a opinião daqueles que, seguindo padre André Combes, veem nessa nova orientação da espiritualidade "uma das revoluções mais emocionantes e grandiosas que o Espírito Santo provocou na evolução espiritual da humanidade[10]". Madre Inês de Jesus submete o texto à aprovação da Igreja antes de dá-lo a conhecer às carmelitas. Teresa o mostrara espontaneamente a Celina e a outras irmãs. Daí em diante, o Ato de oferenda foi difundido pelo mundo, por meio de centenas de milhares de exemplares em todas as línguas.

Para penetrar todo o valor das orações é preciso recolocar cada uma delas em seu lugar cronológico. Como em todos os outros escritos, Teresa envolveu-se profundamente nesses textos variados, cuja linguagem, às vezes convencional, não pode esconder a precisão radical. Suas orações brotaram da necessidade: necessidade interior nos onze textos espontâneos, necessidade de caridade fraterna para ajudar suas irmãs, um seminarista, uma mulher casada. Todas as vezes, Teresa se expressa em toda a verdade.

Eis, pois, o tesouro que nos entrega a jovem carmelita que escrevia em seu último manuscrito: *A oração, o sacrifício, é que dão toda a minha força, são as armas invencíveis que Jesus me deu; elas podem, bem mais que as palavras, tocar as almas, experiência que fiz muitas vezes* (Ms C, 24v).

N.B. Os títulos dados por Teresa a suas Orações são indicados sem aspas nem colchetes. Os títulos entre colchetes são puramente indicativos, ao passo que aqueles entre aspas são citações do texto.

Or. 1

Minha boa Virgem Santa, fazei que vossa Teresinha não se atormente nunca mais.

Or. 2

[Bilhete de profissão]

8 de setembro de 1890

Ó Jesus, meu divino esposo![1], que eu jamais perca a segunda veste do meu Batismo[2], toma-me antes que [eu] cometa a mais leve falta voluntária. Que eu nunca procure e nunca encontre senão a ti somente; que as criaturas não sejam nada para mim e que eu nada seja para elas, mas que tu, Jesus, sejas tudo!...[3] Que as coisas da terra jamais consigam perturbar a minha alma, que ninguém perturbe a minha paz; Jesus, só te peço a paz, e também o amor, o amor infinito sem outro limite além de ti, o amor que já não seja eu, mas tu[4], meu Jesus. Jesus, que por ti eu morra mártir[5], o martírio do coração ou do corpo, ou antes os dois... Dá-me cumprir meus votos em toda a sua perfeição e faze-me compreender o que deve ser uma esposa tua. Faze que eu nunca seja um encargo para a comunidade, mas que ninguém se ocupe de mim; que eu seja olhada, pisada com desprezo, esquecida[6], como um grãozinho de areia[7], para ti, Jesus.

Que tua vontade seja feita em mim, perfeitamente; que eu chegue ao lugar que me deves ter preparado... Mt 6,10
Jo 14,2-3

Jesus, faze que eu salve muitas almas, que hoje não haja nem uma só condenada e que todas as almas do purgatório sejam salvas[8]. Jesus, perdoa-me se digo coisas que não se devem dizer; só quero dar-te prazer e te consolar[9].

Or. 3

[181a]

OLHARES DE AMOR A JESUS

Jesus, vossas pequenas esposas tomam a resolução de manter os olhos baixos no refeitório a fim de respeitar e imitar o exemplo que lhes destes diante de Herodes[1]. Quando esse príncipe ímpio escarnecia de vós, ó Bondade infinita, nem uma só queixa saía de vossos lábios divinos. Nem mesmo vos dignastes fixar nele vossos olhos adoráveis. Oh, com certeza, divino Jesus, Herodes não merecia ser olhado por vós, mas nós, que somos vossas esposas, queremos atrair para nós o vosso olhar divino; pedimos que nos recompenseis com um *olhar* de amor[2], Lc 23,9.11

sempre que nos privarmos de erguer os olhos, e vos rogamos até que não nos recuseis esse doce olhar quando cairmos, pois contaremos[3] nossas fraquezas[4]. Formaremos um ramalhete que — temos confiança — não rejeitareis. Vereis nessas flores o desejo de vos amar, de nos assemelharmos a vós, e abençoareis vossas pobres filhas.

Ó Jesus! *olhai*-nos com amor e dai-nos [181v] vosso doce beijo.

Assim seja.

Or. 4

HOMENAGEM À SANTÍSSIMA TRINDADE

Ó meu Deus, aqui estamos prostradas diante de vós. Imploramos a graça de trabalhar para vossa glória.

As blasfêmias dos pecadores soaram dolorosamente em nossos ouvidos; para vos consolar e reparar as injúrias que vos fazem sofrer as almas resgatadas por vós, ó Trindade adorável!, queremos formar um "*concerto*" de todos os pequenos sacrifícios que faremos por vosso amor. Durante quinze dias, nós vos ofereceremos o canto dos passarinhos[1] do céu que não cessam de vos louvar e de censurar os homens por sua ingratidão. Ofereceremos também a vós, ó meu Deus, a melodia dos instrumentos musicais e esperamos que nossa alma mereça ser uma lira harmoniosa que fareis vibrar para vos consolar da indiferença de tantas almas que não pensam em vós. Queremos também, durante oito dias, amontoar *diamantes* e pedras preciosas que irão reparar o empenho dos pobres mortais [181a] que percebem as riquezas passageiras, sem se preocupar com as da eternidade. Ó meu Deus! Dai-nos a graça de sermos mais vigilantes na procura dos sacrifícios do que as almas que não vos amam, na procura dos bens da terra[2].

Por fim, durante oito dias, o *perfume* das flores será recolhido por vossas filhas, que com isso querem reparar todas as indelicadezas das almas sacerdotais e religiosas[3], que vos fazem sofrer. Ó bem-aventurada Trindade, concedei que sejamos fiéis e dai-nos a graça de vos possuir depois do exílio desta vida...

Assim seja

Or. 5

"Flores Místicas"

Capa

Ct 2,16

Madalena! Minha Esposa Bem-Amada!
Sou todo teu e tu és minha para sempre.

Página de título
1a   Flores Místicas[1] destinadas a compor minha Corbelha de Núpcias.

       Ouviu-se uma voz: "O Noivo vem aí, saí ao Seu encontro..." (Evangelho)   Mt 25,6

Aspirações[2]
     (Quanto à redação completa de cada página, cf. *Prières*, p. 73. Omite-se aqui o enunciado do dia e a expressão "Aspirações", repetida dezesseis vezes.)

2a   Rosas Brancas.
       Ó Jesus! purificai minha alma para que ela se torne digna de ser vossa esposa!

2v   Margaridas.
       Ó Jesus! dai-me a graça de fazer todas as minhas ações para agradar somente a vós.

3a   Violetas Brancas.
       Jesus, doce e humilde de coração, fazei meu coração semelhante ao vosso!...

3v   Junquilho.
       Santa Teresa, minha mãe, ensina-me a salvar as almas para que me torne uma verdadeira carmelita[3].

4a   Rosas Silvestres.
       Ó Jesus! A vós somente é que sirvo[4], servindo a minhas madres e a minhas irmãs.

4v   Rosas Chá.
       Jesus, Maria, José, dai-me a graça de fazer um bom retiro e preparai minha alma para o lindo dia de minha profissão.

5a   Campainhas Brancas.
       Ó Santa Madalena! Intercedei por mim, para que minha vida seja apenas um ato de amor.

5v   Madressilva.
       Ó Jesus! ensinai-me a sempre renunciar a mim mesma, para dar prazer a minhas irmãs.

6a   Pervincas Brancas.
       Meu Deus, eu vos amo de todo o meu coração.

6v   Peônias Brancas.
       Ó meu Deus, olhai a face de Jesus, e dos pobres pecadores fazei outros tantos eleitos[5].

7a Jasmim.
Ó Jesus, não quero sentir alegria senão em vós somente.

7v Miosótis Brancos.
Ó meu Santo Anjo da guarda! cobri-me sempre com vossas asas para que eu jamais tenha a infelicidade de ofender a Jesus.

8a Rainha dos Prados.
Ó Maria! Minha boa mãe, concedei-me a graça de nunca manchar a veste de inocência que me dareis no dia de minha profissão.

8v Verbenas Brancas.
Meu Deus, eu creio em vós, espero em vós, eu vos amo de todo meu coração.

9a Íris brancas.
Meu Deus, eu vos agradeço por todas as graças que me concedestes durante meu retiro.

Ct 2,16   9v Chegou o Grande Dia⁶.
Lírios.
Meu Jesus Bem-Amado, sois agora todo meu e eu sou para sempre vossa pequena esposa!!!...

Or. 6

[1a]

J.M.J.T.

Oferenda de mim mesma como Vítima de Holocausto ao Amor Misericordioso do Bom Deus[1]

Sb 2,16

Ó meu Deus! Trindade Bem-aventurada, desejo amar-vos e fazer com que vos amem[2], trabalhar para a glorificação da Santa Igreja, salvando as almas que estão sobre a terra e libertando as que sofrem no purgatório. Desejo cumprir perfeitamente vossa vontade e chegar ao grau de glória que me preparastes em vosso reino; em uma palavra, desejo ser santa, mas sinto minha impotência e vos peço, ó meu Deus! que sejais vós mesmo minha santidade[3].

Jo 14,2

Como vós me amastes[4] a ponto de me dar vosso filho único para ser meu salvador e meu esposo, os tesouros infinitos de seus méritos são meus; feliz, vo-los ofereço, suplicando-vos que me olheis somente através da face de Jesus e em seu coração ardente de amor[5].

Jo 3,16

Ofereço-vos ainda todos os méritos dos santos (que estão no céu e na terra), seus atos de amor e os dos Santos Anjos; enfim vos ofereço, ó Bem-aventurada

Trindade! o amor e os méritos da Santa Virgem, minha mãe querida; é a ela que faço minha oferenda[6], rogando que a apresente a vós. Seu divino filho, meu esposo bem-amado, nos dias de sua vida mortal, nos disse: "Tudo o que pedirdes a meu Pai, em [1v/2a] meu nome, ele vo-lo dará!" Tenho certeza de que realizareis meus desejos; eu sei, ó meu Deus! (quanto mais quereis dar[7], mais fazeis desejar). Sinto em meu coração desejos imensos[8], e é confiante que vos peço que tomeis posse de minha alma. Ah! Não posso receber a Santa Comunhão com a frequência que desejo, mas, Senhor, não sois Todo-Poderoso?... Permanecei em mim, como no tabernáculo, não vos afasteis jamais de vossa pequena hóstia[9]... Hb 5,7
Jo 16,23

Eu gostaria de vos consolar da ingratidão dos maus e vos suplico que retireis de mim a liberdade de vos desagradar[10]; se por fraqueza caio às vezes, que imediatamente vosso divino olhar purifique[11] a minha alma, consumindo todas as minhas imperfeições, como o fogo que transforma todas as coisas nele mesmo...

Eu vos agradeço, ó meu Deus! Por todas as graças que me concedestes, em particular por me terdes feito passar pelo crisol do sofrimento[12]. É com alegria que vos contemplarei no último dia, levando o cetro da cruz; como vos dignastes partilhar comigo essa cruz tão preciosa, espero ser semelhante a vós, no céu, e ver brilhar em meu corpo glorificado os sagrados estigmas de vossa Paixão... Sb 3,5-6
Mt 24,30
Jo 20,27
Gl 6,17

Depois do exílio da terra, espero ir comprazer-me de vós na pátria, mas não quero acumular méritos para o céu[13]; quero trabalhar somente por vosso amor, com o único objetivo de vos dar prazer, consolar vosso Sagrado Coração e salvar almas que vos amarão eternamente.

No ocaso desta vida[14], comparecerei diante de vós com as mãos vazias[15], pois não vos peço, Senhor, que conteis minhas obras. Todas as nossas justiças têm manchas[16] a vossos olhos. Quero, pois, revestir-me de vossa própria justiça e receber de vosso amor a eterna posse de vós mesmo. Não quero nenhum outro trono nem coroa senão vós, ó meu bem-amado!... Is 64,6

A vossos olhos o tempo não é nada; um só dia é como mil anos. Podeis em um instante, pois, preparar-me para comparecer diante de vós... Sl 89,4

A fim[17] de viver em um ato de perfeito amor[18], ofereço-me como vítima de holocausto a vosso amor misericordioso, suplicando-vos que me consumais [2v] incessantemente[19], deixando transbordar em minha alma as ondas de infinita ternura que estão encerradas em vós e que assim eu me torne mártir de vosso amor, ó meu Deus!... Jo 7,38

Que esse martírio, depois de me ter preparado para comparecer diante de vós, me faça enfim morrer[20] e que minha alma se atire sem demora[21] no eterno enlace[22] de vosso misericordioso amor...

Quero, ó meu bem-amado, a cada batida de meu coração renovar esta oferenda[23] um número infinito de vezes, até que, uma vez dissipadas as sombras, eu possa redizer o meu amor em um face a face eterno!... Ct 4,6
1Cor 3,12

Maria, Francisca, Teresa do Menino
Jesus e da Sagrada Face
rel. carro. ind.
Festa da Santíssima Trindade
9 de junho do ano da graça de 1895

Or. 7

[Oração a Jesus no tabernáculo]

[180a]

JESUS+

16 de julho de 1895.

Sl 89,5

Ó Deus escondido na prisão do tabernáculo! é feliz que volto para perto de vós todas as noites, para vos agradecer as graças que me concedestes e implorar o perdão das faltas que cometi durante o dia que acaba de passar como um sonho...

Mt 9,12
Lc 7,42-43

Ó Jesus! como eu ficaria feliz se tivesse sido bem fiel, mas pobre de mim! muitas vezes fico triste, à noite, pois sinto que poderia ter correspondido melhor às vossas graças... Se eu fosse mais unida a vós, mais caridosa com minhas irmãs, mais humilde e me mortificasse mais, teria menor dificuldade para conversar convosco na oração[1]. No entanto, ó meu Deus! bem longe de desanimar vendo minhas misérias, venho a vós confiante, lembrando-me de que: "Não são os que têm saúde que precisam de médico, mas sim os doentes". Eu vos suplico, pois, a cura, o perdão, e me lembrarei, Senhor, "que a alma à qual perdoastes mais deve também amar-vos mais que as outras!..." Ofereço-vos todas as batidas de meu coração como outros tantos atos de amor e de reparação, e os uno a vossos méritos infinitos. Suplico-vos, ó meu divino esposo, que sejais vós mesmo o reparador[2] de minha alma, [180 v] que opereis em mim sem levar em conta minhas resistências, enfim, já não quero ter outra vontade senão a vossa; e amanhã, com o auxílio de vossa graça, recomeçarei uma nova vida da qual cada instante será um ato de amor e de renúncia[3].

Depois de vir, assim, todas as noites ao pé do vosso altar, chegarei finalmente à última noite de minha vida; então, começará para mim o dia sem ocaso da eternidade em que repousarei, sobre vosso divino coração, das lutas do exílio!...[4]

Assim seja.

Or. 8

[Oração pelo seminarista Bellière]
J.M.J.T.

Ó meu Jesus! eu vos agradeço por satisfazerdes um de meus maiores desejos: ter um irmão, padre e apóstolo...

Sinto-me bem indigna desse favor; no entanto, como vos dignais conceder a vossa pobre pequena esposa a graça de trabalhar de modo especial para a santificação de uma alma destinada ao sacerdócio, feliz vos ofereço, por ela, *todas*[1] as *orações* e os *sacrifícios* de que posso dispor; peço-vos, ó meu Deus! que não olheis o que sou, mas o que deveria e gostaria de ser, isto é, uma religiosa totalmente inflamada por vosso amor[2].

Vós sabeis, Senhor, minha única ambição é fazer com que vos conheçam e amem; agora meu desejo será realizado. O que posso é apenas orar e sofrer, mas a alma à qual vos dignais unir-me pelos doces laços da [1v] caridade irá combater na planície a fim de ganhar corações para vós, e eu, na montanha do Carmelo, suplicarei que lhe deis a vitória.
Ex 17,9-13

Divino Jesus, escutai a oração que vos dirijo por aquele que quer ser missionário, protegei-o no meio dos perigos do mundo[3], fazei com que ele sinta, cada vez mais, o nada e a vaidade das coisas passageiras e a felicidade de saber menosprezá-las por vosso amor. Que o seu sublime apostolado se exerça desde agora sobre os que o cercam, que ele seja apóstolo, digno de vosso Sagrado Coração[4]...
Jo 17,15

Ó Maria! doce Rainha do Carmelo, é a vós que confio a alma do futuro sacerdote de quem sou a indigna irmãzinha. Dignai-vos ensinar-lhe, já, com que amor era por vós tocado o Divino Menino Jesus e lhe eram trocadas as fraldas[5], para que ele possa um dia subir ao santo altar e levar nas mãos o rei dos céus.

Peço-vos ainda que o guardeis sempre sob a proteção de vosso manto virginal, até o [2a] momento feliz em que, deixando este vale de lágrimas[6], poderá contemplar vosso esplendor e, por toda a eternidade, gozar os frutos de seu glorioso apostolado...
Sl 83,7

Teresa do Menino Jesus
rel. carro. ind.

Or. 9

[Oração de Celina e de Teresa]

Eu vos digo: se dois de vós estiverem de acordo na terra, sobre qualquer coisa que queiram pedir, isto lhes será concedido por meu pai que está nos céus. Pois, onde dois estiverem reunidos em meu nome, eu estou no meio deles.
Mt 18,19-20

S. Mat. cap. XVIII
vs. 19-20

Sl 83,7 Ó meu Deus! nós vos pedimos que nunca os vossos dois lírios sejam separados sobre a terra[1]. Que eles vos consolem, juntos[2], do pouco amor que encontrais neste vale de lágrimas; e que, pela eternidade, suas corolas brilhem com o mesmo esplendor e exalem o mesmo perfume quando se inclinarem para vós!...

Celina e Teresa
Lembrança da noite de Natal de 1895

Or. 10

[Oferenda do dia]

Meu Deus, eu vos ofereço todas as minhas ações de hoje, nas intenções[1] e para a glória do Sagrado Coração de Jesus; quero santificar as batidas de meu coração, meus pensamentos e obras mais simples, unindo-os a seus méritos infinitos, e reparar minhas faltas, lançando-as na fornalha de seu amor misericordioso[2].

Ó meu Deus! peço-vos, para mim e para os que me são caros, a graça de cumprir com perfeição vossa santa vontade, de aceitar por vosso amor as alegrias e os sofrimentos desta vida passageira, para que estejamos um dia reunidos no céu, por toda a eternidade.

Assim seja.

Or. 11

Faz com que eu "t R"

(Selo da Sagrada
Face de Tours)

Jesus!...
(o que significa)
Faz com que eu me assemelhe a ti, Jesus!...

Or. 12

CONSAGRAÇÃO À SAGRADA FACE

Sl 30,21   [a]   *Senhor; escondei-nos no segredo de vossa face!...*

Ir. C. Genoveva de Sta. Ter. — Maria *da Sagrada Face*
Ir. L. J. Maria da Trindade e *da Sagrada Face*
Ir. Maria F. Ter. do Men. Jesus e *da Sagrada Face*[1]

O menor movimento de *puro Amor* é mais útil à Igreja do que todas as outras obras reunidas². . . Portanto, é da maior importância que nossas almas se exercitem muito no *amor*, a fim de que, consumindo-se depressa, elas parem muito pouco neste mundo e cheguem rapidamente a ver *Jesus, Face a Face*³. . .

[v]   *Consagração à Sagrada Face*

Ó Face Adorável de Jesus! como vos dignais escolher particularmente nossas almas para vos dardes a elas, acabamos de consagrá-las a vós. . . Parece, *ó Jesus*, que vos ouvimos dizer: "*Abri para mim*, minhas irmãs, minhas esposas bem-amadas, pois *minha face* está coberta de orvalho e *meus cabelos* de gotas da noite". Ct 5,2
Nossas almas compreendem vossa linguagem de *amor*; queremos enxugar vosso *doce rosto* e consolar-vos do esquecimentos dos maus a cujos olhos estais ainda Is 53,3 como que escondido. Eles vos consideram como um objeto de desprezo. . .

Ó rosto mais belo que os lírios e as rosas da primavera!⁴ não estais escondido a nossos olhos. . . As *lágrimas* que turvam vosso *divino olhar* mostram-se Is 53,3 como *diamantes preciosos* que desejamos recolher para comprar, com seu valor infinito, *as almas* de nossos irmãos.

De vossa *boca adorada* ouvimos *a queixa amorosa*; compreendendo que *a sede*⁵ que vos consome é *uma sede de amor*, gostaríamos de possuir, para vos de- Jo 19,28 saltetar, *um amor infinito*. . . *esposo bem-amado* de nossas almas, se tivéssemos *o amor* de todos os corações, todo esse *amor* seria vosso. . . Pois bem! dai-nos esse *amor* e vinde vos *desalterar* em vossas pequenas esposas. . .

Almas, Senhor, precisamos de *almas*⁶. . . sobretudo *almas de apóstolos e de mártires*, para que, por meio delas, *inflamemos de vosso amor* a multidão dos pobres pecadores. *Ó Face Adorável*, saberemos obter de vós essa graça!. . . Esquecendo o exílio à beira dos rios da Babilônia, cantaremos a vossos *ouvidos* as mais do- Sl 136,1-4 ces melodias; como sois a verdadeira, a única pátria de nossos corações, nossos cânticos não serão cantados em terra estrangeira.

Ó Face querida de Jesus! esperando o dia eterno em que contemplaremos vossa glória infinita, nosso único desejo é encantar vossos *olhos divinos*, escon- Is 53,3 dendo também o rosto para que, neste mundo, ninguém possa nos reconhecer. . . vosso *olhar velado*, eis o nosso *céu*⁷, *ó Jesus!*. . .

Assinado:
Ter: do Men. Jesus e da Sagrada Face — M. da Trindade e da Sagrada Face
— G de Sta. Ter: Maria da Sagrada Face

Or. 13

"Pai Eterno, vosso Filho único"

Jo 16,23   Tudo o que pedirdes a meu pai, em meu nome, ele vo-lo dará...

Jo 3,16   Pai Eterno[1], vosso Filho único, o doce Menino Jesus, é meu, uma vez que mo destes. Ofereço-vos os méritos infinitos de sua divina infância e vos peço em seu nome que chameis, as alegrias do céu, inúmeras legiões de criancinhas que

Ap 14,4   seguirão eternamente O divino cordeiro.

Or. 14

[Ao Menino Jesus]
Eu sou o Jesus de Teresa[1]

Ó criancinha![2] Meu único tesouro, abandono-me a teus divinos caprichos, não quero outra alegria senão a de te fazer sorrir. Imprime em mim tuas graças[3] e tuas virtudes infantis[4], para que no dia de meu nascimento no céu[5] os anjos e os santos reconheçam em tua pequena esposa,

Teresa do Menino Jesus

Or. 15

"Pai Eterno, como me destes"

"Assim como num reino consegue-se tudo o que se deseja com a efígie do príncipe, também com a moeda preciosa de minha santa humanidade, que é minha adorável face, obtereis tudo o que quiserdes."[1]

(N.S. a Ir. M. de São Pedro.)

Pai eterno, como me destes por herança a face adorável de vosso divino filho, ofereço-vos e vos peço em troca dessa moeda infinitamente preciosa o esquecimento das ingratidões das almas que vos são consagradas e o perdão aos pobres pecadores.

> Or. 16

[À Sagrada Face]
EU SOU O JESUS DE TERESA[1]

Ó face adorável de Jesus, única beleza que arrebata meu coração, digna-te imprimir em mim tua divina semelhança, para que não possas olhar a alma de tua pequena esposa sem contemplar-te a ti mesmo[2].

Ó meu bem-amado, por teu amor aceito não ver neste mundo a doçura de teu olhar, não sentir[3] o inexprimível beijo de tua boca, mas eu te suplico que me incendeies com teu amor, para que ele me consuma rapidamente[4] e me faça comparecer logo diante de ti: Ct 1,1

Teresa da Sagrada Face.

> Or. 17

"Senhor, Deus dos exércitos"

[175a]   Oração inspirada por uma imagem que representa a Venerável Joana d'Arc

Senhor, Deus dos exércitos, que nos dissestes no vosso Evangelho: "Eu não vim trazer a paz, mas a espada"[1], armai-me para a luta; desejo ardentemente combater por vossa glória, mas, suplico-vos, fortalecei minha coragem... Então, com o santo rei Davi poderei exclamar: "Só vós sois o meu escudo, sois vós, Senhor, que treinais as minhas mãos para a guerra..."   Rs 19,10.14 / Mt 10,34 / Jt 13,7 / Sl 143,1-2

Ó meu bem-amado! Compreendo a que combate me destinais; não é, de modo algum, nos campos de batalha[2] que lutarei...

Sou prisioneira de vosso amor, livremente prendi a cadeia que me une a vós e me separa para sempre do mundo que maldissestes[3]... Minha espada não é outra senão o amor, com ela expulsarei o estrangeiro do reino. Farei com que vos proclamem rei nas almas[4] que se recusam a submeter-se a vosso divino poder.

Sem dúvida, Senhor, um fraco instrumento como eu não vos é necessário, mas Joana, vossa virginal e valorosa esposa, disse: "É preciso lutar para que Deus dê a vitória"[5]. Ó meu Jesus, lutarei, pois, por vosso amor, até o ocaso de minha vida[6]. Como não quisestes provar [175v] o repouso na terra, quero seguir vosso exemplo e espero, assim, que essa promessa, saída de vossos lábios divinos, se realize para mim: "Se alguém me segue, em qualquer lugar que eu esteja, ele também estará, e meu pai o honrará".   1Cor 1,27 / Jo 12,26

Estar convosco, estar em vós, eis o meu único desejo... essa segurança que me dais de sua realização me faz suportar o exílio, esperando o dia radioso do face a face eterno!...   1Cor 13,12

Or. 18

Ap 7,9 [a] Ó Santos Inocentes![1] Que minha palma e minha coroa se assemelhem às vossas!

Ó São Sebastião![2] consegui para mim vosso amor e vossa bravura para que eu possa combater como vós para a glória de Deus!...

1Rs 19,10.14 [v] Ó glorioso soldado de Cristo![3] Vós que em honra do Deus dos exércitos combatestes vitoriosamente e obtivestes a palma e a coroa do martírio, escutai meu segredo[4]: "Como o angélico Tarcísio[5], levo o Senhor". Não passo de uma criança e, no entanto, devo lutar todos os dias para conservar o inestimável tesouro que se esconde em minha alma... Muitas vezes tenho de tingir com o sangue de meu coração[6] a arena do combate...

Ó poderoso guerreiro! Sede meu protetor, sustentai-me com vosso braço vitorioso e não temerei as forças inimigas. Com vosso auxílio combaterei até o ocaso da vida; então, apresentar-me-ei a Jesus e de sua mão receberei a palma que me tiverdes ajudado a colher!...

Or. 19

[Ato de fé]

Meu Deus, com o auxílio de vossa graça, estou pronta a derramar todo o meu sangue para afirmar minha fé.

(*Outra leitura*: para cada um dos artigos do Símbolo.)

Or. 20

[181 v]

JESUS!

16 de julho de 1897

Oração para conseguir a humildade

Ó Jesus! quando éreis viajante sobre a terra, dissestes: "Aprendei de mim,
Mt 11,29 que sou manso e humilde de coração[1], e encontrareis repouso para vossas almas".
Ó poderoso monarca dos céus, sim, minha alma encontra repouso vendo-vos,
Fl 2,7 revestido da forma e da natureza de escravo, humilhar-vos ao ponto de lavar os
Jo 13,5 pés de vossos apóstolos. Lembro-me, então, das palavras que pronunciastes para
Jo 15,15-17 ensinar-me a praticar a humildade: "Dei-vos o exemplo para que façais, também vós, o que fiz; o discípulo não é maior que o mestre... Se compreenderdes isto e

o praticardes, sereis felizes". Senhor, compreendo essas palavras saídas de vosso coração doce e humilde; quero praticá-las com o auxílio de vossa graça. Mt 11,29

Quero diminuir-me humildemente e submeter minha vontade à de minhas irmãs, em nada as contradizendo e sem procurar saber se elas têm, sim ou não, direito de me dar ordens². Ninguém, ó meu bem-amado, tinha para convosco esse direito e, no entanto, obedecestes não só à Santa Virgem é a São José, mas também a vossos carrascos. Agora, é na hóstia que vos vejo chegar ao cúmulo de vossos aniquilamentos³. Qual não é vossa humildade, ó divino rei da glória, submetendo-vos a todos os vossos sacerdotes, sem fazer qualquer distinção entre os que vos amam e os que são — infelizmente! — mornos ou frios no vosso serviço... Vós desceis do céu a seu chamado; quer adiantem, quer atrasem a hora do sto. sacrifício, estais sempre pronto... Lc 2,51 Sl 23,7.9

[183a]   Ó meu bem-amado, sob o véu da branca hóstia, como me pareceis doce e humilde de coração! Para ensinar-me a humildade, não podeis diminuir-vos mais; assim, quero, para corresponder ao vosso amor, desejar que minhas irmãs me ponham sempre em último lugar, e convencer-me de que ele é o meu. Mt 11,29 Lc 14,10

Suplico-vos, meu divino Jesus, que me envieis uma humilhação cada vez que eu tente elevar-me acima das outras.

Eu sei, ó meu Deus, que humilhais a alma orgulhosa, mas àquela que se humilha dais uma eternidade de glória. Quero, pois, colocar-me na última fileira; partilhar vossas humilhações para "ter parte convosco" no reino dos céus. Lc 14,11 Lc 14,10 Jo 13,8

Mas, Senhor, conheceis minha fraqueza: a cada manhã, tomo a resolução de praticar a humildade, e de noite reconheço que ainda cometi muitos pecados de orgulho; diante disso, sou tentada a desanimar, porém — eu sei — o desânimo também é orgulho. Quero, pois, ó meu Deus, apoiar sobre *vós somente* minha esperança; como podeis tudo, dignai-vos fazer nascer em minha alma a virtude⁴ que desejo. Para obter essa graça de vossa infinita misericórdia, eu vos repetirei com bastante frequência: "Ó Jesus, doce e humilde de oração, fazei meu coração semelhante ao vosso!"

Or. 21

"Se eu fosse a Rainha do Céu"

Ó Maria, se eu fosse a Rainha do Céu e vós fôsseis Teresa, eu gostaria de ser Teresa para que fôsseis a Rainha do Céu!!!

8 de setembro de 1897.

NOTAS

Introdução

1. Ms C, 6a. Cf. Ms A, 84a; Ms C, 3a; 9v; 16a; 34a/v; 35a.

2. Ms A, 44v, citando o Salmo 18,5.

3. Entre esses patéticos atos de fé, feitos durante a provação, lembre-se o *Credo* escrito com seu sangue (AJ/PA, p. 151) e a inscrição gravada em sua última cela: "Jesus é meu único amor".

4. *Cântico Espiritual*, estr. XXXVI.

5. PN 20, 3.5.

6. CT 220. Ela pedira essa mesma oração ao Padre Roulland CT 189, LC 166, 171, 175 e CT 201). Em CT 221 (19/3/1897), ela modifica a fórmula.

7. RTL, ns. 41, 42, 43.

8. 8/9/1890, data de composição da Or. 2.

9. Mss II, p. 53.

10. *Indroduction à la spiritualité de Sainte Thérèse de l'Enfant-Jésus*, Vrin, 1948, 2. edição, p. 184.

Oração 1

Or. 1 — MINHA BOA VIRGEM SANTA.

DOC.: autógrafo — DATA: junho (?) de 1984 — PUBLICAÇÃO: *Prières* (1988).

Duas linhas a tinta, escritas por Teresa, depois de uma poesia copiada por irmã Inês de Jesus, em preparação ao dia 21 de junho, festa de Madre Maria de Gonzaga, e depois da primeira comunhão de Teresa (8 de maio dc 1884, à qual se faz alusão). É, pois, por volta de 21 de junho que Teresa (onze anos) teria escrito sua invocação. A grafia é mesmo de 1884.

Que sofrimento *atormenta*, então, Teresa criança, para justificar esse grito a Maria? O primeiro Manuscrito parece dar a resposta: ...*mas a Santa Virgem permitiu esse tormento para o bem de minha alma* (Ms A, 31a). Recordemos os fatos: no dia 13 de maio de 1883, Teresa é curada de uma doença nervosa pelo sorriso da Santa Virgem. Ela quer, antes de tudo, guardar seu segredo. Mas a irmã mais velha, Maria, descobre-o e o comunica às carmelitas. A criança começa a ter dúvida e acredita *ter mentido*. Roubaram-lhe a *felicidade*. Ela só sente *humilhação* e *profundo horror* (*ibid*). Seu sofrimento dura, pois, já um ano, quando Teresa implora à Virgem que a livre dele. De fato, ela vai sentir uma acalmia *durante mais ou menos um ano*, 1884-1885 (cf. Ms A, 32v). Mas a libertação definitiva só ocorrerá em 4 de novembro de 1887, em Nossa Senhora das Vitórias; então, *a Santa Virgem me fez sentir que fora realmente ela que me havia sorrido* (Ms A, 56v). *Minha boa Virgem Santa*: Teresa lançará ainda o mesmo apelo em seu leito de morte (CA 30.9.6).

Oração 2

Or. 2 — BILHETE DE PROFISSÃO

DOC.: autógrafo — DATA: para o dia 8 de setembro de 1890 — PUBLIC.: HA 98, p. 127 s. (corrigido); Mss fac-símile, 1956, e *Manuscritos autobiográficos*, 1957.

Sobre as disposições de Teresa no momento de sua profissão, cf. Ms A, 75a/77v, e as cartas escritas durante o retiro preparatório de dez dias (CT 110 a 117). Escrevendo este bilhete, Teresa faz seu um costume recebido. É hábito, nesse tempo, que a noviça, na sua vestição, ou a professa, no dia dos votos, leve sobre o coração um bilhete desse gênero, em que pede, para si mesma e para seus amigos, as graças que deseja obter. Há uma tradição que afirma ser atendida toda oração feita no momento da grande prostração, com os braços em cruz, sobre o tapete de burel.

1. A profissão consagra Teresa "esposa" de Jesus. Esse tema volta com frequência em seus escritos, particularmente na correspondência com Celina.

2. Uma longa tradição espiritual vê na profissão religiosa um "segundo batismo", que devolve à alma sua "veste de inocência" (Or. 5); cf. CT 114 e Ms A, 70a.

3. Sem dúvida, eco da *Imitação de Jesus Cristo*, mas também de São João da Cruz, de quem Teresa se impregnou ao longo do ano de 1890 (cf, Ms A, 83a).

4. Sob um vocabulário muito simples, Teresa pede, na verdade, a "transformação de amor" pela qual o bem-amado e a alma "mudam-se um no outro" (*Catinque spirituel* de São João da Cruz, por ex. estr. XII, p. 209 s.)

5. Um dos desejos profundos de Teresa desde a infância; cf. Ms B, 3a. Em 1896, ela afirmará que esses *desejos do martírio não são nada* (CT 197). No entanto, ela passará pelo *martírio do corpo*, por meio da doença; e pelo "martírio do coração" de muitas maneiras (cf. CT 167 e 213).

6. A aspiração constante de Teresa; cf. CT 95, 103, 176; Ms A, 71a; PN 24, 7; etc.

7. Um dos símbolos privilegiados por Teresa desde março de 1888; cf. CT 45 e CT 114. Mas depois da profissão ele só irá reaparecer em junho de 1897 (Ms C, 2v).

8. Já na tomada de hábito, Teresa exprimia o mesmo desejo (CT 74). No exame canônico, em 2 de setembro de 1890, ela insiste na orientação apostólica de sua vocação: *salvar as almas* (Ms A, 69v). Até à enfermaria, Teresa conservará a preocupação pelas *almas do purgatório*. CA 18.5.2; 6.8.4; 11.9.5, etc. Em data desconhecida, ela realizara "o ato heroico" (ou abandono de seus méritos) em favor delas (cf. PA, p. 178 e 286 s.).

9. Realizar a alegria de Jesus, dar-lhe prazer, fazê-lo feliz, consolá-lo: foi esse o móbil último de toda a existência de Teresa.

Oração 3

Or. 3 — OLHARES DE AMOR A JESUS

DOC.: CE II, 181a/v — DATA: julho (?) de 1893. — COMPOSTA PARA: ela própria e irmã Marta de Jesus — PUBLIC.: HA 14, p. 267 (corrigida); HA 53, p. 256.

Esta oração foi composta por Teresa, provavelmente em julho de 1893, para irmã Marta de Jesus e ela própria. Professas desde setembro de 1890, elas fazem o noviciado sob a direção de Madre de Gonzaga. No Carmelo, para conservar o espírito de solidão, mesmo nas refeições tomadas em comum, recomenda-se às carmelitas que sempre conservem os olhos baixos. Teresa submete-se a essa ascese: ela vive na presença de uma pessoa: Jesus; é por seu amor que ela não deixa escapar *nenhum olhar* (cf. Ms B, 4a). Assim se explica sua exigência sobre esse ponto, não apenas em relação a irmã Marta, mas também a todas as noviças.

1. Lucas só fala do silêncio de Jesus, mas, para Teresa, Cristo se identifica, na Paixão, com a Sagrada Face, de *olhos baixos* (CT 110, CT 87; CA 5.8.7).

2. O tema do *olhar de amor* é eminentemente teresiano; provavelmente é tirado de João da Cruz. Esse olhar recíproco entre Jesus e a alma *esposa* é para Teresa como o símbolo da vida contemplativa.

3. Por gosto, Teresa tem horror a *contar*. É *por caridade* para com irmã Marta que ela retoma, em julho de 1893, seu *rosário de práticas* (CT 144); Teresa reconhece que nessa época essa ascese lhe é *muito útil*.

4. *e mesmo... nossas fraquezas*: é a tirada de gênio dessa oração de aparência tão modesta, e já o segredo da reviravolta teresiana que dinamizará a "pequena via". Cf. *Prières*, p. 66.

Oração 4

Or. 4 — HOMENAGEM À SANTÍSSIMA TRINDADE
DOC., CE II, 180v/181a — DATA: fevereiro de 1894. — COMPOSTA PARA: ela própria e irmã Marta de Jesus. — PUBLIC.: HA 53, p. 255 s.

Para situar essa oração de "reparação", é interessante colocá-la no grande movimento de reparação que se desenvolveu no século XIX, ainda sob o choque das violências antirreligiosas da Revolução de 1789. Digamos de imediato que, à parte o fato de ser destinado à Trindade Santa, esse texto nada tem em comum com as fórmulas difundidas na época. Em 1885, Teresa, criança, foi filiada à Archiconfrérie Réparatrice de Saint-Dizier (1847) e à Confrérie de la Sainte-Face de Tours (1876). Conhece-se o papel importante desempenhado por M. Dupont, "o santo homem de Tours", e por irmã Maria de São Pedro, também de Tours, na expansão do movimento reparador. A aparição de Salette (19 de setembro de 1846) só podia intensificar esse impulso. Teresa certamente conheceu o opúsculo: *Associação de orações contra a blasfêmia, as imprecações e a profanação dos domingos e festas*. Muitas vezes explorados sem moderação, sobre fundo apocalíptico, esses movimentos de piedade favorecem a multiplicação de *vítimas da justiça de Deus* (MS A, 84a). Cf. Or. 6.

1. Em duas semanas, o *Número de todas as melodias cantadas pelos passarinhos* (isto é, os sacrifícios de Teresa e de Marta, anotados em uma folha de papel) é de 208; a mesma contabilidade para os "instrumentos de música", as "pedras preciosas" e o "perfume das flores".

2. Provável alusão ao trabalho de domingo, profanação deplorada pela Virgem de Salette.

3. Cf. CT 261, em que as *indelicadezas* são feitas pelos *amigos* de Jesus; as *almas sacerdotais e religiosas* são uma das grandes preocupações da oração de Teresa; cf. Ms A, 69v.

Oração 5

Or. 5 — FLORES MÍSTICAS
DOC.: autógrafo — DATA: para 20 de novembro de 1894 — COMPOSTA PARA: Irmã Maria Madalena — PUBLIC.: *Prières* (1988).

Na caderneta (10x8,3cm), conservada num envelope, Madre Inês escreveu: "Caderninho escrito por Irmã Teresa do Menino Jesus para preparar Irmã Maria Madalena para a profissão". Primeira professa de Madre Inês e muito ligada a ela, Maria Madalena foge de Teresa, perspicaz demais para seu gosto. Fazendo questão de ser muito discreta em relação a uma companheira tão desconfiada, Teresa lhe apresenta uma coletânea das mais modestas. Esta segue exatamente o esquema da que foi preparada em 1884 por Irmã Inês para a primeira comunhão de Teresa. Observemos, enfim, que em 1910 Irmã Maria Madalena tem ainda "esse caderninho na sua cela" (PA, p. 591).

1. Adjetivo raro em Teresa: Ms A, 79a; PN 54,7; e aqui.
2. Algumas trazem a marca de Teresa, mas o conjunto é convencional.
3. Cf. *A carmelita que não fosse um apóstolo deixaria de ser filha da Seráfica Santa Teresa* (CT 198).
4. Alusão delicada à condição de irmã conversa de Maria Madalena.
5. Segundo uma tradição oral, transmitida por irmã Genoveva, no momento da elevação da hóstia, na missa, Teresa dizia e fazia as noviças dizerem: *Pai Santo, olhai a Face de vosso Jesus e fazei, de todos os pecadores, outros tantos eleitos.* Sabemos também que, na elevação do cálice, Teresa dizia: *Ó Sangue divino de Jesus, regai nossa terra, fazei germinar os eleitos!*, inspirando-se, aqui, em Irmã Maria de São Pedro.
6. A mesma expressão em Ms A, 25a, quanto à primeira comunhão de Celina.

Oração 6

Or. 6 — ATO DE OFERENDA AO AMOR MISERICORDIOSO
DOC.: autógrafo, f. C. — DATA: 9 de junho de 1895 — PUBLIC.: RA 98, p. 257-259.

Existe no Arquivo do Carmelo de Lisieux uma primeira versão desse Ato de Oferenda, redigida pela mão de Teresa, nos dias 9-11 de junho de 1895. Esse texto foi reproduzido em fac-símile nas "Peças anexas" da edição fotocopiada dos *Manuscritos autobiográficos*, em 1956. Contém algumas ligeiras divergências da versão definitiva que apresentamos aqui. Esta foi redigida por Teresa para Madre Inês, no fim de 1896 ou início de 1897, largamente difundida depois, e aprovada pela Igreja. Para o estudo pormenorizado dos documentos, ver *Prières*, 1988, p. 77 s.

Quanto ao essencial, a oferenda de Teresa foi feita sem fórmula, em poucas palavras, durante a missa de 9 de junho de 1895, festa da Trindade Santa. Porém, desde o início, ela prevê a comunicação desse apelo, e em primeiro lugar a sua irmã Celina. Daí a necessidade de um texto redigido, que possa ser, por outro lado, sujeito à autorização dos superiores. Ouçamos o testemunho de Irmã Genoveva: "Saindo dessa missa, ela me puxou atrás de si, à procura de nossa mãe; parecia estar como que fora de si mesma e não falava comigo. Enfim, ao encontrar nossa mãe [Inês de Jesus], pediu-lhe permissão para se oferecer comigo, como vítima, ao amor misericordioso. Deu-lhe uma curta explicação. Nossa mãe estava com pressa, parecia não compreender muito bem do que se tratava, e permitiu tudo, tanta era a confiança na sensatez de Irmã Teresa do Menino Jesus" (PO, p. 281). As duas irmãs se encontram na terça-feira, 11 de junho, ajoelhadas diante da imagem da Virgem do Sorriso para se oferecerem "juntas".

No fim de 1895, Teresa volta, em seu Manuscrito A (84a/v), à iluminação de 9 de junho: *Eu pensava*, escreve ela, *nas almas que se oferecem, como vítimas, à justiça de Deus, para afastar e atrair sobre elas os castigos reservados aos culpados* (84a). Pode-se perguntar se em 9 de junho de 1895 Teresa não estaria pensando, de modo particular, naquela Irmã Maria de Jesus, carmelita de Luçon, cuja circular justamente acaba de chegar a Lisieux, em 8 de junho. Essa irmã "muitas vezes se ofereceu como vítima à justiça divina", revela a circular. Sua agonia, na Sexta-feira Santa de 1895, é terrível. A moribunda deixa escapar este grito de angústia: "Carrego os rigores da justiça divina... a justiça divina!... a justiça divina!..." E ainda: "Não tenho méritos suficientes; é preciso adquiri-los". A narrativa é impressionante; pode ter impressionado as ouvintes (cf. *Prières*, p. 84).

1. A respeito desse título, façamos três observações: — A palavra "oferenda" aparece na evocação de suas datas importantes: *Oferenda de mim mesma ao amor* (Ms A, 86a); na enfermaria: *Minha oferenda ao amor* (CA 29.7.9) *minha oferenda* (8.8.2). — A palavra *holocausto* significa "inteiramente queimado". No Antigo Testamento, a vítima de holocausto, oferecida em sacrifício, era queimada inteiramente, em honra a Deus. Cf. Ex 29. — E, enfim, a expressão *Amor Misericordioso* aparece aqui pela primeira vez, tal como nos Escritos.

2. Fórmula que reaparece frequentemente nas cartas. Por exemplo, em fevereiro de 1897, Teresa escreverá: *Eu desejarei no céu a mesma coisa que na terra: Amar Jesus e fazer com que o amem* (CT 220).

3. Aí está o movimento fundamental da "pequena via": desejo incoercível, verificação de impossibilidade, renovação na esperança; compare-se com Ms A, 32a, e Ms C, 2v.

4. Depois de invocar a Trindade, Teresa se dirige aqui ao pai; mais adiante ela falará a Jesus (*a Santa Comunhão, o cetro da cruz*).

5. *E no seu coração ardente de amor*; palavras ausentes, de início, na primeira redação, acrescentadas a pedido de Irmã Maria do Sagrado Coração (como mais adiante, a expressão *consolar vosso coração sagrado*). Na verdade Teresa contempla, em 9 de julho, o Coração de Jesus: *Ó meu Deus! Vosso amor desprezado vai permanecer em vosso coração?* (Ms A, 84a).

6. O Ato será lido aos pés da imagem de Maria; e esse gesto exprime uma realidade constante da vida de Teresa, que entrega tudo a Deus pelas mãos de Maria.

7. Sobre essa citação de São João da Cruz, ver Ms C, 31a, n. 59.

8. Segundo o desejo de Teresa, Madre Inês submeteu o texto do Ato de Oferenda à verificação de um teólogo, em 1895. Depois de examiná-lo, Pe. Armand Lemmonier fê-lo passar pelo julgamento de seu superior (e homônimo), que mandou mudar a expressão *desejos infinitos* por *desejos imensos*. Teresa obedece, embora já tenha falado de *desejos infinitos* em CT 107 e RP 2; veja-se também o pedido de *amor infinito* na Or. 2. Teologicamente, Teresa tinha razão: ela não restringe Deus à medida do homem (quer seu pecado, quer seus desejos), mas ajusta o homem à medida de Deus, abrindo-o ao infinito (cf. Tomás de Aquino e Catarina de Siena).

9. Embora Madre Inês de Jesus e irmã Maria de Trindade tenham visto nessa expressão um pedido de milagre (permanência da presença real em Teresa, sob a forma das santas espécies), parece que a perspectiva de Teresa é outra. De fato, ela pede a tomada de "posse" dela mesma por aquele que só transforma o pão em seu corpo com o fim de transformar o comungante nele Mesmo. Cf. *Prières*, p. 95 s.

10. Confronte-se com o relato da primeira comunhão (Ms A, 35a).

11. Teresa pode ter encontrado essa ideia em muitos trechos do *Cântico espiritual*; por exemplo: "Quando se trata de Deus, olhar é amar" (Explicação da estr. XXXII, t. II, p. 28; ver também, de São João da Cruz, *Glosa sobre o Divino*).

12. A ação de graças por toda a sua vida passada é o próprio movimento do Ms A inteiro. Na primavera de 1895, Teresa dá graças *em particular* por essa *inexprimível graça/ De ter sofrido* (PN 16,1). Ela não pede sua repetição, nem a recusa, aliás. Sobre as reações de Irmã Maria do Sagrado Coração e de Irmã Genoveva, cf. *Prières*, p. 99.

13. Santa do instante presente e da pobreza espiritual, Teresa não faz nenhuma reserva:, tantas dívidas para serem pagas no purgatório, quantas méritos para serem exaltados como um direito à recompensa. Teresa não nega méritos (Ms C, 33a/v), mas recusa-se a entesourar. E sobretudo trata-se aqui, como na oferenda inteira, menos de dar que de receber gratuitamente.

14. Cf. a *Maxime 70* de São João da Cruz, citada por Teresa em CT 188: *No ocaso desta vida, sereis examinados sobre o amor.*

15. Teresa se distancia, pois, mesmo de Santa Teresa d'Avila, que escrevia: "Custe o que custar, Senhor, não me deixeis por muito mais tempo comparecer diante de vós com as mãos vazias, uma vez que deveis medir o salário pelas obras" (*Vie par de-même*, cap. XXI, p. 239 s.). Cf. Conrad De Meester, *Les mains vides. Le message de Thérèse de Lisieux*, nova edição, Cerf, 1988.

16. É uma das fórmulas estereotipadas que encerram muitas circulares de carmelitas daquela época.

17. Já em 1923, a Igreja atribuía indulgências à recitação dessa última parte do Ato de Oferenda, para animar os fiéis a rezá-lo.

18. Na enfermaria, Teresa acentuará a repercussão de sua oferenda até em seus atos mais simples: *Tudo o que faço, os movimentos, os olhares, tudo, desde minha oferenda, é por amor* (CA 8.8.2).

19. É um dos desejos mais constantes de Teresa, desde sua juventude religiosa; ela volta a esse ponto cerca de vinte e cinco vezes em seus escritos; cf. as referências em *Prières*, p. 101.

20. Cf. PN 17, 14 e 15. Trata-se muitas vezes da "morte de amor" em São João da Cruz, de quem Teresa é tão impregnada. Cf. CA 27.7.5 e 31.8.9.

21. Alusão provável ao purgatório. Cf. Ms A, 84v.

22. Teresa encontrou muitas vezes esse termo nupcial, "enlace", no *Cântico espiritual*, a respeito do matrimônio espiritual da alma com Deus.

23. Cf. CA 29.7.9.

Oração 7

Or. 7 — ORAÇÃO A JESUS NO TABERNÁCULO
DOC.: CE II, 180a/v — DATA: 16 de julho de 1895 — COMPOSTA PARA: Irmã Marta — PUBLIC.: HA 53, p. 261.

Esta oração foi composta para Irmã Marta de Jesus, a seu pedido (PA, p. 590), ao completar trinta anos. Como é irmã conversa, seu dia termina por uma visita ao Santo Sacramento, durante o grande silêncio. Nessa visita ela inclui o exame de consciência, exercício muitas vezes pouco agradável, sobretudo para um temperamento facilmente *triste* e pronto a se *desanimar* (Or. 7 e 20).

1. Nos escritos de Teresa não se encontra propriamente um método de oração. Essas linhas são ainda mais preciosas porque explicam a atitude que se deve conservar fora da oração: união com Deus ao longo do dia, caridade fraterna, renúncia habitual.

2. Emprego único dessa palavra. A consideração de Jesus como o único *Reparador* do homem provém da mais antiga tradição patrística e monástica.

3. Palavra muito rara em Teresa (Ms A, 33a e 48a), ainda que ela viva isso constantemente.

4. Todo esse final e vários pontos dessa oração devem ser confrontados com a poesia "Au Sacré-Coeur" (PN 23), que é provavelmente de junho de 1895.

Oração 8

Or. 8 — ORAÇÃO PELO SEMINARISTA BELLIÈRE
DOC.: autógrafo — DATA: entre 17 e 21 de outubro de 1895 —COMPOSTA PARA: Maurice Bellière, seminarista — PUBLIC.: HA 53, p. 262 s.

Teresa compôs essa oração espontaneamente, por intenção de seu novo irmão espiritual, confiado a ela por Madre Inês, em outubro de 1895 (cf. Ms C, 31v s.). Esta reúne a oração de Teresa com sua resposta positiva ao seminarista.

1. A palavra *todas*, em destaque, responde ao pedido do seminarista. Para compreender bem o sentido dessa oferenda exclusiva, é bom ver a narrativa de Teresa, Ms C, 33v.
2. É a oração que Teresa pedirá que seu irmão faça por ela; cf. CT 220.
3. Sobretudo os da caserna, enquanto as "marcas de uma vida frívola" ainda não se apagaram para o rapaz, como ela acaba de escrever.
4. Devoção privilegiada de M. Bellière, que acrescenta a sua assinatura: "Guarda de Honra do Sagrado Coração".
5. Reminiscência da oração de Teresa Durnerin; cf. CT 101 e RP 2, nota 25.
6. Reminiscência da *Salve Regina*.

Oração 9

Or. 9 — ORAÇÃO DE CELINA E DE TERESA
DOC.: autógrafo — DATA: Natal de 1895 — COMPOSTA PARA: Irmã Genoveva — PUBLIC.: *Lettres 1948*, p. 305.

Esse texto se encontra no verso de um santinho rendado, representando o Menino Jesus ceifando lírios; sob a gravura, o texto impresso: "Feliz o lírio que permanece sem mancha até a hora da colheita; sua brancura brilhará eternamente no paraíso". Sob dois lírios ceifados, lê-se "Teresa" e "Celina", nomes manuscritos por Irmã Genoveva (depois de 30/9/1897). Esse santinho vai ser colocado na sandália da noviça, na noite de Natal. Esse gesto muito simples faz notar que Teresa fica presente, vigilante, na afeição fraterna, em meio às dificuldades que encontra Irmã Genoveva para ser admitida à profissão; cf. *Prières*, p. 110-111.

1. Lembremos o pensamento de Teresa a esse respeito em Ms A, 82a, e CA 16.7.2.
2. Esse adjetivo é o centro da oração, traduzindo a intimidade das duas irmãs, sobretudo nos últimos oito anos; cf. CG, p. 223 e 1364; Ms A, 47v, e Ms C, 8v. Quanto ao símbolo da flor, cf. CT 134.

Oração 10

Or. 10 — OFERENDA DO DIA
DOC.: cópia MSC — DATA: 1895 (?) — COMPOSTA PARA: Edith de Mesmay — PUBLIC.: NV 1927, p. 212 s.

Essa oração foi composta "para uma pessoa do mundo", Edith de Mesmay (1860-1927), nascida de La Porte de Sainte Gemme, amiga privilegiada de Maria Martin, no internato da Visitação de Mans. Pode-se considerar como certo que Maria do Sagrado Coração pediu essa oração a Teresa para sua amiga Edith. Ex-alunas da Visitação, elas têm em comum grande devoção ao Sagrado Coração.

1. Não é fora de cogitação que Teresa ponha uma sutileza entre orar "por intenção de alguém", isto é, em favor dessa pessoa (CT 226), e orar "pelas intenções" dessa pessoa, isto é, com ela, partilhando o que lhe é caro, como é o caso aqui. As coletâneas de orações da época contêm bom número de fórmulas de oferenda do dia em união com o Sagrado Coração.

2. Eco do Ato de Oferenda (Or. 6). As semelhanças de expressão com esse texto permitem afirmar que esta Or. 10 é do segundo semestre de 1895.

Oração 11

Or. 11 — QUE EU ME ASSEMELHE A TI
DOC.: autógrafo — DATA: 1896 (?) — PUBLIC.: DE, p. 517.

Pergaminho (7 x 4,2 cm) dobrado em dois. Na parte interna, do lado esquerdo, uma vinheta da Sagrada Face de Tours. Texto: acima da vinheta: *Faz que eu "t R"*; abaixo: *Jesus!...* No envelope em que é conservado, Irmã Genoveva escreveu mais tarde, a lápis: "Pergaminho que Sta. Teresa do Men. J. usava, com outras orações, em um saquinho preso sobre o peito, com um alfinete". — Teresa expressou muitas vezes os desejos que lhe inspirava a contemplação da Sagrada Face (cf. CA 5.8.9). Ela o cantou em uma poesia: *Meu Céu neste mundo!...* (PN 20). Repetiu-o em suas orações apaixonadas (Or. 12 e 16). Resume tudo isso, aqui, num grito de amor: aspiração à perfeita transformação em seu bem-amado; à configuração a Jesus em sua Paixão. Temos aí como que a oração intemporal e fundamental de "Teresa da Sagrada Face" (sobre a "semelhança", Cf. *Prières*, p. 117).

Oração 12

Or. 12 — CONSAGRAÇÃO À SAGRADA FACE
DOC.: autógrafo — DATA: 6 de agosto de 1896 — COMPOSTA PARA: ela própria, Irmã Genoveva e Irmã Maria da Trindade — PUBLIC.: HA 98, p. 260-262, sem o anverso; quanto a este último, Mss I, p. 20 s. — As palavras em itálico são escritas por Teresa com tinta vermelha.

Esta oração foi composta para o dia 6 de agosto de 1896, festa da Transfiguração. Teresa escolhe essa data para consagrar-se solenemente à *Face Adorável de Jesus*, juntamente com suas companheiras de noviciado chamadas "da Sagrada Face". Uma primeira versão, com importantes variantes, é reproduzida em *Prières*, p. 124 s. A oração é escrita no verso de um pequeno cartão (13 x 9 cm). No anverso, uma estampa que reproduz a Sagrada Face de Tours é rodeada por três medalhões ovais, dispostos em semicírculo. Eles contêm as fotografias das signatárias cujos nomes são reproduzidos.

1. Teresa lembra com iniciais os prenomes de batismo de cada uma: *C* para irmã Genoveva (Celina); *L.J.* (Luísa Josefina) para Maria de Trindade; *Maria F.* (Maria Francisca) para ela própria. Irmã Genoveva de Santa Teresa chamava-se primeiramente "Maria da Sagrada Face" (cf. CT 174) e Irmã Maria da Trindade, "Maria Inês da Sagrada Face" (cf. PN 11 e 12). Esta última, desde a infância, tinha marcada devoção pela Sagrada Face. Teresa foi a primeira carmelita de Lisieux a usar o *título de nobreza* (cf. CT 118) *da Sagrada Face*, como, aliás, o *do Menino Jesus*.

2. João da Cruz, *Cântico espiritual*, anotação sobre a estr. XXIX. É a primeira vez que a citação aparece nos Escritos. Ela será repetida no Ms B, 4v; CT 221 e 245.

3. Id., *A viva chama de amor*, estr. I, explicação do v. 6 (passagem que Teresa marcará com uma cruz, a lápis, na enfermaria, em 1897, cf. DE, p. 493). É de se notar que, se ela cita essa palavra apenas em 1896-1897, há anos vive nela; cf. CA 27.7.5.

4. Teresa se inspira, aqui, nas Litanias da Sagrada Face: "Ó Face Adorável, mais fresca que as rosas da primavera".

5. Esse versículo (Jo 19,28) é a fonte do ardor apostólico de Teresa; cf. Ms A, 45v, 46v. Algumas semanas depois, no Manuscrito B (8/9/96), essa sede das almas vai se exprimir em sua dimensão universal. Cf. também PN 31+.

6. A maior parte das coletâneas de Tours apresenta um "Grito de amor", em que se lê: "Almas! Almas! Precisamos de almas".

7. Esse final é um eco de PN 20: "Meu céu neste mundo" (12 de agosto de 1895), e PN 32: "Meu céu" (7 de junho de 1896); entre essas duas poesias situa-se a entrada de Teresa na noite da fé.

Orações 13 a 16

DOC.: autógrafo — DATA: verão (?) de 1896 — PUBLIC.: HA 07, p. 305 (Or. 13 e 15); HA 98, p. 260 (Or. 14 e 16).

Para atender às necessidades da análise, foram dissociadas as quatro orações (13 a 16) agrupadas por Teresa em um único santinho de breviário. Para ela, trata-se de um documento que é como sua carteira de identidade, resumindo seu nome religioso. Ela a compôs para si mesma, sem dúvida durante o verão de 1896. No anverso do cartão (8,6 x 12,8 cm) está colada uma imagem de Jesus adolescente (4,9 x 6,5); acima e de cada lado, encontra-se o texto da Or. 13; abaixo, o texto da Or. 14. No verso, a estampa da Sagrada Face (3,1 x 4,4), idêntica à da Or. 12. Acima e nas margens, o texto da Or. 15; abaixo, o texto da Or. 16.

Oração 13

Or. 13 — PAI ETERNO, VOSSO FILHO ÚNICO

1. O qualificativo é excepcional em Teresa (aqui e na Or. 15); ela escreve de preferência *Pai Celeste* (CT 107 e 247; Ms C, 34a/v), *Pai Santo* (Ms C, 34v), *Pai misericordioso* (CT 220).

2. Pode-se pensar aqui em São João da Cruz e em sua "Oração da alma inflamada de amor": "O céu é meu; a terra é minha [...] Jesus Cristo inteiro". Ouve-se também, aí, a ressonância do Ato de Oferenda, que ela repete *muitas vezes*. Cf. também CT 137.

Oração 14

Or. 14 — AO MENINO JESUS

1. É a resposta do "menino" encontrado um dia por Teresa d'Ávila em um claustro; cf. *Les fioretti de sainte Thérèse d'Avila*, por J. Gicquel, o.c.d. (Cerf, 1977, p. 14).

2. Teresa tem diante dos olhos um menino de uns dez anos. Com o indicador esquerdo, ele mostra seu coração, e aponta para o céu com o direito, pormenor que toca Teresa em plena provação da fé. Ela o conservará diante dos olhos, na enfermaria; cf. CA 25.7.4.

3. Expressão tirada do *Cântico Espiritual*: "Quando me olháveis/ Vossos olhos imprimiam em mim a vossa graça..." Sabe-se quanto Teresa amava estas estrofes (estr. XXXII, XXXIII, XXXVI). Note-se, outra vez, o importante papel de João da Cruz no caminho

espiritual de Teresa, nesse verão de 1896. De fato, pela quarta vez, ela se inspira em seus pensamentos para fazer santinhos de breviário: *Glosa sobre o Divino* (PN 30); CT 188, estampa com retrato do santo e seus pensamentos no verso; *Consagração à Sagrada Face* (Or. 12); e este marcador de livro.

4. É preciso lembrar que não se trata de afetações, mas dessas *humildes virtudes* (PN 35,3), ao contrário da virtude orgulhosa denunciada por Lúcifer pouco antes (RP 7, *A vitória da humildade*). Esse texto gracioso (Or. 14) representa, nessas *Orações*, o papel da *criancinha* ou do *passarinho* no Manuscrito B, quase contemporâneo. Cf. PN 13, nota 4.

5. É o *dies natalis* do martirológio cuja leitura, em tradução francesa, Teresa ouvia todas as tardes no refeitório. Aqui, é a única vez em que ela fala, nesses termos, de sua própria morte.

Oração 15

Or. 15 — PAI ETERNO, COMO ME DESTES

1. Transcrição simplificada de palavras interiores ouvidas por Irmã Maria de São Pedro (em 28/10/1845), citadas em sua *Vie*, p. 234, e que se tornaram a sexta das "Promessas de Nosso Senhor" a quem venerar a Sagrada Face. Várias das expressões usadas por Teresa nesse marcador vêm dessa fonte (*Pai eterno, imprimir... sua divina semelhança*).

Oração 16

Or. 16 — À SAGRADA FACE

1. Com audácia, Teresa se apropria e transpõe a palavra que dizia respeito a Jesus criança. Do aspecto secundário ela passa ao mistério do nome, colocando em pé de igualdade os dois vocábulos seus: Teresa do Menino Jesus e da Sagrada Face.

2. Encontramos de novo o *Cântico espiritual*, estr. XXXVI, explicação do v. 2: "Dai-me a graça de me transformar tanto em vossa bondade e de vir a ser, de maneira tão perfeita, semelhante a vós, que possamos nos contemplar um e outro nessa beleza divina".

3. *Não ver... não sentir*: atitude fundamental de fé, em Teresa, acentuada ainda pela provação da Páscoa de 1896. *Por amor*, ela aceita ser privada das manifestações sensíveis do amor.

4. Expressão inspirada em São João da Cruz, que, no entanto, escreve: "consumindo-se rapidamente" (cf. Or. 12).

Oração 17

Or. 17 — SENHOR, DEUS DOS EXÉRCITOS
DOC.: CE II, 175 a/v. — DATA: 1896-1897 — PUBLIC.: RA 07, p. 306-307 (corrigida). *Prières* 1988, p. 50 s.

Essa oração, segundo a crítica interna, dataria do inverno de 1896-1897 (cf. *Prières*, p. 13 s.). Nele, a tuberculose progride e mina as forças de Teresa, que pressente a morte bem próxima. Além disso, as tentações contra a fé a atormentam. No combate solitário, ela olha para Joana d'Arc. A que "imagem" de Joana d'Arc se refere o título (que não é de Teresa, mas da cópia do Processo)? As palavras *prisioneira* e *cadeia* (na Oração) fazem pensar que se tratasse de VTL n. 13, Joana (= Teresa) na prisão.

1. Cf. BT, p. 164 s. O texto retoma adiante: *Minha espada*. Sobre essa imagem, cf. o fascículo *Mes Armes* (1975), p. 102 e 121 s.

2. Cf. Ms 1, 2v, e CT 224. Empregada treze vezes nos Escritos, a palavra *batalha* aparece sobretudo em 1896-1897 (nove vezes).

3. Expressão única sob a pena de Teresa. Trata-se do "mundo" no sentido de João (cf. Jo 17).

4. A mesma ideia em CT 224, em que Teresa dá uma transposição explícita da missão de Joana.

5. Réplica histórica de Joana aos juízes, durante o seu processo.

6. Cf. a afirmação forte de Teresa em CA 9.8.1.

Oração 18

Or. 18 — Ó SANTOS INOCENTES...
Ó SÃO SEBASTIÃO
DOC.: autógrafo — DATA: fim de 1896, início de 1897 (?) — COMPOSTA PARA: Irmã Genoveva — PUBLIC.: NV 1927, p. 213 s., e HA 53, p. 258 s.

Estampa rendada (11,9 x 8,2 cm) representando um soldado (*São Sebastião*), socorrendo Tarcísio, e dois Anjinhos (os *Santos Inocentes*) apresentando a palma e a coroa. Vê-se um cibório com uma hóstia resplandecente, no alto, e estes dois versos sob a gravura: "A esse soldado valente cujo coração ela conhece/A criança diz seu segredo: 'Eu levo o Senhor'". Esta oração foi composta para Irmã Genoveva (talvez para seu primeiro aniversário de profissão, em 24 de fevereiro de 1897).

1. Sobre este tema, cf. RP 2, 2a; RP 6, 5a e 9a; CT 182; PN 44 (28/12/1896).

2. Esse santo, muito popular, é um dos heróis de *Fabíola*, obra muito lida nos Buissonnets. Em 1893, Madre Inês compara Celina a Sebastião (por quem esta última tem particular devoção). Teresa inclui este guerreiro no cortejo de honra da profissão de Celina (CT 182). Mesmo em seu leito de morte, irmã Genoveva ainda cantará, no dia 20 de janeiro de 1959 (dia da festa do santo): "Ó grande São Sebastião, a quem Deus nada recusa!"

3. Cf. PN 47, 5, composta em janeiro de 1897.

4. Teresa assume o texto impresso no anverso da estampa.

5. Jovem da Igreja de Roma que morreu mártir (por volta de 255) enquanto levava a Eucaristia, em segredo, aos cristãos prisioneiros; encontrado por pagãos, ele se recusou a entregá-la a eles e foi massacrado.

6. Cf. PN 54, 23. Na estampa, Teresa pintou com mais "sangue" do que permitia o modelo. A presente frase, inteira, é autobiográfica: Teresa também luta "até o sangue" contra a tentação; cf. Or. 19.

Oração 19

Or. 19 — ATO DE FÉ
DOC.: autógrafo — DATA: junho-julho (?) de 1897 — PUBLIC.: *Le Triomphe de l'Humilité*, p. 114.

Data proposta segundo a escrita e o conteúdo. O original dessa oração, escrito a lápis, encontra-se num fragmento de margem de uma carta (2 x 9 cm mais ou menos), rasgado de modo irregular.

Desde a Páscoa de 1896, a fé de Teresa numa vida eterna é posta a rude prova. Durante o retiro de outubro de 1896, ela se abre sobre isso a Pe. Godefroid Madelaine, que a aconselha a escrever o *Credo* e usá-lo sobre o coração. Ela transcreve, então, o Símbolo dos Apóstolos, com o próprio sangue, e prende-o no fim do seu Evangelho.

Em 1897, as trevas se tornam mais espessas. No dia 9 de junho ela escreve: *Creio que fiz, de um ano para cá, mais atos de fé que durante toda a minha vida. A cada nova ocasião de combate [...] corro para meu Jesus, digo a ele que estou pronta a derramar até a última gota do meu sangue, para confessar que existe um céu* (Ms C, 7a). Cf. também CA 7.8.4 e DE, p. 526. Cf. *Prières*, p. 142.

Madre Inês revelou a Irmã Luísa de Jesus (carmelita de Lisieux de 1919 a 1982) que Teresa se sentia, às vezes, assaltada com tal violência por um espírito de blasfêmia, que mordia os lábios, com força, para não proferir as palavras ímpias que lhe vinham como que contra a vontade (tradição oral, DCL).

Oração 20

Or. 20 — ORAÇÃO PARA CONSEGUIR A HUMILDADE
DOC.: CE II, 181v/183a — DATA: 16 de julho de 1897 — COMPOSTA PARA: Irmã Marta — PUBLIC.: HA 07, p. 307-308 (corrigida); *Prières*, 1988, p. 53.

Esta oração foi composta para Irmã Marta de Jesus, por ocasião de seus trinta e dois anos, em 16 de julho de 1897 (confirmado por CT 256). Por sua condição de conversa, ela está exposta a receber ordens de qualquer irmã, e seu espírito de contradição lhe torna difícil a obediência. Teresa convida-a, pois, a olhar para *Jesus doce e humilde de coração*. Na mesma época, Teresa usa somente essa linguagem com as noviças: Maria da Trindade (CT 164), Maria da Eucaristia (DE, p. 778) e sobretudo Irmã Genoveva (CT 243).

1. Esta palavra, retomada três vezes na oração, faz viver Teresa, particularmente em suas últimas semanas (cf. CA 15.5.3).
2. Cf. Im. III, 49, 7, e CSG, p. 118.
3. Única vez em que essa palavra é empregada nos Escritos.
4. Cf. CA 6.8.8 e 7.8.4.

Oração 21

Or. 21 — SE EU FOSSE A RAINHA DO CÉU
DOC.: autógrafo — DATA: 8 de setembro de 1897 — PUBLIC.: encarte em HA 07, p. 48-49 (fac-símile corrigido); *Lettres* 1948, p. 438 s.

Esse 8 de setembro de 1897, sétimo aniversário de sua profissão, é um dia de calma e doçura para Teresa, doente; cf. CA 8.9. Ela pede "para rever a imagem de Nossa Senhora das Vitórias, onde ela havia colado a florzinha que (seu) pai lhe dera quando permitiu que ela entrasse no Carmelo" (Irmã Genoveva, PO, p. 309). É então que ela escreve no verso, com mão trêmula, essa última Oração. "Foram as últimas linhas que ela traçou nesta terra."

Um tanto cheia de sutilezas, à primeira abordagem, e surpreendente, portanto, vinda de Teresa, essa Or. 21 foi considerada inspirada pelas palavras comumente atribuídas a Santo Agostinho: "Senhor, minha alma se regozija grandemente quando pensa vós sois Deus; pois, se o impossível pudesse ser — que Agostinho fosse Deus e que vós fôsseis Agostinho —, eu preferiria que fôsseis Deus, e não Agostinho. Esse dito é relatado na *Vie des saints et fêtes de toute l'année*, pelo R. Pe. Ribadeneira. Costumava-se ler essa *Vida dos Santos* no refeitório, no tempo de Teresa. É possível que Madre Inês tenha lido alguma parte dela, na enfermaria, na festa de Santo Agostinho, em 28 de agosto. Além do mais, essa Oração 21 evoca uma ideia querida de Teresa: *Minha boa Virgem Santa, penso que sou mais feliz do que vós, pois vos tenho por Mãe e vós, vós não tendes Virgem Santa para amar* (CT 137, de 19 de outubro de 1892; ideia retomada sob outra forma em CA 11.8.4). Existe aí como que uma mudança de identidade, expressa num grito de amor.

ÚLTIMAS PALAVRAS

Introdução

Já na primeira edição da *História de uma alma*, em 1898, Madre Inês inserira, no capítulo XII, depois dos "Testemunhos das noviças", grande número de palavras de Teresa, sob o título "Derniers Entretiens", designação que ficará tradicional e aparecerá como subtítulo dos *Novissima Verba*, antes de ser retornada, como título, na edição crítica do Centenário. Devemos a maior parte desses textos às notas tomadas por Madre Inês de Jesus, que coletou cerca de setecentos e vinte e cinco ditos de sua irmã, durante a última doença (chega-se mais ou menos a oitocentos e cinquenta com palavras próprias, atestadas por outras testemunhas).

1. À cabeceira de Teresa, Madre Inês de Jesus

Na primavera de 1897, a saúde de Teresa declinou rapidamente. Em 30 de maio, Madre Inês ficou perturbada pela revelação das duas hemoptises do ano anterior (quinta-feira e Sexta-feira Santa de 1896; cf. Ms C, 4v/5a). Por isso, no dia 2 de junho, Madre Inês sugere a Madre Maria de Gonzaga que dê ordem a irmã Teresa de continuar a redação de suas lembranças (cf. Introdução aos *Manuscritos autobiográficos*).

Ela vai, de seu lado, anotar as palavras da irmã. Terá ela solicitado a permissão de fazê-lo, para possibilitar, mais tarde, a redação da "Circular necrológica"? Irmã Genoveva o afirma em uma nota manuscrita, mais tarde. Seja como for, Madre Inês, liberada da preocupação do priorado desde março de 1896, não esperara o mês de junho para começar. Por quê?

Várias razões podem ser alegadas. De que Madre Inês, antes de 3 de junho, tenha desejado conservar certos ensinamentos de Teresa para sua consolação pessoal não há nenhuma dúvida. Irmã Genoveva, por sua vez, não recolhera suas "lembranças de uma noviça", com a permissão de Teresa? Mas a partir de 4 de junho Madre Inês se sente em missão oficial. Ela não pode pressentir, é claro, "o furacão de glória" (segundo a expressão de Pio XI) que desabará, um dia, sobre Lisieux, mas verifica a excepcional maturidade de sua jovem irmã. Deve-se mencionar também razões familiares. Leônia, privada do contato com Teresa, escreve a Celina: "Quanto ela deve perfumá-la com suas virtudes! Se você pudesse escrever todas essas coisas, como seria consolador para mim ter tudo isso, pois não tenho, como vocês, irmãzinhas tão amadas, a felicidade de estar junto de minha irmã querida!" (18/7/1897). Dois dias antes, Madre Inês já transmitira aos Guérin várias palavras de Teresa, ouvidas na enfermaria (16/7). Irmã Maria da Eucaristia faz o mesmo. Ambas sentem que não se deve deixar que nada se perca.

Madre Inês começa, pois, o ofício de enfermeira em 5 de junho de 1897, à noite, enquanto a comunidade canta as matinas de Pentecostes. A partir da transferência de Teresa para a enfermaria, em 8 de julho, ela se instala a sua cabeceira durante as horas de Ofício, de recreio e sempre que as enfermeiras (Irmã Santo Estanislau e Irmã Genoveva) são requisitadas para outros serviços.

Vai renascer uma grande intimidade entre a doente e sua *mamãe*, durante essas visitas regulares. Apesar da grande fraqueza, Teresa não se abandona a uma regressão infantil, mas *agora* (cf. DE, p. 43, nota 113) se encontra em tal estado de desapego, que pode viver essa intimidade com transparência. Em seu estado, essas visitas são um grande conforto para ela. Ajudam também Madre Inês, muito sensível e perturbada pela perspectiva da morte de sua irmãzinha. Ela não hesita em interrogá-la, oportuna e inoportunamente. Essa insistência em suscitar perguntas e respostas — quase incômoda, às vezes — tem a vantagem de obrigar a doente a definir seu pensamento, a tomar posição. Verdadeira inquirição, que Teresa compara aos interrogatórios a que se submeteu sua irmã querida, Joana d'Arc (CA 20.7.6). Madre Inês reúne, assim, informações incomparáveis, de cuja importância histórica ela não podia suspeitar.

2. Irmã Genoveva e as outras irmãs

Depois de Madre Inês de Jesus, a mais assídua à enfermaria é Irmã Genoveva. Ela dorme em uma cela contígua. Por delicadeza e com o assentimento da priora, a Irmã Santo Estanislau, primeira enfermeira, delega-lhe seus poderes. Na enfermaria, a doente considera que o trabalho de formação da irmã não está terminado, e as últimas palavras registradas por sua enfermeira dão testemunho dessa perseverança. Isso não a impede, como com Madre Inês, de se abrir livremente e de lhe mostrar sua afeição. Sabendo que Madre Inês toma abundantes notas das palavras de Teresa, Irmã Genoveva contenta-se em escrever as que lhe dizem respeito de modo particular e completam suas lembranças de noviça (cf. CSG, p. 180-200).

O papel de Irmã Maria do Sagrado Coração junto de sua afilhada revela-se mais modesto que o das outras duas. Seus diversos trabalhos deixam-lhe pouco tempo livre. Graças à permissão de Madre Maria de gonzaga, ela pode pelo menos passar os recreios na enfermaria e anotar algumas palavras de Teresa. Irmã Maria da Eucaristia (prima irmã de Teresa, filha de farmacêutico) também tomará algumas notas, mas sobretudo enviará a seus pais verdadeiros "boletins médicos", fornecendo uma quantidade de informações de primeiríssima ordem[1]. Quanto à Irmã Maria da Trindade, ajudante de enfermagem, é retirada desse trabalho no momento em que Teresa desce à enfermaria. Ela se queixa amargamente disso. É, ao mesmo tempo, censurada e consolada por sua mestra.

Evidentemente, convém que a crítica examine todos esses testemunhos, visto que se trata de palavras e não de escritos.

3. As transcrições sucessivas de Madre Inês

Refazer aqui a história das versões transcritas por Madre Inês seria aborrecido, tamanha sua complicação (cf. *Derniers Entretiens, édition critique du Centenaire*, 1971-1992). Bastará resumir suas grandes fases.

Em 1910, Madre Inês testemunhará no Processo Ordinário: "O que acabo de dizer, da última doença e da morte de Irmã Teresa do Menino Jesus, não passa de um sumário muito incompleto de minhas lembranças. Durante os últimos meses de sua vida, anotei, dia a dia, à medida que as testemunhava, as particularidades de seus dias, e sobretudo as palavras que dizia. A melhor maneira de completar esse depoimento é entregar ao Tribunal um exemplar dessas notas". Essas aparecerão depois no PO[2].

Irmã Genoveva depôs no mesmo sentido: Madre Inês de Jesus "escrevia, na mesma hora, o que Irmã Teresa do Menino Jesus dizia às que se aproximavam de seu leito; ela o escrevia textualmente, tal como era dito pela cara doentinha" (PO, p. 305). Ela também fala de um caderno; mas, quarenta anos mais tarde, em *Conseils et souvenirs* (p. 171), explica que se tratava de "folhas avulsas". Uma só dessas folhas, tirada de uma agenda, foi conservada, com a letra de Madre Inês (ver reprodução fora de texto, em DE). Porém, mais ou menos rapidamente, teve de passar a limpo suas notas em um caderno.

Elas serão utilizadas várias vezes: no capítulo XII de *História de uma alma*, depois em cinco "Cahiers verts", para Mons. de Teil, vice-postulador da causa de Teresa, em fevereiro de 1909, e ainda em seu depoimento no Processo Ordinário (cf. *supra*), que reúne 275 ditos. Essa versão, próxima dos "Cadernos verdes", é a mais hierática; das palavras de Teresa, ela conserva apenas as mais edificantes, as mais conformes aos cânones da santidade. Os "Deniers Entretiens" são, pois — pelo menos em parte —, integrados ao processo de beatificação; tanto que Madre Inês dará a mesma versão no processo apostólico de 1915.

Para guardar perto de si, sob forma definitiva, essas preciosas lembranças, Madre Inês escolhe três cadernos idênticos. No primeiro, transcreve os Últimos Colóquios; nos dois outros, os Manuscritos autobiográficos de sua irmã. Por causa da encadernação de couro, o primeiro foi chamado "Caderno amarelo". Acima do título está escrito: *Muito íntimo*. Esse caderno ficou ao alcance da mão de Madre Inês até sua morte. Às vezes, tirava-o da gaveta da escrivaninha e lia uma passagem às religiosas que vinham vê-la. Embora transcrito vinte e cinco anos depois da morte da santa, ele se beneficia da maior proximidade cronológica com os fatos, pois repete, em resumo, um primeiro caderno, hoje desaparecido, redigido por volta de 1904-1905.

Em 1927, um pouco contra a vontade (cf. DE, p. 89), Madre Inês publicou os *Novissima Verba, Derniers Entretiens de Sr Thérèse de l'Enfant-Jésus, Mai-Septembre 1897*, livrinho que fez grande sucesso até esgotar-se, em 1960 (107.000 exemplares, e traduções em onze línguas).

Depois dos trabalhos de Pe. Combes sobre as *Lettres*, publicados em 1948, e de Pe. François de Sainte-Marie sobre os *Manuscrits autobiographiques* (1956), a necessidade de uma nova publicação crítica também se fez sentir quanto aos *Derniers Entretiens*. Foi o primeiro trabalho da edição chamada "do Centenário", que privilegia a versão do "Caderno amarelo" como a mais completa: 714 ditos, dos quais 327 próprios, ao passo que os *Novissima Verba* continham, no total, apenas 362; os "Cardernos verdes", 306 e o Processo Ordinário, 275. Um estudo aprofundado mostrava que era também, sem dúvida, a mais autêntica (cf. DE, p. 103-113). Mas essa edição reunia, em um segundo volume, o conjunto dos testemunhos colhidos por Madre Inês e pelas carmelitas de Lisieux[3].

4. O testemunho de Madre Inês diante da crítica

É claro que Madre Inês não pôde anotar tudo. O Caderno amarelo permanece fragmentário. A afeição fraternal não terá mudado a orientação de seu testemunho, ainda que fosse quanto à seleção? Muitas palavras, dirigidas a ela, foram suas "pequenas consolações", para sua própria edificação, principalmente no início. Felizmente, uma finalidade histórica veio rapidamente modificar o projeto inicial, sem eliminá-lo por completo. No dia 4 de junho, Madre Inês escreve a Teresa: "Serei vosso pequeno arauto..." Absorvida por sua função, ela vai anotar "à medida que é dito" não apenas o que lhe convém, mas também o que a confunde; não apenas o que lhe agrada, mas também o que a espanta e a faz questionar-se.

Ela chegou a tomar notas à vista de Teresa, ou depois de poucos instantes. A testemunha teve consciência do que era autenticidade literal e autenticidade segundo o sentido. Para ajudar o trabalho crítico, poder-se-ia enunciar a seguinte "lei": quanto mais curto, original, pitoresco, surpreendente for um dito, maior a possibilidade de ser literal. Ao contrário, quanto mais comprido e bonito, mais pode ter sido reescrito, o que não lhe altera forçosamente a autenticidade.

Aliás, é possível dedicar-se a um trabalho de crítica interna, comparando as palavras com os escritos de Teresa, principalmente dessa época (Ms C, seis Poesias, quarenta bilhetes e cartas); é também do maior interesse, é claro, confrontar entre si as palavras recolhidas pelas diversas testemunhas.

Quanto à cronologia, deve ser recebida com prudência. Madre Inês não escondeu o fato de ter às vezes distribuído palavras arbitrariamente. Mas pode-se concluir que o Caderno amarelo tem uma estrutura cronológica bastante forte para a época, que bem pouco se preocupava com a exatidão, nesse campo.

O valor excepcional dessas palavras não deve fazer esquecer seus limites. Seria um erro de método colocar absolutamente no mesmo plano os textos de Teresa e os Últimos Colóquios. É necessário contar com o caráter próprio da testemunha. Quaisquer que fossem as qualidades humanas e espirituais de Madre Inês, ela não podia deixar de ficar assombrada pela excepcional maturidade da irmã e por sua santidade. No entanto, que sorte para a posteridade que a testemunha privilegiada tenha sido mulher, carmelita e *mãezinha* de Teresa! De todas as religiosas da comunidade, ela era a melhor situada para apreender a alma de sua irmã.

5. A paixão de Teresa de Lisieux

Apenas o conhecimento do contexto médico permite apreciar, em seu justo valor, as palavras, ações e gestos de Irmã Teresa. Certamente, sabia-se que sofrera, mas os sofrimentos permaneciam em uma espécie de halo romântico: uma "jovem tuberculosa" sorridente morre, desfolhando rosas sobre um crucifixo. A realidade foi totalmente outra e os Últimos Colóquios mostram-no bem: irmã Teresa do Menino Jesus e da Sagrada Face percorreu uma verdadeira via-sacra. Ela morreu sufocando, respirando apenas com meio pulmão; passou sede, febre, suores abundantes e teve gangrena no intestino.

No dia 9 de junho, Teresa sabe que está condenada. No início de julho, ainda está de pé, mas no limite de suas forças. Dia 6 começa o período das hemoptises, que vai prolongar-se até 5 de agosto. Em 8 de julho, à noite, ela é transportada para a enfermaria. Da cama de ferro, rodeada por altas cortinas marrons, sobre as quais fez prender, com alfinetes, suas estampas preferidas, ela vê a imagem da Virgem do Sorriso, que desceu com ela àquele local.

As diversas fases da doença desnorteiam o Dr. De Cornière, de cinquenta e seis anos, médico do Carmelo. Esse corpo tão jovem passa por surpreendentes esforços de vida. Depois de 27 de julho começam os grandes sofrimentos, que atingem o paroxismo dia 30 pela manhã. Administram-lhe a extrema-unção. Com alternâncias de sofrimentos *de gritar* e aparentes melhoras, a doença vai piorando continuamente, até a agonia e a morte, em 30 de setembro, à noite.

6. O testamento de uma vida

Quando se percorre de uma só vez os *Últimos Colóquios*, tem-se a impressão de viver em companhia de Teresa ao longo do calvário de sua moléstia: ela surge espantosamente próxima e viva. Não há nisso uma prova extrema da veracidade das notas de Madre Inês? Não é surpreendente que breves palavras, sem ligação aparente, possam fazer surgir o mistério de uma pessoa cujo encanto indefinível se propaga ao longo dessas páginas? Quantos contrastes em seu temperamento!

Atração pela pequenez, aliada ao sentido da grandeza; ingenuidade de criança, unida a uma experiência de mulher (*um nenê que é um velho*); amor pela natureza coexistindo com o desejo do céu; aparência "angelical" inseparável de um sólido bom senso enraizado na terra normanda; esperança audaciosa misturada a diversas angústias muito humanas; heroísmo no cotidiano... Todos esses contrastes se aliam em Teresa. Diante da morte, os traços fundamentais de seu ser se expandem em espontaneidade penetrada pela graça.

Atormentada pelos sofrimentos, corporais e espirituais — ela continua a passar pela prova contra a fé e a esperança[4] —, a doente demonstra alegria e humor (negro, às vezes) desconcertantes, multiplicando brincadeiras, jogos de palavras e imitações; pela palavra e pelo gesto, consegue distrair e fazer rir aquelas que choram sua morte iminente. É justamente o fundo de seu *temperamento feliz* que ressurge aqui, totalmente livre, com aquele amor pela natureza (flores, frutos, estrelas, animais) que desde sempre constituiu sua personalidade.

Purificada, libertada por anos de fidelidade ao *Amor Misericordioso* (Or. 6) que se humilhou até ela, Teresa pode agora deixar que se expressem todos os dons de sua encantadora humanidade. Seu coração ultrapassa o círculo por demais estreito das relações familiares e religiosas: ele ganha as dimensões do mundo. *Filha da Igreja*, Teresa oferece todos os seus sofrimentos *pelas almas*, especialmente as dos pecadores e ateus, com os quais ela continua a partilhar o *pão da dor*, sempre voluntariamente sentada com eles à *mesa da amargura* (Ms C, 6a).

Irmã universal, o anúncio do Evangelho no mundo inteiro não cessa de inquietá-la. Misteriosamente, pressente que sua missão póstuma será assim, em escala mundial, não podendo o céu ser para ela um abrigo de repouso, mas, ao contrário, lugar de intensa atividade salvadora, que ignora, enfim, os limites do tempo e do espaço: *Se o bom Deus atender meus desejos, meu céu se passará na terra, até o fim do mundo. Sim, quero passar meu céu fazendo o bem na terra* (CA 17.7).

Os Últimos Colóquios, finalmente, mostram Teresa diante da morte. *Morrer de amor não é morrer no arrebatamento* (CA 4.7.2), mesmo para uma discípula de São João da Cruz. Em sua secura objetiva, as notas das testemunhas mostram que a *pequena via* vitoriosamente atravessou o obstáculo último. Não ao modo estoico, mas no abandono, na confiança e no amor de Jesus, o servo sofredor.

Faltava passar pela agonia. Esta foi terrível, segundo o testemunho dos que a ela assistiram. Mas um último dito resumiu a vida de Teresa, aureolando-se daquela paz súbita que, no último instante, autenticava a morte de amor ardentemente desejada, em conformidade com a de Cristo: *Meu Deus... eu vos amo!*

Nota sobre a organização do texto

Os textos desta edição são idênticos aos da edição crítica. Reportar-nos-emos a ela (sigla DE) quanto às diversas informações e justificações relativas a cada documento. Ao lado do Caderno amarelo de Madre Inês, achou-se que seria bom conservar os testemunhos, bem menos importantes, de Irmã Genoveva e de Irmã Maria do Sagrado Coração, únicos, no entanto, em que aparecem certas palavras que se tornaram célebres.

Quando às Cartas das testemunhas, que muitas vezes trazem pormenores importantes sobre a doença e o comportamento de Teresa, remetemos aos DE (cf. supra, nota 1).

A apresentação segue a da edição crítica; os traços de separação adotados por Madre Inês, para distinguir as palavras de um mesmo dia, não foram conservados. Os ditos são numerados dia a dia.

Sistema de referências

Os vários ditos de um mesmo dia são numerados 1, 2 etc., antes do texto correspondente. Não há numeração no caso de um único dito por dia. Exemplos (no Caderno amarelo):

CA 12.7.3 designa o terceiro dito de 12 de julho;

CA 10.6 designa o único dito de 10 de junho.

O "CADERNO AMARELO" DE MADRE INÊS

Muito íntimo

Palavras recolhidas
durante os últimos meses
de nossa Santa Teresinha

Irmã Inês de Jesus
c.d.i.

6 DE ABRIL DE 1897

1 Quando somos incompreendidas e julgadas de modo desfavorável, de que serve defender-se, explicar-se? Larguemos mão, não digamos nada; é tão doce não dizer nada, deixar-se julgar seja como for! No Evangelho não vemos que Sta. Madalena se tenha explicado quando fora acusada pela irmã de permanecer aos pés de Jesus sem fazer nada. Ela não disse: "Marta, se soubesses a felicidade que sinto; se ouvisses as palavras que ouço! E depois foi Jesus que me disse que ficasse ali". Não, ela preferiu se calar. Ó bem-aventurado silêncio, que dá tanta paz à alma!¹

Lc 10,39-40

Ef 6,17 **2** "Que a espada do espírito, que é a palavra de Deus, fique perpetuamente em nossa boca, e em nossos corações." Se estivermos lidando com uma alma desagradável, não desanimemos, não a deixemos nunca. Tenhamos sempre na boca "a espada do espírito" para repreendê-la por seus erros; não abandonemos as coisas para ficar descansados; combatamos sempre, mesmo sem esperança de ganhar a batalha. Que importa o sucesso? O que nos pede o bom Deus é que não nos abandonemos às fadigas da luta, é que não desanimemos, dizendo: "Tanto pior! nada se tira dela, deve-se desistir". Oh! Isso é covardia; é preciso cumprir o dever até o fim².

3* Ah! Como não se deve julgar nada sobre a terra. Eis o que me aconteceu no recreio, há poucos meses³. É uma ninharia, porém me ensinou muito:

Soavam duas batidas, e estando ausente a Ecônoma⁴, era necessária uma terceira⁵ para minha Ir. Teresa de Sto. Agostinho. Geralmente é aborrecido servir de terceira, mas daquela vez aquilo me era mais para tentador, porque a porta deveria ser aberta para receber os galhos de árvores para o presépio.

Ir. Maria de S. José estava ao meu lado e eu adivinhava que ela partilhava meu desejo infantil. — "Quem é que vai me servir de terceira?", disse minha Ir. Teresa de Sto. Agostinho. Imediatamente desamarro nosso avental, mas lentamente, para que minha Ir. Maria de S. José fique pronta antes de mim e tome o lugar, o que aconteceu. Então, Ir. Teresa de Sto. Agostinho disse, rindo e olhando para mim: "Pois bem, é minha Ir. M. de S. J. que vai ter essa pérola em sua coroa. Você é vagarosa demais". Respondi apenas com um sorriso e recomecei o trabalho, dizendo comigo: "Ó meu Deus, como vossos juízos são diferentes dos julgamentos dos homens! É assim que nos enganamos frequentemente, na terra, tomando por imperfeição de nossas irmãs o que é mérito diante de vós!"

7 DE ABRIL

Eu lhe perguntava de que maneira eu morreria, permitindo que visse minhas apreensões. Ela me respondeu com um sorriso cheio de ternura:
"O bom Deus vai absorvê-la como uma gotinha de orvalho..."⁶

18 DE ABRIL

1   *Ela acabava de me confiar algumas humilhações bem penosas impostas por irmãs.*

"O bom Deus me dá, assim, todos os meios de ficar bem pequena; mas isso é que é preciso; estou sempre contente; eu me preparo, mesmo no meio da tempestade, de maneira a me conservar bem em paz por dentro. Se me contam escaramuças com as irmãs, esforço-me para não me animar, por minha vez, contra esta ou aquela. É necessário, por exemplo, que, enquanto escuto, possa olhar pela janela e gozar interiormente a vista do céu, das árvores... Compreende? Há pouco, durante minha luta sobre Ir. X, eu olhava com prazer as belas pegas brincando no campo, e estava tão em paz quanto na oração... Combati, sim, com... estou muito cansada! mas não temo a guerra. É a vontade do bom Deus que eu lute até a morte. Oh! Minha mãezinha, reze por mim!"

2   ...Quando eu rezo por você, não digo Pai nosso, nem Ave Maria; digo simplesmente, com enlevo no coração: "Meu Deus, cumulai minha mãezinha de toda espécie de bens, amai-a mais, se puderdes".

3   Eu era ainda bem pequena, quando minha tia me deu para ler uma história que me surpreendeu muito. Vi, efetivamente, que se louvava a professora de um internato, porque era capaz de se sair bem, com habilidade, sem ferir ninguém. Notei sobretudo esta frase: "Ela dizia a esta: 'Você não está errada'; e à outra: 'Você tem razão'". E eu pensava comigo: Não é bem assim! Essa professora deveria nada temer e dizer a suas filhinhas que estavam erradas, quando fosse verdade.

E agora minha opinião continua a mesma. Sou mais maldosa, confesso, pois é sempre tão fácil não dar razão às ausentes, e isso acalma imediatamente aquela que se queixa. Sim, mas...[7] é justo o contrário que faço. Se não sou amada, paciência! Digo a verdade inteira; que não venham me procurar, se não quiserem sabê-la.

4   A bondade não deve degenerar em fraqueza. Quando se ralhou com justiça, é necessário não voltar atrás, sem se deixar enternecer a ponto de se atormentar por ter causado dor, por ver sofrer e chorar. Correr atrás da aflita para consolá-la é lhe causar mais mal do que bem. Deixá-la entregue a si mesma é forçá-la a recorrer ao bom Deus para ver os próprios erros e humilhar-se[8]. De outra forma, habituada que estaria a receber consolação, depois de uma repreensão merecida, ela continuaria a agir, nas mesmas circunstâncias, como uma criança mimada que sapateia e chora até que a mãe venha enxugar-lhe as lágrimas.

1º DE MAIO

1   Não é "a morte" que virá me buscar; é o bom Deus. A morte não é um fantasma, um espectro horrível, como a representam nas estampas. Está dito no catecismo que "a morte é a separação da alma e do corpo"; é apenas isso![1]

2   Fiquei hoje com o coração repleto de uma paz celestial. Eu havia rezado tanto à Santa Virgem ontem à noite, pensando em que seu belo mês ia começar!

Você não estava no recreio hoje à noite. Nossa mãe nos disse que um dos missionários[2] que embarcaram com o Pe. Roulland[3] morreu antes de chegar a sua missão. Esse jovem missionário comungara, no navio, com as hóstias do Carmelo dadas ao Pe. Roulland... E agora está morto... sem ter feito nenhum apostolado, sem se ter dado a nenhum trabalho, como aprender chinês. O bom Deus lhe deu a palma do desejo; mas veja como ele não precisa de ninguém.

Eu não sabia, então, que Madre Maria de Gonzaga lhe havia dado o Pe. Roulland como segundo irmão espiritual. As palavras que acabo de relatar foram escritas, a ela mesma, pelo Pe. R., mas, como Nossa Mãe proibira que me contasse, ela só me falava do que tinha ouvido no recreio.

Foi para ela um grande sacrifício esse silêncio de quase 2 anos sobre seu relacionamento com o missionário em questão...[4]

Nossa mãe lhe pedira que fizesse para ele uma pintura sobre pergaminho. Como eu era a sua responsável pela pintura, ela poderia ter aproveitado a circunstância para me pedir um conselho, e assim me fazer adivinhar tudo. Mas, ao contrário, escondia-se de mim o mais que podia, vindo buscar às escondidas — fiquei sabendo mais tarde — o brunidor, para dar brilho ao ouro, que eu guardava sobre nossa mesa. Devolvia-o na minha ausência.

Foi apenas três meses antes de sua morte que nossa mãe lhe disse, por conta própria, que ela me falasse livremente a esse respeito, bem como sobre qualquer outra coisa.

7 DE MAIO

1   *7 horas da manhã*
    Hoje é dia de licença[5], cantei "minha alegria"[6] enquanto me vestia.

2   Nossa família não ficará por muito tempo na terra... Quando estiver no céu, eu as chamarei bem depressa... Oh! Como seremos felizes! Todas nós nascemos coroadas...

3   Tusso! Tusso! É como a locomotiva de um trem, quando chega à estação. Também estou chegando a uma estação: a do céu, e o anuncio!

9 DE MAIO

1   Podemos perfeitamente dizer, sem nos vangloriar, que temos recebido graças e luzes bem particulares. Estamos na verdade; vemos as coisas sob sua verdadeira luz.

2   *A respeito dos sentimentos dos quais, às vezes, não nos podemos defender; quando, depois de prestar um serviço, não recebemos nenhuma demonstração de reconhecimento.*

Asseguro que esse sentimento de que você fala atinge também a mim; porém, jamais sou apanhada, pois não espero, na terra, qualquer retribuição; faço tudo para o bom Deus, e assim nada posso perder e sou sempre muito bem paga pelo esforço que faço para servir o próximo.

3   Se, na pior das hipóteses, o próprio Deus não visse minhas boas ações, eu absolutamente não ficaria aflita. Amo-o tanto, que gostaria de poder agradá-lo, mesmo sem que ele saiba que sou eu[7]. Sabendo-o e vendo-o, ele fica como que obrigado "a mo devolver", e eu não gostaria de lhe causar esse sofrimento...

15 DE MAIO

1   Estou muito contente por ir logo para o céu, mas quando penso nesta palavra do bom Deus: "Trago comigo minha recompensa para retribuir a cada um conforme as suas obras", penso que, no meu caso, ele ficará bastante confuso. Não tenho obras! Ele não poderá retribuir-me "conforme as minhas obras"... Pois bem! vai retribuir-me "conforme as suas próprias obras..."   Ap 22,12

2   Imagino o céu de tal maneira que, às vezes, me pergunto como fará o bom Deus, quando eu morrer, para me surpreender. Minha esperança é tão grande, é para mim tal motivo de alegria, não pelo sentimento, mas pela fé, que me será necessária alguma coisa acima de todos os pensamentos, para me satisfazer plenamente. Mais do que me decepcionar, eu preferiria conservar uma esperança eterna.

Enfim, já penso que, se não ficar suficientemente surpreendida, fingirei estar, para agradar ao bom Deus. Não haverá perigo de eu o deixar ver minha decepção; saberei bem como proceder para que ele não a perceba. Aliás, sempre me disporei a ser feliz. Para consegui-lo, tenho meus pequenos truques, que você conhece e que são infalíveis... Depois, nada mais além de ver feliz o bom Deus; isso bastará plenamente para minha ventura.

3   *Eu lhe falara de certas práticas de devoção e de perfeição aconselhadas pelos santos e que me desanimavam.*

Quanto a mim, nada mais encontro nos livros, a não ser no Evangelho[8]. Esse livro me basta. É um deleite ouvir essa palavra de Jesus, que me diz tudo o que tenho de fazer: "Aprendei de mim, que sou doce e humilde de coração"; então, me sinto em paz, segundo sua doce promessa: ... "e encontrareis repouso para vossas almas".

Essa última frase ela me disse erguendo os olhos, com uma expressão celestial; acrescentou a palavra "pequenas" à palavra de Nosso Senhor, o que lhe deu ainda mais encanto:

"... E encontrareis repouso para vossas *pequenas* almas..."

4   *Tinham-lhe dado um hábito novo (o que foi conservado). Ela o usara pela primeira vez no Natal de 1896. Esse hábito, o segundo desde a sua Vestição, ficava-lhe muito mal. Perguntei se isso a aborrecia:*

Nem um pouquinho! Tanto quanto se fosse o de um chinês, lá longe, a 2.000 léguas de nós.

5   Jogo para a direita, para a esquerda, aos meus passarinhos[9], as boas sementes que o bom Deus coloca em minha pequena mão. Depois, elas vão para onde querem! Não me preocupo mais com elas. Às vezes, é como se eu não tivesse jogado nada; em outras ocasiões, isso faz bem. Porém, o bom Deus me diz: "Dá, dá sempre, sem te preocupares com o resultado".

6   Gostaria muito de ir a Hanoi[10], para sofrer muito pelo bom Deus. Gostaria de ir lá para ficar completamente sozinha, sem nenhuma consolação sobre a terra. Quanto a me tornar útil lá, é uma ideia que nem me passa pela cabeça; sei muito bem que não faria absolutamente nada.

7   Afinal de contas, para mim tanto faz viver ou morrer. Não percebo bem o que eu teria a mais, depois da morte, que já não tenha nesta vida. Verei o bom Deus, é verdade! mas, quanto a estar com ele, já o estou totalmente sobre a terra[11].

18 DE MAIO

1   Dispensaram-me de qualquer função; pensei que minha morte não causaria o menor transtorno na comunidade.

O fato de passar por um membro inútil, diante das irmãs, a faz sofrer?

Oh! Quanto a isso, é a menor das minhas preocupações; para mim, tanto faz!

2   *Eu havia feito todo o possível, vendo-a tão doente, para obter de nossa mãe a dispensa de seus ofícios dos mortos*[12].

Por favor, não me impeça de dizer meus "pequenos" ofícios dos mortos. É tudo o que posso fazer pelas irmãs que estão no purgatório, e isso não me cansa de modo nenhum. Às vezes, no fim de um silêncio[13], tenho um momentinho; isso me descansa bastante.

3   Necessito sempre ter trabalho preparado; assim, não fico preocupada e nunca perco meu tempo.

4   Eu tinha pedido ao bom Deus para acompanhar os exercícios da comunidade até a morte; mas ele não quer! Tenho certeza de que poderia ir a todos os ofícios; não morreria um só minuto antes. Às vezes, parece que, se eu não tivesse dito nada, não achariam que estou doente.

19 DE MAIO

Por que você está tão alegre hoje?
Porque, hoje de manhã, tive dois "pequenos" sofrimentos. Ah, bem perceptíveis! Não há nada que me dê "pequenas" alegrias como os "pequenos" sofrimentos...

20 DE MAIO

1   Dizem que terei medo da morte. É bem possível. Não há nenhuma, aqui, tão receosa de seus sentimentos quanto eu. Nunca me apoio em meus próprios pensamentos; sei o quanto sou fraca, mas quero desfrutar o sentimento que o bom Deus me dá agora. Sempre será tempo de sofrer o contrário[14].

2   *Mostrei-lhe sua fotografia*:
Sim, mas...é o envelope; quando é que se verá a carta? Oh! Como eu gostaria de ver a carta!...[15]

DE 21 A 26 DE MAIO

1   Teofânio Vénard[16] agrada-me ainda mais que São Luís Gonzaga, porque a vida de São Luís Gonzaga é extraordinária e a dele totalmente comum. E depois é ele que fala, ao passo que, no caso do santo, é um outro que conta e o faz falar; então, não se sabe quase nada de sua "pequena" alma!

Teofânio Vénard amava muito a sua família; e também eu amo muito a minha "pequena" família. Não compreendo os santos que não amam sua família... Minha pequena família de agora, ah! Eu a amo muito! Amo-a muito, muito, minha mãezinha.

2   Logo vou morrer; mas quando? Oh! Quando?... Nunca chega o dia. Sou como uma criancinha a quem prometem sempre um doce: mostram-no de longe; depois, quando ela se aproxima para pegá-lo, a mão se retira... Mas, no fundo, deixo-me perfeitamente levar, para viver, para morrer, para sarar e para ir à Cochinchina[17], se o bom Deus o quiser.

3   Depois da minha morte, não será necessário cercar-me de coroas como a Madre Genoveva[18]. Às pessoas que as quiserem dar, digam que prefiro que gastem esse dinheiro no resgate de negrinhos. Isso é que me agradaria.

4   Há algum tempo, eu tinha muita pena de tomar remédios caros; mas atualmente isso não me incomoda de modo nenhum, ao contrário. Foi desde que li, na vida de Santa Gertrudes, que ela se felicitava por isso, pensando que tudo seria em favor dos que nos fazem bem. Ela se apoiava na palavra de Nosso Senhor: "O que fizerdes ao mais pequenino dos meus irmãos, a mim mesmo o fareis".   Mt 25,40

5   Estou convencida da inutilidade dos remédios para me curar; mas já me entendi com o bom Deus, para que ele faça com que deles se aproveitem pobres missionários doentes, que não têm nem tempo, nem meios para se cuidar. Eu lhe peço que os cure, no meu lugar, por meio dos medicamentos e do repouso que me obrigam a fazer.

6   Disseram-me tantas vezes que tenho coragem, e é tão pouco verdade, que pensei: Mas, afinal, não se deve fazer todo mundo mentir! E com a ajuda da graça comecei a adquirir essa coragem. Fiz como um guerreiro que, ouvindo que o felicitavam por sua bravura, e sabendo muito bem que não passava de um covarde, acabaria por se envergonhar dos cumprimentos e gostaria de merecê-los.

Lc 11,5-8

7   Quando eu estiver no céu, quantas graças pedirei para nós. Oh! Atormentarei tanto o bom Deus que, se de início ele quisesse recusar, minha importunidade o forçaria a atender meus desejos. Essa história está no Evangelho...

8   ...Se os santos me demonstrarem menor afeição que minhas irmãzinhas, será bem duro para mim... e irei chorar num cantinho...

9   Os santos Inocentes não serão criancinhas no céu; terão apenas os encantos indefiníveis da infância[19]. São representados como "crianças", porque necessitamos de imagens para compreender as coisas espirituais.

...Sim, espero juntar-me a eles! Se quiserem, serei seu pequeno pajem, segurarei suas pequenas caudas...

10   Se eu não tivesse essa provação de alma[20], que é impossível compreender, creio que morreria de alegria, pensando em deixar logo a terra.

DE 21 A 26 DE MAIO[(1)]

11   Sentia-me um pouco triste hoje à noite, perguntando-me se o bom Deus estava realmente contente comigo. Pensava no que cada uma das irmãs, se fosse interrogada, diria de mim. Uma diria: "É uma boa almazinha; pode tornar-se santa". — Outra: "Ela é muito doce, muito piedosa, mas isto... mas aquilo..." — Outras pensariam ainda coisas diferentes; várias achariam que tenho muitas imperfeições, o que é verdade... Quanto à minha mãezinha, ela me ama tanto e isso a torna cega; assim, não posso acreditar nela. Ah! O que pensa o bom Deus, quem o dirá? Estava nessas reflexões, quando chegou seu bilhetinho. Você me dizia que tudo em mim lhe agradava, que eu era particularmente querida pelo bom Deus; que ele não me fizera subir, como as outras, a rude escada da perfeição, mas que me tinha colocado num elevador, para que eu fosse mais depressa levada a ele[21]. Eu já estava comovida, mas, continuando a pensar que o seu amor fazia-a ver o que não é, eu não conse-

---

1. Não me lembro mais da data exata.

guia saborear plenamente; aí, peguei meu pequeno Evangelho, pedindo ao bom Deus que me consolasse, respondendo ele mesmo... e eis que deparei com esta passagem, que nunca havia notado: "Aquele que Deus enviou fala as palavras de Deus; o dom do Espírito é, na verdade, sem medida". Ah! Então, derramei lágrimas de alegria, e hoje de manhã, quando acordei, estava ainda toda perfumada. Foi você, minha mãezinha, que Deus me enviou, foi você que me educou, que me fez entrar para o Carmelo; todas as grandes graças de minha vida foram recebidas por seu intermédio; assim, você diz as mesmas coisas que Deus, e agora acredito que o bom Deus está muito contente comigo, pois é você que diz.

Jo 3,34

26 DE MAIO

Véspera da Ascensão

Hoje de manhã, durante a procissão[22], eu estava no eremitério de São José e olhava de longe, pela janela, a comunidade no jardim. Era perfeita aquela procissão de religiosas de capas brancas; fazia-me pensar no cortejo das virgens no céu. Na curva da alameda dos castanheiros, eu as via, todas, meio escondidas pelas plantas grandes e pelos ranúnculos do campo. Era cada vez mais delicioso. De repente, entre essas religiosas, vejo uma, das mais gentis, que olha para o meu lado, curva-se sorrindo, para me fazer um sinal amigo. Era minha mãezinha! Imediatamente me lembrei de meu sonho: o sorriso, os agrados de Madre Ana de Jesus[23], e a mesma impressão de doçura me invadiu. Eu pensava: É assim, pois, que os santos me conhecem, me amam, me sorriem do alto e me convidam a ir ter com eles!

Então, vieram as lágrimas... Há muitos anos eu não chorava tanto! Ah, eram lágrimas doces!

27 DE MAIO

Ascensão

1   Quero uma "circular"[24], porque sempre pensei que devia pagar o ofício dos mortos que cada uma das carmelitas dirá por mim. Não entendo muito bem por que algumas não querem circular; é tão agradável conhecer, saber um pouco com quem viveremos eternamente.

2   Não tenho medo nenhum dos últimos combates, nem dos sofrimentos da doença, por maiores que sejam. O bom Deus sempre me socorreu; ajudou-me e me conduziu pela mão desde a mais tenra infância... Eu conto com ele. Tenho certeza de que continuará seu socorro até o fim. É bem possível que eu não consiga suportar, porém nunca será demais, estou certa.

3   Não sei quando morrerei, mas creio que será logo; tenho muitas razões para pensar assim.

4   Não é maior o meu desejo de morrer que o de viver; isto é, se eu tivesse de escolher, preferiria morrer; mas, como é o bom Deus que escolhe por mim, prefiro o que ele quer. O que ele faz é que eu amo[25].

5   Não pensem que, se eu sarar, ficarei desorientada e meus pequenos planos serão destruídos. De modo nenhum! A idade não é nada aos olhos do bom Deus, e estarei disposta a continuar criancinha, mesmo vivendo muito, muito tempo[26].

6   Vejo sempre o lado bom das coisas. Há quem tome tudo de modo a causar para si mesmo o maior sofrimento. Para mim, é o contrário. Se nada mais tiver além de puro sofrimento, se o céu estiver tão escuro que eu não veja nenhum espaço claro, pois bem! faço disso a minha alegria... fico... orgulhosa![27] como pelas provações de papai[28], que me tornam mais gloriosa que uma rainha.

7   Você notou, na leitura do refeitório, aquela carta dirigida à mãe de São Luís Gonzaga, em que se diz que ele não poderia aprender mais, nem ser mais santo, mesmo que tivesse atingido a idade de Noé?[29]

8   *A respeito de sua morte*

Sou como uma pessoa que, tendo um bilhete de loteria, tem possibilidade de ganhar, mais do que outra que não o tenha; no entanto, ela ainda não tem certeza de que ganhará um prêmio. Enfim, eu tenho um bilhete: a minha doença, e posso ter muita esperança!

9   Lembro-me de que uma pequena vizinha dos Buissonnets, de 3 anos de idade, ouvindo que outras crianças a chamavam, dizia à mãe: "Mamãe! eles estão me querendo! deixe-me ir, por favor... eles estão me querendo!..."

Pois bem, parece que hoje os anjinhos me chamam e eu lhes digo como a menininha: "Deixem-me partir, eles estão me querendo!"

Não os estou escutando, mas os sinto.

10 Quando estava marcada para o mês de novembro[30] a minha partida para Tongking, você se lembra de que, para ter um sinal da vontade do bom Deus, começou-se uma novena para Teofânio Vénard? Nessa ocasião eu voltava a todos os exercícios da comunidade, mesmo às Matinas. Pois é! exatamente durante a novena, recomecei a tossir e daí em diante só venho piorando. É ele que me chama. Oh! Eu gostaria muito de ter o seu retrato; é uma alma que me agrada. São Luís Gonzaga era sério, mesmo no recreio, mas Teofânio Vénard estava sempre alegre.

Nesse momento, lia-se no refeitório a vida de São Luís Gonzaga.

29 DE MAIO

Cauterizações pontuadas, pela segunda vez. À noite eu estava triste e abri diante dela o Evangelho, para me consolar: Deparei com estas palavras, que li para ela: "Ressuscitou, não está aqui. Vede o lugar onde o puseram".

Sim, é exatamente isso! De fato, não sou mais, como na minha infância, acessível a qualquer dor; estou como que ressuscitada; não estou mais no lugar em que creem que estou... Oh! Não se aflija por minha causa, cheguei a não poder mais sofrer, porque qualquer sofrimento me é doce.

30 DE MAIO

1   *Nesse dia, ela teve permissão para me contar que expectorou sangue na Sexta-feira Santa de 1896. Como eu mostrasse uma grande dor por não ter sido avisada imediatamente, ela me consolou o melhor que pôde e à noite escreveu-me este bilhete:*

"Não se aflija, minha mãezinha querida, porque a filhinha *pareceu* estar escondendo alguma coisa, pois você sabe perfeitamente que, se ela escondeu um cantinho do *envelope*, nunca escondeu uma única linha da *carta*. E quem conhece melhor do que você essa cartinha a que tanto ama? Aos outros, pode-se mostrar o envelope, de todos os lados, uma vez que nada veem além disso; mas a você!!! Oh! Mãezinha, agora já sabe que foi na Sexta-feira Santa que Jesus começou a rasgar um pouco o envelope da sua cartinha; não está contente por ele se preparar para ler essa carta que você escreve há 24 anos? Ah! Se soubesse como ela saberá falar-lhe do seu amor durante toda a eternidade!"[31]

2   *Vai sofrer muito, talvez, antes de morrer!...*
Oh! Não se preocupe; desejo tanto isso!

3   Não sei como farei no céu para viver sem você!

4 DE JUNHO

1   *Ela se despediu de nós*[(2)] *na cela de Irmã Genoveva da Sagrada Face, que dava para o terraço do lado do Capítulo. Estava deitada no enxergão de Irmã Genoveva. Nesse dia, já não aparentava sofrimento e seu rosto estava como que transfigurado. Não nos cansávamos de olhar para ela e de escutar suas doces palavras.*

Pedi à Santa Virgem para que eu não continuasse entorpecida e absorta como me encontrava todos esses dias; sentia perfeitamente que a fazia sofrer. Hoje à noite, ela me atendeu.

---

2. Foi durante a novena a N. Sra. das Vitórias, para obter sua cura.

Oh! Minhas irmãzinhas, como estou feliz! Sei que vou morrer logo; agora, tenho certeza.

Não fiquem surpresas se eu não lhes aparecer depois da morte, e se não virem nenhuma coisa extraordinária como sinal de minha felicidade. Irão lembrar-se de que é "minha pequena via" não desejar ver nada[1]. Bem sabem o que eu disse tantas vezes ao bom Deus, aos anjos e aos santos:

> Que meu desejo não é
> Vê-los neste mundo...[2]

Os anjos virão buscá-la, disse Irmã Genoveva. Oh! Mas gostaríamos muito de vê-los!

Não creio que os veja, mas isso não impedirá que estejam aqui.

Contudo, bem que gostaria de ter uma bela morte, para agradá-la. Pedi isso à Santa Virgem. Não o pedi ao bom Deus, porque quero deixá-lo fazer como quiser. Pedir à Santa Virgem não é a mesma coisa. Ela sabe muito bem o que tem de fazer de meus pequenos desejos; se é necessário falar deles ou não falar... enfim, cabe a ela ver como não forçar o bom Deus a me atender; como deixá-lo fazer em tudo a própria vontade.

Esta noite, consegui a possibilidade de consolá-las um pouco e de ser bem gentil, mas não devem contar com ver-me assim na hora da morte... Não sei! Talvez a Santa Virgem tenha feito isso por si mesma, sem dizer ao bom Deus; então, isso não prova nada para mais tarde.

Não sei se irei para o purgatório, mas não me preocupo nem um pouco[3]; porém, se eu for para lá, não lamentarei o fato de não ter feito nada para evitá-lo. Jamais me arrependerei de ter trabalhado unicamente para salvar almas. Como fiquei feliz de saber que N. M. Santa Teresa pensava assim![4]

Minha mãezinha, se um dia você for priora novamente[5], não se preocupe; vai ver, não passará outra vez os mesmos sofrimentos que outrora. Estará acima de tudo. Deixará que pensem e digam o que quiserem; cumprirá o seu dever em paz... etc... etc.

Nunca faça nada para sê-lo e nada, tampouco, para não o ser... Aliás, prometo que não a deixarei desempenhar essa função, se for prejudicial à sua alma.

Quando a abracei:

Eu disse tudo! em particular à minha mãezinha, para mais tarde...

Não se aflijam, minhas irmãzinhas, se eu sofrer muito e se não virem em mim, como já disse, nenhum sinal de felicidade no momento da minha morte. Nosso Senhor morreu, sem qualquer dúvida, vítima de amor, e vejam qual foi sua agonia!...[6] Tudo isso não quer dizer nada.

2   *Um pouco mais tarde, estando sozinha com ela e vendo-a de novo sofrer muito, eu lhe disse: "Pois bem, seu desejo era sofrer; o bom Deus não a esqueceu".*

Eu desejava sofrer, e estou sendo atendida. De vários dias para cá, tenho sofrido muito. Certa manhã, durante a ação de graças, depois da comunhão, senti como que as angústias da morte... e com isso nenhuma consolação!

3   Aceito tudo pelo amor do bom Deus, mesmo todos os tipos de pensamentos extravagantes que me vêm à mente.

5 DE JUNHO

1   *(Durante as Matinas)*
Minha mãezinha, vi que você me ama com amor desinteressado. Pois bem! se eu sei que você é minha mãezinha, você saberá um dia que sou sua filhinha! Oh! Como a amo!

2   Reli a peça que compus sobre Joana d'Arc[7]. Nela você vai ver minhas opiniões sobre a morte, que estão todas expressas; vai gostar disso. Porém, não creia que eu me assemelhe a Joana d'Arc, quando, por um momento, teve medo... Ela puxava os cabelos!...[8] eu, eu não puxo meus "pequenos" cabelos...

3   Minha mãezinha, foi você que me preparou para a primeira Comunhão[9]; prepare-me agora para morrer...

4   Se de manhã, um dia, me encontrarem morta, não se atormentem: é que papai, o bom Deus, simplesmente terá vindo me buscar. Sem dúvida, é uma grande graça receber os sacramentos; mas, quando o bom Deus não o permite, assim mesmo está bem; tudo é graça.

6 DE JUNHO

1   Agradeço por você ter pedido que me dessem uma pequena parte da santa hóstia. Assim mesmo tive muita dificuldade para engoli-la. Mas como fiquei feliz por ter o bom Deus em meu coração! Chorei como no dia de minha primeira Comunhão[10].

2   O Pe. Youf[11] me disse, a respeito de minhas tentações contra a fé: "Não fixe a atenção nisso, é muito perigoso". Não é consolador ouvir isso, mas felizmente não me impressiono. Fique tranquila, não vou quebrar minha "cabecinha" atormentando-me.

O Pe. Youf me disse também: "A senhora está resignada a morrer?" Respondi: "Ah! Meu pai, acho que só se necessita de resignação para viver. Para morrer, é alegria que sinto".

3   Fico pensando como farei para morrer. No entanto, gostaria de passar pela morte "com dignidade"! Enfim, creio que isso não depende de cada um.

(Ela pensava em nós)

4   Quando eu era criança, os grandes acontecimentos de minha vida pareciam montanhas intransponíveis. Quando eu via as meninas fazendo a primeira Comunhão, dizia comigo: Como é que farei na minha primeira Comunhão?... Mais tarde: Como farei para entrar no Carmelo?... E depois: Para tomar o hábito? Para fazer profissão? Agora, é para morrer![12]

5   *"Vou mandar fotografá-la para agraciar a Nossa Mãe."*[13] *Ela sorriu com ar maroto:*

Diga antes que é para você!... "Ventinho do norte, para de soprar! Não é por mim; é por meu amigo que não tem paletó..."

Ela me lembrava, assim, uma pequena história de gente do Auvergne que papai nos contava. Ela falava com a entonação adequada; e vinha bem a calhar; pois o amigo aparentemente tão caridoso advogava, na realidade, em causa própria.

6   *Não queríamos dizer a ela, de medo de lhe causar repugnância, que o xarope que tomava era de caracol; mas ela percebeu e riu de nosso temor.*

Qual será o problema de tomar xarope de caracol, contanto que eu não veja os chifres? Agora como caracóis, à moda dos patinhos! Ontem, fiz como os avestruzes: comi ovos crus!

7   Eu a amo muito, muito!

Sl 90,11-12   8   *Disse-lhe: "Os anjos te levarão em suas mãos, para que teus pés não tropecem numa pedra". Ela respondeu:*

Ah! Isso serve para agora mesmo; pois, mais tarde, depois da minha morte, não estarei entravada!!!

9   *Depois da visita do Sr. de Cornière*[14], *que a encontrou melhor, eu lhe disse: "Você está triste?"*

Mc 14,62   Oh! Não... Tirei do Evangelho: "Logo vereis o filho do homem sentado sobre as nuvens do céu".

Mc 14,30   Eu respondi: "Senhor, quando?" E em frente à página li estas palavras: "Hoje mesmo".

Mas tudo isso... é não se preocupar com nada; não querer nem viver, nem morrer...

Alguns instantes depois:

Tenho, no entanto, muita vontade de ir embora! Digo-o à Santa Virgem, que faz sobre isso o que quer.

7 DE JUNHO

1   *Domingo*[15]

No fundo do cemitério, ela ficou algum tempo sentada no banco, perto de mim. Finalmente, apoiou carinhosamente a cabeça sobre meu coração e cantou a meia voz:

Eu, te esquecer, mãe querida,
Não, não, jamais![16]

Ao descer os degraus, ela viu, à direita, sob a ameixeira, a pequena galinha branca e todos os seus pintinhos sob as asas. De alguns, via-se apenas a cabecinha. Ela parou, muito pensativa, observando-os. Depois de um instante, fiz sinal de que era hora de voltar. Seus olhos estavam cheios de lágrimas. Eu disse: "Está chorando!" Então, ela cobriu os olhos com as mãos, chorando mais, e respondeu:

Neste momento não posso dizer a razão, estou comovida demais...

À noite, em sua cela, disse-me, com uma expressão celestial:

Chorei, ao pensar que o bom Deus usou essa comparação para nos dar a entender sua ternura. Durante toda a minha vida, foi isso que ele fez por mim! Escondeu-me inteiramente sob suas asas!... Há pouco, ao deixá-la, eu chorava, subindo a escada; não podia me conter e tinha pressa de voltar a nossa cela; meu coração transbordava de amor e reconhecimento.

Mt 23,37

2 Hoje faz 10 anos que papai me deu esta florzinha branca, quando lhe falei, pela primeira vez, de minha vocação[17].

(Ela me mostrou a florzinha)

3 Se você não tivesse me educado bem, teria visto tristes[18] coisas... Eu não teria chorado hoje, vendo a pequena galinha branca...

8 DE JUNHO

1 Logo virão todas comigo, não demorará muito, ora!
À Ir. Maria da Trindade, que lhe pedia que pensasse nela no céu:
Por enquanto, você viu apenas a casca; logo verá o franguinho.

2 *Dizia-lhe que eu não tinha apoio, na terra.*
Mas, sim, você tem um apoio, sou eu!

3 *Tínhamos falado das longas doenças que frequentemente cansam as enfermeiras, o que é um grande sofrimento para os doentes que o percebem.*
Quero continuar assim até o fim de uma vida bem longa; se isso agrada ao bom Deus, quero até mesmo "ser antipatizada".

9 DE JUNHO

1 Está no Evangelho que o bom Deus virá como um ladrão. Virá roubar-me muito gentilmente. Oh! Como eu gostaria de ajudar o ladrão!

Mt 24,43-44

2 Como estou feliz, hoje!
— *Sua provação[19] passou, então?*
Não, mas é como alguma coisa que estivesse suspensa. As serpentes maldosas não assobiam mais nos meus ouvidos...

3   Com que paz deixo que digam, à minha volta, que estou melhor! Na semana passada, eu estava de pé e me achavam bem doente. Esta semana, não posso me aguentar, estou esgotada e creem que estou salva! Que importância tem?

— *Então você espera, assim mesmo, morrer logo?*

Sim, espero ir-me embora logo; com toda a certeza, não estou melhor; tenho muita dor no lado. Mas continuarei a dizer que, se o bom Deus me curar, não terei nenhuma decepção.

À Ir. Maria do Sagrado Coração, que lhe dizia: "Como vamos sofrer quando você nos deixar!"

Oh! Não, vão ver; será como uma chuva de rosas[20].

4   Não temo o ladrão... Vejo-o de longe, e cuido de não gritar: Pega ladrão! Ao contrário, chamo-o, dizendo: Aqui! aqui!

5   Sou como uma criancinha, na estrada de ferro, esperando o papai e a mamãe para a colocarem no trem. Que pena! eles não vêm e o trem parte! Mas há outros; não os perderei todos...

10 DE JUNHO

Ela estava melhor e isso a surpreendia; era obrigada a reagir para não se entristecer:

...A Santa Virgem dá mesmo os meus recados; vou mandar de novo!

Repito-lhe com muita frequência:

"Dize a ele que nunca se constranja comigo"[21].

Ele ouviu, e foi o que fez. Não entendo mais nada da minha doença. Pois estou melhor! Mas eu me abandono e sou feliz, apesar de tudo. Que seria de mim, se eu nutrisse a esperança de morrer logo? Quantas decepções! Porém, não tenho nenhuma, porque fico contente com tudo o que faz o bom Deus; desejo apenas a sua vontade.

11 DE JUNHO

1   *Ela havia jogado flores ao São José do jardim (no fundo da alameda dos castanheiros), dizendo num tom infantil e gracioso: "Tome!"*

Por que você está jogando flores a São José? É para obter alguma graça?

Ah! Claro que não! É para lhe agradar... Não quero dar para receber.

2   Para escrever minha "pequena" via[22], não quebro a cabeça; é como se eu estivesse pescando com vara; escrevo o que vem.

12 DE JUNHO

1   Não me creem tão doente quanto estou. É mais penoso, então, ficar sem a comunhão, sem o Ofício. Porém, tanto melhor que ninguém se atormente mais. Eu sofria muito por isso e havia pedido à Santa Virgem que arranjasse as coisas para que não sentissem mais tristeza. Ela me atendeu.

Para mim, tanto faz que pensem e que digam o que quer que seja. Não vejo por que me afligir.

2   Amanhã, não receberei a Comunhão! E tantas menininhas receberão o bom Deus!"

(Era a primeira Comunhão em S. Tiago)

13 DE JUNHO

(No *jardim*)

Vejo-me como um tecido estendido no bastidor para ser bordado; e depois ninguém vem para bordá-lo! Espero, espero! É inútil!... Enfim, não é de admirar; as criancinhas não sabem o que querem!

Digo isso porque penso no Menino Jesus; foi ele que me estendeu no bastidor do sofrimento, para ter o prazer de me bordar e depois de me soltar, para ir mostrar lá em cima o seu belo trabalho.

Quando falo do ladrão, não penso no pequeno Jesus; penso no "grande" bom Deus.

14 DE JUNHO

Último dia da novena[24]. *Ela estava muito melhor; mais um motivo de decepção para ela, que me disse, no entanto, com um sorriso:*

Sou uma menina curada!

Ficou triste por isso?

Oh! Não... De instante a instante, pode-se aguentar muito.

15 DE JUNHO

1   No dia 9, eu via com toda a clareza, de longe, o farol que me anunciava o porto do céu; mas agora não vejo mais nada, meus olhos estão como que vendados. Naquele dia, eu via o ladrão; agora, não o vejo mais, absolutamente. O que me dizem sobre a morte não pode mais penetrar, desliza como sobre uma laje. Acabou-se! a esperança da morte está enfraquecida. Sem dúvida, o bom Deus não quer que eu pense nela como antes de ficar doente. Naquele tempo, esse pensamento me era necessário e muito proveitoso; eu

sentia isso perfeitamente. Hoje, porém, é o contrário. O bom Deus quer que eu me abandone como uma criança muito pequenina, que não se preocupa com o que farão dela.

2   *Você está cansada do seu estado, que se prolonga? Deve sofrer muito!*
Sim, mas isso me "apraz".
Por quê?
Porque "*apraz*" ao bom Deus.
(Ela empregava esse termo e vários outros que não combinavam com a sua maneira simples de se expressar habitualmente, quando queria revestir o seu pensamento de uma forma divertida para nós. Havia adotado também certas expressões ingênuas, que usava na intimidade e que, em sua boca, tinham muito encanto.)

3   Não sei quando morrerei; não tenho mais confiança nenhuma na doença. Mesmo que tivesse recebido os sacramentos, ainda acreditaria que posso sair disso. Só ficarei realmente segura do meu estado quando tiver passado a soleira e me vir nos braços do bom Deus.

4   (*À noite*)
Eu bem que gostaria de lhe dizer alguma coisa gentil!
Diga somente se me esquecerá quando estiver no céu.
Ah! Se eu a esquecesse, parece que todos os santos me expulsariam do paraíso, como um mocho ruim. Minha mãezinha, quando eu estiver lá em cima, "virei e vos levarei comigo, a fim de que, onde eu estiver, estejais vós também".

Jo 14,3

5   Sou feliz, não ofendo o bom Deus, de modo nenhum, durante minha doença. Às vezes, estava escrevendo sobre a caridade (*no caderno de sua vida*[25]) e, com frequência, vinham me perturbar; então, esforçava-me para não me impacientar, para pôr em prática o que escrevia.

19 DE JUNHO*

Nossa prima, a Madre Margarida (Superiora. Geral, em Paris, elas religiosas Auxiliadoras do I. C. Enfermeiras) me havia enviado uma linda cesta cheia de lírios artificiais, pelo dia 21, festa de Madre Maria de Gonzaga. Levei a cesta para ela dizendo, toda alegre: "A Superiora Geral das Auxiliadoras é que me está enviando isto!"

Ela me respondeu, repentinamente, efusiva e emocionada:
Pois bem, você é que é a Superiora Geral do meu coração.

20 DE JUNHO

Mostrava-lhe as pequenas fotografias da Virgem Mãe, que eu havia pintado para a festa de Nossa Mãe[26]*. Ela pôs as mãos sobre as miniaturas expostas* *diante de seus olhos, afastando os dedos de modo a tocar todas as cabecinhas do Menino Jesus. Então, disse:*

Mantenho-os todos sob meu domínio...

22 DE JUNHO

Ela estava no jardim, na cadeira de rodas[27]. Quando fui para junto dela, à tarde, disse-me:

Como entendo bem a palavra de Nosso Senhor a Nossa Mãe Sta. Teresa: "Sabes, minha filha, quais são os que me amam verdadeiramente? São os que reconhecem que tudo o que não diz respeito a mim não passa de mentira"[28].

Ó minha mãezinha, como sinto que é verdade! Sim, tudo, fora do bom Deus, tudo é vaidade.

Ecl 1,2

23 DE JUNHO

Eu lhe dizia: Que pena! Não terei nada para dar ao bom Deus, no momento de minha morte, minhas mãos estão vazias! Isso me entristece muito.

Pois bem! Você não é como o "nenê"[29] (*às vezes, ela se chamava assim*), que, no entanto, se encontra nas mesmas condições... Ainda que cumprisse todas as obras de São Paulo, julgaria também ser "servo inútil", mas é justamente o que me dá alegria, pois, não tendo nada, receberei tudo do bom Deus.

Lc 17,10

25 DE JUNHO

1   *Festa do Sagrado Coração.*

Haviam-na instalado na biblioteca, por causa do sol que batia em sua cela. Durante o sermão, ela pegara um livro da Propagação da Fé. Depois, mostrou-me uma passagem em que se falava da aparição de uma bela senhora, vestida de branco, ao lado de uma criança batizada, e me disse:

Mais tarde, irei assim, em torno das criancinhas batizadas...

2   Durante o sermão, "cabulei a aula"; senti que era festa. Não me permitiria isso todos os dias. Considero o meu caderno (*sua vida*) o meu *pequeno dever*.

26 DE JUNHO

Ontem, muita dor no lado! depois... hoje de manhã, tinha passado. Ah! Quando é que irei embora com o bom Deus? Gostaria muito de ir para o céu!

27 DE JUNHO

Quando eu estiver no céu, direi tantas coisas bonitas de minha mãezinha a todos os santos, que eles ficarão com muita vontade de levá-la consigo. Estarei sempre com minha mãezinha; pedirei aos santos que venham comigo aos feios porões, para protegê-la e, se eles não quiserem, ora essa, irei sozinha.

Isso diz respeito a uma pequena aventura por que passei, naquele dia, no porão da sacristia.

29 DE JUNHO

1 ...Eis o que se passou: Como eu estava para morrer, os anjinhos fizeram todo tipo de lindos preparativos para me receber; mas cansaram-se e adormeceram. Infelizmente, as criancinhas dormem muito tempo! Não se sabe quando despertarão...

(*Com frequência ela nos contava pequenas histórias desse tipo, para nos distrair de seus sofrimentos da alma e do corpo*[30])

2 Como serei infeliz, no céu, se não puder dar pequenos prazeres, na terra, àqueles que amo!

3 *À noite, ela sentia mais a provação de alma e certas reflexões lhe haviam causado sofrimento. Disse:*

Minha alma é exilada; o céu está fechado para mim, e, quanto à terra, é a provação também.

...Vejo perfeitamente que não acreditam que eu esteja doente, mas é o bom Deus que permite isso.

4 Ficarei contente no céu, se você compuser lindos versos para mim; tenho a impressão de que isso deve agradar aos santos.

30 DE JUNHO

1 *Eu lhe falava de certos santos que levaram uma vida extraordinária, como São Simeão, o estilita*[31]. *Ela me disse:*

Prefiro os santos que não têm medo de nada, como Santa Cecília, que se deixa casar e não teme...

2 *Meu tio a chamara ao parlatório, conosco e, como de costume, ela não havia dito quase nada.*

Como eu estava intimidada, no parlatório, com meu tio! Na volta, ralhei muito com uma noviça; não estava me reconhecendo. Que contrastes existem em meu temperamento! Minha timidez vem de um extremo constrangimento, que sinto quando se preocupam comigo[32].

2 DE JULHO

À tarde, ela esteve pela última vez diante do Santíssimo Sacramento, no Oratório; mas estava esgotada. Vi-a olhar a hóstia por muito tempo e eu percebia que era sem nenhum consolo, porém com muita paz no fundo do coração.

Lembro-me de que, de manhã, depois da missa, quando a comunidade se dirigia ao Oratório para a ação de graças, ninguém pensou em ampará-la. Ela caminhava ao lado da parede, bem devagar: Não ousei oferecer-lhe o braço.

3 DE JULHO

1   *Uma amiga nossa havia morrido[1] e o doutor De Cornière falara, diante dela, de sua doença, uma espécie de tumor que ele não pudera definir com exatidão. Esse caso interessava-o profundamente, do ponto de vista médico. "Que pena", disse ele, "eu não ter podido fazer a autópsia!"*

Em seguida ela me disse:

Ah! É assim que somos indiferentes uns pelos outros na terra! Será que se diria a mesma coisa se se tratasse de uma mãe ou de uma irmã? Oh! Como eu gostaria de partir deste triste mundo!

2   *Eu lhe confiava meus pensamentos de tristeza e ele desânimo, depois de uma falta.*

…Você não faz como eu. Quando cometo uma falta que me deixa triste, sei perfeitamente que essa tristeza é consequência de minha infidelidade. Mas acha que paro por aí? Oh! Não, não sou tão boba! Apresso-me em dizer ao bom Deus: Meu Deus, sei que mereci esse sentimento de tristeza, mas deixai-me oferecê-lo a vós, assim mesmo, como uma provação que me enviais por amor. Arrependo-me do meu pecado, mas estou contente por ter esse sofrimento para vos oferecer.

3   *Como é possível que deseje morrer com sua provação contra a fé, que não cessa?*

Ah! Mas acredito no ladrão! Tudo tem o céu por objetivo. Como é estranho e incoerente!

4   *Como o leite lhe fazia mal e naquela ocasião ela não podia tomar outra coisa, o Dr C.[2] havia indicado uma espécie de leite condensado, que se devia encontrar na farmácia com o nome de "leite maternizado". Por diversas razões, essa receita lhe causou sofrimento e, quando viu chegarem as garrafas, pôs-se a chorar copiosamente.*

À tarde, sentiu necessidade de mudar um pouco e nos disse, com ar triste e doce.

Preciso de alimento para minha alma; leia para mim uma vida de santo.

Quer a vida de São Francisco de Assis? Isso a distrairá, quando ele fala dos passarinhos.

Não, não é para me distrair, mas para ver exemplos de humildade.

5   *Quando você morrer; colocaremos uma palma na sua mão³.*

Sim, mas será necessário largá-la quando eu quiser, para dar punhados de graças a minha mãezinha. Deverei fazer tudo o que me agradar.

6   (*À noite*)

Até os santos me abandonam! Eu pedia a Santo Antônio, durante as Matinas, que me fizesse encontrar nosso lenço, que havia perdido. Pensa que ele me atendeu? Absteve-se!⁴ Mas não faz mal; disse-lhe que gostava dele assim mesmo.

7   Durante as Matinas, via as estrelas brilhando, depois escutava o Ofício; isso me agradava.

(*A janela de sua cela estava aberta*)

4 DE JULHO

1   O bom Deus me ajudou e eu me refiz da tristeza causada pelo leite maternizado...

2   (*À noite*)

Nosso Senhor morreu na cruz, em meio a angústias, e foi essa, no entanto, a mais bela morte de amor. Foi a única que se viu; não se viu a da Santa Virgem. Morrer de amor⁵ não é morrer em arrebatamento. Confesso francamente, parece que é por isso que estou passando.

3   *Oh! Como pressinto que você vai sofrer!*

E o que tem isso? O sofrimento poderá atingir limites extremos, mas tenho certeza de que o bom Deus jamais me abandonará.

4   Tenho um grande reconhecimento pelo Pe. Alexis⁶, ele me fez um grande bem. O Pe. Pichon⁷ me tratava muito como criança; no entanto, também me fez bem, dizendo que não cometi pecado mortal.

5 DE JULHO

1   *Falava-lhe de minhas fraquezas; disse ela:*

2Cor 12,5

Também tenho fraquezas, mas me felicito por isso. Tampouco me coloco sempre acima dos nadas da terra; por exemplo, se ficar aborrecida por alguma bobagem que tenha dito ou feito. Então, recolho-me e digo comigo: Que pena! ainda estou, pois, no mesmo ponto de antigamente! Mas penso isso com grande doçura e sem tristeza. É tão doce sentir-se fraco e pequeno!

2   Não fique triste por me ver doente, minha mãezinha, pois está vendo como o bom Deus me faz feliz. Estou sempre alegre e contente⁸.

3   *Depois de fitar uma estampa que representa nosso Senhor com duas criancinhas, estando a menor sobre seus joelhos e a outra a seus pés, beijando-lhe a mão:*

Eu sou essa, pequenininha, que sobe nos joelhos de Jesus, estica delicadamente a perninha, levanta a cabecinha e o acaricia, sem nada temer. Não gosto tanto da outra. Sua atitude é de adulto; disseram-lhe alguma coisa... ela sabe que se deve respeito a Jesus...

6 DE JULHO

1   *Ela acabava de escarrar sangue. Disse eu: Então, vai nos deixar?!*
Claro que não! Monsenhor[9] me disse: "A senhora terá de fazer um grande sacrifício ao deixar suas irmãs". Respondi: "Mas, meu pai, acho que não as deixarei; ao contrário, estarei ainda mais perto delas depois de minha morte"[10].

2   Penso que, para minha morte, será necessária a mesma paciência que para os outros grandes acontecimentos de minha vida. Veja: entrei jovem para o Carmelo e, no entanto, depois de tudo decidido, foi preciso esperar 3 meses; para a tomada de hábito, a mesma coisa; para a profissão, de novo a mesma coisa[11]. Pois bem, quanto à minha morte, será igual; chegará logo, mas ainda será necessário esperar.

3   Quando estiver no céu, eu me aproximarei do bom Deus, como a pequena sobrinha de Ir. Elizabete[12] diante da grade do parlatório — Sabe, quando ela recitava o seu cumprimento e terminava por uma reverência, erguendo os braços e dizendo: "Felicidade para todos os que amo".
O bom Deus me dirá: "O que queres, minha filhinha?" E eu responderei: "Felicidade para todos os que amo". Farei a mesma coisa diante de todos os santos.

Você está bem alegre hoje; sente-se que vê o ladrão.

É, cada vez que fico mais doente, torno a vê-lo. Mas, ainda que não o veja, amo-o tanto, que sempre estou contente com o que ele faz. Não o amaria menos se não viesse me roubar, ao contrário... Quando me engana, ofereço-lhe todo tipo de louvores, ele não sabe mais o que fazer comigo.

4   Li uma bonita passagem nas Reflexões da Imitação[13]. É um pensamento do Sr. de Lamennais — que seja! —, assim mesmo é bonita. (*Ela acreditava, e nós também, que esse padre Lamennais tinha morrido impenitente.*)
Nosso Senhor, no Jardim das Oliveiras, gozava de todas as delícias da Trindade e, no entanto, sua agonia nem por isso foi menos cruel. É um mistério, mas garanto que entendo um pouco disso, pelo que eu própria sinto.   Lc 22,39.44

5   *Eu colocava uma lâmpada diante da Virgem do Sorriso[14], para conseguir que ela parasse de escarrar sangue.*
Você não se alegra, pois, com a minha morte! Ah! Eu, para meu deleite, seria preciso continuar a escarrar sangue. Mas chega por hoje!

6   *Oito horas e quinze minutos. Eu lhe trazia a sua lâmpada, que tinham esquecido de montar: Fizera, para ela, outros pequenos serviços. Mostrou-se muito emocionada e disse:*

Você sempre agiu assim comigo... Não consigo manifestar meu reconhecimento.

Enxugando as lágrimas:

Estou chorando porque fico muito emocionada pelo que você fez por mim desde minha infância. Oh! Quanto lhe devo! Mas quando eu estiver no céu direi a verdade, direi aos santos: Foi minha mãezinha que me deu tudo o que em mim vos agrada.

7   Quando virá o Juízo Final? Oh! Como eu gostaria de já estar nesse momento! E o que haverá depois?!

8   Faço muitos pequenos sacrifícios...

7 DE JULHO

1   *Depois de escarrar sangue outra vez:*
Nenê vai ver logo o bom Deus...
Você tem medo da morte, agora que a está vendo de tão perto?
Ah! Cada vez menos!
Tem medo do ladrão? Desta vez ele está à porta!
Não, não está à porta, ele entrou. Mas o que está dizendo, minha mãezinha! Se tenho medo do ladrão! Como quer que tenha medo de alguém que me ama tanto?!

2   *Pedi que me contasse, outra vez, o que lhe acontecera depois de sua oferenda ao amor[15]. Disse-me primeiro:*
Minha mãezinha, confiei-lhe isso no mesmo dia; mas você não prestou atenção.
(De fato, não mostrei ter dado ao fato qualquer importância)
Pois bem, eu estava começando a Via Sacra, e repentinamente fui tomada de um amor tão violento pelo bom Deus, que só posso explicar dizendo que era como se me tivessem mergulhado, inteira, no fogo. Oh! Que fogo e que doçura ao mesmo tempo! Eu ardia de amor e sentia que não poderia suportar esse ardor nem mais um minuto, um segundo, sem morrer. Compreendi, então, o que dizem os santos sobre esses estados pelos quais passaram com tanta frequência. Quanto a mim, só o senti uma vez e um único instante; depois, recaí imediatamente na minha secura habitual.

Um pouco mais tarde:
Já aos 14 anos eu bem que tinha, também, manifestações súbitas de amor; ah! Como eu amava o bom Deus![16] Mas não era, absolutamente, como de-

pois de minha oferenda ao amor, não era uma verdadeira chama que me queimava.

3   Esta passagem de Jó: "Ainda que Deus me matasse, eu continuaria a esperar nele"[17], arrebatou-me desde a infância. Porém, passou-se muito tempo até que eu me instalasse nesse estado de abandono. Agora, nele me encontro; nele me pôs o bom Deus; ele tomou-me em seus braços e ali me colocou... Jo 13,15

4   Pedia-lhe que dissesse algumas palavras edificantes e amáveis ao Sr. De Cornière.

Ah! Minha mãezinha, não é meu gênero... Que o Sr. De Cornière pense o que quiser. Gosto apenas da simplicidade; tenho horror de fingimento[18]. Garanto que, fazendo o que você quer, seria mau de minha parte.

5   Enfim, tenho a impressão de estar profundamente doente. Jamais esquecerei a cena de hoje de manhã, enquanto eu escarrava sangue; o Sr. De Cornière parecia consternado.

6   Veja, é por você que o bom Deus me trata com tanta doçura. Nada de vesicatórios, apenas remédios doces. Sofro, mas não é de gritar.

Um instante depois, com ar maroto:

No entanto, ele nos mandou provações de "gritar"... e apesar disso não "gritamos"...

(*Ela fazia alusão à nossa grande provação de família*[19].)

Quanto aos "remédios doces", nem sempre os foram, e seus sofrimentos se tornaram terríveis.

7   Sou como um "lobinho pardo", que tem muita vontade de voltar para a floresta e é forçado a morar nas casas.

(*Nosso bom pai, nos Buissonnets, chamava-a, às vezes, "meu lobinho pardo".*)

8   Acabo de ver, sobre o muro, um pequeno pardal que esperava pacientemente, soltando de quando em quando um gritinho de chamado, que os pais viessem buscá-lo e lhe dessem o biscato; achei que me assemelhava a ele.

9   *Dizia-lhe que eu gostava de elogios:*

Vou me lembrar disso no céu...

8 DE JULHO

1   *Ela estava tão doente, que se falava em extrema-unção. Nesse dia, desceram-na de sua cela à enfermaria. Não se aguentava mais, foi preciso levá-la. Estando ainda na cela e vendo que pensavam em dar-lhe a extrema-unção, ela disse, em tom de alegre surpresa:*

Parece que estou sonhando!... Afinal, eles não estão loucos... (*O Pe. Youf e o Sr. De Cornière.*)

Só tenho medo de uma coisa; é que isso mude.

2   *Ela quis procurar comigo os pecados que pudesse ter cometido pelos sentidos, para acusar-se deles antes da extrema-unção. Estávamos no olfato e ela me disse:*

Lembro que em minha última viagem de Alençon a Lisieux[25] eu me servi de uma garrafa de água de colônia, que a Sra. Tifenne[(3)] me havia dado, e foi com prazer.

3   *Queríamos, todas, falar com ela.*

Muita gente que tem alguma coisa a dizer!

4   *Ela estava transbordante de alegria e se esforçava para comunicá-la a nós.*

Se, quando estiver no céu, eu não puder vir fazer-lhes pequenas "brincadeirinhas" na terra, irei chorar um "tantinho"[21].

5   *Para mim:*

Você tem o nariz comprido, ele lhe sentirá um cheiro bom, mais tarde...[22]

6   *Olhando suas mãos emagrecidas:*

Já está virando um esqueleto; é o que me "apraz"[23].

7   *Você não sabe: logo vou ser "moribunda".*

...Isso me dá a impressão de um pau de sebo; escorreguei várias vezes e, depois, de repente, chego lá no alto!

8   Prefiro ser reduzida a pó do que ser conservada como Santa Catarina de Bolonha[24]. Conheço apenas Crispim como tendo saído do túmulo com dignidade.

O corpo desse santo é admiravelmente conservado em seu Convento dos Franciscanos de Roma.

9   *Falando consigo mesma:*

Que coisa é estar aí, agonizando!... O que tem isso, afinal de contas! algumas vezes estive agonizada de bobagens...[25]

10   *Com ar sério e doce, não me lembro mais em que ocasião, mas sei que ela havia sido incompreendida:*

Lc 2,19.51

A Santa Virgem fez bem de guardar todas as coisas em seu "pequeno" coração... Não podem me querer mal por fazer a mesma coisa que ela...

11   Os anjinhos se divertiram muito pregando-me pequenas peças... Todos eles aprenderam a esconder de mim a luz que mostrava meu fim próximo.

Eles esconderam também a Santa Virgem?

Não, para mim a Santa Virgem nunca ficará escondida, porque a amo muitíssimo.

12   Desejo muito a extrema-unção; tanto pior se caçoarem de mim, depois.

(Se ela recuperasse a saúde, pois sabia que algumas irmãs não achavam que estivesse em perigo de morte.)

---

3. Uma amiga da família.

13 Oh! Seguramente chorarei ao ver o bom Deus!... No entanto, não, não se pode chorar no céu... Mas claro que sim, pois ele disse: "Enxugarei toda lágrima dos vossos olhos". Ap 21,4

14 Ofereço-lhe meus pequenos frutos de alegria, como o bom Deus nos dá[26].

No céu obterei muitas graças para os que me fizeram bem. Para a mãezinha, *tudo*. Tudo não poderá nem mesmo lhe servir; haverá muito para a "legar"[27].

15 Se você soubesse como o bom Deus será doce para mim! Mas, se ele deixar só um pouquinho de ser doce, eu o acharei doce ainda... Se eu for para o Purgatório ficarei muito contente; farei como os três hebreus na fornalha: passearei pelas chamas, cantando o cântico de amor. Oh! Como eu seria feliz se, indo para o purgatório, pudesse libertar outras almas, sofrer em seu lugar, pois então eu faria bem, libertaria os cativos. Dn 3,51s.

16 *Ela me preveniu de que, mais tarde, um grande número de jovens padres, sabendo que ela fora oferecida como irmã espiritual a dois missionários[28], pediriam aqui o mesmo favor. Advertiu-me de que isso poderia vir a ser um grande perigo.*

Qualquer uma delas escreveria o que escrevo e receberia os mesmos elogios, a mesma confiança. É somente pela oração e pelo sacrifício que podemos ser úteis à Igreja. A correspondência deve ser muito rara e não se deve permiti-la a algumas religiosas que se preocupariam muito com ela, acreditariam fazer maravilhas e, na realidade, nada mais fariam além de ferir a própria alma e cair, talvez, nas sutis armadilhas do demônio[29].

Insistindo mais:

Minha mãe, o que acabo de lhe dizer é muito importante; peço-lhe que não o esqueça mais tarde. No Carmelo, não se deve fabricar moeda falsa para comprar almas... E muitas vezes as palavras bonitas que se escrevem e as palavras bonitas que se recebem são uma troca de moeda falsa.

17 *Para nos fazer rir:*

Eu gostaria de ser colocada em uma caixinha de Gennin, não no "caixão".

Ela fazia um jogo com a palavra "bière"[4]. Tinham sido enviadas ao Carmelo lindas flores artificiais nas caixas de madeira, longas e muito bem arrumadas, da Casa Gennin, de Paris.

18 ...Passar por sofrimentos dá um retorno tão bom! Leva a ser correto e caridoso.

---

4. Caixão, esquife, mas também cerveja (N.T.),

9 DE JULHO

1. *Ela não queria saber de tristeza ao seu redor, nem em casa de meu tio.*
Quero que todos estejam sempre "em uma festa de núpcias", na Musse. Eu realizo núpcias espirituais o dia todo.
Essas núpcias não são alegres.
Acho que são muito alegres.

2. Minha irmã Genoveva precisará de mim... De qualquer maneira, eu voltarei.

3. *Depois da visita de nosso pai[30], fiz a observação de que ela não se saíra bem para conseguir receber os sacramentos, de que não tinha, absolutamente, aparência de doente, quando recebia visitas.*
Não conheço o ofício![31]

4. ...Gostaria de ir embora!...

5. *Sem dúvida você vai morrer no dia 16 de julho, festa de N. Sra. do Monte Carmelo, ou em 6 de agosto, festa da Sagrada Face[32].*
Coma tâmaras (*dattes*), tantas quantas desejar; eu não quero mais comê-las... Já fiquei muito decepcionada pelas *datas*.

6. Por que estaria eu mais protegida que outra do medo da morte? Não digo como São Pedro: "Nunca vos negarei".

7. *Falava-se da santa pobreza:*
Santa Pobreza! É estranho, uma santa que não irá para o céu!

8. *Eu tinha me aborrecido:*
Meu amor deveria consolá-la.
Às que estavam presentes:
Vou me entender com minha mãezinha.
À noite, só para mim:
...Oh! Vamos, quanto a isso não me engano; sei perfeitamente que tudo que você faz por mim é por amor...

9. *Tinham pegado um camundongo na sua enfermaria; ela inventou uma confusão, pedindo que lhe trouxéssemos o camundongo ferido, que ela o deitaria a seu lado e faria com que fosse auscultado pelo médico. Nós ríamos a bom rir e ela ficou contente de nos ver distraídas.*

10 DE JULHO

1. ...As criancinhas não são condenadas ao inferno.

2. O que você escreveu[33] poderia perfeitamente ir um dia até o santo padre.
Rindo:
Et nunc et semper!

3   *Mostrando-me com um gesto infantil a imagem da Santa Virgem amamentando o Menino Jesus*[34].

     Só isso é que é bom *mamá*; é preciso dizer isso ao Sr. De Cornière[35].

4   *Era sábado e ela escarrara sangue à meia-noite.*

     O ladrão fez ser ladra a sua mamãe... Então, ela veio à meia-noite forçar o ladrão a se mostrar; ou veio sozinha, se o ladrão não quis vir.

5   Nem um minuto a mais me será dado sem que o ladrão o queira.   Mt 24,43-44

6   *Só para mim*

     Você sofre demais por coisas que não valem a pena.

7   *Sorrindo*

     ...Quando você tiver feito *alguma* coisa assim, é muito mau que tema muito as consequências...

8   Você é como um passarinho medroso, que nunca viveu no meio dos homens; sempre tem medo de que a peguem. Eu nunca temi ninguém; sempre fui para onde quis... Teria, antes, escapado por entre as pernas deles...

9   *Segurando seu crucifixo, depois de o ter beijado, às 3 horas*[36], *ela fazia de conta que queria retirar a coroa e os pregos.*

10 *Voltando ao acidente da noite*[37], *ela disse de maneira encantadora, olhando para a imagem da Virgem Maria, presa à cortina, no fundo da cama.*

     A Santa Virgem não é ladra por natureza... mas, desde que teve o seu filho, ele lhe ensinou a profissão...

     Depois de uma pausa:

     No entanto, o Menino Jesus ainda é pequeno demais para ter essas ideias... No seio da mãe, ele não pensa em roubar... Sim! ele já pensa, e sabe perfeitamente que virá me roubar.

     Com que idade?

     Com 24 anos.

11 *Falava-se da morte e das contrações que, nesse momento, frequentemente ocorrem no rosto. Ela continuou:*

     Se isso acontecer comigo, não se entristeça, porque imediatamente depois serei só sorrisos.

     Minha Irmã Genoveva olhava a tampa de uma caixa para batizado, dizendo que a linda cabeça que via nela serviria de modelo para uma cabeça de anjo. Nossa Teresinha teve vontade de vê-la, mas ninguém pensou em mostrá-la, e ela não pediu nada. Eu soube disso mais tarde.

12 *Que deverei pensar, olhando a janela de sua cela, quando você tiver deixado a terra? Meu coração ficará bem apertado.*

     Ah! Vai pensar que sou bem feliz, que ali lutei e sofri muito... Estarei contente de ter morrido.

13 *(Durante as Matinas)*
Ocorre-lhe o pensamento de que não está seriamente doente; que o médico está enganado a respeito de seu estado. Confia-me suas provações e acrescenta:

Se minha alma não estivesse previamente repleta pelo abandono à vontade do bom Deus, se fosse necessário que ela se deixasse submergir pelos sentimentos de alegria e de tristeza que se sucedem tão depressa sobre a terra, seria uma onda de dor muito amarga, e eu não poderia suportá-la. Mas essas alternativas tocam apenas a superfície de minha alma... Ah, são, contudo, grandes provações!

14 ...Não acredito que seja a Santa Virgem que me pregue essas peças!... Ela é forçada pelo bom Deus! Ele lhe diz que me prove, para que eu lhe dê mais testemunhos de abandono e de amor.

15 *Só para mim*
...Você está sempre aí, para me consolar... Enche de doçura os meus últimos dias.

11 DE JULHO

1 *Ela recita toda a estrofe:*
    Como quis o Filho de Deus que sua Mãe
    Fosse sujeita à noite, à angústia do coração,
    Então, é um bem sofrer sobre a terra?[38]
    etc...

Então, você já não vê a "ladra"?

Mas claro que a vejo! Você não entende! Ela é livre para não me roubar... Ah! "Olhei para a direita... não há ninguém que me reconheça"... só o bom Deus pode me compreender.

Sl 141,5

2 *Durante as Matinas.*
Falou-me de suas orações de outrora, à noite, durante o silêncio de verão, e me disse ter compreendido, então, por experiência, o que é um "rapto"[39]. Falou-me de outra graça desse tipo, recebida na gruta de Santa Madalena[40], no mês de julho de 1889, graça que se seguiu de vários dias de "quietude"[41].

...Havia como que um véu lançado para mim, sobre todas as coisas da terra... Eu estava inteiramente escondida sob o véu da Santa Virgem. Naquele tempo, haviam-me encarregado do refeitório e lembro-me de que fazia as coisas como se não as fizesse, era como se me tivessem emprestado um corpo. Fiquei assim durante uma semana inteira.

3 *Falava-lhe do manuscrito de sua vida, do bem que ele faria às almas.*
...Mas como será bem visível que tudo vem do bom Deus, e que a glória que terei será um dom gratuito que não me pertencerá, todo mundo o verá perfeitamente...

4   *Falou-me da Comunhão dos Santos e me explicou como os bens de uns serão os bens dos outros*[42].

   ...Como a mãe fica orgulhosa de seus filhos, assim ficaremos nós, uns dos outros, sem o menor ciúme.

5   Que pena! como vivi pouco! A vida sempre me pareceu muito curta. Meus dias de infância, parece que foram ontem[43].

6   Poder-se-ia crer que é porque não pequei[44], que tenho uma confiança tão grande no bom Deus. Diga, minha mãe, que, se eu tivesse cometido todos os crimes possíveis, teria sempre a mesma confiança; sinto que toda essa multidão de ofensas seria como uma gota de água lançada num braseiro ardente. Depois, você contará a história da pecadora convertida que morreu de amor; as almas compreenderão imediatamente, pois é um exemplo tão surpreendente do que eu gostaria de dizer, mas não é possível exprimir essas coisas[(5)].

7   À noite, ela me repetiu estes versos de "A jovem tísica", acho eu[45]. Ela o fez com ar tão doce...

   ...Meus dias estão condenados, vou deixar a terra,
   Vou dizer-vos adeus sem esperança de voltar;
   Vós que me amastes, belo anjo tutelar,
   Deixai cair sobre mim vossos doces olhares de amor.
   Quando virdes cair, cair as folhas mortas,
   Se me amastes, rogareis a Deus por mim.

8   ...Profunda paz na alma... Minha pequena barca pode navegar outra vez. Sei que não recuperarei a saúde, mas estou resignada a permanecer doente vários meses, tanto tempo quanto queira o bom Deus.

9   *Como o bom Deus a favoreceu! O que você pensa dessa predileção?*
   Penso que "o Espírito de Deus sopra onde quer".   Jo 3,8

12 DE JULHO

1   *Ela contou-me que em tempos passados teve de travar um rude combate a respeito de uma lamparina que devia ser preparada para a família de Madre Maria de Gonzaga, que acabava de chegar de repente para dormir nos apo-*

---

5. a) Os *Novissima Verba* completam;
   Eis o trecho que ela me ditou textualmente:
   "Narra-se, na vida dos padres do deserto, que um deles converteu uma pecadora pública cuja devassidão escandalizava toda uma região. Essa pecadora, tocada pela graça, seguia o santo, no deserto, para ali fazer uma rigorosa penitência, quando, na primeira noite da viagem, antes mesmo de ser levada ao lugar do retiro, seus vínculos mortais foram quebrados pela impetuosidade do arrependimento cheio de amor, e o solitário viu, no mesmo instante, a sua alma ser levada pelos anjos para o seio de Deus. Esse é um exemplo bem surpreendente do que eu gostaria de dizer, mas não é possível exprimir essas coisas..."

sentos das irmãs rodeiras. A luta era tão violenta e vinham-lhe tais pensamentos contra a autoridade[46], que, para não sucumbir a eles, teve de implorar fortemente a ajuda do bom Deus! Ao mesmo tempo, aplicou-se o melhor que pôde no que lhe fora pedido. Foi durante o silêncio da noite. Ela era porteira e Ir. S. Rafael era a responsável pela portaria.

Para me vencer, pensei estar preparando a lamparina para a Santa Virgem e o Menino Jesus; então, eu o fazia com um cuidado incrível, sem deixar nenhum grão de poeira, e pouco a pouco senti um grande apaziguamento e uma grande doçura. Soaram as Matinas e não pude estar lá o tempo todo, mas me sentia em tal disposição, recebera uma graça tão grande que, se minha Ir. S. Rafael viesse me dizer, por exemplo, que eu me havia enganado de lâmpada, que seria preciso arrumar outra, feliz eu lhe teria obedecido. A partir daquele dia, tomei a resolução de jamais considerar se as coisas mandadas me pareciam úteis ou não.

2 *Irmã Maria da Eucaristia[47] dizia que eu era admirável...*

...Mãe admirável! Oh! Não, antes mãe amável[48], porque o amor vale mais que a admiração.

3 *A Madre Maria de Gonzaga:*

Nada fica em minhas mãos. Tudo o que tenho, tudo o que ganho é para a Igreja e as almas. Ainda que viva até 80 anos, serei sempre igualmente pobre.

13 DE JULHO

11 Sei perfeitamente que precisarei velar pelos frutos, quando estiver no céu, mas será necessário não matar os passarinhos, ou seja, não lhes serão enviadas esmolas.

Agitando gentilmente o braço em direção à imagem do pequeno Jesus:
Sim, sim!...

2 O bom Deus deverá fazer todas as minhas vontades no céu, porque nunca fiz minha vontade sobre a terra.

3 *Você olhará para nós, do alto do céu, não é?*
Não, eu descerei!

4 *Durante a noite, ela havia composto a estrofe para a Comunhão[49].*
Tu que conheces etc.[(6)]

---

6. a) O Processo Ordinário completa:
Durante a noite do dia 12 ela compôs esta estrofe para se preparar para a Comunhão:
Tu que conheces minha extrema pequenez,
Não temes abaixar-te para mim!
Vem ao meu coração, ó branca hóstia que amo,

A esse respeito ela me disse:

Eu a compus com muita facilidade, é extraordinário; pensei que não conseguiria mais fazer versos.

5 Não digo: "Se é duro viver no Carmelo, é doce morrer nele", mas: "Se é doce viver no Carmelo, é ainda mais doce morrer nele".

6 *O médico a achava melhor que de costume.*
Segurando, depois, o lado que lhe causava muito sofrimento:
Sim, sim, vai melhor que de costume!...

7 *Parecia-me que ela estava triste, apesar do ar alegre e contente, e eu lhe disse:*
É para não nos entristecer que você toma esse ar e diz palavras alegres, não é?
...Eu me comporto sempre sem fingimento...

8 *Ofereciam-lhe vinho de Baudon[50].*
Não quero mais vinho da terra... quero beber vinho novo no reino de meu pai.   Mt 26,29

9 Quando minha Ir. Genoveva vinha ao parlatório, eu não podia dizer-lhe, em meia hora, tudo o que gostaria. Então, durante a semana, quando eu tinha uma luz ou lamentava ter esquecido de lhe dizer alguma coisa, pedia ao bom Deus que lhe fizesse saber e compreender o que eu pensava e, no encontro seguinte, no parlatório, ela me dizia exatamente o que eu tinha pedido ao bom Deus que lhe fizesse saber[51].

...No início, quando ela sofria eu não havia conseguido consolá-la, ia embora com o coração aflito, mas logo compreendi que não era eu que podia consolar uma alma; e então já não me aborrecia quando ela partia cheia de tristeza. Pedia ao bom Deus que suprisse minha impotência e sentia que era atendida; percebia isso no encontro seguinte... Desde esse tempo, quando involuntariamente causo sofrimento, peço ao bom Deus que o repare e não me atormento mais.

10 Peço que você faça um ato de amor ao bom Deus e uma invocação a todos os santos; todos eles são meus "pequenos" parentes lá em cima.

11 Desejo que me comprem três pequenos selvagens: um pequeno Maria Luís Martin, um pequeno Maria Teofânio; uma menininha, entre os dois, que se chame Maria Cecília.
Depois de um instante:
Uma pequena Maria Teresa também.
(*Ao invés de deixar que gastassem dinheiro para comprar coroas depois de sua morte.*)

Vem ao meu coração, ele aspira por ti!
Ah! Eu gostaria que tua bondade me deixasse
Morrer de amor após esse favor.
Jesus! ouve o grito de minha ternura.
Vem ao meu coração!

12 *Falou-me também da Comunhão dos Santos.*
...Com as virgens, seremos como as virgens; com os doutores, seremos como os doutores; com os mártires, como os mártires, porque todos os santos são nossos parentes; mas os que tiverem seguido a via da infância espiritual guardarão sempre os encantos da infância.
(*Ela desenvolveu para mim esses pensamentos.*)

13 ...Desde a minha infância, o bom Deus me deu a sensação profunda de que morreria jovem[52].

14 ...*Olhando-me com ternura:*
Você está com uma cara!... depois...[53] vai ficar sempre assim... Eu a reconhecerei perfeitamente, ora essa!

15 O bom Deus sempre me fez desejar o que ele queria me dar[54].

16 *A nós três:*
Não creiam que, quando estiver no céu, lhes farei cair cotovias assadas no bico... Não foi o que eu tive, nem o que desejei ter. Vocês terão, talvez, grandes provações; mas eu lhes enviarei luzes que farão com que as apreciem e amem. Vão ser obrigadas a dizer como eu: "Senhor, vós nos cobris de alegria por tudo o que fazeis".

Sl 91,5

17 Não imaginem que eu sinta, para morrer, uma viva alegria, como sentia outrora quando ia passar um mês em Trouville ou em Alençon; não sei mais o que são as vivas alegrias. Aliás, não faço disso uma festa de delícias; não é isso que me atrai. Não posso pensar muito na felicidade que me espera no céu; uma única espera faz bater meu coração: é o amor que receberei e o que poderei dar. E depois penso em todo o bem que gostaria de fazer depois da morte: fazer com que batizem as crianças pequenas, ajudar os padres, os missionários, toda a Igreja...
...Mas, em primeiro lugar, consolar as minhas irmãzinhas.
...Hoje à noite eu ouvia uma música, ao longe, e pensava que logo ouviria melodias incomparáveis, mas essa sensação de alegria foi apenas passageira.

18 *Pedia-lhe que me falasse de suas funções no Carmelo.*
Quando entrei no Carmelo, puseram-me na rouparia com a Madre Subpriora (Ir. Maria dos Anjos); tinha ainda de varrer a escada e o dormitório.
...Lembro-me de que me custava muito pedir a nossa mestra para fazer mortificações no refeitório, mas nunca cedi a minhas repugnâncias; parecia-me que o crucifixo do pátio, que eu via pela janela da lavanderia, voltava-se para mim para me pedir esse sacrifício.
Era nessa época que eu ia arrancar mato às 4 e meia, o que desagradava a nossa mãe.
Depois da minha tomada de hábito, puseram-me no refeitório até a idade de 18 anos; eu o varria e colocava água e cerveja. Nas Quarenta Horas[55], em 1891, fui posta na sacristia com minha Ir. Sto. Estanislau. A partir do mês de

junho do ano seguinte⁵⁶, fiquei dois meses sem função; isto é, durante esse período pintei os anjos do oratório e fui terceira da econôma⁵⁷. Passados esses dois meses, puseram-me na roda, com minha Ir. S. Rafael, sem deixar a pintura. Essas duas funções, até as eleições de 1896, em que pedi para ajudar minha Ir. M. de S. José na rouparia, nas circunstâncias que você me conhece...

*Contou-me, depois, como a achavam vagarosa, pouco dedicada em suas funções, que eu mesma acreditei; de fato, nós nos lembramos juntas quanto a repreendi severamente por causa de uma toalha do refeitório que ela guardara por muito tempo em sua cesta, sem consertá-la. Acusava-a de negligência, mas estava enganada, pois fora falta de tempo. Aquela vez, sem se desculpar de modo algum, ela havia chorado muito, vendo-me triste e muito descontente...
É possível?!!!*

Disse-me ainda o que tinha sofrido no refeitório comigo (eu era a responsável por sua função, naquele tempo), não podendo me dizer suas pequenas coisas, como antigamente, porque não tinha permissão para isso; e por outras razões...

De modo que você chegou a não me conhecer mais, *acrescentou.*

Falou-me da violência que fazia a si mesma para retirar as teias de aranha do buraco escuro de Santo Alexis, sob a escada (ela tinha horror a aranhas⁵⁸), e mil outros detalhes que me provavam quanto fora fiel em tudo o que tinha sofrido, sem que ninguém percebesse.

14 DE JULHO
Ne 4,17

1 Li, há tempos, que os israelitas construíram os muros de Jerusalém trabalhando com uma das mãos e segurando a espada com a outra. É o que devemos fazer: não nos entregar inteiramente ao trabalho... etc.

2 Se eu tivesse sido rica, não me teria sido possível ver um pobre com fome sem lhe dar imediatamente algo de meus bens. Assim, à medida que ganho algum tesouro espiritual, sentindo que, no mesmo instante, há almas em perigo de se perder e cair no inferno, dou-lhes tudo o que possuo, e ainda não encontrei o momento para dizer a mim mesma: Agora vou trabalhar para mim.

3 *Ela começou a repetir com ar e entonação celestiais, a estrofe de "Lembra-te", que começa com estas palavras:*
        Lembra-te de que tua vontade santa
        É meu repouso, minha única felicidade⁵⁹.

4 Não vale a pena que isso pareça *(morrer de amor)*, contanto que seja!

5 Sempre me agradou o que o bom Deus me deu; e até, se me fosse dado escolher, teria escolhido isso, mesmo as coisas que me pareciam menos boas e menos belas do que as que os outros tinham.

6   Oh! Que veneno de elogios vi serem servidos à Madre Priora! Como uma alma precisa ser desprendida e elevada acima de si mesma para não se sentir mal.

7   *Na visita, o médico havia voltado a dar um pouco de esperança, mas ela já não se aborreceu por isso e nos disse:*

Agora, já estou habituada! Mas não há problema em ficar muito tempo doente! É para poupá-las das angústias que eu desejaria que isso acabasse logo.

8   Oh! Eu a amo muito, minha mãezinha!

9   Meu coração está cheio de vontade do bom Deus; assim, quando despejam alguma coisa por cima, isso não penetra no interior; é um nada que passa facilmente, como o óleo que não pode misturar-se com a água. Eu permaneço sempre no fundo, numa profunda paz que nada pode perturbar.

10   *Olhando suas mãos emagrecidas*[60]:

Oh! Como fico alegre ao me ver nessa destruição!

15 DE JULHO

1   *Você morrerá amanhã, talvez (festa de N. Sra. do Monte Carmelo), depois da Comunhão.*

Oh! Isso não se pareceria com a minha pequena via. Eu sairia dela, pois, para morrer? Morrer de amor após a comunhão é bonito demais para mim; as pequenas almas não poderiam imitar isso.

Tomara, apenas, que não me aconteça nenhum acidente[61], amanhã cedo! São coisas desse gênero que podem me acontecer: Impossível dar-me a Comunhão, o bom Deus obrigado a ir embora, imagine!

2   *Ela me falou do bem-aventurado Teofânio Vénard, que não pudera receber a Santa Comunhão no momento da morte, e deu um profundo suspiro...*

3   *Tínhamos feito preparativos para sua comunhão no dia seguinte. O sobrinho de Ir. M. Filomena*[62] *devia entrar no Carmelo, depois de sua primeira missa, para lhe dar a comunhão; porém, vendo-a mais doente, temíamos um escarro de sangue depois da meia-noite e pedíamos que rezasse para que nada de desagradável viesse impedir nossos projetos. Ela respondeu:*

Vocês sabem muito bem que eu não posso pedir... mas vocês pedem por mim... Em suma, esta noite, pedia-o, assim mesmo, ao bom Deus, para agradar às minhas irmãzinhas, para que a comunidade não se decepcione; mas, no fundo, digo-lhe o contrário: digo que faça o que ele quiser...

4   *Vendo-nos enfeitar a enfermaria:*

Ah! Quanto trabalho para preparar tudo convenientemente! Como são boas as festas da terra! Traz-se, de manhã, para as meninas que fazem a primeira comunhão, sua linda veste branca; elas só têm de se revestir dela[63]; todo o trabalho que se teve por sua causa é escondido, e elas têm só alegria. Não é a mesma coisa depois que se cresce...

5 *Contou-me o fato seguinte, cuja lembrança permanecia nela como uma graça:*

Ir. Maria da Eucaristia queria acender os círios para uma procissão; ela não tinha fósforos mas, vendo a pequena lâmpada que queima diante das relíquias, aproxima-se dela. Que pena! encontra-a quase apagada, restando apenas uma pálida claridade sobre a mecha carbonizada. No entanto, ela consegue acender seu círio e, por meio desse círio, todos os da comunidade foram acesos. Foi, pois, aquela pequena lamparina, quase apagada, que produziu aquelas lindas chamas, que, por sua vez, podem produzir uma infinidade de outras e mesmo inflamar o universo. No entanto, seria sempre à pequena lamparina que se deveria a causa primeira desse embrasamento. Como poderiam glorificar-se as belas chamas, sabendo que tinham feito um incêndio assim, uma vez que só foram acesas em consequência da pequena centelha!...

É a mesma coisa quanto à Comunhão dos Santos. Muitas vezes, sem que o saibamos, as graças e as luzes que recebemos são devidas a uma alma escondida, porque o bom Deus quer que os santos comuniquem a graça uns aos outros, pela oração, para que no céu se amem com grande amor; com amor ainda bem maior que o da família, mesmo a família mais ideal da terra. Quantas vezes pensei que podia dever todas as graças que recebi às orações de uma alma que as tivesse pedido ao bom Deus e que só conhecerei no céu.

Sim, uma centelha minúscula poderá fazer nascer grandes luzes em toda a Igreja, como doutores e mártires que, sem dúvida, estarão bem acima dela no céu; mas como se poderia pensar que a glória deles não se tornará a sua?

No céu não se encontrarão olhares indiferentes, porque todos os eleitos reconhecerão que devem, uns aos outros, as graças que merecem a coroa para eles.

(A conversa estava longa demais e não pude pegar tudo, e nem palavra por palavra.)

16 DE JULHO

1 *Tenho medo de que você sofra muito para morrer...*

Por que ter medo por antecipação? Espere ao menos que isso aconteça, para sofrer. Imagine que eu comece a me atormentar, pensando que, se houver perseguições e massacres, como está predito, talvez lhe arranquem os olhos!

2 Eu havia feito o completo sacrifício de Ir. Genoveva[64], mas não podia dizer que não a desejasse mais. Com muita frequência, no verão, no horário de silêncio, antes das Matinas, sentada no terraço, pensava: Ah! Se minha Celina

estivesse aqui perto de mim! Mas não! Seria uma felicidade grande demais para a terra!

...E aquilo me parecia um sonho irrealizável. No entanto, não era pela natureza que eu desejava essa felicidade; era por sua alma, para que ela caminhasse pela nossa via... E quando a vi entrar aqui, e não somente entrar, mas me ser totalmente dada, para que a instruísse sobre todas as coisas; quando vi que o bom Deus fazia isso, ultrapassando, assim, meus desejos, compreendi a imensidade do amor que ele tem por mim...

...Pois bem, minha mãezinha, se um desejo apenas expresso é assim satisfeito, é, pois, impossível que todos os meus grandes desejos, de que falo ao bom Deus com tanta frequência, não sejam totalmente atendidos.

3   *Ela me repetiu, parecendo convencida, esta palavra que lera nas* Petites fleurs, *livro do Padre Bourb*[65].

Os santos dos últimos tempos irão ultrapassar tanto os primeiros quanto os cedros ultrapassam as outras árvores.

4   Você conhece todos os recônditos de minha almazinha; só você...[(7)]

5   *Com ar de criança que tem na cabeça uma encantadora malícia:*

Gostaria de lhe dar um testemunho de amor que nunca ninguém lhe deu...

Eu estava pensando o que ela ia fazer... E de repente[66]

6*   Se o bom Deus me dissesse: Se morreres agora, terás uma grandíssima glória; se morreres aos 80 anos, a glória será bem menor, mas isso me dará muito mais alegria. Oh! Então eu não hesitaria em responder: "Meu Deus, quero morrer aos 80 anos, pois não busco a minha glória, mas a vossa alegria".

Os grandes santos trabalharam para a glória do bom Deus, mas eu, que sou apenas uma almazinha muito pequena, trabalho somente para a sua alegria; e seria feliz por suportar os maiores sofrimentos, ainda que fosse apenas para fazê-lo sorrir uma única vez.

---

7. a) No dia 28 de agosto de 1940, no fim do Caderno amarelo, Madre Inês de Jesus acrescentou este texto:

Observação importante

Quando minha Santa Teresinha me disse, em 16 de julho de 1897: "Você conhece todos os recônditos de minha almazinha, só você...", tenho certeza de que, no seu pensamento, ela não excluía desse conhecimento completo de sua alma Ir. Maria do Sagrado Coração e Ir. Genoveva da Sagrada Face. Ir. Maria do Sagrado Coração, a quem ela devia o sorriso da Santa Virgem, e que a tinha preparado para a primeira comunhão, e a quem se deve também a resposta maravilhosa de sua afilhada [o Manuscrito B], em 17 de setembro de 1896. Ir. Genoveva da Sagrada Face, a sua Celina, que ela chamava, tão suavemente, de "o doce eco de minha alma".

Mas ela era inspirada pelo bom Deus ao me dizer isso, para que, mais tarde, por causa da autoridade que me seria dada, fosse possível confiar inteiramente no que eu diria e escreveria a seu respeito.

Ir. Inês de Jesus
c. d. i.
28 de agosto de 1940

17 DE JULHO

Sábado — *Às 2 horas ela manhã, ela havia escarrado sangue.*

Sinto que vou entrar no repouso... Mas sinto principalmente que minha missão vai começar; minha missão de fazer com que amem o bom Deus como eu o amo; de dar às almas a minha pequena via. Se o bom Deus realizar os meus desejos, meu céu se passará na terra, até o fim do mundo. Sim, quero passar o meu céu fazendo o bem sobre a terra. Não é impossível, pois na própria visão beatífica os anjos velam por nós[67].

Não posso fazer uma festa de delícias; não posso descansar enquanto houver almas para salvar... Mas depois que o anjo disser... "O tempo não existe mais!" então descansarei, poderei regozijar-me, porque o número dos eleitos estará completo e todos terão entrado na alegria e no repouso. Meu coração estremece diante desse pensamento... Ap 10,6

18 DE JULHO

1   ...O bom Deus não me daria esse desejo de fazer o bem sobre a terra, depois da morte, se não quisesse realizá-lo; Ele me daria, antes, o desejo de repousar nele.

2   Tenho de suportar apenas indisposições, não sofrimentos.

19 DE JULHO

1   "Hoje à noite vou regar." (*O recreio estava começando*)
...Mas... também seria bem necessário que você me regasse!
O que você é?
Sou uma sementinha, ainda não se sabe o que dará...

2   Há pouco tempo, eu estava com muita vontade de perguntar à Ir. Maria do S. C., que acabava de falar no parlatório com Pe. Youf, o que ele havia dito sobre meu estado, depois de sua visita. Pensava comigo: Isso talvez me faça bem, me console sabê-lo; mas, refletindo, pensei: Não, é curiosidade, não quero fazer nada para saber; como o bom Deus não permite que ela me diga por si mesma, é sinal de que não quer que eu saiba. E evitei levar a conversa para esse assunto, de medo que minha Ir. Maria do Sagrado Coração me dissesse, como que forçada; eu não teria ficado feliz...

3   *Ela me disse ter buscado a si mesma, enxugando o rosto uma vez mais do que o necessário, para que Ir. Maria do S. C. percebesse que ela estava transpirando muito.*

20 DE JULHO

1   *(Às 3 horas da manhã, ela escarrara sangue.)*
    O que você faria se uma de nós tivesse ficado doente em seu lugar? Viria à enfermaria durante o recreio?
    Teria ido diretamente para o recreio, sem pedir nenhuma notícia, mas teria feito isso com toda a simplicidade, para que ninguém percebesse meu sacrifício. Se fosse à enfermaria, eu o faria para causar prazer, nunca para minha satisfação...
    ...tudo isso para cumprir meu pequeno dever e atrair graças para vocês; graças que a busca de mim mesma não teria atraído, com certeza. E eu própria teria retirado desses sacrifícios uma grande força. Se, às vezes, por fraqueza, fizesse o contrário do que gostaria, não desanimaria; faria tudo para reparar as minhas falhas, privando-me ainda mais, sem que isso transparecesse.

2   O bom Deus se faz representar por quem ele quer, mas isso não tem importância... Com vocês, haveria um lado humano; prefiro que não haja nada de divino. Sim, digo-o do fundo do coração, fico feliz de morrer nos braços de nossa mãe, porque ela representa o bom Deus.

3   ...O pecado mortal não retiraria de mim a confiança[68].
    ...Não esquecer, sobretudo, de contar a história da pecadora! Isso é que provará que não me engano.

4   *Dizia-lhe que temia por ela as angústias da morte.*
    Se vocês entendem por angústias da morte sofrimentos terríveis que se manifestam no último momento, por meio de sinais pavorosos para os outros, jamais as tenho visto aqui, nas que morreram diante dos meus olhos. Madre Genoveva teve-as quanto à alma, porém não quanto ao corpo.

5   Você não sabe a que ponto a amo e o provarei...

6   Importunam-me com perguntas; isso me faz pensar em Joana d'Arc diante do seu tribunal! Parece-me que respondo com a mesma sinceridade.

21 DE JULHO

1   Quando a vejo, minha mãezinha, sinto uma grande felicidade; você nunca me cansa, ao contrário. Há pouco, eu dizia: enquanto, com tanta frequência, sou obrigada a dar, é você que me dá...

2   Se o bom Deus me repreender, mesmo que seja um pouquinho, não chorarei de enternecimento... mas se não me repreender de modo algum, se me acolher com um sorriso, chorarei...

3   Oh! Gostaria de conhecer, no céu, a história de todos os santos; mas não será necessário que me seja contada, porque demoraria demais. Ao abordar um santo, deverei saber o seu nome e toda a sua vida, só com um olhar[69].

4 Jamais fiz como Pilatos, que se recusou a ouvir a verdade. Tenho dito sempre ao bom Deus: Ó meu Deus, quero, sim, vos ouvir; eu vos suplico, respondei-me quando vos digo humildemente: O que é a verdade? Fazei que eu veja as coisas como são; que nada me atire poeira nos olhos[70]. Jo 18,38

5 *Nós lhe dizíamos que ela era feliz por ser escolhida pelo bom Deus para mostrar às almas o caminho da confiança. A resposta foi:*
Que importância tem para mim que seja eu ou outra que dê às almas essa via; contanto que seja mostrada, não importa o instrumento!

22 DE JULHO

1 *Ir. Maria do Sagrado Coração dizia: "Vamos! você é cuidada com muito amor..."*
É, estou vendo perfeitamente... É uma imagem do amor que o bom Deus tem por mim. Nunca lhe dei nada que não fosse amor; então, ele me retribui amor, e não acabou; logo me retribuirá mais...
Fico muito comovida, é como um raio, ou antes, um relâmpago no meio de minhas trevas... mas somente como um relâmpago!

2 *Repetiu-me, sorrindo, esta frase que o senhor Youf lhe dissera depois de sua confissão:*
Se os anjos varressem o céu, a poeira seria feita de diamantes.

23 DE JULHO

1 Falavam-lhe de associações[71]:
Estou tão perto do céu, que tudo isso me parece triste.

2 *Uma de nós lhe havia dito e lido alguma coisa e pensava tê-la consolado e alegrado muito em sua grande provação. — Não é verdade que sua provação cessou por um instante?*
Não! É como se você cantasse!

3 *Eu sempre lhe falava daquele temor; que não me deixava, de vê-la sofrer ainda mais.*
Acho que nós, que corremos no caminho do amor, não devemos pensar no que pode nos acontecer de doloroso, no futuro, porque isso é não ter confiança, e é como se arvorar a criar.

4 ...Na ocasião das provações de papai, sentia um desejo violento de sofrer... Uma noite, em que eu sabia que ele tinha piorado[72], Ir. M. dos Anjos[73], vendo-me muito triste, consolava-me o melhor que podia; mas eu lhe disse: "Ó minha Ir. Maria dos Anjos, sinto que ainda posso sofrer mais!" Ela me olhou muito espantada e frequentemente me lembrava disso depois.

De fato, Ir. M. dos Anjos nunca esqueceu essa noite. Nossa santinha, ainda postulante, já ia se deitar; sentada em sua enxerga, de camisola, com os belos cabelos sobre os ombros. "Seu olhar", disse, "e ela toda tinham alguma coisa de tão nobre, de tão belo, que me pareceu ver uma virgem do céu".

5   Lembro-me de que um dia, no auge de nossas provações, encontrei Ir. Maria do S. C., depois de varrer a escada do dormitório (*ao lado da lavanderia*). Tínhamos permissão de falar e ela me fez parar. Então, disse-lhe que tinha muita força e que, naquele momento, estava pensando nestas palavras da Sra. Swetchine, que me penetravam de tal maneira que me faziam ficar como que inflamada por elas: "A resignação distingue-se, também, da vontade do bom Deus; a diferença é a mesma que entre união e unidade. Na união, continuamos a ser dois; na unidade, somos apenas um"[74].

(Não sei se é absolutamente textual.)

6   Tinham-me obrigado a pedir a cura de papai, no dia da minha profissão[75]; porém, foi impossível dizer outra coisa além disto: Meu Deus, eu vos peço, que seja a vossa vontade que papai sare!

Sl 30,2   7   ..."In te Domine speravi!"[76] No momento de nossos grandes sofrimentos, como eu ficava feliz de dizer esse versículo no Coro!

24 DE JULHO

1   *Tinham-lhe mandado lindas frutas, mas ela não podia comê-las. Pegou-as, umas após outras, como para oferecê-las a alguém, e disse:*

A Sagrada Família foi bem servida. São José e o Menino Jesus comeram, cada um, um pêssego e duas ameixas.

A meia voz, interrogando-me:

Toquei-as com satisfação, mas não é certo, talvez? Senti um grande prazer de tocar as frutas, principalmente os pêssegos[77], e vê-las de perto.

Tranquilizei-a e ela continuou:

A Virgem Santíssima também teve a sua parte. Quando me dão leite com rum, ofereço-o a São José; e penso: Oh! Como isto vai fazer bem ao pobre São José!

No refeitório, sempre via a quem devia dar. O doce era para o Menino Jesus, o forte para São José; tampouco a Virgem Santa era esquecida. Mas quando me faltava alguma coisa, por exemplo, quando se esqueciam de me passar o molho, a salada, eu ficava muito mais contente, porque tinha a impressão de estar dando de verdade à Sagrada Família, privando-me realmente do que oferecia.

2   Quando o bom Deus quer que se seja privado de alguma coisa, não há jeito; é necessário passar por isso. Às vezes, Ir. Maria do Sagrado Coração colocava o meu prato de salada tão perto de Ir. Maria da Encarnação, que eu já não podia considerá-lo meu, e não tocava nele.

Ah! Minha Mãezinha, e que "sapato velho" a omelete que me serviram na vida! Achavam que eu gostava dela assim, toda ressequida. Depois da minha morte, deve-se prestar muita atenção para não dar essa porcaria às pobres irmãs[78].

25 DE JULHO

1   *Dizia-lhe que eu acabava por desejar a sua morte, para não a ver sofrendo tanto.*

...Sim, mas não se deve dizer isso, minha mãezinha, pois sofrer é justamente o que me agrada da vida[79].

2   Estamos bem na estação dos pêssegos? Estão apregoando ameixas na rua? Não sei mais o que se passa.

"Quando se começa a declinar,
Perde-se a memória e a lucidez."

3   *Meu tio lhe mandara uvas. Ela comeu um pouco e disse:*

Como estão boas estas uvas! Mas eu não gosto do que vem da minha família... Antigamente, quando me traziam, da parte dela, buquês para o meu pequeno Jesus[80], eu não gostava de pegá-los sem ter certeza de que nossa mãe o havia dito.

4   *A seu pedido, fazia-a beijar o cruxifixo e lho apresentava como se faz habitualmente*[81].

...Ah, mas, eu, é o rosto que beijo!

Olhando, depois, para a imagem do Menino Jesus (que Ir. M. da Trindade trouxe do Carmelo de Messina)[82].

Esse pequeno Jesus parece me dizer: "Tu virás para o céu, sou eu que te digo!"

5   *Onde está o ladrão agora? Não se fala mais dele. Ela respondeu, pondo a mão no coração:*

Está aqui! Está no meu coração.

6   *Dizia-lhe que a morte era muito triste, aparentemente, e que me doeria muito vê-la morta. Ela me respondeu, com voz comovida:*

A Virgem Santa segurou, no colo, seu Jesus morto, desfigurado, cheio de sangue! Foi bem diferente do que você vai ver! Ah, não sei como foi que ela fez!... Supondo que me levassem a você nesse estado, o que seria de você? Responde mihi...[83]

Mq 6,3

7   *Depois de me confiar várias coisinhas pelas quais se censurava, perguntou-me se ela havia ofendido o bom Deus. Respondi simplesmente que todos esses pequenos pecados não eram bem assim, e que ela me fizera bem ao contá-los; então, pareceu muito comovida e me disse um pouco depois:*

Ouvindo-a, lembrei-me do padre Alexis: suas palavras também penetraram profundamente no meu coração.

8   *Ela começou a chorar; recolhi suas lágrimas, enxugando-as com num pano fino. (Ir. Genoveva tem essa relíquia guardada.)*

Ir. Genoveva oferecia-lhe uma florzinha de gerânio, que há muito tempo estava sobre a mesa, para que ela a jogasse às suas imagens presas na cortina da cama:

…Jamais jogar florzinhas murchas… só florzinhas "que acabaram de abrir".

9   *Propunham-lhe uma distração, mas barulhenta demais. Ela respondeu sorrindo:*

…Nada de brincadeiras de meninos!… Nada de brincadeiras de meninas tampouco; somente brincadeiras de anjinhos.

10 …Olho para as uvas e penso… Como são bonitas, e parecem boas. Depois, como uma; essa, não a dói ao pequeno Jesus, é ele que me dá.

11 Sou como uma verdadeira criancinha, na minha doença; não penso nada; estou contente de ir para o céu, só isso!

12 …A primeira vez em que me deram uvas, na enfermaria, disse ao pequeno Jesus: Como são boas as uvas! Não entendo que espereis tanto tempo para me levar, pois sou um pequeno cacho de uvas[84] e dizem que sou tão madura!

13 *A respeito das direções espirituais:*

…Penso que é mesmo necessário ficar atenta para não buscar a si mesma, pois ter-se-ia depois o coração ferido e poder-se-ia dizer em verdade: "Os guardas tomaram-me o manto, feriram-me… só depois de passar por eles encontrei meu bem-amado".

Se a alma tivesse perguntado humildemente aos guardas onde estava seu bem-amado, acho que lhe teriam indicado onde ele se encontrava, mas por ter querido ser admirada ela ficou perturbada, perdeu a simplicidade do coração.

14 …Você, você é a minha luz.

15 Escute uma historiazinha bem risível; Um dia, depois da minha tomada de hábito[85], Ir. S. Vicente de Paulo me vê na sala de nossa mãe e exclama: "Oh! Que ar de prosperidade! Está forte essa moça! Está gorda!" Eu ia indo embora muito humilhada com o elogio, quando Ir. Madalena me deteve em frente à cozinha e disse: "Mas o que acontece com você, minha pobre Ir. Teresinha do Menino Jesus! Você está emagrecendo a olhos vistos! Se continuar assim, com essa cara que faz estremecer, não seguirá a regra por muito tempo!" Eu estava espantada por ouvir, uma após outra, apreciações tão contrárias. A partir dessa ocasião, nunca mais dei a menor importância à opinião das pessoas; e essa impressão cresceu em mim de tal maneira que, agora, as censuras, os elogios, tudo passa por mim sem deixar a mais leve marca.

26 DE JULHO

1   Esta noite sonhei que estava com papai num bazar, e lá via lindas alfineteiras brancas, que me tentavam, para pôr meus alfinetes; mas, por fim, pensei que faziam iguais no Carmelo e pedi uma caixinha de música.

2   *Disse-me que, por volta de 8 de dezembro de 1892, ela se ocupara de Ir. Marta; que em 1893 havia ajudado Madre Maria de Gonzaga no noviciado e que, na última eleição, em 1896, tinha ficado, por assim dizer, totalmente encarregada das noviças*[86].

3   ...Sei que a virtude brilha naturalmente, assim que deixa de estar ali.

27 DE JULHO

1   *Ela não queria que eu me esquecesse de tomar as gotas de um medicamento que me haviam receitado.*
    ...Oh! É preciso se fortalecer; 30 gotas hoje à noite, não esqueça!

2   *Nós a cansamos?*
    Não, porque vocês são pessoas muito gentis.

3   Ela nos contou, rindo, que havia sonhado que a levavam à sala aquecida[87], entre duas tochas, para a festa de nosso pai[88].

4   *A comunidade estava lavando roupa.*
    ...Por volta de uma hora, pensei: elas estão bem cansadas, na lavagem da roupa! E pedi a Deus que as aliviasse, todas, para que o trabalho fosse feito na paz, na caridade. Quando me vi tão doente, senti alegria por ter de sofrer como vocês.

5   *À noite, ela me lembrou a palavra de São João da Cruz:*
    "Rompe a tela desse doce encontro"[89]. Sempre apliquei essa palavra à morte de amor que desejo. O amor não gastará a tela de minha vida, ele a romperá de repente.
    Com que desejo e que consolação repeti comigo, desde o início de minha vida religiosa, estas outras palavras de N. P. São João da Cruz: "É da maior importância que a alma se exercite em atos de amor para que, consumindo-se rapidamente, ela não demore muito aqui, mas chegue logo a ver seu Deus face a face"[90].
    Repetindo essas últimas palavras, levantou o dedo e tomou uma expressão celestial.

6   *A respeito das dificuldades que eu previa para a publicação de sua vida.*
    ...Pois bem, digo como Joana d'Arc: "E a vontade de Deus se cumprirá apesar do ciúme dos homens"[91].

7   *Logo não verei mais seu rostinho amado! Verei apenas a sua pequena alma. Ela é bem mais bonita!*

8 *Quando pensamos que vamos perdê-la!*
Mas vocês não me perderão... *nada perspicazes!*...[92]

9 *A Ir. Genoveva, que chorava:*
Ela sabe perfeitamente que é isso que tá diante do nariz dela (*a morte*), e agora t'aí toda apavorada!

10 *Depois de oferecer um cacho de uvas ao Menino Jesus:*
Eu lhe ofereci este cacho para que ele tenha vontade de me levar, porque acho que sou dessa espécie...
A casca não era dura e o cacho estava bem dourado — Saboreando um bago:
É, eu sou dessa espécie...

11 A mãezinha é meu telefone; só tenho de aguçar o ouvido quando ela vem, e já *tô* sabendo de tudo!

12 ...Não sou egoísta; é ao bom Deus que amo, não a mim.

13 ...Quanto à natureza, prefiro morrer, mas só me alegro pela morte porque ela é a vontade do bom Deus a meu respeito.

14 Nunca pedi ao bom Deus para morrer jovem, portanto tenho certeza de que neste momento ele está apenas cumprindo a sua vontade[93].

15 *Ela sufocava*[94] *e eu mostrava compaixão e tristeza.*
Não se aflija, vamos! Se fico sufocada, o bom Deus me dará força. Eu o amo! Ele jamais me abandonará.

16 *Contou-me como havia carregado por muito tempo sua pequena cruz de ferro e que ficara doente por causa dela. Disse-me que não era vontade do bom Deus, para ela e para nós, que nos lancemos a grandes mortificações; aquilo lhe tinha fornecido a prova*[95].

17 *A respeito das fricções que o médico havia receitado:*
Ah, ser "surrada" como fui é bem pior que qualquer coisa![96]

18 ...A partir do dia 9 de junho, fiquei certa de morrer logo[97].

29 DE JULHO

1 Eu gostaria de partir!
Para onde?
"Lá para cima, para o céu azul!"[98]

2 *Uma das irmãs lhe tinha contado esta reflexão feita no recreio: "Por que falam de minha Ir. Teresa do Menino Jesus como de uma santa? Ela praticou a virtude, é verdade, mas não era uma virtude obtida pelas humilhações e sobretudo pelos sofrimentos". Disse-me em seguida:*
...E eu que tenho sofrido tanto desde a mais tenra infância![99] Ah! Como me faz bem ver a opinião das pessoas, na hora da morte!

3   Pensou-se que, trazendo-lhe um objeto[100], ela ficaria contente, e foi o contrário que aconteceu. Mostrou descontentamento, supondo que tinham privado alguém do objeto em questão, mas logo se arrependeu e pediu perdão, com lágrimas.

Oh! Peço perdão a vocês; agi pela natureza, rezem por mim!

E um pouco mais tarde:

Oh! Como sou feliz por me ver imperfeita e precisar tanto da misericórdia do bom Deus na hora da morte!

4   *Ela escarra sangue pela manhã e às 3 horas da tarde.*

5   *Nós revelávamos temor de que ela morresse à noite.*

Não morrerei à noite, acreditem; tive o desejo de não morrer à noite.

6   ...Dois dias depois da entrada de Ir. M. da Trindade[101], cuidaram da minha garganta... O bom Deus permitiu que as noviças me deixassem exausta. Ir. M. da Eucaristia disse que isso se passava comigo como com os pregadores.

7   ...Para ser minha historiadora, é preciso se cuidar.

8   Pois bem! "nenê" vai, então, morrer! Na verdade, estou sofrendo muito de três dias para cá; esta noite, me senti no Purgatório.

9   Muitas vezes, quando posso, repito minha oferenda ao amor[102].

10 *Eu lhe contava um problema.*

...Foi você que lançou em minha almazinha a semente da confiança; você não se lembra dela, então?

11 *Eu a sustentava enquanto lhe arrumavam os travesseiros.*

Estou apoiando a cabeça sobre o coração de minha mãezinha[103].

12 *Não pedira alívio; achávamos que fosse por virtude, mas ela não havia pensado em se mortificar nisso. Como admirássemos seu ato:*

Estou cansada da terra! Elogiam quando não se merece e censuram quando também não se merece. Tudo isso!... Tudo isso!...

13 O que causa nossa humilhação no momento causa depois a nossa glória, mesmo já nesta vida.

14 Não tenho nenhuma capacidade para sentir satisfação, sempre fui assim; porém, tenho muita para sofrer. Antigamente, quando sentia grande tristeza, tinha apetite, no refeitório; porém, quando ficava alegre, era o contrário: impossível comer.

30 DE JULHO

1   ...Meu corpo sempre me deixou constrangida; eu nunca me senti à vontade dentro dele... mesmo muito pequena, eu tinha vergonha.

2   *Por lhe ter prestado um pequeno serviço.*

Obrigada, *mamãe!*[104]

3   Eu não gostaria de ter apanhado um alfinete para evitar o Purgatório. Tudo o que fiz foi para agraciar ao bom Deus, para lhe salvar almas.

4   *Olhando a fotografia dos Pes. Bellière e Roulland:*
Sou mais gentil que eles!

5   *Prometiam comprar-lhe petits chinois (chinesinhos: laranjinhas verdes cristalizadas).*
Não são chineses que eu quero, são negros![105]

6   O que é amargo é você não olhar para mim.

7   *As moscas a atormentavam muito, mas ela não queria matá-las.*
Eu as poupo sempre. No entanto, só elas me atormentaram durante a doença. Não tenho outras inimigas além delas, e como o bom Deus recomendou que se perdoassem os inimigos, sinto-me contente de encontrar essa pequena ocasião de fazê-lo.

[Mt 5,44]

8   *É bem duro sofrer tanto; isso deve impedi-la de pensar qualquer coisa!*
Não, isso me faz dizer ainda ao bom Deus que o amo, acho que basta.

9   *Mostrando um copo que continha um remédio muito ruim, sob o aspecto de um delicioso licor de groselha.*
Esse copinho é a imagem da minha vida. Ontem, Ir. Teresa de Sto. Agostinho me dizia: "Espero que você tome o licor gostoso!" Respondi: "Ó minha Ir. Teresa de Sto. Agostinho, é tudo o que tomo de pior!"
Pois é, minha mãezinha, veja o que pareceu aos olhos das criaturas. Sempre lhes pareceu que eu tomava licores deliciosos, e era amargor. Digo amargor, mas não! pois minha vida não foi amarga, porque eu soube fazer, de toda a amargura, minha alegria e minha doçura.

10   Se você quiser dar uma lembrança minha ao Sr. De Cornière, faça para ele uma imagem com estas palavras: "O que fizestes ao menor dos meus foi a mim que o fizestes."

[Mt 25,40]

11   *Tinham-lhe dado uma tela, vinda do Carmelo de Saigon; ela a usava para tocar as moscas[106]. Como fazia muito calor, voltou-se para as imagens presas à cortina da cama e começou a abaná-las, e depois a nós, com a tela.*
Abano os santos ao invés de mim; abano vocês para lhes fazer bem e porque são santas também.

12   *O Sr. De Cornière havia dito que lhe dessem cinco ou seis colheradas de água de Tisserand. Ela pediu a minha Ir. Genoveva que lhe desse apenas cinco; depois, voltando-se para mim:*
Sempre o menos, *né*, mamãe?

13   Não diga ao Sr. Ducellier[107] que só me restam alguns dias; ainda não estou tão fraca a ponto de morrer, e depois, quando se vive, fica-se muito "apatetado"[108].

14 *(4 horas) Ela sorria para mim, depois de uma irmã ter saído. Eu disse: Descanse agora, feche os olhos.*
...Não, gosto tanto de olhar para você!

15 *Eu queria pegar uma mosca que a importunava.*
O que você vai fazer com ela?
Vou matá-la.
Oh! Não, por favor.

16 Você quer me preparar para a Extrema-unção?
Sorrindo e olhando para mim:
Não estou pensando em nada!
Peça ao bom Deus para que eu a receba tão bem quanto é possível recebê-la.

17 *Contou-me o que nosso pai lhe havia dito antes da cerimônia:*
... "Você vai ficar como uma criancinha que acabou de receber o batismo." Depois, só me falou de amor. Oh! Como fiquei comovida!

18 *Mostrava-nos as suas mãos com respeito, depois da Extrema-unção.*
Eu habitualmente retirava as pelezinhas de seus lábios ressequidos; nesse dia, porém, ela me disse:
Hoje vou engolir as minhas pelezinhas, porque recebi a Extrema-unção e o santo Viático.
Era de tarde. Nem bem terminou uma curta ação de graças, e várias irmãs vieram lhe falar. À noite, ela me disse:
Como vieram me perturbar depois da comunhão! Olharam-me com indiscrição... mas, para não me irritar, pensei em Nosso Senhor, que se retirava, na solidão, sem poder impedir o povo de segui-lo. E ele não o mandava embora. Eu quis imitá-lo, recebendo bem as irmãs.

Mc 6,32-34

31 DE JULHO

1 *Ainda se supunha que ela morresse num dia de festa, como 6 de agosto, Transfiguração ou na Assunção, dia 15.*
Não fale de data; sempre será uma festa!

2 *Depois de nos contar a fábula de La Fontaine*[8]*: "O moleiro e seus três filhos".*
...Tenho duas botas, mas não tenho bolsa, ainda! Isso quer dizer que não estou perto de morrer.

---

8. É a história do "Gato de botas", e não uma fábula de La Fontaine.

3   *Tinham trazido para baixo a sua enxerga, para expô-la depois da morte. Ela percebeu quando abriram a porta que dá para a cela ao lado da enfermaria e exclamou com alegria:*
    Ah! Aí está nossa enxerga! Ela estará prontinha para colocar meu cadáver.
    ...Meu narizinho sempre teve sorte!

4   Como é que nenê fará para morrer? Mas do que é que morrerei?

5   ...Sim, eu furtarei... Do céu vão desaparecer muitas coisas, que lhes trarei... Serei uma pequena ladra; pegarei tudo que me agradar...

6   *Olhando para a imagem da Santa Virgem e mostrando-lhe com o dedo o seu pratinho[109]:*
    Esta noite, quando ocorreu (*um grande escarro de sangue*), eu pensava que fôsseis levar-me!

7   *Tínhamos adormecido, tomando conta dela:*
    Pedro, Tiago e João!

8   ...Digo que ainda ficarei aqui por muito tempo se a Santa Virgem não colaborar!

9   *Com amabilidade:*
    ...Não conversemos entre nós; já basta nos *entreolharmos de esguelha!*[110]

10 O ladrão virá
    E me levará
    Aleluia!

11 *Discutia-se sobre os poucos dias de vida que lhe restavam.*
    Ainda é a doente que sabe melhor! e sinto que ainda viverei por muito tempo.

12 Pensei que fosse preciso ser muito boazinha e esperar gentilmente o ladrão.

13 Encontrei a felicidade e a alegria sobre a terra, mas unicamente no sofrimento, pois sofri muito neste mundo; será necessário que as almas saibam disso... Desde minha primeira Comunhão, desde que pedi a Jesus que mudasse para mim, em amargura, todas as consolações da terra[111], tinha um perpétuo desejo de sofrer. No entanto, não pensava em fazer disso a minha alegria; é uma graça que só me foi concedida mais tarde. Até então, era como uma fagulha escondida sob a cinza, e como as flores de uma árvore que devem tornar-se frutos, em seu tempo. Porém, vendo cair sempre as minhas flores, isto é, deixando-me chegar às lágrimas quando sofria, pensava com assombro e tristeza: Mas então nunca será mais do que desejo!

14 Hoje à noite, quando você disse que o Sr. De Cornière acreditava que eu iria viver ainda mais de um mês, fiquei muito admirada; havia uma grande diferença de ontem, em que ele dizia que era preciso dar-me a Extrema-unção no próprio dia! Mas isso me deixou em profunda calma. Qual a importância

de ficar ainda longo tempo na terra? Se sofro muito e cada vez mais, não tenho medo nenhum; o bom Deus me dará a força e não me abandonará.

15 *Se você ainda viver muito tempo, ninguém entenderá nada.*

E o que tem isso? Todo mudo pode me desprezar, é o que sempre desejei[112]; vou tê-lo no fim de minha vida!

16 ...Agora que o bom Deus fez o que queria fazer, enganando todo mundo... Ele virá como um ladrão, na hora em que não se pensar mais nisso; essa é a minha pequena ideia.   Mt 24,43-44

1º DE AGOSTO

1   *A respeito da grande graça que ela recebera outrora[1], quando seu livro de missa se fechara sobre a imagem de Nosso Senhor na Cruz, deixando aparecer apenas uma das mãos. Ela me repetiu o que havia dito na ocasião:*

Oh! Não quero deixar que se perca esse sangue precioso. Passarei minha vida recolhendo-o para as almas.

2   *Durante as Matinas, sobre o manuscrito de sua vida:*

Depois da minha morte, não se deve falar a ninguém do meu manuscrito, antes que ele seja publicado; só se deverá falar a nossa mãe. Se você agir de outro modo, o demônio irá preparar-lhe várias armadilhas para estragar a obra do bom Deus... uma obra bem importante[(9)]!

3   ...Agora não escreverei mais![2]

4   Oh! Como estou doente!... Pois você sabe... com você!

Porque não podia mais falar comigo.

5   ...Estou bem abandonada, esperarei até que ele queira.

6   ...Como o bom Deus fez bem em dizer: "Na casa de meu pai há muitas moradas".   Jo 14,2

(A respeito de um padre muito mortificado que se privava até de aliviar insuportáveis comichões.)

...Eu, por mim, prefiro praticar a mortificação de outra maneira, e não em coisas assim irritantes; não conseguiria me conter assim.

---

9. a) Os *Novissima Verba* acrescentam (a autenticidade deste texto é discutível):

Alguns dias depois, tendo-lhe pedido que lesse uma passagem de seu manuscrito, que me parecia incompleta, vi que ela estava com os olhos cheios de lágrimas: quando lhe perguntei por quê, respondeu com ar de angélica simplicidade:

"O que reli neste caderno retrata tão bem a minha alma!... Minha mãe, estas páginas farão muito bem. Depois conhecerão melhor a doçura do bom Deus..."

Acrescentou, num tom inspirado:

"Ah! Sei perfeitamente, *todo o mundo me amará*..."

7   *Tinha havido um aborrecimento por causa do gelo³ e eu havia chorado. Perguntava-lhe se eu não tivera razão; respondeu-me, para me consolar:*

Você é sempre afável!

8   *Você pensa nos seus irmãos missionários?*

Pensava neles com muita frequência; porém, desde que fiquei doente, penso em pouca coisa.

9   *Um desses missionários⁴ lhe prometera uma missa do dia de Natal de 1896. Ela me falava de sua decepção quando soube que ele não pudera celebrá-la naquele dia.*

…E eu, que me unira àquela missa, com tanta felicidade, na mesma hora! Ah! Tudo é incerto sobre a terra!

2 DE AGOSTO

1   Tenho muita vontade de mandar guardar seu coração, como o de Madre Genoveva.

Faça como quiser!

Tinha mudado de ideia, porque a coisa me repugnava demais e eu dizia a ela. Parecia bastante triste por isso. Eu adivinhava seu pensamento: nós nos privaríamos de uma consolação que ela não nos daria por milagre, pois bem sabíamos que não sobreviveria. Enfim, disse-me:

Você usa de muitos subterfúgios, minha mãezinha, já notei isso várias vezes na minha vida…

2   *Tínhamos conversado intimamente sobre o pouco caso que, muitas vezes, fazemos da virtude escondida.*

…Isso me impressionou na vida de N. P. São João da Cruz, sobre o qual diziam: "O irmão João da Cruz! Mas é um religioso abaixo do comum!"⁵

3   Não tenho grandes desejos do céu; ficarei bem contente de ir para lá, só isso!

4   Não poderão dizer de mim: "Ela morre porque não morre"⁶. Já lhe disse: pela minha natureza, sim, o céu! mas a graça em minha alma venceu de longe a natureza, e agora só posso repetir ao bom Deus:

Muito tempo ainda, eu quero viver,
Senhor, se é esse o teu desejo.
No céu, eu gostaria de te seguir,
Se isto te agradasse.
O amor, este fogo da pátria,
Não cessa de me consumir
Que me importa a morte ou a vida?
Minha única felicidade é te amar⁷.

5   *A Ir. Genoveva:*
Tudo passa neste mundo mortal[8], até "nenê"; mas ele retornará...
Ir. Genoveva beijava os pés do crucifixo.
Você não está seguindo a doutrina do "nenê"! Beije-o bem rápido nas duas faces e deixe-se abraçar.

6   Experimento uma alegria intensa, não somente quando me acham imperfeita, mas sobretudo por me sentir, eu mesma, assim. Isso supera todos os aborrecimentos que sinto quando me elogiam.

3 DE AGOSTO

1   *Como fez para conseguir essa paz inalterável, que é o seu dote?*
Esqueci de mim mesma e fiz o possível para não me examinar em nada.

2   *Dizia-lhe que deveria ter lutado muito para chegar a ser perfeita.*
Oh! Não é isso!...[10]

3   *Tinha ficado magoada com uma irmã e me disse com uma expressão séria e carinhosa:*
Digo a vocês, francamente: tenho necessidade de vê-las perto de mim, nos últimos dias de minha vida.

4   Minhas irmãzinhas, rezem pelas pobres doentes que estão à morte. Se soubessem o que acontece! Como é preciso pouco para se perder a paciência! É preciso ser caridoso com qualquer uma delas... Não teria acreditado nisso antigamente.

5   *Falara-lhe da mortificação sob forma de instrumentos de penitência.*
...É preciso ser muito moderado neste ponto, pois aí entra frequentemente mais a natureza do que qualquer outra coisa[11].

---

10. a) *Os Novissima Verba* acrescentam (a autenticidade deste texto é discutível):
E um pouco mais tarde:
"A santidade não está nesta ou naquela prática; ela consiste numa *disposição do coração* que nos torna humildes e pequenos entre os braços de Deus, conscientes de nossa fraqueza e audaciosamente confiantes em sua bondade de Pai".

11.b) Os *Novissima Verba* acrescentam:
Ela me havia dito, uma outra vez, a esse respeito:
"Uma passagem na vida de B. Henri Suso impressionou-me, a respeito das penitências corporais. Ele fizera algumas pavorosas, que arruinaram sua santidade. Um dia, apareceu-lhe um anjo, dizendo que parasse, e acrescentou: 'Até este momento você só combateu como um simples soldado; agora, vou armá-lo cavaleiro'. E fez o santo compreender a superioridade do combate espiritual sobre as mortificações da carne.
Pois bem, minha mãezinha, o bom Deus não me quis como simples soldado; fui imediatamente armada cavaleira e parti para a guerra contra mim mesma no campo espiritual, pela abnegação, pelos pequenos sacrifícios escondidos; encontrei a paz e a humildade neste combate obscuro em que a natureza não tem participação alguma".

6   *A nós três:*

É necessário prestar muita atenção na conformidade às regras. Ao sair do parlatório não parem para falar entre vocês, pois então é como estar na própria casa, onde não nos privaríamos de nada.

Voltando-se para mim:

Isso, minha mãe, é o mais útil de tudo.

7   Oh! Como o meu ombrinho está machucado, se você soubesse!

Foram colocar algodão.

Jo 19,17   Não, não se deve tirar minha pequena cruz.

8   Há muito tempo que sofro, mas eram pequenos sofrimentos. Desde 28 de julho, são grandes sofrimentos.

9   *Não se compreendia mais nada sobre a evolução de sua doença, e uma de nós lhe disse:*

Então, de que você morrerá?

Gn 2,17   Morrerei, simplesmente! O bom Deus não disse a Adão por estas palavras: "Vós morrereis", que ele morreria. É apenas isso.

4 DE AGOSTO

1   Tive muitos pesadelos esta noite, e pesadelos bem assustadores; mas no pior momento você chegava até mim e eu não sentia mais medo.

2   .... Não, não creio que eu seja uma grande santa! Creio que sou uma santa muito pequena; mas acho que o bom Deus alegrou-se de me dotar de coisas que são boas para mim e também para os outros[9].

3   *Tinham-lhe trazido um feixe de espigas; ela retirou a mais bonita e disse:*

Minha mãe, esta espiga é a imagem de minha alma: o bom Deus derramou suas graças sobre mim e sobre muitos outros...

Depois, temendo ter sido um pensamento de orgulho[10]:

Oh! Como eu gostaria de ser humilhada e maltratada, para ver se possuo verdadeiramente a humildade de coração!... No entanto, antigamente, quando era humilhada, era bem feliz... Sim, parece-me que sou humilde... O bom Deus me mostra a verdade; sinto claramente que tudo vem dele.

4   Como é fácil desanimar quando se está muito doente!...

Oh! Como sinto que perderia a coragem se não tivesse fé! Ou, antes, se não amasse o bom Deus.

5   Somente no céu é que veremos a verdade sobre todas as coisas. Na terra, é impossível. Assim, não é triste ver todas as diferenças de tradução, até na Sagrada Escritura? Se eu fosse padre, teria aprendido hebraico e grego; não teria me contentado com o latim; assim, teria conhecido o verdadeiro texto ditado pelo Espírito Santo.

6   Adormeci um segundo durante a oração. Sonhei que faltavam soldados para uma guerra.

Você disse: É preciso enviar Irmã Teresa do Menino Jesus. Respondi que preferiria que fosse para uma guerra santa. Finalmente, parti assim mesmo.

Oh! Não, não teria tido medo de ir para a guerra. Com que felicidade, por exemplo, teria partido para combater os hereges, no tempo das cruzadas. Ora! não teria tido medo de levar um tiro!

7   E eu que desejava o martírio[11], é possível que morra numa cama?

8   *Como vai arranjar sua vidinha agora?*

Minha vidinha consiste em sofrer e só isso! Eu não poderia dizer: Meu Deus, é para a Igreja, meu Deus, é para a França... etc... Deus sabe quem deve fazer com isso; ofereci tudo a ele para agradá-lo. E depois seria muito cansativo dizer-lhe: Dê isto a Pedro, dê isto a Paulo. Só faço isso, bem rápido, quando uma irmã me pede, e depois não penso mais no assunto. Quando rezo pelos irmãos missionários, não ofereço meus sofrimentos, mas digo simplesmente: Meu Deus, dai a eles tudo o que desejo para mim.

5 DE AGOSTO

1   *Fazia muito calor e o sacristão tinha pena de nós por vestirmos roupas grossas.*

Ah! No céu, o bom Deus nos recompensará por termos usado roupas grossas, na terra, por seu amor.

2   *Constatando que ela quase não podia mais se mover:*

Davi dizia nos salmos: "Sou como o gafanhoto, que muda constantemente de lugar". Bem, eu não posso dizer a mesma coisa! Gostaria muito de passear, mas estou de mãos atadas!   Sl 108,23

3   ...Quando os santos tiverem fechado atrás de mim a porta do céu, cantarão:

Enfim nós te pegamos,
Pequeno camundongo cinza,
Enfim nós te pegamos
E não te deixaremos sair!
(*Uma cançãozinha de que ela se lembrava*)

4   *Ir. Maria do Sagrado Coração lhe disse que os anjos viviam acompanhando Nosso Senhor, na hora de sua morte, e que ela os veria resplandecentes de luz e beleza*[12].

...Todas essas imagens não me fazem nenhum bem, pois só posso me alimentar da verdade. É por isso que numca desejei ter visões. Na terra, não se pode ver o céu, nem os anjos, como eles são. Prefiro esperar depois da morte.

5   Durante as Vésperas, minha mãezinha, pensei que você fosse o meu sol.

6   Adormeci e sonhei que você se inclinava para me beijar; quis retribuir, mas em seguida acordei, espantada porque meu beijo caíra no vazio!

7   *Sua cama ainda não havia sido colocada no meio da enfermaria, mas no fundo, no canto. Para festejar o dia seguinte, a Transfiguração de Nosso Senhor, 6 de agosto, nós tínhamos pegado a Sagrada Face do Coro, de que ela gostava muito, e penduramos na parede, à sua direita, o quadro cercado de flores e luzes. Olhando a imagem, ela me disse:*

Como Nosso Senhor fez bem em baixar os olhos para mostrar seu retrato! Já que os olhos são o espelho da alma, teríamos morrido de alegria se a tivéssemos decifrado.

Oh! Como essa Sagrada Face me fez bem na vida! Quando eu estava compondo o meu cântico "Viver de amor", ela me ajudou a compô-lo com muita facilidade. Escrevi de memória, durante o meu silêncio da noite, as 15 estrofes que havia composto de dia, sem rascunho. Naquele dia, indo para o refeitório depois do exame, eu acabara de compor a estrofe:

Viver de amor é enxugar tua Face,
É obter dos pecadores o perdão[13].

Ao passar, repeti-a para ela, com muito amor. Olhando-a, chorei de amor.

Jó 7,4   8   Como Jó, repito: "De manhã, espero não chegar à noite, e, à noite, espero nunca mais rever a manhã".

Is 53,12   9   "Quem acreditou em vossa palavra... Não tem beleza, nem esplendor... etc."[14] ... Estas palavras de Isaías serviram de base para minha devoção à Sagrada Face, ou, melhor dizendo, foram a base de toda a minha piedade. Eu também gostaria de não possuir beleza, pisar sozinha as uvas no lagar, desconhecida de toda criatura...

Is 63,3

10   *A respeito de uma confidência que lhe fazia, disse-me:*

Uma madre priora deveria sempre fazer crer que não sofre. Não confessar seus sofrimentos faz tão bem e dá tanta força! Por exemplo, é preciso evitar exprimir-se assim: Você tem aborrecimentos e dificuldades, eu tenho esses e muitos outros etc.

6 DE AGOSTO

1   *Ela esperava que fosse morrer à noite e já de manhã me disse:*

Fiquei à espreita a noite toda, como a menininha na canção do sapatinho de Natal...[15]

Não cessei de olhar a Sagrada Face... Afastei muitas tentações... Ah! Fiz muitos atos de fé...

Sl 141,5   Posso dizer também: "Olhei à minha direita e pensei: não há ninguém que me conheça..." Quero dizer, ninguém que conheça o momento de minha morte... A direita representa para mim o lado em que você está.

Olhou em seguida para a imagem da Santa Virgem e cantou docemente:

Quando chegará, minha terna mãe,
Quando chegará esse belo dia,
Em que, do exílio da terra,
Voarei para a morada eterna?[16]

2   A *violenta dor do lado tinha cessado à noite. Na auscultação, o Sr. De Cornière encontrou-a tão doente quanto antes, mas ela duvidava de sua morte próxima.*

Sou como o pobrezinho em sua ilha. Enquanto não me haviam prometido nada, eu estava exilada, é verdade, mas não pensava em deixar minha ilha. Mas eis que me anunciam um navio, que, com certeza, logo deve me conduzir à pátria. Então, ficou na praia, olho ao longe, continuo olhando... e, não vendo nada aparecer no horizonte, penso: Enganaram-me! Não vou sair daqui!

3   *Mostrou-me, no pequeno breviário do Sagrado Coração, a palavra de Nosso Senhor à bem-aventurada Margarida Maria, que ela havia extraído, no dia da Ascensão:*

"A cruz é a cama de minhas esposas; é nela que te farei consumar as delícias de meu amor".

Contou-me que um dia, uma irmã, tendo aberto o mesmo livro e caído numa passagem severa, lhe havia pedido que, por sua vez, o abrisse. Tinha, então, caído nesta palavra:

"Confia-me os teus pensamentos..."[17]

4   ...Não posso me apoiar em nada, em nenhuma de minhas obras para ter confiança. Bem que gostaria de poder dizer para mim mesma: Estou quite com todos os meus ofícios dos mortos. Mas esta pobreza foi para mim uma verdadeira luz, uma verdadeira graça. Pensei que jamais pudera, na vida, saldar uma única de todas as minhas dívidas para com o bom Deus; porém, isso era para mim uma verdadeira riqueza e uma força, se eu o quisesse. Então, fiz esta oração: Ó meu Deus, eu vos suplico, saldai a dívida que contraí para com as almas do Purgatório, mas fazei-o em Deus, para que seja infinitamente melhor do que se tivesse rezado meus ofícios dos mortos. E lembrei-me, com grande doçura, destas palavras do cântico de São João da Cruz: "Saldai todas as dívidas"[18]. Sempre tinha aplicado isso ao amor... Sinto que esta graça não pode ser restituída... Seria fácil demais! Quando se é absolutamente pobre e se conta apenas com o bom Deus, experimenta-se uma paz tão grande!

5   ...Oh! Como há poucas religiosas perfeitas que não fazem nada mais ou menos e de qualquer jeito, pensando: Afinal de contas, não sou obrigada a fazer isto... Não há mal tão grande em falar aqui, em me contentar com aquilo... Como são raras aquelas que fazem tudo o melhor possível! No entanto, são as mais felizes. O mesmo se dá com o silêncio, pois, ao mesmo tempo em que impede falta de caridade e sofrimentos de todas as espécies, faz tão

bem à alma! Falo principalmente do silêncio, porque é neste ponto que mais falhamos.

6   Como me sentia orgulhosa quando era hebdomadária[19]" no Ofício, quando fazia as orações bem alto no meio do Coro! Porque pensava que o padre fazia as mesmas orações durante a missa e que, como ele, eu tinha o direito de rezar bem alto em frente ao Santo Sacramento, de dar as bênçãos, as absolvições, e de ler o Evangelho quando era a primeira cantora.

...Porém, posso dizer que o Ofício foi ao mesmo tempo minha felicidade e meu martírio, porque eu tinha um grande desejo de recitá-lo bem e de não cometer erros; algumas vezes, após ter previsto um minuto antes o que deveria dizer, ainda assim deixava passar o momento certo, sem abrir a boca, por uma distração totalmente involuntária. Todavia, não acredito que se possa desejar mais do que eu recitar perfeitamente o Ofício e participar dele no Coro.

...Desculpo muito as irmãs que esquecem ou que se enganam.

7   Ir. Sto. Estanislau, sua primeira enfermeira, tinha se ausentado durante todo o tempo das Vésperas, deixando abertas a porta e a janela da enfermaria; a corrente de ar era muito forte. Encontrando-a nessa situação, nossa mãe manifestou seu descontentamento e pediu explicações[(12)]. Disse-me ela:

Contei a verdade a nossa mãe, mas enquanto falava me veio à mente uma expressão mais caridosa do que aquela que ia usar, e que, no entanto, não era má, é claro; segui minha inspiração e Deus me recompensou com uma grande paz interior.

8   *À noite, durante as Matinas, perguntei-lhe o que ela entendia por "permanecer criancinha"[20] perante o bom Deus. Respondeu-me:*

É reconhecer o seu nada, é esperar tudo do bom Deus, assim como uma criança pequena espera tudo do pai; é não se preocupar com nada e, de modo algum, fazer fortuna. Mesmo entre os pobres, dá-se à criança o que lhe é necessário, mas assim que ela cresce o pai não quer mais alimentá-la, dizendo-lhe: "Agora vá trabalhar, você pode se sustentar".

---

12. a) Os *Cadernos* verdes deixam claro:

Uma das enfermeiras a havia deixado todo o tempo das Vésperas numa corrente de ar. Ir. Teresa do Menino Jesus lhe tinha feito sinal para fechar a porta. Ao invés de entender isso, achou que ela tivesse pedido um cobertor; e colocou-o sobre os pés. Teresa tentou falar, mas estava tão ofegante que não pôde fazer-se compreender e a boa irmã trouxe um outro cobertor, um travesseiro etc., achando que ela estava com frio. A pobrezinha estava sufocada, mas não tentou mais se explicar.

Voltando das Vésperas, Ir. xxx, constatando a corrente de ar, e que a meiga doente estava sufocada sob o peso de todas aquelas cobertas, expressou bem alto seu descontentamento. Nossa mãe veio e pediu uma explicação a Teresa do Menino Jesus, que, nessa situação, demonstrou tanto caridade como paciência.

Foi para não escutar isso que eu não quis crescer, sentindo-me incapaz de ganhar a vida, a vida eterna do céu. Permaneci, então, sempre pequena, tendo uma só ocupação: colher flores[21], as flores do amor e do sacrifício, oferecendo-as ao bom Deus, para seu agrado.

Ser criança é ainda não atribuir a si própria as virtudes praticadas, acreditando-se capaz de alguma coisa[22]; é reconhecer que o bom Deus coloca este tesouro na mão de sua criancinha para que ela se sirva dele quando precisar; mas é sempre o tesouro do bom Deus. Enfim, é nunca desanimar por causa de seus erros[23], pois as crianças caem com frequência, porém são pequenas demais para se machucar muito.

7 DE AGOSTO

1   *Ir. X..., que foi embora[24], queria me fazer suas confidências, embora eu não fosse mais priora.*

Não a escute jamais, mesmo se ela estivesse como um anjo; você seria bem infeliz, porque não faria nisso o seu dever; seria fraqueza que, certamente, magoaria o bom Deus.

2   ...Oh! Como o bom Deus é pouco amado na terra!... Até padres e religiosos... Não, o bom Deus não é muito amado...

3   *Mostrou-me a fotografia de N. Sra. das Vitórias, na qual colara uma florzinha que papai lhe havia dado nos Buissonnets, no dia em que ela lhe havia revelado sua vocação[25]; a raiz estava solta e o Menino Jesus parecia segurá-la na mão, sorrindo, assim como a Virgem Santa.*

...Que a florzinha tenha perdido sua raiz, isso significará, para você, que estou no céu... É por isso *que eles me fazem tão gentil...* (A Virgem Santa e o Menino Jesus).

4   Oh! Se eu fosse infiel, se cometesse apenas a menor infidelidade, sinto que pagaria com perturbações horríveis e não poderia mais aceitar a morte. Não cesso de dizer ao bom Deus: "Ó meu Deus, eu vos peço, preservai-me da infelicidade de ser infiel".

De qual infidelidade você quer falar?

De um pensamento de orgulho mantido voluntariamente. Se pensasse, por exemplo: adquiri tal virtude, estou certa de poder praticá-la. Isso seria, pois, apoiar-se em suas próprias forças e, quando se chega a isso, corre-se o risco de cair no abismo. Porém, terei o direito de fazer pequenas bobagens, até minha morte, sem ofender ao bom Deus, se for humilde e permanecer pequenina. Veja as criancinhas: elas não param de quebrar, de rasgar, de cair e, ao mesmo tempo, amam muito, muito os pais. Quando caio assim, vejo ainda melhor o meu nada e penso: o que eu faria, o que seria de mim, se me apoiasse em minhas próprias forças?!...

Mt 26,69-75

Compreendo muito bem que São Pedro tenha caído. Esse pobre São Pedro se apoiava sobre si mesmo, ao invés de se apoiar unicamente na força do bom Deus. Concluo que se eu dissesse: "Ó meu Deus, amo-vos demais — bem o sabeis — para ater-me a um único pensamento contra a fé", minhas tentações se tornariam mais violentas e certamente eu sucumbiria nelas.

Estou bem certa de que se S. Pedro tivesse dito humildemente a Jesus: "Concedei-me, eu vos suplico, a força de seguir-vos até a morte", ele a teria tido imediatamente.

Estou certa ainda de que Nosso Senhor não dizia mais a seus apóstolos, por meio de suas instruções e de sua presença sensível, do que diz a nós pelas boas inspirações de sua graça. Bem que poderia ter dito a São Pedro: Pede-me a força para cumprir o que quiseres. Mas não; queria mostrar-lhe sua fraqueza e que, devendo governar toda a Igreja, que é cheia de pecadores, seria preciso experimentar, por si mesmo, o que pode o homem, sem a ajuda de Deus.

Lc 22,32

...Antes de sua queda, Nosso Senhor lhe diz: "Quando te converteres, confirma teus irmãos". Isso queria dizer: convence-os, por tua própria experiência, da fraqueza das forças humanas.

5 Gostaria que você estivesse sempre comigo; você é o meu sol[26].

8 DE AGOSTO

1 *Dizia-lhe que, mais tarde, eu valorizaria suas virtudes:*
É somente Deus que é preciso valorizar, pois não há nada que valorizar no meu pequeno nada[27].

2 *Ela olhava o céu pela janela da enfermaria e Ir. Maria do Sagrado Coração lhe disse: "Como você olha o céu com amor!" Naquele momento ela estava muito cansada e respondeu apenas com um sorriso. Mais tarde, revelou-me o que tinha pensado.*

Ah! Ela acredita que olho o firmamento pensando no céu verdadeiro! Porém, é simplesmente porque admiro o céu material; o outro me é cada vez mais fechado. Logo depois pensei com grande doçura: Oh! Mas sim, é mesmo por amor que olho o céu; sim, é por amor ao bom Deus, já que tudo o que faço, os movimentos, os olhares, tudo, desde a minha oferenda[28], é por amor.

3 Pensei hoje em minha vida passada, no ato de coragem que realizara outrora, no Natal[29], e o elogio dirigido a Judite me veio à memória: "Agiste com coragem viril e teu coração fortificou-se". Muitas almas dizem: mas não tenho força para realizar tal sacrifício. Portanto, que elas façam o que eu fiz: um grande esforço. O bom Deus não recusa nunca esta primeira graça que dá a coragem para agir; depois disso, o coração se fortifica e vai-se de vitória em vitória.

Jt 15,11

4   Se Nosso Senhor e a Santa Virgem não tivessem ido, eles próprios, a banquetes, eu jamais teria compreendido o hábito de se convidar amigos para refeições. Parecia-me que, para nos alimentar, deveríamos estar escondidos ou ao menos ficar em família. Convidar-se mutuamente, sim, mas apenas para conversar, contar viagens, lembranças, enfim, para coisas do espírito.

Senti muita piedade pelas pessoas que serviam nos grandes jantares. Se, por uma infelicidade, lhes acontecesse de deixar cair algumas gotas sobre a toalha ou sobre um dos convidados, eu via a dona da casa olhá-las severamente; então, aqueles coitados coravam de vergonha, eu pensava comigo, revoltada por dentro: Oh! Como esta diferença que existe aqui embaixo entre patrões e criados prova bem que há um céu, onde cada um será colocado segundo seu mérito interior; onde todos sentarão no banquete do pai de família. Mas então qual será o nosso servidor, já que Jesus disse "que ele iria e viria para nos servir"! Será sobretudo o momento para os pobres e os humildes serem amplamente recompensados por suas humilhações.   Lc 12,37

9 DE AGOSTO

1   *Dizia a respeito dela: Está acabado o nosso guerreiro!*
Não sou um guerreiro que combateu com armas terrenas, mas com "a espada do espírito, que é a palavra de Deus". Assim, a doença não pôde me abater e foi só ontem à noite que usei minha espada com uma noviça. Disse a ela: "Morrerei com as armas na mão"[30].   Ef 6,17

2   *A respeito de seu manuscrito:*
Irá servir para todos os gostos, exceto para as vias extraordinárias.

3   Você voltou a ser para mim o que era na minha infância. Não posso dizer o que você é para mim!

4   *Diziam-lhe que era uma santa:*
Não, não sou santa; nunca pratiquei as ações dos santos. Sou uma alma muito pequena, que o bom Deus cumulou de graças; é isso que sou. O que digo é verdade, vocês o verão no céu.

10 DE AGOSTO

1   *Ela olhava para a imagem de Teofânio Vénard, alfinetada na cortina de sua cama. Essa imagem representa o missionário mostrando o céu com o dedo.*
Você acha que ele me conhece? Olhe o que está me mostrando... Bem que poderia não fazer essa pose...

2   *Dizia-se que as almas que chegaram, como ela, ao amor perfeito viam a própria beleza*[31]*, e que ela fazia parte delas.*

Que beleza?... Absolutamente, não vejo minha beleza; apenas vejo as graças que recebi do bom Deus. Você se engana sempre; não sabe, pois, que sou somente um carocinho...[32] uma pequena amêndoa.

(Fiquei perturbada e não pude seguir a explicação que veio depois.)

3   *Com ar alegre e tão gentil, olhava o retrato de Teofânio Vénard:*
...Ah! Mas!...
Por que você diz "Ah! Mas!"?, perguntou Irmã Genoveva.
É porque toda vez que olho para ele ele também me olha, e depois parece que está me espiando pelo canto do olho, com jeito meio maroto.

4   *Mostravam a ela uma fotografia de Joana d'Arc na prisão*[33].
Os santos encorajam também a mim, na minha prisão. Eles me dizem: "Enquanto estiveres acorrentada, não poderás cumprir tua missão; mais tarde, porém, após a tua morte, será a hora de teus trabalhos e conquistas".

5   Penso nas palavras de Santo Inácio de Antioquia. "É preciso que também eu seja triturado pelo sofrimento, para tornar-me o trigo de Deus"[34].

6   *Durante as Matinas:*
Se você soubesse o que é para mim! Mas digo sempre a mesma coisa.

7   *Falava-lhe do céu, de Nosso Senhor, da Virgem Santa, que estão lá em corpo e alma.*
Suspirou profundamente, com esta exclamação:
Ah!...
Com isso, você me leva a crer que está sofrendo muito com sua provação?[35]
Sim!... É preciso amar muito o bom Deus e a Virgem Santa e ter esses pensamentos... Mas não fico pensando só nisso.

11 DE AGOSTO

1   ...Sempre achei, minha mãezinha, que você realizava esta tarefa com muito ardor *(a respeito da lavagem da roupa).*

2   *Dizia-lhe que, após sua morte, seríamos muito boas e que a comunidade seria renovada:*

Jo 12,24-25

..."Em verdade, em verdade, vos digo: Se o grão de trigo que cai na terra não morrer, permanecerá só; mas se morrer produzirá muito fruto".

3   Não esperava sofrer assim; sofro como uma criancinha.
...Não gostaria jamais de pedir sofrimentos maiores a Deus. Se ele os aumentar, irei suportá-los com prazer e alegria, uma vez que isso virá dele. Porém, sou pequena demais para ter força por mim mesma. Se eu pedisse sofrimentos, seriam sofrimentos meus; seria preciso suportá-los sozinha, e eu nunca pude fazer nada sozinha.

4   …A Virgem Santa não tem Virgem Santa para amar; ela é menos feliz do que nós³⁶.
(*Ela me havia dito isso, há tempos, no recreio.*)

5   Peço frequentemente aos santos, sem ser atendida; porém, quanto mais surdos parecem a minhas orações, mais os amo.
Por quê?
Porque desejei mais não ver o bom Deus e os santos e permanecer na noite da fé do que outros desejam ver e compreender³⁷.

6   *Ela nos havia contado todo tipo de coisas do tempo da gripe³⁸. Por fim, eu lhe disse: Que cansaço você se impôs! E como foi gentil e amável! Certamente, toda essa alegria não é sincera, você sofre demais de alma e de corpo.*
Rindo:
Nunca "finjo"; não sou como a mulher de Jeroboão³⁹.   1Rs 14

12 DE AGOSTO

1   (*Ela comungou*)
…"Adeus, minhas irmãs, parto para uma viagem longínqua".
(*Alusão a minha "partida" para o retiro de profissão.*)

2   *Olhando a fotografia do Pe. Bellière vestido de soldado:*
…A este soldado, que tem um ar tão elegante, dou conselhos como a uma garotinha!
Indico-lhe o caminho do amor e da confiança⁴⁰.

3   Desde o redemoinho, tenho sentimentos ainda mais baixos sobre mim. Mas como é grande a nova graça que recebi hoje de manhã, no momento em que o padre começou o Confiteor, antes de dar-me a comunhão e de todas as irmãs a continuarem. Via ali o bom Jesus muito próximo a entregar-se a mim, e aquela confissão me parecia uma humilhação tão necessária. "Confesso a Deus, à bem-aventurada Virgem Maria, a todos os santos, que pequei muitas vezes…" Oh, sim! Pensava. Fazem bem em pedir perdão por mim, neste momento, a Deus e a todos os santos… Sentia-me, como o publicano, uma grande pecadora. Achava o bom Deus tão misericordioso! Achava tão comovente o fato de podermos dirigir-nos a toda a corte celeste para, por sua intercessão, obter o perdão de Deus. Ah! Quase chorei, e quando a santa hóstia estava nos meus lábios fiquei bem comovida.

…Como é extraordinário ter sentido isso na hora do Confiteor! Creio que é por causa da minha atual disposição; sinto-me tão miserável! Não me sinto menos confiante, ao contrário; e a palavra "miserável" não é certa, pois sou rica de todos os tesouros divinos; porém, é justamente por isso que mais me humilho. Quando penso em todas as graças que o bom Deus me concedeu, contenho-me para não derramar continuamente lágrimas de reconhecimento.

...Creio que as lágrimas que derramei hoje de manhã foram lágrimas de perfeita contrição. Ah! Como é impossível conseguir por si mesmo tais sentimentos! É o Espírito Santo que os dá, ele "que sopra onde quer".

Jo 3,8

4 *Nós lhe falávamos de suas resistências de outrora, quando implorávamos que se poupasse, que não se levantasse na mesma hora da comunidade e não fosse às Matinas. Disse-nos:*

Vocês não me compreendiam quando eu insistia, mas era porque eu percebia que tentavam influenciar nossa mãe. Queria dizer-lhe toda a verdade, a fim de que decidisse por si mesma. Tenham certeza de que, se ela me tivesse pedido, por ela própria, para não ir à missa, à comunhão, ao ofício, eu teria obedecido com grande docilidade.

5 É incrível, agora que não posso mais comer, tenho vontade de todos os tipos de coisas gostosas, como frango, costeleta, arroz com azedinha de domingo, atum!...[41]

6 ...Vocês poderão dizer sobre mim: "Ela não vivia neste mundo, mas no céu, lá onde está o seu tesouro."

Mt 6,21

13 DE AGOSTO

Contava-lhe um pensamento que tinha tido sobre o céu, durante as Completas.

...Para mim, tenho somente luzes para ver meu pequeno nada. Isso me faz mais bem do que luzes sobre a fé.

14 DE AGOSTO

(Comunhão)

...Muitas pequenas contrariedades no decorrer do dia... Ah! Como incomodo!

Durante as Matinas, disse-lhe: Você teve muitos sofrimentos hoje.

Sim, mas já que os amo... Amo tudo o que o bom Deus me dá.

15 DE AGOSTO

1 *(Comunhão)*

Lembrava-lhe o que disse São João da Cruz sobre a morte das almas que se consomem na caridade[42]. Ela suspirou e me disse:

Será necessário dizer que estão no fundo de minha alma "a alegria e o ardor"... Mas isso não estimularia tanto as almas, se acreditassem que não sofri muito.

Vejo que você está muito angustiada! E entretanto, há um mês, dizia-me coisas lindas sobre a morte de amor.

Mas o que eu lhe dizia diria novamente.

2 *Estava muito ofegante, e como esse estado continuasse piorando, disse-me:*
Não sei o que será de mim!
O que vai ser de você é coisa que a preocupa?
Com um tom inefável e um sorriso:
Oh! Não...

3 Durante o silêncio[43], sonhei que você me dizia: Vai ficar muito cansada, quando a comunidade vier, quando for olhada por todas as irmãs e obrigada a falar com elas, um pouco. E eu respondi: É, mas quando eu estiver lá em cima descansarei eternamente.

4 Ontem à noite pedi à Virgem Santa para não tossir mais, a fim de que Irmã Genoveva pudesse dormir[44], mas acrescentei: Se não o fizerdes, ainda vos amarei mais.

5 *Nossos novos sinos tocavam para as Vésperas; abri a porta para que ela os ouvisse bem e disse: Escute bem os lindos sinos que estão tocando. Depois de ouvir:*
...Nunca[45] foram tão bonitos!

6 O bom Deus me dá a coragem correspondente aos meus sofrimentos. Sinto que, no momento, não poderia suportar mais; porém, não tenho medo, já que, se eles aumentarem, a coragem aumentará simultaneamente.

7 Pergunto-me como o bom Deus pode conter-se tanto tempo para me levar...

...E depois iam dizer que ele quer me fazer "acreditar" que não existe céu!...

...E todos os santos que amo tanto, onde estão eles, pois, "escondidos"?...

Ah! Não *finjo*; é verdade que não enxergo um palmo adiante do nariz. Mas, afinal de contas, preciso cantar bem alto no meu coração:

"Após a morte, a vida é imortal"[46], ou seja, se não fosse assim, ia acabar mal...

8 *Depois elas Matinas, ela estava esgotada e disse-nos no momento em que se preparavam para bater seus travesseiros:*
Agora, façam de mim o que quiserem.

16 DE AGOSTO

1 *Não podia mais falar; de tão fraca e ofegante.*
...Nem... mesmo... poder mais... falar... com você!... Oh! Se pudessem saber!... Se eu não amasse o bom Deus!... Sim, mas...

2 No parlatório não se deve dizer nada, por exemplo falar de toalete.

3 "Vocês não terão mais 'Teresinha' para vir procurá-los."
Sorriu e, olhando a imagem da Santa Virgem e o quadro de Teofânio Vénard, mostrou-os, apontando um de cada vez.

4 Os anjos não podem sofrer; não são tão felizes quanto eu. Porém, como ficariam admirados de sofrer e sentir o que sinto! ... Sim, ficariam bem espantados, pois também fico.

5 *Durante as Matinas, acordando de repente, olhou-me com um doce sorriso:*
Minha bela mãezinha!

17 DE AGOSTO

1 *(Comunhão)*
Sinto perfeitamente que o bom Deus quer que eu sofra. Os remédios que deveriam me fazer bem e que aliviam os outros doentes, a mim, me fazem mal.

2 *Tinham acabado de levantá-la e como a tinham empurrado ao arrumar a cama, e também a haviam feito sofrer enquanto lhe dispensavam certos cuidados, ela pediu um paninho. Hesitavam em dá-lo, pois não sabiam o que queria fazer com ele. Disse então com doçura:*
Deveriam acreditar em mim quando peço alguma coisa, pois sou uma "menininha" bem mimosa:
(isto é, que só pede o indispensável)
Deitada de novo, sentindo-se esgotada:
Sou uma "menininha" muito doente, sim, muito doente!

3 *Ela colocou uma pervinca no quadro de Teofânio Vénard: guardei essa pervinca.*

4 Vou rezar para que a Santa Virgem diminua a sua sufocação.
Não, é preciso deixar que eles façam lá em cima o que quiserem!

5 *Durante as Matinas, olhando a imagem de Teofânio Vénard:*
Não sei o que tenho, não posso mais olhá-lo sem chorar.

6 *Após as Matinas, estava menos ofegante e disse à Ir. Genoveva, indicando-me:*
Ela rezou a Maria, e depois eu não *solucei* mais.
(Empregava esta palavra para brincar; querendo dizer, num tonzinho tão gentil, que tossia até ficar sufocada.)

18 DE AGOSTO

1   Sofro muito, mas será que eu sofro bem? Eis a questão!
2   "Nenê" está esgotada!...
Durante o silêncio do meio-dia, escondera-me um pouco para trás da cama para escrever:
Vire-se de lado, para que eu possa vê-la.
3   Mamãe, você precisa ler-me a carta que recebeu para mim[47]. Privei-me de pedi-la durante a oração, para me preparar para a comunhão de amanhã e porque não é permitido.
(Durante o recreio)
Vendo que eu pegava o lápis para escrever isto:
Acha que, por eu o ter dito e por você escrever, meu mérito talvez se perca?
Quer então adquirir méritos?
Quero, mas não para mim; para os pobres pecadores, para as necessidades de toda a Igreja, enfim para jogar flores a todo mundo, justos e pecadores.
4   *Dizia-lhe que ela era bem paciente:*
Ainda não tive um minuto de paciência. Não sou eu que sou paciente!... Sempre se enganam!
5   Já que se diz que todas as almas são tentadas pelo demônio, no momento da morte, será preciso que eu sofra isso. Mas não, sou pequena demais. Com os pequeninos, ele não pode...[48]
6   *Dizia-lhe: Assim, lhe pareceria estranho recuperar a saúde?*
Se fosse a vontade de Deus, ficaria bem feliz em lhe fazer esse sacrifício. Mas asseguro que não seria pouco, pois ir tão longe e conseguir voltar! Ora vejam!...
7   No estado de fraqueza em que me encontro, fico pensando o que seria de mim se visse uma aranha bem grande sobre nossa cama. Afinal, quero ainda aceitar pelo bom Deus esse medo.
...Mas se você pedisse à Santa Virgem para que isso não acontecesse?

19 DE AGOSTO

1   *Ela quase desmaiou, antes da comunhão, esperando para recitar o salmo, o Miserere, mesmo em voz baixa. Disse-me, em seguida, derramando-se em lágrimas:*
Talvez eu perca o entendimento... Oh! Se soubessem o que é a fraqueza que estou sentindo![49]
Esta noite, não aguentando mais, pedi à Virgem Santa que segurasse minha cabeça entre suas mãos, para que pudesse suportá-la.

2   Fique comigo, minha mãezinha; tê-la junto a mim me serve de apoio.

3   *Ir. Genoveva deu-lhe o crucifixo. Ela o beijou no rosto, com ternura. Naquele momento, estava bela como um anjo. Disse, contemplando o crucifixo, cuja cabeça era inclinada:*
Ele está morto! Prefiro que o representem morto, porque penso que não sofre mais!

4   *Ela pedia certos cuidados que lhe custavam muito, mas que o médico e nossa mãe haviam recomendado. Ir. Genoveva disse-lhe como a uma criancinha: "Quem pediu isto à 'criadinha'?"*[50]
Foi o "nenê", por fidelidade.

5   *Acariciava Teofânio Vénard nas duas faces. (A estampa estava presa à cortina, um pouco longe dela.)*
Por que o acaricia assim?
Porque não *posso* abraçá-lo.

6   *A Ir. Maria da Eucaristia:*
Não se deve sentar assim, de atravessado, nas cadeiras; está escrito.

7   *À Ir. Genoveva, que arrumava seus travesseiros sem tomar cuidado com as estampas da cortina:*
Cuidado com o pequeno Teofânio!

8   *Quando as três se reuniam perto dela, falavam demais: isso a cansava, pois faziam-lhe muitas perguntas ao mesmo tempo.*
"O que você quer que digamos hoje?"
...A melhor coisa seria não dizer absolutamente nada, porque, para dizer a verdade, não há nada para dizer.
"Tudo já foi dito, não é?"
Fez um lindo sinalzinho com a cabeça:
Foi!

9   Não importa o que você me diz, ainda que sejam as coisas mais insignificantes; dá-me a impressão de um gracioso trovador que canta suas lendas sempre em novas melodias.
Fazia pequenas sucções para me fazer ver que bebia minhas palavras.

10 ...Sofro somente um instante. Nós nos desanimamos e desesperamos apenas por pensarmos no passado e no futuro.

20 DE AGOSTO

1   *À Ir. Genoveva, em tom infantil:*
Você bem sabe que está cuidando de um "nenê" que está morrendo...
E depois *(mostrando seu copo)* deveriam colocar alguma coisa boa no copo grande, porque o "nenê" está com um gosto forte de podre na boca.

2   *Havia pedido que a beijassem pouco, porque o hálito a fatigava, por estar tão fraca.*
    Podemos fazer só um pequeno carinho?
    Podem, porque as mãos não respiram.

3   *Falaram-lhe dos aborrecimentos que a pobre Madre Coração de Jesus causava às enfermeiras*[51].
    Oh! Como gostaria de ter sido enfermeira, não por natureza, mas "pelo gosto de servir". E porque parece que teria feito feliz a Madre Coração de Jesus! Sim, teria tido gosto por tudo isso... Teria posto tanto amor nesse trabalho, ao pensar na palavra do bom Deus: "Estive doente e me aliviastes". Além disso, é raro encontrar essa bela oportunidade no Carmelo. Mt 25,36

4   *Com um arzinho alegre e maroto:*
    Logo estarei nos horrores do túmulo! E você também lá estará um dia, minha mãezinha!... E, vendo-a chegar perto de mim, "meus ossos esmagados estremecerão de alegria". Sl 50,10

5   ...Assim que vejo algo para *beber*, me dá isto. *(Ela tosse e diz a seu copo de água de Bottot:* Não é para *beber! À parte:* — Ele não compreende! — *mais alto:* não é para *beber;* estou te dizendo!

6   *Não podia mais ver o leite, que, aliás, ela nunca tomara com prazer e que lhe causava, na ocasião, extrema repugnância. Disse-lhe: Aceitaria esta xícara para salvar-me a vida?*
    Oh! Sim!... Pois bem, olhe, e não a tomaria por amor ao bom Deus?
    Bebeu a xícara de um só gole.

7   *Fazíamos nossas reflexões a propósito da marca da capa da enfermaria. +. F.*
    Não, isto não significa o que vocês estão dizendo. Significa que é preciso que usemos a cruz (+) para depois irmos mais alto que o firmamento (F.)

8   Quando sofro muito, fico contente que seja eu; fico contente por não ser uma de vocês.

9   "É com você que me sinto mais feliz, minha boa Clarisse." *(Palavra dirigida, a Madre Genoveva*[52] *por seu irmãozinho.)*

10 *A propósito da Comunhão, que ela sentia muito não poder mais fazer de agora em diante, e em consequência das muitas reflexões que ela ouviu sobre esse assunto, este foi um dia de angústias e tentações, que eu percebia serem terríveis*[(13)]. *À tarde, pediu-me que guardasse silêncio durante algum tempo e nem mesmo olhasse para ela. Disse-me baixinho:*

---

13. a) Os *Cadernos verdes* explicitam:
Teve penosas angústias nesse dia. Eis por quê:
A comunhão, que ela outrora tanto desejava, tornou-se motivo de tormento durante a doença. Temia acidentes e gostaria que nós lhe disséssemos que não a fizesse, por causa dos vômitos, da falta de ar e da fraqueza. Não queria assumir essa responsabilidade sozinha mas, como não dizia

Choraria demais se contasse agora meus sofrimentos; e estou tão ofegante que certamente me sentiria sufocada.

Após um silêncio de uma hora, pelo menos, falou comigo, colocando, porém, diante dos olhos, a tela que lhe tinham dado para espantar as moscas, pois ainda estava muito emocionada.

11 *Contou-me sobre a carta de um padre que dizia que a Santa Virgem não tinha sofrido dores físicas.*

Olhando a Santa Virgem esta noite, compreendi que não era verdade; compreendi que ela sofrera não apenas na alma, mas também no corpo. Sofreu muito nas viagens, com o frio, o calor, o cansaço. Jejuou muitas vezes.

Sim, ela sabe o que é sofrer.

Mas será mau, talvez, querer que a Santa Virgem tenha sofrido? Eu que a amo tanto!

12 *Estava muito ofegante.*

Há algum tempo, ela encontrava nessa falta de ar, tão penosa, uma espécie de alívio, soltando como se fosse um gritinho repetido^{53}*, como: "Calma, calma!" ou "Agne! Agne!"*

Quando a falta de ar vem do fundo, é que eu digo: "Agne! Agne!" mas não é gentil e isto me desagrada; agora direi: Ana! Ana!

Colocaremos isso na sua circular.

Seria como uma receita de cozinha!

13 Foi você quem me deu a consolação de ter o retrato de Teofânio Vérnard; é extremamente grande essa consolação. Mas é que ele poderia muito bem não me ter agradado!... Mas é "muito agradável", "muito amável"[14].

14 Como será bom saber, no céu, tudo o que aconteceu na Sagrada Família! Quando o Menino Jesus começou a crescer, vendo a Santa Virgem jejuar, talvez ele lhe dissesse: "Eu também gostaria de jejuar". E a Virgem Santa responderia: "Não, meu pequeno Jesus, você ainda é muito pequeno; não tem força para isso". Ou então, talvez, ela não ousasse impedi-lo.

---

nada, acreditávamos estar sendo agraciáveis, insistindo para que fizesse a Comunhão. Continuava calada, mas aquele dia, não aguentando mais, debulhou-se em lágrimas.

Não sabíamos a que atribuir aquela tristeza e suplicamos que nos dissesse. Mas a falta de ar produzida pelos soluços era tão violenta, que não somente não pôde responder como também nos fez sinal de não lhe dirigir mais uma única palavra e nem mesmo olhá-la.

Depois de algumas horas, tendo ficado sozinha perto dela, ousei aproximar-me e disse que eu tinha adivinhado o motivo de suas lágrimas. Consolei-a da melhor maneira possível e ela parecia prestes a morrer de dor. Jamais a havia visto angustiada daquela maneira.

Não recebeu mais a Santa Comunhão até a morte. Em 19 de agosto, dia da sua última Comunhão e festa de São Jacinto, ela a oferecera pela conversão do infeliz Padre Jacinto. Ocupara-se dessa conversão por toda a vida.

14. *Expressões que havia ouvido e que a divertiam.*

E o bom São José! Oh! Como o amo! Ele não podia jejuar, por causa de seus trabalhos.

Vejo-o trabalhando com a plaina, depois enxugando a testa de vez em quando. Oh! Como me dá pena! Como me parece simples a vida deles!

As mulheres da região vinham, com familiaridade, falar com a Santa Virgem. Algumas vezes, elas lhe pediam que deixasse o pequeno Jesus ir brincar com seus filhos. Ele olhava para a Santa Virgem, querendo saber se deveria ir. Algumas vezes, as bondosas mulheres até iam direto ao Menino Jesus, dizendo-lhe sem cerimônia: "Venha brincar com meu filhinho" etc.

…O que me faz bem, quando penso na Sagrada Família, é imaginar uma vida bem comum. Não é nada do que nos contam, nem nada do que supomos. Por exemplo, que o Menino Jesus, depois de modelar passarinhos com terra, soprava sobre eles e lhes dava vida. Ah, não! O pequeno Jesus não fazia milagres inúteis como esse, nem mesmo para agradar a sua mãe. Então, por que não foram transportados para o Egito por um milagre, que teria sido muito mais necessário e tão fácil para o bom Deus. Em um piscar de olhos, teriam chegado lá. Mas não, tudo na vida deles aconteceu como na nossa.

E quantos sofrimentos, quantas decepções! Quantas vezes fizeram-se críticas ao bom São José! Quantas vezes recusaram-se a pagar seu trabalho! Oh! Como ficaríamos surpresos se soubéssemos tudo o que sofreram! etc. etc.

Falou-me longamente sobre esse assunto e não pude escrever tudo[54].

15 …Gostaria de ter certeza de que a Santa Virgem me ama.

16 …Quando pensam que tive tanta dificuldade em rezar o terço, em toda a minha vida![55]

17 Quando recebi a absolvição, ao invés de me perder em orações para agradecer ao bom Deus, simplesmente reconheci que ele me pôs um vestidinho bem branco e mudou meu avental. Nem um nem outro estava muito sujo, mas é indiferente; minhas roupinhas são mais brilhantes e o céu inteiro me vê melhor.

18 Não se supõe que Ir. Maria do Sagrado Coração, enquanto provisora, me obrigou a fazer muitas mortificações. Ela gosta tanto de mim, que eu aparentava ser muito mimada; mas nesse caso a mortificação é maior.

…Cuidava de mim conforme seus gostos, absolutamente opostos aos meus.

21 DE AGOSTO

1 *Ela sofria muito e eu a olhava, ajoelhada; vi que seu coração estava bem triste.*

Olhinhos tristes por quê?
Porque você sofre tanto!
Sim, mas paz também, paz!

2   ...Não há mais nada a fazer senão a "nenê"... "nanar" tudo, tudo faz sofrer!
Quase em seguida ela recomeçou a tossir e não pôde pegar no sono.

Nem mais naninha para o nenê! Acabou! Ficarei sufocada uma noite, sei disso!

3*   Como gostaria de ter sido padre para pregar sobre a Santa Virgem! Uma única vez teria sido suficiente para dizer tudo o que penso sobre esse assunto.

Primeiramente teria esclarecido até que ponto se conhece pouco a sua vida.

Não se deveria dizer coisas inverossímeis ou que não se sabe, como por exemplo: Quando era bem pequena, com três anos, a Virgem Santa foi ao Templo oferecer-se a Deus com sentimentos ardentes de amor e totalmente extraordinários; talvez ela tenha ido lá simplesmente para obedecer a seus pais.

Por que dizer, então, a respeito das palavras proféticas do velho Simeão, que a Santa Virgem, a partir desse momento, teve constantemente diante dos olhos a paixão de Jesus? "Uma espada de dor *traspassará* tua alma", dissera o ancião. Portanto, não era para o presente, veja bem, minha Mãezinha; era uma predição geral para o futuro[56].

Lc 2,35

Para que um sermão sobre a Santa Virgem me agrade e me faça bem, preciso ver sua vida real e não sua suposta vida, e estou certa de que a sua vida real devia ser absolutamente simples. Ela é mostrada inatingível; seria preciso mostrá-la imitável, ressaltar suas virtudes, dizer que vivia da fé, como nós, dar provas disso por meio do Evangelho, onde lemos: "Eles não compreenderam o que ele lhes dissera". E esta outra, não menos misteriosa: "Seus pais estavam admirados com o que diziam dele". Essa admiração supõe uma certa surpresa, não acha, mãezinha?

Lc 2,50
Lc 2,33

Sabe-se perfeitamente que a Santa Virgem é a rainha do céu e da terra, mas ela é mais mãe do que rainha; e não se deve dizer, por causa de suas prerrogativas, que ela obscurece a glória de todos os santos, assim como o sol, quando nasce, faz desaparecer as estrelas. Meu Deus! Como isso é estranho! Uma mãe que faz desaparecer a glória de seus filhos! Mas eu penso o contrário; creio que ela aumentará muito o esplendor dos eleitos.

É bom falar de suas prerrogativas, mas não se deve dizer só isso; e se, em um sermão, formos obrigados a exclamar do começo ao fim e dizer Ah! Ah! Ficaremos saturados! E quem sabe se alguma alma não sentiria, então, um certo distanciamento de uma criatura tão superior, e não pensaria: "Se é assim, que brilhemos, como for possível, num cantinho!"

O que a Santa Virgem tinha a mais do que nós é que ela não podia pecar, estava isenta do pecado original; mas, em contrapartida, teve bem menos sorte do que nós, já que não teve uma Virgem Santa para amar; e é tanta doçura a mais para nós e tanta doçura a menos para ela!

Enfim, disse no meu Cântico "Por que te amo, ó Maria?!"[57] tudo o que pregaria sobre ela.

22 DE AGOSTO

1 Hoje é a festa do vovô.
(São Joaquim)

2 Ó minha mãezinha, o que seria de mim se o bom Deus não me tivesse dado força? Não há nada mais além das mãos...[58] Ninguém sabe o que é sofrer assim. Não, é preciso sentir.

3 *...Acharam-na imperfeita naquela, ocasião...*
Com satisfação:
Oh! Bom, tanto melhor!

4 *Quanto aos intestinos e... aliás, ela sofria violentamente, temia-se uma gangrena*[(15)].
...Então, já que é preciso sofrer tanto e de tantas formas é preferível ter várias doenças ao mesmo tempo. É como quando viajamos: suportamos todos os tipos de incômodo, sabendo que, uma vez a meta alcançada, aproveitaremos mais.

5 *Sobre uma reflexão que lhe fazíamos (não me lembro mais por quê).*
Você acha que a Santa Virgem se contorceu como Santa Madalena?[59] Não, não teria sido gentil. É bom, para mim, *soluçar*!

6 *Tinha derramado chá de tília sobre a cama; diziam-lhe, para consolá-la, que não fazia mal.*
Com ar de quem está querendo dizer que ela deveria sofrer de todas as maneiras:
Não! não faz mal!

7 *Olhou-me durante a oração, depois para a imagem de Teofânio Vérnard, com seu olhar tão doce e tão profundo.*
Algum tempo depois, ela quis falar para me agradar; pois mal podia respirar: Disse-lhe que guardasse silêncio.
Não, não devo falar?... Mas... pensava... Eu a amo tanto... vou ser boazinha... Ó minha mãezinha!

8 *Queríamos impedi-la de fazer esforços para nos consolar:*
É preciso que me deixem fazer minhas pequenas "macaquices".

---

15. a) Os *Cadernos verdes* explicitam: (CV, 1, p. 8-9):
[...] *Ela sente terríveis dores nos intestinos, tem o ventre duro como uma pedra, e eles só funcionam com sofrimentos horríveis. Se a sentamos para evitar uma falta de ar maior, quando tosse por muito tempo, sente-se sentada "sobre ferros pontudos". Suplica que se reze por ela, porque, diz, "é de enlouquecer". Pede que não se deixe a seu alcance os remédios venenosos, de uso externo, e aconselha que nunca se deixe perto de doentes que sofrem as mesmas torturas, sempre por este motivo, "de enlouquecer". Eles poderiam muito bem suicidar-se, sem saber mais o que fazer. Aliás, se ela não tivesse fé, não teria hesitado um instante sequer em suicidar-se.*

9   Senti prazer ao pensar que rezavam por mim; então disse ao bom Deus que queria que a oração fosse aplicada aos pecadores.
Então você não quer que seja para seu alívio?
Não!

10 *Ela sofria muito e gemia.*
Minha mãezinha!... Sim!... eu aceito!...
...Não devo mais me queixar, não adianta nada. Rezem por mim, minhas irmãzinhas, mas não de joelhos, sentadas.
(Estávamos de joelhos.)

23 DE AGOSTO

1   Ainda não havia passado uma noite tão ruim. Oh! Como é preciso que o bom Deus seja bom para que eu possa suportar tudo o que sofro! Nunca acreditaria que pudesse sofrer tanto. Porém, acho que não estou no final de meus sofrimentos; mas ele não me abandonará.

2   *Você cantou para a Santa Virgem:*
"Jesus pode tomar tudo o que me deu,
Dize-lhe para nunca se incomodar comigo"[60].
Ela o disse e ele aceita.
Estou contente e não me arrependo.

3   ...Não, o bom Deus não me faz pressentir uma morte próxima, mas sofrimentos muito maiores... Porém, não me atormento; só quero pensar no momento presente.

4   *Dizia-lhe que tinham me dado uma coberta grande para o inverno, e que, na verdade, era grande demais.*
Oh! Mas não, nunca se sente calor demais no inverno!
...Você sentirá frio, enquanto eu não terei frio! Isso me dá pena.

5   Beije-me a testa.
A Ir. Genoveva:
Reze bastante à Santa Virgem por mim, você que é minha enfermeirazinha, pois, se estivesse doente, eu rezaria tanto por você! Mas não se ousa quando é por si mesma.

6   *Havia oferecido seus sofrimentos pelo Sr. De Cornière, então seminarista*[61], *vítima de muitas tentações. Ele ficara sabendo, e escreveu uma carta das mais humildes e tocantes.*
Oh! Como esta carta me trouxe consolo! Vi que meus pequenos sofrimentos produziam frutos. Você notou os sentimentos de humildade que ela manifesta? É justamente isso que eu desejava.
...E como me faz bem ver como em tão pouco tempo é possível ter tanto amor e tanto reconhecimento por uma alma que lhe fez bem e que você não

conhecia até então. O que acontecerá então, no céu, quando as almas conhecerão aquelas que as terão salvo?

7 *Em meio a seus sofrimentos tão grandes:*
Minha mãezinha!... Minha mãezinha!... oh!... oh!... Sim!... Mamãe! Mamãe! Mamãe!...

8 ...Quando rezamos à Santa Virgem e ela não nos atende, é sinal de que não quer. Então, é preciso deixá-la fazer como desejar e não nos atormentarmos.

9 *Dizia-me que tudo o que ouvira pregar sobre a Santa Virgem não a havia tocado.*
Que os padres nos mostrem, pois, virtudes praticáveis! É bom falar de suas prerrogativas, mas é preciso sobretudo que possamos imitá-la. Ela prefere que a imitemos a que a admiremos; e sua vida foi tão simples! Por mais lindo que seja um sermão sobre a Santa Virgem, se somos obrigados a fazer Ah!... Ah!... O tempo todo, ficamos saturados.
Como gosto de cantar para ela:
Tu tornaste visível *(Ela dizia:* fácil) o estreito caminho do céu.
Praticando sempre as virtudes mais humildes[62].

10 ... Mamãe!... Ah! Continuo a me queixar!... Vejamos, mais! ... No entanto, aceito estar doente... mas é quando tusso todo o tempo e que não posso...
(Paramos hoje o regime de leite)
Acariciei sua testa depois das Matinas:
Oh! Como é doce!

24 DE AGOSTO

1 *Está desanimada?*
Não!... No entanto, está tudo piorando! A cada respiração, sofro violentamente. Enfim, ainda não é de gritar.
(Naquela manhã, estava com uma aparência doce e calma.)

2 ...Gostaria muito de falar com você!... Que mortificação!... Vamos! isso me custa.

3 ...Minha mãezinha, você quer que eu lhe fale, assim mesmo?
(Conservei-a durante muito tempo em silêncio.)
Meia hora depois, durante o recreio:
Minha mãezinha!... Ah! Eu que a amo tanto!
Acordando, durante as Matinas:
...Ai de mim! Há tempo que estou falando com você! E estou vendo que não sabe nem a primeira palavra!
(Tinha me explicado seu sofrimento em um pesadelo.)
...E agora, sinto a tosse ameaçadora! Enfim!...

Tudo é o pior possível, não é?
Não, o melhor.

4   *Tivera dó dela, e sobre a reflexão de Ir. Genoveva, de que isso não adiantava muito:*
Claro que sim! É justamente o que alivia os doentes.

25 DE AGOSTO

1   *Contava-lhe do meu desejo de saber a data de sua morte.*
Ah! Eu não desejo saber! Em que paz me encontro! Isso não me preocupa muito.

A porta da enfermaria estava aberta durante o silêncio; Ir. São João da Cruz entrava todas as noites e, colocando-se perto da cama, olhava-a rindo, durante um bom tempo[63].

Como esta visita é indiscreta e como deve cansá-la!

É sim, é muito penoso, quando se está sofrendo, ser olhada por alguém que está rindo. Mas acho que Nosso Senhor, na cruz, foi olhado assim mesmo, durante seus sofrimentos. Era bem pior ainda, pois caçoavam dele de verdade; não está escrito no Evangelho que o olhavam balançando a cabeça? Esse pensamento me ajuda a oferecer-lhe, de coração, este sacrifício.

Mt 15,29

2   *Como você sofre! Oh! Como é duro! Está triste?*
Oh! Não, absolutamente, não sou infeliz. O bom Deus me dá exatamente o que posso suportar[64].

3   *Tinham-lhe trazido, da parte de minha tia, bonitos galhos de miosótis artificiais. Nós os colocamos para enfeitar suas imagens.*
Durante o silêncio, com arzinho infantil e tão gracioso:
Tinha vontade de que me dessem alguma coisa, mas não analisava demais, nem o quê, nem o porquê; simplesmente tinha vontade; depois, me deram isto.

Sl 119,5

4   *Ai, minha pobre filhinha, você bem pode dizer: "Como meu exílio é longo!"*
Mas não o acho longo; não é porque sofro que ele é mais longo.

5   *Gemia baixinho:*
…Oh! Como me queixo! No entanto, não gostaria de sofrer menos[65].

6   *Suplicava-nos para que rezássemos e pedíssemos para rezar por ela:*
…Oh! Como é preciso rezar pelos agonizantes! Se soubéssemos!

Creio que o demônio pediu permissão ao bom Deus para me tentar, por meio de um sofrimento extremo, para me fazer perder a paciência e a fé.

Falou do hino das Completas a Ir M. do Sagrado Coração, a respeito das tentações do espírito de trevas e dos fantasmas da morte[66].

7   *Era a festa de São Luís: ela havia feito uma oração fervorosa a papai, mas não foi atendida.*
...Apesar do que senti no primeiro momento, repeti ao bom Deus que o amava mais, e todos os santos também.

8   *Participava-lhe minha tristeza, pensando no que ela ainda teria de sofrer:*
Estou pronta para tudo... Porém, você está vendo que, até aqui, não tive nada que fosse superior a minhas forças.
...É preciso entregar-se. Gostaria que você se alegrasse.

9   ...Oh! Sim, eu bem quero! Sim! Mas é isso mesmo!...
O quê?
Ficarei sufocada!

26 DE AGOSTO

1   *Tinha-lhe deixado o círio bento aceso a noite toda.*
Foi por causa do círio bento que não passei uma noite ruim demais.

2   *A nossa mãe, durante a oração:*
Estou bem contente por não ter pedido nada ao bom Deus; assim, ele é forçado a me dar coragem[67].

3   *Dizia-lhe que ela era feita para sofrer muito, que sua alma tinha qualidade para isso:*
Ah! O sofrimento da alma, sim, sou muito capaz... mas em relação ao sofrimento do corpo sou como uma criancinha, pequenininha. Perco a cabeça, sofro a cada minuto[68].

4   *Ela devia confessar-se:*
Minha mãezinha, teria muito a lhe dizer se pudesse. Não sei se é preciso dizer a monsenhor Youf que tive pensamentos de gula, porque pensei em coisas de que gosto, mas ofereço-as ao bom Deus.

5   *Ela estava sufocada.*
...Ah! Ficarei sufocada!... Sim!...
(Com uma voz doce e queixosa, o "sim" era como um gritinho.)

6   *Durante as Matinas, dizia-lhe para mexer-se à vontade, a fim de conseguir um pouquinho de alívio.*
...Como é difícil, com o que tenho, encontrar o alívio!

7   *Tinha-se desfeito um ponto do pano que guarnecia sua túnica; eu tentava refazê-lo, mas era muito difícil; eu não tinha jeito, cansando-a muito; ela não aguentava mais e, em seguida, me disse:*
Ó minha mãezinha, como não devemos nos espantar quando uma pobre enfermeira se zanga, algumas vezes, com seus doentes. Você está vendo como

sou difícil! Como a amo!... Você é bem doce. Eu lhe sou bastante agradecida, seria capaz de chorar!

8 *Como é longa a sua doença, minha pobrezinha!*
Oh! Não, não a acho longa. Quando acabar, você vai ver que não parecerá longa.

9 Ó minha mãezinha, como precisamos da ajuda do bom Deus quando sofremos muito!

27 DE AGOSTO

1 *Oh! Como se é infeliz quando se está doente!*
Mas não, não se é infeliz quando é para morrer. Ah! Como é estranho ter medo de morrer!
...Enfim, quando se é casada, quando se tem marido e filhos, é compreensível; mas eu, que não tenho nada!...

2 ...Como gostaria que o monsenhor não viesse me ver... Enfim, a bênção de um bispo é uma graça.
Rindo:
Se pelo menos fosse São Nicolau, que ressuscitou três criancinhas!
(Monsenhor Hugonin estava em Lisieux.)

3 *Você não está espantada, minha mãezinha, com a maneira como sofro?*
...Enfim, sinto, no fundo, uma grande paz.

4 *Você não tomou nada desde hoje de manhã.*
Não tomei nada! Tomei duas xícaras de leite. Estou empanturrada. Estou como um feixe de gravetos[69], não é preciso ir comprar.

5 Faço essa pobre irmãzinha Genoveva passar noites em claro!

6 *Durante o recreio do meio-dia:*
Você me disse hoje de manhã que não tinha nada, mas tem irmãzinhas e uma mãezinha.
Não, não tenho nada; porque não as deixo!
Com um arzinho travesso:
Ora! se pensasse que as estou deixando!

7 *Ah, se você fosse ficar doente até a próxima primavera! Tenho medo. E você, o que diria?*
Ora essa, diria tanto melhor!

8 *À tarde, ela teve um momento de grande alívio e nos fez gentilezas de todo tipo.*

9   *Sofria sede continuamente*[16]. *Ir. Maria do Sagrado Coração disse-lhe: Quer água gelada?*
Oh! Estou com muita vontade!
Nossa mãe exige que você peça tudo o que lhe for necessário.
Peço, de fato, tudo aquilo de que preciso.
Você só pede o necessário? Nunca o que poderia aliviá-la?
Não, somente o necessário. Assim, quando não tenho uva, não peço.
Algum tempo após ter bebido, olhava seu copo de água gelada.
Beba mais um pouco, dizem-lhe.
Não, minha língua não está suficientemente ressecada.

28 DE AGOSTO

1   *Viraram a cama em direção à janela.*
Oh! Como estou contente!
Fique aí na frente, minha mãezinha, para que eu possa vê-la bem.
2   *Contavam-lhe que nossa mãe e outras irmãs diziam que ela era bonita.*
Ah! Que me importa! Isso é menos que nada para mim, me aborrece. Quando se está tão perto da morte, não se pode ter alegria por isso.
3   *Durante o silêncio do meio-dia:*
Olhe, você está vendo lá longe o buraco negro *(debaixo dos castanheiros, perto do cemitério)*, onde não se distingue mais nada? É num buraco como esse que estou, quanto ao corpo e quanto à alma. Ah, sim, que trevas! Mas ali estou em paz.
4   *Ela não aguentava mais e gemia.*
Penso que o bom Deus ficaria mais contente se eu não dissesse nada.
5   Minha mãezinha, pegue-me essa linda coisinha branca.
O que é?
Foi embora! É uma coisinha bonitinha que voa durante o verão.
(Uma semente)
6   *Olhando por um buraquinho da cortina a imagem da Santa Virgem, diante dela*[70].
Ora, ora! ela me espia!
7   Gosto muito das flores: das rosas, das flores vermelhas e das belas margaridas cor-de-rosa.

---

16. a) Os *Cadernos verdes* precisam (CV, I, p.7):
A sede continua a lhe causar um sofrimento extremo. "Nunca estou saciada, dizia ela. Se bebo, a sede aumenta. É como se eu derramasse fogo dentro de mim". *Todas as manhãs, sua língua está tão ressecada que parece um ralador, um pedaço de madeira.*

8   *Quando ela tossia e fazia o mínimo movimento na cama, os ramos de miosótis mexiam-se ao redor de suas imagens.*

As florzinhas tremem comigo e isso me agrada.

9   ...Minha boa Virgem Santa, eis o que me dá vontade de ir-me embora: Canso demais as minhas irmãzinhas, e por estar tão doente eu as faço sofrer... Sim, gostaria de partir!

10 *Após as Matinas.*

Ó minha boa Virgem Santa, tende piedade de mim... "desta vez!"

29 DE AGOSTO

Lc 10,30-37

1   *Eu estava lendo para ela o Evangelho do domingo: a parábola do Samaritano.*

...Sou como este pobre viajante "semivivo", metade morta, metade viva.

2   *É muito duro sofrer sem nenhuma consolação interior.*

Sim, mas é um sofrimento sem inquietude. Estou contente por sofrer, já que o bom Deus assim o quer.

3   Mãezinha?

(Ela me chamava).

O que você quer?

Acabo de contar nove peras na pereira de perto da janela. Deve haver muitas outras. Estou contente; vocês irão comê-las. As frutas são tão boas!

4   *Aquela noite ela nos deu um beijinho.*

30 DE AGOSTO

1   *Passou a noite muito calmamente, como a noite de 6 de agosto: muito feliz em pensar que talvez fosse morrer.*

...Fiquei de mãos juntas, prudentemente, esperando a morte.

2   *Você ficaria contente se lhe anunciassem que certamente morreria dentro de alguns dias, o mais tardar? Ainda assim, você preferiria isso a ser avisada de que sofreria cada vez mais, durante meses e anos?*

Oh! Não, absolutamente, não ficaria mais contente. A única coisa que me deixa contente é fazer a vontade do bom Deus.

3   *Colocaram-na sobre a cama dobrável e rodaram-na até a porta do coro que dava sob o claustro. Deixaram-na lá sozinha por bastante tempo. Ela orava com um olhar muito profundo em direção à grade. Em seguida, jogou pétalas de rosa.*

Fotografaram-na antes de voltar para dentro[71].

O doutor La Néele chegou e disse-lhe: "É para logo, minha irmãzinha, tenho certeza". Então ela o olhou com um sorriso de felicidade.

Mons. Youf também chegou e lhe disse estas palavras, que ela me contou:
"A senhora sofreu mais do que sofrerá agora.

...Terminamos juntos nosso ministério; a senhora como carmelita e eu como padre".

31 DE AGOSTO

1 *Nova visita do Dr. La Néele.*
2 *Se a senhora morresse amanhã, não teria um pouco de medo? Estaria tão perto!*
Ah! Mesmo esta noite, não teria medo nenhum; só sentiria alegria.
3 *De quanta coragem preciso para fazer um sinal da cruz!*
...Ah, minhas irmãzinhas! Ah, meu Deus! Meu Deus!... Meu Deus, tende piedade de mim! Só tenho isto para dizer.
4 *Logo esta cama em que a vemos estará vazia; quanta dor para nós!*
Ah, em seu lugar eu estaria contente!
5 ...Tenho apetite por toda minha vida. Sempre comi como um mártir, e agora devoraria tudo. Parece-me que estou morrendo de fome.
...Como Santa Verônica deve ter sofrido!
(Ela havia lido que essa santa tinha morrido de fome.)
6 *Uma de nós dizia: "Como está sufocada! Poderia muito bem morrer hoje". Que felicidade!*
7 *À tarde — Diziam-me que ela estava dormindo; abriu os olhos e disse-me:*
Mas não, aproximem-se, tenho tanto prazer em vê-las!
8 Como necessito ver as maravilhas do céu! Nada me toca na terra.
9 *Durante as Matinas.*
Ah! É incrível como todas as minhas esperanças se realizaram. Quando lia São João da Cruz[72], suplicava ao bom Deus que operasse em mim aquilo que ele diz; isto é, a mesma coisa que se eu vivesse muito; enfim, me consumir rapidamente no amor, e sou atendida!
10 *Após ter olhado longamente a imagem da Santa Virgem:*
...Quem poderia ter inventado a Santa Virgem?
11 *A mim:*
Ah! Se você me ama, eu também a amo!
12 *Contou-me que, antigamente, para se mortificar, ela pensava em coisas sujas, enquanto estava comendo.*
...Mas depois achei mais simples oferecer ao bom Deus o que gostava de comer.

13   ...Hoje à tarde, quis fazer um verdadeiro jantar, então, peguei uma uva e depois um pequeno gole de vinho que ofereci à Santa Virgem. Em seguida, fiz a mesma coisa para o Menino Jesus, e meu jantarzinho terminou.

2 DE SETEMBRO

1   *Com certeza você morrerá em um dia de festa.*
Será uma festa muito bonita! Nunca tive vontade de morrer em dia de festa[1].

2   ...Talvez fizesse dois anos que eu estava aqui, quando o bom Deus fez cessar minha provação a respeito de Ir. Maria dos Anjos[2], e pude abrir-lhe a minha alma... No fim, ela me consolava realmente.

3   ...Custava-me muito pedir para fazer mortificações no refeitório, porque eu era tímida, enrubescia, mas era bem fiel a isso, nas minhas duas vezes por semana. Quando passou essa provação de timidez, eu prestava menos atenção e devo ter esquecido várias vezes as minhas duas mortificações.

4   *Nós lhe dizíamos que ela era a chefe do grupo, que havia vencido todos os inimigos, e que bastava segui-la. Então, ela fez o gesto, bem conhecido para nós, de colocar as mãos uma sobre a outra, a uma distância muito pequena, dizendo:*
"Grande assim na família".
Depois, fingindo semear alguma coisa:
Pequeno Polegar!

5   *Ir. Genoveva lhe dizia: "Quando se pensa que ainda a esperam em Saigon!"*
Irei, irei em breve; se vocês soubessem como terei feito depressa o meu percurso!

6   ...Quando se aceita o aborrecimento de ter sido má, o bom Deus volta atrás imediatamente.

7   Ofereci sobretudo minha provação interior contra a fé, por um membro aliado a nossa família que não tem fé[3].
(Sr. Tostain)

8   ...Ah! Sim, desejo o céu! "Rompei a tela desse doce encontro"[4], ó meu Deus!

3 DE SETEMBRO

1   *Contava-lhe o que me havia sido dito sobre as honras prestadas ao czar da Rússia, na França.*
Ah! Isso tudo não me deslumbra! Fale-me do bom Deus, do exemplo dos santos, de tudo o que é verdade...

2   *Quando pensamos que cuidamos de uma santinha!*
Bom, tanto melhor! Mas gostaria que o bom Deus o dissesse.

3   *A pobre Madre C. de J.⁵ era cada vez mais exigente e as enfermeiras se queixavam por serem obrigadas a satisfazer todos os seus caprichos.*
Ah, como tudo isso me teria atraído!

4 DE SETEMBRO

1   *Dizia-se que Ir. Sto. Estanislau a chamava de anjo por causa dos sorrisos e dos agrados⁶ que ela lhe fazia pelo menor serviço.*
…Foi assim que conquistei o bom Deus e assim serei tão bem recebida por ele na hora de minha morte.

2   Fico bem contente que a carne me repugne, pois, assim, não sinto prazer por ela.
(Serviam-lhe um pouco de carne)

3   *No momento em que saía da enfermaria para o refeitório:*
Eu *a* amo por você!

4   *Os sinos soaram o Angelus.*
É preciso que eu descubra minhas mãozinhas?
Não, você está mesmo fraca demais para recitar o Angelus. Chame somente a Santa Virgem, dizendo: "Virgem Maria!" Ela continuou:
Virgem Maria, eu vos amo de todo o meu coração.
Ir. Genoveva lhe disse: "Diga que você a ama por mim também". Então, acrescentou baixinho:
Pela "Srta. Lili", por mamãe, por madrinha, por Leônia, Mariazinha, meu tio, minha tia, Joana, Francis, "Maurício", "o pequeno Roulland" e por todos aqueles que amo⁷.

5   *Tinha tido desejo de um certo prato, aliás muito simples, e uma de nós o havia contado a meu tio.*
…É bem engraçado que se comunique isso ao mundo! Enfim, ofereci-o ao bom Deus.
Disse-lhe que não era minha culpa, pois, com efeito, eu o havia proibido. Retomou, pegando o pratinho:
Ah! É oferecido ao bom Deus. Isso não me toca mais. Que pensem o que quiserem!

6   *Durante as Matinas:*
Minha mãezinha, oh! Como a amo!
Com um lindo sorriso, esforçou-se para falar:
Ainda assim, digamos qualquer coisa, digamos…

...Se você soubesse como o pensamento de ir logo para o céu me acalma! Entretanto, estou bem feliz, mas não posso dizer que experimento uma alegria intensa e arrebatamentos de júbilo, não!

7 *Apesar de tudo, você prefere morrer a viver?*

Ó minha mãezinha, não prefiro uma coisa a outra, nem mesmo poderia dizer como nossa mãe Santa Teresa: "Morro porque não morro"[8]. O que o bom Deus prefere e escolhe para mim, isso é que mais me agrada.

5 DE SETEMBRO

1 *Então, você não sente tristeza em deixar a "mamãe"? (com um arzinho infantil)*

Não!... Se não houvesse vida eterna, oh! Sim...! Mas, talvez haja uma... e é certo, mesmo!

2 *Se lhe dissessem que iria morrer subitamente, no mesmo instante, você teria um certo medo?*

...Ah, *que* felicidade! Gostaria de partir!

Então você prefere morrer a viver?

Não, absolutamente. Se sarasse, os médicos me olhariam pasmados e eu lhes diria: "Senhores, estou muito contente de estar curada, para ainda servir o bom Deus na Terra, já que é esta sua vontade. Sofri como se devesse morrer; pois bem, recomeçarei outra vez!"

3 *Com um arzinho alegre, e tão gentil, apontou com o dedo seu copo de água misturada com um pouco de vinho:*

Alguma coisa para beber, minha mãezinha, por favor. Há gelo dentro, é bom!

Após ter bebido:

Bebi por beber. Sou uma pequena "esponja".

Dizia-lhe que ela havia sofrido menos durante o silêncio:

Oh! Igualzinho! Sofri muito, muito! Mas foi à Santa Virgem que me queixei.

4 *Durante a visita do doutor La Néele, que, numa consulta precedente, havia afirmado que ela estava para morrer, e que isso poderia até acontecer de repente, quando ela se virasse na cama, disse-lhe:*

"A senhora está como um navio que não avança nem recua".

De início, ficou estupefata.

Você ouviu, *disse-me ela*, olhe como as coisas mudam! Mas eu não quero mudar, quero continuar a me abandonar inteiramente ao bom Deus.

6 DE SETEMBRO

1 ...Diga-me algumas palavrinhas doces, depois do que me aconteceu ontem[9].

Ah! Como fazer para consolá-la, minha pobrezinha? Sinto-me bem impotente.
...com uma expressão de paz:
Não necessito ser consolada...

2   *Chorou de alegria à tarde, quando lhe trouxeram uma relíquia do venerável Teofânio Vénard.*
Ofereceu-me, com muito carinho, uma margaridinha pelo meu aniversário.
A tarde toda mostrou-se muito afetuosa para conosco e encantadora sob todos os aspectos. Disse-lhe:
Observei que, assim que você puder, voltará a ser como antigamente.
...Ah! É verdade mesmo! Sim, quando posso, faço tudo para ficar alegre, para agradar.

3   *Ela estava esperando o Pe. Youf para se confessar; ele não pôde vir e foi uma verdadeira decepção para ela. Mas imediatamente retomou sua linda expressão de paz.*

4   *Trouxeram-lhe um pouco de alimento; seu estômago estava melhor.*
Ai de mim! em que estágio da doença estou? Olhe que estou comendo novamente!!

7 DE SETEMBRO

Não me havia dito uma única palavra durante o dia, e à tarde pensei: Hoje não vou ter nada para escrever.
Mas ela me disse, quase em seguida:
Ah! Não há alma como a sua...
Depois disso, debulhou-se em lágrimas, receosa de me ter magoado numa circunstância em que nem eu mesma havia reparado.

8 DE SETEMBRO

Um pequeno pintarroxo veio saltitar em sua cama.
Leônia enviou-lhe a caixa de música que havia sido conservada e as árias que, embora profanas, eram tão doces que ela as escutou com muito prazer.
Enfim, trouxeram-lhe um buquê de flores do campo para festejar o aniversário de sua profissão. Sentindo-se tão satisfeita, chorou de agradecimento e disse:
É por causa das delicadezas do bom Deus em relação a mim; pois, externamente, estou satisfeita, porém internamente estou sempre sendo provada... mas também em paz.

9 DE SETEMBRO

1   *Demos corda demais na caixinha de música, e ela parecia quebrada. Augusto[10] consertou-a, mas daí em diante ficou faltando (para uma certa ária) a nota mais linda. Fiquei aborrecida e perguntei se ela também havia ficado.*

Oh! Absolutamente, só fiquei porque você também ficou.

2   Ah! Eu sei o que é o sofrimento!

10 DE SETEMBRO

1   *O Sr. Cornière pareceu consternado em relação a seu estado, durante a consulta.*

E então, você está contente? disse-lhe, depois que o doutor se foi.

Sim, mas já estou um pouco acostumada; eles dizem e desdizem!

2   *À noite, enquanto arrumavam seus travesseiros, apoiou a cabeça em mim, olhando-me com ternura. Isso me lembrou o olhar do Menino Jesus à Santa Virgem, quando ele escuta a música do anjo, na estampa em que ela dizia da Santa Virgem:*

"É Paulina perfeita"[11].

11 DE SETEMBRO

1   É a mãezinha que morrerá por último; viremos buscá-la, com Teofânio Vénard, quando ela tiver acabado seu trabalho por mim...

...a menos que as almazinhas precisem dela.

2   Eu a amo muito, mas muito!

Quando ouço abrir a porta, penso sempre que é você; e quando não vem, fico muito triste.

Dê-me um beijo, um beijo que faça barulho; enfim, um beijo "estalado!"

Somente no céu saberá o que representa para mim...

Você é para mim uma lira, um canto... ora, muito mais do que uma caixinha de música! mesmo quando não diz nada.

3   *Ela havia feito duas coroas de aciano para a Santa Virgem: uma estava a seus pés, a outra na mão. Disse-lhe:*

Provavelmente você está pensando que a que ela está segurando é para dar a você.

Oh! Não, será conforme ao que ela desejar; o que lhe dou é para seu prazer.

4   ...Tenho medo de ter tido medo da morte... Mas não tenho medo do depois, é claro! E não lamento a vida! Oh, não! É suficiente pensar: o que é essa

misteriosa separação da alma e do corpo? Foi a primeira vez que senti isso; porém, imediatamente abandonei-me ao bom Deus.

5 Quer me dar o meu crucifixo para beijá-lo depois do ato de contrição, a fim de ganhar a indulgência plenária em favor das almas do Purgatório? Não lhes dou mais do que isso!

Agora, me dê a água benta. Ponha mais perto de mim as relíquias de Madre Ana de Jesus e de Teofânio Vénard; quero abraçá-las.

Depois disso, acariciou a sua imagem da Virgem Mãe; primeiramente, o Menino Jesus e depois a Santa Virgem. Não conseguia dormir e me disse:

Sei o que é isto, é a malícia do demônio; ele está furioso porque não esqueci minhas pequenas devoções. Quando, por um motivo ou por outro, não as faço, adormeço e depois acordo, alguns minutos após meia-noite, como se fosse para zombar de mim, pois faltei com a indulgência plenária.

6 Devo ter medo do demônio? Parece-me que não, pois faço tudo por obediência.

7 Oh! Não, não desejo ver o bom Deus na terra. E no entanto eu o amo! Amo muito também a Santa Virgem e os santos, mas também não desejo vê-los[12].

12 DE SETEMBRO

1 *Era a festa do Santo Nome de Maria. Pediu-me que lesse para ela o Evangelho de domingo. Não tinha o livro de missa e disse-lhe simplesmente: É o Evangelho em que Nosso Senhor nos adverte de que "ninguém pode servir a dois senhores". Fez, então, uma vozinha de criança que recita sua lição e repetiu-o para mim, do começo ao fim.*

13 DE SETEMBRO

1 *Estava bem mais doente e tinha os pés inchados desde a véspera. Não podíamos fazer o menor movimento ao seu redor, como, por exemplo, mexer um pouco a cama e sobretudo tocá-la, sem fazê-la sofrer muito, de tão fraca que estava. Não supúnhamos que chegasse a tal ponto, e Ir. Maria do Sagrado Coração, depois de mim, havia medido seu pulso por bastante tempo. A princípio, não manifestou nenhum sinal de cansaço, para não nos fazer sofrer, mas no final, não aguentando mais, pôs-se a chorar. E quando, em seguida, ajeitamos seus travesseiros e a almofada, gemia, dizendo num tom tão doce:*

Oh! Gostaria... gostaria...

De quê?

De não causar mais sofrimento às minhas irmãzinhas, e para isso, partir bem depressa.

Nesse momento, olhou Ir. Maria do Sagrado Coração e deu-lhe um sorriso encantador; era principalmente a quem ela temia ter entristecido mais.

Como não conseguíssemos arrumar bem sua almofada, pois não ousávamos movimentá-la demais, disse gentilmente, apoiando-se nas mãos, e tentando arrumá-la, ela mesma:

Esperem, vou me arrastar até o fundo da cama, fazendo os movimentos de um pequeno gafanhoto.

2   *Uma irmã¹³ lhe havia colhido uma violeta no jardim; ofereceu-a a ela e retirou-se. Então, nossa Teresinha me disse, olhando a flor:*

Ah, o perfume das violetas!

Depois me fez um sinal como para saber se podia aspirá-lo sem faltar à mortificação.

14 DE SETEMBRO

1   *Trouxeram-lhe uma rosa; desfolhou-a sobre seu crucifixo com muita piedade e amor, pegando cada pétala e acariciando as chagas de Nosso Senhor.*

No mês de setembro, *disse ela*, Teresinha ainda desfolha a "rosa primaveril".

Desfolhando para ti, a rosa primaveril,
Gostaria de enxugar tuas lágrimas!¹⁴

Como as pétalas escorregassem de sua cama para o chão da enfermaria, disse muito séria:

Juntem bem estas pétalas, minhas irmãzinhas, mais tarde elas servirão para agradar alguém... Não percam nenhuma delas...

2   ...Ah! Agora...
"Tenho esperança, meu exílio será curto!"¹⁵

3   *O Doutor La Néele lhe havia afirmado que ela não teria agonia; e como sofresse cada vez mais:*

...No entanto, me haviam dito que eu não teria agonia!...

...Mas, afinal de contas, aceitou-a.

Se a mandassem escolher entre tê-la e não tê-la?

Não escolheria nada!

15 DE SETEMBRO

1   *Ora, quando estiver no céu, seus grandes sofrimentos de hoje lhe parecerão insignificantes!*

Oh! Mesmo na terra, acho que são poucos.

2   *À noite, durante o recreio:*

Quando, há pouco, Ir. Genoveva dizia a Ir. Marta, que pedia notícias minhas: "Ela está bem cansada!" Pensava comigo: É bem verdade, é isso mesmo! Sim, sou como um viajante cansado, que, extenuado, cai ao chegar ao fim de sua viagem.

...Sim, mas é nos braços do bom Deus que caio!

3   Nossa mãe me disse que eu não tinha nada a fazer para me preparar para a morte, porque eu já estava preparada[16].

16 DE SETEMBRO

Só para mim, sobre perguntas que lhe fazia:
O que atrai para nós as luzes e o socorro do bom Deus para guiar e consolar as almas é não contar os próprios sofrimentos a si mesmo, para se aliviar; aliás, não é um verdadeiro alívio, porque isto excita mais do que acalma.

17 DE SETEMBRO

1   Ao redor de doentes, é preciso ser alegre:
(Nós lhe exprimíamos nossa dor:)
Ora, não se deve lamentar-se como pessoas sem esperança. 1Ts 4,13
Com um ar um pouco maroto:
Vocês vão acabar por me fazer lamentar a vida.
Oh! Seria muito difícil!
É verdade! Disse isso para pôr medo em vocês.

2   *Falando de sua infância, contou-me que um dia lhe haviam dado uma cestinha e ela havia exclamado de felicidade:*
Agora não desejo mais nada na terra!
Depois, tinha reconsiderado, dizendo bem rápido:
Mas, sim, ainda desejo uma coisa: o céu!

18 DE SETEMBRO

1   *Dizia-lhe que tinha medo de cansá-la, se lhe falasse:*
Minha mãezinha, a sua conversa me é tão agradável! Oh, não! Ela não me cansa. É como uma música para mim... Não há duas pessoas como você na terra. Oh! Como a amo!

2   *Olhando pela janela a trepadeira toda vermelha no eremitérito da Sagrada Face:*
A Sagrada Face está toda esplendorosa. Veja, há galhos da trepadeira até acima dos castanheiros.

3   Estou melhor agora à tarde.

Com efeito, ela se interessava por tudo. Olhava com prazer a toalha que Ir. Genoveva fazia para o altar do Oratório, depois o paramento do seminarista Denis[17].

Mas de manhã, quando Sr. Aimée de Jesus a tinha pegado em seus braços, para que arrumassem um pouco a cama, pensei que fosse morrer.

19 DE SETEMBRO

Haviam-lhe trazido, de fora, um buquê de dálias. Olhou-as com prazer e passou os dedos em sua pétalas com um gesto tão gentil!

Depois da primeira missa do Padre Denis, pediu para ver seu cálice. Como olhasse demoradamente para o fundo da taça, disseram-lhe: Então, por que olha tão atentamente para o fundo do cálice?

Porque vejo meu reflexo nele. Na sacristia, gostava de fazer isso. Ficava contente quando pensava: Meus traços estão refletidos onde o sangue de Jesus repousou e ainda ficará.

Quantas vezes pensei também que, em Roma, meu rosto se reproduzira nos olhos do santo padre[18].

20 DE SETEMBRO

1   *Visita do doutor De Cornière, que nos disse que ela devia estar sofrendo um verdadeiro martírio. Saindo, ele exclamava sobre sua heroica paciência. Repeti alguma coisa a ela.*

Como ele pode dizer que sou paciente! Mas é mentir! Não paro de gemer, de suspirar, grito o tempo todo. Ora, Ora! E depois: Meu Deus, não aguento mais! Tende piedade, tende piedade de mim!

2   *À tarde lhe trocamos a túnica e ficamos impressionadas com sua magreza, pois o rosto havia permanecido o mesmo. Fui pedir a nossa mãe para vir ver suas costas. Demorou muito e fiquei admirada com o ar tão doce e tão paciente da nossa pobre doentinha, esperando. Nossa mãe ficou dolorosamente surpresa e disse com bondade: O que significa uma menininha tão magra?*

Um "queleto"!

21 DE SETEMBRO

1   *Tinha ido, sem dizer nada, esvaziar sua escarradeira; coloquei-a perto dela, pensando comigo mesma: Como ficaria contente se ela dissesse que, no céu, me recompensará! E em seguida, dirigindo-se a mim, disse:*

No céu, irei recompensá-la por isto.

2   *Quando penso que ela vai morrer! — disse Ir. Genoveva.*
    Ah! Claro! Desta vez, acredito nisso!

3   *E pensar que ela não tem uma Teresinha para amar!*
    ...Ele me chama de sua Teresinha!
    Quem?
    Ora essa, o Pe. Bellière!
    Ele acabava de escrever[19] *e eu quis ler para ela a sua carta, acreditando que fosse agradá-la, encontrando esta palavra, mas estava cansada demais e disse:*
    Oh! Não, basta! Estou "até aqui"[20] da Teresinha!
    Depois, virando-se para mim com um arzinho terno:
    Não estou "até aqui" da pequena Paulina, também! Oh! Não.

4   *Vou lavar a louça, tenho dois turnos para fazer*[21].
    Bem difícil para mim. Oh, sim!

5   *Ir. Genoveva me pedia um lápis; eu também estava precisando, mas emprestei o nosso, assim mesmo. Disse ela, então, com um tonzinho categórico:*
    Gentil, isso.

6   Ah! O que é a agonia? Parece-me que estou nela todo o tempo!!...

7   *Alguns cílios se desprenderam de suas pálpebras, quando enxugava os olhos:*
    Pegue estes cílios, minha irmãzinha Genoveva; temos de dar o menos possível à terra.
    Então, fazendo um jogo de palavras com o nome do senhor Alaterre (um operário), irmão de Ir. S. Vicente de Paulo:
    Pobre sujeito, no entanto, se isso lhe dá prazer!
    Era assim que estava sempre alegre, apesar de seus grandes sofrimentos de alma e de corpo.

22 DE SETEMBRO

1   *Após lhe ter lembrado inúmeras circunstâncias de sua vida religiosa em que havia sido muito humilhada, acrescentei: Oh! Quantas vezes tive pena de você!*
    Garanto a você que não teria sido necessário ter tanta pena de mim. Se você soubesse como eu ficava acima de tudo isso! Saía fortificada das humilhações; ninguém era mais corajoso do que eu quando era jogada no fogo.

2   *Queria me falar, mas não podia.*
    ...Ah! Como é duro ficar numa tal impotência!
    ...Com você! Era tão doce quando podia falar com você! É isso que é o mais duro.

3   *Eu dizia, olhando a imagem de Teofânio Vénard: está aí com seu chapéu afundado na cabeça e para acabar tudo isto, não vem mesmo buscá-la!*

Sorrindo:
Ah, não, não zombo dos santos... Eu os amo muito... Eles querem ver...
O quê? Se você vai perder a paciência?
Com um ar maroto e profundo ao mesmo tempo:
É isso!... Sobretudo se vou perder a confiança... até onde ela pode chegar...

4   *Havia chamado Ir. Genoveva de "meu bem" e Ir. Maria da Trindade sua "boneca", porque achava que ela tinha um rosto de boneca. Fazia isso para nos distrair e jamais por dissipação ou criancice. Mas abusaram dessas apelações e ela disse:*
Não se devem chamar-se por todos os nomes. Além disso, não é religioso![22]

5   *O tempo deve parecer-lhe muito longo!*
Não, o tempo não me parece longo; parece-me que foi ontem que eu seguia a comunidade, que escrevia o caderno. *(Sua vida.)*

6   *Que doença terrível e como você sofreu!*
Sim!!! é uma graça ter fé! Se não a tivesse tido, já teria me suicidado, sem hesitar um só instante[23].

23 DE SETEMBRO

1   ...Oh! Tudo o que lhe devo!... Por isso a amo!...
Mas não quero mais falar disso, porque choraria...
(Sentia muita dor quando chorava)

2   *Amanhã, será o aniversário do dia em que você recebeu o véu, e provavelmente o dia de sua morte.*
Nunca sei quando, estou sempre esperando, mas bem sei que não pode demorar.

3   *Sorria-nos frequentemente, a uma ou a outra, mas nem sempre percebíamos.*
...Muitas vezes dei belos sorrisos perdidos a "meu bem" e a outras...

4   *À noite, tínhamos ouvido como que o barulho de um pássaro, em cima da janela fechada. Nós nos perguntávamos o que poderia ser. Uma dizia: É uma rolinha. A outra: Talvez seja uma ave de rapina.*
Bem, se for uma ave de rapina, paciência! Essas aves vinham comer os mártires.

5   *A propósito de uma confidência de pouca importância que uma irmã lhe havia feito, pedindo segredo:*
...Se as irmãs proíbem, é sagrado... Que fosse por uma coisa mínima, e não seria preciso dizer.

6   *Após um longo silêncio, olhou para Irmã Maria do Sagrado Coração e para mim, que estávamos então sozinhas perto dela:*

Minhas irmãzinhas, foram vocês que me criaram!...
e seus olhos se encheram de lágrimas.

24 DE SETEMBRO

1   *Eu havia pedido que rezassem a missa por ela, pelo aniversário do dia em que recebera o véu.*
Obrigada pela missa!
Como a via sofrer tanto, respondi com tristeza: Ah, está vendo! Você não está mais aliviada por causa disso!
Então, foi para aliviar-me que você conseguiu a celebração da missa?
Foi para o seu bem.
Meu bem é provavelmente sofrer...[24]

2   *Contou-me que havia ficado aborrecida, há tempos, porque naquele ano tinham podado tarde demais os castanheiros.*
Primeiramente, foi uma tristeza amarga e de grandes combates ao mesmo tempo. Gostava tanto da sombra! e este ano não haveria. Os galhos, já verdes, estavam em feixes no chão, nada mais do que troncos! Depois, de repente, me refiz, pensando: Se estivesse num outro Carmelo, o que me importaria que cortassem, totalmente até, os castanheiros do Carmelo de Lisieux? Experimentei, então, uma paz intensa e uma alegria celeste.

3   *As visitas do Sr. De Cornière, cada vez mais edificado. Disse à nossa mãe: "É um anjo! Ela parece um anjo, e seu rosto não está nem um pouco alterado, apesar de seus grandes sofrimentos. Nunca vi isto, com seu estado de emagrecimento geral, isto é sobrenatural".*

4   ...Gostaria de correr pelos prados do céu...
...Gostaria de correr pelos prados onde a grama não fosse pisada; onde houvesse belas flores que não murchassem e lindas criancinhas que fossem anjinhos.[25]
Você jamais tem a aparência cansada de sofrer. No fundo, você está?
Mas não! quando não aguento mais, não aguento mais, e pronto!

5   Tinha vontade de dizer ao Sr. De Cornière: estou rindo porque, apesar de tudo, o senhor não pôde me impedir de ir para o céu; mas, como castigo, tão cedo não o deixarei ir para lá, quando lá estiver.[26]

6   Logo só falarei a linguagem dos anjos.

7   *Você irá para o céu entre os serafins.*
Ah, mas se ficar entre os serafins não farei como eles, paciência! Todos se cobrem com suas asas diante do bom Deus; eu evitarei me cobrir com as minhas.

8   ...Meu Deus!... tende piedade da me... me... menininha!
    (Virando-se com muita dificuldade.)
9   *Como ela acaricia seu "Teofânio"; ele é bem venerado!*
    Não são *venerações*...
    O que é então?
    São carícias, enfim!
    (Acariciava o retrato de Teofânio Vénard.)
10 ... *Então você não tem a intuição do dia de sua morte?*
    Ah, minha mãe, intuições! Se você soubesse em que pobreza me encontro! Não sei nada além do que você sabe; não adivinho nada, senão pelo que vejo e sinto. Mas minha alma, apesar de suas trevas, está numa paz surpreendente.
11 *Quem é que você mais ama na terra?...*

25 DE SETEMBRO

1   *Havia lhe contado o que tinha sido dito no recreio, a respeito do Senhor Youf, que temia muito a morte. As irmãs tinham conversado sobre a responsabilidade daqueles que foram encarregados das almas e que viveram muito tempo.*

Sb 6,7

... Os pequenos serão julgados com extrema doçura. E até nas funções mais temíveis e mesmo vivendo muito tempo, pode-se muito bem permanecer pequeno. Sinto que, se tivesse morrido com 80 anos, se estivesse na China, ou em qualquer lugar, teria morrido tão pequena quanto sou hoje. E está escrito que "no final, o Senhor se levantará para salvar todos os doces e humildes da terra". Ele não disse *julgar*, mas *salvar*.

Sl 75

2   *Ela me havia dito num de seus últimos dias de terríveis sofrimentos:*
    Ó minha mãe, é bem mais fácil escrever belas coisas sobre o sofrimento, mas escrever não é nada, nada! É preciso vivê-lo para saber!...
    Eu tinha guardado uma impressão penosa deste dito, quando, naquele dia, parecendo lembrar-se do que ela me dissera, olhou-me de um modo todo particular e como que solene, pronunciando estas palavras:
    Agora, sinto que o que disse e escrevi é verdadeiro em tudo... É verdade que queria muito sofrer pelo bom Deus, e é verdade que o desejo ainda.

3   *Diziam-lhe: Ah! Como é horrível o que você está sofrendo!*
    Não, não é horrível. Uma pequena vítima de amor não pode achar horrível o que seu esposo lhe envia por amor.

26 DE SETEMBRO

Ela estava totalmente sem forças.
Oh! Como estou prostrada!...

Olhando pela janela uma folha morta, caída da árvore e sustentada no ar por um tênue fio:

Veja, é minha imagem, minha vida está por um fio.

Após sua morte, na própria noite de 30 de setembro, a folha que até aquele momento balançava à mercê do vento caiu por terra; recolhi-a com sua teia de aranha, que ainda estava presa a ela.

27 DE SETEMBRO

Entre duas e três horas, nós lhe oferecíamos algo para beber. Ela pediu água de Lourdes, dizendo:

Até três horas, prefiro água de Lourdes; é mais piedoso.

28 DE SETEMBRO

1 ...Mamãe!...[27] está me faltando o ar da terra; quando é que o bom Deus vai me dar o ar do céu.?...

...Ah! Nunca foi tão curta! *(sua respiração)*

2 *Minha pobrezinha, você é como os mártires no anfiteatro; não podemos fazer mais nada por você!*

— Oh! Sim, só vê-la já me faz bem.

Sorriu-nos incessantemente durante toda a tarde.

Escutou com atenção, quando li, para ela estas passagens do Ofício de San Miguel:

"O Arcanjo Miguel veio com uma legião de anjos. Foi a ele que Deus confiou as almas dos santos, para que as fizesse chegar às alegrias do paraíso".

"Arcanjo Miguel, eu te fiz príncipe sobre todas as almas que devem ser recebidas".

Fez-me um sinal com a mão estendida na minha direção, depois colocou-a sobre o coração, mostrando que eu estava lá dentro.

29 DE SETEMBRO

1 *Já desde a manhã, parecia agonizar; tinha um estertor muito penoso e não podia respirar. A comunidade foi chamada e se reuniu ao redor de sua cama, para recitar as orações do Manual. Depois de uma hora, aproximadamente, nossa mãe dispensou as irmãs.*

2 *Ao meio-dia, disse a nossa mãe:*

Minha mãe, estou agonizando?... Como vou fazer para morrer? Nunca vou saber morrer!...

3   Li também para ela diversas passagens do Ofício de São Miguel e as orações dos agonizantes, em francês[28]. Quando comecei a falar dos demônios, ela fez um gesto infantil, como que para ameaçá-los e, sorrindo, exclamou:
Oh! Oh! Num tom que queria dizer: Não tenho medo deles.

4   Após a visita do médico, disse ela a nossa mãe.
É hoje, minha mãe?
Sim, minha filhinha.
Então, uma de nós disse:
O bom Deus está bem alegre hoje.
Eu também!
Que felicidade, se eu morresse imediatamente!

5   ...Quando vou estar totalmente sufocada?... Não aguento mais! Ah! É preciso rezar por mim!... Jesus! Maria!
...Sim! Quero, quero muito...

6   Ir. Maria da Trindade tinha vindo; cipós alguns instantes, e muito gentilmente, ela lhe dissera que se retirasse. Quando saiu, eu disse: Pobrezinha! ela a amava tanto!
Será que fui má em tê-la dispensado?
E seu rosto tomou uma expressão de tristeza, mas tranquilizei-a bem depressa.

7   (6 h) Uma espécie de inseto tinha entrado em sua manga. Nós a atormentávamos para retirá-lo.
Deixem, não faz mal.
Claro que faz, você vai ser picada.
Não, deixem, deixem, estou dizendo que conheço estes bichinhos.

8   Eu estava com uma violenta dor de cabeça e fechava os olhos, sem querer, enquanto a vigiava.
Faça naninha... e eu também!
Mas ela não conseguia dormir e disse-me:
Ó minha mãe, como os nervos fazem mal!

9   Durante o recreio da noite.
...Ah! Se você soubesse!
(Se você soubesse como estou sofrendo.)

10 Gostaria de lhe sorrir o tempo todo e viro as costas para você. Isto a magoa?
(Foi durante o silêncio.)

11 Após as Matinas, quando nossa mãe veio vê-la, ela estava com as mãos juntas e disse, com voz doce e resignada:
Sim, meu Deus, sim, meu Deus, aceito tudo!...
Então, é atroz o que você está sofrendo?, disse nossa mãe.

Não, minha mãe, não é atroz, mas muito, muito... exatamente o que posso suportar.

Ela pediu para ficar só durante a noite, mas nossa mãe não o quis. Ir. Maria do Sagrado Coração e Ir. Genoveva compartilharam essa grande consolação[17]*. Fiquei na cela, bem perto da enfermaria, que dá para o claustro.*

30 DE SETEMBRO

Quinta-feira, dia de sua preciosa morte.

De manhã, eu a vigiei durante a missa. Não me dizia uma palavra. Estava esgotada, ofegante; eu adivinhava que seus sofrimentos eram inexprimíveis. Em dado momento, juntou as mãos e olhando a estátua da Santa Virgem:

Oh! Rezei a ela com um fervor! Mas é agonia pura, sem nenhuma mistura de consolação.

Disse-lhe algumas palavras de compaixão e afeto; acrescentei que ela me havia edificado muito, durante essa doença.

E vocês, as consolações que me deram! Ah, são muito grandes!

Pode-se dizer, sem exagero, que ela passou o dia todo sem um instante de repouso, em verdadeiros tormentos.

Parecia estar no limite de suas forças e, no entanto, para nossa grande surpresa, podia mexer-se e sentar-se na cama.

...Vejam, dizia ela, como tenho força hoje! Não, não vou morrer! Ainda vou viver durante meses e, quem sabe, anos!

E se o bom Deus assim o quisesse, disse nossa mãe, você aceitaria?

Começou a responder; angustiada:

Assim deveria...

Mas, imediatamente se corrigindo, disse com uma entonação de sublime resignação, caindo sobre os travesseiros:

Aceito!

Pude recolher estas exclamações, mas é impossível reproduzir a entonação:

---

17. a) Os *Cadernos verdes* acrescentam:

Ela não havia aceitado que passássemos as noites a seu lado enquanto estava doente. Na noite de 29 para 30 de setembro, a última de sua vida, implorou ainda para que a deixassem sozinha. Por fim, Ir. Maria do Sagrado Coração e Ir. Genoveva conseguiram compartilhar esta consolação... Encontraram-na preocupada unicamente em não perturbar o descanso daquela que a velava. Entretanto, quantos sofrimentos suportou!

Ir. Maria do Sagrado Coração, depois de lhe ter dado uma poção, adormeceu, e qual não foi sua emoção quando, ao acordar, viu a pobrezinha segurando ainda o copinho em suas mãos trêmulas de febre, esperando pacientemente que sua irmã acordasse, para colocá-lo sobre a mesa.

Não creio mais na morte para mim... Só acredito no sofrimento... Bem, tanto melhor!

Ó meu Deus!...

Eu o amo, o bom Deus!

Ó minha boa Santa Virgem, vinde em meu socorro!

Se isto é a agonia, o que é, então, a morte?!...

Ah, meu *bom* Deus!... Sim, ele é muito bom, eu o acho muito bom...

Olhando para a Santa Virgem:

Oh! Sabeis que estou sufocada!

Para mim:

Se você soubesse o que é ficar sufocada!

O bom Deus vai ajudá-la, minha pobrezinha, e isto vai acabar logo.

Sim, mas quando?

...Meu Deus, tende piedade de vossa pobre filhinha! Tende piedade!

A nossa mãe:

Ó minha mãe, garanto-lhe que o cálice está cheio até a borda!...

...Mas o bom Deus não vai me abandonar, é claro...

...Ele nunca me abandonou.

...Sim, meu Deus, tudo o que quiserdes, mas tende piedade de mim!

...Minhas irmãzinhas! minhas irmãzinhas, rezem por mim!

...Meu Deus! meu Deus! Vós que sois tão bom!!!

...Oh! Sim, vós sois bom! Eu sei...

Após as Vésperas, nossa mãe colocou-lhe, sobre os joelhos, uma imagem de N. S. do Monte Carmelo.

Olhou-a um instante e disse, quando nossa mãe lhe tinha assegurado que ela logo acariciaria a Santa Virgem como o Menino Jesus na imagem:

Ó minha mãe, apresente-me logo à Santa Virgem, pois sou um nenê que não aguenta mais! Prepare-me para morrer bem.

Nossa mãe respondeu-lhe que, tendo sempre compreendido e praticado a humildade, estava completamente preparada. Refletiu um instante e pronunciou humildemente estas palavras:

Sim, parece-me que procurei sempre só a verdade; sim, compreendi a humildade do coração... Parece-me que sou humilde.

Repetiu ainda:

Tudo o que escrevi sobre meus desejos de sofrimento. Oh! É bem verdade, assim mesmo!

...E não me arrependo de ter-me entregado ao amor.

Com insistência:

Oh! Não, não me arrependo, ao contrário!

Um pouco mais tarde:

Jamais poderia acreditar que fosse possível sofrer tanto[18]! Jamais! Jamais! Só posso explicar isso pelos desejos ardentes que tive de salvar almas.

Por volta elas 5 horas, eu estava sozinha perto dela. Seu rosto se transformou de repente e compreendi que essa era sua última agonia.

Quando a comunidade entrou na enfermaria, ela recebeu todas as irmãs com um doce sorriso. Segurava seu cruxifixo e olhava-o constantemente.

Durante mais de duas horas, um terrível estertor dilacerou-lhe o peito. Seu rosto estava congestionado, as mãos violáceas; tinha os pés gelados, e o corpo tremia. Enormes gotas de suor abundante se formavam em sua testa e escorriam sobre as faces. A falta de ar ia aumentando sempre e, às vezes, para respirar ela soltava gritinhos involuntários.

Durante esse período tão angustiante para nós, ouvia-se pela janela — e eu sofria muito com isso — todo um gorgeio de pintarroxos e outros passarinhos, mas tão forte, tão próximo e tão demorado! Rezava ao bom Deus para fazê-los calar, porém esse concerto me apunhalava o coração e eu temia que cansasse nossa pobre Teresinha.

Num dado momento, parecia ter a boca de tal modo ressecada, que Irmã Genoveva, pensando em aliviá-la, colocou-lhe sobre os lábios um pedacinho de gelo. Aceitou-o, dirigindo-lhe um sorriso que jamais esquecerei. Era como se fosse um supremo adeus.

Às 6 horas, quando soou o Angelus, olhou demoradamente a imagem da Santa Virgem.

Enfim, às 7 horas e alguns minutos, depois que nossa mãe havia dispensado a comunidade, ela suspirou:

Minha mãe! Não é ainda a agonia?... Não vou morrer?...

É, minha pobrezinha, é a agonia, mas talvez o bom Deus queira prolongá-la por mais algumas horas.

Com coragem, retomou:

Pois bem!... Vamos!... Vamos!...

Oh! Não gostaria de sofrer por menos tempo...

E olhando seu crucifixo:

Oh! Eu o amo!...

Meu Deus... eu vos amo!...

...Repentinamente, após ter pronunciado estas palavras, caiu docemente para trás, com a cabeça inclinada para a direita. Nossa mãe mandou, bem rápido, tocar o sino da enfermaria, para chamar a comunidade.

"Abram todas as portas", dizia ela, ao mesmo tempo. Estas palavras tinham algo de solene, e me fizeram pensar que, no céu, o bom Deus as dizia também a seus anjos.

---

18. Nunca lhe deram uma única injeção de morfina.

As irmãs tiveram tempo para se ajoelhar em volta da cama e testemunharam o êxtase da santinha moribunda. Seu rosto havia recuperado a tez de lírio que tinha quando gozava plena saúde; seus olhos, brilhantes de paz e alegria, estavam fixos no alto. Fazia alguns lindos movimentos com a cabeça, como se alguém a tivesse, divinamente, ferido com uma flecha de amor, e em seguida a tivesse retirado para feri-la mais uma vez...

Ir. Maria da Eucaristia aproximou-se com um castiçal, para ver mais de perto seu olhar sublime. À luz desse castiçal, não apareceu nenhum movimento de suas pálpebras. Este êxtase durou aproximadamente o tempo de um Credo, e ela deu o último suspiro.

Após sua morte, conservou um sorriso celeste. Sua beleza era encantadora. Segurava seu crucifixo com tanta força, que foi preciso arrancá-lo de suas mãos, para sepultá-la. Ir. Maria do Sagrado Coração e eu nos encarregamos desse serviço, juntamente com Ir. Aimée de Jesus; observamos então que ela não parecia ter mais de 12 ou 13 anos.

Seus membros permaneceram flexíveis até o sepultamento, segunda-feira, 4 de outubro de 1897.

Irmã Inês de Jesus
r. c. i.

APÊNDICE

30 DE SETEMBRO

...Todos os meus pequenos desejos foram realizados. Então, este grande *(morrer de amor)* também deverá sê-lo!

Durante a tarde:

Ah! Quanta força sinto hoje!...

Vai durar meses! E amanhã, todos os dias, será ainda pior!...

...Pois bem! Tanto melhor!

...Não posso respirar, não posso morrer!...[19]

...Nunca saberei morrer!...

...Sim, meu Deus!... Sim!...

...Aceito continuar a sofrer...

Por volta das 5 horas, Madre Maria de Gonzaga deixou cair suas relíquias do B. Teofânio Vénard e da Madre Ana de Jesus, que estavam presas com alfinetes, na cortina, à direita. Foram recolhidas e ela as acariciou.

---

19. Ela nunca respirou oxigênio — creio que ainda não era conhecido.

ÚLTIMAS PALAVRAS DE TERESA A CELINA

Julho-Setembro 1897

12 DE JULHO

1   *De repente, durante uma conversa, minha Teresinha parou, olhando-me com compaixão e ternura. Disse:*

"Ah!... É minha irmãzinha Genoveva que mais sentirá minha partida; certamente é dela que mais terei compaixão, porque assim que tem um sofrimento vem me procurar; e agora não terá mais ninguém...

...Sim, mas o bom Deus lhe dará força... e depois voltarei!"¹
e dirigindo-se a mim:

"Voltarei para buscá-la o mais cedo possível e farei papai participar; você bem sabe que ele estava sempre apressado..."⁽¹⁾

2   *Mais tarde, enquanto, à sua volta, fazia meu ofício de enfermeira, falando como sempre da separação próxima, ela cantarolou, substituindo-me por ela, esta estrofe que compunha enquanto cantava (ária do Cântico: "Ele é meu"):*

"Ela é minha aquela que o céu mesmo
O céu inteiro veio me extasiar
Ela é minha, eu a amo, oh! Sim, eu a amo
Nada jamais nos poderá desunir".

3   *Dizia-lhe: "O bom Deus não poderá me tomar logo depois que você morrer, pois não teria tido tempo de ser boa".*

Continuou:

"Não faz mal, lembre-se de São José de Cupertino; sua inteligência era medíocre, era ignorante e só conhecia a fundo este Evangelho: *Beatus venter qui te portavit*¹. Foi justamente interrogado sobre este tema, respondendo tão bem, que todos se admiraram e foi recebido com grandes honras pelos sacerdotes, juntamente com três companheiros, sem nenhum outro exame — pois, segundo suas sublimes respostas, julgou-se que seus companheiros deveriam saber tanto quanto ele.   Lc 11,27

Assim, responderei por você e o bom Deus lhe concederá, *gratis*, tudo o que me tiver concedido".

4   *Nesse mesmo dia, enquanto eu ia e vinha pela enfermaria, disse ela, olhando-me:*

"Meu pequeno Valeriano..."

(Algumas vezes, comparava nossa união à de Santa Cecília e Valeriano².)

---

1. *Ela não queria dizer com isso que ele tinha sido condescendente, mas fazia alusão a seu caráter, que o impedia de deixar para amanhã o que se podia fazer hoje. Jamais adiava a realização de uma decisão tomada.*

JULHO

1   *Reflexões como estas jorravam espontaneamente, enquanto me olhava:*

"Seremos como dois patinhos; você sabe como eles seguem uns aos outros de perto!"

"Quanto pesar teria, se visse *qualquer um* no outro joelho do bom Deus; choraria o dia todo!..."

Mt 20,23   *Minha Teresinha havia ficado impressionada com uma passagem do Evangelho em que Jesus recusa ao filhos de Zebedeu estar à sua direita e à sua esquerda, no céu; ela dizia:* "Imagino que o bom Deus tenha reservado esses lugares às 'criancinhas'..." *Esperava, então, que essas duas crianças privilegiadas fossem, ela e eu... (É o que explica minhas perguntas reiteradas revelando o medo — que infelizmente tinha fundamento! — de nunca ser suficientemente digna desse favor.) —A graça do* Haec facta est mihi, *concedida aproximadamente três semanas após sua morte, era a resposta a esta interrogação íntima, de repente formulada durante o Ofício de Tércia:* 'Minha Teresa não me disse que tinha um lugar reservado: estar no colo do bom Deus?...' *— Naquele exato momento o coro di-*

Sl 118,56   *zia:* Haec facta est mihi... *Não compreendia estas palavras, cuja tradução procurei, assim que o Ofício terminou:* Haec fact est mihi... *Isso me foi concedido...*

2   *Eu havia dito que, quando a perdesse, enlouqueceria. Ela replicou:*

"Se enlouquecer, meu bem (*bobonne*), o "bom Salvador" (*Bon-Sauveur*)³ virá buscá-la!..."

(*"Bobonne" era um apelido que ela me dera, com a permissão de nossa mãe, porque, como a servia, e constantemente precisava me chamar, era menos cansativo do que pronunciar meu nome.*)

3   *Vendo Madre Inês de Jesus escrevendo todas as lindas palavras de nosso anjo, eu anotava, às pressas, somente aquelas que eram totalmente pessoais, e manifestei, assim, o desgosto de não poder escrever tudo:*

"Não faço como as outras, não tomo nota de nada do que você diz", *disse ela em seguida:*

"Você não precisa, pois virei buscá-la..."

(*No mês de junho, antes de a descerem para a enfermaria, vendo-me um dia desolada diante da perspectiva de sua breve partida, dirigiu-se ao Menino Jesus, e com um gesto encantador, apontando com o dedo, falou-lhe, como se fizesse a lição:*

"Meu pequeno Jesus, se me levardes, será preciso também levar a Senhorita Lili[(2)]. Esta é minha condição; portanto, refleti bem naquilo que ireis fazer... Não existe meio termo, é pegar ou largar!"

---

2. Pequeno apelido familiar que data de nossa infância e com que me tratava, na intimidade. Havia sido inspirado numa história para nenês: "Senhor Totó e Senhorita Lili" — ela era o Senhor Totó, e eu, a Senhorita Lili.

4 *No dia 22 de julho, eu escrevia a minha tia, a senhora Guérin:*
...Outro dia, lia para minha doentinha uma passagem sobre a beatitude do céut[(3)]; interrompeu-me para dizer:
"Não é isso que me atrai...
O que é, então? continuei.
Oh! É o amor! Amar, ser amada e voltar à terra...[4]
(não está no autógrafo)

5 *Havia escarrado sangue durante a noite. Toda alegre, com seu jeito infantil, mostrava-me o prato[5] de vez em quando. A todo momento, indicava a beirada com um arzinho triste, que queria dizer: gostaria que estivesse até aqui!*
Respondi-lhe, também, com tristeza:
"Oh! Isto não importa, que haja pouco ou muito; o fato é que isso é um sinal da sua morte..."
Em seguida, acrescentei: "Ai de mim! Você é mais feliz que eu, pois não tenho nenhum sinal da minha!"
Logo após, recomeçou:
"Oh! Sim, você tem um sinal! Minha morte é um sinal da sua!..."

21 DE JULHO

Enquanto cumpria minha tarefa na enfermaria, arrumando o quarto, ela me seguia com os olhos e, de repente, rompeu o silêncio com uma frase que nada havia provocado:
"No céu, você ficará sentada a meu lado!"
E mais tarde, citando uma passagem de uma bela poesia sobre Luís XVII[6]:
"Virá logo comigo
...Acalentar a criança que chora
E, na sua ardente morada
Com um sopro luminoso, rejuvenescer os sóis...
depois, colocarei as asas azuis-claras de um querubim vermelho... *eu mesma vou prendê-las*, pois você não saberia; iria colocá-las ou baixo demais, ou alto demais!"

24 DE JULHO

1 *Conhecia uma infinidade de histórias e havia gravado inúmeros trechos que usava de acordo com a ocasião, tornando sua conversa colorida e engraçada.*
"Você é uma alma de boa vontade, *disse-me ela*, não tema nada; e tem uma cadelinha que a salvará de todos os perigos..."

---
3. *Eu estava sentada perto da janela.*

(*Alusão àquela confissão que o demônio havia feito ao Pe. Surin, num exorcismo: "Venço todas as batalhas; somente contra essa cadela de boa vontade é que não consigo nada".*)

2   Dizia-lhe: *"Você é meu ideal, um ideal que não posso atingir. Oh! Como é cruel! Parece-me que não tenho o que é preciso para isso; sou como uma criancinha que não tem consciência das distâncias: no colo de sua mãe, estende a mãozinha para segurar a cortina, um objeto... ela não se dá conta do quanto está longe!"*

"Sim, mas no último dia o bom Jesus aproximará sua pequena Celina de tudo quanto ela tiver desejado, e então ela alcançará tudo."

3 DE AGOSTO

"Você *é pequenina*, lembre-se disso, e quando se é pequenino não se tem belos pensamentos..."[7]

4 DE AGOSTO

1   *Meus primeiros anos de vida religiosa fizeram-me vivenciar uma verdadeira destruição de minha natureza; via somente ruínas a meu redor, lamentando-me frequentemente. Numa dessas ocasiões, ouvi-a cantar (ária)*[(4)]:

"Meu bem, imperfeita na terra.
Você será perfeita nos céus!" *(ter.)*

2   *Para aliviar uma dor muito forte que minha querida irmãzinha sentia nas costas e no braço direito, havia pensado em amarrar no baldaquino de sua cama uma fita larga, feita de tecido dobrado, na qual seu braço ficaria suspenso no ar: Este alívio não pôde durar muito; contudo, ficou muito agradecida e me disse com, ternura:*

"O bom Deus fará também 'suspensões' a meu bem!"

3   *Pensando em sua morte, exclamei tristemente, interrompendo uma conversa:*
"Eu não saberei viver sem ela!"

— "Você tem razão, mesmo, *continuou ela, com vivacidade*, então, te trarei duas..." (asas)*[(5)]

---

4. (1) *Ária destas duas últimas linhas de um cântico a São José:*
"José desconhecido na terra
Como sois grande nos céus!" *(ter.)*
(*A 1ª estrofe deste cântico começava assim:*
"Um nobre sangue circulava em vossas veias..."
E a 1ª linha do refrão:
"A glória humana é efêmera".)
5. *Asas, em francês *ailes*, mesma pronúncia de *elle* = ela. Jogo de palavras (N.T.).

4   *Quando fiquei sozinha com minha Teresa, disse-lhe:* — "Você quer que de um ovo de pardal nasça um passarinho delicioso como você, é impossível!"

"Sim, mas! farei uma mágica para divertir todos os santos. Pegarei o ovinho e direi aos santos: Olhem bem, vou fazer um passe de mágica:

"Eis um ovinho de pardal; pois bem! vou transformá-lo num lindo passarinho como eu!

"Então, direi baixinho ao bom Deus, apresentando-lhe meu ovinho, mas baixinho, baixinho: Mude a natureza do passarinho, soprando em cima dele... Depois, quando me tiver devolvido, eu o darei à Santa Virgem e lhe pedirei que o beije... Em seguida o confiarei a São José e lhe rogarei para que o acaricie... Enfim, direi bem alto a todos os santos:

"Digam todos que amam, tanto quanto eu, o passarinho que vai sair do ovinho!

"Em seguida, todos os santos exclamarão: — Nós amamos, tanto quanto você, o passarinho que vai sair do ovinho!

"Então, com um ar triunfante, quebrarei o ovinho e um lindo passarinho virá colocar-se ao meu lado, no colo do bom Deus, e todos os santos se rejubilarão de uma maneira indescritível, ouvindo cantar os dois passarinhos..."

5 DE AGOSTO

1   *Nesta passagem do Evangelho: "Duas mulheres estarão moendo juntas: uma será tomada e a outra será deixada..."*   Mt 24,41

— *"Fazemos nosso pequeno comércio juntas; perceberei que você não consegue moer o trigo sozinha, então virei buscá-la... Portanto, esteja vigilante, pois você não sabe a que hora virá o seu Senhor."*   Mt 24,42

Lembrava-me frequentemente de que éramos como dois sócios. O que importa que um seja incapaz? Uma vez que não se separam, um dia compartilharão os mesmos benefícios.

Em sua comparação do passarinho na borda do claustro, esperando a Águia Divina[8], *minha querida Teresinha não cessava de olhá-lo, amando-o; continuava a me dizer que não se imaginava só, mas que havia dois passarinhos...*

2   *Esforçava-se para me inculcar a pobreza de espírito e de coração, por palavras como estas:*

— "É preciso que meu bem se mantenha em sua posição, que não tente jamais ser uma grande dama!"

E como me faltava recitar uma das Horas Menores de meu Ofício, disse num tom infantil:

— Vá dizer Nona *(= None).* E lembre-se que você é uma freira *(Nonne)*[6] pequenina, a menor delas!"

---

6. Jogo de palavras com *none* = nona e *nonne* = freira (N.T.).

3   — *Então, vai me deixar!*
    — *"Oh! Não desgrudarei de você!"*
    E retomando meu tema favorito: — *"Acredita que posso ainda ter esperança de um dia estar com você no céu? Isso me parece impossível; é como se fizéssemos um maneta participar de um concurso com a finalidade de apanhar o que está no topo de um pau de sebo..."*[9]
    — *Sim, mas! e se estiver lá um gigante que pegue o maneta nos braços, erga-o bem alto e lhe dê, ele mesmo, o objeto desejado?*
    ...É assim que o bom Deus fará com você, mas não deve se preocupar, deve dizer ao bom Deus: "Bem sei que jamais serei digna de tudo aquilo que espero, mas estendo-vos a mão como uma pequena mendiga, tendo a certeza de que me atendereis plenamente, pois vós sois tão bom!..."

8 DE AGOSTO

— *Se, quando tiver partido, escreverem sua pequena vida*[10], *eu bem que gostaria de me ir antes... você acredita?*
— "Sim, acredito, mas não deve perder a paciência... olhe para mim, como sou delicada; terá de ser assim também."

AGOSTO
(estampa)

1   Minha querida irmãzinha esforçava-se para que eu me desligasse de mim mesma, cada vez que nos encontrávamos, e comparava nossa caminhada à das duas criancinhas às quais se refere esta imagem. Ela ia liberta de tudo, usando apenas uma túnica, não tendo nada nas mãos, além de sua irmãzinha, que ela vai conduzindo. — Esta resiste, pois precisa colher flores, sobrecarregando-se com um enorme buquê, sem ter livre sequer uma das mãos.

2   Um dia, contou-me esta história alegórica[11]:
    "Era uma vez uma 'donzela' que possuía riquezas às quais era muito apegada e que a tornavam injusta.
    "Tinha um irmãozinho que não possuía nada e, entretanto, vivia na abundância. Esta criancinha caiu doente e disse a sua irmã: — 'Donzela', se você quisesse, jogaria fora todas as suas riquezas que servem apenas para preocupá-la e se tornaria o meu bem, rejeitando o título de 'donzela'; e eu, quando estiver no país encantador, onde logo estarei, virei buscá-la, porque você terá vivido pobre como eu, sem ter se preocupado com o amanhã".
    "A 'donzela' compreendeu, então, que seu irmãozinho tinha razão, e tornou-se pobre como ele, fazendo-se o seu bem, e nunca mais foi atormentada pela preocupação das riquezas perecíveis, que havia jogado fora...

"Seu irmãozinho cumpriu a palavra: veio buscá-la quando foi para o país encantador, onde o bom Deus é o rei, e a Santa Virgem a rainha, *e ambos viverão eternamente no colo do bom Deus*; é o lugar que escolheram, pois, como eram pobres demais, não puderam merecer tronos..."

3 *Uma outra vez, ainda fazendo alusão à estampa das duas crianças, e também a uma dona de casa à qual não faltava nada em todos os seus armários, disse:*

"Donzela rica demais: vários botões de rosa, vários pássaros cantando ao seu ouvido[7], um saiote, uma bateria de cozinha, pacotinhos..."

4 *Uma noite em que me viu despindo-me, apiedou-se diante da miséria de nossas roupas e, utilizando uma expressão cômica que tinha ouvido, exclamou:*

— "Pobre — Pobre![8] Você está na *corda*![9] mas não será sempre assim, sou eu quem está lhe dizendo!"

5 "Quando estiver no céu, buscarei nos tesouros do bom Deus e direi:

"Isto é para Maria, isto para Paulina, isto para Leônia, isto, para a *pequenina Celina*... E, fazendo sinal para papai:

— "Agora, é a vez da *menorzinha*; devemos apressar-nos para ir buscá-la!"

6 *Contou-me um sonho que havia tido pouco tempo antes de adoecer:*

"Você estava na praia com duas pessoas que eu não conhecia. Uma delas propôs que fizessem um passeio, mas ela e sua companheira eram muito avarentas; disseram que seria preciso alugar um cordeiro, ao invés de um burro, a fim de que todas as três montassem juntas. Porém, quando você o viu carregado com aquelas duas pessoas, disse que iria a pé.

"O pobre cordeiro andava ao longo das cercas e, não aguentando mais, caiu exausto sob seu fardo.

"Então, no desvio de uma estrada, apareceu na sua frente um cordeirinho encantador, todo branco, que se oferecia a você. Você entendeu, então, que ele a sustentaria durante a viagem de sua vida; em seguida, o cordeirinho acrescentou: *'Sabe, quero também palpitar em você'*"...

"Depois, compreendi que era a recompensa da caridade que tinha tido por essas duas pessoas, tendo-as suportado, sem se queixar. Foi por isso que Jesus veio, ele mesmo, entregar-se a você."

16 DE AGOSTO

Tendo-me levantado muito cedo, encontrei minha querida irmãzinha pálida e desfigurada pelo sofrimento e pela angústia. Disse-me:

---

7. Repetição de uma passagem que havia lido, na qual o autor louvava, assim, seu herói Teofânio Vénard: "Tinha um botão de rosa em seus lábios e um pássaro que cantava a seu ouvido."
8. *Apelido que, frequentemente, me dava.*
9. *Tore* — latim *torus* — corda.

"O demônio está me rodeando, não o vejo, mas sinto-o... atormenta-me, segura-me como se fosse com uma mão de ferro, para impedir-me de sentir o menor alívio; e aumenta meus males a fim de que me desespere... Assim, não consigo rezar! Posso somente olhar para a Santa Virgem e dizer: Jesus!... Como a oração das Completas é necessária: "Procul recedant omina et noctium phantasmata!" Livrai-nos dos fantasmas da noite[12].

"Sinto algo de misterioso... Até agora meu maior sofrimento era do lado direito, mas o bom Deus perguntou-me se queria sofrer por você, e logo respondi que queria... No mesmo instante, o lado esquerdo foi incrivelmente afetado, com uma intensidade... *Sofro por você* e o demônio não quer!"

Muito impressionada, acendi uma vela benta e, pouco depois, ela recuperava a calma, sem que, no entanto, lhe fosse retirado o novo sofrimento físico.

Desde então, chamava seu lado direito: "o lado de Teresa", e seu lado esquerdo: "o lado de Celina".

20 DE AGOSTO

"Oh! Sim, virei buscá-la, porque quando você é delicada, não tem olhos para viver."

21 DE AGOSTO

"Quando eu disser: *'Estou sofrendo'*, você responderá *'tanto melhor!'* — Não tenho força, então é você quem terminará o que eu gostaria de dizer."

A falta de ar, nesse momento, era tão forte, que, para facilitar a respiração, dizia, como se estivesse desfiando um rosário: "Sofro, sofro...", porém logo censurou-se, como se tivesse sido uma queixa, e me disse o que acabei de escrever.

22 DE AGOSTO

"Minha donzelinha, eu a amo muito e ser tratada por você me é muito doce."

Ela me chamara para me dizer isso.

24 DE AGOSTO

Eu e ela falávamos uma espécie de linguagem infantil que os outros não conseguiam entender. Ir. Sto. Estanislau, a 1ª enfermeira, disse com um tom de admiração: "Como são gentis essas duas menininhas, com seu jargão ininteligível!"

Um pouco mais tarde, eu disse à minha Teresa: — "Sim, como somos gentis, nós duas! Mas você é gentil sozinha e eu o sou somente quando estou perto de você!"

Com vivacidade, ela continuou:

"É por isso que virei *te buscá*"![13]

(*buscá-la*)

31 DE AGOSTO

"Meu bem, eu te amo muito!"

1   Eu estava em frente à chaminé da enfermaria, indo para lá e para cá, fazendo a limpeza, e me atormentava com uma coisa que não saía como eu queria. Disse-me ela:

"Meu bem, nada de espírito inquieto!"

2   Nesse mesmo dia, mas não na mesma circunstância, eu lhe fiz esta reflexão: — "As criaturas não saberão que nós nos amamos tanto..." Prosseguiu:

"Não vale a pena desejar que as criaturas pensem isso; o principal é que seja assim..."

E com um tom seguro:

"Sim, mas! Já que estaremos nós duas no colo do bom Deus!"

(*Tinha um modo delicioso de dizer este "sim, mas", expressão que lhe era particular.*)

5 DE SETEMBRO

1   "Eu a protegerei!..."

2   *Queria muito aproveitar os meus domingos, tempo livre em que me era permitido reunir as anotações que havia feito às pressas, em papéis grosseiros. Eu disse:*

"Hoje é um domingo nulo; não escrevi nada no nosso pequeno escritório."[14]

Continuou:

"Essa é a medida de Lili, mas não a de Jesus!"

11 DE SETEMBRO

1   "Meu bem, você não é mais meu bem, você é minha babá, uma babá que cuida de um nenê que está morrendo."

Virando-se para a imagem que representava seu querido pequeno Teofânio, disse, falando com ele:

"Meu bem cuida muito bem de mim; assim, quando eu estiver lá em cima, nós viremos, nós dois, para buscá-la, *né?*" (*não é?*)

2   "Amo muito o meu bem, mas muito... por isso, quando tiver partido, virei buscá-la, para lhe agradecer por ter cuidado tão bem de mim."

3   *Olhando-me com ternura:*

Jo 16,22   "...Mas eu vos verei de novo e vosso coração se alegrará, e ninguém vos tirará vossa alegria!"

16 DE SETEMBRO

1   *Acabava de cometer uma imperfeição, quando ela me disse, arregalando os olhos:*

"Assim mesmo você estará lá a meu lado!"¹⁵

2   *Comovida até as lágrimas pelos cuidados que lhe dava, exclamou:*

"Oh! Como sou agradecida a você, meu pobre benzinho!... Você verá tudo o que farei por você!"

3   *Temia que ela tivesse frio e disse:*

"Vou buscar uma pequena 'consolação'⁽¹⁰⁾." Com *vivacidade, retrucou:*

"Não, você é que é minha pequena consolação..."

19 DE SETEMBRO

"Meu bem é doce, cuida de mim muito bem... Eu lhe devolverei isso!"

21 DE SETEMBRO

"Para amá-la, sou eu... e para não a amar, não é o bom Deus!... É o diabo."

23 DE SETEMBRO

"Você não tem necessidade de compreender, você é pequena demais..." *(compreender o que o bom Deus faz em mim.)*

25 DE SETEMBRO

"Vou morrer, isto é certo... não sei quando, mas é certo!"

---

10. As "consolações" são simples pedaços de lã que a roupeira dá com as roupas de inverno.

SETEMBRO

1   *Disse-lhe um dia... "Você nos olhará do alto do céu, não é?" — Respondeu, então, espontaneamente:*
"Não, eu descerei!"[16]

2   *Levantava-me várias vezes durante a noite apesar de seus pedidos. Numa dessas visitas, encontrei minha querida irmãzinha com as mãos juntas e os olhos voltados para o céu:*
"O que é que você está fazendo, assim? disse-lhe que precisaria tentar dormir."
"Não consigo, estou sofrendo demais; então, rezo..."
"E o que está dizendo a Jesus?"
"Não lhe digo nada, simplesmente eu o amo!"[17]

3   *Em um dos últimos dias de sua vida, num momento de grande sofrimento, suplicou-me assim:*
"Oh! Minha Irmãzinha Genoveva, reze por mim à Santa Virgem; eu rezaria tanto a ela, se você estivesse doente! Nós mesmas não ousamos pedir..."
("não se ousa pedir para si"... esse é o significado)
Suspirou novamente, dirigindo-se a mim:
"Oh! Como é preciso rezar pelos agonizantes; se soubessem!"[18]
(Estas palavras e a maior parte das outras escritas, aos poucos, por Madre Inês de Jesus, eu as ouvi e, vendo que eram anotadas, não as escrevia. Fui testemunha de todas, exceto das pronunciadas durante as Horas do Ofício; quando Madre Inês de Jesus ficava, então, sozinha ao lado dela.)
Para maiores detalhes, ver também meu depoimento manuscrito[19].

27 DE SETEMBRO

"Ó meu bem! Sinto por você uma grande ternura no meu coração!..."

30 DE SETEMBRO

Último dia do exílio de minha querida Teresinha...
No dia de sua morte, no período da tarde, quando eu e Madre Inês de Jesus estávamos sozinhas ao lado dela, nossa querida santinha, trêmula e prostrada, chamou-nos para socorrê-la... Sofria extremamente em todos os seus músculos e, colocando um dos braços sobre as costas de Madre Inês de Jesus e o outro sobre as minhas, assim permaneceu com os braços em cruz. Exatamente naquele momento, soaram 3 horas e o pensamento de Jesus na cruz veio a nossa mente: nossa pobrezinha mártir não era dele a imagem viva?...

Sobre nossa pergunta: "Para quem seria seu último olhar?..." Ela respondera, alguns dias antes de morrer: — "Se o bom Deus me deixar livre, será para nossa mãe" (Madre Maria de Gonzaga).

Ora, durante sua agonia, somente alguns minutos antes que ela expirasse, passei sobre seus lábios ardentes um pedacinho de gelo; quando, nesse momento, ergueu os olhos para mim e fitou-me com uma insistência profética.

Seu olhar era repleto de ternura, mas, ao mesmo tempo, mostrava uma expressão sobre-humana, feita de encorajamento e de promessas, como se ela me tivesse dito:

"Ora, ora! minha Celina, estarei com você!..."

(O bom Deus revelou-lhe, então, a longa e laboriosa carreira que eu deveria seguir nesta terra, por causa dela, e será que, com isso, quis me consolar de meu exílio? Pois a lembrança desse último olhar; tão desejado por todas — e que foi para mim —, me sustentará para sempre e será uma força inefável.)

A comunidade presente estava toda perplexa, diante daquele espetáculo grandioso; de repente, no entanto, nossa querida santinha baixou os olhos para procurar nossa mãe que estava de joelhos a seu lado, enquanto o olhar velado retomava a expressão de sofrimento que tinha anteriormente.

ÚLTIMAS PALAVRAS DE NOSSA QUERIDA TERESINHA

30 DE SETEMBRO DE 1897

Oh! É puro sofrimento, porque não há consolação. Não, nem uma só!

Ó meu Deus!!! No entanto, eu amo o bom Deus... Ó minha boa Virgem Santa, socorrei-me!

Se isto é a agonia, o que é a morte, então?...

Ó minha mãe! Eu vos garanto que o vaso está cheio até a borda!

Sim, meu Deus, tanto quanto quiserdes... mas tende piedade de mim! Minhas irmãzinhas... minhas irmãzinhas... Meu Deus, meu Deus, tende piedade de mim!

Não aguento mais... Não aguento mais! e contudo é preciso, sim, que eu resista...

Estou... estou reduzida... Não, jamais teria acreditado que alguém pudesse sofrer tanto... Jamais, jamais!

Ó minha mãe, não creio mais na morte para mim... só creio no sofrimento!

Amanhã, será ainda pior! Enfim, tanto melhor!

À NOITE

Nossa mãe acabava de dispensar a comunidade, dizendo que a agonia ainda se prolongaria; a santa doentinha prosseguiu imediatamente:
Pois bem, vamos! Vamos! Oh, eu não gostaria de sofrer menos!...
Oh! Eu o amo...
"Meu Deus... eu... vos amo!"

ÚLTIMAS PALAVRAS DE IRMÃ TERESA DO MENINO JESUS

recolhidas por Irmã Maria
do Sagrado Coração

8 DE JULHO

1 A respeito de uma noviça que a cansava muito, eu lhe disse: "Para você, é um rude combate! Você tem medo?"
Um soldado não tem medo do combate e eu sou um soldado.
(Após ter repreendido a mesma noviça.)
Não disse que morrerei com as armas na mão?[1]

2 O "ladrão"[2] está bem longe; foi roubar outras crianças!

3 — Estamos no dia 8 de julho e, em 9 de junho, eu via o ladrão. Se é assim que ele faz, não está prestes a me roubar...

4 — Colocaram-me "numa cama de infelicidade"; numa cama que nos faz perder o trem.
Fazia alusão a Madre Genoveva, que, nessa mesma cama, havia recebido três vezes a extrema-unção.

9 DE JULHO

Após a visita do médico, que a achava melhor.
— O "ladrão" foi embora novamente! Enfim, como o bom Deus quiser!

12 DE JULHO

— Se você tivesse de recomeçar a sua vida, como faria?
— Faria como fiz[3].

13 DE JULHO

1 — Se você soubesse como faço projetos, como farei coisas quando estiver no céu... Começarei minha missão...[4]
— E então, que projetos você tem?
— Projetos para voltar para minhas irmãzinhas, e de ir lá longe para ajudar os missionários, e depois impedir que os pequenos selvagens morram antes de serem batizados.

2 *Dizia-lhe que, quando ela tivesse partido, parece-me que eu não teria mais a coragem de dirigir uma palavra sequer a ninguém; que permaneceria num estado de prostração.*
Isso não está conforme à lei do Evangelho. É preciso que se faça tudo a todos.   1Cor 9,22

3 *Rejubile-se, você logo estará libertada dos pesares da vida!*
— E eu que sou um soldado tão valente!

4   — *E a pequena madrinha, o que é preciso que ela faça?*
Que se eleve acima de tudo que dizem as irmãs, de tudo que fazem. É preciso ser como se você não estivesse no seu mosteiro; como se devesse passar apenas dois dias aqui. Evitará dizer tudo o que a desagrada, já que deve deixar este mosteiro.
(Acabava de escrever estas palavras enquanto soava o Salve.)
— Com grande diferença, seria bem preferível perder isso e fazer um ato de regularidade. Se soubessem o seu significado!

16 DE JULHO

Se o bom Deus me dissesse: "Se você morrer imediatamente, terá uma glória muito grande. Se morrer aos 80 anos, sua glória será bem menor, mas isso me agradará muito mais". Então, não hesitaria em responder: — Meu Deus, quero morrer aos 80 anos, pois não procuro minha glória, mas somente a vossa alegria.

Os grandes santos trabalham para a glória do bom Deus, mas eu que sou apenas uma pequenina alma trabalho unicamente para sua satisfação, suas fantasias, e ficaria feliz por suportar os maiores sofrimentos, mesmo que o bom Deus o ignorasse, se isso fosse possível, não com a finalidade de lhe dar uma glória passageira, mas se soubesse apenas que, assim, poderia fazer aflorar um sorriso em seus lábios[5].

25 DE JULHO

"Inclinando-me um pouco, via pela janela o pôr do sol que lançava seus últimos raios de luz na natureza, e o topo das árvores parecia todo dourado. Então, pensava: Que diferença se permanecermos na sombra ou, ao contrário, nos expusermos ao sol do amor... Parecemos, assim, todos dourados. É por isso que pareço toda dourada. Na realidade, não o sou e cessaria imediatamente de sê-lo se me distanciasse do amor."

28 DE JULHO

1   *Dizíamos que nos custaria muito perder nossos recreios para qualquer outra que não fosse ela. Respondeu em seguida:*
— E eu teria ficado tão feliz em fazê-lo! Uma vez que estamos na terra para sofrer, quanto mais sofremos, mais somos felizes... Praticamos muito mais a caridade quando obsequiamos alguém que nos é menos simpático[6].
Oh! Como lidamos mal com nossas pequenas questões na terra!

Dizia-lhe: Como se é feliz ao morrer, após ter vivido uma vida de amor.
— Sim, mas é preciso também não deixar de praticar a caridade para com o próximo.

29 DE JULHO

Dizia-lhe que uma certa musiquinha de Santa Marta tinha sido para ela uma ocasião de méritos; em seguida, retrucou:
— Nada de méritos! Agradar o bom Deus... Se tivesse acumulado méritos, ficaria imediatamente desesperada!

1º DE AGOSTO

— Não sei como farei para morrer...[7] Ah! Estou bem abandonada... Como o bom Deus quiser!

10 DE AGOSTO

Dizia-lhe: E eu que pedi para que você não sofresse muito, e está sofrendo tanto!
Respondeu-me:
— Pedi ao bom Deus que não escutasse as orações que criassem obstáculo ao cumprimento de seus desígnios em relação a mim, e que ele suprimisse todas as dificuldades que se opusessem a isso.

11 DE AGOSTO

Dizia-lhe: Portanto, não poderia comunicar-me livremente com Madre Inês de Jesus?
— Somente no caso em que ela precisasse de consolo. Para consolo próprio, você jamais deverá lhe falar, enquanto ela não for Priora. Asseguro que foi isso que sempre fiz. Assim, nossa mãe lhe havia dado permissão para falar comigo, mas eu não a tinha e, de minha alma, não lhe dizia nada. Penso que é isso que torna a vida religiosa um martírio. Senão, seria uma vida fácil e sem méritos.

15 DE AGOSTO

No dia 13[8], antes de receber a Santa Comunhão, ela ficará particularmente comovida com o Confiteor recitado pela comunidade. Disse-me:

— Quando eu ouvia todas as irmãs me dizerem: Confesso a Deus-Pai, todo-poderoso, à bem-aventurada Virgem Maria, a todos os santos, pensava: Oh! Sim, fazemos bem em pedir perdão a lodos os santos... Não posso expressar meus sentimentos. É assim que o bom Deus me faz sentir como sou pequena. Isto me torna tão feliz!

2 *Dizia-lhe: O que me dá pena é que você vai ainda sofrer muito.*

— A mim, não, porque o bom Deus me dá tudo aquilo de que preciso.

3 *Dizíamos: Se o bom Deus fosse tomá-la esta noite, ela partiria sem que percebêssemos... Como sofreríamos!*

— Ah! Acho que seria bem gentil da parte dele; ele me roubaria!

20 DE AGOSTO

— Não é como as pessoas que sofrem por causa do passado ou do futuro. Eu sofro somente no momento presente — Assim, não é grande coisa.

22 DE AGOSTO

Não se sabe o que é sofrer assim... Não! É preciso sentir...

(Após esse mesmo dia de sofrimentos contínuos.)

— Vejam como o bom Deus é bom! Hoje, não tinha força para tossir e quase não tossi. Agora que estou um pouco melhor, vai recomeçar.

27 DE AGOSTO

Disse-lhe: Quer água gelada?

— Ah, estou com uma vontade!...

— *Nossa mãe obriga-a a pedir tudo o que for necessário; então, faça-o por obediência.*

— Peço tudo o que necessito.

— *Não o que lhe agrada?*

Não, somente o que me é necessário. Assim, quando não tiver uva, não pedirei.

(Algum tempo após ter bebido, olhava para o copo de água.) Disse a ela:
— *Beba um pouco.*

— Não, não estou com a boca seca[9].

(Quando penso que uma doente como você ainda encontra meios para se mortificar!)

— O que você quer, se eu fosse me escutar beberia com muita frequência.

1º DE SETEMBRO

(Com relação a Madre H. do Coração de Jesus, a quem seria preciso retribuir muitos pequenos favores.)
— Como teria ficado feliz em ser sua enfermeira. Isso teria me custado, talvez, por minha natureza; mas parece-me que a teria cuidado com tanto amor, porque penso no que disse Nosso Senhor: "Estava doente e me deste alívio". Mt 25,36

8 DE SETEMBRO

— Ah! A Santa Virgem! Ela não veio me buscar!...

17 DE SETEMBRO

(a respeito do cemitério)
Compreendo que isto provoque em você alguma coisa. Mas em mim! O que quer que isto me cause?...[10] Alguma coisa morta será colocada na terra; não é como se eu estivesse em estado letárgico, pois, se assim fosse, seria cruel.

21 DE SETEMBRO

Desejava apenas uma palavra, como se ela se lembrasse do passado e da devoção na qual eu a envolvera, na sua infância. Nem bem tive esse pensamento, e ela olhou para nós, Madre Inês de Jesus e eu, com os olhos cheios de lágrimas, dizendo.
"Irmãzinhas... foram vocês que me educaram!...

25 DE SETEMBRO

Olhava-a com ternura.
— "Madrinha, como você se torna bela quando o seu rosto se ilumina com um raio de amor... é tão puro!"

30 DE SETEMBRO

— "Oh! É mesmo sofrimento puro, porque não há consolações... Não, nenhuma sequer!
Ó meu Deus!!! Entretanto, eu o amo, o bom Deus... Ó minha boa Virgem Santa, socorrei-me!

Se isto é a agonia, o que é, então, a morte?...

Ó minha pobre mãezinha, garanto que o vaso está cheio até a borda!

Sim, meu Deus, tudo o que quiserdes!... Mas tende piedade de mim!

Minhas irmãzinhas... minhas irmãzinhas... Meu Deus... Meu Deus, tende piedade de mim! Não aguento mais... não aguento mais! E, no entanto, é preciso que eu suporte... Estou... Estou reduzida... Não, não poderia jamais acreditar que alguém pudesse sofrer tanto... Jamais! Jamais!

Ó minha mãe, não creio mais na morte para mim... Creio mesmo é no sofrimento!

Amanhã será ainda pior? Enfim, tanto melhor!

Última palavra, olhando seu crucifixo:

"Oh! Eu o amo...

Meu Deus... eu vos amo!"

OUTRAS PALAVRAS DE TERESA

Madre Inês de Jesus

MAIO

Num dia em que foi à missa e comungou, embora lhe tivessem retirado há pouco um vesicatório, pus-me a chorar e não pude ir às Horas. Seguia-a em sua cela e a verei sempre sentada no seu banquinho, com as costas apoiadas no pobre tabique de tábuas. Estava extenuada e olhava-me com um olhar triste e tão doce! Minhas lágrimas redobraram e, adivinhando o quanto a fazia sofrer, pedi-lhe perdão de joelhos. Simplesmente, respondeu-me:

"Para ganhar uma comunhão, isto não é sofrer demais!..."

Mas repetir a frase não significa nada, é preciso ter ouvido o tom![1]

*

Tossia muito nessa ocasião, sobretudo à noite. Era obrigada, então, a sentar-se na sua enxerga, para diminuir a falta de ar e tomar fôlego. Bem que eu desejaria que ela descesse à enfermaria, a fim de que pudessem lhe dar um colchão; mas ela dizia tanto que preferia sua cela, que ali a deixaram até a agonia:

"Aqui, ninguém me ouve tossir, e nem incomodo ninguém", *dizia ela;* "e depois, quando sou bem tratada demais, *não me rejubilo mais*".

Para um outro vesicatório sua enfermeira, veneranda anciã, muito boa, muito dedicada, a havia instalado, desta vez, na enfermaria, numa poltrona. Mas, de tanto colocar travesseiros, uns em frente aos outros, nas costas dessa cadeira, para que ela estivesse mais confortavelmente apoiada, a pobre doentinha logo ficou sentada só na beirada da poltrona, arriscando-se a cair a todo instante. Ao invés de se queixar, com vivacidade agradeceu à boa irmã, e deixou-se, assim, cumprimentar o dia todo pelas visitas caridosas que recebeu: "E então, espero que você esteja bem instalada! Quantos travesseiros tem?! Vê-se que está sendo tratada por uma mamãe etc."

Até eu acreditei nisso, quando um sorriso que eu conhecia bem fez-me compreender tudo... mas era tarde demais para remediar.

JUNHO

Dia 9 de junho de 1897, irmã Maria do Sagrado Coração dizia-lhe que sofreríamos muito após sua morte. Respondeu:

"Oh! Não, vocês verão... será como uma chuva de rosas..."

Acrescentou:

"Após minha morte, vocês irão ao lado da caixa do correio, lá encontrarão consolações"[2].

*

(Madre Inês de Jesus registrou essa lembrança, que datava de junho de 1897, relativa às garrafas de leite.)

Este desenho (descrito abaixo), recortado de uma folha de jornal encontrada por acaso, me foi trazido, com um sorriso malicioso, por Ir. Teresa do Menino Jesus, na ocasião em que eu andava desolada, porque ela, estando doente demais, só tomava leite.

Era um modo de me fazer rir. Disse-me:

"Minha garrafa de leite me acompanha tão fielmente quanto a garrafa deste bêbado, de cuja bengala só se vê a extremidade, olhe!"

Estava tão alegre a nossa santinha querida!

(Uma folha avulsa, manuscrita, envolvia o desenho em questão: este representa um cachorro que, atraído pela vara do dono, chega disparado, com uma garrafa na boca.)[2b]

JULHO

Para ela, o céu era Deus visto e possuído plenamente. *A exemplo de vários santos, de Santo Tomás de Aquino em particular, ela não aspirava a outra recompensa senão ao próprio Deus.*

Lembrava-se da palavra de Nosso Senhor: "A vida eterna consiste em vos conhecer..." e como, para ela, conhecer Deus era amá-lo, podia dizer:

"Somente uma espera faz bater meu coração: é o amor que receberei e aquele que poderei dar"[3].

*

Pedia-lhe explicações sobre o caminho que dizia querer ensinar às almas, após sua morte.

"Minha mãe, é o caminho da infância espiritual, da confiança e do total abandono. Quero ensinar-lhes os meios simples que, para mim, deram certo plenamente; dizer-lhes que só há uma coisa a fazer neste mundo: jogar a Jesus as flores dos pequenos sacrifícios e enchê-lo de carinho; foi assim que o conquistei, e é por isso que serei tão bem recebida"[4].

AGOSTO

Uma noite, na enfermaria, sentiu a disposição de me confiar, mais que de costume, os seus sofrimentos. Ela jamais se abrira assim sobre esse assunto. Até então, eu só soubera vagamente de suas provações.

"Se você soubesse", *disse-me*, "que pensamentos horrorosos me perseguem! Reze muito por mim, a fim de que eu não escute o demônio, que quer me persuadir com tantas mentiras. O raciocínio dos piores materialistas é que se impõe à minha mente. Mais tarde, com incessantes novos progressos, a ciência explicará tudo, naturalmente, e o homem conhecerá a razão absoluta de tudo o que existe e que é, ainda, um problema, porque falta muita coisa para ser descoberta... etc. etc.

"Quero praticar o bem após minha morte, mas não poderei! Será como para Madre Genoveva: esperava-se vê-la fazendo milagres; porém, um silêncio completo se fez sobre seu túmulo...

"Ó minha mãezinha, é preciso ter pensamentos como estes, quando se ama tanto o bom Deus?

"Enfim, ofereço estas dores bem grandes a fim de obter a luz da fé para os pobres incrédulos, e por todos aqueles que se distanciam das crenças da Igreja."

Acrescentou que jamais raciocinava com esses pensamentos tenebrosos:

"Suportei-os, forçosamente", *disse*, "mas, suportando-os, estou incessantemente praticando atos de fé"[5].

*

"Sofri um frio de matar no Carmelo."

Fiquei admirada ao ouvi-la falar assim, porque, no inverno, sua aparência não revelava nada de seu sofrimento. Jamais, nos invernos mais rigorosos, a vi esfregar as mãos ou andar mais rápido, mais curvada que de costume, como se faz tão naturalmente quando se tem frio[6].

*

Durante esse período da doença, quantas vezes, por causa de sua paciência, deve ter feito sorrir o bom Deus! Quantos sofrimentos teve de suportar! Às vezes, gemia como um pobre cordeirinho que está sendo sacrificado:

"Esteja atenta, minha mãe", *disse-me um dia*, "quando tiver doentes que sofram dores assim tão violentas, para não deixar de modo algum medicamentos venenosos perto delas. Asseguro que, quando se está sofrendo a tal ponto, um momento é suficiente para fazer perder a cabeça. E então a doente seria bem capaz de se envenenar"[7].

SETEMBRO

Um dia a Madre priora falou com o médico, na sua presença, da compra de um terreno novo no cemitério da cidade, porque não havia mais lugar no antigo. Acrescentou que, daí em diante, cavariam covas suficientemente profundas, para que fosse possível superpor três esquifes.

Irmã Teresa do Menino (Jesus) disse, rindo:

"Então, sou eu quem vai estrear esse cemitério novo?"

O Médico, admirado, lhe diz para ainda não pensar em seu enterro.

"É, entretanto, um pensamento bem alegre", *continuou*. "Mas, se o buraco for muito profundo, ficarei preocupada, porque poderia ocorrer algum mal àqueles que me descerem."

E, com um tom de brincadeira, prosseguiu:

"Já estou ouvindo um empregado da funerária dizendo: Não puxe tanto a corda desse lado! e um outro que responde: Puxe para lá! Devagar, cuidado! E por fim, pronto! Jogam terra sobre o meu caixão e todo o mundo vai embora."

Quando o Sr. De Cornière partiu, perguntei se realmente ela não sentia nada ao pensar em ser colocada tão profundamente dentro da terra. Respondeu-me com ar surpreso:

"Não compreendo você! O que me importa isso? Não sentiria, nem mesmo, a menor repulsa em saber que seria jogada dentro da vala comum"[8].

Irmã Genoveva

JUNHO

Durante sua doença, havia acompanhado penosamente a comunidade ao eremitério do Sagrado Coração e estava sentada durante a execução do cântico. Uma irmã lhe fez sinal para se juntar ao coro. Estava esgotada e não conseguia se manter de pé. Contudo, logo se levantou, e como eu a repreendesse após a reunião, respondeu-me simplesmente:

"Acostumei-me a obedecer a cada uma como se fosse o bom Deus que me manifestasse a sua vontade"[9].

No decorrer do ano 1897, irmã Teresa do Menino Jesus disse-me, bem antes de ficar doente, que esperava morrer naquele ano; eis a razão que me deu para isso no mês de junho, quando se viu acometida por uma tuberculose pulmonar:

"Veja", *disse-me ela*, "o bom Deus vai me tomar em uma idade em que não teria tido tempo para ser padre... sim, poderia ser padre; seria neste mês de junho, nesta ordenação, que eu teria recebido as santas ordens. Pois bem! para que não lamente nada, o bom Deus permitiu que eu ficasse doente; portanto, não poderia ter-me entregado a isso e morreria antes de ter exercido meu ministério"[10].

JULHO

Uma irmã lhe dizia que ela poderia ter um tempo de temor, antes de morrer, para expiar seus pecados.

"Temor da morte para expiar meus pecados...? isso não teria mais força do que água lamacenta! Assim, se eu tiver esses medos, irei oferecê-los ao bom Deus, pelos pecadores, e como será um ato de caridade esse sofrimento se tornará, para os outros, muito mais forte do que água. — Quanto a mim, a única coisa que me purifica é o fogo do Amor Divino."[11]

*

(Um dia após sua comunhão)
"Era como se tivéssemos colocado duas crianças juntas e estas não se falassem; no entanto, eu lhe disse algumas coisinhas, mas ele não me respondeu; provavelmente, estava dormindo."

*

"Depois de minha morte, não direi nada, não darei nenhum conselho. Não farei nenhum esforço para que me coloquem à direita ou à esquerda. Dirão: ela está melhor deste lado; poderão até colocar fogo a meu lado, que não direi nada."

*

(Num dia em que ela se encontrava em frente a uma biblioteca.)
— Oh! Como eu estaria triste de ter lido todos esses livros!
— Por quê? Seriam um bem adquirido, se tivessem sido lidos; assim, compreenderia que lamentasse lê-los, mas não tê-los lido.
— Teria quebrado a cabeça, se os tivesse lido, e teria perdido um tempo precioso, que poderia ter empregado simplesmente para amar o bom Deus...

*

Encontro-me num tal estado de espírito, que tenho a impressão de que não penso mais.
— Não faz mal, o bom Deus conhece suas intenções: você será tão feliz quanto for humilde.

*

Uma vez em que soava a hora, e como eu não me incomodasse suficientemente rápido, ela disse:
"Vá para o seu pequeno *dever*".
e corrigindo-se:
"Não, para o seu *pequeno amor!*"
Em uma outra vez, eu dizia: Preciso trabalhar, porque, senão, Jesus ficaria triste. Ela respondeu:
"Mas não, você é que ficaria triste; ele não pode ficar triste com nossos arranjos; *mas que tristeza sentimos quando não lhe damos tanto quanto podemos!*"

*

Quando sobrevinham hemorragias, ela se rejubilava, pensando que derramava seu sangue pelo bom Deus:

"Não poderia ser diferente", *dizia ela*, "e eu sabia que teria esta consolação de ver meu sangue derramado, já que morro mártir de amor."

*

Uma outra vez, eu lhe dizia: como você gostaria de ter ido a Saigon, talvez eu vá em seu lugar, para completar a sua obra, quando você estiver no céu; nós duas teremos realizado uma obra perfeita.

"Ah! Se um dia você for para lá, não pense que será para completar alguma coisa. Não é necessário. Tudo está bem, tudo é perfeito, terminado, e só o amor conta... Se for para lá, será um capricho de Jesus, nada mais. Não pense que seria uma obra *útil*; seria um *capricho* de Jesus"...[12]

Irmã Maria do Sagrado Coração

MAIO

A enfermeira lhe havia aconselhado que fizesse, todos os dias, um pequeno passeio de quinze minutos, no jardim. Encontrei-a caminhando com dificuldade; já não aguentava mais, por assim dizer. "Faria bem melhor", disse-lhe, "se fosse descansar; este passeio não poderá lhe fazer nenhum bem, em tais condições; você está se esgotando, só isso."

"É verdade", *respondeu-me ela*, "mas sabe o que me dá forças? Pois bem, caminho por um missionário. Imagino que lá, bem longe, um deles possa estar esgotado com suas carreiras apostólicas e, para diminuir-lhe as fadigas, ofereço as minhas ao bom Deus[13]."

JULHO

No Carmelo, seu grande sofrimento foi não comungar todos os dias. Dizia, algum tempo antes de sua morte, a Madre Maria de Gonzaga, que tinha medo da comunhão diária:

"Minha mãe, quando estiver no céu, eu a farei mudar de opinião".

Foi o que aconteceu. Após a morte da Serva de Deus, o senhor capelão nos dava a Santa Comunhão todos os dias, e Madre Maria de Gonzaga, ao invés de se revoltar como antigamente, ficou muito feliz[14].

*

Um dia, eu lhe dizia: Ah! Se estivesse sofrendo sozinha, por sua partida, como iria poder consolar Madre Inês de Jesus, que a ama tanto?

"Fique tranquila", *disse-me*, "ela não terá tempo para pensar em seu sofrimento, pois até o final de sua vida estará ocupada comigo, e não conseguirá satisfazer a tudo."[15]

*

Por volta do mês de agosto de 1897, aproximadamente seis semanas antes de sua morte, estava perto de sua cama com Madre Inês de Jesus e Irmã Genoveva. De repente, sem que nenhuma conversa tivesse levado a estas palavras, ela nos olhou com um ar celeste e disse-nos muito distintamente:

"Vocês sabem que estão tratando de uma santinha".

Interrogata a R. D. Judice Vicario Generali an Serva Dei aliquam hujusce sermonis explicationem vel correctionem addiderit? — Respondeu:

Fiquei muito emocionada com estas palavras, que soaram como se tivesse ouvido um santo predizer o que aconteceria após sua morte. Sob o domínio dessa emoção, distanciei-me um pouco da enfermaria, e não me lembro de ter ouvido outra coisa[16].

Irmã Maria da Eucaristia

11 DE JULHO

"Quando você se sentir em luta com a caridade, aconselho que leia este capítulo da Imitação: 'É preciso suportar os defeitos dos outros'. Você vai ver que as lutas perderão a força; ele sempre me fez grande bem; é muito bom e muito verdadeiro."[17]

18 DE JULHO

Eu lhe pedia que me obtivesse grandes graças quando estivesse no céu, e ela me respondeu:

"Oh! Quando estiver no céu, farei muitas coisas, *grandes coisas*... É impossível que não seja ele próprio que me dê esse desejo; *tenho certeza de que ele me atenderá!* — E ainda mais; quando estiver lá em cima, eu é que as vigiarei de perto!..."

E quando lhe disse que ela talvez me amedrontasse:

"O seu anjo da guarda lhe dá medo?... E, no entanto, ele a vigia o tempo todo; pois bem, eu a vigiarei do mesmo modo, e, ainda, de perto! não deixarei que nada lhe aconteça..."

JULHO

"Quando se raciocina muito pouquinho sobre o que diz a Madre Priora, causa-se ao bom Deus um pouquinho de tristeza; e muita, quando se raciocina muito, mesmo no próprio coração."

2 DE AGOSTO

"Não encontro nenhum prazer natural em ser amada, mimada; mas encontro muito em ser humilhada. Quando faço uma bobagem que me humilha e me faz ver o que sou, ah! Então, é aí que encontro um prazer natural; sinto verdadeira alegria, como você sentiria sendo amada."

11 DE SETEMBRO

"Seria preciso que você se tornasse bem doce; jamais palavras duras, tom duro; nunca assuma um ar duro, mas seja sempre suave.

"Por exemplo, ontem, você causou tristeza à Ir. XX; depois de alguns momentos, uma irmã fez a mesma coisa. O que aconteceu?... Ela chorou!... E então, se você não a tivesse tratado com dureza, ela teria aceitado melhor o segundo aborrecimento, que teria passado despercebido. Porém, duas dores tão próximas deixaram-na num estado de tristeza muito grande; ao passo que, se você tivesse sido suave, nada teria acontecido."

*

Um dia, ela me fazia prometer que eu seria uma santa e perguntou se eu estava progredindo; então, respondi: "Prometo ser santa quando você tiver partido para o céu; nesse momento, vou consagrar-me a isso de todo o coração".

— Oh! Não espere esse momento, *respondeu*. Comece agora. O mês anterior à minha entrada no Carmelo é ainda, para mim, como uma doce lembrança. No início, eu pensava como você: "Serei santa quando estiver no Carmelo; enquanto espero, não vou me incomodar..." Mas o bom Deus mostrou-me o preço do tempo; fiz exatamente o contrário do que pensava: quis me preparar para a entrada, sendo muito fiel, e foi um dos mais belos meses de minha vida.

"Acredite em mim, nunca espere o dia seguinte para começar a tornar-se santa."

Irmã Maria da Trindade

ABRIL

Contou-me o seguinte fato, ocorrido cinco meses antes de sua morte:
"Uma noite, a enfermeira veio pôr-me nos pés uma garrafa de água quente e tintura de iodo sobre o peito. A febre me consumia; uma sede ardente me devorava. Sendo submetida a esses tratamentos, não pude impedir esta queixa a Nosso Senhor: 'Meu Jesus', disse eu, 'sois testemunha de que estou queimando e ainda me trazem calor e fogo! Ah, se ao invés de tudo isso me dessem meio copo de água!... Meu Jesus! vossa filhinha tem muita sede! No entanto, ela está infeliz pela ocasião de não ter o necessário para melhor se assemelhar a vós e para salvar almas'. Logo a enfermeira me deixou, e eu não pensava que pudesse vê-la antes da manhã seguinte, quando, para minha surpresa, ela voltou depois de alguns minutos, trazendo uma bebida refrescante... Oh! Como nosso Jesus é bom! Como é doce confiar nele!"[18]

MAIO

Ontem, o canto da "Rosa desfolhada" trouxe-me à memória uma cara lembrança. Fora Madre Maria Henriqueta, do Carmelo de Paris, avenida Messine, que me havia dito para rogar a Santa Teresa do Menino Jesus que lhe compusesse uma poesia sobre esse tema. Como ele correspondesse aos sentimentos de nossa cara santa, ela o fez de todo o coração. Madre Henriqueta ficou muito contente; porém, escreveu-me dizendo que faltava uma última estrofe explicando que, no momento da morte, o bom Deus recolheria essas pétalas desfolhadas para formar com elas uma linda rosa que brilharia por toda a eternidade. Então, Irmã Teresa do Menino Jesus me disse:
"Que a boa Madre faça, ela mesma, essa estrofe, como entender; quanto a mim, não estou de modo algum inspirada para fazê-la. Meu desejo é ser desfolhada para todo o sempre, para dar alegria ao bom Deus. E ponto final!..."[19]

JUNHO

Tenho sempre presentes os três longos meses de agonia de nosso anjo [...] eu era proibida de falar com ela, sob o pretexto de que, sendo jovem, podia contrair sua moléstia. (Todavia, eu tinha certeza do contrário, pois Ir. T. do M. J. me afirmara que ninguém pegaria sua doença, pois ela o havia pedido ao bom Deus.) As notícias sobre sua saúde eram, a cada dia, mais tristes; eu sufocava de dor... Um dia, fui tomar ar no jardim e a vi no seu carrinho, sob os castanheiros; ela estava sozinha e fez sinal para que me aproximasse: "Oh! Não", eu disse, "vão nos ver e eu não tenho permissão." Entrei no eremitério da Sagrada Face, onde comecei a chorar. Erguendo a cabeça, vi com surpresa minha irmãzinha Teresa do Menino Jesus, sentada em um tronco de árvore, ao meu lado. Ela me disse:

"Eu, por minha vez, não estou proibida de vir até você; ainda que tivesse de morrer por isso, quero consolá-la".

Enxugou-me as lágrimas, apoiando minha cabeça sobre seu coração. Supliquei-lhe que voltasse para o carrinho, pois estava tremendo de febre:

"Sim, mas só depois que você rir para mim!"

O que fiz imediatamente, de medo que ela piorasse; e ajudei-a a chegar até o carrinho[20].

*

Doía-me muito vê-la doente e com frequência eu repetia: "Oh! Como a vida é triste!" Mas ela me repreendia imediatamente, dizendo:

"A vida não é triste, é, ao contrário, muito alegre. Se você dissesse: 'O exílio é triste', eu compreenderia. Erramos, dando o nome de vida ao que deve acabar. Somente às coisas do céu, ao que jamais deve morrer, é que se dará esse nome verdadeiro; e, por essa razão, a vida não é triste, mas alegre, muito alegre!..."[21]

JULHO-AGOSTO

Um dia de festa, no refeitório, esqueceram-se de me dar sobremesa. Depois do jantar fui ver Ir. Teresa do Menino Jesus na enfermaria; lá, encontrei minha vizinha de mesa e, com muita habilidade, fiz com que ela entendesse que eu fora esquecida. Ir. Teresa do Menino Jesus, tendo ouvido o que eu dissera, obrigou-me a ir advertir a irmã encarregada do serviço e, quando lhe supliquei que não me impusesse isso:

"Não", *disse ela*, "será a sua penitência; você não é digna dos sacrifícios que o bom Deus lhe pede: Ele pedia que você se privasse da sobremesa, pois foi ele que permitiu esse esquecimento. Achava que você seria bastante generosa quanto a esse sacrifício, e você trai a sua expectativa, indo reclamar!"

Posso dizer que sua lição produziu frutos e me curou para sempre da vontade de recomeçar[22].

AGOSTO

Isso me traz à mente uma lembrança de intimidade com minha irmãzinha Teresa do Menino Jesus. Foi, mais ou menos, um mês antes de sua morte: toda a comunidade estava muito triste, e eu certamente não me deixava vencer por alguém pesaroso. Indo vê-la na enfermaria, vi, nos pés de sua cama, um grande balão vermelho, que lhe fora dado para distraí-la. Esse balão excitou-me a vontade, e não pude impedir-me de dizer: "Como eu gostaria de brincar com ele!" *Ela sorriu, mas como, por causa de sua grande fraqueza, não pudesse suportar nenhum ruído, disse:*

"Fique atrás de mim, enquanto não há ninguém, e depois brinque; vou fechar os olhos, para não ficar atordoada."

Encantada, peguei o balão e a brincadeira me dava tanto prazer que Teresinha piscava, para me olhar disfarçadamente, e não conseguia se impedir de rir. Então, eu lhe disse: "Para mim, é tempo demais para ficar triste! Não aguento! Tenho como que tentações de me distrair; vontade de jogar o pião que você me deu no Natal; mas se me virem são capazes de se escandalizar e dizer que não tenho coração".

"Não, não", *respondeu*, "eu a obrigo a pegar o pião e ir brincar uma hora no sótão do Noviciado; lá, ninguém a ouvirá e, se perceberem, diga que fui eu quem disse para fazer isso. Vá depressa, dá-me muito prazer pensar que você vai se divertir."[23]

*

"Quando eu estiver no céu", disse ela, "deverão frequentemente encher-me as mãos de preces e sacrifícios, para me dar o prazer de jogá-los, como uma chuva de graças, sobre as almas."[24]

SETEMBRO

Oito dias antes de sua morte, eu tinha chorado durante horas, à noite, pensando em sua partida próxima. Ela percebeu e me disse:

"Você chorou. — Está na concha?"[25]

Eu não podia mentir e minha confissão a entristeceu. Ela continuou:

"Vou morrer, e não ficarei tranquila a seu respeito se você não me prometer seguir fielmente minha recomendação. Isso tem, a meu ver, uma importância capital para sua alma."

Só me restava concordar e dei minha palavra, pedindo, no entanto, como uma graça, permissão de chorar livremente a sua morte[26].

*

No dia de sua morte, depois das Vésperas, dirigi-me à enfermaria, onde encontrei a Serva de Deus sustentando, com uma coragem invencível, as últimas lutas da agonia mais terrível. Suas mãos estavam completamente roxas; ela as juntava, com angústia, e exclamava, com uma voz que a superexcitação de um sofrimento violento tornava clara e forte.

"Ó meu Deus!... tende piedade de mim!... Ó Maria, vinde em meu auxílio!... Meu Deus, como estou sofrendo!... O cálice está cheio... Cheio até a borda!... nunca vou saber morrer!..."

"Coragem", disse-lhe nossa mãe, "você está chegando ao fim; mais um pouco e tudo vai estar terminado."

"Não, minha mãe, ainda não está terminado!... Sinto perfeitamente que ainda vou sofrer assim durante meses."

"E se fosse a vontade do bom Deus deixá-la assim, por muito tempo, na cruz, você aceitaria?" Com um tom de heroísmo extraordinário, ela disse:

"Aceito!"

E sua cabeça pendeu sobre o travesseiro, com ar tão calmo, tão resignado, que já não podíamos conter as lágrimas. Ela estava exatamente como a mártir que espera novos suplícios. Saí da enfermaria, sem coragem de suportar por mais tempo um espetáculo tão doloroso. Só voltei lá, com a comunidade, para os últimos momentos; e fui, testemunha de seu belo e longo olhar extático, na hora da morte, quinta-feira, 30 de setembro de 1897, às 7 horas da noite[27].

Irmã Teresa de Santo Agostinho

JULHO

— *Diga-me se você teve lutas.*

— Oh! Se tive! Eu tinha uma natureza difícil; não parecia, mas eu bem que sentia, e posso assegurar que não tive um único dia sem sofrimento, nem um único.

— *Mas afirma-se que você não as teve.*

— Ah, os julgamentos das criaturas! Porque não veem, não acreditam."[28]

*

Há irmãs que creem que você terá pavor da morte.

Ele ainda não chegou. Mas se o tiver não será suficiente para me purificar; será apenas água sanitária... O fogo do amor é que me é necessário[29].

Irmã Maria dos Anjos

Madre Inês de Jesus lhe dizia, um dia em que a comunidade estava reunida ao lado de sua cama: "Se você jogasse flores à comunidade!"

"Oh, não, minha mãezinha!", *respondeu ela*, "não me peça isso, por favor; não quero jogar flores às criaturas. Quero jogá-las ainda para a Santa Virgem e para São José, mas não para outras criaturas.""[30]

*

Alguns dias antes da morte da Serva de Deus, tinham puxado seu leito para o claustro.

Ir. Maria do Sagrado Coração (jardineira do Pátio), que estava perto dela, disse: "Aqui está um rebento de rododendro que está morrendo, vou arrancá-lo".

"Ó minha irmã Maria do Sagrado Coração", *respondeu ela, num tonzinho de voz queixoso e suplicante,* "não entendo você... pois bem! Por mim, que vou morrer, suplico: deixe-o viver, esse pobre rododendro."

Ela ainda precisou insistir, mas seu desejo foi respeitado[31].

Irmã Aimée de Jesus

Nos últimos dias de setembro de 1897, embora a fraqueza de nossa cara santa a impedisse de mover-se, foi necessário colocá-la por alguns instantes em um leito provisório, para refazer sua cama de doente. Vendo a dificuldade das enfermeiras, que temiam machucá-la, disse ela:

"Creio que minha Irmã Aimée de Jesus me carregaria facilmente; ela é alta e forte, e muito doce para lidar com doentes."

Chamaram, então, nossa boa irmã, que ergueu, como um fardo leve, a santa doentinha, sem sacudi-la nem um pouquinho. Nesse momento, com os braços em torno do pescoço da irmã, esse anjo lhe agradeceu com tal sorriso de gratidão afetuosa, que ela jamais esqueceu aquele sorriso ideal. Tornou-se mesmo, para ela, uma compensação para o desgosto de ter sido a única que não ouviu o sino da enfermaria convocando as irmãs, no momento supremo da mais bela morte jamais vista no Carmelo de Lisieux[32].

Anônima

Perguntaram-lhe por que nome a deveriam chamar, ao rezar, quando ela estivesse no céu.

"Vocês me chamarão *Teresinha*", *respondeu ela humildemente*[33].

NOTAS

Introdução

1. Publicados nas "Lettres de témoins", nos DE, p. 666-774, e, como trechos escolhidos, em JEV, p. 241-262.

2. Páginas 181 a 220, sob o título "Fisionomia moral de irmã Teresa do Menino Jesus e da Sagrada Face durante sua última doença, segundo suas *palavras textuais* recolhidas por mim (irmã Inês de Jesus) da própria boca da Serva de Deus, e consignadas sucessivamente em um caderninho, o que parecia ser para ela um cansaço, paralisando suas efusões, mas que ela me permitia fazer com simplicidade, temendo causar-me sofrimento" (o grifo é nosso). Este depoimento será encontrado também nos *Derniers Entretiens, Annexes* (1971, obra reeditada sob o título *Dernières Paroles*, na "Nouvelle Édition du Centenaire", 1992 — *Últimas palavras*, na "Nova edição do centenário"), em sinopse com as três outras versões principais de Madre Inês (Carnet Jaime, Cahiers verts — Caderno amarelo, Cadernos verdes), *Novissima Verba*.

3. *Derniers Entretiens avec ses soeurs et témoignages divers* (Últimos colóquios com suas irmãs e testemunhos diversos). "Edição crítica de acordo com todos os documentos originais dos últimos colóquios da santa: versões inéditas, notas e correspondências das testemunhas, processos, testemunhos orais, edições anteriores etc." Tomo I, 922 páginas; tomo II (Anexos, 504 páginas) — (Cerf/DDB, 1971). — Esse segundo volume, que compreende em particular uma Sinopse das quatro versões de Madre Inês, é reeditado em 1992, na "Nouvelle Édition du Centenaire", sob o título *Dernières Paroles*.

4. Cf. Ms B, 4v; 5a; Ms C, 4v; PN 45; 48; 52; 54, e suas notas.

Abril

Os oito ditos com data de abril de 1897 mostram principalmente a experiência adquirida por Teresa na formação das noviças. Essas palavras se aproximam dos "Conselhos e lembranças", publicados há tempos em *História de uma alma*.

As poucas cartas de família (DE, p. 670-673) chamam a atenção para a aplicação reiterada de vesicatórios, incapazes de deter a tosse. Mais para o fim do mês, registram-se hemoptises pela manhã. O estado geral é muito deficiente.

1. Cf. Ms C, 36a, e RP 4.

2. O mesmo senso do dever em Ms C, 23v; CA 18.4.1 e 18.4.4.

3. Em dezembro de 1896; cf. Ms C, 13a.

4. A irmã ecônoma, na ocasião Madre Inês de Jesus.

5. Religiosa que acompanhava a ecônoma quando ela fazia entrar operários na clausura. Teresa foi "terceira da ecônoma" (13.7.18) em junho-julho de 1893 (CG, p. 728+g).

6. Cf. CT 141, 2v. Madre Inês morrerá no dia 28 de julho de 1951, após alguns dias em coma.

7. Cf. CT 204, n. 2.

8. Mesma linha de conduta em Ms C, 24a.

Maio

A correspondência de maio de 1897 nada diz sobre o estado físico de Teresa. Os dados parcimoniosos do Caderno amarelo mostram que a tosse persiste, extenuante, sobretudo durante a noite. Aos vesicatórios são acrescentadas sessões de pontas de fogo. Diminui a resistência da doente. A partir da segunda quinzena, Teresa [Pontas de fogo ou cauterização pontuada: aplicação, durante um ou dois segundos, de distância em distância, *de ponta incandescente de ferro* (N.T.).] deve renunciar cada vez mais à vida de comunidade.

No entanto, não está completamente perdida a esperança de cura. Nessa incerteza, a entrega da santa se faz sentir em sua capacidade plena: é uma das notas dominantes desse mês de maio. A poesia "Uma rosa desfolhada" (PN 51) é um testemunho patético disso.

Nesse mês, Teresa escreve oito cartas ou bilhetes (Ct 225 a 232) e cinco poesias (PN 50 a 54), coroadas por seu testamento mariano: *Por que te amo, ó Maria?*

1. Madre Inês relata uma conversa análoga em carta de 16 de julho (DE, p. 708); e cf. 11.9.4.

2. O Pe. Mazel; cf. CT 226, n. 3.

3. Sobre o segundo irmão espiritual de Teresa, cf. Ms C, 33a.

4. Na realidade, um ano.

5. Dia de recreio extraordinário; as irmãs podiam entreter-se livremente entre elas e cantar em suas celas em certos momentos do dia; cf. Ms A, 20v; Ms C, 19a e 28 a; CT 225.

6. PN 45.

7. Dito análogo de São João da Cruz a irmã Madalena do Espírito Santo; cf. *Jean de la Croix, sa vie*, por Pe. Crisogono (Cerf. 1982), p. 173.

8. Cf. Ms A, 83v; Ms C, 36v; e BT.

9. As noviças.

10. Ao Carmelo, fundado pelo de Saigon, em 1895; cf. Ms A, 84v; Ms C, 9a; CT 221; PN 47, 6.

11. Cf. CT 56, n. 2.

12. Ofício rezado particularmente no falecimento de cada carmelita (morreram perto de quinhentas, na França, durante a vida religiosa de Teresa). Cf. 27.5.1; 6.8.4.

13. Tempo livre, em profundo silêncio, das 12 às 13 horas no verão, e das 20 às 21 horas no restante do ano; cf. DE, p. 813.

14. Cf. 9.7.6.

15. Cf. 30.5.1.

16. A respeito desse jovem mártir, cf. CT 221 e 245; PN 47; dezessete vezes citado no CA, sendo uma delas 27.5.10.

17. Ao Carmelo de Saigon; cf. 2.9.5.

18. Fundadora de Lisieux; cf. Ms A, 78a/79a.

19. Cf. PN 44 e Or. 18.

20. Tentação a respeito da existência do céu (3.7.3); cf. Ms C, 5v/7a.

21. CT 229; Ms C, 3a; CT 258.

22. Procissão das Rogações.

23. CE Ms B, 2a/v.

24. Notícia biográfica enviada a todos os mosteiros da Ordem, após o falecimento de cada irmã. Quanto a Teresa, a *História de uma alma* substitui a circular (30 de setembro de 1898).

25. CE 2.8.4; 30.8.2; 4.9.7; 5.9.2.

26. Cf. 25.9.1.

27. Ela usou, em francês, a expressão familiar *faire jabot*: "tirar o jabô para fora da camisa para fazer ostentação; no sentido figurado: ficar orgulhoso" (*Littré*).

28. A doença mental do sr. Martin.

29. *Histoire de Saint Louis de Gonzague*, por J. M. Daurignac (Douniol, Paris, 1864), p. 346.

30. Em 1896.

31. Cf. o texto exato em CT 231.

Junho

Os primeiros dias de junho são marcados por um rápido declínio da doente. No dia 5, véspera de Pentecostes, é grande a preocupação. Estando consternada a comunidade, a Madre priora começa uma novena a Nossa Senhora das Vitórias.

Para substituir a alimentação, quase nula, o médico prescreve um regime lácteo. Até 15 de junho, Teresa menciona, umas vinte vezes, sua morte bem próxima. Depois, a situação se estabiliza: junho mostra-se como o mês da espera dolorosa.

Madre Inês de Jesus consegue de Madre Maria de Gonzaga que Teresa complete sua autobiografia. A partir de 4 de junho, pois, a doente consagra o resto de suas forças à redação do Manuscrito C. As pessoas que a cercam quase não têm dúvida de que ela está redigindo, ao correr da pena, o seu testamento espiritual, que, já no ano seguinte, vai conquistar o mundo.

Segunda-feira de Pentecostes, 7 de junho, pensando na festa de Madre Maria de Gonzaga e *tendo em vista minha morte próxima* (CT 258), irmã Genoveva fotografou sua irmã em três poses sucessivas, três documentos sem igual para a história (cf. VTL nn. 41, 42, 43. Dezesseis cartas e bilhetes de Teresa datam desse mês de junho (CT 233 a 248).

1. Cf. nota 37 do mês de agosto.

2. PN 24, 27.

3. Sobre o purgatório, cf. 8.7.15; 30.7.3; Ms A, 84a/v; CT 226; PN 17, 6; 23, 8; DE, p. 683; e depoimentos nos Processos.

4. Cf. Santa Teresa d'Ávila, *Caminho da perfeição*, cap. III.

5. Madre Inês foi priora de 1902 até a morte (1951), com uma interrupção de dezoito meses, em 1908-1909.

6. Cf. 4.7.2. — E sobre a morte de amor: Ms C, 7v/8a; CT 242 e 255; PN 17, 14; 18, 52; 24, 26; 31, 6; Or 6; CA 27.7.5; 15.8.1; 30.9 (Apêndice).

7. RP 3.

8. Teresa pudera ler esse pormenor em *Jeanne d'Arc* de H. Wallon, p. 343. — A respeito do medo de Joana diante da morte, cf. RP 3, 16v/19a. Teresa evocará ainda sua heroína em 20.7.6; 27.7.6; 10.8.4.

9. Cf. Ms A, 33a.

10. Cf. Ms A, 35a/v.

11. O capelão do Carmelo.

12. Cf. 6.6.3; 31.7.4; 29.9.2; 30.9 (Apêndice).

13. Madre Maria de Gonzaga, priora.

14. O médico.
15. Domingo de Pentecostes, na realidade 6 de junho.
16. Passagem de um cântico da época, intitulado: "Nós te esqueceremos, mãe querida?"
17. Dia 29 de maio de 1887, dia de Pentecostes; cf. Ms A, 50a/v.
18. "Tristes".
19. Cf. nota 20 do mês de maio.
20. Comparação tomada de empréstimo à *Histoire de Saint Louis de Gonzague* (que estava sendo lida no refeitório), p. 411.
21. PN 54,16.
22. O Manuscrito C.
23. Embora ainda se levante um pouco, Teresa quase não assiste mais à missa nem ao ofício (12.6.1). Porém, julgam que seu estado não seja suficientemente grave para que o padre entre na clausura para levar-lhe a Eucaristia.
24. Terminada, de fato, no domingo, dia 13.
25. Cf. Ms C, 17a.
26. Festa de São Luís Gonzaga, em 21 de junho. Nessa ocasião, Teresa compõe ainda alguns versos: PS 6.
27. Carrinho de doente usado por M. Martin e doado, depois, ao Carmelo.
28. Santa Teresa d'Ávila, *Livro da vida*, cap. XI.
29. Cf. CT 237, 254, 255, 257; CA 7.7.1; 29.7.8; 31.7.4; 2.8.5; 18.8.2; 19.8.4; 20.8.1; 21.8.2; 30.9. — Mas a irmã Maria do Sagrado Coração Teresa será mais precisa: *Um nenê que é um velho* (PA, 231). No mesmo sentido, encontrar-se-á *infantil* em CA 11.6.1; 10.7.3; 25.8.3; 5.9.1; 29.9.3. Observou-se, porém (*Prières*, p. 129), como essa atitude excluía qualquer afetação.
30. Cf. 9.7.9.
31. Santo do Oriente que viveu muitos anos sobre uma coluna, de onde vem seu nome.
32. Cf. Ms A, 13a/v.

Julho

Duas fontes fornecem rica documentação quanto ao mês de julho; os 238 ditos, ou seja, mais ou menos um terço do Caderno Amarelo, e 34 cartas que falam de Teresa, a maioria endereçada à família Guérin, de férias em La Musse (cf. DE, p. 678 s.). Esses textos tornam possível seguir, passo a passo, a progressão da tuberculose.

Depois da aparente melhora do fim de junho, ocorrem hemoptises abundantes e repetidas nos dias 6 e 7 de julho. Imobilidade completa, gelo e outros cuidados afastam o perigo imediato. No dia 8 de julho, à noite, descem a doente à enfermaria do andar térreo.

As hemoptises logo recomeçam. O dr. De Cornière já não espera a cura. No dia 29 de julho, agravou-se de tal maneira o seu estado que, no dia seguinte, a moribunda recebeu a extrema-unção: creem que ela não passará daquela noite.

No início do mês, Teresa teve de abandonar a redação de seu manuscrito. Sua tarefa está terminada. Começa a de Madre Inês de Jesus. À cabeceira de sua filhinha, a futura "historiadora" (CA 29.7.7) interroga e recebe instruções. Recordações de infância, evocadas pela doente; reflexões espontâneas sobre sua experiência religiosa; reações diante dos sofrimentos do corpo e da alma: Teresa é autêntica, com toda a espontaneidade. Sua *pequena via* deve ser transmitida ao maior número possível de almas. Julho é o mês das intuições proféticas sobre sua missão póstuma.

Treze cartas e bilhetes de Teresa são redigidos (a lápis) durante esse mesmo mês (CT 249 a 261).

1. Jeanne-Marie Primois, falecida em 1º de julho, aos 43 anos.
2. Doutor De Cornière.
3. Palma visível na foto VTL n. 46 e encontrada intacta na exumação, em 6/9/1910.
4. *Il s'en est bien guetté*: expressão normanda que significa "abster-se"; "proteger-se".
5. Ver a nota 6 do mês de junho.
6. Cf. Ms A, 80a/v; e 25.7.7.
7. Cf Ms A, 70a, e CC 151; quanto às suas outras quinze cartas a Teresa, ver CG, p. 1438.
8. Sobre a alegria de Teresa doente, cf. 19.5; 6.7.3; 9.7.1; 13.7.7; 10.8.3; 20.8.4; 5.9.3; 6.9.2; CT 255; DE, p. 688-690, 732.
9. O padre Youf.
10. Cf. 27.8.6; CT 229 e 253; DE, p. 740.
11. Sobre essas demoras sucessivas, cf. Ms A, 68a, 72a e 73v.
12. Rodeira do Carmelo.
13. Cf. Im II, 9, *Réflexions*.
14. Imagem que Teresa, criança, gravemente doente, vira sorrir para ela, em 13 de maio de 1883; cf. Ms A, 30a.
15. Oferenda de 9 de junho de 1895; cf. Ms A, 84a, e Or 6; evocada também em 29.7.9; 8.8.2; e no dia 30.9.
16. Cf. Ms A, 52a.
17. Tradução da Vulgata.
18. Cf. 13.7.7; 11.8.6; 15.8.7.
19. A doença do sr. Martin.
20. Em outubro de 1886; cf. Ms A, 43a.
21. "Cantinho".
22. "Papai, às vezes, dizia isso; era uma palavra conhecida", anotou Madre Inês. Sobre seu próprio nariz, cf. CT 219.
23. Cf. 15.6.2; e sobre a magreza da doente, 14.7.10; 20.9.2; 24.9.3.
24. Cf. Ms A, 59v.
25. Cf. Ms C, 27a.
26. Cf. CT 260.
27. "Alegrar".
28. O seminarista Bellière (cf. 30.7.4; 12.8.2; 4.9.4; 21.9.3) e o Pe. Roulland (cf. 1.5.2; 30.7.4; 4.9.4).
29. Cf. Ms C, 32a/v.
30. O capelão Maupas.
31. "Astúcia", esclarece, em outro ponto, Madre Inês.
32. Cf. Or 12. — E sobre os prognósticos de uma data de morte cf. 15.7.1; 31.7.1; 25.8.1; 2.9.1; 23.9.2.

33. Sua autobiografia.
34. Reprodução de um quadro pintado por Celina (1894); cf. 10.7.10.
35. Cf. 3.7.4 e 20.8.6.
36. No Carmelo, era costume tocar o sino às 15 horas, lembrando a morte de Cristo. Então, cada uma das religiosas beijava seu crucifixo.
37. Uma hemoptise.
38. Cf. o texto autêntico em PN 54, 16.
39. Cf. Santa Teresa d'Ávila, *Castelo interior*; Morada VI, cap. V.
40. Um eremitério no jardim do Carmelo.
41. Cf. Santa Teresa d'Ávila, *Caminho da perfeição*, cap. XXXII.
42. Cf. 13.7.12; 15.7.5; CT 185.
43. Cf. Ms A, 11v.
44. Cf. Ms A, 70a; Ms C, 36v; e 20.7.3; bem como *Prières*, p. 62, 66.
45. Na realidade, "Les feuilles mortes" de L. Abadie.
46. O fato se situa sob o priorado de Madre Inês (1893-1896).
47. Marie Guérin.
48. Alusão às litanias da Santa Virgem.
49. Cf. PS 8.
50. Vinho fortificante.
51. Cf. CT 144a tv; CT 149, § 2.
52. Cf. CT 258; CA 27.7.14.
53. "Depois".
54. Cf. CT 253, da mesma data; e ver Ms A, 71a e 84v. Ms C, 31a; CT 201; Or 6; CA 16.7.2; 18.7.1 etc. — Em outro ponto observou-se o fundamento sanjuanista dessa afirmação.
55. Isto é, nos três dias que precedem a Quarta-feira de Cinzas, ou seja, em 1891, 8-11 de fevereiro.
56. De fato, na primavera de 1893; cf. CG, p. 1172.
57. Cf. n. 5 do mês de abril.
58. Cf. 18.8.7.
59. PN 24, 32.
60. Cf. 8.7.6.
61. Uma hemoptise.
62. O padre Troude.
63. Cf. Ms A, 35a.
64. Cf. Ms A, 82a.
65. Padre Bourbonne.
66. Seguem-se três linhas raspadas, ilegíveis.
67. Cf. CT 254, § 2.
68. Cf. 11.7.6.
69. Cf. CT 106 e 163.
70. A respeito dessa exigência de verdade em Teresa, cf. por exemplo 9.5.1; 4.8.3; 5.8.4; 3.9.1; 30.9.
71. Confrarias de piedade.
72. Em junho de 1888; cf. Ms A, 73a.

73. Sua mestra de noviciado.
74. A mesma citação em CT 65.
75. No dia 8 de setembro de 1890, cf. Ms A, 76v.
76. "Em ti, Senhor, ponho minha esperança."
77. Cf. CT 147; a fruta preferida de Teresa.
78. Cf. ainda 20.8.18.
79. Sobre esse amor pelo sofrimento, cf. Ms A, 36a e 69v; Ms C, 7a, 10v; CT 253, 254, 258; PN 10, 8; 50, 5; 54, 16; CA 23.7.4; 31.7.13; 24.9.1; 25.9.2; 30.9 etc.
80. Imagem do claustro, que ela enfeitou durante toda sua vida religiosa; cf. Ms A, 72v.
81. Apresentam-se os pés, para serem beijados; cf. 2.8.5; 19.8.3.
82. Cf. Or 13, descrição do documento.
83. "Responde-me".
84. Cf. RP 5, 9; Ms A, 85v; PN 5, 9 e 10; PN 25 7; CA 27.7.10.
85. Quinta-feira, 10 de janeiro de 1889; cf. Ms A, 72a.
86. Sobre essas datas, cf. Ms C, 20a, 3v, 22a.
87. Sala de recreio.
88. Cônego Maupas.
89. *A chama viva de amor*, estr. I, v. 6.
90. Ibid., Explicação; cf. CT 245; Or 12a (e *Prières*, p. 121 s.); Or 16; e 31.8.
91. Palavras que Teresa atribui a Joana d'Arc em RP 3, 9a.
92. Por "vocês não são nada perspicazes".
93. Cf. 13.7.13; 27.7.13; Ms C, 8v; CT 253 e 258.
94. A respeito da angústia da sufocação, cf. 20.8.10; 21.8.2; 25.8.9; 26.8.5; 29.9.5; 30.9.
95. Cf. 3.8.5. — Quanto à cruz de ferro (outono de 1896), cf. CG, p. 1189.
96. Cf. CT 208 e CG, p. 1189, +d.
97. Cf. 15.6.1.
98. Poesia aprendida na infância; cf. Ms A, 11a.
99. Cf. 30.7.9; 31.7,13; CT 253.
100. Deveria tratar-se de uma caixa de música.
101. Irmã Maria da Trindade entrou no Carmelo em 16 de junho de 1894.
102. Cf. Or 6.
103. Cf. 10.9.2.
104. Cf. Ms A, 13a e 80v; CT 76, 106, 110, 252; CA 30.7.12; 18.8.3; 23.8.7; 23.8.10; 4.9.4; 28.9.1.
105. Cf. 21/26.5.3.
106. Cf. 20.8.10.
107. Esse padre ouvira a primeira confissão de Teresa; cf. Ms A, 16v.
108. *Capot*: "Na linguagem familiar: confuso, pasmado, perplexo" (*Littré*).
109. Pratinho de argila que lhe servia de escarradeira.
110. *Guigner*: "olhar, com os olhos semicerrados, pelo canto do olho" (*Littré*).
111. Cf. Ms A, 36v, citando Im III, 36, 3.
112. Como São João da Cruz: cf. Ms A, 73v; CT 81; CT 188.

Agosto

As hemoptises cotidianas cessam em 5 de agosto. O estado então se estabiliza, caracterizado por uma forte opressão. Domingo, dia 15, marca uma nova fase da doença. Uma dor aguda se localiza no lado esquerdo. Na ausência do médico que a tratava, o dr. Néele foi chamado no dia 17 de agosto. Constatou que "a tuberculose atingiu o último grau" (DE, p. 745). Em 22 de agosto, novo agravamento.

O quadro médico deste mês se reflete no período correspondente do Caderno Amarelo. A primeira quinzena se apresenta, primeiramente, em continuidade a julho: alusões ao manuscrito e à futura missão da carmelita; lembranças biográficas, reflexões de ordem doutrinal, explicitando a *pequena via*. Depois, a partir do dia 15, a resistência de Teresa declina consideravelmente. Doravante, é sobretudo uma grande doente que nos desvendam os Últimos Colóquios: doente heroica.

É preciso vê-la sofrer, sorrir, sufocar, chorar. Em cada gesto, em cada palavra, vemos Teresa mostrar toda a sua capacidade de amar. Os últimos dias do mês são marcados por confissões de aflições físicas que revelam um sofrimento extremo. Nessa mesma época, a provação espiritual ainda não cessou.

Nesse contexto, avaliamos melhor a força de vontade de uma Teresinha que nos deixou cinco autógrafos escritos a lápis, dentre os quais a última e longa carta para o seminarista Bellière, dia 10 de agosto (CT 262 a 266).

1. Na catedral de São Pedro; cf. MsA, 45v. Em NV 1.8.1, Madre Inês situa essa graça em julho de 1887.
2. No seu Manuscrito C, inacabado.
3. Utilizada a partir do dia 7 de julho contra as hemoptises.
4. O Pe. Roulland; cf. CT 221, n. 1.
5. Biografia e citação não identificadas.
6. Santa Teresa d'Ávila, *Poesia-Glosa*; cf. 4.9.7.
7. Cf. o texto autêntico em PN 45, 7.
8. Reminiscência de um cântico a São José: "A glória humana é passageira. Tudo passa neste mundo mortal"; cf. DE, p. 599.
9. Cf. 9.8.4; 3.9.2.
10. Cf. 12.8.3.
11. Sobre esse desejo, cf., entre outros, Ms A, 61a; Ms B; 3a; CT 132, 192, 197, 224; PN 35, 10; RP 6, 11v; Or 2 etc.
12. Cf. 4.6.1; e a nota 70 do mês de julho.
13. Cf. PN 17, 11.
14. Cf. CT 108.
15. Canção de O. Pradère, melodia utilizada para PN 23.
16. Cântico intitulado "Suspiro do exilado".
17. Estas palavras aparecem nas p. 39 e 7 do opúsculo indicado na CT 193, n. 3.
18. *A viva chama de amor*, estr. II, v. 6.
19. Semanária ou hebdomadária: irmã que presidia o ofício do coro durante uma semana.
20. Cf. Ms B, 3v/4v; Ms C, 3a; CT 178, 226, 261; PN 11, 3; 13, 5; 24, 9; 31, 4; 36, 3; 45, 5; 54, 6; RP 7, estrofe final; Or 14; CA 27.5.5.

21. Cf. MsB, 4a/v; CT 194; PN 34.
22. Cf. 7.8.4; CT 259; e Santa Teresa d'Ávila, *Caminho da perfeição*; cap. XL.
23. Cf. Ms B, 5a; Ms C, 31a; CT 143, 202; Or 7 e 20; CA 5.7.1; 7.8.4 etc.
24. Irmã Maria de São José, que partiu em 1909.
25. Cf. 7.6.2; Ms A, 50v; Or 21, documento.
26. Cf. 5.8.5.
27. Cf. 6.8.8; 7.8.4; 13.8.1; Ms C, 2a; CT 197; PN 53, 1.
28. Cf. Or 6.
29. Em 1886; cf. Ms A, 45a; CT 201.
30. Cf. PN 48,5, fim.
31. Cf. *A viva chama de amor*, explicação da estr. 1, v. 6.
32. Cf. CT 147, 2a/v.
33. Foto de Teresa no papel de Joana d'Arc, consolada por Santa Catarina (VTL n. 14); cf. RP 3, 19v; e *Récréations*, p. 334.
34. Epístola aos Romanos, 4,1.
35. Madre Inês anotou em outro lugar (NPPA): "Uma noite, na enfermaria, sentiu-se inclinada a me confiar seus pesares, mais do que de costume. Ainda não se tinha desabafado, dessa forma, sobre esse assunto. Até então, eu só soubera vagamente de sua provação.

Se você soubesse, disse ela, que pensamentos horrorosos me atormentam! Reze por mim, para que eu não escute o demônio que quer me persuadir com tantas mentiras. É o raciocínio dos piores materialistas que se impõe a minha mente: mais tarde, a ciência explicará tudo naturalmente, com seus incessantes novos progressos; assim conheceremos a razão absoluta de tudo o que existe e que ainda é um problema, porque falta muita coisa para ser descoberta... etc. etc.

Quero fazer o bem após minha morte, mas não poderei! Será como no caso de Madre Genoveva: esperava-se que ela fizesse milagres, porém um silêncio completo se fez sobre seu túmulo...

Ó minha mãezinha, deve-se ler pensamentos como estes, quando se ama tanto o bom Deus?

Enfim, ofereço estes pesares bem grandes pelos pobres incrédulos e por todos aqueles que se distanciam das crenças da Igreja, a fim de que obtenham a luz da fé.

Acrescentou que jamais o seu raciocínio se baseava nesses pensamentos tenebrosos:

Suporto-os forçosamente, disse ela, mas suportando-os, estou praticando atos de fé, sem cessar.

36. Cf. 21.8.3* fim; e CT 137.
37. Cf. 4.6.1; 5.8.4; 11.8.5; 11.9.7; RP 7, 1 v; Or 16; mas em contrapartida CT 56, n. 2.
38. Inverno 1891-1892; cf. Ms A, 79a.
39. A mulher de Jeroboão se disfarçara para ir consultar o profeta Ahivya.
40. Cf. o final do Ms C.
41. Sobre esses desejos de doente, cf. 26.8.4; 31.8.5; 4.9.5; DE, p. 766.
42. Cf. *A viva chama de amor*, estr. I, v. 6, explicação; passagem que Teresa, na enfermaria, assinalara em seu exemplar, com cruzinhas, a lápis (DE, p. 492).
43. Entre meio-dia e 13 horas.
44. Irmã Genoveva dormia numa pequena cela, conjugada à enfermaria.

45. Dialeto normando para "ainda não" (= cor)
46. Trecho do "Credo" de *Herculano*, ópera de F. David.
47. Provavelmente a carta do seminarista Bellière, de 17 de agosto (CC 194, em CG, p. 1063 s.)
48. Cf. 25.8.6; 29.9.3; Ms A, 10v; e o dossiê sobre o demônio em TrH, p. 128-135.
49. Por causa desta fraqueza, Teresa não comungará mais até sua morte; cf. 20.8.10 e sua nota a, fim.
50. Apelido dado por Teresa, nos últimos meses, a sua irmã Celina; cf. 22.9.4; 23.9.3.
51. Cf. 3.9.3.
52. De seu nome civil, Clara Bertrand. Sobre esta reflexão, cf. Escritos diversos.
53. Sobre estes gemidos, cf. DE, p. 755.
54. Teresa evoca ainda a vida da Sagrada Família em Ms A, 59v, e RP 6, Ato I.
55. Cf. Ms C, 25v.
56. Cf. contudo RP 6, 2v.
57. Cf. PN 54.
58. "Livres", esclarece, em outro lugar, Madre Inês.
59. Alusão à aparência atormentada com que a iconografia representa essa santa.
60. PN 54, 16; cf. CA 10.6.
61. Cf. CT 167, P. S. § 1; e suas notas 1 e 9.
62. Cf. PN 54, 6.
63. "Era com boa intenção", anotou Madre Inês.
64. Cf. 14.6; 11.8.3; 15.8.6; 23.8.1; 25.8.8; 29.9.11.
65. Sobre essas "queixas" e essa aceitação, cf. 22.8.10; 23.8.10; 28.8.4; 5.9.3; 20.9.1; 30.9.
66. Comparar com a cena que irmã Genoveva situa no dia 16 de agosto (infra).
67. Mesmo dito numa carta de irmã Maria da Eucaristia a seu pai, 27 de agosto (DE, p. 759).
68. Sobre essa capacidade para o sofrimento, cf. Ms C, 10a; 29.7.14.
69. Feixe composto de macieira, da mais miúda e da pior.
70. A Virgem do Sorriso.
71. Foto VTL, n. 45.
72. Cf. Ms A, 83a; *A viva chama de amor*, estr. I, explicação do v. 6; e nota 90, de julho.

Setembro

No início desse mês, vê-se ocorrer um período de acalmia — muito relativa — que sucedera aos terríveis sofrimentos dos dias 22 e 27 de agosto. Teresa come um pouco, e a família Guérin se esforça para satisfazer os seus desejos de doente. Mas os sintomas não deixam nenhuma esperança: emagrecimento constante, extrema fraqueza. Não pode, nem mesmo, mexer mais as mãos e sofre muito. Não se pode mais tocá-la. No dia 12 de setembro, os pés começam a inchar. Dia 14, o dr. De Cornière não lhe dá mais de quinze dias de vida. A partir do dia 21, Teresa confessa que se sente agonizando o tempo todo. Mas é só no dia 29, véspera de sua morte, que ela entrará realmente na agonia.

O conteúdo do Caderno amarelo relativo a esse mês vale tanto pelos gestos descritos como pelas palavras relatadas. Mais do que nunca Teresa é mestra de vida. Suas breves palavras têm a marca da autenticidade e mesmo da literalidade. Temas dominantes: doença, sofrimento, morte. A prova de fé está sempre presente. A oração da doente apoia-se nas estampas e na imagem que a cercam. Teresa olha a natureza com prazer e continua, às vezes, a brincar. Pode ainda celebrar dois aniversários: dia 8, o de sua profissão (nesse dia, traça seu último autógrafo, Or 21), e dia 24, o de quando recebeu o véu (cf. Ms A, 77a).

O grande número de testemunhos sobre o dia 30 de setembro permite reconstituir, quase hora por hora, a agonia de Teresa.

1. Ver nota 32, de julho.
2. Sua mestra de noviciado; cf. Ms A, 70v.
3. Cf. CT 126, n. 1.
4. São João da Cruz, *A viva chama de amor*, estr. I, v. 6.
5. Madre Hermância do Coração de Jesus; cf. 20.8.3.
6. Irmã Santo Estanislau estava surda. Teresa lhe agradecia, acariciando-lhe a mão.
7. Identifica-se facilmente as personagens desta ladainha: irmã Genoveva, Madre Inês de Jesus, irmã Maria do Sagrado Coração, Léonie Martin, irmã Maria da Eucaristia, senhor e senhora Guérin, senhora La Néele e o doutor, o seminarista Bellière e Pe. Roulland.
8. Santa Teresa d'Ávila, *Poesia-Glosa*.
9. Provavelmente a decepção causada pelo diagnóstico do Dr. La Néele.
10. Auguste Acard.
11. Trata-se da *Sagrada Família* de Müller, cf. CT 264.
12. Cf. a nota 37 do mês de agosto.
13. Irmã Maria de São José.
14. PN 34, 1.
15. PN 17, 9, segundo uma primeira versão (*Poésies*, II, p. 102 s.); cf. CT 220.
16. Cf. 30.9.
17. Ordenado presbítero em 18 de setembro, o padre Denis celebrará sua primeira missa no Carmelo de Lisieux no dia seguinte.
18. Quando da audiência de 20 de novembro de 1887; cf. Ms/A, 63v.
19. Carta a Madre Maria de Gonzaga, de 19 de setembro; trecho na CG, p. 1163.
20. "Futée" em fr. significa "cansada" na linguagem da região.
21. Madre Inês devia cumprir, durante dois dias, a obrigação de lavar a louça, o que a privava do recreio com sua irmã.
22. Sobre o apelido de "boneca", dado a irmã Maria da Trindade, cf. CT 236 e 249; e CLM n. 56, em VT n. 77, p. 66 s.
23. Cf. CG, p. 1192.
24. Cf., PN 54, 16; e a nota 79, de julho.
25. Cf. o tema de seus sonhos, em Ms A, 79a; e PN 18, estr. 33.
26. O dr. De Cornière morrerá aos 80 anos (1922).
27. Madre Inês; cf. nota 104, de julho.
28. Tradução das orações ditas em latim pela comunidade, na mesma manhã, na coletânea *Prières de la Recommandation de l'âme* (L.-J. Biton, 1894).

Últimas palavras de Teresa a Celina

1. Cf. CA 9.7.2.
2. Cf. Ms A, 61v; PN 3; CT 149 e 161.

3. Jogo de palavras sobre o "Bon Sauveur", nome da casa de saúde de Caen em que ficou o senhor Martin.

4. "Para fazer amar o Amor". Irmã Genoveva riscou as quatro palavras e acrescentou o texto: "(não está no autógrafo)". Este designa sua carta de 22 de julho à senhora Guérin. Sobre esta questão, reportar-se à edição crítica dos *Derniers Entretiens*, DE, p. 721-723.

5. Pratinho de barro que lhe servia de escarradeira; cf. CA 31.7.6.

6. Poesia de Victor Hugo.

7. Sobre os *"belos pensamentos"*, cf. Ms C, 19a/v; CT 89 e 141 a Celina.

8. Cf. Ms B, 4v/5v.

9. Cf. CA 8.7.7.

10. Ao publicar a *História de uma alma*.

11. Evocação da infância vivida com Celina e afirmação de um destino comum, que se encontra em comparações feitas ao longo dos DE/G (-.7.1; 12.7.4; 5.8.1; -.8.1; -.7.3). Cf. "as duas pequenas galinhas" de Ms A, 9a.

12. Cf. CA 25.8.6.

13. Em fr. *Cri* em lugar de *Vous quérir*, isto é, "buscá-la".

14. "Caderninho" escreveu, em outro lugar, irmã Genoveva.

15. Subentendido: "No colo do bom Deus".

16. Cf. CA 13.7.3.

17. Dito relatado unicamente por irmã Genoveva; publicado na HA 98 (p. 243).

18. Cf. CA 25.8.6.

19. As Notas Preparatórias ao Processo Apostólico (NPPA).

Últimas palavras de Irmã Teresa do Menino Jesus

1. PN 48, 5, 11-12.
2. Cf. CA 9.6.1.
3. Dito relatado em HA 98, p. 227, e em NV 12.7.3.
4. Cf. CA 13.7.17.
5. Cf. CA 16.7.6*.
6. Cf. Ms C, 13v/14a.
7. Cf. CA 6.6.4; 31.7.4; 1.8.5; 29.9.2; 30.9.
8. Na realidade dia 12 de agosto.
9. Cf. CA 27.8.9.
10. Cf. DE, 17.9+a, p. 660 s.

Outras palavras de Teresa

1. Este texto e os dois seguintes constam dos Cadernos verdes, nos dias 21/26 de maio; cf. DE II (DP), p. 38 e 40.

2. PA, p. 199 (DE, p. 438).

2 bis. DE, p. 451.

3. NPPA, Esperança do céu (DE II [DP], p. 448).

4. *Novissima Verba*, dia 17 de julho (DE II [DP], p. 169).

5. NPPA, sua provação contra a Fé (DE, p. 525).
6. NPPA, temperança (DE, p. 537).
7. Cadernos verdes, dia 30 de agosto (DE II (DP), p. 348).
8. NPPA, humildade, um exemplo de seu desprezo por ela mesma (DE, p. 661).
9. PA, p. 306.
10. PO, p. 305 (DE, p. 619, Varia 4).
11. Sobre a fonte deste texto e dos seis seguintes, cf. DE, p. 588, Varia 3 e 5 (texto, p. 616 s.).
12. CMG II, p. 73 (DE II [DP], p. 482).
13. Cf. DE, p. 635, Varia 2 (texto, p. 649).
14. PO, p. 249 (DE, p. 440).
15. NPPO 1908, p. 14 (DE, p. 659).
16. PA, p. 245 (DE, p. 651, Varia 3).
17. Cf. DE, p. 777 s.
18. NPPA (Caderno vermelho, p. 21-22; cf. DE, p. 785).
19. Bilhete de irmã Maria da Trindade a Madre Inês de Jesus, em 17 de janeiro de 1935.
20. Carta a Madre Inês de Jesus de 27 de novembro de 1934 (DE, p. 780).
21. *Histoire d'une Ame*, 1907, p. 296 (DE, p. 781).
22. NPPA (Caderno vermelho, p. 48); DE, p. 781.
23. Carta a Madre Inês de Jesus, Sexta-feira Santa, 1906 (DE, p. 782).
24. NPPA (Caderno vermelho, p. 102); DE, p. 582.
25. Uma concha de mexilhão, que Teresa usava para os trabalhos de pintura. Ela dera ordem a sua noviça, irmã Maria da Trindade, de recolher ali suas lágrimas sempre que tivesse vontade de chorar.
26. "Conselhos e lembranças", de *Histoire d'une Ame*, 1899, p. 280-281 (DE, p. 783).
27. PO, p. 472 (DE II [DP], p. 486).
28. *Souvenirs d'une sainte amitié*, p. 12; DE, p. 788.
29. *Ibid.* (DE, p. 421).
30. PO, p. 415 (DE, p. 791).
31. Folhas avulsas anexadas ao NPPA (DE, p. 545).
32. Circular de irmã Aimée de Jesus, 17 de janeiro de 1930; cf. PO, p. 573, e PA, p. 408 (DE, p. 561).
33. "Conselhos e lembranças" de *Histoire d'une Ame*, 1953, p. 248.

APÊNDICES

APPENDICES

Genealogia de Teresa

Tronco paterno

Avô: Capitão Pedro Francisco MARTIN, nascido em 16/4/1777, falecido em 26/6/1865. Casado em 4/4/1818.

Avó: Maria Ana Fanie BOUREAU, nascida em 12/1/1800, falecida em 8/4/1883.

Tios e tias: Pedro MARTIN, nascido em 29/7/1819, desaparecido em naufrágio em data ignorada. — Maria, por casamento BURIN, nascida em 18/9/1820, falecida em 19/2/1846. — Ana Francisca (Fanny), por casamento — LERICHE, depois BURIN (seguidas núpcias com seu cunhado viúvo), nascida em 10/3/1826, falecida em 9/10/1853. — Sofia MARTIN, nascida em 7/11/1833, falecida em 23/9/1842.

Pai: Luís MARTIN, nascido em 22/8/1823, falecido em 29/7/1894. (Ele é o terceiro filho de Pedro Francisco e de Maria Ana Fanie Martin.)

Tronco materno

Avô: Isidoro GUÉRIN, nascido em 6/7/1789, falecido em 3/9/1868. Casado em 5/9/1828.

Avó: Luisa Joana MAU, nascida em 11/7/1804, falecida em 9/9/1859.

Tia e tio: Maria Luisa GUÉRIN, visitandina em Mans, nascida em 31/5/1829, falecida em 24/2/1877. — Isidoro GUÉRIN, nascido em 2/1/1841, falecido em 28/9/1909; esposo de Celina FOURNET.

Mãe: Azélia Maria (Zélia), nascida em 23/12/1831, falecida a 28/8/1877. (Ela é a segunda filha de Isidoro e de Luisa Joana Guérin.)

Família de Teresa

Luís MARTIN e Zélia GUÉRIN casaram-se em 13 de julho de 1858. Tiveram os seguintes filhos:

— *Maria*, nascida em 22/2/1860, falecida em 19/1/1940, carmelita em 15/10/1886 (*Irmã Maria do Sagrado Coração*).

- *Paulina*, nascida em 7/9/1861, falecida em 28/7/1951, carmelita em 2/10/1882 (*Madre Inês de Jesus*).
- *Leônia*, nascida em 3/6/1863, falecida em 16/6/1941, visitandina em 28/1/1899 (*Irmã Francisca Teresa*).
- *Helena*, nascida em 13/10/1864, falecida em 22/2/1870.
- *José Luís*, nascido em 20/9/1866, falecido em 14/2/1867.
- *José João Batista*, nascido em 19/12/1867, falecido em 24/8/1868.
- *Celina*, nascida em 28/4/1869, falecida em 25/2/1959, carmelita desde 14/9/1894 (*Irmã Genoveva da Sagrada Face*).
- *Melânia Teresa*, nascida em 16/8/1870, falecida em 8/10/1870.
- TERESA, nascida em 2/1/1873, falecida em 30/9/1897, carmelita desde 9/4/1888 (*Irmã Teresa do Menino Jesus e da Sagrada Face*).

N. B. — Todos os filhos da família MARTIN têm Maria por primeiro nome.

Primos de Teresa

Fanny MARTIN, tia de Teresa, casa-se em 11/4/1842 com Francisco Adolfo LERICHE (nascido em 1818, falecido em 25/5/1843). Tiveram um filho:
- Adolfo LERICHE, nascido em 7/1/1844 e falecido em 7/12/1894.
- Isidoro GUÉRIN, tio de Teresa, casa-se em 11/9/1866 com Celina FOURNET (nascida em 15/3/1847, falecida em 13/2/1900). Tiveram os seguintes filhos:
- Joana, nascida em 24/2/1868, falecida em 25/4/1938, que se casa em 1/10/1890 com Francis LA NÉELE, médico.
- Maria, nascida em 22/8/1870, falecida a 14/4/1905, carmelita em Lisieux desde 15/8/1895 (Irmã Maria da Eucaristia).
- Um filho natimorto em 16/10/1871.

Cronologia de Teresa

ALENÇON 1873-1877

1873

2/1	23h30min, nascimento de Maria Francisca Teresa Martin, à rua Saint-Blaise, n. 36 (hoje n. 42).
4/1	Batismo na Igreja de Nossa Senhora, pelo Pe. Lucien Dumaine. Madrinha: sua irmã mais velha, Maria (treze anos de idade). Padrinho: Paulo Alberto Boul (treze anos de idade).
14/1	Primeiro sorriso à sua mãe.
17/1	Sintomas de enterite.
1//3	Teresa está "muito mal".
11/3	Salva pela ama de leite Rosália Taillé.
15 ou 16/3	Partida para amamentação em casa de "Rosinha" Taillé, em Semallé (Orne).
20/4	Teresa "está bem e forte".

1874 — UM ANO

8/1	Teresa "caminha só… suave e delicada".
2/4	Retorno definitivo de Teresa ao seio da família.
1/6	"Nunca tive filho tão forte, excetuada a primeira… Ela parece bastante inteligente… Ela será bela."
24/6	Começa a falar quase tudo.
9/8	Dor de dentes, durante uma semana.
8/11	"Reza como um anjinho… Canta breves canções."

1875 — DOIS ANOS

-/2	Escapa para ir à missa.

29/3	Viagem a Mans, com a mãe, onde se encontra com a Irmã Maria Dositeu no mosteiro da Visitação.
19/5	Acometida de gripe e febre.
24/10	"Curada... se alimenta melhor que de costume... gentil, esperta e delicada."
28/12	"Desde os dois anos de idade", Teresa pensa: "*Serei religiosa*" (Ms A,6f).

1876 — TRÊS ANOS

5/3	Progride rapidamente na leitura, graças a Maria.
26/3	"*Papai, estou tocada*". Ela é extremamente inteligente.
14/5	"De uma obstinação quase invencível... Coração de ouro e bastante franco."
21/5	Emotividade e lealdade da pequena Teresa (a tapeçaria rasgada).
16/7	Primeiro retrato (VTL, n. 1). Faz beicinhos para o fotógrafo.
Meados de nov.	Sintomas de sarampo.
24/12	Sra. Martin consulta Dr. Notta, em Lisieux, a respeito de seu tumor no seio. Tarde demais para operar.
	No decurso de 1876: "*Desde a idade de três anos, comecei a não recusar nada que o bom Deus me pedisse*" (DE, p. 717).

1877 — QUATRO ANOS

13/2	Teresa se enfastia com o sermão.
24/2	Morte da Irmã Maria Dositeu, visitandina de Mans.
22/3	"A pequena não mentiria por todo o ouro do mundo."
3/4	"*Serei religiosa em um claustro.*"
4/4	Primeira "carta" de Teresa (a Luísa Madalena, amiga de Paulina).
13/5	Explica à Celina o sentido de "*Todo-Poderoso*".
18-23/6	Peregrinação de Sra. Martin, Maria, Paulina e Leônia a Lourdes.
28/8	**Morte da Sra. Martin.**
29/8	Sepultamento da Sra. Martin. Teresa escolhe Paulina como segunda mãe.
9/9	Sr. Martin encontra, em Lisieux, uma casa para os Martin: os Buissonnets.

LISIEUX

OS BUISSONNETS (1877-1888)

15/11	Chegada de Teresa e suas irmãs a Lisieux, sob a direção do tio Guérin.

16/11	Instalação nos Buissonnets.
30/11	Chegada do Sr. Martin.

1878 — CINCO ANOS

Abril	Pela primeira vez, Teresa compreende um sermão (do Pe. Ducellier, sobre a Paixão).
17/6 a 2/7	Viagem do Sr. Martin, Maria e Paulina a Paris, para visitar a Exposição. Teresa fica com sua tia Guérin.
8/8	Vê o mar pela primeira vez, em Trouville.

1879 — SEIS ANOS

No decurso do ano, primeira visita à capela do Carmelo (A, 14f).

Verão (ou em 1880):	Visão profética a respeito da doença de seu pai.
Fim do ano (ou começo de 1880)	Primeira confissão ao Pe. Ducellier, na catedral São Pedro.

1880 — SETE ANOS

Desde o início do ano, escreve sozinha.

13/5	Primeira comunhão de Celina, "*um dos dias mais belos da minha vida*".
4/6	Crisma de Celina.
9/8	Lê *La soeur de Gribouille*, da condessa de Ségur.
1/12	Primeira carta (que se conserva) que ela escreveu sozinha (a Paulina).

1881 — OITO ANOS

Fotografada com Celina e sua corda de pular (VTL, n. 2).

2/6	Primeira comunhão de Maria Guérin na Abadia.
3/10	Matrícula na Abadia das Beneditinas em Lisieux (Notre-Dame-du-Pré), como semi-interna.

1882 — NOVE ANOS

12/1	Inscrição na obra da Santa Infância.
16/2	Paulina decide entrar no Carmelo.
17/4	Maria toma o Pe. Pichon, jesuíta, como diretor de consciência.
Verão	Sabe repentinamente da partida próxima de Paulina. Sente-se chamada ao Carmelo. Fala com Madre Maria de Gonzaga.

2/10	Entrada de Paulina no Carmelo de Lisieux (Irmã Inês de Jesus). Teresa retorna à Abadia. Celina recebe aulas de desenho, que Teresa se abstém de pedir, embora ela "*queime de inveja*".
Outubro	O nome sonhado de Teresa ("do Menino Jesus") lhe é proposto por Madre Maria de Gonzaga.
15/10	Terceiro centenário da morte de Santa Teresa d'Ávila.
Dezembro	Dores de cabeça contínuas, insônias, "erupção de borbulhas".

1883 — DEZ ANOS

31/1	Madre Genoveva de Santa Teresa eleita priora do Carmelo.
18/2	Morte de Paulo Alberto Boul, padrinho de Teresa.
25/3	Páscoa. Enquanto o Sr. Martin, Maria e Leônia estão em Paris, Teresa fica doente em casa dos Guérin. Tremores nervosos, alucinações.
6/4	Tomada de hábito de Paulina (Irmã Inês de Jesus), Teresa pôde abraçar sua irmã no locutório.
7/4	Recaída, nos Buissonnets. Novena dos Martin a Nossa Senhora das Vitórias.
13/5	**Pentecostes. Sorriso da Virgem, cura repentina de Teresa.**
Maio	Locutório do Carmelo com as carmelitas, início de seus "*sofrimentos morais*" a respeito da doença (até maio de 1888) e do sorriso da Virgem (até novembro de 1887).
20/8-30/9	Férias em Alençon. Teresa chora sobre o túmulo de sua mãe.
22/8	Primeiro encontro com Pe. Pichon, em Alençon.
1/10	Ano de preparação para sua primeira comunhão.

1884 — ONZE ANOS

Fev.-maio	Com a ajuda de Irmã Inês e de seu "*maravilhoso livrinho*", preparação fervorosa para a primeira comunhão.
2/4	Exame do catecismo.
4/5	Retiro preparatório de quatro dias.
5-8/5	Instruções de Pe. Domin.
7/5	Confissão geral.
8/5	**Primeira comunhão na Abadia.** Profissão de Irmã Inês de Jesus no Carmelo. Mitigação dos sofrimentos interiores pelo espaço de um ano.
22/5	Ascensão. Comunga pela segunda vez.
14/6	**Crisma, por Dom Hugonin, bispo de Bayeux**, na Abadia. Leônia é sua madrinha.
Julho-agosto	Coqueluche.
16/7	Tomada do véu negro de Irmã Inês de Jesus.

Agosto	Férias em Saint-Ouen-le-Pin (Calvados) em casa de sua tia Guérin.
25/9	Inscreve-se na Confraria do Santo Rosário.
14/12	Teresa é nomeada conselheira da Associação dos Santos Anjos, na Abadia.

1885 — DOZE ANOS

26/4	Inscreve-se na Confraria da Sagrada Face de Tours.
3-10/5	Férias em Deauville. Desenha "Le Chalet des Roses". Dores de cabeça. "*Entendi a fábula do 'asno e o gozo'.*"
17-21/5	Retiro preparatório de renovação. Início da crise de escrúpulos, que durará "*ano e meio*".
Julho	Férias em Saint-Ouen-le-Pin: "*francamente feliz*".
22/8	Viagem do Sr. Martin a Constantinopla com o Pe. Maria, de Lisieux.
Fim de setembro	Férias em Trouville, com Celina (Vila Rosa).
15/10	Inscreve-se no Apostolado da Oração.
Outubro	Teresa retorna sozinha para a Abadia, sem Celina.

1886 — TREZE ANOS

2/2	Recepção como aspirante das Filhas de Maria. Dores de cabeça. Falta às aulas com frequência. Foto VTL n. 3.
3/2	Maria de Gonzaga eleita priora do Carmelo. Vice-priora: Irmã Febrônia; mestra de noviças: Irmã Maria dos Anjos.
Fev.-março	Sr. Martin retira definitivamente Teresa da Abadia por causa de sua saúde. Lições particulares na casa da Sra. Papinau.
Começo de julho	Três dias em Trouville (*Chalet des Lilas*).
Agosto	Recebe a notícia da partida próxima de Maria para o Carmelo.
7/10	Entrada precipitada de Leônia para as Clarissas de Alençon.
15/10	Entrada de Maria no Carmelo de Lisieux (Maria do Sagrado Coração).
Fim de outubro	Teresa fica livre de seus escrúpulos.
1/12	Leônia volta para casa.
25/12	**Depois da missa de meia-noite, GRAÇA DA "CONVERSÃO", nos Buissonnets.**

1887 — CATORZE ANOS

	Nesse ano, para Teresa e Celina, a vida nos Buissonnets é "*o ideal da felicidade*".
Jan./maio	Celina dá aulas de desenho para Teresa.
19/3	Tomada de hábito de Maria (Irmã Maria do Sagrado Coração). Sermão de Pe. Pichon.

19-20/3	Henri Pranzini assassina duas mulheres e uma menina em Paris. Teresa retorna duas tardes por semana à Abadia para tornar-se Filha de Maria.
1/5	Sr. Martin tem um primeiro ataque de paralisia, hemiplegia parcial.
Maio	Leitura das conferências do cônego Arminjon. Comunga quatro vezes por semana.
29/5	Pentecostes. Teresa consegue do pai licença para entrar no Carmelo aos quinze anos de idade.
31/5	Admissão entre as Filhas de Maria, na *Abadia*.
20-26/6	Férias em Trouville (Chalet des Lilas, rua de la Cavée, 19) com a tia Guérin.
Julho	Imagem do Crucificado revela-lhe sua vocação apostólica.
13/7	Condenação à pena capital do assassino Pranzini. Teresa reza e sacrifica-se pela conversão dele.
Verão	Colóquios espirituais com Celina no Mirante dos Buissonnets.
16/7	Entrada de Leônia para a Visitação de Caen.
1/9	Teresa lê em *La Croix* a notícia da execução de Pranzini (no dia anterior) e de sua conversão.
6/10	Visita Leônia em Caen.
6-15/10	Pe. Pichon ministra retiro no Carmelo.
12/10	Celina toma o Pe. Pichon como diretor de consciência.
18-21/10	Três dias de "*martírio bem doloroso*" para Teresa, a respeito de sua vocação.
22/10	Por influência da Irmã Inês (carta de 21/10), o Sr. Guérin autoriza Teresa a entrar no Carmelo no Natal.
24(?)/10	Tentativa inútil junto ao Pe. Delatroëtte, superior do Carmelo, que se opõe à entrada de Teresa.
31/10	Visita a Dom Hugonin, em Bayeux, para solicitar idêntica autorização.
4/11	Às 3h da manhã, partida para Paris com o Sr. Martin e Celina; depois, para Roma, via Milão, Veneza e Loreto.
4-6/11	Em Paris, graça marial em Notre-Dame-des-Victoires. Champs-Elysées, Tolherias, Étoile, Bastilha, Palais-Royal, Louvre. No domingo, reunião na cripta do Sacré-Coeur (em construção), os Inválidos, o *Guignol* dos Champs-Elysées.
13/11	Celina e Teresa comungam na Santa Casa de Loreto. Chegada a Roma.
20/11	**Audiência de Leão XIII. Teresa apresenta seu pedido ao papa.**
21-22/11	Excursão a Nápoles e Pompeia, sem o Sr. Martin.
24/11-2/12	Viagem de regresso: Assis, Florença, Pisa, Gênova, Nice, Marselha, Lyon (Fouvrières), Paris.
2/12	Regresso a Lisieux, às 16h 30min.

25/12	Primeiro aniversário de sua "*conversão*". Com o coração "*partido*" indo à missa de meia-noite, ela recebe, entretanto, luzes e alegrias (de Celina e do Carmelo).
28/12	Resposta favorável de Dom Hugonin à priora do Carmelo, Madre Maria de Gonzaga, para admissão de Teresa.

1888 — QUINZE ANOS

1/1	Resposta positiva, mas o Carmelo delonga em três meses a entrada de Teresa, para depois da Quaresma.
6/1	Leônia sai da Visitação de Caen.
Março	"*Um dos mais belos meses da minha vida.*"
9/4	**Festa da Anunciação. Entrada de Teresa no Carmelo de Lisieux.**

NO CARMELO (1888-1897)

Postulantado: *9 de abril de 1888 — 10 de janeiro de 1889*
"*Mais espinhos que rosas... durante cinco anos.*"

Abril	Ocupação: rouparia. Deve também varrer um dormitório.
22/5	Profissão da Irmã Maria do Sagrado Coração. Teresa a coroa de rosas.
23/5	Tomada de véu de Maria; sermão de Pe. Pichon. Celebração do cinquentenário de fundação do Carmelo de Lisieux.
28/5	Confissão geral ao Pe. Pichon, Ela o toma para diretor de consciência. Libertação de sofrimentos espirituais.
15/6	Celina comunica a seu pai sua vocação carmelitana.
21/6	Festa da priora, Madre Maria de Gonzaga; Teresa representa o papel de Santa Inês (em um "recreio" de sua irmã Inês de Jesus).
23/6	Fuga do Sr. Martin ao Havre.
26/6	Incêndio da casa vizinha dos Buissonnets, que o Sr. Martin comprará em julho para ampliar sua propriedade.
27/6	Tio Guérin e Celina encontram o Sr. Martin no Havre.
12/8	Novo ataque do Sr. Martin nos Buissonnets.
Fim de outubro	Teresa é admitida pelo Capítulo conventual à tomada de hábito.
31/10	Em Honfleur, grave recaída do Sr. Martin. Retorno para Paris.
Novembro	Em razão do estado de saúde do Sr. Martin, a tomada de hábito de Teresa é adiada.

1889 — DEZESSEIS ANOS

5-10/1	Retiro para tomada de hábito, durante o qual Teresa escreve seis bilhetes ou cartas (C 74 a 79; C 77 é a última para seu pai que foi conservada; todas as seguintes foram destruídas).

10/1	**Tomada de hábito**. Neve. Última festa para o Sr. Martin. Teresa acrescenta "*da Santa Face*" a seu nome (cf. C 80). *Noviciado: 10 de janeiro de 1889 — 24 de setembro de 1890.*
Janeiro	Ocupação: refeitório (com Irmã Inês de Jesus) e serviço de vassoura. Duas fotos como noviça: VTL nn. 5 e 6.
12/2	Após uma crise de alucinações, Sr. Martin é internado no Hospital Bon Sauveur de Caen (onde ficará três anos).
13/2	Madre Maria de Gonzaga é reeleita priora por três anos.
25/3-7/6	Os Guérin residem provisoriamente na casa Sauvage, rua Condorcet, 16; depois se instalam nos Buissonnets.
2/5	Tomada de hábito da Irmã Marta de Jesus.
5/5	Centenário da convocação dos Estados Gerais (1789). Exposição universal. Inauguração da Torre Eiffel.
14/5	De Caen, Celina e Leônia retornam aos Buissonnets.
30/5	Carta (C 92) a Maria Guérin sobre a comunhão frequente.
7/6	Os Guérin se instalam nos Buissonnets por algumas semanas.
18/6	O tribunal de Lisieux nomeia um administrador para os bens do Sr. Martin; uma das provações mais dolorosas para Teresa.
Julho	Teresa recebe uma graça marial no eremitério de Santa Madalena e "*semana do silêncio*" (CA 11.7.2).
15/10	"*Jesus nos mendiga alma.*"
Outubro	Móveis dos Buissonnets são doados ao Carmelo.
8/12	Celina faz um voto privado de castidade.
25/12	Rescisão do arrendamento dos Buissonnets. No Carmelo, Teresa representa o papel da Santíssima Virgem no *Le premier rêve de l'Enfant-Jésus*, peça da Irmã Inês.

1890 — DEZESSETE ANOS

	No decurso do ano, Teresa lê São João da Cruz e descobre os textos de Isaías sobre o "Servo Sofredor".
Janeiro	Retardamento da profissão de Teresa. Ela lê *Les fondements de la vie spirituelle*, do Pe. Surin.
4/4	Sexta-feira Santa. Madre Genoveva, fundadora, recebe a Unção dos Enfermos.
6-17/5	Peregrinação dos Guérin, com Leônia e Cefina, a Tours e a Lourdes, após uma visita entristecedora ao Bon Sauveur.
Maio (?)	Colóquio de Teresa com o Pe. Blino, jesuíta, desejoso de moderar os grandes desejos de santidade dela.
Julho	Chegada de duas Irmãs rodeiras (Irmã Maria Isabel e Irmã Maria Antonieta). O noviciado é instalado no primeiro andar.
8/6	Noivado de Joana Guérin com o Dr. Francis La Néele.
18/7	Carta (C 108) a Celina: "*As belezas ocultas de Jesus*", Isaías 53 e 63, o Cântico dos Cânticos, João da Cruz.

28/8	Início do retiro para profissão. Secura espiritual.
2/9	Exame canônico na capela. Chegada de uma bênção de Leão XIII para Teresa e seu pai.
7/9	Teresa duvida de sua vocação.
8/9	**Profissão de Teresa.** "*Inundada de um rio de paz.*"
23/9	Profissão da Irmã Marta de Jesus. Decepção de Teresa com seu pai, que estará ausente em suas "*núpcias*" (C 120 a Celina).
24/9	Tomada de véu. Maria Guérin está certa de sua vocação carmelitana.
1/10	Casamento de Joana Guérin e Francis La Néele.
8-16(?)/10	Peregrinação de Leônia e de Celina a Paray-le-Monial.
28/12	Decreto de Leão XIII sobre a comunhão frequente dos religiosos. Pe. Lagrange abre uma escola bíblica em Jerusalém.

1891 — DEZOITO ANOS

	Inverno rigoroso.
Por 10/2	Designação como segunda sacristã com Irmã Santo Estanislau.
Abril-julho	Oração por Jacinto Loyson, ex-provincial dos carmelitas, que deixou a Igreja católica (cf. C 127 e 129 a Celina).
22/7	Jubileu de diamante da Madre Genoveva; Celina pintou uma agonia de Cristo para sua enfermaria.
11/9	Bodas de prata dos Guérin. Teresa está em retiro.
7-15/10	Retiro dado por Pe. Alexis Prou, franciscano; Teresa é lançada "*nas ondas da confiança e do amor*" (A, 80v).
3/11	"Duas questões a resolver": editorial do Sr. Guérin contra seu antigo aluno (anticlerical) Henrique Chéron, no jornal *Le Normand*, para o qual ele colabora desde outubro.
26/11	Francis La Néele vende sua farmácia em Caen para ter o direito de exercer a medicina.
5/12	Morte de Madre Genoveva, fundadora do Carmelo de Lisieux.
23/12	Teresa sonha que ela recebe o coração da boa madre.
28/12	Epidemia de influenza; Teresa se dedica à sacristia e pode comungar todos os dias.

1892 — DEZENOVE ANOS

	A partir desse ano, é "*sobretudo o Evangelho*" que alimenta sua oração, com João da Cruz.
2/1	Aniversário de Teresa; morte da Irmã São José.
4/1	Morte da Irmã Febrônia, vice-priora.
7/1	Morte da Irmã Madalena do Santíssimo Sacramento.
Janeiro	Pe. Baillon é nomeado confessor extraordinário.
Fevereiro	Eleições adiadas por um ano, em razão da influenza. Madre Maria de Gonzaga continua priora.

10/5	Retorno do Sr. Martin, doente, a Lisieux.
12/5	Última visita do Sr. Martin no locutório do Carmelo.
22/7	Entrada da Irmã Maria Madalena do Santíssimo Sacramento ("apadrinhada" pelos Guérin).
Outubro	Retiro privado de Teresa.
Novembro	Retiro dado por Pe. Déodat, franciscano.
Por volta de 8/12	Teresa esclarece Irmã Marta sobre suas relações com a priora.

1893 — VINTE ANOS

20/1	Carta do Pe. Pichon (LC 151) que lhe dá garantias sobre o seu estado de graça.
2/2	Composição de sua primeira poesia, *O Orvalho Divino* (P 1).
20/2	Eleição da Madre Inês para o priorado. Teresa é agregada à formação espiritual de suas companheiras de noviciado com a Madre Maria de Gonzaga.
Junho	Pinta um afresco no oratório; novo ofício: terceira da ecônoma.
24/6	Leônia entra pela segunda vez na Visitação de Caen.
7/9	Tomada de hábito da Irmã Maria Madalena. Durante um ano, Madre Inês obriga-la-á a dirigir-se a Teresa.
Setembro	Teresa fica no noviciado; é nomeada segunda porteira.
15/10	Retiro ministrado por Pe. Lemonnier.
Dezembro	Leitura, no refeitório, da vida de Santa Joana de Chantal. Teresa faz "práticas" com a Irmã Maria Madalena (como também em janeiro, fevereiro e março).

1894 — VINTE E UM ANOS

	Ano de *Joana d'Arc*. Teresa começa a jejuar.
2/1	Atinge a maioridade. Compõe *A Missão de Joana d'Arc*, primeiro de seus *Recreios piedosos*, para o dia 21/1, festa de sua irmã e priora, Inês de Jesus.
27/1	Leão XIII declara Joana d'Arc "venerável".
Na primavera	Começa a sofrer da garganta.
6/4	Tomada de hábito de Leônia na Visitação de Caen (Irmã Teresa Dositeu).
8/5	Grandes festas em Lisieux em honra de Joana d'Arc.
27/5	Paralisia do Sr. Martin. Ele recebe a Unção dos Enfermos.
5/6	Grave crise cardíaca do Sr. Martin.
16/6	Entrada da Irmã Maria da Trindade, que é confiada a Teresa.
4/7	Os Guérin em La Musse com o Sr. Martin e Celina.
17/7	Centenário do martírio das carmelitas de Compiègne, para o qual Teresa confecciona auriflamas.

29/7	Morte do Sr. Martin no castelo de La Musse (Eure) às 8h 15min.
7 ou 8/8	Celina pede ao Superior (Delatroëtte) sua admissão no Carmelo. Teresa se rejubila; muda de cela.
14/9	Entrada de Celina no Carmelo (Irmã Maria da Sagrada Face); ela é confiada a Teresa.
15/10	Retiro Ministrado por Pe. Lemonnier.
20/11	Profissão da Irmã Maria Madalena.
18/12	Tomada de hábito da Irmã Maria da Trindade.
25/12	Representação de RP 2 (*Os Anjos no Presépio de Jesus*).
Dezembro	Recebe da Madre Inês de Jesus a ordem de escrever suas reminiscências de infância.

1895 — VINTE E DOIS ANOS

Ano da redação do Manuscrito A.

17/1	Félix Faure é eleito presidente da República.
21/1	Representação do RP 3 (*Joana d'Arc cumprindo sua missão*).
Fim de janeiro	Novo nome para Celina: Irmã Genoveva de Santa Teresa.
5/2	Tomada de hábito de Celina (Irmã Genoveva).
25/2	Última carta de Pe. Pichon a Teresa.
26/2	Teresa compõe espontaneamente a poesia *Viver de amor* (P 17).
Abril	Confidencia a Irmã Teresa de Santo Agostinho: "Morrerei em breve".
9/6	**Recebe, durante a missa, a inspiração de oferecer-se ao amor misericordioso.**
11/6	Faz, com Celina, a oblação do amor, diante da Virgem do Sorriso.
14(?)/6	Ao começar sua via-sacra, intensa experiência do amor de Deus ("vulneração de amor").
Junho/Julho	Teresa propõe seu Ato de Oblação ao Amor à Irmã Maria do Sagrado Coração, que aceita após hesitação.
20/7	Leônia sai da Visitação.
29/7	Irmã Ana do Sagrado Coração retorna para seu Carmelo de origem, em Saigon. Para a festa das irmãs conversas (Santa Marta), representação de RP 4 (*Jesus em Betânia*).
15/8	Entrada de sua prima Maria Guérin no Carmelo.
7-15/10	Retiro ministrado por Pe. Lemonnier.
8/10	Morte do cônego Delatroëtte, superior do Carmelo.
17/10	Teresa é designada, por Madre Inês, irmã espiritual do Pe. Maurício Bellière, seminarista e aspirante a missionário. Carta (C 180) a Joana La Néele para consolá-la pela entrada de sua irmã no Carmelo.
10/11	Morte da Irmã São Pedro.
30/11	Maria da Trindade pronuncia o Ato de Oblação ao Amor.

1896 — VINTE E TRÊS ANOS

	Inverno rigoroso.
Janeiro	Pe. Maupas é o novo superior do Carmelo. Incidentes a propósito da profissão da Irmã Genoveva (cf. CG, p. 1191 ss.).
20/1	Teresa entrega à Madre Inês o Manuscrito A.
21/1	Festa da Madre Inês: representação do RP 6 (*A fuga para o Egito*).
23/2	Carta (C 182) descrevendo para Irmã Genoveva "*as festas do céu*" (para consolá-la dos problemas que cercam sua profissão).
24/2	Profissão de Irmã Genoveva.
14/3	Hospitalização da Irmã Margarida Maria do Sagrado Coração no Bon Sauveur de Caen.
17/3	Tomada de véu da Irmã Genoveva; tomada de hábito de Maria Guérin (Irmã Maria da Eucaristia).
21/3	Difícil eleição (sete dias) de Madre Maria de Gonzaga. Teresa é confirmada no cargo de mestra auxiliar no noviciado; outros ofícios: sacristia, pintura, rouparia (com Maria de São José).
2-3/4	**Noite de Quinta para Sexta-feira Santa: primeira hemoptise, na cela**, confirmada pela manhã.
Pela Páscoa (5/4)	**Entrada "nas mais densas trevas", provação da fé, que durará até sua morte.**
30/4	Profissão da Irmã Maria da Trindade.
7/5	Tomada de véu de Maria da Trindade. Foto VTL no 32.
10/5	Sonho relativo à Venerável Ana de Jesus (B, 2f/v).
30/5	Madre Maria de Gonzaga confia a Teresa um segundo irmão espiritual: Pe. Roulland, das Missões Estrangeiras.
21/6	Festa muito celebrada de Madre Maria de Gonzaga. Representação do RP 7 (*O triunfo da humildade*).
23/6	Primeira das sete cartas dirigidas por Teresa ao Pe. Roulland.
22-24/6	*Triduum* pregado por Pe. Godefroid Madelaine.
28/6	Ordenação de Pe. Roulland.
3/7	Primeira missa do Pe. Roulland no Carmelo, e conversa com Teresa no locutório.
15/7	Teresa é "*apresentada*" ao Dr. De Cornière.
Julho/Agosto	Martírio dos desejos; leitura de Isaías, de São Paulo.
2/8	Partida do Pe. Roulland para a China.
6/8	Redação de uma *Consagração à Sagrada Face*.
Setembro	Conferência de Dom de Teil em Lisieux sobre as carmelitas de Compiègne.
7-18/9	Retiro individual.
8/9	**Redação da segunda parte do Manuscrito B (a Jesus).**
13/9	**Manuscrito B, primeira parte** (C 196 a Irmã Maria do Sagrado Coração, para lhe dedicar o texto).

17/9	Carta (C 197), à mesma irmã, complemento do Manuscrito B.
15/10	Retiro dado por Pe. Godefroid Madelaine; após uma conversa com ele, Teresa escreve o *Credo* com seu sangue.
21/10	Carta (C 198), primeira carta ao Pe. Bellière.
4/11	Morte da Irmã Maria Antonieta, rodeira, tuberculose.
Novembro	Leitura da vida de Teofânio Vénard.
21/11	Cópia das passagens das cartas de Teofânio Vénard; novena a esse mártir, para conseguir a cura de Teresa e sua partida como missionária para a Indochina. Recaída definitiva do pulmão.
26/12	Carta (C 213) ao Pe. Bellière (*"Jesus estremeceu ao ver o cálice que ele tinha desejado"*).

1897 — VINTE E QUATRO ANOS

	"Este ano", descoberta da caridade fraterna.
9/1	Carta (C 216) a Madre Inês: primeira alusão explícita à sua morte próxima.
21/1	P 45 (*Minha Alegria*) para a festa da Madre Inês.
Janeiro	P 46 (*A meu Anjo da Guarda*), dedicada à Irmã Maria Filomena.
2/2	P 47, para o 36 aniversário da decapitação de Teofânio Vénard, o jovem mártir de Tonkin.
8/2	Representação do RP 8 (*Santo Estanislau Kostka*) para o jubileu da Irmã Santo Estanislau dos Sagrados Corações.
3/3	Início da Quaresma; Teresa tenta jejuar.
4-12/3	Novena pessoal a São Francisco Xavier para obter a graça de fazer o bem após a morte.
25/3	Profissão da Irmã Maria da Eucaristia, que recebe P 48 (*Minhas armas*).
Início de abril	Fim da Quaresma. Teresa cai gravemente doente.
6/4	**Início das *últimas palavras*.**
19/4	Leo Taxil revela suas imposturas, em Paris, particularmente sobre Diana Vaughan.
Maio	Dispensada de qualquer ofício e do Ofício no coro.
9/5	Carta (C 226) ao Pe. Roulland (*"Minha via é toda de confiança e de amor"*).
Fim de maio	Teresa é dispensada do cuidado das noviças.
30/5	Teresa revela à Madre Inês suas hemoptises de abril de 1896 e lhe envia, no mesmo dia, dois bilhetes: C 231 e 232.
31/5	P 52 para Teresa de Santo Agostinho (*"O abandono é o fruto delicioso do amor"*).
2/6	Tomada de véu de Maria da Eucaristia, que recebe C 234.
3/6	Madre Maria de Gonzaga ordena à Teresa a continuação de sua autobiografia. **Teresa redige o Manuscrito C.**

5/6	Início de uma novena a Nossa Senhora das Vitórias.
7/6	Cansativa sessão de fotos (VTL nn. 41, 42, 43) com Irmã Genoveva, a quem Teresa escreve, à noite, C 243.
9/6	Teresa evoca sua provação da fé no Manuscrito C (7v). Escreve um bilhete de adeus ao Pe. Bellière (C 244: "*Não morro, entro na vida*") que acabou não sendo enviado devido à melhora de seu estado de saúde.
30/6	Última conversa com tio Guérin.
6/7	Crises quase diárias de hemoptise até 5 de agosto.
8/7	Teresa desce para a enfermaria. O Manuscrito C fica inacabado.
13/7	Carta (C 253) ao Pe. Bellière ("*Estou feliz por morrer*").
14/7	Última carta (C 254) ao Pe. Roulland. Teresa recebe de Roma a bênção *in articulo mortis*.
16/7	Festa de Nossa Senhora do Monte Carmelo. Primeira missa do Pe. Troude, que traz a comunhão a Teresa. Maria da Eucaristia canta *Tu que conheces minha extrema pequenez* (PS 8, que Teresa compôs três dias antes) e "*Morrer de amor*", a décima quarta estrofe de *Viver de Amor* (P 17).
17/7	"*Quero passar meu céu fazendo o bem sobre a terra*" (CA 17.7). C 257, última carta a Leônia.
20/7	O pulmão direito está devastado, com várias cavidades.
24-25/7	Último bilhete aos Guérin.
28/7	Início dos "*grandes sofrimentos*" (CA 3.8.8).
30/7	Hemoptises contínuas, sufocamentos. Às 18h ela recebe a Unção dos Enfermos e o viático das mãos de Pe. Maupas.
3/8	Grandes sofrimentos físicos e morais.
4/8	Pesadelos e suores noturnos, dores violentas no lado.
5/8	Fim das hemoptises. A Sagrada Face do coro é instalada na enfermaria.
6/8	Festa da Transfiguração. Teresa espera a morte toda a noite. Tentação contra a fé.
10/8	Última carta (C 263) ao Pe. Bellière; sua herança.
19/8	Última comunhão, oferecida para Jacinto Loyson.
22/8	Problemas de intestino. Dia de sofrimentos contínuos; pensa-se em gangrena. Segundo Maria da Eucaristia, Teresa, para falar, é obrigada a se deter por um minuto entre cada palavra.
23/8	"*A pior noite até aqui.*" Teresa compreende a tentação de suicídio.
30/8	Última fotografia de Teresa, deitada, no claustro (VTL n. 45).
6/9	Teresa chora quando lhe trazem uma relíquia de Teofânio Vénard.
12/9	Seus pés incham.
14/9	Teresa desfolha uma rosa sobre seu crucifixo.
19/9	Primeira missa de Pe. Denis no Carmelo (CA 19.9).
29/9	Agonia. Confissão ao Pe. Faucon.

30/9	Durante o dia, angústias indizíveis; mas também: *"Tudo o que escrevi sobre meus desejos de sofrimento, oh! Apesar de tudo é verdade!... E não me arrependo de me ter entregue ao Amor. Oh! Não"*. Pelas 19h20min., Teresa morre diante da comunidade reunida, depois de uma agonia de dois dias.
1/10	Última foto de Teresa, morta (VTL n. 46).
4/10	Sepultamento no cemitério de Lisieux.

BREVE CRONOLOGIA DA VIDA PÓSTUMA DE TERESA

1898

7/3	Dom Hugonin, bispo de Bayeux, permite a impressão da *História de uma alma*. Ele morre em 2 de maio.
30/9	2.000 exemplares da *História de uma alma* saem dos prelos da Imprimerie Saint-Paul em Bar-le-Duc.

1899

28/1	Leônia entra, definitivamente, para a Visitação de Caen.
Páscoa	Esgotada a primeira edição de *História de uma alma*; prepara-se a segunda (4.000 exemplares).
Outubro	Esgotada a metade da segunda edição.
1899-1901	Primeiras graças e curas. Chegam peregrinos para rezar à sepultura da Irmã Teresa, no cemitério de Lisieux.
1901	Tradução da *História de uma alma* para o inglês.
1902	Reeleição de Madre Inês para priora. Ficará em exercício até a morte, por vontade de Pio XI (1923), descontada uma interrupção de dezoito meses (1908-1909).
	Tradução da *História de uma alma* para o polonês.

1904

17/12	Morte de Madre Maria de Gonzaga.

1905

14/4	Morte de Irmã Maria da Euéaristia, por tuberculose. Tradução da *História de uma alma* para o holandês.

1906

9/7	Luís Veuillot, no *L'Univers*, difunde que o Carmelo trata de introduzir a causa da Irmã Teresa no Tribunal de Roma. *História de uma alma* em italiano e português.

1907

15/10	Dom Lemonnier, novo bispo de Bayeux, pede às carmelitas que anotem suas recordações a respeito da Irmã Teresa.

1908

26/5	Reine Fauquet, menina cega de quatro anos de idade, é curada sobre o túmulo de Teresa.

1909
Janeiro — Padre Rodrigues, OCD (Roma), e Dom de Teil (Paris) são nomeados, respectivamente, Postulador e Vice-Postulador da Causa.

1910
5/3 — Rescrito de Roma para o processo dos escritos.
Julho — Durante um ano, o Carmelo recebeu 9.741 cartas da França e do exterior.
3/8 — Instituição do Tribunal diocesano para o Processo do Ordinário.
12/8 — No Carmelo, primeira sessão do Processo.
6/9 — No cemitério de Lisieux, exumação dos restos mortais de Irmã Teresa e transladação para novo sepulcro.

1911 — Tradução da *História de uma alma* para o espanhol e o japonês.
1912 — Este ano, Celina desenha, a carvão, "Teresa com as rosas".
1913 — Tradução da *História de uma alma* para o cingalês.
1914 — Tradução da *História de uma alma* para o alemão.
10/6 — Pio X assina o Decreto de Introdução da Causa. Tinha declarado, particularmente, a um bispo missionário que Irmã Teresa era "a maior santa dos tempos modernos".
Julho — O Carmelo recebe uma média de 200 cartas por dia.
10/12 — Em Roma, decreto de aprovação dos escritos de Irmã Teresa.

1915
17/3 — Em Bayeux, início do Processo Apostólico.

1917
9-10/8 — Segunda exumação e reconhecimento canônico dos restos mortais da Irmã Teresa no cemitério de Lisieux.

1918
9/2 — Pelo correio do dia, 512 cartas.

1921
14/8 — Bento XV promulga o Decreto sobre a heroicidade das virtudes da Venerável Serva de Deus, e profere uma alocução sobre a infância espiritual.

1923
29/4 — **Beatificação da Irmã Teresa do Menino Jesus por Pio XI**. O papa faz dela "a estrela de seu pontificado". O Carmelo recebe entre 800 e 1.000 cartas por dia.

1925
17/5 — **Solene Canonização na Basílica de São Pedro em Roma**. Homilia de Pio XI com presença de 60.000 pessoas. À noite, na Praça de São Pedro, 500.000 peregrinos.

1927
Janeiro — Publicação de *Novissima Verba* (*Últimas palavras*).
13/7 — A festa litúrgica de Santa Teresa do Menino Jesus é ampliada para a Igreja Universal.

14/12	Pio XI proclama Santa Teresa do Menino Jesus em igualdade com São Francisco Xavier, patrona principal de todos os missionários, homens e mulheres, e das missões existentes em todo o universo.
1929	Pio XI proclama Teresa patrona do Russicum, seminário para a evangelização da Rússia.
30/9	Lançamento da primeira pedra da Basílica de Lisieux.
1932	Congresso teresiano em Lisieux. Pede-se que Teresa seja declarada "Doutora da Igreja".
1933	Pe. Martin funda as Oblatas de Santa Teresa.
1937	
11/7	Inauguração e bênção da Basílica de Lisieux pelo legado do papa, o Cardeal Pacelli, futuro Pio XII. Radiomensagem de Pio XI.
1940	
19/1	Morte da Irmã Maria do Sagrado Coração, aos oitenta anos.
1941	
16/6	Morte de Leônia (com setenta e oito anos) na Visitação de Caen.
24/7	Fundação da Missão de França. Seu seminário instala-se em Lisieux.
1944	
16/1	Morte da Irmã Maria da Trindade e da Sagrada Face.
3/5	Pio XII nomeia Santa Teresa padroeira secundária da França, em igualdade com Santa Joana d'Arc.
Junho	Lisieux é parcialmente destruída pelos bombardeios dos aliados. A Abadia (escola de Teresa) desaparece. O Carmelo permanece intacto.
1947	50º aniversário da morte de Santa Teresa. Sua urna é transportada por quase todas as dioceses da França.
1948	Pe. Martin funda os Irmãos Missionários de Santa Teresa.
Setembro	Primeira edição das *Cartas*, pelo Pe. André Combes.
1951	
28/7	Morte da Madre Inês de Jesus, aos noventa anos.
1954	
11/7	Solene consagração da Basílica de Lisieux.
1956	Publicação da edição fac-similar dos *Manuscritos autobiográficos*.
1957	Edição dos *Manuscritos autobiográficos* (reconstituição da *História de uma alma*, segundo os textos originais), pelo Pe. Francisco de Santa Maria.
1959	
25/2	Morte da Irmã Genoveva (Celina) aos noventa anos. Publicação do *Visage de Thérèse de Lisieux* (quarenta e sete fotografias).
1971	
Julho	Publicação das *Últimas palavras* (primeiro volume da edição do centenário).

1972	
Julho	Publicação da *Correspondance générale* (Edição do centenário).
1973	Celebração do centenário do nascimento de Teresa Martin.
1975	
17/5	Celebração do 50º aniversário da Canonização da Santa.
1989	A edição do centenário é laureada pela Academia francesa (*grand prix Cardinal-Grente*).
1991	Publicação de *Thérèse de Lisieux*, álbum contendo seiscentas ilustrações.
1992	Publicação das *Oeuvres complètes* (*Obras completas*) em um volume de Teresa de Lisieux ("Totum") e da "Nova Edição do Centenário" (integral).

História da pecadora convertida e morta de amor

Segue o texto ao qual Teresa alude no dia 11 de julho de 1897 (cf. CA 11.7.6) e sem dúvida no último parágrafo do Manuscrito C (Cf. nota 180).

A conversão de uma moça que teve a infelicidade de se entregar ao pecado foi um dos frutos de sua caridade. Essa história é edificante e própria para inspirar aos maiores pecadores confiança na misericórdia do Senhor, quando eles se voltam sinceramente a ele. Essa moça chamava-se Paésie. Na adolescência perdeu seu pai e sua mãe; querendo empregar seus bens às boas obras, fez de sua casa um asilo para os solitários de Sceté, que vinham a esses bairros aparentemente para vender as obras dos irmãos. Mas, julgando que essa caridade lhe era muito dispendiosa, não se dando conta do tesouro que preparava para si mesma no céu agindo assim, ela se desgostou, e não faltou quem a apoiasse nesse sentido. Essas pessoas foram ainda mais longe em seus maus conselhos; ela se desgostou ainda mais da virtude e, por fim, entregou-se inteiramente ao crime.

Foi com grande dor que os solitários de Sceté souberam de sua queda. Empregaram todos os meios que a caridade lhes inspirava para tirá-la do abismo em que sua alma havia entrado. Por fim, eles se dirigiram a João, o Anão, e pediram-lhe que fosse vê-la e tentasse, pelo dom de sabedoria que Deus lhe deu, reconduzi-la a Jesus Cristo. Assim ele o fez, mas, quando ele se apresentou à porta, recusaram-lhe a entrada, censurando-lhe e dizendo que os solitários tinham arruinado sua senhora. Ele não desanimou e insistiu em falar àquela mulher que não teria nenhum motivo para se arrepender disso. Então conduziram-no ao quarto dela. Ele sentou-se junto dela e perguntou se tinha alguma queixa de Jesus Cristo, por tê-la abandonado, reduzindo-a ao estado deplorável em que ela se encontrava. Essas palavras impressionaram a mulher e tocaram seu coração. O santo, deixando a graça agir, calou-se por alguns instantes e irrompeu em lágrimas. Ela lhe perguntou por que ele chorava. "Como não chorar", respondeu ele, "vendo quantos demônios escarnecem de vós e vos enganam?" Ao ouvir isso, a mulher, tomada pelo medo e pelo horror de seu pecado, disse-lhe: "Meu pai, há ainda alguma penitência para mim?" "Sim", diz o santo, "eu lhe garanto." "Levai-me, pois, para onde julgardes bom para isso", diz ela. Ele se levantou e ela o seguiu sem dar nenhuma ordem a seus criados e sem dirigir a palavra a ninguém — o que o santo notou com grande consolo, reconhecendo nisso que aquela mulher estava tomada pelos sentimentos de sua conversão e abandonava tudo para entregar-se inteiramente às práticas da penitência.

Ignora-se para onde ele tinha a intenção de conduzi-la. Provavelmente para algum mosteiro feminino. Mas eles entraram pelo deserto, e a noite caía. João fez um montículo de areia para ela como travesseiro, assinalando-o com o sinal da cruz, e disse a Paésie que se deitasse. Depois de ter rezado, ele se afastou para deitar-se também. Porém, tendo despertado à meia-noite, ele viu um raio de luz que descia do céu sobre Paésie e que servia de caminho para miríades de anjos que levavam sua alma para o céu. Surpreso com essa visão, ele se levantou rapidamente, dirigiu-se à moça e tocou-a com o pé, para ver se ela estava morta; de fato, ela tinha entregue sua alma a Deus. Ao mesmo tempo ele ouviu uma voz milagrosa que lhe dizia: sua penitência de uma hora foi mais agradável a Deus que aquela de tantos outros que a fazem por muito tempo, mas que, entretanto, não a fazem com tanto fervor quanto o dela.

Vies des Pères des Déserts d'Orient, por R. R. Michel-Ange Marin (Paris, Lyon, 1824), L III, livro IV, cap. XVII: O Venerável João, o Anão.

Pequeno dicionário dos nomes próprios

N.B. A respeito de várias personagens encontrar-se-á notícias mais detalhadas e referências bibliográficas em DE, p. 855-867, e em CG II, p. 1197-1218.

Abadia (Lisieux)
Abadia beneditina Notre-Dame-du-Pré, fundada em 1011. As monjas cuidam da educação das moças no século XIX. Joana e Maria Guérin, Leônia Martin, Celina e Teresa frequentam o internato. Destruída pelos bombardeios em 1944.

ACARD, Auguste (1864-1931)
Jardineiro e sacristão do Carmelo, de 1889 a 1912.

ALEXIS PROU, Padre (1844-1914)
Franciscano recoleto, guardião do convento de Saint-Nazaire. Ministra o retiro no Carmelo de Lisieux em outubro de 1891, graça importante para Teresa (Ms A, 80f e CA 4.7.4).

AMADA DE JESUS, Irmã (1851-1930)
Carmelita de Lisieux; faz profissão em 1873. De origem rural, considera as Irmãs Martin "artistas demais". Ela é a única que não esteve à cabeceira de Teresa na noite de 30 de setembro, por não ter ouvido o sino da enfermaria. Testemunha nos dois Processos.

ANA DE JESUS, Venerável (1545-1621)
Ana de Lobera, carmelita espanhola, companheira de Santa Teresa d'Ávila, que tinha São João da Cruz como diretor espiritual. Teresa a vê em um sonho reconfortante (cf. Ms B, 2f/v e CA 11.9.5).

ANA DO SAGRADO CORAÇÃO, Irmã (1850-1920)
Carmelita de Saigon e depois de Lisieux. Entrou em Saigon em 1874, fez profissão em 1876. Estada em Lisieux de 1833 a 1895. Em seguida, retorna a Saigon.

BAILLON, Eugênio Augusto, Pe. (1836-1909)
Capelão da Providência de Lisieux (1878-1906). Confessor extraordinário do Carmelo (1892-1908).

BELLIÈRE, Maurício Maria Luís, Pe. (1874-1907)
Seminarista, primeiro "irmão espiritual" de Teresa (1895), que lhe dirige onze cartas de 21/10/1896 a 25/8/1897. Noviciado dos Padres Brancos (29/9/1897), ordenação (1901), apostolado em Nyassa (1902-1905), retorna para a França em 1906.

BLINO, Laurent, Pe. (1839-1908)
Jesuíta, ordenado em 1870, ministra o retiro no Carmelo de Lisieux em outubro de 1883, sem dúvida em outubro de 1888 e dá exercícios em 1890. Ele modera as ambições espirituais de Teresa noviça.

CELINA (ver MARTIN, Celina).

COLOMBO, Alexandre (1835-1889)
Amigo dos Guérin, a quem empresta seu chalé de Deauville, onde Teresa faz uma estada em maio de 1885. Ele tem cinco filhas que são amigas das filhas mais velhas dos Martin.

CORNIÈRE, Alexandre de (1841-1922)
Médico cirurgião, amigo dos Guérin, médico do Carmelo (1886-1920); ele cuida de Teresa durante sua última doença.

CORNIÈRE, José de, Pe. (1874-1939)
Filho mais velho do médico, ordenado sacerdote em 1899. Amigo dos Guérin, passou as férias de 1894 em La Musse.

COSSERON, Maria (1867-1945)
Empregada dos Martin e dos Guérin (1888-1894?)

COSTARD, Maria Adelaide, Irmã (1846-1897)
Religiosa do Bon Sauveur de Caen, que cuida do Sr. Martin (1889-1892).

DELATROËTTE, João Batista, Cônego (1818-1895)
Superior do Carmelo de Lisieux (1870-1895). Ordenado em 1844, pároco de Saint-Jacques de Lisieux (1867), ele se opõe à entrada de Teresa no Carmelo.

DENIS DE MAROY, José, Pe. (1871-1962)
Ordenado em 8 de setembro em Bayeux, celebra sua primeira missa no Carmelo em 19 de setembro de 1897.

DÉODAT DE BASLY, Pe. (1862-1937)
Franciscano recoleto, ministra o *triduum* do centenário de São João da Cruz (1891) e o retiro no Carmelo em novembro de 1892.

DOMIN, Amélia (1873-1944)
Sobrinha do Pe. Domin, companheira de primeira e segunda comunhão de Teresa.

DOMIN, Luís Vitor, Pe. (1843-1918)
Capelão das beneditinas de Lisieux, de 1874 até sua morte. Confessor de Teresa (1881-1886), ele lhe dá o catecismo e ministra seus dois retiros de comunhão (1884 e 1885). Depôs no Processo.

DUCELIER, Alcides, Pe. (1849-1916)
Vigário em São Pedro de Lisieux (1877-1884), onde ouve a primeira confissão de Teresa. Diretor de consciência de Paulina, ele prega em sua tomada de hábito (1883), e depois na tomada de véu de Celina (1895 e 1896). Pároco da catedral (1899-1916), ele depõe no Processo.

DUMAINE, Luciano Vitor, Pe. (1842-1926)
Vigário em Nossa Senhora de Alençon, onde batiza Teresa (4/1/1873). Depôs no Processo.

FAUCON, Pedro, Pe. (1842-1918)
Confessor extraordinário do Carmelo de 1886 a 1891. Ouviu a última confissão de Teresa em 29/9/1897. Depôs no Processo Apostólico.

FEBRÔNIA DA SANTA INFÂNCIA, Irmã (1819-1892)
Três vezes vice-priora do Carmelo, vítima da epidemia de influenza.

FILOMENA DA IMACULADA CONCEIÇÃO, Madre (1820-1895)
Carmelita de Lisieux, fundadora do Carmelo de Saigon (1861).

FOURNET, Elisa (1816-1901)
Nascida Elisa Petit, casada com Pedro Fournet (1839), mãe da Sra. Maudelonde e da Sra. Guérin. Celina e Teresa chamavam-na "vovozinha".

FOURNET, Pedro Celestino (1811-1888)
Marido de Elisa. Farmacêutico em Lisieux, ele cede seus fundos em 1866 a seu futuro genro, Isidoro Guérin.

FRANCISCA TERESA, Irmã (ver MARTIN, Leônia).

GENOVEVA DE SANTA TERESA, Irmã (ver MARTIN, Celina).

GENOVEVA DE SANTA TERESA, Madre (1805-1891)
Clara Bertrand, do Carmelo de Poitiers, fundadora do Carmelo de Lisieux, como vice-priora, em 16 de março de 1835. Eleita cinco vezes priora, "a santa" do Carmelo. Teresa a vê morrer na enfermaria (Ms A, 78v) no mesmo leito que ela ocupará em 1897.

GILBERT, Leônia (1843-1930)
Madrinha de Leônia, esposa de Tiago Tifenne, farmacêutico.

GILBERT, Teresa (1872-1932)
Órfã, recolhida, como seu irmão Pedro (1874-1955), por sua tia, Sra. Tifenne. Tornou-se Sra. Vétillard (1892).

GODEFROID, Pe. (ver MADELAINE, Godefroid).

GUÉRIN, Celina (1847-1900)
Da família Fournet. Esposa de Isidoro Guérin (1866). Eles têm três filhos, dos quais duas filhas, Joana e Maria. Ela desempenha o papel de mãe de suas sobrinhas Martin, particularmente Celina, sua afilhada, e Leônia, que ela recebe em sua casa em 1895-1899.

GUÉRIN, Isidoro (1841-1909)
Irmão de Zélia Martin. Farmacêutico de primeira classe em 1866, ele se instala em Lisieux, praça de São Pedro, compra a farmácia de Pedro Fournet, casando-se com sua filha Celina. Sub-rogado tutor de suas sobrinhas Martin e padrinho de Paulina. Após ter recebido uma boa herança, incluindo o castelo de La Musse, vende sua farmácia em 1888 para Vitor Lahaye. Funda em 1885 a obra da adoração noturna em Lisieux e milita no jornal *Le Normand*, monarquista católico, de 1891 a 1896. Benfeitor do Carmelo, ele se encarrega da primeira impressão da *História de uma alma* (1898).

GUÉRIN, Joana (1868-1938)
Filha de Celina e Isidoro Guérin, prima irmã dos Martin. Casou-se com o Dr. Francis La Néele em 1890. Sua correspondência com Teresa evoca com frequência a tristeza de não ter filho. Testemunha no Processo.

GUÉRIN, Maria Luísa, Irmã Maria Dositeu (1829-1877)
Tia de Teresa, organiza um ateliê de rendas em Alençon com sua irmã Zélia. Entra na Visitação de Mans em 1858 e faz profissão em 1860. Vela pela educação de suas sobrinhas Maria e Paulina, a partir de 1868. Morre de tuberculose.

GUÉRIN, Maria, Irmã Maria da Eucaristia (1870-1905)
Irmã de Joana Guérin. Estudou com as beneditinas juntamente com Teresa. Entra no Carmelo em 15/8/1895, toma o hábito em 17/3/1896, faz profissão em 25/3/1897. Noviça de Teresa, partilha do ofício de sacristina. Suas cartas para a família, a partir de abril de 1897, são uma preciosa fonte de informação a respeito da última doença de Teresa. Também morreu de tuberculose.

GUÉRIN, Zélia (ver MARTIN, Zélia).

HERMÂNCIO DO CORAÇÃO DE JESUS, Madre (1834-1898)
Carmelita de Lisieux, participa na fundação de Coutances (1866) e retorna em 1882. Sofre de anemia crônica, que põe à prova a paciência das enfermeiras.

HUBERT, Félicité (1860-1930)
Empregada dos Martin nos Buissonnets (1884-1886). Deixa-os para se casar.

HUGONIN, Flaviano Dom (1823-1898)
   Bispo de Bayeux-Lisieux, ordenado em 1850, sagrado em 1867. Participa do Concílio Vaticano I, toma parte na fundação da Universidade católica de Paris em 1875 e publica várias obras de filosofia, de teologia e de direito. Crisma Teresa em 14/6/1884, recebe-a com o pai em 31/10/1887, autoriza sua entrada no Carmelo e preside sua tomada de hábito em 10/1/1889. Dá verbalmente o *Imprimatur* para a *História de uma alma*, em 7/3/1898.

HUSÉ, Marcelina (1866-1935)
   Empregada dos Guérin, torna-se irmã conversa em 1889 nas beneditinas de Bayeux, com o nome de Irmã Maria José da Cruz. Testemunha no Processo.

INÊS DE JESUS, Madre (ver MARTIN, Paulina).

ISABEL (Maria), Irmã (1860-1935)
   Rodeira, várias vezes ficou junto de Teresa na enfermaria durante a missa da comunidade em 1897.

JOGAND-PAGÈS, Gabriel, chamado Leo Taxil (1854-1907)
   Nascido em Marselha, destaca-se por suas imposturas desde a juventude. Passou oito anos na prisão por diversos delitos. Especializado em baixa literatura anticlerical, ele simula uma conversão ao catolicismo durante doze anos e cria a personagem de Diana Vaughan, ex-franco-maçom dizendo-se convertida. Em 19 de abril de 1897, ele revela sua impostura em Paris durante uma conferência de imprensa (cf. RP 7).

La Mussé
   Castelo próximo de Evreux, domínio de 43 hectares, pertencendo ao Sr. David, e recebido em herança pelas Sras. Guérin e Maudelonde, em 1888. Residência de verão dos Guérin, onde Celina vai com frequência. O Sr. Martin morre ali em 1894.

LA NÉELE, Francisco, chamado Francis (1858-1916)
   Primo de Teresa por casamento, marido de Joana Guérin (1890), farmacêutico e doutor. Exerce sua profissão em Caen e visita quatro vezes Teresa na enfermaria durante sua última doença.

LA NÉELE, Joana (ver GUÉRIN, Joana).

LAHAYE, Vitor (1855-1936)
   Farmacêutico, sucessor de Isidoro Guérin, assiste à tomada de véu de Teresa (1890), que ele reencontrará em 1923. Farmacêutico titular do Carmelo.

LECHESNE, Vitor, Pe. (1863-1931)
   Vigário em São Pedro de Lisieux, prega no Carmelo em 16/7/1896. Teresa escreve "Lechêne".

LEMONNIER, Armand, Pe. (1841-1917)
   Missionário diocesano de La Délivrande, prega o retiro comunitário no Carmelo de Lisieux em 1893, 1894 e 1895, ano em que Madre Inês o consulta a respeito do Ato de Oblação. Depõe nos Processos.

LEO TAXIL (ver JOGAND-PAGÈS).

LEPELLETIER, Luís, Pe. (1853-1918)
Vigário em São Pedro de Lisieux (1878-1888), confessor habitual do Sr. Martin, e depois de Teresa (1886-1888).

LUISA (ver MARAIS, Luísa).

MADALENA DO SANTÍSSIMO SACRAMENTO, irmã (1817-1892)
Carmelita de Lisieux, irmã conversa, faz sua profissão em 1844. Teresa encontra-a morta em sua cela, vítima da influenza.

MADELAINE, Godefroid, Pe. (1842-1932)
Premonstratense de Mondaye. Amigo do cônego Delatroëtte, assiste às tomadas de hábito de Maria do Sagrado Coração e de Teresa, prega os retiros no Carmelo em 1882, 1890, 1896; Teresa lhe confia suas tentações contra a fé. Faz a revisão e o prefácio da *História de uma alma*. Testemunha nos Processos.

MARAIS, Luísa (1849-1923)
Empregada dos Martin em Alençon durante onze ou doze anos, até outubro de 1877.

MARGARIDA-MARIA DO SAGRADO CORAÇÃO, Irmã (1850-1926)
Carmelita de Lisieux; profissão em 1875. Hospitalizada por perturbações mentais em 1896, deixa o Carmelo.

MARIA ALOYSIA VALLÉE, Irmã (1841-1903)
Visitandina de Mans; profissão em 1868. Mestra no internato durante os estudos de Maria e de Paulina Martin. Em 1894, Teresa pinta para ela "Le rêve de l'Enfant-Jésus".

MARIA ANTONIETA, Irmã (1863-1896)
Rodeira do Carmelo de Lisieux; profissão em 1891. Morre de tuberculose.

MARIA DA ENCARNAÇÃO, Irmã (1828-1911)
Carmelita de Lisieux, conversa; profissão em 1854. Uma da "caridosas apanhadeiras de feno", do Ms C, 17f.

MARIA DA EUCARISTIA, Irmã (ver GUÉRIN, Maria).

MARIA DA TRINDADE E DA SAGRADA FACE, Irmã (1874-1944)
Carmelita de Lisieux, noviça de Teresa. Maria Castel, primeira carmelita em Paris (1891-1893), é recebida em Lisieux (em 16/6/1894) e faz profissão em 30/4/1896. Tendo muita intimidade com Teresa, ela dá importantes testemunhos nos Processos, e escreve os *Conselhos e lembranças*, que ela recolheu (cf. Bibliografia).

MARIA DE GONZAGA, Madre (1834-1904)
Priora do Carmelo de Lisieux, Maria Adélia Rosália Davy de Virville entra no Carmelo em 1860, faz profissão em 1862. Vice-priora (1866-1871), priora três

vezes (1874-1883, 1886-1893, 1896-1902), mestra de noviças (1883-1886, 1893-1897). A admissão das quatro irmãs Martin e de sua prima Guérin no mesmo Carmelo é graças, em grande parte à sua influência. Marcou a comunidade com sua forte personalidade, embora, ao longo dos Processos, se tenha mantido sobretudo os aspectos negativos dela.

MARIA DE JESUS, Irmã (1862-1938)
Carmelita de Lisieux; profissão em 1884. Exercitou a paciência de Teresa na oração (Ms C, 30v). Auxiliar de enfermaria em 1897.

MARIA DE SÃO JOSÉ, Irmã (1858-1936)
Carmelita de Lisieux; profissão em 1882. De temperamento difícil, ela exercita a paciência da comunidade. Teresa faz-se sua auxiliar voluntária na rouparia em 1896-1897. Em 1909, foi excluída da vida de clausura por desequilíbrio psíquico.

MARIA DE SÃO PEDRO, Irmã (1816-1848)
Carmelita de Tours; profissão em 1841. Dedica-se à reparação das blasfêmias, ao culto da Sagrada Face e da infância de Jesus. Seus escritos, publicados em 1881, exercem forte influência no Carmelo de Lisieux.

MARIA DO SAGRADO CORAÇÃO, Irmã (ver MARTIN, Maria).

MARIA DOS ANJOS E DO SAGRADO CORAÇÃO, Irmã (1845-1924)
Mestra de noviciado de Teresa. Nascida Joana de Chaumontel, ingressa no Carmelo de Lisieux em 1866, faz sua profissão em 1868. Vice-priora três vezes; mestra de noviças de 1886 a 1893 e de 1897 a 1909. Testemunha nos dois Processos.

MARIA DOSITEU, Irmã (ver GUERIN, Maria Luisa).

MARIA EMANUEL, Irmã (1828-1904)
Carmelita de Lisieux, viúva aos trinta e cinco anos após ter perdido três filhos em tenra idade; profissão em 1880.

MARIA FILOMENA DE JESUS, Irmã (1839-1924)
Carmelita de Lisieux. Breve estada em 1876, entrada definitiva em 1884, profissão em 1886. Termina seu noviciado com Teresa (1888-1889).

MARIA ISABEL, Irmã (ver ISABEL).

MARIA MADALENA DO SANTÍSSIMO SACRAMENTO, Irmã (1869-1916)
Carmelita de Lisieux, conversa. Entrada em 22/7/1892, tomada de hábito em 7/9/1893, profissão em 20/11/1894. Durante seu noviciado, confiada, contra sua vontade, a Teresa, que lhe dedicou sua "História de uma Pastora que se torna rainha" (P 10). Depõe no Processo Diocesano.

MARTA DE JESUS, Irmã (1865-1916)
Carmelita de Lisieux, conversa. Entrada em dezembro de 1887, tomada de hábito em 2/5/1889, profissão em 23/9/1890. Permanece no noviciado até 1895

ou 1896 por afeição a Teresa, que a ajuda a livrar-se da fortíssima influência de Madre Maria de Gonzaga (Ms C, 20v). Testemunha nos Processos.

MARTIN, Celina, Irmã Genoveva de Santa Teresa (28/4/1869-25/2/1959).
Carmelita de Lisieux, irmã e noviça de Teresa. Nascida em Alençon, é a sétima dos nove filhos dos Martin. Primeira comunhão em 13/5/1880 na *Abbaye* de Lisieux, onde faz seus estudos de 1877 a 1885. Importante correspondência com Teresa carmelita. Assiste o pai durante sua doença (1889-1894). Entra no Carmelo em 14/9/1894 (primeiro sob o nome de Maria da Sagrada Face); tomada de hábito em 5/2/1895 (Irmã Genoveva de Santa Teresa); profissão em 24/2/1896. Faz seu noviciado sob a direção de Teresa, de quem será a enfermeira durante seus últimos meses. Em 1916 tomará o nome de Irmã Genoveva da Sagrada Face. Pintora e fotógrafa, particularmente de Teresa, escreveu entre outras, *Conselhos e lembranças*. Testemunha de primeiro plano nos Processos.

MARTIN, Leônia, Irmã Francisca Teresa (3/6/1863-16/6/1941)
Visitandina, irmã de Teresa, de quem ela é madrinha de Crisma (14/6/1884). Adoentada e de caráter difícil, ela só se estabiliza na Visitação de Caen (em 1899) após três tentativas de vida religiosa: clarissa em Alençon (1886), visitandina em Caen (1887-1888), depois novamente neste mesmo mosteiro (1893-1895) onde traz o nome de Teresa Dositeu. Vive quatro anos em casa dos Guérin (1895-1899). Faz profissão em 2/7/1900. Testemunha nos dois Processos.

MARTIN, Luís (22/8/1823-2917/1894)
Pai de Teresa. Nasceu em Bordéus. Infância "militar" em Avinhão, Estrasburgo, Alençon (1830). Sonha com a vida religiosa e visita o Grande São Bernardo em 1843, mas não é admitido. Compra uma relojoaria em Alençon em 1850 e casa-se com Zélia Guérin em 13/7/1858, de quem tem nove filhos: quatro morrem em tenra idade (cf. Genealogia, *supra*). Viúvo em 1877, o Sr. Martin se instala em Lisieux, nos Buissonnets (em novembro de 1877). Primeiro ataque de paralisia em 1887, arteriosclerose cerebral exigindo internação em uma casa de saúde, no Bom Sauveur de Caen (13/2/1889). Ali fica três anos e retorna a Lisieux (10/5/1892), cuidado por Celina. Morre em La Musse.

MARTIN, Maria, Irmã Maria do Sagrado Coração (22/2/1860-19/1/1940)
Carmelita de Lisieux, irmã mais velha e madrinha de Teresa. Estuda na Visitação de Mans (1868-1875). Após a morte da mãe dirige a casa nos Buissonnets até sua entrada no Carmelo (15/10/1886); tomada de hábito em 19/3/1887, profissão em 22/5/1888. Fica no noviciado com Teresa durante três anos (1888-1891). Cuida de Teresa quando de sua doença nervosa (1883) e é a confidente de seus escrúpulos (1885-1886); ela estimula a redação das lembranças de infância de sua irmã (Ms A, 1895) e as confidências sobre sua "doutrina" (Ms B, 1896). Depõe nos dois Processos.

MARTIN, Paulina, Madre Inês de Jesus (7/9/1861-28/7/1951).
Carmelita de Lisieux, "mãezinha" e priora de Teresa. Estuda na Visitação de Mans (1868-1877). Garante a educação e a instrução de Teresa. Entra no Car-

melo em 2/10/1882; tomada de hábito em 6/4/1883; profissão em 8/5/1884, dia da primeira comunhão de Teresa. Priora de 20/2/1893 a 21/3/1896, ordena a Teresa escrever suas lembranças de infância. Priora de 1902 a 1908, a seguir em 1909, conservará essa função até sua morte, tendo sido confirmada "vitalícia" por Pio XI em 1923. Testemunha nos Processos.

MARTIN, Zélia (23/12/1831-28/8/1877)
Nascida Azélia Maria Guérin, mãe de Teresa. Em Alençon, estuda com as Damas da Adoração; aprende o ofício de rendeira e o pratica como autônoma (1863). Casa-se com Luís Martin em 13/7/1858, de quem tem nove filhos. Morre de câncer no seio, na rua Saint-Blaise, em Alençon. Suas numerosas cartas, recolhidas na *Correspondência familiar* (1863-1877), trazem informações preciosas sobre a infância de Teresa.

MAUDELONDE, Celina (1873-1949)
Companheira de infância de Teresa, esposa de Gastão Pottier, tabelião (1894). Amiga íntima de Maria da Eucaristia.

MAUDELONDE, Ernesto (1862-1941)
Tabelião. Em junho de 1888, acompanha o Sr. Guérin e Celina ao Havre, à procura do Sr. Martin.

MAUDELONDE, Helena (1876-1944)
Esposa de Júlio Houdayer (1896), advogado em Lisieux.

MAUDELONDE, Henry (1864-1937)
Promotor de Justiça. Teria desejado casar-se com Celina em 1890-1891. Casa-se em 1892 e, viúvo, torna a se casar em 1899.

MAUDELONDE, Margarida Maria (1867-1966)
Esposa de René Tostain (1899), substituto do Procurador da República, em Lisieux, homem sem fé por quem Teresa reza em 1897.

MAUDELONDE, Maria (1843-1926)
Nascida Fournet, irmã da Sra. Guérin. Esposa de Césard (*sic*) Maudelonde (1861), mãe de Ernesto, Henry, Margarida Maria, Celina e Helena. As crianças Martin e Maudelonde viam-se muito em casa dos Guérin, em Lisieux e Trouville.

MAUPAS, Alexandre, cônego (1850-1920)
Superior do Carmelo (a partir de janeiro de 1896). Pároco de Saint-Jacques de Lisieux de 1895 até sua morte. Dá os últimos sacramentos a Teresa em 30/7/1897. Depõe nos Processos.

MAZEL, Frederico, Pe. (1871-1897)
Missionário, colega do Pe. Roulland; assassinado na China em 1º de abril de 1897 (cf. CA 1.5.2).

Notre-Dame-des-Victoires
    Santuário parisiense caro aos Martin. Foi realizada aí uma novena de missas pela cura de Teresa menina (1883), depois carmelita (junho de 1897). Partindo para Roma, Teresa reza nessa igreja em 4/11/1887. — Paróquia de Trouville (Calvados), frequentada por Teresa em 1885-1887.

NOTTA, Alfonso (1824-1914)
    Doutor em medicina e cirurgião. Sumidade regional da época. Ele é consultado pela Sra. Martin (24/12/1876), cuida de Teresa em março-maio de 1883, acompanha o Sr. Martin em 1887-1889, e assina o seu certificado de hospitalização no Bon Sauveur em fevereiro de 1889.

PAPINAU, Valentina (1835-1898)
    Professora primária de Teresa, ela lhe dá aulas particulares de março de 1886 a fevereiro de 1888. Casada sem filhos.

PASQUER, Vitória (1857-1935)
    Empregada dos Martin de 1877 a 1884.

PETIT, Elisa (ver FOURNET, Elisa).

PICHON, Almiro, Pe. (1843-1919)
    Jesuíta, ordenado em 8/9/1873. Diretor de consciência de Maria Martin (1882), encontra Teresa em Alençon em 22/8/1883. Celina o toma por diretor em 1887. Ele prega no Carmelo em 1887 e em maio de 1888. Ouve a confissão de Teresa postulante (28/5/1888) e apazigua os seus escrúpulos. Ela se corresponde com ele, mas não conserva nenhuma de suas cartas. Pregador no Canadá (1884-1886; 1888-1907). Testemunha nos Processos.

PRANZINI, Henrique (1856-1887)
    Nascido em Alexandria, condenado à prisão em 1877. Na França estrangula duas mulheres e uma criança em 17/3/1887. Processo de 9 a 13 de julho. É guilhotinado em 31 de agosto.

PRIMOIS, Joana Maria (1864-1897)
    Amiga dos Martin, particularmente de Maria e de Paulina.

PROU, Alexis (ver ALEXIS, Prou).

RAOUL, Joana Luísa (1873-1946)
    Companheira de primeira e de segunda comunhão de Teresa, afilhada de Crisma de Celina. Teresa tenta em vão estabelecer amizade com ela (Ms A, 381).

RÉVÉRONY, Maurício, Pe. (1836-1891)
    Vigário-geral de Bayeux desde 1878, assiste à visita de Teresa ao bispado (31/10/1887), preside a peregrinação diocesana a Roma em novembro de 1887, apresenta os peregrinos a Leão XIII em 20/11/1887. Desempenha o papel de árbitro entre o Carmelo e o cônego Delatroëtte para a admissão de Teresa.

ROMET, Hortênsia (1825-1898)
Esposa de Augusto Benoît (1857), de quem tem três filhas, amigas de Maria e de Paulina Martin.

ROMET, Paulina (1829-1889)
Irmã de Hortênsia, madrinha de Paulina Martin. Vive em Alençon com seu irmão Vital.

ROMET, Vital (1830-1916)
Farmacêutico em Alençon, amigo de juventude de Luís Martin no "Círculo católico". Celibatário, dedica-se às obras sociais. Padrinho de Celina Martin.

ROULLAND, Adolfo, Pe. (1870-1934)
Segundo "irmão espiritual" de Teresa (30/5/1896). Ordenado em 28/6/1896, passa pelo Carmelo em 3 de julho e conversa com Teresa. Embarca em 2/8/1896 para Su-Tchuen (China) e se corresponde com Teresa, que lhe escreve seis cartas. Ele retornará à França em 1909. Testemunha nos Processos.

Saint-Ouen-le-Pin
Comuna de Calvados, a dez quilômetros de Lisieux. Ali, os Fournet tinham uma casa onde Teresa passa suas férias, em agosto de 1884 e julho de 1885.

SALUTAR, Irmão (1821-1907)
Irmão das Escolas cristãs; profissão em 1846. Ajuda o Irmão Simeão e escreve uma carta a Teresa (LC 176).

SANTO ESTANISLAU DOS SAGRADOS CORAÇÕES, Irmã (1824-1914)
Carmelita de Lisieux; profissão em 1847. Teresa lhe é dada como auxiliar na sacristia de fevereiro de 1891 a fevereiro de 1893. Primeira enfermeira na primavera de 1897, delega seus poderes à Irmã Genoveva para cuidar de Teresa.

SANTO ESTANISLAU, Irmã (1874-1955)
Cônega hospitalar de Santo Agostinho; profissão em 1897. Companheira de Teresa, seu testemunho figura em *La petite Thérèse à l'Abbaye*.

SÃO BENTO, Madre (1858-1929)
Beneditina de Lisieux. Mestra do internato quando Teresa frequentava a Abadia.

SÃO FRANCISCO DE SALES, Madre (1848-1933)
Beneditina de Lisieux, mestra de classe de Teresa em 1881-1883 e de ensino religioso em 1883-1885. A este título chamada a depor nos dois Processos.

SÃO JOÃO BATISTA DO CORAÇÃO DE JESUS, Irmã (1847-1917)
Carmelita de Lisieux; profissão em 1873. "Imagem da serenidade do Bom Deus" para Teresa (CA 230).

SÃO JOÃO DA CRUZ, Irmã (1851-1906)
Carmelita de Lisieux; profissão em 1878.

SÃO JOSÉ DE JESUS, Irmã (1809-1892)
Carmelita de Lisieux; profissão em 1839. Levada pela epidemia da influenza no dia em que Teresa completava dezenove anos.

SÃO LEÃO, Madre (1861-1938)
Beneditina de Lisieux; profissão em 1884. Mestra de Teresa no ano seguinte. Autora de *La petite Thérèse à l'Abbaye* (1930).

SÃO PEDRO DE SANTA TERESA, Irmã (1830-1895)
Carmelita de Lisieux, conversa; profissão em 1868. Prematuramente impotente, ela recebe ajuda de Teresa noviça.

SÃO PLÁCIDO, Madre (1845-1909)
Beneditina de Lisieux, diretora do internato (1882-1896).

SÃO RAFAEL DO CORAÇÃO DE MARIA, Irmã (1840-1918).
Carmelita de Lisieux; profissão em 1869. Teresa ajudou-a no ofício de rodeira (1893-1896).

SÃO VICENTE DE PAULO, Irmã (1841-1905)
Carmelita de Lisieux, conversa; profissão em 1865. Suas observações picantes sempre fizeram Teresa noviça sofrer. É ela quem se perguntava o que a Madre Priora teria a dizer a respeito de Teresa na circular; mas ela se beneficiará de um de seus primeiros milagres, quando foi curada de anemia.

SIMEÃO, Irmão (1814-1899)
Irmão das Escolas cristãs; profissão em 1839. No Colégio francês de Roma acolhe de bom grado os seus compatriotas: recebe o Sr. Martin em setembro de 1885 e em novembro de 1887.

TAILLÉ, Rosália (1836-1908)
"A Rosinha" tem quatro filhas e acolhe a pequena Teresa para amamentação em Semallé (Orne).

TERESA DE JESUS DO CORAÇÃO DE MARIA, Irmã (1839-1918)
Carmelita de Lisieux; profissão em 1875.

TERESA DE SANTO AGOSTINHO, Irmã (1856-1929)
Carmelita de Lisieux; profissão em 1877. Gostava muito de Teresa, que, pelo contrário, tinha viva antipatia por ela, a qual, entretanto, soube dominar (Ms C, 13v). Testemunha nos Processos. Autora de *Souvenirs d'une sainte amitié*.

TOSTAIN, René (1858-1936)
Esposo de Margarida Maria Maudelonde (ver *supra*).

TROUDE, Paulo, Pe. (1873-1900)
Condiscípulo do Pe. Bellière e sobrinho de Irmã Maria Filomena do Carmelo de Lisieux, onde ele celebra a missa de Nossa Senhora do Monte Carmelo em 16/7/1897.

Trouville
    Estação balneária de Calvados. É ali que Teresa conhece o mar (8/8/1878) fazendo quatro estadas em 1885-1887.

VENARD, Teofânio, mártir (1829-1861)
    Padre das Missões Estrangeiras de Paris, decapitado em Hanói. Teresa leu sua biografia e sua correspondência. Ela compôs espontaneamente uma poesia em sua honra (P 47) e conservou o retrato dele sob os olhos durante sua última doença. Beatificado por Pio X em 1909, canonizado em 1988 por João Paulo II.

YOUF, Luís, Pe. (1842-1897)
    Ordenado em 1869, capelão do Carmelo de Lisieux de 1873 até sua morte, alguns dias depois da morte de Teresa, de quem era o confessor ordinário.

Glossário dos termos da vida religiosa

(em particular no Carmelo de Lisieux)

ALPERCATAS: Sandálias de corda levadas pelas carmelitas desde a reforma de Santa Teresa d'Ávila.

"ANJO": Religiosa encarregada de iniciar uma postulante nos usos e costumes da vida conventual.

CANTORA: Religiosa que entoa ou recita sozinha certas passagens do Ofício. As Irmãs coristas se revezam nessa função.

CAPÍTULO: Reunião da comunidade animada pela Madre Priora, comportando ensinamento, conselhos a respeito da vida comum. Ele se realiza na sala capitular.

"CAPÍTULO DE CULPAS": Reunião na qual as religiosas se acusam publicamente de suas faltas à Regra e às Constituições.

CELA: Termo que designa o quarto da carmelita, onde ela passa também o tempo para seu trabalho solitário.

CIRCULAR: Carta, mais ou menos longa, enviada a cada Carmelo após a morte de uma religiosa, na qual se relata sua vida, suas virtudes e as circunstâncias de sua morte.

COMPLETAS: Pequena hora do Ofício divino que "completa" e termina o ciclo das orações cotidianas. No Carmelo de Lisieux, as Completas eram recitadas às 19h 40min. e duravam aproximadamente vinte minutos.

CONFESSOR EXTRAORDINÁRIO: Padre que vem confessar as religiosas quatro vezes por ano, na época chamada de "Quatro Tempos".

CONVERSA: Religiosa que se dedica com prioridade ao serviço doméstico do mosteiro (cozinha, limpeza etc.) em clausura. Assiste ao Ofício coral, mas, para ela, o breviário é substituído por certo número de Pai-nossos a serem recitados. Após a profissão, ela tem o véu branco.

CORISTA (IRMÃ): Religiosa que recita o Ofício divino em latim, no coro. Na profissão solene, toma o véu negro.

CULPAS: Cf. Capítulo.

DEPOSITÁRIA: Religiosa ecônoma do mosteiro.

DIREÇÃO: Encontro de uma postulante ou de uma noviça com a Madre Priora ou a mestra de noviças para lhe prestar conta de sua vida interior, para se fazer ajudar e dirigir.

DIRETOR (DE CONSCIÊNCIA): Sacerdote encarregado de "dirigir" cada carmelita, de ajudá-la em sua vida espiritual.

DORMITÓRIO: Corredor para o qual dão as portas das celas. Há dois no Carmelo de Lisieux: o de "Nossa Madre", onde habita a Priora (17 celas), e o dormitório chamado de "Santo Elias", por causa da estátua situada na entrada (4 celas). Neste segundo dormitório está a cela Santo Eliseu, ocupada por Teresa de agosto de 1894 até 8 de julho de 1897 (cf. Plano do Carmelo).

GRADE DE COMUNHÃO: No coro, grades delimitam a clausura das carmelitas. A grade de comunhão, aberta, é o local onde as religiosas comungam.

HEBDOMADÁRIA: Cf. Semanária.

HORAS (cf. Ofício): Horas do Ofício divino, segundo o momento do dia (sete vezes por dia).

LAREIRA: Sala de recreio, único cômodo aquecido por uma lareira no mosteiro, excetuadas as enfermarias.

LICENÇA: Dia de recreio extraordinário, durante o qual as irmãs têm permissão, "licença" de conversar livremente; podem também entrar nas celas umas das outras, o que, normalmente, não é permitido.

LOCUTÓRIO: Local onde uma carmelita pode encontrar os membros de sua família, seus amigos, e lhes falar através de uma grade dupla. Para as pessoas que não são familiares próximos, uma cortina opaca fica diante das grades. Uma companheira chamada "terceira" assiste à conversa sem nela participar nem ser vista do locutório exterior. A duração normal desse encontro é de meia hora. Evitava-se ir ao locutório nas horas do Ofício litúrgico e nos tempos do Advento e da Quaresma.

MATINAS: Primeira das Horas canônicas; este ofício noturno é destinado, em princípio, a ser celebrado de madrugada, de onde seu nome. As Constituições redigidas por Santa Teresa d'Ávila fixam a recitação das Matinas às 21 horas. O ofício comportava normalmente nove salmos e nove leituras. Era seguido imediatamente pela recitação das Laudes e, a seguir, de um exame de consciência. Duração total: aproximadamente uma hora e meia. À noite, no refeitório, lia-se a tradução francesa das leituras de Matinas.

NONA: Pequena hora do Ofício divino, recitada na nona hora do dia, segundo o cômputo judaico, isto é, aproximadamente às 3 horas da tarde. Mas as Constituições estabeleciam que as quatro Pequenas Horas (prima, terça, sexta e nona) seriam todas recitadas antes da missa, às 6 horas no verão, às 7 horas no inverno.

"NOSSA MADRE": Designa a Priora. Por preocupação com a pobreza e o desapego, as carmelitas falam de diversas realidades na primeira pessoa do plural: *nossa* cela, *nosso* material de trabalho...

NOVICIADO: Após o tempo do postulado (cf. Tomada de hábito) vem o do noviciado (quatro anos), tempo durante o qual a carmelita continua recebendo formação, mas ainda não participa no capítulo das religiosas. O termo designa também o local onde as noviças se reúnem com sua "Mestra de noviciado", responsável pelo grupo.

OFÍCIO: Termo que designa ao mesmo tempo uma função (ofício) e um lugar. O ofício é confiado a duas Irmãs (ou oficiais). Uma "primeira do ofício", responsável, e uma "segunda do ofício", normalmente noviça ou jovem professa. (Teresa foi "segunda do ofício" toda sua vida). O lugar é aquele onde se exerce a função: rouparia, rouparia branca, fabricação de hóstias, roda, pintura etc.

OFÍCIO DIVINO: Oração da Igreja constituída pelas oito Horas canônicas seguintes: Matinas, Laudes, Prima, Terça, Sexta, Nona, Vésperas e Completas. O Ofício era recitado inteiramente em latim, segundo o breviário romano, com algumas partes próprias à Ordem do Carmo.

OFÍCIO DOS MORTOS: Ofício canônico comportando Matinas, Laudes e Vésperas, recitado em particular pela religiosa, ao falecer uma carmelita, contanto que tenha sido anunciado pela circular pedindo as orações de toda a Ordem.

PRIMA: O primeiro ofício do dia, recitado pela manhã.

PROFISSÃO: Após seis meses de postulado (um ano para as irmãs conversas) e um ano de noviciado, a noviça pronuncia seus votos perpétuos, contanto que tenha dezessete anos completos. Essa cerimônia se realiza na clausura, na sala capitular. É completada, se possível, pela tomada do véu negro, para as irmãs coristas: cerimônia pública, geralmente presidida pelo bispo da diocese. "Professa" é uma irmã que fez profissão.

PROVEDORA: Religiosa encarregada da ordenação das refeições e de tudo o que diz respeito à alimentação (compra das provisões, preparação das conservas, horta etc.). Em 1897, a provedora era a Irmã Maria do Sagrado Coração, que desempenhava essa função desde o final de junho de 1894.

QUARENTA HORAS: Os três dias que precedem a Quarta-feira de Cinzas — entrada na Quaresma —, no decurso dos quais o Santíssimo Sacramento é exposto à adoração das religiosas, em reparação dos excessos do carnaval, dos "dias gordos".

RODA: Armário cilíndrico girando sobre um pivô e encaixado no interior de uma parede, de maneira a introduzir objetos de fora para dentro sem dar vista para o interior. No Carmelo, as rodas se encontram na portaria, na sacristia e nos locutórios. Por extensão, o termo designa o local onde esse armário se encontra, e também o lugar onde fica — fora da clausura — a irmã rodeira. Por fim, a roda ou "casa da roda" aplica-se ao conjunto dos locais habitados pelas irmãs rodeiras externas.

RODEIRA (IRMÃ): Religiosa não de clausura encarregada das relações com o exterior e do cuidado de fazer passar pela roda aquilo que lhe é entregue para esse efeito.

SEMANÁRIA: Irmã encarregada de presidir o Ofício durante uma semana. Essa função era realizada por rodízio entre as irmãs coristas.

SILÊNCIO: Tempo situado entre o Ofício de Completas (terminado por volta das 20 horas) e o ofício de prima da manhã seguinte (6 ou 7 horas conforme a estação do ano). O "grande silêncio" então era de rigor, as comunicações indispensáveis deveriam ser feitas por sinais ou por escrito. De maneira particular, "o silêncio" designa a hora de tempo livre entre Completas e Matinas. A hora da sesta facultativa, de meio-dia às 13 horas no verão, ainda é um tempo de "grande silêncio".

TE DEUM: Canto litúrgico latino de louvor a Deus, cantado aos domingos e dias de festa, no final do ofício de Matinas, como também em certas grandes festas.

TERÇA (TERCEIRA): 1. Pequena hora do Ofício divino, recitada na terceira hora do dia, segundo o cômputo judaico, ou seja, às 9 horas da manhã. Cf. Nona.
2. "Terceira da depositária", religiosa que acompanha a irmã depositária (cf. esse vocábulo) quando esta conduz os operários pela clausura ou lhes dirige a palavra.
3. Designa também a religiosa que acompanha uma outra ao locutório (cf. este vocábulo).

TOMADA DE HÁBITO: Cerimônia ao longo da qual a aspirante recebe o hábito religioso, após uma aprovação (postulado) de seis meses para as irmãs coristas e de um ano para as irmãs conversas. Para essa cerimônia, a jovem saía da clausura em trajes de casamento, assistia às Vésperas no meio de sua família. A seguir retornava à clausura para a tomada de hábito propriamente dita.

TOUCA: Pedaço de tecido branco envolvendo toda a cabeça e caindo sobre os ombros, de maneira a ultrapassar o escapulário.

TRIDUUM: Série de três dias durante os quais um pregador fala a respeito de um santo, de uma festa litúrgica.

VERSICULÁRIA: Religiosa que canta ou recita os "versículos" no ofício coral; geralmente escolhida entre as noviças ou irmãs jovens.

VIÁTICO: Designa a última comunhão dada a uma moribunda após o sacramento da Unção dos Enfermos.

Horário
do Carmelo de Lisieux

Eis o horário de verão (da Páscoa à Exaltação da Santa Cruz, em 14 de setembro) tal qual o registra a Irmã Genoveva em suas notas:

4h 45min	Despertar
5h	Oração
6h	Menores Horas do Ofício (Prima, Terça, Sexta, Nona)
7h	Missa de ação de graças (domingo: 8h)
8h	Café da manhã: sopa (nada nos dias de jejum)
	Trabalho
9h 50min	Exame de consciência
10h	Refeição
11h	Recreio (lavagem da louça, para as irmãs designadas: aproximadamente meia hora)
12h	"Silêncio" (sesta, tempo livre)
13h	Trabalho
14h	Vésperas
14h 30min	Leitura espiritual (ou reunião das noviças no noviciado)
15h	Trabalho
17h	Oração
18h	Jantar
18h 45min	Recreio (lavagem da louça)
19h 40min	Completas
20h	"Silêncio" (tempo livre, como ao meio-dia)
21h	Matinas e Laudes (duração: uma hora e quinze, uma hora e quarenta minutos, conforme as festas)
	Exame de consciência (dez minutos)
	Leitura do ponto de oração para o dia seguinte
22h 30min/23h	Deitar

No dia 14 de setembro, horário de inverno: o despertar é atrasado uma hora, como também todos os exercícios da manhã, inclusive o recreio. A sesta sendo supressa, retoma-se o mesmo horário do verão a partir das 13 horas.

O tempo está assim dividido em *seis horas e meia para a oração* (das quais duas horas de oração mental e quatro horas e meia para a Missa e o Ofício coral), *uma hora e meia de leitura espiritual, cinco horas* aproximadamente para o *trabalho, duas horas de recreio* comunitário, *quarenta e cinco* e *trinta minutos* para as *refeições* em comum, em silêncio (acompanhadas de uma leitura em voz alta), *uma hora de tempo livre* ("grande silêncio") antes de Matinas, *seis horas de sono* no verão (completadas por uma sesta facultativa de uma hora), *sete horas* contínuas no inverno.

REGIME DO CARMELO

A Regra do Carmo prescreve a abstinência perpétua de carne, sendo autorizada nos casos de doença ou fraqueza. O pão constitui a base da alimentação, que comporta também muito leite e farináceos. As refeições se distribuem como segue:

a) *Regime de verão, sem jejum:*
— após a missa (por volta das 8h): sopa suculenta, que é comida de pé em seu lugar, na parte externa da mesa;
— Ao meio-dia (de fato às 10h): peixe ou ovos, legumes (porção copiosa), sobremesa (queijo ou frutas); as porções são preparadas de antemão nos pratos;
— À noite (18h): sopa, legumes, sobremesa.

Nada entre as refeições; permissão para beber às 15h e após Matinas.

Algumas irmãs achavam mais pesado que o jejum esse regime comportando duas refeições pela manhã, com duas horas de intervalo.

b) *Jejum da Ordem:*
— nada pela manhã;
— refeição às 11h: sopa, e o resto como de costume;
— merenda às 18h: pão pesado (aproximadamente 215 gramas), manteiga ou queijo, frutas, às vezes confeitos. Nada de alimentos quentes.

c) *Jejum da Igreja (Quaresma, Quatro-Tempos e vigílias):*
— nada pela manhã;
— refeição às 11h 30min: como no jejum da Ordem, *porém* os ovos e todos os derivados do leite são inteiramente excluídos da alimentação; cozidos com água ou óleo;
— merenda às 18h: seis onças de pão, nada de confeitos, frutos crus ou secos (maçãs, figos, ameixas, nozes etc.).

Teresa não jejuou antes de seus vinte e um anos de idade (janeiro de 1894), mas se submeteu à abstinência de carne, exceto quando dispensada por doença.

PLANTAS

O Carmelo de Lisieux em 1897
A enfermaria
O primeiro andar

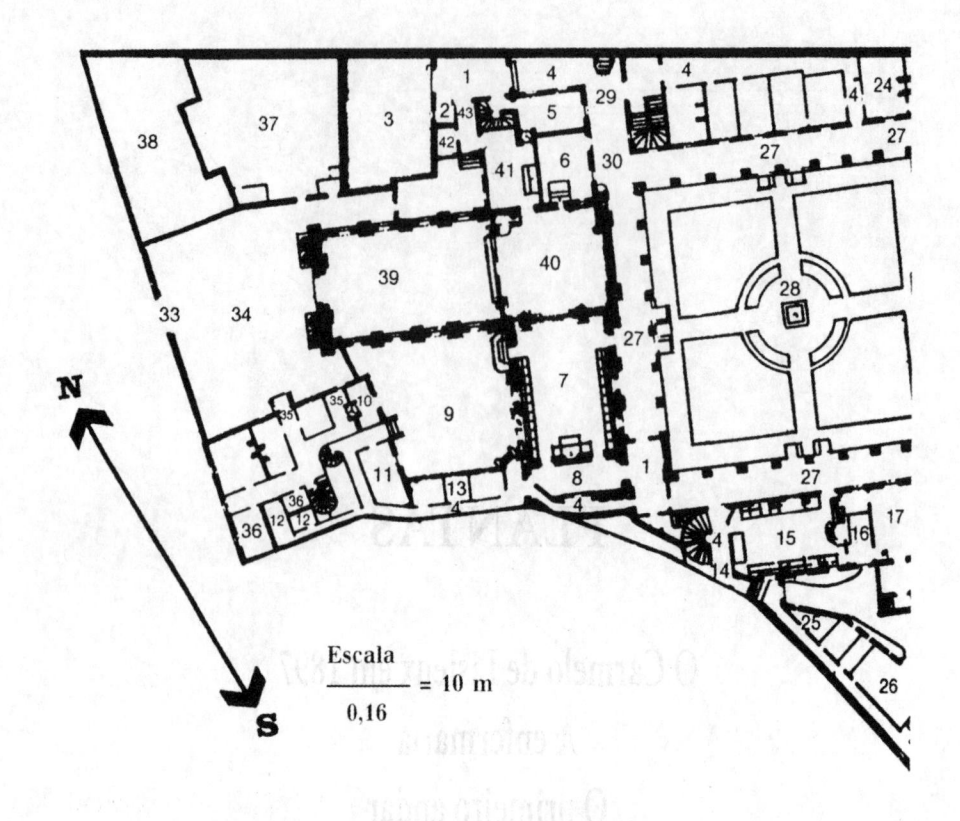

CLAUSURA

1. Vestíbulos
2. Confessionário das religiosas
3. Pátio da sacristia
4. Passagens
5. Sacristia
6. Oratório
7. Coro
8. Antecoro
9. Pátio de Lourdes
10. Roda interior
11. Ofício de rodeira
12. Locutórios interiores
13. Depósito
14. Santo Aleixo
15. Refeitório
16. Provedoria
17. Cozinha
18. Lareira
19. Eremitério de São José
20. Eremitério do Sagrado Coração
21. Ofício dos pães do altar
22. Enfermaria da Sagrada Face
23. Cela da enfermeira (Irmã Genoveva)
24. Enfermaria Nossa Senhora de Lourdes
25. Ofícios das lâmpadas (??)
26. Adega
27. Claustros
28. Cruzeiro do claustro
29. Estátua da Virgem Imaculada
30. Menino Jesus de Santa Teresa

**PLANTA
DO CARMELO DE LISIEUX
EM 1897**

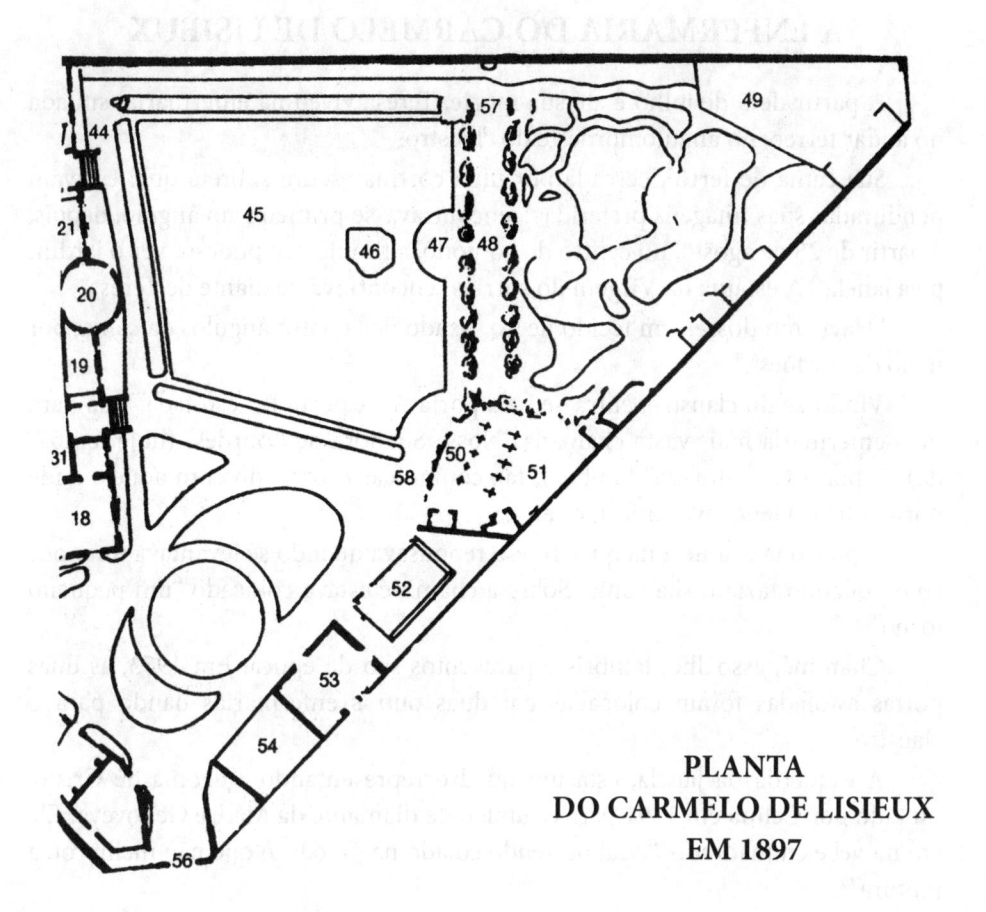

31. Estátua de Nossa Senhora do Monte Carmelo
32. Estátua de Santa Teresa d'Ávila

FORA DA CLAUSURA

33. Porta de entrada
34. Pátio da capela
35. Casa dos rodeiras
36. Locutórios exteriores
37. Jardim do capelão
38. Casa do capelão
39. Capela
40. Santuário
41. Sacristia
42. Confessionário do padre
43. Porta da clausura

JARDIM

44. Escadaria da enfermaria
45. Prado
46. Pequena fonte
47. Eremitério da Sagrada Face
48. Ala dos castanheiros
49. Galinheiro
50. Antigo cemitério
51. Gruta de Santa Madalena
52. Lavatório
53. Lavanderia
54. Hangar
55. Estátua do Coração de Maria
56. Porta para os veículos
57. Estátua de São José
58. Arbusto (nespereira)

A ENFERMARIA DO CARMELO DE LISIEUX

A partir de 8 de julho e até sua morte, Teresa viveu na enfermaria[1] situada no andar térreo, no ângulo nordeste do claustro.

Sua cama de ferro[2], cercada por uma cortina escura sobre a qual estavam penduradas suas imagens preferidas[3], encontrava-se primeiro no ângulo, depois, a partir de 28 de agosto, no centro do cômodo, a fim de que pudesse ver o jardim pela janela[4]. A estátua da Virgem do sorriso[5] encontrava-se diante de Teresa.

"Havia um dossel, em tecido negro, fixado nos quatro ângulos da cama, por meio de cordões[6]."

Vindo-se do claustro, entra-se pela porta A. A porta B, "estofada"[7], dá para uma enfermaria mais vasta chamada "Nossa Senhora de Lourdes" (hoje reduzida). A porta C, "estofada" também, faz comunicar o cômodo com aquele onde dormia Irmã Genoveva, enfermeira.

A poltrona é aquela na qual Teresa repousava quando se levantava um pouco ou quando faziam sua cama. Sobre a chaminé estava colocado "um pequeno forno"[8].

Chaminé, assoalho, lambris e paraventos são da época. Em 1953, as duas portas estofadas foram colocadas em duas outras enfermarias dando para o claustro.

À esquerda da janela, está um quadro representando a agonia de Cristo, pintado por Celina em 1891 para o jubileu de diamante da Madre Genoveva. Ele era móvel e enquadrado. "Acabou sendo colado na parede, o que não melhorou a pintura"[9].

A iluminação provinha de um bico de gás que não se sabe onde estava colocado. Teresa tinha junto dela sua pequena lâmpada Pigeon.

Sob o claustro, à esquerda olhando para a porta da enfermaria, encontrava-se o pequeno sino que chamou as irmãs na noite de 30 de setembro.

---

1. Comprimento: 5,8m; comprimento do lado da janela: 3,44m; comprimento do lado da chaminé: 4,19m; altura: 3,34m.

2. Comprimento: 1,97m; largura: 97cm.

3. Cf. CA 10.7.10 + b.

4. Altura: 2,35m; largura: 1,85m.

5. Altura: 84cm. Cf. PIAT, P. *La Vierge du sourire et sainte Thérèse de l'Enfant-Jésus*. Escritório Central de Lisieux, 1951, 108p.

6. Irmã Genoveva. *Description de certaines parties du Monastère au temps de Ste. Thérèse de l'Enfant-Jésus*, p. 47.

7. Irmã Genoveva, op. cit., p. 48.

8. Irmã Genoveva, op. cit., p. 48. Espécie de pequena estrutura portátil, em madeira, conservando quentes os alimentos e sopas destinados aos doentes (altura: 37cm; largura: 32cm; profundidade: 35cm).

9. Irmã Genoveva, *Recueil I*, p. 9.

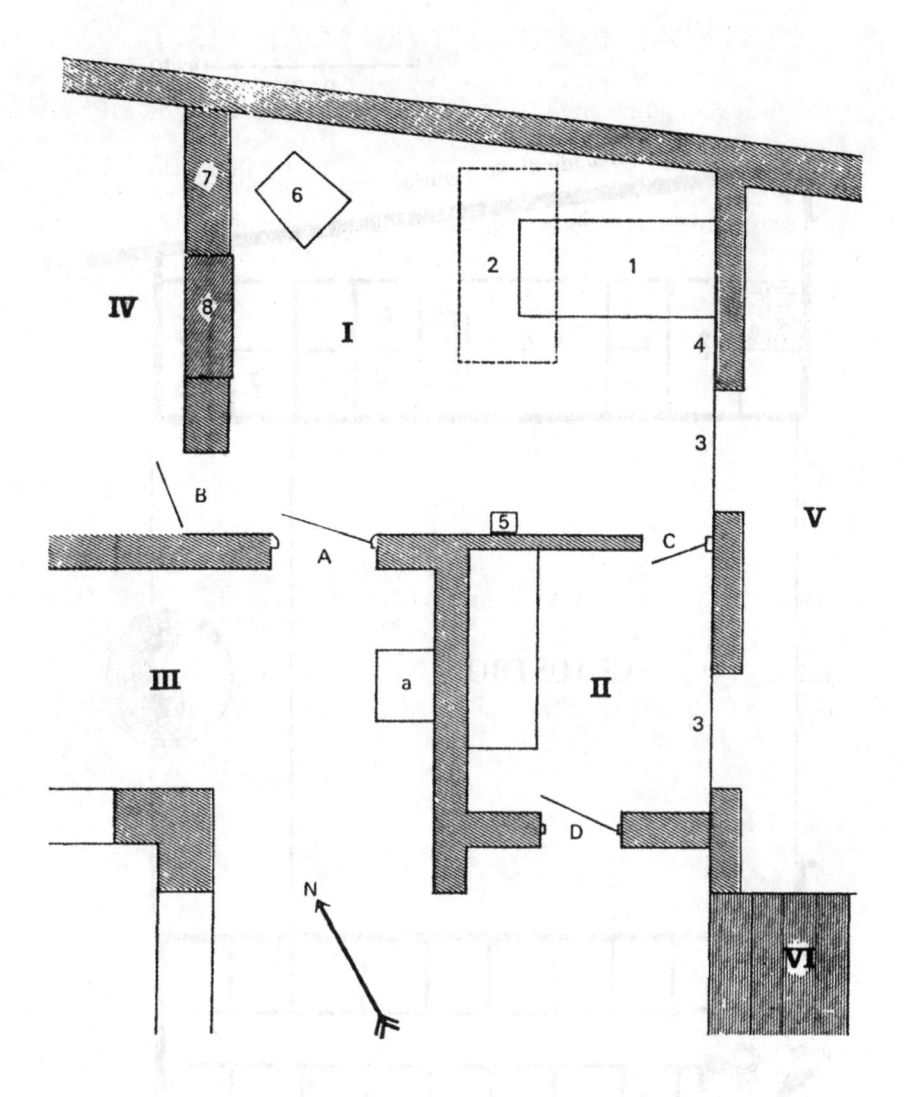

LEGENDA DA PLANTA

I. Enfermaria dedicada à Sagrada Face. 1. Posição da cama de Teresa do dia 8/7 a 28/8. — 2. Posição da cama após 28/8. — 3. Janela dando para o jardim. — 4. Quadro de Celina: o Cristo na agonia. — 5. Estátua da Virgem do sorriso. — 6. Poltrona. — 7. Mesa e baú de madeira. — 8. Chaminé.

II. Pequeno cômodo onde dormia Irmã Genoveva.

III. Claustro (ângulo nordeste).

a) Estátua da transverberação de Santa Teresa d'Ávila.

IV. Enfermaria Nossa Senhora de Lourdes (Madre Inês dormiu ali na noite de 29 para 30/9. — V. Jardim. — VI. Corredor e escada dando para o jardim. A, B, C, D: portas.

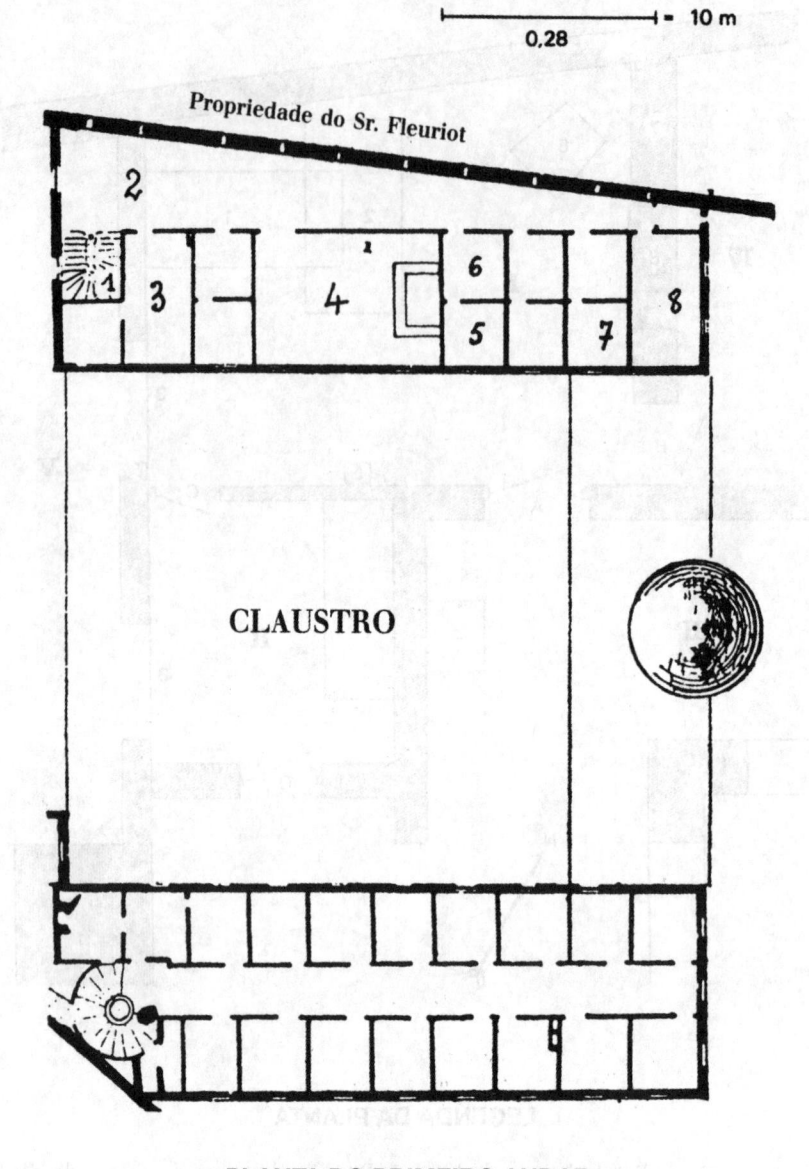

PLANTA DO PRIMEIRO ANDAR

1. Escada do dormitório Santo Elias
2. Dormitório Santo Elias (corredor)
3. Rouparia
4. Capítulo
5. 5. Cela de Teresa (Santo Eliseu)
6. 6. Sala de espera da cela
7. 7. Cela da Irmã Genoveva
8. 8. Biblioteca

ÍNDICES

INDICES

Índice bíblico

GÊNESIS

1,26-27	A 48v
1,26-27	C 182
1,26-27	RP 6,9f (2f.)
1,26-27	RP 6,11f
2,7	P 32,4
2,17	CA 3.8.9
3,1	RP 7,3f
3,14	RP 7,4v.5f
3,15	RP 7,5f.5v
3,18	C 127
3,19	RP 6,1v
7,13-16	A 68f.69f
7,13-16	C lv
7,13-16	C 158
7,13-16	P 29,5
8,8-9	C 148
8,8-9	P 11,1
8,8-9	P 29,6
8,8-9	RP 3,20v
8,11-12	C 9f
8,11-12	P 29,7
11,1-9	A 66v
15,1	A 47v
15,1	C 5v
15,1	C 145
15,1	C 182,183
15,1	P 17,15
15,1	RP 4,4v
22,2.10	C 261
22,12	C 167
28,17	C 30f
49,26	RP 6,1v

ÊXODO

3,2	A 38v
4,25-26	C 82,112,165
9,16	cf. Rm 9,17
17,9-13	C 106,135
17,9-13	C 189,201
17,9-13	RP 1,14f
17,9-13	O 8
19,16	P 23,7
23,20	C 229
33,22	cf. Cf 2,14
34,14	C 149,164
34,14	P 27,3.4

LEVÍTICO

19,18	C 12f/v
22,18-25	B 3v

NÚMEROS

11,5	C 63,261

DEUTERONÔMIO

32,11	B 4v.5v

JUÍZES

16,17	C 50 (2f.)

1 SAMUEL (I Reis)

17,40-54	RP 3,9f

2 SAMUEL (II Reis)

16,10	C 27f

1 REIS (III Reis)

8,27	C 169
14	CA 11.8.6
18,18-40	C 192
19,10.14	P 4,1
19,10.14	P 48,4
19,10.14	P 50,1
19,10.14	RP 3,9f (2f.)
19,10.14	RP 3,23f
19,10.14	O 17 e 18
19,11-13	A 36v.76v

2 REIS (IV Reis)

2,9	B 4f
2,9	P 12,4
5,1.10-14	RP 6,7v

1 CRÔNICAS

28	C 190
28,9	RP 6,9f

NEEMIAS

4,17	CA 14.7.1

TOBIAS

12,7	C 196 = B 1v
12,7	C 2v
13,17	C 172
13,17	RP 3,11v

JUDITE

13,7	O 17
15,10-11	C 22f
15,10-11	RP 3,11f
15,10-11	CA 8.8.3

JÓ

4,16	C 120
4,18	P 23,7
7,4	CA 5.8.8.
13,15	CA 7.7.3
19,25-26	RP 3,19f
42,10-12	C 146

SALMOS (Vulgata)

9,11	RP 8,5f
15,6	P 18,30
17,5	C 262
18,6	A 44v
18,6	C 141
22,1-4	A 3f/v
22,2	C 142
22,4	C 262
22,6	A 84v
23,7.9	RP 2,7v
23,7.9	RP 5,3f
23,7.9	RP 6,11v
23,7.9	O 20
23,8	A 45f
23,8	B 3v
26,4	C 30f
26,4	C 175,202
26,4	RP 8,4v
26,8	P 11,3
26,8	RP 2,5v.7f
26,10	IW 8,4f
30,2	CA 23.7.7
30,10.12-13.15	Ima 2
30,21	P 5,6
30,21	P 11,3
30,21	P 12,8
30,21	P 16,1
30,21	P 20,5
30,21	P 24A,33
30,21	RP 2,7f
30,21	O 12
33,6	C 21f
35,6	A 84f
37,10	P 23,6
41,2	C 142
41,2	P 18,34
41,6	RP 3,19f
41,6.5	Ima 2f
44,15-16	P 53,1
49,9-14	C 196 - B lv
50,10	CA 20.8,4
50,19	RP 4,27
50,19	RP 8,4f
54,7	A 38f
62,2	A 66f
67,29	RP 3,9f
70,17-18	C 3f
75,10	C 145
75,10	RP 2,6f
75,10	CA 25.9.1
79,2	C 169
83,6	C 190
83,7	A 32v
83,7	B 5v
83,7	C 190,244
83,7	C 253,258
83,7	P 32,1

83,7	P 50,5	117,1	A 83v
83,7	RP 2,1f	117,23	C 91
83,7	O 9	118,32	C 16f
83,11	C 201	118,80	P 3,28
83,11	RP 8,4f	118,80	P 5,3
88,2	A 2f.3v.4f	141,100.105.60	C 4f
88,2	A 40f,86f	119,5	CA 25.8.4
88,2	C 1f.3f	120,1	P 16,5
88,2	C 27f/v	123,7	RP 3,23f
88,2	C 29v.34f	125,5-6	A 81f
88,2	C 247	125,5-6	C 1f/v
88,2	P 48,5	125,5-6	C 168
89,4	C 3f	125,5-6	C 185,201
89,4	C 71,87	126,1	C 147
89,4	RP 3,23v	127,6	C 152
89,4	O 6	132,1	C 8v
89,5	O 7	136,1-2	C 85,175
90,3	P3,54	136,1-4	C 87,149,157
90,4	P 5,3	136,1-4	P 3,21
90,4	RP 2,1v	136,1-4	P 18,54-55
90,4	RP 2,3v.6v	136,1-4	P 18b,9
90,4	O 5,7v	136,1-4	O 12
90,5	P 5,7	136,4-2	C 165
90,5	RP 2,2f	138,10	C 201
90,11	RP 6,10v	138,12	A 44v
90,11.12	C 161	138,12	C 144
90,11.12	CA 6.6.8	140,5	C 259
91,5	C 7f	141,5	CA 11.7.1
91,5	CA 13.7.16	141,5	CA 6.8.1
93,18	C 243	141,5	DE/G
94,4	P 18,50	143,1-2	C 8v
94,4	P 18b,9	143,1-2	O 17
94,4	P 24,6	1441,15-16	RP 6,1v
101,8	C 17f		
101,8	C 217	**PROVÉRBIOS**	
102,8	A 3v	1,17	C 15f
102,8	C 7v	9,4	C 196 = B 1f
102,13.12.8	Ima 7	9,4	C 3f
102,8.14.13	C 226	9,4	P 44 (epig.)
102,14	A 76f	9,4	Ima 7 e 9
103,4	RP 5,23	18,19	C 21v
103,32	A 64v	21,1	A 82v
108,23	CA 5.8.2	21,28	P 48,4
109,3	P 24,1	31,10	C 197
111,4	C 21f		
112,9	C 255	**ECLESIASTES**	
115,16	A 50v.67v	1,2	C 58
115,16	A 68f.82f	1,2	CA 22.6
115,16	P 17,15	2,11	A 32v.46v
115,16	P 21,1	2,11	A 55v.81f/v
115,16	RP 3,17v	2,11/4,4	C 243
115,16	RP 3,23bisf	9,1-2	C 129

CÂNTICO DOS CÂNTICOS (Vulgata)

1,1	P 20,6
1,1	RP 3,23bisf
1,1	O 16
1,2-3	C 137,259
1,2-3	C 34f
1,2-3	C 35v/36f
1,2-3	C 36v
1,2-3	P 18,37
1,6	C 142
1,6	P 21, título
1,12	C 108,144
1,12	C 165,185
1,12	P 18,37
1,12	P 20,4
1,12	RP 1,10f
1,13	C 110
2,1	A 35v
2,1	C 141,142,143
2,1	C 183,241
2,1	P 13,7
2,1	P 18,36.37
2,1	P 20,3
2,1	P 24,30
2,1	P 44,10
2,1	P 54,10
2,1	RP 2,2f
2,1	RI' 2,2v (2f.)
2,1	RP 2,3v.4f.7f
2,1	RP 5,14
2,1	RP 6,1f
2,3	A 49f.53v
2,3	C 201
2,3	P 52,1.2.5
2,7	C 182
2,9	C 157,230
2,10-11	A 12v
2,10-11	C 158
2,10-11	P 16,4,
2,11.14	RP 3,23bisf
2,14	A 44f
2,14	P 3,53
2,14	RP 2,5v
2,16	C 122
2,16	O 5 (2f.)
2,16	C 105
3,1-4	A 31f
3,1-4	C 145
3,3-4 e 5,7	CA 25.7.13
4,6-2,17	C 89,120,130
4,6 - 2,17	C 140,141
4,6 - 2,17	C 142,147,156
4,6 - 2,17	O 6
4,6	C 142
4,6	RP 2,4f
4,9	C 164,191
5,1	C 142
5,2	A 67v.68f
5,2	C 160
5,2	P 13,14
5,2	RP 6,2f
5,2	C 108,158
5,2	O 12
5,10	C 137
5,10 e 7,5	C 108
6,3	P 48 (epig.)
6,10-11	C 165
6,12	C 165
7,1	A 61v
7,1	C 149,165
7,1	C 182,183
7,1	P 48 (epig.)
7,1b	P 4,11
8,1	A 48f
8,1	C 158,182,187
8,1	P 18,51
8,1	P 26,6
8,7	C 196 = B 1f

SABEDORIA

3,5	CA 5.6.2
3,1-8	RP 3,19v
3,5-6	C 91,165,168
3,5-6	O 6
4,1	C 130,149
4,7-17	RP 3,20f
4,8	RP 8,1v
4,11	A 40f
4,12	A 32v
4,12.14	RP 6,9f
5 (passim)	RP 3,20f/v
5,10	A 41f
5,11	RP 3,19v
6,7	C 196 = B 1f
6,8	CA 25.9.1
11,23	C 161

ECLESIÁSTICO

34,9	C 198

ISAÍAS

3,10	C 2v
6,2	CA 24.9.7

9,5	C 213,220	66,12-13	C 196 = B 1f
9,5	P 24,23	66,12-13	C 3f
9,5	RP 6,2v.8v	66,12-13	Ima 7
11,3-4	RP 6,9f/v	66,19	B 3f
11,6	RP 6,11f	66,19-20	C 193
14,12-15	RP 1,6v		
14,14-15	RP 7,4f	**JEREMIAS**	
35,4	RP 6,9v	2,13	C 169
38,14	B 5f	2,20	P 48,4
40,4	RP 2,1v	2,20	RP 7,3f
40,11	C 196 = B 1f	10,23	C 243
40,11	Ima 5,6 e 7	Lm 1,12	P 54,23
45,3	A 47f.71f	Lm 1,12	RP 6,3f
45,1s	P 19,1	Lm 1,12	Ima 8
45,15	P 40,9		
45,15	RP 2,4v (3f.)	**EZEQUIEL**	
45,15	RP 2,5f.7v	16,8-13	A 47f
45,15	RP 6,11f	33,11	RP 6,10f
45,15	O 7	34,13	RP 2,8f
49,15	C 191		
52,11	A 79v	**DANIEL**	
53,1-5	C 108	3,51s	P 17,6
53,2-4	RP 2,3f	3,51s	CA 8.7.15
53,3	A 71f	2,14.19	P 10,3-4
53,3	C 116,117		
53,3	C 137,140,144	**JONAS**	
53,3	C 145,156,165	1,2-3	C 23f
53,3	C 183,216		
53,3	P 5,13	**MIQUEIAS**	
53,3	P 24,24	6,3	C 190
53,3	RP 6,1f	6,3	CA 25.7.6
53,3	O 12 (2f.)		
53,4.3	RP 6,7f	**ZACARIAS**	
54,2-3	C 193	9,17	C 156,183
55,8-9	A 66v	9,17	RP 2,7v
55,8-9	C 87,107	13,6	C 190,261
55,8-9	C 142,226		
55,8-9	RP 6,8v	**MALAQUIAS**	
60,4-5	C 193	4,25	C 141
60,21	C 193		
60,22	C 64	**MATEUS**	
60,1-2	C 193	1,18-19	P 54,8
61,10-11	C 193	1,23	P 54,23
63,1	RP 6,8v	1,23	RP 6,1v
63,1-3.5	C 108,165	1,23	RP 8,6f
63,1-3.5	RP 2,3bisf	2,1-4	RP 6,5f (2f.)
63,4	RP 2,5v	2,1-4	PS 2
63,4	CA 5.8.9	2,1.9	RP 5,1v
64,6	P 23,7	2,11-12	P 24,3
64,6	O 6		
65,15	A 56f		
66,12	A 76v		

2,11-12	RP 6,1f	8,20	P 24,8
2,13	RP 2,3v	8,20	RP 6,7f
2,13	RP 6,2f.2v.3f	9,10-11	C 6f
2,13-15	RP 2,2f	9,12	O 7
2,13-15	P 24,5	9,13	A 39f
2,13-15	P 54,12.13	9,13	B 5f
2,16-18	P 24,3	9,13	RP 2,3f *bis*
2,16-18	RP 2,2f	9,37-38	C 135
2,16-18	RP 6,5f.8v (2f.).9f	9,37-38	Ima 4
2,19-21	RP 2,2f	9,38	RP 5,8
5,3	A 32v.49f	10,34	C 57
5,3	C 16v	10,34	P 47,5
5,3	C 197	10,34	O 17
5,5	Ima 2	10,34.37	RP 8,4f
5,8	C 105	11,12	C 201
5,8	bua 2	11,12	P 48,2
5,10	Ima 2	11,28.30	P 24,10-11
5,11-12	C 107	11,29	P 24,19
5,11-12	Ima 2	11,29	P 54,3
5,13	A 56f	11,29	O 5; 20
5,15	C 12f (2f.)	11,29	CA 15.5.3
5,40-42	C 16v (2f.).18f	11,30	C 16f
5,43-44	C 15v	12,20	RP 6,2v
5. 43-44	CA 30.7,7	12,46-50	P 54,20-21
5,48	C 107	12,50	C 130,142,172
6,3-4	A 32f	12,50	Ima 3 e 7
6,3-4	C 28v (2f.)	13,44	C 145
6,9	A 75v	16,16	RP 1,12f
6,9	C 101,127	16,18	RP 7,4f
6,9-13	C 25v	16,24	RP 3,21f
6,10	A 76v.83f.84v	16,24	RP 7,3f
6,10	C 10v	16,24-25	Ima 2
6,10	C 201	17,20	A 67v
6,10	RP 2,5v	18,4	Ima 5, 6 e 7
6,10	O 2 e 6	18,6	A 52v
6,10	O 10	18,10	C 254
6,11	P 24,28	18,10	Ima 5 e 6
6,11	RP 5,2v	18,19-20	C 25v
6,11	RP 6,2v	18,19-20	C 220
6,21	C 127,134,261	18,19-20	O 9
6,21	CA 12.8.6	19,14	P 24,9
6,24-33	CA 12.9	19,29	A 81v
6,26	RP 6,2v	19,29	C 72
6,26	P 43,10	19,29	C 180
6,28-29	RP 3,5v	19,29	C 193,213
6,28-29	RP 4,2f1	20,16	A 66v
6,30	C 141	20,21-23	A 62v
6,33	C 22v	20,22-23	C 10v
7,14	P 54,6	20,22-23	C 100,107,167
7,21	C 11v	20,22-23	C 213,261
8,11	RP 6,7f (2f1.).8f	20,22-23	P 16,2
8,20	C 137,144	20,22-23	P 50,2

21,1-10	A 73f	4.37-39	C 9v
21,38-39	RP 6,2v	4,37-39	C 144,165
22,39	C 11v	4,37-39	C 167,171
23,37	CA 7.6.1	4,37-39	P 13,11.14
24,30	RP 2,6f	4,37-39	P 17,9
24,30	O 6	4,37-39	P 24,32
24,41-44	DE/G 5.8.1	4,39	P 42 2
24,42-44	A 77v	6,32-34	CA 30.7.18
24,42-44	C 118	7,28	C 27f
24,43	CA 9.6.1	9,2-8	C 142
24,43	CA 7.7.1	9,2-8	P 17,4
24,43	CA 10.7.5	9,34	P 10,6
24,43	CA 31.7.16	10,13-16	P 24,9
25,4	RP 6,11v	10,13-16	P 44,1.9.11
25,6	C 5f	10,14	C 226
25,6	RP 3,21v	10,14.16	Ima 5 e 6
25,6	O 5f	10,21-22	C 247
25,21	A 17v.20v	14,3	RP 4,3v
25,21	A 64f.71v	14,3-9	C 169
25,29	A 48f/v	14,3-9	P 17,12
25,31	A 77v	14,33.37	CA 31.7.7
25,31	C 118	14,62	C 117,161
25,31	RP 2,5v	14,62	P 24,23
25,31	1W 4,40	14,62	Ima 8
25,31	RP 6,9v.10v	14,62.30	CA 6.6.9
25,31	RP 8,6f	15,29	CA 25.8.1
25,31-40	A 74v	16,6	CA 29.5
25,31-40	C 145	16,19	B 5v
25,31-40	RP 2,6f.8f	16,19	C 36v
25,36	CA 20.8.3	16,19	RP 2,4v.5f
25,40	C 29f	16,19	RP 2,5v.7v
25,40	C 229		
25,40	CA 21/26.5,4	**LUCAS**	
25,40	CA 30.7.10	1,26-38	RP 6,1f
26,29	A 12f	1,28	C 25v
26,29	CA 13.7.8	1,28	P 54,17
26,35	CA 9.7.6	1,31-34.38.35	P 54,3,4
26,38	RP 3,17v	1,33	RP 2,4f
26,47-50.56	RP 3,18f	1,39-40.46-55	P 54,6.7
26,53	RP 23v	1,48	RP 1,12f
26,57-68	RP 3,18f	1,49	C 41
26,69-75	CA 7.8.4	1,49	C 224
27,29	C 87,156	2,7	C211
27,29	RP 2,3v (2f.).41	2,7	P 54,4.9.10
27,29	RP 5,3f	2,7	RP 1,12f (2f.).12v
27,46	C 178	2,7	RP 2,1f. 7v
27,46	RP 3,18f	2,7	RP 5,1f.3f
28	RP 2,4f/v	2,7	RP 6,1f.2v
		2,7	O 8
MARCOS		2,13-14	C 149 (2f.)
3,13	A 2f	2,13-14	P 24,2
4,37-39	A 51f/v.75v	2,13-14	RP 2,6v

2,14	Ima 3 e 7	10,41-42	P 43,11
2,15-20	P 24,3	11,5-8	C 99
2,15-20	RP 6,1f	11,5-8	C 21/26.5.7
2,19	P 54,10	11,9.13	C 35v
2,19	CA 8.7.10	12,32	A 62v
2,22-35	P 54,11	12,37	C 204,208
2,22-35	RP 6,2v	12,37	CA 8.8.4
2,33	CA 21.8.3	12,48	C 83
2,35	A 26f.73f	12,49	C 189
2,35	CA 21.8.3	12,49	P 17,10
2,41-50	A 51f	12,49	P 24,17
2,41-50	P 54,13-14	12,49	P 35,5
2,51	P 14,2	12,49	P 47,5
2,51	RP 5,24	12,49	RP 2,4v
2,51	O 20,15-16	12,49	RP 4,35
2,51-52	P 54,15	12,49	RP 5,23
2,51-52	RP 6,1v	12,49	Ima 4
2,52	C 202	14,10	C 36v
5,4-10	A 45v	14,10	C 243
5,4-10	C 161	14,10	P 29,8
6,12	P 24,14	14,10	RP 8,2v
6,32.30	C 15v.17f	14,10	O 20
6,34-35	C 18f	14,11	O 20
6,37	C 13v	14,12-14	C 28v
7,36-38	C 36v	15,4.7	C 129,142
7,36-38	C 247	15,4.7	RP 2,3bisf
7,36-38	P 17,12	15,4.7	RP 6,8v
7,40-43	C 130	15,7	A 46f
7,42-43	C 224	15,7	RP 2,3bisf
7,42-43	O 7	15,7	RP 5,6
7,44-47	RP 4,3v	15,10s	P 24,16
7,47	A 38v	15,13	RP 2,3bisf
7,47	C 247	15,20	C 36v
7,47	P 41,3	15,20.22	C 261
7,47	RP 2,3bisf	15,20-31	A 83v/84f
10,20	A 181	15,24-31	C 142
10,20	RP 1,18v	15,24,31	P 24,18
10,20	RP 6.11f	15,31	A 66v
10,21	A 49f.71f	15,31	C 34v
10,21	B 5v	15,31	RP 4,39
10,21	C 4f	16,8-9	B 4f
10,21	C 127,190,247	16,8-9	C 197
10,21	RP 6,8v.11f	16,8-9	P 24,12
10,21	Ima 2	16,8-9	DE/G.8.2
10,30-37	CA 29.8.1	16,9	RP 6,6v
10,39-41	C 36f	17,10	CA 23.6
10,39-41	RP 4,1f (3f.).2v (2 f.)	17,21	A 83v
10,39-41	CA 6.4.1	18,13	C 6f.36v
10,41-42	B 5f	18,13	Ima 1
10,41-42	C 22v	18,13	CA 12.8.3
10,41-42	C 141	19,4-6	C 137 (2 f.)
10,41-42	C 257	19,44	RP 6,2v

19,48	C 115	1,11	RP 6,10v
21,29-31	C 143	1,14	RP 2,1f
22,15	C 213	1,14	RP 6,1f.7v
22,28	A 55v	1,14	P 54,4
22,28-29	C 165 (2 f.)	1,29	P 1,5
22,29	A 62v	1,38	C 137
22,30	C 12f	1,41	RP 6,5f.8v
22,30	C 254	2,1-11	A 67v
22,32	CA 7.8.4	2,1-11	C 166
22,39-46	A 51f	2,1-11	P 24,13
22,39-46	C 165	2,1-11	P 54,19
22,39-46	CA 6.7.4	3,8	CA 11.79
22,42	C 8v	3,8	CA 12.8.3
22,42	C 197	3,16	O 6 e 13
22,42	RP 2,3f	3,34	CA 21/26.5.11
22,42-43	C 178.213	4,6	C 144
22,43-44	P 24,21	4,7	A 46v
22,43-44	RP 3,17v	4,7	C 141
22,64	A 20v	4,7	C 196 = B 1v
22,67.70	P 24,23	6-7.10	P 24,10.11
23,9	C 145	4,7.10.13-15	Ima I
23,9-11	O 3	4,10	RP 6,6f
23,11	C 169	4,10	RP 8,4f
23,11	RP 3,21f	4,34	RP 1,16v
23,27	A 66v	4,35	C 135
23,42-43	RP 6,9v.10f	4,35	P 24,15
24,26	A 62v	4,35	RP 5,2f
24,26	C 186,244	4,35,37.36	Ima 4
24,26	P 31,3	5,21	RP 6,9f
24,29	P 23,6	5,22	RP 2,8f
24,29	P 31,2	5,44	P 24.19
24,29	RP 4,36	6,33	C 263
24,32	P 31,f.2	6,33	P 3,68
		6,44	C 35v
JOÃO		6,51	P 5,8
1,1	A 20v.77v	6,51	P 24,28
1,1	B 5v	6,51	RP 2,7v
1,1	C 118,165,183	7,37	C 142
1,1	P 3,65	7,37-38	P 24.10.11
1,1	P 17,2	7,38	O 6
1,1	P 24.5.26	8,10-11	C 230
1,1	P 36,2	9,4	C 71
1,1	P 41,2	10,11-15	C 23f/v
1,1	P 54,10.24	10,18	RP 6,2v
1,1	RP 2,1f.2f	11,1-4s	A 28f.67v
1,1	RP 2,4v.7v	11,16	C 98
1,1	RP 3,18f	12,1-3	C 169,172
1,1	RP 5,1f.2v.3v	12,24	A 81f
1,1	RP 6,2v	12,24	CA 11.8.2
1,5.9.10	C 5v/6f	12,24-25	P 25,8
1,10	C 201	12,24-25	Ima 2
1,11	RP 5,1f	12,26	O 17

12,32	RP 2,8f	18,38	CA 21.7.4
13,5	O 20	19,5	Ima 8
13,7	RP 6,7f	19,17	CA 3.8.7
13,8	O 20	19,22	RP 6,8v
13,15-17	O 20	19,25	C 167,213
13,23	P 13,14	19,25-27	P 54,23.22.24
13,23	P 24,20	19,27	Ima 8
13,34	P 54,22	19,28	A 45v
13,34-35	C 11v.12v	19,28	A 85v (arm.)
13,34-35	C 15v.16f	19,28	P 24,25
14,2	C 226,247	19,28	P 31,5.6
14,2	O 6	19,28	O 12v
14,2	CA 1.8.6	19,28	Ima I
14,2-3	C 127,173,204	19,34	RP 2,3v
14,2-3	P 24,33	20,11-12	A 60v
14,2-3	O 2	20,11-18	B 3f/v
14,2-3	CA 15.6.4	20,11-18	P 23,1.2
14,6	C 165	20,17	C 165
14,12	P 24,19	20,17	RP 2,8f
14,18	P 24,28	20,27	C 190
14,18	RP 2,7v	20,27	O 6
14,23	C 142,165	20,29	P 24,27
14,23.27	P 17,1.2	20,29	RP 7,1v
14,30	RP 7,4f (3f.)	20,29	CA 4.6.1
15,5	A 85v (arm.)	20,29	CA 5.8.4
15,5	P 5,9.10	20,29	CA 11.8.5
15,5	P 25,7	20,29	CA 11.9.7
15,6	RP 3,21v	21,3.5	C 161
15,13	C 226	21,15	C 3v
15,13	P 29,9.10	21,15	C 152
15,13	P 31,f.1,f.2	21,15	P 17,2
15,13.15	C 12f	21,15	Ima I
15,15	RP 6,9f		

ATOS DOS APÓSTOLOS

16,5-7,22	C 258	1,14; 2,1-4	A 36v
16,12	PS 7	2,21	RP 2,7f (2 f.)
16,20	C 28v	20,35	C 142,169
16,23	C 35v		

ROMANOS

16,23	O 6 e 13	3,24	C 35f
17,4s	C 34f/v	3,24	C 185,197
17,8	C 35f	4,6.4/3,24	Ima 5 e 6
17,14,6	A 73v	4,18	A 64v
17,15	O 8	5,5	C 22v
17,15-20	C 35v	8,15	C 19v
17,17	C 165	8,26	C 165
17,21	C 165	8,35-39	A 52v
17,23	C 35f	8,35-39	P 48,1
17,23-24	Ima 3	9,15-16	A 2f
17,24-26.3.10.23	Ima 7	9,16	C 224
18,36	A 71f	9,17	C 20f
18,36	C 117,204		
18,36	RP 6,7f.9f		
18,38	C 165		

11,33	RP 6,8v	2,20	P 17,3
12,15	C 28v	2,20	P 24,29
		2,20b	C 184
		6,17	O 6

1 CORÍNTIOS

1,27	A 44f
1,27	C 201,220,245
1,27	RP 1,16v
1,27	O 17
2,9	A 47v.58f
2,9	C 196 = B 1f
2,9	C 68,94,124
2,9	C 155,173
2,9	C 182,245
3,13.15	P 23,8
3,16	A 48v.60f
4,3-4	C 13v
4,5	A 56f
7,31	A 79v
7,31	C 85,120
7,31	C 130,137
7,31	RP 3,23v
9,22	DE/MSC 13.7.2
9,24-25	P 48,2
12,29.12.21	B 3f
12,31	B 3v
13 (*passim*)	B 3v
13,12	C 57,94,96
13,12	C 122. 147
13,12	RP 3,21f
13,12	O 6 e 17
14,33	A 78f
15,13.8	RP 6,11v
15,25	RP 7,4f

2 CORÍNTIOS

4,7	P 17,7
4,17	A 47v
4,17	C 82,173
5,14	P 17,8
5,14	RP 5,20
6,2	C 129
8,9	C 109
9,7	C 28v
12,5	C 15f
12,5	C 109
12,5	CA 5.7.1

GÁLATAS

2,20	A 36f
2,20	C 36f

EFÉSIOS

6,11	A 44v
6,11	P 48,1
6,14.16	P 48,4
6,17	C 193
6,17	P 48,2
6,17	CA 6.4.2
6,17	CA 9.8.1

FILIPENSES

1,21	P 26,1
2,7	C 201
2,7	RP 1,7f
2,7	O 20
3,20	A 73v
3,20	C 201,261
4,7	A 76v

COLOSSENSES

2,3	C 12f
2,14-15	C 245
2,17	C 86,186
3,4	C 141

1 TESSALONICENSES

4,13	CA 17.9.1
4,16-17	P 24,33
4,17	RP 2,5v

1 TIMÓTEO

1,15	RP 6,11f

2 TIMÓTEO

4,7-8	Ima 2

TITO

1,15	A 57f

HEBREUS

5,7	O 6
11,13-16	C 5v
12,6	C 68
13,14	C 6v
13,14	C 173

TIAGO
1,12	C 105,198

1 PEDRO
4,8	C 15f/v

2 PEDRO
3,7	RP 2,5v

1 JOÃO
3,2	A 60f
3,2	C 141
4,18	C 247
4,18	P 3,31
4,18	P 17,6

APOCALIPSE
2,17	A 35f.56f.
2,17	C 183,261
3,20	C 253
3,21	C 117,183
4,6	RP 1,12v
7,9	RP 1,18v
7,9	RP 2,2f
7,9	RP 3,23f
7,9	RP 6,11v
7,9	O 18f
7,13-15	C 108
7,17	RP 1,12v
8,3	B 4f
10,6	P 24,33
10,6	RP 2,5v
10,6	CA 17.7
12,7-9	RP 1,6v
14,1	RP 1,8v
14,2-5	Ima 5 e 6
14,3	A 84v
14,3	B 4f
14,3	P 3,100
14,3-4	C 16f
14,3-4	C 186
14,3-4	P 44,4
14,3-4	RP 1,12v
14,3-4	RP 3,20v
14,3-4	RP 4,41
14,4	C 238,241
14,4	P 22,5
14,4	RP 1,18f
14,4	RP 3,23bisv
14,4	RP 4,11
14,4	RP 8,5v
14,4	O 13
19,16	RP 5,24
20,10	RP 7,4v
20,12	B 3f
20,12	C 182
20,12	C 195
20,12	RP 5,4f
21,4	A 17v
21,4	C 68,83
21,4	C 117,190
21,4	RP 3,23 bisf
21,4	CA 8.7.13
21,9	C 183,220
21,23	RP 2,8f
21,25	C 90,95
22,12	CA 15.5.1
22,16	P 1,1
22,16	RP 1,11f
22,16	RP 5,4

Índice das citações

N.B. *Indicamos aqui as citações implícitas e explícitas dos principais autores feitas por Teresa.*

A IMITAÇÃO DE CRISTO

Citações de Teresa	*Escritos*
I,1, refl.	C 71
I, 1,3	C 58
I,1,4	A 331
I,2,3	A 71f
I,2,3	C 95
I,2,3	C 145
I,2,3	C 176
I,2,3	P 20
I 8, refl.	C 201
I,11,4	C 57
I, 11,4	C 65
I,17, refl.	C 107
II,7	A 50v
II,8,1	C 135
II,9, refl.	CA 6.7.4
II,11,4	C 145
II,11,4	C 197
II,11,4	C 211
II,11,5	C 197
II,12,11	C 221
III,2 título	A 83v
III,5	P 17,5
III,5,3	C 14f
III,5,4	A 53v
III,5,4	A 75v
III,5,4	C 65
III,5,4	C 251

III,13,3	C 241
III,24,2	A 56f
III,26,3	A 36v
III,26,3	A 38f
III,34,1	C 135
III,38,1	A 43f
III,43	A 46v
III,43,3	A 83v
III,43,4	A 48f
III,44,1	C 14f
III,47, reli.	C 5f
III,47, reli.	C 173
III,47, reli.	C 87
III,47, reli.	C 90
III,49	C 145
III,49,2	C 81
III,49,7	A 71f
III,49,7	C 145
III,49,7	C 176
III,51,2	C 165
III,58,9	C 64

A *Imitação de Cristo* figura ainda nas notas seguintes: * Ms A, 110, 123, 141, 148, 172, 197, 200, 208, 225, 244, 250, 323, 341, 348, 413; *Ms B, 9; *Ms C, 36, 58, 62, 66, 81, 84, 98; *C 57, 58, 64, 65, 71, 81, 87, 90, 95, 107, 135, 145, 165, 173, 176, 197, 201, 211, 221, 241, 251; *P 17, 20; *RP 7,17; *0 2,3; 20,2; *CA, julho 13.

SANTA TERESA D'ÁVILA
AUTOBIOGRAFIA

XI	CA 22.6
XIII	B 4v
XIX	B 4v
XX	B 4v
XXI	O 6
XXV	RP 7
XXX	C 143f

CAMINHO DE PERFEIÇÃO

I	ED
I	C 198
I	P 35
III	C 198
III	C 221
III	CA 4.6.1
VIII	C 201
XXXII	CA 11.7.2
XXXIII	C 81

XXXIV	C 178
XL	CA 6.8.8
XLII	C 49
XLII	C 56

MORADAS OU CASTELO INTERIOR

Primeiras Moradas

Cap. I	RP 5

Terceiras Moradas

Cap. I	B 4f

Sextas Moradas

Cap. V	CA 11.7.2
Cap. X	RP 8

Sétimas Moradas

Cap. IV	C 28v
Cap. IV	C 65

EXCLAMAÇÕES DA ALMA A DEUS

Nº 13	C 82
Nº 13	C 130

SOBRE O CÂNTICO DOS CÂNTICOS

Cap. II	C 33v

POESIAS

Glosa: "Morro porque não morro"

P 25
RP 1
CA 2.8.4
CA 4.9.7

CORRESPONDÊNCIA

A M. de San José	C 150

O nome, os escritos e as palavras de Teresa d'Ávila são mencionados ou citados nas notas seguintes:

* Ms A, I; * Ms B, 39, 55, 63, 64;
* Ms C, 113, 142, 153, 163, 164, 173;
* C 9, 27, 46, 49, 56, 65, 81, 82. 130, 143, 162, 168, 178, 198. 201, 221, 247;

* P 14, intr.; 25, intr.; 35; 48; PS 4;
* RP 3,24; 5,17; 6,20; 7,6; 7,11; 8,4; 8,7; * O 5,3; 6,15; 14,1;
* CA, junho, 4, 28; julho, 39, 41; agosto. 6, 22; setembro, 8.

SÃO JOÃO DA CRUZ
CITAÇÕES DE TERESA

Estrofe	SUBIDA DO MONTE CARMELO	
Inscrição		C 28f
1,4		A 38f
II,21		RP 7,2v
VIII		C 108
VIII		C 109

Livro	NOITE ESCURA	
I,12		A 44v
III e IV		A 49f

Estrofe	CÂNTICO ESPIRITUAL	
I		C 145
III		C 149
VII		B 1f
IX		A 85v
IX		A 86f
IX		B 1f
IX		B 4f
IX e XI		C 85
XI		B 2v
XI		C 109
XIV		C 135
XIV		P 18,22
XIV e XV		A 28f
XIV e XV		A 76v
XIV e XV		C 17f
XV		P 18,42
XX e XXI		A 28v/29f
XX e XXI		A 76v
XXII		A 35f
XXIII		A 47f
XXIII		P 26
XXV		A 47v/48f
XXV		C 137
XXVI e XXVIII		A 83f
XXVII		A 85v
XXVII		B 1f
XXVII		B 1v
XXVIII		B 5f

XXVIII	C 157
XXVIII	P 10
XXVIII	RP 5,26
XXIX	B 4v
XXIX	C 221
XXIX	C 245
XXIX	O 12
XXX	C 143
XXXI	C 141
XXXII	P 17,2
XXXII	O 6
XXXII	O 14
XXXIII	B lv
XXXV	P 3,53
XXXVI	P 17,3
XXXVI	O 14
XXXVI	O 16
XXXVIII	C 35f
XXXIX	RP 2,8f

CHAMA VIVA

Estrofe	
Título	P 17,14
I,6 e III,2	A 84f
I,6	C 8v
I,6	C 36f
I,6	C 245
I,6	O 12
I,6	CA 27.7.5
I,6	CA 15.8.1
I,6	CA 31.8.9
I,6	CA 2,9.8
II,2	A 85v
II,5	P 23,8
II,6	CA 6.8.4
III,3	C 36v
III,5-6	C 35f
III,6	C 34v

POEMAS

Glosa sobre o divino	A 80f
Glosa sobre o divino	A 83f
Glosa sobre o divino	C 142
Glosa sobre o divino	P 30
2º Canto sobre o êxtase	B 3v

MÁXIMAS

Oração da alma abrasada	C 137
Idem	C 182

Idem	P 18,36
Idem	44,5
Idem	3,23v
Idem	O 13
Nº 34	RP 7,1v
Nº 45	O 6
Nº 70	C 188
Nº 70	O 6
Nº 99	RP 7,3v
Nº 103	C 188
Nº 129	C 188

Palavra de João da Cruz

Ms A
C 81
C 183
C 185
C 188
RP 3

Carta de 8/7/1589 a madre Eleonora

Ms C 31f
C 197v
O 6
CA 13.7.15
CA 18.7.1

O nome e os escritos de João da Cruz são citados nas notas seguintes:

* Ms A, 92, 97, 110, 135, 151, 178, 198, 204, 213, 340, 356, 357, 382, 387, 408, 409, 410, 412. 415; Brasão, 7, 10, 11.

* Ms B. 7, 11, 15. 16, 20, 22, 30, 36, 45, 50, 53, 59, 61, 63, 66, 72. * Ms C, 55, 95, 139, 150, 169, 170, 172, 176.

* C 81; 85; 108; 109; 110; 135; 137; 141; 142; 143 (2 f.); 145; 149; 157; 182,19; 188 (2 f.); 221; 245 (2 f.).

* P 3,3; 10,1; 17,3; 17,4; 17,7; 17,20; 18, intr.; 18,9, 18,13; 18,15; 18,19; 23,4; 26, intr.; 29, intr.; 30, intr.; 31, intr.; 44,3; 45,5; 52,4.

* RP 2,27; 3,9; 3,41; 4,8; 4,10; 5,19; 7,10; 7,12; 7,21.

* O 2,3; 2,4; 3,2; 6,7; 6,11; 6,14; 6,20; 6,22; 12,2; 12,3; 13,2; 14,3; 16,2; 16.4.

* CA, maio, 7; julho, 89, 90, 112; agosto, 18, 31, 42, 72; setembro, 4.

Bibliografia

I. ESCRITOS E PALAVRAS DE SANTA TERESA

NEC = *Nouvelle Édition Critique du Centenaire*, Paris, 1971/ 1972, na qual se encontrarão todas as indicações de fontes.

1. Manuscritos autobiográficos
   - Edição em fac/símile de Pe. François de Sainte-Marie, Escritório Central de Lisieux, 1956, com 3 volumes de introduções, notas e quadros (Mss I, II, III).
   - Edição impressa, por Pe. François de Sainte-Marie, Escritório Central de Lisieux, 1957 ss., 350p.
   - *Histoire d'une Ame, Manuscrits Autobiographiques*, Cerf/Desclée de Brouwer, 1972 ss., 370p. (sobre as diversas edições de *História de uma alma*, cf. Mss I, p. 25-27).
   - *Manuscrits Autobiographiques*, edição crítica, NEC, primeira edição, Cerf/DDB, 1992, 460p.
   - *La première "Histoire d'une Ame" de 1898*, reedição do texto original e integral dos 11 primeiros capítulos, com indicação de todos os acréscimos e supressões introduzidos nos Manuscritos autobiográficos, NEC, Cerf/DDB, 1992, 212p.

2. Cartas e bilhetes
   - *Lettres*, primeira edição, organizada por André Combes, Escritório Central de Lisieux, 1948, 472p.
   - *Correspondance générale de sainte Thérèse de l'Enfant-Jésus et de la Sainte Face*, primeira edição integral das cartas de Teresa e de seus correspondentes, tomo I: 1877-1890; tomo II: 1890-1897, Cerf/DDB, 1972/1974, 1446p. Reedição revista e corrigida em NEC, 1992.
   - *Une course de géant, Lettres*, edição corrente de todas as cartas de Teresa, notas abreviadas, Cerf/DDb, 1977, 488p.

3. Poesias
- *Poésies. Un cantique d'amour*, primeira edição integral, tomo I; introduções e textos, 304p.; tomo II: notas e comentários, Cerf/ DDb, 1979, 344p. Reedição em um volume em NEC, 1992, 594p.
- *Mes Armes. Sainte Cécile*, análise aprofundada de duas poesias de Santa Teresa, Cerf/DDB, 1975, 128p.

4. Recreios piedosos
- *Théatre au Carmel. Récretions pieuses*, primeira edição integral, Cerf/DDB, 1985, 440p.
- *Le Triomphe de l'humilité, Thérèse mystifiée (1896-1897), l'affaire Leo taxil et le Manuscrit B*, Cerf/DDB, 1975, 144p.
- *Récréations pieuses* e *Prières*, reedição em um volume, com a segunda parte de *Triomphe de l'humilité*, NEC, 1992, 640p.

5. Orações
- *Prières. L'Offrande à l'Amour miséricordieux*, primeira edição integral, Cerf/DDB, 1988, 158p. Reedição com as *Récréations pieuses* em NEC, 1992.

6. Últimas palavras
- *Derniers Entretiens avec ses soeurs et témoignages divers*, primeira edição integral: introdução, textos, notas, apêndices, Cerf/ DDB, 1971, 924p. Reedição revista e corrigida em NEC, 1992.
- *Derniers Entretiens, Annexes*, sinopse das quatro principais versões de madre Inês de Jesus e anexo das variantes, Cerf/ DDB, 1971, 504p. Reedição como *Dernières Paroles*, 504p. em NEC, 1992.
- *J'entre dans la Vie*, edição corrente de *Derniers Entretiens*, com notas abreviadas, Cerf/DDB, 1973, 288p.
- *Novissima Verba, Derniers Entretiens de sainte Thérèse de l'Enfant/Jésus, mai-septembre 1897*, Escritório Central de Lisieux, 1927, 224p.

7. Conselhos e recordações
- *Conseils et souvenirs*, recolhidos por irmã Genoveva (sua irmã Celina), Escritório Central de Lisieux. 1952, 229p., Cerf/DDB, "Foi Vivante", 1973.
- *Une novice de sainte Thérèse. Souvenirs et témoignages de soeur Marie de la Trinité*, apresentados por Pe. Descouvemont, 192p., Cerf/DDB, 1985.

8. Antologias
- *Pensées 1* (96p.), *2* (96p.), *3* (96p.), selecionados e apresentados por Conrad De Meester, Cerf, 1976.
- *La Bible avec Thérèse de Lisieux*, citações bíblicas nos escritos de Teresa, classificados pela ordem dos livros bíblicos, Cerf/DDB, 1979, 318p.
- *Qui a Jésus a Tout*, seleção das mais belas poesias e orações de Teresa de Lisieux, Cerf, 1991, 144p.

II. DOCUMENTAÇÃO TERESIANA

1. Documentos fotográficos
   - *Visage de Thérèse de Lisieux*, tomo 1: fotografias autênticas (47 documentos): tomo 2: introdução e notas de Pe. François de Sainte-Marie, 84p., Escritório Central de Lisieux, 1961.
   - *Thérèse de Lisieux*, 600 ilustrações de Helmuth Nils-Loose, texto de Pierre Descouvemont, Cerf/Orphelins Apprentis d'Auteil/Escritório Central de Lisieux/Novalis, 336p.

2. Os processos
   - *Procès de béatification et canonisation*, tomo I: *Procès informatif ordinaire*, Teresianum, Roma, 1973, 730p.; tomo II: *Procès apostolique*, Teresianum, 1976, 612p.

3. Correspondências e testemunhos
   - *Todos* os textos de cartas que falam de Teresa, pessoal ou coletivamente, de seu nascimento a sua morte, são citados em NEC, seja em *Últimas palavras*, seja na *Correspondência geral* *cf. CG, p. 1101). Para pormenores, cf. Mss I, p. 34-37, atualizados em CG, p. 1239-1245.
   - Os testemunhos sobre Teresa de Lisieux, particularmente de suas irmãs e parentes, são detalhados em DE, p. 832-843.
   - Zélia Martin, *Correspondance familiale, 1863-1877*, Escritório Central de Lisieux, 1961, 462p.

4. Livros utilizados por Teresa
   Essas obras estão indicadas em DE, p. 843-846, especialmente:
   - *Le Cantique spirituel* e *La vive flamme d'amour*, in *Vie et oeuvres spirituelles de saint Jean de la Croix*, tradução das Carmelitas de Paris, 5 tomos, 1875-1880.
   - Charles Arminjon, *Fin du monde et mystères de la vie future*, 1881. Teresa leu esta edição (Palmé-Albanel) e teve conhecimento da segunda edição de 1882 (Saint-Paul). A nova edição de 1970 traz uma concordância segundo a paginação de 1882.

5. Documentação teresiana
   - *Les Annales de sainte Thérèse de Lisieux*, revista mensal, 33, rue du Carmel, 14100 Lisieux (de 1925 a 1992). A partir de março de 1992, *Thérèse de Lisieux*.
   - *Etudes et documents*, suplemento de *Annales*, trimestral de 1932 a 1939, supresso de 1939 a 1949, bimensal de 1949 a 1952, trimestral de 1952 a 1961.
   - *Vie thérèsienne*, estudos e documentos, suplemento trimestral de *Annales*, publicado desde 1961. Atenção particular seja dispensada à publicação regular de "Archives de famille", textos e correspondência entre as famílias Martin e Guérin (desde o n. 36, outubro de 1969).

III. OBRAS GERAIS

Indicamos alguns livros de Pe. Stéphane-Joseph Piat, ofm, obras um pouco antigas, mas que contêm ensinamentos revelados pelas irmãs de Teresa.

- *Histoire d'une famille*, Escritório Central de Lisieux, 1946, 400p.
- *Marie Guérin, cousine et novice de sainte 'Thérèse de l'Enfant-Jésus*, Escritório Central de Lisieux, 1953, 132p.
- *Céline, soeur Geneviève de la Sainte-Face, soeur et témoin de sainte Thérèse*, Escritório Central de Lisieux, 1953, 216p.
- *Léonie Martin, une soeur de sainte Thérèse à la Visitation*, Escritório Central de Lisieux, 1966, 224p.
- *Marie, soeur aînée et marraine de sainte Thérèse*, Escritório Central de Lisieux, 1967, 256p.

Sobre a família Martin, podem-se consultar três obras recentes:

BAUDOIN-CROIX, M. *Léonie Martin, une vie difficile*, Cerf, Paris, 1989, 220p.

CADÉOT, R., *Louis Martin*, Ed. VAL (94, rue des Moines, 75017, Paris), 1985, 168p.

_____, *Zélie Martin*, VAL, Paris, 1990, 214p.

Merecem destaque algumas obras importantes, numa bibliografia densa:

BRO, B., *La gloire et le mendiant*, Cerf, Paris, 1974, 258p.

COMBES, A., *Introduction à la spiritualité de sainte Thérèse de l'Enfant-Jésus*, Vrin, 1948, 516p.

DE MEESTER, C., *Dynamique de la confiance. Genèse et structure de la "voie d'enfance" spirituelle chez sainte Thérèse de Lisieux*, Cerf, 1969, 436p.

_____, *Les mains vides. Un message de Thérèse*, Cerf, 1972, 172p.; nova edição, 1988, 232p.

DESCOUVEMONT, P., *Sur la terre comme au Ciel*, Cerf, Paris, 1979.

_____, *Sur les pas de Thérèse. Pèlerinage à Lisieux*, Édition OEIL, Paris, 1983, 288p.

GAUCHER, G., *História de uma vida: Teresa Martin*, Loyola, São Paulo, 1996, 224p.

_____, *La passion de sainte Thérèse*, Cerf/DDB, Paris, 1972, 256p.

GUITTON, J., *Le génie de sainte Thérèse de Lisieux*, Escritório Central de Lisieux, Lisieux, 1955, 30p.

LAURENTIN, R., *Thérèse de Lisieux. Mythes et realité*, Beauchesne, 1972, 238p.

PE. MARIE-EUGÈNE DE L'ENFANT-JÉSUS, *Ton amour a grandi avec moi. Un génie spirituel: Thérèse de Lisieux*, Éditions du Carmel, 84210 Venasque, 1987, 196p.

MARTIN, J.-M.,. *Thérèse de Lisieux. Trajectoire de sanctification*, Ed. Lethielleux, 1990, 180p.

MOLINIÉ, M.-D., *Je choisis tout*, CLD, 1992, 246p.

PIAT, S.-J., *Sainte Thérèse de Lisieux. A la découverte de la voie d'enfance*, Ed. Franciscaines, 1968, 406p.

RENAULT, E., *L'Epreuve de la foi*, Cerf/DDB, 1974, 130p.

RIDEAU, E., *Thérèse de Lisieux, la nature et la grace*, Fayard, 1973, 376p.

SION, V., *Réalisme spirituel de Thérèse de Lisieux*, Lethielleux, 1956, s.p.

_____, *Chemin de prière avec Thérèse de Lisieux*, Cerf, 1982, 128p.

SIX, J.-E, *La véritable enfance de Thérèse de Lisieux. Névrose et sainteté*, Seuil, 1972, 286p.

_____, *Thérèse de Lisieux au Carmel*, Seuil, 1973, 400p.

URS VON BALTHASAR, H., *Thérèse de Lisieux. Histoire d'une mission* (original alemão de 1950), Apostolat des Éditions, 1973, 398p.

VV.AA., *"La petite sainte Thérèse" de Van der Meersch devant la critique et devant les textes*, Ed. Saint-Paul, 1950, 562p.

VV.AA., *Thérèse de l'Enfant-Jésus, Docteur de l'Amour*, Ed. Du Carmel, 1990, 376p.

Para uma bibliografia geral, remetemos a:

DE MEESTER, C., *Dynamique de la confiance*, Cerf, 1969, p. 413-424.

ERCOLI, R., *Bibliografia su S. Teresa del Bambino Gesú*, Analecta OCD 19 (1947), p. 271-348. Publicação à parte: Roma, 1948.

PAPASOGLI, G., *Santa Teresa di Lisieux*, Roma, 1967, p. 659-693.

Revista Carmelus, *Bibliographia Carmelitanum Annualis*, a partir de 1953.

Revista *Vie thérèsienne*: VT n. 50, 1973, p. 124-140; VT n. 100, 1985, p. 233-239. Quadros gerais 1961-1984.

SIMEÃO DA SAGRADA FAMÍLIA, *Archivum bibliographicum carmelitanum*, Teresianum, Roma (um número por ano).

Siglas e abreviaturas

ACL	Arquivos do Carmelo de Lisieux.
AL	*Annales de sainte Thérèse de Lisieux* (revista).
BT	*La Bible avec Thérèse de Lisieux* (Cerf/DDB, 1979).
C	Cartas de Teresa, numeradas.
CA	"Caderno Amarelo" de madre Inês de Jesus.
Cap. XIV	Capítulo XIV, preparado para a primeira edição de *História de uma alma*.
CDT	Centro de Documentação Teresiana (Carmelo de Lisieux).
CE	*Cântico espiritual*, de São João da Cruz, Carmelitas de Paris, Ed. Douniol, 1875, 2 vols., com a *Chama viva de Amor* e uma análise das obras do santo em dois sermões de D. Landriot.
CG	*Correspondance générale*, de Teresa de Lisieux (Cerf/DDB, 1972/1974); revisão e reedição em NEC, 1992.
CSG	*Conseils et souvenirs*, publicados por irmã Genoveva (Celina), Cerf, 1973.
CSM	Conselhos e recordações relatados por irmã Maria da Trindade, VT, 73, 1979; VT 77, 1980.
DCL	Documentação do Carmelo de Lisieux.
DE	*Derniers Entretiens* (Cerf/DDB, 1971); revisão e reedição em NEC, 1992.
DE/G	Últimas palavras recolhidas por irmã Genoveva.
DE/MSC	Últimas palavras recolhidas por irmã Maria do Sagrado Coração.
DE II (DP)	Volume de anexos de *Derniers Entretiens* (1971), revisado e reimpresso como *Dernières Paroles* em NEC, 1992.
DLTH	Álbum de fotografias de P. Descouvemont e H. Nils Loose, *Thérèse de Lisieux* (Cerf, 1971).
DP	*Dernières paroles*.
G/NPHF	Irmã Genoveva, Notas preparatórias à *História de uma família*.
HA 98 etc.	*Histoire d'une Ame*, edição 1898 (07 = 1907; 72 = 1972 etc.).

Im	*Imitation de Jésus-Christ*, ed. Lammenais, 1879.
Ima 1,2…	Nove imagens bíblicas feitas por Teresa.
JEV	*J'entre dans la vie*, atual edição de DE (Cerf/DDB, 1973).
LC	Cartas de correspondentes de Teresa, numeradas, em CG.
LC	Cartas diversas de correspondentes ou contemporâneos de Teresa entre si (CG, VT).
Lettres 1948	Primeira edição das cartas de Teresa (1948).
LT 1948	Primeira edição das cartas de Teresa (1948).
Mes armes	*Mes armes — Sainte Cecile*, Cerf/DDB, 1975.
Ms A	Manuscrito autobiográfico, dedicado a madre Inês de Jesus, 1895.
Ms B	Carta a irmã Maria do Sagrado Coração, Manuscrito autobiográfico, 1896.
Ms C	Manuscrito autobiográfico, dedicado a madre Maria de Gonzaga, 1897.
Mss I etc.	Três volumes de Pe. François de Sainte-Marie, em fac-símile (1956).
MS/NEC	*Manuscrits autobiographiques* em NEC, 1992.
NEC	*Nouvelle Édition du Centenaire* das *Obras completas* de Teresa de Lisieux, Cerf/DDb, 1992, 8 vols.
NPPA	Notas das carmelitas, em preparação do Processo apostólico.
NPPO	Notas em preparação do Processo do Ordinário.
NV	*Novissima Verba*, edição dos *Derniers Entretiens*, publicados em 1927.
O	21 orações de Teresa, com numeração da NEC.
OCL	Office Central de Lisieux.
P	54 poesias de Teresa, numeração de NEC.
PA	*Processo apostólico*, 1915-1917 (publicação: Teresianum, Roma, 1976).
PO	*Processo do Ordinário*, 1910-1911 (publicação: Teresianum, Roma, 1973).
Poésies	Edição das *Poésies* de Teresa. I: introdução e textos; II: notas, Cerf/DDB, 1979. Reedição em um volume: NEC.
PS	Poesias suplementares de Teresa.
RP	Recreações piedosas.

Índice remissivo

A

Abandono 14, 39, 141, 150, 154, 158, 170, 173, 174, 177, 186, 192, 198, 236, 381, 390, 400, 416, 442, 488, 489, 545, 553, 555, 598, 608, 613, 614, 620, 629, 630, 648, 653, 666, 670, 672, 675, 676, 838, 873, 892, 910, 919, 924, 1022, 1063

Afeto 26, 27, 34, 46, 74, 89, 96, 98, 102, 107, 113, 134, 144, 168, 175, 209, 218, 219, 220, 224, 226, 236, 238, 240, 270, 274, 275, 303, 305, 308, 329, 358, 364-366, 388, 394, 398, 399, 408, 409, 451, 457, 486, 502, 517, 538, 691, 820, 991

Agonia 53, 121, 153, 162, 165, 248, 294, 404, 418, 427, 455, 521, 596, 665, 671, 686, 746, 747, 833, 856, 875, 891, 892, 906, 917, 982, 985, 991-993, 1008, 1009, 1018, 1021, 1029, 1031, 1043, 1044, 1059, 1064, 1065, 1094, 1095

Alegria 11, 15, 16, 19, 21, 25, 28, 35, 36, 43, 46, 48, 50, 52, 71-75, 77, 80-82, 84, 85, 87, 90, 92, 93, 97-105, 107, 110, 114, 115, 118, 120-123, 131-133, 143, 145, 146, 148, 151-156, 159, 179, 188-190, 195, 197, 201-207, 209, 214, 218, 219, 221, 222, 224-230, 234, 240, 258, 260, 262, 269, 276, 278, 282, 300, 308, 309, 313, 318, 321, 323-326, 332, 334, 336, 338, 340, 341, 348, 350, 363, 364, 366, 370, 382, 384, 387-389, 391, 394, 397-399, 403, 406, 410, 412, 414-416, 419, 420, 422-425, 433, 435, 439, 441, 443, 444, 446, 452, 455, 456, 458, 460-462, 467-469, 478, 484-488, 490-493, 510, 513, 532, 533, 537, 538, 545, 548, 554, 574, 577, 578, 589, 595, 596, 598, 600, 609, 621, 622, 624, 627, 632, 635, 644, 655, 664, 666, 670-672, 687, 697, 699, 707, 709, 722, 724, 729, 736, 748, 772, 773, 779, 782, 785, 791-794, 801, 802, 822, 836, 839, 853, 854, 862, 863, 868, 873, 892, 898, 899, 902-904, 907, 913, 920, 921, 924, 928, 931-933, 939, 942, 944, 947, 950, 956, 957, 959, 963, 973, 975, 978, 979, 987, 994, 1006, 1014, 1028, 1029, 1038, 1063

Amabilidade 237, 364, 944

Amizade 127, 438, 535, 648, 652, 842, 1080

Amor 11-14, 16, 17, 20, 21, 27, 29, 31, 35, 38, 39, 42-44, 47, 49-53, 59, 70-72, 76, 80, 86, 97, 98, 101-103, 105-107, 109, 114, 116-119, 123, 124, 127-129, 134, 141-143, 145-149, 155-160, 162, 166, 168, 169, 171, 172, 176, 177, 179-181, 185-198, 202, 206-208, 210, 211, 214, 215, 217-222, 224, 226-228, 230-233, 237-239, 242, 251, 260, 261, 292, 293, 301, 302, 311, 317-319, 321, 323-325, 327, 329, 330, 332, 333, 336-338, 340, 341, 343-348, 350, 351, 355, 358-361, 365, 368, 377, 379-387, 389-392, 396, 401-404, 406, 408, 411, 413, 414, 418, 423, 425, 426, 428, 432, 433, 435, 436, 440-445, 447-449, 454, 456, 460, 461, 464-467, 469, 471-474, 476, 478-480, 482-485, 488-490, 493, 494, 505, 507-509, 512, 513, 521, 523, 525, 527-530, 533-535, 537, 538, 544, 545, 547-549, 551-556, 558-562, 564, 565, 569-576, 578, 580-587, 589-592, 594-613, 615-617, 619, 621, 622, 624, 625, 628-636, 640-642, 646, 647, 651, 653-668, 671, 672, 675-677, 679, 686, 687, 694, 698-700, 703-705, 708-711, 714, 715, 717-720, 722, 724, 738, 741, 742, 747,

748, 750, 751, 753, 754, 761-767, 769, 771-773, 775, 777-780, 782, 784, 800-802, 807, 818, 821-824, 826-829, 835-839, 841, 843-845, 847, 848, 850, 853, 855, 856, 859-867, 869-874, 876, 877, 879-881, 884, 892, 902, 905-907, 909, 915, 916, 918, 919, 921, 922, 924-932, 935, 939, 941, 943, 946, 949-951, 953-955, 957, 959, 963, 966, 968, 975, 982, 988, 992, 994, 999, 1014, 1015, 1017, 1022, 1025, 1026, 1032, 1036, 1040-1045, 1059, 1061, 1063-1065, 1069, 1123

Amor Misericordioso 47, 159, 162, 168, 180, 235, 251, 444, 491, 492, 524, 664, 828, 829, 831, 835, 839, 857, 862, 863, 866, 875, 876, 892, 1061

Amor-próprio 75, 76, 109, 148, 149, 168, 216, 224, 317, 526, 806, 836, 843, 845

Anjo 46, 57, 72, 132, 133, 157, 168, 198, 221, 289, 290, 296, 346, 347, 360, 377, 380, 396, 400, 401, 405, 418, 420, 424, 448, 456, 471, 472, 492, 499, 529, 531-533, 537, 551, 552, 554, 555, 557, 559, 561, 568, 574, 588, 589, 592, 596, 599, 613, 614, 622, 623, 626, 632, 633, 648, 659, 660, 672, 685, 686, 693-695, 697, 699, 700, 702, 711, 713-724, 746, 753, 754, 756-758, 761, 769, 770, 780-783, 792, 799, 800, 813, 819, 821, 827-831, 833, 837, 839, 841, 848, 862, 923, 925, 933, 947, 953, 962, 977, 980, 987, 998, 1027, 1029, 1033, 1063, 1085

Apoio 50, 84, 111, 216, 232, 338, 383, 418, 424, 432, 435, 517, 546, 558, 569, 572, 578, 590, 605, 636, 901, 909, 962

Apostolado 59, 369, 433, 439, 440, 446, 468, 530, 535, 545, 612, 648, 668, 673, 826, 836, 865, 898, 1055, 1072

Apóstolo 120, 128, 188, 189, 229, 433, 447, 456, 459, 465, 535, 559, 563, 585, 596, 611, 669, 746, 764, 836, 865, 875

Aridez 36, 39, 147, 150, 158, 177, 185, 222, 330, 803

Aspiração 25, 46, 658, 659, 662, 829, 833, 873, 879

Audácia 118, 133, 174, 190, 251, 449, 480, 524, 548, 620, 626, 647, 660, 807, 881

Avanço 155, 366

B

Batismo 123, 144, 347, 425, 530, 535, 554, 611, 620, 647, 668, 721, 830, 859, 873, 879, 943, 1051

Bens 25, 123, 164, 176, 214, 216, 217, 224, 237, 385, 451, 465, 487, 565, 576, 587, 672, 736, 768, 788, 791, 860, 897, 925, 929, 1058, 1069

Bússola 158, 209, 210, 241

C

Caráter 33, 74, 75, 80, 112, 131, 141, 169, 170, 212, 218, 240, 520, 526, 531, 658, 661, 669, 674, 891, 997, 1078

Caridade 49-51, 114, 175, 189, 210-216, 224-226, 235-237, 239-241, 383, 384, 446, 460, 479, 527, 535, 537, 566, 575, 633, 647, 686, 777, 778, 790, 818, 819, 838, 848, 849, 857, 865, 874, 877, 912, 939, 951, 952, 958, 1003, 1014, 1015, 1025, 1027, 1063, 1069

Carmelo 13, 15, 19, 20, 23, 27, 30-33, 35, 40, 42, 44-46, 48, 50, 51, 57, 58, 60, 64, 65, 71, 80, 81, 93-99, 103, 104, 110, 112, 113, 119-122, 124, 126-130, 135, 136, 138-145, 147, 149, 150, 152, 156, 157, 160, 162-164, 166, 168, 170-177, 179, 187, 189, 194, 197, 205, 207-209, 213, 215, 216, 218, 233-235, 237-239, 241, 246, 249, 250, 263, 264, 267, 269-271, 274, 276-278, 280-283, 287, 289, 293, 295-301, 303-308, 318, 320-322, 324-326, 329, 333, 334, 339, 341, 343, 346, 349, 355, 358, 360, 362, 364-367, 369, 370, 372, 373, 378, 379, 381, 382, 384-387, 390-392, 394, 398-400, 406, 410, 419, 423, 427, 432, 433, 438, 439, 444, 446, 449, 450, 455, 458, 459, 461-464, 466-468, 479, 484, 491-493, 496, 498-500, 505, 508, 509, 514, 516-519, 521, 522, 524-527, 529, 530, 539, 543, 544, 560-564, 566-568, 570, 571, 573, 578, 587, 589, 595, 604, 611, 614, 617, 618, 632, 642, 645, 648, 650, 651-653, 656-659, 664, 668-670, 673, 675, 683-685, 687, 769, 772, 773, 777, 780, 802, 808, 811, 824, 826, 828, 830, 833, 835-837, 841-847, 849, 856, 865, 873, 875, 883, 891, 898, 903, 908, 917, 921, 922, 927, 928, 930, 937, 939, 942, 963, 987, 992, 1023, 1026, 1028, 1029, 1033, 1035, 1036-1040, 1044, 1053-1062, 1064-1067, 1071-1083, 1085-1087, 1089-1091, 1093, 1094, 1123

Castidade 626, 648, 674, 736, 809, 1058

Catecismo 81, 106, 897, 1054, 1073

Céu 25, 30, 37, 38, 40-42, 47, 48, 50, 52, 53, 69, 71, 72, 78-80, 82, 85, 87, 88, 93, 94, 97-99, 101-104, 109, 110, 112-115, 117, 118, 121-123, 127, 128, 130, 136, 137, 139, 140,

143, 145-147, 149, 151-158, 164, 167, 169, 170, 185-188, 190, 191, 195, 201-208, 216, 222, 224, 226, 228, 231-233, 258, 273, 287, 292, 293, 295-297, 299, 301, 302, 304, 307, 308, 312, 314, 317, 319, 321, 323, 325-327, 331, 335, 339, 345-350, 360-364, 366, 369, 371, 377-380, 385, 388-390, 392, 394, 396, 401, 402, 411, 413, 414, 419, 422, 424, 425, 426, 431, 433, 435, 437, 438, 440-442, 444, 447-450, 452, 454, 456-461, 463, 466, 468, 470, 471, 474, 476, 478, 479, 481-488, 490-493, 507, 509, 510, 517, 520, 522, 524, 527, 529-532, 537-539, 545, 547, 551-571, 573, 574, 576-578, 580-586, 588, 589, 591-595, 599, 601, 603-605, 607-611, 613-625, 627, 629, 631-637, 641-645, 650, 653, 655, 657, 658, 660, 662, 664-667, 669-671, 677, 678, 690, 694, 696, 698, 699, 701, 707-713, 715, 717, 718, 721-723, 725, 727, 728, 730, 731, 733, 738, 739, 741, 744-746, 750, 751, 753-756, 758, 759, 768-771, 773, 775-778, 780, 783-785, 796, 799, 800, 802, 803, 805, 811, 819-823, 828, 830-832, 841, 845, 846, 853, 854, 856, 860, 862, 863, 866, 868, 871, 876, 879, 880, 883, 892, 897-899, 902-905, 908, 909, 911-915, 917-922, 926, 928, 931, 933-938, 940, 944, 946, 948, 949, 953-956, 958, 959, 964-966, 969, 975, 976, 978, 980, 982-984, 987, 989, 993, 997-999, 1002, 1003, 1007, 1013, 1022, 1026-1028, 1030, 1031, 1033, 1035, 1045, 1062, 1064, 1069, 1070

Ciência 28, 31, 116, 118, 123, 124, 144, 170, 185, 210, 232, 236, 343, 370, 371, 378, 382, 419, 441, 593, 614, 794, 807, 831, 1023, 1042

Comunhão 21, 27-29, 45, 73, 83, 92, 93, 100, 101, 103-106, 108, 109, 118, 128, 132, 162, 167, 170, 178, 197, 213, 233, 257-260, 281, 287, 291, 303, 306, 323, 327, 406, 415, 421, 465, 485, 495, 496, 505, 508, 513, 519, 530, 533, 655, 656, 667, 668, 679, 731, 748, 751, 820, 821, 826, 829, 832, 848, 849, 863, 872, 875, 876, 907, 908, 911, 925, 926, 928, 930-932, 943, 944, 957, 958, 960, 961, 963, 964, 1015, 1021, 1025, 1026, 1053, 1054, 1058, 1059, 1064, 1073, 1078-1080, 1086, 1088

Confessor 84, 96, 110, 118, 167, 508, 532, 725, 1059, 1072, 1073, 1076, 1083, 1085

Confiança 14, 16, 42, 49, 53, 100, 115, 117, 134, 140, 155, 157, 175, 178, 193, 194, 202, 232, 233, 251, 274, 277, 278, 279, 293, 328, 362, 390, 393, 412, 420, 443, 444, 446, 469, 473, 480, 488, 491, 522, 532, 535, 536, 538-540, 612, 660, 665, 673, 710, 731, 745, 798, 820, 824, 840, 853, 860, 875, 892, 912, 921, 925, 934, 935, 941, 951, 957, 986, 1022, 1059, 1063, 1069

Confidência 120, 180, 238, 613, 844, 950, 986

Confissão 27, 30, 35, 45, 84, 96, 102, 118, 143, 257, 509, 675, 743, 935, 957, 1000, 1031, 1040, 1053, 1054, 1057, 1064, 1073, 1080

Consolação 105, 136, 146, 147, 149, 152, 154, 176, 204, 262, 297, 304, 311, 338, 351, 372, 381, 384, 398, 418, 441, 443, 444, 447, 487, 488, 490, 560, 590, 672, 887, 897, 900, 907, 939, 946, 964, 974, 991, 1006, 1008, 1026

Conversão 30, 42, 44, 114, 169, 171, 448, 489, 530, 686, 802, 827, 842, 844, 964, 1055, 1056, 1057, 1069, 1070, 1075

Coração 22, 27, 29, 34-37, 40-42, 44, 50, 51, 57-59, 62-64, 69-71, 73, 74, 76, 79-85, 87-90, 92-95, 97-104, 106-110, 112, 114, 115, 117-124, 129-131, 133-138, 140-145, 147, 149, 153-159, 164, 165, 168, 175, 176, 178, 183, 185-194, 196, 197, 201, 202, 206-210, 213, 214, 216, 217, 219-222, 227-229, 232, 233, 235, 236, 248, 251, 255-262, 268-277, 280, 281, 283, 287, 288, 290, 292, 293, 295-301, 303-312, 314, 317-321, 323, 324, 326-338, 341-349, 356-364, 366-369, 371-373, 377-381, 383-392, 394-403, 405-409, 411, 412, 414, 416, 417, 420, 421, 425-428, 431-436, 439-443, 446-452, 454, 456-459, 461, 464-472, 475, 476, 478-488, 490, 491, 495-497, 499, 500, 502, 504, 505, 507-509, 512, 517, 518, 523-525, 527-533, 535-538, 544, 545, 547, 548, 553, 554, 556-574, 576-578, 581, 582, 587, 588, 590-592, 594-598, 601-603, 605-614, 616, 618, 619, 621, 622, 626, 627, 630-637, 645, 646, 648-651, 654, 659, 660, 662, 665-670, 673, 674, 676-678, 684, 691, 693, 695, 697-700, 703, 704, 709, 715, 717, 720-723, 736, 738, 743, 746-748, 751, 754, 756-758, 761-767, 770-776, 782, 787, 790, 791, 793, 794, 798, 800, 801, 808, 809, 818-820, 822, 825-828, 830, 834, 837, 838, 840, 841, 843-845, 849, 853, 854, 856, 859, 861-866, 869-871, 873, 876, 878-880, 882, 883, 888, 892, 893, 897-899, 907-910, 912, 913, 915, 920, 923, 924, 926-928, 930, 932-938, 941, 946-949, 951, 954, 959, 963, 965, 970, 973, 977, 981, 982, 986, 989, 991-994, 1001, 1006, 1007, 1011, 1017, 1021, 1022, 1024, 1026, 1028-1031, 1033, 1037, 1044,

1049, 1052, 1055, 1057, 1059, 1061, 1062, 1067, 1069, 1071, 1074, 1076-1078, 1081, 1082, 1087, 1092, 1093, 1123, 1124

Coragem 35, 37, 110, 115, 119, 122, 130, 133, 135, 136, 139, 169, 188, 214, 222, 271, 277, 302, 310, 318, 325, 331, 347, 414, 417, 466, 491, 509, 566, 567, 572, 661, 696, 736, 740, 745, 748, 750, 781, 782, 788, 804, 809, 844, 853, 856, 869, 902, 948, 954, 959, 971, 975, 993, 1013, 1031, 1032

Corpo místico 189, 196

Criatura 148, 151, 164, 186, 190, 310, 311, 330, 432, 442, 462, 488, 577, 590, 657, 661, 668, 677, 724, 828, 829, 950, 966

Crisma 29, 105, 168, 289, 507, 1053, 1054, 1075, 1078, 1080

Cruz 318, 334, 338, 341, 355, 371, 395, 407, 418, 423, 427, 435, 446, 456, 468, 478, 479, 483, 507, 517, 522, 534, 537, 551, 562, 572-574, 578, 597, 606, 611, 623, 636, 643, 654, 662, 664, 667, 672, 678, 679, 715, 722, 741, 751-753, 806, 863, 873, 876, 880, 916, 940, 948, 951, 963, 970, 975, 1007, 1032, 1040, 1070

Culpa 83, 148, 201, 308, 419, 436, 482, 806, 977

D

Defeitos 75, 76, 113, 114, 129, 210, 211, 223, 239, 257, 380, 386, 463, 526, 566, 591, 819, 1027

Demônio 59, 78, 94, 96, 150, 151, 163, 177, 211, 327, 328, 449, 481, 505, 695, 802-805, 808, 810, 842, 845, 846, 921, 945, 961, 970, 981, 990, 1000, 1004, 1022, 1042, 1043, 1069

Desapego 38, 49, 214, 237, 888, 1086

Desejo 28, 29, 31, 43, 46, 50, 93, 97, 100, 104, 105, 111-116, 118-121, 126, 129, 130, 133, 142, 147, 148, 156-158, 160, 169-172, 177, 185, 187-191, 196, 201, 203, 205, 207, 208, 215, 223, 227-229, 234-236, 240-251, 279, 280, 287, 302, 303, 305, 310, 328, 340, 344, 362, 365, 373, 378, 387, 391, 394, 398, 416, 422, 432, 433, 443-447, 451, 460, 463, 464, 466, 470, 472, 483-485, 491, 493, 500, 516, 517, 519, 522, 523, 527-529, 535, 544, 556, 557, 561, 591, 597-600, 604, 607, 611, 613, 614, 616, 624, 632, 659, 662, 666, 667, 669, 673, 676, 694, 698, 704, 701, 710, 721, 748,

751, 769, 770, 773, 790, 799, 802, 804, 821, 823, 826, 828, 838, 855, 856, 860, 863, 865, 867, 869, 873, 876, 877, 879, 892, 896, 898, 902, 904, 906, 932, 933, 935, 941, 944, 946, 952, 970, 977, 988, 992-994, 1027, 1029, 1033, 1041, 1058, 1062, 1065

Deus Pai 11, 13, 1016

Devoção 45, 77, 83, 84, 90, 109, 113, 129, 134, 166, 175, 222, 246, 504, 535, 654, 816, 847, 878, 879, 882, 899, 950, 981, 1017

Diretor espiritual 28, 497, 1071

Distração 95, 154, 215, 228, 247, 270, 279, 461, 511, 938, 952

Doença 28, 29, 37, 46, 79, 94-96, 99, 102, 108, 110, 111, 123, 162, 163, 165, 167, 173, 175, 176, 180, 234, 250, 268, 306, 319, 344, 395, 419, 476, 493, 500, 502, 503, 534, 651, 656, 675, 677, 686, 786, 792, 794, 825, 833, 849, 856, 872, 873, 887, 889, 891, 893, 903, 904, 909, 910, 912, 915, 938, 942, 948, 955, 963, 967, 972, 979, 986, 991, 1023, 1024, 1029, 1034, 1036, 1038, 1041, 1053, 1054, 1072, 1074, 1075, 1078, 1083, 1090

Dor 33, 147, 342, 350, 383, 435, 572, 586, 596, 603, 610, 628, 632, 634, 641, 658, 675, 714-716, 722, 723, 747, 749, 757, 761, 762, 776, 785, 787, 789-792, 794, 805, 808, 833, 841, 853, 892, 897, 905, 910, 913, 924, 951, 964, 966, 967, 975, 983, 986, 990, 1000, 1023, 1028, 1029, 1041, 1051, 1054, 1055, 1064, 1069

Doutor 15, 16, 22, 41, 70, 95, 158, 166, 177, 188, 189, 246, 369, 370, 423, 438, 510, 511, 514, 518, 613, 614, 635, 669, 842, 849, 915, 928, 931, 975, 978, 980, 982, 984, 1038, 1044, 1075, 1080

Doutrina 11, 13, 15, 16, 20, 21, 51, 58, 62, 64, 70, 186, 194, 232, 246, 442, 523, 845, 849, 850, 855, 947, 1078

E

Eleitos 87, 117, 127, 154, 164, 297, 301, 304, 426, 474, 479, 491, 555, 560, 565, 573, 585, 595, 615, 619, 621-624, 630, 633, 642, 645, 669, 671, 672, 707, 711, 714, 719, 720, 723, 724, 746, 748, 749, 754, 770, 778, 785, 801, 822, 847, 875, 931, 933, 966, 1061

Escrúpulos 29-31, 60, 108, 110, 111, 116, 167, 168, 175, 229, 506, 507, 517, 671, 1055, 1078, 1080

Esperança 15, 21, 22, 33, 37, 47, 51, 94, 97, 121, 123, 124, 137-139, 146, 153, 160, 169, 174, 186, 188, 191, 196, 197, 204, 205, 216, 220, 225, 238, 251, 261, 279, 296, 331, 357, 366, 390, 442, 443, 460, 463, 472, 484, 485, 529, 537, 557, 566, 567, 571, 575, 576, 591, 600, 607, 610, 611, 613, 654, 665, 667, 673, 676, 746, 749, 750, 758, 786, 795, 800, 801, 833, 848, 871, 876, 892, 896, 899, 904, 910, 911, 925, 930, 982, 983, 975, 1002, 1035, 1040, 1043, 1045

Espírito Santo 13, 15, 16, 20, 105, 152, 202, 217, 232, 289, 349, 442, 485, 490, 554, 781, 796, 802-804, 810, 857, 948, 958, 1035

Esquecimento 228, 289, 333, 337, 341, 398, 486, 867, 868, 1030

Eternidade 292, 478, 485, 489, 507, 573, 577, 587, 588, 601, 609, 612, 626, 632, 633, 676, 694, 698, 709, 713, 740, 751, 797, 798, 801, 811, 844, 860, 864-866, 871, 905, 1029

Eucaristia 29, 42, 52, 165, 167, 210, 237, 238, 323, 396, 420, 438, 451, 474, 485, 494, 508, 513, 520, 522, 529, 558, 586, 599, 647, 654, 655, 658, 659, 666, 668, 669, 674, 679, 684, 711, 718, 722, 751, 820, 827-829, 837, 842, 846, 848, 882, 883, 888, 931, 941, 962, 994, 1027, 1037, 1043, 1044, 1050, 1062-1064, 1074, 1076, 1079

Evangelho 13, 20, 22, 42, 69, 123, 128, 133, 134, 135, 173, 188-190, 210, 213, 215, 216, 225, 231, 235, 239, 294, 363, 368, 381, 383, 384, 404, 413, 439, 480, 523, 547, 554, 594, 632, 635, 648, 661, 670, 674, 677, 833, 835, 836, 839, 861, 869, 883, 892, 896, 902, 903, 905, 908, 909, 952, 966, 970, 974, 981, 997, 998, 1001, 1013, 1059

Êxtase 117, 123, 132, 147, 172, 297, 339, 349, 499, 635, 695, 705, 729, 801-803, 826, 832, 994, 1112

Extrema-unção 80, 891, 919, 920, 943, 944, 1013, 1037

F

Fé 21, 25, 28, 33, 36, 37, 51, 63, 84, 90, 97, 118, 120, 131, 140, 141, 145, 166, 169, 171-174, 177, 192, 194-196, 205, 206, 210, 227, 234, 235, 237, 238, 240, 359, 406, 418, 447, 468, 483, 527, 528, 537, 545, 548, 559, 575, 597, 598, 599, 608, 609, 622, 635, 640, 660, 661, 663, 666, 671-675, 677, 695, 703, 709, 725, 734, 742, 767, 793, 801, 804, 805, 810, 830-833, 840-842, 844, 848, 855, 870, 872, 880-883, 892, 899, 907, 913, 915, 948, 950, 954, 957-958, 966, 967, 970, 976, 986, 1023, 1042, 1044, 1046, 1062, 1064, 1076, 1079

Felicidade 26, 28, 29, 71, 74, 77, 78, 92, 98-105, 114, 117, 119, 123, 124, 128, 132, 138, 143, 145, 147, 150-156, 159, 178, 187, 192, 201, 204-206, 218, 224, 226, 228, 260, 272, 274, 289, 293, 296, 308, 310, 311, 318, 319, 329, 330, 338, 339, 344, 355, 358, 360, 363, 364, 366, 373, 380, 385, 388, 392, 394, 395, 397, 398-400, 403-407, 410, 415, 420, 424, 432, 433, 436-438, 444, 447, 456, 458, 461, 468, 472, 478, 479, 484, 486, 487, 490, 493, 504, 505, 507, 509, 523, 532, 537, 548, 554, 555, 561, 564-566, 568, 573, 574, 580, 583, 589, 591, 602, 605, 607, 612, 621, 627, 642, 676, 707, 708, 721, 729, 738, 749, 750, 756, 761, 770, 773, 774, 782, 791, 797, 801, 820, 839, 841, 865, 872, 888, 896, 906, 917, 928, 932, 934, 944, 946, 949, 952, 975, 978, 983, 990, 1055

Fidelidade 33, 49, 101, 107, 150, 248, 372, 380, 388, 509, 892, 962

Força 35, 37, 64, 72, 83, 93, 97, 103, 105, 109, 114, 122, 136, 142, 154, 155, 163, 170, 197, 204, 207, 221, 235, 239, 240, 247, 251, 279, 290, 292, 294, 302, 310, 311, 313, 317, 318, 332, 335, 342, 380, 391, 392, 418, 443, 445, 448, 479, 480, 527, 530, 534, 546, 561, 624, 626, 654, 666, 667, 671, 674, 699, 715, 734, 748, 788, 791, 810, 824, 828, 839, 850, 857, 883, 934, 936, 940, 945, 950, 951, 954, 956, 964, 967, 991, 994, 994, 997, 1004, 1008, 1016, 1025, 1027, 1041

Fragilidade 32, 137, 150, 159, 469, 652

Fraqueza 35, 124, 189, 190, 192, 196, 211, 213, 221, 242, 293, 314, 325, 337, 343, 401, 459, 469, 480, 481, 524, 532, 535, 560, 574, 622, 631, 633, 640, 790, 822, 848, 856, 863, 871, 888, 897, 934, 947, 953, 954, 961, 963, 1031, 1033, 1043, 1090

G

Glória 37-38, 49, 52, 61, 63, 77, 79, 87, 88, 99, 100, 132, 135, 136, 147, 164, 190, 197, 203, 208, 228, 231, 238, 291, 296, 317, 318, 322, 333, 337, 341, 347, 349, 360, 366, 397, 384, 385, 388, 390, 393, 396, 405, 410, 414, 416, 419, 423, 424, 431, 434, 439, 440, 456, 458, 460, 465, 468-470, 510, 529, 532, 552, 556,

563, 571, 585, 591, 592, 594-597, 605, 607, 612, 614, 615, 619, 623-624, 628, 631, 632, 651, 665, 672, 675, 687, 693-694, 699, 701, 702, 704, 707, 709-711, 719, 723, 732, 736-739, 742, 748, 752, 757, 758, 763, 766-768, 776, 778, 779, 788, 798-800, 807, 808, 811, 813, 818, 820, 821, 823, 824, 827, 828, 831, 860, 862, 866, 867, 869-871, 887, 924, 931, 932, 941, 966, 1000, 1014, 1041

Graça 14, 30, 31, 38, 39, 44, 46, 59, 70, 71, 78, 86, 88, 89, 93, 98, 100, 106, 112, 114-118, 120, 123, 124, 126, 133, 143, 144, 150, 152, 159, 162, 163, 165, 187, 188, 194, 203-205, 207, 210, 211, 216, 217, 220, 221, 226, 229, 231, 240, 242, 271, 273, 279, 280, 291, 294, 296, 302, 306, 312, 314, 317, 321, 327, 331, 332, 338, 343, 347, 362, 363, 366, 373, 379, 390, 391, 394, 398, 406, 413, 416, 423, 426, 432, 443, 445, 446, 448, 455, 459, 460, 463, 466, 469, 472, 476, 479, 485, 488, 492, 493, 509-511, 528, 531, 532, 535, 538, 551, 553, 555, 558, 571, 572, 574, 575, 581, 585, 591, 601, 613, 635, 649, 653, 656, 666-668, 683, 692, 693, 699, 731, 748, 758, 759, 781, 784, 804, 810, 817, 819, 821, 849, 850, 855, 856, 860-862, 864-866, 870, 871, 876, 880, 881, 892, 902, 907, 910, 924-926, 931, 944-946, 951, 954, 957, 972, 986, 998, 1031, 1041, 1055, 1056, 1058, 1060, 1063, 1069, 1071

Graças 15, 22, 30, 31, 43, 51, 57, 61, 65, 69, 70, 92, 103, 104, 107, 113-118, 128, 135, 137, 141, 143, 146, 151, 152, 154, 155, 157, 159, 174, 176, 178-179, 186, 188, 195, 201, 205, 217, 218, 230, 234, 238, 246, 282, 287, 307, 309, 320, 321, 324, 332, 334, 338, 340, 343, 355, 356, 357, 360, 377, 383, 386, 387, 401, 402, 406, 412, 414, 422, 423, 427, 440, 442, 444, 447, 448, 451, 455, 461, 466, 467, 470, 477, 485, 517, 525, 528, 532, 539, 547, 552, 608, 626, 649, 668, 691, 751, 776, 799, 803, 817, 819, 824, 838, 844, 845, 862-864, 873, 876, 888, 898, 902-903, 907, 915, 916, 921, 931, 934, 943, 948, 955-957, 1027, 1031, 1052, 1065, 1077, 1089

H

Hóstia 77, 132, 143, 155, 193, 431, 433, 448, 461, 493, 508, 539, 552, 558, 574, 577, 585-587, 598, 600, 605, 608, 615, 623, 630-631, 633, 640, 646-647, 658-659, 663, 718, 748, 749, 773, 804, 820, 829, 849, 871, 875, 882, 907, 915, 926, 957

Humildade 50, 71, 151, 153, 168, 175, 188, 197, 204, 211, 219, 221, 239, 328, 371, 394, 396, 401, 447, 451, 465, 466, 494, 515, 537, 633, 636, 659, 667, 672, 673, 685, 686, 695, 701, 702, 767, 802, 804, 806, 808-814, 818, 826, 829, 835, 836, 842-844, 846, 849, 855, 856, 870, 871, 881, 883, 915, 947, 948, 968, 992, 1046, 1062

Humilhação 38, 49, 152, 166, 202, 224, 239, 349, 418, 492, 526, 607, 808, 813, 840, 871, 872, 941, 957

I

Igreja 11-13, 15, 17, 19, 21, 22, 25, 46, 51, 64, 70, 80, 81, 85, 94, 115, 125, 132, 134, 138, 139, 172, 188-191, 196, 202, 241, 278, 355, 390, 391, 458, 461, 478, 484, 491, 497, 505, 508, 539, 553, 556, 557, 575, 579, 608, 614, 619, 647, 649, 666, 667, 669, 674, 729, 734, 743, 744, 752, 758, 759, 807, 808, 814, 815, 830, 833, 838, 842, 843, 846, 849, 857, 862, 867, 875, 877, 882, 892, 921, 926, 928, 931, 949, 954, 961, 1023, 1042, 1051, 1059, 1066, 1067, 1080, 1087, 1090

Ilusão 20, 34, 88, 143, 153, 177, 217, 231, 325

Imagem 25, 31, 69, 87, 89, 97, 110, 111, 118, 121, 160, 164-166, 169, 171, 176, 179, 180, 195, 196, 206, 218, 336, 365, 395, 404, 422, 472, 506, 509, 514, 547, 554, 563, 597, 620, 627, 628, 648, 649, 651, 655, 662, 664, 667, 669-671, 674, 676-678, 714, 756, 771, 776, 796, 800, 824, 825, 829, 838, 843, 869, 875, 876, 880-883, 891, 923, 926, 935, 937, 942, 944, 945, 948, 950, 951, 955, 960, 967, 973, 975, 981, 985, 989, 992, 993, 1002, 1005, 1007, 1038, 1040, 1044, 1956, 1081

Imperfeição 86, 196, 211, 213, 896, 1006

Infância espiritual 11, 20, 194, 234, 668, 828, 928, 1022, 1066

Infidelidade 818, 836, 915, 953

Inimigo 213, 704, 734, 740, 826, 843

Inspiração 50, 100, 115, 544, 545, 661, 662, 673, 674, 676, 677, 824, 832, 835, 837, 855, 952, 1061

Intenção 49, 51, 58, 118, 139, 209, 211, 231, 304, 331, 360, 399, 426, 466, 470, 530, 651, 842, 878, 879, 1043, 1070

Inveja 90, 102, 147, 217, 218, 317, 318, 448, 477, 504, 615, 634, 663, 733, 801, 803, 1054

J

Joana d'Arc 166, 466, 521, 527, 529, 556, 628, 648, 673, 675, 684, 685, 689, 690, 692, 694, 696, 698, 700, 702, 704, 706, 708, 710, 725, 726, 728, 730, 732, 734, 736, 738, 740, 742, 744, 746, 748, 750, 752, 754, 756, 758, 824, 825, 827, 830, 831, 833, 834, 838, 839, 842, 843, 844, 856, 869, 881, 888, 934, 956, 1040, 1060, 1061

João da Cruz 17, 20, 31, 39, 41, 42, 50, 119, 146, 158, 166-171, 176-178, 180, 181, 194-198, 224, 232, 235, 237, 240-242, 368, 370, 423, 432, 461, 478, 503, 504, 508, 512-514, 516, 520, 521, 534, 544, 605, 616, 648, 652, 655-658, 661, 663-665, 669, 671, 672, 676, 803, 830, 832, 834, 836, 838, 845, 855, 873, 874, 876, 877, 879-881, 892, 939, 946, 951, 958, 970, 1035, 1040, 1044, 1058, 1059, 1071, 1072, 1081

Juízo 87, 106, 143, 148, 175, 214, 223, 224, 275, 384, 686, 711, 719, 720, 723, 724, 749, 827, 828, 918

Justiça 87, 159, 190, 342, 355, 379, 440, 444, 462, 469, 472, 493, 524, 539, 637, 674, 686, 715, 830, 863, 874, 875, 897, 1079

L

Lágrimas 37, 39, 75-77, 80, 81, 83-85, 93, 94, 98, 101-106, 112-115, 118, 120, 121, 125, 127, 128, 135, 136, 141, 143-145, 151, 152, 155-158, 164, 169, 193, 201, 219, 221, 225, 294, 302, 304, 310, 319, 331, 333, 336, 341, 346, 348-351, 360, 363, 365, 368, 371, 390, 399, 407, 409, 418, 427, 428, 433-436, 439, 440, 449, 457, 462, 472, 477, 480, 483, 487, 507, 508, 512, 531-533, 538, 555, 569, 586, 588, 597, 608, 622, 652, 668, 672, 683, 694, 700, 711-714, 716, 717, 719, 726, 731, 741, 743, 744, 746, 754, 756, 761, 762, 772, 774, 794, 798, 815, 827, 840, 866, 867, 897, 903, 909, 918, 938, 941, 944, 945, 958, 961, 964, 979, 982, 987, 1006, 1017, 1021, 1030, 1032, 1046, 1069

Leitura 13, 19, 31, 50, 59, 81, 99, 117, 165, 189, 215, 229, 270, 501, 508, 528, 534, 829, 831, 840, 843, 844, 848, 870, 881, 904, 1052, 1056, 1060, 1062, 1063, 1089, 1090

Liberdade 44, 71, 103, 119, 124, 167, 217, 233, 249, 434, 559, 659, 744, 745, 849, 863

Luz 16, 17, 50, 51, 64, 70, 88, 99, 107, 114, 119, 121, 148, 187, 190, 192, 193, 205, 206, 218, 219, 221, 226, 235, 261, 292, 299, 311, 322, 330-332, 337, 338, 346, 363, 367, 368, 382, 391, 392, 399, 404, 507, 533, 534, 553, 554, 563, 575, 577, 582, 584, 585, 589, 590, 605, 608, 609, 615, 622, 628, 632, 641, 661, 663, 665, 671, 672, 674, 695, 702, 711, 719, 738, 759, 771, 773, 797, 807, 825, 831, 839, 842, 898, 920, 927, 938, 949, 951, 994, 1014, 1023, 1042, 1070

M

Mal 74, 91, 99, 100, 116, 123, 129, 145, 158, 221, 223, 230, 289, 327, 329, 370, 380, 443, 492, 606, 665, 686, 897, 951, 1024

Martírio 39, 43, 46, 50, 96, 105, 108, 110, 121, 134, 136, 147, 168, 172, 189, 191, 196, 208, 317, 318, 322, 327, 330, 332, 360, 365, 382, 407, 408, 423, 438, 441, 443, 447, 456, 466, 468, 484, 485, 504, 511, 523, 537, 555, 572, 576, 597, 605, 607, 609, 611, 624, 634, 648, 655, 665-667, 673, 679, 698, 708, 725, 740, 750, 751, 652, 758, 826, 831, 832, 859, 863, 870, 873, 952, 984, 1015, 1056, 1060, 1062

Matrimônio 25, 501, 515, 518, 877

Mérito 79, 107, 231, 298, 380, 424, 443, 458, 810, 825, 896, 955, 961

Milagre 30, 97, 113, 121, 146, 191, 222, 401, 478, 483, 599, 615, 634-636, 662, 718, 723, 743, 748, 876, 946, 965

Miséria 53, 190, 192, 325, 438, 451, 538, 539, 594, 603, 664, 791, 1003

Misericórdia 11, 53, 69, 71, 107, 115, 118, 155, 156, 159, 160, 162, 185, 193, 218, 222, 224, 233, 242, 386, 442, 443, 466, 469, 472, 477, 480, 484, 493, 494, 534, 536, 671, 676, 685, 749, 795-798, 812, 817, 828, 830, 835, 840, 849, 856, 871, 941, 1069

Missionário 22, 49-51, 228, 240, 440, 445-447, 450, 452, 461, 464, 468, 470, 521, 525, 530, 535, 612, 667, 673, 686, 838, 855, 856, 865, 898, 955, 1026, 1061, 1066, 1075, 1079

Morte 11, 13, 15, 23, 39, 40, 44, 46-47, 49, 52, 53, 58-60, 62, 64, 70, 72, 80, 95, 100, 115, 131, 153-155, 162, 166, 167, 170, 176, 197, 202, 204, 206, 220, 234, 235, 238-241, 245, 248, 249, 251, 268, 281, 282, 297, 329, 356, 410, 411, 436, 440, 458, 464, 468, 473, 488, 489, 492, 493, 501, 510, 518, 522, 525, 527, 529-532, 539, 622, 625, 628, 640, 650, 654, 655, 656, 662, 665, 667, 670-672, 674-676, 679, 686, 716, 731, 745-752, 754, 783, 796,

799, 806, 820, 826, 827, 831, 833, 840, 843, 844, 848-850, 872, 877, 881, 882, 888-892, 897, 898, 900, 901, 904, 906-908, 911, 913, 916-918, 920, 922, 923, 927, 928, 930, 933, 934, 937, 939, 940, 941, 944-947, 949-951, 953, 954, 956, 958, 959, 961, 964, 968, 970, 973-974, 977, 980, 983, 986, 988, 989, 991, 992, 994, 998-1000, 1007, 1008, 1018, 1021-1023, 1025-1027, 1029-1033, 1036, 1038, 1039, 1042-1044, 1052, 1054, 1059, 1061-1065, 1067, 1073, 1078-1079, 1083, 1085, 1094, 1119

Mortificação 149, 432, 945, 947, 965, 969, 982

Mundo 15-16, 20-22, 28, 36, 44, 70, 71, 78, 89, 94, 100, 108, 109, 112, 117, 121-123, 131, 135, 138, 139, 141, 144-147, 149, 150, 152, 154, 157, 172, 186, 188, 190, 194, 205, 206, 218, 220, 226, 229, 230-232, 242, 249, 269, 270, 280, 282, 295, 299, 317, 321, 322, 324, 332, 333, 335, 349, 351, 360, 363, 370, 379, 382, 384, 387, 389, 390, 397-398, 403, 405, 406, 408, 410, 411, 413, 434, 439, 442, 447-452, 455, 456, 462, 464, 466, 470, 472, 474, 478, 479, 481, 483, 486, 488, 491, 499, 501, 507, 508, 512, 517, 518, 533, 535, 539, 547, 554, 555, 558, 561, 569, 570, 572, 575, 576, 579, 584, 585, 589, 590, 593, 596, 604, 605, 615, 617, 618, 622, 624, 625, 630, 631, 633, 637, 659, 671-673, 686, 711, 719, 724, 747, 749, 756, 769, 774, 781, 782, 793, 794, 796, 800-803, 806-808, 817, 818, 821, 823, 824, 829, 831, 841, 843, 845, 857, 867, 869, 878-880, 882, 892, 902, 906, 915, 924, 933, 944, 945, 947, 958, 961, 977, 1022, 1024, 1036, 1041, 1052

N

Natureza 27, 30, 44, 70, 76, 79, 87, 90, 97, 106, 117, 120, 121, 123, 129, 145, 146, 155, 159, 163, 205, 211, 214, 216, 217, 219, 220, 224, 273, 322, 325, 338, 367, 386, 407, 448, 470, 487, 489, 517, 528, 539, 577, 584, 590, 601, 643, 656, 674, 675, 689, 718, 724, 772, 798, 824, 827, 833, 837, 870, 892, 923, 932, 940, 941, 946, 947, 963, 1000, 1001, 1014, 1017, 1032, 1044

Noite 29, 30, 34, 36, 49-51, 57, 58, 73-76, 78, 81, 86, 92, 95, 101, 102, 104, 111, 113, 114, 117, 120-122, 132, 134, 140, 142, 148, 150, 151, 153, 154, 157, 162, 166, 169, 172, 177, 178, 180, 186, 187, 194, 197, 204-206, 220,

221, 223, 227, 230, 234, 242, 261, 267, 273-278, 288, 289, 297, 299, 307, 311, 326, 328, 331, 332, 335, 336, 341, 342, 345, 365, 378, 379, 383, 386, 395-397, 401, 422, 434, 438, 442, 445, 448, 452, 454, 459, 462, 463, 472, 475, 486, 504, 506, 507, 509, 513, 514, 519-521, 523, 531-534, 536, 545, 554, 558, 568, 570, 571, 573-575, 578-581, 590, 591, 596, 597, 600, 607, 608, 610, 626, 634, 635, 637, 643, 654, 665, 668, 672, 674, 679, 713, 714, 719, 723, 733, 738, 741, 746, 750, 756, 770-772, 774, 783, 785-787, 790-792, 797-799, 808, 825, 831, 836-841, 847, 855, 864, 866, 867, 871, 878, 880, 888, 891, 898, 902, 905, 906, 909, 912, 914, 916, 922-926, 928, 930, 933, 935, 936, 939, 941, 943, 944, 948, 950-952, 955, 957, 959, 961, 964, 966, 968, 971, 974, 975, 980-982, 986, 989-991, 999, 1003, 1007, 1009, 1016, 1021, 1022, 1029, 1031, 1035, 1037, 1042, 1055, 1057, 1062, 1064, 1066, 1070, 1071, 1086, 1090, 1094, 1095

Noviças 34, 36, 38, 45, 48, 49, 52, 53, 59, 144, 172, 175, 208, 223, 230, 233, 234, 236, 238, 239, 241, 250, 251, 408, 489, 503, 526, 647, 668, 675, 683-685, 805, 808, 810, 825, 832, 835, 837, 841, 845, 847, 848, 854, 855, 873, 875, 883, 887, 941, 1034, 1035, 1055, 1063, 1077, 1086-1089

O

Obediência 11, 21, 58, 59, 61, 105, 179, 205, 209-210, 216, 229, 241, 339, 432, 462, 499, 532, 626, 634, 674, 703, 779, 809, 815, 818, 824, 846, 883, 981, 1016

Obras 13, 39, 41, 90, 99, 129, 131, 145, 156, 158, 186, 188, 190, 191, 206, 212, 230, 237, 246, 247, 378, 422, 442, 447, 458, 461, 478, 484, 486, 523, 544, 569, 594, 596, 616, 635, 667, 830, 837, 853, 863, 866, 867, 877, 899, 913, 951, 1069, 1075, 1081, 1119, 1120

Obscuridade 679, 825

Oferta 164, 172, 178, 515, 528, 530, 562

Ofício divino 853, 1085-1088

Oração 17, 19, 20, 30, 32, 36, 38, 39, 42, 50, 58, 62, 79, 81-83, 86, 90, 101, 105, 115, 120, 121, 129, 133, 137, 148, 162, 171, 185, 187, 189, 197, 205, 216, 217, 221, 222, 225, 227, 228, 232, 239-242, 298, 303, 355, 362, 369, 372, 381, 385, 390-392, 394, 405, 418, 432, 439-441, 447, 449, 455, 456, 459-461, 466, 470, 483, 486, 499, 501, 512, 520, 529, 537,

539, 545, 548, 551, 553, 561-563, 607, 608, 611, 613, 618, 627, 643, 650, 651, 657, 661, 666, 668, 669, 671, 683, 684, 686, 737, 765, 775, 780, 790, 820, 821, 824, 826, 830, 832, 834, 836-838, 841, 848, 849, 853-857, 864, 865, 869-875, 877-884, 897, 921, 931, 949, 951, 961, 967, 968, 971, 1004, 1044, 1055, 1059, 1077, 1087, 1089, 1090

P

Paciência 30, 46, 108, 112, 139, 148, 155, 214, 426, 472, 534, 649, 651, 678, 733, 897, 917, 947, 952, 961, 970, 984, 986, 987, 1002, 1023, 1074, 1077

Paixão 37, 85, 88, 117, 127, 139, 147, 152, 172, 176, 330, 349, 401, 483, 507, 649, 650, 658, 663, 664, 668, 674, 675, 713, 715, 749, 831, 833, 855, 856, 863, 873, 879, 891, 966, 1053

Paz 25, 32, 34, 39, 43, 45, 89, 91, 93, 102, 104, 108, 109, 113, 119, 120, 127, 132, 136, 143, 151, 152, 154, 158, 168, 174, 189, 190, 192, 204, 208, 209, 213-215, 220, 227, 294, 311-313, 323, 326-329, 343, 346, 351, 381, 382, 384, 385, 389, 390, 398, 404, 406, 414, 416, 420, 435, 452, 454, 472, 517, 554, 561, 565, 567, 570, 571, 574, 577, 585-587, 590, 592, 597, 598, 601, 605, 607, 612, 615, 623, 624, 630, 631, 634, 653, 655, 663, 672, 676, 721, 729, 742, 744, 749, 751, 752, 776, 782-784, 786, 788, 796, 799, 818, 839, 859, 869, 892, 896-899, 906, 910, 915, 925, 930, 939, 947, 951, 952, 965, 970, 972, 973, 979, 987, 988, 994, 1059

Pecado 35, 111, 143, 159, 168, 233, 386, 400, 448, 506, 529, 574, 657, 676, 803, 840, 876, 915, 916, 934, 966, 1069

Pecadores 49, 107, 114, 115, 128, 151, 155, 192, 205, 206, 214, 216, 235, 292, 310, 371, 380, 383, 410, 444, 465, 489, 513, 572, 587, 592, 595, 596, 610, 611, 615, 618, 624, 633, 655, 673, 678, 686, 722, 746, 749, 764, 771, 776, 784, 800, 801, 828, 830, 846, 860, 861, 867, 868, 875, 892, 950, 954, 961, 968, 1025, 1069

Penitência 142, 177, 222, 242, 433, 445, 529, 669, 679, 722, 758, 772, 838, 925, 947, 1030, 1070

Pequena via 15, 16, 22, 44, 47, 49, 194, 198, 234, 239, 250, 524, 648, 665, 670, 672, 828, 874, 876, 892, 906, 930, 933, 1038, 1041

Pequenez 15, 22, 47, 188, 192, 202, 204, 292, 443, 444, 471, 537, 640, 646, 677, 679, 825, 828, 892, 926, 1064

Perfeição 34, 45, 70, 76, 77, 118, 145, 147, 148, 156, 175, 194, 217, 234, 240, 343, 380, 417, 418, 436, 451, 469, 481, 491, 499, 500, 503, 519, 524, 525, 528, 668, 674, 676, 749, 814, 853, 859, 866, 899, 902, 1036, 1039, 1042

Pobreza 13, 132, 148, 209, 214, 236, 343, 344, 443, 456, 465, 470, 471, 488, 570, 623, 625, 626, 634, 654, 674, 776, 777, 781, 784, 791, 797, 809, 828, 877, 922, 951, 988, 1001, 1086

Profissão 25, 35, 36, 38-41, 43, 50-52, 143, 145, 147-150, 153, 155, 167, 173, 177, 178, 196, 233-236, 250, 282, 289, 290, 345, 347, 355, 416, 499, 502, 507, 509, 511, 514, 520, 521, 524, 537, 563, 605, 625, 651, 659, 663-665, 668, 673, 674, 825, 833, 847, 854, 856, 859, 861, 862, 872-874, 878, 882, 883, 908, 917, 923, 967, 979, 1044, 1054, 1057-1059, 1061-1063, 1071, 1074, 1079, 1081, 1082, 1085, 1087

Prova 21, 32, 72, 81, 116, 119, 134, 138, 141, 150, 153, 176, 191, 227, 236, 237, 304, 395, 404, 414, 446, 474, 480, 523, 546, 558, 629, 671-673, 675, 678, 789, 817, 832, 844, 854, 883, 891, 892, 906, 955, 1044, 1074

Prudência 121, 122, 149, 208, 233, 234, 749, 890

Pureza 17, 129, 172, 339, 363, 401, 555, 568, 632, 767, 835

Purgatório 72, 153, 159-171, 177, 310, 422, 464, 469, 530, 655, 661, 859, 862, 873, 877, 900, 906, 921, 941, 942, 951, 981, 1036

R

Reconhecimento 320, 372, 373, 385, 421, 560, 566, 829, 853, 854, 899, 909, 916, 918, 958, 968, 1066

Renúncia 101, 118, 532, 877

Retiro 29, 35, 36, 39, 42, 43, 49, 51, 52, 58, 92, 101, 102, 105, 108, 150, 167, 176, 178, 185, 194, 197, 257, 260, 288, 290, 301, 309, 310, 312, 313, 339, 340, 346, 371, 391, 403, 435, 441, 495-497, 500, 503, 505, 507, 523, 524, 583, 584, 627, 671, 674, 806, 861, 862, 873, 883, 925, 957, 1054-1057, 1059-1063, 1071, 1072, 1075

Riqueza 37, 39, 45, 75, 138, 160, 181, 216, 325, 424, 426, 439, 549, 570, 574, 580, 587, 592, 658, 670, 672, 784, 789, 951

S

Sabedoria 11, 45, 47, 100, 109, 110, 145, 194, 203, 210, 236, 270, 450, 451, 674, 749, 800, 831, 834, 1069, 1102

Sacerdote 51, 115, 132, 146, 188, 228, 229, 447, 459, 465, 468, 552, 725, 747, 865, 1072, 1086

Sacrifício 44, 86, 90, 93, 94, 101, 103, 112, 119, 120, 122, 130, 142, 143, 145, 148, 157, 191, 221, 228, 240, 271, 297, 332, 334, 339, 407, 417, 420, 439, 452, 455, 456, 468, 470, 474, 485, 504, 517, 530, 614, 625, 643, 663, 700, 708, 751, 818, 834, 857, 871, 876, 898, 917, 921, 928, 931, 934, 953, 954, 961, 970, 1030

Sagrada Escritura 158, 203, 217, 247, 469, 508, 686, 793, 948

Santa Face 338, 349, 425, 492, 493, 827, 837, 1058

Santidade 11, 13, 14, 19, 22, 47, 64, 100, 123, 135, 153, 175, 202, 237, 251, 319, 325, 340, 427, 459, 469, 477, 493, 539, 549, 813, 844, 889, 891, 947, 1058

Silêncio 25, 40, 53, 80, 90, 109, 131, 148, 156, 173, 179, 185, 186, 250, 309, 312, 340, 356, 368, 372, 384, 401, 402, 420, 441, 459, 467, 470, 512, 516, 531, 569, 585, 587, 592, 614, 634, 637, 640, 644, 645, 653, 665, 678, 679, 683, 696, 712, 715, 722, 731, 734, 738, 782, 805, 810, 819, 824, 828, 831, 835, 854, 873, 877, 896, 898, 924, 926, 931, 950-952, 961, 963, 964, 967, 969, 970, 973, 978, 986, 990, 999, 1023, 1035, 1042, 1058, 1088-1090

Sofrimento 16, 25, 29, 35-37, 39, 44, 93, 94, 104, 105, 119, 143, 147, 152, 155, 158, 163, 167, 176, 192, 206-209, 220, 226, 227, 231, 282, 288, 293, 302, 303, 309-311, 317, 319, 322, 323, 325, 326, 342, 347, 349, 361, 365, 383, 407-409, 414, 424, 426-428, 431, 435, 436, 440, 443, 454-456, 461, 468, 477, 483, 484, 487, 488, 492, 507, 518, 522, 529, 538, 548, 556, 558, 560, 561, 565, 566, 574, 600, 606, 611, 621, 622, 649, 651, 665, 672, 673, 675, 677, 694, 714, 715, 720, 722, 747, 754, 787, 872, 899, 904, 905, 909, 911, 914-916, 927, 944, 956, 969-971, 973, 974, 980, 981, 988, 992, 997, 1003, 1004, 1007, 1008, 1017, 1018, 1023, 1025-1027, 1031, 1032, 1034, 1040, 1041, 1043, 1044, 1065

Sonho 27, 42, 46, 50, 78, 93, 99, 129, 132, 150, 153, 157, 163-165, 172, 178, 186, 187, 189-191, 194, 195, 209, 222, 228, 239, 261, 278, 292, 318, 322, 328, 341, 363, 395-397, 399, 400, 433, 442, 463, 481, 490, 504, 515, 517, 529, 549, 554, 576, 609, 617, 648, 666, 683, 703, 714, 741, 744, 782, 790, 793, 796, 804, 805, 833, 864, 903, 932, 1003, 1062, 1071

Sorriso 28, 53, 98, 104, 162, 187, 202, 212, 225, 226, 262, 348, 363, 382, 454, 532, 554, 558, 577, 579, 608, 609, 617, 622, 654, 665, 666, 674, 678, 684, 712, 713, 774, 782, 838, 872, 875, 891, 896, 903, 911, 932, 934, 954, 959, 960, 975, 977, 982, 993, 994, 1014, 1021, 1022, 1033, 1043, 1051, 1054, 1061, 1095

Superiores 36, 89, 136, 150, 176, 241, 277, 446, 517, 814, 849, 875

T

Temor 113, 115, 121, 155, 166, 180, 190, 229, 327, 436, 442, 444, 452, 480, 488, 557, 566, 574, 598, 601, 621, 632, 635, 637, 676, 686, 718, 751, 769, 784, 824, 833, 908, 935, 941, 1024, 1025

Tentação 107, 150, 151, 234, 339, 403, 412, 416, 445, 676, 845, 882, 1035, 1064

Trabalho 19, 23, 25, 34, 36, 46, 48, 61, 65, 81, 84, 106, 113, 138, 197, 212, 214, 219, 228, 229, 255, 294, 313, 359, 366, 399, 401, 410, 414, 421, 439, 444, 480, 504, 527, 529, 531, 544, 548, 567, 569, 580, 583-684, 764, 765, 781, 816, 841, 874, 888-890, 896, 898, 900, 911, 929-932, 939, 963, 965, 980, 1014, 1085, 1086, 1089, 1090

Trevas 47, 50-51, 86, 104, 148, 150, 205-207, 219, 311, 313, 339, 346, 368, 382-384, 404, 507, 605, 606, 665, 837, 842, 843, 883, 935, 970, 973, 988, 1062

Trindade 47, 118, 152, 159, 193, 349, 404, 410, 422, 425, 426, 534, 547, 573, 604, 608, 623, 633, 660, 666, 752, 781, 819, 860, 862, 864, 874-876, 917

U

União 15, 17, 91, 148, 151, 188, 207, 208, 302, 349, 365, 370, 388, 391, 394, 406, 425, 426, 431, 433, 439, 440, 447, 460, 461, 465-467,

533, 539, 555, 596, 608, 666, 802, 806, 842, 877, 879, 936, 997

V

Vaidade 89, 99, 100, 108, 116, 127, 156, 204, 211, 223, 295, 477, 625, 831, 865, 913

Vazio 101, 109, 168, 189, 310, 327, 329, 357, 371, 411, 505, 950

Verdade 63, 99, 149, 180, 191, 197, 221, 239, 247, 295, 381, 404, 416, 417, 435, 447, 463, 465, 487, 522, 674, 745, 767, 794, 795, 797, 844, 849, 853, 857, 897, 918, 935, 948, 952, 958, 962, 992

Vestição 35, 148, 652, 654, 873, 900

Virgem 195, 349, 356, 358, 363, 390, 456, 469-500, 502, 553, 601-662, 693, 695, 697, 710, 751, 801, 809, 820, 821, 849, 936

Virtude 34, 58, 74, 76, 78-90, 99-101, 105, 110, 113, 118, 148, 210-213, 302, 306, 343, 349, 380, 382, 394, 396, 418, 420, 465, 469, 472, 495, 526, 536, 566, 569, 591, 633, 661, 750, 809, 812, 814, 819, 824, 830, 881, 939-941, 946, 953, 1069

Visão 20, 27, 44, 47, 85, 87-88, 164, 317, 414, 507, 663, 667, 674, 749, 841, 933, 1053, 1070

Vítima 47, 145, 159, 190, 193, 195, 443, 492, 537, 539, 605, 663, 724, 746, 753, 809, 857, 862-863, 875, 876, 906, 968, 988, 1073, 1076

Vocação 11, 22, 30, 34, 35, 40, 45, 48, 50, 51, 69, 93, 119-122, 124, 126-128, 130, 134, 137, 145, 146, 150, 162, 171, 177, 188, 189, 209, 233, 235, 247, 270, 279, 306, 369, 391, 409, 416, 440, 447-450, 463, 500, 518, 524, 534, 535, 649, 651, 667, 668, 683, 813, 818, 824, 826, 848, 856, 873, 1056, 1057, 1059

Vontade 26, 28, 32, 39, 47, 59, 70, 74, 78, 81-83, 86, 91, 93, 105, 114, 125, 127, 131, 137, 138, 142, 148, 150, 151, 157, 158, 160, 163, 171, 202, 204, 206-211, 213, 217, 222, 225, 227, 237, 241, 270, 271, 274, 278, 279, 282, 302, 310, 312, 318, 333, 339, 346, 347, 350, 356, 363, 380, 382, 385, 388-390, 392, 396, 398, 404, 407, 408, 413, 416-418, 446, 447, 449, 452, 455, 460, 462, 463, 467, 469, 475, 477, 483, 486, 487, 509, 515, 523, 559, 566, 578, 592, 598, 621, 622, 626, 636, 642, 647, 658, 662, 664, 666, 671, 672, 676, 693, 694, 697, 703, 704, 706, 733, 736, 739, 769, 791, 809, 859, 862, 864, 866, 871, 883, 890, 897, 904, 906, 908, 910, 914, 919, 923, 924, 926, 929, 930, 933, 936, 939-941, 946, 958, 961, 970, 971, 973, 974, 976, 978, 987, 999, 1000, 1016, 1024, 1030-1032, 1041, 1046, 1065, 1077

Vontade de Deus 32, 47, 59, 127, 150, 157, 158, 160, 208, 209, 270, 271, 278, 279, 282, 350, 380, 398, 446, 449, 460, 463, 477, 483, 676, 693, 697, 704, 706, 736, 739, 939, 961

Votos 36, 148, 150, 151, 153, 250, 256, 260, 275, 308, 334, 348, 360, 367, 369, 372, 373, 388, 390, 391, 394, 395, 414, 416, 421, 447, 487, 509, 567, 568, 587, 625, 674, 809, 842, 859, 873, 1087

Z

Zelo 41, 49, 51, 106, 115, 213, 228, 229, 241, 477, 674, 750